Jurisprudence de la CJUE 2023

Décisions et commentaires

Collection de droit de l'Union européenne – série Grands arrêts

Dans la collection de droit de l'Union européenne, la série « Grands arrêts » propose chaque année le relevé et le commentaire approfondi des principales décisions de la Cour de justice de l'Union européenne (CJUE) dans toutes les matières couvertes par le droit de l'Union européenne.

Directeur de la collection : Fabrice Picod
Professeur à l'Université Paris-Panthéon-Assas (Paris 2), Chaire Jean Monnet de droit et contentieux de l'Union européenne, directeur du Centre de droit européen et du master 2 Droit et contentieux de l'Union européenne, président honoraire de la Commission pour l'étude des Communautés européennes (CEDECE).

Parus précédemment dans la même série :

F. Picod (dir.), *Jurisprudence de la CJUE 2014. Décisions et commentaires*, Bruxelles, Bruylant, 2015.

F. Picod (dir.), *Jurisprudence de la CJUE 2015. Décisions et commentaires*, Bruxelles, Bruylant, 2016.

F. Picod (dir.), *Jurisprudence de la CJUE 2016. Décisions et commentaires*, Bruxelles, Bruylant, 2017.

F. Picod (dir.), *Jurisprudence de la CJUE 2017. Décisions et commentaires*, Bruxelles, Bruylant, 2018.

F. Picod (dir.), *Jurisprudence de la CJUE 2018. Décisions et commentaires*, Bruxelles, Bruylant, 2019.

F. Picod (dir.), *Jurisprudence de la CJUE 2019. Décisions et commentaires*, Bruxelles, Bruylant, 2020.

F. Picod (dir.), *Jurisprudence de la CJUE 2020. Décisions et commentaires*, Bruxelles, Bruylant, 2021.

F. Picod (dir.), *Jurisprudence de la CJUE 2021. Décisions et commentaires*, Bruxelles, Bruylant, 2022.

F. Picod (dir.), *Jurisprudence de la CJUE 2022. Décisions et commentaires*, Bruxelles, Bruylant, 2023.

COLLECTION DROIT DE L'UNION EUROPÉENNE
DIRIGÉE PAR FABRICE PICOD

Jurisprudence de la CJUE 2023

Décisions et commentaires

Sous la direction de Fabrice Picod

Avec les contributions de
Jean-Luc Albert
Myriam Benlolo Carabot
Dominique Berlin
Thierry Bonneau
David Bosco
Céline Castets-Renard
Vincent Correia
Laurent Coutron
Delphine Dero-Bugny
Édouard Dubout
Daniel Flore
Christine Kaddous
Henri Labayle
François Mailhé
Alexandre Maitrot de la Motte
Francesco Martucci
Ismaël Omarjee
Pauline Pailler
Alix Perrin
Fabrice Picod
Élise Poillot
Aymeric Potteau
Catherine Prieto
Lukas Rass-Masson
Sophie Robin-Olivier
Patrick Thieffry
Romain Tinière
Claire Vial
Jonathan Wildemeersch

BRUYLANT

Pour toute information sur nos fonds et nos nouveautés dans votre
domaine de spécialisation, consultez nos sites web via www.larcier-intersentia.com.

Éditions Bruylant
Rue Haute, 139/6 - 1000 Bruxelles

Imprimé en Belgique

Dépôt légal:
Bibliothèque nationale, Paris : novembre 2024
Bibliothèque royale de Belgique, Bruxelles : D/2024/06040/0262 ISBN : 978-2-8027-7535-5

COMITÉ DE SÉLECTION

Jean-Luc Albert

Jean-Luc Albert est professeur à Aix-Marseille Université. Il est membre de l'Institut international des sciences fiscales (IISF) et du Centre d'études fiscales et financières (UR891) d'Aix-Marseille Université. Il dirige le master 2 « Douanes » d'Aix-Marseille Université et le DESU « Droit douanier et procédures douanières » créé en 2019. Il est l'auteur de différents ouvrages intéressant notamment les finances publiques (*Les finances publiques*, 12e éd., Paris, Dalloz, 2022 ; avec Th. Lambert, *La Cour des comptes un pouvoir rédempteur ?*, Paris, Lextenso, 2019) ; tourné vers les questions douanières depuis une quinzaine d'années, il dirige le programme Aix-Marseille Douane 2019 (AMD2019) labellisé au titre des programmes IDEX « Académie d'excellence ». Il anime la chronique douane de la *Revue européenne et internationale de droit fiscal* (*REIDF*). Dans la collection « Droit de l'Union européenne » des éditions Bruylant, il a publié un ouvrage *Le droit douanier de l'Union européenne* (série Manuels, n° 10), réédité en 2023.

Myriam Benlolo Carabot

Myriam Benlolo Carabot est professeur à l'Université Paris Nanterre. Elle est l'auteur, notamment, dans la collection « Droit de l'Union européenne » des éditions Bruylant, d'un ouvrage individuel *Les fondements juridiques de la citoyenneté européenne* (série Thèses, n° 4), et d'un ouvrage collectif *L'Union européenne et les migrations* (série Colloques, n° 49). Dans le présent ouvrage, elle a sélectionné et commenté les arrêts qui se rapportent à la citoyenneté européenne.

Dominique Berlin

Dominique Berlin est professeur émérite de l'Université Paris-Panthéon-Assas. Il est l'auteur de plusieurs ouvrages en droit fiscal européen et en droit européen des concentrations et notamment, dans la collection « Droit de l'Union européenne » des éditions Bruylant, d'un traité intitulé *Politiques de l'Union européenne* (réédité en 2020, série Traités, n° 2), codirecteur d'un ouvrage collectif intitulé *La fraude et le droit de l'Union européenne* (série Colloques, n° 37) et auteur du commentaire de la directive TVA 2006/112 (série Textes et commentaires, n° 3). Il a sélectionné et commenté les arrêts qui se rapportent aux aides d'État.

Thierry Bonneau

Thierry Bonneau est professeur à l'Université Paris-Panthéon-Assas au sein de laquelle il enseigne le droit bancaire et financier. Président du conseil scientifique de la *Revue internationale des services financiers*, il est l'auteur, dans la collection « Droit de l'Union européenne » des éditions Bruylant, d'un manuel intitulé *Régulation bancaire et financière européenne et internationale*, publié dans sa septième édition en 2024 (série Manuels, n° 2). Il sélectionne et commente les arrêts qui se rapportent au droit bancaire et financier.

David Bosco

David Bosco est professeur à Aix-Marseille Université où il dirige le master « Distribution et concurrence ». Il est coauteur, avec Catherine Prieto, de l'ouvrage *Droit européen de la concurrence. Ententes, abus de position dominante* (coll. « Droit de l'Union européenne », série Manuels, Bruxelles, Bruylant, 2013, n° 4) en cours de réédition. Dans le présent ouvrage, il a, avec Catherine Prieto, sélectionné et commenté les arrêts qui se rapportent aux ententes, abus de position dominante et concentrations.

Céline Castets-Renard

Céline Castets-Renard est professeure à l'Université d'Ottawa. Elle est titulaire de la chaire de recherche de l'Université IA responsable à l'échelle mondiale et de la chaire *Law, Accountability and social trust in AI* au sein d'ANITI (Artificial and Natural Intelligence Toulouse Institute – ANR/3IA). Elle est membre experte de l'Observatoire de l'économie des plateformes en ligne au sein de la Commission européenne depuis 2021. Elle est l'auteur, dans la collection « Droit de l'Union européenne » des éditions Bruylant, de l'ouvrage *Droit du marché unique numérique et intelligence artificielle* (série Manuels, n° 5). Dans le présent ouvrage, elle a sélectionné et commenté les arrêts qui se rapportent au droit de la protection des données personnelles.

Vincent Correia

Vincent Correia est professeur à l'Université McGill. Codirecteur de l'Institut du droit de l'air et de l'espace, il enseigne notamment le droit de l'aviation civile. Il est membre du comité directeur de l'European Air

Law Association. Il est l'auteur, dans la collection « Droit de l'Union européenne » des éditions Bruylant, d'un ouvrage individuel *L'Union européenne et le droit international de l'aviation civile* (série Thèses, n° 37). Dans le présent ouvrage, il a sélectionné et commenté les arrêts qui se rapportent au droit des transports.

Laurent Coutron

Laurent Coutron, professeur à l'Université de Montpellier, est actuellement référendaire à la Cour de justice de l'Union européenne. Il est membre du comité de rédaction de la *Revue des affaires européennes* et de la *Revue du droit public*. Il a rédigé un mémento de droit de l'Union européenne chez Dalloz. Il est l'auteur, dans la collection « Droit de l'Union européenne » des éditions Bruylant, de plusieurs ouvrages individuels et collectifs : *La contestation incidente des actes de l'Union européenne* (série Thèses, n° 8) ; *Pédagogie judiciaire et application des droits communautaire et européen* (série Colloques, n° 16) ; *L'obligation de renvoi préjudiciel à la Cour de* comité de sélection *justice : une obligation sanctionnée ?* (série Monographies, n° 6). Dans le présent ouvrage, il a, avec Jonathan Wildemeersch, sélectionné et commenté les arrêts qui se rapportent aux questions préjudicielles et aux recours.

Delphine Dero-Bugny

Delphine Dero-Bugny est professeur à l'Université Paris Cité. Elle assure la direction du master 2 « Juriste d'affaires européen ». Elle est l'auteur, dans la collection « Droit de l'Union européenne » des éditions Bruylant, de plusieurs ouvrages individuels : *La réciprocité et le droit des Communautés et de l'Union européennes* (série Thèses, n° 1) ; *Les rapports entre la Cour de justice de l'Union européenne et la Cour européenne des droits de l'homme* (série Monographies, n° 10). Elle a également publié, avec Anémone Cartier-Bresson, aux éditions Bruylant, *Les réformes de la Cour de justice. Bilan et Perspectives* (série Colloques, n° 47). Dans le présent ouvrage, elle a sélectionné et commenté les arrêts qui se rapportent aux sources du droit de l'Union européenne et, en coopération avec Alix Perrin, aux marchés et contrats publics.

Édouard Dubout

Édouard Dubout est professeur à l'Université Paris Panthéon-Assas et membre du Centre de droit européen. Dans la collection « Droit de l'Union européenne » des éditions Bruylant, il a publié sa thèse de doctorat (série Thèses, n° 2), ainsi que différents colloques dont il a assuré la direction ou codirection (série Colloques, nos 27, 32, 46 et 55). Il a également dirigé un commentaire collectif de la directive 2000/78 en matière d'égalité de traitement (série Textes et Commentaires, n° 6). Il est l'auteur d'un manuel de droit constitutionnel de l'Union européenne (série Manuels, n° 14) publié dans une seconde édition en 2023. Dans le présent ouvrage, il a sélectionné et commenté les arrêts qui se rapportent au droit institutionnel.

Séverine Dusollier

Séverine Dusollier est professeure à Sciences-Po Paris et y dirige le Centre de recherche de l'École de droit. Elle fut auparavant professeure à l'Université de Namur et directrice du Centre de recherche droit, société et information (CRIDS). Spécialiste du droit d'auteur et plus généralement des droits de propriété intellectuelle, elle a réalisé de nombreuses études pour la Commission européenne ou le Parlement européen. Elle a régulièrement publié sur les aspects du droit européen de la propriété intellectuelle, notamment une chronique annuelle de jurisprudence au *Journal de droit européen*, et prépare, avec la professeure Valérie-Laure Benabou, un ouvrage sur le droit d'auteur européen. Elle est également une des fondatrices du réseau d'académiques European Copyright Society qui exprime ses opinions sur les évolutions européennes législatives ou jurisprudentielles en droit d'auteur. Dans les ouvrages des grands arrêts, elle sélectionne et commente habituellement les arrêts qui se rapportent aux droits d'auteur.

Daniel Flore

Daniel Flore est, outre sa fonction de directeur général de la législation au service public fédéral belge de la Justice, professeur à l'Université de Liège où il enseigne le droit pénal international et le droit pénal de l'Union européenne. Il est également invité à l'Université catholique de Louvain et à l'Université de Luxembourg. Il est l'auteur d'un ouvrage de référence dans le domaine du droit pénal européen : *Droit pénal européen. Les enjeux d'une justice pénale européenne*, dont la troisième édition a été publiée en 2022 dans la collection « Droit de l'Union européenne » (série Manuels, n° 15). Dans le présent ouvrage, il a sélectionné et commenté les arrêts qui se rapportent au droit pénal européen.

Christine Kaddous

Christine Kaddous est professeur à l'Université de Genève où elle dirige le Centre d'études juridiques européennes (CEJE) – Centre d'excellence Jean-Monnet. Elle dirige également le *Master of Advanced Studies in European and International Governance* (MEIG Programme) de l'Université de Genève, organisé en coopération avec l'Office des Nations unies à Genève (UNOG). Elle est également titulaire d'une chaire Jean

Monnet *ad personam*. Elle enseigne le droit de l'Union européenne, en particulier l'action extérieure de l'Union. Ses recherches portent sur le droit international, le contentieux européen et international, droit international économique (y compris investissements), droit européen des droits de l'homme, accords internationaux conclus par l'Union européenne, politique commerciale, relations UE-OMC, relations Suisse-UE, droit et politiques du marché intérieur ainsi que les questions liées au développement durable et à la gouvernance régionale et internationale. Elle est vice-présidente de l'Association suisse pour le droit européen (ASDE). Elle codirige la collection des « Dossiers de droit européen (DDE) » éditée par Schulthess/LGDJ. Dans le présent ouvrage, elle a sélectionné et commenté les arrêts et avis qui se rapportent à l'action extérieure de l'Union européenne.

Henri Labayle

Henri Labayle est professeur émérite de l'Université de Pau où il a dirigé, à Bayonne, le Centre de documentation et de recherches européennes. Il est titulaire d'une chaire Jean Monnet. Il est codirecteur du Centre d'excellence Jean-Monnet d'Aquitaine et du GDR-CNRS RUEDELSJ consacré à l'espace de liberté, de sécurité et de justice. Membre des grands réseaux académiques travaillant sur cet espace, il est expert auprès des institutions de l'Union européenne. Dans le présent ouvrage, il a sélectionné et commenté les arrêts qui se rapportent à l'espace de liberté, de sécurité et de justice.

François Mailhé

François Mailhé est professeur à l'Université de Picardie – Jules-Verne où il dirige le parcours contentieux du master « Droit privé général ». Membre du Centre de droit privé et de sciences criminelles d'Amiens (UPJV) et du Centre de droit international (Université Paris-Panthéon-Assas), il est l'auteur d'une thèse sur la théorie générale de la compétence juridictionnelle internationale (*L'organisation de la concurrence internationale des juridictions*, Paris, Economica, 2016). Actuellement, il est notamment en charge de la chronique « Droit international privé » de l'*Annuaire de droit de l'Union européenne* (éd. Panthéon-Assas), membre de l'équipe de la chronique de jurisprudence de la Chambre commerciale internationale de la cour d'appel de Paris (*JCP E*) et dirige chez Bruylant, dans la collection « Droit de l'Union européenne », la préparation d'un ouvrage de commentaire, article par article, du règlement Bruxelles I*bis*. Dans le présent ouvrage, il a, avec Lukas Rass-Masson, sélectionné et commenté les arrêts qui se rapportent au droit international privé.

Alexandre Maitrot de la Motte

Alexandre Maitrot de la Motte est professeur à la faculté de droit de l'Université Paris-Est Créteil. Il y dirige le master « Droit fiscal ». Spécialisé en droit fiscal européen et international, il assure la direction scientifique de la *Revue de droit fiscal* et du *JurisClasseur fiscal international*. Il a été expert pour la Commission européenne et le Parlement européen. Il est actuellement premier vice-président de la communauté d'universités et d'établissements Université Paris-Est. Il est l'auteur, dans la collection « Droit de l'Union européenne » des éditions Bruylant, d'ouvrages individuels et collectifs : *Droit fiscal de l'Union européenne* (3e éd., série Traités, n° 3, 2022), *Droit fiscal de l'Union européenne* (série Manuels, n° 3) et, avec Édouard Dubout, *L'unité des libertés de circulation* (série Colloques, n° 27). Dans le présent ouvrage, il a sélectionné et commenté les arrêts qui se rapportent à la fiscalité.

Francesco Martucci

Francesco Martucci est professeur de droit public à l'Université Paris-Panthéon-Assas et est membre du Centre de droit européen et du Collège européen de Paris. Il enseigne le droit de l'Union européenne et le droit financier public et dirige le master 2 « Droit européen du marché et de la régulation ». Ses recherches portent sur l'union économique et monétaire, l'union bancaire, la stabilité financière ainsi que sur le droit du marché intérieur. Il est l'auteur, dans la collection « Droit de l'Union européenne » des éditions Bruylant, d'un ouvrage intitulé *L'ordre économique et monétaire de l'Union européenne* (série Thèses, n° 45), directeur ou codirecteur de trois ouvrages intitulés *L'union bancaire* (série Colloques, n° 33), *La fraude et le droit de l'Union européenne* (série Colloques, n° 37), *La circulation des automobilistes en Europe* (série Colloques, n° 43), *L'extraterritorialité en droit de l'Union européenne* (série Colloques, n° 55). Dans le présent ouvrage, il a sélectionné et commenté les arrêts qui se rapportent à l'Union économique et monétaire.

Ismaël Omarjee

Ismaël Omarjee est maître de conférences-HDR à l'Université de Paris Nanterre. Membre du Centre d'études juridiques européennes et comparées (CEJEC), il codirige le master 2 « Juriste européen des affaires » et enseigne le droit social international et européen. Il est l'auteur, dans la collection « Droit de l'Union européenne » des éditions Bruylant, d'un *Manuel de droit européen de la protection sociale* publié dans sa seconde édition en 2021 (série Manuels, n° 8). Dans le présent ouvrage, il a sélectionné et commenté les arrêts qui se rapportent à la protection sociale.

Pauline Pailler

Pauline Pailler est professeur à l'Université de Reims. Spécialisée en droit des affaires, et en particulier en droit des marchés financiers et en droit des assurances, elle est la rédactrice en chef de la *Revue internationale des services financiers*, dans laquelle elle coordonne la rubrique « Assurance ». Elle est l'auteur dans la collection « Droit de l'Union européenne » d'un *Manuel de droit européen des assurances* publié dans sa seconde édition en 2022 (série Manuels, n° 11). Dans le présent ouvrage, elle a sélectionné et commenté les arrêts qui se rapportent au droit européen des assurances.

Alix Perrin

Alix Perrin est professeur à l'Université Paris Dauphine. Elle est l'auteur d'un ouvrage sur l'injonction en droit public français (éd. Panthéon-Assas) et d'un ouvrage de contentieux administratif (éd. Dalloz). Elle assure un enseignement en droit européen de la commande publique dans le master 2 « Juriste d'affaires européen » de l'Université Paris Descartes. Dans le présent ouvrage, elle a, avec Delphine Dero, sélectionné et commenté les arrêts qui se rapportent aux marchés publics.

Fabrice Picod

Fabrice Picod est professeur à l'Université Paris-Panthéon-Assas où il dirige le Centre de droit européen. Il est directeur du master 2 « Droit et contentieux de l'Union européenne ». Sur le plan éditorial, il dirige la collection « Droit de l'Union européenne » des éditions Bruylant dans laquelle il a publié, dirigé ou codirigé plusieurs ouvrages collectifs tels que *Doctrine et droit de l'Union européenne* (série Colloques, n° 6), *L'Union européenne et les crises* (série Colloques, n° 11), *Le principe majoritaire en droit de l'Union européenne* (série Colloques, n° 35), *La fraude et le droit de l'Union européenne* (série Colloques, n° 37), *La circulation des automobilistes en Europe* (série Colloques, n° 43), *L'extraterritorialité en droit de l'Union européenne* (série Colloques, n° 55) et *De minimis : les petites causes en droit de l'Union européenne* (série Colloques, n° 72). Il dirige également le *JurisClasseur Europe* et la *Revue des affaires européennes* ainsi qu'avec Claude Blumann, l'*Annuaire de droit de l'Union européenne*. Dans le présent ouvrage, il a sélectionné et commenté les arrêts qui se rapportent aux libertés économiques.

Élise Poillot

Élise Poillot est professeur à l'Université du Luxembourg, directeur du master en droit privé européen et de la clinique de droit de la consommation, auteur de la chronique de droit européen de la consommation au *Journal de droit européen* et coauteur du « Panorama de droit de la consommation » au *Recueil Dalloz*. Dans le présent ouvrage, elle a sélectionné et commenté les arrêts qui se rapportent au droit de la consommation.

Aymeric Potteau

Aymeric Potteau est professeur de droit public à l'Université de Lille où il enseigne le droit général de l'Union européenne ainsi que les pratiques nationales du droit international et européen. Membre du Centre de recherche « Droits et perspectives du droit » dont il codirige l'axe de recherche transversal « Droit et finances » et auteur d'une quarantaine de publications, dont une monographie consacrée à l'autonomie financière de l'Union (Prix Bercy), il s'est plus particulièrement spécialisé dans le domaine des finances européennes et dans l'étude des rapports de système. Il prépare, dans la collection « Droit de l'Union européenne » des éditions Bruylant, un manuel portant sur les *Finances de l'Union européenne*. Il est en charge de la rubrique correspondante dans les volumes des grands arrêts.

Catherine Prieto

Catherine Prieto est professeur à l'Université Panthéon-Sorbonne où elle dirige le master 2 « Concurrence-Distribution-Consommation ». Elle est coauteur, avec David Bosco, du manuel *Droit européen de la concurrence. Ententes et abus de position dominante* (coll. « Droit de l'Union européenne », série Manuels, n° 4, Bruxelles, Bruylant, 2013) en cours de réédition. Par ailleurs, elle est membre du Collège de l'autorité de la concurrence. Dans le présent ouvrage, elle a, avec David Bosco, sélectionné et commenté les arrêts qui se rapportent aux ententes, abus de position dominante et concentrations.

Lukas Rass-Masson

Lukas Rass-Masson est enseignant-chercheur en droit, spécialisé en droit international privé, droit du commerce international, droit de la famille et droit européen. Il a été nommé professeur des universités à l'Université Toulouse 1 Capitole en 2017. Depuis juin 2018, il est directeur de l'École européenne de droit de Toulouse et depuis décembre 2020, vice-président de l'Université en charge de la gouvernance. Après une thèse de doctorat primée sur « les fondements du droit international privé européen de la famille », ses recherches actuelles portent sur la méthodologie du droit privé européen et du droit international privé mondialisé, notamment dans une perspective Asie-Europe. Il intervient régulièrement dans des universités étrangères, et publie en français, en anglais et en allemand. Dans le présent ouvrage, il a, avec Lukas Rass-Masson, sélectionné et commenté les arrêts qui se rapportent au droit international privé.

Sophie Robin-Olivier

Sophie Robin-Olivier est professeur à l'École de droit de la Sorbonne (Université Paris 1) où elle dirige le master de droit anglo-américain des affaires. Membre de l'Institut de recherche en droit international et européen de la Sorbonne (IREDIES), elle est spécialiste de droit européen et de droit social international et comparé. Elle a publié *Les contrats de travail flexibles, une comparaison internationale* (Paris, Les Presses de Sciences Po, 2015). Elle est l'auteur, dans la collection « Droit de l'Union européenne » des éditions Bruylant, du *Manuel de droit européen du travail* (série Manuels, n° 5) en cours de réédition. Dans le présent ouvrage, elle a sélectionné et commenté les arrêts qui se rapportent aux droits sociaux.

Patrick Thieffry

Patrick Thieffry est arbitre indépendant, principalement dans des différends liés à l'environnement, à l'énergie, à la construction et aux infrastructures, et membre des barreaux de Paris et de New York. Il enseigne le droit de l'environnement depuis 1996 à l'École de droit de la Sorbonne. Auteur, dans la collection « Droit de l'Union européenne » des éditions Bruylant, du *Traité de droit européen de l'environnement et du climat* (4e éd., 2020), du *Manuel de droit européen de l'environnement et du climat* (4e éd., 2024) et du *Handbook of European Environmental and Climate Law* (2e éd., 2021), il a sélectionné et commenté les arrêts qui se rapportent à l'environnement dans le présent ouvrage.

Romain Tinière

Romain Tinière est professeur à l'Université Grenoble-Alpes, codirecteur du Centre de recherches juridiques de cette université et titulaire d'une chaire Jean Monnet en droit de l'Union européenne. Il est l'auteur, dans la collection « Droit de l'Union européenne » des éditions Bruylant, de plusieurs ouvrages individuels et collectifs, notamment *L'office du juge communautaire des droits fondamentaux* (série Thèses, n° 10) et, avec Claire Vial, *La protection des droits fondamentaux dans l'Union européenne* (série Colloques, n° 30) et *Les dix ans de la Charte des droits fondamentaux de l'Union européenne – Bilan et perspectives* (série Colloques, n° 50). Il a publié en 2023, dans la collection « Droit de l'Union européenne » des éditions Bruylant, avec Claire Vial, un ouvrage intitulé *Manuel de droit de l'Union européenne des droits fondamentaux* (série Manuels, n° 16). Dans le présent ouvrage, il a, avec Claire Vial, sélectionné et commenté les arrêts qui se rapportent aux droits fondamentaux.

Claire Vial

Claire Vial est professeur à l'Université de Montpellier où elle dirige l'Institut de droit européen des droits de l'homme (IDEDH). Elle est l'auteur, dans la collection « Droit de l'Union européenne » des éditions Bruylant, de plusieurs ouvrages individuels et collectifs : *Protection de l'environnement et libre circulation des marchandises* (série Thèses, n° 3) et, avec Romain Tinière, *La protection des droits fondamentaux dans l'Union européenne* (série Colloques, n° 30) et *Les dix ans de la Charte des droits fondamentaux de l'Union européenne – Bilan et perspectives* (série Colloques, n° 50). Elle a publié en 2023, dans la collection « Droit de l'Union européenne » des éditions Bruylant, avec Romain Tinière, un ouvrage intitulé *Manuel de droit de l'Union européenne des droits fondamentaux* (série Manuels, n° 16). Dans le présent ouvrage, elle a, avec Romain Tinière, sélectionné et commenté les arrêts qui se rapportent aux droits fondamentaux.

Jonathan Wildemeersch

Jonathan Wildemeersch est professeur à l'Université de Liège où il enseigne le droit institutionnel européen et le contentieux européen. Il est également référendaire à la Cour de justice de l'Union européenne. Il est l'auteur, dans la collection « Droit de l'Union européenne » des éditions Bruylant, de l'ouvrage *Contentieux de la légalité des actes de l'Union européenne* (série Thèses, n° 57). Dans le présent ouvrage, il a, avec Laurent Coutron, sélectionné et commenté les arrêts qui se rapportent au recours et aux questions préjudicielles.

INTRODUCTION

Visant à présenter les décisions de la Cour de justice les plus significatives de la jurisprudence de l'année 2023, le présent recueil procède d'une sélection rigoureuse des décisions, pour chacune des matières couvertes par le droit de l'Union européenne, opérée par une trentaine d'auteurs qui font tous autorité dans leur discipline.

Cet ouvrage comporte des arrêts et avis de la Cour de justice sélectionnés et commentés par Jean-Luc Albert, Myriam Benlolo Carabot, Dominique Berlin, Thierry Bonneau, David Bosco, Céline Castets-Renard, Vincent Correia, Laurent Coutron, Delphine Dero, Édouard Dubout, Séverine Dusollier, Daniel Flore, Christine Kaddous, Henri Labayle, François Mailhé, Francesco Martucci, Alexandre Maitrot de la Motte, Ismaël Omarjee, Pauline Pailler, Alix Perrin, Fabrice Picod, Élise Poillot, Aymeric Potteau, Catherine Prieto, Sophie Robin-Olivier, Patrick Thieffry, Romain Tinière, Claire Vial et Jonathan Wildemeersch. Tous ces auteurs ont en commun d'avoir publié ou de préparer un manuel ou un traité, dans la collection « Droit de l'Union européenne » des éditions Bruylant, portant sur la matière de droit de l'Union européenne dont ils sont responsables dans le présent ouvrage.

Le nombre d'affaires clôturées par la Cour de justice au cours de l'année 2023, par voie d'arrêts, ordonnances et avis, a été de 783, ce qui est considérable, étant observé que le nombre d'affaires pendantes a dépassé le millier : 1 149 au 31 décembre 2023.

Bien qu'il soit inférieur à celui des affaires traitées par la Cour européenne des droits de l'homme, le nombre des affaires traitées par la Cour de justice ne permet plus aux observateurs de sa jurisprudence d'en avoir une connaissance complète, comme cela pouvait être le cas dans les années 1960 ou encore 1970.

Afin de répondre aux besoins légitimes des juristes qui travaillent dans toutes les disciplines du droit, il a été décidé de publier, chaque année, à partir de 2014, un recueil des décisions de la Cour de justice considérées comme étant les plus importantes ou, à défaut d'être fondamentales, les plus significatives de l'état de la jurisprudence de la Cour de justice.

Chacune des décisions retenues fait l'objet d'un commentaire éclairant par l'auteur qui a sélectionné la décision. Chaque auteur a une connaissance approfondie de la matière au sein de laquelle il a procédé au choix des décisions pertinentes.

Les commentaires visent non pas à développer des notions pour faire œuvre doctrinale, mais à rendre compte, dans un esprit synthétique et pratique, des décisions de la Cour de justice en en explicitant le sens et la portée. Sont ainsi mis en lumière le raisonnement adopté par la Cour au soutien de la solution retenue et la portée des arrêts et avis rendus.

Ce recueil n'entre pas en concurrence avec les ouvrages qui consistent à présenter et à commenter les grands arrêts de la Cour de justice depuis son origine et qui couvrent ainsi plus de soixante ans de jurisprudence. Il est complémentaire des ouvrages de ce type (1).

Après que la Cour de justice de l'Union européenne a renoncé à publier son recueil de jurisprudence, ce dernier ayant couvert la jurisprudence de 1954 à 2011, il nous a paru important qu'à défaut de publication, voire d'une sélection officielle de ses décisions, des universitaires entreprennent, avec la liberté qui les caractérise, une publication sous la forme d'un recueil réunissant les décisions qu'ils considèrent comme étant les plus significatives de la jurisprudence de chaque année civile.

Cette série de recueils de décisions de justice constitue ainsi une série d'ouvrages sans équivalent dans l'édition.

La structure retenue est thématique, vingt-cinq thèmes ayant été choisis pour structurer l'ouvrage : I. Questions institutionnelles. II. Sources écrites et non écrites du droit de l'Union européenne, effet direct et primauté. III. Droits fondamentaux. IV. Recours. V. Questions préjudicielles. VI. Citoyenneté. VII. Droit des libertés économiques. VIII. Politiques et actions de l'Union européenne. IX. Droits sociaux. X. Environnement. XI. Fiscalité. XII Ententes, abus de position dominante et concentrations. XIII. Aides d'État. XIV. Espace de liberté, de sécurité et de justice. XV. Action extérieure. XVI. Droit de la propriété intellectuelle. XVII. Marchés publics. XVIII. Banque et assurance. XIX. Droit de la consommation. XX. Droit des transports. XXI. Droit international privé. XXII. Droit de la procédure civile. XXIII. Finances et budget. XXIV. Politique économique et monétaire. XXV. Union douanière européenne.

Chaque décision sélectionnée est précédée de mots-clés, d'une référence au recueil électronique de la Cour de justice (ECLI) et, le cas échéant, des références aux premières notes publiées dans les revues juridiques. Mention est faite, à moins que la Cour ait décidé de ne pas y recourir conformément à l'article 20, cinquième alinéa, de son statut, des conclusions de l'avocat général avec leur référence au recueil électronique.

---

(1) Voy. not. H. Gaudin *et al.*, *Les grands arrêts de la Cour de justice de l'Union européenne*, 2e éd., Paris, Dalloz, 2023, 1 408 p. ; M. Karpenschif et C. Nourissat (dir.), *Les grands arrêts de la jurisprudence de l'Union européenne. Les 100 grandes décisions de la Cour de justice de l'Union européenne*, 4e éd., Paris, PUF, 2021, 668 p.

À l'intérieur de chaque rubrique, les décisions sont classées par ordre chronologique.

Lorsqu'une décision importante se rapporte à plusieurs thèmes, deux méthodes ont été adoptées : la première méthode a consisté à reproduire la décision dans deux rubriques de manière à la présenter et à la commenter sous des angles différents ; la seconde méthode a consisté à opérer un renvoi à la décision reproduite et commentée dans l'une des rubriques.

Le lecteur dispose ainsi d'un ouvrage complet rendant compte des apports de la jurisprudence de la Cour de justice de l'année 2023.

Cet ouvrage est le dixième de la série « Grands arrêts ». Il sera suivi, chaque année, d'un ouvrage correspondant rendant compte, dans chacune des matières couvertes par le droit de l'Union européenne, de la jurisprudence importante de l'année écoulée.

Ainsi, les praticiens du droit, avocats, magistrats, fonctionnaires et juristes d'entreprises, mais aussi les universitaires des différentes disciplines du droit seront en mesure de mieux appréhender la jurisprudence récente de la Cour de justice.

Fabrice PICOD

I. QUESTIONS INSTITUTIONNELLES

Cour de justice, gde ch., 28 février 2023, *Fenix International*, aff. C-695/20, EU:C:2023:127

Conclusions de l'avocat général A. Rantos, du 15 septembre 2022, EU:C:2022:685

Mots-clés : Pouvoir exécutif – Compétence du Conseil – Éléments essentiels d'une législation – Notion de « précision » d'un acte législatif de base – Distinction avec le pouvoir d'adopter des actes délégués

Cadre normatif : article 291, paragraphe 2, TFUE ; article 290 TFUE ; article 113 TFUE ; directive 2006/112/CE relative au système commun de taxe sur la valeur ajoutée (*JO* 2006, L 347, p. 1) ; règlement d'exécution n° 282/2011 du Conseil du 15 mars 2011 portant mesures d'exécution de la directive 2006/112/CE relative au système commun de taxe sur la valeur ajoutée (*JO* 2011, L 77, p. 1)

Notes et observations : M. Chamon, « Only Fans of the Council's Implementing Powers in Luxembourg : *Fenix International* », *Comm. M.L.R.*, 2023, vol. 60, pp. 1683-1704

Extraits de l'arrêt

[...]

Observations liminaires

36. En premier lieu, il importe de rappeler que, selon l'article 291, paragraphe 1, TFUE, la mise en œuvre des actes juridiquement contraignants de l'Union incombe aux États membres. Toutefois, aux termes de l'article 291, paragraphe 2, TFUE, lorsque des conditions uniformes d'exécution de tels actes de l'Union sont nécessaires, ces actes confèrent des compétences d'exécution à la Commission ou, dans des cas spécifiques dûment justifiés et dans les cas prévus aux articles 24 et 26 TUE, au Conseil.

[...]

41. En second lieu, quant aux limites des compétences d'exécution visées à l'article 291, paragraphe 2, TFUE, il convient de rappeler que l'adoption des règles essentielles d'une matière, telle que la TVA, est réservée à la compétence du législateur de l'Union. Il s'ensuit que les dispositions établissant les éléments essentiels d'une réglementation de base, dont l'adoption nécessite d'effectuer des choix politiques relevant des responsabilités propres à ce législateur, ne sauraient être arrêtées dans des actes d'exécution, ni dans des actes délégués, visés à l'article 290 TFUE (voir, en ce sens, arrêt du 10 septembre 2015, *Parlement/Conseil*, C-363/14, EU:C:2015:579, point 46 et jurisprudence citée).

42. Par ailleurs, l'identification des éléments d'une matière qui doivent être qualifiés d'essentiels doit se fonder sur des éléments objectifs susceptibles de faire l'objet d'un contrôle juridictionnel et impose de prendre en compte les caractéristiques et les particularités du domaine concerné (arrêt du 10 septembre 2015, *Parlement/Conseil*, C-363/14, EU:C:2015:579, point 47 et jurisprudence citée).

43. Par conséquent, lorsque, en vertu d'un acte juridiquement contraignant de l'Union tel que la directive TVA, le Conseil dispose du pouvoir d'adopter des mesures d'exécution, telles que l'article 9*bis*, paragraphe 1, du règlement d'exécution n° 282/2011, cette institution ne saurait, dans le cadre d'un tel pouvoir, arrêter des règles essentielles en la matière, ces dernières devant être adoptées dans le respect de la procédure législative applicable, à savoir, en ce qui concerne la directive TVA, la procédure spéciale instituée à l'article 113 TFUE.

44. En outre, la Cour a déjà jugé que, lorsque des compétences d'exécution sont conférées à la Commission, celle-ci est appelée à préciser le contenu de l'acte législatif en cause, afin d'assurer sa mise en œuvre dans des conditions uniformes dans tous les États membres. Ainsi, les dispositions d'un acte d'exécution adopté par la Commission doivent, d'une part, respecter les objectifs généraux essentiels poursuivis par l'acte législatif que ces dispositions sont censées préciser et, d'autre part, être nécessaires ou utiles pour la mise en œuvre uniforme de celui-ci sans qu'elles le complètent ni le modifient, même dans ses éléments non essentiels (voir, en ce sens, arrêt du 15 octobre 2014, *Parlement/Commission*, C-65/13, EU:C:2014:2289, points 43 à 46 et jurisprudence citée).

45. Ces considérations relatives aux limites des compétences d'exécution de la Commission sont également valables lorsque, en application de l'article 291, paragraphe 2, TFUE, de telles compétences sont attribuées au Conseil.

46. En effet, d'une part, il importe de relever que, en se référant tant à la Commission qu'au Conseil, l'article 291, paragraphe 2, TFUE n'opère aucune distinction quant à la nature et à la portée des compétences d'exécution en fonction de l'institution qui en est investie.

47. D'autre part, il découle de l'économie des articles 290 et 291 TFUE que l'exercice par le Conseil des compétences d'exécution ne saurait être régi par des conditions différentes que celles qui s'imposent à la Commission lorsqu'elle est appelée à exercer son pouvoir d'exécution.

48. En effet, en distinguant les actes d'exécution des actes délégués, que seule la Commission est habilitée à adopter dans les conditions prévues à l'article 290 TFUE et qui permettent à celle-ci de compléter ou de modifier certains éléments non essentiels d'un acte législatif de l'Union, les articles 290 et 291 TFUE garantissent que, lorsque le Conseil se voit confier par le législateur de l'Union l'adoption d'actes d'exécution, il ne dispose pas des pouvoirs réservés à la Commission dans le cadre de l'adoption d'actes délégués. Dès lors, le Conseil ne saurait, par des actes d'exécution, compléter ou modifier l'acte législatif, même dans ses éléments non essentiels.

49. Il résulte de l'ensemble de ces considérations que les compétences d'exécution conférées à la Commission et au Conseil au titre de l'article 291, paragraphe 2, TFUE comportent, en substance, le pouvoir d'adopter des mesures qui sont nécessaires ou utiles pour la mise en œuvre uniforme des dispositions de l'acte législatif sur le fondement duquel elles sont adoptées et qui se bornent à en préciser le contenu, dans le respect des objectifs généraux essentiels poursuivis par cet acte, sans le modifier ou le compléter, en ses éléments essentiels ou non essentiels.

50. En particulier, il convient de considérer qu'une mesure d'exécution se limite à préciser les dispositions de l'acte législatif concerné lorsqu'elle vise uniquement, de manière générale ou pour certains cas particuliers, à clarifier la portée de ces dispositions ou à en déterminer les modalités d'application, à condition cependant que, ce faisant, cette mesure évite toute contradiction par rapport aux objectifs desdites dispositions et n'altère pas, d'une quelconque manière, le contenu normatif de cet acte ou le champ d'application de celui-ci.

Observations

L'arrêt *Fenix International* présente un double intérêt. Sur le fond, il valide un mécanisme juridique permettant de faire peser sur le gestionnaire d'une plateforme numérique (comme par exemple Uber ou Airbnb) l'intégralité de la charge fiscale due au titre de la TVA par les personnes fournissant des services par l'intermédiaire de cette plateforme. De cette façon, l'administration fiscale peut centraliser la perception de l'impôt et mieux éviter la fraude. Sur la forme, l'arrêt précise l'étendue de la compétence d'exécution du Conseil afin de préciser un acte législatif de base. Bien que procéduralement distinct et devenu en principe exceptionnel depuis le traité de Lisbonne, le pouvoir exécutif du Conseil est soumis au même régime juridique que celui de la Commission, qui est par ailleurs seule à pouvoir disposer d'un pouvoir d'adopter des actes délégués. C'est sur ces aspects relatifs à la séparation des différents pouvoirs normatifs dans l'Union européenne que se concentreront les observations dans le cadre de la présente rubrique.

En l'espèce, le Conseil a modifié un règlement d'exécution (n° 282/2011), au titre du pouvoir que lui confère la directive TVA (2006/112/CE) en raison des implications budgétaires de cette ressource fiscale pour les États membres. À la suite de ladite modification, le règlement d'exécution litigieux comprend un nouvel article 9*bis* qui fait peser sur l'exploitant d'une plateforme numérique une présomption selon laquelle les services subséquents fournis grâce à la plateforme sont réputés l'être au nom de l'exploitant sous l'angle de l'assujettissement à la TVA. De cette manière, l'exploitant de la plateforme est rendu assujetti à la collecte de l'ensemble des taxes dues sur les opérations effectuées par les utilisateurs de ses services. Ce nouveau régime d'assujettissement en matière de services numériques est présenté par le Conseil comme une simple mesure de mise en œuvre de l'article 28 de la directive TVA qui prévoit la possibilité de réputer un prestataire de services assujetti à la TVA lorsqu'il s'entremet dans l'activité d'un autre prestataire. Tel n'est pas l'avis de la société requérante qui y voit une véritable modification de l'acte législatif de base.

Sur le fondement du nouveau règlement d'exécution, l'entreprise Fenix a connu une forte hausse d'imposition au titre de la TVA. Immatriculée fiscalement au Royaume-Uni, Fenix fournit et exploite une plateforme, nommée « Only Fans », de mise en relation entre des « créateurs » et des « fans » par l'intermédiaire de laquelle les fans rémunèrent des contenus proposés par les créateurs, souvent à dimension érotique, voire pornographique. La plateforme fixe les conditions contractuelles de ces achats de contenus et gère les facturations, sur lesquelles elle prélève 20 % au titre de sa propre rémunération. La modification du règlement d'exécution en matière de TVA a conduit l'administration fiscale britannique à considérer que Fenix devait acquitter la TVA sur l'intégralité de la somme reçue d'un fan et non pas seulement sur les 20 % de cette somme qu'elle prélevait à titre de rémunération. Afin de contester cette nouvelle charge, l'entreprise requérante estimait que le Conseil avait outrepassé les limites de sa compétence d'exécution en modifiant la directive TVA afin d'y ajouter une nouvelle règle, non prévue par cette dernière. La Cour de justice, suivant son avocat général, rejette le grief et considère que le Conseil est resté dans les limites de son pouvoir d'exécution en jugeant que la modification litigieuse n'a fait que préciser l'acte législatif de base, sans le modifier ni le compléter y compris dans ses éléments non essentiels. Afin de parvenir à cette solution, la grande chambre saisit l'occasion d'« observations liminaires » pour proposer un récapitulatif d'ensemble de sa jurisprudence sur les limites du pouvoir d'exécution directe.

Le principal apport de l'arrêt *Fenix* tient à aligner le nouveau régime d'exécution post-Lisbonne applicable à la Commission aux actes adoptés par le Conseil au titre de son pouvoir exécutif. Selon la Cour, les « considérations relatives aux limites des compétences d'exécution de la Commission sont également valables lorsque, en application de l'article 291, paragraphe 2, TFUE, de telles compétences sont attribuées au Conseil » (pt 45). À l'appui de sa position, la grande chambre se réfère, d'une part, à la lettre de l'article 291, paragraphe 2, TFUE qui, il est vrai, « n'opère aucune distinction quant à la nature et à la portée des compétences d'exécution en fonction de l'institution qui en est investie » (pt 46). D'autre part, elle met en avant le système général des articles 290 et 291 TFUE, respectivement relatifs aux actes délégués et actes exécutifs, pour estimer que « l'exercice par le Conseil des compétences d'exécution ne saurait être régi par des conditions différentes que celles qui s'imposent à la Commission lorsqu'elle est appelée à exercer son pouvoir d'exécution » (pt 47).

Si cette position consistant à ne pas distinguer les limites respectives des pouvoirs d'exécution du Conseil et de la Commission se comprend aisément, elle occulte néanmoins une différence procédurale majeure entre les deux formes d'exécution dès lors que le pouvoir exécutif de la Commission reste soumis à la comitologie (art. 291, § 3, TFUE), là où – par définition – celui du Conseil ne l'est pas. En outre, en l'espèce, une spécificité aurait pu être prise en compte : il s'agissait pour le Conseil d'exécuter un acte législatif « spécial », lui-même déjà principalement adopté par le Conseil sur la base de l'article 113 TFUE (qui prévoit l'unanimité au Conseil et une simple consultation du Parlement). Comme le relève l'avocat général, lorsque l'exécution est confiée au Conseil, il exerce un pouvoir sur un acte « qu'il a lui-même adopté » (pt 38 des conclusions).

Ces différences procédurales devaient-elles entraîner une différence substantielle quant à la délimitation de l'étendue du pouvoir exécutif selon qu'il est exercé par la Commission ou par le Conseil ? La Cour de justice ne le pense pas en soumettant le contrôle des actes exécutifs du Conseil aux mêmes critères de délimitation afin d'évaluer si un acte se contente, ou non, de « préciser » un acte législatif de base. Pour conforter sa position, la Cour de justice prend soin de s'appuyer sur le nouveau pouvoir de délégation réservé à la

Commission permettant de « modifier » ou « compléter » les éléments « non essentiels » d'un acte législatif de base afin de mieux souligner sa distinction avec le pouvoir d'exécution. Toutefois, l'absence de véritable critère pour établir cette délimitation et cette distinction les rend particulièrement souples, en conférant au Conseil un large pouvoir d'appréciation.

Délimitation du pouvoir d'exécution (du Conseil)

La délimitation du pouvoir d'exécution consiste à vérifier que l'acte exécutif se contente de *préciser* l'acte législatif de base. Qu'entendre par là ? La Cour de justice définit la notion de « précision » de la manière suivante : « [U]ne mesure d'exécution se limite à préciser les dispositions de l'acte législatif concerné lorsqu'elle vise uniquement, de manière générale ou pour certains cas particuliers, à clarifier la portée de ces dispositions ou à en déterminer les modalités d'application, à condition cependant que, ce faisant, cette mesure évite toute contradiction par rapport aux objectifs desdites dispositions et n'altère pas, d'une quelconque manière, le contenu normatif de cet acte ou le champ d'application de celui-ci » (pt 50).

Suivant cette logique, quoique de manière quelque peu différente, trois critères, issus de la jurisprudence *EURES* relative au pouvoir d'exécution de la Commission (1), sont posés au point suivant pour délimiter l'étendue du pouvoir d'exécution du Conseil (pt 51) :

i) le respect des objectifs généraux essentiels du texte de base ;
ii) la nécessité ou l'utilité de la mesure d'exécution pour assurer l'application uniforme du texte de base ;
iii) l'absence de complément ou de modification du texte de base.

Il n'est pas évident de comprendre pourquoi les critères retenus au point 51 pour encadrer le pouvoir d'exécution s'écartent quelque peu de la définition de la notion de « précision » énoncée au point 50. Cet écart pose la question du lien des critères avec les *limites* du pouvoir exécutif direct. En réalité, les critères *EURES* ne portent pas exclusivement sur cette question.

Le critère n° 1, tenant au respect des objectifs de l'acte de base par l'acte d'exécution, paraît commun à toute forme d'exécution, qu'elle soit directe ou indirecte, ainsi même qu'à la délégation. Il s'agit plutôt d'une condition générale. Le critère n° 2, tenant à l'apport de la mesure d'exécution pour l'application uniforme de l'acte législatif, relève davantage de la question de savoir si un pouvoir d'exécution directe doit être reconnu à l'Union, au détriment

(1) CJUE, 15 octobre 2014, *Parlement c/ Commission*, aff. C-65/13, EU:C:2014:2289, pts 43-46.

du pouvoir d'exécution indirecte des États, et non de ses limites. Il s'agit plutôt d'une condition de répartition de la compétence exécutive entre les États et l'Union. Enfin, le critère n° 3, interdisant de modifier ou de compléter l'acte de base, ne porte pas précisément sur le pouvoir d'exécution. Elle concerne plutôt la distinction avec le pouvoir de délégation (*cf. infra*). En conséquence, les critères d'appréciation de la condition de « précision » d'un acte législatif par une mesure d'exécution ne permettent guère de délimiter *positivement* le champ de l'exécution, ce qui laisse une latitude relativement importante à la Cour de justice pour en vérifier le respect. Comme le montre le cas d'espèce, la séparation entre le pouvoir législatif et le pouvoir exécutif de l'Union européenne est – sans grande surprise – loin d'être claire.

En l'espèce, les deux premiers critères sont considérés comme aisément remplis aux yeux de la Cour. S'agissant du critère n° 1 de respect des objectifs généraux essentiels de l'acte de base, la Cour de justice procède à une lecture souple de la directive TVA, et notamment de son article 28 qui établit la fiction selon laquelle un prestataire de services intermédiaires qui s'entremet dans une relation de services fournis par un tiers peut être réputé fournir personnellement ces services sous l'angle de l'assujettissement à la TVA. Il suffit alors à la Cour de se borner à dire qu'en adoptant le règlement d'exécution litigieux, le Conseil « a estimé nécessaire » (pt 57) de préciser la portée de la présomption législative dans le cas d'un service en réseau, notamment électronique. La Cour de justice ne contrôle pas en quoi cette précision était véritablement nécessaire, autrement que par l'argument d'un besoin d'application uniforme du texte entre les États membres (pts 56-59).

Du coup, le critère n° 2, tenant justement à l'apport de la mesure d'exécution pour l'application uniforme du texte législatif, se trouve absorbé dans l'appréciation du critère n° 1, et *ipso facto* rempli sans qu'un examen séparé ne soit véritablement effectué (pt 61). Il en ressort que dès lors que le Conseil fait état d'un besoin d'application uniforme, son pouvoir d'exécution se trouve non seulement justifié dans son principe, mais aussi dans son étendue, sans qu'un véritable contrôle de la condition de « précision » ne soit effectué.

En définitive, le contrôle des limites du pouvoir d'exécution se trouve concentrer dans le critère n° 3, qui interdit désormais au titulaire du pouvoir exécutif de « compléter » ou de « modifier » l'acte législatif de base. C'est pourquoi, dans le système post-Lisbonne, la définition du pouvoir d'exécution s'opère en lien avec celle du pouvoir de délégation.

Distinction avec le pouvoir de délégation (de la Commission)

Comme le rappelle d'emblée la Cour de justice, les pouvoirs d'exécution et de délégation partagent une limite commune : tous deux ne peuvent permettre à leur titulaire d'affecter les « éléments essentiels » de l'acte législatif de base (pt 41). De façon pour le moins floue, mais il peut difficilement en être autrement, ces éléments « essentiels » sont eux-mêmes définis comme ceux impliquant un véritable « choix politique » (*ibid.*) de la part du législateur européen. La Cour fait appel sur ce point à la jurisprudence *Europol* (2), sans toutefois mentionner sa jurisprudence *Frontex* pourtant antérieure (3).

Au-delà de l'incertitude commune aux actes exécutifs et délégués tenant à ne pas affecter les « choix politiques » du législateur (ce qui s'apprécie au cas par cas en fonction du texte et du domaine concernés), la distinction des deux types de pouvoirs – d'exécution et de délégation – est effectuée en référence à la capacité de « compléter » ou de « modifier » de l'acte de base, qui ne peut être que du ressort de la Commission sur le fondement de l'article 290 TFUE. Mais, comme le montre à nouveau l'affaire *Only Fans*, peu d'indications sont données pour clarifier ce qui relève de la « précision » d'une part, ou de la « modification/complément » d'autre part.

En l'espèce, deux principaux points pouvaient susciter le doute sur le fait que l'acte d'exécution n'entraînait aucune forme de « complément » de l'acte législatif. En premier lieu, l'acte d'exécution aboutissait à créer un régime spécial pour les services en réseau, et notamment numériques. À cet égard, la Cour indique que le fait que l'acte d'exécution ne vise que certains « cas particuliers » (les services en réseau) reste de l'ordre de la précision et ne relève pas d'un « complément » de l'acte législatif (pt 67) ; de même que la définition d'un champ d'application personnel différencié à l'acte de base ne fait que « concrétiser » son application dans certains contextes spécifiques (pt 70). Or, dans d'autres cas, la Cour a rapproché le pouvoir de « concrétiser » avec celui de « compléter » un acte législatif (4), ce qui laisse ouverte la question de savoir de quelle catégorie (exécution ou délégation) la « concrétisation » relève.

En second lieu, le point probablement le plus sensible de l'affaire concernait le fait que l'acte d'exécution rendait dans certains cas irréfragable la présomption de l'acte de base selon laquelle une plateforme est réputée fournir elle-même les services prestés par des tiers

(2) CJUE, 10 septembre 2015, *Parlement c/ Conseil*, aff. C-363/14, EU:C:2015:579, pt 46.
(3) CJUE, 5 septembre 2012, *Parlement c/ Conseil*, aff. C-355/10, pt 65.
(4) CJUE, 7 mars 2016, *Parlement c/ Commission*, aff. C-286/14, EU:C:2016:183, pt 41.

utilisant son intermédiation (notamment en cas de facturation au nom de la plateforme, comme c'était le cas en l'espèce). À cet égard, la Cour prend appui sur « la réalité économique et commerciale » des opérations concernées et les « pouvoirs » (pt 88) dont disposent les plateformes d'intermédiation pour estimer que le Conseil n'a fait que préciser la portée de l'acte de base, sans le compléter ou le modifier. Autrement dit, le contrôle des *limites* du pouvoir d'exécution est plutôt effectué en fonction du *bien-fondé* économique du régime mis en place, et non – comme on aurait pu s'y attendre – en fonction de la volonté supposée du législateur.

Cet exemple montre bien la difficulté à tracer avec netteté une véritable échelle de compétence normative permettant de distinguer les pouvoirs d'exécution et de délégation (et en son sein le pouvoir de modification et le pouvoir de complément (5)). Alors qu'un critère aurait pu être celui de l'intention du législateur européen, la Cour de justice tente plutôt de se placer sur le terrain de l'adaptation du texte de base aux circonstances de fait pour considérer qu'une mesure relève de la simple « précision » et non de la « modification/complément ».

De son côté, l'avocat général était parvenu à la même solution que la Cour en suggérant de comprendre le pouvoir d'exécution comme un simple choix entre différentes interprétations possibles du texte législatif de base, qui seraient dès lors déjà *contenues* dans celui-ci. Selon lui, le pouvoir d'exécution se ramène à un simple choix interprétatif en vue d'une application uniforme de l'acte de base : « [L]'institution concernée peut exercer son pouvoir d'exécution lorsque l'acte législatif est susceptible de faire l'objet de plusieurs interprétations, avec la conséquence que les États membres pourraient appliquer celui-ci de façon divergente. [...] Autrement dit, l'interprétation retenue est déjà englobée dans ledit acte législatif, parmi peut-être d'autres interprétations possibles de celui-ci. Par conséquent, l'institution qui dispose du pouvoir d'exécution n'innove pas, mais fait le choix de privilégier une interprétation qui, selon la jurisprudence de la Cour, est nécessaire ou utile pour assurer la mise en œuvre de l'acte législatif dans des conditions uniformes dans tous les États membres » (pt 45 des conclusions).

Toutefois, cette approche interprétative ne permet pas non plus de résoudre entièrement le problème de la nature du pouvoir exécutif, la frontière entre simple « interprétation » et véritable « innovation » prêtant elle aussi à discussion. Tout choix interprétatif constitue une forme d'innovation, et si l'on comprend la volonté de

(5) Voy. sur ce point *ibid.*, pt 40.

la Cour de justice de ne pas entraver l'exercice du pouvoir exécutif européen dans un contexte où les actes législatifs (notamment adoptés à l'unanimité) sont inévitablement lacunaires, la contrepartie à la souplesse de son contrôle est de relativiser encore un peu plus l'intérêt de la procédure de délégation introduite par le traité de Lisbonne. Une perspective serait de conférer un véritable pouvoir de *législation* déléguée à la Commission, y compris sur des éléments « essentiels » de l'acte de base, mais alors le transfert d'un tel pouvoir devrait s'accompagner d'une véritable responsabilité politique devant le Parlement européen, en l'état inexistante en pratique.

Édouard Dubout

II. SOURCES ÉCRITES ET NON ÉCRITES DU DROIT DE L'UNION EUROPÉENNE, EFFET DIRECT ET PRIMAUTÉ

Cour de justice, gde ch., 28 février 2023, *Fenix international*, aff. C-695/20, ECLI:EU:C:2023:127

Conclusion de l'avocat général A. Rantos, du 15 septembre 2022, ECLI:EU:C:2022:685

Mots-clés : Renvoi préjudiciel – Pouvoir d'exécution du Conseil de l'Union européenne – Règlement d'exécution – Validité

Cadre normatif : article 291, paragraphe 2, TFUE ; Système commun de taxe sur la valeur ajoutée (TVA) ; articles 28 et 397 de la directive 2006/112/CE ; article 9*bis* du règlement d'exécution (UE) n° 282/2011

Notes et observations : D. Simon, « Actes de l'Union – Règlement d'exécution du Conseil », *Europe*, avril 2023, n° 4, p. 121

Extraits de l'arrêt

1. La demande de décision préjudicielle porte sur la validité de l'article 9*bis* du règlement d'exécution (UE) n° 282/2011 du Conseil, du 15 mars 2011, portant mesures d'exécution de la directive 2006/112/CE relative au système commun de taxe sur la valeur ajoutée (*JO* 2011, L 77, p. 1), tel que modifié par le règlement d'exécution (UE) n° 1042/2013 du Conseil, du 7 octobre 2013 (*JO* 2013, L 284, p. 1) (ci-après le « règlement d'exécution n° 282/2011 »).

2. Cette demande a été présentée dans le cadre d'un litige opposant Fenix International Ltd (ci-après « Fenix ») aux Commissioners for Her Majesty's Revenue and Customs (administration fiscale et douanière, Royaume Uni) au sujet d'avis d'imposition à la taxe sur la valeur ajoutée (TVA) émis par ces derniers au titre des mois de juillet 2017 à janvier 2020 ainsi que du mois d'avril 2020.

[...]

Sur la question préjudicielle

35. Par sa question, la juridiction de renvoi vise, en substance, à savoir si l'article 9 *bis*, paragraphe 1, du règlement d'exécution n° 282/2011 est invalide dans la mesure où le Conseil aurait complété ou modifié l'article 28 de la directive TVA, excédant ainsi les compétences d'exécution qui lui sont conférées par l'article 397 de cette directive, en application de l'article 291, paragraphe 2, TFUE.

Observations liminaires

36. En premier lieu, il importe de rappeler que, selon l'article 291, paragraphe 1, TFUE, la mise en œuvre des actes juridiquement contraignants de l'Union incombe aux États membres. Toutefois, aux termes de l'article 291, paragraphe 2, TFUE, lorsque des conditions uniformes d'exécution de tels actes de l'Union sont nécessaires, ces actes confèrent des compétences d'exécution à la Commission ou, dans des cas spécifiques dûment justifiés et dans les cas prévus aux articles 24 et 26 TUE, au Conseil.

37. S'agissant plus spécifiquement de cette exigence de dûment justifier l'attribution d'une telle compétence d'exécution au Conseil, la Cour a déjà constaté que l'article 291, paragraphe 2, TFUE requiert d'exposer, de façon circonstanciée, les raisons pour lesquelles cette institution se voit confier l'adoption de mesures d'exécution d'un acte juridiquement contraignant de l'Union (voir, en ce sens, arrêt du 1er mars 2016, *National Iranian Oil Company/Conseil*, C-440/14 P, EU:C:2016:128, points 49 et 50 ainsi que jurisprudence citée).

38. En l'occurrence, l'article 397 de la directive TVA confère au Conseil un pouvoir d'exécution au sens de l'article 291, paragraphe 2, TFUE. En effet, ledit article 397 dispose que le Conseil, statuant à l'unanimité sur proposition de la Commission, arrête les mesures nécessaires à l'application de la directive TVA.

39. À cet égard, il résulte des considérants 61 à 63 de la directive TVA que le législateur de l'Union a considéré que, d'une part, il était nécessaire que des mesures d'exécution de cette directive soient uniformes, notamment afin de pallier le problème de la double imposition des opérations transfrontalières pouvant résulter d'une application non uniforme, par les États membres, des règles afférant au lieu des opérations imposables, et, d'autre part, il convenait de réserver au Conseil la compétence d'adopter de telles mesures d'exécution en raison de l'incidence, parfois non négligeable, que ces mesures peuvent avoir sur les budgets des États membres.

40. Ces motifs justifient l'habilitation du Conseil, qui résulte de l'article 397 de la directive TVA, à arrêter les mesures nécessaires à l'application de cette directive, parmi lesquelles figure l'article 9 *bis*, paragraphe 1, du règlement d'exécution n° 282/2011, qui vise concrètement à assurer l'application uniforme de l'article 28 de ladite directive.

41. En second lieu, quant aux limites des compétences d'exécution visées à l'article 291, paragraphe 2, TFUE, il convient de rappeler que l'adoption des règles essentielles d'une matière, telle que la TVA, est réservée à la compétence du législateur de l'Union. Il s'ensuit que les dispositions établissant les éléments essentiels d'une réglementation de base, dont l'adoption nécessite d'effectuer des choix politiques relevant des responsabilités propres à ce législateur, ne sauraient être arrêtées dans des actes d'exécution, ni dans des actes délégués, visés à l'article 290 TFUE (voir, en ce sens, arrêt du 10 septembre 2015, *Parlement/Conseil*, C-363/14, EU:C:2015:579, point 46 et jurisprudence citée).

42. Par ailleurs, l'identification des éléments d'une matière qui doivent être qualifiés d'essentiels doit se fonder sur des éléments objectifs susceptibles de faire l'objet d'un contrôle juridictionnel et impose de prendre en compte les caractéristiques et les particularités du domaine concerné (arrêt du 10 septembre 2015, *Parlement/Conseil*, C-363/14, EU:C:2015:579, point 47 et jurisprudence citée).

43. Par conséquent, lorsque, en vertu d'un acte juridiquement contraignant de l'Union tel que la directive TVA, le Conseil dispose du pouvoir d'adopter des mesures d'exécution, telles que l'article 9 *bis*, paragraphe 1, du règlement d'exécution n° 282/2011, cette institution ne saurait, dans le cadre d'un tel pouvoir, arrêter des règles essentielles en la matière, ces dernières devant être adoptées dans le respect de la procédure législative applicable, à savoir, en ce qui concerne la directive TVA, la procédure spéciale instituée à l'article 113 TFUE.

44. En outre, la Cour a déjà jugé que, lorsque des compétences d'exécution sont conférées à la Commission, celle-ci est appelée à préciser le contenu de l'acte législatif en cause, afin d'assurer sa mise en œuvre dans des conditions uniformes dans tous les États membres. Ainsi, les dispositions d'un acte d'exécution adopté par la Commission doivent, d'une part, respecter les objectifs généraux essentiels poursuivis par l'acte législatif que ces dispositions sont censées préciser et, d'autre part, être nécessaires ou utiles pour la mise en œuvre uniforme de celui-ci sans qu'elles le complètent ni le modifient, même dans ses éléments non essentiels (voir, en ce sens, arrêt du 15 octobre 2014, *Parlement/Commission*, C-65/13, EU:C:2014:2289, points 43 à 46 et jurisprudence citée).

45. Ces considérations relatives aux limites des compétences d'exécution de la Commission sont également valables lorsque, en application de l'article 291, paragraphe 2, TFUE, de telles compétences sont attribuées au Conseil.

46. En effet, d'une part, il importe de relever que, en se référant tant à la Commission qu'au Conseil, l'article 291, paragraphe 2, TFUE n'opère aucune distinction quant à la nature et à la portée des compétences d'exécution en fonction de l'institution qui en est investie.

47. D'autre part, il découle de l'économie des articles 290 et 291 TFUE que l'exercice par le Conseil des compétences d'exécution ne saurait être régi par des conditions différentes que celles qui s'imposent à la Commission lorsqu'elle est appelée à exercer son pouvoir d'exécution.

48. En effet, en distinguant les actes d'exécution des actes délégués, que seule la Commission est habilitée à adopter dans les conditions prévues à l'article 290 TFUE et qui permettent à celle-ci de compléter ou de modifier certains éléments non essentiels d'un acte législatif de l'Union, les articles 290 et 291 TFUE garantissent que, lorsque le Conseil se voit confier par le législateur de l'Union l'adoption d'actes d'exécution, il ne dispose pas des pouvoirs réservés à la Commission dans le cadre de l'adoption d'actes délégués. Dès lors, le Conseil ne saurait, par des actes d'exécution, compléter ou modifier l'acte législatif, même dans ses éléments non essentiels.

49. Il résulte de l'ensemble de ces considérations que les compétences d'exécution conférées à la Commission et au Conseil au titre de l'article 291, paragraphe 2, TFUE comportent, en substance, le pouvoir d'adopter des mesures qui sont nécessaires ou utiles pour la mise en œuvre uniforme des dispositions de l'acte législatif sur le fondement duquel elles sont adoptées et qui se bornent à en préciser le contenu, dans le respect des objectifs généraux essentiels poursuivis par cet acte, sans le modifier ou le compléter, en ses éléments essentiels ou non essentiels.

50. En particulier, il convient de considérer qu'une mesure d'exécution se limite à préciser les dispositions de l'acte législatif concerné lorsqu'elle vise uniquement, de manière générale ou pour certains cas particuliers, à clarifier la portée de ces dispositions ou à en déterminer les modalités d'application, à condition cependant que, ce faisant, cette mesure évite toute contradiction par rapport aux objectifs desdites dispositions et n'altère pas, d'une quelconque manière, le contenu normatif de cet acte ou le champ d'application de celui-ci.

51. Dès lors, afin de déterminer si, en adoptant l'article 9*bis*, paragraphe 1, du règlement d'exécution n° 282/2011, le Conseil a respecté les limites des compétences d'exécution qui lui ont été conférées, en application de l'article 291, paragraphe 2, TFUE, par l'article 397 de la directive TVA, il convient de vérifier si cet article 9*bis*, paragraphe 1, se borne à préciser le contenu de l'article 28 de cette directive, ce qui implique d'examiner si ledit article 9*bis*, paragraphe 1, premièrement, respecte les objectifs généraux essentiels de ladite directive et, en particulier, ceux de son article 28, deuxièmement, est nécessaire ou utile pour faciliter la mise en œuvre uniforme du même article 28 et, troisièmement, ne complète ni ne modifie ce dernier d'une quelconque manière.

Commentaire

L'arrêt adopté le 28 février 2023 permet à la Cour de justice d'apporter des précisions sur le pouvoir d'exécution. Jusqu'à présent, la juridiction de l'Union s'était essentiellement penchée sur le pouvoir d'exécution détenu par la Commission. Elle s'interroge ici sur le pouvoir d'exécution détenu par le Conseil. En vertu de l'article 291, paragraphe 2, TFUE, « [l]orsque des conditions uniformes d'exécution des actes juridiquement contraignants de l'Union sont nécessaires, ces actes confèrent des compétences d'exécution à la Commission ou, dans des cas spécifiques dûment justifiés et dans les cas prévus aux articles 24 et 26 du traité sur l'Union européenne, au Conseil ». Cette disposition accorde une compétence de principe en matière d'exécution à la Commission mais reconnaît aussi cette compétence au Conseil dans le domaine de la politique étrangère et de sécurité commune et dans « des cas spécifiques dûment justifiés ». En l'espèce, la juridiction de l'Union était saisie d'une question en appréciation de validité de l'article 9*bis*, paragraphe 1, du règlement d'exécution (UE) n° 282/2011 du Conseil du 15 mars 2011 portant mesures d'exécution de la directive 2006/112/CE relative au système commun de taxe sur la valeur ajoutée. Ce règlement a été adopté sur le fondement de l'article 397 de la directive TVA. La juridiction de l'Union doit déterminer si le Conseil, en adoptant l'article 9*bis*, paragraphe 1, du règlement dans le cadre d'un acte d'exécution, n'aurait pas excédé ses compétences d'exécution en complétant ou en modifiant l'article 18 de la directive TVA. En l'espèce, il convient de noter que le Conseil exerce un pouvoir d'exécution sur le fondement d'un acte législatif qu'il a lui-même adopté (1).

Dans son arrêt la Cour va constater que l'exercice par le Conseil des compétences d'exécution est régi par les mêmes conditions qui s'imposent à la Commission. Dans le cadre d'observations préliminaires, elle va faire un rappel des règles qui encadrent le pouvoir d'exécution au sens de l'article 291 TFUE.

La Cour s'interroge d'abord sur la compétence du Conseil pour adopter le règlement d'exécution. Elle va constater que le Conseil peut être considéré comme ayant exercé un pouvoir d'exécution « dans un cas spécifique dûment justifié » au sens de l'article 291 TFUE. La juridiction de l'Union a déjà établi, dans sa jurisprudence antérieure, que l'acte qui confie un pouvoir d'exécution au Conseil « doit exposer, de façon circonstanciée, les raisons pour lesquelles cette institution se voit confier l'adoption de mesures d'exécution

(1) La directive TVA a été adoptée par le Conseil après avis du Parlement et du Comité économique et social.

d'un acte juridiquement contraignant de l'Union » (2). En l'espèce, l'article 397 de la directive TVA prévoit que le Conseil statuant à l'unanimité sur proposition de la Commission arrête les mesures nécessaires à l'application de la directive TVA. Cette directive expose de façon circonstanciée dans ses considérants introductifs les raisons pour lesquelles le Conseil se voit reconnaître un pouvoir d'exécution. Elle invoque deux justifications : la nécessité que les mesures d'exécution de cette directive soient uniformes notamment afin de pallier le problème de la double imposition des opérations transfrontalières et les incidences possibles sur les budgets des États membres. Selon la Cour, ces motifs justifient l'habilitation du Conseil à adopter de telles mesures qui comme l'article 9*bis*, paragraphe 1, du règlement d'exécution contesté vise à assurer l'application uniforme de la directive (en l'espèce l'article 28 de la directive).

Mais encore faut-il que le Conseil n'outrepasse pas sa compétence d'exécution. Dans les points suivants la Cour va rappeler les règles qui encadrent la compétence d'exécution qu'elle soit exercée par la Commission ou le Conseil. Elle rappelle tout d'abord que les dispositions établissant les éléments essentiels d'une réglementation de base, dont l'adoption nécessite d'effectuer des choix politiques, relèvent de la compétence du législateur et ne peuvent pas être arrêtées dans des actes non législatifs (3). La Cour revient ensuite sur le contenu des actes d'exécution. En se fondant sur sa jurisprudence antérieure, elle rappelle que de tels actes doivent avoir pour objet de préciser l'acte législatif afin d'assurer sa mise en œuvre dans des conditions uniformes dans tous les États membres. Ils doivent, d'une part, respecter les objectifs généraux essentiels poursuivis par l'acte législatif et, d'autre part, être nécessaires ou utiles pour la mise en œuvre uniforme de celui-ci sans qu'ils ne le complètent ni le modifient, même dans ses éléments non essentiels (4). Pour la Cour, le Conseil, comme la Commission, ne peut donc pas, par des actes d'exécution, compléter ou modifier des éléments non essentiels de l'acte législatif. Cette compétence relève de la Commission qui, elle seule, peut adopter des actes délégués. La Cour apporte une précision supplémentaire sur le contenu des mesures d'exécution. Selon elle, « une mesure d'exécution se limite à préciser les dispositions de l'acte législatif concerné lorsqu'elle vise uniquement, de manière générale ou pour certains cas particuliers, à clarifier la portée de

(2) Voy., en ce sens, CJUE, 1er mars 2016, *National Iranian Oil Company c/ Conseil*, aff. C-440/14 P, EU:C:2016:128, pts 49 et 50.

(3) Voy., en ce sens, CJUE, 10 septembre 2015, *Parlementc/ Conseil*, aff. C-363/14, EU:C:2015:579, pt 46.

(4) Voy., en ce sens, CJUE, 15 octobre 2014, *Parlementc/ Commission*, aff. C 65/13, EU:C:2014:2289, pts 43-46.

ces dispositions ou à en déterminer les modalités d'application, à condition cependant que, ce faisant, cette mesure évite toute contradiction par rapport aux objectifs desdites dispositions et n'altère pas, d'une quelconque manière, le contenu normatif de cet acte ou le champ d'application de celui-ci » (5).

Afin de déterminer si, en adoptant l'article 9*bis*, paragraphe 1, du règlement (UE) n° 282/2011, le Conseil a respecté les limites des compétences d'exécution qui lui ont été conférées, en application de l'article 291, paragraphe 2, TFUE, par l'article 397 de la directive TVA, la Cour raisonne en trois temps.

– Elle s'interroge tout d'abord sur le point de savoir si l'article 9*bis*, paragraphe 1, du règlement d'exécution respecte les objectifs essentiels poursuivis par la directive TVA.
– Elle vérifie ensuite si l'article 9*bis*, paragraphe 1, du règlement d'exécution apparaît nécessaire pour la mise en œuvre de l'article 28 de la directive TVA.
– Elle contrôle en dernier lieu si, en adoptant cet article, le Conseil a bien respecté l'interdiction de compléter ou de modifier le contenu de l'article 28 de la directive TVA.

Son examen lui permet d'arriver à la conclusion que le Conseil n'a pas outrepassé les compétences d'exécution en adoptant l'article 9*bis*, paragraphe 1, du règlement (UE) n° 282/2011.

Delphine DERO-BUGNY

(5) Pt 50 de l'arrêt.

Cour de justice, gde ch., 24 juillet 2023, *Lin*, aff. C-107/23 PPU, ECLI:EU:C:2023:606

Conclusion de l'avocat général M. Sanchez-Bordona, du 29 juin 2023, ECLI:EU:C:2023:532

Mots-clés : Renvoi préjudiciel – Protection des intérêts financiers de l'Union européenne – Obligation de lutter contre la fraude portant atteinte aux intérêts financiers de l'Union par des mesures dissuasives et effectives – Obligation de prévoir des sanctions pénales – Délai de prescription de la responsabilité pénale – Risque systémique d'impunité – Protection des droits fondamentaux – Principe de sécurité juridique – Standard national de protection des droits fondamentaux – Principe de primauté du droit de l'Union

Cadre normatif : article 325, paragraphe 1, TFUE ; Convention « PIF » ; directive 2006/112/CE ; article 49, paragraphe 1, de la charte des droits fondamentaux

Notes et observations : M. Abenhaïm et C. Georgieva, « Primauté du droit de l'Union : où en est le "pluralisme constitutionnel" après l'arrêt Lin ? », *Europe*, novembre 2023, n° 11, ét. 7 ; M. Benlolo Carbot, « Protection des intérêts financiers de l'Union européenne, primauté du droit de l'Union et standard national de protection des droits fondamentaux : nouvel acte à la saga Taricco », *RTDE*, 2023, p. 401 ; L. Saenko, « Lutte contre la fraude aux intérêts financiers de l'Union européenne et prescription de l'action publique : le juge national doit écarter les règles nationales qui créent un risque systémique d'impunité », *RTD com.*, 2023, p. 768 ; D. Simon, « Primauté – Règles nationales de prescription pénale », *Europe*, octobre 2023, n° 10, comm. 329

Extraits de l'arrêt

1. La demande de décision préjudicielle porte sur l'interprétation de l'article 2, de l'article 4, paragraphe 3, et de l'article 19, paragraphe 1, second alinéa, TUE, de l'article 325, paragraphe 1, TFUE, de l'article 49, paragraphe 1, dernière phrase, de la charte des droits fondamentaux de l'Union européenne (ci-après la « Charte »), de l'article 2, paragraphe 1, de la convention établie sur la base de l'article K.3 du traité sur l'Union européenne, relative à la protection des intérêts financiers des Communautés européennes, signée à Bruxelles le 26 juillet 1995 et annexée à l'acte du Conseil du 26 juillet 1995 (*JO* 1995, C 316, p. 48, ci-après la « convention PIF »), des articles 2 et 12 de la directive (UE) 2017/1371 du Parlement européen et du Conseil, du 5 juillet 2017, relative à la lutte contre la fraude portant atteinte aux intérêts financiers de l'Union au moyen du droit pénal (*JO* 2017, L 198, p. 29, ci-après la « directive PIF »), de la directive 2006/112/CE du Conseil, du 28 novembre 2006, relative au système commun de taxe sur la valeur ajoutée (*JO* 2006, L 347, p. 1), de la décision 2006/928/CE de la Commission, du 13 décembre 2006, établissant un mécanisme de coopération et de vérification des progrès réalisés par la Roumanie en vue d'atteindre certains objectifs de référence spécifiques en matière de réforme du système judiciaire et de lutte contre la corruption (*JO* 2006, L 354, p. 56), ainsi que du principe de primauté du droit de l'Union.

2. Cette demande a été présentée dans le cadre de recours extraordinaires introduits par C.I., C.O., K.A., L.N. et S.P. (ci-après, ensemble, les « demandeurs au principal »), tendant à l'annulation de leur condamnation définitive à des peines d'emprisonnement pour des faits qualifiés de fraude fiscale et d'association de malfaiteurs.

[...]

71. Les première et deuxième questions, qu'il convient d'examiner ensemble, portent sur l'interprétation de l'article 2, de l'article 4, paragraphe 3, et de l'article 19, paragraphe 1, second alinéa, TUE, de l'article 325, paragraphe 1, TFUE, de l'article 49, paragraphe 1, dernière phrase, de la Charte, de l'article 2, paragraphe 1, de la convention PIF ainsi que de la directive 2006/112.

72. Toutefois, il ressort des motifs de la décision de renvoi que les doutes de la juridiction de renvoi à l'origine de ces questions portent, en substance, sur l'interprétation, d'une part, des dispositions du droit de l'Union imposant aux États membres de lutter efficacement contre les atteintes illégales aux intérêts financiers de l'Union et, d'autre part, des garanties découlant du principe de légalité des délits et des peines.

73. Dans ces conditions, il n'y a lieu d'examiner les première et deuxième questions qu'au regard de l'article 325, paragraphe 1, TFUE, de l'article 49, paragraphe 1, de la Charte et de l'article 2, paragraphe 1, de la convention PIF.

74. Il s'ensuit que, par ces questions, la juridiction de renvoi demande, en substance, si ces dispositions doivent être interprétées en ce sens que les juridictions d'un État membre sont tenues de laisser inappliqués, d'une part, des arrêts de la Cour constitutionnelle de cet État membre invalidant la disposition législative nationale qui régit les causes d'interruption du délai de prescription en matière pénale, en raison d'une atteinte au principe de légalité des délits et des peines, dans ses exigences relatives à la prévisibilité et à la précision de la loi pénale, ainsi que, d'autre part, un arrêt de la juridiction suprême dudit État membre, dont il ressort que les règles régissant ces causes d'interruption, telles qu'elles découlent de cette jurisprudence constitutionnelle, peuvent être appliquées rétroactivement en tant que loi pénale plus favorable (lex mitior) afin de remettre en cause des condamnations définitives, étant entendu que ces arrêts ont pour conséquence qu'un nombre considérable d'affaires pénales, y compris des affaires relatives à des infractions de fraude grave portant atteinte aux intérêts financiers de l'Union, seront clôturées en raison de la prescription de la responsabilité pénale.

75. À titre liminaire, il y a lieu de relever que la portée exacte des règles gouvernant, en Roumanie, l'interruption des délais de prescription en matière pénale durant la période allant du 25 juin 2018, date de la publication de l'arrêt n° 297/2018 de la Curtea Constituțională (Cour constitutionnelle), au 30 mai 2022, date de l'entrée en vigueur de l'OUG n° 71/2022, a été débattue par les parties tant dans le cadre de leurs observations écrites que lors de l'audience devant la Cour.

76. Il importe de rappeler, à cet égard, que, dans le cadre de la procédure visée à l'article 267 TFUE, fondée sur une nette séparation des fonctions entre les juridictions nationales et la Cour, le juge national est seul compétent pour constater et apprécier les faits du litige au principal ainsi que pour interpréter et appliquer le droit national [arrêts du 31 janvier 2023, *Puig Gordi e.a.*, C-158/21, EU:C:2023:57, point 61, ainsi que du 21 mars 2023, *Mercedes-Benz Group (Responsabilité des constructeurs de véhicules munis de dispositifs d'invalidation)*, C-100/21, EU:C:2023:229, point 59].

77. En l'occurrence, selon les explications fournies par la juridiction de renvoi, il résulte des arrêts n°s 297/2018 et 358/2022 de la Curtea Constituțională (Cour constitutionnelle), résumés aux points 23 à 29 du présent arrêt, que, durant la période allant du 25 juin 2018 au 30 mai 2022, le droit roumain ne prévoyait aucune cause d'interruption du délai de prescription de la responsabilité pénale. Partant, aux fins de la réponse à apporter aux première et deuxième questions, il y a lieu de considérer que tel était l'état du droit roumain durant cette période.

78. Eu égard à la jurisprudence rappelée au point 76 du présent arrêt, il y a lieu également de répondre à ces questions en se fondant sur l'interprétation donnée par la juridiction de renvoi de l'arrêt n° 67/2022 de l'Înalta Curte de Casație și Justiție (Haute Cour de cassation et de justice), selon laquelle l'interprétation, par cette dernière, du principe de l'application rétroactive de la loi pénale plus favorable (*lex mitior*) permettrait de faire rétroagir les effets de l'absence de causes d'interruption de ce délai en droit roumain à des actes de procédure intervenus avant le 25 juin 2018, à savoir la date de publication de l'arrêt n° 297/2018 de la Curtea Constituțională (Cour constitutionnelle).

Sur la méconnaissance de l'obligation de lutter contre la fraude portant atteinte aux intérêts financiers de l'Union par des mesures dissuasives et effectives.

79. Dans la mesure où il ressort de la décision de renvoi que le litige au principal porte, notamment, sur des faits constitutifs de fraude grave à la TVA, il importe de rappeler qu'il incombe aux États membres de prendre les mesures nécessaires en vue de garantir le prélèvement effectif et intégral des ressources propres de l'Union que sont les recettes provenant de l'application d'un taux uniforme à l'assiette harmonisée de la TVA (arrêt du 21 décembre 2021, *Euro Box Promotion e.a.*, C-357/19, C-379/19, C-547/19, C-811/19 et C-840/19, EU:C:2021:1034, point 182 ainsi que jurisprudence citée).

80. Cela étant, l'édiction de sanctions pénales en vue de protéger les intérêts financiers de l'Union, et notamment la correcte perception de ces recettes, relève d'une compétence partagée entre l'Union et les États membres, au sens de l'article 4, paragraphe 2, TFUE (voir, en ce sens, arrêt du 5 décembre 2017, *M.A.S. et M.B.*, C-42/17, EU:C:2017:936, point 43).

81. En l'occurrence, à la date des faits au principal, le régime de la prescription applicable aux infractions pénales portant atteinte aux intérêts financiers de l'Union n'avait pas fait l'objet d'une harmonisation par le législateur de l'Union, laquelle n'est intervenue qu'ultérieurement, de manière partielle, par l'adoption de la directive PIF (voir, en ce sens, arrêt du 5 décembre 2017, *M.A.S. et M.B.*, C-42/17, EU:C:2017:936, point 44), qui, ainsi qu'il a déjà été relevé au point 64 du présent arrêt, n'est pas applicable au litige en cause au principal.

82. Partant, l'adoption de règles gouvernant la prescription de la responsabilité pénale pour des infractions portant atteinte aux intérêts financiers de l'Union relevait, à la date des faits au principal, de la compétence des États membres. Toutefois, ces États sont tenus, dans l'exercice de cette compétence, de respecter les obligations qui découlent, pour eux, du droit de l'Union (voir, en ce sens, arrêts du 26 février 2019, *Rimšēvičs et BCE/Lettonie*, C-202/18 et C-238/18, EU:C:2019:139, point 57, ainsi que du 21 décembre 2021, *Euro Box Promotion e.a.*, C-357/19, C-379/19, C-547/19, C-811/19 et C-840/19, EU:C:2021:1034, point 216).

83. À cet égard, il importe de souligner, en premier lieu, que l'article 325, paragraphe 1, TFUE impose aux États membres de lutter contre la fraude et toute autre activité illégale portant atteinte aux intérêts financiers de l'Union par des mesures dissuasives et effectives (arrêt du 21 décembre 2021, *Euro Box Promotion e.a.*, C-357/19, C-379/19, C-547/19, C-811/19 et C-840/19, EU:C:2021:1034, point 181 ainsi que jurisprudence citée).

84. Si les États membres disposent d'une liberté de choix en ce qui concerne les sanctions applicables, lesquelles peuvent prendre la forme de sanctions administratives, de sanctions pénales ou d'une combinaison des deux, ils doivent toutefois veiller, conformément à l'article 325, paragraphe 1, TFUE, à ce que les cas de fraude grave ou d'autre activité illégale grave portant atteinte aux intérêts financiers de l'Union soient passibles de sanctions pénales revêtant un caractère effectif et dissuasif [voir, en ce sens, arrêts du 21 décembre 2021, *Euro Box Promotion e.a.*, C-357/19, C-379/19, C-547/19, C-811/19 et C-840/19, EU:C:2021:1034, point 191, ainsi que du 8 mars 2022, *Commission/Royaume-Uni (Lutte contre la fraude à la sous-évaluation)*, C-213/19, EU:C:2022:167, point 219].

85. En second lieu, l'article 2, paragraphe 1, de la convention PIF impose aux États membres de prendre les mesures nécessaires pour que les comportements constitutifs d'une fraude portant atteinte aux intérêts financiers de l'Union, y compris les fraudes à la TVA, soient passibles de sanctions pénales effectives, proportionnées et dissuasives, incluant, au moins dans les cas de fraude grave, à savoir ceux portant sur un montant minimal ne pouvant être fixé par les États membres à plus de 50 000 euros, des peines privatives de liberté (voir, en ce sens, arrêt du 2 mai 2018, *Scialdone*, C-574/15, EU:C:2018:295, point 36 et jurisprudence citée).

86. À ce titre, ces États doivent veiller à ce que les règles de prescription prévues par le droit national permettent une répression effective des infractions liées à de telles fraudes (voir, en ce sens, arrêt du 5 décembre 2017, *M.A.S. et M.B.*, C-42/17, EU:C:2017:936, point 36).

87. En l'occurrence, il ressort des explications fournies par la juridiction de renvoi, telles que résumées aux points 23 à 32 du présent arrêt, que, d'une part, en application des arrêts n°s 297/2018 et 358/2022 de la Curtea Constituțională (Cour constitutionnelle), durant la période allant du 25 juin 2018, date de la publication de cet arrêt n° 297/2018, au 30 mai 2022, date de l'entrée en vigueur de l'OUG n° 71/2022, le droit roumain ne prévoyait aucun cas permettant l'interruption du délai de prescription de la responsabilité pénale et que, d'autre part, selon l'arrêt n° 67/2022 de l'Înalta Curte de Casație și Justiție (Haute Cour de cassation et de justice), cette jurisprudence constitutionnelle peut être invoquée en tant que loi pénale plus favorable (lex mitior), et ce y compris pour remettre en cause des condamnations définitives.

88. En ce qui concerne les effets concrets qui seraient susceptibles de s'attacher à ladite jurisprudence, la juridiction de renvoi indique que, dans le cadre du litige au principal, l'application, en tant que loi pénale plus favorable (lex mitior), de la règle résultant des arrêts n°s 297/2018 et 358/2022 de la Curtea Constituțională (Cour constitutionnelle), selon laquelle, durant la période visée au point précédent, le droit roumain ne prévoyait pas de cause d'interruption du délai de prescription de la responsabilité pénale, aurait pour conséquence que le délai de prescription de dix ans, prévu pour les infractions en cause au principal, aurait expiré avant que la condamnation des demandeurs au principal ne soit devenue définitive, ce qui entraînerait la clôture de la procédure pénale et l'impossibilité de condamner ces derniers.

89. La juridiction de renvoi a également souligné que les arrêts n°s 297/2018 et 358/2022 de la Curtea Constituțională (Cour constitutionnelle) sont susceptibles d'affecter un « nombre considérable d'affaires », y compris des affaires clôturées par le prononcé de condamnations définitives, qui pourraient être remises en cause au moyen de recours extraordinaires tels que ceux en cause au principal.

90. En outre, si, comme il a été relevé au point 65 du présent arrêt, la décision 2006/928 n'est pas applicable en tant que telle à des infractions de fraude fiscale, telles que celles en cause au principal, il n'en reste pas moins que les données présentées par la Commission dans son rapport du 22 novembre 2022 au Parlement européen et au Conseil sur les progrès réalisés par la Roumanie au titre du mécanisme de coopération et de vérification [COM(2022) 664 final], en exécution de l'article 2 de cette décision, confirment l'existence du risque que de nombreux cas de fraude grave portant atteinte aux intérêts financiers de l'Union ne puissent plus être sanctionnés en raison de la prescription de la responsabilité pénale qui s'y rattache. En effet, il ressort de ce rapport, mentionné par la juridiction de renvoi, que les arrêts n°s 297/2018 et 358/2022 de la Curtea Constituțională (Cour constitutionnelle) pourraient conduire « à la clôture de la procédure pénale et à la suppression de la responsabilité pénale dans un très grand nombre d'affaires » et que la situation créée comporte le « risque que des milliers de défendeurs ne soient pas tenus pénalement responsables ».

91. Il peut être déduit des éléments qui précèdent que la situation juridique qui résulte de l'application des arrêts n°s 297/2018 et 358/2022 de la Curtea Constituțională (Cour constitutionnelle) ainsi que de l'arrêt n° 67/2022 de l'Înalta Curte de Casație și Justiție (Haute Cour de cassation et de justice) engendre un risque systémique d'impunité pour les infractions de fraude grave portant atteinte aux intérêts financiers de l'Union, en particulier dans les affaires dont la complexité appelle une instruction plus longue de la part des autorités pénales.

92. Or, l'existence d'un tel risque systémique d'impunité constitue un cas d'incompatibilité avec les exigences de l'article 325, paragraphe 1, TFUE et de l'article 2, paragraphe 1, de la convention PIF, telles que rappelées aux points 83 à 86 du présent arrêt (voir, en ce sens, arrêt du 21 décembre 2021, *Euro Box Promotion e.a.*, C-357/19, C-379/19, C-547/19, C-811/19 et C-840/19, EU:C:2021:1034, point 203).

93. À cet égard, il incombe, au premier chef, au législateur national de prendre les mesures nécessaires pour satisfaire à ces exigences, notamment en adoptant les dispositions nécessaires et, le cas échéant, en modifiant les dispositions existantes afin de garantir que le régime applicable à la poursuite et à la sanction des infractions de fraude grave portant atteinte aux intérêts financiers de l'Union, y compris les règles gouvernant la prescription de la responsabilité pénale, soit conforme aux dispositions de l'article 325, paragraphe 1, TFUE et de l'article 2, paragraphe 1, de la convention PIF. Ce régime doit être conçu de telle manière qu'il ne présente pas, pour des raisons inhérentes à celui-ci, un risque systémique d'impunité des faits constitutifs de telles infractions, tout en assurant la protection des droits fondamentaux des personnes poursuivies (voir, en ce sens, arrêts du 5 décembre 2017, *M.A.S. et M.B.*, C-42/17, EU:C:2017:936, point 41, ainsi que du 21 décembre 2021, *Euro Box Promotion e.a.*, C-357/19, C-379/19, C-547/19, C-811/19 et C-840/19, EU:C:2021:1034, point 193).

94. Or, une situation juridique dans laquelle la réglementation d'un État membre régissant l'interruption du délai de prescription de la responsabilité pénale a été invalidée et, partant, privée d'effet par la Cour constitutionnelle de cet État membre, sans que le législateur national ait remédié à cette situation pendant une période de près de quatre années, est incompatible avec l'obligation, rappelée au points 83 à 86 du présent arrêt, de veiller à ce que les cas de fraude grave portant atteinte aux intérêts financiers de l'Union, commis sur le territoire national, soient passibles de sanctions pénales revêtant un caractère effectif et dissuasif. En effet, une telle situation, qui affecte une disposition à portée générale qui était applicable à toute procédure pénale et dont le non-remplacement, à la suite de sa déclaration d'inconstitutionnalité, n'était prévisible ni par les autorités chargées des poursuites ni par les juridictions pénales, comporte le risque intrinsèque que de nombreux cas de fraude grave portant atteinte aux intérêts financiers de l'Union ne puissent pas être sanctionnés en raison de l'expiration de ce délai, en particulier dans les affaires dont la complexité appelle une instruction plus longue de la part des autorités pénales.

Sur les obligations incombant aux juridictions nationales

95. Il résulte d'une jurisprudence constante que le principe de primauté du droit de l'Union impose au juge national chargé d'appliquer, dans le cadre de sa compétence, les dispositions du droit de l'Union l'obligation, à défaut de pouvoir procéder à une interprétation de la réglementation nationale conforme aux exigences de droit de l'Union, d'assurer le plein effet des exigences de ce droit dans le litige dont il est saisi en laissant au besoin inappliquée, de sa propre autorité, toute réglementation ou pratique nationale, même postérieure, qui est contraire à une disposition du droit de l'Union qui est d'effet direct, sans qu'il ait à demander ou à attendre l'élimination préalable de cette réglementation ou pratique nationale par voie législative ou par tout autre procédé constitutionnel [arrêts du 9 mars 1978, *Simmenthal*, 106/77, EU:C:1978:49, point 24 ; du 24 juin 2019, *Popławski*, C-573/17, EU:C:2019:530, points 61 et 62, ainsi que du 22 février 2022, *RS (Effet des arrêts d'une cour constitutionnelle)*, C-430/21, EU:C:2022:99, point 53].

96. En l'occurrence, l'article 325, paragraphe 1, TFUE et l'article 2, paragraphe 1, de la convention PIF sont formulés en des termes clairs et précis et ne sont assortis d'aucune condition, si bien qu'ils sont d'effet direct (voir, en ce sens, arrêt du 21 décembre 2021, *Euro Box Promotion e.a.*, C-357/19, C-379/19, C-547/19, C-811/19 et C-840/19, EU:C:2021:1034, point 253 ainsi que jurisprudence citée).

97. Dès lors, il incombe, en principe, aux juridictions nationales de donner plein effet aux obligations découlant de l'article 325, paragraphe 1, TFUE et de l'article 2, paragraphe 1, de la convention PIF ainsi que de laisser inappliquées des dispositions internes qui, dans le cadre d'une procédure concernant des fraudes graves portant atteinte aux intérêts financiers de l'Union, font obstacle à l'application de sanctions effectives et dissuasives pour lutter contre de telles infractions (voir, en ce sens, arrêt du 21 décembre 2021, *Euro Box Promotion e.a.*, C-357/19, C-379/19, C-547/19, C-811/19 et C-840/19, EU:C:2021:1034, point 194 ainsi que jurisprudence citée).

98. Il apparaît ainsi que, en principe, les juridictions nationales sont tenues, conformément à cet article 325, paragraphe 1, et à cet article 2, paragraphe 1, de laisser inappliqués les arrêts n°s 297/2018 et 358/2022 de la Curtea Constituțională (Cour constitutionnelle), dont il résulte que, durant la période allant du 25 juin 2018, date de la publication de cet arrêt n° 297/2018, au 30 mai 2022, date de l'entrée en vigueur de l'OUG n° 71/2022, le droit roumain ne prévoyait aucune cause d'interruption du délai de prescription de la responsabilité pénale, dans la mesure où ces arrêts ont pour effet de conduire à la prescription de la responsabilité pénale dans un grand nombre de cas de fraude grave portant atteinte aux intérêts financiers de l'Union et, partant, comme il a été constaté au point 91 du présent arrêt, de créer un risque systémique d'impunité pour de telles infractions.

99. De même, les juridictions nationales sont tenues, en principe, conformément à ces dispositions, de laisser inappliqué l'arrêt n° 67/2022 de l'Înalta Curte de Casație și Justiție (Haute Cour de cassation et de justice), dans la mesure où cet arrêt permet d'invoquer la prescription de la responsabilité pénale, sur le fondement des effets des arrêts nos 297/2018 et 358/2022 de la Curtea Constituţională (Cour constitutionnelle) en tant que loi pénale plus favorable (lex mitior), dans des cas de fraude grave portant atteinte aux intérêts financiers de l'Union et, partant, accroît le risque systémique d'impunité pour de telles infractions.

100. Cependant, il est encore nécessaire de vérifier si l'obligation de laisser inappliqués de tels arrêts se heurte, dans une situation telle que celle en cause au principal, à la protection des droits fondamentaux.

101. À cet égard, il convient de rappeler, en premier lieu, que, ainsi qu'il résulte d'une jurisprudence bien établie, l'obligation de garantir un prélèvement efficace des ressources de l'Union ne dispense pas les juridictions nationales du respect nécessaire des droits fondamentaux garantis par la Charte et des principes généraux du droit de l'Union, dès lors que les procédures pénales ouvertes pour des infractions en matière de TVA constituent une mise en œuvre du droit de l'Union, au sens de l'article 51, paragraphe 1, de la Charte (arrêt du 17 janvier 2019, *Dzivev e.a.*, C-310/16, EU:C:2019:30, point 33, ainsi que, en ce sens, arrêt du 21 décembre 2021, *Euro Box Promotion e.a.*, C-357/19, C-379/19, C-547/19, C-811/19 et C-840/19, EU:C:2021:1034, point 204).

102. En l'occurrence, il résulte des explications fournies par la juridiction de renvoi que la jurisprudence nationale pertinente dans le cadre du litige au principal, résumée aux points 23 à 32 du présent arrêt, est fondée sur deux principes distincts, à savoir, d'une part, s'agissant des arrêts nos 297/2018 et 358/2022 de la Curtea Constituţională (Cour constitutionnelle), le principe de légalité des délits et des peines, dans ses exigences relatives à la prévisibilité et à la précision de la loi pénale, ainsi que, d'autre part, s'agissant de l'arrêt n° 67/2022 de l'Înalta Curte de Casaţie şi Justiţie (Haute Cour de cassation et de justice), le principe de l'application rétroactive de la loi pénale plus favorable (lex mitior), y compris à des condamnations définitives prononcées après le 25 juin 2018.

103. Dans l'ordre juridique de l'Union, le principe de légalité des délits et des peines et le principe de l'application rétroactive de la loi pénale plus favorable (lex mitior) sont consacrés à l'article 49, paragraphe 1, de la Charte.

104. En vertu du principe de légalité des délits et des peines, les dispositions pénales doivent, notamment, assurer l'accessibilité et la prévisibilité en ce qui concerne tant la définition de l'infraction que la détermination de la peine (voir, en ce sens, arrêts du 5 décembre 2017, *M.A.S. et M.B.*, C-42/17, EU:C:2017:936, point 55, ainsi que du 11 juin 2020, *Prokuratura Rejonowa w Słupsku*, C-634/18, EU:C:2020:455, point 48).

105. En outre, l'exigence de précision de la loi applicable, qui est inhérente à ce principe, implique que la loi définisse de manière claire les infractions et les peines qui les répriment. Cette condition se trouve remplie lorsque le justiciable peut savoir, à partir du libellé de la disposition pertinente et, au besoin, à l'aide de l'interprétation qui en est donnée par les tribunaux, quels actes et omissions engagent sa responsabilité pénale (arrêt du 5 décembre 2017, *M.A.S. et M.B.*, C-42/17, EU:C:2017:936, point 56, ainsi que, en ce sens, arrêt du 11 juin 2020, *Prokuratura Rejonowa w Słupsku*, C-634/18, EU:C:2020:455, point 49).

106. Enfin, conformément à la dernière phrase de l'article 49, paragraphe 1, de la Charte, le principe de l'application rétroactive de la loi pénale plus favorable (lex mitior) exige que, si, postérieurement à la commission d'une infraction, la loi prévoit une peine plus légère, celle-ci doit être appliquée.

107. D'abord, l'application de ce dernier principe suppose une succession de régimes juridiques dans le temps et repose sur la constatation que cette succession reflète, au sein de l'ordre juridique concerné, un changement de position soit en ce qui concerne la qualification pénale des faits susceptibles de constituer une infraction, soit en ce qui concerne la peine à appliquer à une telle infraction (voir, en ce sens, arrêt du 7 août 2018, *Clergeau e.a.*, C-115/17, EU:C:2018:651, point 33 ainsi que jurisprudence citée).

108. Ensuite, il ressort de la jurisprudence de la Cour que les règles gouvernant la prescription en matière pénale ne relèvent pas du champ d'application de l'article 49, paragraphe 1, de la Charte (voir, en ce sens, arrêt du 8 septembre 2015, *Taricco e.a.*, C-105/14, EU:C:2015:555, points 54 à 57).

109. Par conséquent, l'obligation, pour les juridictions nationales, de laisser inappliqués les arrêts nos 297/2018 et 358/2022 de la Curtea Constituţională (Cour constitutionnelle) ainsi que l'arrêt n° 67/2022 de l'Înalta Curte de Casaţie şi Justiţie (Haute Cour de cassation et de justice) n'est de nature à porter atteinte ni au principe de prévisibilité, de précision et de non-rétroactivité des délits et des peines ni au principe de l'application rétroactive de la loi pénale plus favorable (lex mitior), tels qu'ils sont garantis à l'article 49, paragraphe 1, de la Charte.

110. En second lieu, il importe de rappeler que, lorsque, comme en l'occurrence, une juridiction d'un État membre est appelée à contrôler la conformité aux droits fondamentaux d'une disposition ou d'une mesure nationale qui, dans une situation dans laquelle l'action des États membres n'est pas entièrement déterminée par le droit de l'Union, met en œuvre ce droit au sens de l'article 51, paragraphe 1, de la Charte, il reste loisible aux autorités et aux juridictions nationales d'appliquer des standards nationaux de protection des droits fondamentaux, pourvu que cette application ne compromette pas le niveau de protection prévu par la Charte, telle qu'interprétée par la Cour, ni la primauté, l'unité et l'effectivité du droit de l'Union (arrêts du 26 février 2013, *Åkerberg Fransson*, C-617/10, EU:C:2013:105, point 29 ; du 5 décembre 2017, *M.A.S. et M.B.*, C-42/17, EU:C:2017:936, point 47, ainsi que du 21 décembre 2021, *Euro Box Promotion e.a.*, C-357/19, C-379/19, C-547/19, C-811/19 et C-840/19, EU:C:2021:1034, point 211).

111. En l'occurrence, selon les explications fournies par la juridiction de renvoi, les arrêts n°s 297/2018 et 358/2022 de la Curtea Constituțională (Cour constitutionnelle) ainsi que l'arrêt n° 67/2022 de l'Înalta Curte de Casație și Justiție (Haute Cour de cassation et de justice) reposent sur la prémisse selon laquelle, en droit roumain, les règles relatives à l'interruption du délai de prescription de la responsabilité pénale relèvent du droit pénal matériel et, par conséquent, sont soumises au principe de légalité des délits et des peines ainsi qu'au principe de l'application rétroactive de la loi pénale plus favorable (lex mitior), tels qu'ils sont garantis par la constitution roumaine. Ces principes doivent, dès lors, être considérés comme des standards nationaux de protection des droits fondamentaux, au sens du point précédent.

112. Il découle de ce qui a été exposé aux points 108 et 109 du présent arrêt que ces standards nationaux de protection des droits fondamentaux ne sont pas de nature, dans des affaires telles que celles en cause au principal, à compromettre le niveau de protection prévu par la Charte, telle qu'interprétée par la Cour.

113. À cet égard, il y a lieu de rappeler l'importance, tant dans l'ordre juridique de l'Union que dans les ordres juridiques nationaux, que revêt le principe de légalité des délits et des peines, dans ses exigences relatives à la prévisibilité, à la précision et à la non-rétroactivité de la loi pénale applicable (arrêt du 5 décembre 2017, *M.A.S. et M.B.*, C-42/17, EU:C:2017:936, point 51).

114. Ces exigences de prévisibilité, de précision et de non-rétroactivité de la loi pénale constituent une expression particulière du principe de sécurité juridique. En effet, ce principe fondamental du droit de l'Union exige, d'une part, que les règles de droit soient claires et précises et, d'autre part, que leur application soit prévisible pour les justiciables, en particulier lorsqu'elles peuvent avoir des conséquences défavorables. Ledit principe constitue un élément essentiel de l'État de droit, lequel est identifié à l'article 2 TUE à la fois en tant que valeur fondatrice de l'Union et en tant que valeur commune aux États membres (voir, en ce sens, arrêts du 28 mars 2017, *Rosneft*, C-72/15, EU:C:2017:236, points 161 et 162, ainsi que du 16 février 2022, *Hongrie/Parlement et Conseil*, C-156/21, EU:C:2022:97, points 136 et 223).

115. En l'occurrence, il convient d'observer que, en jugeant, dans un premier temps, que le législateur roumain avait méconnu le principe constitutionnel de prévisibilité et de précision de la loi pénale en permettant que des actes de procédure interrompent le délai de prescription de la responsabilité pénale, alors même que ces actes n'étaient pas communiqués au suspect ou au prévenu, la Cour constitutionnelle roumaine a fait application d'un standard national de protection des droits fondamentaux qui vient compléter la protection contre l'arbitraire en matière pénale telle qu'offerte par le droit de l'Union, au titre du principe de sécurité juridique. Elle a également fait application d'un tel standard national de protection des droits fondamentaux lorsque, dans un second temps, elle a constaté, en substance, que l'absence d'intervention du législateur roumain pour remplacer la disposition du code pénal relative à l'interruption de ce délai déclarée inconstitutionnelle avait donné lieu à une nouvelle situation dépourvue de clarté et de prévisibilité, en violation de ce principe constitutionnel.

116. C'est au regard de l'importance de cette protection contre l'arbitraire, aussi bien dans l'ordre juridique de l'Union que dans les ordres juridiques des États membres, que la Cour a jugé, en substance, aux points 58 à 62 de l'arrêt du 5 décembre 2017, *M.A.S. et M.B.* (C-42/17, EU:C:2017:936), qu'un standard national de protection visant à consacrer les exigences de prévisibilité, de précision et de non-rétroactivité de la loi pénale, y compris du régime de prescription relatif aux infractions pénales, pouvait faire obstacle à l'obligation qui, dans les circonstances en cause dans l'affaire ayant donné lieu à cet arrêt, incombait aux juridictions nationales en vertu de l'article 325, paragraphes 1 et 2, TFUE, de laisser inappliquées des dispositions nationales gouvernant la prescription en matière pénale, et ce bien que l'application de ces dispositions nationales fût de nature à empêcher l'infliction de sanctions pénales effectives et dissuasives dans un nombre considérable de cas de fraude grave portant atteinte aux intérêts financiers de l'Union.

117. Était également pertinent, à cet égard, le fait que le régime de la prescription applicable aux infractions pénales portant atteinte aux intérêts financiers de l'Union, qui était en cause dans cette affaire, n'avait, comme dans la présente affaire, pas fait l'objet d'une harmonisation complète, ainsi qu'il a été relevé au point 81 du présent arrêt.

118. Eu égard aux considérations figurant aux points 113 à 117 du présent arrêt et à l'instar de ce que la Cour a jugé dans l'arrêt du 5 décembre 2017, *M.A.S. et M.B.* (C-42/17, EU:C:2017:936), il y a, dès lors, lieu de conclure que, dans le cadre d'une affaire telle que celle en cause au principal, les juridictions roumaines ne sont pas tenues de laisser inappliquée la jurisprudence nationale visée au point 111 du présent arrêt, conformément à l'article 325, paragraphe 1, TFUE et à l'article 2, paragraphe 1, de la convention PIF, nonobstant l'existence d'un risque systémique d'impunité des infractions de fraude grave portant atteinte aux intérêts financiers de l'Union, dans la mesure où les arrêts visés à ce point 111 sont fondés sur le principe de légalité des délits et des peines tel que protégé en droit national, dans ses exigences relatives à la prévisibilité et à la précision de la loi pénale, y compris du régime de prescription relatif aux infractions pénales.

119. Il ressort toutefois des explications fournies par la juridiction de renvoi que l'arrêt n° 67/2022 de l'Înalta Curte de Casație și Justiție (Haute Cour de cassation et de justice) serait également fondé sur le principe de l'application rétroactive de la loi pénale plus favorable (lex mitior) découlant des arrêts n°s 297/2018 et 358/2022 de la Curtea Constituțională (Cour constitutionnelle). Selon l'interprétation donnée par la juridiction de renvoi de l'arrêt n° 67/2022 de l'Înalta Curte de Casație și Justiție (Haute Cour de cassation et de justice), cette dernière aurait constaté que ce principe permettrait de faire rétroagir les effets de l'absence de causes d'interruption du délai de prescription de la responsabilité pénale en droit roumain découlant de ces deux arrêts de la Curtea Constituțională (Cour constitutionnelle) à des actes de procédure intervenus avant le 25 juin 2018, à savoir la date de publication de l'arrêt n° 297/2018 de cette dernière juridiction.

120. Or, l'application d'un standard national de protection relatif au principe de l'application rétroactive de la loi pénale plus favorable (lex mitior) doit être distinguée de celle du standard national de protection examiné par la Cour dans l'arrêt du 5 décembre 2017, *M.A.S. et M.B.* (C-42/17, EU:C:2017:936).

121. À cet égard, il ressort de la décision de renvoi que l'application de ce premier standard national de protection est susceptible d'aggraver le risque systémique que des infractions de fraude grave portant atteinte aux intérêts financiers de l'Union échappent à toute sanction pénale, en violation de l'article 325, paragraphe 1, TFUE et de l'article 2, paragraphe 1, de la convention PIF.

122. En effet, contrairement au standard national de protection relatif à la prévisibilité de la loi pénale, qui, selon la juridiction de renvoi, se limite à neutraliser l'effet interruptif d'actes de procédure survenus durant la période allant du 25 juin 2018, date de la publication de l'arrêt n° 297/2018 de la Curtea Constituțională (Cour constitutionnelle), au 30 mai 2022, date de l'entrée en vigueur de l'OUG n° 71/2002, le standard national de protection relatif au principe de l'application rétroactive de la loi pénale plus favorable (lex mitior) permettrait, à tout le moins dans certains cas, de neutraliser l'effet interruptif d'actes de procédure survenus avant même le 25 juin 2018, mais après l'entrée en vigueur du code pénal le 1er février 2014, soit pendant une période de plus de quatre ans.

123. Dans de telles circonstances, compte tenu de la nécessaire mise en balance de ce dernier standard national de protection avec les dispositions de l'article 325, paragraphe 1, TFUE et de l'article 2, paragraphe 1, de la convention PIF, l'application, par un juge national, dudit standard, pour remettre en cause l'interruption du délai de prescription de la responsabilité pénale par des actes de procédure intervenus avant le 25 juin 2018, date de la publication de l'arrêt n° 297/2018 de la Curtea Constituţională (Cour constitutionnelle), doit être considérée comme étant de nature à compromettre la primauté, l'unité et l'effectivité du droit de l'Union, au sens de la jurisprudence rappelée au point 110 du présent arrêt (voir, en ce sens, arrêt du 21 décembre 2021, *Euro Box Promotion e.a.*, C-357/19, C-379/19, C-547/19, C-811/19 et C-840/19, EU:C:2021:1034, point 212).

124. Par conséquent, il y a lieu de considérer que les juridictions nationales ne peuvent, dans le cadre de procédures juridictionnelles visant à sanctionner sur le plan pénal des infractions de fraude grave portant atteinte aux intérêts financiers de l'Union, appliquer le standard national de protection relatif au principe de l'application rétroactive de la loi pénale plus favorable (lex mitior), tel que visé au point 119 du présent arrêt, en vue de remettre en cause l'interruption du délai de prescription de la responsabilité pénale par des actes de procédure intervenus avant le 25 juin 2018, date de la publication de l'arrêt n° 297/2018 de la Curtea Constituţională (Cour constitutionnelle).

125. Eu égard à l'ensemble des considérations qui précèdent, il y a lieu de répondre aux première et deuxième questions que l'article 325, paragraphe 1, TFUE et l'article 2, paragraphe 1, de la convention PIF doivent être interprétés en ce sens que les juridictions d'un État membre ne sont pas tenues de laisser inappliqués les arrêts de la Cour constitutionnelle de cet État membre invalidant la disposition législative nationale qui régit les causes d'interruption du délai de prescription en matière pénale en raison d'une atteinte au principe de légalité des délits et des peines tel que protégé en droit national, dans ses exigences relatives à la prévisibilité et à la précision de la loi pénale, même si ces arrêts ont pour conséquence qu'un nombre considérable d'affaires pénales, y compris des affaires relatives à des infractions de fraude grave portant atteinte aux intérêts financiers de l'Union, seront clôturées en raison de la prescription de la responsabilité pénale. En revanche, lesdites dispositions du droit de l'Union doivent être interprétées en ce sens que les juridictions de cet État membre sont tenues de laisser inappliqué un standard national de protection relatif au principe de l'application rétroactive de la loi pénale plus favorable (lex mitior) qui permet de remettre en cause, y compris dans le cadre de recours dirigés contre des jugements définitifs, l'interruption du délai de prescription de la responsabilité pénale dans de telles affaires par des actes de procédure intervenus avant un tel constat d'invalidité.

Commentaire

L'arrêt adopté le 24 juillet 2023 en grande chambre s'inscrit dans le cadre des jurisprudences *Taricco* et *M.A.S. et M.B.* (1). La Cour de justice précise le cas dans lequel le juge national peut déroger au principe de primauté du droit de l'Union et décider de ne pas laisser inappliquée une norme nationale contraire au droit de l'Union en se fondant sur un standard national de protection des droits fondamentaux. Elle revient ainsi sur la question de la conciliation entre les exigences découlant du principe de primauté du droit de l'Union et la protection des droits fondamentaux.

Le litige au principal au cœur de l'arrêt du 24 juillet 2023 est proche de celui qui était en cause dans l'arrêt *Taricco*. La Cour de justice est saisie de la question de savoir si le respect de l'article 325 TFUE, qui impose aux États de lutter efficacement contre les atteintes illégales aux intérêts financiers de l'Union, impose au juge national de laisser inappliqués des arrêts rendus par des juridictions internes. L'application de ces arrêts au cas d'espèce aurait pour effet d'exonérer les requérants au principal de leur responsabilité pénale pour des infractions de fraude grave portant atteinte aux intérêts financiers de l'Union.

Plusieurs arrêts adoptés par les juridictions nationales sont en cause. Le juge national s'interroge tout d'abord sur l'application au litige au principal de deux arrêts de la Cour constitutionnelle roumaine. Dans le premier, adopté le 25 juin 2018, celle-ci a déclaré inconstitutionnelle une disposition nationale sur l'interruption du délai de prescription de responsabilité pénale. Selon la juridiction constitutionnelle, cette disposition était contraire au principe de légalité des délits et des peines car elle permettait que des actes de procédure interrompent le délai de prescription alors même que ces actes n'étaient pas communiqués au suspect ou au prévenu. Le législateur roumain a tardé à agir et la nouvelle disposition législative déterminant les conditions d'interruption des délais de prescription n'est entrée en vigueur que le 30 mai 2022. Dans le second arrêt du 9 juin 2022, la Cour constitutionnelle est venue préciser qu'entre la publication de sa décision de 2018 et l'entrée en vigueur de la nouvelle disposition législative, le droit positif roumain ne prévoyait aucune cause d'interruption du délai de prescription. Le juge national s'interroge aussi sur l'application au litige d'un arrêt de la Haute Cour de cassation et de justice du 25 octobre 2022 dans laquelle celle-ci a jugé qu'une condamnation définitive peut

(1) CJUE, 8 septembre 2015, *Taricco e.a.*, aff. C-105/14, EU:C:2015:555 ; CJUE, 5 décembre 2017, *M.A.S. et M.B.*, aff. C-42/17, EU:C:2017:936.

en principe faire l'objet d'un recours extraordinaire en annulation fondé sur les effets des arrêts de la Cour constitutionnelle vus précédemment qui constituent la loi pénale plus favorable (*lex mitior*).

Sur le fondement de ces différentes jurisprudences, les requérants au principal ont introduit un recours extraordinaire en annulation. Ils estiment que le droit positif ne prévoyant aucune possibilité de prescription constitue une loi pénale plus favorable qui doit leur être appliquée conformément au principe de l'application de la loi pénale plus favorable. Selon eux, l'application des solutions découlant des arrêts de la Cour constitutionnelle et de la Haute Cour de cassation et de justice a pour effet de les exonérer de leur responsabilité pénale puisque le délai de prescription aurait expiré avant que leur condamnation ne devienne définitive. La question principale qui se posait était donc de savoir si le juge national devait écarter l'application de ces arrêts fondés sur le principe de légalité des délits et des peines et sur le principe de l'application de la loi pénale plus favorable pour assurer le respect de l'article 325 TFUE qui implique que les personnes qui se rendent coupables d'infractions de fraude grave portant atteinte aux intérêts financiers de l'Union doivent être sanctionnées par les États.

Dans cet arrêt la Cour de justice de l'Union réaffirme le principe de primauté du droit de l'Union clairement posé dans l'arrêt *Taricco*. Mais elle précise aussi, dans la lignée de la jurisprudence *M.A.S. et M.B.*, les conditions dans lesquelles il est possible de déroger aux obligations découlant de ce principe pour appliquer des standards nationaux de protection des droits fondamentaux.

La juridiction de l'Union reconnaît tout d'abord que l'absence de réglementation nationale régissant l'interruption du délai de prescription de la responsabilité pénale, en raison de l'invalidation de la disposition par la Cour constitutionnelle et de la lenteur du législateur pour adopter une nouvelle disposition, viole l'obligation imposée aux États notamment par l'article 325 de veiller à ce que les cas de faute graves portant atteinte aux intérêts financiers de l'Union soient passibles de sanctions pénales revêtant un caractère effectif et dissuasif. Elle s'interroge ensuite sur les obligations qui s'imposent au juge national en raison de ce constat d'incompatibilité et place son raisonnement dans le cadre du principe de primauté. Elle rappelle ainsi que « le principe de primauté du droit de l'Union impose au juge national, chargé d'appliquer... les dispositions du droit de l'Union, l'obligation, à défaut de pouvoir procéder à une interprétation de la réglementation nationale conforme aux exigences de droit de l'Union, d'assurer le plein effet des exigences de ce droit dans le litige dont il est saisi en laissant au besoin inappliquée, de sa propre autorité, toute réglementation ou pratique nationale, même postérieure, qui est contraire à une disposition du droit de l'Union qui est d'effet direct, sans qu'il ait à demander ou à attendre l'élimination préalable de cette réglementation ou pratique nationale par voie législative ou par tout autre procédé constitutionnel » (2). Conformément à la jurisprudence *Poplawski* (3), la Cour de justice établit que l'article 325, paragraphe 1, TFUE est d'effet direct et en déduit ensuite que la juridiction nationale doit en principe, pour donner plein effet à ces dispositions, laisser inappliquées les dispositions internes qui font obstacle à l'application de sanctions effectives et dissuasives pour lutter contre les atteintes illégales aux intérêts financiers de l'Union. On en déduit donc que la juridiction nationale doit en principe écarter l'application des arrêts de la Cour constitutionnelle et de la Cour de cassation qui conduirait à exonérer les requérants au principal de leur responsabilité pénale pour des infractions de fraude grave portant une atteinte aux intérêts financiers de l'Union.

Le terme « en principe » est important car la juridiction de l'Union vient tempérer cette obligation. Elle explique que, avant de décider de laisser inappliqués ces arrêts, la juridiction nationale doit vérifier que cette inapplication ne se heurte pas à la protection des droits fondamentaux (4). Dans les développements suivants, la Cour de justice opère donc une conciliation entre le respect du principe de primauté du droit de l'Union et le respect des droits fondamentaux.

Elle ne reprend pas le raisonnement de l'avocat général (5) qui proposait d'européaniser le conflit en intégrant les principes garantis dans les décisions de la Cour constitutionnelle et de la Cour de cassation dans la protection découlant de l'article 49, paragraphe 1, de la charte. Selon elle, la prescription en matière pénale ne relève pas du champ d'application de l'article 49, paragraphe 1, de la charte. En conséquence, l'obligation pour les juridictions nationales de laisser inappliqués les arrêts de la Cour constitutionnelle et de la Cour de cassation n'est de nature à porter atteinte ni au principe de prévisibilité, de précision et de non-rétroactivité des délits et des peines, ni au principe de l'application rétroactive de la loi pénale plus favorable (*lex mitior*), tels qu'ils sont garantis à l'article 49, paragraphe 1, de la charte.

La juridiction de l'Union s'interroge sur la conciliation entre les exigences découlant du principe de primauté de l'Union et les standards nationaux de protection des droits fondamentaux qui fondent

(2) Pt 95 de l'arrêt.

(3) CJUE, 24 juin 2019, *Popławski*, aff. C-573/17, EU:C:2019:530, pts 61 et 62.

(4) Pt 100 de l'arrêt.

(5) Concl. av. gén. M. Campos Sánchez-Bordona, présentées le 29 juin 2023, ECLI:EU:C:2023:532, pts 84 et s.

les décisions de la Cour constitutionnelle et de la Cour de cassation. Il apparaît que cette conciliation peut s'opérer lorsque, comme c'est le cas en l'espèce, une mesure nationale met bien en œuvre le droit de l'Union au sens de l'article 51, paragraphe 1, de la charte mais que l'action des États n'est pas entièrement déterminée par le droit de l'Union européenne. Dans une telle hypothèse, la Cour a reconnu sur le fondement de l'article 53 de la charte (6), qui n'est même pas cité dans l'arrêt, que les États membres peuvent sous certaines conditions appliquer des standards nationaux de protection des droits fondamentaux au détriment du droit de l'Union. La jurisprudence de la Cour (7) pose cependant deux conditions pour qu'une telle application soit possible : il faut que cette application ne compromette pas le niveau de protection prévu par la charte et qu'elle ne remette pas en cause la primauté, l'unité et l'effectivité du droit de l'Union.

La Cour de justice vérifie si ces deux conditions sont remplies en l'espèce. Elle admet tout d'abord que le principe de légalité des délits et des peines et le principe de l'application rétroactive de la loi pénale la plus douce appliqués par la Cour constitutionnelle et la Cour de cassation roumaines sont garantis par la Constitution et doivent être considérés comme standards nationaux protection des droits fondamentaux. Elle reconnaît ensuite que la première condition est remplie pour ces deux principes et qu'ils ne sont pas de nature à compromettre en l'espèce le niveau de protection prévu par la charte.

S'agissant de la deuxième condition, la Cour raisonne au regard de chaque principe de manière distincte. Son contrôle repose une mise en balance entre, d'une part, la nécessité de lutter efficacement contre les atteintes illégales aux intérêts financiers de l'Union qui découle de l'article 325 TFUE et, d'autre part, la nécessité de préserver les standards nationaux de protection des droits fondamentaux.

S'agissant du principe de légalité du délit et des peines, la Cour tranche en faveur de l'application du standard national de protection. Cette solution semble justifiée par l'importance de ce principe,

---

(6) Art. 53 de la charte : « Aucune disposition de la présente Charte ne doit être interprétée comme limitant ou portant atteinte aux droits de l'homme et libertés fondamentales reconnus, dans leur champ d'application respectif, par le droit de l'Union, le droit international et les conventions internationales auxquelles sont parties l'Union, ou tous les États membres, et notamment la Convention européenne de sauvegarde des droits de l'Homme et des libertés fondamentales, ainsi que par les constitutions des États membres ».

(7) CJUE, 26 février 2013, *Melloni*, aff. C-399/11, ECLI:EU:C:2013:107. Voy. aussi CJUE, 26 février 2013, *Åkerberg Fransson*, aff. C-617/10, EU:C:2013:105, pt 29 ; CJUE, 5 décembre 2017, *M.A.S. et M.B.*, aff. C-42/17, EU:C:2017:936, pt 47, ainsi que CJUE, 21 décembre 2021, *Euro Box Promotion e.a.*, aff. C-357/19, C-379/19, C-547/19, C-811/19 et C-840/19, EU:C:2021:1034, pt 211.

notamment dans ses exigences relatives à la prévisibilité, à la précision et à la non-rétroactivité de la loi pénale dans l'ordre juridique de l'Union. La Cour de justice souligne que, dans ses deux arrêts, la Cour constitutionnelle, a fait application d'un standard national de protection des droits fondamentaux qui vient compléter la protection contre l'arbitraire en matière pénale telle qu'offerte par le droit de l'Union au titre du principe de sécurité juridique. Au regard de l'importance de cette protection dans l'Union, la juridiction de l'Union admet qu'un tel standard peut faire obstacle à l'obligation incombant aux juridictions nationales en vertu de l'article 325 TFUE de laisser inappliquées les décisions de la Cour constitutionnelle « nonobstant l'existence d'un risque systémique d'impunité des infractions de fraude grave portant atteinte aux intérêts financiers de l'Union » (8).

La juridiction de l'Union adopte en revanche un raisonnement différent s'agissant du principe de l'application rétroactive de la loi pénale plus favorable. La mise en balance se fait cette fois-ci en faveur de l'application de l'article 325 TFUE. La Cour reconnaît que la juridiction nationale est tenue de laisser inappliqué le standard national de protection consacré dans la décision de la Cour de cassation dans la mesure où une telle application est de nature à compromettre la primauté, l'unité et l'effectivité du droit de l'Union. La juridiction de l'Union justifie sa solution par les effets qu'aurait l'application d'un tel standard de protection. L'application des solutions dégagées par la Cour constitutionnelle en tant que loi pénale plus favorable conduirait à une aggravation du risque systémique d'impunité pour les infractions de fraude grave portant atteinte aux intérêts financiers de l'Union puisqu'elle permettrait, dans certains cas, de neutraliser l'effet interruptif d'actes de procédure survenus pendant une période plus longue de quatre ans par rapport à celle découlant des décisions de la Cour constitutionnelle.

La Cour ne détermine pas clairement les éléments qui sont de nature à faire pencher la balance en faveur de l'application du standard national de protection. Elle semble cependant prendre en compte deux éléments : l'importance que revêt le standard national de protection dans le cadre de l'Union et les conséquences concrètes de l'application de ce standard. On en déduit qu'en l'espèce la juridiction nationale pourra appliquer les décisions de la Cour constitutionnelle, mais devra laisser inappliqué l'arrêt de la Cour de cassation.

Delphine DERO-BUGNY

(8) Pt 118 de l'arrêt.

Cour de justice, 6e ch., 5 octobre 2023, *Osteopathie Van Hauwermeiren*, aff. C-355/22, ECLI:EU:C:2023:737

Mots-clés : Renvoi préjudiciel – Fiscalité – Système commun de taxe sur la valeur ajoutée (TVA) – Maintien des effets d'une réglementation nationale incompatible avec le droit de l'Union

Cadre normatif : directive 2006/112/CE

Notes et observations : P. Bruyas, « Primauté – Éviction du droit national », *Europe*, décembre 2023, n° 12, p. 417

Extraits de l'arrêt

1. La demande de décision préjudicielle porte sur l'interprétation de l'article 267 TFUE.

2. Cette demande a été présentée dans le cadre d'un litige opposant Osteopathie Van Hauwermeiren BV au Belgische Staat (État belge) au sujet d'un procès-verbal ainsi que d'un avis de perception et de recouvrement portant sur la taxe sur la valeur ajoutée (TVA) due pour la période s'étendant de l'année 2013 à l'année 2019, d'une amende et d'intérêts.

[...]

Sur la seconde question

17. À titre liminaire, il y a lieu de rappeler que, selon une jurisprudence constante, dans le cadre de la procédure de coopération entre le juge national et la Cour instituée à l'article 267 TFUE, il appartient à celle-ci de donner au juge national une réponse utile qui lui permette de trancher le litige dont il est saisi. Dans cette optique, il incombe, le cas échéant, à la Cour de reformuler les questions qui lui sont soumises (arrêt du 25 mai 2023, *Danish Fluid System Technologies*, C-368/22, EU:C:2023:427, point 31 et jurisprudence citée).

18. Ainsi qu'il ressort de la décision de renvoi, la seconde question posée par la juridiction de renvoi vise notamment l'hypothèse d'un non-assujettissement à la TVA appliqué à tort.

19. Or, il convient de relever qu'une telle circonstance est étrangère à l'affaire en cause au principal. En effet, il ressort de la décision de renvoi que cette affaire concerne la situation inverse, à savoir une situation d'assujettissement qui, selon la requérante au principal, aurait été appliqué à tort.

20. Dans ces conditions, il convient de considérer que, par sa seconde question, qu'il y a lieu d'examiner en premier lieu, la juridiction de renvoi demande, en substance, si une juridiction nationale peut faire usage d'une disposition nationale l'habilitant à maintenir certains effets d'une disposition de droit national qu'elle a jugée incompatible avec la directive 2006/112, en se fondant sur une impossibilité alléguée de rétrocéder la TVA perçue indûment aux clients des prestations effectuées par un assujetti, notamment en raison du nombre important de personnes concernées ou lorsque ces personnes ne disposent pas d'un système comptable leur permettant d'identifier ces prestations et leur valeur.

[...]

27. À titre liminaire, il convient de rappeler qu'il ressort d'une jurisprudence constante de la Cour que, en vertu du principe de coopération loyale prévu à l'article 4, paragraphe 3, TUE, les États membres sont tenus d'effacer les conséquences illicites d'une violation du droit de l'Union et qu'une telle obligation incombe, dans le cadre de ses compétences, à chaque organe de l'État membre concerné (arrêt du 27 juin 2019, *Belgisch Syndicaat van Chiropraxie e.a.*, C-597/17, EU:C:2019:544, point 54 ainsi que jurisprudence citée).

28. Dès lors, lorsqu'elles constatent qu'une réglementation nationale est incompatible avec le droit de l'Union, les autorités de l'État membre concerné doivent, tout en conservant le choix des mesures à prendre, veiller à ce que, dans les meilleurs délais, le droit national soit mis en conformité avec le droit de l'Union et qu'il soit donné plein effet aux droits que les justiciables tirent du droit de l'Union (arrêt du 27 juin 2019, *Belgisch Syndicaat van Chiropraxie e.a.*, C-597/17, EU:C:2019:544, point 55 ainsi que jurisprudence citée).

29. Dans ce contexte, il appartient aux juridictions nationales valablement saisies d'un recours contre une réglementation nationale incompatible avec la directive 2006/112 de prendre, sur le fondement du droit national, des mesures tendant à écarter la mise en œuvre de cette réglementation (arrêt du 27 juin 2019, *Belgisch Syndicaat van Chiropraxie e.a.*, C-597/17, EU:C:2019:544, point 56).

30. Seule la Cour peut, à titre exceptionnel et pour des considérations impérieuses de sécurité juridique, accorder une suspension provisoire de l'effet d'éviction exercé par une règle du droit de l'Union à l'égard du droit national contraire à celle-ci. Une telle limitation dans le temps des effets de l'interprétation de ce droit donnée par la Cour ne peut être accordée que dans l'arrêt même qui statue sur l'interprétation sollicitée (arrêt du 6 octobre 2020, *La Quadrature du Net e.a.*, C-511/18, C-512/18 et C-520/18, EU:C:2020:791, point 216 ainsi que jurisprudence citée).

31. Il serait porté atteinte à la primauté et à l'application uniforme du droit de l'Union si des juridictions nationales avaient le pouvoir de donner aux dispositions nationales la primauté par rapport au droit de l'Union auquel ces dispositions contreviennent, serait-ce même à titre provisoire (arrêt du 6 octobre 2020, *La Quadrature du Net e.a.*, C-511/18, C-512/18 et C-520/18, EU:C:2020:791, point 217 ainsi que jurisprudence citée).

32. Il importe également de rappeler qu'un arrêt rendu dans le cadre de la procédure de renvoi préjudiciel prévue à l'article 267 TFUE lie le juge national quant à l'interprétation du droit de l'Union pour la solution du litige dont il est saisi [voir, en ce sens, arrêt du 22 février 2022, *RS (Effet des arrêts d'une cour constitutionnelle)*, C-430/21, EU:C:2022:99, point 74].

33. En outre, dès lors que l'interprétation que la Cour donne d'une règle de droit de l'Union, dans l'exercice de la compétence que lui confère l'article 267 TFUE, éclaire et précise, lorsque besoin en est, la signification et la portée de cette règle telle qu'elle doit ou aurait dû être comprise et appliquée depuis le moment de son entrée en vigueur, il y a lieu de considérer qu'une juridiction de droit commun est tenue, en vue d'assurer la pleine efficacité des règles de droit de l'Union, d'écarter, dans un litige dont elle est saisie, les appréciations d'une cour constitutionnelle nationale qui refuse de donner suite à un arrêt rendu à titre préjudiciel par la Cour, même lorsque cet arrêt ne procède pas d'une demande préjudicielle introduite, en lien avec ce litige, par cette juridiction de droit commun [arrêt du 22 février 2022, *RS (Effet des arrêts d'une cour constitutionnelle)*, C-430/21, EU:C:2022:99, point 77].

34. Dans ce contexte, il y a lieu de relever que la Cour a jugé, au point 63 de l'arrêt du 27 juin 2019, *Belgisch Syndicaat van Chiropraxie e.a.* (C-597/17, EU:C:2019:544), que, dans des circonstances telles que celles en cause dans l'affaire ayant donné lieu à cet arrêt, une juridiction nationale ne peut pas faire usage d'une disposition nationale l'habilitant à maintenir certains effets d'un acte annulé pour maintenir provisoirement l'effet de dispositions nationales qu'elle a jugées incompatibles avec la directive 2006/112 jusqu'à leur mise en conformité avec cette directive, en vue, notamment, de limiter les risques d'insécurité juridique résultant de l'effet rétroactif de cette annulation.

35. Les éléments évoqués par la juridiction de renvoi dans la présente affaire ne sauraient justifier une conclusion différente.

36. Est ainsi alléguée l'impossibilité de rétrocéder la TVA perçue indûment aux clients des prestations effectuées par un assujetti, notamment lorsqu'un nombre important de personnes est concerné ou lorsque ces personnes ne disposent pas d'un système comptable leur permettant d'identifier ces prestations et leur valeur. Cela étant, une telle considération relève de difficultés administratives et pratiques auxquelles peuvent être confrontés les autorités nationales compétentes et les opérateurs économiques dans le cadre du remboursement de la TVA indûment acquittée aux clients des prestations.

37. Or, la Cour a précisé que, à supposer même que des considérations impérieuses de sécurité juridique soient de nature à conduire, à titre exceptionnel, à la suspension provisoire de l'effet d'éviction exercé par une règle de droit de l'Union directement applicable à l'égard du droit national contraire à celle-ci, la simple évocation de difficultés budgétaires et administratives qui pourraient résulter de l'annulation des dispositions contestées ne saurait suffire à caractériser des considérations impérieuses de sécurité juridique (arrêt du 27 juin 2019, *Belgisch Syndicaat van Chiropraxie e.a.*, C-597/17, EU:C:2019:544, points 59 et 60 ainsi que jurisprudence citée).

38. En outre, il ressort de la jurisprudence de la Cour que les difficultés administratives et pratiques auxquelles peuvent être confrontées les autorités nationales compétentes ou les opérateurs économiques dans le cadre, notamment, de l'identification des personnes susceptibles de bénéficier d'un remboursement ne sont pas susceptibles, en soi, d'établir un risque de troubles graves et, partant, l'existence de considérations impérieuses de sécurité juridique (voir, en ce sens, arrêts du 5 octobre 2006, *Nádasdi et Németh*, C-290/05 et C-333/05, EU:C:2006:652, points 65 et 70, ainsi que du 22 septembre 2016, *Microsoft Mobile Sales International e.a.*, C-110/15, EU:C:2016:717, points 63 et 64).

39. Eu égard à l'ensemble des considérations qui précèdent, il y a lieu de répondre à la seconde question qu'une juridiction nationale ne peut pas faire usage d'une disposition nationale l'habilitant à maintenir certains effets d'une disposition de droit national qu'elle a jugée incompatible avec la directive 2006/112, en se fondant sur une impossibilité alléguée de rétrocéder la TVA perçue indûment aux clients des prestations effectuées par un assujetti, notamment en raison du nombre important de personnes concernées ou lorsque ces personnes ne disposent pas d'un système comptable leur permettant d'identifier ces prestations et leur valeur.

Commentaire

Dans l'arrêt du 5 octobre 2023, la Cour de justice précise les implications du principe de primauté pour le juge national. Elle répond à la question suivante : un juge national peut-il maintenir, de manière autonome et sans renvoi préjudiciel à la Cour de justice, les effets d'une disposition nationale contraire au droit de l'Union en se fondant sur des considérations impérieuses de sécurité juridique ?

Un rappel du contexte dans lequel la question a été posée permet de mieux comprendre les enjeux. La directive 2006/112 prévoit une exonération fiscale pour les prestations qui remplissent deux conditions. Il doit s'agir d'une prestation de soins à la personne et cette prestation doit être effectuée dans le cadre de l'exercice des professions médicales et paramédicales telles qu'elles sont définies par l'État membre concerné. La réglementation nationale belge a mis en place cette exonération mais ne la prévoyait que pour les praticiens d'une profession médicale ou paramédicale réglementée, ce qui conduisait notamment à exclure les ostéopathes. La Cour constitutionnelle a été saisie par des ostéopathes d'un recours contre cette réglementation nationale. Elle a décidé de poser une question préjudicielle à la Cour de justice sur l'interprétation de la directive 2006/112. Par un arrêt du 27 juin 2019 (9), la Cour de justice a jugé que la directive 2006/112 doit être interprétée en ce sens qu'elle ne réserve pas l'application de l'exonération qu'elle prévoit aux prestations effectuées par des praticiens d'une profession médicale ou paramédicale réglementée par la législation de l'État membre concerné. Dans son arrêt du 5 décembre 2019, la Cour constitutionnelle a tiré les conséquences de l'arrêt de la Cour de justice et a annulé la réglementation nationale en ce qu'elle ne prévoyait pas d'exonération fiscale notamment pour les services d'ostéopathie. Elle a cependant décidé en se fondant sur la réglementation nationale (10), de maintenir les effets de la disposition sur l'exonération de la TVA pour les faits imposables antérieurs au 1er octobre 2019 en se fondant sur des considérations impérieuses de sécurité publique. Le 19 juillet 2020, une société belge spécialisée en ostéopathie, estimant que la décision de la Cour constitutionnelle de maintenir les effets de la réglementation nationale était incompatible avec le droit de l'Union, demande à bénéficier de l'exonération fiscale pour des faits imposables antérieurs au 1er octobre 2019. L'administration fiscale, en application de la décision de la Cour constitutionnelle de 2019, refuse d'octroyer l'exonération et condamne la société au paiement d'une amende et d'intérêts. La juridiction nationale saisie du litige, s'interrogeant sur la compatibilité de la décision de la juridiction constitutionnelle avec le droit de l'Union, pose une question préjudicielle à la Cour de justice. Celle-ci vise à déterminer si une juridiction nationale peut faire usage d'une disposition nationale l'habilitant à maintenir certains effets d'une disposition de droit national incompatible avec la directive 2006/112, en se fondant sur des considérations impérieuses de sécurité juridique tenant à l'impossibilité alléguée de rétrocéder la TVA perçue indûment aux clients des prestations effectuées par un assujetti, notamment en

(9) CJUE, 27 juin 2019, *Belgisch Syndicaat van Chiropraxie e.a.*, aff. C-597/17, EU:C:2019:544.

(10) Art. 8 de la loi spéciale du 6 janvier 1989 sur la Cour constitutionnelle.

raison du nombre important de personnes concernées ou lorsque ces personnes ne disposent pas d'un système comptable leur permettant d'identifier ces prestations et leur valeur.

La Cour de justice répond négativement à cette interrogation. Selon elle, les juridictions nationales saisies d'un recours contre une réglementation nationale incompatible avec la directive 2006/112 doivent prendre des mesures tendant à écarter la mise en œuvre de cette réglementation. Elles n'ont pas le pouvoir de donner aux dispositions nationales la primauté par rapport au droit de l'Union, même à titre provisoire (11). La possibilité pour une juridiction nationale, de sa propre autorité, de maintenir une disposition nationale contraire au droit de l'Union pour des considérations impérieuses de sécurité juridique constituerait une violation du principe de primauté du droit de l'Union mais aussi des effets attachés aux arrêts préjudiciels rendus sur le fondement de l'article 267 TFUE. En effet, l'interprétation donnée par la Cour de justice dans un arrêt préjudiciel éclaire et précise la signification de la règle de droit de l'Union telle qu'elle aurait dû être comprise et appliquée depuis le moment de son entrée en vigueur. Seule la Cour de justice peut, à titre exceptionnel et pour des considérations impérieuses de sécurité juridique, limiter dans le temps les effets de son interprétation et elle doit le faire dans l'arrêt même qui statue sur l'interprétation sollicitée (12). En l'espèce, la Cour a déjà été saisie par la Cour constitutionnelle sur l'interprétation de la directive 2006/112, mais elle n'a pas décidé de limiter dans le temps les effets de son interprétation. Dans son arrêt du 29 juin 2019, elle a même en réalité déjà tranché la question qui lui est soumise dans son arrêt de 2023 puisqu'elle a jugé qu'une juridiction nationale ne peut pas faire usage d'une disposition nationale l'habilitant à maintenir provisoirement l'effet de dispositions nationales qu'elle a jugées incompatibles avec la directive 2006/112 jusqu'à leur mise en conformité avec cette directive, en vue, notamment, de limiter les risques d'insécurité juridique résultant de l'effet rétroactif de cette annulation (13).

En l'espèce, la Cour précise qu'aucune considération impérieuse de sécurité juridique ne peut autoriser le juge national à suspendre provisoirement, à titre exceptionnel, l'effet d'éviction exercé par la directive 2006/112 sur la réglementation nationale. Les considérations invoquées par la juridiction constitutionnelle relèvent en effet de difficultés administratives et pratiques qui ne peuvent pas

(11) CJUE, 6 octobre 2020, *La Quadrature du Net e.a.*, aff. C-511/18, C-512/18 et C-520/18, EU:C:2020:791, pt 217.
(12) *Ibid.*, pt 216.
(13) Pt 63 de l'arrêt.

suffire à caractériser des considérations impérieuses de sécurité juridique (14). Il ressort, en effet, de la jurisprudence de la Cour que les difficultés administratives et pratiques auxquelles peuvent être confrontées les autorités nationales compétentes ou les opérateurs économiques dans le cadre, notamment, de l'identification des personnes susceptibles de bénéficier d'un remboursement ne sont pas susceptibles, en soi, d'établir un risque de troubles graves et, partant, l'existence de considérations impérieuses de sécurité juridique (15).

Delphine Dero-Bugny

(14) CJUE, 27 juin 2019, *Belgisch Syndicaat van Chiropraxie e.a.*, préc., pts 59 et 60.

(15) CJUE, 5 octobre 2006, *Nádasdi et Németh*, aff. C-290/05 et C-333/05, EU:C:2006:652, pts 65 et 70, ainsi que CJUE, 22 septembre 2016, *Microsoft Mobile Sales International e.a.*, aff. C-110/15, EU:C:2016:717, pts 63 et 64.

III. DROITS FONDAMENTAUX

Cour de justice, gde ch., 24 juillet 2023, *Lin*, aff. C-107/23 PPU, ECLI:EU:C:2023:606

Conclusions de l'avocat général M. Campos Sánchez-Bordona, du 29 juin 2023, ECLI:EU:C:2023:532

Mots-clés : Obligation de lutter contre la fraude portant atteinte aux intérêts financiers de l'Union par des mesures dissuasives et effectives – Obligation de prévoir des sanctions pénales – Délai de prescription de la responsabilité pénale – Arrêt d'une Cour constitutionnelle ayant invalidé une disposition nationale régissant les causes d'interruption de ce délai – Risque systémique d'impunité – Principe de légalité des délits et des peines – Exigences de prévisibilité et de précision de la loi pénale – Principe de l'application rétroactive de la loi pénale plus favorable (*lex mitior*) – Principe de sécurité juridique – Standard national de protection des droits fondamentaux – Obligation pour les juridictions d'un État membre de laisser inappliqués des arrêts de la Cour constitutionnelle et/ou de la juridiction suprême de cet État membre en cas de non-conformité au droit de l'Union

Cadre normatif : article 325, paragraphe 1, TFUE ; article 2, paragraphe 1, de la convention PIF ; article 49, paragraphe 1, et article 53 de la charte des droits fondamentaux de l'Union européenne

Notes et observations : M. Abenhaïm et C. Georgieva, « Primauté du droit de l'Union : où en est le "pluralisme constitutionnel" après l'arrêt Lin ? », *Europe*, n° 11, novembre 2023, ét. 7 ; M. Benlolo-Carabot, « Chronique Droit pénal de l'Union européenne. Protection des intérêts financiers de l'Union européenne, primauté du droit de l'Union et standard national de protection des droits fondamentaux : nouvel acte à la saga *Taricco* », *RTDE*, 2023, n° 3, p. 401 ; P. Bonneville, C. Gänser et A. Iljic, « Chronique de jurisprudence de la CJUE. Protection des intérêts financiers de l'Union. Règles de prescription. Principe de primauté », *AJDA*, 2023, n° 29, p. 1542 ; A. Bouveresse, « Droit administratif et droit de l'Union européenne. 1er juillet 2023 – 31 décembre 2023. Le juge. Primauté », *RFDA*, 2024, n° 1, p. 174 ; A. Caiola, « La continuité d'une évolution jurisprudentielle. À la recherche de l'équilibre entre la protection des intérêts financiers de l'Union européenne et le respect du principe de légalité des délits et des peines », *R.A.E.*, 2023, n° 3, p. 783 ; A. ILJIC *et al.*, « Droit fiscal de l'Union européenne : chronique de jurisprudence et de législation. 1er juin 2023 – 31 août 2023 », *RD fisc.*, 30 novembre 2023, n° 48, n° 346

EXTRAITS DE L'ARRÊT

[...]

74. Il s'ensuit que, par ces questions, la juridiction de renvoi demande, en substance, si ces dispositions doivent être interprétées en ce sens que les juridictions d'un État membre sont tenues de laisser inappliqués, d'une part, des arrêts de la Cour constitutionnelle de cet État membre invalidant la disposition législative nationale qui régit les causes d'interruption du délai de prescription en matière pénale, en raison d'une atteinte au principe de légalité des délits et des peines, dans ses exigences relatives à la prévisibilité et à la précision de la loi pénale, ainsi que, d'autre part, un arrêt de la juridiction suprême dudit État membre, dont il ressort que les règles régissant ces causes d'interruption, telles qu'elles découlent de cette jurisprudence constitutionnelle, peuvent être appliquées rétroactivement en tant que loi pénale plus favorable (lex mitior) afin de remettre en cause des condamnations définitives, étant entendu que ces arrêts ont pour conséquence qu'un nombre considérable d'affaires pénales, y compris des affaires relatives à des infractions de fraude grave portant atteinte aux intérêts financiers de l'Union, seront clôturées en raison de la prescription de la responsabilité pénale.

75. À titre liminaire, il y a lieu de relever que la portée exacte des règles gouvernant, en Roumanie, l'interruption des délais de prescription en matière pénale durant la période allant du 25 juin 2018, date de la publication de l'arrêt n° 297/2018 de la Curtea Constituțională (Cour constitutionnelle), au 30 mai 2022, date de l'entrée en vigueur de l'OUG n° 71/2022, a été débattue par les parties tant dans le cadre de leurs observations écrites que lors de l'audience devant la Cour.

76. Il importe de rappeler, à cet égard, que, dans le cadre de la procédure visée à l'article 267 TFUE, fondée sur une nette séparation des fonctions entre les juridictions nationales et la Cour, le juge national est seul compétent pour constater et apprécier les faits du litige au principal ainsi que pour interpréter et appliquer le droit national [arrêts du 31 janvier 2023, *Puig Gordi e.a.*, C-158/21, EU:C:2023:57, point 61, ainsi que du 21 mars 2023, *Mercedes-Benz Group (Responsabilité des constructeurs de véhicules munis de dispositifs d'invalidation)*, C-100/21, EU:C:2023:229, point 59].

77. En l'occurrence, selon les explications fournies par la juridiction de renvoi, il résulte des arrêts n°s 297/2018 et 358/2022 de la Curtea Constituțională (Cour constitutionnelle), résumés aux points 23 à 29 du présent arrêt, que, durant la période allant du 25 juin 2018 au 30 mai 2022, le droit roumain ne prévoyait aucune cause d'interruption du délai de prescription de la responsabilité pénale. Partant, aux fins de la réponse à apporter aux première et deuxième questions, il y a lieu de considérer que tel était l'état du droit roumain durant cette période.

78. Eu égard à la jurisprudence rappelée au point 76 du présent arrêt, il y a lieu également de répondre à ces questions en se fondant sur l'interprétation donnée par la juridiction de renvoi de l'arrêt n° 67/2022 de l'Înalta Curte de Casație și Justiție (Haute Cour de cassation et de justice), selon laquelle l'interprétation, par cette dernière, du principe de l'application rétroactive de la loi pénale plus favorable (lex mitior) permettrait de faire rétroagir les effets de l'absence de causes d'interruption de ce délai en droit roumain à des actes de procédure intervenus avant le 25 juin 2018, à savoir la date de publication de l'arrêt n° 297/2018 de la Curtea Constituțională (Cour constitutionnelle).

Sur la méconnaissance de l'obligation de lutter contre la fraude portant atteinte aux intérêts financiers de l'Union par des mesures dissuasives et effectives

79. Dans la mesure où il ressort de la décision de renvoi que le litige au principal porte, notamment, sur des faits constitutifs de fraude grave à la TVA, il importe de rappeler qu'il incombe aux États membres de prendre les mesures nécessaires en vue de garantir le prélèvement effectif et intégral des ressources propres de l'Union que sont les recettes provenant de l'application d'un taux uniforme à l'assiette harmonisée de la TVA (arrêt du 21 décembre 2021, *Euro Box Promotion e.a.*, C-357/19, C-379/19, C-547/19, C-811/19 et C-840/19, EU:C:2021:1034, point 182 ainsi que jurisprudence citée).

80. Cela étant, l'édiction de sanctions pénales en vue de protéger les intérêts financiers de l'Union, et notamment la correcte perception de ces recettes, relève d'une compétence partagée entre l'Union et les États membres, au sens de l'article 4, paragraphe 2, TFUE (voir, en ce sens, arrêt du 5 décembre 2017, *M.A.S. et M.B.*, C-42/17, EU:C:2017:936, point 43).

81. En l'occurrence, à la date des faits au principal, le régime de la prescription applicable aux infractions pénales portant atteinte aux intérêts financiers de l'Union n'avait pas fait l'objet d'une harmonisation par le législateur de l'Union, laquelle n'est intervenue qu'ultérieurement, de manière partielle, par l'adoption de la directive PIF (voir, en ce sens, arrêt du 5 décembre 2017, *M.A.S. et M.B.*, C-42/17, EU:C:2017:936, point 44), qui, ainsi qu'il a déjà été relevé au point 64 du présent arrêt, n'est pas applicable au litige en cause au principal.

82. Partant, l'adoption de règles gouvernant la prescription de la responsabilité pénale pour des infractions portant atteinte aux intérêts financiers de l'Union relevait, à la date des faits au principal, de la compétence des États membres. Toutefois, ces États sont tenus, dans l'exercice de cette compétence, de respecter les obligations qui découlent, pour eux, du droit de l'Union (voir, en ce sens, arrêts du 26 février 2019, *Rimšēvičs et BCE/Lettonie*, C-202/18 et C-238/18, EU:C:2019:139, point 57, ainsi que du 21 décembre 2021, *Euro Box Promotion e.a.*, C-357/19, C-379/19, C-547/19, C-811/19 et C-840/19, EU:C:2021:1034, point 216).

83. À cet égard, il importe de souligner, en premier lieu, que l'article 325, paragraphe 1, TFUE impose aux États membres de lutter contre la fraude et toute autre activité illégale portant atteinte aux intérêts financiers de l'Union par des mesures dissuasives et effectives (arrêt du 21 décembre 2021, *Euro Box Promotion e.a.*, C-357/19, C-379/19, C-547/19, C-811/19 et C-840/19, EU:C:2021:1034, point 181 ainsi que jurisprudence citée).

84. Si les États membres disposent d'une liberté de choix en ce qui concerne les sanctions applicables, lesquelles peuvent prendre la forme de sanctions administratives, de sanctions pénales ou d'une combinaison des deux, ils doivent toutefois veiller, conformément à l'article 325, paragraphe 1, TFUE, à ce que les cas de fraude grave ou d'autre activité illégale grave portant atteinte aux intérêts financiers de l'Union soient passibles de sanctions pénales revêtant un caractère effectif et dissuasif [voir, en ce sens, arrêts du 21 décembre 2021, *Euro Box Promotion e.a.*, C-357/19, C-379/19, C-547/19, C-811/19 et C-840/19, EU:C:2021:1034, point 191, ainsi que du 8 mars 2022, *Commission/Royaume-Uni (Lutte contre la fraude à la sous-évaluation)*, C-213/19, EU:C:2022:167, point 219].

85. En second lieu, l'article 2, paragraphe 1, de la convention PIF impose aux États membres de prendre les mesures nécessaires pour que les comportements constitutifs d'une fraude portant atteinte aux intérêts financiers de l'Union, y compris les fraudes à la TVA, soient passibles de sanctions pénales effectives, proportionnées et dissuasives, incluant, au moins dans les cas de fraude grave, à savoir ceux portant sur un montant minimal ne pouvant être fixé par les États membres à plus de 50 000 euros, des peines privatives de liberté (voir, en ce sens, arrêt du 2 mai 2018, *Scialdone*, C-574/15, EU:C:2018:295, point 36 et jurisprudence citée).

86. À ce titre, ces États doivent veiller à ce que les règles de prescription prévues par le droit national permettent une répression effective des infractions liées à de telles fraudes (voir, en ce sens, arrêt du 5 décembre 2017, *M.A.S. et M.B.*, C-42/17, EU:C:2017:936, point 36).

87. En l'occurrence, il ressort des explications fournies par la juridiction de renvoi, telles que résumées aux points 23 à 32 du présent arrêt, que, d'une part, en application des arrêts n°s 297/2018 et 358/2022 de la *Curtea Constituţională* (Cour constitutionnelle), durant la période allant du 25 juin 2018, date de la publication de cet arrêt n° 297/2018, au 30 mai 2022, date de l'entrée en vigueur de l'OUG n° 71/2022, le droit roumain ne prévoyait aucun cas permettant l'interruption du délai de prescription de la responsabilité pénale et que, d'autre part, selon l'arrêt n° 67/2022 de l'Înalta Curte de Casaţie şi Justiţie (Haute Cour de cassation et de justice), cette jurisprudence constitutionnelle peut être invoquée en tant que loi pénale plus favorable (lex mitior), et ce y compris pour remettre en cause des condamnations définitives.

88. En ce qui concerne les effets concrets qui seraient susceptibles de s'attacher à ladite jurisprudence, la juridiction de renvoi indique que, dans le cadre du litige au principal, l'application, en tant que loi pénale plus favorable (lex mitior), de la règle résultant des arrêts n°s 297/2018 et 358/2022 de la Curtea Constituţională (Cour constitutionnelle), selon laquelle, durant la période visée au point précédent, le droit roumain ne prévoyait pas de cause d'interruption du délai de prescription de la responsabilité pénale, aurait pour conséquence que le délai de prescription de dix ans, prévu pour les infractions en cause au principal, aurait expiré avant que la condamnation des demandeurs au principal ne soit devenue définitive, ce qui entraînerait la clôture de la procédure pénale et l'impossibilité de condamner ces derniers.

89. La juridiction de renvoi a également souligné que les arrêts n°s 297/2018 et 358/2022 de la Curtea Constituţională (Cour constitutionnelle) sont susceptibles d'affecter un « nombre considérable d'affaires », y compris des affaires clôturées par le prononcé de condamnations définitives, qui pourraient être remises en cause au moyen de recours extraordinaires tels que ceux en cause au principal.

90. En outre, si, comme il a été relevé au point 65 du présent arrêt, la décision 2006/928 n'est pas applicable en tant que telle à des infractions de fraude fiscale, telles que celles en cause au principal, il n'en reste pas moins que les données présentées par la Commission dans son rapport du 22 novembre 2022 au Parlement européen et au Conseil sur les progrès réalisés par la Roumanie au titre du mécanisme de coopération et de vérification [COM(2022) 664 final], en exécution de l'article 2 de cette décision, confirment l'existence du risque que de nombreux cas de fraude grave portant atteinte aux intérêts financiers de l'Union ne puissent plus être sanctionnés en raison de la prescription de la responsabilité pénale qui s'y rattache. En effet, il ressort de ce rapport, mentionné par la juridiction de renvoi, que les arrêts n°s 297/2018 et 358/2022 de la Curtea Constituțională (Cour constitutionnelle) pourraient conduire « à la clôture de la procédure pénale et à la suppression de la responsabilité pénale dans un très grand nombre d'affaires » et que la situation créée comporte le « risque que des milliers de défendeurs ne soient pas tenus pénalement responsables ».

91. Il peut être déduit des éléments qui précèdent que la situation juridique qui résulte de l'application des arrêts n°s 297/2018 et 358/2022 de la Curtea Constituțională (Cour constitutionnelle) ainsi que de l'arrêt n° 67/2022 de l'Înalta Curte de Casație și Justiție (Haute Cour de cassation et de justice) engendre un risque systémique d'impunité pour les infractions de fraude grave portant atteinte aux intérêts financiers de l'Union, en particulier dans les affaires dont la complexité appelle une instruction plus longue de la part des autorités pénales.

92. Or, l'existence d'un tel risque systémique d'impunité constitue un cas d'incompatibilité avec les exigences de l'article 325, paragraphe 1, TFUE et de l'article 2, paragraphe 1, de la convention PIF, telles que rappelées aux points 83 à 86 du présent arrêt (voir, en ce sens, arrêt du 21 décembre 2021, *Euro Box Promotion e.a.*, C-357/19, C-379/19, C-547/19, C-811/19 et C-840/19, EU:C:2021:1034, point 203).

93. À cet égard, il incombe, au premier chef, au législateur national de prendre les mesures nécessaires pour satisfaire à ces exigences, notamment en adoptant les dispositions nécessaires et, le cas échéant, en modifiant les dispositions existantes afin de garantir que le régime applicable à la poursuite et à la sanction des infractions de fraude grave portant atteinte aux intérêts financiers de l'Union, y compris les règles gouvernant la prescription de la responsabilité pénale, soit conforme aux dispositions de l'article 325, paragraphe 1, TFUE et de l'article 2, paragraphe 1, de la convention PIF. Ce régime doit être conçu de telle manière qu'il ne présente pas, pour des raisons inhérentes à celui-ci, un risque systémique d'impunité des faits constitutifs de telles infractions, tout en assurant la protection des droits fondamentaux des personnes poursuivies (voir, en ce sens, arrêts du 5 décembre 2017, *M.A.S. et M.B.*, C-42/17, EU:C:2017:936, point 41, ainsi que du 21 décembre 2021, *Euro Box Promotion e.a.*, C-357/19, C-379/19, C-547/19, C-811/19 et C-840/19, EU:C:2021:1034, point 193).

94. Or, une situation juridique dans laquelle la réglementation d'un État membre régissant l'interruption du délai de prescription de la responsabilité pénale a été invalidée et, partant, privée d'effet par la Cour constitutionnelle de cet État membre, sans que le législateur national ait remédié à cette situation pendant une période de près de quatre années, est incompatible avec l'obligation, rappelée au points 83 à 86 du présent arrêt, de veiller à ce que les cas de fraude grave portant atteinte aux intérêts financiers de l'Union, commis sur le territoire national, soient passibles de sanctions pénales revêtant un caractère effectif et dissuasif. En effet, une telle situation, qui affecte une disposition à portée générale qui était applicable à toute procédure pénale et dont le non-remplacement, à la suite de sa déclaration d'inconstitutionnalité, n'était prévisible ni par les autorités chargées des poursuites ni par les juridictions pénales, comporte le risque intrinsèque que de nombreux cas de fraude grave portant atteinte aux intérêts financiers de l'Union ne puissent pas être sanctionnés en raison de l'expiration de ce délai, en particulier dans les affaires dont la complexité appelle une instruction plus longue de la part des autorités pénales.

Sur les obligations incombant aux juridictions nationales

95. Il résulte d'une jurisprudence constante que le principe de primauté du droit de l'Union impose au juge national chargé d'appliquer, dans le cadre de sa compétence, les dispositions du droit de l'Union l'obligation, à défaut de pouvoir procéder à une interprétation de la réglementation nationale conforme aux exigences de droit de l'Union, d'assurer le plein effet des exigences de ce droit dans le litige dont il est saisi en laissant au besoin inappliquée, de sa propre autorité, toute réglementation ou pratique nationale, même postérieure, qui est contraire à une disposition du droit de l'Union qui est d'effet direct, sans qu'il ait à demander ou à attendre l'élimination préalable de cette réglementation ou pratique nationale par voie législative ou par tout autre procédé constitutionnel [arrêts du 9 mars 1978, *Simmenthal*, 106/77, EU:C:1978:49, point 24 ; du 24 juin 2019, *Popławski*, C-573/17, EU:C:2019:530, points 61 et 62, ainsi que du 22 février 2022, *RS (Effet des arrêts d'une cour constitutionnelle)*, C-430/21, EU:C:2022:99, point 53].

96. En l'occurrence, l'article 325, paragraphe 1, TFUE et l'article 2, paragraphe 1, de la convention PIF sont formulés en des termes clairs et précis et ne sont assortis d'aucune condition, si bien qu'ils sont d'effet direct (voir, en ce sens, arrêt du 21 décembre 2021, *Euro Box Promotion e.a.*, C-357/19, C-379/19, C-547/19, C-811/19 et C-840/19, EU:C:2021:1034, point 253 ainsi que jurisprudence citée).

97. Dès lors, il incombe, en principe, aux juridictions nationales de donner plein effet aux obligations découlant de l'article 325, paragraphe 1, TFUE et de l'article 2, paragraphe 1, de la convention PIF ainsi que de laisser inappliquées des dispositions internes qui, dans le cadre d'une procédure concernant des fraudes graves portant atteinte aux intérêts financiers de l'Union, font obstacle à l'application de sanctions effectives et dissuasives pour lutter contre de telles infractions (voir, en ce sens, arrêt du 21 décembre 2021, *Euro Box Promotion e.a.*, C-357/19, C-379/19, C-547/19, C-811/19 et C-840/19, EU:C:2021:1034, point 194 ainsi que jurisprudence citée).

98. Il apparaît ainsi que, en principe, les juridictions nationales sont tenues, conformément à cet article 325, paragraphe 1, et à cet article 2, paragraphe 1, de laisser inappliqués les arrêts n°s 297/2018 et 358/2022 de la Curtea Constituțională (Cour constitutionnelle), dont il résulte que, durant la période allant du 25 juin 2018, date de la publication de cet arrêt n° 297/2018, au 30 mai 2022, date de l'entrée en vigueur de l'OUG n° 71/2022, le droit roumain ne prévoyait aucune cause d'interruption du délai de prescription de la responsabilité pénale, dans la mesure où ces arrêts ont pour effet de conduire à la prescription de la responsabilité pénale dans un grand nombre de cas de fraude grave portant atteinte aux intérêts financiers de l'Union et, partant, comme il a été constaté au point 91 du présent arrêt, de créer un risque systémique d'impunité pour de telles infractions.

99. De même, les juridictions nationales sont tenues, en principe, conformément à ces dispositions, de laisser inappliqué l'arrêt n° 67/2022 de l'Înalta Curte de Casație și Justiție (Haute Cour de cassation et de justice), dans la mesure où cet arrêt permet d'invoquer la prescription de la responsabilité pénale, sur le fondement des effets des arrêts n°s 297/2018 et 358/2022 de la Curtea Constituțională (Cour constitutionnelle) en tant que loi pénale plus favorable (lex mitior), dans des cas de fraude grave portant atteinte aux intérêts financiers de l'Union et, partant, accroît le risque systémique d'impunité pour de telles infractions.

100. Cependant, il est encore nécessaire de vérifier si l'obligation de laisser inappliqués de tels arrêts se heurte, dans une situation telle que celle en cause au principal, à la protection des droits fondamentaux.

101. À cet égard, il convient de rappeler, en premier lieu, que, ainsi qu'il résulte d'une jurisprudence bien établie, l'obligation de garantir un prélèvement efficace des ressources de l'Union ne dispense pas les juridictions nationales du respect nécessaire des droits fondamentaux garantis par la Charte et des principes généraux du droit de l'Union, dès lors que les procédures pénales ouvertes pour des infractions en matière de TVA constituent une mise en œuvre du droit de l'Union, au sens de l'article 51, paragraphe 1, de la Charte (arrêt du 17 janvier 2019, *Dzivev e.a.*, C-310/16, EU:C:2019:30, point 33, ainsi que, en ce sens, arrêt du 21 décembre 2021, *Euro Box Promotion e.a.*, C-357/19, C-379/19, C-547/19, C-811/19 et C-840/19, EU:C:2021:1034, point 204).

102. En l'occurrence, il résulte des explications fournies par la juridiction de renvoi que la jurisprudence nationale pertinente dans le cadre du litige au principal, résumée aux points 23 à 32 du présent arrêt, est fondée sur deux principes distincts, à savoir, d'une part, s'agissant des arrêts n°s 297/2018 et 358/2022 de la Curtea Constituțională (Cour constitutionnelle), le principe de légalité des délits et des peines, dans ses exigences relatives à la prévisibilité et à la précision de la loi pénale, ainsi que, d'autre part, s'agissant de l'arrêt n° 67/2022 de l'Înalta Curte de Casație și Justiție (Haute Cour de cassation et de justice), le principe de l'application rétroactive de la loi pénale plus favorable (lex mitior), y compris à des condamnations définitives prononcées après le 25 juin 2018.

103. Dans l'ordre juridique de l'Union, le principe de légalité des délits et des peines et le principe de l'application rétroactive de la loi pénale plus favorable (lex mitior) sont consacrés à l'article 49, paragraphe 1, de la Charte.

104. En vertu du principe de légalité des délits et des peines, les dispositions pénales doivent, notamment, assurer l'accessibilité et la prévisibilité en ce qui concerne tant la définition de l'infraction que la détermination de la peine (voir, en ce sens, arrêts du 5 décembre 2017, *M.A.S. et M.B.*, C-42/17, EU:C:2017:936, point 55, ainsi que du 11 juin 2020, *Prokuratura Rejonowa w Słupsku*, C-634/18, EU:C:2020:455, point 48).

105. En outre, l'exigence de précision de la loi applicable, qui est inhérente à ce principe, implique que la loi définisse de manière claire les infractions et les peines qui les répriment. Cette condition se trouve remplie lorsque le justiciable peut savoir, à partir du libellé de la disposition pertinente et, au besoin, à l'aide de l'interprétation qui en est donnée par les tribunaux, quels actes et omissions engagent sa responsabilité pénale (arrêt du 5 décembre 2017, *M.A.S. et M.B.*, C-42/17, EU:C:2017:936, point 56, ainsi que, en ce sens, arrêt du 11 juin 2020, *Prokuratura Rejonowa w Słupsku*, C-634/18, EU:C:2020:455, point 49).

106. Enfin, conformément à la dernière phrase de l'article 49, paragraphe 1, de la Charte, le principe de l'application rétroactive de la loi pénale plus favorable (lex mitior) exige que, si, postérieurement à la commission d'une infraction, la loi prévoit une peine plus légère, celle-ci doit être appliquée.

107. D'abord, l'application de ce dernier principe suppose une succession de régimes juridiques dans le temps et repose sur la constatation que cette succession reflète, au sein de l'ordre juridique concerné, un changement de position soit en ce qui concerne la qualification pénale des faits susceptibles de constituer une infraction, soit en ce qui concerne la peine à appliquer à une telle infraction (voir, en ce sens, arrêt du 7 août 2018, *Clergeau e.a.*, C-115/17, EU:C:2018:651, point 33 ainsi que jurisprudence citée).

108. Ensuite, il ressort de la jurisprudence de la Cour que les règles gouvernant la prescription en matière pénale ne relèvent pas du champ d'application de l'article 49, paragraphe 1, de la Charte (voir, en ce sens, arrêt du 8 septembre 2015, *Taricco e.a.*, C-105/14, EU:C:2015:555, points 54 à 57).

109. Par conséquent, l'obligation, pour les juridictions nationales, de laisser inappliqués les arrêts n°s 297/2018 et 358/2022 de la Curtea Constituțională (Cour constitutionnelle) ainsi que l'arrêt n° 67/2022 de l'Înalta Curte de Casație și Justiție (Haute Cour de cassation et de justice) n'est de nature à porter atteinte ni au principe de prévisibilité, de précision et de non-rétroactivité des délits et des peines ni au principe de l'application rétroactive de la loi pénale plus favorable (lex mitior), tels qu'ils sont garantis à l'article 49, paragraphe 1, de la Charte.

110. En second lieu, il importe de rappeler que, lorsque, comme en l'occurrence, une juridiction d'un État membre est appelée à contrôler la conformité aux droits fondamentaux d'une disposition ou d'une mesure nationale qui, dans une situation dans laquelle l'action des États membres n'est pas entièrement déterminée par le droit de l'Union, met en œuvre ce droit au sens de l'article 51, paragraphe 1, de la Charte, il reste loisible aux autorités et aux juridictions nationales d'appliquer des standards nationaux de protection des droits fondamentaux, pourvu que cette application ne compromette pas le niveau de protection prévu par la Charte, telle qu'interprétée par la Cour, ni la primauté, l'unité et l'effectivité du droit de l'Union (arrêts du 26 février 2013, *Åkerberg Fransson*, C-617/10, EU:C:2013:105, point 29 ; du 5 décembre 2017, *M.A.S. et M.B.*, C-42/17, EU:C:2017:936, point 47, ainsi que du 21 décembre 2021, *Euro Box Promotion e.a.*, C-357/19, C-379/19, C-547/19, C-811/19 et C-840/19, EU:C:2021:1034, point 211).

111. En l'occurrence, selon les explications fournies par la juridiction de renvoi, les arrêts n°s 297/2018 et 358/2022 de la Curtea Constituțională (Cour constitutionnelle) ainsi que l'arrêt n° 67/2022 de l'Înalta Curte de Casație și Justiție (Haute Cour de cassation et de justice) reposent sur la prémisse selon laquelle, en droit roumain, les règles relatives à l'interruption du délai de prescription de la responsabilité pénale relèvent du droit pénal matériel et, par conséquent, sont soumises au principe de légalité des délits et des peines ainsi qu'au principe de l'application rétroactive de la loi pénale plus favorable (lex mitior), tels qu'ils sont garantis par la constitution roumaine. Ces principes doivent, dès lors, être considérés comme des standards nationaux de protection des droits fondamentaux, au sens du point précédent.

112. Il découle de ce qui a été exposé aux points 108 et 109 du présent arrêt que ces standards nationaux de protection des droits fondamentaux ne sont pas de nature, dans des affaires telles que celles en cause au principal, à compromettre le niveau de protection prévu par la Charte, telle qu'interprétée par la Cour.

113. À cet égard, il y a lieu de rappeler l'importance, tant dans l'ordre juridique de l'Union que dans les ordres juridiques nationaux, que revêt le principe de légalité des délits et des peines, dans ses exigences relatives à la prévisibilité, à la précision et à la non-rétroactivité de la loi pénale applicable (arrêt du 5 décembre 2017, *M.A.S. et M.B.*, C-42/17, EU:C:2017:936, point 51).

114. Ces exigences de prévisibilité, de précision et de non-rétroactivité de la loi pénale constituent une expression particulière du principe de sécurité juridique. En effet, ce principe fondamental du droit de l'Union exige, d'une part, que les règles de droit soient claires et précises et, d'autre part, que leur application soit prévisible pour les justiciables, en particulier lorsqu'elles peuvent avoir des conséquences défavorables. Ledit principe constitue un élément essentiel de l'État de droit, lequel est identifié à l'article 2 TUE à la fois en tant que valeur fondatrice de l'Union et en tant que valeur commune aux États membres (voir, en ce sens, arrêts du 28 mars 2017, *Rosneft*, C-72/15, EU:C:2017:236, points 161 et 162, ainsi que du 16 février 2022, *Hongrie/Parlement et Conseil*, C-156/21, EU:C:2022:97, points 136 et 223).

115. En l'occurrence, il convient d'observer que, en jugeant, dans un premier temps, que le législateur roumain avait méconnu le principe constitutionnel de prévisibilité et de précision de la loi pénale en permettant que des actes de procédure interrompent le délai de prescription de la responsabilité pénale, alors même que ces actes n'étaient pas communiqués au suspect ou au prévenu, la Cour constitutionnelle roumaine a fait application d'un standard national de protection des droits fondamentaux qui vient compléter la protection contre l'arbitraire en matière pénale telle qu'offerte par le droit de l'Union, au titre du principe de sécurité juridique. Elle a également fait application d'un tel standard national de protection des droits fondamentaux lorsque, dans un second temps, elle a constaté, en substance, que l'absence d'intervention du législateur roumain pour remplacer la disposition du code pénal relative à l'interruption de ce délai déclarée inconstitutionnelle avait donné lieu à une nouvelle situation dépourvue de clarté et de prévisibilité, en violation de ce principe constitutionnel.

116. C'est au regard de l'importance de cette protection contre l'arbitraire, aussi bien dans l'ordre juridique de l'Union que dans les ordres juridiques des États membres, que la Cour a jugé, en substance, aux points 58 à 62 de l'arrêt du 5 décembre 2017, *M.A.S. et M.B.* (C-42/17, EU:C:2017:936), qu'un standard national de protection visant à consacrer les exigences de prévisibilité, de précision et de non-rétroactivité de la loi pénale, y compris du régime de prescription relatif aux infractions pénales, pouvait faire obstacle à l'obligation qui, dans les circonstances en cause dans l'affaire ayant donné lieu à cet arrêt, incombait aux juridictions nationales en vertu de l'article 325, paragraphes 1 et 2, TFUE, de laisser inappliquées des dispositions nationales gouvernant la prescription en matière pénale, et ce bien que l'application de ces dispositions nationales fût de nature à empêcher l'infliction de sanctions pénales effectives et dissuasives dans un nombre considérable de cas de fraude grave portant atteinte aux intérêts financiers de l'Union.

117. Était également pertinent, à cet égard, le fait que le régime de la prescription applicable aux infractions pénales portant atteinte aux intérêts financiers de l'Union, qui était en cause dans cette affaire, n'avait, comme dans la présente affaire, pas fait l'objet d'une harmonisation complète, ainsi qu'il a été relevé au point 81 du présent arrêt.

118. Eu égard aux considérations figurant aux points 113 à 117 du présent arrêt et à l'instar de ce que la Cour a jugé dans l'arrêt du 5 décembre 2017, *M.A.S. et M.B.* (C-42/17, EU:C:2017:936), il y a, dès lors, lieu de conclure que, dans le cadre d'une affaire telle que celle en cause au principal, les juridictions roumaines ne sont pas tenues de laisser inappliquée la jurisprudence nationale visée au point 111 du présent arrêt, conformément à l'article 325, paragraphe 1, TFUE et à l'article 2, paragraphe 1, de la convention PIF, nonobstant l'existence d'un risque systémique d'impunité des infractions de fraude grave portant atteinte aux intérêts financiers de l'Union, dans la mesure où les arrêts visés à ce point 111 sont fondés sur le principe de légalité des délits et des peines tel que protégé en droit national, dans ses exigences relatives à la prévisibilité et à la précision de la loi pénale, y compris du régime de prescription relatif aux infractions pénales.

119 Il ressort toutefois des explications fournies par la juridiction de renvoi que l'arrêt n° 67/2022 de l'Înalta Curte de Casație și Justiție (Haute Cour de cassation et de justice) serait également fondé sur le principe de l'application rétroactive de la loi pénale plus favorable (lex mitior) découlant des arrêts n°s 297/2018 et 358/2022 de la Curtea Constituțională (Cour constitutionnelle). Selon l'interprétation donnée par la juridiction de renvoi de l'arrêt n° 67/2022 de l'Înalta Curte de Casație și Justiție (Haute Cour de cassation et de justice), cette dernière aurait constaté que ce principe permettrait de faire rétroagir les effets de l'absence de causes d'interruption du délai de prescription de la responsabilité pénale en droit roumain découlant de ces deux arrêts de la Curtea Constituțională (Cour constitutionnelle) à des actes de procédure intervenus avant le 25 juin 2018, à savoir la date de publication de l'arrêt n° 297/2018 de cette dernière juridiction.

120. Or, l'application d'un standard national de protection relatif au principe de l'application rétroactive de la loi pénale plus favorable (lex mitior) doit être distinguée de celle du standard national de protection examiné par la Cour dans l'arrêt du 5 décembre 2017, *M.A.S. et M.B.* (C-42/17, EU:C:2017:936).

121. À cet égard, il ressort de la décision de renvoi que l'application de ce premier standard national de protection est susceptible d'aggraver le risque systémique que des infractions de fraude grave portant atteinte aux intérêts financiers de l'Union échappent à toute sanction pénale, en violation de l'article 325, paragraphe 1, TFUE et de l'article 2, paragraphe 1, de la convention PIF.

122. En effet, contrairement au standard national de protection relatif à la prévisibilité de la loi pénale, qui, selon la juridiction de renvoi, se limite à neutraliser l'effet interruptif d'actes de procédure survenus durant la période allant du 25 juin 2018, date de la publication de l'arrêt n° 297/2018 de la Curtea Constituţională (Cour constitutionnelle), au 30 mai 2022, date de l'entrée en vigueur de l'OUG n° 71/2002, le standard national de protection relatif au principe de l'application rétroactive de la loi pénale plus favorable (lex mitior) permettrait, à tout le moins dans certains cas, de neutraliser l'effet interruptif d'actes de procédure survenus avant même le 25 juin 2018, mais après l'entrée en vigueur du code pénal le 1er février 2014, soit pendant une période de plus de quatre ans.

123. Dans de telles circonstances, compte tenu de la nécessaire mise en balance de ce dernier standard national de protection avec les dispositions de l'article 325, paragraphe 1, TFUE et de l'article 2, paragraphe 1, de la convention PIF, l'application, par un juge national, dudit standard, pour remettre en cause l'interruption du délai de prescription de la responsabilité pénale par des actes de procédure intervenus avant le 25 juin 2018, date de la publication de l'arrêt n° 297/2018 de la Curtea Constituţională (Cour constitutionnelle), doit être considérée comme étant de nature à compromettre la primauté, l'unité et l'effectivité du droit de l'Union, au sens de la jurisprudence rappelée au point 110 du présent arrêt (voir, en ce sens, arrêt du 21 décembre 2021, *Euro Box Promotion e.a.*, C-357/19, C-379/19, C-547/19, C-811/19 et C-840/19, EU:C:2021:1034, point 212).

124. Par conséquent, il y a lieu de considérer que les juridictions nationales ne peuvent, dans le cadre de procédures juridictionnelles visant à sanctionner sur le plan pénal des infractions de fraude grave portant atteinte aux intérêts financiers de l'Union, appliquer le standard national de protection relatif au principe de l'application rétroactive de la loi pénale plus favorable (lex mitior), tel que visé au point 119 du présent arrêt, en vue de remettre en cause l'interruption du délai de prescription de la responsabilité pénale par des actes de procédure intervenus avant le 25 juin 2018, date de la publication de l'arrêt n° 297/2018 de la Curtea Constituţională (Cour constitutionnelle).

125. Eu égard à l'ensemble des considérations qui précèdent, il y a lieu de répondre aux première et deuxième questions que l'article 325, paragraphe 1, TFUE et l'article 2, paragraphe 1, de la convention PIF doivent être interprétés en ce sens que les juridictions d'un État membre ne sont pas tenues de laisser inappliqués les arrêts de la Cour constitutionnelle de cet État membre invalidant la disposition législative nationale qui régit les causes d'interruption du délai de prescription en matière pénale en raison d'une atteinte au principe de légalité des délits et des peines tel que protégé en droit national, dans ses exigences relatives à la prévisibilité et à la précision de la loi pénale, même si ces arrêts ont pour conséquence qu'un nombre considérable d'affaires pénales, y compris des affaires relatives à des infractions de fraude grave portant atteinte aux intérêts financiers de l'Union, seront clôturées en raison de la prescription de la responsabilité pénale. En revanche, lesdites dispositions du droit de l'Union doivent être interprétées en ce sens que les juridictions de cet État membre sont tenues de laisser inappliqué un standard national de protection relatif au principe de l'application rétroactive de la loi pénale plus favorable (lex mitior) qui permet de remettre en cause, y compris dans le cadre de recours dirigés contre des jugements définitifs, l'interruption du délai de prescription de la responsabilité pénale dans de telles affaires par des actes de procédure intervenus avant un tel constat d'invalidité.

[...]

Observations

Réunie en grande chambre, la Cour de justice répond aux questions préjudicielles qui lui sont posées par la cour d'appel de Brașov dans le cadre de recours extraordinaires introduits par cinq personnes en vue d'obtenir l'annulation de leur condamnation définitive à des peines d'emprisonnement pour des faits qualifiés de « fraude fiscale » et d'« association de malfaiteurs » – l'omission, en tout ou partie, dans des documents comptables, d'opérations commerciales et de revenus afférents à la vente, à des bénéficiaires internes, de gazole acquis en régime de suspension de droits d'accise, portant ainsi préjudice au budget de l'État, notamment en ce qui concerne la TVA et les droits d'accise sur le gazole. Le renvoi préjudiciel soulevant des questions concernant l'espace de liberté, de sécurité et de justice et étant susceptible de déboucher sur l'absence d'emprisonnement de trois des demandeurs et la libération des deux autres, la Cour statue selon la procédure d'urgence (pts 48-57 de l'arrêt, non reproduits) et commence par affirmer que la demande de décision préjudicielle, une fois recadrée, est recevable dès lors que les trois questions posées ne sont pas hypothétiques – l'interprétation du juge de l'Union pourrait conduire à ce que les demandeurs puissent faire valoir la prescription de leur responsabilité pénale (pts 58-70 de l'arrêt, non reproduits). Un nouveau recadrage est opéré lors de la jonction des deux premières questions, la Cour requalifiant ces questions de façon, notamment, à ce que les articles 2 – valeurs de l'Union, parmi lesquelles l'État de droit –, 4, paragraphe 3 – principe de coopération loyale –, et 19, paragraphe 1, second alinéa, TUE – obligation pour les États membres d'établir des systèmes de nature à assurer une protection juridictionnelle effective, droit garanti par l'article 47 de la charte des droits fondamentaux – sortent de l'équation. Et c'est donc dans une ambiance peut-être plus apaisée que la Cour de justice peut procéder à « l'interprétation, d'une part, des dispositions du droit de l'Union imposant aux États membres de lutter efficacement contre les atteintes illégales aux intérêts financiers de l'Union [article 325, paragraphe 1, du TFUE et article 2, paragraphe 1, de la convention PIF (1)] et, d'autre part, des garanties découlant du principe de légalité des délits et des peines [article 49, paragraphe 1, de la Charte des droits fondamentaux] » (pt 72 de l'arrêt, non reproduit). Dit autrement, c'est sereinement que le dialogue des juges peut avoir lieu, le renvoi du juge du fond, tel que remanié, n'obligeant pas la Cour à se placer dans un rapport de force avec la Cour constitutionnelle et la juridiction suprême roumaine. Quoique, il n'est pas certain que la Haute Cour de cassation et de justice soit aussi satisfaite des réponses du juge de l'Union que devrait l'être la Cour constitutionnelle à la lecture de l'arrêt *Lin*.

Il s'agissait en effet avant tout de savoir, dans cette affaire, si les juridictions roumaines étaient tenues de laisser inappliquées deux jurisprudences émanant, pour l'une, de la Cour constitutionnelle, pour l'autre, de la Haute Cour de cassation et de justice. La première jurisprudence invalidait la disposition législative régissant les causes d'interruption du délai de prescription en matière pénale du fait d'une atteinte au principe de légalité des délits et des peines, dans ses exigences relatives à la prévisibilité et à la précision de la loi pénale. En vertu de la seconde, les règles régissant les causes d'interruption, telles qu'elles découlent de la jurisprudence constitutionnelle, pouvaient être appliquées rétroactivement en tant que loi pénale plus favorable afin de remettre en cause des condamnations définitives. Dans les deux cas, il était entendu que l'application des deux jurisprudences conduirait à ce qu'un nombre considérable d'affaires pénales, y compris des affaires relatives à des infractions de fraude grave portant atteinte aux intérêts financiers de l'Union, soient clôturées en raison de la prescription de la responsabilité pénale, ce qui posait un problème de compatibilité avec l'article 325, paragraphe 1, TFUE et l'article 2, paragraphe 1, de la convention PIF. Mais il fallait bien reconnaître dans le même temps que les

(1) Convention établie sur la base de l'article K.3 du traité sur l'Union européenne relative à la protection des intérêts financiers des Communautés européennes, signée à Bruxelles le 26 juillet 1995 et annexée à l'acte du Conseil du 26 juillet 1995, *JOCE*, C 316 du 27 novembre 1995, p. 48.

jurisprudences incriminées répondaient à une exigence de protection des droits fondamentaux au titre tant du droit national que du droit de l'Union : le principe de légalité des délits et des peines ainsi que celui de l'application rétroactive de la loi pénale plus douce sont prévus à l'article 49, paragraphe 1, de la charte. Ce qui explique que le juge de l'Union se soit trouvé ici confronté à deux conflits : d'abord un conflit d'intérêts obligeant à concilier, d'une part, la lutte contre les atteintes aux intérêts financiers de l'Union et, d'autre part, la protection des droits fondamentaux ; ensuite un conflit de standards obligeant à concilier, d'une part, cette même protection des droits fondamentaux et, d'autre part, la primauté du droit de l'Union. Le tout dans un contexte marqué par de célèbres arrêts rendus relativement à l'application de l'article 53 de la charte dont on sait, depuis l'arrêt *Melloni* (2), qu'il ne permet pas nécessairement aux États de faire valoir leur niveau de protection des droits fondamentaux pour dépasser celui de l'Union, en particulier en matière fiscale, dès lors que les fraudes à la TVA impactent le budget européen : l'arrêt *Åkerberg Fransson* (3), les arrêts *Taricco* (4) et *M.A.S. et M.B.* (5) (dit *Taricco II*), l'arrêt *Euro Box Promotion* (6), toutes décisions (7) dûment citées par la Cour pour répondre au juge roumain en l'espèce que si les juridictions nationales ne sont pas tenues de laisser inappliquée la jurisprudence de la Cour constitutionnelle, il en va différemment s'agissant de la jurisprudence de la Haute Cour de cassation et de justice, donnant l'impression de distinguer entre les juges alors qu'il s'agit surtout de distinguer entre les standards de protection des droits fondamentaux au regard de la protection du budget de l'Union.

Il semble en effet que l'arrêt sous commentaire doive être compris de la façon suivante : lorsque l'atteinte aux intérêts financiers de l'Union est justifiée par la protection des droits fondamentaux conformément à un standard national admissible, une brèche dans l'application du principe de primauté est tout autant admissible ; lorsque l'atteinte aux intérêts financiers de l'Union est justifiée par la protection des droits fondamentaux conformément à un standard

(2) CJUE, gde ch., 26 février 2013, *Melloni*, aff. C-399/11, ECLI:EU:C:2013:107.

(3) CJUE, gde ch., 26 février 2013, *Åkerberg Fransson*, aff. C-617/10, ECLI:EU:C:2013:105.

(4) CJUE, gde ch., 8 septembre 2015, *Taricco e.a.*, aff. C-105/14, ECLI:EU:C:2015:555.

(5) CJUE, gde ch., 5 décembre 2017, *M.A.S. et M.B.*, aff. C-42/17, ECLI:EU:C:2017:936 ; obs. R. Tinière, in F. Picod (dir.), *Jurisprudence de la CJUE 2017*, Bruxelles, Bruylant, 2018, p. 123.

(6) CJUE, gde ch., 21 décembre 2021, *Euro Box Promotion e.a.*, aff. jtes C-357/19, C-379/19, C-547/19, C-811/19 et C-840/19, EU:C:2021:1034.

(7) Sur la clause du niveau de protection de l'article 53 de la charte et ces arrêts, R. Tinière et C. Vial, *Droit de l'Union européenne des droits fondamentaux*, Bruxelles, Bruylant, 2023, pp. 348 et s.

national qui va trop loin, le principe de primauté redevient ce qu'il est censé n'avoir jamais cessé d'être : un principe général et absolu condamnant la norme contraire au droit – au standard – de l'Union. On pourrait dire, dans le premier cas, que la double conciliation d'intérêts et de standards concurrents est correctement opérée dans le droit national, emportant la compatibilité avec le droit de l'Union ; dans le second, que cette double conciliation ne l'est pas, conduisant à une incompatibilité que seule une juridiction nationale peut résoudre, y compris à l'encontre d'une autre juridiction nationale, même supérieure. Et c'est évidemment à la Cour de justice qu'il revient de définir ce qu'est finalement le « bon » standard de protection des droits fondamentaux en fonction de considérations qui apparaissent plus ou moins dans l'arrêt et dont l'avocat général ne semble pas avoir suffisamment tenu compte puisqu'il considérait que si « une réglementation et une jurisprudence nationales relatives à l'interruption des délais de prescription de la responsabilité pénale ayant pour conséquence de laisser impunis un nombre considérable de faits constitutifs de fraude grave portant atteinte aux intérêts financiers de l'Union viole, en principe, [le droit de l'Union] », « le juge national n'est pas tenu de laisser inappliquées cette réglementation et cette jurisprudence nationales si elles sont justifiées par l'application du principe de rétroactivité de la loi pénale plus favorable, consacré à l'article 49, paragraphe 1, dernière phrase, de la charte des droits fondamentaux de l'Union européenne ou, à défaut, par un standard national de protection de ce principe plus élevé, prévu par le droit national » (pt 161 des conclusions). Mais quels sont les éléments à prendre en considération aux fins de définir ce « bon » standard de protection ?

Certains de ces éléments sont connus, ayant été mis en lumière dans les arrêts susmentionnés : le défaut d'harmonisation complète par le législateur de l'Union est de nature à accroître la marge nationale d'appréciation (pts 81, 82 et 117) ; c'est avant tout au législateur national d'assurer la compatibilité de son droit avec celui de l'Union (pts 93, 94 et 115) ; on ne saurait reprocher au juge constitutionnel, palliant les défaillances du législateur national, de protéger les droits fondamentaux selon le standard national « dans une situation dans laquelle l'action des États membres n'est pas entièrement déterminée par le droit de l'Union » (pt 110) ; le principe de primauté doit être respecté lors de l'application de ce standard – et disparaît au passage la référence à l'article 53 de la charte, ce qui présente l'intérêt (y compris dans d'autres affaires à venir ?) de ne plus donner l'impression que la clause du plus haut niveau de protection est neutralisée par le principe de primauté (pt 110) ; s'agissant des droits fondamentaux ici protégés, une stricte application du principe de primauté conduirait à laisser inappliquées non seulement la jurisprudence de la Haute Cour de cassation et de justice, mais aussi celle de la Cour constitutionnelle roumaine – comme celle, dans les affaires *Taricco*, de la Cour constitutionnelle italienne –, dès lors que l'article 49, paragraphe 1, de la charte n'est pas violé (pt 109 et l'arrêt *Taricco* est cité au point précédent comme une preuve de son absence de remise en question par l'arrêt *M.A.S et M.B.*) ; il ne saurait être fait abstraction de l'importance de la lutte contre les atteintes aux intérêts financiers de l'Union qui oblige les États membres, dans les cas de fraude les plus graves, à apporter une réponse pénale appropriée (pts 83-86) et à faire en sorte que le « risque systémique d'impunité » soit écarté (pts 91-94).

Un autre élément de définition du « bon » standard de protection apparaît davantage avec l'arrêt sous commentaire : la nécessité de respecter l'État de droit qui avait certes déjà été mise en lumière dans l'arrêt *Euro Box Promotion* mais plutôt s'agissant d'autres aspects que ceux concernant le risque systémique d'impunité en matière de répression de la fraude portant atteinte aux intérêts financiers de l'Union. Dans notre affaire, impossible de découpler la protection des intérêts financiers de l'Union du respect de l'État de droit, l'absence de lutte efficace contre la corruption en Roumanie, en particulier la corruption à haut niveau, étant l'un des problèmes généraux que posent les règles de prescription litigieuses – l'autre problème posé par ces règles, l'absence de système judiciaire efficace permettant la poursuite et la répression des infractions pénales, relève également des piliers de l'État de droit, comme le met en exergue la Commission dans son rapport de 2022 sur les progrès réalisés par la Roumanie au titre du mécanisme de coopération et de vérification (MCV) (8) que la Cour cite ici (pt 90). En d'autres termes, impossible de penser la conciliation entre protection des intérêts financiers de l'Union et protection des droits fondamentaux, entre protection des droits fondamentaux et principe de primauté, sans prendre en considération la situation dans laquelle se trouve l'État considéré : en matière de lutte contre les atteintes aux intérêts financiers de l'Union, le « bon » niveau de protection des droits fondamentaux est celui qui garantit *in fine* l'État de droit. Ce qui explique que la Cour constitutionnelle roumaine puisse faire valoir son standard : en cherchant à faire respecter le principe de légalité des délits et des peines, dans ses exigences relatives à la prévisibilité et à la précision de la loi pénale, c'est le principe de la sécurité juridique qu'elle applique ; or « ledit principe constitue un élément essentiel de l'État de droit, lequel est identifié à l'article 2 TUE

(8) Rapport du 22 novembre 2022, COM(2022) 664 final, pp. 13 et 27.

à la fois en tant que valeur fondatrice de l'Union et en tant que valeur commune aux États membres » (pt 114) et la Cour ne peut qu'admettre qu'il faille protéger contre l'arbitraire en matière pénale (pts 115 et 116). Le respect de l'État de droit nous paraît aussi expliquer que la Haute Cour de cassation et de justice voie quant à elle son standard rejeté : l'application du standard national de protection concernant le principe de l'application rétroactive de la loi pénale plus favorable conduit à une « aggravation » du risque systémique d'impunité (pt 121) créé par les défaillances du législateur et la jurisprudence du juge constitutionnel roumains, dit autrement une aggravation de l'absence de lutte contre les infractions pénales et de lutte contre la corruption que le respect des droits fondamentaux ne peut pas justifier. Parce que la lutte contre la corruption et le bon fonctionnement des systèmes de justice, à cette fin notamment, sont des composantes essentielles de l'État de droit et que l'État de droit est la garantie de la protection des droits fondamentaux, le plus haut niveau de protection de ces droits ne peut pas l'emporter. Nous pourrions dire les choses ainsi : pas de standard maximal de protection des droits fondamentaux (pour certaines personnes, de manière abusive) qui affaiblirait l'État de droit et, partant, le respect des droits fondamentaux (pour tous, de manière légitime).

Finalement, l'arrêt *Lin* s'inscrit pleinement dans la lignée des arrêts que la Cour a rendus jusqu'à présent en matière de fraude fiscale : il permet de protéger autant que possible les intérêts financiers de l'Union et on connaît l'importance qu'accorde le juge de l'Union à cette question, ayant été jusqu'à considérer, dans l'arrêt *Menci* (9), qu'il était possible de déroger à l'article 50 de la charte – de déroger au principe *non bis in idem* ! – en matière de lutte contre les infractions à la TVA. Cette reconnaissance de l'importance de la protection des intérêts financiers de l'Union étonne d'autant moins que c'est toute l'Union et son droit qui tendent vers la protection du budget européen, comme le montre la mise en place du parquet européen. L'arrêt *Lin* s'inscrit également dans la veine des arrêts relatifs à l'État de droit, y compris en ce qui concerne l'indépendance des juges de droit commun que l'on ne saurait menacer d'une procédure disciplinaire pour avoir laissé inappliquée d'office une jurisprudence contraire au droit de l'Union (pts 126-137 de l'arrêt, sous la troisième question préjudicielle, non reproduits), par exemple la jurisprudence de la Haute Cour de cassation et de justice relative à la rétroactivité *in mitius* ici condamnée. La Cour cite ainsi en l'espèce, outre l'arrêt *Euro Box Promotion*, évidemment, l'arrêt *Asociația « Forumul*

(9) CJUE, gde ch., 20 mars 2018, *Menci*, aff. C-524/15, ECLI:EU:C:2018:197 ; obs. C. Vial, in F. Picod (dir.), *Jurisprudence de la CJUE 2018*, Bruxelles, Bruylant, 2019, p. 115. Voy. aussi CJUE, 5 mai 2022, *BV*, aff. C-570/20, ECLI:EU:C:2022:348.

Judecătorilor din România » du 18 mai 2021 (10) et l'arrêt *RS* du 22 février 2022 (11), confirmant que l'engagement de la responsabilité disciplinaire des juges ne doit pas être utilisé comme une arme, ce qu'elle a encore rappelé, cette année, en ce qui concerne une fois de plus la Roumanie (12) mais aussi la Pologne (13).

Quant au principe de l'application rétroactive de la loi pénale plus favorable, il est plus difficile de mesurer l'apport de l'arrêt *Lin* à la protection des droits fondamentaux. La Cour ne donne en effet que très peu d'explications sur ce principe, contrairement à l'avocat général qui en proposait une interprétation (pt 128 des conclusions) et demandait en tout état de cause à ce que la Cour « [établisse] un standard de protection autonome et spécifique de l'article 49, paragraphe 1, dernière phrase, de la Charte, offrant à ses destinataires un niveau de sauvegarde élevé et pas seulement une protection de minimis » (pt 100 des conclusions). En reprenant l'arrêt *Paoletti* aux termes duquel « l'application de la loi pénale plus favorable implique nécessairement une succession de lois dans le temps et repose sur la constatation que le législateur a changé d'avis soit sur la qualification pénale des faits soit sur la peine à appliquer à une infraction » (14) (pt 107 dans lequel il est fait référence à l'arrêt *Clergeau* (15) qui confirme cette analyse), la Cour n'apporte que peu d'éléments sur la rétroactivité *in mitius* et laisse subsister des interrogations : une jurisprudence constitutionnelle est-elle assimilable à une modification législative ? Si l'on admet qu'un État membre puisse considérer, au titre de son standard, que les règles relatives à l'interruption du délai de prescription de la responsabilité pénale relèvent du droit pénal matériel, comment justifier le fait que la première phrase de l'article 49, paragraphe 1, sur la prévisibilité et la précision de la loi pénale applicable voire la deuxième sur la non-rétroactivité de cette loi soient applicables, tandis que la troisième phrase, sur la

(10) CJUE, gde ch., 18 mai 2021, *Asociația « Forumul Judecătorilor din România » e.a.*, aff. jtes C-83/19, C-127/19, C-195/19, C-291/19, C-355/19 et C-397/19, ECLI:EU:C:2021:393 ; obs. D. Dero-Bugny, in F. Picod (dir.), *Jurisprudence de la CJUE 2021*, Bruxelles, Bruylant, 2022, p. 80.

(11) CJUE, gde ch., 22 février 2022, *RS (Effet des arrêts d'une cour constitutionnelle)*, aff. C-430/21, ECLI:EU:C:2022:99 ; obs. D. Dero-Bugny, in F. Picod (dir.), *Jurisprudence de la CJUE 2022*, Bruxelles, Bruylant, 2023, p. 91.

(12) CJUE, 11 mai 2023, *Inspecția Judiciară*, aff. C-817/21, ECLI:EU:C:2023:391.

(13) CJUE, gde ch., 5 juin 2023, *Commission c/ Pologne (Indépendance et vie privée des juges)*, aff. C-204/21, ECLI:EU:C:2023:442 ; CJUE, gde ch., 13 juillet 2023, *YP e.a. (Levée d'immunité et suspension d'un juge)*, aff. jtes C-615/20 et C-671/20, ECLI:EU:C:2023:562 (arrêt cité au pt 136 de notre arrêt, non reproduit).

(14) CJUE, gde ch., 6 octobre 2016, *Paoletti e.a.*, aff. C-218/15, ECLI:EU:C:2016:748, pt 27 ; obs. R. Tinière, in F. Picod (dir.), *Jurisprudence de la CJUE 2016*, Bruxelles, Bruylant, 2017, p. 113.

(15) CJUE, 7 août 2018, *Clergeau e.a.*, aff. C-115/17, ECLI:EU:C:2018:651, pt 33.

rétroactivité *in mitius* ne l'est pas ? Puisque la Cour rappelle que « les règles gouvernant la prescription en matière pénale ne relèvent pas du champ d'application de l'article 49, paragraphe 1, de la Charte » (pt 108 reprenant l'arrêt *Taricco*), comment expliquer la différence de traitement des démembrements du principe de légalité des délits et des peines ? L'aggravation du risque systémique d'impunité qui a été mis en exergue pour rejeter l'application de la rétroactivité *in mitius* est-elle un élément qu'il faut cantonner au cas de la protection des intérêts financiers de l'Union ? On ne sait pas vraiment non plus s'il faudrait envisager « [l'application] du principe de la lex mitior aux seules procédures pénales n'ayant pas encore fait l'objet d'un jugement définitif ou, au contraire, également à celles clôturées par des jugements ayant autorité de la chose jugée (avec donc une incidence sur les peines en cours d'exécution) » (pt 99 des conclusions). Et rien n'est dit à propos de l'intangibilité du principe de légalité des délits et des peines en tant que tel ou de l'intangibilité de ses composantes parmi lesquelles le principe de la rétroactivité de la loi pénale plus douce. Tout cela étant d'autant plus dommage que l'avocat général indiquait que l'on manquait de précisions dans la jurisprudence de la Cour européenne des droits de l'homme – nous sommes dans le cas d'un droit correspondant – et que « les traditions constitutionnelles des États membres sont en réalité "peu communes" concernant le principe de la lex mitior » (pt 100 des conclusions).

Dans l'attente de clarifications sur tous ces points, se pose une dernière question, d'ordre plus général : la Roumanie respecte-t-elle le standard de l'État de droit ? La Commission ayant mis fin au MCV le 15 septembre 2023 (16) – également en ce qui concerne la Bulgarie (17) –, il faut croire que oui. Reste que la multiplication d'affaires relatives à l'État roumain, ces dernières années, doit conduire à la vigilance, en particulier celle de la Cour de justice dont on sait qu'elle est l'un des acteurs majeurs du respect des valeurs de l'Union, en particulier l'État de droit.

Claire VIAL

(16) Décision (UE) 2023/1786 de la Commission du 15 septembre 2023 abrogeant la décision 2006/928/CE établissant un mécanisme de coopération et de vérification des progrès réalisés par la Roumanie en vue d'atteindre certains objectifs de référence spécifiques en matière de réforme du système judiciaire et de lutte contre la corruption, *JOUE*, L 229 du 18 septembre 2023, p. 94.

(17) Décision (UE) 2023/1785 de la Commission du 15 septembre 2023 abrogeant la décision 2006/929/CE établissant un mécanisme de coopération et de vérification des progrès réalisés par la Bulgarie en vue d'atteindre certains objectifs de référence spécifiques en matière de réforme du système judiciaire et de lutte contre la corruption et la criminalité organisée, *JOUE*, L 229 du 18 septembre 2023, p. 91.

Cour de justice, gde ch., 21 décembre 2023, *GN (Motif de refus fondé sur l'intérêt supérieur de l'enfant)*, aff. C-261/22, ECLI:EU:C:2023:1017

Conclusions de l'avocat général T. Ćapeta, du 13 juillet 2023, ECLI:EU:C:2023:582

Mots-clés : Mandat d'arrêt européen – Motifs de non-exécution – Respect de la vie privée et familiale – Prise en considération de l'intérêt supérieur de l'enfant – Droit de tout enfant d'entretenir régulièrement des relations personnelles et des contacts directs avec ses deux parents – Mère ayant des enfants en bas âge vivant avec elle

Cadre normatif : article 1er, paragraphes 2 et 3, de la décision-cadre 2002/584/JAI telle que modifiée par la décision-cadre 2009/299/JAI ; articles 7 et 24, paragraphes 2 et 3, de la charte des droits fondamentaux de l'Union européenne

Notes et observations : H. Christodoulou, « Mandat d'arrêt européen : mode d'emploi de la remise d'une mère avec des enfants en bas âge », *D. actu.*, 6 février 2024 ; L. Maillet, « L'extension du motif de refus d'exécution d'un mandat d'arrêt européen fondé sur les droits fondamentaux : l'apport de la jurisprudence de la Cour de justice dans les arrêts E.D.L. et GN », *RDLF*, 2024, chron. 23 ; A. Rigaux, « Mandat d'arrêt concernant la mère d'enfants en bas âge », *Europe*, février 2024, n° 2, comm. 51

Extraits de l'arrêt

[...]

Sur la première question

31. Par sa première question, la juridiction de renvoi demande, en substance, si l'article 1er, paragraphes 2 et 3, de la décision-cadre 2002/584, lu à la lumière de l'article 7 et de l'article 24, paragraphes 2 et 3, de la Charte, doit être interprété en ce sens qu'il s'oppose à ce que l'autorité judiciaire d'exécution refuse la remise de la personne faisant l'objet d'un mandat d'arrêt européen au motif que cette personne est la mère d'enfants en bas âge vivant avec elle.

32. Au vu des énonciations de cette juridiction, il y a lieu de comprendre cette première question comme reposant sur la prémisse selon laquelle, dans l'affaire au principal, la personne visée par le mandat d'arrêt européen a deux enfants en bas âge qui vivent avec elle et dont l'intérêt est de continuer à entretenir régulièrement des relations personnelles et des contacts directs avec leur mère. Dans ce contexte, ladite juridiction se demande si elle peut refuser d'exécuter ce mandat d'arrêt, sur le fondement de l'article 1er, paragraphe 3, de la décision-cadre 2002/584, lu en combinaison avec l'article 7 et l'article 24, paragraphes 2 et 3, de la Charte, au motif que la remise de cette personne pourrait la priver de telles relations et de tels contacts avec ses enfants.

33. À titre liminaire, il convient de rappeler que tant le principe de confiance mutuelle entre les États membres que le principe de reconnaissance mutuelle, qui repose lui-même sur la confiance réciproque entre ces derniers, ont, dans le droit de l'Union, une importance fondamentale, étant donné qu'ils permettent la création et le maintien d'un espace sans frontières intérieures. Plus spécifiquement, le principe de confiance mutuelle impose, notamment en ce qui concerne l'espace de liberté, de sécurité et de justice, à chacun de ces États de considérer, sauf dans des circonstances exceptionnelles, que tous les autres États membres respectent le droit de l'Union et, tout particulièrement, les droits fondamentaux reconnus par ce droit [arrêts du 22 février 2022, *Openbaar Ministerie (Tribunal établi par la loi dans l'État membre d'émission)*, C-562/21 PPU et C-563/21 PPU, EU:C:2022:100, point 40, ainsi que du 31 janvier 2023, *Puig Gordi e.a.*, C-158/21, EU:C:2023:57, point 93].

34. Ainsi, lorsqu'ils mettent en œuvre le droit de l'Union, les États membres sont tenus de présumer le respect des droits fondamentaux par les autres États membres, de sorte qu'ils ne peuvent ni exiger d'un autre État membre un niveau de protection national des droits fondamentaux plus élevé que celui assuré par le droit de l'Union, ni vérifier, sauf dans des cas exceptionnels, si cet autre État membre a effectivement respecté, dans un cas concret, les droits fondamentaux garantis par l'Union européenne [avis 2/13 (Adhésion de l'Union à la CEDH), du 18 décembre 2014, EU:C:2014:2454, point 192, ainsi que arrêt du 31 janvier 2023, *Puig Gordi e.a.*, C-158/21, EU:C:2023:57, point 94].

35. Dans ce contexte, la décision-cadre 2002/584 tend, par l'instauration d'un système simplifié et efficace de remise des personnes condamnées ou soupçonnées d'avoir enfreint la loi pénale, à faciliter et à accélérer la coopération judiciaire en vue de contribuer à réaliser l'objectif assigné à l'Union de devenir un espace de liberté, de sécurité et de justice en se fondant sur le degré de confiance élevé qui doit exister entre les États membres [arrêt du 22 février 2022, *Openbaar Ministerie (Tribunal établi par la loi dans l'État membre d'émission)*, C-562/21 PPU et C-563/21 PPU, EU:C:2022:100, point 42 ainsi que jurisprudence citée].

36. Le principe de reconnaissance mutuelle, qui constitue, selon le considérant 6 de cette décision-cadre, la « pierre angulaire » de la coopération judiciaire en matière pénale, trouve son expression à l'article 1er, paragraphe 2, de ladite décision-cadre, qui consacre la règle selon laquelle les États membres sont tenus d'exécuter tout mandat d'arrêt européen sur la base de ce principe et conformément aux dispositions de la même décision-cadre [arrêt du 22 février 2022, *Openbaar Ministerie (Tribunal établi par la loi dans l'État membre d'émission)*, C-562/21 PPU et C-563/21 PPU, EU:C:2022:100, point 43 ainsi que jurisprudence citée].

37. Il s'ensuit, d'une part, que les autorités judiciaires d'exécution ne peuvent refuser d'exécuter un mandat d'arrêt européen que pour des motifs procédant de la décision-cadre 2002/584, telle qu'interprétée par la Cour. D'autre part, alors que l'exécution du mandat d'arrêt européen constitue le principe, le refus d'exécution est conçu comme une exception qui doit faire l'objet d'une interprétation stricte [arrêt du 18 avril 2023, *E. D. L. (Motif de refus fondé sur la maladie)*, C-699/21, EU:C:2023:295, point 34 ainsi que jurisprudence citée].

38. Or cette décision-cadre ne prévoit pas que l'autorité judiciaire d'exécution puisse refuser d'exécuter un mandat d'arrêt européen au seul motif que la personne faisant l'objet d'un tel mandat d'arrêt est la mère d'enfants en bas âge vivant avec elle. Eu égard au principe de confiance mutuelle qui sous-tend l'espace de liberté, de sécurité et de justice, il existe, en effet, une présomption que les conditions de détention d'une mère de tels enfants et l'organisation de la prise en charge de ces derniers dans l'État membre d'émission sont adaptées à une telle situation, que ce soit en milieu carcéral ou dans le cadre de modalités alternatives permettant le maintien de cette mère à la disposition des autorités judiciaires de cet État membre ou le placement de ces enfants en dehors de ce milieu.

39. Cela étant, il ressort de l'article 1er, paragraphe 3, de la décision-cadre 2002/584 que celle-ci ne saurait avoir pour effet de modifier l'obligation de respecter les droits fondamentaux garantis par la Charte.

40. À cet égard, il importe de rappeler que, d'une part, l'article 7 de la Charte consacre le droit de toute personne au respect de sa vie privée et familiale et que, d'autre part, l'article 24, paragraphe 2, de la Charte prévoit que, dans tous les actes relatifs aux enfants, qu'ils soient accomplis par des autorités publiques ou des institutions privées, l'intérêt supérieur de l'enfant doit être une considération primordiale.

41. Ainsi qu'il ressort de l'article 3, paragraphe 1, de la convention relative aux droits de l'enfant, auquel se réfèrent expressément les explications relatives à l'article 24 de la Charte, le paragraphe 2 de ce dernier article s'applique également à des décisions qui, tel un mandat d'arrêt européen émis à l'égard de la mère d'enfants en bas âge, n'ont pas pour destinataires ces enfants, mais emportent des conséquences importantes pour ces derniers [voir, en ce sens, arrêt du 11 mars 2021, *État belge (Retour du parent d'un mineur)*, C-112/20, EU:C:2021:197, points 36 et 37].

42. Or la possibilité pour un parent et son enfant d'être ensemble représente un élément fondamental de la vie familiale (arrêt du 14 décembre 2021, *Stolichna obshtina, rayon « Pancharevo »*, C-490/20, EU:C:2021:1008, point 61). En effet, l'article 24, paragraphe 3, de la Charte énonce le droit de tout enfant d'entretenir régulièrement des relations personnelles et des contacts directs avec ses deux parents, sauf si cela est contraire à son intérêt. Ainsi que l'ont fait valoir le Procuratore generale presso la Corte d'appello di Bologna (Procureur général près la cour d'appel de Bologne), le Conseil de l'Union européenne et la Commission européenne, la détermination de l'intérêt supérieur de l'enfant relève d'une appréciation qui doit prendre en compte l'ensemble des circonstances de l'espèce [voir, par analogie, arrêts du 26 mars 2019, *SM (Enfant placé sous kafala algérienne)*, C-129/18, EU:C:2019:248, point 73 ; du 14 janvier 2021, *Staatssecretaris van Justitie en Veiligheid (Retour d'un mineur non accompagné)*, C-441/19, EU:C:2021:9, points 46 et 60, ainsi que du 11 mars 2021, *État belge (Retour du parent d'un mineur)*, C-112/20, EU:C:2021:197, point 27].

43. S'il appartient au premier chef à chaque État membre, aux fins de garantir la pleine application des principes de confiance et de reconnaissance mutuelles qui sous-tendent le fonctionnement du mécanisme du mandat d'arrêt européen, d'assurer, sous le contrôle ultime de la Cour, la préservation des exigences inhérentes aux droits fondamentaux garantis à l'article 7 de la Charte ainsi qu'à l'article 24, paragraphes 2 et 3, de celle-ci, en s'abstenant de toute mesure susceptible d'y porter atteinte, l'existence d'un risque réel que la personne faisant l'objet d'un mandat d'arrêt européen et/ou ses enfants subissent, en cas de remise de cette personne à l'autorité judiciaire d'émission, une violation de ces droits fondamentaux est toutefois susceptible de permettre à l'autorité judiciaire d'exécution de s'abstenir, à titre exceptionnel, de donner suite à ce mandat d'arrêt européen sur le fondement de l'article 1er, paragraphe 3, de la décision-cadre 2002/584 [voir, en ce sens, arrêts du 22 février 2022, *Openbaar Ministerie (Tribunal établi par la loi dans l'État membre d'émission)*, C-562/21 PPU et C-563/21 PPU, EU:C:2022:100, point 46, ainsi que du 31 janvier 2023, *Puig Gordi e.a.*, C-158/21, EU:C:2023:57, points 72 et 96].

44. À cet égard, il importe de souligner que l'appréciation du risque visé au point précédent du présent arrêt doit être effectuée par l'autorité judiciaire d'exécution à l'aune du standard de protection des droits fondamentaux garanti par le droit de l'Union (voir, en ce sens, arrêt du 5 avril 2016, *Aranyosi et Căldăraru*, C-404/15 et C-659/15 PPU, EU:C:2016:198, point 88). Par conséquent, une absence de certitude, dans le chef de cette autorité, quant à l'existence, dans l'État membre d'émission, de conditions comparables à celles qui existent dans l'État membre d'exécution en ce qui concerne la détention de mères d'enfants en bas âge et la prise en charge de ces derniers ne saurait permettre de considérer ce risque comme étant établi.

45. En revanche, lorsque l'autorité judiciaire d'exécution appelée à décider de la remise d'une personne faisant l'objet d'un mandat d'arrêt européen dispose d'éléments tendant à démontrer l'existence d'un tel risque en raison soit de défaillances systémiques ou généralisées en ce qui concerne les conditions de détention des mères d'enfants en bas âge ou de prise en charge de ces enfants dans l'État membre d'émission, soit de défaillances concernant ces conditions et affectant plus spécifiquement un groupe objectivement identifiable de personnes, comme des enfants en situation de handicap, cette autorité doit vérifier, de manière concrète et précise, s'il existe des motifs sérieux et avérés de croire que les personnes concernées courront ce risque en raison de telles conditions.

46. L'autorité judiciaire d'exécution doit ainsi apprécier la réalité du risque d'une violation des droits fondamentaux garantis à l'article 7 ainsi qu'à l'article 24, paragraphes 2 et 3, de la Charte dans le cadre d'un examen en deux étapes impliquant une analyse sur la base de critères différents, de telle sorte que ces étapes ne sauraient se confondre et doivent être menées successivement (voir, en ce sens, arrêt du 31 janvier 2023, *Puig Gordi e.a.*, C-158/21, EU:C:2023:57, points 101, 109 et 110).

47. À cette fin, l'autorité judiciaire d'exécution doit, dans le cadre d'une première étape, déterminer s'il existe des éléments objectifs, fiables, précis et dûment actualisés tendant à démontrer l'existence d'un risque réel de violation, dans l'État membre d'émission, de ces droits fondamentaux en raison de défaillances telles que celles visées au point 45 du présent arrêt. Ces éléments peuvent résulter, notamment, de décisions judiciaires internationales, de décisions, de rapports et d'autres documents établis par les organes du Conseil de l'Europe ou relevant du système des Nations Unies ainsi que d'informations recensées dans la base de données de l'Agence des droits fondamentaux de l'Union européenne (FRA) sur les conditions de détention pénale dans l'Union *(Criminal Detention Database)* (voir, en ce sens, arrêts du 5 avril 2016, *Aranyosi et Căldăraru*, C-404/15 et C-659/15 PPU, EU:C:2016:198, point 89, ainsi que du 31 janvier 2023, *Puig Gordi e.a.*, C-158/21, EU:C:2023:57, point 102).

48. Dans le cadre d'une seconde étape, l'autorité judiciaire d'exécution doit vérifier, de manière concrète et précise, dans quelle mesure les défaillances identifiées lors de la première étape de l'examen visée au point précédent du présent arrêt sont susceptibles d'avoir une incidence sur les conditions de détention de la personne faisant l'objet d'un mandat d'arrêt européen ou de prise en charge de ses enfants et si, eu égard à leur situation personnelle, il existe des motifs sérieux et avérés de croire que cette personne ou ses enfants courront un risque réel de violation desdits droits fondamentaux (voir, en ce sens, arrêts du 5 avril 2016, *Aranyosi et Căldăraru*, C-404/15 et C-659/15 PPU, EU:C:2016:198, point 94, ainsi que du 31 janvier 2023, *Puig Gordi e.a.*, C-158/21, EU:C:2023:57, point 106).

49. À cette fin, si l'autorité judiciaire d'exécution estime ne pas disposer de tous les éléments nécessaires à l'adoption d'une décision sur la remise de la personne concernée, elle doit, en application de l'article 15, paragraphe 2, de la décision-cadre 2002/584, demander à l'autorité judiciaire d'émission la fourniture en urgence de toute information complémentaire qu'elle juge nécessaire en ce qui concerne les conditions dans lesquelles il est envisagé de détenir cette personne et d'organiser la prise en charge de ses enfants dans cet État membre (voir, en ce sens, arrêt du 5 avril 2016, *Aranyosi et Căldăraru*, C-404/15 et C-659/15 PPU, EU:C:2016:198, point 95).

50. À cet égard, il importe de souligner que les informations que l'autorité judiciaire d'exécution est en droit de solliciter peuvent concerner tant la première que la seconde étape de l'examen que cette autorité doit réaliser conformément au point 46 du présent arrêt. Toutefois, ladite autorité ne peut solliciter de l'autorité judiciaire d'émission des informations concernant uniquement la seconde étape de cet examen lorsqu'elle estime que n'est pas établie l'existence de défaillances systémiques ou généralisées ou de défaillances affectant un groupe objectivement identifiable de personnes auquel appartiendraient la personne concernée ou ses enfants, telles que visées au point 45 du présent arrêt (voir, en ce sens, arrêt du 31 janvier 2023, *Puig Gordi e.a.*, C-158/21, EU:C:2023:57, point 135).

51. Conformément à l'article 15, paragraphe 2, de la décision-cadre 2002/584, l'autorité judiciaire d'exécution peut fixer une date limite pour la réception des informations complémentaires sollicitées de l'autorité judiciaire d'émission. Ce délai doit être adapté au cas d'espèce, afin de laisser à cette dernière autorité le temps nécessaire pour collecter ces informations, au besoin en requérant à cette fin l'assistance de l'autorité centrale ou de l'une des autorités centrales de l'État membre d'émission, au sens de l'article 7 de cette décision-cadre. En vertu de l'article 15, paragraphe 2, de ladite décision-cadre, ledit délai doit toutefois tenir compte de la nécessité de respecter les délais fixés à l'article 17 de la même décision-cadre (arrêt du 5 avril 2016, *Aranyosi et Căldăraru*, C-404/15 et C-659/15 PPU, EU:C:2016:198, point 97).

52. L'autorité judiciaire d'émission est, pour sa part, tenue, sous peine de méconnaître le principe de coopération loyale, de fournir à l'autorité judiciaire d'exécution les informations complémentaires sollicitées [voir, en ce sens, arrêts du 5 avril 2016, *Aranyosi et Căldăraru*, C-404/15 et C-659/15 PPU, EU:C:2016:198, point 97, ainsi que du 25 juillet 2018, *Gene ralstaatsanwaltschaft (Conditions de détention en Hongrie)*, C-220/18 PPU, EU:C:2018:589, point 64].

53. En effet, afin notamment d'assurer que le fonctionnement du mandat d'arrêt européen ne soit pas paralysé, l'obligation de coopération loyale, inscrite à l'article 4, paragraphe 3, premier alinéa, TUE, doit présider au dialogue entre les autorités judiciaires d'exécution et d'émission [arrêts du 25 juillet 2018, *Generalstaatsanwaltschaft (Conditio ns de détention en Hongrie)*, C-220/18 PPU, EU:C:2018:589, point 104, et du 31 janvier 2023, *Puig Gordi e.a.*, C-158/21, EU:C:2023:57, point 131].

54. Dans l'hypothèse où l'autorité judiciaire d'émission ne répondrait pas de manière satisfaisante à la demande d'informations complémentaires formulée par l'autorité judiciaire d'exécution, celle-ci devrait alors procéder à une appréciation globale de l'ensemble des éléments à sa disposition dans le cadre de chacune des deux étapes rappelées aux points 47 et 48 du présent arrêt [voir, en ce sens, arrêt du 25 juillet 2018, *General staatsanwaltschaft (Conditions de détention en Hongrie)*, C-220/18 PPU, EU:C:2018:589, point 114].

55. C'est uniquement lorsque l'autorité judiciaire d'exécution considère, au regard de l'ensemble des éléments dont elle dispose, y compris l'éventuelle absence de garanties fournies par l'autorité judiciaire d'émission, qu'il existe, d'une part, des défaillances telles que celles visées au point 45 du présent arrêt dans l'État membre d'émission et, d'autre part, des motifs sérieux et avérés de croire que, eu égard à leur situation personnelle, la personne concernée et/ou ses enfants courront un risque réel de violation des droits fondamentaux garantis à l'article 7 ainsi qu'à l'article 24, paragraphes 2 et 3, de la Charte que l'autorité judiciaire d'exécution doit s'abstenir, sur le fondement de l'article 1er, paragraphe 3, de la décision-cadre 2002/584, de donner suite au mandat d'arrêt européen dont cette personne fait l'objet. Dans le cas contraire, elle doit exécuter ce dernier, conformément à l'obligation établie à l'article 1er, paragraphe 2, de cette décision-cadre.

56. Enfin, il importe de préciser, s'agissant de la possibilité de reporter la remise évoquée par la juridiction de renvoi dans sa première question, que, s'il est possible, sur le fondement de l'article 23, paragraphe 4, de la décision-cadre 2002/584, de surseoir à la remise de la personne faisant l'objet d'un mandat d'arrêt européen, cette possibilité ne peut être mise en œuvre que de manière temporaire, à titre exceptionnel et pour des raisons humanitaires sérieuses. Eu égard à la lettre de cette disposition ainsi qu'à l'économie générale de l'article 23 de ladite décision-cadre, une telle suspension n'est, par ailleurs, pas envisageable pour une période considérable [voir, en ce sens, arrêt du 18 avril 2023, *E. D. L. (Motif de refus fondé sur la maladie)*, C-699/21, EU:C:2023:295, point 51].

57. Eu égard à l'ensemble des motifs qui précèdent, il y a lieu de répondre à la première question que l'article 1er, paragraphes 2 et 3, de la décision-cadre 2002/584, lu à la lumière de l'article 7 et de l'article 24, paragraphes 2 et 3, de la Charte, doit être interprété en ce sens qu'il s'oppose à ce que l'autorité judiciaire d'exécution refuse la remise de la personne faisant l'objet d'un mandat d'arrêt européen au motif que cette personne est la mère d'enfants en bas âge vivant avec elle, à moins que, premièrement, cette autorité dispose d'éléments qui démontrent l'existence d'un risque réel de violation du droit fondamental au respect de la vie privée et familiale de cette personne, garanti à l'article 7 de la Charte, et de l'intérêt supérieur de ses enfants, tel que protégé à l'article 24, paragraphes 2 et 3, de la Charte, en raison de défaillances systémiques ou généralisées en ce qui concerne les conditions de détention des mères d'enfants en bas âge et de prise en charge de ces enfants dans l'État membre d'émission et, deuxièmement, qu'il existe des motifs sérieux et avérés de croire que, eu égard à leur situation personnelle, les personnes concernées courront ce risque en raison de telles conditions.

Sur la seconde question

58. Au vu de la réponse apportée à la première question, il n'y a pas lieu de répondre à la seconde question.

[...]

Observations

Saisie d'un renvoi préjudiciel par la *Corte suprema di cassazione* dans le cadre de l'exécution, en Italie, d'un mandat d'arrêt européen (MAE) émis par les autorités judiciaires belges contre une femme, GN, en vue de l'exécution, en Belgique, d'une peine de cinq ans d'emprisonnement prononcée par contumace par le tribunal de première instance d'Anvers pour des infractions de trafic d'êtres humains et de facilitation de l'immigration clandestine, commises sur le territoire belge, la Cour de justice doit procéder à l'interprétation de l'article 1er, paragraphes 2 et 3, de la décision-cadre 2002/584/JAI (1),

(1) Décision-cadre 2002/584/JAI du Conseil du 13 juin 2002 relative au mandat d'arrêt européen et aux procédures de remise entre États membres, *JOUE*, L 190 du 18 juillet 2002, p. 1.

telle que modifiée (2), lu à la lumière des articles 7 et 24, paragraphes 2 et 3, de la charte des droits fondamentaux. Une telle interprétation devant conduire à définir le niveau de protection des droits fondamentaux dans le cadre de l'exécution d'un MAE, la Cour de cassation italienne posait une seconde question, en appréciation de validité cette fois, dans le cas où le juge de l'Union interdirait à l'autorité judiciaire d'exécution du mandat de refuser l'exécution de ce dernier, alors que la remise d'une mère d'enfants en bas âge entrerait en conflit avec son droit au respect de la vie privée et familiale, mais aussi avec l'intérêt supérieur de ses enfants. La Cour de justice considèrera qu'il n'y a pas lieu de répondre à une telle question, son interprétation lui paraissant de nature à protéger suffisamment les droits fondamentaux.

La Cour affirme ainsi, sans surprise eu égard à sa jurisprudence antérieure (3), que si le droit de l'Union s'oppose, en principe, à ce que l'autorité judiciaire d'exécution refuse la remise d'une personne au motif qu'elle est la mère d'enfants en bas âge vivant avec elle, il est possible de ne pas exécuter le mandat pour respecter les droits fondamentaux, tant de la mère que de ses enfants, à deux conditions cumulatives : d'une part, que l'autorité d'exécution dispose d'éléments qui démontrent l'existence d'un risque réel de violation de ces droits en raison de défaillances systémiques ou généralisées en ce qui concerne les conditions de détention des mères d'enfants en bas âge et de prise en charge de ces enfants dans l'État membre d'émission ; d'autre part, qu'il existe des motifs sérieux et avérés de croire que, eu égard à leur situation personnelle, la mère et ses enfants courront ce risque en raison de telles conditions. La solution est celle qu'avait recommandée l'avocat général, à quelques nuances près, montrant, semble-t-il, davantage de considération pour la protection des droits fondamentaux que pour la lutte contre les infractions pénales. Cette dernière concluait en effet que le droit de l'Union « ne s'opposait pas, en principe, au refus d'exécuter un [MAE] émis à l'encontre d'une mère d'enfants en bas âge lorsque cela est dans l'intérêt supérieur de

(2) Décision-cadre 2009/299/JAI du Conseil du 26 février 2009 portant modification des décisions-cadres 2002/584/JAI, 2005/214/JAI, 2006/783/JAI, 2008/909/JAI et 2008/947/JAI, renforçant les droits procéduraux des personnes et favorisant l'application du principe de reconnaissance mutuelle aux décisions rendues en l'absence de la personne concernée lors du procès, *JOUE*, L 81 du 27 mars 2009, p. 24.

(3) En particulier CJUE, gde ch., 22 février 2022, *Openbaar Ministerie (Tribunal établi par la loi dans l'État membre d'émission)*, aff. jtes C-562/21 PPU et C-563/21 PPU, ECLI:EU:C:2022:100 ; obs. D. Flore, in F. Picod (dir.), *Jurisprudence de la CJUE 2022*, Bruxelles, Bruylant, 2023, p. 765 (s'agissant de l'obligation de l'autorité judiciaire d'exécution de vérifier de manière concrète et précise s'il existe des motifs sérieux et avérés de croire que la personne faisant l'objet d'un mandat d'arrêt européen court, en cas de remise, un risque réel de violation de son droit fondamental à un procès équitable devant un tribunal indépendant et impartial, établi préalablement par la loi), arrêt largement cité ici.

l'enfant», «un tel refus [n'étant] possible que si, après avoir déterminé la situation concrète de l'enfant et après avoir utilisé le mécanisme de communication prévu [par] la décision-cadre [...], l'autorité d'exécution ne [disposait] pas de suffisamment d'informations pour lui permettre d'être absolument certaine que l'exécution du MAE n'irait pas à l'encontre de l'intérêt supérieur de l'enfant» (pt 105 des conclusions). Il faut dire que l'avocat général avait introduit ses conclusions par cette phrase, terrible : «Les mères vont, elles aussi, en prison» (pt 1 des conclusions), ce avant même de mettre en lumière le caractère inédit de la question posée par le juge italien.

Pour parvenir à sa solution, la Cour de justice rappelle que le principe est l'exécution du MAE, en particulier dans le cas de l'espèce où la décision-cadre ne prévoit pas que l'autorité judiciaire d'exécution puisse refuser d'exécuter le mandat au seul motif que la personne est la mère d'enfants en bas âge vivant avec elle : «[E]u égard au principe de confiance mutuelle qui sous-tend l'espace de liberté, de sécurité et de justice [ELSJ], il existe, en effet, *une présomption* que les conditions de détention d'une mère de tels enfants et l'organisation de la prise en charge de ces derniers dans l'État membre d'émission sont adaptées à une telle situation, que ce soit en milieu carcéral ou dans le cadre de modalités alternatives permettant le maintien de cette mère à la disposition des autorités judiciaires de cet État membre ou le placement de ces enfants en dehors de ce milieu» (pt 38 de l'arrêt, nous soulignons). La justification du principe ne surprend guère, la Cour maintenant l'idée que le niveau de protection des droits fondamentaux est le même dans tous les États membres, ce qui est à la base des mécanismes de reconnaissance mutuelle dans l'ELSJ et de leur exécution, y compris dans le contexte que l'on connaît et où il est pourtant difficile d'affirmer que les États membres respectent tous pleinement les valeurs de l'Union. Le principe de l'exécution doit toutefois s'accompagner d'une dérogation – interprétée, comme toutes les dérogations, de manière stricte (pt 37) – justement parce que le même niveau de protection des droits fondamentaux est une fiction. La présomption de l'équivalence des systèmes peut et même doit être renversée dans les cas où les droits fondamentaux ne sont pas protégés au niveau «assuré par le droit de l'Union» (pt 34), selon le «standard de protection des droits fondamentaux garanti par le droit de l'Union» (pt 44), c'est-à-dire le niveau défini par la Cour de justice. L'équilibre entre la lutte contre les infractions pénales et la protection des droits fondamentaux se fait alors dans le cadre défini par l'arrêt *Aranyosi et Căldăraru* (4),

(4) CJUE, gde ch., 5 avril 2016, *Aranyosi et Căldăraru*, aff. jtes C-404/15 et C-659/15 PPU, ECLI:EU:C:2016:198 ; obs. R. Tinière, in F. Picod (dir.), *Jurisprudence de la CJUE 2016*, Bruxelles, Bruylant, 2017, p. 66 ; voy. aussi CJUE, 25 juillet 2018,

en prenant en considération le fait qu'il ne s'agit plus de juger des conditions de détention d'une personne au regard de l'article 4 de la charte, qui pose un droit absolu, mais de juger non seulement des conditions de détention de la mère, mais aussi du placement des enfants, au regard des articles 7 et 24. Et l'article 24 de la charte est une disposition qui est de plus en plus souvent sollicitée comme le montre la jurisprudence antérieure parfois rappelée dans notre arrêt, qu'il s'agisse de questions relatives à la citoyenneté de l'Union (5), à l'immigration et à l'asile (6), au regroupement familial (7), à la coopération judiciaire en matière civile (8) ou, comme ici, de questions relatives à la coopération judiciaire en matière pénale (9).

Cela étant, on observera que malgré les différences entre les contentieux, le raisonnement de la Cour dans l'arrêt *GN* ne présente pas de réelle spécificité, le droit au respect de la vie privée et familiale et les droits de l'enfant, en particulier le droit à la prise en considération de son intérêt supérieur, étant protégés selon le même examen en deux étapes (pt 46) – existence d'un risque réel de violation et risque qu'il se réalise s'agissant de la personne considérée – à mener par l'autorité d'exécution en collaboration avec l'autorité d'émission, que celui déjà préconisé par la Cour relativement au respect de l'interdiction de la torture et des peines ou traitements inhumains ou dégradants ou au respect du droit à une protection juridictionnelle effective. Ceci explique que l'arrêt *Aranyosi et Căldăraru* soit largement cité ici, s'agissant de l'article 4 de la charte, en tant qu'arrêt de principe, mais aussi que le récent arrêt *Puig Gordi* (10) le soit tout autant, s'agissant de l'article 47 et alors que c'est l'arrêt *Minister for Justice and Equality (Défaillances*

Generalstaatsanwaltschaft (Conditions de détention en Hongrie), aff. C-220/18 PPU, ECLI:EU:C:2018:589 ; CJUE, gde ch., 15 octobre 2019, *Dorobantu*, aff. C-128/18, ECLI:EU:C:2018:589 ; obs. D. FLORE, in F. PICOD (dir.), *Jurisprudence de la CJUE 2019*, Bruxelles, Bruylant, 2020, p. 823.

(5) Par ex., CJUE, gde ch., 26 mars 2019, *SM (Enfant placé sous kafala algérienne)*, aff. C-129/18, ECLI:EU:C:2019:248 ; CJUE, gde ch., 14 décembre 2021, *Stolichna obshtina, rayon « Pancharevo »*, aff. C-490/20, ECLI:EU:C:2021:1008 ; obs. M. BENLOLO-CARABOT, in F. PICOD (dir.), *Jurisprudence de la CJUE 2021*, Bruxelles, Bruylant, 2022, p. 296 et obs. L. RASS-MASSON, *ibid.*, p. 976.

(6) Par ex., CJUE, 14 janvier 2021, *Staatssecretaris van Justitie en Veiligheid (Retour d'un mineur non accompagné)*, aff. C-441/19, ECLI:EU:C:2021:9 ; CJUE, 11 mars 2021, *État belge (Retour du parent d'un mineur)*, aff. C-112/20, ECLI:EU:C:2021:197.

(7) Par ex., CJUE, 16 juillet 2020, *État belge (Regroupement familial – Enfant mineur)*, aff. jtes C-133/19, C-136/19 et C-137/19, ECLI:EU:C:2020:577.

(8) Par ex., CJUE, 12 mai 2022, *W. J. (Changement de résidence habituelle du créancier d'aliments)*, aff. C-644/20, ECLI:EU:C:2022:371.

(9) Par ex., CJUE, gde ch., 23 janvier 2018, *Piotrowski*, aff. C-367/16, ECLI:EU:C:2018:27.

(10) CJUE, gde ch., 31 janvier 2023, *Puig Gordi e.a.*, aff. C-158/21, ECLI:EU:C:2023:57.

du système judiciaire) (11) qui a repris, antérieurement, la solution de l'arrêt *Aranyosi et Căldăraru* aux fins de garantir le droit à une protection juridictionnelle effective dans l'ELSJ. Il est tout au plus particulièrement insisté en l'espèce sur l'obligation de collaboration entre les autorités (pts 49-54), ce qui nous paraît s'expliquer par le fait que l'autorité belge n'avait pas répondu aux questions de l'autorité italienne dans notre affaire, conduisant cette dernière à ordonner la libération immédiate de GN. La demande de traitement du renvoi par la voie accélérée a d'ailleurs été rejetée pour partie en raison de cette remise en liberté (pt 30 de l'arrêt, non reproduit) et la Cour aurait peut-être pu faire l'économie de la réponse à la question de savoir s'il était possible de reporter la remise d'une mère ayant des enfants mineurs vivant avec elle. Il faut croire qu'elle ait voulu, en dépit de la libération de GN, s'assurer dans son cas comme dans celui d'autres mères accompagnées de leurs enfants en bas âge que les choses soient bien claires pour les autorités et juridictions nationales, et en particulier que la solution de l'arrêt *E. D. L. (Motif de refus fondé sur la maladie)* (12) soit bien comprise : la possibilité de surseoir à la remise d'une personne « ne peut être mise en œuvre que de manière temporaire, à titre exceptionnel et pour des raisons humanitaires sérieuses », « une telle suspension [n'étant], par ailleurs, pas envisageable pour une période considérable » (pt 56).

En définitive, l'arrêt *GN* répond à une question inédite, certes, mais aussi familière, comme le relevait l'avocat général en rappelant « qu'il s'agit d'un renvoi préjudiciel de plus dans la série de ceux visant à savoir si un risque de violation d'un droit fondamental peut constituer une raison de refuser l'exécution d'un MAE en dehors des motifs obligatoires ou facultatifs de non-exécution expressément prévus [par la] décision-cadre » (pt 12 des conclusions). Et la réponse qu'apporte la Cour est plus familière qu'inédite du fait notamment de la globalisation des droits risquant d'être violés en l'espèce alors que l'avocat général distinguait entre l'article 7 et l'article 24 de la charte, ayant mis en lumière qu'« une non-exécution

(11) CJUE, gde ch., 25 juillet 2018, *Minister for Justice and Equality (Défaillances du système judiciaire)*, aff. C-216/18 PPU, ECLI:EU:C:2018:586 ; obs. R. Tinière, in F. Picod (dir.), *Jurisprudence de la CJUE 2018*, Bruxelles, Bruylant, 2019, p. 108 et obs. D. Flore, *ibid.*, p. 705. Voy. aussi CJUE, gde ch., 17 décembre 2020, *Openbaar Ministerie (Indépendance de l'autorité judiciaire d'émission)*, aff. jtes C-354/20 PPU et C-412/20 PPU, ECLI:EU:C:2020:1033 ; obs. D. Flore, in F. Picod (dir.), *Jurisprudence de la CJUE 2020*, Bruxelles, Bruylant, 2021, p. 831 ; CJUE, gde ch., 22 février 2022, *Openbaar Ministerie (Tribunal établi par la loi dans l'État membre d'émission)*, préc. ; CJUE, ord., 12 juillet 2022, *Minister for Justice and Equality (Tribunal établi par la loi dans l'État membre d'émission – II)*, aff. C-480/21, ECLI:EU:C:2022:592.

(12) CJUE, 18 avril 2023, *E. D. L. (Motif de refus fondé sur la maladie)*, aff. C-699/21, ECLI:EU:C:2023:295, s'agissant de la possibilité de surseoir à la remise d'une personne gravement malade.

serait susceptible d'être fondée sur l'atteinte éventuelle aux droits fondamentaux non pas [seulement] de la personne recherchée, mais [aussi] d'un tiers, à savoir l'enfant mineur de la mère dont la remise est demandée » (pt 13 des conclusions). L'arrêt *GN* n'est pas non plus très différent de l'arrêt *Aranyosi et Căldăraru* et de l'arrêt *Minister for Justice and Equality (Défaillances du système judiciaire)* s'agissant du caractère intangible ou non du droit considéré ou s'agissant du contexte de violation d'une valeur de l'Union du fait de l'atteinte au contenu essentiel d'un droit dérogeable : le droit au respect de la vie familiale et l'intérêt supérieur de l'enfant paraissent tout autant garantis que les droits posés par les articles 4 et 47 de la charte, malgré le caractère dérogeable du droit protégé par l'article 7 et les doutes quant à la qualification de droit subjectif en ce qui concerne l'article 24. Cette protection comparable des droits est une bonne chose à la fois du point de vue du niveau de protection des droits fondamentaux dans l'Union et du point de vue de l'articulation des standards – le juge italien n'avait pas manqué ici de se référer à la Constitution ainsi qu'à la CEDH (pts 19 et 22 de l'arrêt, non reproduits). L'arrêt *GN* confirme tout simplement que la privation de liberté n'est pas une privation de tous droits et, s'il avait été rendu avant que la Commission ne publie son manuel actualisé sur le MAE, nul doute qu'il aurait figuré parmi les cas dans lesquels l'autorité judiciaire d'exécution « [prend] en considération les droits fondamentaux » (13), au titre d'une troisième série de considérations aux côtés de celles relatives aux conditions de détention dans l'État membre d'émission, d'une part, et au droit de la personne recherchée à un procès équitable, d'autre part : les considérations relatives à la vie familiale des personnes et à l'intérêt supérieur de leurs enfants.

Claire VIAL

(13) Communication de la Commission, « Manuel concernant l'émission de l'exécution d'un mandat d'arrêt européen », *JOUE*, C 2023/1270 du 15 décembre 2023, spéc. p. 50.

IV. RECOURS

Cour de justice, 9e ch., 17 mai 2023, *BK et ZhP (Suspension partielle de la procédure au principal)*, aff. C-176/22, ECLI:EU:C:2023:416

Mots-clés : Renvoi préjudiciel – Statut de la Cour de justice de l'Union européenne – Article 23, premier alinéa – Suspension de la procédure au principal par une juridiction nationale qui saisit la Cour d'une demande de décision préjudicielle au titre de l'article 267 TFUE – Possibilité de suspension partielle

Cadre normatif : article 23 du statut de la Cour de justice de l'Union européenne ; article 267 TFUE

Extraits de l'arrêt

1. La demande de décision préjudicielle porte sur l'interprétation de l'article 23 du statut de la Cour de justice de l'Union européenne.

2. Cette demande a été présentée dans le cadre d'une procédure pénale engagée contre BK et ZhP pour des faits qualifiés de corruption.

Le cadre juridique

Le droit de l'Union

3. L'article 23, premier alinéa, du statut de la Cour de justice de l'Union européenne dispose :

> « Dans les cas visés à l'article 267 [TFUE], la décision de la juridiction nationale qui suspend la procédure et saisit la Cour de justice est notifiée à celle-ci à la diligence de cette juridiction nationale. Cette décision est ensuite notifiée par les soins du greffier de la Cour aux parties en cause, aux États membres et à la Commission [européenne], ainsi qu'à l'institution, l'organe ou l'organisme de l'Union [européenne] qui a adopté l'acte dont la validité ou l'interprétation est contestée ».

Le droit bulgare

4. Il ressort de la demande de décision préjudicielle que, en vertu des règles de procédure applicables au litige au principal, la procédure pénale est suspendue lorsqu'une juridiction nationale saisit la Cour d'une demande de décision préjudicielle.

Le litige au principal et la question préjudicielle

5. Le 26 février 2021, la Spetsialirizana prokuratura (parquet spécialisé, Bulgarie) a saisi la juridiction de renvoi d'un acte d'accusation contre BK et ZhP, pour des faits allégués de corruption qu'ils auraient commis en leur qualité d'organes d'investigation de la police.

6. BK s'est opposé à la qualification juridique de corruption retenue par le parquet. S'interrogeant sur son pouvoir de requalification de l'infraction en cause sans en informer au préalable la personne poursuivie, la juridiction de renvoi a saisi la Cour d'une demande de décision préjudicielle portant sur l'interprétation de l'article 6, paragraphes 3 et 4, de la directive 2012/13/UE du Parlement européen et du Conseil, du 22 mai 2012, relative au droit à l'information dans le cadre des procédures pénales (*JO* 2012, L 142, p. 1), et de l'article 47, paragraphe 2, de la charte des droits fondamentaux de l'Union européenne. Cette demande fait l'objet de l'affaire C-175/22.

7. En outre, BK et ZhP ont contesté la manière dont leur arrestation a eu lieu ainsi que la découverte d'une somme d'argent marquée dans le bureau de ce dernier. L'arrestation de BK et de ZhP a eu lieu dans leurs locaux de service, dont les couloirs étaient équipés de caméras vidéo qui ont enregistré une partie de cette arrestation, ainsi que cette découverte.

8. La juridiction de renvoi relève que, jusqu'au moment de l'introduction de la présente demande de décision préjudicielle, certaines personnes impliquées dans ladite arrestation ont été interrogées et une partie des enregistrements vidéo en cause a été examinée. Cependant, cette juridiction souligne qu'elle doit interroger au moins trois autres personnes et faire examiner l'autre partie de ces enregistrements vidéo, tout comme le matériel produit par une caméra et un microphone cachés.

9. Ladite juridiction indique que, sur le plan technique, rien ne s'oppose à ce qu'elle continue à examiner l'affaire dont elle est saisie ainsi qu'à collecter des éléments de preuve pour déterminer la réalité et le contenu des faits allégués. Ces éléments seraient sans lien avec les questions préjudicielles qu'elle a posées dans le cadre de l'affaire C-175/22. Après avoir obtenu lesdits éléments de preuve, la juridiction de renvoi pourrait suspendre la procédure au principal dans son intégralité jusqu'à ce qu'elle reçoive la réponse de la Cour à ces questions. Après réception de cette réponse, elle pourrait reprendre cette procédure, informer la personne poursuivie, le cas échéant, d'une éventuelle requalification juridique des faits en cause et, après avoir entendu les parties, se prononcer sur le fond.

10. Toutefois, cette juridiction se demande si, au regard de l'article 23 du statut de la Cour de justice de l'Union européenne, elle peut continuer à connaître de l'affaire au principal, en particulier pour continuer à collecter des preuves, après avoir saisi la Cour à titre préjudiciel dans l'affaire C-175/22.

11. La juridiction de renvoi considère qu'un renvoi préjudiciel implique nécessairement qu'il soit sursis à statuer dans la procédure au principal en ce qui concerne les questions posées dans le cadre de ce renvoi. Cela étant, elle considère que cette procédure pourrait se poursuivre sur des aspects ne faisant pas l'objet dudit renvoi, étant entendu qu'aucune décision sur le fond ne pourrait être rendue avant d'avoir reçu la réponse de la Cour à ces questions.

12. Une telle approche permettrait d'éviter la perte de temps associée à une suspension de ladite procédure, ce qui favoriserait le respect du droit d'être jugé dans un délai raisonnable, conformément à l'article 47, deuxième alinéa, de la charte des droits fondamentaux.

13. Le juge national aurait pour mission principale de trancher l'affaire dont il est saisi et le droit de l'Union ne régirait la question de la suspension de la procédure au principal que dans la mesure où cette suspension est nécessaire pour garantir l'effet utile de la décision de la Cour.

14. La juridiction de renvoi signale qu'elle a suspendu intégralement la procédure au principal dans l'attente de la réponse de la Cour à la question posée dans la présente affaire.

15. Dans ces conditions, le Spetsializiran nakazatelen sad (tribunal pénal spécialisé, Bulgarie) a décidé de surseoir à statuer et de poser à la Cour la question préjudicielle suivante :

« Convient-il d'interpréter l'article 23 du statut de la Cour de justice de l'Union européenne en ce sens qu'il oblige la juridiction nationale qui a introduit une demande de décision préjudicielle en vertu de l'article 267 TFUE à surseoir à statuer dans l'intégralité de l'affaire au principal, ou suffit-il de ne suspendre que la partie de la procédure au principal qui est pertinente pour la question posée ? »

[...]

Sur la recevabilité de la demande préjudicielle

[...]

Sur la question préjudicielle

23. Par sa question, la juridiction de renvoi demande, en substance, si l'article 23 du statut de la Cour de justice de l'Union européenne doit être interprété en ce sens qu'il s'oppose à ce qu'une juridiction nationale ayant introduit une demande de décision préjudicielle au titre de l'article 267 TFUE ne suspende la procédure au principal qu'en ce qui concerne les aspects de celle-ci susceptibles d'être affectés par la réponse de la Cour à cette demande.

24. À cet égard, il convient de rappeler que, en l'absence de règles de l'Union en la matière, il appartient à l'ordre juridique interne de chaque État membre, en vertu du principe d'autonomie procédurale, de régler les modalités procédurales des recours en justice destinés à assurer la sauvegarde des droits que les justiciables tirent du droit de l'Union (voir, en ce sens, arrêts du 16 décembre 1976, *Rewe-Zentralfinanz et Rewe-Zentral*, 33/76, EU:C:1976:188, point 5, ainsi que du 22 avril 2021, *Profi Credit Slovakia*, C-485/19, EU:C:2021:313, point 52 et jurisprudence citée).

25. Toutefois, ce principe doit être appliqué dans le respect des principes d'équivalence et d'effectivité, afin de préserver l'effet utile des dispositions de droit de l'Union applicables (voir, en ce sens, arrêt du 3 juin 2021, *Bankia*, C-910/19, EU:C:2021:433, point 45 et jurisprudence citée). En particulier, en vertu du principe d'effectivité, les États membres ne peuvent exercer leur autonomie procédurale d'une manière qui rendrait impossible en pratique ou excessivement difficile l'exercice des droits conférés par le droit de l'Union [voir, en ce sens, arrêts du 9 novembre 1983, *San Giorgio*, 199/82, EU:C:1983:318, point 14, et du 24 novembre 2022, *Varhoven administrativen sad (Abrogation de la disposition contestée)*, C-289/21, EU:C:2022:920, point 33 ainsi que jurisprudence citée].

26. Pour ce qui concerne la procédure du renvoi préjudiciel, il convient de rappeler que l'article 267 TFUE instaure un dialogue de juge à juge entre la Cour et les juridictions des États membres, qui a pour but d'assurer l'unité d'interprétation du droit de l'Union, permettant ainsi d'assurer sa cohérence, son plein effet et son autonomie ainsi que, en dernière instance, le caractère propre du droit institué par les traités (voir, en ce sens, arrêt du 29 mars 2022, *Getin Noble Bank*, C-132/20, EU:C:2022:235, point 71 et jurisprudence citée).

27. Il est de jurisprudence constante qu'un arrêt rendu dans le cadre de cette procédure lie le juge national quant à l'interprétation du droit de l'Union pour la solution du litige dont il est saisi [voir en ce sens, notamment, arrêts du 3 février 1977, *Benedetti*, 52/76, EU:C:1977:16, point 26, et du 22 février 2022, *RS (Effet des arrêts d'une cour constitutionnelle)*, C-430/21, EU:C:2022:99, point 74].

28. Or, la préservation de l'effet utile de ladite procédure n'est pas rendue impossible en pratique ou excessivement difficile par une règle nationale qui permet, entre la date à laquelle une demande de décision préjudicielle est adressée à la Cour et celle de l'ordonnance ou de l'arrêt par lequel cette dernière répond à cette demande, de poursuivre la procédure au principal pour effectuer des actes de procédure, que la juridiction de renvoi considère comme étant nécessaires et qui portent sur des aspects non liés aux questions préjudicielles posées, à savoir des actes de procédure qui ne sont pas de nature à empêcher la juridiction de renvoi de se conformer, dans le cadre du litige au principal, à cette ordonnance ou à cet arrêt.

29. Cette conclusion est corroborée par le fait qu'il incombe à la juridiction de renvoi d'apprécier à quel stade de la procédure il est opportun d'adresser une telle demande à la Cour (voir, en ce sens, arrêts du 27 juin 1991, *Mecanarte*, C348/89, EU:C:1991:278, point 49, ainsi que du 7 avril 2016, *Degano Trasporti*, C546/14, EU:C:2016:206, points 16 et 17).

30. Ainsi, dès lors qu'une demande de décision préjudicielle peut être adressée à la Cour même à un stade précoce de la procédure au principal, il doit être loisible à la juridiction de renvoi, en attendant la réponse de la Cour à cette demande, de poursuivre cette procédure pour des actes de procédure qu'elle considère comme étant nécessaires et qui ne sont pas liés aux questions préjudicielles posées.

31. Il y a lieu de relever que ce raisonnement a été implicitement suivi dans l'arrêt du 21 décembre 2021, *Euro Box Promotion e.a.* (C-357/19, C-379/19, C-547/19, C-811/19 et C-840/19, EU:C:2021:1034). En effet, au point 80 de cet arrêt, la Cour a relevé que, après que la demande de décision préjudicielle en cause dans une des affaires ayant donné lieu audit arrêt lui avait été soumise, la décision de la juridiction de renvoi de surseoir à statuer avait été annulée et que la procédure au principal avait repris sur des problématiques autres que celles visées par cette demande. Or, au point 141 du même arrêt, la Cour a considéré que ladite demande était recevable, sans avoir estimé nécessaire d'examiner une éventuelle violation de l'article 23 du statut de la Cour de justice de l'Union européenne.

32. Au regard de l'ensemble des considérations qui précèdent, il y a lieu de répondre à la question posée que l'article 23 du statut de la Cour de justice de l'Union européenne doit être interprété en ce sens qu'il ne s'oppose pas à ce qu'une juridiction nationale ayant introduit une demande de décision préjudicielle au titre de l'article 267 TFUE ne suspende la procédure au principal qu'en ce qui concerne les aspects de celle-ci susceptibles d'être affectés par la réponse de la Cour à cette demande.

[...]

Par ces motifs, la Cour (neuvième chambre) dit pour droit :

L'article 23 du statut de la Cour de justice de l'Union européenne doit être interprété en ce sens qu'il ne s'oppose pas à ce qu'une juridiction nationale ayant introduit une demande de décision préjudicielle au titre de l'article 267 TFUE ne suspende la procédure au principal qu'en ce qui concerne les aspects de celle-ci susceptibles d'être affectés par la réponse de la Cour à cette demande.

[...]

OBSERVATIONS

Le mécanisme préjudiciel est appréhendé par la Cour de justice comme une coopération directe entre elle-même et les juridictions nationales, le renvoi préjudiciel reposant sur un « dialogue de juge à juge ». L'idée fut exprimée en ces termes par l'avocat général Bot, il y a presque vingt ans, à l'occasion de l'affaire *Kempter*(1). La Cour l'a reprise dans son arrêt(2) et l'a, depuis lors, intégrée dans sa jurisprudence(3). L'arrêt commenté ne déroge pas à la règle(4). Classique à cet égard, il apporte néanmoins, pour la première fois expressément, une précision importante à ce mécanisme particulier de dialogue interjuridictionnel.

*

Le renvoi préjudiciel est un outil essentiel à l'application uniforme du droit de l'Union européenne. En effet, les juridictions nationales remplissent, en collaboration avec la Cour, une fonction qui leur est attribuée en commun, en vue d'assurer le respect du droit dans l'interprétation et l'application des traités(5). Comme cela découle désormais clairement de l'article 19 TUE, c'est aux juridictions nationales et à la Cour qu'il appartient de garantir la pleine application de ce droit dans l'ensemble des États membres ainsi que la protection juridictionnelle effective, la Cour détenant une compétence exclusive pour fournir l'interprétation authentique ou « définitive » dudit droit. C'est à cette fin que ce système comporte, en particulier, la procédure du renvoi préjudiciel prévue à l'article 267 TFUE(6).

Cette procédure permet donc l'ouverture d'un dialogue entre la Cour et les juridictions des États membres à l'initiative de celles-ci, les juridictions nationales ayant la faculté la plus étendue, voire

(1) Concl. av. gén. Bot, présentées le 24 avril 2007, dans l'affaire *Kempter*, aff. C-2/06, ECLI:EU:C:2007:245, pt 101. Notons que l'expression « dialogue de juge à juge » apparaissait déjà dans les conclusions présentées par l'avocat général Dutheillet de Lamothe le 27 octobre 1971 à l'occasion de l'affaire 6/71, *Rheinmühlen*, ECLI:EU:C:1971:91.

(2) CJCE, 12 février 2008, *Kempter*, aff. C-2/06, ECLI:EU:C:2008:78, pt 42.

(3) Voy. CJCE, 16 décembre 2008, *Cartesio*, aff. C-210/06, ECLI:EU:C:2008:723, pt 91 ; CJUE, 18 décembre 2014, avis 2/13 relatif au projet révisé d'accord portant adhésion de l'Union européenne à la Convention européenne des droits de l'homme, ECLI:EU:C:2014:2454, pt 176, ainsi que CJUE, 5 juillet 2016, *Ognyanov*, aff. C-614/14, ECLI:EU:C:2016:514, pt 15.

(4) CJUE, 17 mai 2023, *BK et ZhP (Suspension partielle de la procédure au principal)*, aff. C-176/22, ECLI:EU:C:2023:416, pt 26.

(5) Voy., en ce sens, CJUE, 8 mars 2011, avis 1/09 (Accord sur la création d'un système unifié de règlement des litiges en matière de brevets), ECLI:EU:C:2011:123, pt 69, et CJUE, 27 février 2018, *Associação Sindical dos Juízes Portugueses*, aff. C-64/16, ECLI:EU:C:2018:117, pt 33.

(6) CJUE, 30 avril 2019, avis 1/17 (Accord ECG UE-Canada), ECLI:EU:C:2019:341, pt 111.

l'obligation (7), de saisir celle-ci si elles considèrent qu'une affaire pendante devant elles soulève des questions exigeant une interprétation ou une appréciation en validité des dispositions du droit de l'Union nécessaires au règlement du litige qui leur est soumis (8). Conformément à une jurisprudence constance, il appartient au seul juge national, qui est saisi du litige et doit assumer la responsabilité de la décision juridictionnelle à intervenir, d'apprécier, au regard des particularités de l'affaire, tant la nécessité d'une décision préjudicielle pour être en mesure de rendre son jugement que la pertinence des questions qu'il pose à la Cour (9).

Mais qu'en est-il de la procédure pendante devant le juge national lorsque celui-ci décide de poser une question préjudicielle à la Cour de justice ? Tel est, en substance, l'objet de l'interrogation du Spetsializiran nakazatelen sad (tribunal pénal spécialisé, Bulgarie) à l'origine de la décision commentée.

Cette juridiction avait été saisie, le 26 février 2021, par le Parquet, d'un acte d'accusation contre BK et ZhP, pour des faits allégués de corruption qu'ils auraient commis en leur qualité d'organes d'investigation de la police. Alors que BK s'était opposé à la qualification juridique de corruption retenue par le Parquet, ladite juridiction s'était interrogée sur son pouvoir de requalification de l'infraction en cause sans en informer au préalable la personne poursuivie et avait décidé de saisir la Cour de justice d'une première demande de décision préjudicielle portant sur l'interprétation de l'article 6, paragraphes 3 et 4, de la directive 2012/13/UE du Parlement européen et du Conseil du 22 mai 2012 relative au droit à l'information dans le cadre des procédures pénales (10), et de l'article 47, paragraphe 2, de la charte des droits fondamentaux de l'Union européenne (11). Toutefois, après avoir opéré ce renvoi préjudiciel, la même juridiction s'est demandé si, au regard de l'article 23 du statut de la Cour de

(7) Conformément à l'article 267, troisième alinéa, TFUE, une juridiction nationale dont la décision n'est susceptible de faire l'objet d'aucun recours juridictionnel de droit interne est, en principe, tenue de saisir la Cour lorsqu'une question relative à l'interprétation du droit de l'Union est soulevée devant elle. Sur l'étendue de cette obligation, voy. CJUE, 6 octobre 2021, *Consorzio Italian Management et Catania Multiservizi*, aff. C-561/19, ECLI:EU:C:2021:799, et CJUE, 22 décembre 2022, *Airbnb Ireland et Airbnb Payments UK*, aff. C-83/21, ECLI:EU:C:2022:1018, pts 78-85.

(8) Voy., en ce sens, not., CJCE, 16 décembre 2008, *Cartesio*, préc., pt 88 ; CJUE, 15 janvier 2013, *Križan e.a.*, aff. C-416/10, ECLI:EU:C:2013:8, pt 64 ; CJUE, 2 mars 2021, *A.B. e.a. (Nomination des juges à la Cour suprême – Recours)*, aff. C-824/18, ECLI:EU:C:2021:153, pt 91, et CJUE, 16 décembre 2021, *AB e.a. (Révocation d'une amnistie)*, aff. C-203/20, ECLI:EU:C:2021:1016, pt 49.

(9) Voy., not., CJUE, 16 décembre 2021, *AB e.a. (Révocation d'une amnistie)*, préc., pt 45.

(10) *JO* 2012, L 142, p. 1.

(11) Cette demande a donné lieu à l'arrêt du CJUE, 9 novembre 2023, *BK (Requalification de l'infraction)*, aff. C-175/22, ECLI:EU:C:2023:844.

justice de l'Union européenne, elle pouvait continuer à connaître de l'affaire au principal, en particulier pour continuer à collecter des preuves (12). C'est ainsi qu'elle a décidé de demander à la Cour de justice, dans le cadre d'un deuxième renvoi préjudiciel, si cette disposition du statut oblige la juridiction nationale qui a introduit une demande de décision préjudicielle à surseoir à statuer dans l'intégralité de l'affaire au principal ou s'il est suffisant de ne suspendre que la partie de la procédure au principal qui est pertinente pour la question posée (13).

Afin de répondre à cette question, la Cour se fonde sur la règle énoncée dès l'arrêt du 3 février 1977, *Benedetti* (aff. 52/76, ECLI:EU:C:1977:16, pt 26), aux termes de laquelle un arrêt rendu dans le cadre d'une procédure préjudicielle lie le juge national quant à l'interprétation du droit de l'Union pour la solution du litige dont il est saisi (14). Or, il se peut que cet effet ne soit pas compromis par la poursuite de la procédure nationale entre la date à laquelle une demande de décision préjudicielle est adressée à la Cour et celle de l'ordonnance ou de l'arrêt par lequel cette dernière répond à cette demande. Tel est le cas « des actes de procédure que la juridiction de renvoi considère comme étant nécessaires et qui portent sur des aspects *non liés aux questions préjudicielles posées*, à savoir des actes de procédure qui ne sont pas de nature à empêcher la juridiction de renvoi de se conformer, dans le cadre du litige au principal, à cette ordonnance ou à cet arrêt » (15).

Cette possibilité pour le juge national de poursuivre le traitement de la procédure à l'origine d'un renvoi préjudiciel ne devrait pas être une surprise. Selon la Cour, elle était déjà implicite dans l'arrêt du 21 décembre 2021 rendu à l'occasion de l'affaire *Euro Box Promotion e.a.* (aff. C-357/19, ECLI:EU:C:2021:1034 (16)). En effet, dans le cadre de cette affaire, la juridiction de renvoi avait informé la Cour que la juridiction d'appel avait annulé sa décision de surseoir à statuer (par laquelle la juridiction de renvoi interrogeait la Cour à titre préjudiciel) et ordonné la poursuite du jugement de l'affaire en ce qui

---

(12) Cette disposition du statut de la Cour de justice de l'Union européenne (ci-après le « statut ») énonce que « [d]ans les cas visés à l'article 267 [TFUE], la décision de la juridiction nationale qui suspend la procédure et saisit la Cour de justice est notifiée à celle-ci à la diligence de cette juridiction nationale. Cette décision est ensuite notifiée par les soins du greffier de la Cour aux parties en cause, aux États membres et à la Commission [européenne], ainsi qu'à l'institution, l'organe ou l'organisme de l'Union [européenne] qui a adopté l'acte dont la validité ou l'interprétation est contestée ».

(13) CJUE, 17 mai 2023, *BK et ZhP (Suspension partielle de la procédure au principal)*, préc., pt 15.

(14) *Ibid.*, pt 26.

(15) *Ibid.*, pt 28, c'est nous qui soulignons.

(16) *Ibid.*, pt 31.

concerne les problématiques autres que celles visées par la demande de décision préjudicielle. Interrogée par la Cour à ce sujet, la juridiction de renvoi avait confirmé qu'une réponse de la Cour aux questions posées était toujours nécessaire, ce que la Cour a estimé suffisant pour justifier la recevabilité desdites questions (17). Surtout, ladite possibilité de poursuivre la procédure au principal permet de concilier le besoin, dans le chef d'une juridiction nationale, d'être aidée par la Cour de justice dans son travail d'interprète du droit de l'Union avec la nécessité de traiter l'affaire dans un délai raisonnable.

Cet arrêt apporte donc une précision supplémentaire à l'encadrement de la procédure préjudicielle, lequel peut être résumé comme suit.

Premièrement, s'il est acquis depuis longtemps que la procédure préjudicielle implique la suspension de la procédure pendante devant la juridiction de renvoi dans l'attente de la réponse de la Cour (18), seule la demande d'interprétation ou la demande en appréciation de validité est adressée à la Cour, sans que l'ensemble de l'affaire lui soit transféré (19). Cette limite est inhérente à la coopération juridictionnelle qu'est le renvoi préjudiciel et à la répartition des rôles entre les différents juges en présence : s'il incombe à la Cour de justice d'interpréter le droit de l'Union (et seulement le droit de l'Union), il appartient aux juridictions nationales de l'appliquer (20). Cela implique que la juridiction nationale reste saisie de l'affaire, qui demeure pendante devant elle. En d'autres termes, seule la procédure devant cette juridiction est suspendue jusqu'à ce que la Cour se soit prononcée sur la question préjudicielle (21).

Il s'ensuit, deuxièmement, que le juge national est libre du moment de la procédure où il choisit de poser sa question (22). De même, l'article 267 TFUE s'oppose à toute règle nationale qui aurait

(17) Voy., à cet égard, CJUE, 21 décembre 2021, *Euro Box Promotion e.a.*, aff. C-357/19, ECLI:EU:C:2021:1034, pts 80 et 141.

(18) Voy., en ce sens, CJCE, 15 juin 1995, *Zabala Erasun e.a. c/ Instituto Nacional de Empleo*, aff. C-422/93, ECLI:EU:C:1995:183, pt 28 et, pour une confirmation explicite, CJUE, 31 janvier 2023, *Puig Gordi e.a.*, aff. C-158/21, ECLI:EU:C:2023:57, pt 29.

(19) Voy., en ce sens, CJCE, 15 juin 1995, *Zabala Erasun e.a. c/ Instituto Nacional de Empleo*, préc.

(20) Sur la répartition des rôles entre les juridictions nationales et la Cour de justice, voy. S. de Lapuerta, « La décentralisation du système juridictionnel de l'Union européenne », in A. Tizzano *et al.* (dir.), *La Cour de justice de l'Union européenne sous la présidence de Vassilios Skouris (2003-2015). Liber amicorum Vassilios Skouris*, Bruxelles, Bruylant, 2015, pp. 591-601.

(21) Voy., en ce sens, CJCE, 15 juin 1995, *Zabala Erasun e.a. c/ Instituto Nacional de Empleo*, préc.

(22) Voy., en ce sens, CJUE, 22 juin 2010, *Melki et Abdeli*, aff. C-188/10 et C-189, ECLI:EU:C:2010:363, pt 52 et CJUE, 5 octobre 2010, *Elchinov*, aff. C-173/09, EU:C:2010:581, pt 26.

pour conséquence qu'un juge national préfère s'abstenir de poser des questions préjudicielles à la Cour pour éviter soit d'être dessaisi et, éventuellement, d'encourir des sanctions disciplinaires (23), soit d'introduire des demandes de décision préjudicielle irrecevables. En effet, une telle règle porterait atteinte aux prérogatives reconnues aux juridictions nationales par l'article 267 TFUE et, par conséquent, à l'efficacité de la coopération entre la Cour et les juridictions nationales instituée par le mécanisme du renvoi préjudiciel (24).

Troisièmement, et tel est l'apport de l'arrêt commenté, le juge national peut, malgré sa décision d'interroger la Cour à titre préjudiciel, continuer de poser des actes de procédure qui ne sont pas de nature à l'empêcher de se conformer, dans le cadre de ce même litige, à la décision de la Cour de justice répondant à sa demande de décision préjudicielle. En effet, en poursuivant l'instruction de l'affaire dont il est saisi sur des aspects qui ne sont pas liés aux questions préjudicielles posées, ce juge national ne met pas à mal le dialogue des juges instauré à l'article 267 TFUE, clef de voûte du système juridictionnel de l'Union européenne (25), ni l'effet utile de la procédure préjudicielle (26).

Jonathan WILDEMEERSCH

(23) Cet aspect est essentiel dans certaines affaires soumises à la Cour. Celle-ci n'en fait toutefois pas une condition *sine qua non* de la crainte de poser une question préjudicielle. L'élément essentiel, à cet égard, est bien la crainte d'être dessaisi en cas de demande de décision préjudicielle. Comp., à ce propos, le premier arrêt de principe (CJUE, 5 juillet 2016, *Ognyanov*, préc., pt 25) avec l'arrêt de grande chambre (CJUE, gde ch., 2 mars 2021, *A.B. e.a. (Nomination des juges à la Cour suprême – Recours)*, préc., pt 94).

(24) CJUE, 5 juillet 2016, *Ognyanov*, préc.

(25) C'est ainsi que la Cour qualifie le renvoi préjudiciel depuis l'avis 2/13 (Adhésion de l'Union à la CEDH) du 18 décembre 2014 (EU:C:2014:2454, pt 176).

(26) Cette interprétation a été confirmée par la Cour à l'occasion d'une affaire où la présidente de la formation de jugement ayant introduit une demande de décision préjudicielle, dans une affaire pénale, faisait l'objet d'une demande de récusation du Parquet pour ne pas avoir fixé pour plaidoiries l'affaire à l'origine de cette demande (CJUE, 4 juillet 2024, *Stegmon*, aff. C-288/24, ECLI:EU:C:2024:585).

Cour de justice, 3e ch., 6 juillet 2023, *BEI c/ ClientEarth*, aff. C-212/21 P et C-223/21 P, ECLI:EU:C:2023:546

Conclusions de l'avocate générale J. Kokott, du 15 décembre 2022, ECLI:EU:C:2022:1003

Mots-clés : Pourvoi – Délibération du conseil d'administration de la Banque européenne d'investissement (BEI) approuvant le financement d'un projet de centrale électrique biomasse – Rejet de la demande de réexamen interne de cette délibération comme étant irrecevable – Indépendance de la BEI dans le domaine de ses opérations financières – Compétence de la Cour de justice de l'Union européenne – Article 271, sous c), TFUE – Portée – Environnement – Convention d'Aarhus – Règlement (CE) n° 1367/2006 – Article 2, paragraphe 1, sous f) – Notion de « droit de l'environnement » – Article 2, paragraphe 1, sous g) – Notion d'« acte administratif » – Article 10, paragraphe 1 – Réexamen interne d'actes administratifs

Cadre normatif : convention d'Aarhus ; règlement n° 1367/2006 ; article 271, sous c), TFUE

Extraits de l'arrêt

1. Par leurs pourvois respectifs, la Banque européenne d'investissement (BEI) (affaire C-212/21 P) et la Commission européenne (affaire C-223/21 P) demandent l'annulation de l'arrêt du Tribunal de l'Union européenne du 27 janvier 2021, *ClientEarth/BEI* (T-9/19, ci-après l'« arrêt attaqué », EU:T:2021:42). Par cet arrêt, le Tribunal a annulé la décision de la BEI, communiquée à ClientEarth par lettre du 30 octobre 2018, qui avait rejeté comme étant irrecevable la demande de réexamen interne de la délibération du conseil d'administration de la BEI, du 12 avril 2018, approuvant le financement d'un projet de centrale électrique biomasse en Galice (Espagne) (ci-après la « décision litigieuse »), introduite par ClientEarth le 9 août 2018, sur le fondement de l'article 10, paragraphe 1, du règlement (CE) n° 1367/2006 du Parlement européen et du Conseil, du 6 septembre 2006, concernant l'application aux institutions et organes de la Communauté européenne des dispositions de la convention d'Aarhus sur l'accès à l'information, la participation du public au processus décisionnel et l'accès à la justice en matière d'environnement (*JO* 2006, L 264, p. 13), et de la décision 2008/50/CE de la Commission, du 13 décembre 2007, établissant les modalités d'application du règlement (CE) n° 1367/2006 du Parlement européen et du Conseil relatif à la convention d'Aarhus en ce qui concerne les demandes de réexamen interne d'actes administratifs (*JO* 2008, L 13, p. 24).

Le cadre juridique

Le droit international

2. L'article 2, paragraphe 2, de la convention sur l'accès à l'information, la participation du public au processus décisionnel et l'accès à la justice en matière d'environnement, signée à Aarhus (Danemark) le 25 juin 1998 et approuvée au nom de la Communauté européenne par la décision 2005/370/CE du Conseil, du 17 février 2005 (*JO* 2005, L 124, p. 1, ci-après la « convention d'Aarhus »), prévoit que, aux fins de cette convention :

> « L'expression "autorité publique" désigne :
>
> [...]
>
> d) les institutions de toute organisation d'intégration économique régionale visée à l'article 17 qui est partie à la présente convention.
>
> La présente définition n'englobe pas les organes ou institutions agissant dans l'exercice de pouvoirs judiciaires ou législatifs ».

3. L'article 9 de la convention d'Aarhus, intitulé « Accès à la justice », stipule, à ses paragraphes 3 et 4, que chaque partie à cette convention doit veiller à ce que les membres du public qui répondent aux critères éventuels prévus par son droit interne puissent engager des procédures administratives ou judiciaires pour contester les actes ou omissions de particuliers ou d'autorités publiques allant à l'encontre des dispositions du droit national de l'environnement, et que ces procédures doivent offrir des recours suffisants et effectifs et être objectives, équitables et rapides sans que leur coût soit prohibitif.

Le droit de l'Union

4. Les considérants 3, 7, 10, 11, 18 et 20 du règlement n° 1367/2006 énoncent :

« (3) [...] Les dispositions du droit [de l'Union] devraient être compatibles avec celles de la convention [d'Aarhus].

[...]

(7) La convention d'Aarhus définit les autorités publiques de manière large, car l'idée de base est que, où que s'exerce l'autorité publique, des droits devraient être garantis aux personnes et à leurs organisations. Il convient donc que les institutions et organes [de l'Union] couverts par le présent règlement soient également définis de manière large et fonctionnelle. Aux termes de la convention d'Aarhus, les institutions et organes [de l'Union] peuvent être exclus du champ d'application de la convention lorsqu'ils agissent dans l'exercice de pouvoirs judiciaires ou de pouvoirs législatifs. [...]

[...]

(10) Dans la mesure où le droit de l'environnement est en constante évolution, il conviendrait que la définition du droit de l'environnement renvoie aux objectifs de la politique [de l'Union] dans le domaine de l'environnement tels qu'ils sont définis dans le traité.

(11) Les actes administratifs de portée individuelle devraient pouvoir faire l'objet d'un réexamen interne lorsqu'ils ont un effet juridiquement contraignant et extérieur. [...] Les actes adoptés par une institution ou un organe [de l'Union] qui agissent dans l'exercice de pouvoirs judiciaires ou législatifs pouvant être exclus, il devrait en être de même pour les autres procédures d'enquête dans le cadre desquelles l'institution ou l'organe [de l'Union] agit en qualité d'organisme de contrôle administratif en application du traité.

[...]

(18) L'article 9, paragraphe 3, de la convention d'Aarhus prévoit la possibilité d'engager des procédures judiciaires ou d'autres procédures de recours pour contester les actes ou omissions de particuliers ou d'autorités publiques allant à l'encontre du droit de l'environnement. Des dispositions relatives à l'accès à la justice devraient être conformes au traité. Il convient à cet égard que le présent règlement vise uniquement les actes et omissions des autorités publiques.

[...]

(20) Les organisations non gouvernementales s'occupant de la protection de l'environnement qui satisfont à certains critères, permettant en particulier de s'assurer qu'il s'agit d'organisations indépendantes et responsables qui ont démontré que leur objectif premier est de promouvoir la protection de l'environnement, devraient être habilitées à demander, lorsqu'une institution ou un organe [de l'Union] adopte un acte au titre du droit de l'environnement ou omet d'agir à ce titre, le réexamen interne, au niveau [de l'Union], dudit acte ou de ladite omission par l'institution ou l'organe en cause ».

5. L'article 1er, paragraphe 1, de ce règlement définit son objet comme suit :

> « Le présent règlement a pour objet de contribuer à l'exécution des obligations découlant de la [convention d'Aarhus] en établissant des dispositions visant à appliquer aux institutions et organes [de l'Union] les dispositions de [cette] convention, notamment :
>
> [...]
>
> d) en garantissant l'accès à la justice en matière d'environnement au niveau de la Communauté, dans les conditions prévues par le présent règlement ».

6. Aux termes de l'article 2 dudit règlement :

> « 1. Aux fins du présent règlement, on entend par :
>
> [...]
>
> c) "institutions et organes [de l'Union]", toute institution, tout organe, toute agence ou tout office publics créés en vertu ou sur la base du traité, sauf lorsqu'elle/il agit dans l'exercice de pouvoirs judiciaires ou législatifs [...]
>
> [...]
>
> f) "droit de l'environnement", toute disposition législative [de l'Union] qui, indépendamment de sa base juridique, contribue à la poursuite des objectifs de la politique de la Communauté dans le domaine de l'environnement tels que prévus par le traité [...]
>
> g) "acte administratif", toute mesure de portée individuelle au titre du droit de l'environnement arrêtée par une institution ou un organe [de l'Union] et ayant un effet juridiquement contraignant et extérieur ;
>
> [...] ».

7. L'article 10 du même règlement, intitulé « Demande de réexamen interne d'actes administratifs », prévoit, à son paragraphe 1 :

> « Toute organisation non gouvernementale satisfaisant aux critères prévus à l'article 11 est habilitée à introduire une demande de réexamen interne auprès de l'institution ou de l'organe [de l'Union] qui a adopté un acte administratif au titre du droit de l'environnement [...] ».

8. L'article 12 du règlement n° 1367/2006, intitulé « Recours devant la Cour de justice », dispose, à son paragraphe 1 :

> « L'organisation non gouvernementale ayant introduit la demande de réexamen interne en vertu de l'article 10 peut saisir la Cour de justice conformément aux dispositions pertinentes du traité ».

Les antécédents du litige

9. Les antécédents du litige, tels qu'ils ressortent des points 37 à 62 de l'arrêt attaqué, peuvent être résumés comme suit.

10. Par une délibération du 12 avril 2018, publiée sur le site Internet de la BEI le 28 juin 2018, le conseil d'administration de la BEI a approuvé la proposition de financement du projet de construction, dans la commune de Curtis (Teixeiro), située dans la province de la Corogne, en Galice (Espagne), d'une centrale biomasse de production d'électricité d'une capacité d'environ 50 mégawatts électriques, alimentée par les déchets forestiers collectés dans un rayon de 100 km (ci-après le « projet Curtis »), sous la forme d'un prêt, qui devait être octroyé à une entité *ad hoc*, pour un montant maximal de 60 millions d'euros (ci-après la « délibération du 12 avril 2018 »).

11. Par lettre du 13 avril 2018, la BEI a informé le promoteur du projet Curtis de la délibération du 12 avril 2018, en mentionnant que l'approbation préliminaire du financement de ce projet ne créait aucune obligation pour la BEI d'octroyer le prêt, mais permettait à ce promoteur de prendre les mesures nécessaires en vue de la formalisation de ce prêt.

12. Le 23 juillet 2018, les services de la BEI ont signé un accord interne relatif aux modalités du contrat de financement du projet Curtis. La documentation y afférente a été signée le 25 juillet 2018. Le premier décaissement lié au financement de la BEI a été effectué le 29 août 2018.

13. Le 9 août 2018, ClientEarth, une organisation non gouvernementale qui se consacre à la protection de l'environnement, a introduit auprès de la BEI, sur le fondement de l'article 10, paragraphe 1, du règlement n° 1367/2006, une demande de réexamen interne de la délibération du 12 avril 2018.

14. Par la décision litigieuse, communiquée à ClientEarth par lettre du 30 octobre 2018 signée par la secrétaire générale ainsi que par la cheffe adjointe du service juridique de la BEI, cette demande a été rejetée comme étant irrecevable au motif que la délibération du 12 avril 2018 ne constituait pas un « acte administratif », au sens de l'article 2, paragraphe 1, sous g), du règlement n° 1367/2006, et partant ne pouvait pas faire l'objet d'un réexamen interne mené par la BEI.

Le recours devant le Tribunal et l'arrêt attaqué

15. Par requête déposée au greffe du Tribunal le 8 janvier 2019, ClientEarth a introduit un recours tendant à l'annulation de la décision litigieuse, au soutien duquel elle a soulevé deux moyens. Le premier était tiré d'erreurs d'appréciation dans l'application de deux conditions que la délibération du 12 avril 2018 devait remplir pour pouvoir être qualifiée d'« acte administratif », au sens de l'article 2, paragraphe 1, sous g), du règlement n° 1367/2006, à savoir, d'une part, que l'acte soit adopté « au titre du droit de l'environnement » et, d'autre part, que cet acte produise un « effet juridiquement contraignant et extérieur ». Le second moyen était tiré d'une violation de l'obligation de motivation incombant à la BEI.

16. La BEI, soutenue par la Commission, a conclu à ce que le Tribunal rejette ce recours. À titre liminaire, la BEI a allégué que la demande de réexamen interne de la délibération du 12 avril 2018 introduite par ClientEarth était incompatible avec l'indépendance de la BEI dans le domaine de ses opérations financières et, partant, irrecevable.

17. Le Tribunal a, tout d'abord, aux points 86 à 92 de l'arrêt attaqué, rejeté ce moyen de défense de la BEI comme étant irrecevable. Il a relevé que la décision litigieuse considérait uniquement que la délibération du 12 avril 2018 n'était pas un « acte administratif », au sens de l'article 2, paragraphe 1, sous g), du règlement n° 1367/2006, au motif qu'elle n'avait pas été adoptée « au titre du droit de l'environnement » et ne produisait aucun « effet juridiquement contraignant et extérieur ». Selon le Tribunal, la BEI avait évoqué, « uniquement dans le cadre de l'examen de ces deux sous-motifs, et non d'un motif autonome, [...] de manière vague et générale, le pouvoir commercial et politique discrétionnaire qui lui est reconnu par les traités et par ses statuts ainsi que son rôle institutionnel et la mission qui lui incombe en vertu desdits statuts ». Le Tribunal a ainsi jugé, au point 91 de cet arrêt, que l'appréciation de la prétendue incompatibilité de la demande de réexamen interne de la délibération du 12 avril 2018 avec l'indépendance de la BEI dans le domaine de ses opérations financières reviendrait à substituer sa propre motivation à celle retenue par la BEI à l'appui de la décision litigieuse.

18. En outre, le Tribunal a renvoyé au point 92 de l'arrêt attaqué pour écarter comme étant irrecevable, au point 151 de cet arrêt, une argumentation prise de ce que, eu égard à l'article 271, sous c), TFUE et à l'indépendance de la BEI dans le domaine de ses opérations financières, la délibération du 12 avril 2018 ne pouvait pas être qualifiée d'« acte administratif », au sens de l'article 2, paragraphe 1, sous g), du règlement n° 1367/2006.

19. Ensuite, le Tribunal a, aux points 102 à 104 de l'arrêt attaqué, examiné le second moyen invoqué par ClientEarth à l'appui de son recours et jugé que la décision litigieuse permettait à celle-ci de comprendre les motifs pour lesquels la BEI avait rejeté, comme étant irrecevable, sa demande de réexamen interne de la délibération du 12 avril 2018 ainsi que de contester le bien-fondé de ces motifs. Cette décision permettant également au Tribunal d'exercer son contrôle juridictionnel, il a donc rejeté le second moyen comme étant non fondé.

20. Enfin, s'agissant du premier moyen invoqué par ClientEarth à l'appui de son recours, que le Tribunal a examiné en dernier lieu, il ressort du point 107 de l'arrêt attaqué que cette juridiction a relevé, à titre liminaire, que les deux conditions visées au point 15 du présent arrêt et figurant à l'article 2, paragraphe 1, sous g), du règlement n° 1367/2006 devaient être interprétées, dans la mesure du possible, « à la lumière de l'article 9, paragraphes 3 et 4, de la convention d'Aarhus [...] et, partant, à l'aune de l'exigence consistant à assurer un accès effectif de [ClientEarth] à la justice ».

21. S'agissant, en premier lieu, de la seconde branche de ce moyen, tirée de l'application erronée de la condition tenant à ce que l'acte soit adopté « au titre du droit de l'environnement », le Tribunal a rappelé, au point 118 de l'arrêt attaqué, que le législateur de l'Union européenne a entendu donner à la notion de « droit de l'environnement », au sens de l'article 2, paragraphe 1, sous f), du règlement n° 1367/2006, une « signification large, qui ne se limite pas à des questions liées à la protection de l'environnement naturel au sens strict ».

22. Au point 121 de l'arrêt attaqué, le Tribunal a considéré que la référence à « toute disposition législative [de l'Union] », figurant à cet article 2, paragraphe 1, sous f), devait être comprise comme visant « toute disposition de droit dérivé de l'Union ayant une portée générale », à la différence d'un « acte administratif », au sens de l'article 2, paragraphe 1, sous g), de ce règlement. À cet égard, le Tribunal a relevé que, dès lors que, à la date de l'adoption dudit règlement, la distinction entre les actes législatifs, adoptés selon la procédure législative ordinaire ou spéciale, et les actes réglementaires, adoptés selon une autre procédure, n'était pas établie au niveau des traités de l'Union, la notion de « disposition législative », au sens de l'article 2, paragraphe 1, sous f), dudit règlement, ne saurait être interprétée en ce sens qu'elle exclurait de prendre en compte, en tant que « droit de l'environnement », les dispositions d'un « acte réglementaire » adopté dans ce domaine.

23. Aux points 122 à 124 de l'arrêt attaqué, le Tribunal a jugé que devaient être assimilées à des dispositions législatives de « droit de l'environnement », au sens de cet article 2, paragraphe 1, sous f), les règles de portée générale encadrant l'activité de la BEI en matière d'octroi de prêts aux fins de la réalisation des objectifs du traité FUE dans le domaine environnemental, en particulier celles découlant, d'une part, de la déclaration des principes et normes en matière sociale et environnementale, approuvée par le conseil d'administration de la BEI le 3 février 2009 (ci-après la « déclaration de 2009 »), et, d'autre part, de la stratégie en matière d'action pour le climat, visant à mobiliser des financements à l'appui de la transition vers une économie sobre en carbone et capable de résister aux changements climatiques, adoptée par la BEI le 22 septembre 2015 (ci-après la « stratégie climat »).

24. Au point 126 de l'arrêt attaqué, le Tribunal a jugé que la notion d'« acte administratif », prévue à l'article 2, paragraphe 1, sous g), du règlement n° 1367/2006, devait être interprétée en ce sens qu'elle englobe « toute mesure de portée individuelle soumise à des exigences du droit dérivé de l'Union qui, indépendamment de leur base juridique, visent directement à la réalisation des objectifs de la politique de l'Union dans le domaine de l'environnement ».

25. Aux points 138 à 140 de l'arrêt attaqué, le Tribunal a estimé que la délibération du 12 avril 2018, en ce qu'elle considérait que le projet Curtis répond aux objectifs de l'activité de prêt de la BEI et aux critères de nature environnementale portant sur l'éligibilité des projets à un financement de cet organe, établis par la déclaration de 2009 et par la stratégie climat, était une mesure de portée individuelle adoptée « au titre du droit de l'environnement », au sens de l'article 2, paragraphe 1, sous g), de ce règlement. Il a donc accueilli la seconde branche du premier moyen de ce recours.

26. S'agissant, en second lieu, de la première branche du premier moyen, tirée de l'application erronée de la condition que l'acte produise un « effet juridiquement contraignant et extérieur », le Tribunal a constaté, aux points 167 à 170 de l'arrêt attaqué, que la délibération du 12 avril 2018 traduisait une prise de position définitive du conseil d'administration de la BEI à l'égard de l'éligibilité du projet Curtis à un financement, par cet organe, au regard de ses aspects environnementaux et sociaux, de telle sorte que « la décision subséquente du comité de direction d'octroyer le prêt, après avoir poursuivi l'audit du projet Curtis sur les autres aspects restant à examiner, ne pouvait, tout au plus, qu'être regardée comme une décision de simple exécution ».

27. Après avoir constaté que la demande de réexamen interne introduite par ClientEarth se rapportait, « au moins partiellement, aux effets juridiques définitifs produits à l'égard des tiers par la délibération [du 12 avril 2018] », le Tribunal a, aux points 171 et 172 de l'arrêt attaqué, accueilli la première branche du premier moyen du recours et a, ainsi, annulé la décision litigieuse.

Les conclusions des parties et la procédure devant la Cour

[...]

Sur les pourvois

32. À l'appui de leurs pourvois respectifs, la Commission et la BEI invoquent, chacune, trois moyens par lesquels elles reprochent au Tribunal d'avoir commis des erreurs de droit dans l'appréciation de l'indépendance fonctionnelle invoquée par la BEI dans le domaine de ses opérations financières ainsi que dans l'interprétation et l'application de la convention d'Aarhus et de la notion d'« acte administratif », au sens de l'article 2, paragraphe 1, sous g), du règlement n° 1367/2006.

Sur le premier moyen et la deuxième branche du deuxième moyen dans l'affaire C-212/21 P ainsi que sur le troisième moyen dans l'affaire C-223/21 P, tirés d'erreurs de droit dans l'appréciation de l'indépendance de la BEI dans le domaine de ses opérations financières

Argumentation des parties

33. La BEI, par le premier moyen et par la deuxième branche du deuxième moyen dans l'affaire C-212/21 P, et la Commission, par le troisième moyen dans l'affaire C-223/21 P, reprochent au Tribunal d'avoir, notamment aux points 89 à 92 et 151 de l'arrêt attaqué, commis une erreur de droit en ce qu'il a rejeté comme étant irrecevable le moyen de défense tiré de l'indépendance de la BEI dans le domaine de ses opérations financières. Selon elles, le Tribunal a jugé à tort que la décision litigieuse ne s'était pas fondée sur cette indépendance « dans le cadre d'un motif autonome » pour rejeter comme étant irrecevable la demande de réexamen interne de la délibération du 12 avril 2018. En tout état de cause, selon la BEI, la question de savoir si la demande de réexamen interne de cette délibération portait atteinte à ladite indépendance, dès lors que celle-ci découle du droit primaire de l'Union, était d'ordre public et le Tribunal aurait dû l'examiner d'office.

34. À cet égard, la BEI reproche, en premier lieu, au Tribunal d'avoir, au point 90 de l'arrêt attaqué, dénaturé, de façon manifeste, le contenu de la décision litigieuse, dans la mesure où l'argument fondé sur l'indépendance de la BEI dans le domaine de ses opérations financières aurait été explicitement mentionné dans la motivation de cette décision. Contrairement au constat opéré au point 91 dudit arrêt, l'examen de cet argument n'aurait donc pas conduit le Tribunal à substituer sa propre motivation à celle de la BEI ni à un « déséquilibre entre les parties », au sens de l'arrêt du 11 juin 2020, *Commission/Di Bernardo* (C-114/19 P, EU:C:2020:457, point 59), ClientEarth étant une organisation expérimentée et familiarisée avec le droit de l'Union.

35. En second lieu, la BEI et la Commission soutiennent qu'une demande de réexamen interne des délibérations du conseil d'administration de la BEI, introduite au titre de l'article 10, paragraphe 1, du règlement n° 1367/2006, porterait atteinte à l'indépendance dont jouirait cet organe sur les marchés financiers, laquelle serait indispensable à l'accomplissement de la mission d'intérêt général que lui confie l'article 309 TFUE. Une telle demande serait aussi susceptible de nuire à la réputation et à la crédibilité de la BEI sur ces marchés. En effet, pendant la période au cours de laquelle cette demande pourrait être introduite ainsi que pendant toute la durée de ce réexamen et des éventuelles procédures judiciaires ultérieures, la BEI se verrait dans l'impossibilité pratique de négocier et de signer la documentation contractuelle relative au financement des projets déjà approuvés par son conseil d'administration. L'incertitude en découlant serait accrue en raison du nombre imprévisible de demandes de réexamen interne pouvant être introduites.

36. Le Tribunal aurait dû examiner d'office la recevabilité de la demande de réexamen interne de la délibération du 12 avril 2018, introduite au titre de l'article 10, paragraphe 1, du règlement n° 1367/2006, au regard de l'article 15, paragraphe 3, de l'article 271, sous c), et des articles 308 et 309 TFUE, ainsi que des dispositions pertinentes des statuts de la BEI. De plus, le Tribunal aurait dû se fonder d'office sur l'article 271, sous c), TFUE afin de rejeter le recours introduit par ClientEarth, cette disposition, lue en combinaison avec l'article 19 des statuts de la BEI, excluant les délibérations du conseil d'administration de cet organe de toute forme de contrôle juridictionnel sur le fond.

37. Dans ce contexte, tant la BEI que la Commission soulignent, d'une part, que le réexamen interne d'un acte administratif, au titre de l'article 10, paragraphe 1, du règlement n° 1367/2006, est indissociable du recours juridictionnel visé à l'article 12 de ce règlement et, d'autre part, que l'article 271, sous c), TFUE est l'une des « dispositions pertinentes du traité » qui, aux termes de cet article 12, doivent être prises en compte pour apprécier la capacité d'ester en justice que cette dernière disposition reconnaît aux organisations non gouvernementales de protection de l'environnement. Or, cet article 271, sous c), serait enfreint si une délibération du conseil d'administration de la BEI visée par une demande de réexamen interne faisait l'objet d'un recours introduit sur le fondement de l'article 12 du règlement n° 1367/2006, au regard des préoccupations environnementales soulevées par l'organisation non gouvernementale ayant introduit cette demande.

38. ClientEarth conteste le bien-fondé de l'ensemble de ces arguments.

Appréciation de la Cour

39. Par leur argumentation, la BEI et la Commission reprochent au Tribunal d'avoir, aux points 89 à 92 et 151 de l'arrêt attaqué, commis une erreur de droit en ce qu'il a rejeté comme étant irrecevable l'argument tiré d'une atteinte à l'indépendance de la BEI dans le domaine de ses opérations financières, garantie par le droit primaire de l'Union, dès lors que cet argument n'aurait pas été invoqué en tant que motif autonome de la décision litigieuse. Or, ledit argument aurait dû, en tout état de cause, être examiné en tant que question d'ordre public susceptible d'entraîner le rejet du recours introduit par ClientEarth.

40. S'agissant, en premier lieu, de la prétendue dénaturation manifeste du contenu de la décision litigieuse, opérée aux points 89 à 91 de l'arrêt attaqué, en ce qui concerne l'indépendance de la BEI dans le domaine de ses opérations financières, il ressort des quatrième, cinquième et septième alinéas de cette décision que la demande de réexamen interne de la délibération du 12 avril 2018 a été rejeté comme étant irrecevable au motif que cette délibération n'était pas un « acte administratif », au sens de l'article 2, paragraphe 1, sous g), du règlement n° 1367/2006, à défaut d'avoir été adoptée « au titre du droit de l'environnement » et de produire un « effet juridiquement contraignant et extérieur », et non pas au motif que cette demande de réexamen interne portait atteinte à l'indépendance de la BEI dans le domaine de ses opérations financières.

41. En effet, la décision litigieuse indique, à son sixième alinéa, que « toute décision de la BEI de soutenir ou non un projet potentiellement éligible et, le cas échéant, la forme de ce soutien, relève du pouvoir commercial et politique discrétionnaire reconnu à la [BEI] par les traités et les statuts » et, à son huitième alinéa, que l'interprétation de la notion de « droit de l'environnement », au sens de l'article 2, paragraphe 1, sous f), dudit règlement, soutenue par ClientEarth, « ne serait plus compatible ni avec le rôle institutionnel de la BEI ni avec la mission qui lui incombe en vertu de ses [s]tatuts ».

42. Le Tribunal a ainsi pu juger sans commettre d'erreur de droit, aux points 89 et 90 de l'arrêt attaqué, que, dans la décision litigieuse, la BEI n'a évoqué que « de manière vague et générale, le pouvoir commercial et politique discrétionnaire qui lui est reconnu par les traités et par ses statuts ainsi que son rôle institutionnel et la mission qui lui incombe en vertu desdits statuts », non pas en tant que motif autonome d'irrecevabilité de la demande de réexamen interne de la délibération du 12 avril 2018, mais uniquement dans le cadre de l'examen des deux sous-motifs évoqués au point 40 du présent arrêt. Dans ces conditions, il ne saurait être reproché au Tribunal d'avoir dénaturé de façon manifeste le contenu de ladite décision.

43. À cet égard, il convient d'ajouter que le juge de l'Union n'est pas tenu de prendre en compte les explications complémentaires fournies seulement en cours d'instance par l'auteur de l'acte en cause pour apprécier le respect de l'obligation de motivation, sous peine de porter atteinte à la répartition des compétences entre l'administration et le juge de l'Union et d'affaiblir le contrôle de légalité des actes de l'administration (voir, en ce sens, arrêt du 11 juin 2020, *Commission/Di Bernardo*, C-114/19 P, EU:C:2020:457, point 58).

44. S'agissant, en second lieu, de l'obligation pour le Tribunal d'examiner d'office la prétendue atteinte, par la demande de réexamen interne de la délibération du 12 avril 2018, à l'indépendance de la BEI dans le domaine de ses opérations financières, que cet organe fonde notamment sur l'article 15, paragraphe 3, l'article 271, sous c), les articles 308 et 309 TFUE ainsi que sur certaines dispositions des statuts de la BEI, il y a lieu de relever d'emblée qu'une prétendue violation du droit primaire de l'Union ne suffit pas pour faire naître une obligation d'examen d'office par le juge de l'Union.

45. En effet, si certains moyens peuvent, voire doivent, être relevés d'office, tels un défaut ou une insuffisance de motivation de la décision en cause, un moyen portant sur la légalité au fond de cette décision, qui relève de la violation des traités ou de toute règle de droit relative à leur application, au sens de l'article 263 TFUE, ne peut, en revanche, être examiné par le juge de l'Union que s'il est invoqué par le requérant (voir, en ce sens, arrêt du 25 octobre 2017, *Commission/Italie*, C-467/15 P, EU:C:2017:799, points 14 et 15 ainsi que jurisprudence citée).

46. C'est donc sans commettre d'erreur de droit que le Tribunal s'est abstenu d'examiner au fond l'argument de la BEI tiré d'une atteinte à son indépendance dans le domaine de ses opérations financières, qui découlerait de l'article 15, paragraphe 3, des articles 308 et 309 TFUE ainsi que de certaines dispositions des statuts de la BEI.

47. Néanmoins, l'invocation par la BEI de la préservation de son indépendance dans le domaine de ses opérations financières, en lien avec l'article 271, sous c), TFUE, ainsi que cela transparaît au point 110 du mémoire en défense qu'elle a déposé devant le Tribunal, pouvait être appréhendée comme une mise en cause de la compétence de la Cour de justice de l'Union européenne pour contrôler, fût-ce indirectement, une délibération du conseil d'administration de la BEI, à l'occasion d'un recours en annulation dirigé contre le refus de la BEI de procéder au réexamen interne de cette délibération. En outre, la BEI, soutenue sur ce point par la Commission, a allégué, notamment lors de l'audience qui s'est tenue devant la Cour, qu'il existe un lien indissociable entre le droit d'introduire une demande de réexamen interne d'une délibération du conseil d'administration de la BEI et le droit de former un recours en annulation contre la décision prise par la BEI à l'issue de ce réexamen. Partant, la préservation de l'indépendance de la BEI imposerait, selon elles, de priver les organisations non gouvernementales de protection de l'environnement, telles que ClientEarth, aussi bien du droit de solliciter le réexamen interne d'une telle délibération que du droit de former un recours en annulation contre une éventuelle décision de rejet.

48. Dans ce contexte, il appartenait au Tribunal de vérifier, d'office, la compétence du juge de l'Union pour se prononcer sur un recours en annulation dirigé contre une décision statuant sur une demande de réexamen interne d'une délibération du conseil d'administration de la BEI. En effet, la question de la compétence de la Cour de justice de l'Union européenne pour connaître d'un litige est d'ordre public, une telle question pouvant à tout moment de la procédure être examinée, même d'office, par le juge de l'Union (voir, en ce sens, arrêt du 6 octobre 2020, *Bank Refah Kargaran/Conseil*, C-134/19 P, EU:C:2020:793, point 25 et jurisprudence citée).

49. Conformément à l'article 271, sous c), TFUE, les recours contre les délibérations du conseil d'administration de la BEI ne peuvent être formés, dans les conditions fixées à l'article 263 TFUE, « que par les États membres ou la Commission, et seulement pour violation des formes prévues à l'article 19, paragraphes 2 et 5 à 7 inclus, des statuts de la [BEI] ».

50. Il ressort du libellé même de l'article 271, sous c), TFUE que cette disposition soumet la possibilité d'introduire un recours en annulation contre des délibérations du conseil d'administration de la BEI à des conditions plus strictes que celles qui sont imposées par l'article 263 TFUE. L'article 271, sous c), TFUE comporte, ainsi, une limitation à la compétence générale que ce traité confère à la Cour de justice de l'Union européenne pour contrôler la légalité des actes des institutions de l'Union et doit, partant, être interprété de manière restrictive (voir, par analogie, arrêt du 3 juin 2021, *Hongrie/Parlement*, C-650/18, EU:C:2021:426, point 31). Comme l'a relevé Mme l'avocate générale aux points 63 et 64 de ses conclusions, cette limitation concerne, d'une part, le cercle des requérants potentiels et, d'autre part, les pouvoirs de contrôle au fond du juge de l'Union.

51. Il en découle que l'article 271, sous c), TFUE ne régit pas directement l'hypothèse d'un recours, formé au titre de l'article 12, paragraphe 1, du règlement n° 1367/2006, contre une décision de la BEI statuant sur une demande de réexamen interne d'une délibération de son conseil d'administration. Il n'en demeure pas moins que l'article 271, sous c), TFUE constitue une disposition pertinente du traité, au sens de l'article 12, paragraphe 1, du règlement n° 1367/2006, qui doit être prise en compte pour déterminer la possibilité de saisir le juge de l'Union.

52. Or, ainsi que Mme l'avocate générale l'a relevé, en substance, au point 68 de ses conclusions, l'article 271, sous c), TFUE serait privé d'effet utile si, dans le cadre d'un recours contre une décision de la BEI statuant sur une demande de réexamen interne d'une délibération de son conseil d'administration, le juge de l'Union procédait, de manière indirecte, au contrôle du bien-fondé de cette délibération.

53. En revanche, compte tenu du point 50 du présent arrêt et contrairement aux allégations de la BEI et de la Commission, l'article 271, sous c), TFUE ne s'oppose pas, par principe, à ce qu'une organisation non gouvernementale demande, conformément à l'article 10, paragraphe 1, du règlement n° 1367/2006, le réexamen interne d'une délibération du conseil d'administration de la BEI ni à ce que le juge de l'Union soit saisi, sur le fondement de l'article 12, paragraphe 1, de ce règlement, d'un recours en annulation contre une décision déclarant irrecevable une demande de réexamen interne d'une délibération du conseil d'administration de la BEI.

54. En effet, dans ce dernier cas de figure, le recours vise à faire examiner, par le juge de l'Union, non pas la légalité ou le bien-fondé d'une délibération du conseil d'administration de la BEI, mais uniquement si la BEI était fondée à rejeter comme étant irrecevable une demande de réexamen interne d'une telle délibération. Ainsi que l'a relevé Mme l'avocate générale, au point 73 de ses conclusions, s'il était fait droit à un tel recours, cela aurait pour seule conséquence de conduire la BEI à procéder elle-même à un réexamen interne de ladite délibération.

55. En l'espèce, le recours introduit par ClientEarth devant le Tribunal avait pour objet l'annulation de la décision litigieuse, fondée sur les dispositions combinées de l'article 2, paragraphe 1, sous g), et de l'article 10, paragraphe 1, du règlement n° 1367/2006, communiquée à ClientEarth par lettre du 30 octobre 2018, signée par la secrétaire générale et la cheffe adjointe du service juridique de la BEI, par laquelle la demande de réexamen interne de la délibération du 12 avril 2018 a été rejetée comme étant irrecevable.

56. Dès lors que ce recours, introduit sur le fondement de l'article 12, paragraphe 1, du règlement n° 1367/2006, avait pour objet l'annulation de la décision litigieuse, sur le fondement d'une prétendue qualification juridique erronée, par la BEI, de la délibération du 12 avril 2018 au regard de l'article 2, paragraphe 1, sous g), de ce règlement, dans le cadre de son appréciation de la recevabilité de la demande de réexamen interne de cette délibération, et non pas le bien-fondé de ladite délibération, l'article 271, sous c), TFUE ne saurait faire obstacle à l'introduction d'un tel recours.

57. C'est donc sans commettre d'erreur de droit que le Tribunal s'est considéré compétent pour connaître du recours introduit par ClientEarth contre la décision litigieuse. Dans ces conditions, la circonstance qu'il n'a pas examiné explicitement les arguments tirés de l'article 271, sous c), TFUE n'est pas de nature à justifier l'annulation de l'arrêt attaqué.

58. Eu égard aux motifs qui précèdent, il y a lieu de rejeter comme étant non fondés le premier moyen et la deuxième branche du deuxième moyen de la BEI dans l'affaire C-212/21 P ainsi que le troisième moyen de la Commission dans l'affaire C-223/21 P.

Sur la troisième branche du troisième moyen et sur la première branche du deuxième moyen dans l'affaire C-212/21 P ainsi que sur le premier moyen dans l'affaire C-223/21 P, tirés d'erreurs de droit dans l'interprétation et l'application de la convention d'Aarhus

Argumentation des parties

59. La BEI, par la troisième branche du troisième moyen dans l'affaire C-212/21 P, et la Commission, par la première branche du premier moyen dans l'affaire C-223/21 P, reprochent au Tribunal d'avoir, aux points 107, 125 et 126 de l'arrêt attaqué, considéré à tort que les conditions énoncées à l'article 2, paragraphe 1, sous g), du règlement n° 1367/2006 doivent être interprétées à la lumière de l'article 9 de la convention d'Aarhus.

60. Premièrement, la jurisprudence de la Cour, notamment les arrêts du 13 janvier 2015, *Conseil et Commission/Stichting Natuur en Milieu et Pesticide Action Network Europe* (C-404/12 P et C-405/12 P, EU:C:2015:5), et du 3 septembre 2020, *Mellifera/Commission* (C-784/18 P, non publié, EU:C:2020:630), exclurait l'obligation d'interpréter le règlement n° 1367/2006 conformément aux dispositions de cette convention.

61. Deuxièmement, il ressortirait du point 40 de l'arrêt du 16 juillet 2015, *ClientEarth/Commission* (C-612/13 P, EU:C:2015:486), que, dès lors que la convention d'Aarhus aurait été conçue en prenant en considération les ordres juridiques nationaux, et non pas les spécificités juridiques des organisations d'intégration économique régionale, telles que l'Union, aucune analogie ne pourrait être établie entre la mise en œuvre de cette convention par les États membres et la mise en œuvre de celle-ci au niveau de l'Union. Le Tribunal n'aurait donc pu se fonder, au point 107 de l'arrêt attaqué, sur des « motifs similaires », au demeurant non explicités, pour interpréter l'article 2, paragraphe 1, sous g), du règlement n° 1367/2006 à la lumière de l'article 9, paragraphes 3 et 4, de cette convention.

62. Troisièmement, le Tribunal se serait fondé à tort, aux points 125 et 126 de l'arrêt attaqué, sur le principe d'interprétation conforme à la convention d'Aarhus pour apprécier si la délibération du 12 avril 2018 constituait une « mesure de portée individuelle », au sens de l'article 2, paragraphe 1, sous g), du règlement n° 1367/2006, alors que cette notion devrait être interprétée uniquement sur la base des critères découlant des articles 263 et 288 TFUE. À cet égard, il ressortirait du point 25 de l'arrêt du 3 décembre 2020, *Région de Bruxelles-Capitale / Commission* (C-352/19 P, EU:C:2020:978), que la convention d'Aarhus ne peut pas dicter l'interprétation du droit primaire de l'Union.

63. Par la première branche du deuxième moyen dans l'affaire C-212/21 P et par la seconde branche du premier moyen dans l'affaire C-223/21 P, la BEI et la Commission, respectivement, reprochent au Tribunal d'avoir, au surplus, commis une erreur de droit, au point 107 de l'arrêt attaqué, dans l'interprétation des articles 2 et 9 de la convention d'Aarhus. En effet, en adoptant la délibération du 12 avril 2018, le conseil d'administration de la BEI n'aurait pas agi en tant qu'« autorité publique », au sens de l'article 2, paragraphe 2, de cette convention, de telle sorte que l'article 9, paragraphe 3, de celle-ci ne serait pas applicable. Au contraire, l'adoption de cette délibération s'inscrirait dans l'activité financière de la BEI en tant que banque.

64. ClientEarth conteste le bien-fondé de l'ensemble de ces arguments.

Appréciation de la Cour

65. Par leur argumentation, la BEI et la Commission soutiennent que le Tribunal a commis, aux points 107, 125 et 126 de l'arrêt attaqué, plusieurs erreurs de droit dans l'interprétation et l'application de la convention d'Aarhus.

66. À cet égard, en premier lieu, il convient de rappeler que les textes du droit de l'Union doivent être interprétés, dans la mesure du possible, à la lumière du droit international, en particulier lorsque ces textes visent à mettre en œuvre un accord international conclu par l'Union (voir, en ce sens, arrêts du 14 juillet 1998, *Safety Hi-Tech*, C-284/95, EU:C:1998:352, point 22, ainsi que du 19 décembre 2019, *Nederlands Uitgeversverbond et Groep Algemene Uitgevers*, C-263/18, EU:C:2019:1111, point 38).

67. Tel est le cas du règlement n° 1367/2006 qui a pour objet de mettre en œuvre, en ce qui concerne les institutions de l'Union, les stipulations de l'article 9, paragraphe 3, de la convention d'Aarhus (voir, en ce sens, arrêt du 8 mars 2011, *Lesoochranárske zoskupenie*, C-240/09, EU:C:2011:125, point 41).

68. Si cet article 9, paragraphe 3, ne peut pas être invoqué aux fins d'apprécier la légalité de l'article 10, paragraphe 1, du règlement n° 1367/2006 (voir, en ce sens, arrêts du 13 janvier 2015, *Conseil e.a. / Vereniging Milieudefensie et Stichting Stop Luchtverontreiniging Utrecht*, C-401/12 P à C-403/12 P, EU:C:2015:4, point 61, ainsi que du 13 janvier 2015, *Conseil et Commission / Stichting Natuur en Milieu et Pesticide Action Network Europe*, C-404/12 P et C-405/12 P, EU:C:2015:5, point 53), un tel constat ne fait pas obstacle à ce que les dispositions de ce règlement soient, conformément à la jurisprudence mentionnée au point 66 du présent arrêt, interprétées, dans la mesure du possible, à la lumière de la convention d'Aarhus (voir, en ce sens, arrêt du 3 septembre 2020, *Mellifera / Commission*, C-784/18 P, non publié, EU:C:2020:630, point 77).

69. En effet, une telle interprétation constitue un moyen essentiel pour garantir, conformément à la volonté du législateur de l'Union exprimée au considérant 3 dudit règlement, que les dispositions du droit de l'Union demeurent compatibles avec celles de cette convention.

70. S'agissant, en second lieu, de l'argument de la BEI et de la Commission selon lequel, en adoptant la délibération du 12 avril 2018, le conseil d'administration de la BEI n'a pas agi en tant qu'« autorité publique », au sens de l'article 2, paragraphe 2, de la convention d'Aarhus, il y a lieu de rappeler, d'une part, que, aux termes de l'article 2, paragraphe 2, sous d), de cette convention, les institutions de toute organisation d'intégration économique régionale qui, à l'instar de l'Union, est partie à cette convention doivent être considérées comme des autorités publiques aux fins de ladite convention, sauf lorsqu'elles agissent dans l'exercice de pouvoirs judiciaires ou législatifs.

71. D'autre part, aux termes de l'article 2, paragraphe 1, sous c), du règlement n° 1367/2006, la notion d'« institutions et organes [de l'Union] », auxquels ce règlement s'applique conformément à son article 1er, paragraphe 1, couvre « toute institution, tout organe, toute agence ou tout office publics créés en vertu ou sur la base du traité, sauf lorsqu'elle/il agit dans l'exercice de pouvoirs judiciaires ou législatifs ». À cet égard, le considérant 7 dudit règlement précise que cette notion est définie « de manière large et fonctionnelle », en raison de la « manière large » dont la convention d'Aarhus définit les autorités publiques auxquelles elle s'applique, afin de garantir des droits aux personnes et à leurs organisations dès lors que l'autorité publique est exercée. En outre, le considérant 11 du même règlement énonce que devraient être également exclues « les autres procédures d'enquête dans le cadre desquelles l'institution ou l'organe [de l'Union] agit en qualité d'organisme de contrôle administratif en application du traité ».

72. Il s'ensuit que l'action des « institutions et organes [de l'Union] » ne peut être exclue du champ d'application du règlement n° 1367/2006 et de la convention d'Aarhus que lorsque ces institutions et organes exercent des pouvoirs judiciaires ou législatifs, ou qu'ils agissent en qualité d'organisme de contrôle administratif en application du traité.

73. Or, tel n'est pas le cas en l'espèce. En effet, la délibération du 12 avril 2018, portant approbation de la proposition de financement du projet Curtis, sur le fondement de l'article 9, paragraphe 1, et de l'article 19, paragraphe 3, des statuts de la BEI, ne résulte pas de l'exercice de pouvoirs judiciaires ou législatifs par le conseil d'administration de la BEI, laquelle n'a pas non plus agi en tant qu'« organisme de contrôle administratif en application du traité », au sens de l'article 2, paragraphe 1, sous c), du règlement n° 1367/2006, lu à la lumière de son considérant 11.

74. Ainsi que Mme l'avocate générale l'a, en substance, relevé aux points 92 à 94 de ses conclusions, la BEI exerce des compétences d'une double nature dans le cadre d'un financement organisé contractuellement. En effet, à cette occasion, elle agit certes en tant que partenaire privé du bénéficiaire, mais remplit également des missions d'intérêt général. Partant, l'interprétation de l'article 2, paragraphe 1, sous c), de ce règlement en ce sens que, lorsque la BEI exerce son activité de financement, elle doit être qualifiée d'« organe [de l'Union] », assure une mise en œuvre dudit règlement compatible avec l'article 2, paragraphe 2, sous d), de la convention d'Aarhus.

75. Eu égard aux motifs qui précèdent, il y a lieu de rejeter comme étant non fondés la première branche du deuxième moyen et la troisième branche du troisième moyen dans l'affaire C-212/21 P ainsi que le premier moyen dans l'affaire C-223/21 P.

Sur les deuxième et troisième branches du deuxième moyen et les première et deuxième branches du troisième moyen dans l'affaire C-212/21 P ainsi que sur le deuxième moyen dans l'affaire C-223/21 P, tirés d'une violation de l'article 2, paragraphe 1, sous f) et g), du règlement n° 1367/2006

Sur la notion de « droit de l'environnement », au sens de l'article 2, paragraphe 1, sous f), du règlement n° 1367/2006

– *Argumentation des parties*

76. La BEI, par les première et deuxième branches du troisième moyen dans l'affaire C-212/21 P, et la Commission, par la première branche du deuxième moyen dans l'affaire C-223/21 P, reprochent au Tribunal d'avoir, aux points 120 à 124 et 138 à 140 de l'arrêt attaqué, assimilé à tort les critères de nature environnementale portant sur l'éligibilité des projets à un financement de la BEI, qui découlent de la déclaration de 2009 et de la stratégie climat, à des dispositions législatives du droit de l'environnement de l'Union, au sens de l'article 2, paragraphe 1, sous f), du règlement n° 1367/2006, et, partant, d'avoir considéré que la délibération du 12 avril 2018 a été adoptée « au titre du droit de l'environnement », au sens de l'article 2, paragraphe 1, sous g), de ce règlement.

77. À cet égard, la BEI et la Commission font valoir, d'abord, que la notion de « disposition législative », figurant à l'article 2, paragraphe 1, sous f), dudit règlement, est une notion formelle, définie par la procédure d'adoption de l'acte concerné. Ainsi, conformément à l'article 289 TFUE, seule pourrait être qualifiée de « disposition législative » une disposition figurant dans un acte de l'Union adopté sur le fondement d'une disposition des traités prévoyant l'adoption de cet acte soit par la procédure législative ordinaire, soit par la procédure législative spéciale. Le Tribunal aurait donc, aux points 120 à 124 de l'arrêt attaqué, fait abstraction des exigences découlant de l'article 289 TFUE et procédé à une interprétation qui va au-delà des notions de « droit » et de « disposition législative », visées à l'article 2, paragraphe 1, sous f) et g), du règlement n° 1367/2006. En particulier, le point 121 de l'arrêt attaqué serait entaché d'une erreur de droit en ce que le Tribunal y aurait jugé que la distinction, introduite par le traité de Lisbonne, entre les actes législatifs et les actes réglementaires est dénuée de pertinence pour l'interprétation de l'article 2, paragraphe 1, sous f), de ce règlement.

78. Ensuite, la BEI et la Commission reprochent au Tribunal d'avoir considéré que la déclaration de 2009 et la stratégie climat ont un caractère contraignant. Ces deux instruments se borneraient à guider l'activité de la BEI dans les différentes étapes de l'évaluation des projets, sans pour autant limiter l'exercice du pouvoir discrétionnaire dont dispose cet organe. La circonstance qu'un projet réponde aux critères d'éligibilité pour un financement découlant desdits instruments n'entraînerait aucun droit à obtenir un financement de la BEI, aucune obligation pour son conseil d'administration d'approuver ce financement, ni aucune obligation pour la BEI de signer un contrat de prêt, y compris après l'approbation du conseil d'administration.

79. Même à supposer que la déclaration de 2009 et la stratégie climat limitent l'exercice du pouvoir d'appréciation de la BEI, une telle limitation ne saurait être considérée comme étant imposée par une règle de droit. En outre, une directive interne ayant pour seul effet de contraindre l'institution qui s'en écarte à motiver sa décision ne constituerait pas pour autant une source de droit. La notion de « disposition législative », visée à l'article 2, paragraphe 1, sous f), du règlement n° 1367/2006, couvrirait donc les seules règles ayant un effet juridique contraignant immédiat sur le citoyen. Tel ne serait cependant pas le cas des lignes directrices en vertu desquelles une institution limite l'exercice de son pouvoir d'appréciation pour l'avenir.

80. Enfin, la BEI et la Commission contestent l'analogie établie, au point 123 de l'arrêt attaqué, entre les politiques de prêt de la BEI en matière d'environnement et les règles internes de celle-ci en matière de personnel. Elles font valoir que, dans ce dernier domaine, la BEI agit en tant qu'autorité administrative, ses décisions étant susceptibles de faire l'objet d'un contrôle juridictionnel, tandis que l'activité de prêt de la BEI en matière d'environnement relèverait de l'exercice de son rôle financier et ne se traduirait pas par des décisions administratives susceptibles de faire l'objet d'un contrôle juridictionnel sur le fond.

81. ClientEarth conteste le bien-fondé de l'ensemble de ces arguments.

– *Appréciation de la Cour*

82. Par leur argumentation, la BEI et la Commission reprochent au Tribunal d'avoir, aux points 120 à 124 et 138 à 140 de l'arrêt attaqué, jugé à tort que tant la déclaration de 2009 que la stratégie climat relèvent de la notion de « droit de l'environnement », au sens de l'article 2, paragraphe 1, sous f), du règlement n° 1367/2006, et, partant, que la délibération du 12 avril 2018 a été adoptée « au titre du droit de l'environnement », au sens de l'article 2, paragraphe 1, sous g), de ce règlement.

83. La notion de « droit de l'environnement » est définie à l'article 2, paragraphe 1, sous f), du règlement n° 1367/2006 comme couvrant « toute disposition législative [de l'Union] qui, indépendamment de sa base juridique, contribue à la poursuite des objectifs de la politique de [l'Union] dans le domaine de l'environnement », visés à l'article 191, paragraphe 1, TFUE. Ainsi qu'il ressort du considérant 10 de ce règlement, le renvoi à ces objectifs se justifie dans la mesure où « le droit de l'environnement est en constante évolution ».

84. Il découle du libellé même de l'article 2, paragraphe 1, sous f), du règlement n° 1367/2006, lu en combinaison avec le considérant 10 de ce règlement, que le législateur de l'Union a entendu donner une portée large à la notion de « droit de l'environnement ».

85. Dans ce contexte, la circonstance que, dans certaines versions linguistiques, telles les versions en langues espagnole, anglaise, française ou portugaise, l'article 2, paragraphe 1, sous f), du règlement n° 1367/2006 se réfère à la « législation » ou à « toute disposition législative » ne saurait impliquer, contrairement à la position défendue par la BEI et par la Commission, que la notion de « droit de l'environnement » soit, aux fins de l'application de ce règlement, limitée à des actes législatifs, au sens de l'article 289, paragraphe 3, TFUE. En effet, ainsi que l'a relevé Mme l'avocate générale au point 118 de ses conclusions, dans d'autres versions linguistiques, et notamment celle en langue allemande, l'article 2, paragraphe 1, sous f), du règlement n° 1367/2006 emploie la notion plus large de « règles de droit », qui est susceptible d'inclure tout acte de portée générale juridiquement contraignant.

86. Dans ces conditions, conformément à la jurisprudence de la Cour, cette disposition doit être interprétée en fonction de l'économie générale et de la finalité de la réglementation dont elle relève (voir, en ce sens, arrêt du 24 février 2022, *Tiketa*, C-536/20, EU:C:2022:112, point 27 et jurisprudence citée).

87. Or, compte tenu du point 84 du présent arrêt ainsi que des objectifs de la politique de l'Union dans le domaine de l'environnement, une interprétation large de la notion de « droit de l'environnement » s'impose, en ce sens que celle-ci couvre tout acte de l'Union qui, indépendamment de sa base juridique, participe à la réalisation des objectifs de cette politique, tels que définis à l'article 191, paragraphe 1, TFUE [voir, en ce sens, arrêt du 8 novembre 2022, *Deutsche Umwelthilfe (Réception des véhicules à moteur)*, C-873/19, EU:C:2022:857, point 53]. La circonstance que, selon la lettre même de l'article 2, paragraphe 1, sous f), du règlement n° 1367/2006, la base juridique sur laquelle un acte est adopté n'est pas un critère pertinent aux fins de sa qualification de « droit de l'environnement » permet d'en déduire que la procédure d'adoption d'un tel acte, laquelle détermine, conformément à l'article 289 TFUE, sa nature législative ou non, n'est pas non plus un critère pertinent aux fins de cette qualification.

88. En l'espèce, le conseil d'administration de la BEI, lorsqu'il décide de l'octroi de financements sur le fondement de l'article 9, paragraphe 1, et de l'article 19, paragraphe 3, des statuts de la BEI, ne saurait se départir, sans justification, des critères de nature environnementale portant sur l'éligibilité des projets à un financement qui découlent de la déclaration de 2009 et de la stratégie climat, que la BEI s'est elle-même imposé de suivre dans son activité de prêt, sous peine de se voir sanctionner, le cas échéant, au titre d'une violation de principes généraux du droit, tels que l'égalité de traitement ou la protection de la confiance légitime (voir, par analogie, arrêt du 28 juin 2005, *Dansk Rørindustri e.a./Commission*, C-189/02 P, C-202/02 P, C-205/02 P à C-208/02 P et C-213/02 P, EU:C:2005:408, points 209 et 211).

89. C'est, donc, sans commettre d'erreur de droit que le Tribunal a, aux points 122 à 124 de l'arrêt attaqué, considéré que tant la déclaration de 2009 que la stratégie climat relèvent de la notion de « droit de l'environnement », au sens de l'article 2, paragraphe 1, sous f), du règlement n° 1367/2006, dès lors qu'elles définissent les critères de nature environnementale portant sur l'éligibilité des projets à un financement de la BEI et, donc, encadrent l'activité de celle-ci en matière d'octroi de prêts aux fins de la réalisation des objectifs du traité FUE en matière environnementale.

90. C'est également sans commettre d'erreur de droit que, aux points 138 à 140 de l'arrêt attaqué, le Tribunal a jugé que, en ce qu'elle constatait que le projet Curtis satisfaisait aux critères de nature environnementale portant sur l'éligibilité des projets à un financement de la BEI découlant de ces deux actes, la délibération du 12 avril 2018 avait été prise « au titre du droit de l'environnement », au sens de l'article 2, paragraphe 1, sous g), du règlement n° 1367/2006.

91. Eu égard aux motifs qui précèdent, il y a lieu de rejeter les première et deuxième branches du troisième moyen dans l'affaire C-212/21 P ainsi que la première branche du deuxième moyen dans l'affaire C-223/21 P, comme étant non fondées.

[...]

Sur les dépens

[...]

Par ces motifs, la Cour (troisième chambre) déclare et arrête :

1) Les pourvois sont rejetés.

2) La Banque européenne d'investissement (BEI) et la Commission européenne sont condamnées à supporter, outre leurs propres dépens, ceux exposés par ClientEarth.

Observations

Aux termes de l'article 271, sous c), TFUE, la Cour de justice de l'Union européenne est compétente pour connaître des litiges concernant les délibérations du conseil d'administration de la Banque européenne d'investissement (ci-après la « BEI »). Cette disposition précise que les recours contre ces délibérations ne peuvent toutefois être formés, dans les conditions fixées à l'article 263, que par les États membres ou la Commission, et seulement pour violation des formes prévues à l'article 19, paragraphes 2 et 5 à 7 inclus, des statuts de la BEI.

C'est, cependant, au détour d'une demande de réexamen introduite sur le fondement de l'article 10, paragraphe 1, du règlement (CE) n° 1367/2006 du Parlement européen et du Conseil du 6 septembre 2006 concernant l'application aux institutions et organes de la Communauté européenne des dispositions de la convention d'Aarhus sur l'accès à l'information, la participation du public au processus décisionnel et l'accès à la justice en matière d'environnement (1) que la Cour a interprété cette disposition du traité.

En effet, à l'origine de l'arrêt commenté se trouve la demande de réexamen interne formulée par ClientEarth contre une délibération du conseil d'administration de la BEI qui approuve le financement d'un projet de centrale électrique biomasse en Galice (Espagne). Par lettre du 30 octobre 2018, la BEI a communiqué à cette organisation qu'elle rejetait sa demande pour cause d'irrecevabilité. Saisi d'un

(1) *JO* 2006, L 264, p. 13.

recours contre cette décision, le Tribunal a, par l'arrêt du 27 janvier 2021, *ClientEarth c/ BEI*, annulé ladite décision (aff. T-9/19, ECLI:EU:T:2021:42).

La BEI et la Commission ont chacune introduit un pourvoi contre cet arrêt. À l'appui de leurs pourvois, elles reprochaient au Tribunal, notamment, d'avoir commis une erreur de droit en ce qu'il avait rejeté comme étant irrecevable l'argument tiré d'une atteinte à l'indépendance de la BEI dans le domaine de ses opérations financières, garantie par le droit primaire de l'Union, dès lors que cet argument n'aurait pas été invoqué en tant que motif autonome de la décision litigieuse. Or, selon les requérantes au pourvoi, ledit argument aurait, en tout état de cause, dû être examiné en tant que question d'ordre public susceptible d'entraîner le rejet du recours introduit par ClientEarth.

À cet égard, la Cour ne constate, premièrement, aucune dénaturation manifeste du contenu de la décision litigieuse (2). Elle rappelle, deuxièmement, que si certains moyens peuvent, voire doivent, être relevés d'office, tels un défaut ou une insuffisance de motivation de la décision en cause, un moyen portant sur la légalité au fond de cette décision, qui relève de la violation des traités ou de toute règle de droit relative à leur application, au sens de l'article 263 TFUE, ne peut être examiné par le juge de l'Union que s'il est invoqué par le requérant (3).

À cet égard, la Cour ne se contente toutefois pas de répondre aux arguments « apparents » des requérantes au pourvoi. En effet, elle poursuit son examen en jugeant que « l'invocation par la BEI de la préservation de son indépendance dans le domaine de ses opérations financières, en lien avec l'article 271, sous c), TFUE, ainsi que cela *transparaît* au point 110 du mémoire en défense qu'elle a déposé devant le Tribunal, *pouvait* [*également*] *être appréhendée comme une mise en cause de la compétence de la Cour de justice de l'Union européenne* pour contrôler, fût-ce indirectement, une délibération du conseil d'administration de la BEI, à l'occasion d'un recours en annulation dirigé contre le refus de la BEI de procéder au réexamen interne de cette délibération » (4). Or, selon la BEI et la Commission, la préservation de l'indépendance de la BEI

(2) CJUE, 6 juillet 2023, *BEI c/ ClientEarth*, aff. C-212/21 P et C-223/21 P, ECLI:EU:C:2023:546, pt 42.

(3) *Ibid.*, pt 45.

(4) *Ibid.*, pt 47. Sans doute consciente de cette lecture volontariste du mémoire en défense de la BEI, la Cour prend soin d'ajouter que la BEI a également « allégué, notamment lors de l'audience qui s'est tenue devant la Cour, qu'il existe un lien indissociable entre le droit d'introduire une demande de réexamen interne d'une délibération du conseil d'administration de la BEI et le droit de former un recours en annulation contre la décision prise par la BEI à l'issue de ce réexamen » (CJUE, 6 juillet 2023, *BEI c/ ClientEarth*, préc.).

imposerait de priver les organisations non gouvernementales de protection de l'environnement, telles que ClientEarth, aussi bien du droit de solliciter le réexamen interne d'une telle délibération que du droit de former un recours en annulation contre une éventuelle décision de rejet.

Trouvant ainsi le moyen de se raccrocher à un argument relatif à la compétence de la Cour de justice de l'Union européenne, la Cour peut juger, sans que cela puisse lui être reproché, qu'il appartenait au Tribunal de vérifier d'office la compétence du juge de l'Union pour se prononcer sur un recours en annulation dirigé contre une décision de la BEI statuant sur une demande de réexamen interne d'une délibération du conseil d'administration de la BEI (5).

La Cour fait toutefois une distinction entre le contrôle du bien-fondé d'une délibération de la BEI dans le cadre d'une demande de réexamen interne d'une délibération de son conseil d'administration – lequel échappe au contrôle du juge de l'Union – et la possibilité d'agir en annulation contre une décision déclarant une telle demande irrecevable.

En effet, si l'article 12, paragraphe 1, du règlement n° 1367/2006 autorise une organisation non gouvernementale ayant introduit une demande de réexamen interne en vertu de l'article 10 de ce règlement à saisir la Cour de justice de l'Union européenne, une telle saisine doit se faire « conformément aux dispositions pertinentes du traité », en ce compris l'article 271, sous c), TFUE. Or, suivant en cela la position défendue par l'avocate générale Kokott dans ses conclusions, la Cour estime que cette disposition serait privée d'effet utile si, dans le cadre d'un recours contre une décision de la BEI statuant sur une demande de réexamen interne d'une délibération de son conseil d'administration, le juge de l'Union procédait, de manière indirecte, au contrôle du bien-fondé de cette délibération. En revanche, l'article 271, sous c), TFUE ne s'oppose pas à ce que le juge de l'Union soit saisi, sur le fondement de l'article 12, paragraphe 1, du règlement n° 1367/2006, d'un recours en annulation contre une décision déclarant irrecevable une demande de réexamen interne d'une délibération du conseil d'administration de la BEI puisque, dans ce cas, la seule conséquence d'un tel recours sera, en cas d'annulation de ladite décision, de conduire la BEI à procéder elle-même à un réexamen interne de sa délibération (6).

(5) CJUE, 6 juillet 2023, *BEI c/ ClientEarth*, préc., pt 48. Il résulte en effet d'une jurisprudence constante de la Cour que la question de la compétence de la Cour de justice de l'Union européenne pour connaître d'un litige est d'ordre public et que cette question peut donc être examinée à tout moment de la procédure, même d'office, par le juge de l'Union (voy., en ce sens, CJUE, 6 octobre 2020, *Bank Refah Kargaran c/ Conseil*, aff. C-134/19 P, ECLI:EU:C:2020:793, pt 25).

(6) CJUE, 6 juillet 2023, *BEI c/ ClientEarth*, préc., pts 51-54.

En l'espèce, le recours introduit par ClientEarth devant le Tribunal, sur le fondement de l'article 12, paragraphe 1, du règlement n° 1367/2006, ayant pour objet l'annulation d'une décision de la BEI au terme de laquelle sa demande de réexamen interne de la délibération du conseil d'administration de la BEI avait été jugée irrecevable, la Cour conclut que l'article 271, sous c), TFUE ne saurait faire obstacle à l'introduction d'un tel recours. C'est donc sans commettre d'erreur de droit que le Tribunal s'est considéré compétent pour connaître du recours introduit par ClientEarth contre la décision litigieuse, la circonstance qu'il n'a pas examiné explicitement les arguments tirés de l'article 271, sous c), TFUE n'étant pas de nature à justifier l'annulation de l'arrêt attaqué (7).

Sur le fond, la Cour confirme les appréciations du Tribunal aux termes desquelles celui-ci avait jugé, d'une part, que la BEI était un « organe de l'Union », au sens de l'article 2, paragraphe 1, sous c), du règlement n° 1367/2006, lorsqu'elle exerce son activité de financement (8) et, d'autre part, que la délibération de la BEI à l'origine de la demande de réexamen interne avait été prise « au titre du droit à l'environnement » au sens de l'article 2, paragraphe 1, sous g), de ce règlement. En effet, cette délibération a été adoptée dans le respect des normes qui encadrent l'activité de la BEI en matière d'octroi de prêts aux fins de la réalisation des objectifs du TFUE en matière environnementale (9).

Jonathan Wildemeersch

(7) *Ibid.*, pts 55-57.

(8) *Ibid.*, pt 74.

(9) *Ibid.*, pts 89 et 90. Il s'agit de la déclaration des principes et normes en matière sociale et environnementale, approuvée par le conseil d'administration de la BEI le 3 février 2009, et de la stratégie en matière d'action pour le climat, visant à mobiliser des financements à l'appui de la transition vers une économie sobre en carbone et capable de résister aux changements climatiques, adoptée par la BEI le 22 septembre 2015.

V. QUESTIONS PRÉJUDICIELLES

Cour de justice, 4 mai 2023, *Österreichische Post (Préjudice moral lié au traitement de données personnelles)*, aff. C-300/21, EU:C:2023:370

Conclusions de l'avocat général
M. Manuel Campos Sánchez-Bordona, du 6 octobre 2022,
ECLI:EU:C:2022:756

Mots-clés : Renvoi préjudiciel – Protection des personnes physiques à l'égard du traitement des données à caractère personnel – Droit à réparation du dommage causé par le traitement de données effectué en violation de ce règlement – Conditions du droit à réparation – Insuffisance d'une simple violation dudit règlement – Nécessité d'un préjudice causé par ladite violation – Réparation d'un dommage moral résultant d'un tel traitement – Incompatibilité d'une règle nationale subordonnant la réparation d'un tel dommage au dépassement d'un seuil de gravité – Règles de fixation des dommages-intérêts par les juges nationaux

Cadre normatif : règlement (UE) 2016/679 ; article 82, paragraphe 1

Extraits de l'arrêt

1. La présente demande de décision préjudicielle porte sur l'interprétation de l'article 82 du règlement (UE) 2016/679 du Parlement européen et du Conseil, du 27 avril 2016, relatif à la protection des personnes physiques à l'égard du traitement des données à caractère personnel et à la libre circulation de ces données, et abrogeant la directive 95/46/CE (règlement général sur la protection des données) (*JO* 2016, L 119, p. 1, ci-après le « RGPD »), lu en combinaison avec les principes d'équivalence et d'effectivité.

2. Cette demande a été présentée dans le cadre d'un litige opposant UI à Österreichische Post AG, au sujet du recours introduit par le premier tendant à obtenir la réparation du préjudice moral qu'il affirme avoir subi en raison du traitement par cette société de données relatives aux affinités politiques de personnes résidant en Autriche, en particulier lui-même, alors qu'il n'avait pas consenti à un tel traitement.

Le cadre juridique

3. Les considérants 10, 75, 85 et 146 du RGPD sont libellés comme suit :

> « (10) Afin d'assurer un niveau cohérent et élevé de protection des personnes physiques et de lever les obstacles aux flux de données à caractère personnel au sein de l'Union [européenne], le niveau de protection des droits et des libertés des personnes physiques à l'égard du traitement de ces données devrait être équivalent dans tous les États membres. [...]
>
> [...]
>
> (75) Des risques pour les droits et libertés des personnes physiques, dont le degré de probabilité et de gravité varie, peuvent résulter du traitement de données à caractère personnel qui est susceptible d'entraîner des dommages physiques, matériels ou un préjudice moral, en particulier : lorsque le traitement peut donner lieu à une discrimination, à un vol ou une usurpation d'identité, à une perte financière, à une atteinte à la réputation, à une perte de confidentialité de données protégées par le secret professionnel, à un renversement non autorisé du processus de pseudonymisation ou à tout autre dommage économique ou social important ; lorsque les personnes concernées pourraient être privées de leurs droits et libertés ou empêchées d'exercer le contrôle sur leurs données à caractère personnel ; lorsque le traitement concerne des données à caractère personnel qui révèlent l'origine raciale ou ethnique, les opinions politiques, [...]
>
> [...]
>
> (85) Une violation de données à caractère personnel risque, si l'on n'intervient pas à temps et de manière appropriée, de causer aux personnes physiques concernées des dommages physiques, matériels ou un préjudice moral tels qu'une perte de contrôle sur leurs données à caractère personnel ou la limitation de leurs droits, une discrimination, un vol ou une usurpation d'identité, une perte financière, un renversement non autorisé de la procédure de pseudonymisation, une atteinte à la réputation, une perte de confidentialité de données à caractère personnel protégées par le secret professionnel ou tout autre dommage économique ou social important. [...]
>
> [...]
>
> (146) Le responsable du traitement ou le sous-traitant devrait réparer tout dommage qu'une personne peut subir du fait d'un traitement effectué en violation du présent règlement. Le

responsable du traitement ou le sous-traitant devrait être exonéré de sa responsabilité s'il prouve que le dommage ne lui est nullement imputable. La notion de dommage devrait être interprétée au sens large, à la lumière de la jurisprudence de la Cour de justice, d'une manière qui tienne pleinement compte des objectifs du présent règlement. Cela est sans préjudice de toute action en dommages-intérêts fondée sur une infraction à d'autres règles du droit de l'Union ou du droit d'un État membre. Un traitement effectué en violation du présent règlement comprend aussi un traitement effectué en violation des actes délégués et d'exécution adoptés conformément au présent règlement et au droit d'un État membre précisant les règles du présent règlement. Les personnes concernées devraient recevoir une réparation complète et effective pour le dommage subi. [...] ».

4. L'article 1er du RGPD, intitulé « Objet et objectifs », dispose, à ses paragraphes 1 et 2 :

> « 1. Le présent règlement établit des règles relatives à la protection des personnes physiques à l'égard du traitement des données à caractère personnel et des règles relatives à la libre circulation de ces données.
>
> 2. Le présent règlement protège les libertés et droits fondamentaux des personnes physiques, et en particulier leur droit à la protection des données à caractère personnel ».

5. Aux termes de l'article 4, point 1, de ce règlement, intitulé « Définitions » :

> « Aux fins du présent règlement, on entend par :
>
> 1) "données à caractère personnel", toute information se rapportant à une personne physique identifiée ou identifiable (ci-après dénommée "personne concernée") ; [...] ».

6. Le chapitre VIII du RGPD, intitulé « Voies de recours, responsabilité et sanctions », contient les articles 77 à 84 de ce règlement.

7. L'article 77 dudit règlement a trait au « [d]roit d'introduire une réclamation auprès d'une autorité de contrôle », tandis que son article 78 est relatif au « [d]roit à un recours juridictionnel effectif contre une autorité de contrôle ».

8. L'article 82 du RGPD, intitulé « Droit à réparation et responsabilité », énonce, à ses paragraphes 1 et 2 :

> « 1. Toute personne ayant subi un dommage matériel ou moral du fait d'une violation du présent règlement a le droit d'obtenir du responsable du traitement ou du sous-traitant réparation du préjudice subi.

> 2. Tout responsable du traitement ayant participé au traitement est responsable du dommage causé par le traitement qui constitue une violation du présent règlement. [...] ».

9. L'article 83 de ce règlement, intitulé « Conditions générales pour imposer des amendes administratives », prévoit, à son paragraphe 1 :

> « Chaque autorité de contrôle veille à ce que les amendes administratives imposées en vertu du présent article pour des violations du présent règlement visées aux paragraphes 4, 5 et 6 soient, dans chaque cas, effectives, proportionnées et dissuasives ».

10. L'article 84 dudit règlement, intitulé « Sanctions », dispose, à son paragraphe 1 :

> « Les États membres déterminent le régime des autres sanctions applicables en cas de violations du présent règlement, en particulier pour les violations qui ne font pas l'objet des amendes administratives prévues à l'article 83, et prennent toutes les mesures nécessaires pour garantir leur mise en œuvre. Ces sanctions sont effectives, proportionnées et dissuasives ».

Le litige au principal et les questions préjudicielles

11. À compter de l'année 2017, Österreichische Post, société de droit autrichien pratiquant la vente d'adresses, a collecté des informations sur les affinités politiques de la population autrichienne. À l'aide d'un algorithme prenant en compte divers critères sociaux et démographiques, elle a défini des « adresses de groupes cibles ». Les données ainsi générées ont été vendues à différentes organisations, pour leur permettre de procéder à des envois ciblés de publicité.

12. Dans le cadre de son activité, Österreichische Post a traité des données qui, par voie d'extrapolation statistique, l'ont amenée à inférer une affinité élevée du requérant au principal avec un certain parti politique autrichien. Ces éléments n'ont pas été transmis à des tiers, mais le requérant au principal, qui n'avait pas consenti au traitement de ses données à caractère personnel, s'est senti offensé par le fait qu'une affinité avec le parti en question lui ait été attribuée. Le fait que des données relatives à ses supposées opinions politiques aient été conservées au sein de cette société aurait suscité chez lui une grave contrariété, une perte de confiance, ainsi qu'un sentiment d'humiliation. Il ressort de la décision de renvoi qu'aucun préjudice autre que ces atteintes à caractère temporaire et d'ordre émotionnel n'a été constaté.

13. Dans ce contexte, le requérant au principal a formé, devant le Landesgericht für Zivilrechtssachen Wien (tribunal régional statuant en matière civile de Vienne, Autriche), un recours tendant, d'une part, à ce qu'il soit enjoint à Österreichische Post de cesser le traitement des données à caractère personnel en question et, d'autre part, à ce que cette société soit condamnée à lui verser un montant de 1 000 euros à titre de réparation du préjudice moral qu'il affirme avoir subi. Par décision du 14 juillet 2020, cette juridiction a fait droit à la demande de cessation, mais a rejeté la demande d'indemnisation.

14. Saisi en appel, l'Oberlandesgericht Wien (tribunal régional supérieur de Vienne, Autriche) a confirmé, par arrêt du 9 décembre 2020, la décision rendue en première instance. S'agissant de la demande d'indemnisation, cette juridiction s'est référée aux considérants 75, 85 et 146 du RGPD et a estimé que les dispositions de droit interne des États membres en matière de responsabilité civile complètent les dispositions de ce règlement, pour autant que celui-ci ne contient pas de règles spéciales. À cet égard, elle a relevé que, en vertu du droit autrichien, une violation des normes de protection des données à caractère personnel n'entraînerait pas automatiquement un préjudice moral et n'ouvrirait droit à réparation que lorsqu'un tel préjudice atteint un certain « seuil de gravité ». Or, tel ne serait pas le cas s'agissant des sentiments négatifs que le requérant au principal avait invoqués.

15. Saisi par les deux parties au principal, l'Oberster Gerichtshof (Cour suprême, Autriche), par arrêt interlocutoire du 15 avril 2021, n'a pas fait droit au recours en *Revision* qu'Österreichische Post a formé contre l'obligation de cessation qui lui avait été imposée. Dès lors, cette juridiction demeure saisie uniquement du recours en *Revision* que le requérant au principal a formé contre le rejet de sa demande d'indemnisation qui lui avait été opposé.

16. À l'appui de sa demande de décision préjudicielle, la juridiction de renvoi indique qu'il ressort du considérant 146 du RGPD que l'article 82 de ce règlement a instauré un régime propre de responsabilité en matière de protection des données à caractère personnel, qui a supplanté les régimes en vigueur dans les États membres. Dès lors, les notions figurant à cet article 82, en particulier la notion de « dommage » visée à son paragraphe 1, devraient être interprétées de manière autonome et les conditions de mise en œuvre de ladite responsabilité devraient être définies au regard non pas des règles de droit national, mais des exigences du droit de l'Union.

17. Plus précisément, en premier lieu, s'agissant du droit à une indemnisation au titre d'une violation de la protection des données à caractère personnel, cette juridiction tend à considérer, à la lumière de la sixième phrase du considérant 146 du RGPD, qu'une réparation fondée sur l'article 82 de ce règlement présuppose qu'un dommage matériel ou moral ait été réellement subi par la personne concernée. L'octroi d'une telle réparation serait subordonné à la preuve d'un préjudice concret distinct de ladite violation, laquelle n'établirait pas en elle-même l'existence d'un dommage moral. Le considérant 75 dudit règlement évoquerait la simple éventualité qu'un préjudice moral résulte des violations qui y sont énumérées et, si son considérant 85 mentionne certes le risque d'une « perte de contrôle » des données affectées, ce risque serait toutefois incertain en l'occurrence, puisque celles-ci n'auraient pas été transmises à un tiers.

18. En deuxième lieu, s'agissant de l'évaluation de l'indemnisation susceptible d'être accordée au titre de l'article 82 du RGPD, ladite juridiction estime que le principe d'effectivité du droit de l'Union doit avoir une incidence limitée, aux motifs que ce règlement prévoit déjà de lourdes sanctions en cas de violation de celui-ci et qu'il n'est donc pas nécessaire d'allouer en outre des dommages-intérêts élevés pour garantir son effet utile. Selon elle, la réparation du préjudice due à ce titre doit être proportionnée, effective et dissuasive, afin que les dommages-intérêts alloués puissent remplir une fonction compensatoire, mais non revêtir un caractère punitif, lequel serait étranger au droit de l'Union.

19. En troisième lieu, la juridiction de renvoi met en doute la thèse, défendue par Österreichische Post, selon laquelle l'octroi d'une telle indemnisation serait subordonné à la condition que la violation de la protection des données à caractère personnel ait causé un préjudice particulièrement grave. À cet égard, elle souligne que le considérant 146 du RGPD préconise une interprétation large de la notion de « préjudice », au sens de ce règlement. Elle estime qu'un préjudice moral doit être réparé, en vertu de l'article 82 de celui-ci, s'il est tangible, quand bien même il serait faible. En revanche, un tel préjudice ne devrait pas être réparé s'il apparaît totalement négligeable, comme cela serait le cas en présence des simples sentiments désagréables qui accompagnent habituellement une telle violation.

20. Dans ces conditions, l'Oberster Gerichtshof (Cour suprême) a décidé de surseoir à statuer et de poser à la Cour les questions préjudicielles suivantes :

> « 1) Pour allouer des dommages-intérêts en vertu de l'article 82 du RGPD [...], est-il exigé, à côté d'une violation des dispositions du RGPD, que le requérant ait subi un préjudice ou bien une violation des dispositions du RGPD suffit-elle déjà en soi pour allouer des dommages intérêts ?
>
> 2) Aux fins de l'évaluation des dommages-intérêts, existe-t-il, à côté des principes d'effectivité et d'équivalence, d'autres exigences du droit de l'Union ?
>
> 3) La position selon laquelle, pour accorder [la réparation d']un préjudice moral, la condition est qu'il existe une conséquence ou un effet de la violation du droit ayant au moins un certain poids et allant au-delà du mécontentement suscité par la violation du droit est-elle compatible avec le droit de l'Union ? »

Sur les questions préjudicielles

[...]

Sur le fond

Sur la première question

28. Par sa première question, la juridiction de renvoi demande, en substance, si l'article 82, paragraphe 1, du RGPD doit être interprété en ce sens que la simple violation des dispositions de ce règlement suffit pour conférer un droit à réparation.

29. À cet égard, il y a lieu de rappeler que, selon une jurisprudence constante, les termes d'une disposition du droit de l'Union qui ne comporte aucun renvoi exprès au droit des États membres pour déterminer son sens et sa portée doivent normalement trouver, dans toute l'Union, une interprétation autonome et uniforme [arrêts du 22 juin 2021, *Latvijas Republikas Saeima (Points de pénalité)* C-439/19, EU:C:2021:504, point 81, et du 10 février 2022, *ShareWood Switzerland*, C-595/20, EU:C:2022:86, point 21], laquelle doit, notamment, être recherchée en tenant compte du libellé de la disposition concernée et du contexte dans lequel elle s'inscrit (voir, en ce sens, arrêts du 15 avril 2021, *The North of England P & I Association*, C-786/19, EU:C:2021:276, point 48, ainsi que du 10 juin 2021, *KRONE – Verlag*, C-65/20, EU:C:2021:471, point 25).

30. Or, le RGPD n'opère pas de renvoi au droit des États membres en ce qui concerne le sens et la portée des termes figurant à l'article 82 de ce règlement, en particulier s'agissant des notions de « dommage matériel ou moral » et de « réparation du préjudice subi ». Il en résulte que ces termes doivent être considérés, aux fins de l'application dudit règlement, comme constituant des notions autonomes du droit de l'Union, qui doivent être interprétées de manière uniforme dans l'ensemble des États membres.

31. En premier lieu, s'agissant du texte de l'article 82 du RGPD, il convient de rappeler que le paragraphe 1 de cet article énonce que « [t]oute personne ayant subi un dommage matériel ou moral du fait d'une violation du présent règlement a le droit d'obtenir du responsable du traitement ou du sous-traitant réparation du préjudice subi ».

32. D'une part, il ressort clairement du libellé de cette disposition que l'existence d'un « dommage » ou d'un « préjudice » ayant été « subi » constitue l'une des conditions du droit à réparation prévu à ladite disposition, tout comme l'existence d'une violation du RGPD et d'un lien de causalité entre ce dommage et cette violation, ces trois conditions étant cumulatives.

33. Partant, il ne saurait être considéré que toute « violation » des dispositions du RGPD ouvre, à elle seule, ledit droit à réparation au profit de la personne concernée, telle que définie à l'article 4, point 1, de ce règlement. Une telle interprétation irait à l'encontre du libellé de l'article 82, paragraphe 1, dudit règlement.

34. D'autre part, il importe de souligner que la mention distincte d'un « dommage » et d'une « violation », à l'article 82, paragraphe 1, du RGPD, serait superflue si le législateur de l'Union avait considéré qu'une violation des dispositions de ce règlement puisse suffire, à elle seule et en toute hypothèse, pour fonder un droit à réparation.

35. En second lieu, l'interprétation littérale qui précède est corroborée par le contexte dans lequel s'insère cette disposition.

36. En effet, l'article 82, paragraphe 2, du RGPD, qui précise le régime de responsabilité dont le principe est établi au paragraphe 1 de cet article, reprend les trois conditions nécessaires pour faire naître le droit à réparation, à savoir un traitement de données à caractère personnel effectué en violation des dispositions du RGPD, un dommage ou un préjudice subi par la personne concernée, et un lien de causalité entre ce traitement illicite et ce dommage.

37. En outre, les précisions fournies par les considérants 75, 85 et 146 du RGPD confortent cette interprétation. D'une part, ce considérant 146, qui porte spécifiquement sur le droit à réparation prévu à l'article 82, paragraphe 1, de ce règlement, se réfère, à sa première phrase, au « dommage qu'une personne peut subir du fait d'un traitement effectué en violation [dudit] règlement ». D'autre part, ces considérants 75 et 85 mentionnent, respectivement, que « [d]es risques [...] peuvent résulter du traitement de données à caractère personnel qui est susceptible d'entraîner des dommages » et qu'une « violation de données à caractère personnel [...] risque [...] de causer [...] des dommages ». Il en ressort, premièrement, que la réalisation d'un dommage dans le cadre d'un tel traitement n'est que potentielle, deuxièmement, qu'une violation du RGPD n'entraîne pas nécessairement un dommage et, troisièmement, qu'un lien de causalité doit exister entre la violation en cause et le dommage subi par la personne concernée pour fonder un droit à réparation.

38. L'interprétation littérale de l'article 82, paragraphe 1, du RGPD est également corroborée par une comparaison avec d'autres dispositions qui figurent aussi au chapitre VIII de ce règlement, lequel régit, notamment, les différentes voies de recours permettant de protéger les droits de la personne concernée en cas de traitement de ses données à caractère personnel prétendument contraire aux dispositions dudit règlement.

39. À cet égard, il y a lieu de relever que les articles 77 et 78 du RGPD, contenus audit chapitre, prévoient des voies de recours auprès de ou contre une autorité de contrôle, en cas de violation alléguée de ce règlement, sans qu'il y soit mentionné que la personne concernée doit avoir subi un « dommage » ou un « préjudice » pour pouvoir introduire de tels recours, contrairement aux termes employés audit article 82 en ce qui concerne les actions en réparation. Cette différence de formulation est révélatrice de l'importance du critère du « dommage » ou du « préjudice », et donc de sa singularité par rapport au critère de la « violation », aux fins des demandes en réparation fondées sur le RGPD.

40. De même, les articles 83 et 84 du RGPD, qui permettent d'infliger des amendes administratives ainsi que d'autres sanctions, ont essentiellement une finalité punitive et ne sont pas subordonnées à l'existence d'un dommage individuel. L'articulation entre les règles énoncées audit article 82 et celles énoncées auxdits articles 83 et 84 démontre qu'il existe une différence entre ces deux catégories de dispositions, mais aussi une complémentarité, en termes d'incitation à respecter le RGPD, étant observé que le droit de toute personne à demander réparation d'un préjudice renforce le caractère opérationnel des règles de protection prévues par ce règlement et est de nature à décourager la réitération de comportements illicites.

41. Enfin, il importe de préciser que le considérant 146, quatrième phrase, du RGPD indique que les règles énoncées par ce dernier s'appliquent sans préjudice de toute action en dommages-intérêts fondée sur une infraction à d'autres règles du droit de l'Union ou du droit d'un État membre.

42. Eu égard à l'ensemble des motifs qui précèdent, il y a lieu de répondre à la première question que l'article 82, paragraphe 1, du RGPD doit être interprété en ce sens que la simple violation des dispositions de ce règlement ne suffit pas pour conférer un droit à réparation.

Sur la troisième question

43. Par sa troisième question, qu'il convient d'examiner avant la deuxième question, la juridiction de renvoi demande, en substance, si l'article 82, paragraphe 1, du RGPD doit être interprété en ce sens qu'il s'oppose à une règle ou une pratique nationale subordonnant la réparation d'un dommage moral, au sens de cette disposition, à la condition que le préjudice subi par la personne concernée ait atteint un certain degré de gravité.

44. À cet égard, il convient de rappeler que, comme cela a été souligné au point 30 du présent arrêt, la notion de « dommage » et, plus spécifiquement en l'occurrence, la notion de « dommage moral », au sens de l'article 82 du RGPD, doivent recevoir, eu égard à l'absence de toute référence au droit interne des États membres, une définition autonome et uniforme, propre au droit de l'Union.

45. En premier lieu, le RGPD ne définit pas la notion de « dommage », aux fins de l'application de cet instrument. L'article 82 de celui-ci se limite à énoncer de manière explicite que sont susceptibles d'ouvrir droit à une réparation non seulement un « dommage matériel », mais aussi un « dommage moral », sans qu'il soit fait mention d'un quelconque seuil de gravité.

46. En deuxième lieu, le contexte dans lequel s'insère cette disposition tend également à indiquer que le droit à réparation n'est pas subordonné à ce que le dommage considéré atteigne un certain seuil de gravité. En effet, le considérant 146 du RGPD, énonce, à sa troisième phrase, que « la notion de dommage devrait être interprétée au sens large, à la lumière de la jurisprudence de la Cour de justice, d'une manière qui tienne pleinement compte des objectifs [de ce règlement] ». Or, cette conception large de la notion de « dommage » ou de « préjudice », privilégiée par le législateur de l'Union, serait contredite si ladite notion était circonscrite aux seuls dommages ou aux seuls préjudices d'une certaine gravité.

47. En troisième et dernier lieu, une telle interprétation est corroborée par les finalités poursuivies par le RGPD. À cet égard, il importe de rappeler que le considérant 146, troisième phrase, de ce règlement invite expressément à tenir « pleinement compte des objectifs [dudit] règlement » pour définir la notion de « dommage », au sens de celui-ci.

48. Il ressort, en particulier, du considérant 10 du RGPD que les dispositions de celui-ci ont, notamment, pour objectifs d'assurer un niveau cohérent et élevé de protection des personnes physiques à l'égard du traitement des données à caractère personnel au sein de l'Union et, à cette fin, à assurer une application cohérente et homogène des règles de protection des libertés et des droits fondamentaux de ces personnes à l'égard du traitement de telles données dans l'ensemble de l'Union [voir, en ce sens, arrêts du 16 juillet 2020, *Facebook Ireland et Schrems*, C-311/18, EU:C:2020:559, point 101, ainsi que du 12 janvier 2023, *Österreichische Post (Informations relatives aux destinataires de données personnelles)*, C-154/21, EU:C:2023:3, point 44 et jurisprudence citée].

49. Or, subordonner la réparation d'un dommage moral à un certain seuil de gravité risquerait de nuire à la cohérence du régime instauré par le RGPD, puisque la graduation d'un tel seuil, dont dépendrait la possibilité ou non d'obtenir ladite réparation, serait susceptible de fluctuer en fonction de l'appréciation des juges saisis.

50. Il n'en demeure pas moins que l'interprétation ainsi retenue ne saurait être comprise comme impliquant qu'une personne concernée par une violation du RGPD ayant eu des conséquences négatives à son encontre serait dispensée de démontrer que ces conséquences sont constitutives d'un dommage moral, au sens de l'article 82 de ce règlement.

51. Eu égard aux motifs qui précèdent, il convient de répondre à la troisième question que l'article 82, paragraphe 1, du RGPD doit être interprété en ce sens qu'il s'oppose à une règle ou une pratique nationale subordonnant la réparation d'un dommage moral, au sens de cette disposition, à la condition que le préjudice subi par la personne concernée ait atteint un certain degré de gravité.

Sur la deuxième question

52. Par sa deuxième question, la juridiction de renvoi demande, en substance, si l'article 82 du RGPD doit être interprété en ce sens que, aux fins de la fixation du montant des dommages-intérêts dus au titre du droit à réparation consacré à cet article, les juges nationaux doivent appliquer les règles internes de chaque État membre relatives à l'étendue de la réparation pécuniaire, dans le respect non seulement des principes d'équivalence et d'effectivité du droit de l'Union.

53. À cet égard, il importe de rappeler que, conformément à une jurisprudence constante, en l'absence de règles de l'Union en la matière, il appartient à l'ordre juridique interne de chaque État membre de régler les aspects procéduraux des recours en justice destinés à assurer la sauvegarde des droits des justiciables, en vertu du principe de l'autonomie procédurale, à condition, toutefois, que ces modalités ne soient pas, dans les situations relevant du droit de l'Union, moins favorables que celles régissant des situations similaires soumises au droit interne (principe d'équivalence) et qu'elles ne rendent pas impossible en pratique ou excessivement difficile l'exercice des droits conférés par le droit de l'Union (principe d'effectivité) (voir, en ce sens, arrêts du 13 décembre 2017, *El Hassani*, C-403/16, EU:C:2017:960, point 26, et du 15 septembre 2022, *Uniqa Versicherungen*, C-18/21, EU:C:2022:682, point 36).

54. En l'occurrence, il y a lieu de relever que le RGPD ne contient pas de disposition ayant pour objet de définir les règles relatives à l'évaluation des dommages-intérêts auxquels une personne concernée, au sens de l'article 4, point 1, de ce règlement, peut prétendre, en vertu de l'article 82 de celui-ci, lorsqu'une violation dudit règlement lui a causé un préjudice. Partant, à défaut de règles du droit de l'Union en la matière, il appartient à l'ordre juridique de chaque État membre de fixer les modalités des actions destinées à assurer la sauvegarde des droits que les justiciables tirent de cet article 82 et, en particulier, les critères permettant de déterminer l'étendue de la réparation due dans ce cadre, sous réserve du respect desdits principes d'équivalence et d'effectivité (voir, par analogie, arrêt du 13 juillet 2006, *Manfredi e.a.*, C-295/04 à C-298/04, EU:C:2006:461, points 92 et 98).

55. S'agissant du principe d'équivalence, dans la présente procédure, la Cour ne dispose d'aucun élément de nature à susciter un doute sur la conformité à ce principe d'une réglementation nationale qui serait applicable au litige au principal et, partant, de nature à indiquer que ledit principe serait susceptible d'avoir une incidence concrète dans le cadre de ce litige.

56. S'agissant du principe d'effectivité, il appartient à la juridiction de renvoi de déterminer si les modalités prévues en droit autrichien, pour la fixation judiciaire des dommages-intérêts dus au titre du droit à réparation consacré à l'article 82 du RGPD, ne rendent pas impossible en pratique ou excessivement difficile l'exercice des droits conférés par le droit de l'Union, et plus spécifiquement par ce règlement.

57. Dans ce cadre, il convient de souligner que le considérant 146, sixième phrase, du RGPD indique que cet instrument tend à assurer une « réparation complète et effective pour le dommage subi ».

58. À cet égard, compte tenu de la fonction compensatoire du droit à réparation prévu à l'article 82 du RGPD, ainsi que M. l'avocat général l'a souligné, en substance, aux points 39, 49 et 52 de ses conclusions, une réparation pécuniaire fondée sur cette disposition doit être considérée comme étant « complète et effective » si elle permet de compenser intégralement le préjudice concrètement subi du fait de la violation de ce règlement, sans qu'il soit nécessaire, aux fins d'une telle compensation intégrale, d'imposer le versement de dommages-intérêts punitifs.

59. Eu égard à l'ensemble des considérations qui précèdent, il convient de répondre à la deuxième question que l'article 82 du RGPD doit être interprété en ce sens que, aux fins de la fixation du montant des dommages-intérêts dus au titre du droit à réparation consacré à cet article, les juges nationaux doivent appliquer les règles internes de chaque État membre relatives à l'étendue de la réparation pécuniaire, pour autant que les principes d'équivalence et d'effectivité du droit de l'Union soient respectés.

[...]

Par ces motifs, la Cour (troisième chambre) dit pour droit :

1) L'article 82, paragraphe 1, du règlement (UE) 2016/679 du Parlement européen et du Conseil, du 27 avril 2016, relatif à la protection des personnes physiques à l'égard du traitement des données à caractère personnel et à la libre circulation de ces données, et abrogeant la directive 95/46/CE (règlement général sur la protection des données),

doit être interprété en ce sens que :

la simple violation des dispositions de ce règlement ne suffit pas pour conférer un droit à réparation.

2) L'article 82, paragraphe 1, du règlement 2016/679

doit être interprété en ce sens que :

il s'oppose à une règle ou une pratique nationale subordonnant la réparation d'un dommage moral, au sens de cette disposition, à la condition que le préjudice subi par la personne concernée ait atteint un certain degré de gravité.

3) L'article 82 du règlement 2016/679

doit être interprété en ce sens que :

aux fins de la fixation du montant des dommages-intérêts dus au titre du droit à réparation consacré à cet article, les juges nationaux doivent appliquer les règles internes de chaque État membre relatives à l'étendue de la réparation pécuniaire, pour autant que les principes d'équivalence et d'effectivité du droit de l'Union soient respectés.

Observations

Rendu le 4 mai 2023, l'arrêt *Österreichische Post (Préjudice moral lié au traitement de données personnelles)* est le premier d'une longue série à s'efforcer de forger le régime de l'action en responsabilité régie par l'article 82 du RGPD (1). En l'occurrence, le requérant au principal a introduit une action en responsabilité, sur le fondement de l'article 82 du RGPD à l'encontre de la société Österreichische Post (ÖP), en vue d'obtenir réparation du préjudice moral que celle-ci lui aurait causé en traitant des données à caractère personnel relatives aux affinités politiques de personnes résidant en Autriche, sans que ces personnes n'aient consenti à ce traitement. En bref, cette société utilisait un algorithme qui permettait de déduire l'orientation politique du requérant au principal et, plus précisément, son adhésion à un certain parti politique autrichien. Bien que ces données n'aient pas été transmises à des tiers, le requérant au principal s'est senti offensé par le fait qu'une affinité avec le parti en question lui ait été attribuée. Cette utilisation de ses données, à laquelle il n'avait pas consenti, l'aurait gravement contrarié et aurait engendré chez lui une

(1) Règlement (UE) 2016/679 du Parlement européen et du Conseil du 27 avril 2016 relatif à la protection des personnes physiques à l'égard du traitement des données à caractère personnel et à la libre circulation de ces données, et abrogeant la directive 95/46/CE (règlement général sur la protection des données), *JOUE* 2016, L 119, p. 1.

perte de confiance ainsi qu'un sentiment d'humiliation. Aussi a-t-il notamment sollicité la condamnation de ÖP à lui verser 1 000 euros au titre de la réparation de ce préjudice moral (2).

Ayant succombé, sur ce point, tant en première instance qu'en appel, le requérant au principal a formé un recours en révision devant l'Oberster Gerichtshof (Cour suprême, Autriche). Cette juridiction a décidé d'interroger la Cour en vue de déterminer, premièrement, si une simple violation du RGPD suffit à conférer un droit à réparation au titre de l'article 82, paragraphe 1, de ce règlement, deuxièmement, si seul un préjudice présentant un certain degré de gravité doit être considéré comme ouvrant droit à réparation et, troisièmement, quelles sont les règles qui président à l'évaluation du dommage.

1) Le premier point ne paraissait pas présenter de réelles difficultés. En l'absence de renvoi du RGPD aux droits nationaux pour définir les notions « de dommage matériel ou moral » et de « réparation du préjudice subi » qui figurent à l'article 82, paragraphe 1, de ce règlement, celles-ci « doivent recevoir [...] une définition autonome et uniforme, propre au droit de l'Union » (3).

Or, il se déduit d'une simple interprétation littérale de l'article 82 du RGPD qu'une simple violation de ce règlement ne saurait suffire pour obtenir un droit à réparation. En effet, il résulte de son paragraphe 1 que « [t]oute personne ayant subi un dommage matériel ou moral du fait d'une violation du présent règlement a le droit d'obtenir du responsable du traitement ou du sous-traitant réparation du préjudice subi ». Cette disposition reprend ainsi, sans la moindre surprise, les trois conditions sacramentelles d'une action en responsabilité, à savoir un « dommage » ou un « préjudice subi », une violation du RGPD et enfin un lien de causalité entre ce dommage et cette violation, « ces trois conditions étant cumulatives. Partant, il ne saurait être considéré que toute "violation" des dispositions du RGPD ouvre, à elle seule, [un] droit à réparation au profit de la personne concernée, telle que définie à l'article 4, point 1, de ce règlement » (4). Un autre argument textuel réside dans la distinction opérée par le législateur de l'Union entre le dommage et la violation du RGPD. Or, cette distinction « serait superflue si le législateur de l'Union avait considéré qu'une violation des dispositions de ce règlement puisse suffire, à elle seule et en toute hypothèse, pour fonder un droit à réparation » (5).

---

(2) Pts 12 et 13 de l'arrêt *Österreichische Post (Préjudice moral lié au traitement de données personnelles)* (ci-après l'« arrêt *ÖP* »).

(3) Pt 44 de l'arrêt *ÖP* et CJUE, 14 décembre 2023, *Gemeinde Ummendorf*, aff. C-456/22, EU:C:2023:988, pt 14.

(4) Pts 32 et 33 de l'arrêt *ÖP*.

(5) *Ibid.*, pt 34.

À vrai dire, le résultat auquel aboutit l'interprétation littérale est si univoque qu'il ne paraissait pas nécessaire de le conforter par une interprétation contextuelle et téléologique. On peut se demander si, ici, la Cour n'est pas gagnée par le poids des habitudes en recourant à son sacro-saint raisonnement en trois temps alors qu'elle aurait clairement pu s'en dispenser. La Cour mentionne, malgré tout, les considérants 75, 85 et 146 du RGPD qui sont très largement répétitifs et qui confirment, sans surprise, la disjonction entre le constat d'une violation de ce règlement et celui d'un dommage (6). Sans que cela ne s'impose non plus, sauf à vouloir répondre de manière anticipée à d'éventuelles futures questions préjudicielles, la Cour met également en exergue la différence de finalités entre l'article 82 du RGPD, d'une part, et ses articles 83 et 84, d'autre part. Elle souligne ainsi que ces deux derniers « permettent d'infliger des amendes administratives ainsi que d'autres sanctions, [qui] ont essentiellement une finalité punitive et ne sont pas subordonnées à l'existence d'un dommage individuel. L'articulation entre les règles énoncées audit article 82 et celles énoncées auxdits articles 83 et 84 démontre qu'il existe une différence entre ces deux catégories de dispositions, mais aussi une complémentarité, en termes d'incitation à respecter le RGPD, étant observé que le droit de toute personne à demander réparation d'un préjudice renforce le caractère opérationnel des règles de protection prévues par ce règlement et est de nature à décourager la réitération de comportements illicites » (7). On ne peut totalement se départir de l'idée que non seulement la sollicitation de ces domaines voisins n'apporte rien, mais qu'en outre, elle contribue à complexifier une réponse qui était limpide jusque-là.

La Cour peut alors conclure que « la simple violation des dispositions [du RGPD] ne suffit pas pour conférer un droit à réparation » (8). Cette formule va faire florès puisque la Cour va la réitérer à maintes reprises par la suite.

2) La Cour en vient, ensuite, à l'examen de la question de savoir si seul un préjudice présentant un certain degré de gravité peut ouvrir droit à réparation.

Sur ce point, l'argument textuel présentait un intérêt assez limité, en ce sens qu'il paraissait insuffisant pour répondre à cette question. En effet, la Cour doit se borner à constater que « le RGPD ne définit pas la notion de "dommage", aux fins de l'application de cet instrument. L'article 82 de celui-ci se limite à énoncer de manière explicite que sont susceptibles d'ouvrir droit à une réparation non

(6) *Ibid.*, pt 37.
(7) *Ibid.*, pt 40.
(8) *Ibid.*, pt 42.

seulement un “dommage matériel”, mais aussi un “dommage moral”, sans qu’il soit fait mention d’un quelconque seuil de gravité » (9). Il aurait certes été possible d’interpréter le silence de cette disposition quant à l’évocation d’un quelconque degré de gravité du dommage comme signifiant que tout dommage, aussi bénin fut-il, ouvre droit à réparation. L’argument aurait toutefois paru un peu court.

Dans ces conditions, il était nécessaire de le corroborer par des éléments contextuels et téléologiques. À cet égard, la Cour relève, tout d’abord, que le considérant 146 du RGPD invite à interpréter largement la notion de dommage, « “à la lumière de la jurisprudence de la Cour de justice, d’une manière qui tienne pleinement compte des objectifs [de ce règlement]”. Or, cette conception large de la notion de “dommage” ou de “préjudice”, privilégiée par le législateur de l’Union, serait contredite si ladite notion était circonscrite aux seuls dommages ou aux seuls préjudices d’une certaine gravité ». Aussi le droit à réparation prévu par l’article 82, paragraphe 1, du RGPD n’apparaît-il « pas subordonné à ce que le dommage considéré atteigne un certain seuil de gravité » (10).

Cette interprétation large de la notion de dommage est enfin étayée par la mobilisation des finalités du RGPD. En particulier, son considérant 10 mentionne les « objectifs d’assurer un niveau cohérent et élevé de protection des personnes physiques à l’égard du traitement des données à caractère personnel au sein de l’Union [...]. Or, subordonner la réparation d’un dommage moral à un certain seuil de gravité risquerait de nuire à la cohérence du régime instauré par le RGPD, puisque la graduation d’un tel seuil, dont dépendrait la possibilité ou non d’obtenir ladite réparation, serait susceptible de fluctuer en fonction de l’appréciation des juges saisis » (11). Cette dernière affirmation n’est pas totalement convaincante car le risque de fluctuation dans l’appréciation des juges nationaux est inhérent à la part de subjectivité que recèle l’activité juridictionnelle elle-même. En l’occurrence, elle est susceptible de se manifester pour apprécier la frontière, forcément labile, entre ce qui constitue un dommage de faible ampleur et ce qui ne relève que de la sphère du simple désagrément n’ouvrant pas droit à indemnisation.

Il s’ensuit que l’article 82, paragraphe 1, du RGPD « s’oppose à une règle ou une pratique nationale subordonnant la réparation d’un dommage moral, au sens de cette disposition, à la condition que le préjudice subi par la personne concernée ait atteint un certain degré de gravité », étant précisé qu’une personne concernée

(9) *Ibid.*, pt 45.
(10) *Ibid.*, pt 46.
(11) *Ibid.*, pt 48.

par une violation du RGPD ayant eu des conséquences négatives à son encontre est tenue de démontrer que ces conséquences sont bel et bien constitutives d'un dommage moral (12). L'arrêt *Gemeinde Ummendorf* du 14 décembre 2023 offre une variante de cette solution en censurant la fixation d'« un "seuil de minimis" afin de caractériser un dommage moral causé par une violation de ce règlement. La personne concernée est tenue de démontrer que les conséquences de cette violation qu'elle prétend avoir subies sont constitutives d'un préjudice qui se différencie de la simple violation des dispositions dudit règlement » (13).

Dans cette perspective libérale de la notion de dommage moral au sens de l'article 82, paragraphe 1, du RGPD, la Cour a souligné que cette disposition « n'opère pas de distinction entre des cas de figure où, à la suite d'une violation avérée de dispositions de ce règlement, le "dommage moral" allégué par la personne concernée, d'une part, est relié à un usage abusif par des tiers de ses données à caractère personnel qui s'est déjà produit, à la date de sa demande de réparation, ou bien, d'autre part, est rattaché à la peur ressentie par cette personne qu'un tel usage puisse se produire, à l'avenir ». Partant, « la crainte d'un potentiel usage abusif de ses données à caractère personnel par des tiers qu'une personne concernée éprouve à la suite d'une violation de ce règlement est susceptible, à elle seule, de constituer un "dommage moral", au sens de [l'article 82, paragraphe 1, du RGPD] » (14).

Ces considérations conduisent à aborder la question de la répartition de la charge de la preuve dans ce contentieux indemnitaire. Celle-ci est assez originale et découle de la structuration de l'article 82 du RGPD. Ses trois paragraphes prévoient respectivement que toute personne ayant subi un dommage matériel ou moral du fait d'une violation de ce règlement a le droit d'obtenir réparation du responsable du traitement ; que le responsable du traitement est présumé responsable du dommage occasionné par le traitement qu'il a effectué en violation du RGPD ; enfin, que ce dernier peut s'exonérer de sa responsabilité en prouvant que le fait qui a provoqué le dommage ne lui est nullement imputable (15). La Cour a déduit de ce dispositif ternaire que l'article 82 du RGPD « prévoit un régime de responsabilité pour faute dans lequel la charge de la preuve pèse, non pas sur la personne qui a subi un dommage, mais sur le

(12) Resp. pts 51 et 50 de l'arrêt *ÖP*.

(13) CJUE, 14 décembre 2023, *Gemeinde Ummendorf*, préc., pt 23.

(14) CJUE, 14 décembre 2023, *Natsionalna agentsia za prihodite*, aff. C-340/21, EU:C:2023:986, resp. pts 79 et 86.

(15) Pts 89-93 et 103 de l'arrêt *Krankenversicherung Nordrhein*.

responsable du traitement » (16). L'originalité de ce « mécanisme de responsabilité pour faute [est d'être] assorti d'un renversement de la charge de la preuve » afin d'assurer « un équilibre entre les intérêts des responsables du traitement des données à caractère personnel et les droits des personnes dont de telles données sont traitées[, l]e but recherché [étant] de permettre le développement de l'économie numérique, tout en garantissant un niveau élevé de protection des personnes » (17).

Pour dissiper tout malentendu, il incombe au justiciable qui estime avoir subi un dommage à la suite d'une violation du RGPD de prouver cette violation. En revanche, c'est au responsable du traitement désirant échapper à la mise en jeu de sa responsabilité de démontrer que cette violation du règlement ne lui est nullement imputable. Le justiciable n'a donc pas à établir, outre la violation du RGPD, le caractère inapproprié des mesures de sécurité adoptées par le responsable de traitement. En l'absence d'un tel renversement de la charge de la preuve, les personnes concernées par une violation des dispositions du RGPD seraient contraintes de devoir apporter une *probatio diabolica*. En effet, si elles devaient démontrer que les mesures de sécurités adoptées par les responsables de traitement de données à caractère personnel étaient inappropriées, « le droit à réparation prévu à l'article 82, paragraphe 1, [du RGPD] serait privé d'une importante partie de son effet utile » (18).

3) La Cour devait, enfin, s'atteler à indiquer les règles qui président à l'évaluation du dommage. En l'absence de dispositions pertinentes sur ce point dans le RGPD, il était inévitable de renvoyer à l'autonomie procédurale des États membres, sous réserve du respect des principes d'équivalence et d'effectivité. Sous cet aspect, l'apport principal de l'arrêt *ÖP* réside dans l'assignation au droit à réparation prévu par l'article 82, paragraphe 1, du RGPD, d'une simple « fonction compensatoire ». Celle-ci se déduit, d'une part, du considérant 146 qui évoque une « réparation complète et effective pour le dommage subi » (19) et, d'autre part, de la différence de fonction entre l'article 82 du RGPD d'un côté, et les articles 83 et 84 de celui-ci, de l'autre. Dès lors que, à la différence de ces deux derniers articles, l'article 82 n'a pas de finalité punitive, le droit à réparation qu'il consacre doit se cantonner dans une fonction purement compensatoire. Il s'ensuit qu'« une réparation pécuniaire fondée sur cette disposition doit être considérée comme étant "complète et effective"

(16) *Ibid.*, pt 94.
(17) *Ibid.*, pt 98.
(18) Pt 56 de l'arrêt *Natsionalna agentsia za prihodite*.
(19) Pt 57 de l'arrêt *ÖP*.

si elle permet de compenser intégralement le préjudice concrètement subi du fait de la violation de ce règlement, sans qu'il soit nécessaire, aux fins d'une telle compensation intégrale, d'imposer le versement de dommages-intérêts punitifs » (20).

Ainsi que la Cour l'a précisé dans un arrêt ultérieur, dès lors que « le droit à réparation prévu à l'article 82, paragraphe 1, du RGPD ne remplit pas une fonction dissuasive, voire punitive, [...] la gravité de la violation de ce règlement ayant causé le dommage concerné ne saurait influer sur le montant des dommages-intérêts octroyés au titre de cette disposition, même lorsqu'il s'agit d'un dommage non pas matériel mais moral. Il s'ensuit que ce montant ne saurait être fixé à un niveau dépassant la compensation complète de ce préjudice » (21). Réciproquement, les mêmes considérations font obstacle à ce que la victime puisse se voir octroyer une réparation inférieure au préjudice qu'elle a subi, au prétexte que le responsable de traitement n'a pas eu l'intention de méconnaître les dispositions du RGPD.

Laurent COUTRON

(20) *Ibid.*, pt 58.
(21) CJUE, 21 décembre 2023, *Krankenversicherung Nordrhein*, aff. C-667/21, EU:C:2023:1022, pt 86.

Cour de justice, gde ch., 5 septembre 2023, *Parlement c/ Commission (Exemption de visa pour les ressortissants des États-Unis)*, aff. C-137/21, EU:C:2023:625

Conclusions de l'avocat général J. Richard de la Tour, du 15 décembre 2022, ECLI:EU:C:2022:989

Mots-clés : Recours en carence – Liste des pays tiers dont les ressortissants sont soumis à l'obligation de visa pour franchir les frontières extérieures des États membres – Liste des pays tiers dont les ressortissants sont exemptés de cette obligation – Principe de réciprocité – Invitation à adopter un acte délégué suspendant provisoirement l'exemption de visa pour une période de douze mois à l'égard des ressortissants des États-Unis d'Amérique

Cadre normatif : règlement (UE) 2018/1806 ; article 7, premier alinéa, sous f)

Extraits de l'arrêt

1. Par sa requête, le Parlement européen demande à la Cour de constater que, en n'adoptant pas un acte délégué en vertu de l'article 7, premier alinéa, sous f), du règlement (UE) 2018/1806 du Parlement européen et du Conseil, du 14 novembre 2018, fixant la liste des pays tiers dont les ressortissants sont soumis à l'obligation de visa pour franchir les frontières extérieures des États membres et la liste de ceux dont les ressortissants sont exemptés de cette obligation (*JO* 2018, L 303, p. 39), la Commission européenne a manqué aux obligations qui lui incombent en vertu du traité FUE.

Le cadre juridique

2. Le règlement 2018/1806 a abrogé et remplacé, avec effet au 18 décembre 2018, le règlement (CE) n° 539/2001 du Conseil, du 15 mars 2001, fixant la liste des pays tiers dont les ressortissants sont soumis à l'obligation de visa pour franchir les frontières extérieures des États membres et la liste de ceux dont les ressortissants sont exemptés de cette obligation (*JO* 2001, L 81, p. 1), tel que modifié par le règlement (UE) 2017/850 du Parlement européen et du Conseil, du 17 mai 2017 (*JO* 2017, L 133, p. 1). Ce règlement 2018/1806 procède, selon son considérant 1, à la codification du règlement abrogé et remplacé, les références faites à ce dernier s'entendant comme étant faites au règlement 2018/1806 et étant à lire selon le tableau de correspondance figurant à l'annexe IV de ce dernier. Selon cette annexe, l'article 1er, paragraphe 4, du règlement n° 539/2001 correspond à l'article 7 du règlement 2018/1806.

3. Aux termes du considérant 14 du règlement 2018/1806 :

> « La réciprocité totale en matière de visas est un objectif que l'Union [européenne] devrait s'efforcer activement d'atteindre dans ses relations avec les pays tiers, ce qui contribuera à améliorer la crédibilité et la cohérence de la politique extérieure de l'Union. »

4. Le considérant 15 de ce règlement est ainsi libellé :

> « Il convient de prévoir un mécanisme de l'Union permettant la mise en œuvre du principe de réciprocité au cas où l'un des pays tiers figurant sur la liste de l'annexe II déciderait de soumettre à l'obligation de visa les ressortissants d'un ou plusieurs États membres. Ce mécanisme devrait apporter une réponse de l'Union en tant qu'acte de solidarité si un tel pays tiers applique une obligation de visa à l'égard des ressortissants d'au moins un État membre ».

5. Le considérant 17 dudit règlement énonce :

> « Afin de garantir la participation appropriée du Parlement européen et du Conseil [de l'Union européenne] à la deuxième phase d'application du mécanisme de réciprocité, étant donné la nature politique particulièrement sensible que revêt la suspension de l'exemption de l'obligation de visa pour tous les ressortissants d'un pays tiers figurant sur la liste de l'annexe II et ses implications horizontales pour les États membres, les pays associés à l'espace Schengen et l'Union elle-même, en particulier pour leurs relations extérieures et pour le fonctionnement global de l'espace Schengen, il convient de déléguer à la Commission le pouvoir d'adopter des actes conformément à l'article 290 [TFUE] en ce qui concerne certains éléments du mécanisme de réciprocité. [...] »

6. L'article 1er du règlement 2018/1806 prévoit :

> « Le présent règlement détermine les pays tiers dont les ressortissants sont soumis à l'obligation de visa ou en sont exemptés, sur la base d'une évaluation au cas par cas de divers critères relatifs, entre autres, à l'immigration clandestine, à l'ordre public et à la sécurité, aux avantages économiques, en particulier en termes de tourisme et de commerce extérieur, ainsi qu'aux relations extérieures de l'Union avec les pays tiers

concernés y compris, en particulier, des considérations liées au respect des droits de l'homme et des libertés fondamentales ainsi que les implications de la cohérence régionale et de la réciprocité ».

7. Aux termes de l'article 4, paragraphe 1, de ce règlement :

> « Les ressortissants des pays tiers figurant sur la liste de l'annexe II sont exemptés de l'obligation [de visa] [...] pour des séjours dont la durée n'excède pas 90 jours sur toute période de 180 jours ».

8. L'article 7 dudit règlement dispose :

> « L'application, par un pays tiers figurant sur la liste de l'annexe II, de l'obligation de visa à l'égard des ressortissants d'au moins un État membre donne lieu à l'application des dispositions suivantes :
>
> a) dans les trente jours de l'application de l'obligation de visa par le pays tiers, l'État membre concerné en fait notification par écrit au Parlement européen, au Conseil et à la Commission.
>
> Cette notification :
>
> i) précise la date d'application de l'obligation de visa, ainsi que la nature des documents de voyage et visas concernés ;
>
> ii) comporte un exposé circonstancié des premières mesures que l'État membre concerné a prises en vue d'assurer l'exemption de l'obligation de visa avec le pays tiers en cause et contient toutes les informations nécessaires.
>
> La Commission publie sans tarder les informations relatives à cette notification au *Journal officiel de l'Union européenne*, y compris les informations concernant la date d'application de l'obligation de visa et la nature des documents de voyage et visas concernés.
>
> Si le pays tiers décide de lever l'obligation de visa avant l'expiration du délai visé au premier alinéa du présent point, la notification n'est pas faite ou est retirée et les informations ne sont pas publiées ;
>
> b) immédiatement après la date de publication visée au point a), troisième alinéa, et en concertation avec l'État membre concerné, la Commission entame des démarches auprès des autorités du pays tiers en cause, notamment dans les domaines politique, économique et commercial,

en vue du rétablissement ou de l'instauration de l'exemption de visa et informe sans tarder le Parlement européen et le Conseil de ces démarches ;

c) si, dans les 90 jours à compter de la date de publication visée au point a), troisième alinéa, et malgré toutes les démarches entamées conformément au point b), le pays tiers en cause n'a pas levé l'obligation de visa, l'État membre concerné peut demander à la Commission de suspendre l'exemption de l'obligation de visa à l'égard de certaines catégories de ressortissants dudit pays tiers. Lorsqu'un État membre soumet une telle demande, il en informe le Parlement européen et le Conseil ;

d) lorsqu'elle envisage de nouvelles mesures conformément au point e), f) ou h), la Commission tient compte des effets des mesures prises par l'État membre concerné en vue d'assurer l'exemption de l'obligation de visa avec le pays tiers en cause, des démarches entamées conformément au point b), et des conséquences de la suspension de l'exemption de l'obligation de visa pour les relations externes de l'Union et de ses États membres avec le pays tiers en cause ;

e) si le pays tiers concerné n'a pas levé l'obligation de visa, la Commission, au plus tard six mois à compter de la date de publication visée au point a), troisième alinéa, et ensuite tous les six mois au moins au cours d'une période qui, au total, ne peut aller au-delà de la date à laquelle l'acte délégué visé au point f) entre en vigueur ou à laquelle il y est fait objection :

i) adopte, à la demande de l'État membre concerné ou de sa propre initiative, un acte d'exécution portant suspension temporaire, pour une période de six mois au maximum, de l'exemption de l'obligation de visa pour certaines catégories de ressortissants du pays tiers concerné. Cet acte d'exécution fixe une date, dans les 90 jours de son entrée en vigueur, à laquelle la suspension de l'exemption de l'obligation de visa prend effet, en tenant compte des ressources dont disposent les consulats des États membres. Lorsqu'elle adopte des actes d'exécution ultérieurs, la Commission peut prolonger cette période de suspension par de nouvelles périodes de six mois au maximum et peut modifier les catégories de ressortissants du pays tiers concerné pour lesquelles l'exemption de l'obligation de visa est suspendue.

Ces actes d'exécution sont adoptés en conformité avec la procédure d'examen visée à l'article 11, paragraphe 2. Sans préjudice de l'application de l'article 6, au cours des périodes de suspension, toutes les catégories de ressortissants du pays tiers visées dans l'acte d'exécution sont soumises à l'obligation de visa pour franchir les frontières extérieures des États membres ; ou

ii) soumet au comité visé à l'article 11, paragraphe 1, un rapport évaluant la situation et exposant les raisons pour lesquelles elle a décidé de ne pas suspendre l'exemption de l'obligation de visa et en informe le Parlement européen et le Conseil.

Tous les facteurs pertinents, tels que ceux visés au point d), sont pris en compte dans ce rapport. Le Parlement européen et le Conseil peuvent procéder à un débat politique sur la base de ce rapport ;

f) si, dans les vingt-quatre mois à compter de la date de publication visée au point a), troisième alinéa, le pays tiers concerné n'a pas levé l'obligation de visa, la Commission adopte, conformément à l'article 10, un acte délégué portant suspension temporaire de l'exemption de l'obligation de visa, pour une période de douze mois, à l'égard des ressortissants dudit pays tiers. L'acte délégué fixe une date, dans les 90 jours de son entrée en vigueur, à laquelle la suspension de l'exemption de l'obligation de visa prend effet, en tenant compte des ressources dont disposent les consulats des États membres, et modifie l'annexe II en conséquence. Cette modification s'effectue en insérant à côté du nom du pays tiers concerné un renvoi à une note [en] bas de page indiquant que l'exemption de l'obligation de visa est suspendue en ce qui concerne ce pays tiers et précisant la durée de cette suspension.

À partir de la date à laquelle la suspension de l'exemption de l'obligation de visa prend effet à l'égard des ressortissants du pays tiers concerné ou lorsqu'une objection à l'acte délégué est exprimée en vertu de l'article 10, paragraphe 7, tout acte d'exécution adopté en vertu du point e) du présent article concernant ce pays tiers vient à expiration. Si la Commission présente une proposition législative conformément au point h), la période de suspension de l'exemption de l'obligation de visa visée au premier alinéa du présent point est prolongée de six mois. La note [en] bas de page visée audit alinéa est modifiée en conséquence.

> Sans préjudice de l'application de l'article 6, au cours de ces périodes de suspension, les ressortissants du pays tiers concerné par l'acte délégué sont soumis à l'obligation de visa pour franchir les frontières extérieures des États membres ;
>
> [...]
>
> h) si, dans les six mois à compter de l'entrée en vigueur de l'acte délégué visé au point f), le pays tiers concerné n'a pas levé l'obligation de visa, la Commission peut présenter une proposition législative visant à modifier le présent règlement en vue de transférer la référence au pays tiers de l'annexe II à l'annexe I ;
>
> [...] ».

9. L'article 10 du règlement 2018/1806 prévoit, à ses paragraphes 6 et 7 :

> « 6. Aussitôt qu'elle adopte un acte délégué, la Commission le notifie au Parlement européen et au Conseil simultanément.
>
> 7. Un acte délégué adopté en vertu de l'article 7, point f), n'entre en vigueur que si le Parlement européen ou le Conseil n'a pas exprimé d'objections dans un délai de quatre mois à compter de la notification de cet acte au Parlement européen et au Conseil ou si, avant l'expiration de ce délai, le Parlement européen et le Conseil ont tous deux informé la Commission de leur intention de ne pas exprimer d'objections. Ce délai est prolongé de deux mois à l'initiative du Parlement européen ou du Conseil ».

10. Dans la « Liste des pays tiers dont les ressortissants sont exemptés de l'obligation de visa lors du franchissement des frontières extérieures des États membres pour des séjours dont la durée n'excède pas 90 jours sur toute période de 180 jours », faisant l'objet de l'annexe II de ce règlement, figurent les États-Unis d'Amérique.

Les antécédents du litige

11. Le 12 avril 2016, la Commission a présenté au Parlement et au Conseil une communication intitulée « État des lieux de la situation de non-réciprocité avec certains pays tiers dans le domaine de la politique des visas et éventuelles voies à suivre à cet égard » [COM(2016) 221 final] (ci-après la « communication du 12 avril 2016 »). Elle indiquait que la grande majorité des cas de non-réciprocité, concernant huit pays tiers, avait été résolue, mais qu'une situation de non-réciprocité persistait à l'égard de trois pays tiers. Au nombre de ces pays tiers figuraient les États-Unis d'Amérique, lesquels soumettaient alors à l'obligation de visa les ressortissants bulgares, croates, chypriotes, polonais et roumains.

12. La Commission a également rappelé, dans cette communication, que, si le pays tiers concerné n'avait pas levé l'obligation de visa au plus tard le 12 avril 2016, elle serait tenue, en vertu du règlement n° 539/2001, tel que modifié par le règlement (UE) n° 1289/2013 du Parlement européen et du Conseil, du 11 décembre 2013 (*JO* 2013, L 347, p. 74), d'adopter un acte délégué suspendant pendant douze mois l'exemption de visa pour les ressortissants de ce pays tiers. Elle a également précisé que ce règlement n° 539/2001, tel que modifié, lui imposait de prendre en considération les conséquences de la suspension de l'exemption de visa sur les relations extérieures de l'Union et de ses États membres.

13. La Commission a ensuite présenté six communications de suivi de la communication du 12 avril 2016, les première et deuxième aux mois de juillet et de décembre 2016, les troisième et quatrième aux mois de mai et de décembre 2017, la cinquième au mois de décembre 2018 et, enfin, la dernière au mois de mars 2020.

14. À la suite de la deuxième communication de suivi, du 21 décembre 2016, par laquelle la Commission a constaté que la non-réciprocité en matière de visas ne concernait plus que deux pays tiers, à savoir le Canada et les États-Unis d'Amérique, le Parlement a adopté, le 2 mars 2017, la résolution du Parlement européen sur les obligations de la Commission quant à la réciprocité en matière de visas, en application de l'article 1er, paragraphe 4, du règlement (CE) n° 539/2001 [2016/2986(RSP)] (ci-après la « résolution du 2 mars 2017 »). Par cette résolution, le Parlement a considéré que la Commission était « juridiquement tenue d'adopter un acte délégué qui suspend temporairement l'exemption de visa pour les ressortissants de pays tiers qui n'ont pas levé l'obligation de visa pour les citoyens de certains États membres, dans un délai de 24 mois à compter de la date de la publication des notifications de cette situation, délai qui [était] arrivé à échéance le 12 avril 2016 », et l'a invitée, sur la base de l'article 265 TFUE, à adopter l'acte délégué qu'il estimait requis.

15. Le 2 mai 2017, par sa troisième communication de suivi, présentée au Parlement et au Conseil, la Commission a répondu à la résolution du 2 mars 2017 et a rendu compte des progrès accomplis [COM(2017) 227 final] (ci-après la « communication du 2 mai 2017 »). Elle a indiqué que l'adoption d'un acte délégué visant à suspendre temporairement l'exemption de l'obligation de visa pour les ressortissants du Canada et des États-Unis d'Amérique serait « pour le moment contre-productive » et « ne contribuerait pas à atteindre l'objectif de l'exemption de visa pour tous les citoyens de l'[Union] ».

16. Dans sa quatrième communication de suivi, du 20 décembre 2017, la Commission a exposé que le seul cas de non-réciprocité restant concernait les États-Unis d'Amérique. La République de Pologne ayant rejoint le programme d'exemption de visa des États-Unis d'Amérique au mois de novembre 2019, la Commission a indiqué, dans sa sixième communication de suivi du 23 mars 2020, que ce programme d'exemption n'avait pas été étendu à l'ensemble des États membres, les États-Unis d'Amérique refusant toujours de lever l'obligation de visa à l'égard des citoyens de la République de Bulgarie, de la République de Croatie, de la République de Chypre et de la Roumanie.

17. Le 22 octobre 2020, par la résolution du Parlement européen sur les obligations de la Commission quant à la réciprocité en matière de visas, en application de l'article 7 du règlement (UE) 2018/1806 [2020/2605(RSP)] (ci-après la « résolution du 22 octobre 2020 »), le Parlement a invité la Commission, sur la base de l'article 265 TFUE, à adopter l'acte délégué qu'il estimait requis par l'article 7, premier alinéa, sous f), du règlement 2018/1806 visant à suspendre temporairement l'exemption de l'obligation de visa de court séjour pour les ressortissants des États-Unis d'Amérique, en raison de l'obligation de visa que ce pays tiers impose aux ressortissants bulgares, chypriotes, croates et roumains.

18. Le 22 décembre 2020, par la communication de la Commission au Parlement européen et au Conseil définissant la position de la Commission à la suite de la résolution du Parlement européen du 22 octobre 2020 sur les obligations de la Commission quant à la réciprocité en matière de visas et dressant l'état des lieux [COM(2020) 851 final] (ci-après la « communication du 22 décembre 2020 »), la Commission a exposé les raisons pour lesquelles, à ce stade, elle n'entendait toujours pas adopter d'acte délégué visant à suspendre temporairement l'exemption de l'obligation de visa de court séjour pour les ressortissants des États-Unis d'Amérique.

19. Estimant que l'article 7, premier alinéa, sous f), du règlement 2018/1806 ne confère pas à la Commission la faculté de ne pas adopter un acte délégué dès lors que sont remplies les conditions d'adoption d'un tel acte prévues par cette disposition, le Parlement a introduit le présent recours.

Les conclusions des parties et la procédure devant la Cour

20. Le Parlement demande à la Cour :

- de constater que, en n'adoptant pas l'acte délégué en vertu de l'article 7, premier alinéa, sous f), du règlement 2018/1806, la Commission a enfreint le traité FUE et
- de condamner la Commission aux dépens.

21. La Commission demande à la Cour de rejeter le recours et de condamner le Parlement aux dépens.

22. Par acte séparé déposé au greffe le 18 mai 2021, la Commission a soulevé une exception d'irrecevabilité, conformément à l'article 151, paragraphe 1, du règlement de procédure de la Cour. Le Parlement a présenté ses observations sur cette exception le 28 juin 2021.

23. Le 21 septembre 2021, la Cour a décidé de joindre au fond l'exception d'irrecevabilité soulevée par la Commission.

Sur le recours

Sur la recevabilité

Argumentation des parties

24. La Commission excipe de l'irrecevabilité du présent recours pour deux motifs. D'une part, dans son mémoire en défense, elle fait valoir que le Parlement a, en adoptant la résolution du 22 octobre 2020, contourné le délai du recours en carence prévu à l'article 265 TFUE. Cette résolution constituerait, selon elle, une seconde invitation à agir, en substance de même contenu que celle du 2 mars 2017, à tout le moins en ce qui concerne les ressortissants des États-Unis d'Amérique, alors que cette dernière n'a pas été suivie d'une saisine de la Cour. Le Parlement serait, par voie de conséquence, forclos à former un tel recours en carence. D'autre part, dans son exception d'irrecevabilité, la Commission soutient qu'elle a, en adoptant la communication du 22 décembre 2020 en réponse à l'invitation à agir qui lui avait été adressée par le Parlement le 22 octobre de la même année, pris position, au sens de l'article 265, deuxième alinéa, TFUE.

25. Le Parlement fait valoir que le recours est recevable. S'agissant d'un éventuel contournement du délai du recours en carence prévu à l'article 265 TFUE, il observe, premièrement, que la Commission, en n'adoptant pas l'acte délégué prévu par le règlement 2018/1806, a violé celui-ci de manière continue. Il fait valoir, deuxièmement, que la résolution du 22 octobre 2020 contient deux nouveaux considérants par rapport à la résolution du 2 mars 2017. Le Parlement soutient, troisièmement, que sa composition a changé dans l'intervalle compris entre les deux résolutions, à la suite des élections du mois de juin 2019. Enfin, quatrièmement, il souligne en substance que la seconde invitation à agir repose sur une évaluation de l'évolution de la situation depuis l'adoption de la première invitation à agir, en tenant compte de la dernière communication de suivi de la Commission, à savoir celle du 23 mars 2020. S'agissant de l'exception d'irrecevabilité, le Parlement soutient que la Commission n'a pas pris position, au sens de l'article 265, deuxième alinéa, TFUE, en adoptant la communication du 22 décembre 2020. En effet, la question de savoir si une institution a pris ou non position ne pourrait être tranchée sur le seul fondement de l'intitulé d'un document émanant de l'institution dont l'inaction est en cause. Par ailleurs, il ne serait pas manifeste que la Commission a pris position sur l'adoption de l'acte délégué en publiant la communication du 22 décembre 2020, qui ne ferait que reprendre des éléments figurant dans ses communications antérieures et exposer les raisons factuelles de son inaction.

Appréciation de la Cour

26. Aux termes de l'article 265, deuxième alinéa, TFUE, le recours en carence n'est recevable que si l'institution, l'organe ou l'organisme en cause a été préalablement invité à agir. Si, à l'expiration d'un délai de deux mois à compter de cette invitation, cette institution, cet organe ou cet organisme n'a pas pris position, ce recours peut être formé dans un nouveau délai de deux mois.

27. La saisine préalable, par le requérant, de l'institution, de l'organe ou de l'organisme en cause constitue une formalité essentielle, non seulement parce qu'elle constitue le point de départ des délais impartis à l'intéressé, mais également parce que, en mettant en cause l'inaction, elle contraint cette institution, cet organe ou cet organisme à prendre position dans un délai limité sur la légalité de son inaction (arrêt du 12 mai 2022, *Klein/Commission*, C-430/20 P, EU:C:2022:377, point 47).

28. S'agissant de la fin de non-recevoir tirée de la tardiveté du présent recours, il est constant que, par la résolution du 2 mars 2017 et par celle du 22 octobre 2020, le Parlement a adressé à la Commission des invitations à agir, au sens de l'article 265 TFUE. La Commission a répondu à ces invitations, respectivement, par ses communications du 2 mai 2017 et du 22 décembre 2020. Il est également constant que, à la suite de la communication du 2 mai 2017, le Parlement n'a pas formé de recours en carence.

29. La question de savoir si le Parlement a méconnu le délai de recours prévu à cette disposition, en ayant formé le présent recours en carence après avoir adressé à la Commission, par la résolution du 22 octobre 2020, une seconde invitation à agir, alors qu'il n'avait pas formé un tel recours à la suite de la résolution du 2 mars 2017 comportant la première invitation à agir, dépend donc du point de savoir si cette seconde invitation à agir est, au regard d'éléments objectifs ayant trait à son contenu ou à son contexte, distincte de la première.

30. À cet égard, il ressort de la communication du 2 mai 2017, présentée au Parlement pour répondre à la résolution du 2 mars 2017, que c'est au terme d'un examen de l'ensemble des circonstances pertinentes, en particulier, des conséquences d'une éventuelle suspension de l'exemption de l'obligation de visa sur les relations extérieures de l'Union et de ses États membres avec les États-Unis d'Amérique, que la Commission a estimé que l'adoption d'un acte délégué suspendant temporairement cette exemption serait « pour le moment » contre-productive et ne contribuerait pas à atteindre l'objectif de l'exemption de visa pour tous les citoyens de l'Union.

31. Par la résolution du 22 octobre 2020, le Parlement a, après l'écoulement d'un délai de plus de trois ans, invité la Commission à reconsidérer la voie choisie dans sa communication du 2 mai 2017, compte tenu des évolutions intervenues depuis celle-ci.

32. Or, d'une part, divers motifs, d'ordre tant juridique que politique, ont pu conduire le Parlement, dans un premier temps, à renoncer à la voie contentieuse à la suite de l'adoption de cette communication par la Commission, et à laisser à cette dernière une possibilité d'obtenir, par la voie diplomatique, des résultats contribuant à l'objectif de réciprocité totale en matière de visas énoncé au considérant 14 du règlement 2018/1806. D'autre part, la résolution du 22 octobre 2020 se réfère à des communications de la Commission postérieures à celle du 2 mai 2017, relatives à la problématique de l'absence de réciprocité en matière de visas avec les États-Unis d'Amérique. Il apparaît ainsi que c'est après avoir évalué l'évolution de la situation depuis l'adoption de la première invitation à agir que le Parlement a, dans un second temps, adopté la résolution du 22 octobre 2020, laquelle contient d'ailleurs deux motifs supplémentaires au soutien de la thèse selon laquelle la Commission serait tenue d'adopter l'acte délégué en cause.

33. Le caractère distinct des invitations à agir contenues dans les résolutions du 2 mars 2017 et du 22 octobre 2020 est encore confirmé par la circonstance que, dans sa communication du 22 décembre 2020, adoptée à la suite de cette dernière résolution, la Commission a réévalué la situation de non-réciprocité en matière de visas entre les États-Unis d'Amérique et les quatre États membres de l'Union concernés au regard des évolutions intervenues depuis l'année 2017. Après avoir donné un aperçu des contacts entre l'Union et les États-Unis d'Amérique à ce sujet, exposé l'évolution du programme d'exemption de visa de ce pays tiers ainsi que le contexte politique de ce dernier et les relations bilatérales qu'il a nouées avec l'Union, elle a conclu que l'adoption d'un tel acte demeurait inopportune et qu'elle serait « contre-productive, particulièrement à ce stade ».

34. Dans ces circonstances, la résolution du 22 octobre 2020 ne saurait être considérée comme ayant été un moyen de contourner le délai de recours prévu à l'article 265, deuxième alinéa, TFUE, qui avait commencé à courir par l'invitation à agir contenue dans la résolution du 2 mars 2017, les invitations à agir contenues dans ces deux résolutions étant distinctes au regard tant de leur contenu que du contexte dans lequel elles ont été adoptées.

35. La première fin de non-recevoir, tirée de la tardiveté du présent recours, doit, par conséquent, être écartée.

36. S'agissant de la seconde fin de non-recevoir, tirée de l'existence d'une prise de position de la Commission, il convient de rappeler que, en vertu de l'article 265, premier alinéa, TFUE, la Cour peut être saisie en vue de faire constater que, en violation des traités, la Commission s'abstient de statuer.

37. En l'espèce, la Commission soutient que, par la communication du 22 décembre 2020, elle a pris position, au sens de cette disposition, sur la demande d'adoption de l'acte délégué visé à l'article 7, premier alinéa, sous f), du règlement 2018/1806 et a exposé les motifs pour lesquels elle n'a pas fait droit à cette demande.

38. À cet égard, la Cour a certes jugé que la circonstance qu'une réponse d'une institution à une invitation à agir ne donne pas satisfaction à la personne qui la lui a adressée ne signifie pas que cette réponse ne constitue pas une prise de position, au sens de l'article 265, deuxième alinéa, TFUE, dont l'adoption met fin à la carence (voir en ce sens, notamment, arrêt du 1er avril 1993, *Pesqueras Echebastar/Commission*, C-25/91, EU:C:1993:131, points 11 et 12).

39. Néanmoins, la solution rappelée au point précédent ne saurait s'appliquer, dans un contexte interinstitutionnel, dans des cas où l'irrecevabilité du recours en carence permettrait à l'institution invitée à agir de perpétuer un état d'inaction.

40. Or, tel serait le cas si la communication visée au point 37 du présent arrêt devait être qualifiée de « prise de position », au sens de l'article 265, deuxième alinéa, TFUE, entraînant l'irrecevabilité du présent recours. En effet, dans une telle hypothèse, le désaccord entre les parties au présent litige quant à la portée de l'article 7, premier alinéa, sous f), du règlement 2018/1806, et, plus précisément, quant à l'existence d'une éventuelle obligation d'adopter l'acte délégué en cause, persisterait.

41. Ainsi, un refus d'agir, si explicite soit-il, faisant suite à une invitation à agir, adressée à une institution en application de l'article 265, deuxième alinéa, TFUE, peut être déféré à la Cour sur la base de cet article, dès lors qu'il ne met pas fin à la carence (arrêt du 27 septembre 1988, *Parlement/Conseil*, 302/87, EU:C:1988:461, point 17).

42. Dans ces conditions, il y a lieu de constater que, dans un contexte interinstitutionnel, la réponse d'une institution consistant, comme en l'espèce, en un exposé des raisons pour lesquelles il convient, selon cette institution, de ne pas adopter la mesure sollicitée doit nécessairement être considérée comme étant un refus d'agir de la part de cette institution, au sens de la jurisprudence rappelée au point précédent, et doit donc pouvoir être déférée à la Cour dans le cadre d'un recours introduit au titre de l'article 265 TFUE.

43. Par conséquent, le présent recours est recevable.

Sur le fond

Argumentation des parties

44. À l'appui de son recours, le Parlement soulève un moyen unique, tiré de ce que la Commission a violé les traités en n'ayant pas adopté, en vertu de l'article 7, premier alinéa, sous f), du règlement 2018/1806, d'acte délégué portant suspension temporaire de l'exemption de l'obligation de visa à l'égard des ressortissants des États-Unis d'Amérique.

45. Le Parlement soutient que cette disposition ne confère aucune marge d'appréciation à la Commission, de telle sorte que celle-ci serait, en l'espèce, tenue d'adopter un tel acte. En effet, selon le Parlement, l'obligation d'adopter un acte délégué, en vertu de ladite disposition, n'est subordonnée qu'à une condition objective, à savoir que le pays tiers concerné n'ait pas levé l'obligation de visa à l'égard des ressortissants d'au moins un État membre au cours de la période de 24 mois qui court à compter de la date de publication de la notification visée à cet article 7, premier alinéa, sous a). En l'espèce, dans le cas des États-Unis d'Amérique, cette condition aurait été satisfaite le 12 avril 2016.

46. Le Parlement estime que le fait que l'article 7, premier alinéa, sous d), de ce règlement permette à la Commission de tenir compte des conséquences de la suspension de l'exemption de l'obligation de visa pour les relations extérieures de l'Union et de ses États membres avec le pays tiers en question ne conduit pas à conférer à cette institution un pouvoir discrétionnaire d'appréciation lors de l'application de l'article 7, premier alinéa, sous f), dudit règlement, la Commission n'ayant d'autre choix que celui d'adopter l'acte délégué.

47. L'interprétation de cette dernière disposition préconisée par la Commission renverserait la logique de l'article 7 du règlement 2018/1806, car elle ferait de l'obligation de tenir compte des conséquences de la suspension de l'exemption de l'obligation de visa pour les relations extérieures l'élément pivot du mécanisme de réciprocité prévu à cet article, subordonnant ainsi audit élément l'obligation prévue au premier alinéa, sous f), dudit article.

48. En conséquence, cette interprétation priverait d'effet utile cette dernière disposition et ne tiendrait pas compte de la conception du mécanisme de réciprocité. Il n'existerait pas de contradiction entre, d'une part, l'obligation pour la Commission, prévue à l'article 7, premier alinéa, sous f), de ce règlement, d'adopter un acte délégué suspendant l'exemption de l'obligation de visa lorsque les conditions énoncées à cette disposition sont réunies et, d'autre part, l'exigence de prise en compte des conséquences de cette suspension pour les relations extérieures de l'Union et de ses États membres, visée à l'article 7, premier alinéa, sous d), dudit règlement. En effet, cette exigence s'appliquerait à l'ensemble des étapes du mécanisme de réciprocité et, en tant que telle, devrait être lue dans cette optique. En outre, l'article 7, premier alinéa, sous f), du règlement 2018/1806 n'offrirait qu'une marge d'appréciation limitée à la Commission, qui ne porterait pas sur le contenu de l'acte, c'est-à-dire sur la suspension même de l'exemption de l'obligation de visa. Cette marge d'appréciation concernerait d'autres aspects, tels que le choix de la date à laquelle la suspension de l'exemption de l'obligation de visa doit entrer en vigueur, dans la limite des 90 jours de l'entrée en vigueur de cet acte.

49. Ainsi, l'interprétation préconisée par la Commission rendrait inopérante l'obligation d'adopter l'acte délégué prescrite à l'article 7, premier alinéa, sous f), de ce règlement lorsque le pays tiers concerné n'a pas levé l'obligation de visa dans un certain délai, dans la mesure où, en se fondant principalement sur les conséquences d'une suspension de l'exemption de l'obligation de visa pour les relations extérieures de l'Union et des États membres avec ce pays tiers, cette institution se soustrairait à l'obligation prévue par le législateur de l'Union et, en pratique, mettrait fin au mécanisme de réciprocité dès la première étape de ce dernier.

50. La Commission objecte que l'article 7, premier alinéa, sous f), du règlement 2018/1806 ne lui impose pas l'obligation inconditionnelle d'adopter un acte délégué pour suspendre l'exemption de visa accordée aux ressortissants d'un pays tiers lorsque ce pays tiers n'a pas levé son obligation de visa à l'égard des ressortissants d'au moins un État membre dans les 24 mois après la publication d'une notification telle que celle visée à l'article 7, premier alinéa, sous a), troisième alinéa, de ce règlement.

51. L'article 7, premier alinéa, sous f), dudit règlement devrait, de l'avis de cette institution, être lu à la lumière de l'article 7, premier alinéa, sous d), du même règlement, qui dispose que la Commission, lorsqu'elle envisage de nouvelles mesures conformément au point e), f) ou h) de ce premier alinéa, tient compte, tout d'abord, des effets des mesures prises par l'État membre concerné, ensuite, des démarches entamées par elle-même, notamment dans les domaines politique, économique et commercial, en vue du rétablissement ou de l'instauration de l'exemption de visa, et, enfin, des conséquences de la suspension de l'exemption de l'obligation de visa pour les relations extérieures de l'Union et de ses États membres avec le pays tiers en cause.

52. La Commission ne conteste pas que la marge d'appréciation dont elle dispose lorsqu'elle applique l'article 7, premier alinéa, sous f), du règlement 2018/1806 se limite à la prise en compte des éléments énoncés au point d) de cet article 7, premier alinéa. Il serait néanmoins irréfutable que ce règlement lui confère bien cette marge d'appréciation.

53. De plus, l'interprétation de l'article 7 qu'elle préconise ne rendrait pas « complètement inopérante » l'obligation d'adopter l'acte délégué visé au premier alinéa, sous f), de cet article. La Commission relève, à cet égard, que l'obligation de tenir compte des conséquences pour les relations extérieures de l'Union et des États membres, lorsqu'elle envisage de nouvelles mesures conformément au point e), f) ou h), du premier alinéa de cet article 7, est expressément prévue au point d) de cet alinéa, ce qui exclurait que ladite interprétation soit considérée comme étant contra legem. La Commission observe de surcroît qu'elle ne s'est pas bornée à invoquer les conséquences d'une suspension de l'exemption de l'obligation de visa pour les relations extérieures de l'Union et des États membres avec le pays tiers en cause, mais a, ainsi que l'exige le législateur de l'Union, évalué ces conséquences lorsqu'elle a examiné la possibilité d'adopter une mesure de suspension.

Appréciation de la Cour

54. En l'espèce, il est constant que les États-Unis d'Amérique n'ont pas levé l'obligation de visa à l'égard des ressortissants d'au moins un État membre après l'expiration de la période de 24 mois à compter de la date de publication de la notification visée à l'article 7, premier alinéa, sous a), du règlement 2018/1806.

55. Ainsi, il convient d'examiner si, comme le soutient le Parlement, cette circonstance plaçait la Commission dans une situation où elle était tenue, en vertu de l'article 7, premier alinéa, sous f), du règlement 2018/1806, d'adopter un acte délégué portant suspension temporaire de l'exemption de l'obligation de visa à l'égard des ressortissants de ce pays tiers, sans disposer à cet égard d'une marge d'appréciation.

56 Pour l'interprétation d'une disposition du droit de l'Union, il y a lieu de tenir compte non seulement des termes de celle-ci, mais également de son contexte et des objectifs poursuivis par la réglementation dont elle fait partie.

57. À cet égard, il convient de relever que l'article 7, premier alinéa, sous f), du règlement 2018/1806 prévoit que la Commission « adopte » un acte délégué portant suspension temporaire de l'exemption de l'obligation de visa, lorsque, comme en l'espèce, le pays tiers concerné n'a pas levé l'obligation de visa en cause dans le délai prévu par cette disposition. Il semblerait ainsi ressortir des termes de cette disposition que la Commission est tenue d'adopter un tel acte lorsque les conditions requises pour son adoption sont remplies.

58. Une telle interprétation de l'article 7, premier alinéa, sous f), du règlement 2018/1806 doit, toutefois, être exclue au regard de l'économie générale de cet article 7, premier alinéa, caractérisée notamment par la structure en plusieurs étapes du mécanisme de réciprocité qu'il institue.

59. Plus précisément, l'article 7, premier alinéa, sous d), du règlement 2018/1806 dispose expressément que la Commission, lorsqu'elle envisage de nouvelles mesures conformément au point e), f) ou h) de cet alinéa, tient compte, en premier lieu, des effets des mesures prises par l'État membre concerné en vue d'assurer l'exemption de l'obligation de visa avec le pays tiers en cause, en deuxième lieu, des démarches entamées par la Commission, conformément au point b) dudit alinéa, auprès des autorités du pays tiers en cause notamment dans les domaines politique, économique et commercial, en vue du rétablissement ou de l'instauration de l'exemption de visa et, en troisième lieu, des conséquences de la suspension de l'exemption de l'obligation de visa pour les relations extérieures de l'Union et de ses États membres avec le pays tiers en cause.

60. Or, l'obligation de prendre en compte ces diverses circonstances serait dépourvue de toute utilité si la Commission était nécessairement tenue d'adopter l'acte délégué visé à l'article 7, premier alinéa, sous f), du règlement 2018/1806 dès lors que le pays tiers concerné n'a pas levé l'obligation de visa en cause dans le délai prévu par cette disposition.

61. À cet égard, il ressort du considérant 17 du règlement 2018/1806 que l'octroi à la Commission du pouvoir d'adopter des actes délégués dans le cadre du mécanisme de réciprocité institué par l'article 7 de ce règlement vise à établir un cadre institutionnel qui permet, avant l'éventuelle suspension de l'exemption de l'obligation de visa pour tous les ressortissants d'un pays tiers, laquelle revêt une nature politique particulièrement sensible, d'évaluer les implications d'une telle mesure pour les relations extérieures et pour le fonctionnement global de l'espace Schengen.

62. Il ressort ainsi de la lecture combinée des dispositions figurant à l'article 7, premier alinéa, du règlement 2018/1806, lu à la lumière du considérant 17 de ce dernier, que la Commission dispose d'une marge d'appréciation pour adopter ou non un acte délégué fondé sur l'article 7, premier alinéa, sous f), de ce règlement, cette marge d'appréciation étant encadrée par les trois critères énoncés au point d) dudit alinéa.

63. Cette interprétation est corroborée également, ainsi que M. l'avocat général l'a relevé, en substance, aux points 34 à 40 de ses conclusions, par les travaux préparatoires du règlement n° 1289/2013, qui a introduit le mécanisme de réciprocité dans le droit de l'Union, desquels il ressort que le législateur de l'Union n'avait pas l'intention de prévoir une suspension automatique de l'exemption de l'obligation de visas en cas de persistance d'une situation de non-réciprocité.

64. Il s'ensuit que, contrairement à ce que soutient le Parlement, la Commission n'a pas l'obligation d'adopter un acte délégué en vertu de l'article 7, premier alinéa, sous f), du règlement 2018/1806 après l'expiration de la période de 24 mois à compter de la date de publication de la notification visée à l'article 7, premier alinéa, sous a), de ce règlement. En revanche, aux fins de déterminer s'il y a lieu, au regard de l'objectif de réciprocité totale énoncé au considérant 14 dudit règlement, de suspendre l'exemption de l'obligation de visa à l'égard des ressortissants du pays tiers concerné ou s'il y a lieu, au contraire, de s'abstenir de prendre une telle mesure, au regard d'intérêts tenant, en particulier, aux relations extérieures des États membres, des pays associés à l'espace Schengen et de l'Union, la Commission doit tenir compte des trois critères énoncés à l'article 7, premier alinéa, sous d), dudit règlement, exposés au point 59 du présent arrêt.

65. Il convient de vérifier si, en l'espèce, la Commission a, au regard de ces éléments, outrepassé la marge d'appréciation dont elle dispose en considérant qu'elle était fondée à refuser d'agir.

66. S'agissant du premier critère, selon lequel, avant d'envisager d'adopter un acte délégué portant suspension temporaire de l'exemption de l'obligation de visa à l'égard des ressortissants d'un pays tiers imposant une obligation de visa à l'égard des ressortissants d'au moins un État membre, la Commission doit tenir compte des effets des mesures prises par l'État membre concerné en vue d'assurer l'exemption de l'obligation de visa avec le pays tiers en cause, il convient de constater que la communication du 22 décembre 2020 comporte un aperçu détaillé de la situation des quatre États membres alors concernés par l'exigence de visa. En effet, la Commission a présenté les évolutions du taux de refus de visa pour chacun de ces États membres et a indiqué que ces derniers ont été destinataires de « plans de travail sur mesure » réalisés par les États-Unis, afin qu'ils puissent remplir les exigences nécessaires pour se conformer au programme américain d'exemption de visa. Cette communication fait, en outre, état de la circonstance que la discussion entamée sur la base de ces plans de travail, comprenant des orientations spécifiques à chacun des États membres concernés, constituait un progrès important par rapport à l'approche précédente, fondée sur une évaluation plus générale des exigences de sécurité, et du fait que l'évaluation de la mise en œuvre desdits plans par ces États membres avait permis de constater des progrès pour un certain nombre d'axes de travail.

67. S'agissant du deuxième critère, à savoir l'obligation pour la Commission de tenir compte des démarches qu'elle a entamées, en l'espèce, auprès des États-Unis d'Amérique, notamment dans les domaines politique, économique et commercial, en vue du rétablissement ou de l'instauration de l'exemption de l'obligation visa, elle a, dans sa communication du 22 décembre 2020, d'une part, fait état de manière détaillée de plusieurs réunions de travail qui se sont tenues avec ses homologues américains. D'autre part, elle a exposé que, en raison de la période de transition post-électorale aux États-Unis et de la mise en place de la nouvelle administration après l'investiture du nouveau président, qui était prévue le 20 janvier 2021, elle avait dû se contenter d'élaborer, conjointement avec le Service européen pour l'action extérieure (SEAE), une proposition relative à un nouveau programme transatlantique rappelant l'importance des liens transatlantiques.

68. S'agissant du troisième critère, à savoir la nécessité, pour la Commission, de tenir compte des conséquences de la suspension de l'exemption de l'obligation de visa pour les relations extérieures de l'Union et de ses États membres avec, en l'espèce, les États-Unis d'Amérique, la Commission, dans sa communication du 22 décembre 2020, s'est référée aux explications détaillées sur ce sujet déjà exposées dans la communication du 12 avril 2016. Elle a également indiqué, en conclusion, que la suspension de l'exemption de l'obligation de visa pour les ressortissants des États-Unis d'Amérique aurait des incidences négatives importantes dans toute une série de domaines d'action et de secteurs.

69. Il ressort de ces éléments que la Commission a pris en compte les trois critères énoncés à l'article 7, premier alinéa, sous d), du règlement 2018/1806 avant de parvenir à la conclusion de ne pas adopter l'acte délégué demandé.

70. Il découle de tout ce qui précède que c'est sans outrepasser la marge d'appréciation dont elle dispose que la Commission a estimé, à la suite de l'invitation à agir qui lui avait été adressée par le Parlement le 22 octobre 2020, qu'elle n'était pas tenue d'adopter l'acte délégué en question, de sorte qu'aucune carence ne saurait lui être reprochée en l'espèce.

71. Il s'ensuit que le présent recours en carence doit être rejeté comme étant non fondé.

Sur les dépens

72. Aux termes de l'article 138, paragraphe 1, du règlement de procédure de la Cour, toute partie qui succombe est condamnée aux dépens, s'il est conclu en ce sens. La Commission ayant conclu à la condamnation du Parlement et celui-ci ayant succombé, il y a lieu de le condamner aux dépens.

Par ces motifs, la Cour (grande chambre) déclare et arrête :

1) Le recours est rejeté.

2) Le Parlement européen est condamné aux dépens.

Observations

Depuis bien longtemps, les recours en carence mettant aux prises deux institutions de l'Union sont devenus une sorte d'espèce menacée, quasiment vouée à la disparition. C'est peut-être pour lutter contre cette désaffectation envers ce recours que la Cour s'est manifestement efforcée de le revivifier dans cette intéressante affaire qui a pour toile de fond la politique d'exemption réciproque de visas menée par l'Union vis-à-vis de plusieurs États tiers, dont les États-Unis.

En l'espèce (1), la Commission a présenté, le 12 avril 2016, au Parlement et au Conseil, une communication exposant l'état des lieux de la situation de non-réciprocité avec certains pays tiers dans le domaine de la politique des visas, ainsi que les éventuelles voies à suivre pour y remédier. Il en ressortait qu'une situation de non-réciprocité ne persistait plus qu'à l'égard de trois pays tiers, dont les États-Unis, qui soumettaient à l'obligation de visa les ressortissants bulgares, croates, chypriotes, polonais et roumains.

La Commission y indiquait également que, si le pays tiers concerné n'avait pas levé l'obligation de visa au plus tard le 12 avril 2016, elle serait tenue, en vertu du règlement n° 539/2001 (2), d'adopter un acte délégué suspendant pendant douze mois l'exemption de visa pour ses ressortissants. Elle relativisait toutefois immédiatement cette obligation en soulignant que ce règlement lui imposait de prendre en considération les conséquences de la suspension de l'exemption de visa sur les relations extérieures de l'Union et de ses États membres.

Par la suite, la Commission a assuré, à intervalles irréguliers, le suivi de sa communication inaugurale du 12 avril 2016.

Le 21 décembre 2016, elle a constaté, dans sa deuxième communication de suivi, que la non-réciprocité en matière de visas ne concernait plus que le Canada et les États-Unis. En réaction, le Parlement a adopté, le 2 mars 2017, une résolution invitant la Commission, sur la base de l'article 265 TFUE, à adopter un acte délégué suspendant temporairement l'exemption de visa pour les ressortissants de pays tiers qui n'avaient pas levé l'obligation de visa pour les citoyens de certains États membres le 12 avril 2016.

Dans sa troisième communication de suivi, en date du 2 mai 2017, après avoir rendu compte des progrès réalisés, la Commission a exprimé ses réserves à l'égard de l'adoption d'un acte délégué visant à suspendre temporairement l'exemption de l'obligation de visa pour les ressortissants du Canada et des États-Unis. Selon elle, une telle solution serait « pour le moment contre-productive » et « ne contribuerait pas à atteindre l'objectif de l'exemption de visa pour tous les citoyens de l'[Union] ».

(1) Les faits sont tirés des points 11 à 19 de l'arrêt *Parlement c/ Commission*.

(2) Règlement (CE) n° 539/2001 du Conseil du 15 mars 2001 fixant la liste des pays tiers dont les ressortissants sont soumis à l'obligation de visa pour franchir les frontières extérieures des États membres et la liste de ceux dont les ressortissants sont exemptés de cette obligation, *JOUE* 2001, L 81, p. 1.

Les progrès se sont poursuivis régulièrement puisque, fin 2017, le seul cas de non-réciprocité restant concernait les États-Unis. De même, la Pologne a rejoint le programme d'exemption de visa des États-Unis à la fin 2019. Partant, le 23 mars 2020, la Commission a indiqué, dans sa sixième communication de suivi, que les États-Unis persistaient dans leur refus de lever l'obligation de visa à l'égard des citoyens bulgares, croates, chypriotes et roumains.

Visiblement insatisfait de la gestion de la situation par la Commission, le Parlement a, le 22 octobre 2020, adopté une nouvelle résolution invitant cette dernière, sur la base de l'article 265 TFUE, à suspendre temporairement l'exemption de l'obligation de visa de court séjour pour les ressortissants américains, en raison de l'application du principe de réciprocité prévu par le règlement 2018/1806 (3).

Le 22 décembre 2020, dans une nouvelle communication de suivi, la Commission a maintenu son refus de suspendre temporairement l'exemption de l'obligation de visa de court séjour pour les ressortissants américains.

Contestant la marge d'appréciation dont la Commission prétendait disposer dans la mise en œuvre du règlement 2018/1806, le Parlement a saisi la Cour au titre de l'article 265 TFUE afin de dénoncer la carence de cette dernière.

Bien que la solution qu'apporte la Cour quant au fond du recours soit importante, la thèse du Parlement paraissait vouée à l'échec pour des raisons tant juridiques que de pure opportunité politique, de sorte que l'aspect le plus intéressant de l'affaire correspond à l'examen des deux exceptions d'irrecevabilité soulevées par la Commission.

Par la première, cette dernière reprochait au Parlement d'avoir contourné le délai du recours en carence prévu à l'article 265 TFUE en adoptant la résolution du 22 octobre 2020. Dès lors que cette résolution aurait le même contenu que celle du 2 mars 2017, il conviendrait d'opposer la forclusion au Parlement. Par sa seconde exception d'irrecevabilité, la Commission arguait que sa communication du 22 décembre 2020 constituait une réponse à l'invitation à agir formulée par le Parlement. Aussi aurait-elle pris position, au sens de l'article 265, deuxième alinéa, TFUE, et mis fin à la carence.

Dans son arrêt, la Cour écarte les deux exceptions d'irrecevabilité soulevées par la Commission, aux termes de raisonnements qui prêtent, l'un et l'autre, à la discussion, au vieux sens de *disputatio*.

(3) Règlement (UE) 2018/1806 du Parlement européen et du Conseil du 14 novembre 2018 fixant la liste des pays tiers dont les ressortissants sont soumis à l'obligation de visa pour franchir les frontières extérieures des États membres et la liste de ceux dont les ressortissants sont exemptés de cette obligation, *JOUE* 2018, L 303, p. 39. Ce règlement a abrogé et remplacé le règlement n° 539/2001 à compter du 18 décembre 2018.

I) La première exception d'irrecevabilité de la Commission fait immanquablement penser à une tentative d'obtenir la transposition de la célèbre jurisprudence *TWD* (4) dans le recours en carence. Ramenée à l'essentiel, celle-ci prévoit qu'un justiciable, qui aurait, « sans aucun doute », pu contester un acte de droit dérivé en vertu de l'article 263 TFUE et qui ne l'a pas fait, est ensuite irrecevable à contester cet acte incidemment, aussi bien devant le juge national que devant le juge de l'Union. En invitant la Cour à constater la forclusion du Parlement, la Commission se place dans la même perspective. Elle s'appuie sur l'identité de contenu des deux invitations à agir qui lui ont été adressées à trois années d'intervalles et en tire la conséquence que le Parlement cherche, en engageant une seconde procédure en carence, à contourner l'expiration du délai dans lequel il aurait pu saisir la Cour après la première prise de position de la Commission. En effet, conformément à l'article 265, deuxième alinéa, TFUE, « [s]i, à l'expiration d'un délai de deux mois à compter de cette invitation à agir, l'institution, l'organe ou l'organisme n'a pas pris position, le recours peut être formé dans un nouveau délai de deux mois ».

La Cour commence par relever que le Parlement a adressé deux invitations à agir à la Commission en 2017 et en 2020, auxquelles celle-ci a répondu dans les délais impartis. Cependant, le Parlement n'a pas formé de recours en carence à la suite de la communication de la Commission du 2 mai 2017 (5).

Ce faisant, la Cour accepte de se placer dans les pas de la Commission et estime, par conséquent, qu'il convient de voir si le Parlement peut, en quelque sorte, être délivré de sa forclusion. Cette posture de la Cour suggère qu'elle adhère à la thèse de la Commission. C'est ce qui explique qu'elle cherche à déterminer si la « seconde invitation à agir est, au regard d'éléments objectifs ayant trait à son contenu ou à son contexte, distincte de la première » (6). La Cour va donc se livrer au *jeu des sept différences* entre la première et la seconde invitation à agir. Fort heureusement, elle s'en tient à une comparaison assez superficielle des deux invitations à agir. Ainsi relève-t-elle que, dans sa communication du 2 mai 2017, « la Commission a estimé que l'adoption d'un acte délégué suspendant temporairement cette exemption serait "pour le moment" contre-productive et ne contribuerait pas à atteindre l'objectif de l'exemption de visa pour tous les citoyens de l'Union » (7). Or, dans

(4) CJCE, 9 mars 1994, *TWD Textilwerke Deggendorf*, aff. C-188/92, EU:C:1994:90, pt 24.
(5) Pt 28 de l'arrêt *Parlement c/ Commission*.
(6) *Ibid.*, pt 29.
(7) *Ibid.*, pt 30.

sa seconde invitation à agir, le Parlement « a, après l'écoulement d'un délai de plus de trois ans, invité la Commission à reconsidérer la voie choisie dans sa communication du 2 mai 2017, compte tenu des évolutions intervenues depuis celle-ci ». Le Parlement a notamment mentionné des communications ultérieures de la Commission, mais aussi avancé « deux motifs supplémentaires au soutien de la thèse selon laquelle la Commission serait tenue d'adopter l'acte délégué en cause » (8).

Cette approche, qui s'efforce d'objectiver un contentieux d'essence politique, paraît discutable. Il pourrait être opportun si une situation de ce type se reproduisait de valoriser l'affirmation selon laquelle « divers motifs, d'ordre tant juridique que politique, ont pu conduire le Parlement, dans un premier temps, à renoncer à la voie contentieuse à la suite de l'adoption de cette communication par la Commission, et à laisser à cette dernière une possibilité d'obtenir, par la voie diplomatique, des résultats contribuant à l'objectif de réciprocité totale en matière de visas énoncé au considérant 14 du règlement 2018/1806 » (9). Cette motivation suffit à dédouaner le Parlement de ne pas avoir saisi la Cour après que la Commission a apporté une réponse, à ses yeux, insatisfaisante à sa première invitation à agir.

Deux raisons auraient dû conduire la Cour à adopter, sur cette base, une réponse bien plus ferme en faveur du Parlement.

La première tient au caractère éminemment politique ou diplomatique des échanges entre le Parlement et la Commission. L'inaction du premier en réaction à la prise de position de la seconde peut s'analyser en une volonté d'accorder un temps supplémentaire pour la négociation, dans l'espoir d'enregistrer un succès diplomatique. Le Parlement aurait alors été convaincu par la Commission ou, à tout le moins, se serait-il rangé à la solution préconisée par cette dernière. Néanmoins, rien ne l'obligeait à attendre indéfiniment les fameux progrès diplomatiques escomptés par la Commission. En l'absence d'obtention de résultats significatifs par la Commission, le Parlement était tout à fait en droit de lui adresser une nouvelle invitation à agir en vue de critiquer son inertie ou, du moins, ce qu'il pensait être de l'inertie dans sa sixième communication de suivi. Par suite, en l'absence de prise de position de celle-ci à l'expiration d'un délai de deux mois à compter de cette invitation, il lui appartenait d'introduire un recours en carence, sur le fondement de l'article 265, paragraphe 1, TFUE.

(8) *Ibid.*, pts 31 et 32.
(9) *Ibid.*, pt 32.

La seconde raison d'avaliser l'attitude du Parlement résidait dans l'analogie qui peut être établie avec la position de la Commission dans le recours en manquement. Pour le dire de manière imagée, il est fréquent que la procédure précontentieuse « s'éternise », sans que la Cour n'y trouve quoi que ce soit à redire. Certes, la Commission dispose d'un pouvoir totalement discrétionnaire pour apprécier l'opportunité tant de la saisine de la Cour que du moment auquel elle l'effectue (10). Cette liberté, qui lui est davantage consentie par la Cour qu'indiscutablement attribuée par l'article 258 TFUE, se justifie par l'assimilation de la phase précontentieuse d'un recours en manquement à une négociation diplomatique, d'autant que tous les acteurs sont conscients que la saisine de la Cour constitue un pis-aller et qu'il est de loin préférable que la Commission emporte l'adhésion de l'État mis en cause à un stade antérieur. Il ne s'agit pas de prétendre que cette comparaison avec le recours en manquement aurait dû figurer *expressis verbis* dans le corps de l'arrêt. Néanmoins, elle paraissait de nature à influencer la Cour et militait en faveur du rejet de la première exception d'irrecevabilité de la Commission.

II) Au soutien de sa seconde exception d'irrecevabilité, la Commission prétend avoir pris position sur la demande du Parlement dans sa communication du 22 décembre 2020. En exposant les raisons pour lesquelles il ne lui paraissait (toujours) pas opportun de suspendre temporairement l'exemption de l'obligation de visa de court séjour pour les ressortissants américains, la Commission aurait mis fin à la carence.

Pour écarter cette exception d'irrecevabilité, la Cour a choisi de disqualifier une jurisprudence établie et de ressusciter une jurisprudence dont tout portait à croire qu'elle avait trépassé.

Doit ainsi être écartée la jurisprudence selon laquelle « la circonstance qu'une réponse d'une institution à une invitation à agir ne donne pas satisfaction à la personne qui la lui a adressée ne signifie pas que cette réponse ne constitue pas une prise de position, au sens de l'article 265, deuxième alinéa, TFUE, dont l'adoption met fin à la carence » (11). Pour la Cour, cette solution « ne saurait s'appliquer, dans un contexte interinstitutionnel, dans des cas où l'irrecevabilité du recours en carence permettrait à l'institution

(10) Cette clémence de la Cour s'explique par le fait que la Commission peut mettre à profit ce délai afin de déterminer « les fin aux manquements éventuels » (CJCE, 14 décembre 1971, *Commission c/ France*, aff. 7/71, EU:C:1971:121, pt 5).

(11) Pt 38 de l'arrêt *Parlement c/ Commission*, renvoyant à CJCE, 1er avril 1993, *Pesqueras Echebastar c/ Commission*, aff. C-25/91, EU:C:1993:131, pts 11 et 12.

invitée à agir de perpétuer un état d'inaction »(12). Cette position, passablement surprenante, semble reposer sur une crainte infondée et sur un précédent dépourvu de pertinence.

La crainte de la Cour réside donc dans le risque de perpétuation de l'inaction de la Commission. Ce risque pourrait pourtant être contrecarré assez aisément. Il suffit pour cela de se représenter l'opposition entre le Parlement et la Commission comme l'opposition entre deux négociateurs. Or, le simple écoulement du temps fait évoluer, sinon leurs positions, du moins la perception qu'ils peuvent avoir de la position de leur interlocuteur. Concrètement, le Parlement aurait à peine eu à attendre quelques semaines ou quelques mois supplémentaires pour présenter une troisième invitation à agir à la Commission, ce qui aurait permis au cycle de reprendre, sauf que, cette fois-ci, le Parlement aurait été informé qu'il lui fallait former un recours en annulation contre la réaction de la Commission l'éconduisant. Dès lors, s'il est vrai qu'accueillir la seconde exception d'irrecevabilité de la Commission aurait laissé « persiste[r] »(13) leur opposition, celle-ci n'aurait toutefois pas perduré éternellement.

En outre, pour fonder sa position, la Cour s'appuie sur le vieil arrêt *Parlement c/ Conseil* de 1988 qui, tel Lazare, connaît ainsi les joies de la résurrection. S'il est vrai que la Cour y avait jugé qu'« un refus d'agir, si explicite soit-il, faisant suite à une invitation à agir, adressée à une institution en application de l'article 265, deuxième alinéa, TFUE, peut être déféré à la Cour sur la base de cet article, dès lors qu'il ne met pas fin à la carence (arrêt du 27 septembre 1988, *Parlement/Conseil*, 302/87, EU:C:1988:461, point 17) »(14), il s'agissait là d'une solution éminemment circonstancielle et de pure opportunité.

Il convient en effet de se rappeler qu'à l'époque, le Parlement ne jouissait pas de la légitimation active, autrement dit, l'article 173, alinéa 1, du traité CEE, qui était l'ancêtre de l'actuel article 263, alinéa 1, TFUE, ne lui ouvrait pas l'accès au recours en annulation. En revanche, l'article 175, alinéa 1, du traité CEE se montrait bien plus généreux puisqu'il prévoyait que, « [d]ans le cas où, en violation du présent traité, le Conseil ou la Commission s'abstient de statuer, les États membres et les autres institutions de la Communauté peuvent saisir la Cour de justice en vue de faire constater cette violation ». Par conséquent, si la Cour avait considéré un refus explicite d'agir comme un acte faisant grief uniquement susceptible d'être contesté

(12) Pt 39 de l'arrêt *Parlement c/ Commission.*

(13) *Ibid.*, pt 40.

(14) *Ibid.*, pt 41.

par la voie du recours en annulation, le Parlement aurait été privé de tout moyen d'action. Telle était l'unique raison d'être de cette sorte d'ovni jurisprudentiel. Ressusciter l'arrêt *Parlement c/ Conseil* est donc loin d'être une solution orthodoxe non seulement compte tenu de l'historicité de cet arrêt, mais aussi de l'atteinte qui est portée à la cohérence du recours en carence, dont l'unité de régime s'en trouve affectée.

Quoi qu'il en soit, la Cour a jugé que, « dans un contexte interinstitutionnel, la réponse d'une institution consistant [...] en un exposé des raisons pour lesquelles il convient, selon cette institution, de ne pas adopter la mesure sollicitée doit nécessairement être considérée comme étant un refus d'agir de la part de cette institution [qui] doit [...] pouvoir être déférée à la Cour dans le cadre d'un recours introduit au titre de l'article 265 TFUE » (15).

Un compromis entre une application fidèle de la jurisprudence et la volonté de ne pas laisser persister le conflit entre le Parlement et la Commission aurait certainement été envisageable. Il aurait consisté à accueillir la seconde exception d'irrecevabilité soulevée par la Commission, tout en soulignant dans une motivation ramassée que celle-ci avait correctement fait application, dans sa seconde prise de position, de l'article 7, premier alinéa, sous f), du règlement 2018/1806. En effet, cette disposition lui impose expressément de « t[enir] compte, en premier lieu, des effets des mesures prises par l'État membre concerné en vue d'assurer l'exemption de l'obligation de visa avec le pays tiers en cause, en deuxième lieu, des démarches entamées par la Commission, conformément au point b) dudit alinéa, auprès des autorités du pays tiers en cause notamment dans les domaines politique, économique et commercial, en vue du rétablissement ou de l'instauration de l'exemption de visa et, en troisième lieu, des conséquences de la suspension de l'exemption de l'obligation de visa pour les relations extérieures de l'Union et de ses États membres avec le pays tiers en cause » (16).

Laurent COUTRON

(15) *Ibid.*, pt 42.
(16) *Ibid.*, pt 59.

Cour de justice, 14 décembre 2023, *I (Remboursement de cotisations)*, aff. C-655/22, EU:C:2023:993

Décision prise, l'avocat général M. N. Emiliou entendu, de juger l'affaire sans conclusions

Mots-clés : Renvoi préjudiciel – Agriculture – Organisation commune des marchés – Secteur du sucre – Cotisations à la production – Droit au remboursement des cotisations indûment versées – Délais de forclusion et de prescription – Caractère définitif des décisions de liquidation – Principes d'équivalence et d'effectivité – Principe de sécurité juridique

Cadre normatif : règlement (UE) n° 1360/2013

Extraits de l'arrêt

1. La demande de décision préjudicielle porte sur l'interprétation du règlement (UE) n° 1360/2013 du Conseil, du 2 décembre 2013, fixant les cotisations à la production dans le secteur du sucre pour les campagnes de commercialisation 2001/2002, 2002/2003, 2003/2004, 2004/2005 et 2005/2006, le coefficient nécessaire au calcul de la cotisation complémentaire pour les campagnes de commercialisation 2001/2002 et 2004/2005 et les montants à payer par les fabricants de sucre aux vendeurs de betteraves en raison de la différence entre la cotisation maximale et la cotisation à percevoir pour les campagnes de commercialisation 2002/2003, 2003/2004 et 2005/2006 (*JO* 2013, L 343, p. 2).

2. Cette demande a été présentée dans le cadre d'un litige opposant I GmbH & Co. KG au Hauptzollamt HZA (bureau principal des douanes, Allemagne) (ci-après le « bureau des douanes ») au sujet du remboursement des cotisations à la production dans le secteur du sucre indûment versées pour la campagne de commercialisation 2001/2002.

Le cadre juridique

Le droit de l'Union

Le règlement n° 1150/2000

3. L'article 2 du règlement (CE, Euratom) n° 1150/2000 du Conseil, du 22 mai 2000, portant application de la décision 2007/436/CE, Euratom relative au système des ressources propres des Communautés européennes

(*JO* 2000, L 130, p. 1), tel que modifié par le règlement (CE, Euratom) n° 105/2009 du Conseil, du 26 janvier 2009 (*JO* 2009, L 36, p. 1) (ci-après le « règlement n° 1150/2000 »), prévoyait :

> « 1. Aux fins de l'application du présent règlement, un droit des Communautés sur les ressources propres visées à l'article 2, paragraphe 1, point a), de la décision 2007/436/CE, Euratom [du Conseil, du 7 juin 2007, relative au système des ressources propres des Communautés européennes (*JO* 2007, L 163, p. 17),] est constaté dès que sont remplies les conditions prévues par la réglementation douanière en ce qui concerne la prise en compte du montant du droit et sa communication au redevable.
>
> 2. La date à retenir pour la constatation visée au paragraphe 1 est la date de la prise en compte prévue par la réglementation douanière.
>
> En ce qui concerne les cotisations et les autres droits prévus dans le cadre de l'organisation commune de marché dans le secteur du sucre, la date à retenir pour la constatation visée au paragraphe 1 est la date de la communication prévue par la réglementation du secteur sucre.
>
> Au cas où cette communication n'est pas explicitement prévue, la date à retenir est celle de l'établissement par les États membres des montants dus par les redevables, le cas échéant, à titre d'acompte ou de paiement de solde.
>
> [...]
>
> 4. Le paragraphe 1 est applicable lorsque la communication doit être rectifiée ».

Le règlement n° 1360/2013

4. Les considérants 10 à 12 et 23 du règlement n° 1360/2013 énoncent :

> « (10) [Par l'arrêt du 27 septembre 2012, *Zuckerfabrik Jülich e.a.* (C-113/10, C-147/10 et C-234/10, EU:C:2012:591)], la Cour a invalidé le règlement (CE) n° 1193/2009 [de la Commission, du 3 novembre 2009, rectifiant les règlements (CE) n° 1762/2003, (CE) n° 1775/2004, (CE) n° 1686/2005, (CE) n° 164/2007 et fixant, pour les campagnes de commercialisation 2002/2003, 2003/2004, 2004/2005 et 2005/2006, les montants des cotisations à la production pour le secteur du sucre (*JO* 2009, L 321, p. 1)], en déclarant que, aux fins du calcul de l'estimation de la perte moyenne par tonne de produit, l'article 15, paragraphe 1, point d), du règlement (CE) n° 1260/2001 [du Conseil, du 19 juin 2001, portant organisation commune des marchés dans le

secteur du sucre (*JO* 2001, L 178, p. 1),] devait être interprété en ce sens que le montant total des restitutions comprend le montant total des restitutions à l'exportation effectivement payées.

(11) En conséquence, il convient de déterminer les cotisations dans le secteur du sucre au niveau approprié. [...]

(12) Considérant que la méthode utilisée pour calculer les cotisations pour la campagne de commercialisation 2001/2002 était la même que celle invalidée par la Cour, il convient également de rectifier en conséquence, pour la campagne de commercialisation 2001/2002, les cotisations à la production ainsi que le coefficient de la cotisation complémentaire.

[...]

(23) Pour des motifs de sécurité juridique et afin de garantir l'égalité de traitement des opérateurs concernés dans les différents États membres, il est nécessaire de fixer une date commune à laquelle il convient d'établir les cotisations fixées par le présent règlement [...] Toutefois, ce délai ne devrait pas s'appliquer lorsque les États membres sont tenus, en vertu du droit national, de rembourser les opérateurs concernés après cette date ».

5. L'article 1er, paragraphe 1, de ce règlement prévoit :

« Les cotisations à la production dans le secteur du sucre pour les campagnes de commercialisation 2001/2002, 2002/2003, 2003/2004, 2004/2005 et 2005/2006 figurent au point 1) de l'annexe ».

6. Aux termes de l'article 2 dudit règlement :

« La date d'établissement des cotisations fixées par le présent règlement, visée à l'article 2, paragraphe 2, deuxième alinéa, du [règlement n° 1150/2000], est au plus tard le 30 septembre 2014, sauf lorsque les États membres ne peuvent pas respecter ce délai en raison de l'application de dispositions nationales concernant la récupération par les opérateurs économiques de sommes indûment versées ».

7. L'article 3, deuxième à quatrième alinéas, du règlement n° 1360/2013 fixe les dates à partir desquelles les cotisations à la production, figurant au point 1 de l'annexe de ce règlement, s'appliquent, s'agissant des campagnes de commercialisation 2001/2002 à 2005/2006. Conformément à l'article 3, premier alinéa, dudit règlement, celui-ci entre en vigueur le jour suivant celui de sa publication au *Journal officiel de l'Union européenne*, à savoir le 20 décembre 2013.

Le règlement (UE) 2018/264

8. L'article 2, paragraphe 2, du règlement (UE) 2018/264 du Conseil, du 19 février 2018, fixant les montants des cotisations à la production ainsi que le coefficient de calcul de la cotisation complémentaire dans le secteur du sucre pour la campagne de commercialisation 1999/2000 et fixant les montants des cotisations à la production dans le secteur du sucre pour la campagne de commercialisation 2000/2001 (*JO* 2018, L 51, p. 1), dispose :

> « La différence entre les cotisations fixées par les règlements (CE) n° 2267/2000 [de la Commission, du 12 octobre 2000, fixant, pour la campagne de commercialisation 1999/2000, les montants des cotisations à la production ainsi que le coefficient de calcul de la cotisation complémentaire dans le secteur du sucre (*JO* 2000, L 259, p. 29),] et (CE) n° 1993/2001 [de la Commission, du 11 octobre 2001, fixant, pour la campagne de commercialisation 2000/2001, les montants des cotisations à la production dans le secteur du sucre (*JO* 2001, L 271, p. 15),] et les cotisations prévues à l'article 1er du présent règlement est remboursée aux opérateurs économiques qui ont payé des cotisations pour les campagnes de commercialisation 1999/2000 et 2000/2001, sur la base d'une demande dûment justifiée présentée par ceux-ci ».

Le droit allemand

9. L'article 12, paragraphe 1, première phrase, du Marktorganisationsgesetz (loi sur l'organisation des marchés), dans sa version applicable au litige au principal, disposait :

> « Les dispositions [de l'Abgabeordnung (code des impôts)] [...] s'appliquent *mutatis mutandis* aux cotisations aux fins d'organisation des marchés qui, en vertu des dispositions visées à l'article 1er, paragraphe 2, sont prélevées sur des produits faisant l'objet de l'organisation des marchés, pour autant que la présente loi ou des règlements pris en application de celle-ci ne prévoient pas une règle dérogeant à ces dispositions ».

10. L'article 169, paragraphes 1 et 2, du code des impôts, dans sa version applicable au litige au principal, prévoyait :

> « (1) Une fixation de l'impôt ainsi que son annulation ou sa modification ne sont plus autorisées lorsque le délai pour le fixer a expiré. [...]
>
> (2) Le délai de fixation de l'impôt est de :
>
> 1. un an s'agissant des impôts sur la consommation ou de leur remboursement,

2. quatre ans s'agissant des impôts et leur remboursement, qui ne constituent pas des impôts ou leur remboursement au sens du point 1, ou des taxes à l'importation ou à l'exportation au sens de l'article 4, points 10 et 11, du code des douanes ».

11. L'article 170, paragraphe 1, de ce code était libellé comme suit :

« Le délai de fixation commence à courir à compter de la fin de l'année civile au cours de laquelle est né l'impôt ou au cours de laquelle un impôt conditionnel est devenu inconditionnel ».

12. Aux termes de l'article 171, paragraphe 3, dudit code :

« Lorsque, en dehors du cadre d'une procédure de réclamation ou de recours, une demande de fixation de l'impôt ou une demande d'annulation, de modification ou de rectification de la fixation de l'impôt est présentée en vertu de l'article 129 avant l'expiration du délai de fixation, ce délai n'expire à cet égard pas avant qu'une décision non susceptible de recours n'ait été rendue sur cette demande ».

Le litige au principal et les questions préjudicielles

13. I était soumise, en tant que société productrice de sucre, au système de cotisations à la production dans le secteur du sucre, prévu par le règlement n° 1260/2001, pour les campagnes de commercialisation 2001/2002 à 2005/2006.

14. Le montant de ces cotisations a été déterminé en application de règlements adoptés chaque année par la Commission européenne. Pour la campagne de commercialisation 2001/2002, ce montant a ainsi été déterminé en application du règlement (CE) n° 1837/2002 de la Commission, du 15 octobre 2002, fixant, pour la campagne de commercialisation 2001/2002, les montants des cotisations à la production ainsi que le coefficient de la cotisation complémentaire dans le secteur du sucre (*JO* 2002, L 278, p. 13).

15. Par décision du 25 novembre 2002, adoptée en application de ce règlement, le bureau des douanes a fixé le montant des cotisations à la production à payer par I pour la campagne de commercialisation 2001/2002 (ci-après la « décision du 25 novembre 2002 »).

16. Par l'arrêt du 8 mai 2008, *Zuckerfabrik Jülich e.a.* (C-5/06 et C-23/06 à C-36/06, EU:C:2008:260), ainsi que par les ordonnances du 6 octobre 2008, *Raffinerie Tirlemontoise* (C-200/06, EU:C:2008:541), et du 6 octobre 2008, *SAFBA* (C-175/07 à C-184/07, EU:C:2008:543), les règlements de la Commission relatifs aux campagnes de commercialisation 2002/2003 à 2004/2005 ont été déclaré invalides par la Cour.

17. Par décision du 27 janvier 2010, le bureau des douanes a rejeté une demande de modification de la décision du 25 novembre 2002 présentée par I.

18. Par l'arrêt du 27 septembre 2012, *Zuckerfabrik Jülich e.a.* (C-113/10, C-147/10 et C-234/10, EU:C:2012:591), le règlement n° 1193/2009, qui avait modifié les règlements de la Commission relatifs aux campagnes de commercialisation 2002/2003 à 2004/2005, a, à son tour, été déclaré invalide par la Cour. À la suite du prononcé de cet arrêt, le Conseil de l'Union européenne a procédé à une nouvelle fixation des cotisations à la production dans le secteur du sucre pour les campagnes de commercialisation 2001/2002 à 2005/2006, en adoptant le règlement n° 1360/2013, par lequel il a réduit les cotisations relatives à ces campagnes de commercialisation.

19. Le 18 décembre 2014, I a présenté, auprès du bureau des douanes, une nouvelle demande tendant à la modification des cotisations et au remboursement des montants payés en excédent, majorés des intérêts, fondée sur le règlement n° 1360/2013.

20. Par décision du 28 janvier 2016, confirmée à la suite d'une procédure de réclamation, le bureau des douanes a rejeté cette nouvelle demande, au motif que la décision du 25 novembre 2002 était devenue définitive.

21. Le Finanzgericht (tribunal des finances, Allemagne) a rejeté le recours introduit par I contre la décision du 28 janvier 2016, au motif que la réduction rétroactive des cotisations opérée par le règlement n° 1360/2013 n'avait eu aucun effet sur la décision définitive du 25 novembre 2002, la modification de cette décision étant exclusivement régie par le droit national.

22. I a formé un recours en *Revision* contre ce jugement devant le Bundesfinanzhof (Cour fédérale des finances, Allemagne), qui est la juridiction de renvoi. À l'appui de son pourvoi, elle fait valoir que, dans son arrêt du 19 décembre 2019, *Cargill Deutschland* (C-360/18, EU:C:2019:1124), la Cour aurait confirmé l'existence d'un droit, tiré du droit de l'Union, au remboursement des cotisations indûment versées. I soutient que ce n'est qu'à partir de la date d'entrée en vigueur du règlement n° 1360/2013 que ces cotisations ont pu être correctement déterminées et qu'elle a donc été en mesure d'exercer ce droit au remboursement. Il n'y aurait dès lors pas lieu de faire dépendre le droit au remboursement d'une annulation ou d'une modification de la décision du 25 novembre 2002. I en conclut que le principe d'effectivité s'oppose à ce que le bureau des douanes se prévale des délais de prescription nationaux et du caractère définitif de cette décision.

23. La juridiction de renvoi nourrit des doutes quant à l'interprétation de l'article 2 du règlement n° 1360/2013 et quant aux rapports entre le principe du droit de l'Union de sécurité juridique et l'arrêt du 19 décembre 2019, *Cargill Deutschland* (C-360/18, EU:C:2019:1124).

24. À cet égard, elle considère, tout d'abord, que le droit de l'Union ne règle pas les conditions procédurales pour modifier les décisions fixant les cotisations adoptées au titre du règlement n° 1837/2002 et pour présenter une demande de remboursement. Ces conditions seraient donc régies par le droit national, conformément aux modalités procédurales prévues par ce droit.

25. Or, conformément au droit national applicable, I n'aurait pas droit au remboursement des montants de cotisations indûment versés. En effet, la décision du 25 novembre 2002 aurait acquis un caractère définitif et il ne serait plus possible de la modifier rétroactivement, le délai de fixation des cotisations à la production dans le secteur du sucre pour la campagne de commercialisation 2001/2002 ayant expiré au mois de février 2010, mais avant l'adoption du règlement n° 1360/2013. Selon la juridiction de renvoi, dans la mesure où le droit allemand ne prévoit pas un remboursement des cotisations à la production en l'absence d'une modification de la décision administrative définitive par laquelle ces cotisations ont été fixées, le remboursement desdites cotisations indûment perçues n'est possible qu'à la condition qu'un droit au remboursement découle directement du droit de l'Union.

26. Cette juridiction estime, ensuite, qu'un tel droit ne résulte pas automatiquement du règlement n° 1360/2013, dans la mesure où il ne lui apparaît pas clairement dans quels cas, et à quelles conditions procédurales, il convient d'effectuer la rectification rétroactive prévue par ce règlement. Le fait qu'une rectification rétroactive n'emporte pas automatiquement un droit au remboursement pourrait être également déduit *a contrario* de l'article 2, paragraphe 2, du règlement 2018/264, applicable aux campagnes de commercialisation 1999/2000 et 2000/2001, dans lequel le législateur de l'Union européenne aurait en revanche expressément prévu un tel droit, ce qui aurait été inutile si ce droit résultait d'emblée de la modification des cotisations.

27. Ladite juridiction est toutefois d'avis qu'un droit au remboursement de cotisations indûment versées résulte de l'exigence d'assurer l'effet utile du règlement n° 1360/2013, tel qu'interprété par la Cour dans son arrêt du 19 décembre 2019, *Cargill Deutschland* (C-360/18, EU:C:2019:1124), en faisant en sorte que seul le montant exact des cotisations pèse sur les producteurs de sucre. Elle ajoute que, si la procédure et les modalités de remboursement, dont font partie les délais de prescription ou de forclusion, relèvent du droit national, les États membres doivent néanmoins respecter les principes d'équivalence et d'effectivité, si bien qu'il ne doit pas être pratiquement impossible aux producteurs de sucre de présenter une demande de remboursement. En l'occurrence, l'expiration du délai de fixation des cotisations et le caractère définitif des avis d'imposition qui en résulte ne devraient donc pas faire obstacle à l'exercice du droit au remboursement de la requérante au principal.

28. La juridiction de renvoi nourrit cependant des doutes quant à la compatibilité d'une telle conclusion avec le principe général du droit de l'Union de sécurité juridique, tel qu'interprété par la Cour dans ses arrêts du 13 janvier 2004, *Kühne & Heitz* (C-453/00, EU:C:2004:17), ainsi que du 20 décembre 2017, *Incyte* (C-492/16, EU:C:2017:995). Selon cette jurisprudence, en principe, le droit de l'Union n'exigerait pas qu'une décision administrative ayant acquis un caractère définitif soit retirée, dans la mesure où ce caractère, acquis à l'expiration de délais de recours raisonnables ou par l'épuisement des voies de recours, contribue à la sécurité juridique. Il résulterait par ailleurs de ladite jurisprudence qu'un organe administratif ne serait tenu de réexaminer une décision portant fixation de cotisations afin de tenir compte d'une décision rendue par la Cour que lorsque, notamment, cette modification est encore possible en vertu du droit national.

29. Or, selon la juridiction de renvoi, l'arrêt du 19 décembre 2019, *Cargill Deutschland* (C-360/18, EU:C:2019:1124), contredirait une telle jurisprudence, puisqu'il reconnaîtrait l'existence d'un droit au remboursement, bien que la décision administrative nationale ait acquis un caractère définitif et que le délai de prescription pour la récupération des taxes indûment versées ait déjà expiré. Cela serait d'autant plus le cas que, en l'occurrence, la modification des cotisations par le règlement n° 1360/2013 est intervenue environ onze ans après la campagne de commercialisation concernée.

30. Enfin, selon la juridiction de renvoi, se poserait également la question de savoir si la requérante au principal s'est adressée en temps utile au bureau des douanes en vue d'obtenir le remboursement des cotisations indument perçues et si le délai fixé à l'article 2 du règlement n° 1360/2013, à savoir le 30 septembre 2014, s'appliquait aux producteurs de sucre. Cette juridiction considère que, conformément à l'article 2, paragraphe 2, deuxième alinéa, du règlement n° 1150/2000, ce délai s'adresse aux États membres et vise à garantir que les ressources propres de l'Union soient mises à la disposition de la Commission avant cette date. Toutefois, si ce délai n'est pas la date limite pour l'introduction d'une demande de remboursement des cotisations indûment versées, il existerait un doute quant au point de savoir dans quel délai une telle demande doit être introduite.

31. C'est dans ces conditions que le Bundesfinanzhof (Cour fédérale des finances) a décidé de surseoir à statuer et de poser à la Cour les questions préjudicielles suivantes :

> « 1) L'article 2 du règlement n° 1360/2013 doit-il être interprété en ce sens qu'un producteur de sucre aurait dû introduire sa demande de remboursement de cotisations indûment perçues au plus tard le 30 septembre 2014 ?

2) En cas de réponse négative à la première question : dans un cas tel que celui de la présente espèce (cotisations fixées en violation du droit de l'Union mais à titre définitif dont le remboursement n'a été demandé qu'un an après la fixation rétroactive par le règlement n° 1360/2013 d'un coefficient plus faible), l'autorité compétente est-elle habilitée à refuser le remboursement de cotisations à la production indûment perçues en se prévalant des dispositions nationales en matière de caractère définitif [d'une décision] et du délai de fixation applicable en vertu du droit national aux décisions fixant les cotisations ainsi que du principe du droit de l'Union de sécurité juridique ? »

Sur les questions préjudicielles

Sur la première question

32. Par sa première question, la juridiction de renvoi demande, en substance, si l'article 2 du règlement n° 1360/2013 doit être interprété en ce sens que le délai pour l'introduction d'une demande, fondée sur ce règlement, visant à obtenir le remboursement des sommes indûment versées au titre des cotisations à la production dans le secteur du sucre, expire au plus tard à la date d'établissement de ces cotisations, à savoir le 30 septembre 2014.

33. Afin de répondre à cette question, il convient d'emblée de relever que, ainsi qu'il ressort de ses considérants 10 et 11, le règlement n° 1360/2013 a été adopté par le Conseil pour se conformer à l'arrêt du 27 septembre 2012, *Zuckerfabrik Jülich e.a.* (C-113/10, C-147/10 et C-234/10, EU:C:2012:591). Dans cet arrêt, la Cour a notamment considéré que la méthode utilisée par la Commission pour déterminer les cotisations à la production dans le secteur du sucre pour les campagnes de commercialisation 2002/2003 à 2005/2006 n'était pas correcte et, partant, que les producteurs de sucre concernés étaient en droit d'obtenir le remboursement des sommes indûment versées au titre de ces cotisations, assorties d'intérêts. Aux termes du considérant 12 de ce règlement, la méthode utilisée pour calculer les cotisations pour la campagne de commercialisation 2001/2002 étant la même que celle invalidée par la Cour, les cotisations à la production ainsi que le coefficient de la cotisation complémentaire y afférents devaient être également rectifiés. Ledit règlement vise ainsi à corriger, rétroactivement, le montant des cotisations pour les campagnes de commercialisation 2001/2002 à 2005/2006, conformément à la méthode validée par la Cour dans ledit arrêt (voir, en ce sens, arrêt du 19 décembre 2019, *Cargill Deutschland*, C-360/18, EU:C:2019:1124, points 35 et 36).

34. Il s'ensuit, d'une part, que le règlement n° 1360/2013 met en œuvre le droit au remboursement des sommes indûment versées au titre des cotisations à la production dans le secteur du sucre pour les campagnes de commercialisation 2001/2002 à 2005/2006 que les producteurs de sucre tirent du droit de l'Union, tel qu'interprété par la Cour. Afin de garantir l'effet utile de ce règlement, ces producteurs de sucre doivent dès lors effectivement pouvoir obtenir un tel remboursement (voir, en ce sens, arrêt du 19 décembre 2019, *Cargill Deutschland*, C-360/18, EU:C:2019:1124, points 37 et 38).

35. D'autre part, ce droit au remboursement ne peut être exercé qu'à compter de la date d'entrée en vigueur dudit règlement, soit à compter du 20 décembre 2013. En effet, ce n'est qu'à partir de cette date que les autorités nationales compétentes ont pu, à la suite de la fixation rétroactive des nouvelles cotisations à la production dans le secteur du sucre, déterminer le montant exact des cotisations indûment versées par chacun des producteurs concernés. De même, ce n'est à partir de ladite date que ces producteurs ont eu la possibilité de prendre connaissance de ce montant et, partant, d'introduire valablement des demandes visant à obtenir le remboursement des cotisations indûment versées (voir, en ce sens, arrêt du 19 décembre 2019, *Cargill Deutschland*, C-360/18, EU:C:2019:1124, points 40 et 41).

36. S'agissant des conditions et du délai d'exercice dudit droit au remboursement, il y a lieu de relever, tout d'abord, que, conformément à l'article 1er, paragraphe 1, du règlement n° 1360/2013, le point 1 de l'annexe de ce dernier fixe les nouvelles cotisations à la production dans le secteur du sucre, exprimées sous la forme d'un montant en euros par tonne de produit, pour chaque campagne de commercialisation, allant de la campagne de commercialisation 2001/2002 à la campagne de commercialisation 2005/2006. Ensuite, l'article 2 de ce règlement fixe, en principe, la date à laquelle les États membres doivent inscrire au compte des ressources propres de l'Union le montant de ces nouvelles cotisations. Enfin, l'article 3 dudit règlement fixe les dates à partir desquelles lesdites nouvelles cotisations s'appliquent rétroactivement (voir, en ce sens, arrêt du 19 décembre 2019, *Cargill Deutschland*, C-360/18, EU:C:2019:1124, points 42 à 44).

37. En particulier, il découle de l'article 2 du règlement n° 1360/2013, lu en combinaison avec l'article 2, paragraphe 2, deuxième alinéa, du règlement n° 1150/2000, que la date fixée par la première de ces dispositions, soit le 30 septembre 2014, est la date à laquelle les États membres devaient, en principe, établir les montants dus par les redevables au titre des nouvelles cotisations à la production dans le secteur du sucre et inscrire ces montants au compte des ressources propres de l'Union, et non pas la date à laquelle les producteurs de sucre devaient présenter leur demande de remboursement des sommes qu'ils avaient indûment versées. Ainsi qu'il ressort du considérant 23 du règlement n° 1360/2013, le délai fixé par l'article 2 de ce règlement s'entend sans préjudice des délais prévus par le droit national pour le remboursement des opérateurs économiques concernés.

38. Il résulte des dispositions susmentionnées que le règlement n° 1360/2013 a remplacé les dispositions des règlements de la Commission fixant le montant des cotisations à la production dans le secteur du sucre pour les campagnes de commercialisation 2001/2002 à 2005/2006, dont celles du règlement n° 1837/2002, avec effet rétroactif à compter de la date d'application de ces dispositions, sans toutefois prévoir les procédures et les modalités devant être appliquées par les États membres pour mettre en œuvre le droit des producteurs de sucre au remboursement des cotisations indûment versées résultant d'une telle modification (voir, en ce sens, arrêt du 19 décembre 2019, *Cargill Deutschland*, C-360/18, EU:C:2019:1124, points 45 et 53).

39. Il en découle que, d'une part, en vertu du règlement n° 1360/2013, les autorités nationales compétentes sont appelées non pas à restituer des taxes nationales perçues en violation du droit de l'Union, le cas échéant en révisant des décisions administratives ou juridictionnelles définitives imposant le paiement de ces taxes, comme c'était notamment le cas dans les affaires ayant donné lieu aux arrêts du 6 octobre 2015, *Târşia*, C-69/14 (EU:C:2015:662, points 24 à 30), et du 11 septembre 2019, *Călin*, C-676/17 (EU:C:2019:700, points 24 à 29), mais à mettre en œuvre une réévaluation rétroactive d'une ressource propre de l'Union, que ces autorités ont perçue pour le compte de celle-ci, décidée par le législateur de l'Union.

40. À cette fin, il appartient donc auxdites autorités non pas de réexaminer, de rectifier, voire d'annuler, les décisions nationales de fixation de l'impôt et les avis d'imposition correspondants adoptés sur la base des règlements de la Commission visés au point 38 du présent arrêt, mais de chiffrer, pour chacun des producteurs de sucre concernés, le montant de la différence entre les sommes indûment versées au titre des cotisations fixées par ces règlements et les sommes dues au titre des cotisations fixées par le règlement n° 1360/2013, afin de permettre à ces producteurs d'introduire valablement des demandes visant à obtenir le remboursement d'un tel montant et de garantir, ainsi, l'effet utile de ce dernier règlement.

41. D'autre part, en l'absence, dans le règlement n° 1360/2013, de dispositions relatives aux procédures et aux modalités devant être appliquées par les États membres pour mettre en œuvre le droit des producteurs de sucre au remboursement des cotisations indûment versées, les États membres conservent la faculté d'appliquer les modalités procédurales prévues par leur ordre juridique interne, notamment en matière de délais de prescription ou de forclusion, sous réserve du respect des principes d'équivalence et d'effectivité (voir, en ce sens, arrêt du 19 décembre 2019, *Cargill Deutschland*, C-360/18, EU:C:2019:1124, points 45 et 46 ainsi que jurisprudence citée).

42. Le respect de ces principes exige que ces modalités procédurales ne soient pas moins favorables que celles concernant des réclamations semblables fondées sur des dispositions du droit national (principe d'équivalence) ni aménagées de manière à rendre pratiquement impossible ou excessivement difficile l'exercice des droits conférés par l'ordre juridique de l'Union (principe d'effectivité) (arrêt du 19 décembre 2019, *Cargill Deutschland*, C-360/18, EU:C:2019:1124, point 47 et jurisprudence citée).

43. S'agissant, d'une part, du respect du principe d'équivalence, il appartient à la juridiction de renvoi, qui a une connaissance directe des modalités procédurales destinées à assurer, dans le droit interne, la sauvegarde des droits que les justiciables tirent du droit de l'Union, de vérifier que les modalités procédurales prévues pour la mise en œuvre de l'obligation de remboursement des cotisations indûment versées, instaurée par le règlement n° 1360/2013, ne soient pas moins favorables que celles applicables aux demandes similaires fondées sur le droit national (voir, par analogie, arrêt du 14 octobre 2020, *Valoris*, C-677/19, EU:C:2020:825, point 29 et jurisprudence citée).

44. S'agissant, d'autre part, du respect du principe d'effectivité, il ressort d'une jurisprudence constante de la Cour que la fixation de délais raisonnables de prescription ou de forclusion satisfait, en principe, à l'exigence d'effectivité, dans la mesure où celle-ci constitue une application du principe fondamental de sécurité juridique qui protège à la fois l'intéressé et l'administration concernée, même si l'expiration de tels délais est susceptible, par nature, d'empêcher les personnes concernées de faire valoir leurs droits en tout ou en partie (arrêt du 19 décembre 2019, *Cargill Deutschland*, C-360/18, EU:C:2019:1124, point 52 et jurisprudence citée).

45. À cet égard, la Cour a jugé que, dès lors que le droit des producteurs de sucre d'obtenir le remboursement des cotisations indument versées ne peut être exercé qu'à compter de la date d'entrée en vigueur du règlement n° 1360/2013, des règles nationales qui prévoient que les délais de forclusion et de prescription applicables pour demander ce remboursement expirent avant l'entrée en vigueur dudit règlement rendent pratiquement impossible l'exercice d'un tel droit au remboursement. La Cour en a déduit que le règlement n° 1360/2013, lu à la lumière du principe d'effectivité, s'oppose à de telles règles nationales (voir, en ce sens, arrêt du 19 décembre 2019, *Cargill Deutschland*, C-360/18, EU:C:2019:1124, points 55, 56 et 58).

46. Il s'ensuit que doivent être considérées comme étant conformes au principe d'effectivité des modalités procédurales nationales applicables au remboursement, sur le fondement du règlement n° 1360/2013, des cotisations à la production dans le secteur du sucre indûment versées qui prévoient des délais raisonnables de forclusion et de prescription, à condition que ces délais courent à compter de la date d'entrée en vigueur du règlement n° 1360/2013.

47. En l'occurrence, dans sa demande de décision préjudicielle, la juridiction de renvoi fait état des dispositions du droit allemand, à savoir l'article 169, paragraphes 1 et 2, et l'article 170 du code des impôts, qui prévoient des délais pour annuler ou modifier des impôts et certaines taxes. Ces délais sont, respectivement, d'un an et de quatre ans selon le cas. Or, la juridiction de renvoi n'indique pas si et, le cas échéant, lequel desdits délais est susceptible de s'appliquer à l'introduction des demandes de remboursement fondées sur le règlement n° 1360/2013.

48. À cet égard, il y a néanmoins lieu de rappeler que la Cour a considéré, à titre d'exemple, qu'un délai national de forclusion d'une durée de trois ans pouvait être considéré comme étant raisonnable, au sens de cette jurisprudence (voir, en ce sens, arrêt du 19 décembre 2019, *Cargill Deutschland*, C-360/18, EU:C:2019:1124, point 52 et jurisprudence citée) et qu'un délai d'une durée d'un an pour l'introduction de demandes ou de recours fondés sur une violation du droit de l'Union n'apparaissait pas en soi déraisonnable, à condition toutefois qu'il commence à courir au plus tôt à partir de l'entrée en vigueur de la réglementation visant à remédier à cette violation (voir, en ce sens, arrêt du 14 octobre 2020, *Valoris*, C-677/19, EU:C:2020:825, points 27 et 28).

49. Eu égard à l'ensemble des considérations qui précèdent, il convient de répondre à la première question que l'article 2 du règlement n° 1360/2013 doit être interprété en ce sens qu'il n'exige pas que le délai pour l'introduction d'une demande, fondée sur ce règlement, visant à obtenir le remboursement des sommes indûment versées au titre des cotisations à la production dans le secteur du sucre, expire au plus tard à la date d'établissement de ces cotisations, à savoir le 30 septembre 2014. Il incombe aux États membres de déterminer, dans leur droit national, le délai applicable, sous réserve du respect des principes d'équivalence et d'effectivité, étant entendu qu'un délai d'une durée d'un an n'apparaît pas en soi déraisonnable, à condition toutefois qu'il commence à courir au plus tôt à partir de l'entrée en vigueur du règlement n° 1360/2013.

Sur la seconde question

50. Par sa seconde question, la juridiction de renvoi demande, en substance, si le règlement n° 1360/2013 doit être interprété en ce sens qu'il s'oppose à des règles nationales qui permettent aux autorités nationales compétentes de rejeter une demande, fondée sur ce règlement, visant à obtenir le remboursement des sommes indûment versées au titre des cotisations à la production dans le secteur du sucre, en se prévalant du caractère définitif des décisions nationales ayant fixé, avant l'adoption dudit règlement, le montant de ces cotisations, en application de plusieurs règlements de la Commission qui ont été remplacés, avec effet rétroactif, par ce même règlement.

51. D'emblée, il y a lieu de relever qu'il ressort de la demande de décision préjudicielle que la demande de remboursement introduite par I dans un délai d'un an à compter de la date d'entrée en vigueur du règlement n° 1360/2013, soit le 18 décembre 2014, a été rejetée par les autorités nationales compétentes, au motif que la décision du 25 novembre 2002, portant fixation du montant des cotisations dues par I au titre de la campagne de commercialisation 2001/2002, adoptée par le bureau des douanes en application du règlement n° 1837/2002, avait acquis un caractère définitif à l'expiration, au mois de février 2010, des délais de forclusion et de prescription prévus pour demander la modification de cette décision.

52. À cet égard, il suffit de rappeler que, ainsi qu'il ressort notamment du point 45 du présent arrêt, le règlement n° 1360/2013, lu conjointement avec le principe d'effectivité, s'oppose à une réglementation nationale en vertu de laquelle une demande de remboursement des cotisations à la production dans le secteur du sucre, fondée sur ce règlement, peut être rejetée au motif que les décisions qui ont fixé ces cotisations avant l'adoption dudit règlement sont devenues définitives.

53. Cette conclusion n'est nullement remise en cause par le principe de sécurité juridique, évoqué par la juridiction de renvoi.

54. En effet, il est vrai que, conformément à une jurisprudence constante, dès lors que le caractère définitif d'une décision administrative, acquis à l'expiration de délais de recours raisonnables ou par l'épuisement des voies de recours, contribue à la sécurité juridique, le droit de l'Union n'exige pas qu'un organe administratif soit, en principe, obligé de revenir sur une décision administrative ayant acquis un tel caractère définitif (arrêt du 20 décembre 2017, *Incyte*, C-492/16, EU:C:2017:995, point 46 et jurisprudence citée).

55. Toutefois, ainsi qu'il a été relevé au point 40 du présent arrêt, l'application du règlement n° 1360/2013 par les autorités nationales compétentes n'exige pas de réexaminer, de rectifier, voire d'annuler, les décisions nationales de fixation de l'impôt, telles que la décision du 25 novembre 2002, adoptées sur la base des règlements de la Commission ayant été remplacés avec effet rétroactif par ce règlement. Le caractère définitif de telles décisions et de tels avis d'imposition ne saurait donc faire obstacle à l'exercice, par les producteurs de sucre, du droit au remboursement des cotisations indûment versées qu'ils tirent du droit de l'Union, tel que mis en œuvre par ledit règlement.

56. Eu égard aux considérations qui précèdent, il convient de répondre à la seconde question que le règlement n° 1360/2013 doit être interprété en ce sens qu'il s'oppose à des règles nationales qui permettent aux autorités nationales compétentes de rejeter une demande, fondée sur ce règlement, visant à obtenir le remboursement des sommes indûment versées au titre des cotisations à la production dans le secteur du sucre, en se prévalant du caractère définitif des décisions nationales ayant fixé, avant l'adoption dudit règlement, le montant de ces cotisations, en application de plusieurs règlements de la Commission qui ont été remplacés, avec effet rétroactif, par ce même règlement.

[...]

Par ces motifs, la Cour (neuvième chambre) dit pour droit :

1) L'article 2 du règlement (UE) n° 1360/2013 du Conseil, du 2 décembre 2013, fixant les cotisations à la production dans le secteur du sucre pour les campagnes de commercialisation 2001/2002, 2002/2003, 2003/2004, 2004/2005 et 2005/2006, le coefficient nécessaire au calcul de la cotisation complémentaire pour les campagnes de commercialisation 2001/2002 et 2004/2005 et les montants à payer par les fabricants de sucre aux vendeurs de betteraves en raison de la différence entre la cotisation maximale et la cotisation à percevoir pour les campagnes de commercialisation 2002/2003, 2003/2004 et 2005/2006,

doit être interprété en ce sens que :

il n'exige pas que le délai pour l'introduction d'une demande, fondée sur ce règlement, visant à obtenir le remboursement des sommes indûment versées au titre des cotisations à la production dans le secteur du sucre, expire au plus tard à la date d'établissement de ces cotisations, à savoir le 30 septembre 2014. Il incombe aux États membres de déterminer, dans leur droit national, le délai applicable, sous réserve du respect des principes d'équivalence et d'effectivité, étant entendu qu'un délai d'une durée d'un an n'apparaît pas en soi déraisonnable, à condition toutefois qu'il commence à courir au plus tôt à partir de l'entrée en vigueur du règlement n° 1360/2013.

2) Le règlement n° 1360/2013

doit être interprété en ce sens que :

il s'oppose à des règles nationales qui permettent aux autorités nationales compétentes de rejeter une demande, fondée sur ce règlement, visant à obtenir le remboursement des sommes indûment versées au titre des cotisations à la production dans le secteur du sucre, en se prévalant du caractère définitif des décisions nationales ayant fixé, avant l'adoption dudit règlement, le montant de ces cotisations, en application de plusieurs règlements de la Commission européenne qui ont été remplacés, avec effet rétroactif, par ce même règlement.

Observations

Il peut sembler étonnant de retenir dans le cadre de cet ouvrage l'arrêt *I (Remboursement de cotisations)* (1), qui n'est qu'un arrêt d'application de l'arrêt *Cargill Deutschland* de 2019 (2). Ce dernier étant passé sous les radars à l'époque, l'arrêt *I* offre donc, fort opportunément, l'occasion de faire une séance de rattrapage. Il témoigne, une nouvelle fois, que si le contentieux agricole est bien souvent fastidieux, il apparaît aussi régulièrement particulièrement fructueux sur le plan du contentieux de l'Union européenne.

La présente affaire s'inscrit dans un contentieux assez abondant qui a donné lieu à la contestation par les producteurs de sucre de divers règlements de la Commission fixant le montant des cotisations à la production de sucre dont ces derniers avaient dû s'acquitter pour les campagnes de commercialisation 2001/2002 à 2005/2006.

La Cour ayant constaté, par son arrêt *Zuckerfabrik Jülich I* (3) et deux ordonnances (4), l'invalidité des règlements de la Commission relatifs aux campagnes de commercialisation 2002/2003 à 2004/2005, la requérante au principal a vainement sollicité la modification de la décision par laquelle le bureau des douanes allemand avait calculé, en 2002, les cotisations à la production qu'elle devait payer pour la campagne de commercialisation 2001/2002.

Après que le nouveau règlement que la Commission avait adopté en 2009 en vue de se conformer à l'arrêt *Zuckerfabrik Jülich I* en ce qui concerne les campagnes 2002-2003 à 2004-2005 a, à son tour, été déclaré invalide par la Cour dans un arrêt éponyme de 2012 (5), le Conseil a décidé de reprendre la main en édictant le règlement (UE) n° 1360/2013, du 2 décembre 2013, qui fixait, en les réduisant, les cotisations à la production dans le secteur du sucre pour les campagnes de commercialisation 2001/2002 à 2005/2006.

---

(1) CJUE, 14 décembre 2023, *I (Remboursement de cotisations)*, aff. C-655/22, EU:C:2023:993.

(2) CJUE, 19 décembre 2019, *Cargill Deutschland*, aff. C-360/18, EU:C:2019:1124.

(3) CJCE, 8 mai 2008, *Zuckerfabrik Jülich e.a.*, aff. C-5/06 et C-23/06 à C-36/06, EU:C:2008:260.

(4) Voy. CJUE, ord., 6 octobre 2008, *Raffinerie Tirlemontoise*, aff. C-200/06, EU:C:2008:541 et CJUE, ord., 6 octobre 2008, *SAFBA*, aff. C-175/07 à C-184/07, EU:C:2008:543.

(5) CJUE, 27 septembre 2012, *Zuckerfabrik Jülich e.a.*, aff. C-113/10, C-147/10 et C-234/10, EU:C:2012:591 (ci-après l'« arrêt *Zuckerfabrik Jülich II* »).

À la suite du prononcé de l'arrêt *Zuckerfabrik Jülich II*, la requérante au principal a, une nouvelle fois, demandé, sans succès, la modification de la décision du bureau des douanes de 2002 et le remboursement, assorti d'intérêt, des excédents de cotisations qu'elle avait versés. Elle a également été éconduite par la juridiction de première instance qui s'est appuyée sur le caractère définitif de cette décision de 2002. Saisi d'un recours en *Revision*, le Bundesfinanzhof (Cour fédérale des finances, Allemagne) se montre toutefois plus circonspect. Cette juridiction admet, pour l'essentiel, que l'application du droit allemand devrait effectivement conduire à constater le caractère définitif de la fameuse décision de 2002. Elle relève cependant qu'il pourrait en aller différemment si le droit au remboursement des cotisations versées au titre de la campagne 2001/2002 découlait directement du droit de l'Union. Cela étant, il ne lui semble pas acquis que le principe du remboursement des cotisations indûment versées soit posé de manière inconditionnelle par le règlement n° 1360/2013. Le Bundesfinanzhof doute, par ailleurs, de la compatibilité entre, d'une part, l'arrêt *Cargill Deutschland* (6) et, d'autre part, les arrêts *Kühne & Heitz* (7) et *Incyte* (8). En effet, dans le premier, la Cour aurait souligné que l'effet utile du règlement n° 1360/2013 requiert que les producteurs de sucre ne supportent que le montant exact des cotisations. Cependant, les deux autres mettraient en exergue l'absence d'obligation de réexaminer un acte administratif devenu définitif, à l'expiration des délais de recours ou par l'épuisement des voies de recours, à moins que le réexamen d'un tel acte soit possible en vertu du droit national, ce qui ne serait pas le cas en l'occurrence (9). C'est dans ce contexte que le Bundesfinanzhof a décidé d'interroger la Cour à titre préjudiciel.

Bien que cet élément ne soit évoqué que par prétérition dans la partie de l'arrêt consacrée à la présentation du litige au principal et des questions préjudicielles (10), la présente affaire apparaît véritablement singulière, l'élément distinctif résidant dans la circonstance que le Conseil a, de sa propre initiative, décidé d'étendre les effets des déclarations d'invalidité des règlements relatifs aux campagnes de commercialisation 2002/2003 à 2005/2006 prononcées par la Cour dans les arrêts *Zuckerfabrik Jülich*. La singularité de l'affaire se perçoit également dans l'appréhension du règlement n° 1360/2013. La Cour admet que celui-ci procède non pas à la modification des

(6) CJUE, 19 décembre 2019, *Cargill Deutschland*, aff. C-360/18, EU:C:2019:1124.
(7) CJCE, 13 janvier 2004, *Kühne & Heitz*, aff. C-453/00, EU:C:2004:17.
(8) CJUE, 20 décembre 2017, *Incyte*, aff. C-492/16, EU:C:2017:995.
(9) Voy. pts 27-29 de l'arrêt *I (Remboursement de cotisations)*.
(10) Voy. *ibid.*, pt 18.

cotisations dues au titre des campagnes 2001/2002 à 2005/2006, mais à leur réévaluation rétroactive, ce qui n'allait pas nécessairement de soi. Partant, la singularité de la situation implique celle de son traitement (ou de son régime).

La singularité de la situation

L'extension volontaire par le Conseil de la portée d'une déclaration d'invalidité

La singularité de la présente affaire tient à ce que le Conseil a assigné aux déclarations d'invalidité contenues dans les deux arrêts *Zuckerfabrik Jülich* une portée plus large que ce que la Cour avait indiqué. Ce décalage entre le périmètre du dispositif de ces deux arrêts et celui du règlement n° 1360/2013, qui se devine au point 18 de l'arrêt *I (Remboursement de cotisations)*, est parfaitement assumé par le Conseil au considérant 12 de ce règlement. Celui-ci énonce en effet explicitement que, « [c]onsidérant que la méthode utilisée pour calculer les cotisations pour la campagne de commercialisation 2001/2002 était la même que celle invalidée par la Cour, il convient également de rectifier en conséquence, pour la campagne de commercialisation 2001/2002, les cotisations à la production ainsi que le coefficient de la cotisation complémentaire » (11). Bien que n'étant pas directement pertinent sur ce point, le considérant 23 du règlement n° 1360/2013 retient, lui aussi, l'attention dans la mesure où il se réfère à la « garanti[e de] l'égalité de traitement des opérateurs concernés dans les différents États membres ». Or, cette exigence d'égalité de traitement pourrait comporter une dimension temporelle, en impliquant un traitement identique des opérateurs concernés sur l'ensemble de la période allant de 2001 à 2006. Dans cette perspective, il n'y aurait pas de raison de traiter moins favorablement les opérateurs lésés lors de la campagne de commercialisation 2001/2002 que ceux qui ont été affectés lors des campagnes ultérieures.

Dans un tel contexte, il est quand même surprenant de voir la Cour affirmer que « le règlement n° 1360/2013 met en œuvre le droit au remboursement des sommes indûment versées au titre des cotisations à la production dans le secteur du sucre pour les campagnes de commercialisation 2001/2002 à 2005/2006 que les producteurs de sucre tirent du droit de l'Union, *tel qu'interprété par la Cour* » (12). Ce faisant, la Cour met toutes les campagnes de commercialisation sur le même plan. Pourtant, pour la campagne

(11) Ce considérant est mentionné au point 33 de l'arrêt *I (Remboursement de cotisations)*.
(12) Point 34 de l'arrêt *I (Remboursement de cotisations)*. Italiques ajoutés.

2001-2002, ce droit au remboursement ne naît pas, à proprement parler, des arrêts *Zuckerfabrik Jülich* mais, bel et bien, de la volonté du Conseil d'étendre la portée temporelle du dispositif de ces deux arrêts. Or, au lieu d'être implicitement avalisée, probablement par un recours au copier-coller de l'arrêt *Cargill Deutschland*, cette prémisse du Conseil aurait mérité d'être analysée et justifiée car, de prime abord, il aurait été possible d'opposer la forclusion aux producteurs de sucre s'agissant de la campagne de commercialisation 2001/2002. Pour valider ce choix du Conseil autrement que par une référence lapidaire à une décision du législateur de l'Union (13), il aurait été possible de souligner la spécificité de la gestion des ressources propres de l'Union et donc du budget de celle-ci ou le fait que la requérante au principal s'était montrée diligente en ne perdant aucune occasion de contester le calcul de ses cotisations au titre de la campagne 2001-2002. Aurait également pu être relevée la circonstance que la Cour, elle-même, avait pu donner l'impression, par son arrêt *Zuckerfabrik Jülich I*, ainsi que par ses ordonnances *Raffinerie Tirlemontoise* et *SAFBA*, que les modalités de calcul des cotisations afférentes à cette campagne-là étaient valables (14), à tel point qu'elle avait dû clarifier la situation dans l'arrêt *Zuckerfabrik Jülich II*. La Cour y a en effet considéré que, dans l'arrêt *Zuckerfabrik Jülich I*, elle « ne s'[était] prononcée sur la validité du règlement n° 1837/2002 que dans la mesure exigée pour répondre aux questions qui lui étaient posées, en tenant compte des arguments qui lui avaient été présentés. Plus précisément, [...] la Cour s'[était] prononcée sur la méthode employée par la Commission pour calculer le tonnage total des engagements à l'exportation et non sur l'ensemble des éléments du calcul de la perte moyenne. Ainsi, [...] la Cour n'a pas examiné la formule utilisée pour calculer le montant total des restitutions qui a été reprise dans le cadre du règlement n° 1193/2009 » (15).

La Cour aurait encore pu affirmer que l'attitude du Conseil n'excédait pas la marge d'appréciation dont il dispose lorsqu'il doit se livrer à des évaluations économiques complexes. Il y avait donc certainement mieux à faire que de passer sous silence la raison d'approuver la démarche du Conseil.

(13) Voy. pt 39 de l'arrêt *I (Remboursement de cotisations)*.

(14) Voy. pts 63 et 66 de l'arrêt *Zuckerfabrik Jülich I*, ainsi que pts 32 et 33 de l'ord. *Raffinerie Tirlemontoise*.

(15) Pt 45 de l'arrêt *Zuckerfabrik Jülich II*.

Un remboursement fictivement détaché de la fixation initiale du montant de la cotisation

Se rangeant à l'opinion du Conseil, la Cour a, par ailleurs, accepté de voir dans le règlement n° 1360/2013 « une réévaluation rétroactive [...] décidée par le législateur de l'Union » des cotisations versées par les producteurs de sucre, autrement dit, « d'une ressource propre de l'Union, que [les] autorités [nationales compétentes] ont perçue pour le compte de celle-ci » (16). L'intervention de ces autorités nationales serait donc radicalement différente de celle qui est attendue d'elles en cas de restitution de taxes nationales perçues en violation du droit de l'Union. Élaborant alors une distinction fondamentale quoique byzantine, la Cour affirme qu'« il appartient donc auxdites autorités non pas de réexaminer, de rectifier [*sic*], voire d'annuler, les décisions nationales de fixation de l'impôt et les avis d'imposition correspondants adoptés sur la base des règlements de la Commission [qui ont fixé le montant des cotisations pour les campagnes de commercialisation 2001/2002 à 2005/2006], mais de chiffrer, pour chacun des producteurs de sucre concernés, le montant de la différence entre les sommes indûment versées au titre des cotisations fixées par ces règlements et les sommes dues au titre des cotisations fixées par le règlement n° 1360/2013, afin de permettre à ces producteurs d'introduire valablement des demandes visant à obtenir le remboursement d'un tel montant et de garantir, ainsi, l'effet utile de ce dernier règlement » (17). Alors même que le Conseil assume, dans le considérant 12 du règlement n° 1360/2013, qu'il convient « de rectifier en conséquence [de l'invalidation prononcée par la Cour dans l'arrêt *Zuckerfabrik Jülich II*], pour la campagne de commercialisation 2001/2002, les cotisations à la production ainsi que le coefficient de la cotisation complémentaire », la Cour y voit, malgré tout, une réévaluation rétroactive des cotisations, résolument distincte d'une rectification des cotisations indûment versées.

À partir du moment où la Cour admet que le règlement n° 1360/2013 relève du pouvoir de décision du législateur de l'Union, il aurait paru à la fois plus simple et plus convaincant de le présenter comme un acte principal ou un acte de base, dont la modification doit nécessairement se répercuter sur ses actes d'exécution qui en constituent les accessoires. Dans cette perspective, si le Conseil décide de procéder, en quelque sorte, à un *reset* ou de remettre à plat les règles qui présidaient au calcul des cotisations dues par les producteurs de sucre, la nouvelle grille d'analyse doit se répercuter sur les actes nationaux d'application, au besoin de manière rétroactive.

(16) Pt 39 de l'arrêt *I (Remboursement de cotisations).*
(17) *Ibid.*, pt 40.

Même si on peut éprouver quelques hésitations à suivre la Cour dans sa distinction entre la rectification des cotisations à la production de sucre et leur réévaluation rétroactive, l'insistance qu'elle met à dissocier ces deux situations vise à justifier le traitement singulier qui est proposé pour la seconde de ces opérations.

La singularité du traitement

Une singularité décelable par rapport aux arrêts *Kühne & Heitz* et *Gaston Schul*

1) Ainsi qu'il est indiqué au point 25 du présent arrêt, la juridiction de renvoi considérait qu'elle ne pourrait faire droit à la demande de la requérante au principal que si le remboursement des cotisations indûment perçues découlait directement du droit de l'Union. On pourrait, spontanément, ne pas attacher d'importance à cette mise en perspective de l'affaire, dès lors que, même dans le contentieux de la répétition de l'indu, le remboursement de taxes nationales versées en violation du droit de l'Union repose sur le droit de l'Union. En réalité, la perception de la juridiction de renvoi se conçoit en lien avec la jurisprudence issue de l'arrêt *Kühne & Heitz*. Cette ligne jurisprudentielle prévoit que les autorités administratives doivent, si leur droit national les y autorise, réexaminer un acte administratif contraire au droit de l'Union et devenu définitif, faute d'avoir été contesté dans les délais ou parce qu'il a été avalisé par une juridiction suprême nationale en méconnaissance de son obligation de renvoi préjudiciel. Ce faisant, le Bundesfinanzhof invite la Cour à fonder directement dans le droit de l'Union non seulement le droit pour les producteurs de sucre d'obtenir le remboursement des cotisations indûment versées, mais aussi l'obligation pour les autorités nationales d'effectuer ce remboursement.

La Cour répond positivement à cette invitation en soulignant que « le règlement n° 1360/2013, lu conjointement avec le principe d'effectivité, s'oppose à une réglementation nationale en vertu de laquelle une demande de remboursement des cotisations à la production dans le secteur du sucre, fondée sur ce règlement, peut être rejetée au motif que les décisions qui ont fixé ces cotisations avant l'adoption dudit règlement sont devenues définitives » (18). Une telle réglementation nationale ne serait pas contraire au droit de l'Union faute d'habiliter les autorités nationales à écarter la décision administrative devenue définitive qui a fixé le montant des cotisations pour la campagne de commercialisation 2001/2002, mais bien parce

(18) *Ibid.*, pt 45.

qu'elle considérerait que la détermination rétroactive des cotisations remet en cause le caractère définitif de la décision administrative initiale et, par conséquent, son autorité de chose décidée.

Ainsi, plutôt que de reconnaître une évidence, à savoir que les autorités nationales pourront s'affranchir du caractère définitif des décisions qui ont initialement fixé les cotisations pour la campagne de commercialisation 2001/2002, la Cour s'efforce de donner corps à la distinction qu'elle a forgée entre le réexamen, la rectification, voire l'annulation d'une telle décision, d'une part, et la réévaluation rétroactive de ces cotisations, d'autre part. Ce positionnement de la Cour vise à établir tant l'absence de violation du principe de sécurité juridique que l'absence d'entorse à la jurisprudence *Kühne & Heitz*.

Ce faisant, la Cour parvient à concilier deux exigences *a priori* antagonistes. En effet, elle souligne son attachement à cette jurisprudence selon laquelle, « dès lors que le caractère définitif d'une décision administrative, acquis à l'expiration de délais de recours raisonnables ou par l'épuisement des voies de recours, contribue à la sécurité juridique, le droit de l'Union n'exige pas qu'un organe administratif soit, en principe, obligé de revenir sur une décision administrative ayant acquis un tel caractère définitif » (19). Parallèlement, elle affirme que « l'application du règlement n° 1360/2013 par les autorités nationales compétentes n'exige pas de réexaminer, de rectifier, voire d'annuler, les décisions nationales de fixation de l'impôt, telles que la décision [de] 2002, adoptées sur la base des règlements de la Commission ayant été remplacés avec effet rétroactif par ce règlement. Le caractère définitif de telles décisions et de tels avis d'imposition ne saurait donc faire obstacle à l'exercice, par les producteurs de sucre, du droit au remboursement des cotisations indûment versées qu'ils tirent du droit de l'Union, tel que mis en œuvre par ledit règlement » (20).

L'approche ainsi retenue par la Cour n'est pas sans rappeler celle qu'elle avait adoptée dans le célèbre arrêt *Köbler* (21), dans lequel elle avait considéré, dans la même veine, que l'engagement de la responsabilité d'une juridiction suprême pour violation du droit de l'Union n'affectait aucunement l'autorité de chose jugée de la décision rendue en violation du droit de l'Union. La Cour y avait jugé que « la reconnaissance du principe de la responsabilité de l'État du fait de la décision d'une juridiction statuant en dernier ressort n'a pas en soi pour conséquence de remettre en cause l'autorité de la chose définitivement jugée d'une telle décision. Une procédure

(19) *Ibid.*, pt 54.
(20) *Ibid.*, pt 55.
(21) CJCE, gde ch., 30 septembre 2003, *Köbler*, aff. C-224/01, EU:C:2003:513, pts 38-40, spéc. pt 39.

visant à engager la responsabilité de l'État n'a pas le même objet et n'implique pas nécessairement les mêmes parties que la procédure ayant donné lieu à la décision ayant acquis l'autorité de la chose définitivement jugée. En effet, le requérant dans une action en responsabilité contre l'État obtient, en cas de succès, la condamnation de celui-ci à réparer le dommage subi, mais pas nécessairement la remise en cause de l'autorité de la chose définitivement jugée de la décision juridictionnelle ayant causé le dommage. En tout état de cause, le principe de la responsabilité de l'État inhérent à l'ordre juridique communautaire exige une telle réparation, mais non la révision de la décision juridictionnelle ayant causé le dommage ».

De la même manière, l'arrêt *I (Remboursement de cotisations)* ne remet pas en cause la décision de 2002. Il se contente de la vider de son venin en l'écrêtant pour neutraliser tous ses effets négatifs. C'est ainsi que le règlement n° 1360/2013 s'oppose « à des règles nationales qui permettent aux autorités nationales compétentes de rejeter une demande, fondée sur ce règlement, visant à obtenir le remboursement des sommes indûment versées au titre des cotisations à la production dans le secteur du sucre, en se prévalant du caractère définitif des décisions nationales ayant fixé, avant l'adoption dudit règlement, le montant de ces cotisations, en application de plusieurs règlements de la Commission qui ont été remplacés, avec effet rétroactif, par ce même règlement » (22).

2) Un autre *distinguishing* aurait pu être opéré par rapport à l'arrêt *Gaston Schul Douane-expediteur* (23). Dans cet arrêt, la Cour avait dénié aux juridictions nationales la possibilité d'étendre le bénéfice d'une déclaration d'invalidité à un acte de droit dérivé analogue à un acte antérieurement invalidé par la Cour. La Cour avait considéré, à juste titre, que, compte tenu de la difficulté d'apprécier le rapport d'analogie entre l'acte invalidé par la Cour et l'acte contesté devant une juridiction nationale, il était préférable de maintenir intact son monopole pour constater l'invalidité d'un acte de droit dérivé, tel qu'il résulte de l'arrêt *Foto-Frost* (24). Or, dans la mesure où, en l'occurrence, le Conseil a étendu la portée du *negotium* de l'arrêt *Zuckerfabrick Jülich II*, il aurait été intéressant que la Cour prenne position sur la faculté pour une institution d'étendre, de surcroît avec effet rétroactif, le bénéfice d'une déclaration d'invalidité à un acte analogue à l'acte invalidé.

(22) Pt 56 de l'arrêt *I (Remboursement de cotisations)*.

(23) CJCE, 6 décembre 2005, *Gaston Schul Douane-expediteur*, aff. C-461/03, EU:C:2005:742. Voy. notre commentaire, « L'arrêt Schul : une occasion manquée de revisiter la jurisprudence Foto-Frost ? », *Rev. trim. dr. eur.*, 2007, n° 3, p. 491.

(24) CJCE, 22 octobre 1987, *Foto-Frost*, aff. 314/85, EU:C:1987:452, pts 14, 15 et 20.

Une singularité faiblement assumée au stade de l'encadrement des modalités procédurales du droit à remboursement ?

Ainsi qu'il ressort du point 38 de l'arrêt *I (Remboursement de cotisations)*, « le règlement n° 1360/2013 a remplacé les dispositions des règlements de la Commission fixant le montant des cotisations à la production dans le secteur du sucre pour les campagnes de commercialisation 2001/2002 à 2005/2006, [...] avec effet rétroactif à compter de la date d'application de ces dispositions, sans toutefois prévoir les procédures et les modalités devant être appliquées par les États membres pour mettre en œuvre le droit des producteurs de sucre au remboursement des cotisations indûment versées résultant d'une telle modification ». Aussi est-il indispensable de renvoyer aux droits nationaux en ce qui concerne la détermination des conditions procédurales auxquelles est subordonné le remboursement des cotisations indûment versées, notamment en matière de délais de prescription ou de forclusion. Ce renvoi à l'autonomie procédurale des États membres est naturellement encadré par le jeu des principes d'équivalence et d'effectivité. Ce dernier implique « la fixation de délais raisonnables de prescription ou de forclusion » ou, à tout le moins, la fixation d'un délai qui « n'apparaiss[e] pas en soi déraisonnable » (25). Un tel délai « constitue une application du principe fondamental de sécurité juridique qui protège à la fois l'intéressé et l'administration concernée, même si l'expiration de tels délais est susceptible, par nature, d'empêcher les personnes concernées de faire valoir leurs droits en tout ou en partie » (26).

En l'occurrence, la question la plus délicate soulevée par la présente affaire consistait à déterminer à partir de quelle date et jusqu'à quand les producteurs de sucre pouvaient se prévaloir du droit au remboursement des cotisations indûment payées que leur attribuait le règlement n° 1360/2013. Sur ce point, la fermeté de la Cour semble s'émousser au fur et à mesure que l'on progresse dans son raisonnement.

En effet, dans un premier temps consacré à la reconnaissance du fondement « communautaire » du droit au remboursement des cotisations indûment versées, la Cour affirme vigoureusement que ce droit « ne peut être exercé qu'à compter de la date d'entrée en vigueur dudit règlement, soit à compter du 20 décembre 2013 » (27). Il s'agit certes d'une lapalissade, mais la Cour est régulièrement confrontée, comme l'illustre la présente affaire, à des dispositifs

(25) Resp. pts 44 et 48 de l'arrêt *I (Remboursement de cotisations)*.
(26) Pt 44 de l'arrêt *I (Remboursement de cotisations)*.
(27) *Ibid.*, pt 34.

nationaux dans lesquels le délai de prescription a expiré avant même l'édiction de l'acte qui confère aux justiciables un droit à restitution de sommes indûment payées. Au-delà, cette approche est respectueuse du mécanisme d'application d'un règlement fixant les cotisations dont doivent s'acquitter les producteurs de sucre. En effet, la publication d'un tel règlement constitue un préalable indispensable à son application par les autorités nationales compétentes. En l'occurrence, ce n'est qu'« à la suite de la fixation rétroactive[, par le Conseil,] des nouvelles cotisations à la production dans le secteur du sucre, [que ces autorités ont pu] déterminer le montant exact des cotisations indûment versées par chacun des producteurs concernés. De même, ce n'est à partir de ladite date que ces producteurs ont eu la possibilité de prendre connaissance de ce montant et, partant, d'introduire valablement des demandes visant à obtenir le remboursement des cotisations indûment versées » (28).

Compte tenu des précisions ainsi apportées par la Cour quant aux modalités d'application de ce règlement, on pouvait s'attendre à ce que le délai à partir duquel les producteurs de sucre devaient présenter leur demande de remboursement ne débute pas avant l'expiration des délais laissés aux États membres pour actualiser le montant des cotisations finalement dues par ces producteurs. Cette dernière échéance étant fixée au 30 septembre 2014 (29), il paraissait acquis que les producteurs de sucre n'auraient pas à se manifester avant cette date. Hélas, le dispositif de l'arrêt est bien plus en retrait. La Cour s'y montre en effet timorée en affirmant que l'article 2 du règlement n° 1360/2013 « n'exige pas que le délai pour l'introduction d'une demande, fondée sur ce règlement, visant à obtenir le remboursement des sommes indûment versées au titre des cotisations à la production dans le secteur du sucre, expire au plus tard à la date d'établissement de ces cotisations, à savoir le 30 septembre 2014. Il incombe aux États membres de déterminer, dans leur droit national, le délai applicable, sous réserve du respect des principes d'équivalence et d'effectivité, étant entendu qu'un délai d'une durée d'un an n'apparaît pas en soi déraisonnable, à condition toutefois qu'il commence à courir au plus tôt à partir de l'entrée en vigueur du règlement n° 1360/2013 » (30), soit jusqu'au 31 décembre 2014.

Ce dispositif paraît rédigé sous la forme d'une litote, en ce sens qu'il conviendrait, en quelque sorte, de le renverser. L'impression qui en ressort est en effet que si l'arrêt indique que le règlement

(28) *Ibid.*, pt 35.
(29) *Ibid.*, pt 37.
(30) *Ibid.*, pt 49.

n° 1360/2013 n'exige pas que le délai pour l'introduction d'une demande de remboursement fondée sur ce règlement expire au plus tard le 30 septembre 2014, en réalité, il serait particulièrement souhaitable que ce délai expire bien plus tard. On peut se demander s'il n'aurait pas été opportun d'affirmer que rien n'empêche un producteur de sucre de présenter sa demande de remboursement spontanément et, en quelque sorte, par anticipation, dès l'entrée en vigueur du règlement n° 1360/2013, mais que le délai pour l'introduction d'une telle demande ne commence formellement à courir qu'à l'expiration du délai laissé aux États membres pour fixer le montant exact des cotisations indûment versées par chacun des producteurs concernés. En effet, de deux choses l'une, soit l'intervention des États membres est superflue dans la mesure où les producteurs de sucre peuvent calculer eux-mêmes le montant actualisé de leurs cotisations (31) et, à ce moment-là, il faut leur permettre de soumettre leur demande au plus tôt, soit l'intervention des États membres est nécessaire et il faut laisser un temps suffisant aux producteurs de sucre pour pouvoir contester la décision prise à leur égard.

Sur ce point, le raisonnement de la Cour semble quelque peu paradoxal. En effet, celle-ci martèle que le droit de l'Union exige des délais de prescription ou de forclusion raisonnables courant à compter de la date d'entrée en vigueur du règlement n° 1360/2013 (32). Par ailleurs, le délai le plus bref qu'elle cite en exemple, tout en prenant bien soin de souligner qu'il n'est pas déraisonnable en soi (33), est un délai d'un an, dont elle relève qu'il doit « commence[r] à courir au plus tôt à partir de l'entrée en vigueur de la réglementation visant à remédier à [une] violation [du droit de l'Union] » (34). Or, dans la logique ternaire du règlement n° 1360/2013, caractérisée par la fixation rétroactive des cotisations par le législateur de l'Union, puis par la détermination du montant exact de celles-ci par les États membres et, enfin, par la possibilité ouverte aux producteurs de sucre de présenter une demande de remboursement, les États membres ont jusqu'au 30 septembre 2014 pour établir ces cotisations. Il s'ensuit que, dans cette hypothèse, le délai d'un an est susceptible de se transformer en un délai de deux mois et demi si l'on prend pour point de départ du délai pour présenter une demande de remboursement l'entrée en vigueur du règlement,

(31) Voy. à cet égard l'annexe du règlement n° 1360/2013, ainsi que pt 36 de l'arrêt *I (Remboursement de cotisations)*.

(32) Voy. not. pts 35, 45, 46, 48 et 52 de l'arrêt *I (Remboursement de cotisations)*.

(33) La Cour ne le qualifie donc pas positivement de « délai raisonnable ».

(34) Voy. pt 48 de l'arrêt *I (Remboursement de cotisations)*.

à savoir le 31 décembre 2013. Dans cette perspective, il aurait été utile d'indiquer si un délai de trois mois était conforme au principe d'effectivité.

Une autre solution aurait supposé d'indiquer clairement que ce dispositif n'est que prétendument ternaire, en ce sens que les deuxième et troisième étapes ne doivent pas nécessairement se dérouler successivement mais qu'elles peuvent se chevaucher et s'exercer de manière concurrente. Dans cette perspective, les autorités nationales compétentes auraient la faculté de corriger d'office le montant des cotisations et cette compétence ne ferait pas obstacle à ce que les producteurs de sucre les saisissent pendant la période qui leur est théoriquement réservée pour agir d'office.

Laurent COUTRON

VI. CITOYENNETÉ

Cour de justice, gde ch., 5 septembre 2023, *X c/ Udlændinge-og Integrationsministeriet*, aff. C-689/21, EU:C:2023:626

Conclusions de l'avocat général M. Szpunar, du 26 janvier 2023, ECLI:EU:C:2023:53

Mots-clés : Citoyen ayant la nationalité d'un État membre et la nationalité d'un État tiers – Perte de plein droit de la nationalité de l'État membre à l'âge de 22 ans – Perte du statut de citoyen de l'Union – Lien de rattachement effectif – Examen de proportionnalité – Délai de forclusion

Cadre normatif : article 20 TFUE ; articles 7 et 24 de la charte des droits fondamentaux

Notes et observations : A. Bouveresse, *RFDA*, 2024, p. 174 ; C. Meurant, *JCP A*, 20 novembre 2023, 2343 ; O. Boskovic, *D.*, 2024, p. 228 ; Comm. A. Rigaux, *Europe*, novembre 2023, n° 369

Extrait de l'arrêt

1. La demande de décision préjudicielle porte sur l'interprétation de l'article 20 TFUE et de l'article 7 de la charte des droits fondamentaux de l'Union européenne (ci-après la « Charte »).

2. Cette demande a été présentée dans le cadre d'un litige opposant X à l'Udlændinge-og Integrationsministeriet (ministère de l'Immigration et de l'Intégration, Danemark) (ci-après le « Ministère ») au sujet de la perte de la nationalité danoise de X.

[...] Sur la question préjudicielle

25. Par sa question, la juridiction de renvoi demande, en substance, si l'article 20 TFUE, lu à la lumière de l'article 7 de la Charte, doit être interprété en ce sens qu'il s'oppose à la réglementation d'un État membre selon laquelle ses ressortissants, nés en dehors de son territoire, n'y ayant jamais résidé et n'y ayant pas séjourné dans des conditions démontrant un lien de rattachement effectif avec cet État membre, perdent de plein droit la nationalité de celui-ci à l'âge de 22 ans, ce qui entraîne, pour les personnes qui ne sont pas également ressortissantes d'un autre État membre, la perte de leur statut de citoyen de l'Union et des droits qui y sont attachés, mais qui permet aux autorités compétentes, en cas de demande introduite par un tel ressortissant dans l'année précédant son vingt-deuxième anniversaire aux fins du maintien de cette nationalité, d'examiner la proportionnalité des conséquences de la perte de celle-ci au regard du droit de l'Union et, le cas échéant, d'accorder le maintien de ladite nationalité.

26. Il convient d'emblée de relever que le gouvernement danois a invité la Cour à prendre en considération, pour répondre à cette question, la décision d'Édimbourg, dont il ressortirait que le Royaume de Danemark, d'une part, dispose d'un large pouvoir d'appréciation pour définir les conditions d'acquisition et de perte de la nationalité et, d'autre part, adopte une position particulière en ce qui concerne la citoyenneté de l'Union. Ainsi que l'a indiqué M. l'avocat général au point 50 de ses conclusions, les passages pertinents de cette décision relatifs à la citoyenneté de l'Union sont libellés dans les mêmes termes que ceux contenus dans la déclaration n° 2.

27. Certes, la décision d'Édimbourg et la déclaration n° 2, qui étaient destinées à clarifier la question de la délimitation du champ d'application ratione personae des dispositions du droit de l'Union faisant référence à la notion de « ressortissant », doivent être prises en considération en tant qu'instruments d'interprétation du traité UE, plus particulièrement en vue de déterminer le champ d'application ratione personae de ce dernier (voir, en ce sens, arrêt du 2 mars 2010, *Rottmann*, C-135/08, EU:C:2010:104, point 40).

28. Toutefois, selon une jurisprudence constante, si la définition des conditions d'acquisition et de perte de la nationalité relève, conformément au droit international, de la compétence de chaque État membre, le fait qu'une matière ressortit à la compétence des États membres n'empêche pas que, dans des situations relevant du droit de l'Union, les règles nationales concernées doivent respecter ce dernier (arrêts du 2 mars 2010, *Rottmann*, C-135/08, EU:C:2010:104, points 39 et 41, ainsi que du 12 mars 2019, *Tjebbes e.a.*, C-221/17, EU:C:2019:189, point 30).

29. Or, l'article 20 TFUE confère à toute personne ayant la nationalité d'un État membre le statut de citoyen de l'Union, lequel a vocation à être le statut fondamental des ressortissants des États membres [arrêt du 18 janvier 2022, *Wiener Landesregierung (Révocation d'une assurance de naturalisation)*, C-118/20, EU:C:2022:34, point 38 et jurisprudence citée].

30. Partant, la situation de citoyens de l'Union qui, telle la requérante au principal, ne possèdent la nationalité que d'un seul État membre et qui, par la perte de cette nationalité, sont confrontés à la perte du statut conféré par l'article 20 TFUE ainsi que des droits qui y sont attachés relève, par sa nature et ses conséquences, du droit de l'Union. Ainsi, les États membres doivent, dans l'exercice de leur compétence en matière de nationalité, respecter le droit de l'Union et, notamment, le principe de proportionnalité [arrêts du 2 mars 2010, *Rottmann*,

C-135/08, EU:C:2010:104, points 42 et 45 ; du 12 mars 2019, *Tjebbes e.a.*, C-221/17, EU:C:2019:189, point 32, ainsi que du 18 janvier 2022, *Wiener Landesregierung (Révocation d'une assurance de naturalisation)*, C-118/20, EU:C:2022:34, point 51].

31. Dans ce contexte, la Cour a déjà jugé qu'il est légitime pour un État membre de vouloir protéger le rapport particulier de solidarité et de loyauté entre lui-même et ses ressortissants ainsi que la réciprocité de droits et de devoirs, qui sont le fondement du lien de nationalité [arrêts du 2 mars 2010, *Rottmann*, C-135/08, EU:C:2010:104, point 51 ; du 12 mars 2019, *Tjebbes e.a.*, C-221/17, EU:C:2019:189, point 33, ainsi que du 18 janvier 2022, *Wiener Landesregierung (Révocation d'une assurance de naturalisation)*, C-118/20, EU:C:2022:34, point 52].

32. Dans l'exercice de sa compétence lui permettant de définir les conditions d'acquisition et de perte de la nationalité, il est également légitime pour un État membre de considérer que la nationalité traduit la manifestation d'un lien de rattachement effectif avec cet État membre, et d'attacher en conséquence à l'absence ou à la cessation d'un tel lien effectif la perte de sa nationalité (voir, en ce sens, arrêt du 12 mars 2019, *Tjebbes e.a.*, C-221/17, EU:C:2019:189, point 35).

33. En l'occurrence, conformément à l'article 8, paragraphe 1, première phrase, de la loi sur la nationalité, les ressortissants danois nés à l'étranger, qui n'ont jamais résidé au Danemark et qui n'y ont pas non plus séjourné dans des conditions indiquant un lien de rattachement effectif avec ce dernier, perdent, de plein droit, la nationalité danoise à l'âge de 22 ans, à moins qu'ils ne deviennent apatrides.

34. Selon la juridiction de renvoi, il ressort des travaux préparatoires de la loi sur la nationalité que l'article 8 de celle-ci a pour objectif d'empêcher la transmission de la nationalité danoise de génération en génération à des personnes établies à l'étranger n'ayant aucune connaissance du Royaume de Danemark ni aucun lien avec ce pays.

35. À cet égard, il convient de relever que le droit de l'Union ne s'oppose ni à ce qu'un État membre prévoie que l'appréciation de l'existence ou de l'absence d'un lien de rattachement effectif avec lui repose sur la prise en compte de critères, tels que ceux figurant à l'article 8, paragraphe 1, première phrase, de la loi sur la nationalité, fondés sur le lieu de naissance et de résidence de la personne concernée et sur les conditions de séjour de celle-ci sur le territoire national, ni à ce que cet État membre limite cette appréciation à la période allant jusqu'au jour où cette personne a atteint l'âge de 22 ans.

36. Il n'y a pas lieu, pour les besoins de la présente affaire, d'examiner la légitimité de tels critères en ce que, aux fins de ladite appréciation, ceux-ci n'opèrent pas de distinction entre la naissance et la résidence ou le séjour de la personne concernée dans un État membre et la naissance et la résidence ou le séjour de cette personne dans un pays tiers. En effet, ainsi qu'il ressort de la demande de décision préjudicielle, X n'a, en l'occurrence, fait état d'aucun élément de nature à établir qu'elle aurait résidé ou séjourné, à l'exception de quelques semaines, dans un État membre avant son vingt-deuxième anniversaire.

37. Dans ces conditions, le droit de l'Union ne s'oppose pas, par principe, à ce que, dans des situations telles que celles visées à l'article 8, paragraphe 1, de la loi sur la nationalité, un État membre prévoie, pour des motifs d'intérêt général, la perte de sa nationalité, quand bien même cette perte entraîne, pour la personne concernée, celle de son statut de citoyen de l'Union.

38. Toutefois, compte tenu de l'importance que le droit primaire de l'Union attache au statut de citoyen de l'Union qui, ainsi qu'il a été rappelé au point 29 du présent arrêt, constitue le statut fondamental des ressortissants des États membres, il appartient aux autorités nationales compétentes et aux juridictions nationales de vérifier si la perte de la nationalité de l'État membre concerné, lorsqu'elle entraîne la perte du statut de citoyen de l'Union et des droits qui en découlent, respecte le principe de proportionnalité en ce qui concerne ses conséquences sur la situation de la personne concernée et, le cas échéant, sur celle des membres de sa famille, au regard du droit de l'Union (arrêts du 2 mars 2010, *Rottmann*, C-135/08, EU:C:2010:104, points 55 et 56, ainsi que du 12 mars 2019, *Tjebbes e.a.*, C-221/17, EU:C:2019:189, point 40).

39. La perte de plein droit de la nationalité d'un État membre serait incompatible avec le principe de proportionnalité si les règles nationales pertinentes ne permettaient, à aucun moment, un examen individuel des conséquences que comporte cette perte pour les personnes concernées au regard du droit de l'Union (arrêt du 12 mars 2019, *Tjebbes e.a.*, C-221/17, EU:C:2019:189, point 41).

40. Il s'ensuit que, dans une situation telle que celle en cause au principal, dans laquelle la perte de la nationalité d'un État membre intervient de plein droit à un âge donné et entraîne la perte du statut de citoyen de l'Union, les autorités et les juridictions nationales compétentes doivent être en mesure d'examiner les conséquences de cette perte de nationalité et, le cas échéant, de permettre à cette personne de conserver sa nationalité ou de la recouvrer ex tunc (voir, en ce sens, arrêt du 12 mars 2019, *Tjebbes e.a.*, C-221/17, EU:C:2019:189, point 42).

41. À cet égard, le droit de l'Union n'impose aucun délai précis pour l'introduction d'une demande tendant à un tel examen. Il appartient ainsi à l'ordre juridique interne de chaque État membre de régler les modalités procédurales destinées à assurer la sauvegarde des droits que les justiciables tirent du droit de l'Union, en l'occurrence des droits attachés à la citoyenneté de l'Union, pour autant, notamment, que ces modalités respectent le principe d'effectivité en ce qu'elles ne rendent pas pratiquement impossible ou excessivement difficile l'exercice des droits conférés par l'ordre juridique de l'Union (voir, en ce sens, arrêts du 16 décembre 1976, *Rewe-Zentralfinanz et Rewe-Zentral*, 33/76, EU:C:1976:188, point 5, ainsi que du 15 avril 2008, *Impact*, C-268/06, EU:C:2008:223, point 46).

42. Dans ce contexte, la Cour a reconnu la compatibilité avec le droit de l'Union de la fixation de délais de forclusion raisonnables dans l'intérêt de la sécurité juridique. En effet, de tels délais ne sont pas de nature à rendre pratiquement impossible ou excessivement difficile l'exercice des droits conférés par l'ordre juridique de l'Union [arrêts du 12 février 2008, *Kempter*, C-2/06, EU:C:2008:78, point 58, ainsi que du 9 septembre 2020, *Commissaire général aux réfugiés et aux apatrides (Rejet d'une demande ultérieure – Délai de recours)*, C-651/19, EU:C:2020:681, point 53].

43. Il s'ensuit que les États membres peuvent exiger, au nom du principe de sécurité juridique, qu'une demande de maintien ou de recouvrement de la nationalité soit introduite devant les autorités compétentes dans les limites d'un délai raisonnable.

44. En l'occurrence, l'article 8, paragraphe 1, seconde phrase, de la loi sur la nationalité prévoit la possibilité de demander le maintien de la nationalité danoise avant que la personne concernée n'ait atteint l'âge de 22 ans. Il découle, à cet égard, de la demande de décision préjudicielle que le Ministère distingue deux cas de figure, selon que, au moment de l'introduction de la demande, le demandeur a moins de 21 ans ou a entre 21 ans et 22 ans.

45. Dans le premier cas de figure, le Ministère se limite à délivrer au demandeur un certificat de citoyenneté sans se prononcer sur le maintien de la nationalité danoise après qu'il a atteint l'âge de 22 ans. La juridiction de renvoi indique qu'une telle situation s'explique par la volonté de l'administration que l'appréciation des demandes de maintien de la nationalité danoise intervienne à un moment le plus près possible de la date à laquelle le demandeur atteint l'âge de 22 ans.

46. Ce n'est que dans le second cas de figure, lorsque la demande de maintien de la nationalité danoise est introduite par un demandeur entre son vingt et unième et son vingt-deuxième anniversaire, que, ainsi qu'il ressort des éléments figurant dans la demande de décision préjudicielle, le Ministère procède, depuis l'arrêt du 12 mars 2019, *Tjebbes e.a.* (C-221/17, EU:C:2019:189), à un examen individuel de la proportionnalité des conséquences, au regard du droit de l'Union, de la perte de la nationalité danoise et, partant, du statut de citoyen de l'Union. À cet égard, le Ministère serait tenu d'apprécier si ces conséquences sont proportionnées à l'objectif poursuivi par l'article 8 de la loi sur la nationalité consistant à assurer l'existence d'un lien de rattachement effectif entre les ressortissants danois et le Royaume de Danemark.

47. Toutefois, il convient, en premier lieu, de relever que, selon les indications dont dispose la Cour, ce délai d'un an, compris entre le vingt et unième et le vingt-deuxième anniversaire de la personne concernée, court alors même que cette personne n'aurait pas été dûment informée par les autorités compétentes du fait qu'elle est exposée à la perte imminente et de plein droit de la nationalité danoise, et qu'elle dispose du droit de demander, dans ledit délai, le maintien de cette nationalité.

48. Or, au regard des graves conséquences engendrées par la perte de la nationalité d'un État membre, lorsque celle-ci entraîne la perte du statut de citoyen de l'Union, pour l'exercice effectif des droits que le citoyen de l'Union tire de l'article 20 TFUE, ne sauraient être considérées comme étant conformes au principe d'effectivité des règles ou des pratiques nationales qui sont susceptibles d'avoir pour effet d'empêcher la personne exposée à cette perte de nationalité de demander que soit examiné le caractère proportionné des conséquences de ladite perte au regard du droit de l'Union, et ce au motif que le délai pour demander cet examen est expiré, dans une situation dans laquelle cette personne n'aurait pas été dûment informée du droit de demander un tel examen ainsi que du délai dans les limites duquel elle devait introduire une telle demande.

49. En second lieu, le délai d'un an visé au point 47 du présent arrêt s'achève à la date du vingt-deuxième anniversaire de la personne concernée, à savoir à la date à laquelle, conformément à la législation danoise, doivent être réunies les conditions qui permettent à cette personne de démontrer un lien de rattachement suffisant avec le Royaume de Danemark aux fins de conserver sa nationalité. Ladite personne doit donc être en mesure de se prévaloir, dans le cadre de l'examen que l'autorité compétente doit effectuer de la proportionnalité des conséquences de la perte de la nationalité danoise au regard du droit de l'Union, de l'ensemble des éléments pertinents qui ont pu advenir jusqu'à son vingt-deuxième anniversaire. Il en découle nécessairement que doit être aménagée la possibilité pour cette même personne de présenter de tels éléments après ce vingt-deuxième anniversaire.

50. Il s'ensuit que, dans une situation telle que celle en cause au principal, où la réglementation nationale a pour effet de faire perdre de plein droit à la personne concernée la nationalité de l'État membre concerné et, par voie de conséquence, le statut de citoyen de l'Union à la date à laquelle elle atteint l'âge de 22 ans, cette personne doit disposer d'un délai raisonnable pour introduire une demande tendant à obtenir des autorités compétentes un examen de la proportionnalité des conséquences de cette perte ainsi que, le cas échéant, le maintien ou le recouvrement ex tunc de cette nationalité. Ce délai doit alors s'étendre, pour une durée raisonnable, au-delà de la date à laquelle ladite personne atteint cet âge.

51. Afin de permettre l'exercice effectif des droits que le citoyen de l'Union tire de l'article 20 TFUE, ce délai raisonnable pour introduire une telle demande ne saurait courir que pour autant que les autorités compétentes aient dûment informé la personne concernée de la perte de la nationalité de l'État membre en cause ou de la perte imminente et de plein droit de celle-ci ainsi que du droit de cette personne de demander, dans ledit délai, le maintien ou le recouvrement ex tunc de cette nationalité.

52. À défaut, il découle de la jurisprudence de la Cour rappelée au point 40 du présent arrêt que les autorités et les juridictions nationales compétentes doivent être en mesure d'examiner, de manière incidente, la proportionnalité des conséquences de la perte de nationalité et, le cas échéant, de faire recouvrer ex tunc la nationalité à la personne concernée, à l'occasion de la demande, par celle-ci, d'un document de voyage ou de tout autre document attestant de sa nationalité, quand bien même une telle demande aurait été introduite au-delà d'un délai raisonnable au sens précisé au point 50 de cet arrêt.

53. En l'occurrence, il appartiendra à la juridiction de renvoi d'effectuer un tel examen ou, le cas échéant, de faire en sorte que celui-ci soit effectué par les autorités compétentes en réponse à la demande visée au point 11 du présent arrêt.

54. Cet examen doit comporter une appréciation de la situation individuelle de la personne concernée ainsi que de celle de sa famille, afin de déterminer si la perte de la nationalité de l'État membre concerné, lorsqu'elle emporte celle du statut de citoyen de l'Union, a des conséquences qui affecteraient de manière disproportionnée, par rapport à l'objectif poursuivi par le législateur national, le développement normal de sa vie familiale et professionnelle, au regard du droit de l'Union. De telles conséquences ne sauraient être hypothétiques ou éventuelles (arrêt du 12 mars 2019, *Tjebbes e.a.*, C-221/17, EU:C:2019:189, point 44).

55. Dans le cadre de cet examen de proportionnalité, il incombe, en particulier, aux autorités nationales compétentes et, le cas échéant, aux juridictions nationales de s'assurer qu'une telle perte de nationalité est conforme aux droits fondamentaux garantis par la Charte dont la Cour assure le respect et, tout particulièrement, au droit au respect de la vie familiale, tel qu'il est énoncé à l'article 7 de la Charte. Cet article doit être lu, le cas échéant, en combinaison avec l'obligation de prendre en considération l'intérêt supérieur de l'enfant, reconnu à l'article 24, paragraphe 2, de la Charte [voir, en ce sens, arrêts du 12 mars 2019, *Tjebbes* *e.a.*, C-221/17, EU:C:2019:189, point 45, ainsi que du 18 janvier 2022, *Wiener Landesregierung (Révocation d'une assurance de naturalisation)*, C-118/20, EU:C:2022:34, point 61].

56. Quant à la date pertinente à prendre en compte, en l'occurrence, par les autorités compétentes aux fins d'un tel examen, cette date correspond nécessairement au jour où la personne concernée a atteint l'âge de 22 ans, dès lors que, conformément à l'article 8, paragraphe 1, de la loi sur la nationalité, ladite date fait partie intégrante des critères légitimes que cet État membre a déterminés, et dont dépend le maintien ou la perte de sa nationalité.

57. S'agissant, enfin, de la possibilité, évoquée par la juridiction de renvoi et le gouvernement danois, offerte aux anciens ressortissants danois ayant perdu la nationalité danoise et, de ce fait, leur statut de citoyen de l'Union, de recouvrer cette dernière par naturalisation à certaines conditions, dont celle consistant à avoir séjourné de manière ininterrompue au Danemark sur une longue durée qui, cependant, peut être quelque peu atténuée, il suffit de relever que l'absence de possibilité offerte par le droit national, dans des conditions conformes au droit de l'Union tel qu'interprété aux points 40 et 43 du présent arrêt, d'obtenir, des autorités nationales et, éventuellement, des juridictions nationales, un examen portant sur le caractère proportionné des conséquences de la perte de la nationalité de l'État membre concerné au regard du droit de l'Union et pouvant aboutir, le cas échéant, au recouvrement ex tunc de cette nationalité, ne saurait être compensée par la possibilité de naturalisation, quelles que soient les conditions, éventuellement favorables, dans lesquelles celle-ci peut être obtenue.

58. En effet, ainsi que l'a relevé, en substance, M. l'avocat général aux points 93 et 94 de ses conclusions, accepter qu'il en soit autrement reviendrait à admettre qu'une personne puisse être privée, même pour une période limitée, de la possibilité de jouir de tous les droits qui lui sont conférés par le statut de citoyen de l'Union, sans que le rétablissement de ces droits soit possible pour ladite période.

59. Il résulte de l'ensemble des considérations qui précèdent qu'il convient de répondre à la question posée que l'article 20 TFUE, lu à la lumière de l'article 7 de la Charte, doit être interprété en ce sens qu'il ne s'oppose pas à la réglementation d'un État membre selon laquelle ses ressortissants, nés en dehors de son territoire, n'y ayant jamais résidé et n'y ayant pas séjourné dans des conditions démontrant un lien de rattachement effectif avec cet État membre, perdent de plein droit la nationalité de celui-ci à l'âge de 22 ans, ce qui entraîne, pour les personnes qui ne sont pas également ressortissantes d'un autre État membre, la perte de leur statut de citoyen de l'Union et des droits qui y sont attachés, pour autant que la possibilité est offerte, aux personnes concernées, de présenter, dans les limites d'un délai raisonnable, une demande de maintien ou de recouvrement de la nationalité, qui permette aux autorités compétentes d'examiner la proportionnalité des conséquences de la perte de cette nationalité au regard du droit de l'Union et, le cas échéant, d'accorder le maintien ou le recouvrement ex tunc de ladite nationalité. Un tel délai doit s'étendre, pour une durée raisonnable, au-delà de la date à laquelle la personne concernée atteint cet âge et ne peut commencer à courir que pour autant que ces autorités aient dûment informé cette personne de la perte de sa nationalité ou de l'imminence de celle-ci, ainsi que de son droit de demander, dans ce délai, le maintien ou le recouvrement de cette nationalité. À défaut, lesdites autorités doivent être en mesure d'effectuer un tel examen, de manière incidente, à l'occasion d'une demande, par la personne concernée, d'un document de voyage ou de tout autre document attestant de sa nationalité.

Observations

Après les législations allemande (1), autrichienne (2) et néerlandaise (3), c'est au tour de la loi danoise sur la nationalité d'être soumise au contrôle de la Cour de justice afin de vérifier sa compatibilité avec l'article 20 TFUE et le statut de citoyen de l'Union. Encore une fois, c'est en grande chambre que la Cour se prononce pour apporter une nouvelle pierre à une ligne de jurisprudence entamée dès 1992 avec l'arrêt *Micheletti* (4), avant l'entrée en vigueur du traité de Maastricht, et désormais systématiquement appréhendée sous l'angle de l'article 20 TFUE.

Le litige se noue devant les autorités danoises, plus particulièrement le ministère de l'Immigration et de l'Intégration, qui, par une décision du 31 janvier 2017, a fait savoir à X, la requérante dans l'affaire au principal, qu'elle avait perdu la nationalité danoise à l'âge de 22 ans, conformément à l'article 8, paragraphe 1, première phrase, de la loi sur la nationalité. X, née le 5 octobre 1992 aux États-Unis d'une mère danoise et d'un père américain, possède depuis sa naissance la double nationalité de ses parents. Elle avait introduit, quelques semaines après avoir atteint l'âge de 22 ans, soit en novembre 2014, une demande de maintien de sa nationalité danoise auprès du ministère. La décision prise par les autorités danoises en 2017 est motivée par le fait que X n'a jamais résidé au Danemark, qu'elle n'y a pas non plus séjourné dans des conditions

(1) CJUE, 2 mars 2010, *Rottmann*, aff. C-135/08, EU:C:2010:104.

(2) Voy. *ibid.* et CJUE, 18 janvier 2022, *Wiener Landesregierung (Révocation d'une assurance de naturalisation)*, aff. C-118/20, ECLI:EU:C:2022:34.

(3) CJUE, 12 mars 2019, *Tjebbes e.a.*, aff. C-221/17, ECLI:EU:C:2019:189.

(4) CJCE, 7 juillet 1992, *Micheletti*, aff. C-369/90, ECLI:EU:C:1992:295.

indiquant une cohésion avec cet État, et qu'il convient par conséquent d'appliquer les dispositions légales précitées, lesquelles prévoient qu'une personne née à l'étranger qui n'a jamais résidé sur le territoire danois et qui n'y a pas non plus séjourné dans des conditions indiquant une cohésion avec le Danemark perd sa nationalité danoise à l'âge de 22 ans, à moins qu'elle ne devienne apatride. La loi prévoit toutefois que le maintien de la nationalité peut être autorisé, sur demande présentée avant cette date.

La Cour d'appel de la région est du Danemark, juridiction devant laquelle le recours de X contre la décision de 2017 a été renvoyé, s'interroge sur la compatibilité avec l'article 20 TFUE d'une telle réglementation.

Examen de la question

Si les principes dégagés par la Cour depuis les arrêts *Micheletti* et *Rottmann* peuvent désormais être présentés comme acquis, et sont ici rappelés avec fidélité et constance, ils n'en sont pas moins la marque de la spécificité de l'intégration européenne, notamment du lien instauré entre l'Union et les ressortissants des États membres à travers le statut de citoyen de l'Union. C'est en effet pour préserver les droits tirés de ce statut fondamental que la Cour juge, alors même que plusieurs verrous avaient été soigneusement prévus par les États pour préserver l'exclusivité de leur compétence en ce qui concerne les règles relatives aux conditions d'octroi et de perte de la nationalité (5), que « si la définition des conditions d'acquisition et de perte de la nationalité relève, conformément au droit international, de la compétence de chaque État membre, le fait qu'une matière ressortit à la compétence des États membres n'empêche pas que, dans des situations relevant du droit de l'Union, les règles nationales concernées doivent respecter ce dernier » (6). Depuis l'arrêt *Rottmann*, la Cour juge avec autorité, l'arrêt sous commentaire ne faisant pas exception à la règle, que « la situation de citoyens de l'Union qui, telle la requérante au principal, ne possèdent la nationalité que d'un seul État membre et qui, par la perte de cette nationalité, sont confrontés à la perte du statut conféré par l'article 20 TFUE ainsi que des droits qui y sont attachés relève, par sa nature et ses conséquences, du droit de l'Union. Ainsi, les États

(5) Certains de ces verrous, en l'occurrence la décision d'Edimbourg, qui reprend en substance, pour le Danemark, la déclaration n° 2 relative à la nationalité d'un État membre, jointe par les États membres à l'acte final du traité sur l'Union européenne (*JO* 1992, C 191, p. 98), sont expressément évoqués par le gouvernement danois dans la présente affaire, voy. les pts 26 et 27 de l'arrêt.

(6) Pt 28 de l'arrêt *X*.

membres doivent, dans l'exercice de leur compétence en matière de nationalité, respecter le droit de l'Union et, notamment, le principe de proportionnalité » (7).

Dans son arrêt fondateur, *Rottmann* (8), la Cour a aussi reconnu l'objectif légitime d'un État à souhaiter préserver le rapport particulier qui est au fondement du lien de nationalité. La Cour rappelle ici ce point, et par là même cette intéressante définition de la nationalité dans l'ordre juridique de l'Union, à savoir ce « rapport particulier de solidarité et de loyauté entre [un État membre] et ses ressortissants, ainsi que la réciprocité de droits et de devoirs » (9).

La Cour accepte qu'un État s'assure d'une certaine effectivité de ce lien, et c'est la raison pour laquelle elle juge, au vu des critères énoncés par la législation danoise, fondés sur le lieu de naissance et de résidence et sur les conditions de séjour de la personne sur le territoire national, que celle-ci n'est pas, par principe, incompatible avec le droit de l'Union : un État membre peut ainsi prévoir, dans de telles circonstances, « pour des motifs d'intérêt général, la perte de sa nationalité, quand bien même cette perte entraîne, pour la personne concernée, celle de son statut de citoyen de l'Union » (10).

On notera que la Cour parvient à cette conclusion sans prendre position sur la légitimité des critères posés en l'espèce, lesquels n'opèrent pas de distinction selon que la personne résidant en dehors du Danemark soit née ou se soit établie dans un État membre ou dans un pays tiers. Si une telle retenue est parfaitement admissible au vu du cas d'espèce, X n'ayant quasiment jamais séjourné dans un État membre de l'Union (11), on aurait cependant aimé que la Cour confirme le raisonnement instructif tenu par l'avocat général Szpunar dans ses conclusions (12), qui condamnait cette absence de distinction dans des termes tout à fait explicites comme limitation du droit de libre circulation et de séjour des ressortissants danois. Ces derniers pourraient en effet être dissuadés d'exercer ces droits du fait du risque de perte de la nationalité encouru. Une confirmation de cette position, d'ores et déjà esquissée dans l'arrêt *Tjebbes* (13), concourrait à l'affirmation d'un « territoire » de l'Union, accentuant ainsi la singularité de l'Union.

---

(7) Pts 42 et 45 de l'arrêt *Rottmann* ; pt 30 de l'arrêt *X*.
(8) Pt 51 de l'arrêt *Rottmann*.
(9) Pt 31 de l'arrêt *X*.
(10) Pt 37 de l'arrêt.
(11) Voy. le pt 36.
(12) Pts 60 à 65 des conclusions de l'avocat général.
(13) Pt 36 de l'arrêt *Tjebbes*.

Les tempéraments apportés par la Cour à la conclusion à laquelle elle parvient au point 37 visent, comme toujours, mais avec une insistance toute particulière dans le présent arrêt, à sauvegarder l'effectivité des droits de la citoyenneté en combattant toute pratique ou réglementation qui, automatiquement, amènerait à la perte du statut de citoyen de l'Union. L'ensemble des considérations que la Cour développe à partir du point 38 de son arrêt, dans la droite ligne de l'arrêt *Tjebbes* qui avait apporté des précisions décisives sur l'étendue et les modalités du contrôle de proportionnalité imposé par la Cour, le démontre : la Cour énonce que les règles nationales doivent permettre un examen individuel des conséquences que comporte la perte de la nationalité pour les personnes concernées au regard du droit de l'Union (14). Cet examen doit plus particulièrement déterminer l'étendue des conséquences de la perte de la nationalité sur le développement normal de la vie familiale et professionnelle de la personne, tout comme il doit prendre en compte les droits fondamentaux garantis par la charte (15).

L'arrêt *X* apporte en outre d'importantes précisions du fait de la spécificité de la loi danoise et de l'importance que celle-ci accorde à la date à laquelle la personne atteint l'âge de 22 ans. Si les États membres peuvent exiger que les demandes de maintien ou de recouvrement de la nationalité soient formulées dans un délai raisonnable, pour des raisons évidentes de sécurité juridique, les règles posées dans le respect de l'autonomie procédurale des États doivent permettre aux personnes concernées d'exercer leurs droits, ce qui implique qu'elles doivent être dûment informées du droit de demander un examen de leur situation individuelle, et que cette date fixée par les autorités nationales, l'âge de 22 ans, ne saurait avoir l'effet d'un couperet définitif. La personne doit pouvoir présenter des éléments à l'appui de sa demande de maintien de la nationalité au-delà, et en tout état de cause, elle doit être informée de la perte de la nationalité ou de l'imminence de celle-ci (16).

Myriam Benlolo-Carabot

(14) Pts 39 et 40.
(15) Pts 54 et 55.
(16) Pts 47 à 53.

Cour de justice, gde ch., 21 décembre 2023, *Chief Appeals Officer e.a.*, aff. C-488/21, EU:C:2023:1013

Conclusions de l'avocate générale T. Ćapeta, du 24 juin 2021, ECLI:EU:C:2023:115

Mots-clés : Droit des citoyens de l'Union de circuler et de séjourner librement sur le territoire des États membres – Travailleur ayant acquis la nationalité de l'État membre d'accueil – Membre de la famille – Ascendant direct à la charge d'un travailleur citoyen de l'Union – Droit de séjour de plus de trois mois – Conservation du statut de personne à charge dans l'État membre d'accueil – Maintien du droit de séjour – Égalité de traitement – Avantages sociaux – Prestations d'assistance sociale – Charge déraisonnable pour le système d'assistance sociale de l'État membre d'accueil

Cadre normatif : articles 21 et 45 TFUE ; article 2, point 2, sous d), articles 3, 7 et 14, paragraphe 2, de la directive 2004/38/CE ; article 7, paragraphe 2, du règlement n° 492/2011

Notes et observations : Comm. A. Rigaux, *Europe*, février 2024, n° 44

Extrait de l'arrêt

1. La demande de décision préjudicielle porte sur l'interprétation de l'article 7, paragraphe 1, sous d), de la directive 2004/38/CE du Parlement européen et du Conseil, du 29 avril 2004, relative au droit des citoyens de l'Union et des membres de leurs familles de circuler et de séjourner librement sur le territoire des États membres, modifiant le règlement (CEE) n° 1612/68 et abrogeant les directives 64/221/CEE, 68/360/CEE, 72/194/CEE, 73/148/CEE, 75/34/CEE, 75/35/CEE, 90/364/CEE, 90/365/CEE et 93/96/CEE (*JO* 2004, L 158, p. 77, et rectificatifs *JO* 2004, L 229, p. 35, *JO* 2005, L 197, p. 34, ainsi que *JO* 2007, L 204, p. 28).

2. Cette demande a été présentée dans le cadre d'un litige opposant GV au Chief Appeals Officer (directeur de l'Office des recours, Irlande), au Social Welfare Appeals Office (Office des recours en matière de protection sociale, Irlande), au Minister for Employment Affairs and Social Protection (ministre de l'Emploi et de la Protection sociale, Irlande), à l'Irlande et à l'Attorney General (procureur général, Irlande), au sujet de l'octroi d'une allocation d'invalidité à GV (ci-après l'« allocation d'invalidité »).

[...] Sur les questions préjudicielles

40. À titre liminaire, il y a lieu de relever que, même si, sur le plan formel, la juridiction de renvoi a limité sa question à l'interprétation de la directive 2004/38, cette circonstance ne fait pas obstacle à ce que la Cour lui fournisse tous les éléments d'interprétation du droit de l'Union qui peuvent être utiles au jugement de l'affaire dont elle est saisie, que cette juridiction y ait fait référence ou non dans l'énoncé de sa question (arrêt du 14 novembre 2017, *Lounes*, C-165/16, EU:C:2017:862, point 28 et jurisprudence citée).

41. En l'occurrence, il ressort de la décision de renvoi que AC, citoyenne roumaine et fille de GV, après avoir exercé sa liberté de circulation en séjournant et en travaillant en Irlande, a obtenu la nationalité irlandaise au cours de l'année 2016 par voie de naturalisation.

42. À cet égard, il convient de rappeler que les éventuels droits conférés par la directive 2004/38 aux membres de la famille d'un citoyen de l'Union qui disposent eux-mêmes de la nationalité d'un État membre et qui accompagnent ou qui rejoignent ce citoyen de l'Union sont, en dehors des droits autonomes que ces membres peuvent tirer de cette directive en vertu de leur propre qualité de citoyens de l'Union, dérivés de ceux dont jouit ledit citoyen de l'Union du fait de l'exercice de sa liberté de circulation (voir, en ce sens, arrêt du 14 novembre 2017, *Lounes*, C-165/16, EU:C:2017:862, point 32 et jurisprudence citée).

43. Cependant, la directive 2004/38 régit uniquement les conditions d'entrée et de séjour d'un citoyen de l'Union dans les États membres autres que celui dont il a la nationalité. En effet, dès lors que, en vertu d'un principe de droit international, un État membre ne saurait refuser à ses propres ressortissants le droit d'entrer sur son territoire et d'y demeurer et que ceux-ci y jouissent donc d'un droit de séjour inconditionnel, cette directive n'a pas vocation à régir le séjour d'un citoyen de l'Union dans l'État membre dont celui-ci possède la nationalité. Par conséquent, eu égard à la jurisprudence rappelée au point précédent du présent arrêt, elle n'a pas non plus vocation à conférer, sur le territoire de cet État membre, un droit de séjour dérivé aux membres de la famille de ce citoyen de l'Union (voir, en ce sens, arrêt du 14 novembre 2017, *Lounes*, C-165/16, EU:C:2017:862, points 33 et 37 ainsi que jurisprudence citée).

44. Il résulte de ce qui précède que, en l'occurrence, depuis le moment de la naturalisation de AC en Irlande, la directive 2004/38 n'a, en principe, plus vocation à régir son droit de séjour en Irlande, ni le droit de séjour dérivé dont bénéficient, le cas échéant, des membres de sa famille, au sens de l'article 2, point 2, de cette directive, tels que GV.

45. Cela étant, la Cour a jugé que la situation d'un ressortissant d'un État membre, qui a exercé sa liberté de circulation en se rendant et en séjournant légalement sur le territoire d'un autre État membre, ne saurait être assimilée à une situation purement interne en raison du seul fait que ce ressortissant, lors de ce séjour, a acquis la nationalité de l'État membre d'accueil en plus de sa nationalité d'origine. Elle en a déduit que l'effet utile des droits conférés aux citoyens de l'Union à l'article 21, paragraphe 1, TFUE exige qu'un citoyen de l'Union se trouvant dans une telle situation puisse continuer à jouir, dans l'État membre d'accueil, des droits tirés de cette disposition, après avoir acquis la nationalité de cet État membre, le cas échéant, en plus de sa nationalité d'origine, et, en particulier, puisse mener une vie familiale normale dans ledit État membre, en y bénéficiant de la présence, à ses côtés, des membres de sa famille (voir, en ce sens, arrêt du 14 novembre 2017, *Lounes*, C-165/16, EU:C:2017:862, points 49, 52 et 53).

46. Cet article 21, paragraphe 1, qui énonce de manière générale le droit, pour tout citoyen de l'Union, de circuler et de séjourner librement sur le territoire des États membres, trouve une expression spécifique, notamment, à l'article 45 TFUE, relatif à la liberté de circulation des travailleurs [voir, en ce sens, arrêt du 11 novembre 2021, *MH et ILA (Droits à pension en cas de faillite)*, C-168/20, EU:C:2021:907, point 61 et jurisprudence citée].

47. Il s'ensuit que l'effet utile des droits conférés aux travailleurs de l'Union par l'article 45, paragraphe 1, TFUE exige qu'un membre de la famille d'un travailleur citoyen de l'Union qui, après avoir exercé sa liberté de circulation en séjournant et en travaillant dans l'État membre d'accueil, a acquis la nationalité de cet État membre puisse se voir octroyer un droit de séjour dérivé.

48. En ce qui concerne les conditions d'octroi du droit de séjour dérivé dont bénéficie le membre de la famille, celles-ci ne doivent pas être plus strictes que celles prévues dans la directive 2004/38 pour l'octroi d'un droit de séjour de même nature à un membre de la famille d'un citoyen de l'Union qui a exercé son droit de libre circulation en s'établissant dans un État membre autre que celui dont il a la nationalité. En effet, même si cette directive ne couvre pas une situation telle que celle visée au point 45 du présent arrêt, elle doit être appliquée par analogie à cette situation (voir, en ce sens, arrêt du 14 novembre 2017, *Lounes*, C-165/16, EU:C:2017:862, point 61 et jurisprudence citée).

49. En outre, il y a lieu de rappeler que l'article 45, paragraphe 2, TFUE énonce que la libre circulation des travailleurs implique l'abolition de toute discrimination, fondée sur la nationalité, entre les travailleurs des États membres, en ce qui concerne l'emploi, la rémunération et les autres conditions de travail. Cette disposition, dans le domaine spécifique de l'octroi d'avantages sociaux, est concrétisée à l'article 7, paragraphe 2, du règlement n° 492/2011, lequel précise que le travailleur ressortissant d'un État membre bénéficie, sur le territoire des autres États membres dont il n'a pas la nationalité, des mêmes avantages sociaux et fiscaux que les travailleurs nationaux (voir, en ce sens, arrêt du 6 octobre 2020, *Jobcenter Krefeld*, C-181/19, EU:C:2020:794, points 44 et 78).

50. Or, il découle, *mutatis mutandis*, de la jurisprudence citée aux points 45 et 48 du présent arrêt que la circonstance qu'un ressortissant d'un État membre, qui s'est rendu et séjourne dans un autre État membre, acquiert, par la suite, la nationalité de ce dernier État membre, en plus de sa nationalité d'origine, ne saurait impliquer qu'il serait privé du droit à l'égalité de traitement, en application de l'article 45, paragraphe 2, TFUE, tel que mis en œuvre par l'article 7, paragraphe 2, du règlement n° 492/2011, et que les conditions afférentes à l'octroi d'avantages sociaux ne doivent pas être plus strictes que celles visées à cette dernière disposition.

51. C'est à la lumière des considérations qui précèdent qu'il convient de répondre aux questions posées, qui, dans ce contexte, doivent être comprises comme portant sur l'interprétation de l'article 45 TFUE, tel que mis en œuvre par le droit dérivé.

52. À cet égard, il ressort de la décision de renvoi qu'il n'est pas contesté que GV était un ascendant direct à la charge d'un travailleur citoyen de l'Union, à savoir AC, tant au moment où elle a rejoint ce travailleur dans cet État membre qu'au moment où elle a demandé l'octroi d'une allocation d'invalidité. Toutefois, le ministre de l'Emploi et de la Protection sociale considère, en substance, que le versement de cette allocation à GV impliquerait que celle-ci serait à la charge non plus de sa fille, mais du système d'assistance sociale de l'Irlande. Partant, dès lors que GV ne satisferait plus à la condition figurant à l'article 2, point 2, sous d), de la directive 2004/38, elle perdrait son droit de séjour dérivé dont elle bénéficie dans l'État membre d'accueil, conformément à l'article 11, paragraphe 1, du règlement de 2015, lequel subordonne le maintien du droit de séjour dérivé d'un ascendant direct, notamment, à la condition que cet ascendant direct ne devienne pas une charge déraisonnable pour le système d'assistance sociale de l'État membre d'accueil.

53. C'est dans ce contexte que, par ses questions préjudicielles qu'il convient d'examiner ensemble, la juridiction de renvoi demande, en substance, si l'article 45 TFUE, tel que mis en œuvre par l'article 7, paragraphe 2, du règlement n° 492/2011, lu en combinaison avec la directive 2004/38, doit être interprété en ce sens qu'il s'oppose à une réglementation d'un État membre permettant aux autorités de cet État membre de refuser l'octroi d'une prestation d'assistance sociale à un ascendant direct qui, au moment de l'introduction de la demande afférente à cette prestation, est à la charge d'un travailleur citoyen de l'Union, voire de lui retirer le droit de séjour de plus de trois mois, au motif que l'octroi de ladite prestation aurait pour effet que ce membre de la famille ne soit plus à la charge du travailleur citoyen de l'Union et devienne ainsi une charge déraisonnable pour le système d'assistance sociale dudit État membre.

54. En premier lieu, selon les termes de l'article 7, paragraphe 1, sous d), de la directive 2004/38, qu'il y a lieu d'appliquer par analogie, ainsi qu'il ressort de la jurisprudence citée au point 48 du présent arrêt, dispose d'un droit de séjour de plus de trois mois un « membre de la famille accompagnant ou rejoignant un citoyen de l'Union qui lui-même satisfait aux conditions énoncées aux points a), b) ou c) », de cet article 7.

55. La notion de « membre de la famille », employée à l'article 7, paragraphe 1, sous d), de la directive 2004/38, qu'il y a lieu d'appliquer par analogie, est définie à l'article 2, point 2, de cette directive et désigne, notamment, au point d), les « ascendants directs à charge ».

56. Partant, il résulte d'une lecture conjointe de l'article 2, point 2, sous d), et de l'article 7, paragraphe 1, sous a) et d), de la directive 2004/38 que les ascendants directs d'un travailleur citoyen de l'Union bénéficient d'un droit de séjour dérivé de plus de trois mois, lorsqu'ils sont « à charge » de ce travailleur.

57. S'agissant de cette condition, la Cour a précisé que la situation de dépendance doit exister, dans le pays de provenance du membre de la famille concerné, au moment où il demande à rejoindre le citoyen de l'Union dont il est à la charge (arrêt du 16 janvier 2014, *Reyes*, C-423/12, EU:C:2014:16, point 30 et jurisprudence citée).

58. Toutefois, ainsi que l'a relevé, en substance, Mme l'avocate générale au point 44 de ses conclusions, dans l'affaire ayant donné lieu à la jurisprudence citée au point précédent du présent arrêt, la Cour était invitée à se prononcer sur les conditions devant être satisfaites au moment où l'intéressé demande à bénéficier d'un droit de séjour dérivé dans l'État membre d'accueil, et non pas sur les conditions devant être satisfaites par cet intéressé afin de conserver ce droit.

59. À ce dernier égard, il convient de rappeler que l'article 14 de la directive 2004/38, intitulé « Maintien du droit de séjour », prévoit, à son paragraphe 2, premier alinéa, que les citoyens de l'Union et les membres de leur famille ont un droit de séjour tel que prévu, notamment, à l'article 7 de celle-ci, tant qu'ils répondent aux conditions énoncées à cet article 7.

60. Il découle ainsi de cet article 14, paragraphe 2, lu en combinaison avec l'article 2, point 2, sous d), et l'article 7, paragraphe 1, sous a) et d), de la directive 2004/38, qu'un ascendant direct d'un travailleur citoyen de l'Union bénéficie d'un droit de séjour dérivé tant qu'il reste à la charge de ce travailleur, et ce jusqu'à ce que cet ascendant, ayant séjourné légalement pendant une période ininterrompue de cinq ans sur le territoire de l'État membre d'accueil, puisse prétendre à un droit de séjour permanent conformément à l'article 16, paragraphe 1, de la directive 2004/38.

61. Une telle interprétation est conforme à la jurisprudence de la Cour selon laquelle la notion de « bénéficiaire », au sens de l'article 3, paragraphe 1, de la directive 2004/38, implique que la qualité de bénéficiaire, même si elle a été acquise par le passé, peut être perdue ultérieurement si les conditions, notamment celles figurant à l'article 2, point 2, de cette directive, auxquelles fait référence cet article 3, paragraphe 1, ne sont plus réunies (voir, en ce sens, arrêt du 10 septembre 2019, *Chenchooliah*, C-94/18, EU:C:2019:693, point 62 et jurisprudence citée).

62. En l'occurrence, il n'est pas contesté que GV était à la charge de sa fille, à savoir AC, tant au moment où elle l'a rejointe qu'au moment où elle a demandé l'octroi de l'allocation d'invalidité. Partant, au moment de cette demande, GV satisfaisait à la condition pour bénéficier, en tant que « membre de la famille », d'un droit de séjour dérivé, conformément à la directive 2004/38.

63. En second lieu, ainsi qu'il résulte des points 49 et 50 du présent arrêt, un travailleur citoyen de l'Union bénéficie, y compris dans une situation telle que celle de AC, qui a acquis, lors de son séjour dans l'État membre d'accueil, la nationalité de ce dernier, en plus de sa nationalité d'origine, du droit à l'égalité de traitement, en application de l'article 45, paragraphe 2, TFUE, tel que mis en œuvre par l'article 7, paragraphe 2, du règlement n° 492/2011.

64. En ce qui concerne la notion d'« avantages sociaux », au sens de cet article 7, paragraphe 2, la Cour a précisé qu'elle comprend tous les avantages qui, liés ou non à un contrat d'emploi, sont généralement reconnus aux travailleurs nationaux, en raison principalement de leur qualité objective de travailleur ou du simple fait de leur résidence sur le territoire national, et dont l'extension aux travailleurs ressortissants d'autres États membres apparaît dès lors comme de nature à faciliter leur mobilité à l'intérieur de l'Union et, partant, leur intégration dans l'État membre d'accueil (arrêt du 6 octobre 2020, *Jobcenter Krefeld*, C-181/19, EU:C:2020:794, point 41 et jurisprudence citée).

65. Cette notion peut inclure des prestations d'assistance sociale qui relèvent en même temps du domaine d'application spécifique du règlement n° 883/2004, telles que, comme la juridiction de renvoi le précise, l'allocation d'invalidité (voir, par analogie, arrêt du 27 mai 1993, *Schmid*, C-310/91, EU:C:1993:221, point 17 et jurisprudence citée).

66. En outre, il convient de relever qu'une prestation d'assistance sociale, telle que l'allocation d'invalidité accordée à un ascendant direct, constitue pour le travailleur migrant un « avantage social », au sens de l'article 7, paragraphe 2, du règlement n° 492/2011, dès lors que cet ascendant direct est à la charge de ce travailleur, au sens de l'article 2, point 2, sous d), de la directive 2004/38 (voir, par analogie, arrêt du 18 juin 1987, *Lebon*, 316/85, EU:C:1987:302, points 12 et 13). Par ailleurs, ledit ascendant direct à charge, en tant que bénéficiaire indirect de l'égalité de traitement accordée audit travailleur, peut se prévaloir de cet article 7, paragraphe 2, afin d'obtenir cette allocation lorsque, en vertu du droit national, celle-ci est accordée directement à de tels ascendants (voir, en ce sens, arrêts du 26 février 1992, *Bernini*, C-3/90, EU:C:1992:89, point 26, ainsi que du 14 décembre 2016, *Bragança Linares Verruga e.a.*, C-238/15, EU:C:2016:949, point 40).

67. En effet, comme l'a fait observer Mme l'avocate générale au point 106 de ses conclusions, si, alors qu'un ascendant direct est à la charge d'un travailleur ayant exercé son droit à la libre circulation, cet ascendant direct ne pouvait se voir accorder une prestation d'assistance sociale, qui constitue pour le travailleur migrant un « avantage social », à laquelle peuvent prétendre les ascendants directs à la charge des travailleurs ressortissants de l'État membre d'accueil, il en résulterait une atteinte à l'égalité de traitement de ce travailleur migrant.

68. Ledit article 7, paragraphe 2, protège ainsi contre les discriminations auxquelles le travailleur migrant et les membres de sa famille, y compris ceux visés à l'article 2, point 2, sous d), de la directive 2004/38, pourraient être confrontés dans l'État membre d'accueil.

69. Il en résulte que la qualité d'ascendant « à charge », au sens de l'article 2, point 2, sous d), de la directive 2004/38, ne saurait être affectée par l'octroi d'une prestation d'assistance sociale dans l'État membre d'accueil. En décider autrement reviendrait, en effet, à admettre que l'octroi d'une telle prestation pourrait faire perdre à l'intéressé sa qualité de membre de la famille à charge et, justifier, par conséquent, le retrait de cette prestation, voire la perte par celui-ci de son droit de séjour. Une telle solution interdirait, en pratique, à ce membre de la famille à charge de demander cette prestation et porterait atteinte, de ce fait, à l'égalité de traitement reconnue au travailleur migrant (voir, en ce sens, arrêt du 18 juin 1987, *Lebon*, 316/85, EU:C:1987:302, point 20).

70. L'article 7, paragraphe 2, du règlement n° 492/2011, lu en combinaison avec l'article 2, point 2, sous d), l'article 7, paragraphe 1, sous a) et d), et l'article 14, paragraphe 2, de la directive 2004/38, contribue ainsi à la réalisation de l'objectif poursuivi par ce règlement, qui consiste à favoriser la libre circulation des travailleurs, dans la mesure où elle permet de créer des conditions optimales pour l'intégration des membres de la famille des citoyens de l'Union qui ont fait usage de cette liberté et ont exercé une activité professionnelle dans l'État membre d'accueil (voir, en ce sens, arrêt du 6 octobre 2020, *Jobcenter Krefeld*, C-181/19, EU:C:2020:794, point 51).

71. À cet égard, il importe de souligner que, par les contributions fiscales qu'un travailleur migrant verse à l'État membre d'accueil dans le cadre de l'activité salariée qu'il y exerce, ce travailleur contribue au financement des politiques sociales de cet État membre et doit, en conséquence, en profiter dans les mêmes conditions que les travailleurs nationaux. Partant, l'objectif consistant à éviter une charge financière déraisonnable pour l'État membre d'accueil ne saurait justifier une inégalité de traitement entre les travailleurs migrants et les travailleurs nationaux (voir, en ce sens, arrêt du 14 juin 2012, *Commission/Pays-Bas*, C-542/09, EU:C:2012:346, points 66 et 69).

72. Eu égard à l'ensemble des considérations qui précèdent, il convient de répondre aux questions posées que l'article 45 TFUE, tel que mis en œuvre par l'article 7, paragraphe 2, du règlement n° 492/2011, lu en combinaison avec l'article 2, point 2, sous d), l'article 7, paragraphe 1, sous a) et d), ainsi qu'avec l'article 14, paragraphe 2, de la directive 2004/38, doit être interprété en ce sens qu'il s'oppose à une réglementation d'un État membre permettant aux autorités de cet État membre de refuser l'octroi d'une prestation d'assistance sociale à un ascendant direct qui, au moment de l'introduction de la demande afférente à cette prestation, est à la charge d'un travailleur citoyen de l'Union, voire de lui retirer le droit de séjour de plus de trois mois, au motif que l'octroi de ladite prestation aurait pour effet que ce membre de la famille ne soit plus à la charge de ce travailleur citoyen de l'Union et devienne ainsi une charge déraisonnable pour le système d'assistance sociale dudit État membre.

Observations

Un retour aux sources et aux fondamentaux de la libre circulation des travailleurs. Ainsi peut être résumé l'apport principal de l'arrêt *Chief Appeals Officer*, que la Cour de justice a prononcé dans sa formation de grande chambre le 21 décembre 2023.

GV, ressortissante roumaine, est la mère d'AC, citoyenne roumaine séjournant et travaillant en Irlande. AC a obtenu par ailleurs la nationalité irlandaise par voie de naturalisation. Depuis 2017, GV séjourne en Irlande avec sa fille. Entre 2009 et 2016, elle a séjourné dans ce pays à de nombreuses reprises, avant de retourner, chaque fois, en Roumanie ou en Espagne. GV a été pendant ces années financièrement dépendante de sa fille, qui lui envoyait périodiquement de l'argent.

En raison de la détérioration de son état de santé liée à l'arthrite, GV a demandé au cours de l'année 2017 l'octroi d'une allocation d'invalidité au titre du *Social Welfare Consolidation Act 2005* (loi consolidée de 2005 sur la protection sociale). Elle a contesté la décision de refus opposée en 2019 à sa demande par l'Appeals Officer (agent en charge des recours, Irlande) devant la High Court (Haute Cour, Irlande), qui a annulé ladite décision, au motif que la réglementation irlandaise, qui soumet le droit de séjour d'un membre de la famille d'un citoyen de l'Union à la condition que ce membre de la famille ne devienne pas une charge déraisonnable pour le système d'assistance sociale de l'État, n'était pas conforme à la directive 2004/38 (1). Saisie en appel par le directeur de l'Office des recours et par le ministre de l'Emploi et de la Protection sociale, la Court of Appeal (Cour d'appel, Irlande) pose plusieurs questions préjudicielles à la Cour de justice portant sur l'interprétation de la directive 2004/38, et plus particulièrement sur la conformité avec celle-ci d'une réglementation nationale limitant l'accès au bénéfice d'une prestation d'assistance sociale en faveur d'un membre de la famille d'un citoyen de l'Union travailleur salarié, dont la dépendance vis-à-vis de ce travailleur pourrait être amenée à cesser du fait de l'octroi de la prestation, cet octroi étant susceptible de faire du membre de la famille concerné une charge déraisonnable pour le système d'assistance sociale de l'État.

Examen des questions

À l'instar de l'avocate générale Ćapeta, on notera que si la jurisprudence de la Cour contient déjà des jalons importants précisant les droits dont bénéficient les parents dépendants en vertu du droit de l'Union, ces affaires concernent le plus souvent des descendants directs ou des conjoints dépendants, et non, comme dans la présente affaire, des ascendants directs qui dépendent du travailleur mobile de l'Union (2).

La Cour, dans des considérations liminaires dont le caractère circonstancié ne peut qu'être remarqué (3), reformule et synthétise les trois questions préjudicielles, cadrant l'objet de sa réponse à la fois sur le plan des fondements juridiques et de la substance de son raisonnement. C'est, à notre sens, dans ces considérations liminaires que se situe l'apport principal de l'arrêt, du fait des précisions que la Cour est amenée à apporter sur le choix des dispositions juridiques qu'elle estime devoir interpréter. Sans surprise, la Cour, interrogée sur la portée de certaines dispositions de la

---

(1) Directive 2004/38/CE du Parlement européen et du Conseil du 29 avril 2004 relative au droit des citoyens de l'Union et des membres de leurs familles de circuler et de séjourner librement sur le territoire des États membres, modifiant le règlement (CEE) n° 1612/68 et abrogeant les directives 64/221/CEE, 68/360/CEE, 72/194/CEE, 73/148/CEE, 75/34/CEE, 75/35/CEE, 90/364/CEE, 90/365/CEE et 93/96/CEE, *JOUE*, L 158 du 30 avril 2004, p. 77.

(2) Pt 3 des concl. av. gén.

(3) La Cour consacre en effet les points 40 à 53 de son arrêt à ces propos liminaires et à la reformulation des questions posées.

directive 2004/38, rappelle que, depuis le moment de la naturalisation de AC en Irlande, cette dernière n'a plus vocation à régir son droit de séjour en Irlande, ni le droit de séjour dérivé dont bénéficient des membres de sa famille telle que GV, la directive 2004/38 régissant uniquement les conditions d'entrée et de séjour d'un citoyen de l'Union dans les États membres autres que celui dont il a la nationalité (4). Sans surprise encore, la Cour rappelle les apports de l'arrêt *Lounes* (5). D'une part, la situation de AC ne saurait être assimilée à une situation purement interne du fait de l'acquisition de la nationalité de son État membre d'accueil et le citoyen de l'Union peut, sur le fondement de l'article 21, paragraphe 1, TUE, mener une vie familiale normale dans ledit État membre, en y bénéficiant de la présence, à ses côtés, des membres de sa famille (6). D'autre part, les conditions d'octroi du droit de séjour dérivé dont bénéficie le membre de la famille ne doivent pas être plus strictes que celles posées par la directive 2004/38, qu'il convient d'appliquer par analogie (7).

Contrairement à la voie suggérée par l'avocate générale Ćapeta, qui privilégiait à titre principal un raisonnement fondé sur l'article 21, paragraphe 1, TFUE, la Cour fonde l'essentiel de sa réponse sur l'article 45 TFUE, relatif à la libre circulation des travailleurs, « expression spécifique » de cet article 21 (8). Au nom de l'effet utile, un membre de la famille d'un travailleur citoyen de l'Union qui acquiert la nationalité de l'État d'accueil après avoir exercé sa liberté de circulation et avoir travaillé dans cet État, doit pouvoir se voir octroyer un droit de séjour dérivé (9). Surtout, il a droit à l'égalité de traitement, sur le fondement de l'article 45, paragraphe 2, TFUE et du droit dérivé adopté sur le fondement de cette disposition, notamment le règlement n° 492/2011 (10), qui doivent être appliqués à la situation de GV par analogie.

C'est donc principalement sur le fondement de l'article 45 TFUE, lu en combinaison avec la directive 2004/38, que la Cour synthétise les trois questions posées en une seule afin de donner à la juridiction de renvoi des précisions sur la notion de membre de la famille « à charge » d'un travailleur citoyen de l'Union.

(4) Pts 43 et 44 de l'arrêt.
(5) CJUE, 14 novembre 2017, *Lounes*, aff. C-165/16, EU:C:2017:862.
(6) Pt 45.
(7) Pt 48.
(8) Pt 46 de l'arrêt.
(9) Pt 47.
(10) Règlement (UE) n° 492/2011 du Parlement européen et du Conseil du 5 avril 2011 relatif à la libre circulation des travailleurs de l'Union, *JOUE*, L 141 du 27 mai 2011, p. 1.

Ce choix est décisif, et permet de donner une réponse qui ne souffre aucune ambiguïté à la juridiction de renvoi. La Cour déjoue en effet la « boucle absurde » justement décrite par l'avocate générale aux points 73 et 74 de ses conclusions (11), et selon laquelle l'octroi d'une prestation d'assistance sociale serait susceptible de mettre fin au droit de séjour de l'ascendant direct, du fait qu'il ne serait plus, grâce à la prestation, membre de la famille « à charge » au sens de l'article 2, point 2, sous d), de la directive 2004/38. C'est précisément en fondant son raisonnement sur l'article 45, paragraphe 2, TFUE, et sur le droit du travailleur citoyen de l'Union à l'égalité de traitement, que la Cour conclut que la prestation demandée est un « avantage social » au sens de l'article 7, paragraphe 2, du règlement n° 492/2011. Or, la Cour a jugé, dans son arrêt *Lebon* (12) qu'elle mobilise à deux reprises, que la qualité d'ascendant à charge ne saurait être affectée par l'octroi d'une prestation d'assistance sociale dans l'État d'accueil, car dans le cas contraire, cela reviendrait à admettre que l'intéressé puisse du fait de sa prestation perdre sa qualité de membre de la famille à charge, ce qui justifierait le retrait de la prestation, voire la perte du droit de séjour. Il en résulterait une atteinte inadmissible à l'égalité de traitement reconnue au travailleur migrant.

La Cour prend soin enfin d'appuyer encore davantage sa ligne de raisonnement fondée sur la spécificité du statut du travailleur migrant en rejetant l'argument de la « charge financière déraisonnable » résultant de l'octroi de la prestation (13). Le travailleur migrant, rappelle la Cour, contribue au financement des politiques sociales de l'État d'accueil : une inégalité de traitement entre les travailleurs migrants et les travailleurs nationaux ne saurait être acceptée dans ce contexte, et l'argument de la charge déraisonnable est de fait inopérant.

L'arrêt *Chief Appeals Officer* est donc bien un retour aux sources. Il ne fait que confirmer la protection et le statut tout à fait singuliers du travailleur migrant dans l'ordre juridique de l'Union, malgré trente ans d'acquis jurisprudentiels sur le statut fondamental du citoyen de l'Union.

Myriam BENLOLO-CARABOT

(11) Pt 69 de l'arrêt.
(12) CJCE, 18 juin 1987, *Lebon*, aff. 316/85, EU:C:1987:302.
(13) Pt 71 de l'arrêt.

VII. DROIT DES LIBERTÉS ÉCONOMIQUES

Cour de justice, 1re ch., 8 juin 2023, *Prestige and Limousine SL c/ Área Metropolitana de Barcelona, Asociación Nacional del Taxi (Antaxi), Asociación Profesional Élite Taxi, Sindicat del Taxi de Catalunya (STAC), Tapoca VTC1 SL, Agrupació Taxis Companys*, aff. C-50/21, ECLI:EU:C:2023:448

Conclusions de l'avocat général M. Szpunar, ECLI:EU:C:2022:997
15 décembre 2022

Mots-clés : Service de location de voitures de tourisme avec chauffeur (VTC) – Régime d'autorisation – Limitation du nombre de licences de services de VTC – Raisons impérieuses d'intérêt général – Aptitude de la réglementation – Proportionnalité

Cadre normatif : article 49 TFUE ; article 107, paragraphe 1, TFUE

Notes et observations : note L. Idot, *Europe*, 2023, nos 8-9, 290, p. 29

Extraits de l'arrêt

1. La demande de décision préjudicielle porte sur l'interprétation de l'article 49 et de l'article 107, paragraphe 1, TFUE.

2. Cette demande a été présentée dans le cadre d'un litige opposant Prestige and Limousine SL (ci-après « P&L »), qui offre des services de location de véhicules de tourisme avec chauffeur (ci-après les « services de VTC »), à, notamment, l'Área Metropolitana de Barcelona (Aire métropolitaine de Barcelone, Espagne) (ci-après l'« AMB »), au sujet de la validité d'une réglementation de l'AMB qui exige l'obtention d'une licence afin d'exercer des services de VTC dans l'agglomération de Barcelone et limite le nombre de licences de services de VTC à un trentième des licences de services de taxi accordées pour cette agglomération.

[...]

Le litige au principal et les questions préjudicielles

20. Le Tribunal Superior de Justicia de Cataluña (Cour supérieure de justice de Catalogne, Espagne), qui est la juridiction de renvoi, relève que, en 2009, la limitation du nombre de licences de services de VTC à un trentième des licences de services de taxi, qui était prévue jusqu'alors par la législation espagnole, a été supprimée. Cette suppression aurait entraîné, jusqu'en 2015, une augmentation significative du nombre de prestataires de ces services dans la zone métropolitaine de Barcelone, phénomène que l'AMB aurait entendu endiguer avec l'adoption du RVTC.

[...]

24. Le Tribunal Superior de Justicia de Cataluña (Cour supérieure de justice de Catalogne) relève que les taxis et les véhicules de tourisme avec chauffeur (ci-après les « VTC ») se trouvent en concurrence en matière de service de transport urbain de voyageurs. Les services de taxi seraient, en tant que « services d'intérêt général », soumis à une réglementation propre et à une limitation du nombre de licences nécessaires à l'exercice de leur activité, et leurs tarifs seraient soumis à une autorisation administrative préalable. Bien que leur champ d'action habituel soit situé en zone urbaine, les taxis pourraient néanmoins fournir des services de transport interurbain, dans le respect des exigences de rigueur.

[...]

30. Dans ces conditions, le Tribunal Superior de Justicia de Cataluña (Cour supérieure de justice de Catalogne) a décidé de surseoir à statuer et de poser à la Cour les questions préjudicielles suivantes :

« 1) [L'article] 49 et [l'article] 107, paragraphe 1, TFUE s'opposent-ils à des dispositions nationales – législatives et réglementaires – qui, sans motif valable, prévoient une limitation à raison d'une autorisation d'exercer l'activité de location de [VTC] pour trente licences de taxi, voire moins ?

2) [L'article] 49 et [l'article] 107, paragraphe 1, TFUE s'opposent-ils à une réglementation nationale qui, sans motif valable, prévoit une deuxième autorisation et des conditions supplémentaires pour les prestataires de services de [VTC] qui souhaitent fournir des services urbains ? »

Sur les questions préjudicielles

Sur la recevabilité de la demande de décision préjudicielle

[...]

Sur le fond

Sur les questions relatives à l'article 107, paragraphe 1, TFUE

51. Par ces questions préjudicielles, la juridiction de renvoi demande en substance, notamment, si l'article 107, paragraphe 1, TFUE doit être interprété en ce sens qu'il s'oppose à une réglementation, applicable à une agglomération, prévoyant, d'une part, qu'une autorisation spécifique est exigée pour exercer l'activité de services de VTC dans cette agglomération, s'ajoutant à l'autorisation nationale requise pour la prestation de services de VTC urbains et interurbains, et, d'autre part, que le nombre de licences de services de VTC est limité à un trentième des licences de services de taxi délivrées pour ladite agglomération.

52. Selon la jurisprudence constante de la Cour, la qualification d'une mesure d'« aide d'État », au sens de l'article 107, paragraphe 1, TFUE, requiert que toutes les conditions suivantes soient remplies. Premièrement, il doit s'agir d'une intervention de l'État ou au moyen de ressources d'État. Deuxièmement, cette intervention doit être susceptible d'affecter les échanges entre les États membres. Troisièmement, elle doit accorder un avantage sélectif à son bénéficiaire. Quatrièmement, elle doit fausser ou menacer de fausser la concurrence (arrêt du 11 novembre 2021, *Autostrada Wielkopolska/Commission et Pologne*, C-933/19 P, EU:C:2021:905, point 103 ainsi que jurisprudence citée).

53. S'agissant de la condition relative à l'engagement de ressources d'État, il convient de rappeler que la notion d'aide comprend non seulement des prestations positives telles que des subventions, mais également des interventions qui, sous des formes diverses, allègent les charges qui grèvent normalement le budget d'une entreprise et qui, de ce fait, sans être des subventions au sens strict du terme, sont de même nature et ont des effets identiques (arrêt du 14 janvier 2015, *Eventech*, C-518/13, EU:C:2015:9, point 33 et jurisprudence citée).

54. Par conséquent, aux fins de la constatation de l'existence d'une aide d'État, il doit être établi un lien suffisamment direct entre, d'une part, l'avantage accordé au bénéficiaire et, d'autre part, une diminution du budget étatique, voire un risque économique suffisamment concret de charges grevant celui-ci (arrêt du 14 janvier 2015, *Eventech*, C-518/13, EU:C:2015:9, point 34 et jurisprudence citée).

55. En l'occurrence, il suffit de constater qu'il ne ressort nullement de la décision de renvoi que la réglementation en cause au principal implique l'engagement de ressources d'État.

56. En particulier, d'une part, ni l'exigence d'une autorisation délivrée par l'AMB pour exercer l'activité de services de VTC dans l'agglomération de Barcelone ni la limitation du nombre de licences de tels services à un trentième des licences de services de taxi délivrées pour ladite agglomération ne semblent impliquer des prestations positives, telles que des subventions, au bénéfice des entreprises fournissant des services de taxi ni alléger les charges qui grèvent normalement le budget de ces entreprises.

57. D'autre part, ces deux mesures n'apparaissent pas conduire à une diminution du budget étatique ou à un risque économique suffisamment concret de charges grevant celui-ci, qui pourraient bénéficier aux entreprises fournissant des services de taxi.

58. Dans ces conditions, il convient de répondre aux questions posées que l'article 107, paragraphe 1, TFUE ne s'oppose pas à une réglementation, applicable à une agglomération, prévoyant, d'une part, qu'une autorisation spécifique est exigée pour exercer l'activité de services de VTC dans cette agglomération, s'ajoutant à l'autorisation nationale requise pour la prestation de services de VTC urbains et interurbains, et, d'autre part, que le nombre de licences de tels services est limité à un trentième des licences de services de taxi délivrées pour ladite agglomération, pour autant que ces mesures ne soient pas de nature à impliquer un engagement de ressources d'État au sens de cette disposition.

Sur les questions relatives à l'article 49 TFUE

59. Par ces questions préjudicielles, la juridiction de renvoi demande également, en substance, si l'article 49 TFUE s'oppose à une réglementation, applicable à une agglomération, prévoyant, d'une part, qu'une autorisation spécifique est exigée pour exercer l'activité de services de VTC dans cette agglomération, s'ajoutant à l'autorisation nationale requise pour la prestation de services de VTC urbains et interurbains, et, d'autre part, que le nombre de licences de tels services est limité à un trentième des licences de services de taxi délivrées pour ladite agglomération.

60. L'article 49, premier alinéa, TFUE dispose que, dans le cadre des dispositions qui figurent au chapitre 2 du titre IV de la troisième partie du traité FUE, les restrictions à la liberté d'établissement des ressortissants d'un État membre sur le territoire d'un autre État membre sont interdites.

61. Selon une jurisprudence constante, doivent être considérées comme des restrictions à la liberté d'établissement toutes les mesures qui interdisent, gênent ou rendent moins attrayant l'exercice de la liberté garantie à l'article 49 TFUE (arrêt du 7 septembre 2022, *Cilevičs e.a.*, C-391/20, EU:C:2022:638, point 61 ainsi que jurisprudence citée).

62. Ainsi que l'a relevé M. l'avocat général, en substance, aux points 51 à 55 de ses conclusions, d'une part, l'exigence d'une autorisation spécifique pour l'exercice de l'activité de services de VTC dans l'agglomération de Barcelone, s'ajoutant à l'autorisation nationale requise pour la prestation de services de VTC urbains et interurbains, constitue par elle-même une restriction à l'exercice de la liberté garantie à l'article 49 TFUE, une pareille exigence limitant effectivement l'accès au marché pour tout nouvel arrivant (voir, en ce sens, arrêt du 10 mars 2009, *Hartlauer*, C-169/07, EU:C:2009:141, point 34 ; voir également, par analogie, arrêt du 22 janvier 2002, *Canal Satélite Digital*, C-390/99, EU:C:2002:34, point 29).

63. D'autre part, tel est également le cas de la limitation du nombre de licences de tels services de VTC à un trentième du nombre de licences de services de taxi délivrées pour ladite agglomération, qui doit être qualifiée de restriction à la liberté d'établissement, dès lors qu'une telle limitation restreint le nombre de prestataires de services de VTC établis dans cette agglomération.

64. Selon une jurisprudence constante, de telles restrictions à la liberté d'établissement ne sauraient être admises qu'à la condition, en premier lieu, d'être justifiées par une raison impérieuse d'intérêt général et, en second lieu, de respecter le principe de proportionnalité, ce qui implique qu'elles soient propres à garantir, de façon cohérente et systématique, la réalisation de l'objectif poursuivi et qu'elles n'aillent pas au-delà de ce qui est nécessaire pour l'atteindre (arrêt du 7 septembre 2022, *Cilevičs e.a.*, C-391/20, EU:C:2022:638, point 65 ainsi que jurisprudence citée).

– Sur l'existence de raisons impérieuses d'intérêt général

65. Il ressort de la demande de décision préjudicielle ainsi que des observations de l'AMB et du gouvernement espagnol devant la Cour que, par les deux mesures en cause au principal, le RVTC vise à assurer, tout d'abord, la qualité, la sécurité et l'accessibilité des services de taxi dans l'agglomération de Barcelone, considérés comme étant un « service d'intérêt général », notamment en maintenant un « juste équilibre » entre le nombre des prestataires de services de taxi et celui des prestataires de services de VTC, ensuite, une bonne gestion du transport, du trafic et de l'espace public au sein de cette agglomération et, enfin, la protection de l'environnement dans ladite agglomération.

66. S'agissant plus particulièrement de l'objectif tendant à assurer la qualité, la sécurité et l'accessibilité des services de taxi, il ressort du dossier dont dispose la Cour, tout d'abord, que l'activité de services de taxi est fortement réglementée, en ce que ces services sont soumis, notamment, à des quotas de licences, à des tarifs réglementés, à une obligation de transport universelle et à une accessibilité pour les personnes à mobilité réduite. Eu égard à ces caractéristiques, les services de taxi sont considérés, notamment par l'AMB, comme étant un « service d'intérêt général » qui mérite d'être préservé, en tant qu'élément important de l'organisation générale des transports urbains de l'agglomération de Barcelone.

67. L'AMB relève, ensuite, que la viabilité économique de l'activité de services de taxi apparaît mise en danger par une concurrence croissante provenant de l'activité des services de VTC. Dans ces conditions, la préservation d'un équilibre entre ces deux formes de transport urbain aurait été perçue par les pouvoirs politiques, au niveau tant national que régional, comme un moyen approprié et proportionné de garantir le maintien des services de taxi, en tant que service d'intérêt général intégré dans un modèle de transport urbain global.

68. Enfin, la juridiction de renvoi et plusieurs parties à la procédure ont relevé que le Tribunal Supremo (Cour suprême) avait considéré, dans un arrêt du 4 juin 2018, que l'organisation et les modes souhaités du transport urbain relèvent du choix des pouvoirs publics, que ces pouvoirs peuvent, dans le cadre d'un tel choix, opter pour le maintien de services de taxi répondant aux caractéristiques rappelées au point 66 du présent arrêt et constituant, dès lors, un « service d'intérêt général », qu'il est, partant, justifié de préserver un équilibre entre ce mode de transport urbain et les services de VTC afin de garantir le maintien de ce service d'intérêt général et que, à cette fin, le fait de prévoir un ratio entre les licences de services de VTC et celles de services de taxi, pouvant aller jusqu'à un pour trente, apparaît, en l'absence d'une alternative moins restrictive, comme étant une mesure appropriée et proportionnée.

69. À cet égard, premièrement, ainsi que l'a relevé M. l'avocat général aux points 75 et 76 de ses conclusions, l'objectif de bonne gestion du transport, du trafic et de l'espace public d'une agglomération, d'une part, ainsi que celui de protection de l'environnement dans une telle agglomération, d'autre part, sont susceptibles de constituer des raisons impérieuses d'intérêt général (voir, en ce sens, arrêts du 24 mars 2011, *Commission/Espagne*, C-400/08, EU:C:2011:172, point 74, ainsi que du 30 janvier 2018, *X et Visser*, C-360/15 et C-31/16, EU:C:2018:44, points 134 et 135).

70. Deuxièmement, il est, en revanche, de jurisprudence constante que des objectifs de nature purement économique ne peuvent constituer une raison impérieuse d'intérêt général de nature à justifier une restriction à une liberté fondamentale garantie par le traité (arrêts du 11 mars 2010, *Attanasio Group*, C-384/08, EU:C:2010:133, point 55, et du 24 mars 2011, *Commission/Espagne*, C-400/08, EU:C:2011:172, point 74 ainsi que jurisprudence citée). La Cour a notamment jugé en ce sens que l'objectif de garantir la rentabilité d'une ligne d'autobus concurrente, en tant que motif de nature purement économique, ne peut constituer une telle raison impérieuse d'intérêt général (arrêt du 22 décembre 2010, *Yellow Cab Verkehrsbetrieb*, C-338/09, EU:C:2010:814, point 51).

71. En l'occurrence, ainsi que l'a relevé M. l'avocat général au point 61 de ses conclusions, l'objectif d'assurer la viabilité économique des services de taxi doit être considéré, lui aussi, comme étant un motif de nature purement économique qui ne peut constituer une raison impérieuse d'intérêt général, au sens de la jurisprudence rappelée au point précédent du présent arrêt.

72. Il en découle que cet objectif ne saurait être invoqué pour justifier, notamment, la préservation d'un équilibre entre les deux modes de transports urbains en cause au principal ou un ratio entre les licences de services de VTC et celles de services de taxi, qui constituent des considérations de nature purement économique.

73. Troisièmement, ces constatations ne sont pas infirmées par la circonstance selon laquelle les services de taxi sont qualifiés, en droit espagnol, de « service d'intérêt général ».

74. D'une part, ainsi que l'a fait valoir à bon droit la Commission européenne lors de l'audience, l'objectif poursuivi par une mesure restreignant la liberté d'établissement doit, en tant que tel, constituer une raison impérieuse d'intérêt général au sens de la jurisprudence citée au point 64 du présent arrêt, sans que la qualification de cet objectif dans le droit national puisse influer sur l'appréciation à effectuer à ce titre.

75. D'autre part, aucun élément du dossier dont dispose la Cour ne fait apparaître que les prestataires de services de taxi exerçant leur activité dans l'agglomération de Barcelone seraient chargés de la gestion d'un service d'intérêt économique général (ci-après un « SIEG ») au sens de l'article 106, paragraphe 2, TFUE ni que l'absence de restriction à la liberté d'établissement des prestataires de services de VTC ferait échec à l'accomplissement en droit ou en fait d'une mission particulière de service public confiée auxdits prestataires de services de taxi.

76. À cet égard, il convient de rappeler que, si les États membres sont en droit de définir l'étendue et l'organisation de leurs SIEG en tenant compte en particulier d'objectifs propres à leur politique nationale et que, à ce titre, les États membres disposent d'un large pouvoir d'appréciation qui ne peut être remis en cause par la Commission qu'en cas d'erreur manifeste, ce pouvoir ne saurait être illimité et doit, en tout état de cause, être exercé dans le respect du droit de l'Union (arrêt du 3 septembre 2020, *Vereniging tot Behoud van Natuurmonumenten in Nederland e.a./Commission*, C-817/18 P, EU:C:2020:637, point 95 ainsi que jurisprudence citée).

77. Selon la jurisprudence de la Cour, un service est susceptible de revêtir un intérêt économique général lorsque cet intérêt présente des caractères spécifiques par rapport à celui que revêtent d'autres activités de la vie économique (arrêt du 7 novembre 2018, *Commission/Hongrie*, C-171/17, EU:C:2018:881, point 51 et jurisprudence citée).

78. En outre, pour pouvoir être qualifié de SIEG, un service doit être fourni en application d'une mission particulière de service public confiée au prestataire par l'État membre concerné (arrêt du 7 novembre 2018, *Commission/Hongrie*, C-171/17, EU:C:2018:881, point 52).

79. Il importe donc que les entreprises bénéficiaires aient effectivement été chargées de l'exécution d'obligations de service public et que ces obligations soient clairement définies dans le droit national, ce qui présuppose l'existence d'un ou de plusieurs actes de puissance publique définissant de manière suffisamment précise au moins la nature, la durée et la portée des obligations de service public incombant aux entreprises chargées de l'exécution de ces obligations (voir, en ce sens, arrêt du 20 décembre 2017, *Comunidad Autónoma del País Vasco e.a. / Commission*, C-66/16 P à C-69/16 P, EU:C:2017:999, points 72 et 73).

80. Par ailleurs, l'article 106, paragraphe 2, TFUE prévoit, d'une part, que les entreprises chargées de la gestion de SIEG sont soumises aux règles de concurrence dans les limites où l'application de ces règles ne fait pas échec à l'accomplissement en droit ou en fait de la mission particulière qui leur a été confiée et, d'autre part, que le développement des échanges ne doit pas être affecté dans une mesure contraire à l'intérêt de l'Union. Ainsi, le libellé même de l'article 106, paragraphe 2, TFUE montre que des dérogations aux règles du traité ne sont permises que si elles sont nécessaires à l'accomplissement de la mission particulière qui a été confiée à une entreprise chargée de la gestion d'un SIEG (arrêt du 3 septembre 2020, *Vereniging tot Behoud van Natuurmonumenten in Nederland e.a. / Commission*, C-817/18 P, EU:C:2020:637, points 96 et 97).

81. Or, la circonstance que l'activité de services de taxi présente les caractéristiques énoncées au point 66 du présent arrêt et est ainsi fortement réglementée ne permet pas d'établir que l'intérêt que revêt cette activité présente, au sens de la jurisprudence citée au point 77 du présent arrêt, des caractères spécifiques par rapport à celui que revêtent d'autres activités économiques ni qu'une mission particulière de service public aurait été confiée aux prestataires de services de taxi au moyen d'actes de puissance publique suffisamment précis en ce sens.

82. Quatrièmement, si les caractéristiques énoncées au point 66 du présent arrêt font certes apparaître que la réglementation des services de taxi vise notamment à assurer la qualité, la sécurité et l'accessibilité de ces services, au bénéfice des usagers, il apparaît, en revanche, que les mesures en cause au principal ne poursuivent pas, par elles-mêmes, ces objectifs.

83. Eu égard aux considérations qui précèdent, seuls les objectifs de la bonne gestion du transport, du trafic et de l'espace public, d'une part, ainsi que de protection de l'environnement, d'autre part, peuvent être invoqués, en l'occurrence, en tant que raisons impérieuses d'intérêt général pour justifier les mesures en cause au principal.

– Sur la proportionnalité des mesures en cause au principal

84. S'agissant du point de savoir si ces mesures sont propres à garantir, de façon cohérente et systématique, la réalisation des objectifs cités au point 83 du présent arrêt et ne vont pas au-delà de ce qui est nécessaire pour les atteindre, il convient de distinguer entre l'exigence d'une seconde autorisation pour l'exercice de l'activité de services de VTC et la limitation du nombre de licences de services de VTC à un trentième du nombre de licences de services de taxi.

– Sur la proportionnalité de l'exigence d'une seconde autorisation

85. En ce qui concerne l'exigence d'une autorisation spécifique pour la prestation de services de VTC dans l'agglomération de Barcelone, il résulte d'une jurisprudence constante, tout d'abord, qu'un régime d'autorisation administrative préalable ne saurait légitimer un comportement discrétionnaire de la part des autorités nationales, de nature à priver les dispositions du droit de l'Union, notamment celles relatives aux libertés fondamentales en cause au principal, de leur effet utile (arrêt du 22 janvier 2002, *Canal Satélite Digital*, C-390/99, EU:C:2002:34, point 35 et jurisprudence citée).

86. Partant, pour qu'un régime d'autorisation administrative préalable soit justifié alors même qu'il déroge à de telles libertés fondamentales, il doit, en tout état de cause, être fondé sur des critères objectifs, non discriminatoires et connus à l'avance, de manière à encadrer l'exercice du pouvoir d'appréciation des autorités nationales afin que celui-ci ne soit pas exercé de manière arbitraire (arrêt du 22 janvier 2002, *Canal Satélite Digital*, C-390/99, EU:C:2002:34, point 35 et jurisprudence citée).

87. Ensuite, ne saurait être considérée comme nécessaire pour atteindre l'objectif poursuivi une mesure instituée par un État membre qui, en substance, fait double emploi avec des contrôles qui ont déjà été effectués dans le cadre d'autres procédures, soit dans ce même État, soit dans un autre État membre (voir, en ce sens, arrêt du 22 janvier 2002, *Canal Satélite Digital*, C-390/99, EU:C:2002:34, point 36).

88. Enfin, une procédure d'autorisation préalable ne serait nécessaire que si un contrôle a posteriori devait être considéré comme intervenant trop tardivement pour garantir une réelle efficacité de celui-ci et lui permettre d'atteindre l'objectif poursuivi (arrêt du 22 janvier 2002, *Canal Satélite Digital*, C-390/99, EU:C:2002:34, point 39).

89. En l'occurrence, premièrement, l'exigence d'une autorisation préalable peut certes être apte à atteindre les objectifs de bonne gestion du transport, du trafic et de l'espace public ainsi que de protection de l'environnement. En outre, compte tenu de la nature du service en cause, impliquant l'utilisation de voitures de tourisme qui, souvent, ne peuvent être distinguées des autres voitures de cette catégorie, utilisées à titre privé, qui plus est sur un vaste territoire urbain, un contrôle a posteriori peut être considéré comme intervenant trop tardivement pour garantir une réelle efficacité de celui-ci et lui permettre d'atteindre les objectifs poursuivis. Il s'ensuit que l'exigence d'une telle autorisation préalable peut être considérée comme nécessaire au sens de la jurisprudence rappelée au point 88 du présent arrêt.

90. Cela étant, conformément à la jurisprudence rappelée aux points 64 et 86 du présent arrêt, encore faut-il que les critères applicables à l'octroi, au refus et, le cas échéant, au retrait de licences de services de VTC soient propres à garantir, de façon cohérente et systématique, la réalisation de ces objectifs, ce qu'il incombe à la juridiction de renvoi de vérifier.

91. Deuxièmement, P&L faisant notamment valoir devant la Cour que l'autorité administrative compétente se réserve, en fonction de la situation du marché, le droit d'annuler une licence de services de VTC, il incombera à la juridiction de renvoi de vérifier, en particulier, si l'exercice du pouvoir d'appréciation conféré, dans le respect desdits critères, à cette autorité est suffisamment encadré, au sens de la jurisprudence rappelée au point 86 du présent arrêt, afin que celui-ci ne soit pas exercé de manière arbitraire.

92. Troisièmement, P&L soutenant, par ailleurs, que l'exigence d'une autorisation spécifique pour la prestation de services de VTC dans l'agglomération de Barcelone dupliquerait les procédures et les exigences existantes imposées pour la délivrance de l'autorisation nationale prévue pour exercer cette activité, il y aura lieu pour la juridiction de renvoi, conformément à la jurisprudence rappelée au point 87 du présent arrêt, de s'assurer que les procédures instituées pour la délivrance de cette autorisation spécifique ne font pas double emploi avec des contrôles qui ont déjà été effectués dans le cadre de cette autre procédure dans le même État membre.

93. Lors de l'examen de la nécessité de l'exigence d'une telle autorisation spécifique, la juridiction de renvoi devra apprécier, notamment, si des particularités de l'agglomération de Barcelone justifient la mise en place de cette exigence, qui s'ajoute à celle tenant à l'obtention de l'autorisation nationale, pour atteindre les objectifs de bonne gestion du transport, du trafic et de l'espace public ainsi que de protection de l'environnement au sein de celle-ci.

– Sur la proportionnalité de la limitation des licences de services de VTC à un trentième des licences de services de taxi

94. Ainsi que l'a relevé M. l'avocat général aux points 80 et 81 de ses conclusions, la procédure devant la Cour n'a révélé aucun élément qui permettrait d'établir l'aptitude de la mesure de limitation des licences de services de VTC à un trentième des licences de services de taxi à garantir la réalisation des objectifs de bonne gestion du transport, du trafic et de l'espace public ainsi que de protection de l'environnement.

95. À cet égard, il semble ressortir tant du point 9 du préambule du RVTC que de l'économie du RVTC, telle qu'elle résulte, en particulier, de ses articles 7 et 9 à 11, que la limitation des licences de prestation de services de VTC constitue l'élément clé par lequel ce règlement vise à atteindre ces objectifs.

96. Or, dans le cadre de la procédure devant la Cour, les arguments avancés par, notamment, P&L, Tapoca VTC1 et la Commission, selon lesquels

- les services de VTC réduiraient le recours à la voiture privée ;
- il ne serait pas cohérent d'invoquer des problèmes de stationnement sur les voies publiques de l'AMB alors que le RVTC impose aux entreprises offrant des services de VTC de disposer de leur propre stationnement et de ne pas stationner sur les voies publiques ;
- les services de VTC pourraient contribuer à atteindre l'objectif d'une mobilité efficace et inclusive, par leur niveau de numérisation et la flexibilité dans la prestation de services, telle une plateforme technologique accessible aux non-voyants, et
- la réglementation étatique encouragerait le recours à des véhicules utilisant des énergies alternatives pour les services de VTC ;

n'ont été infirmés ni par l'AMB ni par le gouvernement espagnol. En effet, en réponse à une question posée par la Cour lors de l'audience, ce gouvernement a indiqué n'être au courant de l'existence d'aucune étude de l'impact de la flotte de VTC sur le transport, le trafic, l'espace public et l'environnement dans l'agglomération de Barcelone, ni de celle d'une étude envisageant les effets de la réglementation introduite par le RVTC sur la réalisation des objectifs mentionnés au point 94 du présent arrêt.

97. Dès lors, sous réserve d'une appréciation à effectuer par la juridiction de renvoi, y compris au regard d'éventuels éléments qui n'ont pas été portés à la connaissance de la Cour, la limitation des licences de services de VTC à un trentième des licences de services de taxi n'apparaît pas propre à garantir la réalisation des objectifs de bonne gestion du transport, du trafic et de l'espace public.

98. Par ailleurs, aucun élément du dossier dont dispose la Cour ne tend à établir qu'une telle limitation des licences de services de VTC ne va pas au-delà de ce qui est nécessaire pour atteindre lesdits objectifs.

99. En effet, il ne saurait être exclu qu'un impact éventuel de la flotte des VTC sur le transport, le trafic et l'espace public dans l'agglomération de Barcelone puisse être adéquatement limité par des mesures moins contraignantes, telles que des mesures d'organisation des services de VTC, des limitations de ces services lors de certaines plages horaires ou encore des restrictions de circulation dans certains espaces.

100. De même, il ne saurait être exclu que l'objectif de protection de l'environnement dans l'agglomération de Barcelone puisse être atteint par des mesures moins attentatoires à la liberté d'établissement, telles que des limites d'émission applicables aux véhicules circulant dans cette agglomération.

101. Il appartient néanmoins, ici encore, à la juridiction de renvoi de vérifier s'il est établi devant elle que des mesures moins contraignantes ne permettent pas d'atteindre les objectifs poursuivis.

102. Eu égard à l'ensemble des considérations qui précèdent, il convient de répondre aux questions posées que l'article 49 TFUE

- ne s'oppose pas à une réglementation, applicable dans une agglomération, prévoyant qu'une autorisation spécifique est exigée pour exercer l'activité de services de VTC dans cette agglomération, qui s'ajoute à l'autorisation nationale requise pour la prestation de services de VTC urbains et interurbains, si cette autorisation spécifique est fondée sur des critères objectifs, non discriminatoires et connus à l'avance, qui excluent tout arbitraire et qui ne font pas double emploi avec des contrôles qui ont déjà été effectués dans le cadre de la procédure d'autorisation nationale, mais qui répondent à des besoins particuliers de cette agglomération ;
- s'oppose à une réglementation, applicable dans une agglomération, prévoyant une limitation du nombre de licences de services de VTC à un trentième des licences de services de taxi délivrées pour ladite agglomération, dès lors qu'il n'est établi ni que cette mesure est propre à garantir, de façon cohérente et systématique, la réalisation des objectifs de bonne gestion du transport, du trafic et de l'espace public de cette agglomération ainsi que de protection de son environnement, ni qu'elle ne va pas au-delà de ce qui est nécessaire pour atteindre ces objectifs.

[...]

Par ces motifs, la Cour (première chambre) dit pour droit :

1) L'article 107, paragraphe 1, TFUE ne s'oppose pas à une réglementation, applicable dans une agglomération, prévoyant, d'une part, qu'une autorisation spécifique est exigée pour exercer l'activité de services de location de véhicules de tourisme avec chauffeur dans cette agglomération, s'ajoutant à l'autorisation nationale requise pour la prestation de services de location de véhicules de tourisme avec chauffeur urbains et interurbains, et, d'autre part, que le nombre de licences de tels services est limité à un trentième des licences de services de taxi délivrées pour ladite agglomération, pour autant que ces mesures ne soient pas de nature à impliquer un engagement de ressources d'État au sens de cette disposition.

2) L'article 49 TFUE ne s'oppose pas à une réglementation, applicable dans une agglomération, prévoyant qu'une autorisation spécifique est exigée pour exercer l'activité de services de location de véhicules de tourisme avec chauffeur dans cette agglomération, qui s'ajoute à l'autorisation nationale requise pour la prestation de services de location de véhicules de tourisme avec chauffeur urbains et interurbains, si cette autorisation spécifique est fondée sur des critères objectifs, non discriminatoires et connus à l'avance, qui excluent tout arbitraire et qui ne font pas double emploi avec des contrôles qui ont déjà été effectués dans le cadre de la procédure d'autorisation nationale, mais qui répondent à des besoins particuliers de cette agglomération.

3) L'article 49 TFUE s'oppose à une réglementation, applicable dans une agglomération, prévoyant une limitation du nombre de licences de services de location de véhicules de tourisme avec chauffeur à un trentième des licences de services de taxi délivrées pour ladite agglomération, dès lors qu'il n'est établi ni que cette mesure est propre à garantir, de façon cohérente et systématique, la réalisation des objectifs de bonne gestion du transport, du trafic et de l'espace public de cette agglomération ainsi que de protection de son environnement ni qu'elle ne va pas au-delà de ce qui est nécessaire pour atteindre ces objectifs.

Observations

Les questions préjudicielles posées par la Cour supérieure de justice de Catalogne s'inscrivent dans un cadre désormais bien connu, celui du marché intérieur au sein duquel les opérateurs économiques indépendants contestent les restrictions d'accès au marché en revendiquant notamment le bénéfice de la libre prestation des services ou du droit d'établissement, voire le droit des aides d'État.

Comme dans la plupart des affaires sensibles sur le plan économique, la demande formée par la juridiction nationale a fait l'objet d'observations tendant à faire déclarer les questions préjudicielles irrecevables.

Recevabilité des questions préjudicielles

Plusieurs observations ayant consisté à établir l'irrecevabilité des questions préjudicielles tant en raison du caractère prétendument national du litige que de l'insuffisance des éléments de fait et de droit communiqués par la juridiction nationale, la Cour de justice a été amenée à rappeler les grandes lignes de sa jurisprudence selon laquelle elle est, en principe, tenue de statuer lorsque, d'une part, la demande porte sur l'interprétation du droit de l'Union européenne et lorsque, d'autre part, elle a constaté que la demande de renvoi, du point de vue de son contenu, satisfaisait aux exigences posées par l'article 94, sous a), du règlement de procédure de la Cour de justice.

Considérant, conformément à une jurisprudence constante, que le refus de statuer sur des questions préjudicielles n'est possible que « lorsqu'il apparaît de manière manifeste que l'interprétation du droit de l'Union sollicitée n'a aucun rapport avec la réalité ou l'objet du litige au principal, lorsque le problème est de nature hypothétique ou encore lorsque la Cour ne dispose pas des éléments de fait et de droit nécessaires pour répondre de façon utile aux questions qui lui sont posées » (pt 37), la Cour de justice a été amenée à prendre position sur ces différents aspects.

Après avoir pris position point par point sur les différentes objections relatives à l'irrecevabilité de la demande, la Cour de justice a fermement décidé d'écarter ces objections en s'appuyant sur une jurisprudence bien établie (1).

La Cour de justice a ainsi rappelé (2) que lorsqu'elle est saisie par une juridiction nationale qui doit statuer sur une demande d'annulation de dispositions applicables non seulement aux ressortissants nationaux, mais également aux ressortissants des autres États membres, la décision que cette juridiction adoptera à la suite de l'arrêt préjudiciel de la Cour de justice produira des effets également à l'égard des ressortissants des autres États membres. La portée de son arrêt justifie dès lors, selon elle, qu'elle réponde aux questions qui lui ont été posées en rapport avec les dispositions

(1) Voy. not. CJUE, 7 septembre 2022, *Cilevičs e.a.*, aff. C-391/20, EU:C:2022:638, pt 32 ; F. Picod (dir.), *Jurisprudence de la CJUE 2022*, coll. « Droit de l'Union européenne », Bruxelles, Bruylant, 2023, nos obs., pp. 425 et s., spéc. pp. 426-429.

(2) Voy. not. CJUE, 8 mai 2013, *Libert e.a.*, aff. jtes C-197/11 et C-203/11, EU:C:2013:288, pt 35.

du TFUE relatives aux libertés fondamentales de circulation alors même que tous les éléments du litige au principal sont cantonnés à l'intérieur d'un seul État membre.

En statuant ainsi, la Cour de justice ne prend pas position sur la situation précise des parties au principal en ce qui concerne le bénéfice qu'elles peuvent légitimement ou non tirer d'une liberté de circulation. La demande préjudicielle est recevable et il appartiendra à la juridiction nationale à l'origine du renvoi de prendre position elle-même sur l'applicabilité des libertés de circulation invoquées. Il aurait été bien, selon nous, de le souligner de manière à éviter les malentendus qui ont pu naître du prononcé de tel ou tel arrêt préjudiciel de la Cour de justice dans des situations qui étaient purement nationales (3).

Examen des questions préjudicielles

L'importance des deux références aux dispositions du traité, à savoir l'article 49 puis l'article 107 TFUE, était inégale.

La question posée se rapportant à l'article 107 TFUE, relatif aux aides d'État, s'inscrit dans une tendance assez récente dans le cadre du droit du marché intérieur qui consiste à voir dans les réglementations nationales qui encadrent une activité économique une aide d'État en faveur de ceux qui, *in fine*, sont à même d'exercer cette activité.

Dans cette affaire, aucune information significative ne permettait d'établir que les mesures en cause étaient constitutives d'une aide d'État au sens de l'article 107 TFUE tel que cet article est interprété dans une jurisprudence constante de la Cour de justice.

On sait que l'applicabilité de l'article 107 TFUE est conditionnée par la réunion de quatre conditions, la première d'entre elles tenant à une intervention de l'État ou l'engagement de ressources d'État. Comme la Cour de justice l'a observé, la décision de renvoi ne permettait pas de comprendre que la réglementation en cause au principal impliquait l'engagement de ressources d'État.

Ni l'exigence d'une autorisation délivrée par l'AMB pour exercer l'activité de services de VTC dans l'agglomération de Barcelone, ni la limitation du nombre de licences délivrées n'ont semblé impliquer des prestations positives, telles que des subventions au bénéfice des entreprises fournissant des services de taxi, ni alléger les charges qui grèvent normalement le budget de ces entreprises. De surcroît, ces deux mesures n'ont pas paru provoquer une diminution du budget

(3) Voy. notre étude « Libre circulation et situation interne », *R.A.E.*, 2003-2004/1, pp. 47-54, spéc. p. 53.

étatique ou un risque économique concret de charges publiques, lesquelles pourraient bénéficier aux entreprises fournissant des services de taxi.

Dans ces conditions, l'article 107, paragraphe 1, TFUE ne pouvait s'opposer à une réglementation prévoyant, d'une part, qu'une autorisation spécifique est exigée pour exercer l'activité de services de VTC dans l'agglomération concernée, s'ajoutant à l'autorisation nationale requise, et, d'autre part, que le nombre de licences de tels services est limité à un trentième des licences de services de taxi délivrées, dans la mesure où ces mesures ne sont pas de nature à impliquer un engagement de ressources d'État.

C'est la première référence à l'article 49 TFUE, sur le droit d'établissement, qui a justement suscité toute l'attention de la Cour de justice laquelle s'est efforcée de traiter la question de manière ordonnée.

La Cour de justice a choisi de rappeler l'une de ses définitions modernes de l'entrave au droit d'établissement suivant laquelle « doivent être considérées comme des restrictions à la liberté d'établissement toutes les mesures qui interdisent, gênent ou rendent moins attrayant l'exercice de la liberté garantie à l'article 49 TFUE » (pt 61). Autrement dit, la Cour de justice ne fait pas référence à une quelconque discrimination en raison de la nationalité qui pouvait découler d'une interprétation classique et orientée de l'article 52 du traité CEE, devenu article 43 TCE puis article 49 TFUE.

Comme en matière de libre circulation des marchandises depuis l'affaire des remorques italiennes (4), le critère de l'entrave à l'accès au marché est privilégié pour caractériser l'entrave aux échanges (5).

Deux restrictions devaient précisément être appréciées.

En premier lieu, c'est l'exigence d'une autorisation spécifique pour l'exercice de l'activité de services de VTC dans l'agglomération de Barcelone, s'ajoutant à l'autorisation nationale requise pour la prestation de services de VTC urbains et interurbains, qui constitue en tant que telle une restriction à l'exercice de la liberté d'établissement garantie à l'article 49 TFUE, étant observé que de telles exigences « limitent effectivement l'accès au marché pour tout nouvel arrivant » (pt 62). Ce type d'autorisation constitue une entrave classique au droit d'établissement.

---

(4) CJUE, 10 février 2009, *Commission c/ Italie*, aff. C-110/05, ECLI:EU:C:2009:66.

(5) Voy. notre étude « Le critère de l'entrave à l'accès au marché. Plus qu'une variation sur un thème classique », in *Mélanges en l'honneur de Vassilios Skouris. Le droit européen, source de droits, source du droit*, Paris, Mare & Martin, 2022, pp. 505-520. Sur la notion d'entrave, on se référera à L. Azoulai (dir.), *L'entrave dans le droit du marché intérieur*, coll. « Droit de l'Union européenne », série « Colloques », Bruxelles, Bruylant, 2011, 362 p.

En second lieu, la limitation du nombre de licences de tels services de VTC à un trentième du nombre de licences de services de taxi délivrées pour ladite agglomération qui a pour effet de restreindre le nombre de prestataires de services de VTC susceptible d'être établis devait également être qualifiée de « restriction à la liberté d'établissement » au sens de l'article 49 TFUE (pt 63). Ce type de limitation, déjà identifié en matière de jeux en ligne, constitue désormais une entrave au droit d'établissement. La Cour de justice a, en effet, déjà observé qu'au terme de l'attribution d'environ 16 000 nouvelles concessions, une législation nationale qui subordonne l'exercice d'une activité économique à l'obtention d'une concession et prévoit diverses hypothèses de déchéance de la concession constitue une entrave à la liberté d'établissement (6).

Ne pouvant trouver un fondement dans l'article 52 TFUE qui est d'interprétation stricte, de telles restrictions ne pouvaient être justifiées que sur le fondement prétorien d'une raison impérieuse d'intérêt général.

La Cour de justice a alors été amenée à rappeler les conditions imposées au titre de ce type de justifications prétoriennes : « [D]e telles restrictions à la liberté d'établissement ne sauraient être admises qu'à la condition, en premier lieu, d'être justifiées par une raison impérieuse d'intérêt général et, en second lieu, de respecter le principe de proportionnalité, ce qui implique qu'elles soient propres à garantir, de façon cohérente et systématique, la réalisation de l'objectif poursuivi et qu'elles n'aillent pas au-delà de ce qui est nécessaire pour l'atteindre » (pt 64).

C'est conformément aux conclusions de son avocat général (pts 75 et 76) que la Cour de justice a expressément reconnu « l'objectif de bonne gestion du transport, du trafic et de l'espace public d'une agglomération » ainsi que celui de « protection de l'environnement dans une telle agglomération » (pt 69).

Par contraste avec ces raisons impérieuses d'intérêt général ainsi reconnues, les objectifs de garantir la rentabilité d'une ligne d'autobus concurrente ou des services de taxi n'ont pas été admis à ce titre en ce qu'ils se rapportent à des objectifs de nature purement économique que la Cour de justice a toujours écartés (pts 70 et 71). Plus précisément, la recherche d'un équilibre entre les deux modes de transports urbains ou encore un ratio entre les licences de services de VTC et celles de services de taxi devaient connaître le même traitement.

(6) CJUE, 16 février 2012, *Cifone*, aff. jtes C-72/10 et C-77/10, ECLI:EU:C:2012:80, pts 48 et 70.

Au terme d'une telle reconnaissance de deux raisons impérieuses d'intérêt général, la Cour de justice aurait pu examiner les conditions de mise en œuvre de telles raisons mais elle a consacré de longs développements à réfuter la qualification recherchée par l'une des parties au principal de service d'intérêt économique général pourtant non expressément visée dans les questions préjudicielles (pts 73-82).

Rattacher le service des taxis à un service d'intérêt économique général conduirait à permettre d'invoquer l'article 106, paragraphe 2, TFUE qui vise une telle notion en vue principalement de permettre aux activités correspondantes de se soustraire, dans une certaine mesure, à l'application du droit de la concurrence, qu'il s'agisse des règles prohibant les pratiques anticoncurrentielles ou des règles interdisant les aides d'État (7). Cela pourrait avoir pour effet d'y rattacher de multiples activités de service qui sont certes animées par la satisfaction d'un grand nombre de personnes mais qui ne sont pas pour autant caractéristiques d'un service d'intérêt économique général.

À ce titre, la Cour de justice a pris soin d'observer, dans deux points de motifs importants, qu'un service est susceptible de revêtir un intérêt économique général lorsque « cet intérêt présente des caractères spécifiques par rapport à celui que revêtent d'autres activités de la vie économique » (pt 77) et que le service « doit être fourni en application d'une mission particulière de service public confiée au prestataire par l'État membre concerné » (pt 78). De telles conditions n'étaient manifestement pas remplies au sujet du service de taxi.

Après cette analyse incidente, les conditions de mise en œuvre des raisons impérieuses d'intérêt général ont pu être examinées par la Cour de justice qui a choisi, à juste titre, de présenter distinctement les différents types de contraintes imposées, à savoir l'exigence d'une seconde autorisation pour l'exercice de l'activité de services de VTC et la limitation du nombre de licences de services de VTC à un trentième du nombre de licences de services de taxi.

S'agissant de la première restriction, on constate que la Cour de justice refuse de se prononcer *in concreto* sur la proportionnalité de la réglementation. Elle renvoie au juge national le soin de se prononcer notamment sur la question de savoir si des particularités de l'agglomération de Barcelone justifient la mise en place de cette exigence, s'ajoutant à celle tenant à l'obtention de l'autorisation nationale, pour atteindre les objectifs de bonne gestion du transport, du trafic et de l'espace public ainsi que de protection de l'environnement au sein de celle-ci (pt 93).

(7) Voy. particulièrement F. Picod et Q. de Kersauson (dir.), « Service d'intérêt économique général (SIEG) et droit de l'Union européenne », *R.A.E.*, 2020/4, pp. 727-819.

Ceci étant, la Cour de justice lui a indiqué un certain nombre de repères tirés de sa jurisprudence antérieure.

La Cour a ainsi souligné, à juste titre, que l'exigence d'une autorisation préalable peut être apte à atteindre les objectifs de bonne gestion du transport, du trafic et de l'espace public ainsi que de protection de l'environnement, particulièrement compte tenu de la nature du service en cause, impliquant l'utilisation de voitures de tourisme qui, souvent, ne peuvent être distinguées des autres voitures de cette catégorie, utilisées à titre privé, qui plus est sur un vaste territoire urbain, étant observé qu'un contrôle *a posteriori* pourrait être trop tardif pour garantir une réelle efficacité de celui-ci et lui permettre d'atteindre les objectifs poursuivis (pt 89).

S'agissant de la seconde restriction, la Cour de justice a été radicale dans son appréciation.

S'appuyant sur les conclusions de son avocat général (pts 80 et 81), la Cour a considéré qu'aucun élément produit ne permettrait d'établir l'aptitude de la mesure de limitation des licences de services de VTC à un trentième des licences de services de taxi à garantir la réalisation des objectifs de bonne gestion du transport, du trafic et de l'espace public ainsi que de protection de l'environnement.

Compte tenu de la radicalité d'un tel constat, inhabituel de surcroît dans l'examen de ce type de restrictions, on aurait souhaité une explication minimale des raisons de l'inaptitude, au sens strict, de la restriction à assurer la réalisation des objectifs invoqués.

La Cour apporte des éléments d'appréciation sur un autre plan, celui de la proportionnalité, qui viennent conforter le constat d'inadéquation de la restriction mise en œuvre.

Il est apparu qu'aucun élément du dossier soumis à la Cour de justice ne tendait à établir qu'une telle limitation des licences de services de VTC n'allait pas au-delà de ce qui est nécessaire pour atteindre lesdits objectifs alors qu'il appartient normalement aux autorités qui se prévalent des justifications de procéder à ce type de démonstration.

La recherche des effets provoqués par la flotte des VTC sur le transport, le trafic et l'espace public dans l'agglomération de Barcelone pourrait conduire à l'adoption de mesures d'organisation des services de VTC, des limitations de ces services lors de certaines plages horaires ou encore des restrictions de circulation dans certains espaces (pt 99), ce que le juge national devrait prendre en considération pour s'assurer que de telles mesures moins contraignantes permettraient d'atteindre les objectifs poursuivis (pt 101).

Plus particulièrement et sous réserve des vérifications opérées par le juge national, l'objectif de protection de l'environnement dans l'agglomération de Barcelone pourrait être atteint par des mesures moins attentatoires à la liberté d'établissement, telles que des limites d'émission applicables aux véhicules circulant dans cette agglomération (pt 100). D'autres mesures expérimentées par certaines grandes agglomérations, telles que la circulation alternée suivant les numéros pairs ou impairs de plaques d'immatriculation ou l'interdiction de circulation des véhicules rejetant plus d'une certaine quantité de CO_2 auraient pu être évoquées si les parties au principal en avaient sérieusement débattu.

S'agissant de cette seconde restriction, la Cour de justice conclut dans son dispositif que l'article 49 TFUE s'oppose à une réglementation, applicable dans une agglomération, prévoyant une limitation du nombre de licences de services de location de véhicules de tourisme avec chauffeur à un trentième des licences de services de taxi délivrées « dès lors qu'il n'est établi ni que cette mesure est propre à garantir, de façon cohérente et systématique, la réalisation des objectifs de bonne gestion du transport, du trafic et de l'espace public de cette agglomération ainsi que de protection de son environnement ni qu'elle ne va pas au-delà de ce qui est nécessaire pour atteindre ces objectifs ».

Sortie de son contexte, la formulation retenue par la Cour de justice pourrait laisser entendre que le constat de la non-conformité de la restriction à l'article 49 TFUE est soumis à deux conditions cumulatives, celle de l'inaptitude et de la disproportion, alors que l'une des deux conditions suffit à opérer un tel constat : si le juge national considère que la restriction est inapte, ce que la Cour de justice a observé de manière claire quoique laconique, la restriction ne pourra être justifiée indépendamment de son caractère proportionné ou disproportionné ; si la restriction paraît aller au-delà du nécessaire, autrement dit qu'elle est disproportionnée, tout en paraissant *a priori* apte à la réalisation des objectifs, elle ne pourra non plus être justifiée.

L'arrêt ainsi rendu par la Cour de justice devrait servir de référence dans ce type de contestation pour des affaires concernant notamment des opérateurs de jeu en ligne ou des opérateurs procédant à l'intermédiation pour tel ou tel service de logement ou de spectacle.

Fabrice Picod

Cour de justice, 1re ch., 12 octobre 2023, *BA c/ Finanzamt X*, aff. C-670/21, ECLI:EU:C:2023:763

Conclusions de l'avocat général A. M. Collins, du 9 février 2023, ECLI:EU:C:2023:89

Mots-clés : Fiscalité – Libre circulation des capitaux – Impôt sur les successions – Mouvements de capitaux entre les États membres et les pays tiers – Biens immobiliers situés dans un pays tiers – Traitement fiscal plus favorable réservé aux biens immobiliers situés dans un État membre ou dans un État partie à l'accord sur l'Espace économique européen – Restriction – Justification – Politique du logement – Efficacité des contrôles fiscaux – Cohérence

Cadre normatif : articles 63 à 65 TFUE

Notes et observations : *Europe*, janvier 2024, comm. n° 12

Extraits de l'arrêt

1. La demande de décision préjudicielle porte sur l'interprétation des articles 63 à 65 TFUE.

2. Cette demande a été présentée dans le cadre d'un litige opposant BA au Finanzamt X (bureau des impôts X, Allemagne) au sujet du calcul des droits de succession portant sur une propriété foncière située dans un pays tiers.

Le cadre juridique

[...]

Le litige au principal et la question préjudicielle

21. M. A., résident allemand, est décédé au cours de l'année 2016. Il a légué à son fils, BA, résidant également en Allemagne, par un acte authentique établi en 2013, sa demi-part dans un patrimoine immobilier situé au Canada. Les biens immobiliers composant ce patrimoine sont loués à des fins résidentielles et ne font pas partie d'un patrimoine professionnel.

22. Par décision du 17 juillet 2017, le bureau des impôts X a fixé le montant des droits de succession dus par BA en Allemagne sur l'ensemble de la dévolution patrimoniale. Aux fins du calcul de ces droits, les biens immobiliers situés au Canada ont été évalués à leur pleine valeur vénale.

23. Par lettre du 19 mars 2018, BA a demandé la modification du montant des droits de succession afin que ces biens soient évalués à 90 % de leur valeur vénale, conformément à l'article 13c, paragraphe 1, de l'ErbStG. BA a fait valoir que les biens immobiliers en cause remplissaient les conditions pour bénéficier de cet avantage fiscal à la seule exception de celle prévue au paragraphe 3, point 2, de cet article, qui exige que le bien immobilier soit situé en Allemagne, dans un autre État membre ou dans un État partie à l'accord EEE. Il a soutenu que cette dernière disposition portait atteinte à la libre circulation des capitaux entre les États membres et les pays tiers, consacrée à l'article 63 TFUE.

24. Par décision du 25 avril 2018, le bureau des impôts X a rejeté la demande de modification présentée par BA puis, par décision du 23 avril 2019, la réclamation que celui-ci avait introduite.

25. Le bureau des impôts X a estimé que la différence de traitement entre les biens immobiliers loués à des fins résidentielles, situés dans un État tiers autre qu'un État partie à l'accord EEE, et les biens de même nature, situés en Allemagne, dans un autre État membre ou dans un État partie à l'accord EEE, n'était pas contraire à l'article 63 TFUE.

26. La Cour aurait considéré, dans son arrêt du 22 avril 2010, *Mattner* (C-510/08, EU:C:2010:216), qu'il existe une restriction à la libre circulation des capitaux lorsqu'un abattement sur les bases imposables dépend du lieu de résidence des intéressés. De même, dans son arrêt du 17 janvier 2008, *Jäger* (C-256/06, EU:C:2008:20), elle aurait jugé que l'octroi d'avantages fiscaux en matière de droits de succession à la condition que le bien acquis par voie de succession soit situé sur le territoire national constitue une restriction à la libre circulation des capitaux prohibée, en principe, par l'article 63 TFUE. Cependant, le bureau des impôts X a estimé que ces jurisprudences ne s'appliquaient pas à une réglementation nationale, telle que celle en cause au principal, qui exclut du champ d'un avantage fiscal des biens immobliers situés dans un État tiers qui n'est pas partie à l'accord EEE.

27. Le 24 mai 2019, BA a introduit un recours devant le Finanzgericht Köln (tribunal des finances de Cologne, Allemagne), la juridiction de renvoi, tendant, en substance, à l'annulation de la décision du 25 avril 2018.

28. En premier lieu, la juridiction de renvoi s'interroge sur la conformité à l'article 63 TFUE d'une disposition nationale qui exclut de l'octroi de l'avantage fiscal un bien immobilier loué à des fins résidentielles situé au Canada. Selon cette juridiction, les biens immobiliers en cause rempliraient l'ensemble des conditions prévues par le droit national pour pouvoir bénéficier de l'avantage fiscal prévu à l'article 13c, paragraphes 1 et 3, de l'ErbStG à l'exception de celle exigeant que le bien soit situé en Allemagne, dans un autre État membre ou dans un État tiers partie à l'accord EEE.

29. En second lieu, la juridiction de renvoi se demande si une mesure nationale qui soumettrait à un impôt sur les successions plus élevé les biens immobiliers situés dans un État tiers autre qu'un État partie à l'accord EEE et qui pourrait constituer une restriction à la libre circulation des capitaux peut être justifiée par la clause de *standstill* prévue à l'article 64 TFUE, par l'un des motifs énoncés à l'article 65 TFUE ou par des raisons impérieuses d'intérêt général.

30. Tout d'abord, selon cette juridiction, l'article 64 TFUE ne semblerait pas applicable dans la mesure où l'avantage fiscal prévu à l'article 13c, paragraphes 1 et 3, de l'ErbStG a été introduit le 24 décembre 2008, avec effet au 1er janvier 2009 et, dès lors, postérieurement au 31 décembre 1993.

31. Ensuite, d'une part, la juridiction de renvoi considère que des biens immobiliers loués à des fins résidentielles, situés en Allemagne, dans un autre État membre, dans un État partie à l'accord EEE ou dans un autre pays tiers, se trouvent dans une situation comparable aux fins de l'application de l'article 65, paragraphe 1, sous a), TFUE.

32. D'autre part, cette juridiction estime que la possibilité de justifier la restriction à la libre circulation des capitaux sur le fondement de l'article 65, paragraphe 1, sous b), TFUE, prévoyant que les États membres peuvent prendre les mesures indispensables pour faire échec aux infractions à leurs lois et règlements, notamment en matière fiscale, semble peu envisageable dans la mesure où, en vertu de l'article 26, paragraphe 4, de l'accord fiscal entre l'Allemagne et le Canada, ces deux États peuvent recourir à l'échange de renseignements pour tous les impôts perçus dans l'un d'eux.

33. Enfin, ladite juridiction indique qu'il ne semble exister aucune raison impérieuse d'intérêt général, au sens de l'article 65, paragraphe 2, TFUE, susceptible de justifier la restriction à la libre circulation des capitaux découlant de la réglementation nationale.

34. Dans ces conditions, le Finanzgericht Köln (tribunal des finances de Cologne) a décidé de surseoir à statuer et de poser à la Cour la question préjudicielle suivante :

« L'article 63, paragraphe 1, et les articles 64 et 65 TFUE doivent-ils être interprétés en ce sens qu'ils s'opposent à une réglementation nationale d'un État membre relative à la perception de l'impôt sur les successions qui prévoit, aux fins du calcul de cet impôt, qu'un bien immobilier bâti faisant partie du patrimoine privé, situé dans un pays tiers (en l'espèce, le Canada) et loué à des fins résidentielles, est évalué à sa pleine valeur, alors qu'un bien immobilier faisant partie du patrimoine privé, situé en Allemagne, dans un État membre de l'Union européenne ou dans un État de l'Espace économique européen, et loué à des fins résidentielles, n'est pris en compte lors du calcul de l'impôt sur les successions qu'à 90 % de sa valeur ? »

Sur la question préjudicielle

35. Par sa question, la juridiction de renvoi demande, en substance, si les articles 63 à 65 TFUE doivent être interprétés en ce sens qu'ils s'opposent à une réglementation d'un État membre qui prévoit que, aux fins du calcul des droits de succession, un bien immobilier bâti faisant partie du patrimoine privé, situé dans un État tiers autre qu'un État partie à l'accord EEE et loué à des fins résidentielles, est évalué à sa pleine valeur vénale, alors qu'un bien de même nature situé sur le territoire national, dans un autre État membre ou dans un État partie à l'accord EEE est évalué, pour les besoins de ce calcul, à 90 % de sa valeur vénale.

36. Selon une jurisprudence constante de la Cour, si la fiscalité directe relève de la compétence des États membres, ces derniers doivent toutefois exercer cette compétence dans le respect du droit de l'Union et, notamment, des libertés fondamentales garanties par le traité FUE [arrêt du 21 décembre 2021, *Finanzamt V (Successions – Abattement partiel et déduction des parts réservataires)*, C-394/20, EU:C:2021:1044, point 27 ainsi que jurisprudence citée].

37. L'article 63, paragraphe 1, TFUE interdit de manière générale les restrictions aux mouvements de capitaux entre les États membres ainsi qu'entre les États membres et les pays tiers.

38. Il résulte d'une jurisprudence constante que le traitement fiscal des successions relève des dispositions du traité FUE relatives aux mouvements des capitaux, à l'exception des cas où leurs éléments constitutifs se cantonnent à l'intérieur d'un seul État membre (arrêt du 22 novembre 2018, *Huijbrechts*, C-679/17, EU:C:2018:940, point 16 et jurisprudence citée).

39. Une situation dans laquelle un État membre applique des droits de succession à des biens successoraux situés hors de son territoire, appartenant à une personne résidant sur son territoire à la date de son décès et revenant à un héritier également résident de cet État membre, ne saurait être considérée comme une situation purement interne. Par conséquent, une telle situation relève des mouvements de capitaux, au sens de l'article 63, paragraphe 1, TFUE.

40. Il y a donc lieu d'examiner si une réglementation nationale d'un État membre qui prévoit que, aux fins du calcul des droits de succession, un bien immobilier situé dans un État tiers non partie à l'accord EEE est évalué à sa pleine valeur vénale alors qu'un tel bien situé dans cet État membre est évalué, pour les besoins de ce calcul, à hauteur de 90 % de sa valeur vénale constitue une restriction aux mouvements de capitaux au sens de l'article 63, paragraphe 1, TFUE et, dans l'affirmative, de vérifier si une telle restriction peut être admise au titre de l'article 64, paragraphe 1, TFUE ou, le cas échéant, être justifiée au regard de l'article 65 TFUE.

Sur l'existence d'une restriction à la libre circulation des capitaux, au sens de l'article 63, paragraphe 1, TFUE

41. La Cour a jugé, en matière de droits de succession, que le fait de subordonner l'octroi d'avantages fiscaux à la condition que le bien transmis soit situé sur le territoire national constitue une restriction à la libre circulation des capitaux prohibée, en principe, par l'article 63, paragraphe 1, TFUE (arrêt du 18 décembre 2014, *Q*, C-133/13, EU:C:2014:2460, point 20 et jurisprudence citée). De même, des mesures ayant pour effet de diminuer la valeur de la succession d'un résident d'un État autre que celui sur le territoire duquel se trouvent les biens concernés constituent également une telle restriction [arrêt du 21 décembre 2021, *Finanzamt V (Successions – Abattement partiel et déduction des parts réservataires)*, C-394/20, EU:C:2021:1044, point 32 ainsi que jurisprudence citée].

42. En outre, il convient de rappeler que les mesures interdites par l'article 63, paragraphe 1, TFUE comprennent celles qui sont de nature à dissuader les non-résidents de faire des investissements dans un État membre ou à dissuader les résidents de cet État membre d'en faire dans d'autres États (arrêt du 15 octobre 2009, *Busley et Cibrian Fernandez*, C-35/08, EU:C:2009:625, point 20).

43. En l'occurrence, la réglementation nationale en cause au principal prévoit que, lorsqu'une succession comprend des biens immobiliers bâtis qui font partie du patrimoine privé et qui sont loués à des fins résidentielles, ces biens sont évalués, aux fins du calcul des droits de succession, non à leur pleine valeur vénale mais à 90 % de celle-ci, lorsqu'ils sont situés sur le territoire national, dans un autre État membre ou dans un État tiers partie à l'accord EEE. Cette réglementation exclut de l'avantage fiscal les biens immobiliers situés dans un État tiers qui n'est pas partie à l'accord EEE.

44. Une telle réglementation, qui fait dépendre le bénéfice de l'avantage fiscal de la localisation des biens compris dans la succession, aboutit à ce que les biens immobiliers situés dans un État tiers autre qu'un État partie à l'accord EEE soient soumis à une charge fiscale plus lourde que ceux situés sur le territoire national et, partant, a pour effet de diminuer la valeur de cette succession (voir, en ce sens, arrêt du 17 janvier 2008, *Jäger*, C-256/06, EU:C:2008:20, point 32).

45. En outre, ce désavantage fiscal est susceptible de dissuader une personne physique, résidant en Allemagne, tant de procéder à un investissement dans un bien immobilier loué à des fins résidentielles situé dans un État tiers autre qu'un État partie à l'accord EEE que de conserver un tel bien dont elle est propriétaire (voir, en ce sens, arrêt du 15 octobre 2009, *Busley et Cibrian Fernandez*, C-35/08, EU:C:2009:625, point 27).

46. Il en résulte qu'une réglementation nationale telle que celle en cause au principal constitue une restriction aux mouvements de capitaux, au sens de l'article 63, paragraphe 1, TFUE, ce qui n'est d'ailleurs pas contesté par le gouvernement allemand.

Sur l'application de l'article 64, paragraphe 1, TFUE concernant les restrictions à la libre circulation des capitaux à l'égard des pays tiers

47. La juridiction de renvoi se demande si une telle restriction, en ce qu'elle concerne les mouvements de capitaux avec un pays tiers, peut être admise au titre de l'article 64, paragraphe 1, TFUE.

48. À cet égard, il convient de rappeler que, aux termes de cette disposition, l'article 63 TFUE ne porte pas atteinte à l'application, aux pays tiers, des restrictions existant le 31 décembre 1993 en vertu du droit national ou du droit de l'Union, en ce qui concerne les mouvements de capitaux à destination ou en provenance de pays tiers lorsqu'ils impliquent des investissements directs, y compris les investissements immobiliers, l'établissement, la prestation de services financiers ou l'admission de titres sur les marchés des capitaux.

49. S'agissant de la notion de « restrictions existant le 31 décembre 1993 », figurant à l'article 64, paragraphe 1, TFUE, il convient de rappeler que toute disposition nationale adoptée postérieurement à cette date n'est pas, de ce seul fait, automatiquement exclue du régime dérogatoire prévu à cette disposition. En effet, la Cour a admis que peuvent être assimilées à de telles restrictions « existantes » celles prévues par des dispositions adoptées après ladite date qui, dans leur substance, sont identiques à la réglementation antérieure ou qui se bornent à réduire ou à supprimer un obstacle à l'exercice des droits et des libertés de circulation figurant dans cette réglementation [arrêt du 26 février 2019, *X (Sociétés intermédiaires établies dans des pays tiers)*, C-135/17, EU:C:2019:136, point 37 et jurisprudence citée].

50. En l'occurrence, il y a lieu de relever que, selon les indications fournies par la juridiction de renvoi, l'avantage fiscal en cause au principal, prévu à l'article 13c, paragraphes 1 et 3, de l'ErbStG, a été introduit pour la première fois dans le système juridique allemand le 24 décembre 2008, avec effet au 1er janvier 2009. Dès lors, ainsi que le constatent d'ailleurs le gouvernement allemand et la Commission européenne, la clause de *standstill* prévue à l'article 64, paragraphe 1, TFUE ne saurait s'appliquer à cette réglementation nationale, adoptée postérieurement au 31 décembre 1993.

51. En conséquence, une restriction à la libre circulation des capitaux vers un pays tiers, telle que celle en cause au principal, n'est pas susceptible d'échapper à l'application de l'article 63, paragraphe 1, TFUE sur le fondement de l'article 64, paragraphe 1, TFUE.

52. Dans ces conditions, il convient d'examiner dans quelle mesure la restriction à la libre circulation des capitaux ainsi constatée est susceptible d'être justifiée au regard de l'article 65 TFUE.

Sur l'existence d'une justification à la restriction à la libre circulation des capitaux au titre de l'article 65 TFUE

53. En vertu de l'article 65, paragraphe 1, sous a), TFUE, l'article 63 TFUE ne porte pas atteinte au droit qu'ont les États membres d'appliquer les dispositions pertinentes de leur législation fiscale qui établissent une distinction entre les contribuables qui ne se trouvent pas dans la même situation en ce qui concerne leur résidence ou le lieu où leurs capitaux sont investis.

54. Cette disposition, en tant qu'elle constitue une dérogation au principe fondamental de la libre circulation des capitaux, doit faire l'objet d'une interprétation stricte. Partant, elle ne saurait être interprétée en ce sens que toute législation fiscale comportant une distinction entre les contribuables en fonction du lieu où ils résident ou de l'État dans lequel ils investissent leurs capitaux est automatiquement compatible avec le traité FUE. En effet, la dérogation prévue à l'article 65, paragraphe 1, sous a), TFUE est elle-même limitée par l'article 65, paragraphe 3, TFUE, qui prévoit que les dispositions nationales visées au paragraphe 1 de cet article « ne doivent constituer ni un moyen de discrimination arbitraire ni une restriction déguisée à la libre circulation des capitaux et des paiements telle que définie à l'article 63 [TFUE] » (arrêt du 27 avril 2023, *L Fund*, C-537/20, EU:C:2023:339, point 44 et jurisprudence citée).

55. La Cour a également jugé qu'il y a lieu, dès lors, de distinguer les différences de traitement permises au titre de l'article 65, paragraphe 1, sous a), TFUE des discriminations interdites par l'article 65, paragraphe 3, TFUE. Or, pour qu'une législation fiscale nationale puisse être considérée comme compatible avec les dispositions du traité FUE relatives à la libre circulation des capitaux, il faut que la différence de traitement qui en résulte concerne des situations qui ne sont pas objectivement comparables ou qu'elle soit justifiée par une raison impérieuse d'intérêt général (arrêts du 30 juin 2016, *Feilen*, C-123/15, EU:C:2016:496, point 26, et du 27 avril 2023, *L Fund*, C-537/20, EU:C:2023:339, point 45 ainsi que jurisprudence citée).

56. Il y a donc lieu d'examiner, en premier lieu, la comparabilité des situations en cause au principal et le cas échéant, en second lieu, la possibilité de justifier le traitement différencié de ces situations par une raison impérieuse d'intérêt général.

Sur la comparabilité des situations en cause

57. Dans le cadre de l'examen de la comparabilité des situations concernées, la juridiction de renvoi considère qu'un bien immobilier du patrimoine privé loué à des fins résidentielles, situé dans un État tiers autre qu'un État partie à l'accord EEE, se trouve dans une situation objectivement comparable à celle d'un bien de même nature situé en Allemagne, dans un autre État membre ou dans un État partie à l'accord EEE. Selon cette juridiction, les situations ne différeraient que par la localisation du bien immobilier.

58. Le gouvernement allemand, quant à lui, fait valoir, en substance, que les situations respectives des biens immobiliers situés, d'une part, dans un État tiers qui n'est pas partie à l'accord EEE et, d'autre part, en Allemagne, dans un autre État membre ou dans un État partie à l'accord EEE ne sont pas objectivement comparables. En effet, le législateur allemand ne serait pas tenu d'étendre l'avantage fiscal prévu par la réglementation nationale en cause au principal, qui vise à promouvoir des logements à des loyers abordables en Allemagne, dans les autres États membres ou dans les États parties à l'accord EEE, aux biens immobiliers situés dans des États tiers qui ne sont pas parties à cet accord. Outre que la situation en termes de loyers serait susceptible d'être très différente dans ces derniers États, ce gouvernement estime, en se référant à l'arrêt du 18 décembre 2014, *Q* (C-133/13, EU:C:2014:2460, point 27), que la différence de traitement fiscal entre des successions concernant, d'une part, des biens immobiliers loués à des fins résidentielles situés dans lesdits États et, d'autre part, des biens similaires situés en Allemagne, dans un autre État membre ou dans un État partie à l'accord EEE est inhérente à l'objectif poursuivi par le législateur allemand.

59. Il découle de la jurisprudence de la Cour, d'une part, que le caractère comparable ou non d'une situation transfrontalière avec une situation interne doit être examiné en tenant compte de l'objectif poursuivi par les dispositions nationales en cause ainsi que de l'objet et du contenu de ces dernières, et, d'autre part, que seuls les critères de distinction pertinents établis par la législation en cause doivent être pris en compte aux fins d'apprécier si la différence de traitement résultant d'une telle législation reflète une différence de situation objective (arrêt du 27 avril 2023, *L Fund*, C-537/20, EU:C:2023:339, point 54 et jurisprudence citée).

60. Il ressort des observations soumises à la Cour par le gouvernement allemand que la réglementation nationale en cause au principal a pour objet de diminuer la charge fiscale pesant sur un bien immobilier loué à des fins résidentielles qui est susceptible de contraindre l'héritier à vendre un tel bien immobilier en raison de l'impôt sur les successions dont il est redevable, contrairement aux investisseurs institutionnels qui ne sont pas soumis à cet impôt.

61. L'avantage fiscal résultant de cette réglementation concerne les successions de tous les biens immobiliers loués à des fins résidentielles, sans distinction, situés en Allemagne, dans un autre État membre ou dans un État partie à l'accord EEE.

62. Il ressort du dossier dont dispose la Cour que le calcul des droits de succession est, en application de ladite réglementation, directement lié à la valeur vénale des biens inclus dans la succession, de sorte qu'il n'existe objectivement aucune différence de situation de nature à justifier une inégalité de traitement fiscal en ce qui concerne le niveau des droits de succession dus au titre, respectivement, d'un bien immobilier situé en Allemagne, dans un autre État membre ou dans un État partie à l'accord EEE, et d'un bien immobilier situé dans un État tiers autre que les États parties à l'accord EEE (voir, en ce sens, arrêt du 17 janvier 2008, *Jäger*, C-256/06, EU:C:2008:20, point 44).

63. En outre, aucun élément du dossier dont dispose la Cour ne permet de constater que les biens immobiliers du patrimoine privé loués à des fins résidentielles situés au Canada ne se trouvent pas dans une situation comparable à celle des biens immobiliers du patrimoine privé loués à des fins résidentielles situés en Allemagne, dans un autre État membre ou dans un État partie à l'accord EEE.

64. Dans ces conditions, et sans préjudice de l'examen du caractère éventuellement justifié de la réglementation en cause au principal au titre d'une raison impérieuse d'intérêt général, admettre que des situations ne seraient pas comparables du seul fait que le bien immobilier en cause soit situé dans un État tiers autre qu'un État partie à l'accord EEE, alors que l'article 63, paragraphe 1, TFUE interdit précisément les restrictions aux mouvements de capitaux transfrontaliers, viderait cette disposition de son contenu [voir, en ce sens, arrêt du 26 février 2019, *X (Sociétés intermédiaires établies dans des pays tiers)*, C-135/17, EU:C:2019:136, point 68].

65. À cet égard, la situation en cause au principal dans la présente affaire est différente de la situation ayant donné lieu à l'arrêt du 18 décembre 2014, *Q* (C-133/13, EU:C:2014:2460), invoqué par le gouvernement allemand. En effet, l'avantage fiscal en cause dans cette dernière affaire visait à préserver l'intégrité de certains domaines ruraux typiques relevant du patrimoine culturel et historique national contre les morcellements ou les dénaturations et ne s'appliquait qu'aux donations portant sur ces domaines spécifiques. En revanche, l'avantage fiscal en cause au principal vise les successions des biens immobiliers loués à des fins résidentielles de manière générale.

66. Eu égard aux considérations qui précèdent, la différence de traitement en cause au principal concerne des situations objectivement comparables.

Sur l'existence d'une raison impérieuse d'intérêt général

67. Il y a lieu de rappeler que, selon la jurisprudence constante de la Cour, une restriction à la libre circulation des capitaux peut être admise si elle se justifie par des raisons impérieuses d'intérêt général, qu'elle est propre à garantir, de façon cohérente et systématique, la réalisation de l'objectif qu'elle poursuit et ne va pas au-delà de ce qui est nécessaire pour atteindre cet objectif [voir, en ce sens, arrêts du 18 juin 2020, *Commission/Hongrie (Transparence associative)*, C-78/18, EU:C:2020:476, point 76, et du 27 avril 2023, *L Fund*, C-537/20, EU:C:2023:339, point 66 ainsi que jurisprudence citée].

68. En l'occurrence, il y a lieu de constater que, si la juridiction de renvoi n'invoque pas de telles raisons dans la décision de renvoi, le gouvernement allemand fait valoir que la restriction à la libre circulation des capitaux opérée par la réglementation nationale en cause au principal est susceptible d'être justifiée par deux raisons impérieuses d'intérêt général, à savoir, d'une part, les exigences liées à la politique du logement social d'un État membre et, d'autre part, la nécessité de garantir l'efficacité des contrôles fiscaux.

– Sur la politique du logement social d'un État membre

69. Le gouvernement allemand fait valoir que l'avantage fiscal prévu à l'article 13c, paragraphes 1 et 3, de l'ErbStG est justifié par des exigences liées à la politique du logement menée par cet État membre. En effet, cette disposition réduirait l'impôt sur les successions dont l'héritier d'un bien immobilier loué à des fins résidentielles est redevable et permettrait ainsi de diminuer la charge fiscale susceptible de le contraindre à vendre ce bien. En outre, il favoriserait la location de logements par des particuliers par rapport à la location de logements par des grands investisseurs institutionnels, qui ne sont pas soumis à l'impôt sur les successions. Ainsi, l'avantage fiscal prévu par cette disposition serait propre à garantir, en complément d'autres mesures, l'objectif consistant à permettre à la population d'accéder à des logements à des loyers abordables non seulement en Allemagne mais également dans les autres États membres ainsi que dans les États parties à l'accord EEE, l'accès de la population à des logements à des loyers abordables constituant également une mission de nature européenne.

70. À cet égard, il y a lieu de rappeler que la Cour a déjà admis que des exigences liées à la politique du logement social d'un État membre et au financement de celle-ci peuvent, en principe, constituer des raisons impérieuses d'intérêt général (arrêt du 1er octobre 2009, *Woningstichting Sint Servatius*, C-567/07, EU:C:2009:593, point 30).

71. La Cour a également jugé que l'Union ayant une finalité économique et sociale, les droits résultant des dispositions du traité FUE relatives à la libre circulation des marchandises, des personnes, des services et des capitaux doivent être mis en balance avec les objectifs poursuivis par la politique sociale, parmi lesquels figure, notamment, ainsi qu'il ressort de l'article 151, premier alinéa, TFUE, une protection sociale adéquate (voir, en ce sens, arrêt du 21 décembre 2016, *AGET Iraklis*, C-201/15, EU:C:2016:972, point 77).

72. Quant à l'accord EEE, celui-ci réaffirme, ainsi que cela ressort de son deuxième considérant, les relations privilégiées, fondées sur leur proximité, leurs valeurs communes de longue date et leur identité européenne, qui lient l'Union, ses États membres et les États de l'AELE. C'est à la lumière de ces relations privilégiées qu'il convient de comprendre l'un des principaux objectifs de l'accord EEE, à savoir réaliser de la manière la plus complète possible la libre circulation des marchandises, des personnes, des services et des capitaux dans l'ensemble de l'Espace économique européen (EEE), de sorte que le marché intérieur réalisé sur le territoire de l'Union soit étendu aux États de l'AELE (arrêt du 2 avril 2020, *Ruska Federacija*, C-897/19 PPU, EU:C:2020:262, point 50).

73. Ainsi, un objectif tenant à la politique sociale, tel que la promotion et la mise à disposition de logements à des loyers abordables dans les États membres et les États parties à l'accord EEE, peut, en principe, constituer une raison impérieuse d'intérêt général susceptible de justifier des restrictions à la liberté de mouvements des capitaux telles que celles établies par la réglementation nationale en cause au principal.

74. Toutefois, il importe encore de vérifier, conformément à la jurisprudence rappelée au point 67 du présent arrêt, si la restriction à la libre circulation des capitaux qu'engendre la réglementation nationale en cause au principal est propre à garantir, de façon cohérente et systématique, la réalisation de l'objectif qu'elle poursuit et ne va pas au-delà de ce qui est nécessaire pour atteindre cet objectif.

75. À cet égard, il n'apparaît pas qu'une mesure nationale telle que celle prévue à l'article 13c, paragraphes 1 et 3, de l'ErbStG, qui opère une distinction selon que les bien immobiliers loués à des fins résidentielles sont situés soit sur le territoire national, de l'Union ou de l'EEE soit sur le territoire d'un État tiers autre qu'un État partie à l'accord EEE, soit propre à garantir, de façon cohérente et systématique, la réalisation de l'objectif invoqué par le gouvernement allemand. En effet, ainsi que l'a relevé, à juste titre, la Commission lors de l'audience, au lieu de s'attacher aux endroits où la pénurie de tels logements est particulièrement marquée, comme, notamment, dans les grandes villes allemandes, l'article 13c de l'ErbStG s'applique de façon générale, notamment dans les États parties à l'accord EEE, et fait abstraction de la localisation du bien immobilier en zone rurale ou urbaine. De plus, toute catégorie de bien immobilier loué à des fins résidentielles, du plus simple au plus luxueux, peut faire l'objet de l'évaluation à 90 % de sa valeur vénale pour les besoins du calcul des droits de succession (voir, en ce sens, arrêt du 15 octobre 2009, *Busley et Cibrian Fernandez*, C-35/08, EU:C:2009:625, point 32).

76. En outre, il ne ressort pas du dossier dont dispose la Cour que la réglementation en cause au principal obligerait les héritiers à conserver leur logement pendant une période déterminée et à l'utiliser à des fins locatives, de sorte que ceux-ci peuvent, après avoir bénéficié de l'avantage fiscal en cause au principal, vendre ce logement ou l'utiliser comme résidence secondaire.

77. Dans ces conditions, l'avantage fiscal en cause au principal ne saurait être considéré comme justifié par l'objectif de promouvoir et de mettre à disposition des logements à des loyers abordables dans les États membres et les États parties à l'accord EEE.

– Sur la nécessité de garantir l'efficacité des contrôles fiscaux

78. Il ressort d'une jurisprudence constante de la Cour que la nécessité de garantir l'efficacité des contrôles fiscaux constitue une raison impérieuse d'intérêt général susceptible de justifier une restriction à la libre circulation des capitaux [arrêt du 26 février 2019, *X (Sociétés intermédiaires établies dans des pays tiers)*, C-135/17, EU:C:2019:136, point 74 et jurisprudence citée].

79. Il importe de rappeler que la jurisprudence relative aux restrictions à l'exercice des libertés de circulation au sein de l'Union ne saurait être intégralement transposée aux mouvements de capitaux entre les États membres et les pays tiers, de tels mouvements s'inscrivant dans un contexte juridique différent [arrêt du 26 février 2019, *X (Sociétés intermédiaires établies dans des pays tiers)*, C-135/17, EU:C:2019:136, point 90 et jurisprudence citée].

80. En particulier, lorsque la réglementation d'un État membre fait dépendre le bénéfice d'un avantage fiscal de la satisfaction de conditions dont le respect ne peut être vérifié qu'en obtenant des renseignements des autorités compétentes d'un État tiers autre qu'un État partie à l'accord EEE, il est, en principe, légitime pour cet État membre de refuser l'octroi de cet avantage si, notamment en raison de l'absence d'une obligation conventionnelle de cet État tiers de fournir des informations, il s'avère impossible d'obtenir ces renseignements de ce dernier (arrêt du 10 février 2011, *Haribo Lakritzen Hans Riegel et Österreichische Salinen*, C-436/08 et C-437/08, EU:C:2011:61, point 67 ainsi que jurisprudence citée).

81. Selon la réglementation nationale en cause au principal, l'avantage fiscal en cause est accordé lorsque le bien immobilier est loué à des fins résidentielles.

82. Il y a lieu de relever qu'il ressort de la décision de renvoi que, en vertu de l'article 26, paragraphe 4, de l'accord fiscal entre l'Allemagne et le Canada, les impôts visés par cet accord sont, nonobstant les dispositions de l'article 2 de cet accord, tous les impôts perçus par un État contractant. À cet égard, le point 11 du protocole à l'[accord fiscal entre l'Allemagne et le Canada] (BGBl. II 2002, p. 703) prévoit que, en ce qui concerne l'article 26 dudit accord, il est entendu que, lorsqu'un État contractant demande des renseignements en conformité avec cet article, l'autre État contractant s'efforce d'obtenir les renseignements relatifs à cette demande de la même façon que si ses propres impôts étaient en jeu même si cet autre État n'a pas besoin, au même moment, de ces renseignements. En outre, la possibilité d'avoir recours à l'article 26, paragraphe 4, de l'accord fiscal entre l'Allemagne et le Canada a été confirmée par le gouvernement allemand lors de l'audience de plaidoiries.

83. Par conséquent, les autorités allemandes sont en mesure de demander aux autorités canadiennes compétentes les informations nécessaires en vue de vérifier que les conditions prévues à l'article 13c de l'ErbStG sont remplies afin d'accorder l'avantage fiscal en cause au principal lorsque le bien immobilier se situe au Canada. À cet égard, il ressort également de la décision de renvoi qu'il n'existe pas de difficultés dans le cadre de cet échange de renseignements.

84. Il s'ensuit que la nécessité de garantir l'efficacité des contrôles fiscaux ne saurait justifier la restriction à la libre circulation des capitaux induite par la réglementation nationale en cause au principal.

85. Eu égard à l'ensemble des considérations qui précèdent, il convient de répondre à la question posée que les articles 63 à 65 TFUE doivent être interprétés en ce sens qu'ils s'opposent à une réglementation d'un État membre qui prévoit que, aux fins du calcul des droits de succession, un bien immobilier bâti faisant partie du patrimoine privé, situé dans un État tiers autre qu'un État partie à l'accord EEE et loué à des fins résidentielles, est évalué à sa pleine valeur vénale, alors qu'un bien de même nature situé sur le territoire national, dans un autre État membre ou dans un État partie à l'accord EEE est évalué, pour les besoins de ce calcul, à 90 % de sa valeur vénale.

[...]

Par ces motifs, la Cour (première chambre) dit pour droit :

Les articles 63 à 65 TFUE doivent être interprétés en ce sens qu'ils s'opposent à une réglementation d'un État membre qui prévoit que, aux fins du calcul des droits de succession, un bien immobilier bâti faisant partie du patrimoine privé, situé dans un État tiers autre qu'un État partie à l'accord sur l'Espace économique européen, du 2 mai 1992, et loué à des fins résidentielles, est évalué à sa pleine valeur vénale, alors qu'un bien de même nature situé sur le territoire national, dans un autre État membre ou dans un État partie à l'accord sur l'Espace économique européen est évalué, pour les besoins de ce calcul, à 90 % de sa valeur vénale.

Observations

Si la jurisprudence de la Cour de justice nous fournit de nombreux exemples de réglementations entravant la circulation des capitaux dans les échanges entre États membres que les États membres n'ont pas réussi à justifier, elle nous offre en revanche peu d'exemples de réglementations nationales non justifiées par la sauvegarde d'un objectif poursuivi dans le cadre des échanges de capitaux entre un État membre et un État tiers.

C'est tout l'intérêt de cet arrêt préjudiciel de nous montrer que certaines réglementations d'États membres peuvent ne pas trouver de justifications aux entraves à la libre circulation des capitaux dans les échanges avec les États tiers.

On sait qu'à la différence des autres libertés fondamentales de circulation, l'article 63 TFUE impose la libre circulation des capitaux et des moyens de paiement non seulement entre les États membres, mais également entre les États membres et les États tiers indépendamment de toute condition de réciprocité. Ainsi les mouvements de capitaux en provenance ou à destination d'États tiers relèvent de l'article 63 TFUE, ce que la Cour de justice prend soin de souligner (1).

Cette affaire a pris sa source dans un litige opposant un ressortissant allemand à l'administration nationale concernant un droit de succession qui lui ont été demandés au sujet d'un bien immobilier situé au Canada que lui avait légué son père décédé.

La question préjudicielle posée par le tribunal des finances de Cologne était remarquablement pensée et formulée. Elle visait à savoir si les articles 63 à 65 devaient être interprétés en ce sens qu'ils s'opposent à une réglementation nationale relative à la perception de l'impôt sur les successions qui prévoit, aux fins du calcul de cet impôt, qu'un bien immobilier bâti faisant partie du patrimoine privé, situé dans un pays tiers (en l'espèce, le Canada) et loué à des fins résidentielles, est évalué à sa pleine valeur, alors qu'un bien immobilier faisant partie du patrimoine privé, situé en Allemagne, dans un État membre de l'Union européenne ou dans un État de l'Espace économique européen, et loué à des fins résidentielles, n'est pris en compte lors du calcul de l'impôt sur les successions qu'à 90 % de sa valeur.

(1) CJUE, 18 janvier 2018, *Jahin*, aff. C-45/17, ECLI:EU:C:2018:18, pt 21.

L'applicabilité de la libre circulation des capitaux aux successions ne fait plus question. Considérant qu'une succession consiste en une transmission à une ou plusieurs personnes du patrimoine laissé par une personne décédée, la Cour de justice inclut les successions dans les mouvements de capitaux (2). La Cour a dès lors été amenée à rappeler que le traitement fiscal des successions relève des dispositions du TFUE relatives aux mouvements des capitaux, à l'exception des cas où leurs éléments constitutifs se cantonnent à l'intérieur d'un seul État membre (pt 38), ce qui n'était évidemment pas le cas dans cette affaire dans la mesure où le bien imposé était situé au Canada.

Il s'agissait ensuite de caractériser l'imposition découlant du droit allemand au regard de l'interdiction des restrictions à la libre circulation des capitaux établie par l'article 63 TFUE, ce qui ne soulevait pas de difficultés particulières pour la Cour de justice.

La Cour de justice a en effet jugé à plusieurs reprises que le fait de subordonner l'octroi d'avantages fiscaux à la condition que le bien transmis soit situé sur le territoire national constitue une restriction à la libre circulation des capitaux prohibée, en principe, par l'article 63, paragraphe 1, TFUE (3). Alors que ce constat devrait suffire, la Cour a ajouté que « des mesures ayant pour effet de diminuer la valeur de la succession d'un résident d'un État autre que celui sur le territoire duquel se trouvent les biens concernés constituent également une telle restriction » (pt 41).

Après avoir observé que la réglementation en cause excluait de l'avantage fiscal les biens immobiliers situés dans un État tiers qui n'est pas partie à l'accord EEE (pt 43), la Cour de justice a pris soin d'ajouter qu'« une telle réglementation, qui fait dépendre le bénéfice de l'avantage fiscal de la localisation des biens compris dans la succession, aboutit à ce que les biens immobiliers situés dans un État tiers autre qu'un État partie à l'accord EEE soient soumis à une charge fiscale plus lourde que ceux situés sur le territoire national et, partant, a pour effet de diminuer la valeur de cette succession » (pt 44) et que « ce désavantage fiscal est susceptible de dissuader une personne physique, résidant en Allemagne, tant de procéder à un investissement dans un bien immobilier loué à des fins résidentielles situé dans un État tiers autre qu'un État partie à l'accord EEE que de conserver un tel bien dont elle est propriétaire » (pt 45).

Au terme de cette appréciation, il convenait d'examiner les justifications fondées sur les articles 64 et 65 TFUE.

(2) CJCE, 11 septembre 2008, *Arens-Sikken*, aff. C-43/07, *Rec. CJCE*, 2008, p. I-6887, pt 30 ; CJUE, 4 mai 2017, *Commission c/ Grèce*, aff. C-98/16, ECLI:EU:C:2017:346, pt 26 ; CJUE, 12 octobre 2023, *BA*, aff. C-670/21, ECLI:EU:C:2023:763, pt 38.

(3) Voy. not. CJUE, 18 décembre 2014, *Q*, aff. C-133/13, ECLI:EU:C:2014:2460, pt 20.

La première justification visée trouvait son fondement dans l'article 64 TFUE. Cet article prévoit que l'article 63 TFUE ne porte pas atteinte à l'application, aux pays tiers, des restrictions existant le 31 décembre 1993 en vertu du droit national ou du droit de l'Union, en ce qui concerne les mouvements de capitaux à destination ou en provenance de pays tiers lorsqu'ils impliquent des investissements directs, y compris les investissements immobiliers, l'établissement, la prestation de services financiers ou l'admission de titres sur les marchés des capitaux.

Toute la difficulté au sujet de l'application de cette dérogation est généralement de déterminer si la restriction existait déjà avant le 31 décembre 1993 dans sa formulation actuelle ou dans une formulation proche qui conduisait à considérer qu'elle était, au sens de la jurisprudence, dans sa substance identique à celle qui s'applique désormais (4).

La Cour de justice s'est référée aux indications fournies par la juridiction de renvoi selon lesquelles l'avantage fiscal en cause avait été introduit pour la première fois dans le système juridique allemand le 24 décembre 2008, avec effet au 1er janvier 2009. Dès lors, la « clause de *standstill* », qui s'apparente à une exception, prévue à l'article 64, paragraphe 1, TFUE ne pouvait s'appliquer à cette réglementation nationale, adoptée postérieurement au 31 décembre 1993, et ne pouvait dès lors permettre à cette dernière d'échapper à l'application de l'article 63, paragraphe 1, TFUE (pts 50 et 51).

La seconde justification visée était fondée sur l'article 65 TFUE. Dans son paragraphe 1, sous a), il est prévu que l'article 63 TFUE ne porte pas atteinte au droit qu'ont les États membres d'appliquer les dispositions pertinentes de leur législation fiscale qui établissent une distinction entre les contribuables qui ne se trouvent pas dans la même situation en ce qui concerne leur résidence ou le lieu où leurs capitaux sont investis.

Cette disposition est d'une interprétation stricte, de sorte qu'elle ne peut évidemment justifier toute distinction entre les contribuables en fonction du lieu où ils résident ou de l'État dans lequel ils investissent leurs capitaux. De surcroît, sa mise en œuvre est limitée par l'article 65, paragraphe 3, TFUE qui dispose que les dispositions nationales visées au paragraphe 1 de cet article « ne doivent constituer ni un moyen de discrimination arbitraire ni une restriction déguisée à la libre circulation des capitaux et des paiements » telle que définie à l'article 63 TFUE.

(4) Voy. notre étude « Libre circulation des capitaux et des moyens de paiement », *JCl. Europe*, fasc. 890, 2020, nos 138-142.

La Cour de justice considère dans une jurisprudence constante que pour qu'une législation fiscale nationale puisse être considérée comme compatible avec les dispositions du TFUE relatives à la libre circulation des capitaux, il faut que la différence de traitement qui en résulte concerne des situations qui ne sont pas objectivement comparables ou qu'elle soit justifiée par une raison impérieuse d'intérêt général (5).

Cette exigence a logiquement conduit la Cour à examiner, en premier lieu, la comparabilité des situations en cause au principal et, en second lieu, la possibilité de justifier le traitement différencié de ces situations par une raison impérieuse d'intérêt général.

S'agissant de la comparabilité, il est apparu que le calcul des droits de succession était directement lié à la valeur vénale des biens inclus dans la succession, de sorte qu'il n'existait objectivement aucune différence de situation de nature à justifier une inégalité de traitement fiscal en ce qui concerne le niveau des droits de succession dus au titre, respectivement, d'un bien immobilier situé en Allemagne, dans un autre État membre ou dans un État partie à l'accord EEE, et d'un bien immobilier situé dans un État tiers autre que les États parties à l'accord EEE. S'agissant tout particulièrement des biens situés au Canada, aucun élément produit dans l'affaire ne permettait de les singulariser au point de considérer qu'ils n'étaient pas comparables aux biens situés en Allemagne, dans l'Union européenne ou dans un État partie à l'accord EEE (pts 62 et 63). Dès lors, la différence de traitement concernait des situations objectivement comparables (pt 64).

S'agissant des raisons impérieuses d'intérêt général, il s'agissait d'examiner la pertinence des raisons invoquées par le gouvernement allemand et, ensuite, de vérifier, le cas échéant, leur caractère proportionné.

Le gouvernement allemand a fait valoir, en premier lieu, que l'avantage fiscal était justifié par des exigences liées à la politique du logement menée par cet État membre, en ce qu'il aurait pour effet de réduire l'impôt sur les successions dont l'héritier d'un bien immobilier loué à des fins résidentielles est redevable et permettrait ainsi de diminuer la charge fiscale susceptible de le contraindre à vendre ce bien. En outre, il favoriserait la location de logements par des particuliers par rapport à la location de logements par des grands investisseurs institutionnels, qui ne sont pas soumis à l'impôt sur les successions.

(5) CJCE, gde ch., 7 septembre 2004, *Manninen*, aff. C-319/02, *Rec. CJCE*, 2004, p. I-7477, pt 29 ; CJUE, gde ch., 26 février 2019, *X*, aff. C-135/17, ECLI:EU:C:2019:136, pt 61.

Si l'objectif tenant à la politique sociale, « tel que la promotion et la mise à disposition de logements à des loyers abordables dans les États membres et les États parties à l'accord EEE », est admissible (pt 73), encore faut-il que la réglementation qui le sous-tend soit « propre à garantir, de façon cohérente et systématique, la réalisation de l'objectif qu'elle poursuit et ne va pas au-delà de ce qui est nécessaire pour atteindre cet objectif » (pt 74).

Contrairement à la position exprimée par la Commission européenne, l'avocat général Collins considérait que « le droit de l'Union n'impose pas aux États membres de prendre en compte la disponibilité de logements à des prix abordables dans les pays tiers pour justifier une restriction à la libre circulation des capitaux entre l'Union et les pays tiers ». Il justifiait sa position en observant que « le degré d'intégration juridique entre les États membres et à leurs objectifs politiques communs, qui expliquent l'approche stricte de la jurisprudence s'agissant de l'admission de justifications à des restrictions à la libre circulation des capitaux entre les États membres, ne sont pas automatiquement transposables à ces justifications lorsqu'elles s'appliquent aux mouvements de capitaux entre les États membres et les pays tiers » (pt 40 des conclusions).

Sans prendre expressément position à ce sujet tout en ne retenant pas la position exprimée par son avocat général, la Cour de justice s'est focalisée sur les modalités de la réglementation allemande et a procédé à un contrôle exigeant et approfondi tendant à montrer que la réglementation n'était pas propre à garantir, de façon cohérente et systématique, la réalisation de l'objectif prétendument poursuivi. Dès lors, la Cour n'a pas eu besoin de faire référence à la situation particulière tenant à l'établissement des biens immobiliers dans un État tiers.

Pour établir le caractère inapte et incohérent de la réglementation allemande, la Cour a retenu un argument soulevé par la Commission selon lequel il y aurait plutôt lieu de s'attacher aux endroits où la pénurie de tels logements est particulièrement marquée, comme, notamment, dans les grandes villes allemandes alors que la réglementation s'applique de façon générale, notamment dans les États parties à l'accord EEE, et fait abstraction de la localisation du bien immobilier en zone rurale ou urbaine. Elle a également constaté que l'avantage s'appliquait à toute catégorie de bien immobilier loué à des fins résidentielles, du plus simple au plus luxueux (pt 75) et que les héritiers n'étaient pas tenus de conserver leur logement pendant une période déterminée et de l'utiliser à des fins locatives, de sorte qu'ils pouvaient, après avoir bénéficié de l'avantage fiscal, vendre ce logement ou l'utiliser comme résidence secondaire (pt 76).

Il est rare que la Cour de justice soit aussi précise, sur renvoi préjudiciel, dans l'appréciation de l'efficacité et de la cohérence d'une réglementation nationale entravant une liberté de circulation, étant observé qu'elle s'en remet le plus souvent à l'appréciation de la juridiction nationale qui l'a interrogée tout en lui indiquant quelques éléments d'appréciation. Cela est d'autant plus remarquable que la réglementation a été mise en cause en raison de l'entrave créée dans les échanges avec un État tiers.

Le gouvernement allemand avait invoqué, en second lieu, l'efficacité des contrôles fiscaux.

Un tel objectif était davantage susceptible de prospérer dans la mesure où la coopération avec les États tiers est rarement équivalente à celle qui s'applique désormais entre les États membres. Conformément à une ligne de jurisprudence bien établie (6), la Cour de justice a justement observé que lorsque la réglementation d'un État membre fait dépendre le bénéfice d'un avantage fiscal du respect de conditions, lequel ne peut être vérifié qu'au moyen de l'obtention de renseignements des autorités compétentes d'un État tiers autre qu'un État partie à l'accord EEE, il est, en principe, « légitime pour cet État membre de refuser l'octroi de cet avantage si, notamment en raison de l'absence d'une obligation conventionnelle de cet État tiers de fournir des informations, il s'avère impossible d'obtenir ces renseignements de ce dernier » (pt 80).

Comme la Cour de justice l'a rappelé, suivant une orientation bien établie (7), la jurisprudence relative aux restrictions à l'exercice des libertés de circulation au sein de l'Union ne saurait être intégralement transposée aux mouvements de capitaux entre les États membres et les pays tiers au motif que de tels mouvements s'inscrivent dans un contexte juridique différent (pt 79).

Or, la Cour de justice a pu se référer à la décision de renvoi, solidement motivée, suivant laquelle l'article 26, paragraphe 4, de l'accord fiscal entre l'Allemagne et le Canada prévoit que les impôts visés par cet accord sont, nonobstant les dispositions de l'article 2 de cet accord, tous les impôts perçus par un État contractant. Le point 11 du protocole audit accord fiscal prévoit que, en ce qui concerne l'article 26 dudit accord, il est entendu que, lorsqu'un État contractant demande des renseignements en conformité avec cet article, l'autre État contractant s'efforce d'obtenir les renseignements relatifs à cette demande de la même façon que si ses propres impôts

(6) CJUE, 10 février 2011, *Haribo Lakritzen Hans Riegel et Österreichische Salinen*, aff. jtes C-436/08 et C-437/08, ECLI:EU:C:2011:61, pt 67.

(7) CJUE, gde ch., 26 février 2019, *X*, aff. C-135/17, ECLI:EU:C:2019:136, pt 90 ; CJUE, 12 octobre 2023, *BA*, aff. C-670/21, ECLI:EU:C:2023:763, pt 79.

étaient en jeu même si cet autre État n'a pas besoin, au même moment, de ces renseignements, ce qui a été confirmé au moment de l'audience par le gouvernement allemand (pt 82).

Il en résulte que les autorités allemandes sont en mesure de demander aux autorités canadiennes compétentes les informations nécessaires en vue de vérifier que les conditions prévues à l'article 13c de l'ErbStG sont remplies afin d'accorder l'avantage fiscal en cause au principal lorsque le bien immobilier se situe au Canada et qu'il n'existe pas de difficultés dans le cadre de cet échange de renseignements (pt 83).

Dès lors, la nécessité de garantir l'efficacité des contrôles fiscaux ne saurait justifier la restriction à la libre circulation des capitaux induite par la réglementation nationale en cause au principal.

Cet arrêt constitue une illustration du caractère exigeant de la jurisprudence de la Cour de justice dans l'examen des justifications des restrictions à la libre circulation des capitaux. Il se situe dans la continuation d'un arrêt prononcé près de quinze ans plus tôt au sujet également d'une législation allemande qui pénalisait les dons effectués à des organismes de bienfaisance situés sur le territoire d'autres États membres (8).

La Cour de justice a franchi une étape supplémentaire importante dans cette affaire, dans la mesure où les biens immobiliers qui étaient visés par la réglementation allemande étaient situés sur le territoire d'un État tiers.

Fabrice Picod

(8) CJCE, gde ch., 27 janvier 2009, *Persche*, aff. C-318/07, *Rec. CJUE*, 2009, p. I-359, pts 24 et s.

VIII. POLITIQUES ET ACTIONS DE L'UE (HORS ENVIRONNEMENT ET CONSOMMATION)

Aucun arrêt significatif n'a été retenu dans cette matière en 2023

IX. DROITS SOCIAUX

Cour de justice, 2e ch., 12 janvier 2023, *J.K. c/ T.P.*, aff. C-356/21, ECLI:EU:C:2023:9

Conclusions de l'avocat général T. Ćapeta, du 8 septembre 2022, ECLI:EU:C:2022:653

Mots-clés : Travailleur indépendant – Discrimination – Orientation sexuelle

Cadre normatif : directive 2000/78/CE du Conseil du 27 novembre 2000 portant création d'un cadre général en faveur de l'égalité de traitement en matière d'emploi et de travail, *JO* 2000, L 303, p. 16

Notes et observations : L. Driguez, « Politique sociale – Égalité de traitement en matière de travail », *Europe*, 2023, n° 3, comm. 111 ; S. Robin-Olivier, « Chronique politique sociale de l'Union européenne – La contribution de la Cour de justice à l'élaboration d'un régime de travail pour les indépendants », *Rev. trim. dr. eur.*, 2023, n° 2, p. 265 ; J. Damamme, « Silence ! On tourne sans toi, Orientation sexuelle et relation de travail non salariée : la Cour de justice de l'Union européenne fait primer l'égalité sur la liberté du contractant », *R.A.E.*, 2023, n° 1, p. 229 ; T. Jaroszynski et J. Lacny, « Further Extension of Protection Against Discrimination on Grounds of Sexual Orientation Under Directive 2000/78/EC », *EuConst*, 2023, vol. 19, n° 3, p. 548 ; S. Barbou des Places et E. Collin, « La directive 2000/78/CE au cœur de la politique sociale et des valeurs de l'UE, les enjeux de l'arrêt J.K. c/ TP S.A. », *European Papers*, 2023, vol. 8, n° 3, p. 1179 ; E. Dubout, « L'Europe est-elle queer ? Homosexualité et valeurs de l'Union européenne », *European Papers*, 2023, vol. 8, n° 3, p. 1189 ; A. Hyde, « L'arrêt J.K. au prisme de la liberté contractuelle », *European Papers*, 2023, vol. 8, n° 3, p. 1201 ; S. Robin-Olivier, « La contribution de l'arrêt J.K. à la redéfinition des frontières du droit social de l'Union », *European Papers*, 2023, vol. 8, n° 3, p. 1213

EXTRAITS DE L'ARRÊT

1. La demande de décision préjudicielle porte sur l'interprétation de l'article 3, paragraphe 1, sous a) et c), ainsi que de l'article 17 de la directive 2000/78/CE du Conseil, du 27 novembre 2000, portant création d'un cadre général en faveur de l'égalité de traitement en matière d'emploi et de travail (*JO* 2000, L 303, p. 16).

2. Cette demande a été présentée dans le cadre d'un litige opposant J.K. (ci-après le « requérant ») à TP S.A. au sujet d'une demande d'indemnisation du préjudice résultant du refus de cette société de renouveler le contrat d'entreprise qu'elle avait conclu avec le requérant pour un motif fondé, selon ce dernier, sur son orientation sexuelle.

Sur la question préjudicielle

30. À titre liminaire, il y a lieu de relever que, par la référence à l'article 17 de la directive 2000/78 que comporte la question posée, la juridiction de renvoi entend simplement souligner que, en cas d'applicabilité, au litige au principal, des dispositions de l'article 3, paragraphe 1, sous a) et c), de cette directive, cet article 17, et, en conséquence, les sanctions prévues par le droit national en exécution de ce dernier trouveront également à s'appliquer. Dans cette mesure, cette question n'appelle pas d'interprétation particulière dudit article 17.

31. En effet, par sa question, la juridiction de renvoi demande, en substance, si l'article 3, paragraphe 1, sous a) et c), de la directive 2000/78 doit être interprété en ce sens qu'il s'oppose à une réglementation nationale ayant pour effet d'exclure, au titre du libre choix du contractant, de la protection contre les discriminations devant être conférée en vertu de cette directive, le refus, fondé sur l'orientation sexuelle d'une personne, de conclure ou de renouveler avec cette dernière un contrat ayant pour objet la réalisation, par cette personne, de certaines prestations dans le cadre de l'exercice d'une activité indépendante.

32. Ainsi, la question se pose de savoir si une situation telle que celle en cause au principal relève du champ d'application de la directive 2000/78.

Sur l'article 3, paragraphe 1, sous a), de la directive 2000/78

33. Aux termes de l'article 3, paragraphe 1, sous a), de la directive 2000/78, « [d]ans les limites des compétences conférées à l'Union, [cette] directive s'applique à toutes les personnes, tant pour le secteur public que pour le secteur privé, y compris les organismes publics, en ce qui concerne les conditions d'accès à l'emploi, aux activités non salariées ou au travail, y compris les critères de sélection et les conditions de recrutement, quelle que soit la branche d'activité et à tous les niveaux de la hiérarchie professionnelle, y compris en matière de promotion ».

34. À cet égard, il convient de constater que ladite directive ne renvoie pas au droit des États membres pour définir la notion de « conditions d'accès à l'emploi, aux activités non salariées ou au travail », figurant à cette disposition. Or, il découle des exigences tant de l'application uniforme du droit de l'Union que du principe d'égalité que les termes d'une disposition du droit de l'Union qui ne comporte aucun renvoi exprès au droit des États membres pour déterminer son sens et sa portée doivent normalement trouver, dans toute l'Union, une interprétation autonome et uniforme (arrêt du 2 juin 2022, *HK/Danmark* et *HK/Privat*, C-587/20, EU:C:2022:419, point 25 ainsi que jurisprudence citée).

35. En outre, dès lors que la même directive ne définit pas les termes « conditions d'accès à l'emploi, aux activités non salariées ou au travail », ceux-ci doivent être interprétés conformément à leur sens habituel dans le langage courant, tout en tenant compte du contexte dans lequel ils sont utilisés et des objectifs poursuivis par la réglementation dont ils font partie (arrêt du 2 juin 2022, *HK/Danmark* et *HK/Privat*, C-587/20, EU:C:2022:419, point 26 ainsi que jurisprudence citée).

36. En premier lieu, il convient de constater qu'il découle de l'utilisation conjointe des termes « emploi », « activités non salariées » et « travail » que les conditions d'accès à toute activité professionnelle, quelles que soient la nature et les caractéristiques de celle-ci, relèvent de l'article 3, paragraphe 1, sous a), de la directive 2000/78 et, partant, du champ d'application de cette dernière. En effet, ces termes doivent être entendus au sens large, ainsi qu'il ressort d'une comparaison des différentes versions linguistiques de cette disposition et de l'emploi dans celles-ci d'expressions générales, telles que, d'une part, en ce qui concerne la notion d'« activité non salariée », « *actividad por cuenta propia* », « *selvstændig erhvervsvirksomhed* », « *selbständiger Erwerbstätigkeit* », « *self-employment* », « *arbeid* [...] *als zelfstandige* » et « *pracy na własny rachunek* » ainsi que, d'autre part, en ce qui concerne la notion de « travail », « *ejercicio profesional* », « *erhvervsmæssig beskæftigelse* », « *unselbständiger Erwerbstätigkeit* », « *occupation* », « *beroep* » et « *zatrudnienia* », respectivement en langues espagnole, danoise, allemande, anglaise, néerlandaise et polonaise (voir, en ce sens, arrêt du 2 juin 2022, *HK/Danmark* et *HK/Privat*, C-587/20, EU:C:2022:419, point 27).

37. Par ailleurs, outre le fait que ladite disposition vise expressément les activités non salariées, il ressort ainsi des termes « emploi » et « travail », compris dans leur sens habituel, que le législateur de l'Union n'a pas entendu limiter le champ d'application de la directive 2000/78 aux postes occupés par un « travailleur », au sens de l'article 45 TFUE (voir, en ce sens, arrêt du 2 juin 2022, *HK/Danmark* et *HK/Privat*, C-587/20, EU:C:2022:419, point 28 ainsi que jurisprudence citée).

38. Le libellé de l'article 3, paragraphe 1, sous a), de la directive 2000/78 confirme que le champ d'application de celle-ci n'est pas limité aux seules conditions d'accès aux postes occupés par des « travailleurs », au sens de l'article 45 TFUE, dès lors que, selon ce libellé, cette directive s'applique à « toutes les personnes, tant pour le secteur public que pour le secteur privé, y compris les organismes publics [...] quelle que soit la branche d'activité et à tous les niveaux de la hiérarchie professionnelle » (voir, en ce sens, arrêt du 2 juin 2022, *HK/Danmark* et *HK/Privat*, C-587/20, EU:C:2022:419, point 29).

39. L'interprétation textuelle de l'article 3, paragraphe 1, sous a), de la directive 2000/78 est confirmée par les objectifs de celle-ci, dont il résulte que la notion de « conditions d'accès à l'emploi, aux activités non salariées ou au travail », qui définit le champ d'application de cette directive, ne saurait faire l'objet d'une interprétation restrictive (voir, en ce sens, arrêt du 2 juin 2022, *HK/Danmark* et *HK/Privat*, C-587/20, EU:C:2022:419, point 30 ainsi que jurisprudence citée).

40. À cet égard, il convient de rappeler que la directive 2000/78 a été adoptée sur le fondement de l'article 13 CE, devenu, après modification, l'article 19, paragraphe 1, TFUE, lequel confère à l'Union une compétence pour prendre les mesures nécessaires en vue de combattre toute discrimination fondée, notamment, sur l'orientation sexuelle (arrêt du 23 avril 2020, *Associazione Avvocatura per i diritti LGBTI*, C-507/18, EU:C:2020:289, point 35).

41. Conformément à l'article 1er de la directive 2000/78, et ainsi qu'il ressort tant de l'intitulé et du préambule que du contenu et de la finalité de celle-ci, cette directive a pour objet d'établir un cadre général pour lutter contre la discrimination fondée, notamment, sur l'orientation sexuelle en ce qui concerne « l'emploi et le travail », en vue de mettre en œuvre, dans les États membres, le principe de l'égalité de traitement, en offrant à toute personne une protection efficace contre la discrimination fondée, notamment, sur ce motif (arrêt du 23 avril 2020, *Associazione Avvocatura per i diritti LGBTI*, C-507/18, EU:C:2020:289, point 36 et jurisprudence citée).

42. En particulier, le considérant 9 de ladite directive souligne que l'emploi et le travail constituent des éléments essentiels pour garantir l'égalité des chances pour tous et contribuent dans une large mesure à la pleine participation des citoyens à la vie économique, culturelle et sociale, ainsi qu'à l'épanouissement personnel. En ce sens également, le considérant 11 de la même directive énonce que la discrimination fondée notamment sur l'orientation sexuelle peut compromettre la réalisation des objectifs du traité FUE, notamment un niveau d'emploi et de protection sociale élevé, le relèvement du niveau et de la qualité de la vie, la cohésion économique et sociale, la solidarité et la libre circulation des personnes (arrêt du 23 avril 2020, *Associazione Avvocatura per i diritti LGBTI*, C-507/18, EU:C:2020:289, point 37).

43. Dès lors, la directive 2000/78 n'est pas un acte du droit dérivé de l'Union tel que ceux, notamment fondés sur l'article 153, paragraphe 2, TFUE, qui visent la protection des seuls travailleurs en tant que partie la plus faible d'une relation de travail, mais a pour objet l'élimination, pour des raisons d'intérêts social et public, de tous les obstacles fondés sur des motifs discriminatoires à l'accès aux moyens de subsistance et à la capacité de contribuer à la société par le travail, quelle que soit la forme juridique en vertu de laquelle ce dernier est fourni (arrêt du 2 juin 2022, *HK/Danmark* et *HK/Privat*, C-587/20, EU:C:2022:419, point 34 ainsi que jurisprudence citée).

44. Si la directive 2000/78 a ainsi vocation à couvrir un large éventail d'activités professionnelles, y compris celles déployées par des travailleurs indépendants en vue d'assurer leur subsistance, il n'en demeure pas moins qu'il convient de distinguer les activités relevant du champ d'application de cette directive de celles consistant en une simple fourniture de biens ou de services à un ou à plusieurs destinataires, qui ne relèvent pas de ce champ d'application.

45. Dès lors, pour que des activités professionnelles entrent dans le champ d'application de la directive 2000/78, il faut que ces activités soient réelles et exercées dans le cadre d'une relation juridique caractérisée par une certaine stabilité.

46. En l'occurrence, s'il appartient à la juridiction de renvoi d'apprécier si l'activité exercée par le requérant répond à ce critère, il y a lieu de relever, premièrement, qu'il ressort du dossier dont dispose la Cour que le requérant a personnellement préparé, sur la base de contrats d'entreprise consécutifs de courte durée, conclus dans le cadre de son activité économique indépendante, des montages audiovisuels, des bandes-annonces ou des feuilletons pour la rédaction de la régie et de la promotion du programme 1 de TP. Deuxièmement, il ressort également de ce dossier que le requérant dépendait, dans l'exercice de cette activité, de la répartition des périodes de service hebdomadaires effectuée par W. S. et qu'il avait récemment encore été évalué avec succès dans le cadre d'une réorganisation des structures internes de TP.

47. Or, dès lors que, ainsi qu'il ressort de la décision de renvoi, l'activité exercée par le requérant constitue une activité professionnelle réelle et effective, exercée personnellement de manière régulière au bénéfice d'un même destinataire, lui permettant d'accéder, en tout ou en partie, à des moyens de subsistance, la question de savoir si les conditions d'accès à une telle activité relèvent de l'article 3, paragraphe 1, sous a), de la directive 2000/78 ne dépend pas de la qualification de cette activité de « salariée » ou « non salariée », le champ d'application de cette disposition et, partant, celui de cette directive devant être entendus au sens large, ainsi qu'il a été relevé au point 36 du présent arrêt.

48. En second lieu, s'agissant de la question de savoir si la conclusion d'un contrat d'entreprise, tel que celui en cause au principal, relève de la notion de « conditions d'accès » aux activités non salariées, au sens de l'article 3, paragraphe 1, sous a), de la directive 2000/78, le gouvernement polonais a soutenu, dans ses observations écrites et lors de l'audience, que le requérant avait déjà pleinement exercé son droit d'accès à une activité non salariée avant la conclusion du contrat d'entreprise en cause au principal et qu'il pouvait continuer à l'exercer sans entrave, y compris au bénéfice de destinataires autres que TP, cette dernière n'étant pas en mesure de restreindre ce droit, qui concernerait la décision même d'exercer une telle activité.

49. À cet égard, il convient de rappeler qu'il découle de la jurisprudence de la Cour que la locution « conditions d'accès » aux activités non salariées vise, dans le langage courant, des circonstances ou des faits dont l'existence doit impérativement être établie pour qu'une personne puisse exercer une activité non salariée donnée (voir, par analogie, arrêt du 23 avril 2020, *Associazione Avvocatura per i diritti LGBTI*, C-507/18, EU:C:2020:289, point 33).

50. Or, il importe de souligner que, pour qu'une personne telle que le requérant puisse exercer son activité professionnelle de manière effective, la conclusion d'un contrat d'entreprise constitue une circonstance dont l'existence peut être impérative. Dès lors, la notion de « conditions d'accès » aux activités non salariées, au sens de l'article 3, paragraphe 1, sous a), de la directive 2000/78, peut inclure la conclusion d'un contrat tel que celui en cause au principal.

51. Il résulte de ce qui précède que le refus de conclure un contrat d'entreprise avec un contractant exerçant une activité économique indépendante pour des motifs liés à l'orientation sexuelle de ce contractant relève du champ d'application de cette disposition et, partant, de celui de cette directive.

Sur l'article 3, paragraphe 1, sous c), de la directive 2000/78

52. Aux termes de l'article 3, paragraphe 1, sous c), de la directive 2000/78, celle-ci est applicable « en ce qui concerne les conditions d'emploi et de travail, y compris les conditions de licenciement et de rémunération ».

53. En premier lieu, il convient, certes, de constater que, contrairement à l'article 3, paragraphe 1, sous a), de cette directive, cet article 3, paragraphe 1, sous c), ne fait pas expressément référence aux « activités non salariées », mais se rapporte uniquement aux conditions « d'emploi » et de « travail ».

54. Toutefois, ainsi qu'il résulte de la jurisprudence de la Cour citée au point 43 du présent arrêt, la directive 2000/78 ne vise pas la protection des seuls travailleurs en tant que partie la plus faible d'une relation de travail, mais a pour objet l'élimination, pour des raisons d'intérêts social et public, de tous les obstacles fondés sur des motifs discriminatoires à l'accès aux moyens de subsistance et à la capacité de contribuer à la société par le travail, quelle que soit la forme juridique en vertu de laquelle ce dernier est fourni.

55. Il s'ensuit que la protection conférée par la directive 2000/78 ne saurait dépendre de la qualification formelle d'une relation d'emploi en droit national ou du choix fait lors de l'engagement de la personne concernée entre l'un ou l'autre type de contrat (voir, par analogie, arrêt du 11 novembre 2010, *Danosa*, C-232/09, EU:C:2010:674, point 69), dès lors que, ainsi qu'il a été relevé au point 36 du présent arrêt, les termes de cette directive doivent être entendus au sens large.

56. Dans la mesure où, en vertu de l'article 3, paragraphe 1, sous a), de la directive 2000/78, cette dernière s'applique à toutes les personnes, tant pour le secteur public que pour le secteur privé, y compris les organismes publics, en ce qui concerne « les conditions d'accès [...] aux activités non salariées », l'objectif poursuivi par cette directive ne pourrait pas être atteint si la protection conférée par celle-ci contre toute forme de discrimination fondée sur un des motifs visés à l'article 1er de ladite directive, tels que, notamment, l'orientation sexuelle, ne permettait pas de garantir le respect du principe d'égalité de traitement après l'accès à ces activités non salariées et, donc, notamment, en ce qui concerne les conditions d'exercice et de fin desdites activités. Dès lors, cette protection s'étend à la relation professionnelle concernée dans son intégralité.

57. Une telle interprétation répond à l'objectif de la directive 2000/78 consistant à établir un cadre général pour lutter contre des discriminations fondées, notamment, sur l'orientation sexuelle en matière d'emploi et de travail, de sorte que les notions qui, à l'article 3 de cette directive, précisent le champ d'application de celle-ci ne sauraient faire l'objet d'une interprétation restrictive (voir, par analogie, arrêt du 2 juin 2022, *HK/Danmark* et *HK/Privat*, C-587/20, EU:C:2022:419, point 51).

58. Ainsi, il résulte d'une interprétation téléologique de l'article 3, paragraphe 1, sous c), de la directive 2000/78 que la notion de « conditions d'emploi et de travail » y figurant vise, au sens large, les conditions applicables à toute forme d'activité salariée et non salariée, quelle que soit la forme juridique sous laquelle celle-ci est exercée.

59. En second lieu, la question se pose de savoir si la décision de TP de ne pas honorer et de ne pas renouveler le contrat d'entreprise qu'elle a conclu avec le requérant, mettant fin à leur relation professionnelle, pour des motifs prétendument liés à l'orientation sexuelle de l'intéressé, relève de la notion de « conditions d'emploi et de travail », au sens de l'article 3, paragraphe 1, sous c), de la directive 2000/78.

60. À cet égard, le gouvernement polonais fait valoir que, dans ses relations avec son contractant, un travailleur non salarié n'est pas lié par une relation de travail dans le cadre de laquelle une partie peut « licencier » l'autre.

61. Certes, la notion de « licenciement » vise, en règle générale, la cessation d'un contrat de travail conclu entre un travailleur salarié et son employeur.

62. Toutefois, ainsi que Mme l'avocate générale l'a relevé, en substance, au point 102 de ses conclusions, la notion de « licenciement » ne figure à l'article 3, paragraphe 1, sous c), de la directive 2000/78 qu'en tant qu'exemple de la notion de « conditions d'emploi et de travail » et vise, notamment, la cessation unilatérale de toute activité mentionnée à cet article 3, paragraphe 1, sous a).

63. En effet, il convient, notamment, de souligner que, à l'instar d'un travailleur salarié, qui peut perdre involontairement son emploi salarié à la suite, notamment, d'un « licenciement », une personne ayant exercé une activité indépendante peut, elle aussi, se trouver contrainte de cesser cette activité du fait de son contractant et se trouver, de ce fait, dans une situation de vulnérabilité comparable à celle d'un travailleur salarié licencié (voir, en ce sens, arrêt du 20 décembre 2017, *Gusa*, C-442/16, EU:C:2017:1004, point 43).

64. En l'occurrence, TP a annulé unilatéralement les périodes de service hebdomadaires du requérant débutant, respectivement, les 7 et 21 décembre 2017, et aucun nouveau contrat d'entreprise n'a été conclu entre TP et le requérant à la suite de la publication en ligne, par ce dernier, de la vidéo visée au point 18 du présent arrêt.

65. Dès lors, le fait que, au mois de décembre 2017, le requérant n'a pu accomplir aucune des périodes de service hebdomadaires prévues par le contrat d'entreprise qu'il avait conclu avec TP semble constituer, au regard de la jurisprudence de la Cour citée au point 63 du présent arrêt, une cessation involontaire d'activité d'un travailleur non salarié pouvant être assimilée à un licenciement d'un travailleur salarié, ce qu'il incombe néanmoins à la juridiction de renvoi de vérifier.

66. Dans ces conditions, sous réserve de l'appréciation visée au point 46 du présent arrêt, la décision de TP de ne pas renouveler ce contrat d'entreprise en raison, selon le requérant, de son orientation sexuelle, mettant ainsi fin à la relation professionnelle existant entre eux, relève du champ d'application de l'article 3, paragraphe 1, sous c), de la directive 2000/78.

Sur l'article 2, paragraphe 5, de la directive 2000/78

67. Il appartient à la juridiction de renvoi de déterminer, au regard de l'ensemble des circonstances pertinentes du litige dont elle est saisie, en particulier de la loi sur l'égalité de traitement, dont l'interprétation relève de sa seule compétence, si l'exclusion du champ d'application de cette loi du libre choix du contractant, pour autant que ce choix ne soit pas fondé sur le sexe, la race, l'origine ethnique ou la nationalité, tel que prévue à l'article 5, point 3, de ladite loi, constitue une discrimination directe ou indirecte, fondée sur l'orientation sexuelle du requérant.

68. Dans l'hypothèse où cette juridiction conclurait à l'existence d'une telle discrimination, il convient encore de préciser que cette discrimination ne saurait être justifiée, ainsi que le soutiennent le requérant et le gouvernement belge, par l'un des motifs visés à l'article 2, paragraphe 5, de la directive 2000/78.

69. Aux termes de cette disposition, cette directive ne porte pas atteinte aux mesures prévues par la législation nationale qui, dans une société démocratique, sont nécessaires à la sécurité publique, à la défense de l'ordre et à la prévention des infractions pénales, à la protection de la santé et à la protection des droits et des libertés d'autrui.

70. En adoptant ladite disposition, le législateur de l'Union a, en matière d'emploi et de travail, entendu prévenir et arbitrer un conflit entre, d'une part, le principe de l'égalité de traitement et, d'autre part, la nécessité d'assurer l'ordre, la sécurité et la santé publics, la prévention des infractions ainsi que la protection des droits et des libertés individuels, lesquels sont indispensables au fonctionnement d'une société démocratique. Il a ainsi décidé que, dans certains cas énumérés à l'article 2, paragraphe 5, de ladite directive, les principes posés par cette dernière ne s'appliquent pas à des mesures contenant des différences de traitement fondées sur l'un des motifs visés à l'article 1er de la même directive, à la condition, toutefois, que ces mesures soient nécessaires à la réalisation des objectifs susvisés (arrêt du 7 novembre 2019, *Cafaro*, C-396/18, EU:C:2019:929, point 41 et jurisprudence citée).

71. Cet article 2, paragraphe 5, instituant une dérogation au principe d'interdiction des discriminations, il doit être interprété de manière stricte (arrêt du 7 novembre 2019, *Cafaro*, C-396/18, EU:C:2019:929, point 42 et jurisprudence citée).

72. En l'occurrence, il y a lieu de constater, en premier lieu, que la réglementation nationale en cause au principal, à savoir l'article 5, point 3, de la loi sur l'égalité de traitement, constitue une mesure prévue par la législation nationale, au sens dudit article 2, paragraphe 5.

73. En second lieu, ledit article 5, point 3, de la loi sur l'égalité de traitement semble, a priori, certes, poursuivre un objectif tendant à la protection des droits et libertés d'autrui, au sens du même article 2, paragraphe 5, plus précisément à la protection de la liberté contractuelle, en garantissant la liberté de choisir un contractant, pour autant que ce choix ne soit pas fondé sur le sexe, la race, l'origine ethnique ou la nationalité.

74. En effet, la protection conférée par l'article 16 de la charte des droits fondamentaux de l'Union européenne, intitulé « Liberté d'entreprise », comporte la liberté d'exercer une activité économique ou commerciale, la liberté contractuelle ainsi que la concurrence libre et vise, notamment, le libre choix du partenaire économique (arrêt du 21 décembre 2021, *Bank Melli Iran*, C-124/20, EU:C:2021:1035, point 79 et jurisprudence citée).

75. Toutefois, la liberté d'entreprise ne constitue pas une prérogative absolue, mais doit être prise en considération par rapport à sa fonction dans la société (arrêt du 22 janvier 2013, *Sky Österreich*, C-283/11, EU:C:2013:28, point 45 et jurisprudence citée).

76. En l'occurrence, il suffit de constater que, ainsi que Mme l'avocate générale l'a, en substance, relevé au point 111 de ses conclusions, le fait même que l'article 5, point 3, de la loi sur l'égalité de traitement prévoit un certain nombre d'exceptions à la liberté de choisir un contractant atteste que le législateur polonais a lui-même considéré que le fait d'opérer une discrimination ne pouvait être tenu pour nécessaire aux fins de garantir la liberté contractuelle dans une société démocratique. Or, rien ne permet de considérer qu'il en irait différemment selon que la discrimination concernée est fondée sur l'orientation sexuelle ou sur l'un des autres motifs expressément visés à cet article 5, point 3.

77. Au demeurant, admettre que la liberté de contracter permet de refuser de contracter avec une personne en raison de l'orientation sexuelle de cette dernière reviendrait à priver l'article 3, paragraphe 1, sous a), de la directive 2000/78 de son effet utile en ce que cette disposition interdit précisément toute discrimination fondée sur un tel motif s'agissant de l'accès aux activités non salariées.

78. Au regard de ce qui précède, il y a lieu de constater que l'article 5, point 3, de la loi sur l'égalité de traitement ne saurait justifier, dans des circonstances telles que celles en cause au principal, une exclusion de la protection contre les discriminations, conférée par la directive 2000/78, lorsque cette exclusion n'est pas nécessaire, conformément à l'article 2, paragraphe 5, de cette directive, à la protection des droits et des libertés d'autrui dans une société démocratique.

79. Au vu de l'ensemble des considérations qui précèdent, il convient de répondre à la question posée que l'article 3, paragraphe 1, sous a) et c), de la directive 2000/78 doit être interprété en ce sens qu'il s'oppose à une réglementation nationale ayant pour effet d'exclure, au titre du libre choix du contractant, de la protection contre les discriminations devant être conférée en vertu de cette directive, le refus, fondé sur l'orientation sexuelle d'une personne, de conclure ou de renouveler avec cette dernière un contrat ayant pour objet la réalisation, par cette personne, de certaines prestations dans le cadre de l'exercice d'une activité indépendante.

OBSERVATIONS

L'affaire *J.K. c/ T.P.* concerne la rupture d'une relation commerciale entre un réalisateur de montages audiovisuels et une chaîne de télévision publique nationale polonaise, à l'initiative de cette dernière. Alors que J.K. avait collaboré régulièrement avec la chaîne publique, entre 2010 et 2017, celle-ci a cessé de faire appel au monteur après la publication d'une vidéo musicale de Noël sur YouTube, dans laquelle J.K. et son partenaire défendaient la tolérance envers les couples de même sexe. Victime de cette rupture brutale, J.K., qui venait de recevoir une évaluation professionnelle favorable de la part de la chaîne, a mené, devant les juridictions polonaises, une action en vue de l'indemnisation d'une rupture discriminatoire.

Ce n'est pas l'existence d'une discrimination à raison de l'orientation sexuelle qui est discutée devant la Cour de justice mais la conformité au droit de l'Union de la réglementation polonaise qui exclut du champ de la protection contre les discriminations le refus de conclure ou de renouveler un contrat de prestations de services en raison de l'orientation sexuelle du prestataire. L'objet de la question préjudicielle concerne l'applicabilité aux travailleurs indépendants de la directive 2000/78, qui prohibe, notamment, les discriminations à raison de l'orientation sexuelle en matière de travail et d'emploi (1).

Dans sa décision, rendue le 12 janvier 2023, la Cour de justice fait un pas vers une conception plus extensive de la notion de travailleur, au sens du droit de l'Union, pour assurer la protection des travailleurs indépendants, et non seulement des salariés, contre les discriminations. Le principal apport de la décision consiste dans la justification sans détour que la Cour apporte à la protection des travailleurs indépendants, au même titre que les salariés : dès lors que l'activité exercée permet « d'accéder, en tout ou en partie, à des moyens de subsistance », il importe peu que cette activité soit « salariée » ou « non salariée » (2). Mais cette conception extensive du champ d'application de la directive ne se fait pas sans conditions ni sans limites.

(1) Directive 2000/78/CE du Conseil du 27 novembre 2000 portant création d'un cadre général en faveur de l'égalité de traitement en matière d'emploi et de travail, *JO*, L 303 du 2 décembre 2000, p. 16.

(2) § 47 de l'arrêt.

Assimilation des travailleurs indépendants aux salariés

Le champ d'application de la directive, précisé à l'article 3 de ce texte, inclut :

« a) les conditions d'accès à l'emploi, aux activités non salariées ou au travail, y compris les critères de sélection et les conditions de recrutement, quelle que soit la branche d'activité et à tous les niveaux de la hiérarchie professionnelle, y compris en matière de promotion ;

b) l'accès à tous les types et à tous les niveaux d'orientation professionnelle, de formation professionnelle, de perfectionnement et de formation de reconversion, y compris l'acquisition d'une expérience pratique ;

c) les conditions d'emploi et de travail, y compris les conditions de licenciement et de rémunération ;

d) l'affiliation à, et l'engagement dans, une organisation de travailleurs ou d'employeurs, ou toute organisation dont les membres exercent une profession donnée, y compris les avantages procurés par ce type d'organisations ».

La principale question à laquelle la Cour de justice doit répondre est celle de l'application de cette disposition aux travailleurs indépendants, alors que son vocabulaire est, pour partie, celui du droit du travail, compris comme le droit des relations entre employeurs et salariés. Sans ambages, alors que seuls l'accès au travail et la rupture de la relation contractuelle étaient en cause dans l'affaire, la Cour de justice affirme que la protection assurée par le droit de la non-discrimination a vocation à s'étendre à la relation professionnelle concernée « dans son intégralité » (3). Avant d'arriver à cette conclusion, la décision consacre d'utiles développements à la portée de l'interdiction des discriminations dans les relations de travail non salariées.

En ce qui concerne l'accès au travail, les activités non salariées sont expressément visées, aux côtés de l'accès à l'emploi. La plus grande difficulté, dans ce domaine, est de déterminer ce qui peut constituer une discrimination dans l'accès au travail d'un prestataire de services. Dans l'affaire *J.K.*, le gouvernement polonais soutenait que le prestataire concerné disposait de la possibilité de conclure un contrat de services avec une autre entreprise, ce qui excluait toute discrimination (4). Tout comme la Cour européenne des droits de l'homme dans l'affaire *Eweida* (5), au sujet du travail salarié, la

(3) § 56 de l'arrêt.

(4) § 48.

(5) Cour eur. D.H., 15 janvier 2013, *Eweida e.a. c/ Royaume-Uni*, n°s 48420/10, 36516/10, 51671/10 et s., au sujet de la liberté religieuse.

Cour de justice a rejeté cet argument. Des conditions d'accès au travail discriminatoires ne résultent pas seulement de règles générales discriminatoires (par exemple, l'existence d'une réglementation professionnelle discriminatoire) : un choix individuel, celui d'un seul contractant, peut constituer une barrière à l'activité professionnelle, même si cette activité a pu être exercée par le passé et même si d'autres contrats peuvent être conclus. La solution vaut pour les salariés comme pour les non-salariés : le choix d'un contractant qui limite l'accès au travail pour un motif discriminatoire est contraire au droit de l'Union.

Si un contrat de travail avait été en cause, il est probable que la décision s'en serait tenue là. Dans l'arrêt *J.K.*, ce n'est pas le cas. Au contraire, la Cour de justice souligne la nécessité de tenir compte, en ce qui concerne l'accès aux activités non salariées, « de circonstances ou de faits » dont l'existence doit être établie pour qu'une personne puisse effectivement exercer une activité donnée (6). On comprend que la Cour veuille insister, ce faisant, sur la nécessité de tenir compte des conditions concrètes de l'activité : avoir la possibilité abstraite de trouver un autre contractant ne suffit pas à exclure l'existence d'une discrimination résultant d'un refus de contracter d'une entreprise, lorsqu'en réalité la possibilité de trouver un autre cocontractant peut s'avérer difficile, sinon impossible. Mais cela signifie-t-il qu'une solution différente s'impose lorsque la demande est pléthorique ? Et cette solution est-elle de nature à rejaillir sur le travail salarié ? Il aurait sans doute été préférable que la Cour écarte l'argument tiré des conditions économiques en soulignant que la finalité assignée à la non-discrimination dans l'accès au travail et à l'emploi n'est pas seulement économique mais comporte également une dimension morale, qui tient au respect de la dignité de la personne humaine (7). Le refus de contracter, fondé sur un critère discriminatoire, pour la réalisation d'une prestation de service réalisé par un travailleur indépendant, comme pour l'embauche d'un salarié, devrait être condamné, quelle que soit la situation du marché.

---

(6) §§ 49 et 50.

(7) Sur cette dimension morale, voy. not. L. Alexander, « What Makes Wrongful Discrimination Wrong ? Biases, Preferences, Stereotypes, and Proxies », *U. Pa. L. Rev.*, 1992, p. 141 et sur les différentes conceptions de la justice sur lesquelles repose le droit de la non-discrimination, voy. en particulier G. Davidov, « Distributive Justice and Labour Law », in H. Collins *et al.*, *Philosophical Foundations of Labour Law*, Oxford, Oxford University Press, 2018, p. 141. Et pour une illustration dans la jurisprudence de la Cour de justice : CJUE, 15 avril 2021, *Braathens Regional Aviation AB*, aff. C-30/19, ECLI:EU:C:2021:269, sur la demande de reconnaissance de la discrimination par une décision de justice, et non seulement d'une indemnisation du préjudice.

Quant à la décision d'interrompre une relation contractuelle ou de ne pas renouveler un contrat d'entreprise, la question peut paraître plus délicate car cette rupture d'un contrat qui ne serait pas un contrat de travail n'est pas explicitement visée par la directive, qui ne mentionne que le « licenciement », c'est-à-dire la rupture d'un contrat de travail, à l'initiative de l'employeur. Sur ce point, la Cour de justice va donc au-delà du texte pour considérer que la rupture de relations commerciales peut être assimilée à un licenciement. Cette assimilation est justifiée par la situation de vulnérabilité du travailleur indépendant, en ce qui concerne le risque d'une rupture de la relation à l'initiative de l'autre partie, qui le place dans une situation identique à celle d'un travailleur licencié : « [...] à l'instar d'un travailleur salarié, qui peut perdre involontairement son emploi salarié à la suite, notamment, d'un "licenciement", une personne ayant exercé une activité indépendante peut, elle aussi, se trouver contrainte de cesser cette activité du fait de son contractant et se trouver, de ce fait, dans une situation de vulnérabilité comparable à celle d'un travailleur salarié licencié » (8). Cette même vulnérabilité des travailleurs indépendants et salariés, face au risque d'une rupture unilatérale par l'autre partie, avait déjà été reconnue par la Cour de justice, au sujet du maintien du droit au séjour d'un travailleur sur le territoire d'un État membre (9). Ce n'est donc pas seulement dans le domaine du droit de la non-discrimination que la « cessation involontaire d'activité d'un travailleur non salarié » peut être « assimilée à un licenciement d'un travailleur salarié » (10) : la solution semble pouvoir se généraliser. Pourtant, l'arrêt *J.K.* coupe court à toute extrapolation en insistant sur la spécificité du droit de la non-discrimination, que la Cour de justice distingue de la « législation sociale ».

Distinction entre le droit de la non-discrimination et la législation sociale de l'Union

C'est un aspect moins central de l'arrêt mais non moins surprenant que la distinction entre le droit de la non-discrimination et la législation sociale de l'Union. Ces deux domaines, généralement considérés comme des éléments de la politique sociale de l'Union (11), sont ici séparés par un cordon sanitaire afin d'éviter une contamination.

(8) § 63 de l'arrêt *J.K.*
(9) CJUE, 20 décembre 2017, *Gusa*, aff. C-442/16, EU:C:2017:1004, § 43.
(10) § 65 de l'arrêt *J.K.*
(11) Ce que confirme la rubrique « politique sociale », dans la sélection des grands arrêts par la Cour de justice (https://curia.europa.eu/jcms/jcms/p1_3874044/fr/).

Concernant la notion de travailleur : l'extension du bénéfice de la non-discrimination à certains indépendants ne doit pas s'étendre au domaine de la législation sociale.

Certes, la distinction entre le droit de la non-discrimination et la législation sociale repose sur un argument juridique important dans le système juridique de l'Union, qui tient à la base juridique des textes adoptés par les institutions. Il est indéniable que « la directive 2000/78 n'est pas un acte du droit dérivé de l'Union tel que ceux, notamment fondés sur l'article 153, paragraphe 2, TFUE » (12). Mais comment la Cour de justice peut-elle, sans se contredire, affirmer l'équivalente vulnérabilité des travailleurs salariés et des travailleurs indépendants, notamment en cas de rupture unilatérale du contrat qui les lie aux bénéficiaires de leur travail à l'initiative de celui-ci, et soutenir que la législation sociale vise la protection « des seuls travailleurs en tant que partie la plus faible d'une relation de travail », ce que ne serait pas les travailleurs indépendants ? Contrairement à ce que la Cour de justice affirme, l'élimination de tous les obstacles « à l'accès aux moyens de subsistance et à la capacité de contribuer à la société par le travail » (13) n'est pas un objectif propre à la politique de non-discrimination : elle fait partie des fins du droit social, et du droit du travail, en particulier. En atteste, pour n'en prendre qu'un exemple, l'article premier de la charte sociale européenne selon lequel « toute personne doit avoir la possibilité de gagner sa vie par un travail librement entrepris ». En outre, cette séparation du droit de la non-discrimination du reste de la législation sociale apparaît en contradiction avec l'évolution générale du droit de l'Union européenne. Le Socle européen des droits sociaux, en particulier, consacre sa première partie à « l'égalité des chances et l'accès au marché du travail » (14), qui se rattache au droit de la non-discrimination.

La ligne de séparation entre le droit de la non-discrimination et la législation sociale de l'Union, qui crée une fracture au sein de la politique sociale de l'Union, doit toutefois être relativisée. Elle n'a d'autre fonction, dans l'arrêt *J.K.*, que de permettre l'extension de la protection assurée par la directive 2000/78 à un prestataire de services victime de discrimination à raison de son orientation sexuelle, tout en évitant une remise en cause du champ d'application personnel du droit social de l'Union dont la Cour de justice ne veut

(12) § 43.
(13) *Ibid.*
(14) Le document de préparation au Socle récapitulant l'acquis social intitulé « The EU Social Acquis » (2016) faisait référence aux deux directives de 2000, les incluant dans l'acquis social.

pas être à l'origine. Une telle remise en cause est également atténuée par la délimitation de la catégorie des travailleurs indépendants susceptibles de bénéficier du droit de la non-discrimination.

Délimitation de la catégorie des travailleurs indépendants bénéficiaires de la directive 2000/78

L'arrêt *J.K.* limite le cercle des travailleurs indépendants susceptibles de bénéficier du droit à la non-discrimination. Deux conditions sont requises : une activité « réelle » (15) ou « réelle et effective » (16) et une « relation juridique caractérisée par une certaine stabilité » (17).

Quant à la condition d'une activité « réelle » ou « réelle et effective », elle rappelle le critère que la Cour de justice utilise pour définir les bénéficiaires de la libre circulation des travailleurs et permettre aux États de lutter contre d'éventuels abus. Pour accéder aux droits tirés de la libre circulation, l'activité du travailleur doit être « réelle et effective » et non « purement marginale et accessoire » (18). Comme en matière de libre circulation, l'activité réelle et effective permettant de bénéficier de la protection contre les discriminations est une activité qui permet au travailleur d'accéder « aux moyens de subsistance et à la capacité de contribuer à la société par le travail » (19). Comme en matière de libre circulation, ce critère n'est pas seulement restrictif, il permet aussi d'étendre la portée des droits. Une décision rendue quelques mois avant l'arrêt *J.K.* en atteste, au sujet de l'accès à un poste de directeur élu d'une organisation syndicale : dès lors qu'il s'agit d'une activité à temps plein qui est rémunérée par un traitement mensuel, donc d'« une activité professionnelle réelle et effective », la Cour de justice estime que la question de savoir si les conditions d'accès à un tel poste relèvent de la directive 2000/78 ne dépend pas de la qualification ou non d'un tel président en tant que travailleur (salarié) (20). La notion de travail effectif suppose une activité rémunérée : elle n'est pas fonction de la nature des relations qui lient le travailleur à

(15) § 45 de l'arrêt *J.K.*

(16) § 47 de l'arrêt.

(17) § 45 de l'arrêt.

(18) Voy. déjà : CJCE, 23 mars 1982, *Levin*, aff. 53/81, ECLI:EU:C:1982:105, réservant le bénéfice de la libre circulation des travailleurs à « l'exercice d'activités réelles et effectives, à l'exclusion d'activités tellement réduites qu'elles se présentent comme purement marginales et accessoires ».

(19) § 43 de l'arrêt *J.K.*

(20) CJUE, 2 juin 2022, *HK c/ Danmark* et *HK c/ Privat*, aff. C-587/20, ECLI:EU:C:2022:419, § 35.

l'organisation qui l'emploie. Quant à la rémunération, il ne s'agit pas d'une rémunération minimale mais simplement de « moyens de subsistance » (21), ce qui n'en fait pas une barrière élevée.

La seconde condition, celle d'une relation stable, est beaucoup plus exigeante. Alors que les contrats précaires sont devenus plus fréquents, faire dépendre le bénéfice de la non-discrimination de l'existence d'une relation stable risque de constituer un obstacle important pour nombre de travailleurs indépendants. Certes, le critère de la stabilité a l'avantage d'une apparente simplicité, en particulier si on le compare à la subordination. Contrairement à la subordination qui découle d'un faisceau d'indices, la stabilité de la relation est un critère unique, qui semble plus facile à cerner. La notion de stabilité n'entraîne toutefois qu'une simplification relative si on se réfère à l'usage qui en est fait dans le domaine des libertés de circulation, où elle sert notamment à distinguer liberté d'établissement et libre prestation de services (22).

L'arrêt *J.K.* fournit toutefois quelques précisions sur ce qui constitue une relation stable, permettant de revendiquer le droit à la non-discrimination. Tout d'abord, la stabilité semble devoir s'apprécier de manière globale, au regard de la régularité ou de la fréquence des relations, même si, juridiquement, ces relations reposent sur des contrats successifs de courte durée. En outre, la décision ne requiert qu'une « certaine » stabilité, ce qui place l'exigence de stabilité à un niveau assez faible.

Reste que ce critère conduit à exclure les travailleurs les plus précaires, qui, par définition, n'entretiennent de relation professionnelle stable avec personne. Certains travailleurs de plateformes, en particulier ceux qui réalisent des microtâches pour une multiplicité de clients (*crowdworking*), ne pourront donc pas bénéficier de la protection que confère la directive 2000/78. Or, il est difficile de comprendre pourquoi les travailleurs de plateformes ne bénéficieraient pas de l'interdiction des discriminations (23). En outre, l'arrêt

---

(21) Par analogie avec la notion de travailleur retenue dans le cadre de la libre circulation (voy. en particulier : CJCE, 23 mars 1982, *Levin*, aff. 53/81, ECLI:EU:C:1982:105 et 19 novembre 2002, *Kurz*, aff. C-188/00, ECLI:EU:C:2002:694), une rémunération correspondant au salaire minimum ou au minimum vital ne devrait pas être requise.

(22) Voy. en particulier CJCE, 30 novembre 1995, *Gebhard*, aff. C-55/94, ECLI:ECLI:EU:C:1995:41, § 25 : « [L]a notion d'établissement au sens du traité est donc une notion très large, impliquant la possibilité pour un ressortissant communautaire de participer, de façon stable et continue, à la vie économique d'un État membre autre que son État d'origine ».

(23) Sur les discriminations à l'encontre des travailleurs de plateformes, voy. not. : J. Gerards et R. Xenedis, « Algorithmic Discrimination in Europe : Challenges and Opportunities for Gender Equality and Non-Discrimination Law », *Publications Office of the European Union*, 2021, Luxembourg.

J.K. semble exclure l'application de la directive lors d'un premier contrat, puisqu'il ne pourra pas encore être question de relation stable, à ce stade. Les discriminations dans le choix d'un prestataire, qui résultent notamment de l'utilisation de systèmes d'intelligence artificielle, ne pourront donc pas être combattues, sur le fondement de la directive 2000/78 (24).

Quelles raisons ont conduit la Cour de justice à subordonner le bénéfice de la non-discrimination à de telles conditions, qui ne figurent pas dans le texte de la directive ? Le souci d'éviter une extension excessive du champ de la protection aboutissant à couvrir des travailleurs pour lesquels cette protection ne serait pas nécessaire pourrait constituer une explication. L'exercice relèverait, sans le dire, d'une quête d'équilibre entre des droits et libertés fondamentaux (non-discrimination, liberté contractuelle) (25). Mais la décision ne mentionne pas ces arguments pour justifier cette restriction du champ d'application personnel de la directive. La justification est ailleurs. Formellement, la directive 2000/78 ne s'étend pas « à l'accès à des biens et services et à la fourniture de biens et services ». Une telle extension avait été envisagée par une proposition de directive de la Commission, datant de 2008, qui n'a pas pu être adoptée. La Cour se refuse à jouer la partition du législateur en procédant à une extension jurisprudentielle du champ d'application de la directive que le législateur n'a manifestement pas souhaitée. En délimitant l'extension à certains travailleurs indépendants, et non à tous ceux qui sont susceptibles de fournir des biens et services, l'écueil d'un empiètement des juges sur le pouvoir législatif est sinon évité, du moins limité.

Sophie Robin-Olivier

(24) Sur le sujet particulier des discriminations liées à l'utilisation de systèmes d'intelligence artificielle lors du recrutement, voy. not. A. M. Corrêa Harcus et I. Rorive, « Digital Profiling : Challenges for Equal Opportunities in Online Targeted Employment Advertising », *J.E.D.H.*, 2022, p. 221.

(25) Sur cet aspect de la décision, voy. A. Hyde, « L'arrêt J.K. au prisme de la liberté contractuelle », *European Papers*, 2023, vol. 8, n° 3, pp. 1201-1211.

Cour de justice, 2e ch., 7 décembre 2023, *AP Assistenzprofis*, aff. C-518/22, ECLI:EU:C:2023:956

Conclusions de l'avocat général J. R. de la Tour, du 13 juillet 2023, ECLI:EU:C:2023:587

Mots-clés : Discrimination – Âge – Handicap

Cadre normatif : directive 2000/78/CE du Conseil du 27 novembre 2000 portant création d'un cadre général en faveur de l'égalité de traitement en matière d'emploi et de travail (*JO* 2000, L 303, p. 16) ; convention des Nations unies relative aux droits des personnes handicapées ; articles 21 et 26 de la charte des droits fondamentaux de l'Union européenne

Notes et observations : L. Driguez, « Politique sociale – Différence de traitement liée à l'âge et droits fondamentaux des personnes handicapées », *Europe*, février 2024, n° 2, comm. 73

Extraits de l'arrêt

1. La demande de décision préjudicielle porte sur l'interprétation de l'article 2, paragraphe 5, de l'article 4, paragraphe 1, de l'article 6, paragraphe 1, et de l'article 7 de la directive 2000/78/CE du Conseil, du 27 novembre 2000, portant création d'un cadre général en faveur de l'égalité de traitement en matière d'emploi et de travail (*JO* 2000, L 303, p. 16), lus à la lumière de la charte des droits fondamentaux de l'Union européenne (ci-après la « Charte ») ainsi que de la convention des Nations unies relative aux droits des personnes handicapées, qui a été approuvée au nom de l'Union européenne par la décision 2010/48/CE du Conseil, du 26 novembre 2009 (*JO* 2010, L 23, p. 35, ci-après la « convention de l'ONU »).

2. Cette demande a été présentée dans le cadre d'un litige opposant J.M.P. à AP Assistenzprofis GmbH, un prestataire de services d'assistance et de conseil aux personnes handicapées, au sujet du versement d'une indemnité sollicité par J.M.P. en raison d'une discrimination fondée sur l'âge survenue dans le cadre d'une procédure de recrutement.

Sur la question préjudicielle

47. Par sa question, la juridiction de renvoi demande, en substance, si l'article 2, paragraphe 5, l'article 4, paragraphe 1, l'article 6, paragraphe 1, et/ou l'article 7 de la directive 2000/78, lus à la lumière des dispositions de la Charte ainsi que de l'article 19 de la convention de l'ONU, doivent être interprétés en ce sens qu'ils s'opposent à ce que le recrutement d'une personne fournissant une assistance personnelle soit soumis à une condition d'âge, en application d'une législation nationale prévoyant la prise en compte des souhaits individuels des personnes ayant droit, en raison de leur handicap, à des prestations de services d'assistance personnelle.

48. À titre liminaire, il importe de constater, d'une part, que la situation faisant l'objet du litige au principal relève du champ d'application de la directive 2000/78, dans la mesure où une procédure de recrutement d'une personne fournissant une assistance personnelle dans le cadre de laquelle il est exigé que les candidats aient « de préférence entre 18 et 30 ans » concerne « les conditions d'accès à l'emploi [...], y compris les critères de sélection et de recrutement », au sens de l'article 3, paragraphe 1, sous a), de cette directive.

49. D'autre part, il apparaît que la réponse négative reçue par J.M.P. de la part de AP Assistenzprofis à la suite du dépôt de sa candidature est intervenue en raison de son âge et constitue donc une « discrimination directe » fondée sur l'âge, au sens de l'article 2, paragraphe 2, sous a), de la directive 2000/78.

50. Dans ces conditions, il convient de vérifier si une telle différence de traitement fondée sur l'âge peut être justifiée au regard de la directive 2000/78.

51. S'agissant de l'article 2, paragraphe 5, de cette directive, qu'il y a lieu d'examiner d'abord, il convient de souligner que, aux termes de cette disposition, ladite directive ne porte pas atteinte aux mesures prévues par la législation nationale qui, dans une société démocratique, sont nécessaires à la sécurité publique, à la défense de l'ordre et à la prévention des infractions pénales, à la protection de la santé ainsi qu'à la protection des droits et des libertés d'autrui.

52. Il découle de la jurisprudence de la Cour que, en adoptant ladite disposition, le législateur de l'Union a, en matière d'emploi et de travail, entendu prévenir et arbitrer un conflit entre, d'une part, le principe de l'égalité de traitement et, d'autre part, la nécessité d'assurer l'ordre, la sécurité et la santé publics, la prévention des infractions ainsi que la protection des droits et des libertés individuels, lesquels sont indispensables au fonctionnement d'une société démocratique. Il a ainsi décidé que, dans certains cas énumérés à l'article 2, paragraphe 5, de la directive 2000/78, les principes posés par cette dernière ne s'appliquent pas à des mesures contenant des différences de traitement fondées sur l'un des motifs visés à l'article 1er de cette directive, à la condition, toutefois, que ces mesures soient nécessaires à la réalisation des objectifs susvisés [arrêt du 12 janvier 2023, *TP (Monteur audiovisuel pour la télévision publique)*, C-356/21, EU:C:2023:9, point 70 et jurisprudence citée].

53. Cet article 2, paragraphe 5, instituant une dérogation au principe d'interdiction des discriminations, il doit être interprété de manière stricte [arrêt du 12 janvier 2023, *TP (Monteur audiovisuel pour la télévision publique)*, C-356/21, EU:C:2023:9, point 71 et jurisprudence citée].

54. En l'occurrence, il y a lieu de vérifier, premièrement, si la différence de traitement en cause au principal résulte d'une mesure prévue par la législation nationale, conformément audit article 2, paragraphe 5.

55. À cet égard, il ressort du dossier soumis à la Cour que la législation nationale en cause au principal, à savoir l'article 8, paragraphe 1, du SGB IX, lu en combinaison avec l'article 33 du SGB I, prévoit que, lors de la prise de décision concernant les prestations de services d'assistance personnelle et lors de l'exécution de celles-ci visant à favoriser la participation à la société de la personne handicapée, il est satisfait aux souhaits légitimes des bénéficiaires de ces prestations, dans la mesure où ils sont raisonnables et en tenant compte de la situation personnelle, de l'âge, du sexe, de la famille ainsi que des besoins religieux et philosophiques desdits bénéficiaires.

56. Il apparaît ainsi que cette législation autorise, voire oblige, les prestataires d'assistance personnelle, dans des termes revêtant un caractère suffisamment précis, à respecter, lors de l'élaboration de l'assistance personnelle à fournir aux personnes handicapées concernées, leurs souhaits individuels, y compris, le cas échéant, ceux relatifs à l'âge de la personne appelée à leur fournir cette assistance, et à adopter des mesures individuelles qui font application de ladite législation en tenant compte de ces souhaits, dont celle de soumettre le recrutement d'une telle personne à une condition d'âge. Dans ces circonstances, et sous réserve d'une vérification éventuelle qu'il appartiendrait à la juridiction de renvoi d'effectuer, la différence de traitement fondée sur l'âge en cause au principal résulte d'une mesure prévue par la législation nationale, au sens de l'article 2, paragraphe 5, de la directive 2000/78.

57. Deuxièmement, il y a lieu d'examiner si ladite mesure poursuit l'un des objectifs énoncés audit article 2, paragraphe 5, et notamment celui de « la protection des droits et libertés d'autrui ».

58. À cet égard, ainsi qu'il ressort de la décision de renvoi, la législation en application de laquelle la même mesure a été adoptée poursuit un objectif tendant à la protection de l'autodétermination des personnes handicapées, en garantissant le droit à l'expression des souhaits et au libre choix desdites personnes lors de la prise de décisions concernant les prestations de services d'assistance personnelle et lors de la fourniture de celles-ci, ces prestations concernant tous les domaines de la vie et s'étendant profondément dans la sphère privée et intime des personnes les recevant. Ladite législation vise ainsi à assurer le droit des personnes handicapées à organiser leurs conditions de vie de la manière la plus autonome et la plus indépendante possible.

59. Or, ainsi que l'a relevé M. l'avocat général au point 63 de ses conclusions, un tel objectif relève de l'article 2, paragraphe 5, de la directive 2000/78, en ce qu'il vise la protection du droit à l'autodétermination des personnes handicapées, en vertu duquel celles-ci doivent être en mesure de choisir comment, où et avec qui elles vivent.

60. Un tel droit implique nécessairement la possibilité de concevoir le service d'assistance personnelle qui leur sera fourni, ce qui inclut le fait de définir les critères de sélection de la personne chargée de fournir un tel service et de participer activement au processus de recrutement de cette personne.

61. À cet égard, il importe de souligner, d'une part, que le droit à l'expression des souhaits et au libre choix visé au point 58 du présent arrêt concrétise le droit des personnes handicapées à bénéficier de mesures visant à assurer leur autonomie, leur intégration sociale et professionnelle et leur participation à la vie de la communauté, qui fait partie des droits reconnus par le droit de l'Union, conformément à l'article 26 de la Charte.

62. D'autre part, le respect de l'autodétermination des personnes handicapées est également un objectif consacré à l'article 19 de la convention de l'ONU, dont les dispositions peuvent être invoquées afin d'interpréter celles de la directive 2000/78, y compris l'article 2, paragraphe 5, de celle-ci. En effet, cette dernière doit faire l'objet, dans la mesure du possible, d'une interprétation conforme à cette convention (voir, en ce sens, arrêt du 11 septembre 2019, *Nobel Plastiques Ibérica*, C-397/18, EU:C:2019:703, point 40 et jurisprudence citée).

63. Troisièmement, il importe de vérifier si une différence de traitement fondée sur l'âge, telle que celle en cause au principal, est issue d'une mesure nécessaire à la protection des droits et des libertés d'autrui, au sens de l'article 2, paragraphe 5, de cette directive et, en particulier, à la protection du droit à l'autodétermination de la personne handicapée concernée lors de la prestation de services d'assistance personnelle.

64. En l'occurrence, il apparaît que l'indication de la préférence d'une tranche d'âge de 18 à 30 ans dans l'offre d'emploi en question trouve son origine dans le besoin individuel de A. de bénéficier d'une assistance personnelle pour son accompagnement dans tous les domaines de sa vie sociale quotidienne en tant qu'étudiante âgée de 28 ans, une telle assistance touchant ainsi à sa sphère privée et intime au regard des tâches générales concernant non seulement l'organisation de sa vie quotidienne, y compris la planification de besoins strictement personnels, mais aussi la gestion de sa vie sociale et culturelle. Il ressort du dossier dont dispose la Cour que ladite préférence pour une certaine tranche d'âge était notamment motivée par la circonstance que la personne fournissant l'assistance devait pouvoir facilement s'intégrer dans l'environnement personnel, social et universitaire de A.

65. Partant, dans une situation telle que celle en cause au principal, la prise en compte de la préférence pour une certaine tranche d'âge exprimée par la personne handicapée bénéficiaire de services d'assistance personnelle est susceptible de promouvoir le respect du droit à l'autodétermination de cette personne lors de la prestation de ces services d'assistance personnelle, en ce qu'il apparaît raisonnable de s'attendre à ce qu'une personne appartenant à la même tranche d'âge que la personne handicapée s'intègre plus facilement dans l'environnement personnel, social et universitaire de cette dernière.

66. Sous réserve des vérifications à effectuer par la juridiction de renvoi au regard de l'ensemble des circonstances de l'affaire au principal, il apparaît donc qu'une différence de traitement fondée sur l'âge telle que celle en cause au principal résulte d'une mesure nécessaire à la protection des droits et des libertés d'autrui, au sens de l'article 2, paragraphe 5, de la directive 2000/78.

67. Par conséquent, une différence de traitement en fonction de l'âge étant susceptible d'être justifiée au regard de cet article 2, paragraphe 5, sous réserve qu'elle soit issue d'une mesure nécessaire à la protection des droits et des libertés d'autrui, au sens de cette disposition, il n'y a pas lieu de rechercher si elle pourrait également être justifiée en vertu de l'article 4, paragraphe 1, de l'article 6, paragraphe 1, et/ou de l'article 7 de la directive 2000/78.

68. Eu égard à l'ensemble des considérations qui précèdent, il convient de répondre à la question posée que l'article 2, paragraphe 5, de la directive 2000/78, lu à la lumière de l'article 26 de la Charte ainsi que de l'article 19 de la convention de l'ONU, doit être interprété en ce sens qu'il ne s'oppose pas à ce que le recrutement d'une personne fournissant une assistance personnelle soit soumis à une condition d'âge, en application d'une législation nationale prévoyant la prise en compte des souhaits individuels des personnes ayant droit, en raison de leur handicap, à des prestations de services d'assistance personnelle, si une telle mesure est nécessaire à la protection des droits et des libertés d'autrui.

Observations

L'arrêt *AP Assistenzprofis* présente un double intérêt : il aborde la question des préférences privées, qui peuvent constituer une limite au droit à la non-discrimination (1) et celle de la conciliation des voies, parfois conflictuelles, comme en l'espèce, par lesquelles le droit assure la protection de catégories différentes de personnes vulnérables. Il s'agit d'une situation dans laquelle, comme l'exprime la Cour de renvoi, « tant la requérante au principal que la personne handicapée peuvent prétendre à une protection contre la discrimination » (2).

Dans cette affaire, une étudiante handicapée souhaitait recruter une assistante personnelle, ayant entre 18 et 30 ans, pour l'aider à mener à bien ses différentes activités. Elle s'est adressée à la société AP Assistenzprofis, société dont l'objet est de fournir aux personnes handicapées différentes prestations d'assistance et de conseil, qui a publié une offre d'emploi précisant que l'âge de l'assistante personnelle recherchée devait se situer, de préférence, entre 18 et 30 ans. Cette préférence, fondée sur un critère discriminatoire, a conduit à écarter, en raison de son âge, une femme de 50 ans qui avait répondu à l'offre. Dans un tel cas, la liberté de choix de la personne en situation de handicap devait-elle céder devant le droit à la non-discrimination de la candidate à l'emploi ? Tel n'est pas la solution retenue par la Cour de justice. Au contraire, la décision dans l'affaire *AP Assistenzprofis* fait prévaloir le choix de la personne en situation de handicap, en s'appuyant sur la convention de l'ONU relative aux droits des personnes handicapées. Mais pour éviter d'ouvrir une trop large brèche dans le droit de la non-discrimination, cette solution est très strictement encadrée.

Justification d'une discrimination fondée sur l'âge

Aucune incertitude sur la nature de la discrimination en cause : il s'agit d'une discrimination directe à raison de l'âge, ce critère figurant dans l'offre d'emploi diffusée par la société chargée du recrutement. En droit de l'Union, les possibilités de justifier de telles discriminations, directement fondées sur un critère prohibé, sont limitées. Certes, la directive 2000/78 facilite la justification des discriminations directes fondées sur l'âge, ce qui distingue ce critère des autres

(1) Sur ce sujet, voy. E. Fondimare et R. Medard Inghilterra (dir.), *Préférences et discriminations. Réflexions sur la liberté et ses espaces persistants*, coll. « Colloques et essais », Paris, IFJD, 2023. Voy. aussi H. Collins, « Discrimination and the Private Sphere », in K. Lippert-Rasmussen, *The Routledge Handbook of the Ethics of Discrimination*, Oxford, Oxford University Press, 2018, p. 360.

(2) Pt 38 de l'arrêt.

critères de discrimination prohibés par la directive (3). Toutefois, les objectifs permettant de justifier des discriminations directes fondées sur l'âge doivent relever de « la politique de l'emploi, du marché du travail et de la formation professionnelle » des États (4). Cette disposition est au cœur de la plupart des décisions de la Cour concernant les discriminations à raison de l'âge qui visent, le plus souvent, les politiques nationales relatives à la mise à la retraite (ou la fin de carrière) des salariés à partir d'un certain âge (5) ou celles prévoyant une limite d'âge pour le recrutement dans certains secteurs d'activité (6). Alors que la question posée par la juridiction de renvoi évoquait la possibilité d'une justification de la discrimination à raison de l'âge sur ce fondement, l'arrêt n'en dit rien. Il est vrai que cette disposition ne paraissait pas adaptée au cas d'une préférence personnelle (7). Et admettre qu'un choix individuel peut relever des exceptions visées par l'article 6 de la directive serait en contradiction avec la jurisprudence antérieure de la Cour de justice, selon laquelle les objectifs légitimes visés par l'article 6 se distinguent, par leur caractère d'intérêt général, de motifs purement individuels qui sont propres à la situation de l'employeur (8). À moins de considérer qu'est en cause non un choix individuel, mais le droit national relatif aux conditions d'emploi, par des personnes handicapées, où, puisque le recrutement était réalisé par une entreprise de prestation de services, les conditions de mise à disposition d'une aide par des entreprises fournissant des services de mise à disposition de personnel relèvent d'une « politique de l'emploi », ce qui consacrerait une conception extensive de la notion de la politique de l'emploi. En l'espèce, toutefois, le droit allemand, même considéré comme relevant de la politique de l'emploi ou du marché du travail, n'autorisait pas expressément le recours à un critère d'âge. Il prévoyait simplement que « les souhaits légitimes des bénéficiaires de prestations » devaient être satisfaits, ce qui peut s'interpréter comme excluant les choix discriminatoires. La justification de la condition d'âge sur le fondement de l'article 6 de la directive paraissait donc difficile à concevoir.

---

(3) *Cf.* art. 6 de la directive, consacré spécifiquement à la justification des discriminations fondées sur l'âge.

(4) *Ibid.*

(5) Pour un exemple, voy. not. : CJUE, 15 avril 2021, *Olympiako Athlitiko Kentro Athinon*, aff. C-511/19, ECLI:EU:C:2021:274.

(6) Voy. récemment : CJUE, 17 novembre 2022, *Ministero dell'Interno (Limite d'âge pour le recrutement de psychologues au sein de la police)*, aff. C-569/21, ECLI:EU:C:2022:910.

(7) En ce sens, voy. concl. av. gén., pt 90, *AP Assistenzprofis*, aff. C-518/22.

(8) CJUE, 5 mars 2009, *Age Concern England*, aff. C-388/07, EU:C:2009:128.

Une autre voie a été suggérée par la juridiction de renvoi : le recours à la notion d'« exigence professionnelle essentielle et déterminante » découlant de la nature de l'activité professionnelle ou des conditions de son exercice, mentionnée à l'article 4, paragraphe 1, de la directive 2000/78. Dans l'affaire *AP Assistenzprofis*, la personne handicapée semblait en effet considérer que des caractéristiques liées à l'âge jouaient un rôle important dans la contribution que l'assistante personnelle pourrait apporter à son intégration sociale. La possibilité de faire jouer les exigences professionnelles n'a pas été examinée par la Cour de justice mais elle a été analysée par l'avocat général qui a conclu à l'impossibilité d'une justification de la discrimination fondée sur l'âge sur un tel fondement. Selon l'avocat général, pour qu'une telle justification puisse être admise, il faudrait que les caractéristiques psychologiques et sociales propres à une certaine tranche d'âge soient indispensables et non seulement utiles à l'accomplissement des différentes tâches qui sont comprises dans la prestation d'assistance personnelle, notamment celles qui sont relatives à la fourniture d'une assistance dans le cadre des études à l'université. Tel n'est pas le cas : une assistante dont l'âge se situerait en dehors de la tranche d'âge considérée pourrait également s'acquitter de ces tâches (9). En outre, la notion d'« exigence professionnelle essentielle et déterminante » renvoie à une exigence « objectivement » dictée par la nature ou par les conditions d'exercice de l'activité professionnelle en cause (10). Or, la préférence de l'étudiante handicapée pour une personne d'un certain âge relève de considérations subjectives (11).

La Cour de justice préfère donc examiner la possibilité d'une discrimination fondée sur l'âge à l'aune de l'article 2, paragraphe 5, de la directive, disposition générale et classique en matière de droits et libertés fondamentaux, qui prévoit que la directive « ne porte pas atteinte aux mesures prévues par la législation nationale qui, dans une société démocratique, sont nécessaires à la sécurité publique, à la défense de l'ordre et à la prévention des infractions pénales, à la protection de la santé et à la protection des droits et libertés d'autrui ». Jusqu'ici, cette disposition de la directive n'a pas joué un grand rôle dans la jurisprudence de la Cour. Elle a, parfois, été utilisée pour justifier des discriminations à raison de l'âge fondées sur des motifs de sécurité publique (12). Plus récemment, la protection des droits et libertés d'autrui, et, plus précisément,

(9) Pt 81 des conclusions.

(10) CJUE, 14 mars 2017, *Bougnaoui*, aff. C-188/15, EU:C:2017:204.

(11) Pt 84.

(12) Voy. CJUE, 13 septembre 2011, *Prigge*, aff. C-447/09, EU:C:2011:573 et 7 novembre 2019, *Cafaro*, aff. C-396/18, ECLI:EU:C:2019:929.

la liberté contractuelle qui en découle, a été invoquée, mais sans succès, pour justifier une discrimination à raison de l'orientation sexuelle (13). Quelques mois seulement après cette première décision, dans laquelle la liberté contractuelle était brandie comme une limite à la non-discrimination, l'arrêt *AP Assistenzprofis* suggère que l'argument de la liberté individuelle gagne du terrain, d'autant plus qu'il permet, cette fois, de justifier une discrimination dans l'accès à l'emploi.

Toutefois, ce n'est pas au nom de la liberté contractuelle qu'une atteinte au principe de non-discrimination est admise mais afin de garantir « l'autodétermination des personnes handicapées », qui suppose « le droit à l'expression des souhaits et au libre choix desdites personnes lors de la prise de décisions concernant les prestations de services d'assistance personnelle et lors de la fourniture de celles-ci, ces prestations concernant tous les domaines de la vie et s'étendant profondément dans la sphère privée et intime des personnes les recevant ». La non-discrimination trouve donc sa limite dans le droit particulier reconnu aux personnes handicapées, en raison de leur situation particulière, de se voir garantir les conditions d'une vie autonome, ce qui justifie que leur liberté de choix puisse primer sur le principe de non-discrimination. Si la non-discrimination est tenue à distance, c'est aussi, bien que la formule utilisée ne fasse pas de distinction avec l'autodétermination, parce que les prestations attendues concernent « profondément la sphère privée et intime ». Or, cet argument ne concerne pas seulement les personnes handicapées. La délimitation de la « sphère privée et intime » à l'intérieur de laquelle chacun conserve la liberté de choisir, y compris sur le fondement de critères discriminatoires, est une vaste question, qui demeure largement irrésolue (14). La Cour de justice ne semble pas vouloir l'aborder de front, alors que l'affaire ne l'imposait pas. Elle préfère tirer la solution d'un droit à l'autodétermination des personnes handicapées, extensivement conçu.

Reconnaissance du droit à l'autodétermination des personnes handicapées

Un des apports de la décision tient à la reconnaissance, en droit de l'Union, d'un droit à l'autodétermination des personnes handicapée. Cette consécration repose sur un triple fondement : le droit allemand,

(13) *Cf.* l'arrêt *J.K. c/ T.P.*, préc.

(14) Sur ce sujet, voy. justement E. FONDIMARE et R. MEDARD INGHILTERRA, *Préférences et discriminations. Réflexions sur la liberté et ses espaces persistants*, *op. cit.*

dont la terminologie est tirée ; la convention de l'ONU (15), dont l'article 19 porte sur l'autonomie de vie et l'inclusion dans la société des personnes handicapées ; et l'article 26 de la charte, consacrée à « l'intégration des personnes handicapées ».

Au sens du droit allemand, auquel la décision se réfère, l'autodétermination garantit le droit à l'expression des souhaits et le libre choix des personnes handicapées, lors de la prise de décisions concernant les prestations de services d'assistance personnelle et lors de la fourniture de celles-ci, lorsqu'ils sont « raisonnables » ou « légitimes » (16). La notion d'autodétermination vise à assurer le droit des personnes handicapées à organiser leurs conditions de vie de la manière la plus autonome et la plus indépendante possible (17). À la suite de l'avocat général, la Cour considère que le droit à l'autodétermination des personnes handicapées implique que celles-ci soient en mesure de choisir « comment, où et avec qui elles vivent » (18), une formule qui ne vient pas du droit allemand mais de la convention de l'ONU, que l'Union a ratifiée et à laquelle la Cour se réfère par la suite. Le droit de choisir avec qui elles vivent implique nécessairement, comme la Cour de justice l'admet, que les personnes handicapées aient la possibilité de concevoir le service d'assistance personnelle qui leur sera fourni, ce qui inclut le fait de définir les critères de sélection de la personne chargée de fournir un tel service (19). Selon la Cour, le droit à l'expression des souhaits et au libre choix concrétise également le droit des personnes handicapées à bénéficier de mesures visant à assurer « leur autonomie, leur intégration sociale et professionnelle et leur participation à la vie de la communauté », selon les termes de l'article 26 de la charte.

Quant aux dispositions de l'article 19 de la convention de l'ONU, elles n'avaient jamais été utilisées auparavant pour interpréter le droit de l'Union. Si les références à la convention ne sont pas nouvelles, dans la jurisprudence de la Cour mettant en œuvre les dispositions de la directive 2000/78, elles ont concerné la définition du handicap (20) et le droit à des aménagements raisonnables (21), non

(15) La convention a été approuvée au nom de l'Union européenne par la décision 2010/48/CE du Conseil du 26 novembre 2009, *JOUE* 2010, L 23, p. 35.

(16) *Cf.* §§ 27 et 28 de l'arrêt.

(17) *Ibid.*

(18) § 59 de l'arrêt.

(19) § 60 de l'arrêt.

(20) CJUE, 11 avril 2013, *HK Danmark*, aff. C-335/11 et C-337/11, EU:C:2013:222.

(21) Voy. not. CJUE, 10 février 2022, *HR Rail*, aff. C-485/20, EU:C:2022:85 ; CJUE, 21 octobre 2021, *Komisia za zashtita ot diskriminatsia*, aff. C-824/19, ECLI:EU:C:2021:862, et plus récemment, CJUE, 18 janvier 2024, *Ca Na Negreta*, aff. C-631/22, ECLI:EU:C:2024:53.

le droit à l'autonomie de vie et à l'inclusion sociale des personnes handicapées. L'arrêt s'efforce donc, pour la première fois, d'assurer une interprétation conforme du droit de l'Union à l'article 19 de la convention de l'ONU. Dans une formule moins synthétique que celle de l'article 26 de la charte, cette disposition, qui ne fait pas expressément référence à la notion d'autodétermination, distingue la liberté de choix et l'inclusion sociale. Les États doivent garantir aux personnes handicapées, d'une part, « la possibilité de choisir, sur la base de l'égalité avec les autres, leur lieu de résidence et où et avec qui elles vont vivre » (22), d'autre part, « l'accès à une gamme de services à domicile ou en établissement et à d'autres services sociaux d'accompagnement, y compris l'aide personnelle nécessaire pour leur permettre de vivre dans la société et de s'y insérer et pour empêcher qu'elles ne soient isolées ou victimes de ségrégation » (23). Cette distinction ne se retrouve pas dans l'arrêt, comme si l'expression et l'autonomie des choix et le droit à l'intégration sociale étaient indissociables, ce qui est loin d'être évident.

Dans l'affaire, la question n'est pas celle du droit à l'intégration sociale de la personne handicapée, qui suppose une aide personnelle, mais celle du choix de celle-ci, pour lequel, selon la convention, les personnes handicapées doivent bénéficier de « l'égalité avec les autres », rien de plus. Mais la précision est importante car il importe que la situation de handicap n'entraîne pas de moindres possibilités de choix, en ce qui concerne ces conditions essentielles de l'existence que sont l'endroit où l'on vit et les personnes avec qui on partage sa vie, ce que la convention appelle « le milieu de vie ». Pour les personnes handicapées, comme pour les autres, les choix de vie doivent pouvoir rester autonomes, ce qui peut signifier une limite à l'interdiction des discriminations. La particularité de la situation des personnes handicapées, qui explique la question relative à l'application de la directive 2000/78, tient au fait que les personnes avec qui elles vivent peuvent être des travailleurs bénéficiant du droit à ne pas faire l'objet de discrimination. La question, plus générale de l'arrêt, est donc cette délimitation de la sphère privée, où le droit de la discrimination ne pénètre pas. Mais elle n'est pas posée de manière aussi large dans l'arrêt qui applique, classiquement, un contrôle de proportionnalité des restrictions au droit à la non-discrimination.

(22) Art. 19, a).
(23) Art. 19, b).

Contrôle du caractère raisonnable du choix discriminatoire

Pour être justifié, le choix discriminatoire doit être nécessaire pour remplir l'objectif de contribuer à l'autodétermination (24). Sur cet aspect du contrôle de proportionnalité, le moins que l'on puisse dire est que le contrôle exercé par la Cour est peu approfondi. Il est « raisonnable » de penser, indique l'arrêt, « qu'une personne appartenant à la même tranche d'âge que la personne handicapée s'intègre plus facilement dans l'environnement personnel, social et universitaire de cette dernière » et peut donc plus facilement répondre à ses besoins d'assistance qui touchent à sa sphère privée et intime, puisqu'ils incluent l'organisation de la vie quotidienne, y compris la planification de besoins strictement personnels, ainsi que la gestion de la vie sociale et culturelle de la personne handicapée (25). Le caractère raisonnable du choix dépend, certes, de l'examen de la situation concrète : la liberté de choix des personnes handicapées n'est pas absolue, s'agissant de la sélection d'un ou d'une aide personnel(le). Mais l'appréciation du caractère raisonnable, dans l'arrêt, ne s'appuie sur rien d'autre que le sens commun : la similitude des âges facilite les liens entre les personnes qui sont amenées à se côtoyer étroitement.

Or, en faisant dépendre la possibilité d'un recrutement discriminatoire de l'intégration de la personne recrutée dans la sphère personnelle de celui ou celle qui l'embauche, la décision se situe sur une pente glissante. Si la prise en compte de l'âge peut se justifier « raisonnablement », compte tenu de la situation concrète dans laquelle l'assistance doit être fournie, qu'en serait-il de choix fondés sur d'autres critères discriminatoires ? Pour le sexe, l'orientation sexuelle, la religion ou les convictions, le raisonnement mis en œuvre dans l'arrêt *AP Assistenzprofis* pourrait sans doute conduire à admettre des choix discriminatoires. Qu'en serait-il de la race et de l'origine ethnique ? Peut-on « raisonnablement » penser que le choix d'un ou d'une assistant(e) en fonction de sa race ou de son origine ethnique peut faciliter son intégration dans la sphère privée de celui ou celle qui l'emploie ? En évitant de centrer la solution sur la limite à l'exigence de non-discrimination que constitue la sphère privée intime (le choix de la personne avec laquelle on vit) pour privilégier le critère de l'intégration de la personne recrutée dans la vie de la personne handicapée, comme justification d'un choix discriminatoire, il n'est pas sûr que la Cour de justice se soit engagée sur une voie sans embûches.

Sophie Robin-Olivier

(24) § 63 de l'arrêt.
(25) § 64.

Cour de justice, 2e ch., 2 mars 2023, *FU c/ DRV Intertrans BV et Verbraeken J. en Zonen BV c/ PN*, aff. jtes C-410/21 et C-661/21, ECLI:EU:C:2023:138

Mots-clés : Détachement – Certificat A1 – Fraude – Retrait provisoire – Effet suspensif – Siège social

Cadre normatif : article 13, paragraphe 1, sous b), du règlement n° 883/2004 ; article 5 du règlement n° 987/2009

Extraits de l'arrêt

1. Les demandes de décision préjudicielle portent sur l'interprétation de l'article 13, paragraphe 1, sous b), i), du règlement (CE) n° 883/2004 du Parlement européen et du Conseil, du 29 avril 2004, portant sur la coordination des systèmes de sécurité sociale (JO 2004, L 166, p. 1), tel que modifié par le règlement (UE) n° 465/2012 du Parlement européen et du Conseil, du 22 mai 2012 (JO 2012, L 149, p. 4) (ci-après le « règlement n° 883/2004 »), de l'article 5 du règlement (CE) n° 987/2009 du Parlement européen et du Conseil, du 16 septembre 2009, fixant les modalités d'application du règlement n° 883/2004 (JO 2009, L 284, p. 1), tel que modifié par le règlement n° 465/2012 (ci-après le « règlement n° 987/2009 »), de l'article 3, paragraphe 1, sous a), et de l'article 11, paragraphe 1, du règlement (CE) n° 1071/2009 du Parlement européen et du Conseil, du 21 octobre 2009, établissant des règles communes sur les conditions à respecter pour exercer la profession de transporteur par route, et abrogeant la directive 96/26/CE du Conseil (JO 2009, L 300, p. 51), ainsi que de l'article 4, paragraphe 1, sous a), du règlement (CE) n° 1072/2009 du Parlement européen et du Conseil, du 21 octobre 2009, établissant des règles communes pour l'accès au marché du transport international de marchandises par route (JO 2009, L 300, p. 72).

2. Ces demandes ont été présentées dans le cadre de deux procédures pénales engagées, d'une part, contre FU et DRV Intertrans BV (affaire C-410/21), et, d'autre part, contre Verbraeken J. en Zonen BV et PN (affaire C-661/21), pour la commission de fraudes en matière de cotisations de sécurité sociale.

[...]

Les litiges au principal et les questions préjudicielles

L'affaire C-410/21

22. FU est le gérant de DRV Intertrans BV, une société établie en Belgique. Il a constitué avec son épouse la société Md Intercargo s. r. o., établie en Slovaquie. Ces deux sociétés ont pour activité le transport national et international.

23. L'autorité compétente slovaque a émis des certificats A 1, attestant, en application de l'article 19, paragraphe 2, du règlement n° 987/2009, l'affiliation de plusieurs travailleurs de la société Md Intercargo à la sécurité sociale slovaque (ci-après les « travailleurs concernés »).

24. Les activités de FU et les liens entre les sociétés susmentionnées ont fait l'objet d'un contrôle par la Sociale Inspectie (Inspection sociale, Belgique) (ci-après l'« inspection sociale belge »), lequel a révélé que Md Intercargo était en réalité dirigée depuis la Belgique où avait lieu la plupart de ses services de transport. Selon l'inspection sociale belge, Md Intercargo avait été constituée afin d'affecter à DRV Intertrans une main-d'œuvre bon marché en détachant des travailleurs. Bien qu'elle soit titulaire d'une licence communautaire de transport routier émise par les autorités slovaques, Md Intercargo n'aurait eu aucune activité économique pertinente en Slovaquie, ce qui aurait été confirmé par les autorités de cet État membre en réponse à une question de l'inspection sociale belge.

25. Sur le fondement du contrôle ainsi effectué par l'inspection sociale belge, des poursuites pénales ont été engagées contre FU et DRV Intertrans devant le correctionele rechtbank West-Vlaanderen, afdeling Brugge (tribunal correctionnel de Flandre occidentale, division de Bruges, Belgique), pour fraude en matière de cotisations de sécurité sociale durant la période allant du 17 juillet 2013 au 11 octobre 2014.

26. Au cours de cette procédure pénale, l'inspection sociale belge a, le 26 octobre 2016, demandé à l'institution émettrice slovaque de retirer rétroactivement les certificats A 1 relatifs aux travailleurs concernés.

27. Par lettre du 20 décembre 2016, l'institution émettrice slovaque a répondu qu'elle avait vainement tenté d'effectuer un contrôle de la société MD Intercargo et a demandé à l'inspection sociale belge de lui transmettre les résultats de son enquête et tous les éléments de preuve réunis dans le cadre de cette affaire afin de lui permettre de décider si elle acceptait d'appliquer rétroactivement le régime de sécurité sociale belge aux travailleurs concernés. Compte tenu des doutes sérieux qu'elle éprouvait quant au véritable siège social de cette société et de l'existence de la procédure pénale évoquée aux points 25 et 26 du présent arrêt, l'institution émettrice slovaque a indiqué qu'elle retirait provisoirement tous les certificats A 1 relatifs aux travailleurs concernés, de telle sorte que ces certificats n'auraient plus désormais de force obligatoire et que les autorités belges pourraient ainsi poursuivre ladite procédure pénale. Toutefois, cette institution émettrice a souligné, premièrement, que tant les éléments de preuve que l'inspection sociale belge était censée lui transmettre que l'issue de la procédure pénale pendante devant les juridictions belges lui permettraient de déterminer définitivement la législation applicable aux travailleurs concernés, et deuxièmement, que, en attendant, ces travailleurs resteraient assujettis au régime de sécurité sociale slovaque et qu'aucun des certificats A 1 en cause ne serait définitivement retiré.

28. Par un jugement du 10 mai 2017, le correctionele rechtbank West-Vlaanderen, afdeling Brugge (tribunal correctionnel de Flandre occidentale, division de Bruges), a déclaré FU et DRV Intertrans coupables de fraude en matière de cotisations de sécurité sociale. Ce jugement a été, d'abord, confirmé par un arrêt du 4 octobre 2018 du hof van beroep te Gent (cour d'appel de Gand, Belgique), puis, cassé par un arrêt du 9 avril 2019 du Hof van Cassatie (Cour de cassation, Belgique), qui a renvoyé l'affaire au hof van beroep te Antwerpen (cour d'appel d'Anvers, Belgique).

29. Par un arrêt du 11 février 2021 rendu par cette dernière juridiction, FU et DRV Intertrans ont été reconnus coupables de fraude en matière de cotisations de sécurité sociale. Il ressort de cet arrêt que, compte tenu de leur retrait provisoire par l'institution émettrice slovaque, les certificats A 1 en cause au principal ont été considérés comme étant non contraignants et, dès lors, comme étant dépourvus de toute force probante en ce qui concerne le régime de sécurité sociale applicable aux travailleurs concernés. De même, il a été considéré que la licence communautaire de transport routier dont bénéficiait la société MD Intercargo n'avait aucune incidence sur la détermination dudit régime et n'imposait pas de considérer que cette société disposait d'un établissement stable et effectif en Slovaquie aux fins des règlements n°s 883/2004 et 987/2009.

30. FU et DRV Intertrans ont formé un pourvoi contre cet arrêt devant la juridiction de renvoi, à savoir le Hof van Cassatie (Cour de cassation). Dans le cadre de ce pourvoi, d'une part, les requérants au principal font valoir notamment que l'article 5 du règlement n° 987/2009 ne permet pas le retrait ou la suspension provisoire des certificats A 1, de telle sorte que les certificats A 1 retirés provisoirement par l'institution émettrice slovaque gardaient toute leur valeur. D'autre part, ces mêmes requérants au principal soutiennent que, en application notamment des articles 5, 11 et 12 du règlement n° 1071/2009 ainsi que des articles 3 et 4 du règlement n° 1072/2009, la détention par une société d'une licence communautaire de transport routier constitue une preuve irréfragable de l'existence d'un établissement stable et effectif dans l'État membre l'ayant délivrée, et, dès lors, du siège social de cette société dans cet État membre, aux fins de l'article 13, paragraphe 1, du règlement n° 883/2004.

31. Dans ces conditions, le Hof van Cassatie (Cour de cassation) a décidé de surseoir à statuer et de poser à la Cour les questions préjudicielles suivantes :

« 1) L'article 5 du [règlement n° 987/2009] doit-il être interprété en ce sens que, si, après que les autorités de l'État membre d'emploi ont demandé de retirer rétroactivement des certificats A 1, les autorités de l'État membre qui ont émis [ces certificats] se contentent de [les] retirer provisoirement en indiquant qu'ils n'ont plus de force obligatoire, de telle sorte que la procédure pénale peut être poursuivie dans l'État membre d'emploi, et que l'État membre qui a émis [lesdits certificats] ne statuera définitivement qu'après que la procédure pénale sera définitivement close dans l'État membre d'emploi, la présomption qui s'attache aux certificats A 1 de régularité de l'affiliation des travailleurs concernés au régime de sécurité sociale de cet État membre d'émission devient caduque et ces certificats A 1 ne lient plus les autorités de l'État membre d'emploi ? Si cette question appelle une réponse négative, au vu de la jurisprudence de la [Cour], les autorités de l'État membre d'emploi peuvent-elles ne pas tenir compte desdits certificats A 1 pour fraude ?

2) L'article 13, paragraphe 1, sous b), i), du [règlement n° 883/2004], l'article 3, paragraphe 1, sous a), et l'article 11, paragraphe 1, du [règlement n° 1071/2009], et l'article 4, paragraphe 1, sous a), du [règlement n° 1072/2009] doivent-ils être interprétés en ce sens que le fait qu'une entreprise ait obtenu une licence de transport dans un État membre conformément au [règlement n° 1071/2009] et au [règlement n° 1072/2009] et doive donc être établie de façon stable et effective dans cet État membre constitue nécessairement la preuve irréfragable que son siège social est établi dans cet État membre au sens de l'article 13, paragraphe 1, du [règlement n° 883/2004] aux fins de la détermination du régime de sécurité sociale applicable et [en ce sens] que les autorités de l'État membre d'emploi sont liées par ce constat ? »

L'affaire C-661/21

32. PN est le gérant de Verbraeken J. en Zonen BV (ci-après « Verbraeken »), une société de transport établie à Melle (Belgique). Par ailleurs, PN est copropriétaire de Uab Van Daele F. (ci-après « Van Daele »), une société spécialisée dans les services de transport et de logistique établie en Lituanie et disposant d'une licence communautaire de transport routier émise par les autorités lituaniennes.

33. Selon une enquête menée par l'inspection sociale belge, PN et Verbraeken auraient utilisé Van Daele pour employer des chauffeurs lituaniens en Belgique. Ces derniers, après avoir été recrutés en Lituanie, seraient immédiatement allés en Belgique afin de signer leurs contrats de travail et d'exercer leur activité depuis cet État membre, à partir des locaux de Verbraeken. Ils circuleraient principalement en Belgique et dans les pays voisins et retourneraient dans ces locaux pour leurs périodes de repos obligatoire. Les documents de transport et les disques tachygraphiques seraient traités au bureau de PN à Melle.

34. Des poursuites pénales ont été engagées contre PN et Verbraeken, notamment, pour fraude en matière de cotisations de sécurité sociale durant la période allant du 1er juillet 2011 au 4 décembre 2015.

35. Par un jugement du 18 septembre 2019, le correctionele rechtbank van Oost-Vlaanderen, afdeling Gent (tribunal correctionnel de Flandre orientale, division de Gand, Belgique) a déclaré PN et Verbraeken coupables de ce délit. Ce jugement a été partiellement annulé par un arrêt du 18 mars 2021 du hof van beroep te Gent (cour d'appel de Gand) en tant qu'il déclarait les faits constitutifs dudit délit comme étant établis au regard de PN et de Verbraeken pour la période allant du 20 janvier 2014 au 4 décembre 2015.

36. PN et Verbraeken ont formé un pourvoi contre cet arrêt devant la juridiction de renvoi, en faisant valoir notamment que, en application des articles 5, 11 et 12 du règlement n° 1071/2009 ainsi que de l'article 4 du règlement n° 1072/2009, la détention par une société d'une licence communautaire de transport routier constituait une preuve irréfragable de l'existence d'un établissement stable et effectif dans l'État membre l'ayant délivrée, et, dès lors, du siège social de cette société dans cet État membre, aux fins de l'article 13, paragraphe 1, du règlement n° 883/2004.

37. Dans ces conditions, le Hof van Cassatie (Cour de cassation) a décidé de surseoir à statuer et de poser à la Cour les questions préjudicielles suivantes :

« 1) L'article 13, paragraphe 1, sous b), i), du [règlement n° 883/2004], l'article 3, paragraphe 1, sous a), et l'article 11, paragraphe 1, du [règlement n° 1071/2009], et l'article 4, paragraphe 1, sous a), du [règlement n° 1072/2009] doivent-ils être interprétés en ce sens que le fait qu'une entreprise ait obtenu une licence de transport dans un État membre conformément au [règlement n° 1071/2009] et au [règlement n° 1072/2009] et doive donc être établie de façon stable et effective dans cet État membre constitue la preuve irréfragable que son siège social est établi dans cet État membre au sens de l'article 13, paragraphe 1, du [règlement n° 883/2004] aux fins de la détermination du régime de sécurité sociale applicable et [en ce sens que] les autorités de l'État membre d'emploi sont liées par ce constat ?

2) La juridiction nationale de l'État membre d'emploi qui constate que la licence de transport en cause a été obtenue par fraude peut-elle ignorer l'existence de cette licence ou les autorités de l'État membre d'emploi doivent-elles, en raison de la constatation d'une fraude, demander au préalable le retrait de cette licence aux autorités qui l'ont délivrée ? »

38. Par décision du président de la Cour du 13 septembre 2022, les affaires C-410/21 et C-661/21 ont été jointes aux fins de la procédure orale et de l'arrêt.

Sur les questions préjudicielles

Sur la première question dans l'affaire C-410/21

39. Il ressort de la demande de décision préjudicielle concernant l'affaire C-410/21 que, à la suite d'une demande de réexamen et de retrait des certificats A 1 en cause au principal, adressée par l'inspection sociale belge à l'institution émettrice slovaque, cette dernière éprouvant des doutes quant aux faits à l'origine de l'émission de ces certificats et quant à la législation de sécurité sociale applicable aux travailleurs concernés, a déclaré qu'elle retirait provisoirement lesdits certificats, lesquels n'auraient pas de force obligatoire jusqu'à ce qu'elle détermine le régime de sécurité sociale applicable aux travailleurs concernés et qu'elle statue, en conséquence, sur ladite demande après la clôture de la procédure pénale engagée devant les juridictions belges contre les prévenus au principal pour des actes pouvant impliquer l'obtention ou l'utilisation frauduleuse des mêmes certificats.

40. Ainsi, en « retirant provisoirement » les certificats A 1 en cause au principal, l'institution émettrice slovaque a, en définitive, entendu suspendre les effets juridiques de ces certificats pendant une période déterminée.

41. Dans ces conditions, il y a lieu de considérer que, par sa première question dans l'affaire C-410/21, la juridiction de renvoi demande, en substance, d'abord, si l'article 5 du règlement n° 987/2009 doit être interprété en ce sens qu'un certificat A 1 délivré par l'institution compétente d'un État membre cesse de lier les institutions et les juridictions de l'État membre dans lequel le travail est effectué lorsque, à la suite d'une demande de réexamen et de retrait adressée par l'institution compétente de ce dernier État membre à l'institution émettrice, celle-ci a déclaré suspendre les effets contraignants de ce certificat jusqu'à ce qu'elle statue définitivement sur cette demande. En cas de réponse négative à cette première interrogation, la juridiction de renvoi demande, ensuite, si, dans de telles circonstances, une juridiction de l'État membre dans lequel le travail est effectué, saisie d'une procédure pénale diligentée contre des personnes soupçonnées d'avoir obtenu ou utilisé frauduleusement ce même certificat A 1, peut toutefois constater l'existence d'une fraude et écarter en conséquence ledit certificat.

42. À titre liminaire, il convient de rappeler que le certificat A 1, qui a remplacé le certificat E 101 prévu par le règlement n° 574/72, correspond à un formulaire type délivré, conformément au titre II du règlement n° 987/2009, par l'institution désignée par l'autorité compétente de l'État membre dont la législation en matière de sécurité sociale est applicable pour attester, selon les termes, notamment, de l'article 19, paragraphe 2, de ce règlement, de la soumission des travailleurs se trouvant dans l'une des situations visées au titre II du règlement n° 883/2004 à la législation de cet État membre. Ce faisant, en raison du principe selon lequel les travailleurs doivent être affiliés à un seul régime de sécurité sociale, ce certificat implique nécessairement que les régimes de sécurité sociale des autres États membres ne sont pas susceptibles de s'appliquer (arrêt du 14 mai 2020, *Bouygues travaux publics e.a.*, C-17/19, EU:C:2020:379, points 38 et 39 ainsi que jurisprudence citée).

43. Ainsi que la Cour l'a déjà relevé, le règlement n° 987/2009 a codifié la jurisprudence de la Cour concernant la portée et les effets juridiques du certificat E 101 et la procédure à suivre pour résoudre les éventuels différends entres les institutions des États membres concernés portant sur la validité ou l'exactitude de ce certificat, en consacrant, d'une part, le caractère contraignant de tels certificats et la compétence exclusive de l'institution émettrice quant à l'appréciation de leur validité, et en reprenant explicitement, d'autre part, la procédure de dialogue entre les institutions compétentes des États membres concernés et de conciliation devant la commission administrative en tant que moyen pour résoudre les différends entre ces institutions tant sur l'exactitude des documents établis que sur la détermination de la législation applicable au travailleur concerné (voir arrêt du 6 septembre 2018, *Alpenrind e.a.*, C-527/16, EU:C:2018:669, point 43 et jurisprudence citée).

44. En particulier, l'article 5, paragraphe 1, du règlement n° 987/2009 prévoit que les documents établis par l'institution d'un État membre qui attestent de la situation d'une personne aux fins de l'application des règlements nos 883/2004 et 987/2009 ainsi que les pièces justificatives y afférentes s'imposent aux institutions des autres États membres aussi longtemps qu'ils ne sont pas retirés ou déclarés invalides par l'État membre dans lequel ils ont été établis.

45. À cet égard, la Cour a déjà précisé qu'un certificat A 1, délivré par l'institution compétente d'un État membre lie non seulement les institutions de l'État membre dans lequel l'activité est exercée, mais également les juridictions de cet État membre (arrêt du 6 septembre 2018, *Alpenrind e.a.*, C-527/16, EU:C:2018:669, point 47).

46. L'article 5, paragraphes 2 à 4, du règlement n° 987/2009 précise les modalités d'application de la procédure prévue à l'article 76, paragraphe 6, du règlement n° 883/2004 aux fins de la résolution des différends entre l'institution de l'État membre qui reçoit les documents et les pièces visées au paragraphe 1 de cet article 5 et l'institution émettrice de ces documents. Plus particulièrement, les paragraphes 2 et 3 dudit article 5 précisent les démarches que ces institutions sont appelées à suivre en cas de doute sur la validité de tels documents et pièces justificatives ou sur l'exactitude des faits qui sont à la base des mentions y figurant, en imposant à l'institution émettrice de réexaminer le bien-fondé de la délivrance desdits documents et, le cas échéant, de les retirer. Le paragraphe 4 de ce même article 5, quant à lui, dispose que, à défaut d'un accord entre les institutions concernées, les autorités compétentes peuvent saisir la commission administrative, laquelle s'efforce de concilier les points de vue dans les six mois suivant sa saisine.

47. Il convient de vérifier, dans un premier temps, si un certificat A 1 dont les effets ont été provisoirement suspendus est dépourvu d'effets contraignants à l'égard des institutions et des juridictions des États membres au cours de cette période de suspension provisoire.

48. À cet égard, en premier lieu, il ressort du libellé de l'article 5, paragraphe 1, du règlement n° 987/2009 que seuls le retrait et la déclaration d'invalidité des certificats A 1 privent ces derniers de leurs effets contraignants à l'égard des institutions et des juridictions des États membres.

49. Le terme « retrait » employé par le législateur de l'Union européenne impliquant, dans son acception en droit, la disparition d'un acte ou sa suppression rétroactive sur le fondement d'une décision de l'administration qui en est l'auteur, le libellé de l'article 5, paragraphe 1, du règlement n° 987/2009 suggère que la décision de l'institution émettrice de suspendre provisoirement un certificat A 1 n'entraîne pas la perte des effets contraignants qui lui sont attachés. Cette interprétation est corroborée par le fait que, outre le cas du retrait, le législateur de l'Union n'a prévu la perte des effets contraignants attachés aux certificats A 1 qu'en cas de déclaration d'invalidité de ces certificats, déclaration qui revêt elle aussi le caractère d'un acte définitif équivalent à une annulation desdits certificats.

50. En deuxième lieu, la décision de l'institution émettrice, saisie d'une demande de retrait d'un certificat A 1 formée par l'institution d'un autre État membre, de retirer ce certificat aux fins de l'article 5, paragraphe 1, du règlement n° 987/2009, doit être prise dans le cadre de la procédure de dialogue et de conciliation entre institutions prévue à l'article 76, paragraphe 6, du règlement n° 883/2004, dont les modalités d'application sont précisées à l'article 5, paragraphes 2 à 4, du règlement n° 987/2009, lorsque, à la suite du réexamen du bien-fondé de la délivrance dudit certificat, l'institution émettrice estime, eu égard à la situation réelle du travailleur concerné, que son régime de sécurité sociale n'est pas applicable à ce travailleur.

51. Il s'ensuit que seule la décision de retrait d'un certificat A 1 adoptée par l'institution émettrice conformément à cette procédure de dialogue et de conciliation, et, dès lors, à la suite du réexamen du bien-fondé de la délivrance d'un tel certificat et de la détermination du régime de sécurité sociale applicable au travailleur concerné, est de nature à priver ledit certificat de ses effets contraignants.

52. Dans ce contexte, il importe de rappeler que, ainsi que la Cour l'a déjà relevé, ladite procédure de dialogue et de conciliation doit être observée par les institutions des États membres amenées à appliquer les règlements nos 883/2004 et 987/2009 lorsqu'il existe des différends entre les institutions des États membres concernés portant sur la validité ou l'exactitude d'un certificat A 1 (voir en ce sens, s'agissant du règlement n° 1408/71, arrêt du 27 avril 2017, *A-Rosa Flussschiff*, C-620/15, EU:C:2017:309, point 53).

53. Or, admettre que l'institution émettrice puisse priver, ne serait-ce que provisoirement, un certificat A 1 de ses effets contraignants sans avoir préalablement réexaminé le bien-fondé de sa délivrance ni déterminé quel est le régime de sécurité sociale applicable au travailleur concerné reviendrait à méconnaître tant les modalités d'application que la finalité de ladite procédure de dialogue et de conciliation.

54. En troisième lieu, il convient de rappeler l'importance accordée, dans le cadre des règlements n°s 883/2004 et 987/2009, aux principes d'unicité de la législation nationale applicable, de coopération loyale et de sécurité juridique qui sous-tendaient tous la jurisprudence de la Cour relative à l'effet contraignant des certificats E 101. En effet, si le principe de sécurité juridique est invoqué, notamment au considérant 6 du règlement n° 987/2009, le principe de l'affiliation des travailleurs salariés à un seul régime de sécurité sociale est énoncé au considérant 15 ainsi qu'à l'article 11, paragraphe 1, du règlement n° 883/2004, tandis que l'importance du principe de coopération loyale ressort tant de l'article 76 du règlement n° 883/2004 que du considérant 2 et de l'article 20 du règlement n° 987/2009 (voir, en ce sens, arrêt du 6 septembre 2018, *Alpenrind e.a.*, C-527/16, EU:C:2018:669, point 45).

55. Or, dans l'hypothèse visée au point 53 du présent arrêt, le principe de coopération loyale sur lequel est fondée la procédure de dialogue et de conciliation serait méconnu en raison du non-respect de cette procédure.

56. Par ailleurs, dans une telle hypothèse, l'absence d'effets contraignants du certificat A 1 en cause permettrait aux institutions des autres États membres, et, notamment, à celle de l'État membre ayant émis des doutes sur l'exactitude et la validité dudit certificat, de soumettre le travailleur concerné à leurs propres régimes de sécurité sociale. Ainsi, une interprétation de l'article 5 du règlement n° 987/2009 permettant à l'institution émettrice de suspendre provisoirement un certificat A 1, en le privant, au cours de cette période provisoire, des effets contraignants qui lui sont attachés, serait de nature à accroître le risque de cumul de régimes de sécurité sociale, ce qui porterait atteinte au principe d'affiliation des travailleurs salariés à un seul régime de sécurité sociale ainsi qu'à la prévisibilité du régime applicable et, partant, au principe de sécurité juridique (voir en ce sens, s'agissant du règlement n° 1408/71, arrêt du 2 avril 2020, *CRPNPAC et Vueling Airlines*, C-370/17 et C-37/18, EU:C:2020:260, point 70 ainsi que jurisprudence citée).

57. À cet égard, il importe de relever qu'un tel risque ne saurait être écarté par une déclaration de l'institution émettrice du certificat A 1, précisant que, au cours de la période de cessation provisoire des effets contraignants dudit certificat, le travailleur concerné resterait assujetti à son régime de sécurité sociale. En effet, une telle déclaration ne saurait produire les effets propres à un certificat A 1 parmi lesquels figure l'effet contraignant à l'égard des institutions et des juridictions des États membres autres que celui dont relève l'institution émettrice de tels certificats.

58. En quatrième et dernier lieu, compte tenu des complications que l'éventuel cumul de régimes de sécurité sociale serait susceptible d'impliquer, une interprétation de l'article 5 du règlement n° 987/2009 telle que celle évoquée au point 56 du présent arrêt serait également susceptible de compromettre l'objectif ultime poursuivi tant par les certificats A 1 que par la réglementation de droit matériel prévue au titre II de ce règlement, à savoir faciliter la libre circulation des travailleurs et la libre prestation des services (voir, par analogie, arrêt du 6 février 2018, *Altun e.a.*, C-359/16, EU:C:2018:63, point 35 ainsi que jurisprudence citée).

59. Il résulte de ce qui précède qu'un certificat A 1, bien qu'ayant été suspendu provisoirement par une décision de l'institution émettrice, n'est pas dépourvu de ses effets contraignants pendant cette période de suspension provisoire, de telle sorte qu'il continue à lier les institutions et les juridictions des États membres.

60. Il convient, dès lors, de vérifier, dans un second temps, si, dans des circonstances telles que celles évoquées au point 39 du présent arrêt, une juridiction de l'État membre dans lequel le travail est effectué, saisie dans le cadre d'une procédure pénale diligentée contre des personnes soupçonnées d'avoir obtenu ou utilisé frauduleusement le certificat A 1 en cause, peut toutefois constater l'existence d'une fraude et écarter en conséquence ce certificat.

61. À cet égard, il importe de rappeler que la Cour a déjà jugé que la juridiction de l'État membre d'accueil saisie dans le cadre d'une procédure diligentée contre un employeur pour des faits de nature à révéler une obtention ou une utilisation frauduleuses de certificats A 1 ne peut se prononcer de manière définitive sur l'existence d'une telle fraude et écarter ces certificats que si elle constate, après avoir, pour autant que de besoin, procédé à la suspension de la procédure judiciaire en vertu de son droit national, que, la procédure de dialogue et de conciliation prévue à l'article 76, paragraphe 6, du règlement n° 883/2004 ayant été promptement enclenchée, l'institution émettrice desdits certificats s'est abstenue de procéder à leur réexamen et de prendre position, dans un délai raisonnable, sur les éléments présentés par l'institution compétente de l'État membre d'accueil, le cas échéant en annulant ou en retirant ces mêmes certificats (voir, par analogie, arrêt du 2 avril 2020, *CRPNPAC et Vueling Airlines*, C-370/17 et C-37/18, EU:C:2020:260, point 80).

62. En effet, ainsi que la Cour l'a déjà jugé, cette procédure de dialogue et de conciliation constitue un préalable obligatoire aux fins de déterminer si les conditions de l'existence d'une fraude sont réunies et, partant, de tirer toute conséquence utile en ce qui concerne la validité des certificats A 1 en cause et la législation de sécurité sociale applicable aux travailleurs concernés. Ainsi, une juridiction de l'État membre d'accueil saisie d'une procédure pénale telle que celle au principal ne saurait ignorer ladite procédure de dialogue et de conciliation (voir, par analogie, arrêt du 2 avril 2020, *CRPNPAC et Vueling Airlines*, C-370/17 et C-37/18, EU:C:2020:260, points 71 et 73).

63. En l'occurrence, si la procédure de dialogue et de conciliation a bien été enclenchée, l'institution émettrice des certificats A 1 en cause au principal a, toutefois, en méconnaissant les modalités d'application de cette procédure, décidé de différer le réexamen de la validité de ces certificats et l'appréciation du régime de sécurité sociale applicable aux travailleurs concernés jusqu'à la clôture de la procédure pénale pendante devant les juridictions de l'État membre dans lequel le travail est effectué.

64. Dans ces conditions, il apparaît que ladite institution émettrice s'est abstenue de procéder au réexamen des certificats dont l'obtention ou l'utilisation frauduleuse a été mise en cause dans le cadre de la procédure pénale susmentionnée et de prendre position, dans un délai raisonnable, sur les éléments présentés à cet égard par l'institution compétente de l'État membre d'accueil.

65. Par conséquent, ces éléments doivent pouvoir être invoqués dans le cadre de ladite procédure pénale, aux fins d'obtenir du juge de l'État membre dans lequel le travail est effectué qu'il écarte les certificats en cause (voir arrêt du 6 février 2018, *Altun e.a.*, C-359/16, EU:C:2018:63, point 55).

66. En tout état de cause, il convient de rappeler que les personnes auxquelles il est reproché, dans le cadre d'une procédure judiciaire, d'avoir eu recours à des travailleurs détachés sous le couvert de certificats obtenus de manière frauduleuse doivent disposer de la possibilité de réfuter les éléments sur lesquels se fonde cette procédure, dans le respect des garanties liées au droit à un procès équitable, avant que le juge national ne décide, le cas échéant, d'écarter ces certificats et ne se prononce sur la responsabilité desdites personnes en vertu du droit national applicable (arrêt du 6 février 2018, *Altun e.a.*, C-359/16, EU:C:2018:63, point 56).

67. Dès lors, dans des circonstances telles que celles évoquées au point 39 du présent arrêt, une juridiction de l'État membre dans lequel le travail est effectué, saisie dans le cadre d'une procédure pénale diligentée contre des personnes soupçonnées d'avoir obtenu ou utilisé frauduleusement un certificat A 1, peut constater l'existence d'une fraude et écarter en conséquence ce certificat, pour autant que les garanties inhérentes au droit à un procès équitable qui doivent être accordées à ces personnes soient respectées.

68. Eu égard aux considérations qui précèdent, il y a lieu de répondre à la première question dans l'affaire C-410/21 que l'article 5 du règlement n° 987/2009 doit être interprété en ce sens qu'un certificat A 1 délivré par l'institution compétente d'un État membre lie les institutions et les juridictions de l'État membre dans lequel le travail est effectué, y compris lorsque, à la suite d'une demande de réexamen et de retrait adressée par l'institution compétente de ce dernier État membre à l'institution émettrice, celle-ci a déclaré suspendre provisoirement les effets contraignants de ce certificat jusqu'à ce qu'elle statue définitivement sur cette demande. Toutefois, dans de telles circonstances, une juridiction de l'État membre dans lequel le travail est effectué, saisie dans le cadre d'une procédure pénale diligentée contre des personnes soupçonnées d'avoir obtenu ou utilisé frauduleusement le même certificat A 1, peut constater l'existence d'une fraude et écarter en conséquence ce certificat, pour les besoins de cette procédure pénale, pour autant, d'une part, qu'un délai raisonnable s'est écoulé sans que l'institution émettrice ait procédé au réexamen du bien-fondé de la délivrance de ce même certificat et ait pris position sur les éléments concrets soumis par l'institution compétente de l'État membre d'accueil qui donnent à penser que ledit certificat a été obtenu ou invoqué de manière frauduleuse, le cas échéant, en annulant ou en retirant le certificat en cause, et, d'autre part, que les garanties inhérentes au droit à un procès équitable qui doivent être accordées à ces personnes soient respectées.

Sur la seconde question dans l'affaire C-410/21 et la première question dans l'affaire C-661/21

69. Par sa seconde question dans l'affaire C-410/21 et sa première question dans l'affaire C-661/21, qu'il convient d'examiner ensemble, la juridiction de renvoi demande, en substance, si l'article 13, paragraphe 1, sous b), i), du règlement n° 883/2004, lu à la lumière de l'article 3, paragraphe 1, sous a), et de l'article 11, paragraphe 1, du règlement n° 1071/2009, ainsi que de l'article 4, paragraphe 1, sous a), du règlement n° 1072/2009, doit être interprété en ce sens que la détention par une société d'une licence communautaire de transport routier délivrée par les autorités compétentes d'un État membre constitue la preuve irréfragable du siège social de cette société dans cet État membre aux fins de la détermination, conformément à l'article 13, paragraphe 1, sous b), i), du règlement n° 883/2004, de la législation nationale de sécurité sociale applicable.

70. Ainsi qu'il ressort des demandes de décision préjudicielle, les doutes de la juridiction de renvoi résultent du fait que la délivrance d'une licence communautaire de transport routier en faveur d'une entreprise est subordonnée notamment à l'exigence d'un établissement stable et effectif, au sens de l'article 3, paragraphe 1, sous a), du règlement n° 1071/2009, dans l'État membre de délivrance.

71. En effet, une telle exigence ressort notamment de l'article 4, paragraphe 1, du règlement n° 1072/2009.

72. Il convient, dès lors, de vérifier si la notion de « siège social ou siège d'exploitation », au sens de l'article 13, paragraphe 1, sous b), i), du règlement n° 883/2004, correspond à celle d'« établissement stable et effectif », au sens de l'article 3, paragraphe 1, sous a), du règlement n° 1071/2009.

73. S'agissant, en premier lieu, de la notion de « siège social ou siège d'exploitation », au sens de l'article 13, paragraphe 1, sous b), i), du règlement n° 883/2004, cette disposition prévoit que la personne qui exerce normalement une activité salariée dans deux ou plusieurs États membres et qui n'exerce pas une partie substantielle de cette activité dans l'État membre de sa résidence est soumise à la législation de l'État membre dans lequel l'entreprise ou l'employeur a son siège social ou son siège d'exploitation, si elle est salariée par une entreprise ou un employeur.

74. L'article 14, paragraphe 5*bis*, du règlement n° 987/2009 précise que, aux fins de l'application du titre II du règlement n° 883/2004, dont l'article 13, paragraphe 1, sous b), i) fait notamment partie, il y a lieu d'entendre par « siège social ou siège d'exploitation » le siège social ou le lieu d'établissement où sont adoptées les décisions essentielles de l'entreprise et où sont exercées les fonctions d'administration centrale de celle-ci.

75. Il s'ensuit que le facteur de rattachement du « siège social ou siège d'exploitation » visé à l'article 13, paragraphe 1, sous b), i), du règlement n° 883/2004 pour désigner l'État membre dont la législation en matière de sécurité sociale est applicable est déterminé par le lieu à partir duquel une entreprise est effectivement gérée et organisée.

76. En ce qui concerne, en second lieu, la notion d'« établissement stable et effectif », au sens de l'article 3, paragraphe 1, sous a), du règlement n° 1071/2009, ainsi qu'il ressort de l'article 5 de ce règlement, le fait pour une entreprise de disposer d'un « établissement stable et effectif », au sens dudit article 3, paragraphe 1, sous a), implique, en substance, premièrement, qu'elle dispose de locaux dans lesquels elle conserve ses principaux documents d'entreprise, deuxièmement, qu'elle dispose de véhicules immatriculés et, troisièmement, qu'elle dirige effectivement et en permanence ses activités relatives à ces véhicules en disposant des équipements et des installations techniques et administratives appropriées dans un centre d'exploitation.

77. Il en résulte que la notion d'« établissement stable et effectif », au sens de l'article 3, paragraphe 1, sous a), du règlement n° 1071/2009, se réfère essentiellement à l'endroit où sont conservés les principaux documents de l'entreprise et où se trouvent ses équipements ainsi que ses installations techniques et administratives.

78. Dès lors, les critères pour déterminer le siège d'une entreprise de transport aux fins de l'obtention d'une licence communautaire de transport routier sont différents de ceux utilisés pour déterminer le siège d'une telle entreprise aux fins de l'article 13, paragraphe 1, sous b), i), du règlement n° 883/2004.

79. Ainsi, si l'établissement stable et effectif, au sens de l'article 3, paragraphe 1, sous a), du règlement n° 1071/2009, et le lieu où une entreprise ou un employeur adopte les décisions essentielles ou exerce les fonctions d'administration centrale peuvent, certes, coïncider, tel ne doit pas être nécessairement le cas.

80. Par conséquent, la notion de « siège social ou siège d'exploitation », au sens de l'article 13, paragraphe 1, sous b), i), du règlement n° 883/2004, ne correspond pas à celle d'« établissement stable et effectif », au sens de l'article 3, paragraphe 1, sous a), du règlement n° 1071/2009.

81. Dans ces conditions, la détention par une entreprise d'une licence communautaire de transport routier peut être un élément à prendre en considération lors de la détermination de son siège social ou de son siège d'exploitation, aux fins de la détermination de la législation nationale de sécurité sociale applicable conformément à l'article 13, paragraphe 1, sous i), du règlement n° 883/2004, mais ne saurait en constituer automatiquement la preuve, ni, à plus forte raison, la preuve irréfragable, ni lier les autorités de l'État membre dans lequel le travail est effectué.

82. Eu égard aux considérations qui précèdent, il convient de répondre à la seconde question dans l'affaire C-410/21 et à la première question dans l'affaire C-661/21 que l'article 13, paragraphe 1, sous b), i), du règlement n° 883/2004, lu à la lumière de l'article 3, paragraphe 1, sous a), et de l'article 11, paragraphe 1, du règlement n° 1071/2009, ainsi que de l'article 4, paragraphe 1, sous a), du règlement n° 1072/2009, doit être interprété en ce sens que la détention par une société d'une licence communautaire de transport routier délivrée par les autorités compétentes d'un État membre ne constitue pas la preuve irréfragable du siège social de cette société dans cet État membre aux fins de la détermination, conformément à l'article 13, paragraphe 1, sous b), i), du règlement n° 883/2004, de la législation nationale de sécurité sociale applicable.

[...]

Par ces motifs, la Cour (deuxième chambre) dit pour droit :

1) L'article 5 du règlement (CE) n° 987/2009 du Parlement européen et du Conseil, du 16 septembre 2009, fixant les modalités d'application du règlement (CE) n° 883/2004 portant sur la coordination des systèmes de sécurité sociale, tel que modifié par le règlement (UE) n° 465/2012 du Parlement européen et du Conseil, du 22 mai 2012,

doit être interprété en ce sens que :

un certificat A 1 délivré par l'institution compétente d'un État membre lie les institutions et les juridictions de l'État membre dans lequel le travail est effectué, y compris lorsque, à la suite d'une demande de réexamen et de retrait adressée par l'institution compétente de ce dernier État membre à l'institution émettrice, celle-ci a déclaré suspendre provisoirement les effets contraignants de ce certificat jusqu'à ce qu'elle statue définitivement sur cette demande. Toutefois, dans de telles circonstances, une juridiction de l'État membre dans lequel le travail est effectué, saisie dans le cadre d'une procédure pénale diligentée contre des personnes soupçonnées d'avoir obtenu ou utilisé frauduleusement le même certificat A 1, peut constater l'existence d'une fraude et écarter en conséquence ce certificat, pour les besoins de cette procédure pénale, pour autant, d'une part, qu'un délai raisonnable s'est écoulé sans que l'institution émettrice ait procédé au réexamen du bien-fondé de la délivrance de ce même certificat et ait pris position sur les éléments concrets soumis par l'institution compétente de l'État membre d'accueil qui donnent à penser que ledit certificat a été obtenu ou invoqué de manière frauduleuse, le cas échéant, en annulant ou en retirant le certificat en cause, et, d'autre part, que les garanties inhérentes au droit à un procès équitable qui doivent être accordées à ces personnes soient respectées.

2) L'article 13, paragraphe 1, sous b), i), du règlement (CE) n° 883/2004 du Parlement européen et du Conseil, du 29 avril 2004, portant sur la coordination des systèmes de sécurité sociale, tel que modifié par le règlement n° 465/2012, lu à la lumière de l'article 3, paragraphe 1, sous a), et de l'article 11, paragraphe 1, du règlement (CE) n° 1071/2009 du Parlement européen et du Conseil, du 21 octobre 2009, établissant des règles communes sur les conditions à respecter pour exercer la profession de transporteur par route et abrogeant la directive 96/26/CE du Conseil, ainsi que de l'article 4, paragraphe 1, sous a), du règlement (CE) n° 1072/2009 du Parlement européen et du Conseil, du 21 octobre 2009, établissant des règles communes pour l'accès au marché du transport international de marchandises par route,

doit être interprété en ce sens que :

la détention par une société d'une licence communautaire de transport routier délivrée par les autorités compétentes d'un État membre ne constitue pas la preuve irréfragable du siège social de cette société dans cet État membre aux fins de la détermination, conformément à l'article 13, paragraphe 1, sous b), i), du règlement n° 883/2004, tel que modifié par le règlement n° 465/2012, de la législation nationale de sécurité sociale applicable.

Observations

L'arrêt sous commentaire apporte une nouvelle contribution à une jurisprudence déjà fort nourrie relative au détachement des travailleurs et en particulier à la force probante des certificats d'affiliation délivrés par les institutions de sécurité sociale des États membres. À l'origine des deux affaires jointes, une pratique bien courante des entreprises de transport établies dans un État membre et y exerçant normalement leur activité consistant à constituer une entité dans un autre État membre uniquement pour y recruter des salariés à moindre coût et les envoyer dans le premier État sous le statut de détachement. Deux sociétés de transport établies en Belgique avaient ainsi recouru à des salariés recrutés par l'intermédiaire de sociétés constituées à cette seule fin, respectivement en Slovaquie et en Lituanie, et titulaires d'une licence communautaire de transport routier émise par les autorités de ces États, lesquelles avaient également délivré des certificats d'affiliation des travailleurs concernés à leur système de sécurité sociale.

Un contrôle de l'inspection sociale belge ayant révélé que ces sociétés n'exerçaient en réalité aucune activité économique dans ces pays, des poursuites pénales ont été engagées par les autorités belges contre l'ensemble de ces sociétés pour fraude en matière de cotisations sociales. Dans la première affaire, suivant les indications du règlement d'application n° 987/2009 et la jurisprudence de la Cour quant à la force obligatoire des certificats et la procédure applicable en cas de fraude, l'inspection sociale belge a demandé à l'institution slovaque de retirer les certificats d'affiliation A1 qu'elle avait délivrés. Compte tenu des doutes sérieux qu'elle éprouvait quant au siège social réel de la société constituée en Slovaquie et de la procédure pénale initiée par les autorités belges, l'administration slovaque a accepté de retirer provisoirement les certificats leur ôtant ainsi leur force obligatoire et laissant cours à la procédure pénale initiée en Belgique. Toutefois, elle a indiqué que ce retrait provisoire ne valait pas retrait définitif et qu'en attendant de déterminer définitivement la législation de sécurité sociale applicable aux travailleurs concernés, ces derniers resteraient soumis au régime de sécurité sociale slovaque. Saisie du litige relatif à la condamnation par les juridictions pénales belges des sociétés concernées, la juridiction de renvoi a interrogé la Cour de justice sur l'interprétation de l'article 5 du règlement n° 987/2009 et en particulier sur la possibilité pour une institution d'un État membre de retirer provisoirement un certificat d'affiliation qu'elle a émis et, le cas échéant, sur les effets d'un tel retrait, notamment quant à la suspension de l'effet contraignant généralement attaché aux certificats.

L'intérêt de cette question ne peut être compris qu'à la lumière de la jurisprudence traditionnelle de la Cour relative à la force probante des certificats d'affiliation. Rappelons que selon celle-ci, un certificat d'affiliation A1 crée une présomption de régularité de l'affiliation qui s'impose aux institutions et aux juridictions de l'État membre d'accueil du travailleur. C'est ainsi que dans l'arrêt *A-Rosa Fullschift* du 27 avril 2017 (aff. C-620/15), la Cour a dénié à ces autorités la possibilité d'écarter le certificat et *a fortiori* de le déclarer invalide, l'institution émettrice étant seule compétente pour retirer un certificat et en apprécier la validité. Toutefois, en cas de constatation d'une fraude, il est permis au juge de l'État d'accueil d'écarter le certificat mais seulement après avoir actionné la procédure de dialogue décrite à l'article 5 du règlement n° 987/2009 dont l'interprétation était sollicitée en l'espèce (1). En vertu de cette disposition, les documents établis par l'institution d'un État membre qui attestent de la situation d'une personne ainsi que les pièces justificatives y afférentes s'imposent aux institutions des autres États membres aussi longtemps qu'ils ne sont pas retirés ou déclarés invalides par l'État membre dans lequel ils ont été établis (art. 5, § 1). En cas de doute sur la validité de ces documents ou sur l'exactitude des faits à la base de leur délivrance, l'institution

(1) CJUE, 6 février 2018, *Altun*, aff. C-359/16.

de l'État membre d'accueil doit saisir l'institution d'émission d'une demande de réexamen pouvant, le cas échéant, déboucher sur un retrait des documents par l'institution d'émission (art. 5, §§ 2 et 3).

Ces éléments rappelés, il revenait à la Cour de se prononcer sur la portée de la suspension provisoire d'un certificat A1 quant à l'effet contraignant de celui-ci à l'égard des institutions et juridictions de l'État membre d'accueil. Pour la Cour, au sens de l'article 5 du règlement, le terme « retrait » implique « la disparition » de l'acte ou « sa suppression rétroactive » à laquelle ne peut être assimilée une suspension provisoire. Il en découle que celle-ci ne saurait entraîner la disparition des effets contraignants qui lui sont attachés. Pour la Cour, une telle interprétation est corroborée « par le fait que, outre le cas du retrait, le législateur de l'Union n'a prévu la perte des effets contraignants attachés aux certificats A1 qu'en cas de déclaration d'invalidité de ces certificats, déclaration qui revêt elle aussi le caractère d'un acte définitif, équivalent à une annulation des dits certificats ». La juridiction européenne précise encore que pour être conforme à la procédure de dialogue prévue à l'article 5 du règlement d'application, la décision de retrait d'un certificat doit résulter d'un réexamen du bien-fondé de la délivrance de ce certificat sur la base des éléments qui lui ont été fournis. Dès lors, pour priver un certificat de ses effets contraignants, toute décision de retrait devrait succéder au réexamen de la situation et non pas, comme en l'espèce, la précéder. C'est donc à tort qu'en l'espèce, l'institution slovaque a pu estimer que la suspension provisoire entraînait celle de l'effet contraignant du certificat.

Pour justifier sa position, la Cour n'hésite pas, une nouvelle fois, à convoquer les principes d'unicité de la législation applicable, de coopération loyale et de sécurité juridique qui sous-tendent sa jurisprudence relative aux certificats. Une décision de suspension provisoire avant même un réexamen de la situation constitue une méconnaissance flagrante de la procédure de dialogue prévue à l'article 5 et par là même une violation de l'exigence de coopération loyale. En outre, si une telle décision était assortie d'une suspension de l'effet contraignant du certificat, elle pourrait conduire, en méconnaissance du principe d'unicité, à un cumul de législations applicables, les autorités de l'État d'accueil pouvant être tentés d'appliquer leur propre législation sans se heurter à l'effet contraignant du certificat. Pour la Cour, une simple déclaration de l'institution d'émission indiquant que « pendant la période de cessation provisoire des effets contraignants du dit certificat, le travailleur concerné resterait assujetti à son régime de sécurité sociale » ne suffirait à éviter ce risque de cumul, une telle déclaration n'ayant aucun effet contraignant. La prévisibilité du régime applicable en pâtirait et par là, le principe de sécurité juridique. En outre, les complications pouvant résulter du cumul de législations compromettraient l'objectif de favoriser la libre circulation des travailleurs et la libre prestation de services qui, selon la Cour, constituent les objectifs ultimes poursuivis par le système de détermination de lois applicables prévues par les règlements de coordination et en particulier par le certificat A1. Il n'est pas certain que l'érection de la libre prestation de services au rang d'objectif de la coordination au même titre que la libre circulation des travailleurs corresponde à l'intention des auteurs du traité. Faut-il rappeler que, fondés sur l'article 48 TFUE, les règlements de coordination se situent dans la partie du traité relative à la libre circulation des travailleurs en prolongement de l'article 42 TFUE ? Ce faisant, la Cour applique, de manière contestable, à la coordination, le raisonnement qu'elle adopte pour l'interprétation de la directive relative au détachement réalisé dans le cadre d'une prestation de services.

Tout en concluant qu'un certificat suspendu par l'institution émettrice continue à lier les institutions et les juridictions des États membres, la Cour se prononce sur la possibilité pour une juridiction d'un État membre saisie dans le cadre d'une procédure pénale de constater l'existence d'une fraude et d'écarter en conséquence le certificat. Comme rappelé ci-dessus, depuis l'arrêt *Altun* du 6 février 2018, la Cour a reconnu aux juridictions d'un État membre le droit d'écarter un certificat en cas de fraude à condition d'avoir vérifié, quitte à suspendre la procédure judiciaire, que la procédure obligatoire de dialogue entre les institutions a bien été mise en œuvre et que, dans le cadre de cette procédure, l'institution d'émission s'est abstenue de procéder au réexamen du certificat et « de prendre position, dans un délai raisonnable » (2). Or, en l'espèce, la Cour ne peut que constater qu'en différant le réexamen du certificat jusqu'à la clôture de la procédure pénale, l'institution d'émission n'a pas pris position dans un délai raisonnable sur les éléments qui lui ont été soumis. Dès lors, le juge belge, saisi dans le cadre de la procédure pénale, était en droit d'écarter le certificat après avoir constaté l'existence d'une fraude et permis aux sociétés concernées de faire valoir leurs arguments en vertu de l'exigence d'un procès équitable.

Mais dans les deux affaires, la Cour était également interrogée sur la notion de siège social au sens du règlement n° 883/2004 au regard de celle prévue par le règlement n° 1071/2009 relatif au transport routier qui subordonne la délivrance d'une licence communautaire de transport à l'exigence d'un établissement stable et effectif dans l'État membre de délivrance (art. 3, § 1, sous a)).

(2) CJUE, 2 avril 2020, aff. jtes C-370/17 et C-37/18.

Au sein du règlement de coordination, la notion de siège social apparaît à l'article 13, paragraphe 1, sous b), en vertu duquel en cas de pluriactivité, les personnes qui n'exercent pas une part substantielle de leur activité sur le territoire de leur résidence sont soumises à la loi du siège social ou d'exploitation de l'employeur. Dans la mesure où dans les deux affaires, les sociétés situées en Slovaquie et en Lituanie étaient munies d'une licence communautaire de transport délivrée par les autorités de ces pays en vertu des règlements spécifiques au transport, la question était de savoir si la détention d'une telle licence était une preuve irréfragable de la localisation du siège social dans l'État concerné. Une telle question revêtait un intérêt pour la caractérisation de la fraude aux cotisations. La localisation du siège en Slovaquie ou en Lituanie rendait, en effet, plus difficile la démonstration de l'absence d'activité dans ces pays et par là, celle d'une localisation fictive et de la fraude.

S'appuyant sur l'article 14, paragraphe 5*bis*, du règlement d'application de 2009 qui définit, pour l'application des règlements, le siège social comme le lieu où sont adoptées les décisions essentielles et où sont exercées les fonctions d'administration centrale, la Cour énonce qu'au sens de l'article 13, paragraphe 1, sous b), du règlement de 2004, le siège social est le lieu à partir duquel une entreprise est effectivement gérée et organisée et que cette notion ne coïncide pas nécessairement avec celle prévue par les règlements relatifs au transport routier qui définissent le siège social non pas seulement par le lieu d'exercice des fonctions, mais aussi par le lieu où se situent les véhicules, les locaux, les documents et les équipements. Dès lors, conclut la Cour, si la détention d'une licence communautaire de transport routier peut être un élément pour la caractérisation du siège social au sens des règlements de coordination, elle ne peut constituer la preuve du siège social au sens de ces règlements et *a fortiori* une preuve irréfragable. Il en résulte que les autorités administratives et judiciaires de l'État membre où est effectué le travail ne sont pas liées par cet élément lorsqu'elles cherchent à caractériser une situation frauduleuse.

Ismaël OMARJEE

Cour de justice, 7e ch., 24 mars 2023, *DV c/ Direktor na Teritorialno podelenie na Natsionalnia osiguritelen institut – Veliko Tarnovo*, aff. C-30/22, ECLI:EU:C:2023:259

Mots-clés : *Brexit* – Accord de retrait du Royaume-Uni de Grande-Bretagne et d'Irlande du Nord – Exercice d'une activité salariée au Royaume-Uni – Cessation du contrat de travail après le retrait du Royaume-Uni et la fin de la période de transition – Période de transition – Allocations de chômage – Détermination de la loi applicable – Détermination de l'institution compétente

Cadre normatif : article 65, paragraphes 1 et 2, du règlement n° 883/2004 ; articles 30 et 31 de l'accord de retrait du Royaume-Uni de Grande-Bretagne et d'Irlande du Nord de l'Union européenne et de la Communauté européenne de l'énergie atomique

Extraits

1. La demande de décision préjudicielle porte sur l'interprétation des articles 30 et 31 de l'accord sur le retrait du Royaume-Uni de Grande-Bretagne et d'Irlande du Nord de l'Union européenne et de la Communauté européenne de l'énergie atomique (JO 2020, L 29, p. 7, ci-après l'« accord de retrait »), signé à Bruxelles (Belgique) et à Londres (Royaume-Uni) le 24 janvier 2020 et entré en vigueur le 1er février 2020, ainsi que de l'article 65, paragraphe 2, du règlement (CE) n° 883/2004 du Parlement européen et du Conseil, du 29 avril 2004, portant sur la coordination des systèmes de sécurité sociale (JO 2004, L 166, p. 1, et rectificatif JO 2004, L 200, p. 1), tel que modifié par le règlement (UE) n° 465/2012 du Parlement européen et du Conseil, du 22 mai 2012 (JO 2012, L 149, p. 4) (ci-après le « règlement n° 883/2004 »).

2. Cette demande a été présentée dans le cadre d'un litige opposant DV au Direktor na Teritorialno podelenie na Natsionalnia osiguritelen institut – Veliko Tarnovo (directeur de la division territoriale de l'Institut national de sécurité sociale de Veliko Tarnovo, Bulgarie) au sujet du refus de celui-ci de lui octroyer des prestations de chômage à la suite de la cessation de sa relation de travail au Royaume-Uni le 29 mars 2021.

[...]

Le litige au principal et les questions préjudicielles

17. DV est une ressortissante bulgare. Du 1er décembre 2014 au 29 mars 2021, elle a exercé une activité salariée au Royaume-Uni auprès de différents employeurs, dans le domaine des services sociaux et de santé.

18. Le 2 avril 2021, DV, en tant que personne sans emploi, a fait valoir ses droits à des prestations de chômage en Bulgarie au titre du KSO. À l'appui de sa demande, DV a produit certains documents, dont une déclaration de résidence aux fins de l'application de l'article 65, paragraphe 2, du règlement n° 883/2004. En outre, un échange électronique d'informations concernant la situation de DV a eu lieu entre le Royaume-Uni et la République de Bulgarie.

19. Par décision du 18 août 2021, l'autorité bulgare de l'assurance chômage a refusé de faire droit à cette demande, au motif que les périodes d'assurance accomplies par DV au Royaume-Uni jusqu'au 29 mars 2021 n'avaient pas été suivies de périodes pendant lesquelles une assurance sociale aurait été souscrite en Bulgarie. Selon cette autorité, l'article 30 de l'accord de retrait ne s'appliquait pas, dès lors que DV avait interrompu, par son retour en Bulgarie, la situation transfrontalière dans laquelle elle se trouvait à la date de la fin de la période de transition fixée à l'article 126 de l'accord de retrait (ci-après la « période de transition »), à savoir le 31 décembre 2020, et que, par conséquent, sa situation ne concernait plus à la fois un État membre et le Royaume-Uni. En outre, s'agissant de l'article 32 de cet accord, qui concerne la totalisation des périodes d'assurance accomplies avant et après la fin de la période de transition, DV n'aurait pas exercé, en Bulgarie, d'activité professionnelle dont la cessation aurait permis de déterminer si elle remplissait les conditions requises par le droit bulgare régissant le droit aux prestations de chômage.

20. Le 27 septembre 2021, le recours introduit par DV contre cette décision a été rejeté par la partie défenderesse au principal. Par la suite, DV a saisi la juridiction de renvoi, l'Administrativen sad Veliko Tarnovo (tribunal administratif de Veliko Tarnovo, Bulgarie) d'un recours contre cette décision de rejet.

21. Selon cette juridiction, l'appréciation de la légalité de ladite décision de rejet est liée, voire subordonnée, à l'applicabilité des règles énoncées aux articles 61 à 65 du règlement n° 883/2004 et des dispositions du règlement n° 987/2009 précisant celles-ci à la situation en cause au principal, compte tenu de l'article 31, paragraphe 1, de l'accord de retrait, ou à l'applicabilité de l'article 32 de cet accord aux seules fins de la totalisation des périodes concernées.

22. Ladite juridiction est d'avis que la situation de DV correspond non pas à l'hypothèse visée à l'article 30, paragraphe 1, sous c), dudit accord, que la partie défenderesse au principal considère pertinente, mais à celle prévue à cet article 30, paragraphe 1, sous a), qui s'applique aux citoyens de l'Union qui sont soumis à la législation du Royaume-Uni à la fin de la période de transition.

23. S'agissant de l'applicabilité de l'article 31, paragraphe 1, de l'accord de retrait et, partant, des dispositions du règlement n° 883/2004, la juridiction de renvoi précise que, selon la partie défenderesse au principal, la situation de DV ne relève pas des hypothèses visées à l'article 30, paragraphe 1, de cet accord, dès lors que leur application est conditionnée par l'article 30, paragraphe 2, dudit accord, en vertu duquel les personnes visées à cet article 30, paragraphe 1, sont couvertes « aussi longtemps » qu'elles continuent à se trouver sans interruption dans l'une des situations y énoncées et qui concerne à la fois un État membre et le Royaume-Uni. Or, la cessation de l'emploi de DV au Royaume-Uni le 29 mars 2021 aurait mis fin à la situation dont elle relevait.

24. À cet égard, cette juridiction se demande si les termes « aussi longtemps » doivent être interprétés en ce sens que les personnes visées audit article 30, paragraphe 1, relèvent de l'une des situations énoncées à cette disposition uniquement tant qu'elles se trouvent dans cette situation ou bien en ce sens que, compte tenu de la logique des dispositions en cause de l'accord de retrait et de l'objectif poursuivi par ce dernier, ces personnes continuent à relever de ladite disposition lorsqu'elles se sont trouvées dans ladite situation pendant toute la période de transition, de telle sorte qu'un changement de situation intervenant après cette période est sans incidence sur l'applicabilité de la même disposition.

25. À titre subsidiaire, ladite juridiction s'interroge sur l'applicabilité éventuelle de l'article 30, paragraphe 3, de l'accord de retrait au litige au principal, étant donné que, selon elle, la situation de DV est visée à l'article 10, paragraphe 1, sous a), de cet accord, auquel ce paragraphe 3 renvoie. À cet égard, elle se demande si la limitation prévue à l'article 30, paragraphe 4, dudit accord exclut l'application dudit paragraphe 3 à DV, dès lors qu'elle ne bénéficie plus d'un droit de séjour au Royaume-Uni depuis la fin de sa relation de travail, ou bien si cette limitation vise l'existence d'un droit de séjour ou de travail exercé après l'expiration de la période de transition, sans que le moment auquel ce droit a pris fin après cette période soit pertinent.

26. Dans ces conditions, l'Administrativen sad Veliko Tarnovo (tribunal administratif de Veliko Tarnovo) a décidé de surseoir à statuer et de poser à la Cour les questions préjudicielles suivantes :

« 1) Les dispositions combinées de l'article 30, paragraphe 2, et de l'article 30, paragraphe 1, sous a), de [l'accord de retrait] doivent-elles être interprétées en ce sens que les personnes visées à cette dernière disposition relèvent du champ d'application personnel de l'article 31, paragraphe 1, de cet accord, si elles ont été, sans interruption, des ressortissants d'un seul et même État membre et, simultanément, soumises à la législation du Royaume-Uni pendant toute la période de transition ou bien doivent-elles être interprétées en ce sens que les personnes visées à l'article 30, paragraphe 1, sous a), de cet accord ne relèvent du champ d'application personnel de l'article 31, paragraphe 1, [dudit accord] que [tant qu'elles exercent] une activité professionnelle sur le territoire du Royaume-Uni à la fin de la période de transition et/ou après celle-ci ?

2) Les dispositions combinées de l'article 30, paragraphe 2, et de l'article 30, paragraphe 1, sous c), de [l'accord de retrait] doivent-elles être interprétées en ce sens que les personnes visées à cette dernière disposition relèvent du champ d'application personnel de l'article 31, paragraphe 1, de cet accord, dès lors que, en leur qualité de citoyens de l'Union européenne, elles ont résidé sans interruption et exclusivement sur le territoire du Royaume-Uni pendant toute la période de transition et, simultanément, pendant toute cette période de transition jusqu'à leur départ, elles ont été soumises à la législation [d'un] seul et même État membre, ou bien doivent-elles être interprétées en ce sens que les personnes visées à l'article 30, paragraphe 1, sous c), de cet accord ne relèvent pas du champ d'application personnel de l'article 31, paragraphe 1, [dudit accord] si elles ont cessé de résider sur le territoire du Royaume-Uni après la fin de la période de transition ?

3) Dans l'hypothèse où l'interprétation des dispositions combinées de l'article 30, paragraphe 2, et de l'article 30, paragraphe 1, sous a) et c), de [l'accord de retrait] amènerait à conclure que ces dernières ne s'appliquent pas aux faits de l'affaire au principal parce que le citoyen de l'Union européenne a cessé de résider sur le territoire du Royaume-Uni après la fin de la période de transition, au regard de l'interprétation de l'article 30, paragraphe 4, [de cet accord], lu en combinaison avec le paragraphe 3 de cet article de l'accord, les personnes séjournant dans l'État d'accueil ou travaillant dans l'État de travail cessent-elles de relever de l'article 31, paragraphe 1, [dudit accord] lorsque leur relation juridique en tant que travailleur (salarié) a pris fin et ont donc perdu leur droit de séjour et ont quitté le territoire de l'État de travail ou de l'État d'accueil après la fin de la période de transition, ou bien ces dispositions doivent-elles être interprétées en ce sens que la restriction, imposée à l'article 30, paragraphe 4, [du même accord], vise le droit de séjourner ou le droit de travailler exercé après la fin de la période de transition, quelle que soit la date à laquelle ces droits ont pris fin par la suite, s'ils existaient après la fin de cette période de transition ? »

[...]

Sur les questions préjudicielles

31. En vertu de l'article 99 du règlement de procédure, lorsque la réponse à une question posée à titre préjudiciel peut être clairement déduite de la jurisprudence ou lorsque la réponse à une telle question ne laisse place à aucun doute raisonnable, la Cour peut, à tout moment, sur proposition du juge rapporteur, l'avocat général entendu, décider de statuer par voie d'ordonnance motivée.

32. Il convient de faire application de cette disposition dans la présente affaire.

33. À titre liminaire, il y a lieu de rappeler que, conformément à une jurisprudence constante, dans le cadre de la procédure de coopération entre les juridictions nationales et la Cour, instituée à l'article 267 TFUE, il appartient à celle-ci de donner au juge national une réponse utile qui lui permette de trancher le litige dont il est saisi. Dans cette optique, il incombe, le cas échéant, à la Cour non seulement de reformuler les questions qui lui sont soumises, mais aussi de prendre en considération des normes du droit de l'Union auxquelles le juge national n'a pas fait référence dans l'énoncé de ses questions (arrêt du 12 janvier 2023, *RegioJet*, C-57/21, EU:C:2023:6, point 92 et jurisprudence citée).

34. En l'occurrence, les questions posées portent sur l'interprétation des seuls articles 30 et 31 de l'accord de retrait et visent à déterminer leur applicabilité à une situation, telle que celle en cause au principal, dans laquelle une personne ayant travaillé sur le territoire du Royaume-Uni pendant plusieurs années retourne en Bulgarie après la fin de la période de transition et sollicite, dans cet État membre, le bénéfice de prestations de chômage.

35. À cet égard, il résulte du sixième alinéa du préambule de cet accord qu'il est nécessaire d'offrir une protection réciproque aux citoyens de l'Union et aux ressortissants du Royaume-Uni qui ont exercé leurs droits de libre circulation avant une date fixée dans ledit accord, en particulier ceux découlant de périodes d'affiliation à un régime de sécurité sociale.

36. En outre, l'article 7, paragraphe 1, de l'accord de retrait précise que, aux fins de celui-ci, toutes les références aux États membres et aux autorités compétentes des États membres dans les dispositions du droit de l'Union rendues applicables par cet accord s'entendent, sauf certaines exceptions, comme incluant le Royaume-Uni et ses autorités compétentes.

37. Il en découle que l'objectif de l'accord de retrait est non pas de créer des droits indépendants du droit de l'Union, mais de protéger les droits exercés en vertu de ce droit avant la fin de la période de transition, en rendant les dispositions dudit droit visées dans cet accord applicables aux situations définies dans ce dernier, qui impliquent les ressortissants, la législation ou le territoire du Royaume-Uni.

38. Plus particulièrement, l'article 31 de l'accord de retrait, qui fait partie du titre III de la deuxième partie de cet accord, intitulé « Coordination des systèmes de sécurité sociale », prévoit, à son paragraphe 1, que les règles et les objectifs énoncés, notamment, par le règlement n° 883/2004 s'appliquent aux personnes couvertes par ce titre.

39. Il s'ensuit que, avant d'examiner si les dispositions de l'accord de retrait sont susceptibles d'être appliquées à une situation telle que celle en cause au principal, il y a lieu de déterminer si les dispositions du règlement n° 883/2004 dont DV se prévaut lui auraient été applicables indépendamment du retrait du Royaume-Uni de l'Union ou du fait qu'elle avait exercé son activité salariée dans cet État, et non dans un État membre de l'Union. En effet, si tel n'était pas le cas, l'existence d'un droit acquis en vertu de ce règlement, au titre de la période d'activité salariée exercée par DV au Royaume-Uni, que l'accord de retrait aurait vocation à protéger, ferait défaut.

40. En l'occurrence, il ressort de la décision de renvoi, d'une part, que l'autorité bulgare de l'assurance chômage a refusé l'octroi de prestations de chômage à DV au motif que, après avoir accompli des périodes d'assurance au Royaume-Uni au titre de l'exercice d'une activité salariée sur le territoire de cet État, DV est retournée en Bulgarie, où elle a demandé le bénéfice de telles prestations sans avoir exercé d'activité professionnelle ou accompli des périodes d'assurance sur le territoire de cet État membre. D'autre part, la juridiction de renvoi estime que, en vertu de l'article 31, paragraphe 1, de l'accord de retrait, la légalité de cette décision de refus est conditionnée par l'applicabilité des dispositions des articles 61 à 65*bis* du règlement n° 883/2004 à de telles circonstances.

41. À cet égard, il convient de rappeler que l'article 61 de ce règlement prévoit notamment, à son paragraphe 1, que l'institution compétente d'un État membre dont la législation subordonne l'acquisition du droit aux prestations de chômage à l'accomplissement de périodes d'assurance tient compte, dans la mesure nécessaire, des périodes d'assurance accomplies sous la législation de tout autre État membre comme si elles avaient été accomplies sous la législation qu'elle applique. Toutefois, il ressort du paragraphe 2 de cet article 61 que, excepté pour ce qui est des situations visées à l'article 65, paragraphe 5, sous a), dudit règlement, l'application dudit article 61, paragraphe 1, est subordonnée à la condition que l'intéressé ait accompli en dernier lieu, conformément à la législation au titre de laquelle les prestations sont demandées, des périodes d'assurance, si cette législation exige celles-ci.

42. Par conséquent, dans la mesure où il découle de l'article 54a, paragraphe 1, du KSO que la législation bulgare subordonne l'acquisition du droit aux prestations de chômage à l'accomplissement de périodes d'assurance et où DV n'en a accompli aucune à son retour en Bulgarie, elle ne pourrait prétendre à des prestations de chômage au titre du règlement n° 883/2004, par la totalisation des périodes d'assurance accomplies dans un autre État, en l'occurrence le Royaume-Uni, que si sa situation correspondait à celle visée à l'article 65, paragraphe 5, sous a), de ce règlement, lu en combinaison avec cet article 65, paragraphe 2.

43. À cet égard, l'article 65, paragraphe 2, première phrase, dudit règlement dispose qu'une personne en chômage complet qui, au cours de sa dernière activité salariée ou non salariée, résidait dans un État membre autre que l'État membre compétent et qui continue à résider dans le même État membre ou qui retourne dans cet État membre se met à la disposition des services de l'emploi de l'État membre de résidence. Une telle personne bénéficie, conformément à cet article 65, paragraphe 5, sous a), des prestations de chômage selon les dispositions de la législation de l'État membre de résidence, comme si elle avait été soumise à cette législation au cours de sa dernière activité salariée ou non salariée. Ces prestations sont servies par l'institution du lieu de résidence.

44. Or, il ressort clairement de la réponse à la demande d'informations, mentionnée aux points 29 et 30 de la présente ordonnance, fournie par la juridiction de renvoi, seule compétente, dans le cadre de la procédure instituée à l'article 267 TFUE, pour apprécier les faits du litige dont elle est saisie [voir, en ce sens, arrêt du 15 septembre 2022, *Fossil (Gibraltar)*, C-705/20, EU:C:2022:680, point 37 et jurisprudence citée], que, pendant toute la période d'exercice de l'activité salariée de DV sur le territoire du Royaume-Uni, celle-ci résidait, au sens de l'article 1er, sous j), et de l'article 65, paragraphe 2, du règlement n° 883/2004, dans cet État, qui était l'État compétent, au sens de cette dernière disposition, pendant cette période. Ce n'est qu'après la cessation de cette activité salariée que DV est retournée en Bulgarie pour solliciter l'octroi de prestations de chômage auprès de l'autorité compétente de cet État membre.

45. Il en résulte qu'il convient de répondre à la question préalable soulevée au point 39 de la présente ordonnance que l'article 65, paragraphe 2, du règlement n° 883/2004 doit être interprété en ce sens qu'il ne s'applique pas à une situation dans laquelle une personne sollicite le bénéfice de prestations de chômage auprès de l'autorité compétente d'un État membre dans lequel elle n'a pas accompli de périodes d'assurance, d'emploi ou d'activité non salariée et sur le territoire duquel elle retourne au terme d'une période d'assurance, d'emploi ou d'activité non salariée accomplie dans un autre État, dans lequel elle résidait, au sens de cette disposition, pendant toute cette période.

46. Compte tenu de la réponse donnée à cette question préalable, il n'y a pas lieu de répondre aux questions posées par la juridiction de renvoi.

Sur les dépens

47. La procédure revêtant, à l'égard des parties au principal, le caractère d'un incident soulevé devant la juridiction de renvoi, il appartient à celle-ci de statuer sur les dépens. Les frais exposés pour soumettre des observations à la Cour, autres que ceux desdites parties, ne peuvent faire l'objet d'un remboursement.

Par ces motifs, la Cour (septième chambre) dit pour droit :

L'article 65, paragraphe 2, du règlement (CE) n° 883/2004 du Parlement européen et du Conseil, du 29 avril 2004, portant sur la coordination des systèmes de sécurité sociale, tel que modifié par le règlement (UE) n° 465/2012 du Parlement européen et du Conseil, du 22 mai 2012,

doit être interprété en ce sens que :

il ne s'applique pas à une situation dans laquelle une personne sollicite le bénéfice de prestations de chômage auprès de l'autorité compétente d'un État membre dans lequel elle n'a pas accompli de périodes d'assurance, d'emploi ou d'activité non salariée et sur le territoire duquel elle retourne au terme d'une période d'assurance, d'emploi ou d'activité non salariée accomplie dans un autre État, dans lequel elle résidait, au sens de cette disposition, pendant toute cette période.

Observations

Bien que rendue sous la forme d'une ordonnance motivée au sens de l'article 99 du règlement de procédure, cette décision de la Cour de justice mérite l'attention puisqu'elle concerne l'application des règlements européens de coordination des régimes de sécurité sociale entre le Royaume-Uni et l'Union européenne dans le cadre du *Brexit*. La Cour était ainsi invitée à se prononcer sur l'applicabilité et l'application de l'accord de retrait du 17 octobre 2019 à propos de la difficile question de la détermination de l'État compétent pour le versement des allocations de chômage.

L'affaire avait pour origine la situation d'une ressortissante bulgare qui, après avoir travaillé au Royaume-Uni du 1er décembre 2014 au 29 mars 2021 en qualité de salariée, s'est adressée à l'institution de sécurité sociale bulgare afin de faire valoir ses droits à des prestations de chômage selon la législation bulgare mais au titre des périodes travaillées au Royaume-Uni. À l'appui de sa demande, l'intéressé produisait un certificat de résidence en Bulgarie et se prévalait de l'article 65, paragraphe 2, du règlement n° 883/2004 en vertu duquel « la personne en chômage complet qui, au cours de sa dernière activité salariée ou non salariée, résidait dans un État membre autre que l'État membre compétent et qui continue à résider dans le même État membre ou qui retourne dans cet État membre se met à la disposition des services de l'emploi de l'État membre de résidence ». Et selon le paragraphe 5 de cette même disposition, le travailleur qui se trouve dans une telle situation « bénéficie des prestations selon les dispositions de la législation de l'État membre de résidence, comme s'il avait été soumis à cette législation au cours de sa dernière activité salariée ou non salariée. Ces prestations sont servies par l'institution du lieu de résidence ». En d'autres termes, l'intéressée se prévalait de sa résidence en Bulgarie pour prétendre aux allocations de chômage servies par ce pays. Elle s'est toutefois heurtée à un refus au motif qu'après avoir exercé une activité au Royaume-Uni, elle n'avait accompli aucune période d'assurance en Bulgarie depuis son retour.

La période d'activité couvrait à la fois une période d'intégration du Royaume-Uni à l'Union – du 1er décembre 2014 au 1er février 2020 – et depuis cette date, une période postérieure au *Brexit*, régie par l'accord de retrait du 17 octobre 2019 y compris après le 31 décembre 2020, fin de la période de transition.

Dans la mesure où, en l'espèce, l'intéressée était retournée en Bulgarie après la période de transition, l'applicabilité de l'accord de retrait et particulièrement de ses articles 30 et 31 était au cœur des questions soumises à la Cour.

En effet au sein de l'accord de retrait, ces dispositions régissent la coordination des systèmes de sécurité sociale. Elles entendent offrir une protection réciproque aux citoyens de l'Union et aux ressortissants du Royaume-Uni qui ont exercé leurs droits de libre circulation. Outre la réciprocité, elles visent à garantir la non-discrimination, la continuité des droits et la conservation des droits acquis. Le considérant 6 indique ainsi qu'il s'agit « d'offrir une protection réciproque aux citoyens de l'Union et aux ressortissants du Royaume-Uni [...], lorsqu'ils ont exercé leurs droit de libre circulation avant la fin de la période de transition, et de garantir que les droits qu'ils tirent du présent accord sont opposables et fondés sur le principe de non-discrimination [...] ». De la même manière, et la Cour ne manque pas de le relever, l'accord entend protéger « les droits découlant de périodes d'affiliation à un régime de sécurité sociale ».

Quant aux articles 30 et 31 dont l'interprétation était demandée à la Cour, ils précisent, d'une part, les bénéficiaires de l'accord (art. 30) et, d'autre part, l'application à ces bénéficiaires des objectifs et des règles prévus à l'article 48 TFUE et par les règlements de coordination (art. 30) et notamment les règles de totalisation des périodes d'emploi, d'assurance et de résidence.

En vertu de l'article 30, les bénéficiaires de l'accord sont répartis selon quatre catégories en fonction de leur situation à la fin de la période de transition : en premier lieu, les citoyens de l'Union et les ressortissants du Royaume-Uni soumis, à la fin de la période de transition, respectivement à la législation du Royaume-Uni ou d'un État membre (art. 30, § 1 a et b) ; en second lieu, les citoyens de l'Union qui, à la fin de la période de transition, résident au Royaume-Uni mais sont soumis à la législation d'un État membre et les ressortissants du Royaume-Uni qui, à la fin de la période de transition, résident dans un État membre mais sont soumis à la législation du Royaume-Uni (art. 30, § 1 c et d) ; visant respectivement les travailleurs détachés ou pluriactifs et les réfugiés ou apatrides, les troisième et quatrième catégories de bénéficiaires étaient inopérantes en l'espèce. En travaillant exclusivement et à titre principal au Royaume-Uni, l'intéressé relevait *a priori* de la première catégorie et plus précisément de l'article 30, paragraphe 1, a). Pour autant, l'applicabilité de l'accord de retrait n'était pas acquise, la Cour subordonnant celle-ci à l'acquisition de droits sur le fondement des règlements de coordination.

En effet, pour la juridiction européenne, il résulte des articles 30 et 31 de l'accord de retrait que celui-ci n'a pas pour objectif de créer des droits, indépendamment du droit de l'Union, mais vise plutôt à protéger les droits acquis, avant la fin de la période de transition sur le fondement des dispositions des règlements. De ce constat, elle tire une conclusion importante : avant de vérifier l'application de l'accord à la situation d'une personne, il convient de vérifier si des droits ont bien été acquis en vertu des règlements européens.

Cette position était aussi celle de la juridiction de renvoi qui estimait qu'en vertu de l'article 31, paragraphe 1, de l'accord, la légalité de la décision de refus des autorités bulgares d'octroyer des allocations de chômage était conditionnée par l'applicabilité des dispositions des articles 61 à 65*bis* du règlement n° 883/2004 à la situation.

Il convenait donc en l'espèce de vérifier si l'intéressée pouvait se prévaloir des règlements de coordination au regard de sa situation. Comme rappelé ci-dessus, le refus de l'administration bulgare d'octroyer des prestations de chômage à l'intéressée était motivé par le fait qu'elle n'avait accompli aucune période d'assurance en Bulgarie après son retour dans ce pays. Par cette exigence, l'administration bulgare ne tenait manifestement pas compte des périodes d'assurance accomplies par l'intéressée au Royaume-Uni. Pourtant, ainsi que le relève la Cour, il résulte de l'article 61, paragraphe 1, du règlement n° 883/2004 que lorsque la législation d'un État subordonne l'acquisition du droit aux prestations de chômage à l'accomplissement de périodes d'assurance, l'institution de cet État tient compte, dans la mesure nécessaire, des périodes d'assurance accomplies sous la législation de tout autre État membre comme si elles avaient été accomplies sous la législation qu'elle applique. Il est vrai cependant qu'en vertu du paragraphe 2, l'application de cette règle peut être subordonnée par un État à la condition que l'intéressée ait accompli, en dernier lieu, des périodes d'assurance dans cet État conformément à sa législation, sous réserve, toutefois, que sa situation ne relève pas de l'article 65, paragraphe 5, disposition dont se prévalait la requérante. Il convenait donc de vérifier si en l'espèce, les conditions de l'article 65, paragraphe 5, étaient bien réunies. Rappelons que selon cette disposition, le chômeur visé au paragraphe 2 « bénéficie des prestations selon les dispositions de la législation de l'État membre de résidence, comme s'il avait été soumis à cette législation au cours de sa dernière activité salariée ou non salariée. Ces prestations sont servies par l'institution du lieu de résidence ». Quant à l'article 65, paragraphe 2, il prévoit « qu'une personne en chômage complet qui, au cours de sa dernière activité salariée ou non salariée, résidait dans un État membre autre que l'État membre compétent et qui continue à résider dans le même État membre ou qui retourne dans cet État membre se met à la disposition des services de l'emploi de l'État membre de résidence. Une telle personne bénéficie, conformément à cet article 65, paragraphe 5, sous a), des prestations de chômage selon les dispositions de la législation de l'État membre de résidence, comme si elle avait été soumise à cette législation au cours de sa dernière activité salariée ou non salariée. Ces prestations sont servies par l'institution du lieu de résidence ». Il ne fait pas de doute que cette disposition ne vise que les personnes qui ne résidaient pas dans l'État compétent pendant la période d'activité. Or, en l'espèce, en dépit de la production par l'intéressée d'un certificat de résidence, il était établi que pendant sa période d'activité au Royaume-Uni, elle y résidait et ne résidait donc pas en Bulgarie. Elle ne relevait ainsi pas des paragraphes 2 et 5 de l'article 65. Aussi, les autorités bulgares étaient-elles en droit de subordonner l'exigence de totalisation prévue à l'article 61, paragraphe 1, c'est-à-dire la prise en compte des périodes d'assurance accomplies au Royaume-Uni à l'accomplissement, en dernier lieu, de périodes d'assurance sur leur territoire.

Ne pouvant ainsi se prévaloir d'aucun droit auprès des autorités bulgares, l'application de l'accord de retrait n'avait plus de sens.

Ismaël OMARJEE

X. ENVIRONNEMENT

Cour de justice, 3e ch., 19 janvier 2023,
***Comité interprofessionnel des huiles essentielles françaises (CIHEF) e.a. c/ Ministre de la Transition écologique, Premier ministre*, aff. C-147/21,**
ECLI:EU:C:2023:31

Conclusions de l'avocat général N. Emiliou,
du 2 juin 2022, ECLI:EU:C:2022:437

Mots-clés : Produits biocides – Libre circulation des marchandises – Possibilité pour les États membres d'adopter des mesures restrictives en matière de pratiques commerciales et de publicité – Modalités de vente échappant au domaine d'application de l'article 34 TFUE – Justification – Objectif de préservation de la santé humaine et animale et de l'environnement – Proportionnalité

Cadre normatif : articles 34 et 36 TFUE ; règlement n° 528/2012

Extraits de l'arrêt

1. La demande de décision préjudicielle porte sur l'interprétation de dispositions du règlement (UE) n° 528/2012 du Parlement européen et du Conseil, du 22 mai 2012, concernant la mise à disposition sur le marché et l'utilisation des produits biocides (*JO* 2012, L 167, p. 1), tel que modifié par le règlement (UE) n° 334/2014 du Parlement européen et du Conseil, du 11 mars 2014 (*JO* 2014, L 103, p. 22) (ci-après le « règlement n° 528/2012 »).

2. Cette demande a été présentée dans le cadre d'un litige opposant le Comité interprofessionnel des huiles essentielles françaises (CIHEF) et huit sociétés opérant dans le secteur des huiles essentielles à la ministre de la Transition écologique et au Premier ministre (France) au sujet de recours tendant à l'annulation, d'une part, du décret n° 2019-642, du 26 juin 2019, relatif aux pratiques commerciales prohibées pour certaines catégories de produits biocides (*JORF* du 27 juin 2019, p. 10), et, d'autre part, du décret n° 2019-643, du 26 juin 2019, relatif à la publicité commerciale pour certaines catégories de produits biocides (*JORF* du 27 juin 2019, p. 11).

[...]

Sur la question préjudicielle

24. À titre liminaire, il y a lieu de rappeler que, dans le cadre de la procédure de coopération entre les juridictions nationales et la Cour, instituée à l'article 267 TFUE, il appartient à celle-ci de donner au juge national une réponse utile qui lui permette de trancher le litige dont il est saisi. Dans cette optique, il incombe, le cas échéant, à la Cour non seulement de reformuler la question qui lui est soumise, mais aussi de prendre en considération des normes du droit de l'Union auxquelles le juge national n'a pas fait référence dans l'énoncé de sa question (arrêt du 16 mai 2019, *Plessers*, C-509/17, EU:C:2019:424, point 32 et jurisprudence citée).

25. En l'occurrence, la Cour est interrogée, de manière générale, sur l'interprétation du règlement n° 528/2012, afin de déterminer en substance si la réglementation en cause au principal concerne un domaine harmonisé par les dispositions de ce règlement et, le cas échéant, si ledit règlement s'oppose à cette réglementation.

26. À ce titre, il convient de rappeler que, selon une jurisprudence constante de la Cour, lorsqu'un domaine a fait l'objet d'une harmonisation exhaustive au sein de l'Union, toute mesure nationale y relative doit être appréciée au regard des dispositions de cette mesure d'harmonisation et non pas de celles du droit primaire (arrêt du 24 février 2022, *Viva Telecom Bulgaria*, C-257/20, EU:C:2022:125, point 45 et jurisprudence citée).

27. Ainsi, il convient de comprendre la question posée par la juridiction de renvoi en ce qu'elle porte, en premier lieu, sur l'interprétation de ce règlement, puis, en second lieu, dans l'hypothèse où ce règlement n'aurait pas procédé à une harmonisation exhaustive, sur l'interprétation des dispositions du traité FUE relatives à la libre circulation des marchandises, à savoir les articles 34 et 36 TFUE.

28. Partant, en vue de fournir à la juridiction de renvoi une réponse utile aux fins de résoudre le litige dont elle est saisie, il y a lieu de comprendre que, par sa question, cette dernière demande, en substance, si le règlement n° 528/2012 et, le cas échéant, les articles 34 et 36 TFUE doivent être interprétés en ce sens qu'ils s'opposent à une réglementation nationale :

– qui interdit certaines pratiques commerciales telles que des remises, des rabais, des ristournes, la différenciation des conditions générales et particulières de vente, la remise d'unités gratuites ou toutes pratiques équivalentes, portant sur les produits biocides relevant des types de produits 14 et 18, compris dans le groupe 3 de ces types de produits, figurant dans l'annexe V de ce règlement (ci-après les « produits biocides relevant des types de produits 14 et 18 ») ;

- qui exige l'apposition d'une mention sur la publicité à destination des professionnels pour les produits biocides relevant des types de produits 2 et 4, compris dans le groupe 1 de ces types de produits, figurant dans l'annexe V du règlement n° 528/2012 (ci-après les « produits biocides relevant des types de produits 2 et 4 »), ainsi que des types de produits 14 et 18, et
- qui interdit la publicité à destination du grand public en faveur des produits biocides relevant des types de produits 2 et 4 ainsi que des types de produits 14 et 18.

Sur l'interdiction de certaines pratiques commerciales

29. À titre liminaire, il convient de rappeler que les pratiques commerciales interdites par l'article L. 522-18 du code de l'environnement sont constituées par des remises, des rabais, des ristournes, la différenciation des conditions générales et particulières de vente, la remise d'unités gratuites ou toutes pratiques équivalentes, portant sur les produits biocides.

30. Il découle des indications figurant dans la décision de renvoi que les articles L. 522-18 et R. 522-16-1 du code de l'environnement ne portent pas sur les conditions auxquelles doivent répondre les produits biocides relevant des types de produits 14 et 18, pour bénéficier d'une autorisation de mise sur le marché, mais qu'ils interdisent certaines pratiques commerciales lors de la vente de ces produits de telle sorte qu'ils régissent uniquement des modalités de commercialisation desdits produits.

31. En premier lieu, il y a lieu de relever que, conformément à son article 1er, paragraphe 1, le règlement n° 528/2012 vise à améliorer le fonctionnement du marché intérieur par l'harmonisation des règles concernant la mise à disposition sur le marché et l'utilisation des produits biocides, tout en assurant un niveau élevé de protection de la santé humaine, animale et de l'environnement. À cette fin, l'article 1er, paragraphe 2, sous d), de ce règlement indique que celui-ci établit les règles régissant la mise à disposition sur le marché et l'utilisation des produits biocides dans un ou plusieurs États membres ou dans l'Union.

32. L'article 3, paragraphe 1, sous i), du règlement n° 528/2012 définit la mise à disposition sur le marché comme étant toute fourniture d'un produit biocide ou d'un article traité destiné à être distribué ou utilisé dans le cadre d'une activité commerciale, à titre onéreux ou gratuit, tandis que l'utilisation est définie par l'article 3, paragraphe 1, sous k), de ce règlement comme étant l'ensemble des opérations effectuées avec un produit biocide, y compris le stockage, la manutention, le mélange et l'application, à l'exception des opérations réalisées en vue d'exporter le produit biocide ou l'article en dehors de l'Union.

33. Il en découle que les règles dudit règlement relatives à la mise à disposition sur le marché et à l'utilisation de produits biocides s'avèrent suffisamment larges pour couvrir les pratiques commerciales liées à la vente de ces produits. Toutefois, il convient de constater, à l'instar de M. l'avocat général aux points 28 à 30 de ses conclusions, que le même règlement ne comporte aucune disposition visant à harmoniser les règles encadrant de telles pratiques. En outre, ainsi qu'il ressort d'une lecture combinée des articles 17, 19 et 20 du règlement n° 528/2012, lus à la lumière des considérants 2, 3, 28 et 31 de celui-ci, ce règlement vise à mettre en place un régime d'autorisation préalable permettant la mise à disposition sur le marché de produits biocides ainsi qu'à dégager les principes communs d'évaluation des demandes d'autorisation de ces produits sans pour autant harmoniser tous les aspects de la commercialisation desdits produits.

34. Dès lors, il convient de considérer que le règlement n° 528/2012 ne vise pas à harmoniser les règles relatives aux pratiques commerciales liées à la vente de produits biocides, telles que celles figurant aux articles L. 522-18 et R. 522-16-1 du code de l'environnement.

35. Il s'ensuit que ce règlement ne s'oppose pas à une réglementation nationale qui interdit certaines pratiques commerciales lors de la vente de produits biocides, tels que les produits biocides relevant des types de produits 14 et 18.

36. En second lieu, afin de donner une réponse utile à la juridiction de renvoi, il y a lieu, compte tenu de ce qui a été rappelé au point 27 du présent arrêt, de déterminer si l'article 34 TFUE s'oppose à une telle réglementation nationale.

37. À cet égard, il ressort d'une jurisprudence constante que toute mesure d'un État membre susceptible d'entraver directement ou indirectement, actuellement ou potentiellement, le commerce au sein de l'Union doit être considérée comme une mesure d'effet équivalent à des restrictions quantitatives au sens de cette disposition (arrêts du 11 juillet 1974, *Dassonville*, 8/74, EU:C:1974:82, point 5, et du 3 juillet 2019, *Delfarma*, C-387/18, EU:C:2019:556, point 20 ainsi que jurisprudence citée).

38. Toutefois, n'est pas susceptible d'entraver directement ou indirectement, actuellement ou potentiellement, le commerce entre les États membres, au sens de cette jurisprudence, l'application à des produits en provenance d'autres États membres de dispositions nationales qui limitent ou interdisent certaines modalités de vente, pour autant qu'elles s'appliquent à tous les opérateurs concernés exerçant leur activité sur le territoire national et qu'elles affectent de la même manière, en droit comme en fait, la commercialisation des produits nationaux et celle des produits en provenance d'autres États membres. En effet, dès lors que ces conditions sont remplies, l'application de réglementations de ce type à la vente des produits en provenance d'un autre État membre et répondant aux règles édictées par cet État n'est pas de nature à empêcher leur accès au marché ou à le gêner davantage qu'elle ne gêne celui des produits nationaux (arrêts du 10 février 2009, *Commission/Italie*, C-110/05, EU:C:2009:66, point 36 ; du 2 décembre 2010, *Ker-Optika*, C-108/09, EU:C:2010:725, point 51, et du 21 septembre 2016, *Établissements Fr. Colruyt*, C-221/15, EU:C:2016:704, point 35).

39. En l'occurrence, ainsi qu'il a été relevé au point 30 du présent arrêt, les articles L. 522-18 et R. 522-16-1 du code de l'environnement ne portent pas sur les conditions auxquelles doivent répondre les produits biocides relevant des types de produits 14 et 18, pour bénéficier d'une autorisation de mise sur le marché. En réalité, ils interdisent certaines pratiques commerciales lors de la vente de ces produits de telle sorte qu'ils régissent uniquement des modalités de commercialisation desdits produits. Il en résulte que ces dispositions doivent être considérées comme régissant des modalités de vente au sens de la jurisprudence de la Cour citée au point 38 du présent arrêt.

40. Or, une réglementation nationale qui régit les modalités de vente de certains produits ne peut cependant échapper à l'interdiction figurant à l'article 34 TFUE que si elle satisfait aux deux conditions énoncées à ce point 38.

41. S'agissant de la première condition, il ressort des éléments fournis à la Cour par la juridiction de renvoi que les articles L. 522-18 et R. 522-16-1 du code de l'environnement, visés au point 39 du présent arrêt, s'appliquent indistinctement à tous les opérateurs concernés exerçant leur activité sur le territoire français.

42. En ce qui concerne la seconde condition, il revient à cette juridiction d'apprécier si ces dispositions affectent de la même manière, en droit comme en fait, la commercialisation des produits nationaux et celle des produits en provenance d'autres États membres.

43. En l'occurrence, il ne ressort pas des éléments portés à la connaissance de la Cour que la réglementation en cause au principal fasse de distinction selon l'origine des produits biocides en cause. Pour autant, il convient de vérifier si cette réglementation n'est pas, en fait, de nature à gêner davantage l'accès au marché français des produits biocides concernés en provenance d'autres États membres qu'elle ne gêne celui des produits nationaux.

44. À cet égard, une réglementation nationale qui interdit certaines pratiques commerciales lors de la vente de certains types de produits biocides est, en principe, susceptible de restreindre le volume total des ventes de ces produits dans l'État membre concerné et peut, par conséquent, affecter le volume des ventes desdits produits en provenance d'autres

États membres. Toutefois, un tel constat ne saurait suffire pour que cette réglementation soit qualifiée de mesure d'effet équivalent (voir, en ce sens, arrêt du 23 février 2006, *A-Punkt Schmuckhandel*, C-441/04, EU:C:2006:141, point 21 et jurisprudence citée).

45. Certes, comme le font valoir la Commission et les requérantes au principal, des pratiques commerciales telles que des rabais et ristournes, qui sont visées par les articles L. 522-18 et R. 522-16-1 du code de l'environnement, constituent des méthodes de commercialisation qui peuvent s'avérer efficaces pour permettre l'accès de produits en provenance d'autres États membres à un marché national, dès lors que ces méthodes influent sur le prix de vente de ces produits.

46. Toutefois, le fait qu'une réglementation nationale interdise des méthodes de commercialisation prétendument efficaces ne constitue pas un élément suffisant pour considérer que cette réglementation tombe sous le coup de l'interdiction prévue à l'article 34 TFUE. En effet, une telle réglementation n'est susceptible de constituer une mesure d'effet équivalent que si l'interdiction des méthodes de commercialisation concernées affecte davantage les produits provenant d'autres États membres que les produits nationaux.

47. Dans ces conditions, il revient à la juridiction de renvoi de déterminer si l'interdiction de certaines pratiques commerciales, prévue aux articles L. 522-18 et R. 522-16-1 du code de l'environnement, affecte davantage l'accès au marché des produits biocides concernés originaires d'autres États membres que celui de tels produits provenant de France. En particulier, il lui revient d'apprécier si, comme l'a soutenu le gouvernement français à l'audience, ces dispositions couvrent un champ étroit de méthodes de commercialisation des produits biocides concernés et si, par conséquent, les méthodes de commercialisation qui ne sont pas interdites par lesdites dispositions permettent de garantir que les produits en provenance d'autres États membres puissent accéder au marché national.

48. Si, au terme de cet examen, cette juridiction constate que la réglementation nationale en cause au principal affecte davantage l'accès au marché français des produits biocides concernés provenant d'autres États membres que celui de tels produits provenant de France, il lui appartiendra d'établir si cette réglementation est justifiée par une ou plusieurs des raisons d'intérêt général énumérées à l'article 36 TFUE ou par une ou plusieurs des exigences impératives d'intérêt général reconnues par la jurisprudence de la Cour.

49. À cet égard, premièrement, il ressort de la décision de renvoi que l'article L. 522-18 du code de l'environnement a pour objectif de prévenir les inconvénients que l'usage excessif de certains types de produits biocides présente pour la santé publique et l'environnement.

50. Or, conformément à une jurisprudence constante, il convient de rappeler, d'une part, que la santé et la vie des personnes occupent le premier rang parmi les biens et les intérêts protégés par le traité et qu'il appartient aux États membres de décider du niveau auquel ils entendent assurer la protection de la santé publique ainsi que la manière dont ce niveau doit être atteint. Celui-ci pouvant varier d'un État membre à l'autre, il convient de reconnaître aux États membres une marge d'appréciation (arrêt du 2 décembre 2010, *Ker-Optika*, C-108/09, EU:C:2010:725, point 58).

51. D'autre part, il ressort d'une jurisprudence constante que la protection de l'environnement constitue une raison impérieuse d'intérêt général susceptible de justifier une mesure d'effet équivalent à une restriction quantitative (voir, en ce sens, arrêt du 6 octobre 2015, *Capoda Import-Export*, C-354/14, EU:C:2015:658, point 43).

52. Partant, il ressort des indications fournies à la Cour que la réglementation en cause au principal est susceptible de répondre à des raisons impérieuses d'intérêt général de nature à justifier une mesure d'effet équivalent à une restriction quantitative, ce qu'il revient toutefois à la juridiction de renvoi de vérifier.

53. Deuxièmement, il appartient aux autorités nationales, dans chaque cas d'espèce, de démontrer que la réglementation nationale en cause satisfait au principe de proportionnalité, c'est-à-dire qu'elle est nécessaire pour réaliser l'objectif invoqué, et que celui-ci ne pourrait pas être atteint par des interdictions ou des limitations de moins grande ampleur ou affectant de manière moindre le commerce au sein de l'Union. À cette fin, il incombe à ces autorités d'apporter les preuves nécessaires à cet effet. Les raisons justificatives susceptibles d'être invoquées par un État membre doivent donc être accompagnées d'une analyse de l'aptitude et de la proportionnalité de la mesure adoptée par cet État ainsi que des éléments précis permettant d'étayer son argumentation (arrêt du 23 décembre 2015, *Scotch Whisky Association e.a.*, C-333/14, EU:C:2015:845, points 53 et 54).

54. Il s'ensuit que, lorsqu'elle examine une réglementation nationale au regard de la justification relative à la protection de la santé et de la vie des personnes, au sens de l'article 36 TFUE, une juridiction nationale est tenue d'examiner, de manière objective, si les éléments de preuve fournis par l'État membre concerné permettent raisonnablement d'estimer que les moyens choisis sont aptes à réaliser les objectifs poursuivis ainsi que s'il est possible d'atteindre ces derniers par des mesures moins restrictives de la libre circulation des marchandises (voir, en ce sens, arrêt du 23 décembre 2015, *Scotch Whisky Association e.a.*, C-333/14, EU:C:2015:845, point 59).

55. À cet égard, en ce qui concerne l'aptitude de la réglementation nationale en cause au principal à atteindre les objectifs invoqués, le gouvernement français a souligné que cette réglementation vise à prévenir et à diminuer l'exposition de la population, des animaux et de l'environnement aux produits biocides concernés, en limitant les incitations à un usage trop important et parfois inapproprié de ces produits.

56. Si ladite réglementation ne semble pas être de nature à permettre d'éliminer tout risque de dispersion inutile des produits biocides concernés, il n'en demeure pas moins que, en écartant la possibilité pour un acquéreur de bénéficier de tout avantage financier lors de l'achat de ces produits, elle est susceptible de prévenir tout achat inapproprié desdits produits, et, partant, de nature à diminuer le risque lié à l'exposition de la population, des animaux et de l'environnement à un usage excessif des mêmes produits biocides. En effet, ainsi que l'a relevé le gouvernement français, cette réglementation s'avère appropriée pour éviter les phénomènes d'accumulation de ces produits dans l'environnement et la pollution des eaux qui est susceptible d'en résulter. Il découle de l'ensemble des considérations qui précèdent que la réglementation en cause au principal apparaît apte à atteindre les objectifs de protection de la santé humaine et de l'environnement, ce qu'il appartient cependant à la juridiction de renvoi de vérifier.

57. S'agissant du caractère nécessaire et proportionné de l'interdiction de certaines pratiques commerciales lors de la vente de certains types de produits biocides, il y a lieu de considérer que, comme l'a relevé M. l'avocat général aux points 72 à 75 de ses conclusions, cette interdiction ne va pas au-delà de ce qui est nécessaire dès lors que des mesures d'informations supplémentaires exigées lors de la vente de ces produits, à savoir celles envisagées dans le cadre de l'article 17, paragraphe 5, et de l'article 72, paragraphe 1, du règlement n° 528/2012, ne sauraient contrebalancer l'attractivité d'une offre de rabais et de ristournes ou de la fourniture d'échantillons gratuits de produits biocides lors de l'achat de ceux-ci.

58. Par ailleurs, il ressort des indications de la juridiction de renvoi, d'une part, que la réglementation en cause au principal ne vise à interdire la pratique de rabais et de ristournes que lors de la vente de produits biocides relevant des types de produits 14 et 18, c'est-à-dire ceux qui présentent les risques les plus élevés pour la santé humaine et, d'autre part, que cette réglementation ne s'applique pas aux produits biocides éligibles à la procédure d'autorisation simplifiée en vertu de l'article 25 du règlement n° 528/2012.

59. Ainsi, les articles 34 et 36 TFUE doivent être interprétés en ce sens qu'ils ne s'opposent pas à une réglementation nationale qui interdit certaines pratiques commerciales telles que des remises, des rabais, des ristournes, la différenciation des conditions générales et particulières de vente, la remise d'unités gratuites ou toutes pratiques équivalentes, portant sur les produits biocides relevant des types de produits 14 et 18, dès lors que cette réglementation est justifiée par des objectifs de protection de la santé et de la vie des personnes ainsi que de l'environnement, qu'elle est propre à garantir la réalisation de ces objectifs et qu'elle ne va pas au-delà de ce qui est nécessaire pour les atteindre, ce qu'il appartient à la juridiction de renvoi de vérifier.

Sur les obligations en matière de publicité à destination des professionnels

60. À titre liminaire, ainsi qu'il a été rappelé au point 31 du présent arrêt, conformément à son article 1er, paragraphe 1, le règlement n° 528/2012 vise à améliorer le fonctionnement du marché intérieur par l'harmonisation des règles concernant la mise à disposition sur le marché et l'utilisation des produits biocides tout en assurant un niveau élevé de protection de la santé humaine et animale ainsi que de l'environnement. Ainsi que l'a relevé M. l'avocat général au point 86 de ses conclusions, l'article 72 de ce règlement est l'unique disposition de celui-ci qui se rapporte à la publicité des produits biocides. C'est donc au regard de cette disposition qu'il convient d'apprécier si ledit règlement s'oppose à une réglementation nationale qui exige l'apposition d'une mention sur la publicité à destination des professionnels pour certains types de produits biocides.

61. Aussi convient-il de considérer que la juridiction de renvoi demande si l'article 72 du règlement n° 528/2012 doit être interprété en ce sens qu'il s'oppose à une réglementation nationale qui exige l'apposition d'une mention, en plus de celle prévue à cet article, sur la publicité à destination des professionnels en faveur des produits biocides relevant des types de produits 2 et 4 ainsi que des types de produits 14 et 18.

62. À cet égard, l'article 72 du règlement n° 528/2012 prévoit, à son paragraphe 1, que toute publicité pour des produits biocides doit respecter les dispositions du règlement n° 1272/2008, et comporter une mention précise qui doit ressortir clairement de la publicité et être facilement lisible. Cette mention énonce : « Utilisez les produits biocides avec précaution. Avant toute utilisation, lisez l'étiquette et les informations concernant le produit ». Le paragraphe 2 dudit article se borne à exiger que les annonceurs peuvent remplacer le mot « biocides » dans cette mention obligatoire par une référence claire au type de produit visé dans la publicité. Le paragraphe 3 du même article dispose, quant à lui, que les publicités pour des produits biocides ne font pas référence au produit d'une manière susceptible de tromper l'utilisateur quant aux risques qu'un tel produit peut présenter pour la santé humaine, pour la santé animale ou pour l'environnement ou quant à son efficacité. Cette dernière disposition interdit également des mentions telles que « produit biocide à faible risque », « non toxique » ou « respectueux de l'environnement ».

63. Il s'ensuit que, par l'article 72 du règlement n° 528/2012, le législateur de l'Union a entendu encadrer, de manière détaillée et complète, la formulation des mentions relatives aux risques associés à l'utilisation des produits biocides pouvant figurer dans la publicité portant sur ces produits, en ce que cet article prévoit l'existence d'une mention obligatoire, qu'il interdit expressément certaines mentions et qu'il vise, plus généralement, à interdire toute mention publicitaire qui serait susceptible de tromper l'utilisateur quant aux risques que peuvent présenter de tels produits.

64. Par ailleurs, il ressort des considérants 1 et 3 du règlement n° 528/2012 que le législateur de l'Union a entendu rechercher un équilibre spécifique entre la libre circulation des produits biocides et un niveau élevé de protection de la santé humaine et animale ainsi que de l'environnement.

65. Il résulte d'une interprétation littérale de l'article 72 du règlement n° 528/2012, lu à la lumière des considérants 1 et 3 de celui-ci, que le domaine concernant les mentions relatives aux risques associés à l'utilisation des produits biocides pouvant être utilisées dans le cadre de la publicité de ces produits a été harmonisé, de manière complète, par le législateur de l'Union.

66. Une telle interprétation est confortée par l'exigence de lisibilité de ces mentions, telle qu'elle est exprimée à la dernière phrase de l'article 72, paragraphe 1, du règlement n° 528/2012. En effet, il y a lieu de constater que des mentions complémentaires à celles visées à cette disposition risqueraient de porter atteinte à la lisibilité de ces dernières et ce, quand bien même ces mentions complémentaires ne seraient pas en contradiction avec les objectifs de protection de la santé humaine et animale ainsi que de l'environnement.

67. Par voie de conséquence, l'article 72 du règlement n° 528/2012 doit être interprété en ce sens qu'il s'oppose à une réglementation nationale qui exige l'apposition d'une mention, en plus de celle prévue à cet article, sur la publicité à destination des professionnels pour les produits biocides relevant des types de produits 2 et 4 ainsi que des types de produits 14 et 18.

Sur l'interdiction de la publicité à destination du grand public

68. En premier lieu, il convient de déterminer si le règlement n° 528/2012 s'oppose à une réglementation nationale telle que celle résultant des articles L. 522-5-3 et R. 522-16-2 du code de l'environnement, qui interdit toute publicité à destination du grand public en faveur des produits biocides relevant des types de produits 2 et 4 ainsi que des types de produits 14 et 18.

69. Ainsi qu'il a été relevé au point 63 du présent arrêt, il résulte de l'article 72 du règlement n° 528/2012 que le législateur de l'Union a entendu encadrer, de manière détaillée et complète, la formulation des mentions relatives aux risques associés à l'utilisation des produits biocides pouvant figurer dans la publicité portant sur ces produits. Toutefois, ce législateur n'a pas entendu régir tous les aspects relatifs à la publicité des produits biocides et, en particulier, exclure la possibilité pour les États membres d'interdire la publicité à destination du grand public.

70. Il s'ensuit que l'article 72 du règlement n° 528/2012 ne s'oppose pas à une réglementation nationale qui interdit toute publicité à destination du grand public en faveur des produits biocides relevant des types de produits 2 et 4 ainsi que des types de produits 14 et 18.

71. Cela étant, en second lieu, il convient d'apprécier si l'article 34 TFUE s'oppose à une telle réglementation.

72. À cet égard, ainsi qu'il a été rappelé aux points 37 et 38 du présent arrêt, il y a lieu de vérifier si cette réglementation constitue une réglementation régissant les modalités de vente de produits, au sens de la jurisprudence citée au point 38 du présent arrêt, qui s'applique à tous les opérateurs concernés exerçant leur activité sur le territoire national et qui affecte de la même manière, en droit comme en fait, la commercialisation des produits nationaux et celle des produits en provenance d'autres États membres.

73. En l'occurrence, il convient de rappeler que, compte tenu des indications fournies par la juridiction de renvoi, les articles L. 522-5-3 et R. 522-16-2 du code de l'environnement ne portent pas sur les conditions auxquelles doivent répondre les produits biocides relevant des types de produits 2 et 4, ainsi que des types de produits 14 et 18, pour bénéficier d'une autorisation de mise sur le marché. En revanche, ces dispositions prévoient une interdiction de faire de la publicité à destination du grand public à l'occasion de la vente de ces produits de telle sorte qu'ils régissent uniquement des modalités de la commercialisation desdits produits. Il en résulte que lesdites dispositions peuvent être considérées comme régissant des modalités de vente au sens de la jurisprudence citée au point 38 du présent arrêt.

74. Or, une réglementation nationale qui régit les modalités de vente de certains produits ne peut cependant échapper au domaine d'application de l'article 34 TFUE que si elle satisfait aux deux conditions énoncées au point 38 du présent arrêt.

75. S'agissant de la première condition, il ressort des éléments fournis à la Cour par la juridiction de renvoi que les articles L. 522-5-3 et R. 522-16-2 du code de l'environnement s'appliquent indistinctement à tous les opérateurs concernés exerçant leur activité sur le territoire français.

76. En ce qui concerne la seconde condition, il revient à cette juridiction d'apprécier si ces dispositions affectent de la même manière, en droit comme en fait, la commercialisation des produits nationaux et celle des produits en provenance d'autres États membres.

77. En l'occurrence, il ne ressort pas des éléments dont dispose la Cour que la réglementation en cause au principal fasse une distinction selon l'origine des produits biocides en cause. Pour autant, il convient de vérifier si cette réglementation n'est pas, en fait, de nature à gêner davantage l'accès au marché français des produits biocides concernés en provenance d'autres États membres qu'elle ne gêne celui des produits nationaux.

78. À cet égard, si la Cour a jugé qu'une réglementation nationale qui limite ou interdit certaines formes de publicité en faveur de certains produits peut être de nature à restreindre le volume de vente de ceux-ci et, partant, qu'elle peut avoir un impact plus important sur les produits en provenance d'autres États membres, elle a toutefois conditionné ce constat à l'identification d'une difficulté spécifique caractérisant un marché de produit donné à laquelle un opérateur est confronté pour entrer sur le marché national, telle que l'existence de pratiques sociales traditionnelles, des habitudes ou des usages locaux ou encore par la circonstance que la méthode de vente concernée par l'interdiction constituait potentiellement la seule pour accéder au marché national concerné (voir, en ce sens, arrêts du 8 mars 2001, *Gourmet International Products*, C-405/98, EU:C:2001:135, points 19 et 21 ; du 19 octobre 2016, *Deutsche Parkinson Vereinigung*, C-148/15, EU:C:2016:776, point 25, ainsi que du 15 juillet 2021, *DocMorris*, C-190/20, EU:C:2021:609, point 41).

79. Or, il ne ressort pas des éléments du dossier dont dispose la Cour que le marché français des produits biocides se caractériserait par l'existence d'une ou de plusieurs difficultés spécifiques, au sens de la jurisprudence citée au point précédent du présent arrêt, ce qu'il appartient toutefois à la juridiction de renvoi de vérifier, de sorte qu'il ne semble pas que l'interdiction de toute publicité à destination du grand public en faveur de certains produits biocides affecte davantage la commercialisation des produits en provenance d'autres États membres.

80. Si, au terme de cet examen, cette juridiction constate néanmoins que la réglementation en cause principal affecte davantage l'accès au marché français des produits biocides provenant d'autres États membres que celui de tels produits provenant de France, il lui appartiendra d'établir si cette réglementation est justifiée par une ou plusieurs des raisons d'intérêt général énumérées à l'article 36 TFUE ou par une ou plusieurs des exigences impératives reconnues par la jurisprudence de la Cour.

81. À cet égard, ainsi qu'il ressort du point 49 du présent arrêt, la décision de renvoi précise que la réglementation en cause au principal a pour objectif de prévenir les inconvénients que l'usage excessif de certains produits biocides présente pour la santé publique et l'environnement.

82. Ainsi, il y a lieu de constater que cette réglementation est apte à atteindre les objectifs de protection de la santé humaine et de l'environnement, dans la mesure où elle prévoit une interdiction de toute publicité à destination du grand public en faveur de certains de ces produits, ce qui constitue un moyen permettant de limiter les incitations à l'achat et à l'usage de tels produits.

83. S'agissant du caractère nécessaire et proportionné de ladite réglementation, il y a lieu de considérer que, comme l'a relevé M. l'avocat général aux points 120 et 121 de ses conclusions, l'interdiction de toute publicité à destination du grand public en faveur de certains produits biocides ne va pas au-delà de ce qui est nécessaire pour atteindre les objectifs poursuivis. En effet, ainsi que le gouvernement français l'a fait valoir, d'une part, cette réglementation ne vise que la publicité à destination du grand public et n'interdit donc pas la publicité à destination des professionnels. D'autre part, ladite réglementation a une portée limitée dès lors qu'elle vise non pas tous les produits biocides mais seulement ceux relevant des types de produits 2 et 4, ainsi que des types de produits 14 et 18, c'est-à-dire ceux qui présentent les risques les plus élevés pour la santé humaine, sans s'appliquer aux produits biocides éligibles à la procédure d'autorisation simplifiée en vertu de l'article 25 du règlement n° 528/2012.

84. Ainsi, l'article 72 du règlement n° 528/2012 doit être interprété en ce sens qu'il ne s'oppose pas à une réglementation nationale qui interdit la publicité à destination du grand public en faveur des produits biocides relevant des types de produits 2 et 4, ainsi que des types de produits 14 et 18. Il en va de même des articles 34 et 36 TFUE dès lors que cette réglementation est justifiée par des objectifs de protection de la santé et de la vie des personnes ainsi que de l'environnement, qu'elle est propre à garantir la réalisation de ces objectifs et qu'elle ne va pas au-delà de ce qui est nécessaire pour les atteindre, ce qu'il appartient à la juridiction de renvoi de vérifier.

85. Eu égard à l'ensemble des considérations qui précèdent, il convient de répondre à la question posée que, d'une part, l'article 72 du règlement n° 528/2012 doit être interprété en ce sens que :

- il s'oppose à une réglementation nationale qui exige l'apposition d'une mention, en plus de celle prévue à cet article, sur la publicité à destination des professionnels pour les produits biocides relevant des types de produits 2 et 4 ainsi que des types de produits 14 et 18 ;

- et qu'il ne s'oppose pas à une réglementation nationale qui interdit la publicité à destination du grand public en faveur des produits biocides relevant des types de produits 2 et 4 ainsi que des types de produits 14 et 18 ;

et, d'autre part, les articles 34 et 36 TFUE doivent être interprétés en ce sens que :

- ils ne s'opposent pas à une réglementation nationale qui interdit certaines pratiques commerciales telles que des remises, des rabais, des ristournes, la différenciation des conditions générales et particulières de vente, la remise d'unités gratuites ou toutes pratiques équivalentes, portant sur les produits biocides relevant des types de produits 14 et 18, dès lors que cette réglementation est justifiée par des objectifs de protection de la santé et de la vie des personnes ainsi que de l'environnement, qu'elle est propre à garantir la réalisation de ces objectifs et qu'elle ne va pas au-delà de ce qui est nécessaire pour les atteindre, ce qu'il appartient à la juridiction de renvoi de vérifier ;
- et qu'ils ne s'opposent pas à une réglementation nationale qui interdit la publicité à destination du grand public en faveur des produits biocides relevant des types de produits 2 et 4, ainsi que des types de produits 14 et 18, dès lors que cette réglementation est justifiée par des objectifs de protection de la santé et de la vie des personnes ainsi que de l'environnement, qu'elle est propre à garantir la réalisation de ces objectifs et qu'elle ne va pas au-delà de ce qui est nécessaire pour les atteindre, ce qu'il appartient à la juridiction de renvoi de vérifier.

Sur les dépens

[...]

Par ces motifs, la Cour (3e chambre) dit pour droit :

1) L'article 72 du règlement (UE) n° 528/2012 du Parlement européen et du Conseil, du 22 mai 2012, concernant la mise à disposition sur le marché et l'utilisation des produits biocides, tel que modifié par le règlement (UE) n° 334/2014 du Parlement européen et du Conseil, du 11 mars 2014, doit être interprété en ce sens que :

- il s'oppose à une réglementation nationale qui exige l'apposition d'une mention, en plus de celle prévue à cet article, sur la publicité à destination des professionnels en faveur des produits biocides relevant des types de produits 2 et 4, compris dans le groupe 1 de ces types de produits, figurant dans l'annexe V de ce règlement, ainsi que des types de produits 14 et 18, compris dans le groupe 3 de ces types de produits, figurant dans l'annexe V dudit règlement ;

- et qu'il ne s'oppose pas à une réglementation nationale qui interdit la publicité à destination du grand public en faveur des produits biocides relevant des types de produits 2 et 4, compris dans le groupe 1 de ces types de produits, figurant dans l'annexe V du règlement n° 528/2012, tel que modifié par le règlement n° 334/2014, ainsi que des types de produits 14 et 18, compris dans le groupe 3 de ces types de produits, figurant dans l'annexe V de ce règlement.

2) Les articles 34 et 36 TFUE doivent être interprétés en ce sens que :

- ils ne s'opposent pas à une réglementation nationale qui interdit certaines pratiques commerciales telles que des remises, des rabais, des ristournes, la différenciation des conditions générales et particulières de vente, la remise d'unités gratuites ou toutes pratiques équivalentes, portant sur les produits biocides relevant des types de produits 14 et 18, compris dans le groupe 3 de ces types de produits, figurant dans l'annexe V du règlement n° 528/2012, tel que modifié par le règlement n° 334/2014, dès lors que cette réglementation est justifiée par des objectifs de protection de la santé et de la vie des personnes ainsi que de l'environnement, qu'elle est propre à garantir la réalisation de ces objectifs et qu'elle ne va pas au-delà de ce qui est nécessaire pour les atteindre, ce qu'il appartient à la juridiction de renvoi de vérifier ;
- et qu'ils ne s'opposent pas à une réglementation nationale qui interdit la publicité à destination du grand public en faveur des produits biocides relevant des types de produits 2 et 4, compris dans le groupe 1 de ces types de produits, figurant dans l'annexe V de ce règlement, ainsi que des types de produits 14 et 18, compris dans le groupe 3 de ces types de produits, figurant dans l'annexe V dudit règlement, dès lors que cette réglementation est justifiée par des objectifs de protection de la santé et de la vie des personnes ainsi que de l'environnement, qu'elle est propre à garantir la réalisation de ces objectifs et qu'elle ne va pas au-delà de ce qui est nécessaire pour les atteindre, ce qu'il appartient à la juridiction de renvoi de vérifier.

Observations

La question ici posée concerne un domaine très technique mais de plus en plus présent dans les préoccupations des citoyens européens, celui des produits biocides, lesquels font l'objet du règlement n° 528/2012 du 22 mai 2012 (1). Elle a été présentée par le Conseil d'État français dans le cadre d'un litige opposant le Comité interprofessionnel des huiles essentielles françaises (CIHEF) et huit sociétés

(1) *JO* 2012, L 167, p. 1.

opérant dans le secteur des huiles essentielles à l'administration à l'occasion de recours tendant à l'annulation, d'une part, du décret n° 2019-642 du 26 juin 2019 relatif aux pratiques commerciales prohibées pour certaines catégories de produits biocides (2), codifié à l'article R. 522-16-1 du Code de l'environnement, et, d'autre part, du décret n° 2019-643 du 26 juin 2019 relatif à la publicité commerciale pour certaines catégories de produits biocides (3), codifié à l'article R. 522-16-2 du même code.

La décision sur renvoi du Conseil d'État est depuis déjà intervenue avec l'annulation du II de l'article R. 522-16-2 du Code de l'environnement, qui disposait que toute publicité à destination des professionnels pour certains produits biocides (pour lesquels la publicité commerciale à destination du grand public est par ailleurs interdite) devait être rédigée dans le respect des dispositions de l'article 72 du règlement n° 528/2012 et, au-delà de ses exigences, faire apparaître, de manière claire et lisible, deux phrases visant à en restreindre encore plus la diffusion : « Avant toute utilisation, assurez-vous que celle-ci est indispensable, notamment dans les lieux fréquentés par le grand public. Privilégiez chaque fois que possible les méthodes alternatives et les produits présentant le risque le plus faible pour la santé humaine et animale et pour l'environnement » (4).

L'unique question préjudicielle visait à déterminer si le règlement n° 528/2012 s'oppose à ce qu'un État membre adopte, dans l'intérêt de la santé publique et de l'environnement, des règles restrictives en matière de pratiques commerciales et de publicité telles que celles que prévoyaient les articles L. 522-18 et L. 522-5-3 du Code de l'environnement, et le cas échéant, sous quelles conditions. La Cour les examine aussi au regard des articles 34 et 36 TFUE. Elle en appréhende les dispositions qui l'intéressent autour de trois axes – un peu comme si c'étaient trois questions qui lui étaient posées (pt 28) : (i) l'interdiction de certaines pratiques commerciales pour certains produits biocides, (ii) l'exigence de l'apposition d'une mention sur la publicité à destination des professionnels pour d'autres, et (iii) l'interdiction de la publicité à destination du grand public en faveur d'autres encore.

Examen de la question

Sur l'interdiction de certaines pratiques commerciales, en premier lieu, la Cour souligne que celles-ci sont constituées par des remises, des rabais, des ristournes, la différenciation des conditions générales

(2) *JORF*, 27 juin 2019, p. 10.
(3) *Ibid.*, p. 11.
(4) CE, 21 avril 2023, n° 433889, ECLI:FR:CECHR:2023:433889.20230421.

et particulières de vente, la remise d'unités gratuites ou toutes pratiques équivalentes. En revanche, les articles L. 522-18 et R. 522-16-1 du Code de l'environnement « ne portent pas sur les conditions auxquelles doivent répondre les produits biocides [...] pour bénéficier d'une autorisation de mise sur le marché [...] de telle sorte qu'ils régissent uniquement des modalités de commercialisation desdits produits ». Or, le règlement n° 528/2012 vise à améliorer le fonctionnement du marché intérieur par l'harmonisation des règles concernant la mise à disposition sur le marché et l'utilisation des produits biocides, tout en assurant un niveau élevé de protection de la santé humaine, animale et de l'environnement et établit les règles régissant la mise à disposition sur le marché et l'utilisation des produits biocides dans un ou plusieurs États membres ou dans l'Union (pts 29-31) et les règles qu'il pose « s'avèrent suffisamment larges pour couvrir les pratiques commerciales liées à la vente de ces produits ». Cependant, il ne comporte aucune disposition visant à harmoniser les règles encadrant de telles pratiques et n'harmonise pas tous les aspects de la commercialisation desdits produits, de telle sorte qu'il « ne vise pas à harmoniser les règles relatives aux pratiques commerciales liées à la vente de produits biocides », telles que celles figurant aux articles L. 522-18 et R. 522-16-1 du Code de l'environnement (pts 31-34).

Par ailleurs, au regard de l'article 34 TFUE, il est décisif que ces dispositions du Code de l'environnement ne portent pas sur les conditions auxquelles doivent répondre les produits biocides concernés pour bénéficier d'une autorisation de mise sur le marché, mais interdisent seulement certaines pratiques commerciales et doivent de ce fait être considérées comme régissant des modalités de vente au sens de la jurisprudence de la Cour. Or, elles semblent en satisfaire les exigences puisqu'elles s'appliquent indistinctement à tous les opérateurs concernés exerçant leur activité sur le territoire français et qu'il ne ressort pas des éléments portés à la connaissance de la Cour qu'elles fassent de distinction selon l'origine des produits biocides en cause, même elle invite, de manière classique, la juridiction de renvoi à vérifier qu'elles ne sont pas, en fait, de nature à gêner davantage l'accès au marché français des produits biocides concernés en provenance d'autres États membres qu'elles ne gênent celui des produits nationaux (pts 39-47). Au demeurant, il conviendrait alors d'établir si cette réglementation est justifiée par une ou plusieurs des raisons d'intérêt général énumérées à l'article 36 TFUE ou par une ou plusieurs des exigences impératives d'intérêt général reconnues par la jurisprudence de la Cour (pts 48-58).

La Cour répond ainsi sur ce premier point que les articles 34 et 36 TFUE ne s'opposent pas à une réglementation nationale qui interdit certaines pratiques commerciales telles que des remises, des rabais, des ristournes, la différenciation des conditions générales et particulières de vente, la remise d'unités gratuites ou toutes pratiques équivalentes, portant sur certains produits biocides, dès lors que cette réglementation est justifiée par des objectifs de protection de la santé et de la vie des personnes ainsi que de l'environnement, qu'elle est propre à garantir la réalisation de ces objectifs et qu'elle ne va pas au-delà de ce qui est nécessaire pour les atteindre.

Sur les obligations en matière de publicité à destination des professionnels, en deuxième lieu, la Cour suit son avocat général lorsqu'il rappelle que l'article 72 du règlement est son unique disposition qui se rapporte à la publicité des produits biocides et apprécie à ce titre la réglementation nationale en cause qui exige l'apposition d'une mention sur la publicité à destination des professionnels pour certains types de produits biocides en plus de celle prévue à cet article. Ce faisant, elle relève que l'article 72 prévoit que toute publicité pour des produits biocides doit notamment comporter une mention qui doit ressortir clairement de la publicité et être facilement lisible énonçant : « Utilisez les produits biocides avec précaution. Avant toute utilisation, lisez l'étiquette et les informations concernant le produit ». Ainsi, « le législateur de l'Union a entendu encadrer, de manière détaillée et complète, la formulation des mentions relatives aux risques associés à l'utilisation des produits biocides pouvant figurer dans la publicité portant sur ces produits, en ce que cet article prévoit l'existence d'une mention obligatoire, qu'il interdit expressément certaines mentions et qu'il vise, plus généralement, à interdire toute mention publicitaire qui serait susceptible de tromper l'utilisateur quant aux risques que peuvent présenter de tels produits » (pts 60-63). C'est donc selon ses propres mots « d'une interprétation littérale » qu'elle tire que le domaine concernant les mentions relatives aux risques associés à l'utilisation des produits biocides pouvant être utilisées dans le cadre de la publicité de ces produits « a été harmonisé, de manière complète, par le législateur de l'Union » (pt 65). Il en découle que l'article 72 du règlement s'oppose à une réglementation nationale qui exige l'apposition d'une mention, en plus de celle prévue à cet article, sur la publicité à destination des professionnels en faveur de certains produits biocides mais pas à une interdiction de la publicité à destination du grand public en faveur de ces produits biocides. Ce que le Conseil d'État traduira par l'annulation susmentionnée.

Sur l'interdiction de la publicité à destination du grand public, en troisième lieu et enfin, la Cour note que l'article 72 du règlement ne s'oppose pas à une réglementation nationale qui interdit toute publicité à destination du grand public en faveur des produits biocides concernés (pts 68-70).

Ce dont il découle la nécessité d'apprécier si l'article 34 TFUE s'oppose néanmoins quant à lui à une telle réglementation (pt 71).

Ici encore, les articles L. 522-5-3 et R. 522-16-2 du Code de l'environnement qui sont en cause ne portent pas sur les conditions auxquelles doivent répondre les produits biocides concernés pour bénéficier d'une autorisation de mise sur le marché mais régissent uniquement des modalités de leur commercialisation, en d'autres termes, elles régissent des modalités de vente au sens de la jurisprudence. Or, ils s'appliquent indistinctement à tous les opérateurs concernés exerçant leur activité sur le territoire français, d'une part, et il ne ressort pas des éléments dont dispose la Cour qu'ils fassent une distinction selon l'origine des produits biocides en cause. Il convient donc de vérifier s'ils ne sont pas, en fait, de nature à gêner davantage l'accès au marché français des produits biocides concernés en provenance d'autres États membres qu'ils ne gênent celui des produits nationaux, et encore serait-il alors possible d'établir si cette réglementation est justifiée par une ou plusieurs des raisons d'intérêt général énumérées à l'article 36 TFUE ou par une ou plusieurs des exigences impératives reconnues par la jurisprudence de la Cour (pts 68-82). D'ores et déjà, la Cour, sans attendre les vérifications auxquelles elle invite la juridiction de renvoi, constate que cette réglementation est apte à atteindre les objectifs de protection de la santé humaine et de l'environnement en permettant de limiter les incitations à l'achat et à l'usage de tels produits et qu'elle ne va pas au-delà de ce qui est nécessaire pour atteindre les objectifs poursuivis (pts 83-84).

Sa réponse est alors sans ambiguïté : l'article 72 du règlement ne s'oppose pas à une réglementation nationale qui interdit la publicité à destination du grand public en faveur des produits biocides concernés, non plus que les articles 34 et 36 TFUE, dès lors qu'elle est justifiée par des objectifs de protection de la santé et de la vie des personnes ainsi que de l'environnement, qu'elle est propre à garantir la réalisation de ces objectifs et qu'elle ne va pas au-delà de ce qui est nécessaire pour les atteindre. C'est tout juste si elle ajoute qu'il appartient à la juridiction de renvoi de le vérifier...

Patrick THIEFFRY

Cour de justice, 3e ch., 6 juillet 2023, *BEI c/ ClientEarth*, aff. C-212/21 P (aff. jtes C-212/21 P et C-223/21 P), ECLI:EU:C:2023:546

Conclusions de l'avocate générale J. Kokott, du 15 décembre 2022, ECLI:EU:C:2022:1003

Mots-clés : Notion de « droit de l'environnement » – Article 2, paragraphe 1, sous g) – Notion d'« acte administratif » – Réexamen interne d'actes administratifs – Délibération du conseil d'administration de la Banque européenne d'investissement (BEI) approuvant le financement d'un projet de centrale électrique biomasse – Rejet de la demande de réexamen interne de cette délibération comme étant irrecevable – Indépendance de la BEI dans le domaine de ses opérations financières

Cadre normatif : convention d'Aarhus ; article 271, sous c), TFUE ; règlement n° 1367/2006

Extraits de l'arrêt

1. Par leurs pourvois respectifs, la Banque européenne d'investissement (BEI) (affaire C-212/21 P) et la Commission européenne (affaire C-223/21 P) demandent l'annulation de l'arrêt du Tribunal de l'Union européenne du 27 janvier 2021, *ClientEarth/BEI* (T-9/19, ci-après l'« arrêt attaqué », EU:T:2021:42). Par cet arrêt, le Tribunal a annulé la décision de la BEI, communiquée à ClientEarth par lettre du 30 octobre 2018, qui avait rejeté comme étant irrecevable la demande de réexamen interne de la délibération du conseil d'administration de la BEI, du 12 avril 2018, approuvant le financement d'un projet de centrale électrique biomasse en Galice (Espagne) (ci-après la « décision litigieuse »), introduite par ClientEarth le 9 août 2018, sur le fondement de l'article 10, paragraphe 1, du règlement (CE) n° 1367/2006 du Parlement européen et du Conseil, du 6 septembre 2006, concernant l'application aux institutions et organes de la Communauté européenne des dispositions de la convention d'Aarhus sur l'accès à l'information, la participation du public au processus décisionnel et l'accès à la justice en matière d'environnement (*JO* 2006, L 264, p. 13), et de la décision 2008/50/CE de la Commission, du 13 décembre 2007, établissant les modalités d'application du règlement (CE) n° 1367/2006 du Parlement européen et du Conseil relatif à la convention d'Aarhus en ce qui concerne les demandes de réexamen interne d'actes administratifs (*JO* 2008, L 13, p. 24).

[...]

Sur les pourvois

32. À l'appui de leurs pourvois respectifs, la Commission et la BEI invoquent, chacune, trois moyens par lesquels elles reprochent au Tribunal d'avoir commis des erreurs de droit dans l'appréciation de l'indépendance fonctionnelle invoquée par la BEI dans le domaine de ses opérations financières ainsi que dans l'interprétation et l'application de la convention d'Aarhus et de la notion d'« acte administratif », au sens de l'article 2, paragraphe 1, sous g), du règlement n° 1367/2006.

Sur le premier moyen et la deuxième branche du deuxième moyen dans l'affaire C-212/21 P ainsi que sur le troisième moyen dans l'affaire C-223/21 P, tirés d'erreurs de droit dans l'appréciation de l'indépendance de la BEI dans le domaine de ses opérations financières

Argumentation des parties

33. La BEI, par le premier moyen et par la deuxième branche du deuxième moyen dans l'affaire C-212/21 P, et la Commission, par le troisième moyen dans l'affaire C-223/21 P, reprochent au Tribunal d'avoir, notamment aux points 89 à 92 et 151 de l'arrêt attaqué, commis une erreur de droit en ce qu'il a rejeté comme étant irrecevable le moyen de défense tiré de l'indépendance de la BEI dans le domaine de ses opérations financières. Selon elles, le Tribunal a jugé à tort que la décision litigieuse ne s'était pas fondée sur cette indépendance « dans le cadre d'un motif autonome » pour rejeter comme étant irrecevable la demande de réexamen interne de la délibération du 12 avril 2018. En tout état de cause, selon la BEI, la question de savoir si la demande de réexamen interne de cette délibération portait atteinte à ladite indépendance, dès lors que celle-ci découle du droit primaire de l'Union, était d'ordre public et le Tribunal aurait dû l'examiner d'office.

34. À cet égard, la BEI reproche, en premier lieu, au Tribunal d'avoir, au point 90 de l'arrêt attaqué, dénaturé, de façon manifeste, le contenu de la décision litigieuse, dans la mesure où l'argument fondé sur l'indépendance de la BEI dans le domaine de ses opérations financières aurait été explicitement mentionné dans la motivation de cette décision. Contrairement au constat opéré au point 91 dudit arrêt, l'examen de cet argument n'aurait donc pas conduit le Tribunal à substituer sa propre motivation à celle de la BEI ni à un « déséquilibre entre les parties », au sens de l'arrêt du 11 juin 2020, *Commission/Di Bernardo* (C-114/19 P, EU:C:2020:457, point 59), ClientEarth étant une organisation expérimentée et familiarisée avec le droit de l'Union.

35. En second lieu, la BEI et la Commission soutiennent qu'une demande de réexamen interne des délibérations du conseil d'administration de la BEI, introduite au titre de l'article 10, paragraphe 1, du règlement n° 1367/2006, porterait atteinte à l'indépendance dont jouirait cet organe sur les marchés financiers, laquelle serait indispensable à l'accomplissement de la mission d'intérêt général que lui confie l'article 309 TFUE. Une telle demande serait aussi susceptible de nuire à la réputation et à la crédibilité de la BEI sur ces marchés. En effet, pendant la période au cours de laquelle cette demande pourrait être introduite ainsi que pendant toute la durée de ce réexamen et des éventuelles procédures judiciaires ultérieures, la BEI se verrait dans l'impossibilité pratique de négocier et de signer la documentation contractuelle relative au financement des projets déjà approuvés par son conseil d'administration. L'incertitude en découlant serait accrue en raison du nombre imprévisible de demandes de réexamen interne pouvant être introduites.

36. Le Tribunal aurait dû examiner d'office la recevabilité de la demande de réexamen interne de la délibération du 12 avril 2018, introduite au titre de l'article 10, paragraphe 1, du règlement n° 1367/2006, au regard de l'article 15, paragraphe 3, de l'article 271, sous c), et des articles 308 et 309 TFUE, ainsi que des dispositions pertinentes des statuts de la BEI. De plus, le Tribunal aurait dû se fonder d'office sur l'article 271, sous c), TFUE afin de rejeter le recours introduit par ClientEarth, cette disposition, lue en combinaison avec l'article 19 des statuts de la BEI, excluant les délibérations du conseil d'administration de cet organe de toute forme de contrôle juridictionnel sur le fond.

37. Dans ce contexte, tant la BEI que la Commission soulignent, d'une part, que le réexamen interne d'un acte administratif, au titre de l'article 10, paragraphe 1, du règlement n° 1367/2006, est indissociable du recours juridictionnel visé à l'article 12 de ce règlement et, d'autre part, que l'article 271, sous c), TFUE est l'une des « dispositions pertinentes du traité » qui, aux termes de cet article 12, doivent être prises en compte pour apprécier la capacité d'ester en justice que cette dernière disposition reconnaît aux organisations non gouvernementales de protection de l'environnement. Or, cet article 271, sous c), serait enfreint si une délibération du conseil d'administration de la BEI visée par une demande de réexamen interne faisait l'objet d'un recours introduit sur le fondement de l'article 12 du règlement n° 1367/2006, au regard des préoccupations environnementales soulevées par l'organisation non gouvernementale ayant introduit cette demande.

38. ClientEarth conteste le bien-fondé de l'ensemble de ces arguments.

Appréciation de la Cour

39. Par leur argumentation, la BEI et la Commission reprochent au Tribunal d'avoir, aux points 89 à 92 et 151 de l'arrêt attaqué, commis une erreur de droit en ce qu'il a rejeté comme étant irrecevable l'argument tiré d'une atteinte à l'indépendance de la BEI dans le domaine de ses opérations financières, garantie par le droit primaire de l'Union, dès lors que cet argument n'aurait pas été invoqué en tant que motif autonome de la décision litigieuse. Or, ledit argument aurait dû, en tout état de cause, être examiné en tant que question d'ordre public susceptible d'entraîner le rejet du recours introduit par ClientEarth.

40. S'agissant, en premier lieu, de la prétendue dénaturation manifeste du contenu de la décision litigieuse, opérée aux points 89 à 91 de l'arrêt attaqué, en ce qui concerne l'indépendance de la BEI dans le domaine de ses opérations financières, il ressort des quatrième, cinquième et septième alinéas de cette décision que la demande de réexamen interne de la délibération du 12 avril 2018 a été rejeté comme étant irrecevable au motif que cette délibération n'était pas un « acte administratif », au sens de l'article 2, paragraphe 1, sous g), du règlement n° 1367/2006, à défaut d'avoir été adoptée « au titre du droit de l'environnement » et de produire un « effet juridiquement contraignant et extérieur », et non pas au motif que cette demande de réexamen interne portait atteinte à l'indépendance de la BEI dans le domaine de ses opérations financières.

41. En effet, la décision litigieuse indique, à son sixième alinéa, que « toute décision de la BEI de soutenir ou non un projet potentiellement éligible et, le cas échéant, la forme de ce soutien, relève du pouvoir commercial et politique discrétionnaire reconnu à la [BEI] par les traités et les statuts » et, à son huitième alinéa, que l'interprétation de la notion de « droit de l'environnement », au sens de l'article 2, paragraphe 1, sous f), dudit règlement, soutenue par ClientEarth, « ne serait plus compatible ni avec le rôle institutionnel de la BEI ni avec la mission qui lui incombe en vertu de ses [s]tatuts ».

42. Le Tribunal a ainsi pu juger sans commettre d'erreur de droit, aux points 89 et 90 de l'arrêt attaqué, que, dans la décision litigieuse, la BEI n'a évoqué que « de manière vague et générale, le pouvoir commercial et politique discrétionnaire qui lui est reconnu par les traités et par ses statuts ainsi que son rôle institutionnel et la mission qui lui incombe en vertu desdits statuts », non pas en tant que motif autonome d'irrecevabilité de la demande de réexamen interne de la délibération du 12 avril 2018, mais uniquement dans le cadre de l'examen des deux sous-motifs évoqués au point 40 du présent arrêt. Dans ces conditions, il ne saurait être reproché au Tribunal d'avoir dénaturé de façon manifeste le contenu de ladite décision.

43. À cet égard, il convient d'ajouter que le juge de l'Union n'est pas tenu de prendre en compte les explications complémentaires fournies seulement en cours d'instance par l'auteur de l'acte en cause pour apprécier le respect de l'obligation de motivation, sous peine de porter atteinte à la répartition des compétences entre l'administration et le juge de l'Union et d'affaiblir le contrôle de légalité des actes de l'administration (voir, en ce sens, arrêt du 11 juin 2020, *Commission/Di Bernardo*, C-114/19 P, EU:C:2020:457, point 58).

44. S'agissant, en second lieu, de l'obligation pour le Tribunal d'examiner d'office la prétendue atteinte, par la demande de réexamen interne de la délibération du 12 avril 2018, à l'indépendance de la BEI dans le domaine de ses opérations financières, que cet organe fonde notamment sur l'article 15, paragraphe 3, l'article 271, sous c), les articles 308 et 309 TFUE ainsi que sur certaines dispositions des statuts de la BEI, il y a lieu de relever d'emblée qu'une prétendue violation du droit primaire de l'Union ne suffit pas pour faire naître une obligation d'examen d'office par le juge de l'Union.

45. En effet, si certains moyens peuvent, voire doivent, être relevés d'office, tels un défaut ou une insuffisance de motivation de la décision en cause, un moyen portant sur la légalité au fond de cette décision, qui relève de la violation des traités ou de toute règle de droit relative à leur application, au sens de l'article 263 TFUE, ne peut, en revanche, être examiné par le juge de l'Union que s'il est invoqué par le requérant (voir, en ce sens, arrêt du 25 octobre 2017, *Commission/Italie*, C-467/15 P, EU:C:2017:799, points 14 et 15 ainsi que jurisprudence citée).

46. C'est donc sans commettre d'erreur de droit que le Tribunal s'est abstenu d'examiner au fond l'argument de la BEI tiré d'une atteinte à son indépendance dans le domaine de ses opérations financières, qui découlerait de l'article 15, paragraphe 3, des articles 308 et 309 TFUE ainsi que de certaines dispositions des statuts de la BEI.

47. Néanmoins, l'invocation par la BEI de la préservation de son indépendance dans le domaine de ses opérations financières, en lien avec l'article 271, sous c), TFUE, ainsi que cela transparaît au point 110 du mémoire en défense qu'elle a déposé devant le Tribunal, pouvait être appréhendée comme une mise en cause de la compétence de la Cour de justice de l'Union européenne pour contrôler, fût-ce indirectement, une délibération du conseil d'administration de la BEI, à l'occasion d'un recours en annulation dirigé contre le refus de la BEI de procéder au réexamen interne de cette délibération. En outre, la BEI, soutenue sur ce point par la Commission, a allégué, notamment lors de l'audience qui s'est tenue devant la Cour, qu'il existe un lien indissociable entre le droit d'introduire une demande de réexamen interne d'une délibération du conseil d'administration de la BEI et le droit de former un recours en annulation contre la décision prise par la BEI à l'issue de ce réexamen.

Partant, la préservation de l'indépendance de la BEI imposerait, selon elles, de priver les organisations non gouvernementales de protection de l'environnement, telles que ClientEarth, aussi bien du droit de solliciter le réexamen interne d'une telle délibération que du droit de former un recours en annulation contre une éventuelle décision de rejet.

48. Dans ce contexte, il appartenait au Tribunal de vérifier, d'office, la compétence du juge de l'Union pour se prononcer sur un recours en annulation dirigé contre une décision statuant sur une demande de réexamen interne d'une délibération du conseil d'administration de la BEI. En effet, la question de la compétence de la Cour de justice de l'Union européenne pour connaître d'un litige est d'ordre public, une telle question pouvant à tout moment de la procédure être examinée, même d'office, par le juge de l'Union (voir, en ce sens, arrêt du 6 octobre 2020, *Bank Refah Kargaran/Conseil*, C-134/19 P, EU:C:2020:793, point 25 et jurisprudence citée).

49. Conformément à l'article 271, sous c), TFUE, les recours contre les délibérations du conseil d'administration de la BEI ne peuvent être formés, dans les conditions fixées à l'article 263 TFUE, « que par les États membres ou la Commission, et seulement pour violation des formes prévues à l'article 19, paragraphes 2 et 5 à 7 inclus, des statuts de la [BEI] ».

50. Il ressort du libellé même de l'article 271, sous c), TFUE que cette disposition soumet la possibilité d'introduire un recours en annulation contre des délibérations du conseil d'administration de la BEI à des conditions plus strictes que celles qui sont imposées par l'article 263 TFUE. L'article 271, sous c), TFUE comporte, ainsi, une limitation à la compétence générale que ce traité confère à la Cour de justice de l'Union européenne pour contrôler la légalité des actes des institutions de l'Union et doit, partant, être interprété de manière restrictive (voir, par analogie, arrêt du 3 juin 2021, *Hongrie/Parlement*, C-650/18, EU:C:2021:426, point 31). Comme l'a relevé Mme l'avocate générale aux points 63 et 64 de ses conclusions, cette limitation concerne, d'une part, le cercle des requérants potentiels et, d'autre part, les pouvoirs de contrôle au fond du juge de l'Union.

51. Il en découle que l'article 271, sous c), TFUE ne régit pas directement l'hypothèse d'un recours, formé au titre de l'article 12, paragraphe 1, du règlement n° 1367/2006, contre une décision de la BEI statuant sur une demande de réexamen interne d'une délibération de son conseil d'administration. Il n'en demeure pas moins que l'article 271, sous c), TFUE constitue une disposition pertinente du traité, au sens de l'article 12, paragraphe 1, du règlement n° 1367/2006, qui doit être prise en compte pour déterminer la possibilité de saisir le juge de l'Union.

52. Or, ainsi que Mme l'avocate générale l'a relevé, en substance, au point 68 de ses conclusions, l'article 271, sous c), TFUE serait privé d'effet utile si, dans le cadre d'un recours contre une décision de la BEI statuant sur une demande de réexamen interne d'une délibération de son conseil d'administration, le juge de l'Union procédait, de manière indirecte, au contrôle du bien-fondé de cette délibération.

53. En revanche, compte tenu du point 50 du présent arrêt et contrairement aux allégations de la BEI et de la Commission, l'article 271, sous c), TFUE ne s'oppose pas, par principe, à ce qu'une organisation non gouvernementale demande, conformément à l'article 10, paragraphe 1, du règlement n° 1367/2006, le réexamen interne d'une délibération du conseil d'administration de la BEI ni à ce que le juge de l'Union soit saisi, sur le fondement de l'article 12, paragraphe 1, de ce règlement, d'un recours en annulation contre une décision déclarant irrecevable une demande de réexamen interne d'une délibération du conseil d'administration de la BEI.

54. En effet, dans ce dernier cas de figure, le recours vise à faire examiner, par le juge de l'Union, non pas la légalité ou le bien-fondé d'une délibération du conseil d'administration de la BEI, mais uniquement si la BEI était fondée à rejeter comme étant irrecevable une demande de réexamen interne d'une telle délibération. Ainsi que l'a relevé Mme l'avocate générale, au point 73 de ses conclusions, s'il était fait droit à un tel recours, cela aurait pour seule conséquence de conduire la BEI à procéder elle-même à un réexamen interne de ladite délibération.

55. En l'espèce, le recours introduit par ClientEarth devant le Tribunal avait pour objet l'annulation de la décision litigieuse, fondée sur les dispositions combinées de l'article 2, paragraphe 1, sous g), et de l'article 10, paragraphe 1, du règlement n° 1367/2006, communiquée à ClientEarth par lettre du 30 octobre 2018, signée par la secrétaire générale et la cheffe adjointe du service juridique de la BEI, par laquelle la demande de réexamen interne de la délibération du 12 avril 2018 a été rejetée comme étant irrecevable.

56. Dès lors que ce recours, introduit sur le fondement de l'article 12, paragraphe 1, du règlement n° 1367/2006, avait pour objet l'annulation de la décision litigieuse, sur le fondement d'une prétendue qualification juridique erronée, par la BEI, de la délibération du 12 avril 2018 au regard de l'article 2, paragraphe 1, sous g), de ce règlement, dans le cadre de son appréciation de la recevabilité de la demande de réexamen interne de cette délibération, et non pas le bien-fondé de ladite délibération, l'article 271, sous c), TFUE ne saurait faire obstacle à l'introduction d'un tel recours.

57. C'est donc sans commettre d'erreur de droit que le Tribunal s'est considéré compétent pour connaître du recours introduit par ClientEarth contre la décision litigieuse. Dans ces conditions, la circonstance qu'il n'a pas examiné explicitement les arguments tirés de l'article 271, sous c), TFUE n'est pas de nature à justifier l'annulation de l'arrêt attaqué.

58. Eu égard aux motifs qui précèdent, il y a lieu de rejeter comme étant non fondés le premier moyen et la deuxième branche du deuxième moyen de la BEI dans l'affaire C-212/21 P ainsi que le troisième moyen de la Commission dans l'affaire C-223/21 P.

Sur la troisième branche du troisième moyen et sur la première branche du deuxième moyen dans l'affaire C-212/21 P ainsi que sur le premier moyen dans l'affaire C-223/21 P, tirés d'erreurs de droit dans l'interprétation et l'application de la convention d'Aarhus

Argumentation des parties

59. La BEI, par la troisième branche du troisième moyen dans l'affaire C-212/21 P, et la Commission, par la première branche du premier moyen dans l'affaire C-223/21 P, reprochent au Tribunal d'avoir, aux points 107, 125 et 126 de l'arrêt attaqué, considéré à tort que les conditions énoncées à l'article 2, paragraphe 1, sous g), du règlement n° 1367/2006 doivent être interprétées à la lumière de l'article 9 de la convention d'Aarhus.

60. Premièrement, la jurisprudence de la Cour, notamment les arrêts du 13 janvier 2015, *Conseil et Commission / Stichting Natuur en Milieu et Pesticide Action Network Europe* (C-404/12 P et C-405/12 P, EU:C:2015:5), et du 3 septembre 2020, *Mellifera / Commission* (C-784/18 P, non publié, EU:C:2020:630), exclurait l'obligation d'interpréter le règlement n° 1367/2006 conformément aux dispositions de cette convention.

61. Deuxièmement, il ressortirait du point 40 de l'arrêt du 16 juillet 2015, *ClientEarth / Commission* (C-612/13 P, EU:C:2015:486), que, dès lors que la convention d'Aarhus aurait été conçue en prenant en considération les ordres juridiques nationaux, et non pas les spécificités juridiques des organisations d'intégration économique régionale, telles que l'Union, aucune analogie ne pourrait être établie entre la mise en œuvre de cette convention par les États membres et la mise en œuvre de celle-ci au niveau de l'Union. Le Tribunal n'aurait donc pu se fonder, au point 107 de l'arrêt attaqué, sur des « motifs similaires », au demeurant non explicités, pour interpréter l'article 2, paragraphe 1, sous g), du règlement n° 1367/2006 à la lumière de l'article 9, paragraphes 3 et 4, de cette convention.

62. Troisièmement, le Tribunal se serait fondé à tort, aux points 125 et 126 de l'arrêt attaqué, sur le principe d'interprétation conforme à la convention d'Aarhus pour apprécier si la délibération du 12 avril 2018 constituait une « mesure de portée individuelle », au sens de l'article 2, paragraphe 1, sous g), du règlement n° 1367/2006, alors que cette notion devrait être interprétée uniquement sur la base des critères découlant des articles 263 et 288 TFUE. À cet égard, il ressortirait du point 25 de l'arrêt du 3 décembre 2020, *Région de Bruxelles-Capitale/Commission* (C-352/19 P, EU:C:2020:978), que la convention d'Aarhus ne peut pas dicter l'interprétation du droit primaire de l'Union.

63. Par la première branche du deuxième moyen dans l'affaire C-212/21 P et par la seconde branche du premier moyen dans l'affaire C-223/21 P, la BEI et la Commission, respectivement, reprochent au Tribunal d'avoir, au surplus, commis une erreur de droit, au point 107 de l'arrêt attaqué, dans l'interprétation des articles 2 et 9 de la convention d'Aarhus. En effet, en adoptant la délibération du 12 avril 2018, le conseil d'administration de la BEI n'aurait pas agi en tant qu'« autorité publique », au sens de l'article 2, paragraphe 2, de cette convention, de telle sorte que l'article 9, paragraphe 3, de celle-ci ne serait pas applicable. Au contraire, l'adoption de cette délibération s'inscrirait dans l'activité financière de la BEI en tant que banque.

64. ClientEarth conteste le bien-fondé de l'ensemble de ces arguments.

Appréciation de la Cour

65. Par leur argumentation, la BEI et la Commission soutiennent que le Tribunal a commis, aux points 107, 125 et 126 de l'arrêt attaqué, plusieurs erreurs de droit dans l'interprétation et l'application de la convention d'Aarhus.

66. À cet égard, en premier lieu, il convient de rappeler que les textes du droit de l'Union doivent être interprétés, dans la mesure du possible, à la lumière du droit international, en particulier lorsque ces textes visent à mettre en œuvre un accord international conclu par l'Union (voir, en ce sens, arrêts du 14 juillet 1998, *Safety Hi-Tech*, C-284/95, EU:C:1998:352, point 22, ainsi que du 19 décembre 2019, *Nederlands Uitgeversverbond et Groep Algemene Uitgevers*, C-263/18, EU:C:2019:1111, point 38).

67. Tel est le cas du règlement n° 1367/2006 qui a pour objet de mettre en œuvre, en ce qui concerne les institutions de l'Union, les stipulations de l'article 9, paragraphe 3, de la convention d'Aarhus (voir, en ce sens, arrêt du 8 mars 2011, *Lesoochranárske zoskupenie*, C-240/09, EU:C:2011:125, point 41).

68. Si cet article 9, paragraphe 3, ne peut pas être invoqué aux fins d'apprécier la légalité de l'article 10, paragraphe 1, du règlement n° 1367/2006 (voir, en ce sens, arrêts du 13 janvier 2015, *Conseil e.a./Vereniging Milieudefensie et Stichting Stop Luchtverontreiniging Utrecht*, C-401/12 P à C-403/12 P, EU:C:2015:4, point 61, ainsi que du 13 janvier 2015, *Conseil et Commission/Stichting Natuur en Milieu et Pesticide Action Network Europe*, C-404/12 P et C-405/12 P, EU:C:2015:5, point 53), un tel constat ne fait pas obstacle à ce que les dispositions de ce règlement soient, conformément à la jurisprudence mentionnée au point 66 du présent arrêt, interprétées, dans la mesure du possible, à la lumière de la convention d'Aarhus (voir, en ce sens, arrêt du 3 septembre 2020, *Mellifera/Commission*, C-784/18 P, non publié, EU:C:2020:630, point 77).

69. En effet, une telle interprétation constitue un moyen essentiel pour garantir, conformément à la volonté du législateur de l'Union exprimée au considérant 3 dudit règlement, que les dispositions du droit de l'Union demeurent compatibles avec celles de cette convention.

70. S'agissant, en second lieu, de l'argument de la BEI et de la Commission selon lequel, en adoptant la délibération du 12 avril 2018, le conseil d'administration de la BEI n'a pas agi en tant qu'« autorité publique », au sens de l'article 2, paragraphe 2, de la convention d'Aarhus, il y a lieu de rappeler, d'une part, que, aux termes de l'article 2, paragraphe 2, sous d), de cette convention, les institutions de toute organisation d'intégration économique régionale qui, à l'instar de l'Union, est partie à cette convention doivent être considérées comme des autorités publiques aux fins de ladite convention, sauf lorsqu'elles agissent dans l'exercice de pouvoirs judiciaires ou législatifs.

71. D'autre part, aux termes de l'article 2, paragraphe 1, sous c), du règlement n° 1367/2006, la notion d'« institutions et organes [de l'Union] », auxquels ce règlement s'applique conformément à son article 1er, paragraphe 1, couvre « toute institution, tout organe, toute agence ou tout office publics créés en vertu ou sur la base du traité, sauf lorsqu'elle/il agit dans l'exercice de pouvoirs judiciaires ou législatifs ». À cet égard, le considérant 7 dudit règlement précise que cette notion est définie « de manière large et fonctionnelle », en raison de la « manière large » dont la convention d'Aarhus définit les autorités publiques auxquelles elle s'applique, afin de garantir des droits aux personnes et à leurs organisations dès lors que l'autorité publique est exercée. En outre, le considérant 11 du même règlement énonce que devraient être également exclues « les autres procédures d'enquête dans le cadre desquelles l'institution ou l'organe [de l'Union] agit en qualité d'organisme de contrôle administratif en application du traité ».

72. Il s'ensuit que l'action des « institutions et organes [de l'Union] » ne peut être exclue du champ d'application du règlement n° 1367/2006 et de la convention d'Aarhus que lorsque ces institutions et organes exercent des pouvoirs judiciaires ou législatifs, ou qu'ils agissent en qualité d'organisme de contrôle administratif en application du traité.

73. Or, tel n'est pas le cas en l'espèce. En effet, la délibération du 12 avril 2018, portant approbation de la proposition de financement du projet Curtis, sur le fondement de l'article 9, paragraphe 1, et de l'article 19, paragraphe 3, des statuts de la BEI, ne résulte pas de l'exercice de pouvoirs judiciaires ou législatifs par le conseil d'administration de la BEI, laquelle n'a pas non plus agi en tant qu'« organisme de contrôle administratif en application du traité », au sens de l'article 2, paragraphe 1, sous c), du règlement n° 1367/2006, lu à la lumière de son considérant 11.

74. Ainsi que Mme l'avocate générale l'a, en substance, relevé aux points 92 à 94 de ses conclusions, la BEI exerce des compétences d'une double nature dans le cadre d'un financement organisé contractuellement. En effet, à cette occasion, elle agit certes en tant que partenaire privé du bénéficiaire, mais remplit également des missions d'intérêt général. Partant, l'interprétation de l'article 2, paragraphe 1, sous c), de ce règlement en ce sens que, lorsque la BEI exerce son activité de financement, elle doit être qualifiée d'« organe [de l'Union] », assure une mise en œuvre dudit règlement compatible avec l'article 2, paragraphe 2, sous d), de la convention d'Aarhus.

75. Eu égard aux motifs qui précèdent, il y a lieu de rejeter comme étant non fondés la première branche du deuxième moyen et la troisième branche du troisième moyen dans l'affaire C-212/21 P ainsi que le premier moyen dans l'affaire C-223/21 P.

Sur les deuxième et troisième branches du deuxième moyen et les première et deuxième branches du troisième moyen dans l'affaire C-212/21 P ainsi que sur le deuxième moyen dans l'affaire C-223/21 P, tirés d'une violation de l'article 2, paragraphe 1, sous f) et g), du règlement n° 1367/2006

Sur la notion de « droit de l'environnement », au sens de l'article 2, paragraphe 1, sous f), du règlement n° 1367/2006

Argumentation des parties

76. La BEI, par les première et deuxième branches du troisième moyen dans l'affaire C-212/21 P, et la Commission, par la première branche du deuxième moyen dans l'affaire C-223/21 P, reprochent au Tribunal d'avoir, aux points 120 à 124 et 138 à 140 de l'arrêt attaqué, assimilé à tort les critères de nature environnementale portant sur l'éligibilité des projets à un financement de la BEI, qui découlent de la déclaration de 2009 et de la stratégie climat, à des dispositions législatives du droit de l'environnement de l'Union, au sens de l'article 2, paragraphe 1, sous f), du règlement n° 1367/2006, et, partant, d'avoir considéré que la délibération du 12 avril 2018 a été adoptée « au titre du droit de l'environnement », au sens de l'article 2, paragraphe 1, sous g), de ce règlement.

77. À cet égard, la BEI et la Commission font valoir, d'abord, que la notion de « disposition législative », figurant à l'article 2, paragraphe 1, sous f), dudit règlement, est une notion formelle, définie par la procédure d'adoption de l'acte concerné. Ainsi, conformément à l'article 289 TFUE, seule pourrait être qualifiée de « disposition législative » une disposition figurant dans un acte de l'Union adopté sur le fondement d'une disposition des traités prévoyant l'adoption de cet acte soit par la procédure législative ordinaire, soit par la procédure législative spéciale. Le Tribunal aurait donc, aux points 120 à 124 de l'arrêt attaqué, fait abstraction des exigences découlant de l'article 289 TFUE et procédé à une interprétation qui va au-delà des notions de « droit » et de « disposition législative », visées à l'article 2, paragraphe 1, sous f) et g), du règlement n° 1367/2006. En particulier, le point 121 de l'arrêt attaqué serait entaché d'une erreur de droit en ce que le Tribunal y aurait jugé que la distinction, introduite par le traité de Lisbonne, entre les actes législatifs et les actes réglementaires est dénuée de pertinence pour l'interprétation de l'article 2, paragraphe 1, sous f), de ce règlement.

78. Ensuite, la BEI et la Commission reprochent au Tribunal d'avoir considéré que la déclaration de 2009 et la stratégie climat ont un caractère contraignant. Ces deux instruments se borneraient à guider l'activité de la BEI dans les différentes étapes de l'évaluation des projets, sans pour autant limiter l'exercice du pouvoir discrétionnaire dont dispose cet organe. La circonstance qu'un projet réponde aux critères d'éligibilité pour un financement découlant desdits instruments n'entraînerait aucun droit à obtenir un financement de la BEI, aucune obligation pour son conseil d'administration d'approuver ce financement, ni aucune obligation pour la BEI de signer un contrat de prêt, y compris après l'approbation du conseil d'administration.

79. Même à supposer que la déclaration de 2009 et la stratégie climat limitent l'exercice du pouvoir d'appréciation de la BEI, une telle limitation ne saurait être considérée comme étant imposée par une règle de droit. En outre, une directive interne ayant pour seul effet de contraindre l'institution qui s'en écarte à motiver sa décision ne constituerait pas pour autant une source de droit. La notion de « disposition législative », visée à l'article 2, paragraphe 1, sous f), du règlement n° 1367/2006, couvrirait donc les seules règles ayant un effet juridique contraignant immédiat sur le citoyen. Tel ne serait cependant pas le cas des lignes directrices en vertu desquelles une institution limite l'exercice de son pouvoir d'appréciation pour l'avenir.

80. Enfin, la BEI et la Commission contestent l'analogie établie, au point 123 de l'arrêt attaqué, entre les politiques de prêt de la BEI en matière d'environnement et les règles internes de celle-ci en matière de personnel. Elles font valoir que, dans ce dernier domaine, la BEI agit en tant qu'autorité administrative, ses décisions étant susceptibles de faire l'objet d'un contrôle juridictionnel, tandis que l'activité de prêt de la BEI en matière d'environnement relèverait de l'exercice de son rôle financier et ne se traduirait pas par des décisions administratives susceptibles de faire l'objet d'un contrôle juridictionnel sur le fond.

81. ClientEarth conteste le bien-fondé de l'ensemble de ces arguments.

Appréciation de la Cour

82. Par leur argumentation, la BEI et la Commission reprochent au Tribunal d'avoir, aux points 120 à 124 et 138 à 140 de l'arrêt attaqué, jugé à tort que tant la déclaration de 2009 que la stratégie climat relèvent de la notion de « droit de l'environnement », au sens de l'article 2, paragraphe 1, sous f), du règlement n° 1367/2006, et, partant, que la délibération du 12 avril 2018 a été adoptée « au titre du droit de l'environnement », au sens de l'article 2, paragraphe 1, sous g), de ce règlement.

83. La notion de « droit de l'environnement » est définie à l'article 2, paragraphe 1, sous f), du règlement n° 1367/2006 comme couvrant « toute disposition législative [de l'Union] qui, indépendamment de sa base juridique, contribue à la poursuite des objectifs de la politique de [l'Union] dans le domaine de l'environnement », visés à l'article 191, paragraphe 1, TFUE. Ainsi qu'il ressort du considérant 10 de ce règlement, le renvoi à ces objectifs se justifie dans la mesure où « le droit de l'environnement est en constante évolution ».

84. Il découle du libellé même de l'article 2, paragraphe 1, sous f), du règlement n° 1367/2006, lu en combinaison avec le considérant 10 de ce règlement, que le législateur de l'Union a entendu donner une portée large à la notion de « droit de l'environnement ».

85. Dans ce contexte, la circonstance que, dans certaines versions linguistiques, telles les versions en langues espagnole, anglaise, française ou portugaise, l'article 2, paragraphe 1, sous f), du règlement n° 1367/2006 se réfère à la « législation » ou à « toute disposition législative » ne saurait impliquer, contrairement à la position défendue par la BEI et par la Commission, que la notion de « droit de l'environnement » soit, aux fins de l'application de ce règlement, limitée à des actes législatifs, au sens de l'article 289, paragraphe 3, TFUE. En effet, ainsi que l'a relevé Mme l'avocate générale au point 118 de ses conclusions, dans d'autres versions linguistiques, et notamment celle en langue allemande, l'article 2, paragraphe 1, sous f), du règlement n° 1367/2006 emploie la notion plus large de « règles de droit », qui est susceptible d'inclure tout acte de portée générale juridiquement contraignant.

86. Dans ces conditions, conformément à la jurisprudence de la Cour, cette disposition doit être interprétée en fonction de l'économie générale et de la finalité de la réglementation dont elle relève (voir, en ce sens, arrêt du 24 février 2022, *Tiketa*, C-536/20, EU:C:2022:112, point 27 et jurisprudence citée).

87. Or, compte tenu du point 84 du présent arrêt ainsi que des objectifs de la politique de l'Union dans le domaine de l'environnement, une interprétation large de la notion de « droit de l'environnement » s'impose, en ce sens que celle-ci couvre tout acte de l'Union qui, indépendamment de sa base juridique, participe à la réalisation des objectifs de cette politique, tels que définis à l'article 191, paragraphe 1, TFUE [voir, en ce sens, arrêt du 8 novembre 2022, *Deutsche Umwelthilfe (Réception des véhicules à moteur)*, C-873/19, EU:C:2022:857, point 53]. La circonstance que, selon la lettre même de l'article 2, paragraphe 1, sous f), du règlement n° 1367/2006, la base juridique sur laquelle un acte est adopté n'est pas un critère pertinent aux fins de sa qualification de « droit de l'environnement » permet d'en déduire que la procédure d'adoption d'un tel acte, laquelle détermine, conformément à l'article 289 TFUE, sa nature législative ou non, n'est pas non plus un critère pertinent aux fins de cette qualification.

88. En l'espèce, le conseil d'administration de la BEI, lorsqu'il décide de l'octroi de financements sur le fondement de l'article 9, paragraphe 1, et de l'article 19, paragraphe 3, des statuts de la BEI, ne saurait se départir, sans justification, des critères de nature environnementale portant sur l'éligibilité des projets à un financement qui découlent de la déclaration de 2009 et de la stratégie climat, que la BEI s'est elle-même imposé de suivre dans son activité de prêt, sous peine de se voir sanctionner, le cas échéant, au titre d'une violation de principes généraux du droit, tels que l'égalité de traitement ou la protection de la confiance légitime (voir, par analogie, arrêt du 28 juin 2005, *Dansk Rørindustri e.a./Commission*, C-189/02 P, C-202/02 P, C-205/02 P à C-208/02 P et C-213/02 P, EU:C:2005:408, points 209 et 211).

89. C'est, donc, sans commettre d'erreur de droit que le Tribunal a, aux points 122 à 124 de l'arrêt attaqué, considéré que tant la déclaration de 2009 que la stratégie climat relèvent de la notion de « droit de l'environnement », au sens de l'article 2, paragraphe 1, sous f), du règlement n° 1367/2006, dès lors qu'elles définissent les critères de nature environnementale portant sur l'éligibilité des projets à un financement de la BEI et, donc, encadrent l'activité de celle-ci en matière d'octroi de prêts aux fins de la réalisation des objectifs du traité FUE en matière environnementale.

90. C'est également sans commettre d'erreur de droit que, aux points 138 à 140 de l'arrêt attaqué, le Tribunal a jugé que, en ce qu'elle constatait que le projet Curtis satisfaisait aux critères de nature environnementale portant sur l'éligibilité des projets à un financement de la BEI découlant de ces deux actes, la délibération du 12 avril 2018 avait été prise « au titre du droit de l'environnement », au sens de l'article 2, paragraphe 1, sous g), du règlement n° 1367/2006.

91. Eu égard aux motifs qui précèdent, il y a lieu de rejeter les première et deuxième branches du troisième moyen dans l'affaire C-212/21 P ainsi que la première branche du deuxième moyen dans l'affaire C-223/21 P, comme étant non fondées.

Sur la notion de « mesure de portée individuelle », au sens de l'article 2, paragraphe 1, sous g), du règlement n° 1367/2006

Argumentation des parties

92. Par la deuxième branche du deuxième moyen dans l'affaire C-223/21 P, la Commission reproche au Tribunal d'avoir, aux points 126 à 142 de l'arrêt attaqué, méconnu la jurisprudence selon laquelle la notion de « mesure de portée individuelle », au sens de l'article 2, paragraphe 1, sous g), du règlement n° 1367/2006, doit être interprétée conformément aux critères découlant des articles 263 et 288 TFUE. En effet, le Tribunal aurait jugé, en violation des principes qui se dégagent des points 65 à 67 et 84 à 86 de l'arrêt du 3 septembre 2020, *Mellifera/Commission* (C-784/18 P, non publié, EU:C:2020:630), que, pour qualifier la délibération du 12 avril 2018 de « mesure de portée individuelle », il suffisait que, par cette délibération, le conseil d'administration de la BEI se soit prononcé de façon définitive sur la réalisation de certains objectifs environnementaux. Cette approche impliquerait ainsi que des actes non contraignants, tels que des recommandations et des avis, puissent faire l'objet d'une demande de réexamen interne, sur le fondement de l'article 10, paragraphe 1, de ce règlement, puis d'un recours au titre de l'article 12, paragraphe 1, dudit règlement.

93. Au soutien de la Commission, la BEI fait valoir que la délibération du 12 avril 2018 constitue un acte interne, dont le seul effet est de permettre aux services de cet organe de poursuivre les négociations contractuelles pour le financement approuvé, de telle sorte qu'elle ne concerne pas individuellement des sujets externes.

94. ClientEarth fait valoir que l'argument selon lequel l'acte faisant l'objet d'une demande de réexamen interne doit être considéré comme étant une « mesure de portée individuelle », au sens de l'article 2, paragraphe 1, sous g), du règlement n° 1367/2006, n'a été soulevé ni par la BEI ni par la Commission devant le Tribunal, de telle sorte que la Commission n'est pas recevable à invoquer cet argument au stade du pourvoi, eu égard à son caractère nouveau. En tout état de cause, la délibération du 12 avril 2018 serait une « mesure de portée individuelle », dès lors qu'elle s'applique à une demande spécifique concernant le financement du projet Curtis.

– Appréciation de la Cour

95. Par son argumentation, la Commission reproche au Tribunal d'avoir, aux points 126 à 142 de l'arrêt attaqué, commis une erreur de droit dans l'interprétation et l'application de la notion de « mesure de portée individuelle », au sens de l'article 2, paragraphe 1, sous g), du règlement n° 1367/2006, en ayant attribué une telle portée à la délibération du 12 avril 2018.

96. S'agissant, en premier lieu, de la question, soulevée par ClientEarth, de savoir si la Commission est recevable à contester, au stade du pourvoi, l'arrêt attaqué en ce qu'il aurait qualifié à tort la délibération du 12 avril 2018 de « mesure de portée individuelle », il y a lieu de rappeler qu'un requérant est recevable à former un pourvoi en faisant valoir, devant la Cour, des moyens et des arguments nés de l'arrêt attaqué lui-même et qui visent à en critiquer le bien-fondé en droit (voir, en ce sens, arrêts du 29 novembre 2007, *Stadtwerke Schwäbisch Hall e.a. / Commission*, C-176/06 P, non publié, EU:C:2007:730, point 17, et du 4 mars 2021, *Commission / Fútbol Club Barcelona*, C-362/19 P, EU:C:2021:169, point 47 ainsi que jurisprudence citée).

97. La Commission est donc recevable à contester, au stade du pourvoi, la qualification de « mesure de portée individuelle », opérée par le Tribunal aux points 140 et 142 de l'arrêt attaqué, de la délibération du 12 avril 2018.

98. En deuxième lieu, s'agissant du bien-fondé de cette qualification, il convient de rappeler que, afin de déterminer la portée générale ou individuelle d'un acte, le juge de l'Union doit tenir compte, en premier lieu, de son objet et de son contenu. Un acte a une portée générale, au sens de l'article 288 TFUE, s'il s'applique à des situations déterminées objectivement et s'il produit des effets juridiques à l'égard de catégories de personnes envisagées de manière générale et abstraite. S'agissant de ce second critère, la portée générale d'un acte n'est pas mise en cause par la possibilité de déterminer, avec plus ou moins de précision, le nombre ou même l'identité des sujets de droit auxquels il s'applique à un moment donné, tant qu'il est constant que cette application s'effectue en vertu d'une situation objective de droit ou de fait définie par l'acte, en relation avec la finalité de ce dernier (voir, en ce sens, arrêt du 3 septembre 2020, *Mellifera / Commission*, C-784/18 P, non publié, EU:C:2020:630, points 65 à 67 et jurisprudence citée).

99. En l'espèce, la délibération du 12 avril 2018, en ce qu'elle porte approbation de la proposition de financement du projet Curtis au regard de ses aspects environnementaux et sociaux, vise une situation spécifique, à savoir le financement de ce projet, et produit des effets juridiques à l'égard du promoteur dudit projet, en lui permettant de prendre les mesures nécessaires en vue de la formalisation du prêt.

100. C'est donc sans commettre d'erreur de droit que le Tribunal a jugé, aux points 140 et 142 de l'arrêt attaqué, que cette délibération constitue une « mesure de portée individuelle », au sens de l'article 2, paragraphe 1, sous g), du règlement n° 1367/2006.

101. Partant, la deuxième branche du deuxième moyen dans l'affaire C-223/21 P doit être rejetée comme étant non fondée.

Sur la notion d'« effet juridiquement contraignant et extérieur », au sens de l'article 2, paragraphe 1, sous g), du règlement n° 1367/2006

Argumentation des parties

102. La BEI, par les deuxième et troisième branches du deuxième moyen dans l'affaire C-212/21 P, et la Commission, par la troisième branche du deuxième moyen dans l'affaire C-223/21 P, reprochent au Tribunal d'avoir jugé à tort que la délibération du 12 avril 2018 produit des effets juridiquement contraignants et extérieurs, au sens de l'article 2, paragraphe 1, sous g), du règlement n° 1367/2006, en ce qu'elle traduit une position définitive du conseil d'administration de la BEI concernant l'éligibilité du projet Curtis à un financement de la BEI, au regard de ses aspects environnementaux et sociaux. En effet, une telle délibération n'octroierait pas un droit individuel à obtenir un financement de la part de la BEI, dès lors que la relation entre cet organe et l'emprunteur potentiel ne deviendrait juridiquement contraignante qu'à la signature du contrat pertinent. Aucun effet juridiquement contraignant ne saurait donc être rattaché à cette délibération.

103. L'arrêt attaqué serait, de plus, entaché d'une contradiction de motifs, dans la mesure où le Tribunal aurait constaté, à la fois, que la délibération du 12 avril 2018 produit des effets juridiques à l'égard du promoteur du projet Curtis et, aux points 167 à 170 de cet arrêt, que cette délibération ne valait pas « engagement juridique quant à l'octroi du prêt » et que la procédure s'est poursuivie à la suite de son adoption.

104. À cet égard, la BEI fait valoir qu'une délibération de son conseil d'administration, adoptée sur le fondement de l'article 19, paragraphe 3, des statuts de la BEI, constitue une décision unique de financement d'un projet, sans qu'il soit possible d'y dissocier un « volet financier », qui ne serait pas définitif et ne produirait pas d'effet contraignant et extérieur, et un « volet environnemental », qui serait définitif et juridiquement contraignant à l'égard de tiers.

105. En tout état de cause, l'existence d'effets juridiquement contraignants et extérieurs, au sens de l'article 2, paragraphe 1, sous g), du règlement n° 1367/2006, aurait dû être établie à l'égard de la situation juridique de ClientEarth. Le Tribunal, après avoir examiné, au point 170 de l'arrêt attaqué, la situation juridique du promoteur du projet Curtis, aurait confirmé qu'aucun effet de ce type ne s'était produit à l'égard de ClientEarth.

106. ClientEarth conteste le bien-fondé de l'ensemble de ces arguments.

– Appréciation de la Cour

107. Par leur argumentation, la BEI et la Commission reprochent au Tribunal d'avoir commis une erreur de droit en jugeant, aux points 167 à 171 de l'arrêt attaqué, que la délibération du 12 avril 2018 est un acte ayant un « effet juridiquement contraignant et extérieur », au sens de l'article 2, paragraphe 1, sous g), du règlement n° 1367/2006.

108. À cet égard, il ressort du point 149 de l'arrêt attaqué que le Tribunal a, dans un « souci de cohérence générale », interprété cette notion conformément à celle d'« actes [...] destinés à produire des effets juridiques à l'égard des tiers », visée à l'article 263, premier alinéa, TFUE, laquelle exclut, en principe, les actes qui ne produisent des effets que dans la sphère interne de l'institution, de l'organe ou de l'organisme de l'Union qui en est l'auteur, sans créer aucun droit ou obligation à l'égard des tiers (voir, en ce sens, arrêts du 25 février 1988, *Les Verts/Parlement*, 190/84, EU:C:1988:94, point 8, et du 25 juin 2020, *CSUE/KF*, C-14/19 P, EU:C:2020:492, point 73 ainsi que jurisprudence citée).

109. Or, aux points 167 à 171 de l'arrêt attaqué, le Tribunal a constaté, en application de cette jurisprudence, que la délibération du 12 avril 2018 fixe de manière définitive la position du conseil d'administration de la BEI concernant l'éligibilité du projet Curtis à un financement de cet organe au regard des aspects environnementaux et sociaux de ce projet, et, partant, que cette délibération produit des effets juridiques à l'égard des tiers, en particulier du promoteur de ce projet, dans la mesure où elle constatait l'éligibilité dudit projet à un financement de la BEI au regard de ses aspects environnementaux et sociaux, permettant ainsi à ce promoteur de prendre les mesures nécessaires en vue de la formalisation du prêt.

110. Aucune contradiction ne saurait être décelée entre, d'une part, le constat que les aspects environnementaux du projet Curtis avaient fait l'objet d'une appréciation définitive et, d'autre part, les circonstances, également relevées auxdits points de l'arrêt attaqué, que la délibération du 12 avril 2018 ne valait pas « engagement juridique quant à l'octroi du prêt » et que la procédure d'octroi de ce financement s'est poursuivie, dès lors que restaient à auditer d'autres aspects techniques, économiques et financiers dudit projet.

111. En outre, l'argument avancé par la BEI selon lequel le Tribunal a commis une erreur de droit en jugeant, aux points 167 à 170 de l'arrêt attaqué, que la délibération du 12 avril 2018 contenait un « volet financier » dissociable d'un « volet environnemental » et que seul ce dernier était définitif et juridiquement contraignant à l'égard des tiers repose sur une lecture erronée de ces points. En effet, le Tribunal s'est limité à y relever que cette délibération constate de manière définitive l'éligibilité du projet Curtis à un financement de la BEI, au regard des aspects environnementaux et sociaux de ce projet, mais n'a aucunement jugé que ladite délibération repose sur une séparation formelle entre ces derniers aspects et les aspects financiers ou autres concernant ledit projet.

112. Par ailleurs, l'argument selon lequel le Tribunal aurait dû, au point 170 de l'arrêt attaqué, apprécier si la délibération du 12 avril 2018 a un « effet juridiquement contraignant et extérieur », au sens de l'article 2, paragraphe 1, sous g), du règlement n° 1367/2006, à l'égard de ClientEarth ne trouve aucun fondement dans ce règlement. En effet, ni cette disposition ni l'article 10, paragraphe 1, dudit règlement n'exigent que l'acte administratif faisant l'objet d'une demande de réexamen interne ait un effet juridiquement contraignant et extérieur à l'égard de l'organisation non gouvernementale qui introduit cette demande.

113. Eu égard aux motifs qui précèdent, il y a lieu de rejeter les deuxième et troisième branches du deuxième moyen dans l'affaire C-212/21 P ainsi que la troisième branche du deuxième moyen dans l'affaire C-223/21 P, comme étant non fondées.

114. Compte tenu de l'ensemble des motifs qui précèdent, il y a lieu de rejeter les pourvois dans leur intégralité.

Sur les dépens

[...]

Par ces motifs, la Cour (3e chambre) dit pour droit :

1) Les pourvois sont rejetés.
2) La Banque européenne d'investissement (BEI) et la Commission européenne sont condamnées à supporter, outre leurs propres dépens, ceux exposés par ClientEarth.

Observations

Outre qu'il contribue à l'édifice si important du droit à la participation du public à la prise de décisions en matière environnementale – on évoque une « démocratie environnementale » –, l'arrêt commenté présente le double intérêt de concerner une délibération du conseil d'administration de la Banque européenne d'investissement (BEI) approuvant le financement d'un projet et d'évoquer les contours du

« droit de l'environnement », sujet maintes fois évoqué aux débuts du droit interne mais plus rarement en ce qui concerne celui de l'Union européenne.

La Cour examine, après les avoir joints, les pourvois formés par la BEI et la Commission contre un arrêt du Tribunal (1) qui avait annulé une décision de la BEI déclarant irrecevable une demande de ClientEarth visant au réexamen interne de la délibération de son conseil d'administration approuvant le financement d'un projet de centrale électrique biomasse en Galice sur le fondement de l'article 10, paragraphe 1, du règlement n° 1367/2006 du 6 septembre 2006 concernant l'application aux institutions et organes de la Communauté européenne des dispositions de la convention d'Aarhus sur l'accès à l'information, la participation du public au processus décisionnel et l'accès à la justice en matière d'environnement (2), parfois communément appelé le « règlement Aarhus », et de la décision 2008/50 de la Commission du 13 décembre 2007, en établissant les modalités d'application en ce qui concerne les demandes de réexamen interne d'actes administratifs (3).

Le Tribunal avait jugé que la notion de mesure de portée individuelle adoptée « au titre du droit de l'environnement », énoncée à l'article 2, paragraphe 1, sous g), du règlement, doit être interprétée de manière large, en ce sens qu'elle ne se limite pas aux seules mesures de portée individuelle adoptées sur le fondement d'une disposition de droit dérivé qui contribue à la poursuite des objectifs de l'Union dans le domaine de l'environnement, tels qu'ils sont énoncés à l'article 191, paragraphe 1, TFUE, mais vise toute mesure de portée individuelle soumise à des exigences du droit dérivé de l'Union qui, indépendamment de leur base juridique, tendent directement à la réalisation des objectifs de la politique de l'Union dans le domaine de l'environnement, telles que les règles de portée générale encadrant l'activité de la BEI en matière d'octroi de prêts aux fins de la réalisation desdits objectifs, en particulier les critères de nature environnementale d'éligibilité des projets à un financement.

Cette approche rejoignait celle retenue dans certains ouvrages (4) et paraissait s'imposer de manière ontologique eu égard à la pluralité de bases juridiques offertes par le TFUE et ses prédécesseurs depuis l'Acte unique européen et au principe d'intégration des exigences de la protection de l'environnement dans les autres politiques et actions de l'Union figurant à l'article 11 TFUE.

---

(1) Trib. UE, 27 janvier 2021, *ClientEarth c/ BEI*, aff. T-9/19, EU:T:2021:42.

(2) *JOUE* 2006, L 264, p. 13.

(3) *JOUE* 2008, L 13, p. 24.

(4) Voy., par ex., P. Thieffry, *Traité de droit européen de l'environnement et du climat*, 4e éd., Bruxelles, Bruylant, 2020.

Ce qui n'empêcha pas la BEI et la Commission de soutenir une position différente en reprochant au Tribunal d'avoir commis des erreurs de droit dans l'appréciation de l'indépendance fonctionnelle invoquée par la BEI dans le domaine de ses opérations financières ainsi que dans l'interprétation et l'application de la convention d'Aarhus et de la notion d'« acte administratif », au sens de l'article 2, paragraphe 1, sous g), du règlement n° 1367/2006.

Examen de la question

La Cour évoque successivement les critiques tirées de prétendues (i) erreurs de droit dans l'appréciation de l'indépendance de la BEI dans le domaine de ses opérations financières, (ii) erreurs de droit dans l'interprétation et l'application de la convention d'Aarhus et (iii) violation de l'article 2, paragraphe 1, sous f) et g), du règlement n° 1367/2006.

Sur les prétendues erreurs de droit dans l'appréciation de l'indépendance de la BEI dans le domaine de ses opérations financières, en premier lieu, la BEI et la Commission reprochaient au Tribunal d'avoir rejeté comme étant irrecevable cet argument dès lors qu'il n'aurait pas été invoqué en tant que motif autonome de la décision litigieuse et qu'il aurait dû, en tout état de cause, être examiné en tant que question d'ordre public. Or, juge la Cour, l'irrecevabilité a été prononcée au motif que la délibération n'était pas un « acte administratif » à défaut d'avoir été adoptée « au titre du droit de l'environnement » et de produire un « effet juridiquement contraignant et extérieur », et non pas au motif que cette demande de réexamen interne porterait atteinte à l'indépendance de la BEI dans le domaine de ses opérations financières. Le Tribunal avait ainsi pu juger sans commettre d'erreur de droit que la BEI n'avait évoqué que « de manière vague et générale le pouvoir commercial et politique discrétionnaire qui lui est reconnu par les traités et par ses statuts ainsi que son rôle institutionnel et la mission qui lui incombe en vertu desdits statuts », et non comme motif autonome d'irrecevabilité (pts 40-42). Par ailleurs, une prétendue violation du droit primaire de l'Union ne suffit pas pour faire naître une obligation d'examen d'office par le juge de l'Union faute d'avoir été invoquée (pt 44). Certes, il appartenait au Tribunal de vérifier, d'office, la compétence du juge de l'Union pour se prononcer sur un recours en annulation dirigé contre une décision statuant sur une demande de réexamen interne d'une délibération du conseil d'administration de la BEI, mais en l'espèce, le recours avait pour objet l'annulation de la décision litigieuse, sur le fondement d'une prétendue qualification juridique erronée, par la BEI, de la délibération dans le cadre de son appréciation de la recevabilité de la demande de réexamen interne de cette délibération, et non pas le bien-fondé de ladite délibération, de telle sorte que l'article 271, sous c), TFUE ne saurait faire obstacle à l'introduction d'un tel recours (pts 45-56).

Sur les prétendues erreurs de droit dans l'interprétation et l'application de la convention d'Aarhus, en deuxième lieu, la Cour rappelle que le règlement n° 1367/2006 a pour objet de mettre en œuvre, en ce qui concerne les institutions de l'Union, les stipulations de l'article 9, paragraphe 3, de la convention d'Aarhus et que, selon sa jurisprudence, les dispositions dudit règlement sont interprétées, dans la mesure du possible, à la lumière de la convention d'Aarhus (pt 69). Dès lors, l'argument selon lequel le conseil d'administration de la BEI n'aurait pas agi en tant qu'« autorité publique » ne peut prospérer face à la convention pour laquelle sont ainsi visées les institutions de toute organisation d'intégration économique régionale partie à cette convention sauf lorsqu'elles agissent dans l'exercice de pouvoirs judiciaires ou législatifs (pt 70). D'ailleurs, le règlement, lui-même, vise selon son article 2, paragraphe 1, sous c), « toute institution, tout organe, toute agence ou tout office publics créés en vertu ou sur la base du traité, sauf lorsqu'elle/il agit dans l'exercice de pouvoirs judiciaires ou législatifs » ou lorsque ces institutions et organes exercent des pouvoirs judiciaires ou législatifs, ou qu'ils agissent en qualité d'organisme de contrôle administratif en application du traité. Or, la délibération du conseil d'administration de la BEI en cause ne résultait pas de l'exercice de pouvoirs judiciaires ou législatifs non plus qu'elle n'a agi en tant qu'« organisme de contrôle administratif en application du traité » (pts 72-74).

La Cour retient donc que, au sens de l'article 2, paragraphe 1, sous c), du règlement, lorsque la BEI exerce son activité de financement, elle doit être qualifiée d'« organe [de l'Union] ».

Sur la prétendue violation de l'article 2, paragraphe 1, sous f) et g), du règlement n° 1367/2006, en troisième lieu et enfin, la Cour considère les notions de « droit de l'environnement », de « mesure de portée individuelle » et d'« effet juridiquement contraignant et extérieur ». On se limite ici à relever qu'à propos de la notion de « droit de l'environnement », la Cour mêle interprétations littérale, linguistique et téléologique sans vraiment démêler l'une de l'autre pour conclure à une évidente interprétation large qui s'impose, en ce sens que celle-ci couvre, selon les termes mêmes du règlement, tout acte de l'Union qui, indépendamment de sa base juridique, participe à la réalisation des objectifs de cette politique, tels que définis à l'article 191, paragraphe 1, TFUE, la base juridique sur laquelle un acte est adopté n'étant pas un critère pertinent aux fins de sa qualification de « droit de l'environnement », non plus que sa procédure d'adoption (pts 83-87). En l'espèce, ajoute-t-elle de manière plus topique, le conseil d'administration de la BEI, lorsqu'il décide de l'octroi de financements, « ne saurait se départir, sans justification, des critères de nature environnementale portant sur l'éligibilité des projets à un financement qui découlent de la déclaration de 2009 et de la stratégie climat, que la BEI s'est elle-même imposé de suivre dans son activité de prêt, sous peine de se voir sanctionner, le cas échéant, au titre d'une violation de principes généraux du droit, tels que l'égalité de traitement ou la protection de la confiance légitime » (pt 88).

Patrick THIEFFRY

Cour de justice, 9e ch., 7 décembre 2023, *Latvijas valsts meži AS c/ Dabas aizsardzības pārvalde*, aff. C-434/22, ECLI:EU:C:2023:966

Conclusions de l'avocat général J. Kokott, du 13 juillet 2023, ECLI:EU:C:2023:595

Mots-clés : Conservation des habitats naturels ainsi que de la faune et de la flore sauvages – Notion de « plan ou projet » sur un site protégé – Intervention dans une forêt pour assurer la protection de celle-ci contre les incendies – Nécessité d'effectuer une évaluation préalable des incidences de cette intervention sur le site concerné

Cadre normatif : directive 92/43/CEE

Extraits de l'arrêt

1. La demande de décision préjudicielle porte sur l'interprétation de l'article 6, paragraphe 3, de la directive 92/43/CEE du Conseil, du 21 mai 1992, concernant la conservation des habitats naturels ainsi que de la faune et de la flore sauvages (*JO* 1992, L 206, p. 7, ci-après la directive « habitats »).

2. Cette demande a été présentée dans le cadre d'un litige opposant « Latvijas valsts meži » AS à l'administration régionale de Kurzeme de la Dabas aizsardzības pārvalde (service de protection de l'environnement, Lettonie) au sujet de la décision du directeur général de ce service, en date du 22 mars 2021, imposant à cette société de prendre différentes mesures destinées à réduire les incidences négatives d'un abattage d'arbres dans la zone spéciale de conservation d'importance communautaire (Natura 2000) d'Ances purvi un meži (Marais et forêts d'Ance), située en Lettonie.

[...]

Sur les questions préjudicielles

Sur la première question

34. Par sa première question, la juridiction de renvoi demande, en substance, si l'article 6, paragraphe 3, de la directive « habitats » doit être interprété en ce sens que la notion de « projet », au sens de cette disposition, inclut les activités exercées dans une zone forestière, désignée comme une zone spéciale de conservation, afin d'assurer l'entretien des infrastructures de protection des forêts contre les incendies dans cette zone, conformément aux exigences prévues par la réglementation nationale en matière de prévention des risques d'incendies de forêts.

35. À titre liminaire, il convient de rappeler que cette disposition prévoit que, dans les zones spéciales de conservation, au sens de l'article 1er, sous l), de la directive « habitats », « [t]out plan ou projet non directement lié ou nécessaire à la gestion du site mais susceptible d'affecter ce site de manière significative, individuellement ou en conjugaison avec d'autres plans et projets, fait l'objet d'une évaluation appropriée de ses incidences sur le site eu égard aux objectifs de conservation de ce site ».

36. En premier lieu, il importe de relever que la directive « habitats » ne comporte pas de définition de la notion de « projet ». En revanche, l'article 1er, paragraphe 2, sous a), de la directive EIE, auquel la juridiction de renvoi fait expressément référence dans sa question, en donne une définition, aux termes de laquelle un « projet », au sens de cette dernière directive, comprend la réalisation de travaux de construction ou d'autres installations ou ouvrages, ainsi que d'autres interventions dans le milieu naturel ou le paysage, y compris celles destinées à l'exploitation des ressources du sol.

37. Or, la Cour a jugé que la notion de « projet », au sens de la directive « habitats », englobe celle de « projet », au sens de la directive EIE, de sorte que, si une activité relève de la directive EIE, elle doit, à plus forte raison, relever de la directive « habitats » (arrêt du 9 septembre 2020, *Friends of the Irish Environnement*, C-254/19, EU:C:2020:680, point 29 et jurisprudence citée).

38. En second lieu, il ressort de la jurisprudence de la Cour qu'un « projet », au sens de la directive EIE, implique la réalisation de travaux ou d'interventions modifiant la réalité physique du site concerné (voir, en ce sens, arrêt du 17 mars 2011, *Brussels Hoofdstedelijk Gewest e.a.*, C-275/09, EU:C:2011:154, point 24). En l'occurrence, les activités en cause au principal ont consisté en des abattages d'arbres destinés à assurer l'entretien des routes naturelles traversant la zone naturelle protégée concernée. Partant, elles satisfont au critère matériel de la notion de « projet », au sens de la directive EIE.

39. En revanche, aucun critère juridique ne limite cette notion. C'est pourquoi, la circonstance que les travaux d'abattage d'arbres en cause au principal auraient été imposés par la réglementation nationale applicable en matière de prévention des risques d'incendies de forêts n'est pas susceptible de remettre en cause la qualification de ces travaux de « projet », au sens de la directive EIE.

40. Il résulte de ce qui précède que lesdits travaux d'abattage constituent un « projet », au sens de la directive EIE et, par suite, un « projet », au sens de l'article 6, paragraphe 3, de la directive « habitats ».

41. Eu égard à l'ensemble des considérations qui précèdent, il y a lieu de répondre à la première question que l'article 6, paragraphe 3, de la directive « habitats » doit être interprété en ce sens que la notion de « projet », au sens de cette disposition, inclut les activités exercées dans une zone forestière, désignée comme une zone spéciale de conservation, afin d'assurer l'entretien des infrastructures de protection des forêts contre les incendies dans cette zone, conformément aux exigences prévues par la réglementation nationale applicable en matière de prévention des risques d'incendies de forêts, lorsque ces activités modifient la réalité physique du site concerné.

Sur la deuxième question

42. Par sa deuxième question, la juridiction de renvoi demande, en substance, si l'article 6, paragraphe 3, de la directive « habitats » doit être interprété en ce sens que les activités exercées dans une zone forestière, désignée comme une zone spéciale de conservation, afin d'assurer l'entretien des infrastructures de protection des forêts contre les incendies dans cette zone, conformément aux exigences prévues par la réglementation nationale applicable en matière de prévention des risques d'incendies de forêts, doivent être considérées comme un projet « directement lié ou nécessaire à la gestion du site », au sens de cette disposition, et, par suite, n'ont pas à faire l'objet d'une évaluation de leurs incidences sur le site concerné.

43. En effet, en vertu de l'article 6, paragraphe 3, de la directive « habitats », si les travaux en cause au principal, qui ont été exécutés conformément à la réglementation nationale applicable en matière de prévention des risques d'incendies de forêts, sont directement liés ou nécessaires à la gestion du site concerné, ils n'avaient pas à faire l'objet d'une évaluation de leurs incidences sur ce site.

44. En premier lieu, il ressort de l'article 1er, sous l), de la directive « habitats » qu'une zone spéciale de conservation est délimitée en vue du maintien ou du rétablissement, dans un état de conservation favorable, de certains habitats ou espèces naturels. À cet effet, les États membres établissent, en vertu de l'article 6, paragraphe 1, de la directive « habitats », les mesures de conservation nécessaires impliquant, le cas échéant, des plans de gestion appropriés spécifiques aux sites concernés ou intégrés dans d'autres plans d'aménagement et les mesures réglementaires, administratives ou contractuelles appropriées, qui répondent aux exigences écologiques des types d'habitats naturels de l'annexe I de cette directive et des espèces de l'annexe II de celle-ci présents sur ces sites.

45. Il résulte de ce qui précède que les mesures de conservation visées à l'article 6, paragraphe 1, de la directive « habitats » doivent être directement liées ou nécessaires à la gestion du site concerné, au sens de l'article 6, paragraphe 3, de cette directive.

46. En second lieu, ainsi que l'a relevé Mme l'avocate générale au point 37 de ses conclusions, des mesures de précaution visant à empêcher ou à combattre les incendies peuvent être liées ou nécessaires à la gestion d'un site protégé. D'ailleurs, selon la demande de décision préjudicielle, tant le plan de protection que le décret n° 478 contiennent des indications indirectes sur la nécessité d'adopter des mesures de prévention des risques d'incendies de forêts sur le site concerné.

47. Néanmoins, toutes les mesures qui visent à assurer la protection d'une zone spéciale de conservation contre les risques d'incendies de forêts ne sont pas pour autant directement liées ou nécessaires à la gestion du site concerné. Encore faut-il que ces mesures soient nécessaires au maintien ou au rétablissement, dans un état de conservation favorable, des habitats ou espèces protégés, et proportionnées à ces objectifs, ce qui suppose qu'elles soient adaptées à la zone concernée et de nature à permettre la réalisation desdits objectifs.

48. S'agissant, en l'occurrence, de travaux d'abattage d'arbres destinés à maintenir en état des routes naturelles dans une zone protégée, il convient d'apprécier si ces travaux affectent certains objectifs de conservation et, le cas échéant, si le risque d'une atteinte future au site concerné par les incendies justifie lesdits travaux compte tenu de l'ensemble des caractéristiques de cette zone.

49. Une telle appréciation requiert une évaluation appropriée des incidences des mesures envisagées au titre de la prévention des incendies, en application de l'article 6, paragraphe 3, de la directive « habitats ».

50. Il n'en va différemment que si ces mesures figurent déjà au nombre de celles qui ont été arrêtées en application de l'article 6, paragraphe 1, de la directive « habitats » et qui sont, à ce titre, directement liées ou nécessaires à la gestion du site concerné.

51. Eu égard à l'ensemble des considérations qui précèdent, il y a lieu de répondre à la deuxième question que l'article 6, paragraphe 3, de la directive « habitats » doit être interprété en ce sens que les activités exercées dans une zone forestière, désignée comme une zone spéciale de conservation, afin d'assurer l'entretien des infrastructures de protection des forêts contre les incendies dans cette zone, conformément aux exigences prévues par la réglementation nationale applicable en matière de prévention des risques d'incendies de forêts, ne peuvent être considérées, du seul fait qu'elles ont un tel objet, comme directement liées ou nécessaires à la gestion du site concerné et ne peuvent donc être dispensées à ce titre de l'évaluation de leurs incidences sur ce site, à moins qu'elles ne figurent au nombre des mesures de conservation du site déjà arrêtées en application de l'article 6, paragraphe 1, de la directive « habitats ».

Sur la troisième question

52. Par sa troisième question, la juridiction de renvoi demande, en substance, si l'article 6, paragraphe 3, de la directive « habitats » doit être interprété en ce sens qu'il impose de procéder à une évaluation des plans et des projets visés à cette disposition, même lorsque leur réalisation est exigée par la réglementation nationale applicable en matière de prévention des risques d'incendies de forêts.

53. En premier lieu, il importe de rappeler que tout plan ou projet non directement lié ou nécessaire à la gestion d'un site, mais susceptible d'affecter ce site de manière significative doit faire l'objet d'une évaluation appropriée de ses incidences sur ledit site, exigence qui implique d'identifier, d'apprécier et de prendre en considération l'ensemble des incidences de ce plan ou de ce projet sur ce dernier. Un tel plan ou projet doit être soumis à une telle évaluation lorsqu'il existe une probabilité ou un risque qu'il affecte le site concerné d'une manière significative, condition qui, compte tenu du principe de précaution, doit être regardée comme étant satisfaite lorsque l'existence d'une probabilité ou d'un risque d'effets préjudiciables significatifs sur ce site ne peut être exclue sur la base des meilleures connaissances scientifiques en la matière, compte tenu, notamment, des caractéristiques ainsi que des conditions environnementales spécifiques dudit site (voir, en ce sens, arrêt du 10 novembre 2022, *AquaPri*, C-278/21, EU:C:2022:864, points 49 et 50 ainsi que jurisprudence citée). Il appartient à la juridiction de renvoi d'apprécier si le projet en cause dans l'affaire au principal est susceptible d'affecter le site concerné de manière significative, étant entendu, ainsi que Mme l'avocate générale l'a relevé au point 45 de ses conclusions, que la réglementation nationale applicable en matière de prévention des risques d'incendies de forêts ne peut affranchir un plan ou un projet du respect des exigences de l'article 6, paragraphe 3, de la directive « habitats ».

54. Cela étant, et en deuxième lieu, il convient de souligner qu'il n'existe pas de contradiction entre l'obligation, en vertu du droit national, d'adopter certaines mesures destinées à prévenir et combattre les incendies de forêts et celle, prévue à l'article 6, paragraphe 3, de la directive « habitats », de soumettre, au préalable, ces mesures à une évaluation de leurs incidences sur le site concerné, lorsqu'elles sont susceptibles d'avoir un impact significatif sur une zone de conservation spéciale.

55. En effet, d'une part, cette évaluation permet, au contraire, de définir les modalités de mise en œuvre desdites mesures qui sont les plus adaptées au maintien ou au rétablissement, dans un état de conservation favorable, des habitats ou espèces naturels pour la protection desquels la zone de conservation spéciale concernée a été instituée.

56. D'autre part, même dans le cas où l'évaluation conclut à des incidences négatives sur le site des mesures envisagées et où il n'existe pas de solutions alternatives, l'article 6, paragraphe 4, de la directive « habitats » prévoit que ces mesures peuvent néanmoins être réalisées lorsque des raisons impératives d'intérêt public majeur le justifient, pour autant que l'État membre prenne toute mesure compensatoire nécessaire pour assurer que la cohérence globale de Natura 2000 soit protégée [voir, en ce sens, arrêt du 17 avril 2018, *Commission/Pologne (Forêt de Białowieża)*, C-441/17, EU:C:2018:255, point 190].

57. En troisième lieu et en tout état de cause, il y a lieu de rappeler que la Cour a jugé que l'article 6, paragraphe 3, de la directive « habitats » ne saurait autoriser un État membre à édicter des règles nationales qui feraient échapper, de manière générale, certains types de plans ou de projets à l'obligation d'une évaluation de leurs incidences sur le site concerné [arrêt du 22 juin 2022, *Commission/Slovaquie (Protection du grand tétras)*, C-661/20, EU:C:2022:496, point 69 et jurisprudence citée].

58. En effet, la possibilité de dispenser de manière générale certaines activités, conformément à la réglementation nationale en vigueur, de l'évaluation de leurs incidences sur le site protégé concerné serait de nature à compromettre l'intégrité de ce site.

59. Au demeurant, il y a lieu de relever que, en l'occurrence, il ressort du dossier soumis à la Cour que la réglementation nationale applicable en matière de prévention des risques d'incendies de forêts ne prévoit pas une telle possibilité.

60. Eu égard à l'ensemble des considérations qui précèdent, il y a lieu de répondre à la troisième question que l'article 6, paragraphe 3, de la directive « habitats » doit être interprété en ce sens qu'il impose de procéder à une évaluation des plans et projets visés par cet article, même lorsque leur réalisation est exigée par la réglementation nationale applicable en matière de prévention des risques d'incendies de forêts.

Sur la quatrième question

61. Par sa quatrième question, la juridiction de renvoi demande, en substance, si l'article 6, paragraphe 3, de la directive « habitats » doit être interprété en ce sens que les activités destinées à assurer l'entretien des infrastructures de protection des forêts contre les incendies dans une zone forestière, désignée comme une zone spéciale de conservation, peuvent être poursuivies et achevées avant la mise en œuvre de la procédure d'évaluation de leurs incidences prévue à cette disposition.

62. Aux termes de la deuxième phrase de l'article 6, paragraphe 3, de la directive « habitats », « [c]ompte tenu des conclusions de l'évaluation des incidences sur le site et sous réserve des dispositions du paragraphe 4, les autorités nationales compétentes ne marquent leur accord sur ce plan ou projet qu'après s'être assurées qu'il ne portera pas atteinte à l'intégrité du site concerné et après avoir pris, le cas échéant, l'avis du public ». Ainsi, aucun plan ou projet ne peut être mis en œuvre dans une zone spéciale de conservation avant que ses incidences sur le site concerné n'aient été évaluées.

63. La Cour a confirmé à plusieurs reprises le caractère préalable de la procédure d'évaluation prévue à l'article 6, paragraphe 3, de la directive « habitats » (arrêts du 7 septembre 2004, *Waddenvereniging et Vogelbeschermingsvereniging*, C-127/02, EU:C:2004:482, point 34, du 11 avril 2013, *Sweetman e.a.*, C-258/11, EU:C:2013:220, point 28, ainsi que du 21 juillet 2016, *Orleans e.a.*, C-387/15 et C-388/15, EU:C:2016:583, point 43).

64. Ainsi que l'a indiqué Mme l'avocate générale au point 54 de ses conclusions, il est d'ailleurs indispensable que l'évaluation des incidences du plan ou du projet précède sa mise en œuvre. En effet, d'une part, une évaluation a posteriori ne permettrait pas d'éviter des atteintes à l'état de conservation du site. D'autre part, il serait souvent difficile d'évaluer l'ampleur de ces incidences en l'absence d'un inventaire préalable de l'état initial du site.

65. Ainsi, la directive « habitats » ne permet pas de réaliser un plan ou un projet dans une zone de conservation spéciale ni a fortiori d'en poursuivre et d'en achever la réalisation avant qu'une évaluation appropriée des incidences de celui-ci sur le site concerné ne soit effectuée.

66. Cette interdiction s'applique aux activités exercées dans une zone forestière, désignée comme une zone spéciale de conservation, afin d'assurer l'entretien des infrastructures de protection des forêts contre les incendies dans cette zone, lesquelles ont le caractère de projet, au sens de l'article 6, paragraphe 3, de la directive « habitats », ainsi qu'il ressort de la réponse de la Cour à la première question.

67. En revanche, ladite interdiction ne s'applique pas aux activités accomplies au titre des mesures de conservation du site arrêtées en application de l'article 6, paragraphe 1, de la directive « habitats ». En effet, ainsi qu'il est indiqué aux points 52 et 53 du présent arrêt, ces activités doivent être considérées, à ce titre, comme directement liées ou nécessaires à la gestion du site.

68. Ainsi, si les activités d'entretien des infrastructures de protection des forêts contre les incendies ont été déjà prévues par les mesures de conservation du site en application de l'article 6, paragraphe 1, de la directive « habitats », elles n'ont pas à faire l'objet de l'évaluation prévue à l'article 6, paragraphe 3, de cette directive.

69. Comme l'a relevé Mme l'avocate générale au point 57 de ses conclusions, il faut également réserver le cas où un risque actuel ou imminent impose l'accomplissement sans délai de mesures nécessaires à la protection du site. Dans une semblable hypothèse, l'accomplissement préalable de la procédure d'évaluation des incidences de ces mesures sur le site pourrait ne pas servir l'objectif de cette procédure, à savoir la préservation du site, mais risquerait, au contraire, d'être préjudiciable à celle-ci.

70. Tel peut être, en particulier, le cas de mesures prises d'urgence pour la protection et la lutte contre les incendies de forêts. Il appartient à la juridiction de renvoi d'apprécier si l'exécution des travaux en cause dans le litige au principal, sans évaluation préalable de leurs incidences sur la zone naturelle protégée concernée, pouvait être justifiée à ce titre.

71. Eu égard aux considérations qui précèdent, il y a lieu de répondre à la quatrième question que l'article 6, paragraphe 3, de la directive « habitats » doit être interprété en ce sens que les activités destinées à assurer l'entretien des infrastructures de protection des forêts contre les incendies dans une zone forestière, désignée comme une zone spéciale de conservation, ne peuvent être engagées ni a fortiori poursuivies et achevées avant l'accomplissement de la procédure d'évaluation de leurs incidences prévue à cet article, à moins que ces activités ne figurent au nombre des mesures de conservation du site concerné déjà arrêtées en application de l'article 6, paragraphe 1, de cette directive ou qu'un risque actuel ou imminent portant préjudice à la préservation de ce site n'en commande la réalisation immédiate.

Sur la cinquième question

72. Par sa cinquième question, la juridiction de renvoi demande, en substance, si l'article 6, paragraphe 3, de la directive « habitats » doit être interprété en ce sens qu'il oblige les autorités compétentes à adopter des mesures afin de remédier aux éventuelles incidences importantes de travaux exécutés sans avoir fait l'objet de l'évaluation préalable prévue à cette disposition et à exiger la réparation du dommage causé par ces travaux.

73. À titre liminaire, il y a lieu de s'interroger sur l'utilité de la cinquième question, telle qu'elle est formulée, pour la solution du litige au principal.

74. En effet, par la décision en cause au principal, le directeur général du service de protection de l'environnement a fait injonction à la requérante au principal, d'une part, de laisser sur place les pins abattus dont la souche a un diamètre supérieur à 25 centimètres et, d'autre part, de reconstituer la quantité de bois mort dans le biotope prioritaire protégé 9010* « Forêts boréales anciennes ou naturelles », qu'elle a estimée être à un niveau insuffisant.

75. Or, ainsi que Mme l'avocate générale l'a relevé aux points 69 et 72 de ses conclusions, la première injonction vise à empêcher la poursuite des travaux exécutés en violation de l'article 6, paragraphe 3, de la directive « habitats » et la seconde constitue un rappel du point 11.2 du décret n° 478 imposant de renoncer à l'évacuation du bois mort, lorsque celui-ci est en quantité insuffisante.

76. En d'autres termes, la décision en cause au principal ne semble pas avoir pour objet de remédier aux incidences des travaux exécutés par la requérante au principal ni d'exiger de cette dernière la réparation du dommage causé par ces travaux.

77. Toutefois, il convient de rappeler qu'il appartient au seul juge national, qui est saisi du litige et qui doit assumer la responsabilité de la décision juridictionnelle à intervenir, d'apprécier, au regard des particularités de l'affaire, tant la nécessité d'une décision préjudicielle pour être en mesure de rendre son jugement que la pertinence des questions qu'il pose à la Cour.

78. En l'occurrence, il ressort de la demande de décision préjudicielle que la cinquième question porte, comme les autres questions posées, sur l'interprétation de l'article 6, paragraphe 3, de la directive « habitats » et il n'est pas manifeste qu'elle soit dépourvue d'utilité pour la solution du litige au principal. La Cour est donc compétente pour y répondre.

79. En premier lieu, il convient de constater que la directive « habitats », en particulier l'article 6, paragraphe 3, de celle-ci, ne contient pas de dispositions relatives aux conséquences à tirer d'une violation de l'obligation d'évaluation préalable des incidences d'un plan ou d'un projet (voir, en ce sens, arrêt du 29 juillet 2019, *Inter-Environnement Wallonie et Bond Beter Leefmilieu Vlaanderen*, C-411/17, EU:C:2019:622, point 169).

80. L'article 6, paragraphe 2, de cette directive impose seulement aux États membres de prendre « les mesures appropriées pour éviter, dans les zones spéciales de conservation, la détérioration des habitats naturels et des habitats d'espèces ainsi que les perturbations touchant les espèces pour lesquelles les zones ont été désignées, pour autant que ces perturbations soient susceptibles d'avoir un effet significatif eu égard aux objectifs de [ladite] directive ».

81. En vertu du principe de coopération loyale, prévu à l'article 4, paragraphe 3, TUE, les États membres sont néanmoins tenus d'effacer les conséquences illicites d'une violation du droit de l'Union (arrêts du 16 décembre 1960, *Humblet/État belge*, 6/60-IMM, EU:C:1960:48,

p. 1146, et du 7 janvier 2004, *Wells*, C-201/02, EU:C:2004:12, point 64). Cette obligation s'adresse à chaque organe de l'État membre concerné et, notamment, aux autorités nationales qui, dans le cadre de leurs compétences, sont tenues de prendre toutes les mesures nécessaires afin de remédier à l'omission d'une évaluation des incidences d'un plan ou d'un projet sur l'environnement [voir, en ce sens, arrêt du 12 novembre 2019, *Commission/Irlande (Parc éolien de Derrybrien)*, C-261/18, EU:C:2019:955, point 75]. Ladite obligation incombe aussi aux entreprises appartenant à l'État membre concerné [voir, en ce sens, arrêt du 12 novembre 2019, *Commission/Irlande (Parc éolien de Derrybrien)*, C-261/18, EU:C:2019:955, point 91].

82. En vertu de ce principe, l'État membre concerné est également tenu de réparer tout préjudice causé par l'omission d'une évaluation des incidences d'un plan ou d'un projet sur l'environnement (arrêt du 7 janvier 2004, *Wells*, C-201/02, EU:C:2004:12, point 66).

83. En revanche, il ne saurait résulter du seul principe de coopération loyale, qui ne s'impose qu'aux États membres et à leurs organes, une obligation des particuliers de réparer les dommages causés à l'environnement dans une zone spéciale de conservation par des travaux que ceux-ci ont entrepris sans que ces travaux aient fait l'objet de l'évaluation appropriée prévue à l'article 6, paragraphe 3, de la directive « habitats ».

84. Dès lors que la directive « habitats » ne contient aucune disposition relative à la réparation d'un dommage environnemental et que, en tout état de cause, aucune obligation ne saurait être imposée à des particuliers sur le seul fondement de cette directive, l'obligation de réparer un dommage du type de celui en cause dans l'affaire au principal ne pourrait résulter que du seul droit letton.

85. Il convient d'ajouter que, dans le cas où une telle obligation serait prévue dans le droit letton, ce qu'il appartient à la juridiction de renvoi de vérifier, les autorités nationales compétentes seraient obligées d'en faire application.

86. Par conséquent, l'article 6, paragraphe 3, de la directive « habitats », lu à la lumière du principe de coopération loyale, ne saurait obliger les autorités compétentes à exiger des particuliers la réparation d'un tel dommage.

87. Partant, cette disposition n'oblige pas la requérante au principal à réparer le dommage causé par les travaux qu'elle a exécutés sans qu'une évaluation appropriée ait été préalablement effectuée et ne permet donc aux autorités compétentes de lui imposer la réparation de ce dommage que dans l'hypothèse, envisagée par Mme l'avocate générale au point 73 de ses conclusions, où elle devrait être assimilée à un organe de l'État membre concerné. En revanche, si elle a la qualité de particulier, ces autorités ne sauraient exiger d'elle, sur le seul fondement de ladite disposition et du principe de coopération loyale, la réparation des dommages susmentionnés.

88. Eu égard à l'ensemble des considérations qui précèdent, il y a lieu de répondre à la cinquième question que l'article 6, paragraphe 3, de la directive « habitats », lu à la lumière du principe de coopération loyale, doit être interprété en ce sens qu'il oblige l'État membre concerné, en particulier les autorités compétentes de celui-ci, à adopter des mesures afin de remédier aux éventuelles incidences importantes sur l'environnement de travaux exécutés sans que l'évaluation appropriée de ces incidences, prévue à cette disposition, ait été préalablement effectuée et à réparer le dommage causé par ces travaux. En revanche, il n'oblige pas cet État membre à exiger de particuliers la réparation d'un tel dommage, dans le cas où il leur est imputable.

SUR LES DÉPENS

[...]

Par ces motifs, la Cour (9e chambre) dit pour droit :

1) L'article 6, paragraphe 3, de la directive 92/43/CEE du Conseil, du 21 mai 1992, concernant la conservation des habitats naturels ainsi que de la faune et de la flore sauvages, doit être interprété en ce sens que la notion de « projet », au sens de cette disposition, inclut les activités exercées dans une zone forestière, désignée comme une zone spéciale de conservation, afin d'assurer l'entretien des infrastructures de protection des forêts contre les incendies dans cette zone, conformément aux exigences prévues par la réglementation nationale applicable en matière de prévention des risques d'incendies de forêts, lorsque ces activités modifient la réalité physique du site concerné.

2) L'article 6, paragraphe 3, de la directive 92/43 doit être interprété en ce sens que les activités exercées dans une zone forestière, désignée comme une zone spéciale de conservation, afin d'assurer l'entretien des infrastructures de protection des forêts contre les incendies dans cette zone, conformément aux exigences prévues par la réglementation nationale applicable en matière de prévention des risques d'incendies de forêts, ne peuvent être considérées, du seul fait qu'elles ont un tel objet, comme directement liées ou nécessaires à la gestion du site concerné et ne peuvent donc être dispensées à ce titre de l'évaluation de leurs incidences sur ce site, à moins qu'elles ne figurent au nombre des mesures de conservation du site déjà arrêtées en application de l'article 6, paragraphe 1, de cette directive.

3) L'article 6, paragraphe 3, de la directive 92/43 doit être interprété en ce sens qu'il impose de procéder à une évaluation des plans et des projets visés à cette disposition, même lorsque leur réalisation est exigée par la réglementation nationale applicable en matière de prévention des risques d'incendies de forêts.

4) L'article 6, paragraphe 3, de la directive 92/43 doit être interprété en ce sens que les activités destinées à assurer l'entretien des infrastructures de protection des forêts contre les incendies dans une zone forestière, désignée comme une zone spéciale de conservation, ne peuvent être engagées ni a fortiori poursuivies et achevées avant l'accomplissement de la procédure d'évaluation de leurs incidences prévue à cet article, à moins que ces activités ne figurent au nombre des mesures de conservation du site concerné déjà arrêtées en application de l'article 6, paragraphe 1, de cette directive ou qu'un risque actuel ou imminent portant préjudice à la préservation de ce site n'en commande la réalisation immédiate.

5) L'article 6, paragraphe 3, de la directive 92/43, lu à la lumière du principe de coopération loyale, doit être interprété en ce sens qu'il oblige l'État membre concerné, en particulier les autorités compétentes de celui-ci, à adopter des mesures afin de remédier aux éventuelles incidences importantes sur l'environnement de travaux exécutés sans que l'évaluation appropriée de ces incidences, prévue à cette disposition, ait été préalablement effectuée et à réparer le dommage causé par ces travaux. En revanche, il n'oblige pas cet État membre à exiger de particuliers la réparation d'un tel dommage, dans le cas où il leur est imputable.

Observations

Même si l'arrêt ici commenté ne surprend pas les assidus du droit de l'environnement, on ne soulignera jamais trop les vastes contours de l'interprétation de l'article 6, paragraphe 3, de la directive « habitats » (1). Un nouvel exemple en est occasionné par une demande préjudicielle présentée dans le cadre d'un litige opposant une société à l'administration régionale de Kurzeme de la Dabas (Lettonie) qui lui imposait de prendre différentes mesures destinées à réduire les incidences négatives d'un abattage d'arbres dans la zone spéciale de conservation d'importance communautaire (Natura 2000) d'Ances purvi un meži (Marais et forêts d'Ance).

(1) Directive 92/43 du 21 mai 1992 concernant la conservation des habitats naturels ainsi que de la faune et de la flore sauvages, *JOUE* 1992, L 206, p. 7.

Il échet à titre liminaire de rappeler que ledit article 6, paragraphe 3, de la directive « habitats » dispose que « [t]out plan ou projet *non directement lié ou nécessaire à la gestion du site* mais susceptible d'affecter ce site de manière significative, individuellement ou en conjugaison avec d'autres plans et projets, fait l'objet d'une évaluation appropriée de ses incidences sur le site eu égard aux objectifs de conservation de ce site », conduisant à ce que les autorités nationales compétentes « ne marquent leur accord sur ce plan ou projet qu'après s'être assurées qu'il ne portera pas atteinte à l'intégrité du site concerné et après avoir pris, le cas échéant, l'avis du public », et à tout le moins prennent, aux termes du paragraphe 4, « toute mesure compensatoire nécessaire pour assurer que la cohérence globale de Nature 2000 est protégée ».

En l'espèce, les agents du service de protection de l'environnement de l'administration régionale, ayant inspecté la zone naturelle concernée, ont constaté que la requérante au principal avait fait abattre des arbres sur cette zone le long des routes naturelles sur environ 17 km alors que cet abattage aurait dû faire l'objet, au préalable, d'une procédure d'évaluation de ses incidences. La requérante au principal fait valoir que les activités qui lui sont reprochées sont exigées par la réglementation nationale applicable en matière de prévention des risques d'incendies de forêts, laquelle implique l'entretien des chemins forestiers et des routes naturelles, y compris l'abattage d'arbres sur le fondement d'autorisations délivrées par le service des forêts de l'État et que les mesures imposées par la décision en cause ont des incidences négatives sur la protection et la lutte contre les incendies.

Examen des questions

La première question abordée par la Cour vise à savoir si la notion de « projet » inclut les activités exercées dans une zone forestière, désignée comme une zone spéciale de conservation, afin d'assurer l'entretien des infrastructures de protection des forêts contre les incendies dans cette zone, conformément aux exigences prévues par la réglementation nationale en matière de prévention des risques d'incendies de forêts.

La directive « habitats » ne comportant pas de définition de la notion de « projet », la Cour se réfère à l'article 1er, paragraphe 2, sous a), de la directive 2011/92 du 13 décembre 2011 concernant l'évaluation des incidences de certains projets publics et privés sur l'environnement (2), la tout aussi fameuse « directive EIE » qui encadre les « études d'impact » selon la terminologie prévalente

(2) *JO* 2012, L 26, p. 1.

en France. En effet, la directive EIE en donne une définition, aux termes de laquelle un « projet comprend la réalisation de travaux de construction ou d'autres installations ou ouvrages, ainsi que d'autres interventions dans le milieu naturel ou le paysage, y compris celles destinées à l'exploitation des ressources du sol ». Or, selon la jurisprudence, la notion de « projet » au sens de la directive « habitats » englobe celle de « projet » au sens de la directive EIE : « [S]i une activité relève de la directive EIE, elle doit, à plus forte raison, relever de la directive "habitats" » (3). Et un « projet » au sens de la directive EIE « implique la réalisation de travaux ou d'interventions modifiant la réalité physique du site concerné » comme, en l'espèce, des abattages d'arbres destinés à assurer l'entretien des routes naturelles traversant la zone naturelle protégée concernée. Faisant un premier pas dans un raisonnement qu'elle complètera plus loin, la Cour exprime clairement que « la circonstance que les travaux d'abattage d'arbres en cause au principal auraient été imposés par la réglementation nationale applicable en matière de prévention des risques d'incendies de forêts n'est pas susceptible de remettre en cause la qualification de ces travaux de "projet", au sens de la directive EIE » (pts 36-39).

La Cour dit ainsi pour droit que la notion de « projet », au sens de l'article 6, paragraphe 3, de la directive « habitats », inclut les activités exercées dans une zone forestière, désignée comme une zone spéciale de conservation, afin d'assurer l'entretien des infrastructures de protection des forêts contre les incendies conformément aux exigences prévues par la réglementation nationale, lorsque ces activités modifient la réalité physique du site concerné.

La solution peut ne pas paraître évidente si l'on s'abstrait un instant de ce contexte normatif, puisque les mesures incriminées sont non seulement imposées par la réglementation nationale, mais encore dictées par un impératif qui n'est pas si éloigné de la protection de l'environnement, ou au moins de ce qu'on peut être tenté de qualifier d'« exigence essentielle », qui plus est de protection de la forêt.

La réponse de la Cour à la deuxième question, qui retient ici plus particulièrement l'attention, le montre bien. Il s'agit alors de déterminer si de telles activités exercées afin d'assurer l'entretien des infrastructures de protection des forêts contre les incendies conformément aux exigences prévues par la réglementation nationale applicable doivent être considérées non plus seulement comme un projet, mais comme « directement lié ou nécessaire à la

(3) CJUE, 9 septembre 2020, *Friends of the Irish Environnement*, aff. C-254/19, EU:C:2020:680, pt 29.

gestion du site », au sens de cette disposition. Dans l'affirmative, en effet, elles n'auraient pas à faire l'objet d'une évaluation de leurs incidences sur le site concerné. Mais autant la qualification de « projet », qui définit les champs d'application des exigences d'évaluation des directives EIE et « habitats » est assez logiquement large, autant l'expression « directement lié ou nécessaire à la gestion du site » appelle une interprétation stricte eu égard à sa fonction dérogatoire.

C'est qu'en effet, la directive « habitats » prescrit des mesures de conservation nécessaires impliquant, le cas échéant, des plans de gestion appropriés qui répondent aux exigences écologiques des types d'habitats naturels et des espèces protégés présents sur ces sites (pts 43-45). Or, toutes les mesures qui visent à assurer la protection d'une zone spéciale de conservation contre les risques d'incendies de forêts « ne sont pas pour autant directement liées ou nécessaires à la gestion du site concerné ». Il n'en irait ainsi de telles mesures que si elles étaient « nécessaires au maintien ou au rétablissement, dans un état de conservation favorable, des habitats ou espèces protégés, et proportionnées à ces objectifs ». Dès lors, il convient d'apprécier si ces travaux affectent certains objectifs de conservation et, le cas échéant, si le risque d'une atteinte future au site concerné par les incendies justifie lesdits travaux compte tenu de l'ensemble des caractéristiques de cette zone (pts 47-48).

La Cour répond donc à la deuxième question que ces activités ne peuvent être considérées, du seul fait qu'elles ont un tel objet, comme directement liées ou nécessaires à la gestion du site concerné et ne peuvent donc être dispensées à ce titre de l'évaluation de leurs incidences sur ce site, à moins qu'elles ne figurent au nombre des mesures de conservation du site déjà arrêtées en application de l'article 6, paragraphe 1, de la directive.

Les réponses aux trois dernières questions résultent assez directement de ces qualifications préalables.

À la troisième, il est répondu en confirmant que l'évaluation de tels plans et des projets doit avoir lieu même lorsque leur réalisation est exigée par la réglementation nationale applicable en matière de prévention des risques d'incendies de forêts (pts 53-59).

À la quatrième, que ces activités ne peuvent être engagées ni *a fortiori* poursuivies et achevées avant l'accomplissement de la procédure d'évaluation, à moins qu'elles ne figurent au nombre des mesures de conservation du site concerné déjà arrêtées en application de la directive, ou qu'un risque actuel ou imminent portant préjudice à la préservation de ce site n'en commande la réalisation immédiate (pts 62-70).

Et, enfin, à la cinquième, que l'article 6, paragraphe 3, lu à la lumière du principe de coopération loyale, oblige l'État membre à adopter des mesures afin de remédier aux éventuelles incidences importantes sur l'environnement de travaux exécutés sans que l'évaluation appropriée de ces incidences ait été préalablement effectuée et à réparer le dommage causé par ces travaux mais pas à en exiger la réparation de particuliers (pts 79-87).

Patrick THIEFFRY

Cour de justice, 3e ch., 21 décembre 2023, *Papier Mettler Italia Srl c/ Ministero della Transizione Ecologica, Ministero dello Sviluppo Economico*, aff. C-86/22, ECLI:EU:C:2023:1023

Conclusions de l'avocat général M. Campos Sánchez-Bordona, du 25 mai 2023, ECLI:EU:C:2023:434

Mots-clés : Emballages et déchets d'emballages – Procédure d'information dans le domaine des normes et réglementations techniques et des règles relatives aux services de la société de l'information – Obligation des États membres de notifier à la Commission européenne tout projet de règle technique – Réglementation nationale prévoyant des règles techniques plus restrictives que celles prévues par la réglementation de l'Union européenne

Cadre normatif : directive 94/62/CE ; directive 98/34/CE

Extraits de l'arrêt

1. La demande de décision préjudicielle porte sur l'interprétation des articles 1er, 2, 9, 16 et 18 de la directive 94/62/CE du Parlement européen et du Conseil, du 20 décembre 1994, relative aux emballages et aux déchets d'emballages (*JO* 1994, L 365, p. 10), telle que modifiée par la directive 2013/2/UE de la Commission, du 7 février 2013 (*JO* 2013, L 37, p. 10) (ci-après la « directive 94/62 »), et de l'article 8 de la directive 98/34/CE du Parlement européen et du Conseil, du 22 juin 1998, prévoyant une procédure d'information dans le domaine des normes et réglementations techniques et des règles relatives aux services de la société de l'information (*JO* 1998, L 204, p. 37), telle que modifiée par le règlement (UE) n° 1025/2012 du Parlement européen et du Conseil, du 25 octobre 2012 (*JO* 2012, L 316, p. 12) (ci-après la « directive 98/34 »), ainsi que de l'article 114, paragraphes 5 et 6, TFUE.

2. Cette demande a été présentée dans le cadre d'un litige opposant Papier Mettler Italia Srl au Ministero della Transizione Ecologica (ministère de la Transition écologique, Italie) (ci-après le « ministère de l'Environnement ») et au Ministero dello Sviluppo Economico (ministère du Développement économique, Italie) au sujet, d'une part, de la légalité d'un décret imposant le respect de certaines caractéristiques techniques pour la commercialisation des sacs en plastique destinés à l'enlèvement de marchandises et, d'autre part, de la réparation des dommages qui auraient été causés en raison de l'adoption de ce décret.

[...]

Sur la recevabilité de la demande de décision préjudicielle

31. L'Associazione Italiana delle Bioplastiche e dei Materiali Biodegradabili e Compostabili – Assobioplastiche (Association italienne des bioplastiques et des matériaux biodégradables et compostables – Assobioplastiche, ci-après l'« AIB ») et le gouvernement italien soutiennent, en substance, que la demande de décision préjudicielle est irrecevable au motif que, la procédure de notification n'ayant pas abouti, le décret en cause au principal ne serait jamais entré en vigueur ou, du moins, aurait été abrogé par la suite.

32. L'AIB soulève un autre motif d'irrecevabilité de la demande de décision préjudicielle, tiré de ce que la juridiction de renvoi aurait méconnu le paragraphe 1*bis* introduit à l'article 4 de la directive 94/62, en ce qu'il prévoit des dispositions spécifiques sur les sacs en plastique.

33. Aucun de ces motifs ne sauraient être retenus.

34. En effet, il convient de rappeler qu'il appartient au seul juge national, qui est saisi du litige et qui doit assumer la responsabilité de la décision juridictionnelle à intervenir, d'apprécier, au regard des particularités de l'affaire, tant la nécessité d'une décision préjudicielle pour être en mesure de rendre son jugement que la pertinence des questions qu'il pose à la Cour. En conséquence, dès lors que les questions posées portent sur l'interprétation d'une règle de droit de l'Union, la Cour est, en principe, tenue de statuer (arrêt du 6 octobre 2021, *Sumal*, C-882/19, EU:C:2021:800, point 27 et jurisprudence citée).

35. Il s'ensuit que les questions portant sur le droit de l'Union bénéficient d'une présomption de pertinence. Le refus de la Cour de statuer sur une question préjudicielle posée par une juridiction nationale n'est possible que s'il apparaît de manière manifeste que l'interprétation d'une règle de l'Union sollicitée n'a aucun rapport avec la réalité ou l'objet du litige au principal, lorsque le problème est de nature hypothétique ou encore lorsque la Cour ne dispose pas des éléments de fait et de droit nécessaires pour répondre de façon utile aux questions qui lui sont posées (arrêt du 6 octobre 2021, *Sumal*, C-882/19, EU:C:2021:800, point 28 et jurisprudence citée).

36. Or, tel n'est pas le cas en l'occurrence. Ainsi qu'il ressort de la décision de renvoi, la solution du litige au principal dépend des réponses que la Cour est appelée à donner aux quatre questions posées dans la mesure où ces réponses permettront à la juridiction de renvoi de statuer sur le recours en responsabilité introduit par Papier Mettler Italia, laquelle fait valoir un manque à gagner causé par la cessation de la vente des sacs à usage unique fabriqués à partir de matériaux non biodégradables et non compostables mais respectant les autres exigences fixées par la directive 94/62 à la suite de l'entrée en vigueur de l'interdiction prévue dans le décret en cause au principal.

37. À cet égard, il convient de rappeler qu'il incombe à la Cour de prendre en compte, dans le cadre de la répartition des compétences entre cette dernière et les juridictions nationales, le contexte factuel et réglementaire dans lequel s'insèrent les questions préjudicielles, tel que défini par la décision de renvoi, de sorte que l'examen d'un renvoi préjudiciel ne saurait être effectué au regard de l'appréciation du droit national défendue par le gouvernement d'un État membre ou par une partie au litige au principal [voir, en ce sens, arrêt du 15 avril 2021, *État belge (Éléments postérieurs à la décision de transfert)*, C-194/19, EU:C:2021:270, point 26 et jurisprudence citée].

38. Dans ces circonstances, il ne saurait être soutenu que l'interprétation sollicitée n'a aucun rapport avec la réalité ou l'objet du litige au principal ni que le problème soulevé par la juridiction de renvoi est de nature hypothétique. Au demeurant, la Cour dispose des éléments de fait et de droit nécessaires pour répondre de façon utile aux questions qui lui sont posées.

39. Par ailleurs, l'argumentation de l'AIB, tirée de la méconnaissance du paragraphe 1*bis* introduit à l'article 4 de la directive 94/62, ne peut qu'être écartée dès lors que ce paragraphe n'est pas applicable ratione temporis aux faits en cause au principal. En effet, ledit paragraphe a été inséré dans cette directive par la directive 2015/720 et, par conséquent, postérieurement à ces faits.

40. Il s'ensuit que la demande de décision préjudicielle est recevable.

Sur les questions préjudicielles

Sur la première question

41. Par sa première question, la juridiction de renvoi demande, en substance, si les articles 8 et 9 de la directive 98/34 ainsi que l'article 16 de la directive 94/62 doivent être interprétés en ce sens qu'ils s'opposent à l'adoption d'une réglementation nationale qui interdit la commercialisation de sacs à usage unique fabriqués à partir de matériaux non biodégradables et non compostables mais respectant les autres exigences fixées par la directive 94/62 lorsque cette réglementation a été communiquée à la Commission quelques jours seulement avant son adoption et sa publication.

42. À titre liminaire, il y a lieu de relever qu'il n'est pas contesté, en l'occurrence, que l'article 2 du décret en cause au principal, interdisant la fabrication et la commercialisation de sacs en plastique destinés à l'enlèvement des marchandises qui ne répondent pas à certaines exigences détaillées dans celui-ci, ainsi que cela est rappelé au point 21 du présent arrêt, constitue une « règle technique », au sens de l'article 1er de la directive 98/34.

43. Cette précision liminaire étant faite, il y a lieu de rappeler, en premier lieu, qu'il est de jurisprudence constante que la directive 98/34 vise, par un contrôle préventif, à protéger la libre circulation des marchandises, qui est l'un des fondements de l'Union, et que ce contrôle est utile dans la mesure où des règles techniques relevant de cette directive peuvent constituer des entraves aux échanges des marchandises entre les États membres, ces entraves ne pouvant être admises que si elles sont nécessaires pour satisfaire à des exigences impératives poursuivant un but d'intérêt général (voir, en ce sens, arrêts du 30 avril 1996, *CIA Security International*, C-194/94, EU:C:1996:172, points 40 et 48 ; du 8 septembre 2005, *Lidl Italia*, C-303/04, EU:C:2005:528, point 22, ainsi que du 9 juin 2011, *Intercommunale Intermosane et Fédération de l'industrie et du gaz*, C-361/10, EU:C:2011:382, point 10).

44. Il ressort également de la jurisprudence constante de la Cour qu'une règle technique ne peut être appliquée lorsqu'elle n'a pas été notifiée conformément à l'article 8, paragraphe 1, de la directive 98/34, ou lorsque, quand bien même elle a été notifiée, elle a été approuvée et exécutée avant l'expiration de la période de suspension de trois mois prévue à l'article 9, paragraphe 1, de cette directive (arrêt du 16 juillet 2015, *UNIC et Uni.co.pel*, C-95/14, EU:C:2015:492, point 29 ainsi que jurisprudence citée).

45. À cet égard, en ce qui concerne, premièrement, l'obligation de notification préalable prévue à l'article 8, paragraphe 1, de la directive 98/34, il convient de relever que, conformément à cette disposition, les États membres notifient à la Commission tout « projet de règle technique », lequel est défini à l'article 1er, point 12, de cette directive comme étant une règle « qui se trouve à un stade de préparation où il est encore possible d'y apporter des amendements substantiels ».

46. Or, il ressort de la décision de renvoi que le décret en cause au principal a été, tout d'abord, notifié à la Commission le 12 mars 2013 en application de l'article 8 de la directive 98/34. Ce décret a été ensuite adopté le 18 mars suivant et il a été, enfin, publié à la *Gazzetta ufficiale della Repubblica italiana* le 27 mars 2013.

47. Il s'ensuit que cette notification ne saurait être considérée comme ayant porté sur un « projet de règle technique », au sens de l'article 1er, point 12, de cette directive, dès lors que cette notification portait, ainsi que M. l'avocat général l'a relevé au point 45 de ses conclusions, non pas sur un « projet de règle technique », au sens de cette disposition, mais sur une version finale de celle-ci, qui se trouvait à un stade de préparation où il n'était alors pas possible d'apporter d'amendements substantiels ni de tenir compte des observations et des avis circonstanciés émis par les États membres postérieurement à cette notification.

48. Deuxièmement, il y a lieu de relever que l'adoption du décret en cause au principal dans un délai de six jours à compter de la notification de celui-ci à la Commission sur le fondement de l'article 8, paragraphe 1, de ladite directive viole également l'obligation prévue à l'article 9, paragraphe 1, de celle-ci, aux termes duquel les États membres reportent l'adoption d'un « projet de règle technique » de trois mois à compter de la date de réception par la Commission de la communication prévue à l'article 8, paragraphe 1, de la même directive.

49. À cet égard, les deux motifs invoqués par le gouvernement italien pour justifier l'adoption du décret en cause au principal dans de telles circonstances ne sauraient convaincre.

50. D'une part, en ce que ce gouvernement soutient que l'interdiction de commercialisation visée par le décret en cause au principal se limitait à reproduire un dispositif législatif qui avait déjà été notifié à la Commission, le 5 avril 2011, en tant que « projet de loi relatif à l'interdiction de commercialisation des sacs non biodégradables pour l'enlèvement de marchandises », il convient de relever, à l'instar de M. l'avocat général aux points 49 et 50 de ses conclusions, que la notification du projet concerné ne saurait être analysée comme étant une simple réitération de celle effectuée en 2011. En effet, le décret en cause au principal comporte des spécifications techniques plus rigoureuses que celles figurant dans l'acte notifié le 5 avril 2011, de telle sorte que ce décret devait être notifié à la Commission en vertu de l'article 8, paragraphe 1, de la directive 98/34.

51. D'autre part, ledit gouvernement soutient que l'entrée en vigueur du décret en cause au principal aurait été conditionnée, en vertu de l'article 6 de celui-ci, à l'« issue favorable » de la procédure de notification engagée le 12 mars 2013 sur le fondement de l'article 8, paragraphe 1, de la directive 98/34. Or, cette procédure n'aurait pas connu une telle issue dès lors que la Commission n'aurait pas émis d'avis quant à ce décret. Cette argumentation ne peut qu'être écartée dès lors que, premièrement, l'adoption et la publication dudit décret sont susceptibles en tant que telles d'avoir certains effets sur la libre circulation des produits concernés, deuxièmement, elles n'ont pas permis de prendre en considération les observations et les avis circonstanciés émis par le Royaume des Pays-Bas, le Royaume de Suède et le Royaume-Uni de Grande-Bretagne et d'Irlande du Nord et, troisièmement, ainsi que M. l'avocat général l'a relevé au point 52 de ses conclusions, elles constituent une technique législative qui méconnaît le principe de sécurité juridique.

52. Il découle des considérations qui précèdent que la notification à la Commission du décret en cause au principal quelques jours seulement avant l'adoption et la publication de celui-ci méconnaît l'article 8, paragraphe 1, et l'article 9 de la directive 98/34.

53. En second lieu, il y a lieu de déterminer si la méconnaissance par un État membre de son obligation de notification préalable des projets de mesures qu'il prévoit d'adopter dans le cadre de la directive 94/62, au titre de l'article 16, paragraphe 1, de cette dernière, entraîne l'inapplicabilité et, partant, l'inopposabilité à des particuliers de la réglementation concernée, à l'instar des conséquences, rappelées au point 44 du présent arrêt, découlant de la méconnaissance par un État membre de son obligation de notification préalable des règles techniques, prévue à l'article 8, paragraphe 1, de la directive 98/34.

54. À cet égard, il importe de constater que l'article 16, paragraphe 1, de la directive 94/62 se limite, en substance, à imposer aux États membres l'obligation de notifier à la Commission, avant leur adoption, les projets des mesures qu'ils prévoient d'adopter dans le cadre de cette directive, afin que cette institution puisse les examiner à la lumière des dispositions existantes. L'article 16, paragraphe 2, de ladite directive prévoit que, si la mesure envisagée concerne également une question d'ordre technique, au sens de la directive 98/34, l'État membre concerné peut préciser que la notification effectuée au titre de la directive 94/62 vaut également au titre de la directive 98/34.

55. Il résulte du libellé de l'article 16 de la directive 94/62 que celui-ci ne fixe pas de procédure de contrôle de l'Union de ces projets et ne subordonne pas l'entrée en vigueur desdits projets à l'accord ou à l'absence d'opposition de la Commission.

56. L'objectif poursuivi par cette directive consiste, ainsi que cela ressort du considérant 1 de celle-ci, à harmoniser les diverses mesures nationales relatives à la gestion des emballages et des déchets d'emballages de manière, d'une part, à éviter ou à réduire leurs effets sur l'environnement, et à assurer ainsi un niveau élevé de protection de l'environnement, et, d'autre part, à assurer le fonctionnement du marché intérieur et à éviter les entraves aux échanges ainsi que les distorsions et les restrictions de concurrence. L'objectif plus spécifique poursuivi à l'article 16 de ladite directive vise, ainsi que cela ressort du considérant 33 de celle-ci, à permettre à la Commission de vérifier la conformité des mesures envisagées à la même directive.

57. L'obligation imposée aux États membres à l'article 16, paragraphe 1, de la directive 94/62 vise ainsi à permettre à la Commission d'être informée des mesures nationales envisagées dans le domaine des emballages et des déchets d'emballages, afin de pouvoir évaluer si les projets de mesures qui lui sont soumis sont ou non compatibles avec le droit de l'Union et, d'en tirer, le cas échéant, les conséquences juridiques appropriées.

58. Il s'ensuit que ni le libellé ni le but de l'article 16, paragraphe 1, de la directive 94/62 ne permettent de considérer que le non-respect de l'obligation de notification préalable qui incombe aux États membres produit les mêmes effets rappelés au point 44 du présent arrêt que la méconnaissance de l'obligation de notification préalable prévue à l'article 8 de la directive 98/34.

59. Ainsi que le soutient la Commission dans ses observations, la circonstance que l'article 16 de la directive 94/62 fasse référence à la directive 83/189, qui a été remplacée par la directive 98/34, ne saurait être interprétée en ce sens qu'une méconnaissance de cette disposition produit les mêmes effets qu'une méconnaissance de l'article 8 de la directive 98/34. En effet, ainsi que M. l'avocat général l'a relevé au point 64 de ses conclusions, cette référence croisée vise simplement à éviter qu'un même projet de mesures soit communiqué à de multiples reprises à la Commission au titre de différentes obligations de notification.

60. Il en découle que l'obligation de notification préalable instaurée à l'article 16 de la directive 94/62 constitue une simple obligation d'information des États membres à l'égard de la Commission dont la méconnaissance n'est pas susceptible de constituer un vice substantiel de nature à entraîner l'inapplicabilité des mesures envisagées par les États membres de telle sorte qu'elles ne peuvent être opposées aux particuliers. Partant, cet article ne saurait être invoqué devant une juridiction nationale pour obtenir l'annulation de règles non notifiées ou l'absence d'opposabilité de celles-ci.

61. Eu égard à l'ensemble des considérations qui précèdent, il convient de répondre à la première question que les articles 8 et 9 de la directive 98/34 doivent être interprétés en ce sens qu'ils s'opposent à l'adoption d'une réglementation nationale qui interdit la commercialisation de sacs à usage unique fabriqués à partir de matériaux non biodégradables et non compostables mais respectant les autres exigences fixées dans la directive 94/62 lorsque cette réglementation a été communiquée à la Commission quelques jours seulement avant son adoption et sa publication.

Sur la deuxième question

62. Par sa deuxième question, la juridiction de renvoi demande, en substance, si l'article 18 de la directive 94/62, lu en combinaison avec l'article 9 et l'annexe II de celle-ci, doit être interprété en ce sens qu'il s'oppose à une réglementation nationale qui interdit la commercialisation de sacs à usage unique fabriqués à partir de matériaux non biodégradables et non compostables mais respectant les autres exigences fixées dans cette directive et, le cas échéant, si cette réglementation peut être justifiée par l'objectif d'assurer un niveau plus élevé de protection de l'environnement.

63. En premier lieu, il convient de relever que l'article 18 de la directive 94/62, intitulé « Liberté de mise sur le marché », prévoit que les États membres ne peuvent faire obstacle à la mise sur le marché sur leur territoire d'emballages conformes à cette directive.

64. L'article 9, paragraphe 1, de la directive 94/62 énonce qu'un emballage ne peut être mis sur le marché que s'il répond à toutes les exigences essentielles définies dans cette directive, y compris à l'annexe II de celle-ci. Cette annexe mentionne les exigences essentielles portant sur la composition ainsi que sur le caractère réutilisable et valorisable des emballages concernés. Plus précisément, elle énumère, à son point 3, les exigences spécifiques auxquelles doivent satisfaire les emballages valorisables par recyclage des matériaux, par valorisation énergétique ou par compostage ainsi que les emballages biodégradables.

65. Or, la Cour a jugé que les exigences concernant la composition et le caractère réutilisable ou compostable, régies par les articles 8 à 11 et l'annexe II de ladite directive, ont fait l'objet d'une harmonisation complète (voir, en ce sens, arrêts du 14 décembre 2004, *Radlberger Getränkegesellschaft et S. Spitz*, C-309/02, EU:C:2004:799, point 56, ainsi que du 14 décembre 2004, *Commission/Allemagne*, C-463/01, EU:C:2004:797, point 44).

66. Conformément à une jurisprudence constante, lorsqu'un domaine a fait l'objet d'une harmonisation complète au niveau de l'Union, les États membres sont liés et ne peuvent maintenir des dispositions nationales contraires ni subordonner la circulation des produits visés à des conditions supplémentaires (voir, en ce sens, arrêts du 8 mai 2003, *ATRAL*, C-14/02, EU:C:2003:265, point 44, et du 12 avril 2018, *Fédération des entreprises de la beauté*, C-13/17, EU:C:2018:246, point 23).

67. En outre, ainsi que M. l'avocat général l'a relevé au point 72 de ses conclusions, lorsqu'elles procèdent à une harmonisation exhaustive, les institutions de l'Union procèdent à la mise en balance nécessaire entre l'objectif de libre circulation du produit concerné et la protection d'autres intérêts généraux et particuliers, de telle sorte que le résultat de cette mise en balance ne peut être remis en cause par les autorités nationales.

68. En l'occurrence, il ressort de l'article 2 du décret en cause au principal que celui-ci n'autorise la commercialisation que des sacs en plastique biodégradables et compostables qui sont conformes à la norme harmonisée UNI EN 13432:2002 et de ceux répondant aux caractéristiques de forme et d'épaisseur rappelées au point 18 du présent arrêt, à l'exclusion de tous les autres sacs, y compris ceux qui répondent aux autres exigences de valorisation prévues au point 3 de l'annexe II de la directive 94/62.

69. Il en découle que l'article 18 de la directive 94/62, lu en combinaison avec l'article 9 et l'annexe II de celle-ci, s'oppose à une réglementation nationale telle que celle en cause au principal.

70. En deuxième lieu, il convient d'ajouter que, si le gouvernement italien avait entendu adopter des dispositions plus strictes pour la mise sur le marché des sacs en plastique pour des raisons environnementales, il n'aurait pu le faire que conformément à l'article 114, paragraphes 5 et 6, TFUE.

71. L'article 114, paragraphes 5 et 6, TFUE autorise l'État membre qui l'estime nécessaire, après l'adoption d'une mesure d'harmonisation, à introduire des dispositions nationales fondées sur des preuves scientifiques nouvelles relatives à la protection de l'environnement qui surgissent après l'adoption de cette mesure, à la condition qu'il notifie à la Commission les mesures envisagées ainsi que les raisons de leur adoption.

72. Or, il ne ressort ni de la décision de renvoi ni des observations déposées devant la Cour d'élément susceptible d'étayer le fait que le gouvernement italien a notifié à la Commission, sur le fondement de cette disposition, son intention d'introduire une mesure dérogatoire.

73. En troisième et dernier lieu, quant à l'argumentation du gouvernement italien et de l'AIB, tirée de l'introduction d'un paragraphe 1*bis* à l'article 4 de la directive 94/62 par la directive 2015/720, il suffit de constater, ainsi qu'il est relevé au point 39 du présent arrêt, que ce paragraphe n'est pas applicable ratione temporis au litige au principal.

74. Eu égard à l'ensemble des considérations qui précèdent, il convient de répondre à la deuxième question que l'article 18 de la directive 94/62, lu en combinaison avec l'article 9 et l'annexe II de celle-ci, doit être interprété en ce sens qu'il s'oppose à une réglementation nationale qui interdit la commercialisation de sacs à usage unique fabriqués à partir de matériaux non biodégradables et non compostables mais respectant les autres exigences fixées dans cette directive. Cette réglementation peut toutefois être justifiée par l'objectif d'assurer un niveau plus élevé de protection de l'environnement, lorsque les conditions prévues à l'article 114, paragraphes 5 et 6, TFUE sont satisfaites.

Sur la troisième question

75. Par sa troisième question, la juridiction de renvoi demande, en substance, si l'article 18 de la directive 94/62, lu en combinaison avec l'article 9, paragraphe 1, et l'annexe II de celle-ci, est d'effet direct, de telle sorte que cette juridiction doit laisser inappliquée une réglementation nationale qui est contraire à cet article 18.

76. À cet égard, conformément à une jurisprudence constante, pour être reconnue comme étant d'effet direct, une disposition d'une directive doit apparaître comme étant, du point de vue de son contenu, inconditionnelle et suffisamment précise. Une disposition est inconditionnelle lorsqu'elle énonce une obligation qui n'est assortie d'aucune condition ni subordonnée, dans son exécution ou dans ses effets, à l'intervention d'aucun acte soit des institutions de l'Union, soit des États membres. Une disposition est considérée comme étant suffisamment précise pour être invoquée par un justiciable et appliquée par le juge lorsqu'elle énonce une obligation en des termes non équivoques [voir, en ce sens, arrêt du 8 mars 2022, *Bezirkshauptmannschaft Hartberg-Fürstenfeld (Effet direct)*, C-205/20, EU:C:2022:168, points 17 et 18].

77. Même si une directive laisse aux États membres une certaine marge d'appréciation lorsqu'ils adoptent les modalités de sa mise en œuvre, une disposition de cette directive peut être considérée comme ayant un caractère inconditionnel et précis lorsqu'elle met à la charge des États membres, en des termes non équivoques, une obligation de résultat précise et qui n'est assortie d'aucune condition quant à l'application de la règle qu'elle énonce [arrêt du 8 mars 2022, *Bezirkshauptmannschaft Hartberg-Fürstenfeld (Effet direct)*, C-205/20, EU:C:2022:168, point 19].

78. En l'occurrence, l'article 18 de la directive 94/62 prévoit que les États membres ne peuvent faire obstacle à la mise sur le marché, sur leur territoire, d'emballages conformes à cette directive.

79. Il ressort donc, d'une part, du libellé de cet article qu'il instaure, en des termes non équivoques, une obligation de ne pas faire, de telle sorte qu'il constitue une « disposition suffisamment précise », au sens de la jurisprudence citée aux points 76 et 77 du présent arrêt. Par conséquent, les États membres doivent s'abstenir d'adopter toute mesure restreignant la commercialisation d'emballages conformes aux dispositions de ladite directive.

80. D'autre part, ledit article présente un « caractère inconditionnel », au sens de cette jurisprudence, dès lors que l'interdiction qu'il énonce ne nécessite l'intervention d'aucun acte des institutions de l'Union et qu'elle ne confère pas aux États membres la faculté d'assortir de conditions ou de restreindre la portée de cette interdiction.

81. Certes, il ressort du même article que les emballages concernés doivent être conformes à la même directive, c'est-à-dire que ceux-ci doivent être conformes aux exigences essentielles posées à l'article 9, paragraphe 1, de cette dernière qui renvoie à l'annexe II de celle-ci.

82. Toutefois, ainsi que M. l'avocat général l'a relevé au point 89 de ses conclusions, le bénéfice de la libre commercialisation des emballages conformément à la directive 94/62 revêtait un caractère inconditionnel jusqu'à l'entrée en vigueur du paragraphe 1*bis* introduit à l'article 4 de la directive 94/62 par la directive 2015/720, lequel a autorisé les États membres à introduire des mesures plus restrictives pour la commercialisation des sacs en plastique légers. Ainsi qu'il est relevé au point 39 du présent arrêt, cette dernière disposition n'est cependant pas applicable ratione temporis aux faits en cause au principal.

83. Eu égard à l'ensemble des considérations qui précèdent, il convient de répondre à la troisième question que l'article 18 de la directive 94/62, lu en combinaison avec l'article 9, paragraphe 1, et l'annexe II de celle-ci, doit être interprété en ce sens qu'il est d'effet direct, de telle sorte qu'une juridiction nationale doit, dans un litige opposant un particulier à des autorités nationales, laisser inappliquée une réglementation nationale qui est contraire à cet article 18.

Sur la quatrième question

84. Par sa quatrième question, la juridiction de renvoi demande, en substance, si l'article 18 de la directive 94/62 doit être interprété en ce sens que l'adoption d'une réglementation nationale qui interdit la commercialisation de sacs à usage unique fabriqués à partir de matériaux non biodégradables et non compostables mais respectant les autres exigences fixées dans cette directive est susceptible de constituer une violation suffisamment caractérisée de cet article 18.

85. S'agissant de la responsabilité des États membres en cas de violation du droit de l'Union, il est de jurisprudence constante que le droit à réparation d'un particulier présuppose, notamment, que la violation de la règle du droit de l'Union concernée soit suffisamment caractérisée [voir, en ce sens, arrêt du 22 décembre 2022, *Ministre de la Transition écologique et Premier ministre (Responsabilité de l'État pour la pollution de l'air)*, C-61/21, EU:C:2022:1015, point 44].

86. À cet égard, il ressort d'une jurisprudence constante qu'une violation suffisamment caractérisée implique une méconnaissance manifeste et grave par l'État membre des limites qui s'imposent à son pouvoir d'appréciation (arrêt du 5 mars 1996, *Brasserie du pêcheur et Factortame*, C-46/93 et C-48/93, EU:C:1996:79, point 55).

87. Les éléments à prendre en considération dans ce contexte sont, notamment, le degré de clarté et de précision de la règle violée, l'étendue de la marge d'appréciation que la règle enfreinte laisse aux autorités nationales concernées, le caractère excusable ou inexcusable d'une éventuelle erreur de droit, le caractère intentionnel ou involontaire du manquement commis ou du préjudice causé, ou encore la circonstance que les attitudes prises par une institution de l'Union ont pu contribuer à l'omission, à l'adoption ou au maintien de mesures ou de pratiques nationales contraires au droit de l'Union (arrêts du 5 mars 1996, *Brasserie du pêcheur et Factortame*, C-46/93 et C-48/93, EU:C:1996:79, point 56, et du 4 octobre 2018, *Kantarev*, C-571/16, EU:C:2018:807, point 105).

88. Par ailleurs, dans l'hypothèse où l'État membre n'est pas confronté à des choix normatifs et dispose d'une marge d'appréciation considérablement réduite, voire inexistante, la simple infraction au droit de l'Union peut suffire à établir l'existence d'une violation suffisamment caractérisée (arrêt du 16 octobre 2008, *Synthon*, C-452/06, EU:C:2008:565, point 38).

89. À cet égard, il suffit de constater que, ainsi qu'il est rappelé au point 79 du présent arrêt, l'article 18 de la directive 94/62 instaure, en des termes non équivoques, une obligation de ne pas faire, de telle sorte qu'il constitue une « disposition suffisamment précise », au sens de la jurisprudence citée aux points 76 et 77 du présent arrêt, et que par conséquent, les États membres doivent s'abstenir d'adopter toute mesure restreignant la commercialisation d'emballages conformes aux règles de cette directive. Il s'ensuit que, ainsi que M. l'avocat général l'a relevé au point 98 de ses conclusions, cet article, lu en combinaison avec l'article 9, paragraphe 1, et l'annexe II de ladite directive, ne laissait aucune marge d'appréciation aux autorités italiennes pour interdire, sur leur territoire, les emballages conformes aux règles de la même directive.

90. Eu égard à l'ensemble des considérations qui précèdent, il convient de répondre à la quatrième question que l'article 18 de la directive 94/62 doit être interprété en ce sens qu'une réglementation nationale qui interdit la commercialisation de sacs à usage unique fabriqués à partir de matériaux non biodégradables et non compostables mais respectant les autres exigences fixées dans cette directive est susceptible de constituer une violation suffisamment caractérisée de cet article 18.

Sur les dépens

[...]

Par ces motifs, la Cour (3e chambre) dit pour droit:

1) Les articles 8 et 9 de la directive 98/34/CE du Parlement européen et du Conseil, du 22 juin 1998, prévoyant une procédure d'information dans le domaine des normes et réglementations techniques et des règles relatives aux services de la société de l'information, telle que modifiée par le règlement (UE) n° 1025/2012 du Parlement européen et du Conseil, du 25 octobre 2012,

doivent être interprétés en ce sens que :

ils s'opposent à l'adoption d'une réglementation nationale qui interdit la commercialisation de sacs à usage unique fabriqués à partir de matériaux non biodégradables et non compostables mais respectant les autres exigences fixées dans la directive 94/62/CE du Parlement européen et du Conseil, du 20 décembre 1994, relative aux emballages et aux déchets d'emballages, telle que modifiée par la directive 2013/2/UE de la Commission, du 7 février 2013, lorsque cette réglementation a été communiquée à la Commission européenne quelques jours seulement avant son adoption et sa publication.

2) L'article 18 de la directive 94/62, telle que modifiée par la directive 2013/2, lu en combinaison avec l'article 9 et l'annexe II de la directive 94/62, telle que modifiée,

doit être interprété en ce sens que :

il s'oppose à une réglementation nationale qui interdit la commercialisation de sacs à usage unique fabriqués à partir de matériaux non biodégradables et non compostables mais respectant les autres exigences fixées dans la directive 94/62, telle que modifiée. Cette réglementation peut toutefois être justifiée par l'objectif d'assurer un niveau plus élevé de protection de l'environnement, lorsque les conditions prévues à l'article 114, paragraphes 5 et 6, TFUE sont satisfaites.

3) L'article 18 de la directive 94/62, telle que modifiée par la directive 2013/2, lu en combinaison avec l'article 9, paragraphe 1, et l'annexe II de la directive 94/62, telle que modifiée,

doit être interprété en ce sens que :

il est d'effet direct, de telle sorte qu'une juridiction nationale doit, dans un litige opposant un particulier à des autorités nationales, laisser inappliquée une réglementation nationale qui est contraire à cet article 18.

4) L'article 18 de la directive 94/62, telle que modifiée par la directive 2013/2,

doit être interprété en ce sens que :

une réglementation nationale qui interdit la commercialisation de sacs à usage unique fabriqués à partir de matériaux non biodégradables et non compostables mais respectant les autres exigences fixées dans la directive 94/62, telle que modifiée, est susceptible de constituer une violation suffisamment caractérisée de cet article 18.

OBSERVATIONS

La Cour de justice est ici saisie d'une demande de décision préjudicielle par le Tribunale amministrativo regionale per il Lazio visant à l'interprétation de dispositions de la directive 94/62 du 20 décembre 1994 relative aux emballages et aux déchets d'emballages (1) et de

(1) *JOUE* 1994, L 365, p. 10.

l'article 8 de la directive 98/34 du 22 juin 1998 prévoyant une procédure d'information dans le domaine des normes et réglementations techniques et des règles relatives aux services de la société de l'information (2) ainsi que de l'article 114, paragraphes 5 et 6, TFUE.

Rappelons que la directive 94/62 fixe des objectifs communs pour valoriser et recycler les déchets d'emballage produits dans l'Union européenne. De manière un peu ambivalente, elle harmonise les mesures nationales concernant la gestion des emballages et des déchets d'emballages dans le but de « prévenir et de réduire leur incidence sur l'environnement », tout en visant à contribuer au bon fonctionnement du marché intérieur en évitant « l'apparition d'entraves aux échanges et de distorsions et restrictions de concurrence ». Il est désormais affirmé haut et fort que ses mesures poursuivent de tels objectifs « afin de contribuer à la transition vers une économie circulaire » (3). Toutefois, cette harmonisation n'est pas complète, la directive ne donnant aucune indication précise quant aux mesures qui seront prises par les autorités nationales pour atteindre les objectifs qu'elle leur impose en ce qui concerne les produits qui en relèvent. Quant à la directive 98/34, elle constitue une pièce maîtresse du dispositif de lutte contre l'érection d'obstacles à la libre circulation. Son objet est d'assurer la transparence des initiatives nationales visant à l'établissement de règles techniques et, dès avant leur adoption, l'information des autres États membres et surtout de la Commission afin de permettre à celle-ci d'assurer son rôle de gardienne des libertés fondamentales de circulation des marchandises, des personnes, des services et des capitaux. Elle a entretemps été codifiée par la directive 2015/1535 du 9 septembre 2015 prévoyant une procédure d'information dans le domaine des normes et réglementations techniques et des règles techniques relatives aux services de la société de l'information (4).

En l'espèce, la demande intervient dans un litige qui oppose la société Papier Mettler Italia, distributeur d'emballages et de conditionnements en papier et en matière en polyéthylène, à l'administration italienne à propos d'un décret du 18 mars 2013 qui interdit la fabrication et la commercialisation de sacs en plastique destinés à l'enlèvement des marchandises qui ne répondent pas à certaines exigences et limite la mise sur le marché aux sacs en plastique à usage unique biodégradables et compostables qui

(2) *JOUE* 1998, L 204, p. 37.

(3) Art. 1, § 2, de la directive 94/62, tel que modifié par la directive 2018/852.

(4) *JOUE*, L 241 du 17 septembre 2015.

répondent à la norme UNI EN 13432:2002 et aux sacs en plastique réutilisables d'une épaisseur donnée qui varie selon la forme et la destination alimentaire de ces derniers.

On se limite à mentionner les exceptions d'irrecevabilité au motif que le décret en cause au principal ne serait jamais entré en vigueur ou, du moins, aurait été abrogé par la suite et que la juridiction de renvoi aurait méconnu des dispositions de la directive 94/62 spécifiques aux sacs en plastique, vite écartées par la Cour (pts 31-40).

En revanche, même si elles sont relativement classiques dans le contexte des interactions entre la réglementation des marchandises et leur mise en marché, les quatre questions préjudicielles posées retiennent l'attention par leur caractère d'actualité et leur portée pratique, comme c'est d'ailleurs généralement le cas dans ce domaine du droit des déchets encore en maturation qu'est celui des emballages, surtout en matière plastique. En bref, il s'agit d'envisager (i) le sort d'une disposition nationale qui interdit la commercialisation de sacs à usage unique fabriqués à partir de matériaux non biodégradables contenant des règles techniques plus restrictives que le droit de l'Union et qui n'a pas été notifiée préalablement par l'État membre à la Commission, (ii) sa possible justification par l'objectif d'assurer un niveau plus élevé de protection de l'environnement, (iii) l'obligation des organes de l'État, y compris les autorités publiques, à la laisser inappliquée et (iv) sa qualification comme violation grave et manifeste de l'article 18 de la directive 94/62.

Examen des questions

S'agissant de la première question, il n'était pas contesté que l'interdiction de la fabrication et de la commercialisation de sacs en plastique destinés à l'enlèvement des marchandises qui ne répondent pas à certaines exigences constitue une « règle technique », au sens de l'article 1er de la directive 98/34 (pt 42). Dès lors se posait la question de savoir si les articles 8 et 9 de la même directive, qui obligent en principe les États membres à communiquer à la Commission tout projet de règle technique sauf s'il s'agit d'une simple transposition intégrale d'une norme internationale ou européenne ainsi que les raisons pour lesquelles l'établissement d'une telle règle technique est nécessaire et à en reporter l'adoption de trois mois, d'une part, et l'article 16 de la directive 94/62, aux termes duquel ils notifient à la Commission, avant leur adoption, les projets des mesures qu'ils prévoient d'adopter dans le cadre de ladite directive, d'autre part, dispositions quelque peu concurrentes à cet égard, doivent être interprétés en ce sens qu'ils s'opposent à l'adoption d'une telle règle lorsqu'elle a été communiquée à la Commission, en l'occurrence le 12 mars 2013, quelques jours seulement avant son adoption le 18 mars suivant et sa publication à la *Gazzetta ufficiale della Repubblica italiana* le 27 mars. Comme le relève la Cour à la suite de son avocat général, cette notification ne saurait être considérée comme ayant porté sur un « projet de règle technique » au sens de la directive 98/34 mais sur « une version finale de celle-ci, qui se trouvait à un stade de préparation où il n'était alors pas possible d'apporter *ex ante* d'amendements substantiels ni de tenir compte des observations et des avis circonstanciés émis par les États membres postérieurement à cette notification » (pt 47). De plus, l'État membre a failli à l'obligation subséquente d'en reporter l'adoption de trois mois à compter de la date de réception par la Commission de la communication (pt 48). Par contraste, au regard de la directive 94/62, aucune procédure de contrôle des projets en relevant n'est prévue et leur entrée en vigueur n'est pas subordonnée à l'accord ou à l'absence d'opposition de la Commission : il s'agit seulement de la mettre en mesure d'évaluer *ex post* s'ils sont ou non compatibles avec le droit de l'Union et « d'en tirer, le cas échéant, les conséquences juridiques appropriées » (pts 55-60).

La Cour répond ainsi à la première question qu'une réglementation nationale qui interdit la commercialisation de sacs à usage unique fabriqués à partir de matériaux non biodégradables et non compostables mais respectant les autres exigences fixées dans la directive 94/62 ne peut être adoptée lorsqu'elle n'a été communiquée à la Commission au titre de la directive 98/34 que six jours seulement avant, ne constituant alors pas un « projet de règle technique » mais une version finale de celle-ci, qui se trouvait à un stade de préparation où il n'était plus possible d'apporter d'amendements substantiels ni de tenir compte d'observations et d'avis circonstanciés émis par les États membres (pt 61).

La deuxième question portait sur l'article 18 de la directive 94/62 qui dispose que les États membres « ne peuvent faire obstacle à la mise sur le marché, sur leur territoire, d'emballages conformes » à ses dispositions et à son annexe II à laquelle renvoie son article 9, qui est intitulé « Exigences essentielles portant sur la composition et le caractère réutilisable et valorisable (notamment recyclable) des emballages » et qui, à son point 3, pose les exigences spécifiques auxquelles doivent satisfaire les emballages valorisables par recyclage des matériaux, par valorisation énergétique ou par compostage ainsi que les emballages biodégradables. La Cour rappelle ici sa jurisprudence selon laquelle ces exigences font l'objet d'une harmonisation complète (pt 65) (5). Il en découle que la directive 94/62 s'oppose à

(5) Voy. CJUE, 14 décembre 2004, *Radlberger Getränkegesellschaft et S. Spitz*, aff. C-309/02, EU:C:2004:799, pt 56 ; CJUE, 14 décembre 2004, *Commission c/ Allemagne*, aff. C-463/01, EU:C:2004:797, pt 44.

une réglementation telle que celle en cause (pt 69). Certes, et elle rappelle bien entendu cette règle de droit primaire bien connue en matière environnementale, entre autres, une telle mesure nationale peut toutefois être justifiée par l'objectif d'assurer un niveau plus élevé de protection de l'environnement, lorsque les conditions prévues à l'article 114, paragraphes 5 et 6, TFUE sont satisfaites (pts 71 et 72).

Pour répondre aux troisième et quatrième questions, il ne restait alors à la Cour qu'à indiquer, sans grande surprise, que l'article 18, lu en combinaison avec l'article 9, paragraphe 1, et l'annexe II de la directive 94/62, est d'effet direct car, au sens de la jurisprudence, « il instaure, en des termes non équivoques, une obligation de ne pas faire » et constitue une « disposition suffisamment précise », d'une part, et présente un « caractère inconditionnel » (pts 78-80), d'autre part, de telle sorte qu'une juridiction nationale doit, dans un litige opposant un particulier à des autorités nationales, laisser inappliquée une telle réglementation nationale qui lui est contraire (pts 75-83) et est par voie de conséquence susceptible d'en constituer une violation suffisamment caractérisée pour fonder le droit à réparation d'un particulier lésé (pts 85-90).

Patrick THIEFFRY

XI. FISCALITÉ

Cour de justice, 28 février 2023, *Fenix International Ltd c/ Commissioners for Her Majesty's Revenue and Customs*, aff. C-695/20, ECLI:EU:C:2023:127

Conclusions conformes de l'avocat général A. Rantos, du 15 septembre 2022, ECLI:EU:C:2022:685

Mots-clés : Pouvoir d'exécution du Conseil de l'Union européenne – Système commun de taxe sur la valeur ajoutée (TVA) – Assujetti agissant en son nom propre mais pour le compte d'autrui – Fournisseur de services par voie électronique – Présomption – Validité

Cadre normatif : article 291 TFUE ; article 397 de la directive 2006/112/CE ; règlement d'exécution (UE) n° 282/2011

Notes et observations : D. Berlin, « Plateformes en ligne et collecte de la TVA », *JCP G*, 2023, n° 11, p. 565 ; M. Chamon, « Only Fans of the Council's Implementing Powers in Luxembourg : Fenix International », *Comm. M.L.R.*, 2023, vol. 60, issue 6, pp. 1683-1704 ; F. Pezet, in A. Iljic, A. Maitrot de la Motte, F. Pezet et F. Sicard « Droit fiscal de l'Union européenne : chronique de jurisprudence et de législation (1er décembre 2022 – 28 février 2023) », *RD fisc.*, 2023, n° 18, ét. 177 ; et D. Simon, « Règlement d'exécution du Conseil », *Europe*, 2023, n° 4, comm. 121, pp. 9-10

Extraits de l'arrêt

Sur la compétence de la Cour

32. Il résulte de l'article 86, paragraphe 2, de l'accord de retrait, lequel est entré en vigueur le 1er février 2020, que la Cour demeure compétente pour statuer à titre préjudiciel sur les demandes des juridictions du Royaume-Uni présentées avant la fin de la période de transition fixée, conformément à l'article 126 de cet accord, au 31 décembre 2020. Par ailleurs, aux termes de l'article 86, paragraphe 3, dudit accord, une demande de décision préjudicielle est considérée comme ayant été présentée, au sens du paragraphe 2 de cet article, à la date à laquelle l'acte introductif d'instance a été enregistré par le greffe de la Cour.

33. En l'occurrence, la demande de décision préjudicielle, introduite par une juridiction du Royaume-Uni, a été enregistrée par le greffe de la Cour le 22 décembre 2020, soit avant la fin de la période de transition.

34. Il s'ensuit que la Cour est compétente pour statuer à titre préjudiciel sur cette demande.

Sur la question préjudicielle

35. Par sa question, la juridiction de renvoi vise, en substance, à savoir si l'article 9*bis*, paragraphe 1, du règlement d'exécution n° 282/2011 est invalide dans la mesure où le Conseil aurait complété ou modifié l'article 28 de la directive TVA, excédant ainsi les compétences d'exécution qui lui sont conférées par l'article 397 de cette directive, en application de l'article 291, paragraphe 2, TFUE.

Observations liminaires

36. En premier lieu, il importe de rappeler que, selon l'article 291, paragraphe 1, TFUE, la mise en œuvre des actes juridiquement contraignants de l'Union incombe aux États membres. Toutefois, aux termes de l'article 291, paragraphe 2, TFUE, lorsque des conditions uniformes d'exécution de tels actes de l'Union sont nécessaires, ces actes confèrent des compétences d'exécution à la Commission ou, dans des cas spécifiques dûment justifiés et dans les cas prévus aux articles 24 et 26 TUE, au Conseil.

37. S'agissant plus spécifiquement de cette exigence de dûment justifier l'attribution d'une telle compétence d'exécution au Conseil, la Cour a déjà constaté que l'article 291, paragraphe 2, TFUE requiert d'exposer, de façon circonstanciée, les raisons pour lesquelles cette institution se voit confier l'adoption de mesures d'exécution d'un acte juridiquement contraignant de l'Union (voir, en ce sens, arrêt du 1er mars 2016, *National Iranian Oil Company/Conseil*, C-440/14 P, EU:C:2016:128, points 49 et 50 ainsi que jurisprudence citée).

38. En l'occurrence, l'article 397 de la directive TVA confère au Conseil un pouvoir d'exécution au sens de l'article 291, paragraphe 2, TFUE. En effet, ledit article 397 dispose que le Conseil, statuant à l'unanimité sur proposition de la Commission, arrête les mesures nécessaires à l'application de la directive TVA.

39. À cet égard, il résulte des considérants 61 à 63 de la directive TVA que le législateur de l'Union a considéré que, d'une part, il était nécessaire que des mesures d'exécution de cette directive soient uniformes, notamment afin de pallier le problème de la double imposition des opérations transfrontalières pouvant résulter d'une application non uniforme, par les États membres, des règles afférant au lieu des opérations imposables, et, d'autre part, il convenait de réserver au Conseil la compétence d'adopter de telles mesures d'exécution en raison de l'incidence, parfois non négligeable, que ces mesures peuvent avoir sur les budgets des États membres.

40. Ces motifs justifient l'habilitation du Conseil, qui résulte de l'article 397 de la directive TVA, à arrêter les mesures nécessaires à l'application de cette directive, parmi lesquelles figure l'article 9*bis*, paragraphe 1, du règlement d'exécution n° 282/2011, qui vise concrètement à assurer l'application uniforme de l'article 28 de ladite directive.

41. En second lieu, quant aux limites des compétences d'exécution visées à l'article 291, paragraphe 2, TFUE, il convient de rappeler que l'adoption des règles essentielles d'une matière, telle que la TVA, est réservée à la compétence du législateur de l'Union. Il s'ensuit que les dispositions établissant les éléments essentiels d'une réglementation de base, dont l'adoption nécessite d'effectuer des choix politiques relevant des responsabilités propres à ce législateur, ne sauraient être arrêtées dans des actes d'exécution, ni dans des actes délégués, visés à l'article 290 TFUE (voir, en ce sens, arrêt du 10 septembre 2015, *Parlement/Conseil*, C-363/14, EU:C:2015:579, point 46 et jurisprudence citée).

42. Par ailleurs, l'identification des éléments d'une matière qui doivent être qualifiés d'essentiels doit se fonder sur des éléments objectifs susceptibles de faire l'objet d'un contrôle juridictionnel et impose de prendre en compte les caractéristiques et les particularités du domaine concerné (arrêt du 10 septembre 2015, *Parlement/Conseil*, C-363/14, EU:C:2015:579, point 47 et jurisprudence citée).

43. Par conséquent, lorsque, en vertu d'un acte juridiquement contraignant de l'Union tel que la directive TVA, le Conseil dispose du pouvoir d'adopter des mesures d'exécution, telles que l'article 9*bis*, paragraphe 1, du règlement d'exécution n° 282/2011, cette institution ne saurait, dans le cadre d'un tel pouvoir, arrêter des règles essentielles en la matière, ces dernières devant être adoptées dans le respect de la procédure législative applicable, à savoir, en ce qui concerne la directive TVA, la procédure spéciale instituée à l'article 113 TFUE.

44. En outre, la Cour a déjà jugé que, lorsque des compétences d'exécution sont conférées à la Commission, celle-ci est appelée à préciser le contenu de l'acte législatif en cause, afin d'assurer sa mise en œuvre dans des conditions uniformes dans tous les États membres. Ainsi, les dispositions d'un acte d'exécution adopté par la Commission doivent, d'une part, respecter les objectifs généraux essentiels poursuivis par l'acte législatif que ces dispositions sont censées préciser et, d'autre part, être nécessaires ou utiles pour la mise en œuvre uniforme de celui-ci sans qu'elles le complètent ni le modifient, même dans ses éléments non essentiels (voir, en ce sens, arrêt du 15 octobre 2014, *Parlement/Commission*, C-65/13, EU:C:2014:2289, points 43 à 46 et jurisprudence citée).

45. Ces considérations relatives aux limites des compétences d'exécution de la Commission sont également valables lorsque, en application de l'article 291, paragraphe 2, TFUE, de telles compétences sont attribuées au Conseil.

46. En effet, d'une part, il importe de relever que, en se référant tant à la Commission qu'au Conseil, l'article 291, paragraphe 2, TFUE n'opère aucune distinction quant à la nature et à la portée des compétences d'exécution en fonction de l'institution qui en est investie.

47. D'autre part, il découle de l'économie des articles 290 et 291 TFUE que l'exercice par le Conseil des compétences d'exécution ne saurait être régi par des conditions différentes que celles qui s'imposent à la Commission lorsqu'elle est appelée à exercer son pouvoir d'exécution.

48. En effet, en distinguant les actes d'exécution des actes délégués, que seule la Commission est habilitée à adopter dans les conditions prévues à l'article 290 TFUE et qui permettent à celle-ci de compléter ou de modifier certains éléments non essentiels d'un acte législatif de l'Union, les articles 290 et 291 TFUE garantissent que, lorsque le Conseil se voit confier par le législateur de l'Union l'adoption d'actes d'exécution, il ne dispose pas des pouvoirs réservés à la Commission dans le cadre de l'adoption d'actes délégués. Dès lors, le Conseil ne saurait, par des actes d'exécution, compléter ou modifier l'acte législatif, même dans ses éléments non essentiels.

49. Il résulte de l'ensemble de ces considérations que les compétences d'exécution conférées à la Commission et au Conseil au titre de l'article 291, paragraphe 2, TFUE comportent, en substance, le pouvoir d'adopter des mesures qui sont nécessaires ou utiles pour la mise en œuvre uniforme des dispositions de l'acte législatif sur le fondement duquel elles sont adoptées et qui se bornent à en préciser le contenu, dans le respect des objectifs généraux essentiels poursuivis par cet acte, sans le modifier ou le compléter, en ses éléments essentiels ou non essentiels.

50. En particulier, il convient de considérer qu'une mesure d'exécution se limite à préciser les dispositions de l'acte législatif concerné lorsqu'elle vise uniquement, de manière générale ou pour certains cas particuliers, à clarifier la portée de ces dispositions ou à en déterminer les modalités d'application, à condition cependant que, ce faisant, cette mesure évite toute contradiction par rapport aux objectifs desdites dispositions et n'altère pas, d'une quelconque manière, le contenu normatif de cet acte ou le champ d'application de celui-ci.

51. Dès lors, afin de déterminer si, en adoptant l'article 9*bis*, paragraphe 1, du règlement d'exécution n° 282/2011, le Conseil a respecté les limites des compétences d'exécution qui lui ont été conférées, en application de l'article 291, paragraphe 2, TFUE, par l'article 397 de la directive

TVA, il convient de vérifier si cet article 9*bis*, paragraphe 1, se borne à préciser le contenu de l'article 28 de cette directive, ce qui implique d'examiner si ledit article 9*bis*, paragraphe 1, premièrement, respecte les objectifs généraux essentiels de ladite directive et, en particulier, ceux de son article 28, deuxièmement, est nécessaire ou utile pour faciliter la mise en œuvre uniforme du même article 28 et, troisièmement, ne complète ni ne modifie ce dernier d'une quelconque manière.

Sur le respect par l'article 9bis, paragraphe 1, du règlement d'exécution n° 282/2011 des objectifs généraux essentiels poursuivis par la directive TVA

52. Il convient, en premier lieu, de rappeler que la directive TVA vise à établir un système commun de TVA. Aux fins d'une application uniforme de ce système, qui figure parmi les objectifs de cette directive, comme le souligne, notamment, son considérant 61, les notions qui définissent le champ d'application de cette dernière, telles que celles d'« opérations imposables », d'« assujettis » et d'« activités économiques », doivent recevoir une interprétation autonome et uniforme (voir, en ce sens, arrêt du 29 septembre 2015, *Gmina Wrocław*, C-276/14, EU:C:2015:635, point 26 et jurisprudence citée).

53. En vertu de l'article 28 de la directive TVA, qui relève du titre IV de cette directive, intitulé « Opérations imposables », lorsqu'un assujetti, agissant en son nom propre, mais pour le compte d'autrui, s'entremet dans une prestation de services, il est réputé avoir reçu et fourni personnellement les services en question.

54. Cet article, qui est libellé en des termes généraux, sans contenir de restrictions quant à son champ d'application ou à sa portée, et qui couvre donc toutes les catégories de services (voir, en ce sens, arrêt du 14 juillet 2011, *Henfling e.a.*, C-464/10, EU:C:2011:489, point 36), crée la fiction juridique de deux prestations de services identiques fournies consécutivement, en vertu de laquelle l'opérateur, qui s'entremet dans une prestation de services et qui constitue le commissionnaire, est réputé avoir, dans un premier temps, reçu les services en question de l'opérateur pour le compte duquel il agit, qui constitue le commettant, avant de fournir, dans un second temps, personnellement ces services à un client (arrêt du 21 janvier 2021, *UCMR – ADA*, C-501/19, EU:C:2021:50, point 43 et jurisprudence citée).

55. L'article 28 de la directive TVA établit ainsi que l'assujetti qui, dans le cadre d'une prestation de services, agit en qualité d'intermédiaire en son nom propre, mais pour le compte d'autrui, est présumé être le prestataire de ces services.

56. En second lieu, il ressort des considérants 2, 4 et 5 du règlement d'exécution n° 282/2011 que, dans la mesure où les règles énoncées dans la directive TVA sont, dans certains cas, sujettes à des divergences d'application entre les États membres, incompatibles avec le bon fonctionnement du marché intérieur, l'objectif de ce règlement d'exécution est de garantir une application uniforme du système actuel de TVA, en adoptant des dispositions d'exécution de la directive TVA en ce qui concerne, notamment, les prestations de services, lesquelles dispositions doivent répondre à certaines questions d'application et être conçues pour apporter dans toute l'Union un traitement uniforme des seuls cas particuliers qui y sont réglementés.

57. S'agissant, plus spécifiquement, de l'article 9*bis*, paragraphe 1, du règlement d'exécution n° 282/2011, introduit par le règlement d'exécution n° 1042/2013, il résulte des considérants 1 et 4 de ce dernier règlement que, eu égard à l'évolution qui, dans le cadre de la directive TVA, caractérise notamment l'imposition des services fournis par voie électronique à une personne non assujettie, qui sont, à compter du 1er janvier 2015, imposables dans l'État membre où le preneur est établi, a son domicile ou a sa résidence habituelle, quel que soit le lieu d'établissement de l'assujetti prestataire de ces services, le Conseil a estimé nécessaire de préciser qui est le prestataire de services aux fins de la TVA lorsque lesdits services sont fournis par l'intermédiaire d'un réseau de télécommunication, d'une interface ou d'un portail.

58. C'est dans ce contexte que l'article 9*bis*, paragraphe 1, du règlement d'exécution n° 282/2011 indique, « aux fins de l'application de l'article 28 de la directive [TVA] » et pour le cas où des services par voie électronique sont fournis par l'intermédiaire d'un réseau de télécommunication, d'une interface ou d'un portail, tel qu'une plateforme de téléchargement pour des applications, dans quelles conditions il convient de considérer que l'assujetti, qui s'entremet dans cette prestation, agit en son nom propre, mais pour le compte du fournisseur.

59. Ce faisant, l'article 9*bis*, paragraphe 1, du règlement d'exécution n° 282/2011 vise à assurer, à compter du 1er janvier 2015, une application uniforme de la présomption établie à l'article 28 de la directive TVA à l'égard de tels assujettis et, ainsi, du système commun de TVA, instauré par cette directive, aux services visés à cet article 9*bis*, paragraphe 1, qui relèvent du champ d'application de cet article 28, celui-ci couvrant, ainsi qu'il résulte du point 54 du présent arrêt, toutes les catégories de services.

60. Il s'ensuit que les dispositions de l'article 9*bis*, paragraphe 1, du règlement d'exécution n° 282/2011 respectent les objectifs généraux essentiels de la directive TVA, et, en particulier, ceux de son article 28.

Sur la nécessité ou l'utilité de l'article 9bis, paragraphe 1, du règlement d'exécution n° 282/2011 pour la mise en œuvre uniforme de l'article 28 de la directive TVA

61. Il convient de constater qu'il résulte notamment de l'exposé des motifs de la proposition de la Commission de règlement du Conseil modifiant le règlement d'exécution n° 282/2011 en ce qui concerne le lieu de prestation des services [COM(2012) 763 final], à l'origine de l'introduction de l'article 9*bis* dans ce règlement d'exécution, que, eu égard aux changements opérés dans la directive TVA à compter du 1er janvier 2015 s'agissant du lieu d'imposition de certaines prestations de services, dont les services de télécommunications et les services électroniques, il était devenu essentiel, afin de garantir la sécurité juridique des prestataires de services et d'éviter la double imposition ou la non-imposition qui aurait résulté de modalités de mise en œuvre divergentes entre les États membres, de modifier ledit règlement d'exécution pour établir la manière dont les dispositions concernées de la directive TVA devaient être appliquées.

62. Dans ces conditions, il y a lieu de considérer que l'article 9*bis*, paragraphe 1, du règlement d'exécution n° 282/2011 est utile, voire même nécessaire, pour la mise en œuvre uniforme de l'article 28 de la directive TVA.

Sur le respect par l'article 9bis, paragraphe 1, du règlement d'exécution n° 282/2011 de l'interdiction de compléter ou de modifier le contenu de l'article 28 de la directive TVA

63. Selon Fenix, les trois alinéas de l'article 9*bis*, paragraphe 1, du règlement d'exécution n° 282/2011 complètent ou modifient l'article 28 de la directive TVA, de sorte qu'ils méconnaissent les limites du pouvoir d'exécution reconnu au Conseil.

64. Tout d'abord, en ce qui concerne le premier alinéa de l'article 9*bis*, paragraphe 1, du règlement d'exécution n° 282/2011, Fenix considère, d'une part, que le législateur de l'Union n'a pas entendu réglementer, à l'article 28 de la directive TVA, la question de savoir dans quels cas un assujetti qui s'entremet dans une prestation de services agit en son nom propre, mais pour le compte d'autrui, ce que le Conseil ne saurait pallier, sauf à outrepasser ses compétences, par un acte d'exécution. D'autre part, selon Fenix, la présomption établie au premier alinéa de cet article 9*bis*, paragraphe 1, s'appliquerait sans égard à la réalité contractuelle et commerciale, au mépris de la jurisprudence de la Cour, et modifierait radicalement la responsabilité du commissionnaire dans le domaine de la TVA.

65. À cet égard, il importe de rappeler que, en vertu de l'article 9*bis*, paragraphe 1, premier alinéa, du règlement d'exécution n° 282/2011, l'assujetti qui s'entremet dans une prestation de services fournis par voie électronique par l'intermédiaire d'un réseau de télécommunication, d'une interface ou d'un portail tel qu'une plateforme de téléchargement pour des applications est « présumé agir, en son nom propre, mais pour le compte du fournisseur de ces services, à moins que ledit fournisseur ne soit explicitement reconnu comme étant le prestataire par ledit assujetti et que cela ressorte des accords contractuels entre les parties ».

66. Or, il ne ressort aucunement de la directive TVA que le législateur de l'Union aurait renoncé à assurer, le cas échéant, par l'attribution de compétences d'exécution au Conseil en vertu de l'article 397 de cette directive, une application uniforme des conditions visées à l'article 28 de ladite directive, en particulier celle selon laquelle, pour pouvoir être considéré comme étant le prestataire d'un service, l'assujetti s'entremettant dans cette prestation doit agir en son nom propre, mais pour le compte d'autrui. Il en est d'autant plus ainsi que cette condition présente un caractère crucial pour la mise en œuvre de la présomption établie à l'article 28 de la directive TVA et, par conséquent, pour l'application uniforme du système commun de TVA, qui figure, ainsi qu'il a été rappelé au point 52 du présent arrêt, parmi les objectifs de cette directive.

67. S'agissant, plus spécifiquement, de la question de savoir si l'article 9*bis*, paragraphe 1, premier alinéa, du règlement d'exécution n° 282/2011, tel que rédigé par le Conseil, complète ou modifie le contenu de l'article 28 de la directive TVA, il y a lieu de relever, premièrement, que la circonstance que cet article 9*bis*, paragraphe 1, ne concerne, ainsi qu'il a été relevé au point 59 du présent arrêt, que certains des services qui sont visés à l'article 28 de la directive TVA, et donc certains cas particuliers, n'empêche nullement, ainsi qu'il ressort du point 50 du présent arrêt, de considérer ledit article 9*bis*, paragraphe 1, comme une simple précision du contenu de cet article 28.

68. Deuxièmement, dans la mesure où l'article 9*bis*, paragraphe 1, premier alinéa, du règlement d'exécution n° 282/2011 prévoit que l'assujetti, qui s'entremet dans la prestation de services fournis par voie électronique est « présumé agir, en son nom propre mais pour le compte du fournisseur de ces services », il y a lieu de constater que cette disposition se limite à préciser les cas dans lesquels est réputée comme étant satisfaite la condition relative au champ d'application personnel de l'article 28 de la directive TVA, nécessaire à l'application de la présomption visée à celui-ci, sans compléter ou modifier le contenu dudit article.

69. En particulier, la présomption qui figure à l'article 9*bis*, paragraphe 1, premier alinéa, du règlement d'exécution n° 282/2011 s'inscrit pleinement dans la logique qui sous-tend l'article 28 de la directive TVA. En effet, ainsi que M. l'avocat général l'a relevé au point 75 de ses conclusions, même avant l'adoption de cet article 9*bis*, l'article 28 de la directive

TVA avait pour objet de transférer la responsabilité en matière de TVA en ce qui concerne les prestations de services dans lesquelles s'entremet un assujetti qui agit en son nom propre, mais pour le compte d'autrui.

70. Partant, la présomption qui figure à l'article 9*bis*, paragraphe 1, premier alinéa, du règlement d'exécution n° 282/2011 ne modifie pas la nature de celle établie à l'article 28 de la directive TVA, mais se limite, en l'intégrant pleinement, à la concrétiser dans le contexte spécifique des services fournis par voie électronique par l'intermédiaire d'un réseau de télécommunication, d'une interface ou d'un portail tel qu'une plateforme de téléchargement pour des applications.

71. Troisièmement, en ajoutant « à moins que ledit fournisseur ne soit explicitement reconnu comme étant le prestataire par ledit assujetti et que cela ressorte des accords contractuels entre les parties », le premier alinéa de l'article 9*bis*, paragraphe 1, du règlement d'exécution n° 282/2011 permet de renverser cette présomption, en tenant compte de la réalité contractuelle des relations entre les intervenants dans la chaîne de transactions économiques.

72. À cet égard, il y a lieu de rappeler que les accords contractuels reflètent, en principe, la réalité économique et commerciale des opérations, dont la prise en compte constitue un critère fondamental pour l'application du système commun de TVA, de sorte que les stipulations contractuelles pertinentes représentent un élément à prendre en considération lorsqu'il s'agit d'identifier le prestataire et le bénéficiaire dans une opération de « prestation de services », au sens des dispositions de la directive TVA (voir, en ce sens, arrêts du 20 juin 2013, *Newey*, C-653/11, EU:C:2013:409, points 42 et 43, ainsi que du 24 février 2022, *Suzlon Wind Energy Portugal*, C-605/20, EU:C:2022:116, point 58 et jurisprudence citée).

73. C'est ainsi que la Cour a déjà constaté que la condition relative au fait que l'assujetti doit agir en son nom propre, mais pour le compte d'autrui, figurant à l'article 28 de la directive TVA, doit être vérifiée, notamment, sur la base des relations contractuelles entre les parties (voir, en ce sens, arrêt du 14 juillet 2011, *Henfling e.a.*, C-464/10, EU:C:2011:489, point 42).

74. Il s'ensuit que, en prévoyant, à l'article 9*bis*, paragraphe 1, premier alinéa, du règlement d'exécution n° 282/2011, que la présomption selon laquelle l'assujetti visé à cette disposition agit en son nom propre, mais pour le compte du fournisseur des services en question peut être renversée s'il ressort des accords contractuels entre les parties que ce dernier est explicitement reconnu comme étant le prestataire de services, le Conseil s'est limité à préciser le contenu normatif établi par l'article 28 de la directive TVA, tel qu'interprété par la Cour, aux fins d'assurer la mise en œuvre de cet article dans des conditions uniformes dans l'Union.

75. Ensuite, s'agissant du deuxième alinéa de l'article 9*bis*, paragraphe 1, du règlement d'exécution n° 282/2011, il y a lieu de relever que, selon cette disposition, deux conditions doivent être satisfaites « afin de pouvoir considérer le fournisseur de services fournis par voie électronique comme étant explicitement désigné comme prestataire de ces services par l'assujetti ». D'une part, la facture émise ou mise à disposition par chaque assujetti participant à la fourniture des services fournis par voie électronique doit préciser ces services ainsi que le prestataire de ceux-ci. D'autre part, la facture ou le reçu émis à l'intention du preneur de services ou mis à sa disposition doit préciser les services fournis par voie électronique et le prestataire de ceux-ci.

76. Ainsi que M. l'avocat général l'a relevé, en substance, au point 76 de ses conclusions, cette disposition entretient une relation étroite avec le premier alinéa de l'article 9*bis*, paragraphe 1, du règlement d'exécution n° 282/2011 et s'inscrit dans la même logique que celui-ci, en indiquant, de façon plus détaillée, les conditions, se rapportant à la facturation, au vu desquelles le fournisseur de services par voie électronique est explicitement reconnu par l'assujetti en tant que prestataire de ces services.

77. Or, les indications devant figurer, en vertu de l'article 226, points 5 et 6, de la directive TVA, sur la facture, document dont, conformément à l'article 220, point 1, de cette directive, tout assujetti doit s'assurer qu'il a été dûment émis pour toute prestation de services qu'il effectue, notamment, pour un autre assujetti (voir, en ce sens, arrêt du 18 juillet 2013, *Evita-K*, C-78/12, EU:C:2013:486, point 49 et jurisprudence citée), font partie des éléments qui relèvent des rapports commerciaux et contractuels entre les différentes parties et qui sont censés refléter la réalité économique et commerciale des opérations en cause. Ces indications peuvent ainsi permettre d'apprécier les rapports que les différents opérateurs, intervenant dans le cadre de la prestation de services fournis par voie électronique, entretiennent entre eux.

78. Partant, le deuxième alinéa de l'article 9*bis*, paragraphe 1, du règlement d'exécution n° 282/2011 se limite à exposer les éléments permettant d'apprécier de manière concrète, eu égard à la nécessité de prendre en compte la réalité économique et commerciale des opérations, les situations et les conditions dans lesquelles la présomption, qui résulte du premier alinéa de cette disposition conformément à celle posée à l'article 28 de la directive TVA, peut être renversée.

79. Se rapportant, dès lors, aux éléments de preuve permettant le renversement de la présomption visée au premier alinéa de l'article 9*bis*, paragraphe 1, du règlement d'exécution n° 282/2011, dont l'appréciation concrète appartient aux autorités fiscales et aux juridictions des États membres, le deuxième alinéa de cet article 9*bis*, paragraphe 1, ne saurait, en tant que tel et eu égard aux constatations figurant aux points 71 à 74 du présent arrêt, être considéré comme complétant ou modifiant le cadre normatif établi à l'article 28 de la directive TVA.

80. Enfin, quant au troisième alinéa de l'article 9*bis*, paragraphe 1, du règlement d'exécution n° 282/2011, il convient de rappeler que, conformément à celui-ci, « aux fins de [ce] paragraphe [...], un assujetti, qui, en ce qui concerne la fourniture de services par voie électronique, autorise la facturation au preneur ou la fourniture des services, ou fixe les conditions générales de la fourniture, n'est pas autorisé à explicitement désigner une autre personne comme étant le prestataire de ces services ».

81. Il résulte ainsi de ce troisième alinéa que, lorsque l'assujetti se trouve dans l'une des trois hypothèses que ledit alinéa vise, la présomption figurant au premier alinéa de l'article 9*bis*, paragraphe 1, du règlement d'exécution n° 282/2011 ne peut être renversée et devient donc irréfragable. En d'autres termes, dans le cas de services fournis par voie électronique par l'intermédiaire d'un réseau de télécommunications, d'une interface ou d'un portail tel qu'une plateforme de téléchargement pour des applications, l'assujetti qui s'entremet dans cette prestation est toujours présumé agir en son nom propre, mais pour le compte du fournisseur de ces services et, partant, réputé comme étant lui-même le prestataire desdits services, lorsqu'il autorise la facturation au preneur ou la fourniture de ces mêmes services ou fixe les conditions générales de cette fourniture.

82. Or, il y a lieu de constater que, contrairement à ce que soutient Fenix, le Conseil a tenu compte, en adoptant le troisième alinéa de l'article 9*bis*, paragraphe 1, de ce règlement d'exécution, de la réalité économique et commerciale des opérations, dans le contexte spécifique de la prestation de services fournis par voie électronique par l'intermédiaire d'un réseau de télécommunication, d'une interface ou d'un portail tel qu'une plateforme de téléchargement pour des applications, ainsi que le requiert, conformément à la jurisprudence citée au point 73 du présent arrêt, l'article 28 de la directive TVA.

83. En effet, lorsqu'un assujetti, qui s'entremet dans la fourniture d'un service par voie électronique, en exploitant, par exemple, une plateforme de réseau social en ligne, a le pouvoir d'autoriser la fourniture de ce service, ou la facturation de celle-ci ou encore de fixer les conditions générales d'une telle fourniture, cet assujetti dispose de la possibilité de définir, de manière unilatérale, des éléments essentiels afférents à la prestation, à savoir sa réalisation et le moment auquel celle-ci aura lieu, ou les conditions selon lesquelles la contrepartie sera exigible, ou bien encore les règles formant le cadre général de cette prestation. Dans de telles circonstances, et eu égard à la réalité économique et commerciale reflétée par celles-ci, l'assujetti doit être considéré comme étant le prestataire de services, au titre de l'article 28 de la directive TVA.

84. Il est donc clairement conforme à l'article 28 de la directive TVA que, dans les circonstances énumérées au troisième alinéa de l'article 9*bis*, paragraphe 1, du règlement d'exécution n° 282/2011, un tel assujetti ne puisse échapper à la présomption établie à cet article 28, en désignant contractuellement un autre assujetti comme étant le prestataire des services concernés. Cette dernière disposition ne saurait en effet tolérer des stipulations contractuelles qui ne refléteraient pas la réalité économique et commerciale.

85. Le fait que les circonstances prévues au troisième alinéa de l'article 9*bis*, paragraphe 1, du règlement d'exécution n° 282/2011 ne soient pas mentionnées à l'article 28 de la directive TVA n'est pas susceptible d'infirmer cette analyse.

86. En effet, compte tenu des considérations exposées aux points 50 et 82 à 84 du présent arrêt, il suffit de relever que, en énumérant expressément ces circonstances, l'article 9*bis*, paragraphe 1, troisième alinéa, du règlement d'exécution n° 282/2011 n'altère pas le contenu normatif institué par l'article 28 de la directive TVA, mais se limite, au contraire, à concrétiser l'application de celui-ci pour le cas particulier des services visés à l'article 9*bis*, paragraphe 1, de ce règlement d'exécution.

87. Pour des motifs analogues, ne saurait non plus être retenu l'argument avancé par Fenix selon lequel il serait contraire à l'article 28 de la directive TVA de traiter l'assujetti visé à cet article comme étant le prestataire de services alors que le client final connaît l'existence du mandat entre le commettant et le commissionnaire, ainsi que l'identité de ce commettant.

88. À cet égard, il est vrai que, pour que l'article 28 de la directive TVA puisse trouver à s'appliquer, il doit exister un mandat en exécution duquel le commissionnaire intervient, pour le compte du commettant, dans la prestation de services (arrêt du 12 novembre 2020, *ITH Comercial Timişoara*, C-734/19, EU:C:2020:919, point 51). Toutefois, même à supposer que, malgré la complexité des chaînes de transactions qui peut caractériser la fourniture des services par voie électronique, le client final soit, dans certains cas, en mesure de connaître l'existence du mandat et l'identité du commettant, ces circonstances ne sont pas à elles seules suffisantes pour exclure que l'assujetti, s'entremettant dans la prestation de services, agit en son nom propre, mais pour le compte d'autrui, au sens de l'article 28 de la directive TVA (voir, en ce sens, arrêt du 14 juillet 2011, *Henfling e.a.*, C-464/10, EU:C:2011:489, point 43). En effet, ce sont avant tout les pouvoirs dont dispose cet assujetti dans le cadre de la prestation dans laquelle il s'entremet qui importent.

89. Dans ces conditions, tout comme les deux premiers alinéas de l'article 9*bis*, paragraphe 1, du règlement d'exécution n° 282/2011, le troisième alinéa de cette disposition ne saurait être considéré comme complétant ou modifiant l'article 28 de la directive TVA.

90. Par conséquent, en adoptant l'article 9*bis*, paragraphe 1, du règlement d'exécution n° 282/2011, afin d'assurer une application uniforme dans l'Union de l'article 28 de la directive TVA pour les services visés à cette première disposition, le Conseil n'a pas outrepassé les compétences d'exécution qui lui ont été conférées par l'article 397 de cette directive, en application de l'article 291, paragraphe 2, TFUE.

91. Eu égard à l'ensemble des considérations qui précèdent, il y a lieu de répondre à la question posée que l'examen de celle-ci n'a révélé aucun élément de nature à affecter la validité de l'article 9*bis*, paragraphe 1, du règlement d'exécution n° 282/2011, au regard des articles 28 et 397 de la directive TVA ainsi que de l'article 291, paragraphe 2, TFUE.

Sur les dépens

92. La procédure revêtant, à l'égard des parties au principal, le caractère d'un incident soulevé devant la juridiction de renvoi, il appartient à celle-ci de statuer sur les dépens. Les frais exposés pour soumettre des observations à la Cour, autres que ceux desdites parties, ne peuvent faire l'objet d'un remboursement.

Par ces motifs, la Cour (grande chambre) dit pour droit :

L'examen de la question préjudicielle n'a révélé aucun élément de nature à affecter la validité de l'article 9*bis*, paragraphe 1, du règlement d'exécution (UE) n° 282/2011 du Conseil, du 15 mars 2011, portant mesures d'exécution de la directive 2006/112/CE relative au système commun de taxe sur la valeur ajoutée, tel que modifié par le règlement d'exécution (UE) n° 1042/2013 du Conseil, du 7 octobre 2013, au regard des articles 28 et 397 de la directive 2006/112/CE du Conseil, du 28 novembre 2006, relative au système commun de taxe sur la valeur ajoutée, telle que modifiée par la directive (UE) 2017/2455 du Conseil, du 5 décembre 2017, ainsi que de l'article 291, paragraphe 2, TFUE.

OBSERVATIONS

L'arrêt *Fenix International* a permis à la Cour de justice de préciser les conditions de validité d'un règlement d'exécution du Conseil pris pour l'application d'une directive, en l'occurrence la directive TVA (1).

L'affaire ayant donné lieu à cet arrêt concernait les conditions d'assujettissement à la TVA de la société Fenix International Ltd, qui est immatriculée au Royaume-Uni. Cette société exploite une

(1) Directive 2006/112/CE du Conseil du 28 novembre 2006 relative au système commun de taxe sur la valeur ajoutée.

plateforme de réseau social, dite « Only Fans », qui permet à des « créateurs » et à des « fans » d'entretenir virtuellement des relations selon le modèle économique suivant. Chaque « créateur » publie des contenus (textes, images et vidéos), auxquels les « fans » ont accès en effectuant des paiements ponctuels ou en souscrivant à un abonnement mensuel. Le montant des abonnements et des « pourboires », ainsi que les conditions générales d'utilisation de la plateforme, sont déterminés par la société Fenix International. Cette dernière fournit également le dispositif permettant d'effectuer les transactions financières, et collecte puis reverse les paiements effectués par les « fans » en faisant appel à un prestataire de services de paiement. En guise de rémunération, Fenix International prélève 20 % de chaque somme versée à un « créateur », et applique à la somme ainsi prélevée la TVA à un taux de 20 %. Cette TVA figure sur les factures émises par Fenix International. Enfin, les paiements apparaissent sur les relevés bancaires des « fans » comme étant des paiements effectués au crédit de la société Fenix International.

Au titre d'opérations effectuées entre 2017 et 2020, l'administration fiscale britannique a considéré que la société Fenix International avait agi en son nom propre, et qu'elle devait s'acquitter de la TVA portant sur l'intégralité de la somme reçue de chaque « fan », et non pas seulement sur la fraction de cette somme (20 %) correspondant à sa rémunération. Dans le cadre d'un recours formé contre les impositions supplémentaires mises à la charge de la société Fenix International, l'administration britannique a fait valoir que cette imposition était fondée sur l'article 9*bis*, paragraphe 1, du règlement d'exécution (UE) n° 282/2011 du Conseil du 15 mars 2011 portant mesures d'exécution de la directive 2006/112/CE relative au système commun de taxe sur la valeur ajoutée, dont il ressort que le mandataire qui s'entremet dans une prestation de services par voie électronique est réputé avoir reçu et fourni lesdits services, alors même que l'identité du fournisseur est connue. La société Fenix International a estimé, en retour, que ce règlement d'exécution n'était pas valide dès lors que le Conseil avait excédé ses compétences et que le règlement d'exécution modifiait fondamentalement la responsabilité du mandataire dans le domaine de la TVA, en transférant la charge fiscale sur les plateformes exploitées sur Internet, dès lors qu'il s'avérerait impossible, en pratique, de renverser la présomption établie.

La Cour de justice a par suite été saisie de la validité de l'article 9*bis*, paragraphe 1, du règlement d'exécution (UE) n° 282/2011 du Conseil, du 15 mars 2011, et a dû statuer sur la question de savoir si le Conseil avait outrepassé les compétences d'exécution dont il bénéficie au titre de l'article 291, paragraphe 2, TFUE et de l'article 397 de la directive TVA.

Pour répondre à cette question, la Cour a tout d'abord rappelé que si l'article 291, paragraphe 1, TFUE, prévoit que la mise en œuvre des directives incombe en principe aux États membres, des compétences d'exécution peuvent être conférées au Conseil sur le fondement de l'article 291, paragraphe 2, TFUE. Puis elle a relevé que l'article 397 de la directive TVA confère au Conseil un pouvoir d'exécution au sens de cette dernière disposition.

Cette compétence étant acquise, la Cour a ensuite estimé qu'elle n'était pas, pour autant, sans limites. Notamment, elle ne permet pas d'arrêter des « dispositions établissant les éléments essentiels d'une réglementation de base, dont l'adoption nécessite d'effectuer des choix politiques relevant des responsabilités propres [du] législateur » (2) de l'Union. Par suite, les règlements d'exécution, dont l'objet est de « préciser le contenu de l'acte législatif en cause, afin d'assurer sa mise en œuvre dans des conditions uniformes dans tous les États membres », doivent « d'une part, respecter les objectifs généraux essentiels poursuivis par l'acte législatif que ces dispositions sont censées préciser et, d'autre part, être nécessaires ou utiles pour la mise en œuvre uniforme de celui-ci sans qu'elles le complètent ni le modifient, même dans ses éléments non essentiels » (3).

Aussi la Cour de justice a-t-elle estimé qu'il lui revenait au cas d'espèce de vérifier si l'article 9*bis*, paragraphe 1, du règlement d'exécution (UE) n° 282/2011 du Conseil du 15 mars 2011 « se borne à préciser le contenu de l'article 28 de cette directive, ce qui implique d'examiner si ledit article 9*bis*, paragraphe 1, premièrement, respecte les objectifs généraux essentiels de ladite directive et, en particulier, ceux de son article 28, deuxièmement, est nécessaire ou utile pour faciliter la mise en œuvre uniforme du même article 28 et, troisièmement, ne complète ni ne modifie ce dernier d'une quelconque manière » (4).

Dans la mesure où ces trois conditions étaient remplies, la Cour n'a pu que statuer en faveur de la validité du règlement.

Alexandre Maitrot de la Motte

(2) Pt 41 de l'arrêt. Précédemment, voy. CJUE, 10 septembre 2015, *Parlement c/ Conseil*, aff. C-363/14, EU:C:2015:579.

(3) Pt 44 de l'arrêt. Précédemment, voy. CJUE, 15 octobre 2014, *Parlement c/ Commission*, aff. C-65/13, EU:C:2014:2289.

(4) Pt 51 de l'arrêt.

Cour de justice, 24 juillet 2023, *PPU-Lin*, aff. C-107/23, ECLI:EU:C:2023:606

Conclusions partiellement conformes de l'avocat général M. Campos Sánchez-Bordona, du 29 juin 2023, ECLI:EU:C:2023:532

Mots-clés : Protection des intérêts financiers de l'Union européenne – Obligation de lutter contre la fraude portant atteinte aux intérêts financiers de l'Union par des mesures dissuasives et effectives – Obligation de prévoir des sanctions pénales – Taxe sur la valeur ajoutée (TVA) – Fraude grave à la TVA – Délai de prescription de la responsabilité pénale – Arrêt d'une Cour constitutionnelle ayant invalidé une disposition nationale régissant les causes d'interruption de ce délai – Risque systémique d'impunité – Protection des droits fondamentaux – Principe de légalité des délits et des peines – Exigences de prévisibilité et de précision de la loi pénale – Principe de l'application rétroactive de la loi pénale plus favorable (*lex mitior*) – Principe de sécurité juridique – Standard national de protection des droits fondamentaux – Obligation pour les juridictions d'un État membre de laisser inappliqués des arrêts de la Cour constitutionnelle et/ou de la juridiction suprême de cet État membre en cas de non-conformité au droit de l'Union – Responsabilité disciplinaire des juges en cas de non-respect de ces arrêts – Principe de primauté du droit de l'Union

Cadre normatif : article 325 TFUE ; convention « PIF » ; directive 2006/112/CE ; article 49, paragraphe 1, de la charte des droits fondamentaux de l'Union européenne

Notes et observations : M. Abenhaïm et C. Georgieva, « Primauté – Primauté du droit de l'Union : où en est le "pluralisme constitutionnel" après l'arrêt Lin ? », *Europe*, 2023, n° 11, ét. 7 ; Ph. Bonneville, Ch. Gänser et A. Iljic, « Chronique de jurisprudence de la CJUE – Protection des intérêts financiers de l'Union – Règles de prescription – Principe de primauté », *AJDA*, 2023, n° 29, pp. 1545-1547 ; A. Bouveresse, « Droit administratif et droit de l'Union européenne. 1er juillet 2023-31 décembre 2023 – Le juge »,

RFDA, 2024, n° 1, pp. 178-183 ; A. CAIOLA, « La continuité d'une évolution jurisprudentielle. À la recherche de l'équilibre entre la protection des intérêts financiers de l'Union européenne et le respect du principe de légalité des délits et des peines », *R.A.E.*, 2023, n° 3, pp. 783-792 ; A. ILJIC, in A. ILJIC, A. MAITROT DE LA MOTTE, F. PEZET et F. SICARD, « Droit fiscal de l'Union européenne : chronique de jurisprudence et de législation (1er juin 2023-31 août 2023) », *RD fisc.*, 2023, n° 48, ét. 346 ; et L. SAENKO, « Chronique "Régime fiscal des affaires" – Lutte contre la fraude aux intérêts financiers de l'Union européenne et prescription de l'action publique : le juge national doit écarter les règles nationales qui créent un risque systémique d'impunité », *RTD com.*, 2023, n° 3, pp. 768-771

EXTRAITS DE L'ARRÊT

Sur les questions préjudicielles

Sur les première et deuxième questions

71. Les première et deuxième questions, qu'il convient d'examiner ensemble, portent sur l'interprétation de l'article 2, de l'article 4, paragraphe 3, et de l'article 19, paragraphe 1, second alinéa, TUE, de l'article 325, paragraphe 1, TFUE, de l'article 49, paragraphe 1, dernière phrase, de la Charte, de l'article 2, paragraphe 1, de la convention PIF ainsi que de la directive 2006/112.

72. Toutefois, il ressort des motifs de la décision de renvoi que les doutes de la juridiction de renvoi à l'origine de ces questions portent, en substance, sur l'interprétation, d'une part, des dispositions du droit de l'Union imposant aux États membres de lutter efficacement contre les atteintes illégales aux intérêts financiers de l'Union et, d'autre part, des garanties découlant du principe de légalité des délits et des peines.

73. Dans ces conditions, il n'y a lieu d'examiner les première et deuxième questions qu'au regard de l'article 325, paragraphe 1, TFUE, de l'article 49, paragraphe 1, de la Charte et de l'article 2, paragraphe 1, de la convention PIF.

74. Il s'ensuit que, par ces questions, la juridiction de renvoi demande, en substance, si ces dispositions doivent être interprétées en ce sens que les juridictions d'un État membre sont tenues de laisser inappliqués, d'une part, des arrêts de la Cour constitutionnelle de cet État membre invalidant la disposition législative nationale qui régit les causes d'interruption du délai de prescription en matière pénale, en raison d'une atteinte au principe de légalité des délits et des peines, dans ses exigences relatives à la prévisibilité et à la précision de la loi pénale, ainsi que, d'autre part, un arrêt de la juridiction suprême dudit État membre, dont il ressort que les règles régissant ces causes d'interruption, telles qu'elles découlent de cette jurisprudence constitutionnelle, peuvent être appliquées rétroactivement en tant que loi pénale plus favorable (lex mitior) afin de remettre en cause des condamnations définitives, étant entendu que ces arrêts ont pour conséquence qu'un nombre considérable d'affaires pénales, y compris des affaires relatives à des infractions de fraude grave portant atteinte aux intérêts financiers de l'Union, seront clôturées en raison de la prescription de la responsabilité pénale.

75. À titre liminaire, il y a lieu de relever que la portée exacte des règles gouvernant, en Roumanie, l'interruption des délais de prescription en matière pénale durant la période allant du 25 juin 2018, date de la publication de l'arrêt n° 297/2018 de la Curtea Constituţională (Cour constitutionnelle), au 30 mai 2022, date de l'entrée en vigueur de l'OUG n° 71/2022, a été débattue par les parties tant dans le cadre de leurs observations écrites que lors de l'audience devant la Cour.

76. Il importe de rappeler, à cet égard, que, dans le cadre de la procédure visée à l'article 267 TFUE, fondée sur une nette séparation des fonctions entre les juridictions nationales et la Cour, le juge national est seul compétent pour constater et apprécier les faits du litige au principal ainsi que pour interpréter et appliquer le droit national [arrêts du 31 janvier 2023, *Puig Gordi e.a.*, C-158/21, EU:C:2023:57, point 61, ainsi que du 21 mars 2023, *Mercedes-Benz Group (Responsabilité des constructeurs de véhicules munis de dispositifs d'invalidation)*, C-100/21, EU:C:2023:229, point 59].

77. En l'occurrence, selon les explications fournies par la juridiction de renvoi, il résulte des arrêts n°s 297/2018 et 358/2022 de la Curtea Constituţională (Cour constitutionnelle), résumés aux points 23 à 29 du présent arrêt, que, durant la période allant du 25 juin 2018 au 30 mai 2022, le droit roumain ne prévoyait aucune cause d'interruption du délai de prescription de la responsabilité pénale. Partant, aux fins de la réponse à apporter aux première et deuxième questions, il y a lieu de considérer que tel était l'état du droit roumain durant cette période.

78. Eu égard à la jurisprudence rappelée au point 76 du présent arrêt, il y a lieu également de répondre à ces questions en se fondant sur l'interprétation donnée par la juridiction de renvoi de l'arrêt n° 67/2022 de l'Înalta Curte de Casaţie şi Justiţie (Haute Cour de cassation et de justice), selon laquelle l'interprétation, par cette dernière, du principe de l'application rétroactive de la loi pénale plus favorable (lex mitior) permettrait de faire rétroagir les effets de l'absence de causes d'interruption de ce délai en droit roumain à des actes de procédure intervenus avant le 25 juin 2018, à savoir la date de publication de l'arrêt n° 297/2018 de la Curtea Constituțională (Cour constitutionnelle).

Sur la méconnaissance de l'obligation de lutter contre la fraude portant atteinte aux intérêts financiers de l'Union par des mesures dissuasives et effectives

79. Dans la mesure où il ressort de la décision de renvoi que le litige au principal porte, notamment, sur des faits constitutifs de fraude grave à la TVA, il importe de rappeler qu'il incombe aux États membres de prendre les mesures nécessaires en vue de garantir le prélèvement effectif et intégral des ressources propres de l'Union que sont les recettes provenant de l'application d'un taux uniforme à l'assiette harmonisée de la TVA (arrêt du 21 décembre 2021, *Euro Box Promotion e.a.*, C-357/19, C-379/19, C-547/19, C-811/19 et C-840/19, EU:C:2021:1034, point 182 ainsi que jurisprudence citée).

80. Cela étant, l'édiction de sanctions pénales en vue de protéger les intérêts financiers de l'Union, et notamment la correcte perception de ces recettes, relève d'une compétence partagée entre l'Union et les États membres, au sens de l'article 4, paragraphe 2, TFUE (voir, en ce sens, arrêt du 5 décembre 2017, *M.A.S. et M.B.*, C-42/17, EU:C:2017:936, point 43).

81. En l'occurrence, à la date des faits au principal, le régime de la prescription applicable aux infractions pénales portant atteinte aux intérêts financiers de l'Union n'avait pas fait l'objet d'une harmonisation par le législateur de l'Union, laquelle n'est intervenue qu'ultérieurement, de manière partielle, par l'adoption de la directive PIF (voir, en ce sens, arrêt du 5 décembre 2017, *M.A.S. et M.B.*, C-42/17, EU:C:2017:936, point 44), qui, ainsi qu'il a déjà été relevé au point 64 du présent arrêt, n'est pas applicable au litige en cause au principal.

82. Partant, l'adoption de règles gouvernant la prescription de la responsabilité pénale pour des infractions portant atteinte aux intérêts financiers de l'Union relevait, à la date des faits au principal, de la compétence des États membres. Toutefois, ces États sont tenus, dans l'exercice de cette compétence, de respecter les obligations qui découlent, pour eux, du droit de l'Union (voir, en ce sens, arrêts du 26 février 2019, *Rimšēvičs et BCE/Lettonie*, C-202/18 et C-238/18, EU:C:2019:139, point 57, ainsi que du 21 décembre 2021, *Euro Box Promotion e.a.*, C-357/19, C-379/19, C-547/19, C-811/19 et C-840/19, EU:C:2021:1034, point 216).

83. À cet égard, il importe de souligner, en premier lieu, que l'article 325, paragraphe 1, TFUE impose aux États membres de lutter contre la fraude et toute autre activité illégale portant atteinte aux intérêts financiers de l'Union par des mesures dissuasives et effectives (arrêt du 21 décembre 2021, *Euro Box Promotion e.a.*, C-357/19, C-379/19, C-547/19, C-811/19 et C-840/19, EU:C:2021:1034, point 181 ainsi que jurisprudence citée).

84. Si les États membres disposent d'une liberté de choix en ce qui concerne les sanctions applicables, lesquelles peuvent prendre la forme de sanctions administratives, de sanctions pénales ou d'une combinaison des deux, ils doivent toutefois veiller, conformément à l'article 325, paragraphe 1, TFUE, à ce que les cas de fraude grave ou d'autre activité illégale grave portant atteinte aux intérêts financiers de l'Union soient passibles de sanctions pénales revêtant un caractère effectif et dissuasif [voir, en ce sens, arrêts du 21 décembre 2021, *Euro Box Promotion e.a.*, C-357/19, C-379/19, C-547/19, C-811/19 et C-840/19, EU:C:2021:1034, point 191, ainsi que du 8 mars 2022, *Commission/Royaume-Uni (Lutte contre la fraude à la sous-évaluation)*, C-213/19, EU:C:2022:167, point 219].

85. En second lieu, l'article 2, paragraphe 1, de la convention PIF impose aux États membres de prendre les mesures nécessaires pour que les comportements constitutifs d'une fraude portant atteinte aux intérêts financiers de l'Union, y compris les fraudes à la TVA, soient passibles de sanctions pénales effectives, proportionnées et dissuasives, incluant, au moins dans les cas de fraude grave, à savoir ceux portant sur un montant minimal ne pouvant être fixé par les États membres à plus de 50 000 euros, des peines privatives de liberté (voir, en ce sens, arrêt du 2 mai 2018, *Scialdone*, C-574/15, EU:C:2018:295, point 36 et jurisprudence citée).

86. À ce titre, ces États doivent veiller à ce que les règles de prescription prévues par le droit national permettent une répression effective des infractions liées à de telles fraudes (voir, en ce sens, arrêt du 5 décembre 2017, *M.A.S. et M.B.*, C-42/17, EU:C:2017:936, point 36).

87. En l'occurrence, il ressort des explications fournies par la juridiction de renvoi, telles que résumées aux points 23 à 32 du présent arrêt, que, d'une part, en application des arrêts n°s 297/2018 et 358/2022 de la Curtea Constituţională (Cour constitutionnelle), durant la période allant du 25 juin 2018, date de la publication de cet arrêt n° 297/2018, au 30 mai 2022, date de l'entrée en vigueur de l'OUG n° 71/2022, le droit roumain ne prévoyait aucun cas permettant l'interruption du délai de prescription de la responsabilité pénale et que, d'autre part, selon l'arrêt n° 67/2022 de l'Înalta Curte de Casaţie şi Justiţie (Haute Cour de cassation et de justice), cette jurisprudence constitutionnelle peut être invoquée en tant que loi pénale plus favorable (lex mitior), et ce, y compris pour remettre en cause des condamnations définitives.

88. En ce qui concerne les effets concrets qui seraient susceptibles de s'attacher à ladite jurisprudence, la juridiction de renvoi indique que, dans le cadre du litige au principal, l'application, en tant que loi pénale plus favorable (lex mitior), de la règle résultant des arrêts n°s 297/2018 et 358/2022 de la Curtea Constituţională (Cour constitutionnelle), selon laquelle, durant la période visée au point précédent, le droit roumain ne prévoyait pas de cause d'interruption du délai de prescription de la responsabilité pénale, aurait pour conséquence que le délai de prescription de dix ans, prévu pour les infractions en cause au principal, aurait expiré avant que la condamnation des demandeurs au principal ne soit devenue définitive, ce qui entraînerait la clôture de la procédure pénale et l'impossibilité de condamner ces derniers.

89. La juridiction de renvoi a également souligné que les arrêts n°s 297/2018 et 358/2022 de la Curtea Constituţională (Cour constitutionnelle) sont susceptibles d'affecter un « nombre considérable d'affaires », y compris des affaires clôturées par le prononcé de condamnations définitives, qui pourraient être remises en cause au moyen de recours extraordinaires tels que ceux en cause au principal.

90. En outre, si, comme il a été relevé au point 65 du présent arrêt, la décision 2006/928 n'est pas applicable en tant que telle à des infractions de fraude fiscale, telles que celles en cause au principal, il n'en reste pas moins que les données présentées par la Commission dans son rapport du 22 novembre 2022 au Parlement européen et au Conseil sur les progrès réalisés par la Roumanie au titre du mécanisme de coopération et de vérification [COM(2022) 664 final], en exécution de l'article 2 de cette décision, confirment l'existence du risque que de nombreux cas de fraude grave portant atteinte aux intérêts financiers de l'Union ne puissent plus être sanctionnés en raison de la prescription de la responsabilité pénale qui s'y rattache. En effet, il ressort de ce rapport, mentionné par la juridiction de renvoi, que les arrêts n°s 297/2018 et 358/2022 de la Curtea Constituţională (Cour constitutionnelle) pourraient conduire « à la clôture de la procédure pénale et à la suppression de la responsabilité pénale dans un très grand nombre d'affaires » et que la situation créée comporte le « risque que des milliers de défendeurs ne soient pas tenus pénalement responsables ».

91. Il peut être déduit des éléments qui précèdent que la situation juridique qui résulte de l'application des arrêts n°s 297/2018 et 358/2022 de la Curtea Constituţională (Cour constitutionnelle) ainsi que de l'arrêt n° 67/2022 de l'Înalta Curte de Casaţie şi Justiţie (Haute Cour de cassation et de justice) engendre un risque systémique d'impunité pour les infractions de fraude grave portant atteinte aux intérêts financiers de l'Union, en particulier dans les affaires dont la complexité appelle une instruction plus longue de la part des autorités pénales.

92. Or, l'existence d'un tel risque systémique d'impunité constitue un cas d'incompatibilité avec les exigences de l'article 325, paragraphe 1, TFUE et de l'article 2, paragraphe 1, de la convention PIF, telles que rappelées aux points 83 à 86 du présent arrêt (voir, en ce sens, arrêt du 21 décembre 2021, *Euro Box Promotion e.a.*, C-357/19, C-379/19, C-547/19, C-811/19 et C-840/19, EU:C:2021:1034, point 203).

93. À cet égard, il incombe, au premier chef, au législateur national de prendre les mesures nécessaires pour satisfaire à ces exigences, notamment en adoptant les dispositions nécessaires et, le cas échéant, en modifiant les dispositions existantes afin de garantir que le régime applicable à la poursuite et à la sanction des infractions de fraude grave portant atteinte aux intérêts financiers de l'Union, y compris les règles gouvernant la prescription de la responsabilité pénale, soit conforme aux dispositions de l'article 325, paragraphe 1, TFUE et de l'article 2, paragraphe 1, de la convention PIF. Ce régime doit être conçu de telle manière qu'il ne présente pas, pour des raisons inhérentes à celui-ci, un risque systémique d'impunité des faits constitutifs de telles infractions, tout en assurant la protection des droits fondamentaux des personnes poursuivies (voir, en ce sens, arrêts du 5 décembre 2017, *M.A.S. et M.B.*, C-42/17, EU:C:2017:936, point 41, ainsi que du 21 décembre 2021, *Euro Box Promotion e.a.*, C-357/19, C-379/19, C-547/19, C-811/19 et C-840/19, EU:C:2021:1034, point 193).

94. Or, une situation juridique dans laquelle la réglementation d'un État membre régissant l'interruption du délai de prescription de la responsabilité pénale a été invalidée et, partant, privée d'effet par la Cour constitutionnelle de cet État membre, sans que le législateur national ait remédié à cette situation pendant une période de près de quatre années, est incompatible avec l'obligation, rappelée au points 83 à 86 du présent arrêt, de veiller à ce que les cas de fraude grave portant atteinte aux intérêts financiers de l'Union, commis sur le territoire national, soient passibles de sanctions pénales revêtant un caractère effectif et dissuasif. En effet, une telle situation, qui affecte une disposition à portée générale qui était applicable à toute procédure pénale et dont le non-remplacement, à la suite de sa déclaration d'inconstitutionnalité, n'était prévisible ni par les autorités chargées des poursuites ni par les juridictions pénales, comporte le risque intrinsèque que de nombreux cas de fraude grave portant atteinte aux intérêts financiers de l'Union ne puissent pas être sanctionnés en raison de l'expiration de ce délai, en particulier dans les affaires dont la complexité appelle une instruction plus longue de la part des autorités pénales.

Sur les obligations incombant aux juridictions nationales

95. Il résulte d'une jurisprudence constante que le principe de primauté du droit de l'Union impose au juge national chargé d'appliquer, dans le cadre de sa compétence, les dispositions du droit de l'Union l'obligation, à défaut de pouvoir procéder à une interprétation de la réglementation nationale conforme aux exigences de droit de l'Union, d'assurer le plein effet des exigences de ce droit dans le litige dont il est saisi en laissant au besoin inappliquée, de sa propre autorité, toute réglementation ou pratique nationale, même postérieure, qui est contraire à une disposition du droit de l'Union qui est d'effet direct, sans qu'il ait à demander ou à attendre l'élimination préalable de cette réglementation ou pratique nationale par voie législative ou par tout autre procédé constitutionnel [arrêts du 9 mars 1978, *Simmenthal*, 106/77, EU:C:1978:49, point 24 ; du 24 juin 2019, *Popławski*, C-573/17, EU:C:2019:530, points 61 et 62, ainsi que du 22 février 2022, *RS (Effet des arrêts d'une cour constitutionnelle)*, C-430/21, EU:C:2022:99, point 53].

96. En l'occurrence, l'article 325, paragraphe 1, TFUE et l'article 2, paragraphe 1, de la convention PIF sont formulés en des termes clairs et précis et ne sont assortis d'aucune condition, si bien qu'ils sont d'effet direct (voir, en ce sens, arrêt du 21 décembre 2021, *Euro Box Promotion e.a.*, C-357/19, C-379/19, C-547/19, C-811/19 et C-840/19, EU:C:2021:1034, point 253 ainsi que jurisprudence citée).

97. Dès lors, il incombe, en principe, aux juridictions nationales de donner plein effet aux obligations découlant de l'article 325, paragraphe 1, TFUE et de l'article 2, paragraphe 1, de la convention PIF ainsi que de laisser inappliquées des dispositions internes qui, dans le cadre d'une procédure concernant des fraudes graves portant atteinte aux intérêts financiers de l'Union, font obstacle à l'application de sanctions effectives et dissuasives pour lutter contre de telles infractions (voir, en ce sens, arrêt du 21 décembre 2021, *Euro Box Promotion e.a.*, C-357/19, C-379/19, C-547/19, C-811/19 et C-840/19, EU:C:2021:1034, point 194 ainsi que jurisprudence citée).

98. Il apparaît ainsi que, en principe, les juridictions nationales sont tenues, conformément à cet article 325, paragraphe 1, et à cet article 2, paragraphe 1, de laisser inappliqués les arrêts n°s 297/2018 et 358/2022 de la Curtea Constituțională (Cour constitutionnelle), dont il résulte que, durant la période allant du 25 juin 2018, date de la publication de cet arrêt n° 297/2018, au 30 mai 2022, date de l'entrée en vigueur de l'OUG n° 71/2022, le droit roumain ne prévoyait aucune cause d'interruption du délai de prescription de la responsabilité pénale, dans la mesure où ces arrêts ont pour effet de conduire à la prescription de la responsabilité pénale dans un grand nombre de cas de fraude grave portant atteinte aux intérêts financiers de l'Union et, partant, comme il a été constaté au point 91 du présent arrêt, de créer un risque systémique d'impunité pour de telles infractions.

99. De même, les juridictions nationales sont tenues, en principe, conformément à ces dispositions, de laisser inappliqué l'arrêt n° 67/2022 de l'Înalta Curte de Casație și Justiție (Haute Cour de cassation et de justice), dans la mesure où cet arrêt permet d'invoquer la prescription de la responsabilité pénale, sur le fondement des effets des arrêts n°s 297/2018 et 358/2022 de la Curtea Constituţională (Cour constitutionnelle) en tant que loi pénale plus favorable (lex mitior), dans des cas de fraude grave portant atteinte aux intérêts financiers de l'Union et, partant, accroît le risque systémique d'impunité pour de telles infractions.

100. Cependant, il est encore nécessaire de vérifier si l'obligation de laisser inappliqués de tels arrêts se heurte, dans une situation telle que celle en cause au principal, à la protection des droits fondamentaux.

101. À cet égard, il convient de rappeler, en premier lieu, que, ainsi qu'il résulte d'une jurisprudence bien établie, l'obligation de garantir un prélèvement efficace des ressources de l'Union ne dispense pas les juridictions nationales du respect nécessaire des droits fondamentaux garantis par la Charte et des principes généraux du droit de l'Union, dès lors que les procédures pénales ouvertes pour des infractions en matière de TVA constituent une mise en œuvre du droit de l'Union, au sens de l'article 51, paragraphe 1, de la Charte (arrêt du 17 janvier 2019, *Dzivev e.a.*, C-310/16, EU:C:2019:30, point 33, ainsi que, en ce sens, arrêt du 21 décembre 2021, *Euro Box Promotion e.a.*, C-357/19, C-379/19, C-547/19, C-811/19 et C-840/19, EU:C:2021:1034, point 204).

102. En l'occurrence, il résulte des explications fournies par la juridiction de renvoi que la jurisprudence nationale pertinente dans le cadre du litige au principal, résumée aux points 23 à 32 du présent arrêt, est fondée sur deux principes distincts, à savoir, d'une part, s'agissant des arrêts n°s 297/2018 et 358/2022 de la Curtea Constituţională (Cour constitutionnelle), le principe de légalité des délits et des peines, dans ses exigences relatives à la prévisibilité et à la précision de la loi pénale, ainsi que, d'autre part, s'agissant de l'arrêt n° 67/2022 de l'Înalta Curte de Casaţie şi Justiţie (Haute Cour de cassation et de justice), le principe de l'application rétroactive de la loi pénale plus favorable (lex mitior), y compris à des condamnations définitives prononcées après le 25 juin 2018.

103. Dans l'ordre juridique de l'Union, le principe de légalité des délits et des peines et le principe de l'application rétroactive de la loi pénale plus favorable (lex mitior) sont consacrés à l'article 49, paragraphe 1, de la Charte.

104. En vertu du principe de légalité des délits et des peines, les dispositions pénales doivent, notamment, assurer l'accessibilité et la prévisibilité en ce qui concerne tant la définition de l'infraction que la détermination de la peine (voir, en ce sens, arrêts du 5 décembre 2017, *M.A.S. et M.B.*, C-42/17, EU:C:2017:936, point 55, ainsi que du 11 juin 2020, *Prokuratura Rejonowa w Słupsku*, C-634/18, EU:C:2020:455, point 48).

105. En outre, l'exigence de précision de la loi applicable, qui est inhérente à ce principe, implique que la loi définisse de manière claire les infractions et les peines qui les répriment. Cette condition se trouve remplie lorsque le justiciable peut savoir, à partir du libellé de la disposition pertinente et, au besoin, à l'aide de l'interprétation qui en est donnée par les tribunaux, quels actes et omissions engagent sa responsabilité pénale (arrêt du 5 décembre 2017, *M.A.S. et M.B.*, C-42/17, EU:C:2017:936, point 56, ainsi que, en ce sens, arrêt du 11 juin 2020, *Prokuratura Rejonowa w Słupsku*, C-634/18, EU:C:2020:455, point 49).

106. Enfin, conformément à la dernière phrase de l'article 49, paragraphe 1, de la Charte, le principe de l'application rétroactive de la loi pénale plus favorable (lex mitior) exige que, si, postérieurement à la commission d'une infraction, la loi prévoit une peine plus légère, celle-ci doit être appliquée.

107. D'abord, l'application de ce dernier principe suppose une succession de régimes juridiques dans le temps et repose sur la constatation que cette succession reflète, au sein de l'ordre juridique concerné, un changement de position soit en ce qui concerne la qualification pénale des faits susceptibles de constituer une infraction, soit en ce qui concerne la peine à appliquer à une telle infraction (voir, en ce sens, arrêt du 7 août 2018, *Clergeau e.a.*, C-115/17, EU:C:2018:651, point 33 ainsi que jurisprudence citée).

108. Ensuite, il ressort de la jurisprudence de la Cour que les règles gouvernant la prescription en matière pénale ne relèvent pas du champ d'application de l'article 49, paragraphe 1, de la Charte (voir, en ce sens, arrêt du 8 septembre 2015, *Taricco e.a.*, C-105/14, EU:C:2015:555, points 54 à 57).

109. Par conséquent, l'obligation, pour les juridictions nationales, de laisser inappliqués les arrêts n°s 297/2018 et 358/2022 de la Curtea Constituțională (Cour constitutionnelle) ainsi que l'arrêt n° 67/2022 de l'Înalta Curte de Casație și Justiție (Haute Cour de cassation et de justice) n'est de nature à porter atteinte ni au principe de prévisibilité, de précision et de non-rétroactivité des délits et des peines, ni au principe de l'application rétroactive de la loi pénale plus favorable (lex mitior), tels qu'ils sont garantis à l'article 49, paragraphe 1, de la Charte.

110. En second lieu, il importe de rappeler que, lorsque, comme en l'occurrence, une juridiction d'un État membre est appelée à contrôler la conformité aux droits fondamentaux d'une disposition ou d'une mesure nationale qui, dans une situation dans laquelle l'action des États membres n'est pas entièrement déterminée par le droit de l'Union, met en œuvre ce droit au sens de l'article 51, paragraphe 1, de la Charte, il reste loisible aux autorités et aux juridictions nationales d'appliquer des standards nationaux de protection des droits fondamentaux, pourvu que cette application ne compromette pas le niveau de protection prévu par la Charte, telle qu'interprétée par la Cour, ni la primauté, l'unité et l'effectivité du droit de l'Union (arrêts du 26 février 2013, *Åkerberg Fransson*, C-617/10, EU:C:2013:105, point 29 ; du 5 décembre 2017, *M.A.S. et M.B.*, C-42/17, EU:C:2017:936, point 47, ainsi que du 21 décembre 2021, *Euro Box Promotion e.a.*, C-357/19, C-379/19, C-547/19, C-811/19 et C-840/19, EU:C:2021:1034, point 211).

111. En l'occurrence, selon les explications fournies par la juridiction de renvoi, les arrêts n°s 297/2018 et 358/2022 de la Curtea Constituţională (Cour constitutionnelle) ainsi que l'arrêt n° 67/2022 de l'Înalta Curte de Casaţie şi Justiţie (Haute Cour de cassation et de justice) reposent sur la prémisse selon laquelle, en droit roumain, les règles relatives à l'interruption du délai de prescription de la responsabilité pénale relèvent du droit pénal matériel et, par conséquent, sont soumises au principe de légalité des délits et des peines ainsi qu'au principe de l'application rétroactive de la loi pénale plus favorable (lex mitior), tels qu'ils sont garantis par la constitution roumaine. Ces principes doivent, dès lors, être considérés comme des standards nationaux de protection des droits fondamentaux, au sens du point précédent.

112. Il découle de ce qui a été exposé aux points 108 et 109 du présent arrêt que ces standards nationaux de protection des droits fondamentaux ne sont pas de nature, dans des affaires telles que celles en cause au principal, à compromettre le niveau de protection prévu par la Charte, telle qu'interprétée par la Cour.

113. À cet égard, il y a lieu de rappeler l'importance, tant dans l'ordre juridique de l'Union que dans les ordres juridiques nationaux, que revêt le principe de légalité des délits et des peines, dans ses exigences relatives à la prévisibilité, à la précision et à la non-rétroactivité de la loi pénale applicable (arrêt du 5 décembre 2017, *M.A.S. et M.B.*, C-42/17, EU:C:2017:936, point 51).

114. Ces exigences de prévisibilité, de précision et de non-rétroactivité de la loi pénale constituent une expression particulière du principe de sécurité juridique. En effet, ce principe fondamental du droit de l'Union exige, d'une part, que les règles de droit soient claires et précises et, d'autre part, que leur application soit prévisible pour les justiciables, en particulier lorsqu'elles peuvent avoir des conséquences défavorables. Ledit principe constitue un élément essentiel de l'État de droit, lequel est identifié à l'article 2 TUE à la fois en tant que valeur fondatrice de l'Union et en tant que valeur commune aux États membres (voir, en ce sens, arrêts du 28 mars 2017, *Rosneft*, C-72/15, EU:C:2017:236, points 161 et 162, ainsi que du 16 février 2022, *Hongrie/Parlement et Conseil*, C-156/21, EU:C:2022:97, points 136 et 223).

115. En l'occurrence, il convient d'observer que, en jugeant, dans un premier temps, que le législateur roumain avait méconnu le principe constitutionnel de prévisibilité et de précision de la loi pénale en permettant que des actes de procédure interrompent le délai de prescription de la responsabilité pénale, alors même que ces actes n'étaient pas communiqués au suspect ou au prévenu, la Cour constitutionnelle roumaine a fait application d'un standard national de protection des droits fondamentaux qui vient compléter la protection contre l'arbitraire en matière pénale telle qu'offerte par le droit de l'Union, au titre du principe de sécurité juridique. Elle a également fait application d'un tel standard national de protection des droits fondamentaux lorsque, dans un second temps, elle a constaté, en substance, que l'absence d'intervention du législateur roumain pour remplacer la disposition du code pénal relative à l'interruption de ce délai déclarée inconstitutionnelle avait donné lieu à une nouvelle situation dépourvue de clarté et de prévisibilité, en violation de ce principe constitutionnel.

116. C'est au regard de l'importance de cette protection contre l'arbitraire, aussi bien dans l'ordre juridique de l'Union que dans les ordres juridiques des États membres, que la Cour a jugé, en substance, aux points 58 à 62 de l'arrêt du 5 décembre 2017, *M.A.S. et M.B.* (C-42/17, EU:C:2017:936), qu'un standard national de protection visant à consacrer les exigences de prévisibilité, de précision et de non-rétroactivité de la loi pénale, y compris du régime de prescription relatif aux infractions pénales, pouvait faire obstacle à l'obligation qui, dans les circonstances en cause dans l'affaire ayant donné lieu à cet arrêt, incombait aux juridictions nationales en vertu de l'article 325, paragraphes 1 et 2, TFUE, de laisser inappliquées des dispositions nationales gouvernant la prescription en matière pénale, et ce bien que l'application de ces dispositions nationales fût de nature à empêcher l'infliction de sanctions pénales effectives et dissuasives dans un nombre considérable de cas de fraude grave portant atteinte aux intérêts financiers de l'Union.

117. Était également pertinent, à cet égard, le fait que le régime de la prescription applicable aux infractions pénales portant atteinte aux intérêts financiers de l'Union, qui était en cause dans cette affaire, n'avait, comme dans la présente affaire, pas fait l'objet d'une harmonisation complète, ainsi qu'il a été relevé au point 81 du présent arrêt.

118. Eu égard aux considérations figurant aux points 113 à 117 du présent arrêt et à l'instar de ce que la Cour a jugé dans l'arrêt du 5 décembre 2017, *M.A.S. et M.B.* (C-42/17, EU:C:2017:936), il y a, dès lors, lieu de conclure que, dans le cadre d'une affaire telle que celle en cause au principal, les juridictions roumaines ne sont pas tenues de laisser inappliquée la jurisprudence nationale visée au point 111 du présent arrêt, conformément à l'article 325, paragraphe 1, TFUE et à l'article 2, paragraphe 1, de la convention PIF, nonobstant l'existence d'un risque systémique d'impunité des infractions de fraude grave portant atteinte aux intérêts financiers de l'Union, dans la mesure où les arrêts visés à ce point 111 sont fondés sur le principe de légalité des délits et des peines tel que protégé en droit national, dans ses exigences relatives à la prévisibilité et à la précision de la loi pénale, y compris du régime de prescription relatif aux infractions pénales.

119. Il ressort toutefois des explications fournies par la juridiction de renvoi que l'arrêt n° 67/2022 de l'Înalta Curte de Casaţie şi Justiţie (Haute Cour de cassation et de justice) serait également fondé sur le principe de l'application rétroactive de la loi pénale plus favorable (lex mitior) découlant des arrêts n°s 297/2018 et 358/2022 de la Curtea Constituţională (Cour constitutionnelle). Selon l'interprétation donnée par la juridiction de renvoi de l'arrêt n° 67/2022 de l'Înalta Curte de Casaţie şi Justiţie (Haute Cour de cassation et de justice), cette dernière aurait constaté que ce principe permettrait de faire rétroagir les effets de l'absence de causes d'interruption du délai de prescription de la responsabilité pénale en droit roumain découlant de ces deux arrêts de la Curtea Constituţională (Cour constitutionnelle) à des actes de procédure intervenus avant le 25 juin 2018, à savoir la date de publication de l'arrêt n° 297/2018 de cette dernière juridiction.

120. Or, l'application d'un standard national de protection relatif au principe de l'application rétroactive de la loi pénale plus favorable (lex mitior) doit être distinguée de celle du standard national de protection examiné par la Cour dans l'arrêt du 5 décembre 2017, *M.A.S. et M.B.* (C-42/17, EU:C:2017:936).

121. À cet égard, il ressort de la décision de renvoi que l'application de ce premier standard national de protection est susceptible d'aggraver le risque systémique que des infractions de fraude grave portant atteinte aux intérêts financiers de l'Union échappent à toute sanction pénale, en violation de l'article 325, paragraphe 1, TFUE et de l'article 2, paragraphe 1, de la convention PIF.

122. En effet, contrairement au standard national de protection relatif à la prévisibilité de la loi pénale, qui, selon la juridiction de renvoi, se limite à neutraliser l'effet interruptif d'actes de procédure survenus durant la période allant du 25 juin 2018, date de la publication de l'arrêt n° 297/2018 de la Curtea Constituţională (Cour constitutionnelle), au 30 mai 2022, date de l'entrée en vigueur de l'OUG n° 71/2002, le standard national de protection relatif au principe de l'application rétroactive de la loi pénale plus favorable (lex mitior) permettrait, à tout le moins dans certains cas, de neutraliser l'effet interruptif d'actes de procédure survenus avant même le 25 juin 2018, mais après l'entrée en vigueur du code pénal le 1er février 2014, soit pendant une période de plus de quatre ans.

123. Dans de telles circonstances, compte tenu de la nécessaire mise en balance de ce dernier standard national de protection avec les dispositions de l'article 325, paragraphe 1, TFUE et de l'article 2, paragraphe 1, de la convention PIF, l'application, par un juge national, dudit standard, pour remettre en cause l'interruption du délai de prescription de la responsabilité pénale par des actes de procédure intervenus avant le 25 juin 2018, date de la publication de l'arrêt n° 297/2018 de la Curtea Constituţională (Cour constitutionnelle), doit être considérée comme étant de nature à compromettre la primauté, l'unité et l'effectivité du droit de l'Union, au sens de la jurisprudence rappelée au point 110 du présent arrêt (voir, en ce sens, arrêt du 21 décembre 2021, *Euro Box Promotion e.a.*, C-357/19, C-379/19, C-547/19, C-811/19 et C-840/19, EU:C:2021:1034, point 212).

124. Par conséquent, il y a lieu de considérer que les juridictions nationales ne peuvent, dans le cadre de procédures juridictionnelles visant à sanctionner sur le plan pénal des infractions de fraude grave portant atteinte aux intérêts financiers de l'Union, appliquer le standard national de protection relatif au principe de l'application rétroactive de la loi pénale plus favorable (lex mitior), tel que visé au point 119 du présent arrêt, en vue de remettre en cause l'interruption du délai de prescription de la responsabilité pénale par des actes de procédure intervenus avant le 25 juin 2018, date de la publication de l'arrêt n° 297/2018 de la Curtea Constituţională (Cour constitutionnelle).

125. Eu égard à l'ensemble des considérations qui précèdent, il y a lieu de répondre aux première et deuxième questions que l'article 325, paragraphe 1, TFUE et l'article 2, paragraphe 1, de la convention PIF doivent être interprétés en ce sens que les juridictions d'un État membre ne sont pas tenues de laisser inappliqués les arrêts de la Cour constitutionnelle de cet État membre invalidant la disposition législative nationale qui régit les causes d'interruption du délai de prescription en matière pénale en raison d'une atteinte au principe de légalité des délits et des peines tel que protégé en droit national, dans ses exigences relatives à la prévisibilité et à la précision de la loi pénale, même si ces arrêts ont pour conséquence qu'un nombre considérable d'affaires pénales, y compris des affaires relatives à des infractions de fraude grave portant atteinte aux intérêts financiers de l'Union, seront clôturées en raison de la prescription de la responsabilité pénale. En revanche, lesdites dispositions du droit de l'Union doivent être interprétées en ce sens que les juridictions de cet État membre sont tenues de laisser inappliqué un standard national de protection relatif au principe de l'application rétroactive de la loi pénale plus favorable (lex mitior) qui permet de remettre en cause, y compris dans le cadre de recours dirigés contre des jugements définitifs, l'interruption du délai de prescription de la responsabilité pénale dans de telles affaires par des actes de procédure intervenus avant un tel constat d'invalidité.

Sur la troisième question

126. Par sa troisième question, la juridiction de renvoi demande, en substance, si le principe de primauté du droit de l'Union doit être interprété en ce sens qu'il s'oppose à une réglementation ou à une pratique nationale en vertu de laquelle les juridictions de droit commun d'un État membre sont liées par les décisions de la Cour constitutionnelle ainsi que par celles de la juridiction suprême de cet État membre et ne peuvent, pour cette raison et au risque que la responsabilité disciplinaire des juges concernés soit engagée, laisser inappliquée d'office la jurisprudence résultant de ces décisions, même si elles considèrent, à la lumière d'un arrêt de la Cour, que cette jurisprudence est contraire au droit de l'Union.

127. À cet égard, il y a lieu de rappeler que, si l'organisation de la justice dans les États membres relève de la compétence de ces derniers, ceux-ci n'en sont pas moins tenus, dans l'exercice de cette compétence, de respecter les obligations qui découlent, pour eux, du droit de l'Union. Il en va de même dans le domaine de la responsabilité disciplinaire des juges en raison du non-respect des décisions de la Cour constitutionnelle ainsi que de la juridiction suprême de l'État membre concerné (voir, en ce sens, arrêt du 21 décembre 2021, *Euro Box Promotion e.a.*, C-357/19, C-379/19, C-547/19, C-811/19 et C-840/19, EU:C:2021:1034, point 133 ainsi que jurisprudence citée).

128. Conformément à une jurisprudence constante de la Cour, le principe de primauté du droit de l'Union consacre la prééminence du droit de l'Union sur le droit des États membres. Ce principe impose dès lors à toutes les instances des États membres de donner leur plein effet aux différentes normes de l'Union, le droit des États membres ne pouvant affecter l'effet reconnu à ces différentes normes sur le territoire de ces États (arrêt du 18 mai 2021, *Asociația « Forumul Judecătorilor din România » e.a.*, C-83/19, C-127/19, C-195/19, C-291/19, C-355/19 et C-397/19, EU:C:2021:393, point 244 ainsi que jurisprudence citée).

129. Ainsi qu'il a été rappelé au point 95 du présent arrêt, le principe de primauté impose au juge national l'obligation d'assurer le plein effet des exigences du droit de l'Union dans le litige dont il est saisi en laissant au besoin inappliquée, de sa propre autorité, toute réglementation ou pratique nationale, même postérieure, qui est contraire à une disposition du droit de l'Union qui est d'effet direct, telle que l'article 325, paragraphe 1, TFUE, sans qu'il ait à demander ou à attendre l'élimination préalable de cette réglementation ou pratique nationale par voie législative ou par tout autre procédé constitutionnel.

130. En l'occurrence, la juridiction de renvoi relève qu'elle pourrait être amenée, dans l'hypothèse où l'existence d'une incompatibilité avec le droit de l'Union résulterait de la réponse aux première et deuxième questions et où s'il s'avérerait qu'une interprétation conforme au droit de l'Union n'est pas possible compte tenu des moyens soulevés devant elle, à laisser inappliquées les solutions retenues dans la jurisprudence nationale visée au point 111 du présent arrêt.

131. Or, la juridiction de renvoi souligne que le nouveau régime disciplinaire, prévu aux articles 271 et 272 de la loi n° 303/2022 sur le statut des juges et des procureurs, permet de sanctionner les juges qui auraient, de mauvaise foi ou par négligence grave, méconnu des arrêts de la Curtea Constituțională (Cour constitutionnelle), ou des arrêts de l'Înalta Curte de Casație și Justiție (Haute Cour de cassation et de justice) statuant sur des pourvois dans l'intérêt de la loi.

132. À cet égard, il convient de rappeler qu'une décision rendue à titre préjudiciel par la Cour lie le juge national quant à l'interprétation des dispositions du droit de l'Union en cause pour la solution du litige au principal [voir, en ce sens, arrêts du 3 février 1977, *Benedetti*, 52/76, EU:C:1977:16, point 26, et du 22 février 2022, *RS (Effet des arrêts d'une cour constitutionnelle)*, C-430/21, EU:C:2022:99, point 74].

133. Le juge national ayant exercé la faculté que lui confère l'article 267, deuxième alinéa, TFUE doit donc, le cas échéant, écarter les appréciations d'une juridiction nationale supérieure s'il estime, eu égard à l'interprétation donnée par la Cour, que celles-ci ne sont pas conformes au droit de l'Union, le cas échéant en laissant inappliquée la règle nationale l'obligeant à se conformer aux décisions de cette juridiction supérieure [arrêt du 22 février 2022, *RS (Effet des arrêts d'une cour constitutionnelle)*, C-430/21, EU:C:2022:99, point 75].

134. Le juge national qui a exercé la faculté ou s'est conformé à l'obligation de saisir la Cour d'une demande de décision préjudicielle au titre de l'article 267 TFUE ne saurait être empêché de donner, immédiatement, au droit de l'Union une application conforme à la décision ou à la jurisprudence de la Cour, sous peine d'amoindrir l'effet utile de cet article. Il convient d'ajouter que le pouvoir de faire, au moment même de cette application, tout ce qui est nécessaire pour écarter une réglementation ou une pratique nationale formant éventuellement obstacle à la pleine efficacité des normes du droit de l'Union fait partie intégrante de l'office de juge de l'Union qui incombe au juge national chargé d'appliquer, dans le cadre de sa compétence, les normes du droit de l'Union (voir, en ce sens, arrêt du 21 décembre 2021, *Euro Box Promotion e.a.*, C-357/19, C-379/19, C-547/19, C-811/19 et C-840/19, EU:C:2021:1034, point 257).

135. Or, une réglementation ou une pratique nationale selon laquelle les décisions de la Cour constitutionnelle ainsi que de la juridiction suprême de l'État membre concerné lient les juridictions de droit commun, alors que ces dernières estiment, à la lumière d'un arrêt rendu à titre préjudiciel par la Cour, que la jurisprudence issue de ces décisions est contraire au droit de l'Union, est de nature à empêcher ces juridictions d'assurer le plein effet des exigences de ce droit, effet d'empêchement qui peut être renforcé par le fait que l'éventuel non-respect de cette jurisprudence puisse être qualifié de faute disciplinaire en vertu du droit national (voir, en ce sens, arrêt du 21 décembre 2021, *Euro Box Promotion e.a.*, C-357/19, C-379/19, C-547/19, C-811/19 et C-840/19, EU:C:2021:1034, point 259).

136. En ce qui concerne, plus précisément, la responsabilité disciplinaire que les juges sont susceptibles d'encourir, selon la réglementation d'un État membre, en cas de méconnaissance des décisions de la Cour constitutionnelle ainsi que de la juridiction suprême de cet État membre, le fait, pour une juridiction nationale, d'exercer les missions qui lui sont confiées par les traités et de respecter les obligations qui pèsent sur elle en vertu de ceux-ci, en donnant, conformément au principe de primauté du droit de l'Union, effet à une disposition de ce droit telle que l'article 325, paragraphe 1, TFUE ou l'article 2, paragraphe 1, de la convention PIF, et à l'interprétation qu'en a donné la Cour, ne saurait, par définition, être érigé en infraction disciplinaire à l'égard des juges siégeant dans cette dernière juridiction sans que cette disposition et ce principe s'en trouvent *ipso facto* enfreints [voir, en ce sens, arrêts du 21 décembre 2021, *Euro Box Promotion e.a.*, C-357/19, C-379/19, C-547/19, C-811/19 et C-840/19, EU:C:2021:1034, point 260, ainsi que du 13 juillet 2023, *YP e.a. (Levée d'immunité et suspension d'un juge)*, C-615/20 et C-671/20, EU:C:2023:562, point 85 et jurisprudence citée].

137. Il résulte de ce qui précède que le principe de primauté du droit de l'Union doit être interprété en ce sens qu'il s'oppose à une réglementation ou à une pratique nationale en vertu de laquelle les juridictions nationales de droit commun d'un État membre sont liées par les décisions de la Cour constitutionnelle ainsi que par celles de la juridiction suprême de cet État membre et ne peuvent, pour cette raison et au risque que la responsabilité disciplinaire des juges concernés soit engagée, laisser inappliquée d'office la jurisprudence résultant de ces décisions, même si elles considèrent, à la lumière d'un arrêt de la Cour, que cette jurisprudence est contraire à des dispositions du droit de l'Union d'effet direct.

Sur les dépens

138. La procédure revêtant, à l'égard des parties au principal, le caractère d'un incident soulevé devant la juridiction de renvoi, il appartient à celle-ci de statuer sur les dépens. Les frais exposés pour soumettre des observations à la Cour, autres que ceux desdites parties, ne peuvent faire l'objet d'un remboursement.

Par ces motifs, la Cour (grande chambre) dit pour droit :

1) L'article 325, paragraphe 1, TFUE et l'article 2, paragraphe 1, de la convention établie sur la base de l'article K.3 du traité sur l'Union européenne, relative à la protection des intérêts financiers des Communautés européennes, signée à Bruxelles le 26 juillet 1995 et annexée à l'acte du Conseil du 26 juillet 1995,

doivent être interprétés en ce sens que :

les juridictions d'un État membre ne sont pas tenues de laisser inappliqués les arrêts de la Cour constitutionnelle de cet État membre invalidant la disposition législative nationale qui régit les causes d'interruption du délai de prescription en matière pénale, en raison d'une atteinte au principe de légalité des délits et des peines tel que protégé en droit national, dans ses exigences relatives à la prévisibilité et à la précision de la loi pénale, même si ces arrêts ont pour conséquence qu'un nombre considérable d'affaires pénales, y compris des affaires relatives à des infractions de fraude grave portant atteinte aux intérêts financiers de l'Union européenne, seront clôturées en raison de la prescription de la responsabilité pénale.

En revanche, lesdites dispositions du droit de l'Union doivent être interprétées en ce sens que :

les juridictions de cet État membre sont tenues de laisser inappliqué un standard national de protection relatif au principe de l'application rétroactive de la loi pénale plus favorable (lex mitior) qui permet de remettre en cause, y compris dans le cadre de recours dirigés contre des jugements définitifs, l'interruption du délai de prescription de la responsabilité pénale dans de telles affaires par des actes de procédure intervenus avant un tel constat d'invalidité.

2) Le principe de primauté du droit de l'Union

doit être interprété en ce sens que :

il s'oppose à une réglementation ou à une pratique nationale en vertu de laquelle les juridictions nationales de droit commun d'un État membre sont liées par les décisions de la Cour constitutionnelle ainsi que par celles de la juridiction suprême de cet État membre et ne peuvent, pour cette raison et au risque que la responsabilité disciplinaire des juges concernés soit engagée, laisser inappliquée d'office la jurisprudence résultant de ces décisions, même si elles considèrent, à la lumière d'un arrêt de la Cour, que cette jurisprudence est contraire à des dispositions du droit de l'Union d'effet direct.

Observations

L'arrêt *PPU-Lin* a permis à la Cour d'apporter de nouvelles précisions sur les modalités de conciliation, par une juridiction nationale, de la protection des intérêts financiers de l'Union et du respect de droits fondamentaux lorsque des sanctions pénales sont encourues par un contribuable à la suite d'une fraude relative à la TVA ou aux droits d'accise.

Dans l'affaire ayant donné lieu à cet arrêt, la cour d'appel de Braşov (Roumanie) avait condamné des contribuables à des peines d'emprisonnement pour des infractions de fraude fiscale et d'association de malfaiteurs. L'arrêt qu'elle avait rendu à cet effet en 2020 avait ensuite donné lieu à des recours extraordinaires en annulation fondés sur le fait que ces condamnations étaient intervenues alors même que les infractions étaient prescrites. La prescription invoquée tenait, d'une part, à ce que le 25 juin 2018, la Cour constitutionnelle roumaine avait déclaré l'inconstitutionnalité d'une loi relative au délai de prescription de la responsabilité pénale car elle méconnaissait le principe de légalité des délits et des peines, et, d'autre part, à ce que cette Cour avait ensuite précisé, dans un arrêt du 9 juin 2022, qu'en raison de l'absence d'intervention du législateur roumain entre 2018 et 2022, le droit positif roumain ne prévoyait aucune cause d'interruption du délai de prescription jusqu'en 2022. Cette décision avait conduit la Haute Cour de cassation et de justice roumaine à juger, par un arrêt en date du 25 octobre 2022, qu'une condamnation définitive pouvait, en principe, faire l'objet d'un recours extraordinaire en annulation fondé sur les effets des arrêts de la Cour constitutionnelle en tant que loi pénale plus favorable (*lex mitior*). Selon la Haute Cour de cassation et de justice, la nécessité d'appliquer rétroactivement la loi pénale plus favorable aboutissait à ce qu'il n'existait plus de causes d'interruption du délai de prescription non seulement entre le 25 juin 2018 et l'entrée en vigueur de la nouvelle loi en 2022, mais aussi antérieurement au 25 juin 2018.

Dans le cadre des recours extraordinaires, la question s'est alors posée de savoir si l'absence de cause d'interruption de prescription, ayant pour effet d'exonérer des contribuables de leur responsabilité pénale pour des infractions de fraude grave portant atteinte aux intérêts financiers de l'Union, était compatible avec le droit de l'Union. Cette question était d'autant plus importante qu'en cas d'incompatibilité, les juridictions nationales auraient été conduites à devoir laisser inappliqués les arrêts rendus par la Cour constitutionnelle et la Haute Cour de cassation et de justice en 2018 et 2022, alors même qu'un nouveau régime disciplinaire national permet de sanctionner les juges qui, de mauvaise foi ou par négligence grave, méconnaissent ces arrêts. Aussi la Cour de justice a-t-elle été saisie de plusieurs questions préjudicielles.

Les questions auxquelles la Cour de justice a dû répondre n'étaient pas totalement inédites. Dans l'arrêt *Taricco* (5), elle avait précédemment jugé qu'il convient de laisser inappliquées des règles de prescription en matière pénale si elles sont susceptibles d'empêcher de poursuivre et de sanctionner certains comportements de nature à porter atteinte à la protection des intérêts financiers de l'Union. Mais dans l'arrêt *M.A.S. et M.B.* (6), elle avait ensuite dit pour droit que l'application de la jurisprudence *Taricco* ne peut pas conduire à la violation d'un standard national de protection du principe de légalité des délits et des peines plus élevé que celui en vigueur en droit de l'Union. Enfin, dans une affaire non fiscale, elle avait considéré que des jugements définitifs ne sauraient être réexaminés si ce réexamen est « de nature à créer un risque systémique d'impunité des faits constitutifs d'infractions graves de fraude portant atteinte aux intérêts financiers de l'Union ou de corruption en général » (7).

L'arrêt *PPU-Lin* a permis à la Cour, après une « mise en balance », de concilier ces impératifs contradictoires de la manière suivante.

D'une part, la Cour a jugé que « les juridictions d'un État membre ne sont pas tenues de laisser inappliqués les arrêts de la Cour constitutionnelle de cet État membre invalidant la disposition législative nationale qui régit les causes d'interruption du délai de prescription en matière pénale, en raison d'une atteinte au principe de légalité des délits et des peines tel que protégé en droit national, dans ses exigences relatives à la prévisibilité et à la précision de la loi pénale, même si ces arrêts ont pour conséquence qu'un nombre considérable d'affaires pénales, y compris des affaires relatives à des infractions de fraude grave portant atteinte aux intérêts financiers de l'Union européenne, seront clôturées en raison de la prescription de la responsabilité pénale ». Autrement dit, dans la mesure où la prévisibilité, la précision et la non-rétroactivité de la loi pénale constituent une expression particulière du principe de sécurité juridique (c'est-à-dire d'un élément essentiel de l'État de droit identifié à l'article 2 TUE à la fois en tant que valeur fondatrice de l'Union et en tant que valeur commune aux États membres), la Cour constitutionnelle roumaine pouvait, dans l'arrêt du 25 juin 2018, faire application d'un standard national de protection du principe de légalité des délits et des peines conduisant à invalider (jusqu'à

(5) CJUE, 8 septembre 2015, *Taricco*, aff. C-105/14.

(6) CJUE, 5 décembre 2017, *M.A.S. et M.B.*, aff. C-42/17.

(7) CJUE, 21 décembre 2021, *Euro Box Promotion e.a.*, aff. C-357/19, C-379/19, C-547/19, C-811/19 et C-840/19.

l'intervention d'une nouvelle loi en 2022) des règles nationales relatives à la prescription, et ce sans que l'article 325, paragraphes 1 et 2, TFUE relatif aux intérêts financiers de l'Union s'y oppose.

D'autre part, la Cour a jugé que « les juridictions de cet État membre sont tenues de laisser inappliqué un standard national de protection relatif au principe de l'application rétroactive de la loi pénale plus favorable (*lex mitior*) qui permet de remettre en cause, y compris dans le cadre de recours dirigés contre des jugements définitifs, l'interruption du délai de prescription de la responsabilité pénale dans de telles affaires par des actes de procédure intervenus avant un tel constat d'invalidité ». Ceci tient à ce que l'application d'un tel standard ne peut qu'aggraver le risque systémique d'impunité pour des infractions de fraude grave portant atteinte aux intérêts financiers de l'Union, en méconnaissance de l'article 325 TFUE, dès lors qu'il neutraliserait l'effet interruptif d'actes de procédure survenus avant le 25 juin 2018.

Se posait, dès lors, la question de la compatibilité avec le droit de l'Union d'une réglementation en vertu de laquelle les juridictions nationales de droit commun d'un État membre sont liées par les décisions de la Cour constitutionnelle et des juridictions nationales suprêmes, au point que la responsabilité disciplinaire des juges concernés serait engagée s'ils laissaient inappliquée la jurisprudence résultant de ces décisions. La Cour de justice a alors statué en faveur de l'incompatibilité : « [L]e fait, pour une juridiction nationale, d'exercer les missions qui lui sont confiées par les traités et de respecter les obligations qui pèsent sur elle en vertu de ceux-ci, en donnant, conformément au principe de primauté du droit de l'Union, effet à une disposition de ce droit telle que l'article 325, paragraphe 1, TFUE ou l'article 2, paragraphe 1, de la convention PIF, et à l'interprétation qu'en a donné la Cour, ne saurait, par définition, être érigé en infraction disciplinaire à l'égard des juges siégeant dans cette dernière juridiction sans que cette disposition et ce principe s'en trouvent ipso facto enfreints » (8).

Alexandre Maitrot de la Motte

(8) Voy. pt 136 de l'arrêt.

Cour de justice, 12 octobre 2023, *BA (Successions – Politique sociale de logement dans l'Union)*, aff. C-670/21, ECLI:EU:C:2023:763

Conclusions partiellement conformes de l'avocat général A. M. Collins, du 9 février 2023, ECLI:EU:C:2023:89

Mots-clés : Fiscalité – Libre circulation des capitaux – Impôt sur les successions – Mouvements de capitaux entre les États membres et les pays tiers – Biens immobiliers situés dans un pays tiers – Traitement fiscal plus favorable réservé aux biens immobiliers situés dans un État membre ou dans un État partie à l'accord sur l'Espace économique européen – Restriction – Justification – Politique du logement – Efficacité des contrôles fiscaux

Cadre normatif : articles 63 à 65 TFUE

Notes et observations : A. Iljic, in A. Iljic, A. Maitrot de la Motte, F. Pezet et F. Sicard, « Droit fiscal de l'Union européenne : chronique de jurisprudence et de législation (1er septembre 2023-30 novembre 2023) », *RD fisc.*, 2024, n° 11, ét. 199 ; et J. Tribout, « Impôt sur les successions », *Europe*, 2023, n° 12, comm. 425, pp. 22-23

Extraits de l'arrêt

Sur la question préjudicielle

35. Par sa question, la juridiction de renvoi demande, en substance, si les articles 63 à 65 TFUE doivent être interprétés en ce sens qu'ils s'opposent à une réglementation d'un État membre qui prévoit que, aux fins du calcul des droits de succession, un bien immobilier bâti faisant partie du patrimoine privé, situé dans un État tiers autre qu'un État partie à l'accord EEE et loué à des fins résidentielles, est évalué à sa pleine valeur vénale, alors qu'un bien de même nature situé sur le territoire national, dans un autre État membre ou dans un État partie à l'accord EEE est évalué, pour les besoins de ce calcul, à 90 % de sa valeur vénale.

36. Selon une jurisprudence constante de la Cour, si la fiscalité directe relève de la compétence des États membres, ces derniers doivent toutefois exercer cette compétence dans le respect du droit de l'Union et, notamment, des libertés fondamentales garanties par le traité FUE [arrêt du 21 décembre 2021, *Finanzamt V (Successions – Abattement partiel et déduction des parts réservataires)*, C-394/20, EU:C:2021:1044, point 27 ainsi que jurisprudence citée].

37. L'article 63, paragraphe 1, TFUE interdit de manière générale les restrictions aux mouvements de capitaux entre les États membres ainsi qu'entre les États membres et les pays tiers.

38. Il résulte d'une jurisprudence constante que le traitement fiscal des successions relève des dispositions du traité FUE relatives aux mouvements des capitaux, à l'exception des cas où leurs éléments constitutifs se cantonnent à l'intérieur d'un seul État membre (arrêt du 22 novembre 2018, *Huijbrechts*, C-679/17, EU:C:2018:940, point 16 et jurisprudence citée).

39. Une situation dans laquelle un État membre applique des droits de succession à des biens successoraux situés hors de son territoire, appartenant à une personne résidant sur son territoire à la date de son décès et revenant à un héritier également résident de cet État membre, ne saurait être considérée comme une situation purement interne. Par conséquent, une telle situation relève des mouvements de capitaux, au sens de l'article 63, paragraphe 1, TFUE.

40. Il y a donc lieu d'examiner si une réglementation nationale d'un État membre qui prévoit que, aux fins du calcul des droits de succession, un bien immobilier situé dans un État tiers non partie à l'accord EEE est évalué à sa pleine valeur vénale alors qu'un tel bien situé dans cet État membre est évalué, pour les besoins de ce calcul, à hauteur de 90 % de sa valeur vénale constitue une restriction aux mouvements de capitaux au sens de l'article 63, paragraphe 1, TFUE et, dans l'affirmative, de vérifier si une telle restriction peut être admise au titre de l'article 64, paragraphe 1, TFUE ou, le cas échéant, être justifiée au regard de l'article 65 TFUE.

Sur l'existence d'une restriction à la libre circulation des capitaux, au sens de l'article 63, paragraphe 1, TFUE

41. La Cour a jugé, en matière de droits de succession, que le fait de subordonner l'octroi d'avantages fiscaux à la condition que le bien transmis soit situé sur le territoire national constitue une restriction à la libre circulation des capitaux prohibée, en principe, par l'article 63, paragraphe 1, TFUE (arrêt du 18 décembre 2014, *Q*, C-133/13, EU:C:2014:2460, point 20 et jurisprudence citée). De même, des mesures ayant pour effet de diminuer la valeur de la succession d'un résident d'un État autre que celui sur le territoire duquel se trouvent les biens concernés constituent également une telle restriction [arrêt du 21 décembre 2021,

Finanzamt V (Successions – Abattement partiel et déduction des parts réservataires), C-394/20, EU:C:2021:1044, point 32 ainsi que jurisprudence citée].

42. En outre, il convient de rappeler que les mesures interdites par l'article 63, paragraphe 1, TFUE comprennent celles qui sont de nature à dissuader les non-résidents de faire des investissements dans un État membre ou à dissuader les résidents de cet État membre d'en faire dans d'autres États (arrêt du 15 octobre 2009, *Busley et Cibrian Fernandez*, C-35/08, EU:C:2009:625, point 20).

43. En l'occurrence, la réglementation nationale en cause au principal prévoit que, lorsqu'une succession comprend des biens immobiliers bâtis qui font partie du patrimoine privé et qui sont loués à des fins résidentielles, ces biens sont évalués, aux fins du calcul des droits de succession, non à leur pleine valeur vénale mais à 90 % de celle-ci, lorsqu'ils sont situés sur le territoire national, dans un autre État membre ou dans un État tiers partie à l'accord EEE. Cette réglementation exclut de l'avantage fiscal les biens immobiliers situés dans un État tiers qui n'est pas partie à l'accord EEE.

44. Une telle réglementation, qui fait dépendre le bénéfice de l'avantage fiscal de la localisation des biens compris dans la succession, aboutit à ce que les biens immobiliers situés dans un État tiers autre qu'un État partie à l'accord EEE soient soumis à une charge fiscale plus lourde que ceux situés sur le territoire national et, partant, ont pour effet de diminuer la valeur de cette succession (voir, en ce sens, arrêt du 17 janvier 2008, *Jäger*, C-256/06, EU:C:2008:20, point 32).

45. En outre, ce désavantage fiscal est susceptible de dissuader une personne physique, résidant en Allemagne, tant de procéder à un investissement dans un bien immobilier loué à des fins résidentielles situé dans un État tiers autre qu'un État partie à l'accord EEE que de conserver un tel bien dont elle est propriétaire (voir, en ce sens, arrêt du 15 octobre 2009, *Busley et Cibrian Fernandez*, C-35/08, EU:C:2009:625, point 27).

46. Il en résulte qu'une réglementation nationale telle que celle en cause au principal constitue une restriction aux mouvements de capitaux, au sens de l'article 63, paragraphe 1, TFUE, ce qui n'est d'ailleurs pas contesté par le gouvernement allemand.

Sur l'application de l'article 64, paragraphe 1, TFUE concernant les restrictions à la libre circulation des capitaux à l'égard des pays tiers

47. La juridiction de renvoi se demande si une telle restriction, en ce qu'elle concerne les mouvements de capitaux avec un pays tiers, peut être admise au titre de l'article 64, paragraphe 1, TFUE.

48. À cet égard, il convient de rappeler que, aux termes de cette disposition, l'article 63 TFUE ne porte pas atteinte à l'application, aux pays tiers, des restrictions existant le 31 décembre 1993 en vertu du droit national ou du droit de l'Union, en ce qui concerne les mouvements de capitaux à destination ou en provenance de pays tiers lorsqu'ils impliquent des investissements directs, y compris les investissements immobiliers, l'établissement, la prestation de services financiers ou l'admission de titres sur les marchés des capitaux.

49. S'agissant de la notion de « restrictions existant le 31 décembre 1993 », figurant à l'article 64, paragraphe 1, TFUE, il convient de rappeler que toute disposition nationale adoptée postérieurement à cette date n'est pas, de ce seul fait, automatiquement exclue du régime dérogatoire prévu à cette disposition. En effet, la Cour a admis que peuvent être assimilées à de telles restrictions « existantes » celles prévues par des dispositions adoptées après ladite date qui, dans leur substance, sont identiques à la réglementation antérieure ou qui se bornent à réduire ou à supprimer un obstacle à l'exercice des droits et des libertés de circulation figurant dans cette réglementation [arrêt du 26 février 2019, *X (Sociétés intermédiaires établies dans des pays tiers),* C-135/17, EU:C:2019:136, point 37 et jurisprudence citée].

50. En l'occurrence, il y a lieu de relever que, selon les indications fournies par la juridiction de renvoi, l'avantage fiscal en cause au principal, prévu à l'article 13c, paragraphes 1 et 3, de l'ErbStG, a été introduit pour la première fois dans le système juridique allemand le 24 décembre 2008, avec effet au 1er janvier 2009. Dès lors, ainsi que le constatent d'ailleurs le gouvernement allemand et la Commission européenne, la clause de *standstill* prévue à l'article 64, paragraphe 1, TFUE ne saurait s'appliquer à cette réglementation nationale, adoptée postérieurement au 31 décembre 1993.

51. En conséquence, une restriction à la libre circulation des capitaux vers un pays tiers, telle que celle en cause au principal, n'est pas susceptible d'échapper à l'application de l'article 63, paragraphe 1, TFUE sur le fondement de l'article 64, paragraphe 1, TFUE.

52. Dans ces conditions, il convient d'examiner dans quelle mesure la restriction à la libre circulation des capitaux ainsi constatée est susceptible d'être justifiée au regard de l'article 65 TFUE.

Sur l'existence d'une justification à la restriction à la libre circulation des capitaux au titre de l'article 65 TFUE

53. En vertu de l'article 65, paragraphe 1, sous a), TFUE, l'article 63 TFUE ne porte pas atteinte au droit qu'ont les États membres d'appliquer les dispositions pertinentes de leur législation fiscale qui établissent une distinction entre les contribuables qui ne se trouvent pas dans la même situation en ce qui concerne leur résidence ou le lieu où leurs capitaux sont investis.

54. Cette disposition, en tant qu'elle constitue une dérogation au principe fondamental de la libre circulation des capitaux, doit faire l'objet d'une interprétation stricte. Partant, elle ne saurait être interprétée en ce sens que toute législation fiscale comportant une distinction entre les contribuables en fonction du lieu où ils résident ou de l'État dans lequel ils investissent leurs capitaux est automatiquement compatible avec le traité FUE. En effet, la dérogation prévue à l'article 65, paragraphe 1, sous a), TFUE est elle-même limitée par l'article 65, paragraphe 3, TFUE, qui prévoit que les dispositions nationales visées au paragraphe 1 de cet article « ne doivent constituer ni un moyen de discrimination arbitraire ni une restriction déguisée à la libre circulation des capitaux et des paiements telle que définie à l'article 63 [TFUE] » (arrêt du 27 avril 2023, *L Fund*, C-537/20, EU:C:2023:339, point 44 et jurisprudence citée).

55. La Cour a également jugé qu'il y a lieu, dès lors, de distinguer les différences de traitement permises au titre de l'article 65, paragraphe 1, sous a), TFUE des discriminations interdites par l'article 65, paragraphe 3, TFUE. Or, pour qu'une législation fiscale nationale puisse être considérée comme compatible avec les dispositions du traité FUE relatives à la libre circulation des capitaux, il faut que la différence de traitement qui en résulte concerne des situations qui ne sont pas objectivement comparables ou qu'elle soit justifiée par une raison impérieuse d'intérêt général (arrêts du 30 juin 2016, *Feilen*, C-123/15, EU:C:2016:496, point 26, et du 27 avril 2023, *L Fund*, C-537/20, EU:C:2023:339, point 45 ainsi que jurisprudence citée).

56. Il y a donc lieu d'examiner, en premier lieu, la comparabilité des situations en cause au principal et le cas échéant, en second lieu, la possibilité de justifier le traitement différencié de ces situations par une raison impérieuse d'intérêt général.

Sur la comparabilité des situations en cause

57. Dans le cadre de l'examen de la comparabilité des situations concernées, la juridiction de renvoi considère qu'un bien immobilier du patrimoine privé loué à des fins résidentielles, situé dans un État tiers autre qu'un État partie à l'accord EEE, se trouve dans une situation objectivement comparable à celle d'un bien de même nature situé en Allemagne, dans un autre État membre ou dans un État partie à l'accord EEE. Selon cette juridiction, les situations ne différeraient que par la localisation du bien immobilier.

58. Le gouvernement allemand, quant à lui, fait valoir, en substance, que les situations respectives des biens immobiliers situés, d'une part, dans un État tiers qui n'est pas partie à l'accord EEE et, d'autre part, en Allemagne, dans un autre État membre ou dans un État partie à l'accord EEE ne sont pas objectivement comparables. En effet, le législateur allemand ne serait pas tenu d'étendre l'avantage fiscal prévu par la réglementation nationale en cause au principal, qui vise à promouvoir des logements à des loyers abordables en Allemagne, dans les autres États membres ou dans les États parties à l'accord EEE, aux biens immobiliers situés dans des États tiers qui ne sont pas parties à cet accord. Outre que la situation en termes de loyers serait susceptible d'être très différente dans ces derniers États, ce gouvernement estime, en se référant à l'arrêt du 18 décembre 2014, *Q* (C-133/13, EU:C:2014:2460, point 27), que la différence de traitement fiscal entre des successions concernant, d'une part, des biens immobiliers loués à des fins résidentielles situés dans lesdits États et, d'autre part, des biens similaires situés en Allemagne, dans un autre État membre ou dans un État partie à l'accord EEE est inhérente à l'objectif poursuivi par le législateur allemand.

59. Il découle de la jurisprudence de la Cour, d'une part, que le caractère comparable ou non d'une situation transfrontalière avec une situation interne doit être examiné en tenant compte de l'objectif poursuivi par les dispositions nationales en cause ainsi que de l'objet et du contenu de ces dernières, et, d'autre part, que seuls les critères de distinction pertinents établis par la législation en cause doivent être pris en compte aux fins d'apprécier si la différence de traitement résultant d'une telle législation reflète une différence de situation objective (arrêt du 27 avril 2023, *L Fund*, C-537/20, EU:C:2023:339, point 54 et jurisprudence citée).

60. Il ressort des observations soumises à la Cour par le gouvernement allemand que la réglementation nationale en cause au principal a pour objet de diminuer la charge fiscale pesant sur un bien immobilier loué à des fins résidentielles qui est susceptible de contraindre l'héritier à vendre un tel bien immobilier en raison de l'impôt sur les successions dont il est redevable, contrairement aux investisseurs institutionnels qui ne sont pas soumis à cet impôt.

61. L'avantage fiscal résultant de cette réglementation concerne les successions de tous les biens immobiliers loués à des fins résidentielles, sans distinction, situés en Allemagne, dans un autre État membre ou dans un État partie à l'accord EEE.

62. Il ressort du dossier dont dispose la Cour que le calcul des droits de succession est, en application de ladite réglementation, directement lié à la valeur vénale des biens inclus dans la succession, de sorte qu'il n'existe objectivement aucune différence de situation de nature à justifier une inégalité de traitement fiscal en ce qui concerne le niveau des droits de succession dus au titre, respectivement, d'un bien immobilier situé en Allemagne, dans un autre État membre ou dans un État partie à l'accord EEE, et d'un bien immobilier situé dans un État tiers autre que les États parties à l'accord EEE (voir, en ce sens, arrêt du 17 janvier 2008, *Jäger*, C-256/06, EU:C:2008:20, point 44).

63. En outre, aucun élément du dossier dont dispose la Cour ne permet de constater que les biens immobiliers du patrimoine privé loués à des fins résidentielles situés au Canada ne se trouvent pas dans une situation comparable à celle des biens immobiliers du patrimoine privé loués à des fins résidentielles situés en Allemagne, dans un autre État membre ou dans un État partie à l'accord EEE.

64. Dans ces conditions, et sans préjudice de l'examen du caractère éventuellement justifié de la réglementation en cause au principal au titre d'une raison impérieuse d'intérêt général, admettre que des situations ne seraient pas comparables du seul fait que le bien immobilier en cause soit situé dans un État tiers autre qu'un État partie à l'accord EEE, alors que l'article 63, paragraphe 1, TFUE interdit précisément les restrictions aux mouvements de capitaux transfrontaliers, viderait cette disposition de son contenu [voir, en ce sens, arrêt du 26 février 2019, *X (Sociétés intermédiaires établies dans des pays tiers)*, C-135/17, EU:C:2019:136, point 68].

65. À cet égard, la situation en cause au principal dans la présente affaire est différente de la situation ayant donné lieu à l'arrêt du 18 décembre 2014, *Q* (C-133/13, EU:C:2014:2460), invoqué par le gouvernement allemand. En effet, l'avantage fiscal en cause dans cette dernière affaire visait à préserver l'intégrité de certains domaines ruraux typiques relevant du patrimoine culturel et historique national contre les morcellements ou les dénaturations et ne s'appliquait qu'aux donations portant sur ces domaines spécifiques. En revanche, l'avantage fiscal en cause au principal vise les successions des biens immobiliers loués à des fins résidentielles de manière générale.

66. Eu égard aux considérations qui précèdent, la différence de traitement en cause au principal concerne des situations objectivement comparables.

Sur l'existence d'une raison impérieuse d'intérêt général

67. Il y a lieu de rappeler que, selon la jurisprudence constante de la Cour, une restriction à la libre circulation des capitaux peut être admise si elle se justifie par des raisons impérieuses d'intérêt général, qu'elle est propre à garantir, de façon cohérente et systématique, la réalisation de l'objectif qu'elle poursuit et ne va pas au-delà de ce qui est nécessaire pour atteindre cet objectif [voir, en ce sens, arrêts du 18 juin 2020,

Commission/Hongrie (Transparence associative), C-78/18, EU:C:2020:476, point 76, et du 27 avril 2023, *L Fund*, C-537/20, EU:C:2023:339, point 66 ainsi que jurisprudence citée].

68. En l'occurrence, il y a lieu de constater que, si la juridiction de renvoi n'invoque pas de telles raisons dans la décision de renvoi, le gouvernement allemand fait valoir que la restriction à la libre circulation des capitaux opérée par la réglementation nationale en cause au principal est susceptible d'être justifiée par deux raisons impérieuses d'intérêt général, à savoir, d'une part, les exigences liées à la politique du logement social d'un État membre et, d'autre part, la nécessité de garantir l'efficacité des contrôles fiscaux.

Sur la politique du logement social d'un État membre

69. Le gouvernement allemand fait valoir que l'avantage fiscal prévu à l'article 13c, paragraphes 1 et 3, de l'ErbStG est justifié par des exigences liées à la politique du logement menée par cet État membre. En effet, cette disposition réduirait l'impôt sur les successions dont l'héritier d'un bien immobilier loué à des fins résidentielles est redevable et permettrait ainsi de diminuer la charge fiscale susceptible de le contraindre à vendre ce bien. En outre, il favoriserait la location de logements par des particuliers par rapport à la location de logements par des grands investisseurs institutionnels, qui ne sont pas soumis à l'impôt sur les successions. Ainsi, l'avantage fiscal prévu par cette disposition serait propre à garantir, en complément d'autres mesures, l'objectif consistant à permettre à la population d'accéder à des logements à des loyers abordables non seulement en Allemagne mais également dans les autres États membres ainsi que dans les États parties à l'accord EEE, l'accès de la population à des logements à des loyers abordables constituant également une mission de nature européenne.

70. À cet égard, il y a lieu de rappeler que la Cour a déjà admis que des exigences liées à la politique du logement social d'un État membre et au financement de celle-ci peuvent, en principe, constituer des raisons impérieuses d'intérêt général (arrêt du 1er octobre 2009, *Woningstichting Sint Servatius*, C-567/07, EU:C:2009:593, point 30).

71. La Cour a également jugé que l'Union ayant une finalité économique et sociale, les droits résultant des dispositions du traité FUE relatives à la libre circulation des marchandises, des personnes, des services et des capitaux doivent être mis en balance avec les objectifs poursuivis par la politique sociale, parmi lesquels figure, notamment, ainsi qu'il ressort de l'article 151, premier alinéa, TFUE, une protection sociale adéquate (voir, en ce sens, arrêt du 21 décembre 2016, *AGET Iraklis*, C-201/15, EU:C:2016:972, point 77).

72. Quant à l'accord EEE, celui-ci réaffirme, ainsi que cela ressort de son deuxième considérant, les relations privilégiées, fondées sur leur proximité, leurs valeurs communes de longue date et leur identité européenne, qui lient l'Union, ses États membres et les États de l'AELE. C'est à la lumière de ces relations privilégiées qu'il convient de comprendre l'un des principaux objectifs de l'accord EEE, à savoir réaliser de la manière la plus complète possible la libre circulation des marchandises, des personnes, des services et des capitaux dans l'ensemble de l'Espace économique européen (EEE), de sorte que le marché intérieur réalisé sur le territoire de l'Union soit étendu aux États de l'AELE (arrêt du 2 avril 2020, *Ruska Federacija*, C-897/19 PPU, EU:C:2020:262, point 50).

73. Ainsi, un objectif tenant à la politique sociale, tel que la promotion et la mise à disposition de logements à des loyers abordables dans les États membres et les États parties à l'accord EEE, peut, en principe, constituer une raison impérieuse d'intérêt général susceptible de justifier des restrictions à la liberté de mouvements des capitaux telles que celles établies par la réglementation nationale en cause au principal.

74. Toutefois, il importe encore de vérifier, conformément à la jurisprudence rappelée au point 67 du présent arrêt, si la restriction à la libre circulation des capitaux qu'engendre la réglementation nationale en cause au principal est propre à garantir, de façon cohérente et systématique, la réalisation de l'objectif qu'elle poursuit et ne va pas au-delà de ce qui est nécessaire pour atteindre cet objectif.

75. À cet égard, il n'apparaît pas qu'une mesure nationale telle que celle prévue à l'article 13c, paragraphes 1 et 3, de l'ErbStG, qui opère une distinction selon que les bien immobiliers loués à des fins résidentielles sont situés soit sur le territoire national, de l'Union ou de l'EEE soit sur le territoire d'un État tiers autre qu'un État partie à l'accord EEE, soit propre à garantir, de façon cohérente et systématique, la réalisation de l'objectif invoqué par le gouvernement allemand. En effet, ainsi que l'a relevé, à juste titre, la Commission lors de l'audience, au lieu de s'attacher aux endroits où la pénurie de tels logements est particulièrement marquée, comme, notamment, dans les grandes villes allemandes, l'article 13c de l'ErbStG s'applique de façon générale, notamment dans les États parties à l'accord EEE, et fait abstraction de la localisation du bien immobilier en zone rurale ou urbaine. De plus, toute catégorie de bien immobilier loué à des fins résidentielles, du plus simple au plus luxueux, peut faire l'objet de l'évaluation à 90 % de sa valeur vénale pour les besoins du calcul des droits de succession (voir, en ce sens, arrêt du 15 octobre 2009, *Busley et Cibrian Fernandez*, C-35/08, EU:C:2009:625, point 32).

76. En outre, il ne ressort pas du dossier dont dispose la Cour que la réglementation en cause au principal obligerait les héritiers à conserver leur logement pendant une période déterminée et à l'utiliser à des fins locatives, de sorte que ceux-ci peuvent, après avoir bénéficié de l'avantage fiscal en cause au principal, vendre ce logement ou l'utiliser comme résidence secondaire.

77. Dans ces conditions, l'avantage fiscal en cause au principal ne saurait être considéré comme justifié par l'objectif de promouvoir et de mettre à disposition des logements à des loyers abordables dans les États membres et les États parties à l'accord EEE.

Sur la nécessité de garantir l'efficacité des contrôles fiscaux

78. Il ressort d'une jurisprudence constante de la Cour que la nécessité de garantir l'efficacité des contrôles fiscaux constitue une raison impérieuse d'intérêt général susceptible de justifier une restriction à la libre circulation des capitaux [arrêt du 26 février 2019, *X (Sociétés intermédiaires établies dans des pays tiers)*, C-135/17, EU:C:2019:136, point 74 et jurisprudence citée].

79. Il importe de rappeler que la jurisprudence relative aux restrictions à l'exercice des libertés de circulation au sein de l'Union ne saurait être intégralement transposée aux mouvements de capitaux entre les États membres et les pays tiers, de tels mouvements s'inscrivant dans un contexte juridique différent [arrêt du 26 février 2019, *X (Sociétés intermédiaires établies dans des pays tiers)*, C-135/17, EU:C:2019:136, point 90 et jurisprudence citée].

80. En particulier, lorsque la réglementation d'un État membre fait dépendre le bénéfice d'un avantage fiscal de la satisfaction de conditions dont le respect ne peut être vérifié qu'en obtenant des renseignements des autorités compétentes d'un État tiers autre qu'un État partie à l'accord EEE, il est, en principe, légitime pour cet État membre de refuser l'octroi de cet avantage si, notamment en raison de l'absence d'une obligation conventionnelle de cet État tiers de fournir des informations, il s'avère impossible d'obtenir ces renseignements de ce dernier (arrêt du 10 février 2011, *Haribo Lakritzen Hans Riegel et Österreichische Salinen*, C-436/08 et C-437/08, EU:C:2011:61, point 67 ainsi que jurisprudence citée).

81. Selon la réglementation nationale en cause au principal, l'avantage fiscal en cause est accordé lorsque le bien immobilier est loué à des fins résidentielles.

82. Il y a lieu de relever qu'il ressort de la décision de renvoi que, en vertu de l'article 26, paragraphe 4, de l'accord fiscal entre l'Allemagne et le Canada, les impôts visés par cet accord sont, nonobstant les dispositions de l'article 2 de cet accord, tous les impôts perçus par un État contractant. À cet égard, le point 11 du protocole à l'[accord fiscal entre l'Allemagne et le Canada] (BGBl. II 2002, p. 703) prévoit que, en ce qui concerne l'article 26 dudit accord, il est entendu que, lorsqu'un État contractant demande des renseignements en conformité avec cet article, l'autre État contractant s'efforce d'obtenir les renseignements relatifs à cette demande de la même façon que si ses propres impôts étaient en jeu même si cet autre État n'a pas besoin, au même moment, de ces renseignements. En outre, la possibilité d'avoir recours à l'article 26, paragraphe 4, de l'accord fiscal entre l'Allemagne et le Canada a été confirmée par le gouvernement allemand lors de l'audience de plaidoiries.

83. Par conséquent, les autorités allemandes sont en mesure de demander aux autorités canadiennes compétentes les informations nécessaires en vue de vérifier que les conditions prévues à l'article 13c de l'ErbStG sont remplies afin d'accorder l'avantage fiscal en cause au principal lorsque le bien immobilier se situe au Canada. À cet égard, il ressort également de la décision de renvoi qu'il n'existe pas de difficultés dans le cadre de cet échange de renseignements.

84. Il s'ensuit que la nécessité de garantir l'efficacité des contrôles fiscaux ne saurait justifier la restriction à la libre circulation des capitaux induite par la réglementation nationale en cause au principal.

85. Eu égard à l'ensemble des considérations qui précèdent, il convient de répondre à la question posée que les articles 63 à 65 TFUE doivent être interprétés en ce sens qu'ils s'opposent à une réglementation d'un État membre qui prévoit que, aux fins du calcul des droits de succession, un bien immobilier bâti faisant partie du patrimoine privé, situé dans un État tiers autre qu'un État partie à l'accord EEE et loué à des fins résidentielles, est évalué à sa pleine valeur vénale, alors qu'un bien de même nature situé sur le territoire national, dans un autre État membre ou dans un État partie à l'accord EEE est évalué, pour les besoins de ce calcul, à 90 % de sa valeur vénale.

Sur les dépens

86. La procédure revêtant, à l'égard des parties au principal, le caractère d'un incident soulevé devant la juridiction de renvoi, il appartient à celle-ci de statuer sur les dépens. Les frais exposés pour soumettre des observations à la Cour, autres que ceux desdites parties, ne peuvent faire l'objet d'un remboursement.

Par ces motifs, la Cour (première chambre) dit pour droit :

Les articles 63 à 65 TFUE doivent être interprétés en ce sens qu'ils s'opposent à une réglementation d'un État membre qui prévoit que, aux fins du calcul des droits de succession, un bien immobilier bâti faisant partie du patrimoine privé, situé dans un État tiers autre qu'un État partie à l'accord sur l'Espace économique européen, du 2 mai 1992, et loué à des fins résidentielles, est évalué à sa pleine valeur vénale, alors qu'un bien de même nature situé sur le territoire national, dans un autre État membre ou dans un État partie à l'accord sur l'Espace économique européen est évalué, pour les besoins de ce calcul, à 90 % de sa valeur vénale.

Observations

L'arrêt *BA (Successions – Politique sociale de logement dans l'Union)* a permis à la Cour de justice de préciser les conditions dans lesquelles, en tant que raison impérieuse d'intérêt général, une exigence liée à la politique du logement social d'un État membre et au financement de celle-ci peut justifier une restriction fiscale à la liberté de circulation des capitaux et des moyens de paiement.

Dans l'affaire ayant donné lieu à cet arrêt était en cause une législation relative aux droits de succession dus en Allemagne. En application de cette législation, l'assiette retenue pour le calcul de ces droits était égale à 100 % de la valeur vénale des biens immobiliers transmis s'ils étaient situés au Canada et donnés en location à des fins résidentielles, alors que, toutes choses étant égales par ailleurs, elle était égale à 90 % de cette valeur si ces biens étaient situés en Allemagne, dans un autre État membre de l'Union européenne ou dans un État partie à l'accord sur l'EEE. Dans le cadre du calcul des droits de succession dus par un résident allemand auquel un immeuble situé au Canada avait été légué par son père, également résident allemand, la Cour de justice a été saisie d'une question préjudicielle aux fins de savoir si la législation en cause, qui instaurait des différences de traitement selon le lieu de situation des biens taxés dans le cadre d'une succession, était constitutive d'une entrave fiscale aux mouvements de capitaux en provenance ou à destination de « pays tiers ».

Pour répondre à cette question, la Cour de justice a appliqué la méthodologie qu'elle met classiquement en œuvre lorsque sont en cause des différences de traitement fiscal concernant des biens immobiliers relevant d'une succession.

En premier lieu, la Cour a appliqué le principe selon lequel une différence de traitement fiscal fondée sur le lieu de situation de l'immeuble est constitutive d'une restriction à la liberté de circulation des capitaux. En effet, une telle différence dissuade les contribuables de procéder à des investissements immobiliers dans d'autres États, puisque la succession qui les comprendra sera plus lourdement taxée (1). Il s'agit ici d'une restriction « à la sortie », qui est prohibée tant dans les relations avec les autres États membres qu'avec les « pays tiers » qui entrent dans le champ *ratione locci* de

---

(1) Précédemment, voy. CJUE, 17 octobre 2013, *Yvon Welte c/ Finanzamt Velbert*, aff. C-181/12, ECLI:EU:C:2013:662 ; ou CJUE, 21 décembre 2021, *Finanzamt V (Successions – Abattement partiel et déduction des parts réservataires)*, aff. C-394/20, EU:C:2021:1044.

l'article 63 TFUE, et dont la Cour n'a pu que constater l'existence en l'espèce (taxation assise sur 100 % de la valeur des biens situés au Canada, au lieu de 90 % pour les biens situés en Allemagne).

Dans ce champ particulier s'applique, conformément à l'article 64 TFUE, une « clause de gel » en vertu de laquelle les restrictions qui concernent les « pays tiers » peuvent être maintenues si elles existaient avant le 31 décembre 1993. Au cas d'espèce, la Cour a constaté que la « clause de gel » n'était pas invocable, dans la mesure où la législation litigieuse était entrée en vigueur en 2009 (2).

Se posait alors la question de savoir si cette restriction pouvait être justifiée compte tenu de l'existence d'une différence de situations ou d'une raison impérieuse d'intérêt général. Comme elle le fait systématiquement, la Cour a appréhendé la similitude des situations au regard de l'objectif poursuivi, et a considéré classiquement que la législation allemande mettait sur le même plan, en vue de les assujettir aux droits de succession, les immeubles situés en Allemagne et hors de cet État membre.

Aussi la Cour a-t-elle dû, ensuite, vérifier s'il était possible de justifier la restriction litigieuse par une raison d'intérêt général. De manière inédite en matière fiscale, elle s'est demandé si une exigence liée à la politique du logement social d'un État membre et au financement de celle-ci remplissait les conditions nécessaires.

Dans la lignée de sa jurisprudence non fiscale (3), la Cour a rappelé que « l'objectif tenant à la politique sociale, tel que la promotion et la mise à disposition de logements à des loyers abordables dans les États membres et les États parties à l'accord EEE, peut, en principe, constituer une raison impérieuse d'intérêt général susceptible de justifier des restrictions à la liberté de mouvements des capitaux » (4). Mais elle a toutefois jugé qu'au cas d'espèce, cette justification n'était pas « propre à garantir, de façon cohérente et systématique, la réalisation de l'objectif invoqué » (5). Dans ses conclusions, l'avocat général Collins proposait pour sa part de laisser à la juridiction de renvoi le soin de vérifier si le principe de proportionnalité était respecté, et de reconnaître l'absence de violation du droit de l'Union par la réglementation allemande sous cette réserve.

---

(2) Pour des précisions sur les conditions d'application de la « clause de gel », voy. CJUE, 17 octobre 2013, *Yvon Welte c/ Finanzamt Velbert*, aff. C-181/12, ECLI:EU:C:2013:662. Voy. ensuite CJUE, 26 février 2019, *X (Sociétés intermédiaires établies dans des pays tiers)*, aff. C-135/17, EU:C:2019:136.

(3) CJUE, 1er octobre 2009, *Woningstichting Sint Servatius*, aff. C-567/07, pt 30.

(4) Pt 74 de l'arrêt.

(5) Pt 75 de l'arrêt.

L'arrêt *BA (Successions – Politique sociale de logement dans l'Union)* révèle, ainsi, que la Cour est attentive à la préservation des compétences des États membres en matière immobilière. Au titre des raisons impérieuses d'intérêt général, elle avait par exemple précédemment jugé que « l'objectif visant à limiter des risques systémiques sur le marché immobilier » (6) peut être invoqué par les États membres pour justifier les entraves fiscales qu'ils instaurent. Elle s'était en revanche montrée plus circonspecte sur l'objectif de favoriser la construction de logements sociaux (qu'elle n'avait toutefois pas écarté par principe) (7), ou encore en ce qui concerne la lutte contre la spéculation immobilière (8).

L'arrêt *BA (Successions – Politique sociale de logement dans l'Union)* relève enfin de compte des grands arrêts de l'année 2023 en ce qu'il affirme qu'une exigence liée à la politique du logement social d'un État membre et au financement de celle-ci peut justifier une restriction fiscale à la liberté de circulation des capitaux et des moyens de paiement, et qu'il précise les conditions dans lesquelles cette justification peut être invoquée par un État membre (9).

Alexandre MAITROT DE LA MOTTE

(6) CJUE, 16 décembre 2021, *UBS Real Estate Kapitalanlagegesellschaft mbH c/ Agenzia delle Entrate*, aff. jtes C-478/19 et C-479/19.

(7) CJCE, 15 octobre 2009, *Busley et Cibrian Fernandez*, aff. C-35/08.

(8) CJUE, 20 janvier 2011, *Commission c/ Grèce*, aff. C-155/09 ; ou CJUE, 16 décembre 2021, *UBS Real Estate Kapitalanlagegesellschaft mbH c/ Agenzia delle Entrate*, aff. C-155/09.

(9) Dans l'affaire *BA (Successions – Politique sociale de logement dans l'Union)*, l'efficacité des contrôles fiscaux était également invoquée au titre des raisons impérieuses d'intérêt général. La Cour a toutefois jugé que les conditions d'invocation de cette justification n'étaient pas remplies en l'espèce.

Cour de justice, 14 décembre 2023, *Commission c/ Amazon.com e.a.*, aff. C-457/21 P, ECLI:EU:C:2023:985

Conclusions conformes de l'avocate générale J. Kokott, du 8 juin 2023, ECLI:EU:C:2023:466

Mots-clés : Pourvoi – Aides d'État – Décision fiscale anticipative adoptée par un État membre – Aide déclarée incompatible avec le marché intérieur – Notion d'« avantage » – Détermination du cadre de référence – Imposition « normale » selon le droit national – Principe de pleine concurrence – Contrôle par la Cour de l'interprétation et de l'application du droit national par le Tribunal

Cadre normatif : articles 107 et 108 TFUE

Notes et observations : L. Idot, « Rescrits fiscaux luxembourgeois », *Europe*, 2024, n° 2, comm. 68, pp. 36-37 ; A. Maitrot de la Motte, « Aides d'État, rescrits fiscaux et application du principe de pleine concurrence aux prix de transfert : la Cour de justice rejette le pourvoi de la Commission dans l'affaire Amazon », *RD fisc.*, 2023, n°s 51-52, pp. 2-6 ; et F. Sicard, in A. Iljic, A. Maitrot de la Motte, F. Pezet et F. Sicard, « Droit fiscal de l'Union européenne : chronique de jurisprudence et de législation (1er décembre 2023 – 29 février 2024) », *RD fisc.*, 2024, n° 23, ét. 275

Extraits de l'arrêt

Sur le pourvoi

Sur la recevabilité

15. Le Grand-Duché de Luxembourg fait valoir, sans présenter formellement d'exception d'irrecevabilité, que les arguments avancés au soutien de la première branche du premier moyen et de la deuxième branche du second moyen du pourvoi, relatives à l'interprétation et à l'application du principe de pleine concurrence, sont irrecevables en ce qu'ils tendent à remettre en cause des constatations de faits du Tribunal. Dans la mesure où la Commission ne chercherait pas à démontrer la dénaturation de ces faits, elle ne serait pas recevable à les contester dans le cadre de son pourvoi. Par ailleurs, d'hypothétiques erreurs du Tribunal dans l'interprétation et l'application du principe de pleine concurrence devraient être considérées comme portant sur le droit national luxembourgeois, ce principe n'ayant pas, selon la jurisprudence de la Cour, d'existence autonome en droit de l'Union, et, ainsi, comme des erreurs de fait. Or, les questions de fait ne pourraient être invoquées dans le cadre d'un pourvoi, sous réserve du cas de la dénaturation des faits par le Tribunal. Les arguments seraient donc également, pour ce motif, irrecevables, étant donné que les dénaturations alléguées à cet égard par la Commission ne seraient pas étayées.

16. Amazon, pour sa part, soutient, sans soulever formellement d'exception d'irrecevabilité, que la Commission tente de présenter les appréciations de faits du Tribunal comme des questions de droit ou d'interprétation juridique afin que la Cour réexamine ces faits. Or, celle-ci ne pourrait, conformément à l'article 256 TFUE et à l'article 58 du statut de la Cour de justice de l'Union européenne, se prononcer que sur les questions de droit, sauf dans l'hypothèse d'une dénaturation, que la Commission se bornerait en l'espèce à alléguer, sans même tenter de l'établir. Dans cette mesure, le pourvoi et, en particulier, la première branche du premier moyen et la deuxième branche du second moyen seraient irrecevables.

17. Il convient de préciser que la Commission soutient notamment, au point 25 de son pourvoi, qu'« une interprétation et une application erronées du principe de pleine concurrence constituent une violation de l'article 107, paragraphe 1, TFUE en ce qui concerne la condition de l'avantage » et, au point 26 de celui-ci, qu'« en interprétant et en appliquant erronément le principe de pleine concurrence, le Tribunal commet une erreur "dans le cadre de son appréciation au titre de l'article 107, paragraphe 1, TFUE" ». Elle réitère ce dernier grief au titre 6.2 du pourvoi.

18. Par conséquent, indépendamment des motifs pour lesquels la Commission estime que le Tribunal, en particulier aux points 162 à 251 de l'arrêt attaqué, a mal interprété et mal appliqué le principe de pleine concurrence, force est de constater que cette institution invite la Cour à vérifier l'exacte interprétation et la juste application de ce principe par le Tribunal au regard de l'article 107, paragraphe 1, TFUE.

19. À cet égard, il importe de rappeler que la compétence de la Cour statuant sur un pourvoi formé contre une décision rendue par le Tribunal est définie par l'article 256, paragraphe 1, deuxième alinéa, TFUE. Celui-ci indique que le pourvoi doit être limité aux questions de droit et qu'il doit s'inscrire « dans les conditions et limites prévues par le statut ». Dans une liste énumérative des moyens pouvant être invoqués dans ce cadre, l'article 58, premier alinéa, du statut de la Cour de justice de l'Union européenne précise que le pourvoi peut être fondé sur la violation du droit de l'Union par le Tribunal (arrêt du 5 juillet 2011, *Edwin*, C-263/09 P, EU:C:2011:452, point 46).

20. Certes, en principe, pour ce qui est de l'examen, dans le cadre d'un pourvoi, des appréciations du Tribunal à l'égard du droit national, qui, dans le domaine des aides d'État, constituent des appréciations de faits, la Cour n'est compétente que pour vérifier s'il y a eu une dénaturation de ce droit (voir, en ce sens, arrêt du 8 novembre 2022, *Fiat Chrysler Finance Europe/Commission*, C-885/19 P et C-898/19 P, EU:C:2022:859, point 82 ainsi que jurisprudence citée). La Cour ne saurait cependant être privée de la possibilité de contrôler si de telles appréciations ne constituent pas elles-mêmes une violation du droit de l'Union au sens de la jurisprudence citée au point 19 du présent arrêt.

21. Or, la question de savoir si le Tribunal a délimité de manière appropriée le système de référence pertinent et, par extension, a interprété et appliqué de manière correcte les dispositions le composant, en l'occurrence le principe de pleine concurrence, est une question de droit susceptible de faire l'objet du contrôle de la Cour au stade du pourvoi. En effet, les arguments tendant à remettre en cause le choix du système de référence ou sa signification dans la première étape de l'analyse de l'existence d'un avantage sélectif sont recevables, puisque cette analyse procède d'une qualification juridique du droit national sur la base d'une disposition du droit de l'Union (voir, en ce sens, arrêts du 8 novembre 2022, *Fiat Chrysler Finance Europe/Commission*, C-885/19 P et C-898/19 P, EU:C:2022:859, point 85 ainsi que du 5 décembre 2023, *Luxembourg e.a./Commission*, C-451/21 P et C-454/21 P, EU:C:2023:948, point 78).

22. Admettre que la Cour ne soit pas en mesure de déterminer si c'est sans commettre d'erreur de droit que le Tribunal s'est prononcé sur la délimitation, l'interprétation et l'application par la Commission du système de référence pertinent, en tant que paramètre décisif aux fins de l'examen de l'existence d'un avantage sélectif, reviendrait à accepter la possibilité que le Tribunal ait, le cas échéant, commis une violation d'une disposition du droit primaire de l'Union, à savoir l'article 107, paragraphe 1, TFUE, sans que cette violation puisse être sanctionnée dans le cadre du pourvoi, ce qui contreviendrait à l'article 256, paragraphe 1, deuxième alinéa, TFUE, comme cela a été souligné au point 19 du présent arrêt.

23. Il y a donc lieu de considérer que, en invitant la Cour à contrôler si le Tribunal avait correctement interprété et appliqué le principe de pleine concurrence au regard de l'article 107, paragraphe 1, TFUE, pour juger que le système de référence retenu par la Commission afin de définir une imposition normale était erroné et, partant, que l'existence d'un avantage au profit du groupe Amazon n'était pas établie, la Commission a présenté des moyens et des arguments qui, contrairement à ce que soutiennent le Grand-Duché de Luxembourg et Amazon, sont recevables.

Sur le fond

24. À l'appui de son pourvoi, la Commission fait valoir deux moyens, tirés, le premier, d'erreurs commises par le Tribunal concernant le constat principal de l'avantage exposé par elle dans la décision litigieuse et, le second, d'erreurs du Tribunal relatives au premier constat subsidiaire qu'elle a effectué s'agissant de cet avantage.

25. Il convient d'examiner ensemble ces deux moyens.

Arguments des parties

26. Le premier moyen de la Commission comporte deux branches. La première branche est tirée de ce que le Tribunal, aux points 162 à 251 de l'arrêt attaqué, a mal interprété et mal appliqué le principe de pleine concurrence, n'a pas motivé l'arrêt attaqué sur ce point et a violé les règles de procédure en rejetant l'analyse fonctionnelle de LuxSCS et la sélection de cette société comme partie testée dans la décision litigieuse. La seconde branche est tirée de l'erreur résultant du rejet, par le Tribunal, aux points 257 à 295 de cet arrêt, du calcul du taux de pleine concurrence de la redevance.

27. Au soutien de ce moyen, la Commission fait valoir, à titre liminaire, que, comme le Tribunal l'aurait lui-même relevé, l'imposition normale devrait, en l'espèce, être appréciée au regard du principe de pleine concurrence, lequel constituerait un « outil » sur lequel elle devrait se fonder pour apprécier l'existence d'un avantage au sens de l'article 107, paragraphe 1, TFUE. Partant, en interprétant et en appliquant de manière erronée ce principe, le Tribunal aurait violé cette disposition. En toute hypothèse, la Commission soutient que, s'il fallait considérer que les erreurs commises par le Tribunal dans l'application dudit principe portent seulement sur le droit luxembourgeois, ces erreurs n'en constitueraient pas moins des dénaturations manifestes de ce droit, que le Tribunal a considéré comme fondé sur ce même principe.

28. Le Grand-Duché de Luxembourg et Amazon contestent l'ensemble des arguments invoqués à l'appui du premier moyen du pourvoi.

29. Le Grand-Duché de Luxembourg fait notamment observer, dans son mémoire en réponse, que, au moment de l'adoption de la décision fiscale anticipative en cause comme lorsque celle-ci a été prorogée, aucune référence n'était faite, en droit luxembourgeois, aux lignes directrices de l'OCDE. Celles-ci ne seraient pas contraignantes pour les pays membres de cette organisation, mais permettraient d'éclairer les dispositions de droit luxembourgeois pertinentes.

30. Le second moyen du pourvoi, qui vise les points 314 à 442 et 499 à 538 de l'arrêt attaqué, a trait au rejet par le Tribunal du premier constat subsidiaire posé par la Commission dans la décision litigieuse. Dans le cadre de la deuxième branche de ce second moyen, la Commission soutient à nouveau, au titre 6.2 du pourvoi, que « le Tribunal a mal interprété et mal appliqué le principe de pleine concurrence », ce que conteste tant le Grand-Duché de Luxembourg qu'Amazon.

Appréciation de la Cour

31. Selon une jurisprudence constante de la Cour, les interventions des États membres dans les domaines qui n'ont pas fait l'objet d'une harmonisation en droit de l'Union ne sont pas exclues du champ d'application des dispositions du traité FUE relatives au contrôle des aides d'État. Les États membres doivent ainsi s'abstenir d'adopter toute mesure fiscale susceptible de constituer une aide d'État incompatible avec le marché intérieur (arrêt du 8 novembre 2022, *Fiat Chrysler Finance Europe/Commission*, C-885/19 P et C-898/19 P, EU:C:2022:859, point 65 ainsi que jurisprudence citée).

32. À cet égard, il résulte d'une jurisprudence bien établie de la Cour que la qualification d'une mesure nationale d'« aide d'État », au sens de l'article 107, paragraphe 1, TFUE, requiert que toutes les conditions suivantes soient remplies. Premièrement, il doit s'agir d'une intervention de l'État ou au moyen de ressources d'État. Deuxièmement, cette intervention doit être susceptible d'affecter les échanges entre les États membres. Troisièmement, elle doit accorder un avantage sélectif à son bénéficiaire. Quatrièmement, elle doit fausser ou menacer de fausser la concurrence (arrêt du 8 novembre 2022, *Fiat Chrysler Finance Europe/Commission*, C-885/19 P et C-898/19 P, EU:C:2022:859, point 66 ainsi que jurisprudence citée).

33. En ce qui concerne la condition relative à l'avantage sélectif, celle-ci impose de déterminer si, dans le cadre d'un régime juridique donné, la mesure nationale en cause est de nature à favoriser « certaines entreprises ou certaines productions » par rapport à d'autres, qui se trouvent, au regard de l'objectif poursuivi par ledit régime, dans une situation factuelle et juridique comparable et qui subissent ainsi un traitement différencié pouvant en substance être qualifié de discriminatoire (arrêt du 8 novembre 2022, *Fiat Chrysler Finance Europe/Commission*, C-885/19 P et C-898/19 P, EU:C:2022:859, point 67 ainsi que jurisprudence citée).

34. Afin de qualifier une mesure fiscale nationale de « sélective », la Commission doit identifier, dans un premier temps, le système de référence, à savoir le régime fiscal « normal » applicable dans l'État membre concerné, et démontrer, dans un deuxième temps, que la mesure fiscale en cause déroge à ce système de référence, dans la mesure où elle introduit des différenciations entre des opérateurs se trouvant, au regard de l'objectif poursuivi par ce dernier, dans une situation factuelle et juridique comparable. La notion d'« aide d'État » ne vise toutefois pas les mesures introduisant une différenciation entre des entreprises qui se trouvent, au regard de l'objectif poursuivi par le régime juridique en cause, dans une situation factuelle et juridique comparable et, partant, *a priori* sélectives, lorsque l'État membre concerné parvient à démontrer, dans un troisième temps, que cette différenciation est justifiée, en ce sens qu'elle résulte de la nature ou de l'économie du système dans lequel ces mesures s'inscrivent (arrêt du 8 novembre 2022, *Fiat Chrysler Finance Europe/Commission*, C-885/19 P et C-898/19 P, EU:C:2022:859, point 68 ainsi que jurisprudence citée).

35. La détermination du système de référence revêt une importance accrue dans le cas de mesures fiscales du fait que, comme cela a été souligné au point 23 du présent arrêt, l'existence d'un avantage économique, au sens de l'article 107, paragraphe 1, TFUE, ne peut être établie que par rapport à une imposition dite « normale ».

36. Ainsi, la détermination de l'ensemble des entreprises se trouvant dans une situation factuelle et juridique comparable dépend de la définition préalable du régime juridique au regard de l'objectif duquel doit, le cas échéant, être examinée la comparabilité de la situation factuelle et juridique respective des entreprises favorisées par la mesure en cause et de celles qui ne le sont pas (arrêt du 8 novembre 2022, *Fiat Chrysler Finance Europe/Commission*, C-885/19 P et C-898/19 P, EU:C:2022:859, point 69 ainsi que jurisprudence citée).

37. Aux fins de l'appréciation du caractère sélectif d'une mesure fiscale, il importe donc que le régime fiscal commun ou système de référence applicable dans l'État membre concerné soit correctement identifié dans la décision de la Commission et examiné par le juge saisi d'une contestation portant sur cette identification. La détermination du système de référence constituant le point de départ de l'examen comparatif devant être mené dans le contexte de l'appréciation de la sélectivité, une erreur commise dans cette détermination vicie nécessairement l'ensemble de l'analyse de la condition relative à la sélectivité (arrêt du 8 novembre 2022, *Fiat Chrysler Finance Europe/Commission*, C-885/19 P et C-898/19 P, EU:C:2022:859, point 71 ainsi que jurisprudence citée).

38. Dans ce contexte, il convient, en premier lieu, de préciser que la détermination du cadre de référence, qui doit être effectuée à l'issue d'un débat contradictoire avec l'État membre concerné, doit découler d'un examen objectif du contenu, de l'articulation et des effets concrets des normes applicables en vertu du droit national de cet État (arrêt du 8 novembre 2022, *Fiat Chrysler Finance Europe/Commission*, C-885/19 P et C-898/19 P, EU:C:2022:859, point 72 ainsi que jurisprudence citée).

39. En second lieu, en dehors des domaines dans lesquels le droit fiscal de l'Union fait l'objet d'une harmonisation, c'est l'État membre concerné qui détermine, par l'exercice de ses compétences propres en matière de fiscalité directe et dans le respect de son autonomie fiscale, les caractéristiques constitutives de l'impôt, lesquelles définissent, en principe, le système de référence ou le régime fiscal « normal », à partir duquel il convient d'analyser la condition relative à la sélectivité. Il en va notamment ainsi de la détermination de l'assiette de l'impôt, de son fait générateur et des éventuelles exonérations dont il est assorti (voir, en ce sens, arrêt du 8 novembre 2022, *Fiat Chrysler Finance Europe/Commission*, C-885/19 P et C-898/19 P, EU:C:2022:859, point 73 ainsi que jurisprudence citée).

40. Il s'ensuit que seul le droit national applicable dans l'État membre concerné doit être pris en compte en vue d'identifier le système de référence en matière de fiscalité directe, cette identification étant elle-même un préalable indispensable, en vue d'apprécier, non seulement l'existence d'un avantage, mais aussi le point de savoir si celui-ci revêt un caractère sélectif (arrêt du 8 novembre 2022, *Fiat Chrysler Finance Europe/Commission*, C-885/19 P et C-898/19 P, EU:C:2022:859, point 74).

41. La présente affaire, à l'instar de celle ayant donné lieu à l'arrêt du 8 novembre 2022, *Fiat Chrysler Finance Europe/Commission* (C-885/19 P et C-898/19 P, EU:C:2022:859), porte sur la question de la légalité d'une décision fiscale anticipative adoptée par l'administration fiscale luxembourgeoise et fondée sur la détermination de prix de transfert au regard du principe de pleine concurrence.

42. Or, il résulte de cet arrêt, en premier lieu, que le principe de pleine concurrence ne peut être appliqué que s'il est reconnu par le droit national concerné et selon les modalités définies par ce dernier. Autrement dit, il n'existe pas, en l'état actuel du droit de l'Union, de principe autonome de pleine concurrence s'appliquant indépendamment de l'incorporation de ce dernier dans le droit national aux fins de l'examen des mesures de nature fiscale dans le cadre de l'article 107, paragraphe 1, TFUE (voir, en ce sens, arrêt du 8 novembre 2022, *Fiat Chrysler Finance Europe/Commission*, C-885/19 P et C-898/19 P, EU:C:2022:859, point 104).

43. À ce sujet, la Cour a jugé que, si le droit national applicable aux sociétés au Luxembourg vise, en matière d'imposition des sociétés intégrées, à aboutir à une approximation fiable du prix du marché et si cet objectif correspond, de manière générale, à celui du principe de pleine concurrence, il n'en demeure pas moins que, en l'absence d'harmonisation en droit de l'Union, les modalités concrètes de l'application de ce principe sont définies par le droit national et doivent être prises en compte en vue d'identifier le cadre de référence aux fins de la détermination de l'existence d'un avantage sélectif (arrêt du 8 novembre 2022, *Fiat Chrysler Finance Europe/Commission*, C-885/19 P et C-898/19 P, EU:C:2022:859, point 93).

44. En second lieu, il importe de rappeler que les lignes directrices de l'OCDE ne sont pas contraignantes pour les pays membres de cette organisation. Ainsi que l'a souligné la Cour, même si de nombreuses autorités nationales compétentes en matière fiscale s'inspirent de ces lignes directrices dans l'élaboration et le contrôle des prix de transfert, c'est uniquement au regard des dispositions nationales pertinentes qu'il convient de déterminer si des transactions données doivent être examinées à l'aune du principe de pleine concurrence et, le cas échéant, si des prix de transfert, qui fondent l'assiette des revenus imposables par un assujetti et sa répartition parmi les États concernés, s'écartent ou non d'un résultat de pleine concurrence. Ne sauraient donc être pris en compte, dans l'examen de l'existence d'un avantage fiscal sélectif au sens de l'article 107, paragraphe 1, TFUE et aux fins d'établir la charge fiscale devant normalement peser sur une entreprise, des paramètres et des règles externes au système fiscal national en cause, telles que lesdites lignes directrices, à moins que ce dernier ne s'y réfère explicitement (voir, en ce sens, arrêt du 8 novembre 2022, *Fiat Chrysler Finance Europe/Commission*, C-885/19 P et C-898/19 P, EU:C:2022:859, point 96).

45. En l'occurrence, il importe de souligner que, aux points 121 et 122 de l'arrêt attaqué, le Tribunal a jugé ce qui suit :

> « 121 Il convient en outre de préciser que, lorsque la Commission fait application du principe de pleine concurrence afin de contrôler si le bénéfice imposable d'une entreprise intégrée en application d'une mesure fiscale correspond à une approximation fiable d'un bénéfice imposable dégagé dans des conditions de marché, elle ne peut constater l'existence d'un avantage au sens de l'article 107, paragraphe 1, TFUE qu'à condition que l'écart entre les deux facteurs de comparaison aille au-delà des imprécisions inhérentes à la méthode appliquée pour obtenir ladite approximation (arrêt du 24 septembre 2019, *Pays-Bas e.a./Commission*, T-760/15 et T-636/16, EU:T:2019:669, point 152).
>
> 122 Même si la Commission ne saurait être formellement liée par les lignes directrices de l'OCDE, il n'en demeure pas moins que ces lignes directrices se fondent sur des travaux réalisés par des groupes d'experts, qu'elles reflètent le consensus atteint à l'échelle internationale en ce qui concerne les prix de transfert et qu'elles revêtent de ce fait une importance pratique certaine

dans l'interprétation des questions relatives aux prix de transfert (arrêt du 24 septembre 2019, *Pays-Bas e.a./Commission*, T-760/15 et T-636/16, EU:T:2019:669, point 155) ».

46. Il découle du point 121 de l'arrêt attaqué que, en y considérant que la Commission pouvait, de manière générale, faire application du principe de pleine concurrence dans le cadre de la mise en œuvre de l'article 107, paragraphe 1, TFUE, alors que ce principe n'a pas d'existence autonome en droit de l'Union, sans préciser que cette institution était, au préalable, tenue de s'assurer que ce principe était incorporé dans le droit fiscal national concerné, en l'occurrence le droit fiscal luxembourgeois, et qu'il y était fait référence expressément en tant que tel, le Tribunal a commis une première erreur de droit. Il n'est pas remédié à cette erreur par la circonstance que le Tribunal a, au point 137 de l'arrêt attaqué, estimé, au demeurant à tort, pour les motifs exposés aux points 54 et 55 du présent arrêt, que le droit luxembourgeois consacrait, à l'époque des faits, ce principe.

47. De même, en indiquant, au point 122 de l'arrêt attaqué, que, en dépit de leur absence de caractère contraignant pour la Commission, les lignes directrices de l'OCDE revêtaient une « importance pratique certaine » dans l'appréciation du respect de ce principe, le Tribunal a omis de rappeler que ces lignes directrices n'étaient pas non plus contraignantes à l'égard des pays membres de l'OCDE et que, partant, elles ne revêtaient d'importance pratique que pour autant que le droit fiscal de l'État membre concerné y fît explicitement référence. Partant, il n'a pas contrôlé si la Commission s'était assurée que tel était bien le cas du droit fiscal luxembourgeois et a lui-même tenu pour acquise l'applicabilité desdites lignes directrices, commettant ainsi une seconde erreur de droit.

48. Il en résulte que, alors que, au demeurant, l'Irlande avait invoqué, comme cela ressort du point 132 de l'arrêt attaqué, l'absence de fondement, en droit de l'Union, d'un principe de pleine concurrence, le Tribunal, écartant comme irrecevable cet argument et ne l'ayant, par conséquent, pas examiné alors que, sur le fond, il mettait en cause l'exactitude du système de référence retenu par la Commission afin de définir une imposition normale et, par conséquent, l'existence d'un avantage au profit du groupe Amazon, a retenu une interprétation du principe de pleine concurrence contraire au droit de l'Union, tel que rappelé, en particulier, aux points 96 et 104 de l'arrêt du 8 novembre 2022, *Fiat Chrysler Finance Europe/Commission* (C-885/19 P et C-898/19 P, EU:C:2022:859), et a donc validé à tort la détermination par la Commission du système de référence.

49. Or, l'ensemble de l'analyse effectuée par le Tribunal, aux points 162 à 251, 257 à 295, 314 à 442 et 499 à 538 de l'arrêt attaqué, en ce qui concerne la condition relative à l'existence d'un avantage sélectif, au sens de l'article 107, paragraphe 1, TFUE, est fondée sur l'application, aux fins de l'appréciation de l'existence d'un tel avantage, du principe de pleine concurrence en vertu des lignes directrices de l'OCDE indépendamment de l'incorporation de ce principe dans le droit luxembourgeois.

50. Par conséquent, dès lors qu'elle repose sur une détermination erronée, par le Tribunal, du système de référence pertinent aux fins de l'appréciation de l'existence d'un avantage sélectif, au sens de l'article 107, paragraphe 1, TFUE, une telle analyse est, conformément à la jurisprudence évoquée au point 37 du présent arrêt, également erronée.

51. Il convient, cependant, de rappeler que, si les motifs d'un arrêt du Tribunal révèlent une violation du droit de l'Union, mais que son dispositif apparaît fondé pour d'autres motifs de droit, une telle violation n'est pas de nature à entraîner l'annulation de cet arrêt et il y a lieu de procéder à une substitution de motifs et de rejeter le pourvoi (voir, en ce sens, arrêts du 25 mars 2021, *Xellia Pharmaceuticals et Alpharma/Commission*, C-611/16 P, EU:C:2021:245, point 149, et du 24 mars 2022, *PJ et PC/EUIPO*, C-529/18 P et C-531/18 P, EU:C:2022:218, point 75 ainsi que jurisprudence citée).

52. Tel est le cas en l'occurrence.

53. En effet, premièrement, la Commission a fait application du principe de pleine concurrence comme s'il avait été reconnu en tant que tel en droit de l'Union, ainsi qu'en témoignent notamment les considérants 402, 403, 409, 519, 520 et 561 de la décision litigieuse. Or, il ressort du point 104 de l'arrêt du 8 novembre 2022, *Fiat Chrysler Finance Europe/Commission* (C-885/19 P et C-898/19 P, EU:C:2022:859) qu'il n'existe pas, en l'état actuel du droit de l'Union, de principe autonome de pleine concurrence s'appliquant indépendamment de l'incorporation de ce dernier dans le droit national.

54. Deuxièmement, elle a estimé, ainsi qu'il résulte des considérants 241 et 242 de la décision litigieuse, que l'article 164, paragraphe 3, de la loi concernant l'impôt sur le revenu était interprété par l'administration fiscale luxembourgeoise en ce sens qu'il consacrait le principe de pleine concurrence en droit fiscal luxembourgeois. Toutefois, comme cela résulte des points 96 et 104 de l'arrêt du 8 novembre 2022, *Fiat Chrysler Finance Europe/Commission* (C-885/19 P et C-898/19 P, EU:C:2022:859), seule une incorporation de ce principe en tant que tel en droit national, laquelle exige *a minima* que ce dernier se réfère explicitement audit principe, permettrait à la Commission de faire application de celui-ci dans le cadre de l'appréciation de l'existence d'un avantage sélectif au sens de l'article 107, paragraphe 1, TFUE.

55. Or, ainsi que la Commission l'a elle-même reconnu au considérant 243 de la décision litigieuse, ce n'est que depuis le 1er janvier 2017, soit postérieurement à l'adoption de la décision fiscale anticipative en cause et à sa prorogation, qu'un nouvel article de la loi concernant l'impôt sur le revenu « formalise explicitement l'application du principe de pleine concurrence dans le droit fiscal luxembourgeois ». Il est donc établi que l'exigence rappelée par la jurisprudence citée au point précédent n'était pas satisfaite lors de l'adoption, par l'État membre concerné, de la mesure que la Commission a estimé être constitutive d'une aide d'État, de telle sorte que cette institution ne pouvait appliquer ce principe rétroactivement dans la décision litigieuse.

56. Troisièmement, en faisant application, aux considérants 246 et suivants de cette décision, des lignes directrices de l'OCDE en matière de prix de transfert sans avoir démontré que celles-ci avaient été, en tout ou en partie, explicitement reprises en droit luxembourgeois, la Commission a contrevenu à l'interdiction, rappelée au point 96 de l'arrêt du 8 novembre 2022, *Fiat Chrysler Finance Europe/Commission* (C-885/19 P et C-898/19 P, EU:C:2022:859), de prendre en compte, dans l'examen de l'existence d'un avantage fiscal sélectif au sens de l'article 107, paragraphe 1, TFUE et aux fins d'établir la charge fiscale devant normalement peser sur une entreprise, des paramètres et des règles externes au système fiscal national en cause, telles que ces lignes directrices, à moins que ce dernier ne s'y réfère explicitement.

57. Il importe de rappeler, à cet égard, que de telles erreurs dans la détermination des règles effectivement applicables en vertu du droit national pertinent et, partant, dans l'identification de l'imposition dite « normale » au regard de laquelle devait être appréciée la décision fiscale anticipative en cause vicient nécessairement l'ensemble du raisonnement tenant à l'existence d'un avantage sélectif (arrêt du 8 novembre 2022, *Fiat Chrysler Finance Europe/Commission*, C-885/19 P et C-898/19 P, EU:C:2022:859, point 71 ainsi que jurisprudence citée).

58. Il résulte de l'ensemble de ces considérations que c'est à bon droit que le Tribunal a constaté, au point 590 de l'arrêt attaqué, que la Commission n'avait pas établi l'existence d'un avantage au profit du groupe Amazon, au sens de l'article 107, paragraphe 1, TFUE, et a annulé, en conséquence, la décision litigieuse.

59. Au vu de ce qui précède et en procédant par une substitution de motifs conformément à la jurisprudence citée au point 51 du présent arrêt, il convient donc d'écarter les deux moyens du pourvoi et, dès lors, de rejeter ce dernier dans son intégralité.

Sur les dépens

60. En vertu de l'article 184, paragraphe 2, du règlement de procédure, lorsque le pourvoi n'est pas fondé, la Cour statue sur les dépens.

61. Conformément à l'article 138, paragraphe 1, de ce règlement, rendu applicable à la procédure de pourvoi en vertu de l'article 184, paragraphe 1, dudit règlement, toute partie qui succombe est condamnée aux dépens, s'il est conclu en ce sens.

62. En l'espèce, la Commission ayant succombé, il y a lieu de la condamner à supporter, outre ses propres dépens, ceux exposés par le Grand-Duché de Luxembourg et par Amazon, conformément aux conclusions de ces derniers.

63. Par ailleurs, l'article 140, paragraphe 1, du règlement de procédure, également rendu applicable à la procédure de pourvoi en vertu de l'article 184, paragraphe 1, de ce règlement, dispose que les États membres et les institutions qui sont intervenus au litige supportent leurs propres dépens. L'Irlande, partie intervenante, supportera donc ses propres dépens.

Par ces motifs, la Cour (deuxième chambre) déclare et arrête :

1) Le pourvoi est rejeté.

2) La Commission européenne supporte, outre ses propres dépens, ceux exposés par le Grand-Duché de Luxembourg ainsi que par Amazon.com Inc. et Amazon EU Sàrl.

3) L'Irlande supporte ses propres dépens.

Observations

L'arrêt *Commission c/ Amazon.com e.a.* est sans doute l'avant-dernier grand arrêt que la Cour de justice rendra au sujet de la confrontation, d'une part, des *rulings* fiscaux qui ne respectent pas le principe de pleine concurrence et, d'autre part, du droit européen des aides d'État. Il s'inscrit dans la continuité des arrêts *Fiat Chrysler Finance Europe* (1) et *Engie* (2).

Au cœur de l'arrêt *Commission c/ Amazon.com e.a.*, la question de savoir si des rescrits fiscaux accordés par les administrations fiscales nationales peuvent être qualifiés d'« aides d'État » est discutée depuis le milieu des années 2010. À cette époque, la Commission européenne avait engagé, sur le fondement des articles 107 et 108 TFUE, des procédures d'examen à l'encontre de certains rescrits fiscaux accordés par des États membres à des entreprises multinationales, au motif que ces rescrits (décisions anticipées) pouvaient constituer des aides d'État dès lors qu'ils garantissaient l'application

(1) CJUE, 8 novembre 2022, *Fiat Chrysler Finance Europe c/ Commission*, aff. jtes C-885/19 P et C-898/19 P.

(2) CJUE, 5 décembre 2023, *Luxembourg c/ Commission et Engie Global LNG Holding e.a. c/ Commission*, aff. jtes C-451/21 P et C-454/21 P.

d'un régime fiscal déterminé aux contribuables qui les sollicitent (et à eux seuls), ce qui pouvait leur permettre d'être imposés dans des conditions favorables. En pratique, les rescrits visés par la Commission dans le cadre des procédures mises en œuvre au milieu des années 2010 étaient ceux qui avaient été accordés en matière de prix de transfert (prix qui doit être retenu pour l'imposition de transactions internationales entre deux entités d'un même groupe).

La Commission a souvent considéré que ces rescrits permettaient de ne pas respecter le principe « de pleine concurrence », c'est-à-dire le standard communément admis selon lequel le prix pratiqué dans une transaction entre deux entreprises liées doit correspondre au prix de marché (en d'autres termes, au prix qui aurait été appliqué dans une transaction comparable entre deux entreprises indépendantes). Dès lors que le principe de pleine concurrence n'était pas respecté et qu'il en résultait, de son point de vue, une réduction de la charge fiscale accordée aux bénéficiaires des rescrits, la Commission européenne avait ordonné, à partir d'octobre 2015, la récupération des avantages qui auraient été accordés à plusieurs entreprises multinationales : Fiat Chrysler (3), Starbucks (4), Apple (5), Amazon (6) et Engie (7). En sus de ces décisions relatives à des rescrits individuels, des décisions relatives à des régimes d'aides qu'auraient accordées Gibraltar (8), la Belgique (9) ou le Royaume-Uni (10) ont donné lieu à l'engagement de procédures. Il en est allé de même s'agissant des « décisions anticipatives » accordées par le Luxembourg à Huhtamäki (11) et des rescrits fiscaux émis par les Pays-Bas en faveur d'Inter IKEA (12) et de Nike (13). Ces décisions de la Commission ont fait l'objet de contestations, le plus souvent avec succès. Ces contestations étaient fondées sur le fait que la Commission européenne n'apportait pas la preuve de l'existence d'aides d'État, c'est-à-dire d'avantages sélectifs constituant des dérogations au système normal de taxation.

Comme le montre l'arrêt *Commission c/ Amazon.com e.a.*, l'identification du système normal de taxation, c'est-à-dire du cadre de référence dans lequel la sélectivité d'un avantage doit

(3) Décision (UE) 2016/2326 du 21 octobre 2015.
(4) Décision (UE) 2017/502 du 21 octobre 2015.
(5) Décision (UE) 2017/1283 du 30 août 2016.
(6) Décision (UE) 2018/859 du 4 octobre 2017.
(7) Décision (UE) 2019/421 du 20 juin 2018.
(8) Décision (UE) 2019/700 du 19 décembre 2018.
(9) Décision (UE) 2016/1699 du 11 janvier 2016.
(10) Décision (UE) 2019/1352 du 2 avril 2019.
(11) Affaire SA.50400.
(12) Affaire SA.46470.
(13) Affaire SA.51284.

être examinée, est une question essentielle. À cet égard, l'apport de l'arrêt *Commission c/ Amazon.com e.a.* n'est pas seulement qu'il confirme la méthode d'identification de ce cadre, en appliquant les principes dégagés dans les arrêts *Fiat Chrysler Finance Europe* et *Engie*. Il tient, surtout, à ce que la Cour y rappelle l'obligation d'identifier ce cadre.

Dans les grandes lignes, la Commission européenne considérait qu'un rescrit accordé par l'administration fiscale luxembourgeoise à Amazon était constitutif d'une aide d'État car il permettait, pour le calcul de redevances, de ne pas appliquer le principe de pleine concurrence. La société Amazon avait contesté la décision ordonnant la récupération de cette prétendue aide et avait obtenu gain de cause devant le Tribunal de l'Union européenne. Pour l'essentiel, le Tribunal avait considéré que la Commission n'avait pas apporté la preuve d'un écart trop important entre le montant des redevances, validé par voie de rescrit, et le montant résultant de l'application du principe de pleine concurrence. Il en avait conclu que l'existence d'un avantage sélectif n'était pas établie.

Pour refuser de faire droit au pourvoi de la Commission dirigé contre cet arrêt, la Cour a rappelé les principes issus de l'arrêt *Fiat Chrysler Finance Europe*, qui portait déjà sur la question des décisions anticipées en matière de prix de transfert accordées par le Luxembourg. Ces principes, que nous avons sans doute inspirés, tiennent à ce que si « [l]es États membres doivent exercer leur compétence en matière de fiscalité directe dans le respect du droit de l'Union et, notamment, des règles instituées par le traité FUE en matière d'aides d'État » (14), le respect des compétences des États membres implique, en retour, que le contrôle des aides d'État ne soit pas employé aux fins d'harmoniser les fiscalités nationales. Par suite, « en dehors des domaines dans lesquels le droit fiscal de l'Union fait l'objet d'une harmonisation, c'est l'État membre concerné qui détermine, par l'exercice de ses compétences propres en matière de fiscalité directe et dans le respect de son autonomie fiscale, les caractéristiques constitutives de l'impôt, lesquelles définissent, en principe, le système de référence ou le régime fiscal "normal", à partir duquel il convient d'analyser la condition relative à la sélectivité » (15). Dans l'affaire *Fiat Chrysler Finance Europe*, la Cour

(14) Précédemment, voy. CJUE, 16 septembre 2021, *Commission européenne c/ Royaume de Belgique et Magnetrol International*, aff. C-337/19 P, pt 162.

(15) Pt 73 de l'arrêt *Fiat Chrysler Finance Europe*. Précédemment, voy. CJUE, 16 mars 2021, *Commission européenne c/ République de Pologne*, aff. C-562/19 P, pts 38 et 39 ; CJUE, 16 mars 2021, *Commission européenne c/ Hongrie*, aff. C-596/19 P, pts 44 et 45 ; et CJUE, 6 octobre 2021, *World Duty Free Group et Royaume d'Espagne c/ Commission européenne*, aff. jtes C-51/19 P et C-64/19 P, pt 64.

en avait déduit que le « principe de pleine concurrence » n'était pas constitutif du système normal de taxation devant servir de cadre de référence au cas d'espèce dès lors qu'il n'était pas conçu comme tel par le droit luxembourgeois applicable aux prix de transfert.

Quelques jours avant l'arrêt *Commission c/ Amazon.com*, la Cour avait confirmé cette jurisprudence dans un arrêt de grande chambre rendu au profit de la société Engie, avant d'y apporter des précisions. Aux termes de cet arrêt, en effet, « seul le droit national applicable dans l'État membre concerné doit être pris en compte en vue d'identifier le système de référence en matière de fiscalité directe, cette identification étant elle-même un préalable indispensable, en vue d'apprécier non seulement l'existence d'un avantage, mais aussi le point de savoir si celui-ci revêt un caractère sélectif » (16), sauf si « le système fiscal en cause a été configuré selon des paramètres manifestement discriminatoires, destinés à contourner » le droit des aides d'État (17). Ces principes ont également été rappelés par la Cour dans l'arrêt *Commission c/ Amazon.com*, de sorte que la Commission ne pouvait pas réclamer que le principe de pleine concurrence fût appliqué en l'espèce.

À l'instar de l'avocate générale Kokott, la Cour de justice aurait pu clore son analyse à ce stade, et se borner à rejeter le pourvoi de la Commission pour méconnaissance des principes dégagés dans les arrêts *Fiat Chrysler Finance Europe* et *Engie*. Au regard de cette jurisprudence, il était en effet acquis que le « principe de pleine concurrence » n'était pas constitutif du système normal de taxation devant servir de cadre de référence en matière de prix de transfert, puisqu'il n'était pas conçu comme tel par le droit luxembourgeois.

Mais ce faisant, la Cour n'aurait pas statué sur la question de savoir si, nonobstant le choix effectué par le législateur luxembourgeois, le principe de pleine concurrence n'était pas applicable sur d'autres fondements. Aux motifs que l'arrêt du Tribunal n'avait pas, en amont du raisonnement juridique, examiné cette question pour exclure l'applicabilité du principe de pleine concurrence en l'espèce, la Cour lui a reproché d'avoir entaché l'arrêt d'une double erreur de droit. Après avoir rappelé que le principe de pleine concurrence n'avait donné lieu à aucune harmonisation européenne, et qu'il n'était donc pas contraignant pour les États membres, la Cour a ainsi jugé qu'en « considérant que la Commission pouvait, de manière générale, faire application du principe de pleine concurrence dans le cadre de la mise en œuvre de l'article 107, paragraphe 1, TFUE, alors que ce principe n'a pas d'existence autonome en droit

(16) Pt 113 de l'arrêt.
(17) Pt 114 de l'arrêt.

de l'Union, sans préciser que cette institution était, au préalable, tenue de s'assurer que ce principe était incorporé dans le droit fiscal national concerné, en l'occurrence le droit fiscal luxembourgeois, et qu'il y était fait référence expressément en tant que tel, le Tribunal a commis une première erreur de droit » (18). Puis elle a ajouté que, pour les mêmes raisons, « en indiquant, au point 122 de l'arrêt attaqué, que, en dépit de leur absence de caractère contraignant pour la Commission, les lignes directrices de l'OCDE revêtaient une "importance pratique certaine" dans l'appréciation du respect de ce principe, le Tribunal a omis de rappeler que ces lignes directrices n'étaient pas non plus contraignantes à l'égard des pays membres de l'OCDE et que, partant, elles ne revêtaient d'importance pratique que pour autant que le droit fiscal de l'État membre concerné y fît explicitement référence. Partant, il n'a pas contrôlé si la Commission s'était assurée que tel était bien le cas du droit fiscal luxembourgeois et a lui-même tenu pour acquise l'applicabilité desdites lignes directrices, commettant ainsi une seconde erreur de droit » (19).

Procédant à une substitution de motifs ayant pour conséquence la confirmation de l'annulation de la décision de la Commission, la Cour de justice a ensuite jugé qu'en l'absence d'harmonisation européenne et de force contraignante des lignes directrices de l'OCDE qui recommandent son emploi, le principe de pleine concurrence ne pouvait pas être constitutif du cadre de référence applicable en l'espèce.

Au premier abord, cette analyse semble pertinente dans la mesure où la normalité d'un système de taxation doit effectivement être appréhendée au regard du droit national. La loi nationale en fait partie, contrairement aux lignes directrices de l'OCDE. Ceci étant, la Cour n'a pas tenu compte de ce que le Luxembourg est lié à de nombreux autres États par des conventions fiscales internationales prises sur le modèle proposé par l'OCDE, qui priment sur le droit interne, et qui prévoient l'application du principe de pleine concurrence. À l'instar de l'arrêt *Fiat Chrysler Finance Europe*, l'arrêt *Amazon* peut donc être critiqué pour n'avoir pris en compte que le droit interne luxembourgeois, et pour avoir omis de prendre en compte les conventions fiscales internationales qui modifient les conditions de son application.

Si l'arrêt *Commission c/ Amazon.com* est un grand arrêt en ce qu'il clôt les débats méthodologiques relatifs au caractère sélectif des rescrits fiscaux, il serait heureux que la Cour, dans le prochain grand

---

(18) Pt 46 de l'arrêt.
(19) Pt 47 de l'arrêt.

arrêt qu'elle rendra en la matière, juge que les conventions fiscales internationales doivent être prises en compte dans la détermination du cadre de référence. Ce grand arrêt sera-t-il l'arrêt *Apple* (20) ?

Alexandre MAITROT DE LA MOTTE

---

(20) Voy. l'affaire *Commission c/ Irlande* enregistrée au greffe de la Cour sous le numéro C-465/20 P. Sur cette affaire, voy. A. MAITROT DE LA MOTTE, « Les enjeux de l'affaire Apple après l'arrêt du Tribunal de l'Union européenne du 15 juillet 2020 », *RD fisc.*, 2020, nos 30-35, ét. 320 ; et J. MONSENEGO, « Note sur Trib. UE, 7e ch. él., 15 juill. 2020, T778/16 et T892/16, Irlande, Apple Sales International, Apple Operations Europe c/ Commission », *Fiscalité internationale*, 3-2020, n° 2, § 9.

XII. ENTENTES, ABUS DE POSITION DOMINANTE ET CONCENTRATIONS

Cour de justice, 2e ch., 16 mars 2023, *Towercast SASU c/ Autorité de la concurrence et Ministère de l'Économie*, aff. C-449/21, ECLI:EU:C:2023:207

Conclusions de l'avocate générale J. Kokott, du 13 octobre 2022, ECLI:EU:C:2022:777

Mots-clés : Renvoi préjudiciel – Concurrence – Contrôle des concentrations entre entreprises – Application exclusive de ce règlement aux opérations relevant de la notion de « concentration » – Portée – Opération de concentration dépourvue de dimension communautaire, située en dessous des seuils de contrôle *ex ante* obligatoire prévus par le droit d'un État membre et n'ayant pas fait l'objet d'un renvoi à la Commission européenne – Contrôle par les autorités de concurrence de cet État membre d'une telle opération au regard de l'article 102 TFUE – Admissibilité

Cadre normatif : articles 101 et 102 TFUE – Règlement (CE) n° 139/2004 – Article 21, paragraphe 1

Notes et observations : L. Idot, *Europe*, mai 2023, n° 5, comm. 174

Extraits de l'arrêt

30. Par sa question, la juridiction de renvoi demande si l'article 21, paragraphe 1, du règlement n° 139/2004 doit être interprété en ce sens qu'il s'oppose à ce qu'une opération de concentration d'entreprises, dépourvue de dimension communautaire, au sens de l'article 1er de ce règlement, située en dessous des seuils de contrôle ex ante obligatoire prévus par le droit national et n'ayant pas donné lieu à un renvoi à la Commission en application de l'article 22 dudit règlement, soit analysée par une autorité nationale de concurrence comme constitutive d'un abus de position dominante prohibé à l'article 102 TFUE au regard de la structure de la concurrence sur un marché de dimension nationale.

31. Selon une jurisprudence constante, l'interprétation d'une disposition du droit de l'Union requiert de tenir compte non seulement de ses termes, mais également du contexte dans lequel elle s'inscrit ainsi que des objectifs et de la finalité que poursuit l'acte dont elle fait partie. La genèse d'une disposition du droit de l'Union peut également révéler des éléments pertinents pour son interprétation [arrêt du 25 juin 2020, *A e.a. (Éoliennes à Aalter et à Nevele)*, C-24/19, EU:C:2020:503, point 37 ainsi que jurisprudence citée].

32. S'agissant, tout d'abord, du libellé de l'article 21, paragraphe 1, du règlement n° 139/2004, il en ressort que ce règlement « est seul applicable aux concentrations telles que définies à l'article 3 », pour lesquelles le règlement n° 1/2003 ne trouve, en principe, pas à s'appliquer.

33. L'article 21, paragraphe 1, du règlement n° 139/2004 tend donc à régir le champ d'application de ce règlement en ce qui concerne l'examen des opérations de concentrations par rapport à celui des autres actes de droit dérivé de l'Union en matière de concurrence.

34. En revanche, l'examen du libellé de cette disposition ne répond pas à la question de savoir si les dispositions du droit primaire, et, en particulier, l'article 102 TFUE, demeurent applicables à une opération de concentration d'entreprises, au sens de l'article 3 du règlement n° 139/2004, notamment dans l'hypothèse, telle que celle en cause au principal, où la concentration concernée n'a, d'une part, pas atteint les seuils de contrôle prévus par le droit de l'Union ainsi que par les droits nationaux et, d'autre part, pas fait l'objet d'un renvoi à la Commission en vertu de l'article 22 de ce règlement, de telle sorte qu'aucun contrôle ex ante au regard du droit des concentrations n'a été effectué.

35. S'agissant, ensuite, de la genèse de l'article 21, paragraphe 1, dudit règlement, cette disposition, qui reprend *mutatis mutandis* la teneur de l'article 22 du règlement n° 4064/89, précédemment applicable, traduit la volonté du législateur de l'Union, rappelée au considérant 7 de ce dernier règlement, de préciser que les autres règlements mettant en œuvre le droit de la concurrence cessent, en principe, d'être applicables à l'ensemble des opérations de concentration, à savoir aussi bien aux opérations constitutives d'un abus de position dominante qu'aux opérations de concentration qui confèrent aux entreprises intéressées le pouvoir de faire obstacle à une concurrence effective dans le marché intérieur.

36. Enfin, s'agissant des objectifs et de l'économie générale du règlement n° 139/2004, il y a lieu de relever que, ainsi que son considérant 5 l'énonce, ce règlement vise à garantir que les restructurations des entreprises, notamment sous la forme de concentrations, n'entraînent pas de préjudice durable pour la concurrence. Par conséquent, le droit de l'Union doit comporter des dispositions applicables aux concentrations susceptibles d'entraver de manière significative une concurrence effective dans le marché intérieur ou une partie substantielle de celui-ci. Le législateur de l'Union a, à cet égard, entendu préciser que le règlement n° 139/2004 constitue le seul instrument procédural applicable à l'examen préalable et centralisé des concentrations, qui, ainsi que le considérant 6 de celui-ci l'énonce, doit permettre un contrôle effectif de toutes les concentrations en fonction de leur effet sur la structure de la concurrence (voir, en ce sens, arrêts du 7 septembre 2017, *Austria Asphalt*, C-248/16, EU:C:2017:643, point 21, et du 31 mai 2018, *Ernst & Young*, C-633/16, EU:C:2018:371, point 41).

37. Si, en vertu du système du « guichet unique » instauré par ce règlement, celui-ci constitue un instrument procédural spécifique ayant vocation à s'appliquer à titre exclusif aux concentrations d'entreprises impliquant des modifications structurelles importantes dont l'effet sur le marché s'étend au-delà des frontières nationales d'un État membre, ainsi qu'il ressort du considérant 8 dudit règlement, il ne saurait toutefois en être déduit que ce législateur a entendu rendre sans objet le contrôle opéré au niveau national d'une opération de concentration au regard de l'article 102 TFUE.

38. Il est ainsi précisé, au considérant 7 du règlement n° 139/2004, que « [l]es articles [101] et [102 TFUE], tout en étant applicables, [...] ne suffisent pas pour contrôler toutes les opérations de concentrations qui risquent de se révéler incompatibles avec le régime de concurrence non faussé visé par le traité ».

39. Il ressort de cette dernière indication que, loin de priver les autorités compétentes des États membres de la possibilité de faire application des dispositions du traité en matière de concurrence aux concentrations, telles que définies à l'article 3 du règlement n° 139/2004, ce dernier règlement fait partie d'un ensemble législatif visant à mettre en œuvre les articles 101 et 102 TFUE ainsi qu'à établir un système de contrôle garantissant que la concurrence n'est pas faussée dans le marché intérieur de l'Union (arrêts du 7 septembre 2017, *Austria Asphalt*, C-248/16, EU:C:2017:643, point 31, et du 31 mai 2018, *Ernst & Young*, C-633/16, EU:C:2018:371, point 55).

40. Il convient aussi de rappeler que, en vue de combler les lacunes du système de protection contre les distorsions de concurrence qui peuvent résulter des restructurations des entreprises, ce règlement a été adopté sur le fondement de l'article 83 CE (devenu article 103 TFUE), qui a trait aux règlements ou aux directives qui peuvent être pris en vue de l'application des principes figurant aux articles 101 et 102 TFUE, et de l'article 308 CE (devenu article 352 TFUE), en vertu duquel l'Union peut se doter des pouvoirs d'action additionnels nécessaires à la réalisation de ses objectifs. Si le fonctionnement et l'économie de la protection offerte par le droit de l'Union contre les distorsions de concurrence éventuellement induites par les opérations de concentration vont, pour des raisons de sécurité juridique, dans le sens d'une application prioritaire du mécanisme de contrôle préalable des concentrations telles que définies à l'article 3 du règlement n° 139/2004, cela ne saurait pour autant exclure la possibilité pour une autorité de la concurrence d'appréhender, dans certaines circonstances, une opération de concentration sous l'angle de l'article 102 TFUE.

41. Il résulte ainsi de l'économie du règlement n° 139/2004 que, bien que celui-ci mette en place un contrôle ex ante des opérations de concentration de dimension communautaire, il n'exclut pas pour autant un contrôle ex post des opérations de concentration n'atteignant pas ce seuil. S'il est vrai que l'article 3 de ce règlement retient une définition matérielle de la concentration d'entreprise sans référence aux seuils mentionnés dans ce dernier, ledit règlement doit être lu à la lumière de son contexte, et notamment de l'article 1er et des considérants 7 et 9 de celui-ci. Il en ressort, d'une part, que le même règlement ne s'applique qu'aux concentrations de dimension communautaire et, d'autre part, qu'il est admis que certaines concentrations peuvent, tout à la fois, échapper à un contrôle ex ante et faire l'objet d'un contrôle ex post.

42. L'interprétation défendue en l'occurrence par l'Autorité de la concurrence, Tivana et TDF ainsi que par les gouvernements français et néerlandais revient en définitive à écarter l'applicabilité directe d'une disposition du droit primaire en raison de l'adoption d'un acte de droit dérivé visant certains comportements d'entreprises sur le marché.

43. À cet égard, il y a lieu de rappeler que, aux termes de l'article 102 TFUE, est incompatible avec le marché intérieur et interdit, dans la mesure où le commerce entre États membres est susceptible d'en être affecté, le fait pour une ou plusieurs entreprises d'exploiter de façon abusive une position dominante sur le marché intérieur ou dans une partie substantielle de celui-ci.

44. Il est bien établi que cet article est une disposition d'effet direct dont l'application n'est pas subordonnée à l'adoption préalable d'un règlement procédural. Ledit article engendre des droits à l'égard des justiciables, que les juridictions nationales doivent sauvegarder (voir, en ce sens, arrêt du 14 mars 2019, *Skanska Industrial Solutions e.a.*, C-724/17, EU:C:2019:204, point 24 ainsi que jurisprudence citée).

45. Dans ce contexte, il importe également de préciser que l'abus de position dominante n'est susceptible d'aucune exemption, de quelque façon que ce soit ; un tel abus est simplement interdit par le traité. Il incombe, selon les cas de figure, aux autorités nationales compétentes ou à la Commission de tirer les conséquences de cette interdiction dans le cadre de l'exercice de leurs compétences (arrêt du 11 avril 1989, *Saeed Flugreisen et Silver Line Reisebüro*, 66/86, EU:C:1989:140, point 32).

46. S'agissant de la liste des pratiques et des comportements visés par l'article 102 TFUE, la Cour a jugé que celle-ci n'était pas limitative, de telle sorte que l'énumération des pratiques abusives figurant à cette disposition n'épuise pas les modes d'exploitation abusive de position dominante interdits par le droit de l'Union (voir, en ce sens, arrêts du 21 février 1973, *Europemballage et Continental Can/Commission*, 6/72, EU:C:1973:22, point 26, et du 17 février 2011, *TeliaSonera Sverige*, C-52/09, EU:C:2011:83, point 26).

47. Ainsi que la Commission l'a souligné, l'inapplicabilité du règlement n° 1/2003, et en particulier de l'article 5 de celui-ci qui a trait à la compétence des autorités de concurrence des États membres pour appliquer les articles 101 et 102 TFUE aux opérations de concentration définies à l'article 3 du règlement n° 139/2004, ne saurait aboutir à interdire aux autorités nationales de concurrence d'appliquer l'article 102 TFUE à des concentrations.

48. En effet, nonobstant le principe d'application exclusive du règlement n° 139/2004 aux opérations de concentration, énoncé à l'article 21, paragraphe 1, de ce règlement, c'est bien le droit procédural des États membres qui trouve à s'appliquer aux concentrations de dimension non communautaire.

49. Certes, l'application dans l'arrêt 21 février 1973, *Europemballage et Continental Can/Commission* (6/72, EU:C:1973:22), de l'article 86 du traité CEE (devenu article 82 CE, lui-même devenu article 102 TFUE) dans le contexte spécifique des opérations de concentration a été utilisée et perçue comme un palliatif de l'absence dans le traité CEE de toute disposition explicite de contrôle de ces opérations. Cela étant, avec l'entrée en vigueur de dispositions autonomes relatives au contrôle des concentrations, telles qu'elles sont désormais prévues dans le règlement n° 139/2004, le recours aux règles procédurales relatives à la mise en œuvre des articles 81 et 82 CE (devenus articles 101 et 102 TFUE), énoncées dans un premier temps par le règlement n° 17, puis par le règlement n° 1/2003, est devenu sans objet.

50. Ainsi, le règlement n° 139/2004 ne saurait s'opposer à ce qu'une opération de concentration de dimension non communautaire, telle que celle en cause dans l'affaire au principal, puisse faire l'objet d'un contrôle par les autorités nationales de concurrence et par les juridictions nationales au titre de l'effet direct de l'article 102 TFUE en recourant à leurs propres règles procédurales.

51. En effet, l'interdiction énoncée à l'article 102 TFUE est suffisamment claire, précise et inconditionnelle, de telle sorte qu'il n'est pas nécessaire de prévoir une règle de droit dérivé qui prévoit ou permet expressément son application par les autorités et les juridictions nationales.

52. Il s'ensuit qu'une opération de concentration n'atteignant pas les seuils de contrôle préalable prévus respectivement par le règlement n° 139/2004 et par le droit national applicable peut se voir appliquer l'article 102 TFUE lorsque sont réunies les conditions prévues à cet article pour établir l'existence d'un abus de position dominante. Il appartient notamment à l'autorité saisie de vérifier que l'acquéreur qui est en position dominante sur un marché donné et qui a pris le contrôle d'une autre entreprise sur ce marché a, par ce comportement, entravé substantiellement la concurrence sur ledit marché. À cet égard, le seul constat du renforcement de la position d'une entreprise ne suffit pas pour retenir la qualification d'un abus, puisqu'il faut établir que le degré de domination ainsi atteint entraverait substantiellement la concurrence, c'est-à-dire ne laisserait subsister que des entreprises dépendantes, dans leur comportement, de l'entreprise dominante (voir, en ce sens, arrêts 21 février 1973, *Europemballage et Continental Can/Commission*, 6/72, EU:C:1973:22, point 26, ainsi que du 16 mars 2000, *Compagnie maritime belge transports e.a./Commission*, C-395/96 P et C-396/96 P, EU:C:2000:132, point 113).

53. Eu égard à l'ensemble des considérations qui précèdent, il convient de répondre à la question posée que l'article 21, paragraphe 1, du règlement n° 139/2004 doit être interprété en ce sens qu'il ne s'oppose pas à ce qu'une opération de concentration d'entreprises, dépourvue de dimension communautaire, au sens de l'article 1er de ce règlement, située en dessous des seuils de contrôle ex ante obligatoire prévus par le droit national et n'ayant pas donné lieu à un renvoi à la Commission en application de l'article 22 dudit règlement, soit analysée par une autorité de concurrence d'un État membre comme étant constitutive d'un abus de position dominante prohibé à l'article 102 TFUE au regard de la structure de la concurrence sur un marché de dimension nationale.

Observations

Est-il possible d'appliquer l'article 102 TFUE aux opérations de concentrations d'entreprises ? C'est, à vrai dire, un vieux débat. En Europe, il ramène aux origines du droit *antitrust*. Dans l'affaire *Continental Can* (1), la Cour de justice avait appliqué la qualification d'« abus de position dominante » à une opération de concentration par laquelle l'acquéreur consolidait sa position dominante sur le marché. La Cour reconnaissait alors, en 1973, qu'est « susceptible de constituer un abus le fait, par une entreprise en position dominante, de renforcer cette position au point que le degré de domination ainsi atteint entraverait substantiellement la concurrence », et que l'article 86 (aujourd'hui art. 102 TFUE) vise aussi les pratiques qui causent aux consommateurs un préjudice « en portant atteinte à une structure de concurrence effective » (2).

(1) CJCE, 21 février 1973, aff. 6/72.
(2) *Ibid.*, pt 26.

Rappelons que le traité de Rome n'avait prévu aucune disposition relative au contrôle des concentrations, faute d'accord politique sur ce point sensible. Cependant, en 1989, le règlement européen sur les concentrations était adopté : les opérations structurelles paraissaient désormais devoir être exclusivement soumises à la procédure spécifique qu'il prévoyait.

Et pourtant, le début des années 2020 a ramené le débat sous les feux de l'actualité. Pourquoi ? Il est apparu que les textes sur les concentrations ne permettent pas de saisir des opérations réalisées en dehors de leur champ d'application (et plus précisément sous les seuils de contrôlabilité en chiffre d'affaires). Ce problème des acquisitions dites « prédatrices » a été identifié dans le secteur du numérique où de nombreux rapports ont établi que les grandes entreprises (principalement américaines) du secteur développaient des stratégies de préemption des marchés par acquisition de start-up innovantes (3). Un rapport commandé par la Commission européenne assurait que ces mêmes stratégies avaient cours dans le secteur numérique et appelait une réforme qui permettrait de lutter contre « les acquisitions par des plateformes dominantes de petites start-ups dont la base d'utilisateurs croît rapidement et dont le potentiel concurrentiel est important ». Le rapport stigmatisait « l'élimination précoce des rivaux potentiels » (4).

Procédure

Faute de pouvoir appliquer les textes sur les concentrations, est-il possible d'appliquer l'article 102 TFUE, malgré l'adoption des textes sur les concentrations ? C'était la question posée par la cour d'appel de Paris à la Cour de justice de l'Union dans une affaire *Towercast*, alors que l'Autorité de la concurrence avait exclu l'application de la jurisprudence *Continental Can* (5). L'espèce concernait le secteur de

(3) Voy. en part. J. Crémer, Y.-A. de Montjoye et H. Schweitzer, *Competition Policy for the Digital Era*, Bruxelles, European Commission, 2019 ; J. Furman *et al.*, *Unlocking Digital Competition, Report of the Digital Competition Expert Panel : An Independent Report on the State of Competition in Digital Markets*, Cambrige, Harvard Kennedy School, 2019.

(4) J. Crémer, H. Schweitzer et Y.-A. de Montjoye, *Competition Policy for the Digital Era*, *op. cit.*, p. 10. Une étude documente ce constat : 855 acquisitions ont été opérées par Google, Meta, Apple, Microsoft et Amazon depuis l'apparition de ces entreprises, jusqu'à l'été 2020 (G. Parker, G. Petropoulos et M. Van Alstyne, « Platform Mergers and Antitrust », *Ind. & Corp. Change*, 2021, vol. 30, pp. 1307, 1311).

(5) Aut. conc., déc. n° 20-D-01 du 16 janvier 2020 relative à une pratique mise en œuvre dans le secteur de la diffusion de la télévision numérique terrestre : « [I]l y a lieu de considérer que l'institution, au niveau européen, d'un système de contrôle préalable des concentrations par le règlement n° 4064/89, éclairée notamment par les déclarations du Conseil et de la Commission lors de l'adoption du règlement, a rendu sans objet l'application de l'article 102 du TFUE à une opération de concentration, en l'absence d'un comportement distinct de l'entreprise en cause à la suite de cette opération ».

la diffusion de la télévision numérique terrestre. Un opérateur du secteur (la société Towercast) prétendait que l'entreprise dominante (TDF), en procédant au rachat d'Itas, consoliderait sa position dominante. Cela étant, cette opération ne dépassait pas les seuils français de contrôlabilité, et les services d'instruction furent convaincus que l'opération pourrait malgré tout être appréciée au regard des règles sur l'abus de position dominante. Les conclusions de Mme l'avocate générale Kokott allaient dans ce sens. Elle appelait au respect de la hiérarchie des normes européennes : bien que l'article 21, paragraphe 1, du règlement (CE) n° 139/2004 rappelle que ledit règlement est seul applicable aux concentrations à l'exclusion du règlement n° 1/2003, cette disposition ne saurait avoir pour résultat d'écarter l'application de l'article 102 TFUE, qui est une norme supérieure. Mme Kokott évoque aussi la question de l'articulation entre le système de contrôle des concentrations et la mise en œuvre de l'article 102 TFUE. Lorsque, comme c'est le cas dans l'espèce Towercast, aucun contrôle préventif n'a été mis en œuvre, rien ne s'oppose à l'application par l'autorité nationale de l'article 102. En revanche, si un contrôle préventif a été opéré, la règle *specialia* interdit un double contrôle en vertu du principe de sécurité juridique, à moins qu'il soit possible d'identifier des comportements supplémentaires de l'entreprise.

Examen des questions

La Cour de justice est allée dans le sens de son avocate générale. La hiérarchie des normes européennes est invoquée en ce qu'on ne peut concevoir d'« écarter l'applicabilité directe d'une disposition du droit primaire en raison de l'adoption d'un acte de droit dérivé visant certains comportements d'entreprises sur le marché » (pt 42). La Cour indique que le règlement sur les concentrations exclut, dans son domaine, toute application du règlement n° 1/2003 mais ne prend pas position sur le sort des opérations réalisées sous les seuils de contrôle et n'a pas fait l'objet d'un contrôle *ex ante*. Il « ne saurait toutefois en être déduit que ce législateur a entendu rendre sans objet le contrôle opéré au niveau national d'une opération de concentration au regard de l'article 102 TFUE » (pt 37). Le règlement ne prive pas les autorités nationales de la possibilité de faire application du traité aux concentrations ; il fait partie d'un « ensemble législatif » visant à mettre en œuvre les articles 101 et 102 du traité. Aussi, « bien que celui-ci mette en place un contrôle *ex ante* des opérations de concentration de dimension communautaire, il n'exclut pas pour autant un contrôle ex post des opérations de concentration n'atteignant pas ce seuil » (pt 41). La Cour pose une règle claire : « [L]e règlement n° 139/2004 ne saurait s'opposer à ce qu'une opération de concentration de dimension non communautaire [...] puisse faire l'objet d'un contrôle par les autorités nationales de concurrence et par les juridictions nationales au titre de l'effet direct de l'article 102 TFUE en recourant à leurs propres règles procédurales » (pt 50).

La Cour pose aussi quelques éléments du test applicable : « [I]l appartient notamment à l'autorité saisie de vérifier que l'acquéreur qui est en position dominante sur un marché donné et qui a pris le contrôle d'une autre entreprise sur ce marché a, par ce comportement, entravé substantiellement la concurrence sur ledit marché. À cet égard, le seul constat du renforcement de la position d'une entreprise ne suffit pas pour retenir la qualification d'un abus, puisqu'il faut établir que le degré de domination ainsi atteint entraverait substantiellement la concurrence, c'est-à-dire ne laisserait subsister que des entreprises dépendantes, dans leur comportement, de l'entreprise dominante » (6). Le critère de l'entrave substantielle de la concurrence sur un marché donné est ainsi précisé : il doit être établi que le degré de domination ne laisse subsister que des entreprises dépendantes, dans leur comportement, de l'entreprise dominante. Cette formule appellera des précisions à l'avenir. Permettra-t-elle, en particulier, de saisir adéquatement le phénomène des acquisitions prédatrices ? Dans les situations visées par cette expression, il est fréquent que l'entreprise acquéreuse soit active sur un autre marché que celui de la cible (par exemple, dans l'affaire *Facebook WhatsApp* (7), que l'on cite fréquemment comme un exemple d'acquisition prédatrice, l'acquéreur était actif sur le marché des réseaux sociaux, alors que WhatsApp opérait sur un autre marché, celui des services de messagerie (8)) et cherchait à y étendre son pouvoir de monopole. Peut-on dire alors que les conditions du test sont réunies, la Cour précisant que l'article 102 TFUE s'applique lorsque « l'acquéreur qui est en position dominante sur un marché donné [...] a pris le contrôle d'une autre entreprise sur ce marché » (pt 52 (9)) ?

David Bosco

(6) La Cour renvoie aux précédents suivants : CJCE, 21 février 1973, *Europemballage et Continental Can c/ Commission*, aff. C-6/72, pt 26, et CJCE, 16 mars 2000, *Compagnie maritime belge transports e.a. c/ Commission*, aff. C-395/96 P et C-396/96 P, pt 113.

(7) Comm. eur., 3 octobre 2014, COMP/M.7217.

(8) La Commission avait laissé ouverte cette question de la délimitation du marché de référence.

(9) D. Bosco *et al.*, « Regards croisés sur le traitement des concentrations abusives en Europe (art. 22 du règlement (CE) n° 139/2004, art. 102 TFUE...) », *Concurrences*, mars 2024, n° 1-2024, art. n° 117098.

Cour de justice, 21 décembre 2023, *European SuperLeague*, aff. C-333/121, ECLI:EU:C:2023:1011

Conclusions de l'avocat général A. Rantos, du 15 décembre 2022, ECLI:EU:C:2022:993

Mots-clés : Renvoi préjudiciel – Réglementations élaborées par des associations sportives internationales – Football professionnel – *Lex sportiva* – Applicabilité des règles de concurrence – Autorisation de l'organisation de compétitions sportives – Autorisation de la participation à des compétitions sportives – Exploitation des droits commerciaux relatifs aux compétitions – Entente – Objet anticoncurrentiel – Conditions de l'exemption – Abus – Conditions de la justification.

Cadre normatif : articles 101 et 102 TFUE

Notes et observations : C. Prieto *et al.*, « Concurrence et sport », *Concurrences*, mai 2024, n° 2-2024, art. n° 118766, www.concurrences.com ; L. Idot, « Remise en cause ou contribution à l'édification d'un nouveau modèle sportif européen ? », *Europe*, mars 2024 ; R. Amaro et J.-C. Roda, « Arrêt Superleague, une révolution ? », *D. actu.*, 7 et 12 février 2024 ; D. Bosco, « SuperLeague, ISU et Royal Antwerp FC : coup de semonce sur le sport européen », *Contrats, conc. consom.*, 2024, comm. 29

Extraits de l'arrêt

Sur la première question, relative à l'interprétation de l'article 102 TFUE en présence de règles relatives à l'autorisation préalable des compétitions de football interclubs ainsi qu'à la participation des clubs et des sportifs à ces compétitions

Sur la caractérisation de l'existence d'un abus de position dominante

132. Ainsi, s'il n'est pas interdit en tant que tel à un État membre d'attribuer à une entreprise, par voie législative ou réglementaire, des droits exclusifs ou spéciaux sur un marché, une telle situation ne doit toutefois pas être susceptible de permettre à cette entreprise d'exploiter abusivement la position dominante qui en découle, par exemple en exerçant les droits en question d'une façon qui empêche des entreprises potentiellement concurrentes d'accéder au marché concerné ou à des marchés connexes ou voisins (voir, en ce sens, arrêts du 10 décembre 1991, *Merci convenzionali porto di Genova*, C-179/90, EU:C:1991:464, point 14, ainsi que du 13 décembre 1991, *GB-Inno-BM*, C-18/88, EU:C:1991:474, points 17 à 19 et 24). Une telle exigence vaut, à plus forte raison, lorsque de tels droits confèrent à ladite entreprise le pouvoir de déterminer si et, le cas échéant, sous quelles conditions d'autres entreprises sont autorisées à exercer leur activité économique (voir, en ce sens, arrêt du 1er juillet 2008, *MOTOE*, C-49/07, EU:C:2008:376, points 38 et 51).

133. En effet, le maintien ou le développement non faussé de la concurrence dans le marché intérieur ne peut être garanti que si l'égalité des chances entre les entreprises est assurée. Or, le fait de conférer à une entreprise qui exerce une activité économique donnée le pouvoir de déterminer, de jure ou même de facto, quelles autres entreprises sont autorisées à exercer elles aussi cette activité ainsi que de fixer les conditions dans lesquelles cette dernière peut être exercée la place dans une situation de conflit d'intérêts et lui donne un avantage évident sur ses concurrents, en lui permettant de les empêcher d'accéder au marché concerné ou de favoriser sa propre activité (voir, en ce sens, arrêts du 13 décembre 1991, *GB-Inno-BM*, C-18/88, EU:C:1991:474, point 25 ; du 12 février 1998, *Raso e.a.*, C-163/96, EU:C:1998:54, points 28 et 29, ainsi que du 1er juillet 2008, *MOTOE*, C-49/07, EU:C:2008:376, points 51 et 52) ainsi que, ce faisant, d'empêcher le développement de la concurrence par les mérites au détriment des consommateurs, en y limitant la production, le développement de produits ou de services alternatifs ou encore l'innovation.

134. Par conséquent, l'attribution de droits exclusifs ou spéciaux conférant un tel pouvoir à l'entreprise concernée, ou l'existence d'une situation analogue sur les marchés pertinents, doit être assortie de limites, d'obligations et d'un contrôle propres à exclure le risque d'exploitation abusive de sa position dominante par celle-ci, afin de ne pas violer, par elle-même, l'article 102 TFUE, lu en combinaison avec l'article 106 TFUE (voir, en ce sens, arrêt du 1er juillet 2008, *MOTOE*, C-49/07, EU:C:2008:376, point 53).

135. Plus spécifiquement, lorsque l'entreprise concernée a le pouvoir de déterminer les conditions dans lesquelles des entreprises potentiellement concurrentes peuvent accéder au marché ou de se prononcer au cas par cas à ce sujet, par voie de décision portant autorisation préalable ou refus d'autorisation préalable d'un tel accès, ce pouvoir doit, pour ne pas violer, par son existence même, l'article 102 TFUE, lu en combinaison avec l'article 106 TFUE, être encadré par des critères matériels transparents, clairs et précis (voir, par analogie, arrêt du 28 février 2013, *Ordem dos*

Técnicos Oficiais de Contas, C-1/12, EU:C:2013:127, points 84 à 86, 90, 91 et 99), permettant d'éviter qu'il puisse être utilisé de manière arbitraire. Ces critères doivent être propres à assurer l'exercice non discriminatoire d'un tel pouvoir et à permettre un contrôle effectif (voir, en ce sens, arrêt du 28 février 2013, *Ordem dos Técnicos Oficiais de Contas*, C-1/12, EU:C:2013:127, point 99).

136. Par ailleurs, le pouvoir en question doit être encadré par des modalités procédurales transparentes et non discriminatoires relatives, notamment, aux délais applicables à la présentation d'une demande d'autorisation préalable et à l'adoption d'une décision sur celle-ci. À cet égard, les délais fixés ne doivent pas être susceptibles de jouer au détriment des entreprises potentiellement concurrentes en les empêchant d'accéder de façon effective au marché (voir, par analogie, arrêt du 28 février 2013, *Ordem dos Técnicos Oficiais de Contas*, C-1/12, EU:C:2013:127, points 86 et 92) et, en définitive, de limiter ainsi la production, le développement de produits ou de services alternatifs et l'innovation.

137. Des exigences identiques à celles rappelées aux trois points précédents du présent arrêt s'imposent d'autant plus quand c'est par son comportement autonome, et non pas du fait de l'attribution de droits exclusifs ou spéciaux par un État membre qu'une entreprise en position dominante se place elle-même dans la situation de pouvoir empêcher des entreprises potentiellement concurrentes d'accéder à un marché donné (voir, en ce sens, arrêt du 13 décembre 1991, *GB-Inno-BM*, C-18/88, EU:C:1991:474, point 20). Tel peut être le cas lorsque cette entreprise dispose d'un pouvoir de réglementation, de contrôle et de sanction lui permettant d'autoriser ou de contrôler cet accès, et donc d'un moyen différent de ceux qui sont normalement mobilisables par les entreprises et qui gouvernent la concurrence par les mérites entre celles-ci.

138. Par conséquent, un tel pouvoir doit pareillement être assorti de limites, d'obligations et d'un contrôle propres à exclure le risque d'exploitation abusive d'une position dominante, afin de ne pas violer l'article 102 TFUE.

Sur la qualification, en tant qu'abus de position dominante, de règles relatives à l'autorisation préalable des compétitions de football interclubs ainsi qu'à la participation des clubs et des sportifs à ces compétitions

143. En effet, ce sport, qui revêt dans l'Union une considérable importance non seulement sociale et culturelle (voir, en ce sens, arrêts du 15 décembre 1995, *Bosman*, C-415/93, EU:C:1995:463, point 106, et du 16 mars 2010, *Olympique Lyonnais*, C-325/08, EU:C:2010:143, point 40), mais aussi médiatique, se caractérise, entre autres spécificités, par la circonstance qu'il donne lieu à l'organisation de nombreuses compétitions aux niveaux tant européen que national, auxquelles sont appelés à participer de très nombreux clubs et de très nombreux joueurs. En outre, il se caractérise, à l'instar de certains autres sports, par le fait que la participation à ces compétitions est réservée à des équipes ayant obtenu certains résultats sportifs (voir, en ce sens, arrêt du 15 décembre 1995, *Bosman*, C-415/93, EU:C:1995:463, point 132), le déroulement desdites compétitions étant fondé sur l'affrontement et l'élimination progressive de ces équipes. Il repose, par conséquent, essentiellement sur le mérite sportif, lequel ne peut être garanti que si toutes les équipes en présence s'affrontent dans des conditions réglementaires et techniques homogènes, assurant une certaine égalité des chances.

144. Ces différentes spécificités permettent de considérer qu'il est légitime de soumettre l'organisation et le déroulement des compétitions internationales de football professionnel à des règles communes destinées à garantir l'homogénéité et la coordination de ces compétitions au sein d'un calendrier d'ensemble ainsi que, plus largement, à promouvoir, de façon adéquate et effective, la tenue de compétitions sportives fondées sur l'égalité des chances et le mérite. En outre, il est légitime de s'assurer du respect de ces règles communes au moyen de règles telles que celles mises en place par la FIFA et l'UEFA en ce qui concerne l'autorisation préalable desdites compétitions ainsi que la participation des clubs et des joueurs à celles-ci.

145. Dans la mesure où de telles règles d'autorisation préalable et de participation sont ainsi légitimes dans le contexte spécifique du football professionnel et des activités économiques auxquelles l'exercice de ce sport donne lieu, ni l'adoption de celles-ci ni leur mise en œuvre ne peuvent être qualifiées, dans leur principe et de façon générale, d'« exploitation abusive d'une position dominante » (voir, par analogie, s'agissant d'une restriction à la liberté de prestation de services, arrêt du 11 avril 2000, *Deliège*, C-51/96 et C-191/97, EU:C:2000:199, point 64).

146. Il en va de même des sanctions instituées accessoirement à ces règles, dans la mesure où de telles sanctions sont légitimes, dans leur principe, pour garantir l'effectivité desdites règles (voir, en ce sens, arrêt du 18 juillet 2006, *Meca-Medina et Majcen/Commission*, C-519/04 P, EU:C:2006:492, point 44).

147. En revanche, aucune des spécificités qui caractérise le football professionnel n'est susceptible de permettre de considérer comme légitimes l'adoption et, à plus forte raison, la mise en œuvre de règles d'autorisation préalable et de participation qui, de façon générale, ne sont pas assorties de limites, d'obligations et d'un contrôle propres à exclure le risque d'exploitation abusive d'une position dominante, et qui, plus particulièrement, ne sont pas encadrées par des critères matériels et par des modalités procédurales propres à garantir leur caractère transparent, objectif, précis et non discriminatoire, alors même qu'elles confèrent à l'entité qui est appelée à les mettre en œuvre le pouvoir d'empêcher toute entreprise concurrente d'accéder au marché. De telles règles doivent être considérées comme violant l'article 102 TFUE, ainsi qu'il découle des points 134 à 138 du présent arrêt.

148. De même, en l'absence de critères matériels et de modalités procédurales assurant le caractère transparent, objectif, précis, non discriminatoire et proportionné des sanctions instituées accessoirement à ces règles, de telles sanctions doivent être considérées, par leur nature même, comme violant l'article 102 TFUE en ce qu'elles revêtent un caractère discrétionnaire. En effet, une telle situation rend impossible de vérifier, de façon transparente et objective, si leur mise en œuvre au cas par cas est justifiée et proportionnée au vu des caractéristiques concrètes du projet de compétition internationale interclubs concerné.

Sur la deuxième question, relative à l'interprétation de l'article 101, paragraphe 1, TFUE en présence de règles relatives à l'autorisation préalable des compétitions de football interclubs ainsi qu'à la participation des clubs et des sportifs à ces compétitions

Sur la caractérisation de l'existence d'un comportement ayant pour « objet » d'empêcher, de restreindre ou de fausser la concurrence

165. Afin de déterminer, dans un cas donné, si un accord, une décision d'association d'entreprises ou une pratique concertée présente, par sa nature même, un degré suffisant de nocivité à l'égard de la concurrence pour pouvoir être considéré comme ayant pour objet d'empêcher, de restreindre ou de fausser celle-ci, il est nécessaire d'examiner, premièrement, la teneur de l'accord, de la décision ou de la pratique en cause, deuxièmement, le contexte économique et juridique dans lequel ils s'insèrent et, troisièmement, les buts qu'ils visent à atteindre (voir, en ce sens, arrêts du 11 septembre 2014, *CB/Commission*, C-67/13 P, EU:C:2014:2204, point 53, ainsi que du 23 janvier 2018, *F. Hoffmann-La Roche e.a.*, C-179/16, EU:C:2018:25, point 79).

166. À cet égard, tout d'abord, s'agissant du contexte économique et juridique dans lequel s'inscrit le comportement en cause, il y a lieu de prendre en considération *la nature des produits ou des services* concernés ainsi que les conditions réelles qui caractérisent la structure et le fonctionnement du ou des secteurs ou marchés en question (arrêts du 11 septembre 2014, *CB/Commission*, C-67/13 P, EU:C:2014:2204, point 53, ainsi que du 23 janvier 2018, *F. Hoffmann-La Roche e.a.*, C-179/16, EU:C:2018:25, point 80). En revanche, il n'est en aucune manière nécessaire d'examiner et à plus forte raison de démontrer les effets de ce comportement sur la concurrence, qu'ils soient réels ou potentiels et négatifs ou positifs, comme cela découle de la jurisprudence citée aux points 158 et 159 du présent arrêt.

167. Ensuite, en ce qui concerne les buts poursuivis par le comportement en cause, il y a lieu de déterminer les buts objectifs que ce comportement vise à atteindre à l'égard de la concurrence. En revanche, la circonstance que les entreprises impliquées ont agi sans avoir l'intention subjective d'empêcher, de restreindre ou de fausser la concurrence et le fait qu'elles ont poursuivi certains objectifs légitimes ne sont pas déterminants aux fins de l'application de l'article 101, paragraphe 1, TFUE (voir, en ce sens, arrêts du 6 avril 2006, *General Motors/Commission*, C-551/03 P, EU:C:2006:229, points 64 et 77 ainsi que jurisprudence citée, et du 20 novembre 2008, *Beef Industry Development Society et Barry Brothers*, C-209/07, EU:C:2008:643, point 21).

168. Enfin, la prise en considération de l'ensemble des éléments visés aux trois points précédents du présent arrêt doit, en tout état de cause, faire apparaître les raisons précises pour lesquelles le comportement en cause présente un degré suffisant de nocivité à l'égard de la concurrence, justifiant de considérer qu'il a pour objet d'empêcher, de restreindre ou de fausser celle-ci (voir, en ce sens, arrêt du 11 septembre 2014, *CB/Commission*, C-67/13 P, EU:C:2014:2204, point 69).

Sur la qualification, en tant que décision d'association d'entreprises ayant pour « objet » de restreindre la concurrence, des règles relatives à l'autorisation préalable des compétitions de football interclubs ainsi qu'à la participation des clubs et des sportifs à ces compétitions

173. Pour leur part, les règles de l'UEFA prévoient, selon la décision de renvoi, premièrement, que cette entité décide seule de l'organisation et de la suppression, dans son ressort territorial, de compétitions internationales auxquelles participent des associations nationales de football qui sont membres de celle-ci ou des clubs qui sont affiliés à ces dernières, à l'exception des compétitions qui sont organisées par la FIFA. Deuxièmement, les matches, compétitions ou tournois internationaux qui ne sont pas organisés par l'UEFA mais joués dans le ressort territorial de celle-ci nécessitent l'autorisation préalable de la FIFA, de l'UEFA et/ou des associations membres concernées, conformément au règlement des matches internationaux de la FIFA. Troisièmement, aucun regroupement ni aucune alliance entre des ligues ou des clubs directement ou indirectement affiliés à différentes associations nationales de football membres de l'UEFA ne peut être formé sans l'autorisation de l'UEFA.

174. Par ailleurs, aucun des pouvoirs dont disposent ainsi la FIFA et l'UEFA n'est, selon la juridiction de renvoi, encadré par des critères matériels ainsi que par des modalités procédurales propres à en assurer le caractère transparent, objectif et non discriminatoire, tels que ceux mentionnés au point 151 du présent arrêt.

175. Ensuite, il découle des points 142 à 149 du présent arrêt que, si la nature spécifique des compétitions internationales de football et les conditions réelles qui caractérisent la structure et le fonctionnement du marché de l'organisation et de la commercialisation de ces compétitions sur le territoire de l'Union permettent de considérer comme étant légitimes, dans leur principe, des règles d'autorisation préalable telles que celles qui viennent d'être rappelées, ces éléments de contexte ne sont, en revanche, pas susceptibles de légitimer l'absence de critères matériels et de modalités procédurales propres à garantir le caractère transparent, objectif, précis et non discriminatoire de telles règles.

176. Enfin, même si l'adoption de ces règles d'autorisation préalable peut être motivée par la poursuite de certains objectifs légitimes, comme celui consistant à faire respecter les principes, les valeurs et les règles du jeu qui sous-tendent le football professionnel, il n'en reste pas moins que celles-ci soumettent aux pouvoirs d'autorisation préalable et de sanction des entités qui les ont adoptées, en leur qualité d'associations d'entreprises, l'organisation et la commercialisation de toute compétition internationale de football autre que celles que ces deux entités organisent en parallèle, dans le cadre de l'exercice d'une activité économique. Or, ce faisant, ces règles donnent auxdites entités le pouvoir d'autoriser, de contrôler ou de conditionner l'accès de toute entreprise potentiellement concurrente au marché concerné, et de déterminer aussi bien le degré de concurrence qui peut exister sur ce marché que les conditions dans lesquelles cette éventuelle concurrence peut trouver à s'exercer. À ce titre, lesdites règles sont de nature à permettre, sinon d'exclure dudit marché toute entreprise concurrente, même aussi efficace, du moins de limiter la conception et la commercialisation de compétitions alternatives ou nouvelles par leur format ou leur contenu. Ce faisant, elles sont, en outre, de nature à priver les clubs de football professionnel et les joueurs de toute possibilité de participer à ces compétitions, alors même que celles-ci pourraient, par exemple, proposer un format innovant, tout en respectant l'intégralité des principes, des valeurs et des règles du jeu qui sous-tendent ce sport. Elles sont, en définitive, de nature à priver les spectateurs et les téléspectateurs de toute possibilité de se voir proposer d'assister auxdites compétitions ou d'en regarder la diffusion.

177. Par ailleurs, dans la mesure où les règles d'autorisation préalable des compétitions internationales de football interclubs sont assorties de règles relatives à la participation des clubs de football professionnel et des joueurs à ces compétitions ainsi qu'aux sanctions auxquelles cette participation est susceptible de donner lieu, il convient d'ajouter que celles-ci sont, à l'évidence, de nature à renforcer l'objet anticoncurrentiel qui est inhérent à tout mécanisme d'autorisation préalable non assorti de limites, d'obligations et d'un contrôle propres à en garantir le caractère transparent, objectif, précis et non discriminatoire. En effet, elles renforcent la barrière à l'entrée résultant d'un tel mécanisme, en empêchant toute entreprise organisatrice d'une compétition potentiellement concurrente de faire utilement appel aux ressources disponibles sur le marché, à savoir les clubs et les joueurs, ces derniers s'exposant, en cas de participation à une compétition n'ayant pas reçu l'autorisation préalable de la FIFA et de l'UEFA, à des sanctions qui, ainsi qu'il a été relevé au point 148 du présent arrêt, ne sont encadrées par aucun critère matériel ni par aucune modalité procédurale propre à assurer leur caractère transparent, objectif, précis, non discriminatoire et proportionné.

178. Pour l'ensemble de ces raisons, il doit être considéré que, dans le cas où elles ne sont pas encadrées par des critères matériels et par des modalités procédurales propres à en garantir le caractère transparent, objectif, précis, non discriminatoire et proportionné, tels que ceux mentionnés au point 151 du présent arrêt, des règles d'autorisation préalable, de participation et de sanction telles que celles en cause au principal présentent, par leur nature même, un degré suffisant de nocivité pour la concurrence et ont ainsi pour objet d'empêcher celle-ci. Elles relèvent donc de l'interdiction énoncée à l'article 101, paragraphe 1, TFUE, sans qu'il soit nécessaire d'en examiner les effets actuels ou potentiels.

Sur la troisième question, relative à l'interprétation de l'article 101, paragraphe 1, et de l'article 102 TFUE en présence de comportements consistant à menacer de sanctions les clubs et les sportifs qui participeraient à des compétitions non autorisées

Sur la possibilité de considérer certains comportements spécifiques comme ne relevant pas de l'article 101, paragraphe 1, et de l'article 102 TFUE

183. Il ressort d'une jurisprudence établie de la Cour que tout accord entre entreprises ou toute décision d'association d'entreprises qui limite la liberté d'action des entreprises parties à cet accord ou soumises au respect de cette décision ne tombe pas nécessairement sous le coup de l'interdiction édictée à l'article 101, paragraphe 1, TFUE. En effet, l'examen du contexte économique et juridique dans lequel s'inscrivent certains de ces accords et certaines de ces décisions peut conduire à constater, premièrement, que ceux-ci se justifient par la poursuite d'un ou de plusieurs objectifs légitimes d'intérêt général dénués, en soi, de caractère anticoncurrentiel, deuxièmement, que les moyens concrets auxquels il est recouru pour poursuivre ces objectifs sont véritablement nécessaires à cette fin et, troisièmement, que, même s'il s'avère que ces moyens ont pour effet inhérent de restreindre ou de fausser, à tout le moins potentiellement, la concurrence, *cet effet inhérent ne va pas au-delà du nécessaire, en particulier en éliminant toute concurrence.* Cette jurisprudence peut trouver à s'appliquer, en particulier, en présence d'accords ou de décisions prenant la forme de règles adoptées par une association telle qu'une association professionnelle ou une association sportive, en vue de poursuivre certains objectifs d'ordre éthique ou déontologique et, plus largement, d'encadrer l'exercice d'une activité professionnelle, si l'association concernée démontre que les conditions qui viennent d'être rappelées sont remplies (voir, en ce sens, arrêts du 19 février 2002, *Wouters e.a.*, C-309/99, EU:C:2002:98, point 97 ; du 18 juillet 2006, *Meca-Medina et Majcen/Commission*, C-519/04 P, EU:C:2006:492, points 42 à 48, ainsi que du 28 février 2013, *Ordem dos Técnicos Oficiais de Contas*, C-1/12, EU:C:2013:127, points 93, 96 et 97).

184. Plus particulièrement, dans le domaine du sport, la Cour a été conduite à relever, au vu des éléments à sa disposition, que la réglementation antidopage adoptée par le Comité international olympique (CIO) ne tombe pas sous le coup de l'interdiction édictée à l'article 101, paragraphe 1, TFUE, alors même qu'elle limite la liberté d'action des athlètes et a pour effet inhérent de restreindre la concurrence potentielle entre eux en définissant un seuil au-delà duquel la présence de nandrolone est constitutive de dopage, dans le but de préserver le déroulement loyal, intègre et objectif de la compétition sportive, d'assurer l'égalité des chances entre les athlètes, de protéger leur santé ainsi que de faire respecter les valeurs éthiques qui sont au cœur du sport, au nombre desquelles figure le mérite (voir, en ce sens, arrêt du 18 juillet 2006, *Meca-Medina et Majcen/Commission*, C-519/04 P, EU:C:2006:492, points 43 à 55).

185. En revanche, la jurisprudence mentionnée au point 183 du présent arrêt ne trouve pas à s'appliquer en présence de comportements qui, indépendamment du point de savoir s'ils émanent ou non d'une telle association et quels que soient les objectifs légitimes d'intérêt général qui pourraient être invoqués pour les expliquer, violent par leur nature même l'article 102 TFUE, comme il ressort au demeurant déjà, implicitement mais nécessairement, de la jurisprudence de la Cour (voir, en ce sens, arrêt du 1er juillet 2008, *MOTOE*, C-49/07, EU:C:2008:376, point 53).

186. Dès lors que, d'une part, l'absence d'intention subjective d'empêcher, de restreindre ou de fausser la concurrence et la poursuite d'objectifs éventuellement légitimes ne sont pas non plus déterminantes aux fins de l'application de l'article 101, paragraphe 1, TFUE et que, d'autre part, les articles 101 et 102 TFUE doivent être interprétés et appliqués de façon cohérente, il convient de considérer que la jurisprudence mentionnée au point 183 du présent arrêt ne saurait davantage trouver à s'appliquer en présence de comportements qui, loin de se borner à avoir pour « effet » inhérent de restreindre, à tout le moins potentiellement, la concurrence en limitant la liberté d'action de certaines entreprises, présentent, à l'égard de cette concurrence, un degré de nocivité justifiant de considérer qu'ils ont pour « objet » même de l'empêcher, de la restreindre ou de la fausser. Ainsi, c'est uniquement s'il s'avère, au terme de l'examen du comportement qui est en cause dans un cas d'espèce donné, que ce comportement n'a pas pour objet d'empêcher, de restreindre ou de fausser la concurrence, qu'il y a lieu de déterminer, ensuite, si celui-ci peut relever de cette jurisprudence (voir, en ce sens, arrêts du 28 février 2013, *Ordem dos Técnicos Oficiais de Contas*, C-1/12, EU:C:2013:127, point 69 ; du 4 septembre 2014, *API e.a.*, C-184/13 à C-187/13, C-194/13, C-195/13 et C-208/13, EU:C:2014:2147, point 49, ainsi que du 23 novembre 2017, *CHEZ Elektro Bulgaria et FrontEx International*, C-427/16 et C-428/16, EU:C:2017:890, points 51, 53, 56 et 57).

187. S'agissant des comportements ayant pour objet d'empêcher, de restreindre ou de fausser la concurrence, c'est donc uniquement en application de l'article 101, paragraphe 3, TFUE et pour autant que l'ensemble des conditions prévues par cette disposition soient respectées qu'ils peuvent se voir octroyer le bénéfice d'une exemption de l'interdiction énoncée à l'article 101, paragraphe 1, TFUE (voir, en ce sens, arrêt du 20 novembre 2008, *Beef Industry Development Society et Barry Brothers*, C-209/07, EU:C:2008:643, point 21).

188. En l'occurrence, compte tenu des énonciations figurant dans la décision de renvoi et des réponses qui ont été apportées par la Cour, au vu de ces énonciations, aux trois premières questions posées par la juridiction de renvoi, il y a lieu de considérer que la jurisprudence rappelée au point 183 du présent arrêt ne trouve pas à s'appliquer en présence de règles telles que celles en cause au principal.

Sur l'exemption prévue à l'article 101, paragraphe 3, TFUE

189. Il résulte du libellé même de l'article 101, paragraphe 3, TFUE que tout accord, toute décision d'association d'entreprises ou toute pratique concertée qui s'avère contraire à l'article 101, paragraphe 1, TFUE, que ce soit en raison de son objet ou de son effet anticoncurrentiel, peut bénéficier d'une exemption s'il remplit l'ensemble des conditions prévues à cette fin (voir, en ce sens, arrêts du 11 juillet 1985, *Remia e.a. / Commission*, 42/84, EU:C:1985:327, point 38, ainsi que du 11 septembre 2014, *MasterCard e.a. / Commission*, C-382/12 P, EU:C:2014:2201, point 230), étant observé que ces conditions sont plus strictes que celles visées au point 183 du présent arrêt.

190. Conformément à l'article 101, paragraphe 3, TFUE, le bénéfice de cette exemption, dans un cas donné, est soumis à quatre conditions cumulatives. Premièrement, il doit être établi, avec un degré de probabilité suffisant (arrêt du 6 octobre 2009, *GlaxoSmithKline Services e.a./Commission e.a.*, C-501/06 P, C-513/06 P, C-515/06 P et C-519/06 P, EU:C:2009:610, point 95), que l'accord, la décision d'association d'entreprises ou la pratique concertée en cause doit permettre de réaliser des gains d'efficacité, en contribuant soit à améliorer la production ou la distribution des produits ou des services concernés, soit à promouvoir le progrès technique ou économique. Deuxièmement, il doit être établi, dans la même mesure, qu'une partie équitable du profit qui résulte de ces gains d'efficacité est réservée aux utilisateurs. Troisièmement, l'accord, la décision ou la pratique en cause ne doit pas imposer aux entreprises participantes des restrictions qui ne sont pas indispensables pour réaliser de tels gains d'efficacité. Quatrièmement, cet accord, cette décision ou cette pratique ne doit pas donner aux entreprises participantes la possibilité d'éliminer toute concurrence effective pour une partie substantielle des produits ou des services concernés.

191. Il incombe à la partie qui se prévaut d'une telle exemption de démontrer, au moyen d'arguments et d'éléments de preuve convaincants, que l'ensemble des conditions requises pour en bénéficier sont remplies (voir, en ce sens, arrêts du 11 juillet 1985, *Remia e.a./Commission*, 42/84, EU:C:1985:327, point 45, ainsi que du 6 octobre 2009, *GlaxoSmithKline Services e.a./Commission e.a.*, C-501/06 P, C-513/06 P, C-515/06 P et C-519/06 P, EU:C:2009:610, point 82). Dans le cas où ces arguments et ces éléments de preuve sont de nature à obliger l'autre partie à les réfuter de manière convaincante, il est permis, en l'absence d'une telle réfutation, de conclure que la charge de la preuve incombant à la partie qui se prévaut de l'article 101, paragraphe 3, TFUE est satisfaite (voir, en ce sens, arrêts du 7 janvier 2004, *Aalborg Portland e.a./Commission*, C-204/00 P, C-205/00 P, C-211/00 P, C-213/00 P, C-217/00 P et C-219/00 P, EU:C:2004:6, point 79, ainsi que du 6 octobre 2009, *GlaxoSmithKline Services e.a./Commission e.a.*, C-501/06 P, C-513/06 P, C-515/06 P et C-519/06 P, EU:C:2009:610, point 83).

192. En particulier, s'agissant de la première condition rappelée au point 190 du présent arrêt, les gains d'efficacité que l'accord, la décision d'association d'entreprises ou la pratique concertée doit permettre de réaliser correspondent non pas à tout avantage que les entreprises participantes retirent de cet accord, de cette décision ou de cette pratique dans le cadre de leur activité économique, mais seulement aux avantages objectifs sensibles que ledit accord, ladite décision ou ladite pratique, considéré spécifiquement, permet de réaliser, sur le ou les différents secteurs ou marchés concernés. En outre, pour que cette première condition puisse être considérée comme étant remplie, il convient non seulement d'établir la réalité et l'étendue de ces gains d'efficacité, mais également de démontrer que ceux-ci sont de nature à compenser les inconvénients qui résultent de l'accord, de la décision ou de la pratique en cause sur le plan de la concurrence (voir, en ce sens, arrêts du 13 juillet 1966, *Consten et Grundig/Commission*, 56/64 et 58/64, EU:C:1966:41, page 502, et du 11 septembre 2014, *MasterCard e.a./Commission*, C-382/12 P, EU:C:2014:2201, points 232, 234 et 236, ainsi que, par analogie, du 27 mars 2012, *Post Danmark*, C-209/10, EU:C:2012:172, point 43).

193. En ce qui concerne la deuxième condition rappelée au point 190 du présent arrêt, elle implique d'établir que les gains d'efficacité que l'accord, la décision d'association d'entreprises ou la pratique concertée en cause doit permettre de réaliser ont une incidence favorable sur l'ensemble des utilisateurs, qu'il s'agisse de professionnels, de consommateurs intermédiaires ou de consommateurs finals, sur les différents secteurs ou marchés concernés (voir, en ce sens, arrêts du 23 novembre 2006, *Asnef-Equifax et Administración del Estado*, C-238/05, EU:C:2006:734, point 70, ainsi que du 11 septembre 2014, *MasterCard e.a./Commission*, C-382/12 P, EU:C:2014:2201, points 236 et 242).

194. Il s'ensuit que, dans une situation telle que celle en cause au principal, où le comportement qui enfreint l'article 101, paragraphe 1, TFUE est anticoncurrentiel par objet, c'est-à-dire présente un degré suffisant de nocivité pour la concurrence, et où il est, par ailleurs, de nature à affecter différentes catégories d'utilisateurs ou de consommateurs, il convient de déterminer si et, le cas échéant, dans quelle mesure ce comportement a, nonobstant sa nocivité, une incidence favorable sur chacune de celles-ci.

195. Dans l'affaire au principal, il appartiendra donc à la juridiction de renvoi d'apprécier si les règles d'autorisation préalable, de participation et de sanction en cause au principal sont de nature à avoir une influence favorable sur les différentes catégories d'« utilisateurs » que sont, notamment, les associations nationales de football, les clubs professionnels ou amateurs, les joueurs professionnels ou amateurs, les jeunes joueurs ainsi que, plus largement, les consommateurs, qu'ils soient spectateurs ou téléspectateurs.

196. Il convient toutefois de rappeler, à cet égard, que, si de telles règles peuvent apparaître légitimes, dans leur principe, en contribuant à garantir le respect des principes, des valeurs et des règles du jeu qui sous-tendent le football professionnel, en particulier le caractère ouvert et méritocratique des compétitions concernées, ainsi qu'à assurer une certaine forme de redistribution solidaire au sein du football, l'existence de tels objectifs, pour louables qu'ils soient, ne dispense pas les associations qui ont adopté ces règles de l'obligation d'établir, devant la juridiction de renvoi, que la poursuite desdits objectifs se traduit par des gains d'efficacité réels et quantifiables, d'une part, et que ceux-ci compensent les inconvénients découlant des règles en cause au principal sur le plan de la concurrence, d'autre part.

197. Pour ce qui est de la troisième condition rappelée au point 190 du présent arrêt, relative au caractère indispensable ou nécessaire du comportement en cause, elle implique d'apprécier et de comparer l'incidence respective de ce comportement et des mesures alternatives réellement envisageables, en vue de déterminer si les gains d'efficacité attendus dudit comportement peuvent être réalisés par des mesures moins restrictives pour la concurrence. En revanche, elle ne saurait conduire à opérer, en opportunité, un choix entre un tel comportement et de telles mesures alternatives dans l'hypothèse où ces dernières n'apparaîtraient pas moins restrictives pour la concurrence.

198. Quant à la quatrième condition rappelée au point 190 du présent arrêt, la vérification de son respect, dans un cas donné, implique de procéder à un examen des éléments de nature quantitative et qualitative qui caractérisent le fonctionnement de la concurrence sur les secteurs ou les marchés concernés, afin de déterminer si l'accord, la décision d'association d'entreprises ou la pratique concertée en cause donne aux entreprises participantes la possibilité d'éliminer toute concurrence effective pour une partie substantielle des produits ou des services concernés. En particulier, en présence d'une décision d'association d'entreprises ou d'un accord auquel ont collectivement adhéré des entreprises, la part de marché très importante détenue par celles-ci peut constituer, entre autres circonstances pertinentes et dans le cadre d'une analyse d'ensemble de celles-ci, un indicateur de la possibilité que cette décision ou cet accord donne aux entreprises participantes, eu égard à son contenu et à son objet ou à son effet, d'éliminer toute concurrence effective, raison excluant à elle seule le bénéfice de l'exemption prévue à l'article 101, paragraphe 3, TFUE. Une autre circonstance peut tenir au fait de savoir si une telle décision ou un tel accord, tout en supprimant une forme de concurrence effective ou un canal d'accès au marché, en laisse ou non subsister d'autres (voir, en ce sens, arrêt du 22 octobre 1986, *Metro/Commission*, 75/84, EU:C:1986:399, points 64, 65 et 88).

199. Pour déterminer si cette quatrième condition est respectée en l'occurrence, la juridiction de renvoi devra prendre en compte, au premier chef, le fait que, ainsi qu'il a été relevé, notamment, aux points 174 à 179 du présent arrêt, les règles d'autorisation préalable, de participation et de sanction en cause au principal ne sont pas encadrées par des critères matériels et par des modalités procédurales propres à garantir leur caractère transparent, objectif, précis et non discriminatoire. Or, il doit être considéré qu'une telle situation est de nature à permettre aux entités qui ont adopté ces règles d'empêcher toute concurrence sur le marché de l'organisation et de la commercialisation des compétitions de football interclubs sur le territoire de l'Union.

Sur la justification objective au regard de l'article 102 TFUE

201. De manière cohérente avec ce qui est prévu à l'article 101, paragraphe 3, TFUE, il découle de la jurisprudence de la Cour relative à l'article 102 TFUE qu'une entreprise détenant une position dominante peut justifier des comportements susceptibles de tomber sous le coup de l'interdiction énoncée à cet article (arrêts du 27 mars 2012, *Post Danmark*, C-209/10, EU:C:2012:172, point 40, ainsi que du 12 mai 2022, *Servizio Elettrico Nazionale e.a.*, C-377/20, EU:C:2022:379, point 46).

202. En particulier, une telle entreprise peut démontrer, à cette fin, soit que son comportement est objectivement nécessaire, soit que l'effet d'éviction qu'il entraîne peut être contrebalancé, voire surpassé, par des gains d'efficacité qui profitent également aux consommateurs (arrêts du 27 mars 2012, *Post Danmark*, C-209/10, EU:C:2012:172, point 41, ainsi que du 12 mai 2022, *Servizio Elettrico Nazionale e.a.*, C-377/20, EU:C:2022:379, points 46 et 86).

203. S'agissant de la première branche de cette alternative, il découle du point 147 du présent arrêt que la mise en place, par la FIFA et l'UEFA, de règles discrétionnaires d'autorisation préalable des compétitions internationales de football interclubs, de contrôle de la participation des clubs et des joueurs à ces compétitions ainsi que de sanction ne saurait en aucun cas être regardée, compte tenu précisément de ce caractère discrétionnaire, comme étant objectivement justifiée par des nécessités d'ordre technique ou commercial, à la différence de ce qui pourrait être le cas si ces règles étaient encadrées par des critères matériels et par des modalités procédurales répondant aux exigences de transparence, de clarté, de précision, de neutralité et de proportionnalité qui s'imposent en ce domaine. Dès lors, il y a lieu de considérer que ces règles, contrôles et sanctions ont, d'un point de vue objectif, pour but de réserver à ces entités l'organisation de toute compétition de ce genre, avec le risque d'éliminer toute concurrence de la part d'une entreprise tierce, de sorte qu'un tel comportement constitue un abus de position dominante interdit par l'article 102 TFUE et non justifié par une nécessité objective.

204. S'agissant de la seconde branche de ladite alternative, il appartient à l'entreprise détenant une position dominante de démontrer, premièrement, que son comportement peut permettre de réaliser des gains d'efficacité, en établissant la réalité et l'étendue de ceux-ci, deuxièmement, que de tels gains d'efficacité neutralisent les effets préjudiciables probables de ce comportement pour le jeu de la concurrence et les intérêts des consommateurs sur le ou les marchés concernés, troisièmement, que ledit comportement est indispensable à la réalisation de ces gains d'efficacité et, quatrièmement, qu'il n'élimine pas une concurrence effective en supprimant la totalité ou la plupart des sources existantes de concurrence actuelle ou potentielle (voir, en ce sens, arrêt du 27 mars 2012, *Post Danmark*, C-209/10, EU:C:2012:172, point 42).

205. De la même manière que pour l'exemption prévue à l'article 101, paragraphe 3, TFUE, cette justification exige que l'entreprise qui s'en prévaut démontre, au moyen d'arguments et d'éléments de preuve convaincants, que l'ensemble des conditions requises pour en bénéficier sont remplies.

206. En l'occurrence, c'est à la juridiction de renvoi qu'il appartiendra de statuer sur le point de savoir si les règles en cause au principal remplissent l'ensemble des conditions permettant de les considérer comme étant justifiées au regard de l'article 102 TFUE, après avoir mis les parties en mesure de s'acquitter de la charge de la preuve qui leur incombe, telle que rappelée au point 191 du présent arrêt.

207. Cela étant, il convient d'observer, s'agissant de la quatrième de ces conditions, qui sont applicables tant dans le contexte de l'article 101, paragraphe 3, TFUE que dans celui de l'article 102 TFUE, que, compte tenu de la nature de ces règles – qui soumettent l'organisation et la commercialisation de toute compétition de football interclubs sur le territoire de l'Union à l'autorisation préalable de la FIFA et de l'UEFA sans que ce pouvoir soit assorti de critères matériels et de modalités procédurales appropriés – et de la position dominante, voire monopolistique, qui, ainsi que le souligne la juridiction de renvoi, est détenue par ces deux entités sur le marché concerné, il doit être considéré que lesdites règles donnent auxdites entités la possibilité d'empêcher toute concurrence sur ce marché, comme indiqué au point 199 du présent arrêt.

208. En outre, il y a lieu de rappeler que le non-respect d'une des quatre conditions cumulatives rappelées aux points 190 et 204 du présent arrêt suffit pour exclure que des règles telles que celles en cause au principal puissent bénéficier de l'exemption prévue à l'article 101, paragraphe 3, TFUE ou être considérées comme étant justifiées au regard de l'article 102 TFUE.

Observations

European SuperLeague Company (ESLC) est une société de droit privé établie en Espagne et constituée par des clubs de football professionnels exerçant en Espagne, en Italie, au Royaume-Uni. Elle a pour objectif de mettre en place une nouvelle compétition internationale intitulée SuperLeague entre des membres permanents et des clubs qualifiés par une sélection à définir. Pour neutraliser cette initiative, la Fédération internationale de football association

(FIDA) et l'Union des associations européennes de football (UEFA) ont déclaré qu'elles n'autoriseraient plus ces clubs et leurs joueurs à participer à leurs compétitions au niveau national, européen et mondial.

Procédure devant la Cour de justice

ESLC a introduit une action devant le tribunal de commerce de Madrid contre la FIFA et l'UEFA en dénonçant leur opposition à leur projet au regard du droit des ententes et des abus de position dominante. Cette juridiction a alors décidé de poser plusieurs questions préjudicielles sur la qualification des menaces proférées par la FIFA et l'UEFA. La Cour rend en grande chambre un arrêt d'une portée considérable non seulement pour le monde du sport, mais encore pour l'applicabilité des articles 101 et 102 TFUE, mais aussi pour leur interprétation générale. Cette portée est renforcée par le fait que la Cour a choisi de rendre le même jour deux autres arrêts relatifs aux compétitions sportives, dont certains attendus sont rédigés de la même manière ou dont les raisonnements sont similaires (1).

Examen des questions

En premier lieu, la Cour de justice revient sur l'applicabilité des règles de concurrence aux activités sportives. Depuis plusieurs arrêts de principe, il est clair que les prestations de services des joueurs professionnels (2) et les activités des associations sportives en matière d'organisation de compétition et d'exploitation de droits commerciaux (3) constituent des activités économiques et relèvent ainsi des règles de concurrence (pts 85-93). L'avocat général Rantos avait invoqué l'article 165 TFUE pour tenter de neutraliser les règles de concurrence en magnifiant la *lex sportiva*. La Cour procède à une véritable leçon de droit sur la portée exacte de cet article (pts 95-105). Elle distingue « action » de l'Union et « politique » de l'Union. Elle distingue aussi les principes de régulation des activités économiques dans le titre 1 et les dispositions générales du titre 2 dans lesquelles s'insère l'importance sociale et éducative du sport.

L'interprétation de l'article 102 TFUE est ensuite développée assez longuement. Le point principal tient à la transposition de l'arrêt *MOTOE* qui appliquait la combinaison des articles 106 et 102

(1) CJUE, 21 décembre 2023, *International Skating Union*, aff. C-124/21 P ; CJUE, 21 décembre 2023, *Royal Antwerp Football Club*, aff. C-680/21, pt 90.

(2) CJCE, 12 décembre 1974, *Walrave et Koch*, aff. 36/74 ; CJCE, 15 décembre 1995, *Bosman*, aff. C-415/93.

(3) CJUE, 1er juillet 2008, *MOTOE*, aff. C-49/07.

TFUE à l'attribution de droits exclusifs ou spéciaux à une association sportive en matière d'autorisation de compétition sportive. En l'espèce, la Cour avait une situation de conflit d'intérêts dans la mesure où cette association exerçait elle-même l'activité économique ayant trait à l'organisation de compétition sportive et d'exercice de droits commerciaux. Elle avait alors dégagé l'idée que, pour éviter le conflit d'intérêts, l'attribution d'un tel droit devait pouvoir « être assortie de limites, d'obligations et d'un contrôle propres à exclure le risque d'exploitation abusive ». C'est ce que reprend précisément le présent arrêt (pt 134). La Cour ajoute un encadrement en trois points (pts 135-136). D'abord, il convient de fixer des critères matériels transparents, clairs et précis, propres à assurer un exercice non discriminatoire. De la sorte, un contrôle effectif pourra être réalisé. Enfin, il convient de fixer des modalités procédurales transparentes et non discriminatoires, notamment en termes de délais. Pour opérer la transposition de l'arrêt *MOTOE*, la Cour déclare qu'un tel encadrement s'impose d'autant plus lorsque ce pouvoir d'autorisation ne découle pas d'un droit attribué par un État membre, mais résulte d'un comportement autonome d'une entreprise en position dominante (pt 137). En conclusion la Cour considère que l'absence de limites, d'obligations et de contrôle assortissant un pouvoir d'autorisation révèle un caractère discrétionnaire et constitue par nature même un abus de position dominante.

La deuxième question portait sur l'interprétation de l'article 101 TFUE et tout particulièrement sur la qualification de restriction par l'objet. La Cour reprend le standard bien connu d'un degré suffisant de nocivité et déclare que si des règles d'autorisation spécifiques aux compétitions sportives de certaines disciplines peuvent apparaître légitimes, aucune ne saurait « légitimer l'absence de critères matériels et de modalités procédurales propres à en assurer le caractère transparent, objectif et non discriminatoire » (pt 174). En conclusion, elle considère que les règles d'autorisation à défaut d'encadrement « sont de nature à exclure toute entreprise concurrente, même aussi efficace, ou du moins à limiter la conception de et la commercialisation de compétitions sportives plus innovantes » (pt 176).

En dernier lieu, la justification de l'abus et l'exemption individuelle de l'entente sont envisagées en parallèle. Le raisonnement suivi est très sévère : « quels que soient les objectifs légitimes d'intérêt général », ils ne sauraient trouver à s'appliquer face à une violation « par nature même » des articles 101 et 102 TFUE. Il faut comprendre que ces objectifs légitimes pourraient être préservés et réalisés par des moyens moins attentatoires aux règles de concurrence. Les principes de nécessité et de proportionnalité éclairent la solution.

La portée de cet arrêt au-delà du monde du sport concerne d'abord la qualification d'abus « par nature même » (pt 148) alors que l'énoncé de l'article 102 TFUE, à la différence de l'article 101, ne mentionne que des effets anticoncurrentiels et un objet anticoncurrentiel. Quant à l'apport pour l'application de l'article 101 TFUE, il concerne le contexte économique juridique qui doit être examiné pour la qualification d'objet anticoncurrentiel. À la différence de l'arrêt *Generics* qui avait introduit la prise en compte d'effets positifs pour dénier un degré suffisant de nocivité (4), le présent arrêt énonce qu'« il n'est en aucune manière nécessaire d'examiner et à plus forte raison de démontrer les effets, qu'ils soient réels ou potentiels et négatifs ou positifs » (pt 166).

Catherine PRIETO

(4) CJUE, 30 janvier 2020, *Generics*, aff. C-307/18.

XIII. AIDES D'ÉTAT

Cour de justice, 13 juillet 2023,
Grupa Azoty e.a. c/ Commission,
aff. jtes C-73/22 P et C-77/22 P,
ECLI:EU:C:2023:570

Conclusions de l'avocat général P. Pikamäe,
du 2 mars 2023, ECLI:EU:C:2023:157

Mots-clés : Pourvoi – Aides d'État – Lignes directrices concernant certaines aides d'État dans le contexte du système d'échange de quotas d'émission de gaz à effet de serre – Secteurs économiques éligibles – Exclusion du secteur de la fabrication de produits azotés et d'engrais – Recours en annulation – Recevabilité – Droit de recours des personnes physiques ou morales – Condition selon laquelle le requérant doit être directement concerné

Cadre normatif : directive 2003/87/CE du Parlement européen et du Conseil du 13 octobre 2003 établissant un système d'échange de quotas d'émission de gaz à effet de serre (ci-après le « SEQE ») dans l'Union et modifiant la directive 96/61/CE du Conseil (*JO* 2003, L 275, p. 32), telle que modifiée par la directive (UE) 2018/410 du Parlement européen et du Conseil du 14 mars 2018 (*JO* 2018, L 76, p. 3) (ci-après la « directive 2003/87 ») ; communication de la Commission intitulée « Lignes directrices concernant certaines aides d'État dans le contexte du système d'échange de quotas d'émission de gaz à effet de serre après 2021 » (*JOUE*, C 317 du 25 septembre 2020, p. 5 [ci-après les « lignes directrices litigieuses »]) ; articles 36 et 53, premier alinéa, du statut de la Cour de justice de l'Union européenne ; article 263 TFUE

Extraits de l'arrêt

[...]

Les antécédents du litige

11. Les requérantes sont des entreprises actives dans le secteur de la fabrication de produits azotés et d'engrais.

12. Ce secteur n'apparaît pas dans la liste figurant à l'annexe I des lignes directrices litigieuses, intitulée « Secteurs considérés comme exposés à un risque réel de fuite de carbone en raison des coûts des émissions indirectes », alors qu'il était inclus dans la liste figurant à l'annexe II des lignes directrices publiées le 5 juin 2012, intitulée « Secteurs et sous-secteurs considérés ex ante comme exposés à un risque important de fuite de carbone en raison des coûts des émissions indirectes », qui était applicable jusqu'au 31 décembre 2020.

Les procédures devant le Tribunal et les ordonnances attaquées

13. Par requêtes déposées au greffe du Tribunal les 15 et 16 décembre 2020, les requérantes ont, au titre de l'article 263 TFUE, introduit des recours tendant à l'annulation de l'annexe I des lignes directrices litigieuses.

14. Par actes séparés déposés au greffe du Tribunal les 1er et 12 mars 2021, la Commission a soulevé des exceptions d'irrecevabilité, au titre de l'article 130, paragraphe 1, du règlement de procédure du Tribunal.

15. Par les ordonnances attaquées, le Tribunal a déclaré les recours irrecevables au motif que les requérantes, qui ne sont pas destinataires des lignes directrices litigieuses, ne sont pas directement concernées par celles-ci, au sens de l'article 263, quatrième alinéa, TFUE, dès lors que ces lignes directrices ne produisent pas directement des effets sur la situation juridique des requérantes.

16. À l'appui de cette appréciation, le Tribunal a notamment exposé, aux points 39 à 43 des ordonnances attaquées, que, bien qu'il ait été considéré, dans les lignes directrices litigieuses, qu'il existe un risque réel de fuite de carbone uniquement lorsque le bénéficiaire de l'aide exerce ses activités dans l'un des secteurs énumérés à l'annexe I de ces lignes directrices, ceci n'exclut pas que les États membres puissent notifier à la Commission des mesures d'aide en faveur d'entreprises actives dans des secteurs autres que ceux énumérés à cette annexe et puissent tenter de démontrer que, en dépit de la non-satisfaction de l'un des critères posés dans lesdites lignes directrices, une aide destinée à ces entreprises répond à l'article 107, paragraphe 3, sous c), TFUE. Tout en reconnaissant qu'il est, dans un tel cas, très probable que la Commission adopte, au titre du règlement (UE) 2015/1589 du Conseil, du 13 juillet 2015, portant modalités d'application de l'article 108 [TFUE] (*JO* 2015, L 248, p. 9), une décision constatant que l'aide envisagée est incompatible avec le marché intérieur, le Tribunal a indiqué que seule cette décision serait susceptible de provoquer des effets juridiques directs à l'égard des entreprises qui auraient pu bénéficier de l'aide.

17. Le Tribunal a par ailleurs exposé, au point 38 des ordonnances attaquées, que, dans l'hypothèse où un État membre n'adopte aucune mesure d'aide relevant des lignes directrices litigieuses, la Commission ne prend aucune décision au titre du règlement 2015/1589. Dès lors, dans ce cas également, ces lignes directrices ne produiraient pas directement des effets sur la situation juridique des requérantes.

Les conclusions des parties et la procédure devant la Cour

18. Par leurs pourvois, les requérantes demandent à la Cour :

- d'annuler les ordonnances attaquées ;
- de déclarer les recours recevables ;
- à titre subsidiaire, d'annuler les ordonnances attaquées au seul motif que le Tribunal aurait dû réserver la décision sur la recevabilité jusqu'à l'examen des recours au fond ;
- de renvoyer les affaires au Tribunal pour examen au fond ;
- de condamner la Commission aux dépens de la présente procédure, et
- de réserver la question des dépens de la procédure devant le Tribunal, à charge pour celui-ci de statuer sur ces dépens lorsqu'il aura procédé à l'examen au fond.

19. La Commission demande à la Cour :

- de rejeter les pourvois et
- de condamner les requérantes aux dépens ;
- à titre subsidiaire, si la Cour devait annuler les ordonnances attaquées, de statuer elle-même sur les recours en rejetant ceux-ci comme étant irrecevables, et de condamner les requérantes aux dépens.

20. Par décision du président de la Cour du 16 septembre 2022, les affaires C-73/22 P et C-77/22 P ont été jointes aux fins de la phase orale de la procédure et de l'arrêt.

Sur la demande de réouverture de la phase orale de la procédure

21. Par acte déposé au greffe de la Cour le 21 avril 2023, les requérantes dans l'affaire C-73/22 P ont demandé la réouverture de la phase orale de la procédure.

22. À l'appui de cette demande, ces requérantes font valoir que la question de savoir si les lignes directrices litigieuses les concernent directement, au sens de l'article 263, quatrième alinéa, TFUE, n'a pas été dûment examinée dans les conclusions de M. l'avocat général et n'a pas fait l'objet d'un débat complet devant la Cour.

23. Le débat sur cette question doit, selon lesdites requérantes, continuer dans le cadre d'une audience de plaidoiries et porter sur le contenu, la nature, les objectifs et les effets juridiques de l'acte attaqué, ainsi que sur le droit à une protection juridictionnelle effective. L'analyse contenue dans les conclusions ne tiendrait pas dûment compte de ces éléments.

24. À cet égard, il convient de relever que, conformément à l'article 83 de son règlement de procédure, la Cour peut, l'avocat général entendu, ordonner à tout moment la réouverture de la phase orale de la procédure, notamment si elle considère qu'elle est insuffisamment éclairée, ou lorsqu'une partie a soumis, après la clôture de cette phase, un fait nouveau de nature à exercer une influence décisive sur la décision de la Cour, ou encore lorsque l'affaire doit être tranchée sur la base d'un argument qui n'a pas encore été débattu entre les parties.

25. En l'espèce, s'agissant, d'une part, des observations formulées par les requérantes à l'égard des conclusions de M. l'avocat général, il importe de rappeler que le statut de la Cour de justice de l'Union européenne et le règlement de procédure de la Cour ne prévoient pas la possibilité, pour les parties, de présenter des observations en réponse aux conclusions présentées par l'avocat général. En vertu de l'article 252, second alinéa, TFUE, l'avocat général présente publiquement, en toute impartialité et en toute indépendance, des conclusions motivées sur les affaires qui requièrent son intervention. La Cour n'est liée ni par ces conclusions ni par la motivation au terme de laquelle l'avocat général parvient à celles-ci. Par conséquent, le désaccord d'une partie avec les conclusions de l'avocat général, quelles que soient les questions qu'il examine dans celles-ci, ne peut constituer en soi un motif justifiant la réouverture de la phase orale de la procédure (arrêt du 31 janvier 2023, *Puig Gordi e.a.*, C-158/21, EU:C:2023:57, points 37 et 38 ainsi que jurisprudence citée).

26. Pour ce qui concerne, d'autre part, le débat ayant eu lieu entre les parties, la Cour considère, l'avocat général entendu, qu'elle dispose, au terme de la phase écrite de la procédure qui s'est tenue devant elle, de tous les éléments nécessaires pour statuer, les arguments contenus dans la demande de réouverture de la phase orale de la procédure ayant d'ailleurs été largement débattus pendant cette phase écrite.

27. Il convient de rappeler, à cet égard, que le droit d'être entendu n'impose pas une obligation absolue de tenir une audience de plaidoiries dans toutes les procédures. Il en va notamment ainsi lorsque l'affaire ne soulève pas de questions de fait ou de droit ne pouvant être adéquatement résolues sur le fondement du dossier et des observations écrites des parties (arrêt du 21 décembre 2021, *Euro Box Promotion e.a.*, C-357/19, C-379/19, C-547/19, C-811/19 et C-840/19, EU:C:2021:1034, point 123 et jurisprudence citée). L'article 76, paragraphe 2, du règlement de procédure de la Cour prévoit précisément que celle-ci peut décider de ne pas tenir d'audience de plaidoiries si elle estime, à la lecture des mémoires ou des observations déposés au cours de la phase écrite de la procédure, être suffisamment informée pour statuer.

28. Au vu de ce qui précède, il n'y a pas lieu de faire droit à la demande de réouverture de la phase orale de la procédure.

Sur les pourvois

29. À l'appui de leurs pourvois respectifs, les requérantes soulèvent, à titre principal, deux moyens identiques, tirés, le premier, d'une insuffisance de motivation, et, le second, d'une erreur de droit dans l'application de la condition selon laquelle la personne physique ou morale introduisant un recours en annulation contre un acte dont elle n'est pas le destinataire, doit être directement concernée par cet acte. Par un moyen subsidiaire, également identique dans les deux affaires, elles font valoir que le Tribunal aurait dû joindre l'examen des exceptions d'irrecevabilité soulevées par la Commission à l'examen au fond des recours.

Sur le premier moyen

Argumentation des parties

30. Par la première branche de leur premier moyen, les requérantes font valoir que le Tribunal a omis d'établir les faits et qu'il n'a pas répondu aux arguments invoqués devant lui.

31. À cet égard, les requérantes soulignent qu'elles avaient exposé devant le Tribunal que, à la différence d'autres lignes directrices, les lignes directrices litigieuses ne sont pas seulement indicatives mais créent des obligations juridiques pour les États membres. En établissant, à l'annexe I des lignes directrices litigieuses, une liste exhaustive des secteurs en faveur desquels les aides visées à l'article 10*bis*, paragraphe 6, de la directive 2003/87 devraient être accordées, la Commission aurait privé les États membres de la possibilité d'accorder, au titre de cette disposition, une aide d'État compatible avec le marché intérieur à un secteur non mentionné dans cette annexe. Il s'ensuivrait que ladite annexe est contraignante pour les États membres.

32. Or, malgré la présentation de cette argumentation, le Tribunal n'aurait opéré aucune constatation factuelle sur le contenu, la nature ou le contexte des lignes directrices litigieuses. Cette omission aurait conduit à une motivation insuffisante, laquelle contrasterait, notamment, avec celle de l'arrêt de la Cour du 19 juillet 2016, *Kotnik e.a.* (C-526/14, EU:C:2016:570), et de l'ordonnance du Tribunal du 23 novembre 2015, *EREF/Commission* (T-694/14, EU:T:2015:915). Dans ces deux décisions juridictionnelles, portant respectivement sur une communication concernant le secteur bancaire et sur des lignes directrices dans le domaine de la protection de l'environnement, le juge de l'Union aurait fondé son appréciation sur une analyse détaillée des actes en cause.

33. Par la seconde branche du premier moyen, les requérantes affirment que le Tribunal n'a pas suffisamment motivé son appréciation, figurant au point 38 des ordonnances attaquées, selon laquelle, même dans le cas de figure où un État membre n'adopte aucune mesure d'aide relevant des lignes directrices litigieuses, il n'est pas satisfait à la condition selon laquelle la personne physique ou morale introduisant un recours contre un acte dont elle n'est pas le destinataire doit être directement concernée par cet acte.

34. Elles observent que ce cas de figure peut se produire, dès lors que l'article 10*bis*, paragraphe 6, de la directive 2003/87 n'oblige pas les États membres à adopter des mesures d'aide. Il importerait donc de comprendre pour quelles raisons le Tribunal estime que, en l'absence de mesures d'aide adoptées par les États membres, les requérantes ne peuvent être directement concernées par les lignes directrices litigieuses. Or, l'appréciation du Tribunal, qui reviendrait à constater que seule une décision de la Commission au titre du règlement 2015/1589 peut concerner directement les requérantes, serait insuffisamment motivée.

35. Selon la Commission, ce premier moyen doit être rejeté.

Appréciation de la Cour

36. S'agissant de l'obligation de motivation qui incombe au Tribunal en vertu de l'article 36 et de l'article 53, premier alinéa, du statut de la Cour de justice de l'Union européenne, il est de jurisprudence constante que la décision du Tribunal doit faire apparaître de façon claire et non équivoque le raisonnement de celui-ci, de manière à permettre aux intéressés de connaître les justifications de la décision prise et à la Cour d'exercer son contrôle juridictionnel (voir, notamment, arrêts du 13 janvier 2022, *Allemagne e.a./Commission*, C-177/19 P à C-179/19 P, EU:C:2022:10, point 37, et du 9 mars 2023, *Les Mousquetaires et ITM Entreprises/Commission*, C-682/20 P, EU:C:2023:170, point 40).

37. Dans les ordonnances attaquées, le Tribunal a tout d'abord décrit, dans une section consacrée aux antécédents du litige, le contenu et le contexte des lignes directrices litigieuses, puis rappelé, dans une première partie de son appréciation, la jurisprudence relative aux conditions qui régissent la recevabilité des recours introduits par des personnes physiques ou morales contre des actes dont elles ne sont pas les destinataires.

38. Il a ensuite exposé, au point 34 de ces ordonnances, que la liste des secteurs économiques figurant à l'annexe I des lignes directrices litigieuses a pour effet de contraindre, en principe, la Commission à ne considérer, dans le champ d'application de ces lignes directrices, comme compatibles avec le marché intérieur que les aides d'État octroyées en faveur de secteurs mentionnés dans cette liste.

39. Au regard de ces éléments, le Tribunal a analysé, aux points 36 à 43 des ordonnances attaquées, les différents cas de figure qui peuvent se présenter concernant les aides visées par les lignes directrices litigieuses, dont l'octroi est encouragé à l'article 10*bis*, paragraphe 6, de la directive 2003/87. Les points 36 et 37 de ces ordonnances portent sur des cas de figure dans lesquels un État membre décide d'octroyer ces aides, tandis que leur point 38 est consacré à la situation dans laquelle un État membre décide de ne pas les octroyer. Les points 39 à 43 desdites ordonnances portent sur l'hypothèse où un État membre envisage d'octroyer de telles aides en faveur d'un secteur non mentionné dans l'annexe I des lignes directrices litigieuses et notifie ces aides à la Commission, en se fondant sur le droit primaire de l'Union, à savoir l'article 107, paragraphe 3, sous c), TFUE.

40. Par cette analyse, le Tribunal a exposé un raisonnement détaillé qui explique sans équivoque le rejet de l'argumentation des requérantes. Celles-ci avaient, en effet, fait valoir que les lignes directrices litigieuses lient les États membres, empêchent ceux-ci d'octroyer des aides en faveur des secteurs non mentionnés dans l'annexe I de ces lignes directrices et produisent ainsi directement des effets sur la situation juridique des entreprises qui sont actives dans ces secteurs.

41. S'agissant, en particulier, du cas de figure, mis en exergue par les requérantes, dans lequel un État membre décide de n'adopter aucune mesure d'aide relevant des lignes directrices litigieuses, le Tribunal a clairement formulé, au point 38 de ces ordonnances, son appréciation selon laquelle, dans une telle situation, ces lignes directrices ne peuvent affecter la situation juridique des requérantes, dès lors que, en l'absence d'aide, la Commission ne sera pas amenée à appliquer lesdites lignes directrices.

42. Le Tribunal a par ailleurs exposé de manière circonstanciée, aux points 39 à 43 des ordonnances attaquées, dont le contenu est résumé au point 16 du présent arrêt, qu'il demeure loisible aux États membres de notifier à la Commission des mesures d'aide en faveur d'un secteur économique qui, tout en n'étant pas mentionné dans cette annexe, pourrait, en raison de circonstances exceptionnelles, être exposé à un risque réel de fuite de carbone et être éligible à l'octroi d'une aide au titre de l'article 107, paragraphe 3, sous c), TFUE.

43. Partant, contrairement à ce qui est soutenu dans la première branche du premier moyen, le Tribunal a analysé les exceptions d'irrecevabilité à la lumière du contenu et du contexte des lignes directrices litigieuses et a, aux points 36 à 43 des ordonnances attaquées, répondu à l'argumentation des requérantes et ainsi exposé clairement les motifs de sa décision. Le point 38 de ces ordonnances, qui est spécifiquement critiqué par la seconde branche du premier moyen, s'intègre dans le raisonnement du Tribunal et permet sans difficulté de comprendre les motifs pour lesquels celui-ci a considéré que l'annexe I des lignes directrices litigieuses ne produit pas directement des effets sur la situation juridique des requérantes lorsqu'aucune aide visée par ces lignes directrices n'est octroyée.

44. Il s'ensuit qu'aucune des deux branches du premier moyen n'est fondée. Partant, ce moyen doit être rejeté.

Sur le second moyen

Argumentation des parties

45. Par leur second moyen, les requérantes font valoir que le Tribunal a commis une erreur de droit en considérant qu'elles ne sont pas directement concernées par les lignes directrices litigieuses.

46. Elles font observer que, pour déterminer les effets juridiques produits par un acte de l'Union, il y a lieu de s'attacher notamment à l'objet et au contenu de cet acte, ainsi qu'au contexte dans lequel celui-ci est intervenu. Or, les ordonnances attaquées se fonderaient non pas sur un tel examen concret mais sur un raisonnement plus général, qui serait entaché de plusieurs erreurs.

47. Ainsi, le Tribunal serait parti de la prémisse erronée que, sous l'angle de l'article 263 TFUE, toutes les lignes directrices de la Commission doivent être qualifiées de la même manière. À cet égard, les requérantes observent que les ordonnances attaquées s'alignent sur l'arrêt de la Cour du 19 juillet 2016, *Kotnik e.a.* (C-526/14, EU:C:2016:570), et sur l'ordonnance du Tribunal du 23 novembre 2015, *EREF/Commission* (T-694/14, EU:T:2015:915), alors même que ces décisions juridictionnelles portent sur des actes qui, contrairement aux lignes directrices litigieuses, laissent une marge d'appréciation aux États membres.

48. En suivant une telle approche, le Tribunal aurait méconnu le fait que les lignes directrices litigieuses s'adressent aux États membres et ne laissent à ceux-ci aucune marge d'appréciation pour ce qui concerne les secteurs économiques éligibles aux aides pouvant être accordées au titre de l'article 10*bis*, paragraphe 6, de la directive 2003/87.

49. Au regard de cette absence de marge d'appréciation pour les États membres, le Tribunal aurait, selon les requérantes, dû suivre le raisonnement exposé dans l'arrêt du 5 mai 1998, *Dreyfus/Commission* (C-386/96 P, EU:C:1998:193), dont le point 44 énonce qu'un particulier, qui n'est pas le destinataire d'un acte de l'Union, peut être considéré comme étant directement concerné par cet acte lorsque la possibilité pour les destinataires dudit acte de ne pas donner suite à celui-ci est purement théorique.

50. Le Tribunal aurait, à tort, tenu compte de la possibilité qu'un État membre notifie à la Commission des mesures d'aide en faveur d'entreprises qui exercent leurs activités dans des secteurs autres que ceux énumérés à l'annexe I des lignes directrices litigieuses et que cet État tente de démontrer que ces mesures sont compatibles avec le marché intérieur en vertu de l'article 107, paragraphe 3, sous c), TFUE.

51. À cet égard, les requérantes font valoir que, s'il est vrai que, juridiquement, une telle possibilité existe, cette circonstance ne change rien au fait que les lignes directrices litigieuses excluent l'octroi, aux opérateurs économiques actifs dans les secteurs non mentionnés à leur annexe I, des aides prévues à l'article 10*bis*, paragraphe 6, de la directive 2003/87. Cette exclusion ne serait pas compensée par la possibilité d'accorder des aides d'État en vertu de l'article 107, paragraphe 3, sous c), TFUE. En effet, toute prévision à propos de l'octroi de telles aides serait purement spéculative, tandis que les aides visées à l'article 10*bis*, paragraphe 6, de la directive 2003/87 seraient formellement prévues et encouragées par cette disposition.

52. Le Tribunal se serait, en outre, fondé sur la prémisse erronée qu'un opérateur économique ne peut être directement concerné que si la Commission adopte une décision en vertu du règlement 2015/1589. La Cour aurait déjà constaté, dans le domaine des aides d'État, qu'un opérateur économique peut être directement concerné par une prise de position de la Commission sans que celle-ci ait formellement adopté une décision à son égard (arrêt du 17 septembre 2009, *Commission/Koninklijke FrieslandCampina*, C-519/07 P, EU:C:2009:556, points 48 à 50).

53. En raison de l'appréciation erronée du Tribunal, les requérantes se retrouveraient privées de toute voie de recours, alors même que leur cas relèverait de la situation, visée notamment au point 33 de l'arrêt du 25 juillet 2002, *Unión de Pequeños Agricultores/Conseil* (C-50/00 P, EU:C:2002:462), dans laquelle un recours en annulation doit pouvoir être introduit afin qu'une protection juridictionnelle soit assurée.

54. À ce dernier égard, les requérantes soulignent que les États membres ne sont pas obligés d'adopter des mesures d'aide en vertu de l'article 10*bis*, paragraphe 6, de la directive 2003/87. Il est, selon elles, probable qu'aucune aide, visée à cette disposition, ne soit octroyée et qu'aucune décision de la Commission ne soit donc adoptée par rapport à une telle aide. Financièrement, une telle situation serait comparable à celle dans laquelle la Commission déclare incompatible avec le marché intérieur une aide notifiée. Toutefois, dans la première situation, les requérantes ne disposent, selon le raisonnement suivi par le Tribunal, d'aucune voie de recours, alors que, dans la seconde, elles en disposent. Cette différence serait inadmissible, les requérantes étant, dans les deux cas de figure, concernées de la même manière.

55. La Cour aurait, par ailleurs, reconnu qu'il n'est pas légitime d'attendre des opérateurs économiques affectés par un acte de l'Union qu'ils provoquent une décision négative d'un État membre afin de pouvoir contester cet acte de l'Union (arrêt du 6 novembre 2018, *Scuola Elementare Maria Montessori/Commission, Commission/Scuola Elementare Maria Montessori* et *Commission/Ferracci*, C-622/16 P à C-624/16 P, EU:C:2018:873, point 66). Il ne serait pas non plus plausible de s'attendre à ce que des États membres enfreignent leur devoir de coopération loyale visé à l'article 4, paragraphe 3, TUE en notifiant des aides au secteur de la fabrication de produits azotés et d'engrais alors même que l'annexe I des lignes directrices litigieuses ne mentionne pas ce secteur.

56. Selon la Commission, ce second moyen des pourvois doit également être rejeté.

Appréciation de la Cour

57. Ainsi qu'il ressort des points 7 et 9 des lignes directrices litigieuses, celles-ci énoncent les exigences qui doivent être remplies afin que les mesures d'aide relevant du SEQE, en particulier celles visées à l'article 10*bis*, paragraphe 6, de la directive 2003/87, puissent être considérées comme compatibles avec le marché intérieur sur le fondement de l'article 107, paragraphe 3, sous c), TFUE.

58. L'adoption de telles lignes directrices s'inscrit dans l'exercice, par la Commission, de sa compétence exclusive pour apprécier la compatibilité de mesures d'aide avec le marché intérieur, au titre de l'article 107, paragraphe 3, TFUE. La Commission bénéficie, à cet égard, d'un large pouvoir d'appréciation (voir en ce sens, notamment, arrêts du 19 juillet 2016, *Kotnik e.a.*, C-526/14, EU:C:2016:570, points 37 à 39, ainsi que du 15 décembre 2022, *Veejaam et Espo*, C-470/20, EU:C:2022:981, point 29).

59. En établissant, par la voie de lignes directrices, les conditions auxquelles des mesures d'aide peuvent être considérées comme compatibles avec le marché intérieur, et en annonçant, par la publication de ces lignes directrices, qu'elle appliquera les règles contenues dans celles-ci, la Commission s'autolimite dans l'exercice de ce pouvoir d'appréciation, en ce sens que, si un État membre notifie un projet d'aide d'État qui est conforme à ces règles, la Commission doit, en principe, autoriser ce projet. Elle ne saurait, en principe, se départir desdites règles sous peine de se voir sanctionner, le cas échéant, au titre d'une violation de principes généraux de droit, tels que l'égalité de traitement ou la protection de la confiance légitime (arrêts du 19 juillet 2016, *Kotnik e.a.*, C-526/14, EU:C:2016:570, point 40, ainsi que du 31 janvier 2023, *Commission/Braesch e.a.*, C-284/21 P, EU:C:2023:58, point 90).

60. L'article 263, quatrième alinéa, TFUE prévoit qu'une personne physique ou morale peut former un recours contre les actes dont elle est le destinataire ou qui la concernent directement et individuellement, ainsi que contre les actes réglementaires qui la concernent directement et qui ne comportent pas de mesures d'exécution.

61. Les requérantes ne peuvent être qualifiées de destinataires des lignes directrices litigieuses. Par conséquent, au regard du libellé même de l'article 263, quatrième alinéa, TFUE, la qualité pour agir des requérantes présupposait, à tout le moins, ainsi que le Tribunal l'a relevé au point 27 des ordonnances attaquées, que ces lignes directrices les concernent directement.

62. La condition selon laquelle le requérant doit être concerné directement par l'acte attaqué figurant, en termes identiques, tant au deuxième membre de phrase de l'article 263, quatrième alinéa, TFUE qu'au troisième membre de phrase de cette disposition, elle doit revêtir la même signification dans chacun de ces membres de phrase (arrêt du 12 juillet 2022, *Nord Stream 2/Parlement et Conseil*, C-348/20 P, EU:C:2022:548, point 73). Selon une jurisprudence constante, cette condition requiert que deux critères soient cumulativement réunis, à savoir que ledit acte, d'une part, produise directement des effets sur la situation juridique de cette personne et, d'autre part, ne laisse aucun pouvoir d'appréciation aux destinataires chargés de sa mise en œuvre, dès lors qu'il a un caractère purement automatique et découle de la seule réglementation de l'Union, sans application d'autres règles intermédiaires (arrêt du 16 mars 2023, *Commission/Jiangsu Seraphim Solar System* et *Conseil/Jiangsu Seraphim Solar System et Commission*, C-439/20 P et C-441/20 P, EU:C:2023:211, point 55 ainsi que jurisprudence citée).

63. Les lignes directrices litigieuses, qui concernent notamment les mesures d'aide que les États membres devraient, selon l'article 10*bis*, paragraphe 6, de la directive 2003/87, adopter, ont, conformément à la jurisprudence rappelée au point 59 du présent arrêt, pour effet que, en cas de notification d'un projet d'aide d'État qui suit les critères établis dans ces lignes directrices, dont la liste des secteurs éligibles contenue dans l'annexe I de celles-ci, la Commission doit, en principe, autoriser ce projet.

64. Dès lors que les requérantes sont actives dans un secteur qui ne relève pas de cette annexe, il est exclu qu'elles puissent bénéficier d'une telle obligation de la Commission.

65. Cela étant, ainsi que le Tribunal l'a exposé, en substance, aux points 39 à 41 des ordonnances attaquées, ces lignes directrices n'ont, juridiquement, pas pour effet de priver les requérantes de la possibilité d'être éligibles à l'octroi des aides d'État visées à l'article 10*bis*, paragraphe 6, de la directive 2003/87.

66. Il y a lieu de rappeler, à cet égard, que l'adoption de lignes directrices n'affranchit pas la Commission de son obligation d'examiner les circonstances spécifiques exceptionnelles qu'un État membre peut invoquer, dans un cas particulier, afin de solliciter l'application directe de l'article 107, paragraphe 3, TFUE. Les États membres conservent la faculté de notifier à la Commission des projets d'aide qui ne satisfont pas aux conditions énoncées par des lignes directrices et la Commission peut autoriser de tels projets dans des circonstances exceptionnelles (voir, notamment, arrêts du 19 juillet 2016, *Kotnik e.a.*, C-526/14, EU:C:2016:570, points 41 et 43, ainsi que du 31 janvier 2023, *Commission/Braesch e.a.*, C-284/21 P, EU:C:2023:58, points 92 et 93).

67. Ainsi, dans le cadre du SEQE, rien n'empêche un État membre de notifier à la Commission, en faveur des entreprises d'un secteur économique non mentionné à l'annexe I des lignes directrices litigieuses, un projet d'aide qui vise, au titre de l'article 10*bis*, paragraphe 6, de la directive 2003/87, à réduire un risque réel de fuite de carbone auquel ce secteur est, à son avis, soumis et de présenter les circonstances susceptibles de justifier l'approbation de ce projet en vertu de l'article 107, paragraphe 3, sous c), TFUE, nonobstant le fait que la Commission n'a pas, dans ces lignes directrices, identifié ce secteur comme étant exposé à un tel risque.

68. Il s'ensuit, ainsi que le Tribunal l'a à bon droit considéré, que les lignes directrices litigieuses, tout en réduisant les chances des requérantes d'obtenir une aide au titre de l'article 10*bis*, paragraphe 6, de la directive 2003/87, ne déterminent pas pour autant, en soi, leur éligibilité à une telle aide et ne produisent donc pas directement des effets sur leur situation juridique.

69. Contrairement à ce que font valoir les requérantes, le fait de ne pas pouvoir exercer une voie de recours directe contre les lignes directrices litigieuses ne les prive pas d'une protection juridictionnelle effective. En effet, le droit procédural de l'Union permet à une personne physique ou morale d'invoquer l'illégalité de lignes directrices à l'appui d'un recours dirigé contre un acte, adopté au regard de ces lignes directrices, qui affecte cette personne d'une manière qui satisfait aux conditions énoncées à l'article 263, quatrième alinéa, TFUE (voir, par analogie, arrêt du 28 juin 2005, *Dansk Rørindustri e.a./Commission*, C-189/02 P, C-202/02 P, C-205/02 P à C-208/02 P et C-213/02 P, EU:C:2005:408, points 209 à 212).

70. Par ailleurs, pour autant que les requérantes invoquent l'hypothèse où les États membres ne décident d'octroyer aucune aide visée à l'article 10*bis*, paragraphe 6, de la directive 2003/87, de sorte qu'aucune décision d'autorisation ou de refus d'autorisation d'un projet d'aide ne soit adoptée par la Commission au regard des lignes directrices litigieuses, il y a lieu de considérer que, dans un tel cas de figure, les requérantes ne peuvent se trouver, de ce fait, dans une situation concurrentielle désavantageuse par rapport à d'autres entreprises dont l'activité économique se situe dans le même secteur que la leur. Dans de telles circonstances, le droit à un recours effectif, consacré à l'article 47, premier alinéa, de la charte des droits fondamentaux de l'Union européenne, n'exige pas qu'elles puissent contester la légalité de ces lignes directrices.

71. Il est, à cet égard, de jurisprudence constante que les particuliers doivent pouvoir bénéficier d'une protection juridictionnelle effective des droits qu'ils tirent de l'ordre juridique de l'Union (arrêt du 5 novembre 2019, *BCE e.a./Trasta Komercbanka e.a.*, C-663/17 P, C-665/17 P et C-669/17 P, EU:C:2019:923, point 54 et jurisprudence citée). Or, le droit que les particuliers tirent des règles du droit de l'Union en matière d'aides d'État est celui à ne pas subir une concurrence faussée (voir, en ce sens, arrêt du 6 novembre 2018, *Scuola Elementare Maria Montessori/Commission, Commission/Scuola Elementare Maria Montessori* et *Commission/Ferracci*, C-622/16 P à C-624/16 P, EU:C:2018:873, point 43 et jurisprudence citée).

72. Il résulte de ce qui précède que le raisonnement suivi par le Tribunal n'est pas entaché d'erreur de droit et que le second moyen est non fondé.

Sur le moyen subsidiaire

Argumentation des parties

73. Selon les requérantes, le Tribunal aurait dû examiner les recours au fond avant de se prononcer sur la recevabilité. Elles rappellent que, aux termes de l'article 130, paragraphe 7, du règlement de procédure du Tribunal, celui-ci-joint l'examen des exceptions ou autres incidents de procédure au fond « si des circonstances particulières le justifient ». Aux fins d'une bonne administration de la justice, le Tribunal aurait dû considérer que de telles circonstances existent en l'espèce. En effet, pour apprécier les effets juridiques des lignes directrices litigieuses, il aurait été nécessaire d'entendre les arguments au fond.

74. Selon la Commission, ce moyen subsidiaire est inopérant et, en tout état de cause, non fondé.

Appréciation de la Cour

75. Ainsi que la Cour l'a déjà jugé, il appartient au Tribunal d'apprécier si une bonne administration de la justice justifie ou non qu'une exception d'irrecevabilité soit jugée immédiatement ou que son examen soit joint au fond. Une jonction au fond n'est pas requise lorsque l'appréciation de l'exception ne dépend pas de l'appréciation des moyens de fond invoqués par le requérant (arrêt du 25 octobre 2017, *Roumanie/Commission*, C-599/15 P, EU:C:2017:801, point 46 et jurisprudence citée).

76. En l'espèce, il résulte de l'examen du second des deux moyens soulevés à titre principal à l'appui des pourvois que le Tribunal a pu, à bon droit, conclure, sans examen des recours au fond, que les requérantes étaient dépourvues de qualité pour agir.

77. Partant, ce moyen subsidiaire ne saurait être accueilli.

78. Aucun des moyens n'étant fondé, les pourvois doivent être rejetés dans leur intégralité.

Sur les dépens

79. En vertu de l'article 184, paragraphe 2, du règlement de procédure de la Cour, lorsque le pourvoi n'est pas fondé, la Cour statue sur les dépens. L'article 138, paragraphe 1, de ce règlement, applicable à la procédure de pourvoi en vertu de l'article 184, paragraphe 1, dudit règlement, dispose que toute partie qui succombe est condamnée aux dépens, s'il est conclu en ce sens.

80. La Commission ayant conclu à la condamnation des requérantes aux dépens et ces dernières ayant succombé en leurs moyens, il y a lieu de les condamner à supporter, outre leurs propres dépens, ceux exposés par la Commission dans le cadre des pourvois.

Par ces motifs, la Cour (quatrième chambre) déclare et arrête :

1) Les pourvois dans les affaires C-73/22 P et C-77/22 P sont rejetés.

2) Grupa Azoty S.A., Azomureş SA et Lipasmata Kavalas LTD Ypokatastima Allodapis supportent leurs propres dépens ainsi que ceux exposés par la Commission européenne, afférents au pourvoi dans l'affaire C-73/22 P.

3) Advansa Manufacturing GmbH, Beaulieu International Group NV, Brilen SA, Cordenka GmbH & Co. KG, Dolan GmbH, Enka International GmbH & Co. KG, Glanzstoff Longlaville SAS, Infinited Fiber Company Oy, Kelheim Fibres GmbH, Nurel SA, PHP Fibers GmbH, Teijin Aramid BV, Thrace Nonwovens & Geosynthetics monoprosopi AVEE mi yfanton yfasmaton kai geosynthetikon proïonton S.A. et Trevira GmbH supportent leurs propres dépens ainsi que ceux exposés par la Commission, afférents au pourvoi dans l'affaire C-77/22 P.

Observations

L'affaire ayant donné lieu à cet arrêt concernait une catégorie d'aides particulières puisqu'il s'agissait d'aides octroyées dans le cadre du mécanisme européen des quotas carbone. En effet, une directive 2003/87/CE du Parlement européen et du Conseil du

13 octobre 2003 (ci-après la « directive 2003/87) a établi un système d'échange de quotas d'émission de gaz à effet de serre (ci-après le « SEQE ») dans l'Union (*JOUE* 2003, L 275, p. 32). Elle a été modifiée par la directive (UE) 2018/410 du Parlement européen et du Conseil du 14 mars 2018 (*JOUE* 2018, L 76, p. 3). L'article 10*bis*, paragraphe 6, de la directive 2003/87 prévoyait que « [l]es États membres devraient adopter des mesures financières [...] en faveur des secteurs ou sous-secteurs qui sont exposés à un risque réel de fuite de carbone en raison des coûts indirects significatifs qu'ils supportent effectivement du fait de la répercussion des coûts des émissions de gaz à effet de serre sur les prix de l'électricité, pour autant que ces mesures financières soient conformes aux règles relatives aux aides d'État et, en particulier, ne causent pas de distorsions de concurrence injustifiées sur le marché intérieur [...] » (1).

1. Il ne s'agit pas d'une carte blanche donnée aux États pour adopter sans limites des régimes d'aides aux entreprises polluantes. D'abord, le texte de la directive indique que les bénéficiaires de ces mesures étatiques ne pourront être que les entreprises appartenant à des secteurs où existe un risque de fuite de carbone. C'est ce que précise l'article 10*ter*, paragraphe 1, de cette directive qui prévoit que : « Sont considérés comme étant exposés à un risque de fuite de carbone les secteurs et sous-secteurs pour lesquels le résultat de la multiplication de l'intensité de leurs échanges avec des pays tiers, définie comme le rapport entre la valeur totale des exportations vers les pays tiers plus la valeur des importations en provenance des pays tiers et la taille totale du marché pour l'Espace économique européen (chiffre d'affaires annuel plus total des importations en provenance des pays tiers), par l'intensité de leurs émissions mesurées en kg de CO_2 et divisées par leur valeur ajoutée brute (en euros), est supérieur à 0,2 [...] ». Les paragraphes 2 et 3 du même article prévoient les conditions dans lesquelles des secteurs et sous-secteurs qui ne dépassent pas ce seuil peuvent également être considérés comme étant exposés à un risque de fuite de carbone et inclus dans le groupe visé au paragraphe 1 de cette disposition.

2. Dans le cadre de la mise en œuvre de cette directive, la Commission a adopté des lignes directrices intitulées « Lignes directrices concernant certaines aides d'État dans le contexte du système d'échange de quotas d'émission de gaz à effet de serre après 2021 »

(1) L'expression « fuites de carbone » (*carbon leaks* en anglais) fait référence au risque que des usines très polluantes soient délocalisées à l'étranger (hors Union européenne) par des entreprises européennes afin d'éviter le coût (direct et indirect) des mesures adoptées au niveau européen et national pour combattre les émissions polluantes. La directive prévoit donc que les États pourront « aider » les entreprises en question pour les dissuader de délocaliser leurs installations.

(*JOUE*, C 317 du 25 septembre 2020, p. 5, ci-après les « lignes directrices litigieuses »). Le point 7 de celles-ci indique qu'avec ce texte la Commission « énonce les conditions auxquelles les mesures d'aide relevant du SEQE de l'[Union] peuvent être considérées comme compatibles avec le marché intérieur sur le fondement de l'article 107, paragraphe 3, point c), [TFUE] ». Un peu plus loin (pt 9), il est précisé que « [l]es principes énoncés dans les présentes lignes directrices s'appliquent uniquement aux mesures d'aide spécifiques prévues à l'article 10*bis*, paragraphe 6, et à l'article 10*ter* de la directive [2003/87] ». Une fois indiqués l'objet et le but de ce texte, les points 19 à 21 desdites lignes directrices expliquent la rationalité et les conditions de la présomption de compatibilité des aides en question : « 19. Une aide octroyée pour les coûts des émissions indirectes sera considérée comme compatible avec le marché intérieur au sens de l'article 107, paragraphe 3, point c), [TFUE] pour autant que les conditions ci-dessous soient remplies. 20. Ce type d'aide a pour objectif de prévenir un risque important de fuite de carbone imputable en particulier aux coûts des [quotas de l'Union européenne] répercutés sur les prix de l'électricité que doit supporter le bénéficiaire de l'aide lorsque ses concurrents des pays tiers ne sont pas confrontés aux mêmes coûts dans leur prix de l'électricité et que le bénéficiaire n'a pas la possibilité de répercuter ces coûts sur les prix de ses produits sans subir d'importantes pertes de parts de marché. Parer au risque de fuite de carbone en aidant les bénéficiaires à réduire leur exposition à ce risque sert un objectif environnemental, étant donné que l'aide vise à éviter toute augmentation des émissions mondiales de gaz à effet de serre due à des délocalisations de productions en dehors de l'Union, en l'absence d'accord international contraignant concernant la réduction de ces émissions. 21. Pour limiter le risque de distorsion de la concurrence au sein du marché intérieur, l'aide doit être limitée aux secteurs qui sont exposés à un risque réel de fuite de carbone en raison des coûts indirects significatifs qu'ils supportent effectivement du fait de la répercussion des coûts des émissions de gaz à effet de serre sur les prix de l'électricité. Aux fins des présentes lignes directrices, on considère qu'il existe un risque réel de fuite de carbone uniquement lorsque le bénéficiaire exerce ses activités dans un des secteurs énumérés à l'annexe I ». Précisément cette annexe I contient une liste de quatorze secteurs considérés comme exposés à un risque réel de fuite de carbone en raison des coûts des émissions indirectes (2).

(2) À cela, il convient d'ajouter que le point 64 des lignes directrices litigieuses prévoyait que, à partir du 1er janvier 2021, celles-ci remplaceraient les lignes directrices concernant certaines aides d'État dans le contexte du système d'échange de quotas d'émission de gaz à effet de serre après 2012 qui avaient été publiées le 5 juin 2012 (*JOUE* 2012, C 158, p. 4).

3. Les entreprises à l'origine du contentieux sont des entreprises actives dans le secteur de la fabrication de produits azotés et d'engrais qui ne figure pas dans la liste figurant à l'annexe I des lignes directrices litigieuses, intitulée « Secteurs considérés comme exposés à un risque réel de fuite de carbone en raison des coûts des émissions indirectes », alors qu'il était inclus dans la liste figurant à l'annexe II des lignes directrices publiées le 5 juin 2012, intitulée « Secteurs et sous-secteurs considérés ex ante comme exposés à un risque important de fuite de carbone en raison des coûts des émissions indirectes », qui était applicable jusqu'au 31 décembre 2020. C'est la raison pour laquelle elles ont introduit en décembre 2020 un recours en annulation contre les lignes directrices litigieuses que le Tribunal a rejeté (3), par deux ordonnances (ci-après les ordonnances attaquées), comme irrecevable en novembre 2021. C'est contre ces deux ordonnances que le pourvoi a été formé.

Procédure

4. Sur le plan procédural, un seul point mérite d'être rapidement évoqué, celui de la réouverture de la procédure orale. En effet, les entreprises requérantes dans l'affaire C-73/22 P avaient demandé la réouverture de la phase orale de la procédure au motif que la question de savoir si les lignes directrices litigieuses les concernaient directement, au sens de l'article 263, quatrième alinéa, TFUE, n'avait pas été dûment examinée dans les conclusions de M. l'avocat général et n'avait pas fait l'objet d'un débat complet devant la Cour.

5. La Cour commença par rappeler que, conformément à l'article 83 de son règlement de procédure, la Cour peut, l'avocat général entendu, ordonner à tout moment la réouverture de la phase orale de la procédure, notamment si elle considère qu'elle est insuffisamment éclairée, ou lorsqu'une partie a soumis, après la clôture de cette phase, un fait nouveau de nature à exercer une influence décisive sur la décision de la Cour, ou encore lorsque l'affaire doit être tranchée sur la base d'un argument qui n'a pas encore été débattu entre les parties. Toutefois, la demande des requérantes a surtout été l'occasion pour la Cour de fournir un petit cours de procédure aux parties. En effet, on sent comme une lassitude ou un plaisir dissimulé pour la Cour de rappeler d'une part que, s'agissant des observations formulées par les requérantes à l'égard des conclusions

---

Par ailleurs, aux points 65 et 66 des lignes directrices litigieuses, la Commission indiquait qu'elle appliquerait les principes énoncés dans celles-ci du 1er janvier 2021 au 31 décembre 2030 à toutes les mesures d'aide notifiées sur lesquelles elle serait appelée à statuer à partir du 1er janvier 2021, même si les projets avaient été notifiés avant leur publication.

(3) Trib. UE, ord., 29 novembre 2021, *Grupa Azoty e.a. c/ Commission*, aff. T-726/20 ; et Trib. UE, ord., 29 novembre 2021, *Advansa Manufacturing e.a. c/ Commission*, aff. T-741/20.

de M. l'avocat général, le statut de la Cour et le règlement de procédure de celle-ci ne prévoient aucunement la possibilité, pour les parties, de présenter des observations en réponse aux conclusions présentées par l'avocat général. « En vertu de l'article 252, second alinéa, TFUE, l'avocat général présente publiquement, en toute impartialité et en toute indépendance, des conclusions motivées sur les affaires qui requièrent son intervention. La Cour n'est liée ni par ces conclusions, ni par la motivation au terme de laquelle l'avocat général parvient à celles-ci. Par conséquent, le désaccord d'une partie avec les conclusions de l'avocat général, quelles que soient les questions qu'il examine dans celles-ci, ne peut constituer en soi un motif justifiant la réouverture de la phase orale de la procédure » (4). D'autre part, quant au débat ayant eu lieu entre les parties, la Cour a considéré en l'espèce que, l'avocat général entendu, elle disposait, au terme de la phase écrite de la procédure qui s'est tenue devant elle, de tous les éléments nécessaires pour statuer, les arguments contenus dans la demande de réouverture de la phase orale de la procédure ayant d'ailleurs été largement débattus pendant cette phase écrite. Au passage, *in cauda venenum*, elle rappelle aux parties (pt 27 de l'arrêt) que le droit d'être entendu n'impose pas une obligation absolue de tenir une audience de plaidoiries dans toutes les procédures. Il en va notamment ainsi lorsque l'affaire ne soulève pas de questions de fait ou de droit ne pouvant être adéquatement résolues sur le fondement du dossier et des observations écrites des parties (5). D'ailleurs, l'article 76, paragraphe 2, du règlement de procédure de la Cour prévoit précisément que celle-ci peut décider de ne pas tenir d'audience de plaidoiries si elle estime, à la lecture des mémoires ou des observations déposés au cours de la phase écrite de la procédure, être suffisamment informée pour statuer. Dont acte.

Fond

6. Sur le fond, l'arrêt mérite d'être signalé surtout (6) pour la question abordée concernant la recevabilité d'un recours en annulation contre des lignes directrices de la Commission. Le Tribunal, dans les ordonnances attaquées, avait déclaré les recours irrecevables au motif que les requérantes, qui ne sont pas destinataires

(4) Et la Cour de citer son arrêt du 31 janvier 2023, *Puig Gordi e.a.*, aff. C-158/21, EU:C:2023:57, pts 37 et 38 ainsi que jurisprudence citée.

(5) *Cf.* CJUE, 21 décembre 2021, *Euro Box Promotion e.a.*, aff. jtes C-357/19, C-379/19, C-547/19, C-811/19 et C-840/19, EU:C:2021:1034, pt 123 et jurisprudence citée.

(6) L'arrêt repousse un moyen concernant la motivation prétendument défectueuse du Tribunal dans les ordonnances attaquées. La Cour fait justice rapidement de ce moyen en constatant qu'il manque en fait, les ordonnances étant parfaitement motivées (*cf.* pts 36-43 de l'arrêt).

des lignes directrices litigieuses, n'étaient pas directement concernées par celles-ci, au sens de l'article 263, quatrième alinéa, TFUE, dès lors que ces lignes directrices ne produisent pas directement des effets sur la situation juridique des requérantes. À l'appui de cette appréciation, il avait notamment exposé, aux points 39 à 43 des ordonnances attaquées, que, bien qu'il ait été considéré, dans les lignes directrices litigieuses, qu'il existe un risque réel de fuite de carbone uniquement lorsque le bénéficiaire de l'aide exerce ses activités dans l'un des secteurs énumérés à l'annexe I de ces lignes directrices, ceci n'exclut pas que les États membres puissent notifier à la Commission des mesures d'aide en faveur d'entreprises actives dans des secteurs autres que ceux énumérés à cette annexe et puissent tenter de démontrer que, en dépit de la non-satisfaction de l'un des critères posés dans lesdites lignes directrices, une aide destinée à ces entreprises répond à l'article 107, paragraphe 3, sous c), TFUE. Tout en reconnaissant qu'il est, dans un tel cas, très probable que la Commission adopte, au titre du règlement de procédure (7), une décision constatant que l'aide envisagée est incompatible avec le marché intérieur, le Tribunal a indiqué que seule cette décision serait susceptible de provoquer des effets juridiques directs à l'égard des entreprises qui auraient pu bénéficier de l'aide. Il a par ailleurs exposé, au point 38 des ordonnances attaquées, que, dans l'hypothèse où un État membre n'adopterait aucune mesure d'aide relevant des lignes directrices litigieuses, la Commission ne prendrait aucune décision au titre du règlement 2015/1589. Dès lors, dans ce cas également, ces lignes directrices ne produiraient pas directement des effets sur la situation juridique des requérantes.

7. Avant d'aborder le fond de l'espèce, la Cour prend cette occasion pour exposer le régime jurisprudentiel de cette catégorie d'actes formée notamment par les lignes directrices. On sait que par de tels actes, la Commission peut s'imposer des orientations pour l'exercice de ses pouvoirs d'appréciation (8). Dans une telle hypothèse, elle est tenue de suivre lesdites directrices au risque sinon de commettre une illégalité (9). Plus précisément encore, et dans l'affaire ici commentée, elle commence par rappeler (pt 58) que « [l]'adoption de telles lignes directrices s'inscrit dans l'exercice, par la Commission, de sa compétence exclusive pour apprécier la

(7) *Cf.* règlement (UE) 2015/1589 du Conseil, du 13 juillet 2015, portant modalités d'application de l'art. 108, *JOUE* 2015, L 248, p. 9.

(8) *Cf.* CJUE, 5 octobre 2000, *Allemagne c/ Commission*, aff. C-288/96, *Rec.*, p. I-8237, pts 62 et s.

(9) *Cf.* CJUE, 5 mars 2015, *Estado Portugues c/ Banco Privado Portugues SA et Massa Insolvente do Banco Privado Portugues SA*, aff. C-667/13, ECLI:EU:C:2015:151, pt 69.

compatibilité de mesures d'aide avec le marché intérieur, au titre de l'article 107, paragraphe 3, TFUE. La Commission bénéficie, à cet égard, d'un large pouvoir d'appréciation »(10). Et si l'État membre est tenu de mettre en œuvre de telles lignes directrices (11), la Cour, faisant application de ces principes en l'espèce, rappelle (pt 59) qu'« en établissant, par la voie de lignes directrices, les conditions auxquelles des mesures d'aide peuvent être considérées comme compatibles avec le marché intérieur, et en annonçant, par la publication de ces lignes directrices, qu'elle appliquera les règles contenues dans celles-ci, la Commission s'autolimite dans l'exercice de ce pouvoir d'appréciation, en ce sens que, si un État membre notifie un projet d'aide d'État qui est conforme à ces règles, la Commission doit, en principe, autoriser ce projet. Elle ne saurait, en principe, se départir desdites règles sous peine de se voir sanctionner, le cas échéant, au titre d'une violation de principes généraux de droit, tels que l'égalité de traitement ou la protection de la confiance légitime »(12).

8. Dans ces conditions, on imagine mal *a priori* que des entreprises puissent être les destinataires ou, de manière alternative, individuellement et directement concernées, condition indispensable pour se voir reconnaître, par l'article 263 TFUE, qualité pour agir, par de telles mesures générales. Or, n'étant pas les destinataires des lignes directrices, les requérantes auraient dû démontrer qu'elles répondaient aux deux conditions alternatives et cumulatives. De ce point de vue, la Cour se concentre sur la condition relative au nécessaire caractère directement concerné de tout requérant en annulation d'un acte qui ne lui est pas adressé. À cet égard, elle relève que cette condition (13) requiert que deux critères soient cumulativement réunis, à savoir que ledit acte, d'une part, produise directement des

(10) *Cf.* CJUE, 19 juillet 2016, *Kotnik e.a.*, aff. C-526/14, EU:C:2016:570, pts 37-39 ; et CJUE, 15 décembre 2022, *Veejaam et Espo*, aff. C-470/20, EU:C:2022:981, pt 29.

(11) *Cf.* par ex. CJUE, 4 décembre 2013, *Commission c/ Conseil*, aff. C-121/10, pt 52.

(12) *Cf.* CJUE, 19 juillet 2016, *Kotnik e.a.*, préc., pt 40 ; et CJUE, 31 janvier 2023, *Commission c/ Braesch e.a.*, aff. C-284/21 P, EU:C:2023:58, pt 90. Cette autolimitation ne vaut bien entendu que si lesdites lignes directrices ne contreviennent pas au droit primaire et au droit dérivé, *cf.* Trib. UE, 12 septembre 2013, *RFA e.a. c/ Commission*, aff. T-347/09, ECLI:EU:T:2013:418, pt 51. En effet, ces lignes directrices, en tant que mesures d'ordre interne, ne peuvent être qualifiées de « règles de droit », *cf.* CJUE, 9 juin 2011, *Territorio Histórico de Vizcaya – Diputación Foral de Vizcaya*, aff. jtes C-465/09 P à C-470/09 P, ECLI:EU:C:2011:372, pt 120.

(13) Au point 62 de son arrêt, la Cour explique que « [l]a condition selon laquelle le requérant doit être concerné directement par l'acte attaqué figurant, en termes identiques, tant au deuxième membre de phrase de l'article 263, quatrième alinéa, TFUE qu'au troisième membre de phrase de cette disposition, [...] doit revêtir la même signification dans chacun de ces membres de phrase » (*cf.* CJUE, 12 juillet 2022, *Nord Stream 2 c/ Parlement et Conseil*, aff. C-348/20 P, EU:C:2022:548, pt 73).

effets sur la situation juridique de cette personne et, d'autre part, ne laisse aucun pouvoir d'appréciation aux destinataires chargés de sa mise en œuvre, dès lors qu'il a un caractère purement automatique et découle de la seule réglementation de l'Union, sans application d'autres règles intermédiaires (14).

9. Ce cadre du raisonnement ayant été dressé, elle se livre ensuite à l'analyse desdites lignes directrices litigieuses pour remarquer, en premier lieu, qu'elles traitent notamment des mesures d'aide que les États membres devraient, selon l'article 10*bis*, paragraphe 6, de la directive 2003/87, adopter. Elles ont donc pour effet, en cas de notification d'un projet d'aide d'État qui suit les critères établis dans ces lignes directrices, dont la liste des secteurs éligibles contenue dans l'annexe I de celles-ci, d'obliger la Commission, en principe, à autoriser ce projet. Or, puisque les requérantes étaient actives dans un secteur qui ne relevait pas de cette annexe, il était exclu qu'elles puissent bénéficier (directement) d'une telle obligation de la Commission. Toutefois, et le Tribunal l'avait exposé, en substance, aux points 39 à 41 des ordonnances attaquées, ces lignes directrices n'ont, juridiquement, pas pour effet de priver les requérantes de la possibilité d'être éligibles à l'octroi des aides d'État visées à l'article 10*bis*, paragraphe 6, de la directive 2003/87. En effet, et pour les raisons évoquées plus haut, l'adoption de lignes directrices ne pouvait priver la Commission de son obligation d'examiner les circonstances spécifiques exceptionnelles qu'un État membre peut invoquer, dans un cas particulier, afin de solliciter l'application directe de l'article 107, paragraphe 3, TFUE, hiérarchie des normes oblige. De sorte que les États membres conservaient la faculté de notifier à la Commission des projets d'aide qui ne satisfaisaient pas aux conditions énoncées par des lignes directrices et la Commission pouvait autoriser de tels projets dans des circonstances exceptionnelles (15). Et la Cour de remarquer que « dans le cadre du SEQE, rien n'empêche un État membre de notifier à la Commission, en faveur des entreprises d'un secteur économique non mentionné à l'annexe I des lignes directrices litigieuses, un projet d'aide qui vise, au titre de l'article 10*bis*, paragraphe 6, de la directive 2003/87, à réduire un risque réel de fuite de carbone auquel ce secteur est, à son avis, soumis et de présenter les circonstances susceptibles de justifier l'approbation de ce projet en vertu de l'article 107, paragraphe 3, sous c), TFUE, nonobstant le fait que la Commission n'a

(14) *Cf.* CJUE, 16 mars 2023, *Commission c/ Jiangsu Seraphim Solar System* et *Conseil c/ Jiangsu Seraphim Solar System et Commission*, aff. jtes C-439/20 P et C-441/20 P, EU:C:2023:211, pt 55 ainsi que jurisprudence citée.

(15) *Cf.* par ex. CJUE, 19 juillet 2016, *Kotnik e.a.*, préc., pts 41 et 43 ; et CJUE, 31 janvier 2023, *Commission c/ Braesch e.a.*, préc., pts 92 et 93.

pas, dans ces lignes directrices, identifié ce secteur comme étant exposé à un tel risque » (16). Et même si les lignes directrices litigieuses réduisent indubitablement les chances des requérantes d'obtenir une aide au titre de l'article 10*bis*, paragraphe 6, de la directive 2003/87, elles ne déterminent pas pour autant, en soi, leur éligibilité à une telle aide et ne produisent donc pas directement des effets sur la situation juridique des requérantes. N'étant donc pas directement concernées au sens de la jurisprudence, la Cour s'est dispensée de rechercher si elles étaient individuellement concernées (17), dans la mesure où les deux conditions de recevabilité de l'article 263, quatrième alinéa, TFUE, étant cumulatives, échouer à la démonstration de l'une des deux suffit pour dénier leur qualité à agir.

10. Les requérantes avançaient un dernier moyen en faisant valoir que si elles étaient déclarées irrecevables pour les raisons évoquées au paragraphe précédent, il en résulterait une situation contraire au droit à la protection juridictionnelle effective que leur garantit l'article 47, premier alinéa, de la charte des droits fondamentaux de l'Union européenne (18). Or, comme le relève la Cour, le droit que les particuliers tirent des règles du droit de l'Union en matière d'aides d'État est celui à ne pas subir une concurrence faussée (19). En l'espèce, et pour autant que les requérantes invoquent l'hypothèse où les États membres ne décident d'octroyer aucune aide visée à l'article 10*bis*, paragraphe 6, de la directive 2003/87, de sorte qu'aucune décision d'autorisation ou de refus d'autorisation d'un projet d'aide ne soit adoptée par la Commission au regard des lignes directrices litigieuses, dans un tel cas de figure, les requérantes ne peuvent se trouver, de ce fait, dans une situation concurrentielle désavantageuse par rapport à d'autres entreprises dont l'activité économique se situe dans le même secteur que la leur (20). Par ailleurs, et pour en terminer, « le fait de ne pas pouvoir exercer une voie de recours directe contre les lignes directrices litigieuses ne les prive pas d'une protection juridictionnelle effective. En effet, le droit procédural de l'Union permet à une personne physique ou morale d'invoquer l'illégalité

(16) *Cf.* pt 67 de l'arrêt.

(17) Ce qui aurait de toute façon été voué à l'échec compte tenu de la définition de cette condition.

(18) *Cf.* CJUE, 5 novembre 2019, *BCE e.a. c/ Trasta Komercbanka e.a.*, aff. jtes C-663/17 P, C-665/17 P et C-669/17 P, EU:C:2019:923, pt 54 et jurisprudence citée.

(19) *Cf.* CJUE, 6 novembre 2018, *Scuola Elementare Maria Montessori c/ Commission, Commission c/ Scuola Elementare Maria Montessori* et *Commission c/ Ferracci*, aff. jtes C-622/16 P à C-624/16 P, EU:C:2018:873, pt 43 et jurisprudence citée.

(20) *Cf.* pt 70 de l'arrêt commenté.

de lignes directrices à l'appui d'un recours dirigé contre un acte, adopté au regard de ces lignes directrices, qui affecte cette personne d'une manière qui satisfait aux conditions énoncées à l'article 263, quatrième alinéa, TFUE » (21).

Dominique BERLIN

(21) *Cf.* pt 69, *ibid.* citant par analogie CJCE, 28 juin 2005, *Dansk Rørindustri e.a. c/ Commission*, aff. jtes C-189/02 P, C-202/02 P, C-205/02 P à C-208/02 P et C-213/02 P, *Rec. CJCE*, 2005-I, p. 5425, pts 209-212.

Cour de justice, 14 septembre 2023, *Land Rheinland-Pfalz c/ Deutsche Lufthansa*, aff. C-466/21 P, ECLI:EU:C:2023:666

Conclusions de l'avocat général P. Pikamäe, du 9 mars 2023, ECLI:EU:C:2023:195

Mots-clés : Pourvoi – Aides d'État – Secteur aérien – Aide au fonctionnement accordée par la République fédérale d'Allemagne à l'aéroport de Francfort-Hahn – Décision de ne pas ouvrir la procédure formelle d'examen – Recours en annulation – Qualité de partie intéressée – Sauvegarde des droits procéduraux

Cadre normatif : articles 107 et 108 TFUE ; règlement (UE) 2015/1589 du Conseil du 13 juillet 2015 portant modalités d'application de l'article 108 [TFUE] (*JOUE* 2015, L 248, p. 9) ; règlement (UE) n° 651/2014 de la Commission du 17 juin 2014 déclarant certaines catégories d'aides compatibles avec le marché intérieur en application des articles 107 et 108 [TFUE] (*JOUE* 2014, L 187, p. 1), tel que modifié par le règlement (UE) 2017/1084 de la Commission du 14 juin 2017 (*JOUE* 2017, L 156, p. 1) (ci-après le « règlement 651/2014 ») ; lignes directrices de la Commission sur les aides d'État aux aéroports et aux compagnies aériennes (*JOUE* 2014, C 99, p. 3, ci-après les « lignes directrices sur les aides à l'aviation ») ; décision C(2017) 5289 final de la Commission du 31 juillet 2017 relative à l'aide d'État SA.47969 (2017/N), mise à exécution par l'Allemagne concernant une aide au fonctionnement accordée à l'aéroport de Francfort-Hahn (ci-après la « décision litigieuse »)

Notes et observations : L. Idot, note « Qualité de partie intéressée », *Note à la Revue Europe*, 2023/11, n° 388, p. 40

EXTRAITS DE L'ARRÊT

[...]

Les antécédents du litige

9. Le 7 avril 2017, la République fédérale d'Allemagne a notifié à la Commission son intention d'octroyer, par tranches successives, entre l'année 2018 et l'année 2022, une aide au fonctionnement de l'aéroport de Francfort-Hahn, en raison de l'état déficitaire de celui-ci (ci-après l'« aide en cause »). Cet aéroport est exploité par Flughafen Frankfurt-Hahn GmbH (ci-après « FFHG »).

10. Par la décision litigieuse, la Commission a décidé, en substance, qu'il n'y avait pas lieu d'ouvrir la procédure formelle d'examen prévue à l'article 108, paragraphe 2, TFUE, dès lors que, bien que l'aide en cause constituât une « aide d'État », au sens de l'article 107, paragraphe 1, TFUE, cette aide était compatible avec le marché intérieur en vertu du paragraphe 3, sous c), de cet article. La Commission a, notamment, justifié cette décision en faisant valoir qu'il n'y avait pas d'autres aéroports dans la zone d'attraction de l'aéroport de Francfort-Hahn, lequel était le bénéficiaire de ladite aide.

11. Préalablement à l'adoption de la décision litigieuse, la Commission avait adopté deux décisions relatives à des mesures prises par la République fédérale d'Allemagne au profit de l'aéroport de Francfort-Hahn et de Ryanair, à savoir, premièrement, la décision (UE) 2016/788, du 1er octobre 2014, relative à l'aide d'État SA.32833 (11/C) (ex 11/NN) mise à exécution par l'Allemagne concernant les modalités de financement de l'aéroport de Francfort-Hahn mises en place de 2009 à 2011 (*JO* 2016, L 134, p. 1), laquelle a fait l'objet d'un recours en annulation rejeté par le Tribunal par l'ordonnance du 17 mai 2019, *Deutsche Lufthansa/Commission* (T-764/15, EU:T:2019:349), et, deuxièmement, la décision (UE) 2016/789, du 1er octobre 2014, relative à l'aide d'État SA.21121 (C 29/08) (ex NN 54/07) mise à exécution par l'Allemagne concernant le financement de l'aéroport de Francfort-Hahn et les relations financières entre l'aéroport et Ryanair (*JO* 2016, L 134, p. 46), laquelle a fait l'objet d'un recours en annulation rejeté par le Tribunal par l'arrêt du 12 avril 2019, *Deutsche Lufthansa/Commission* (T-492/15, EU:T:2019:252). Les pourvois formés contre ces deux décisions du Tribunal ont été rejetés par la Cour par les arrêts du 15 juillet 2021, *Deutsche Lufthansa/Commission* (C-453/19 P, EU:C:2021:608) et du 20 janvier 2022, *Deutsche Lufthansa/Commission* (C-594/19 P, EU:C:2022:40).

12. Par ailleurs, le 26 octobre 2018, la Commission a décidé d'ouvrir une procédure formelle d'examen, sur la base d'une plainte de DLH, enregistrée sous la référence SA.43260, à l'égard d'autres mesures prises en faveur de l'aéroport de Francfort-Hahn et de Ryanair. Cette décision a été publiée au Journal officiel de l'Union européenne le 13 septembre 2019 (*JO* 2019, C 310, p. 5, ci-après la « décision *Hahn IV* »).

La procédure devant le Tribunal et l'arrêt attaqué

13. Par une requête déposée au greffe du Tribunal le 29 mars 2018, la compagnie aérienne DLH a introduit un recours visant à l'annulation de la décision litigieuse.

14. DLH a, en substance, soulevé, devant le Tribunal, un moyen unique, divisé en trois branches, tirées, la première, de l'omission de la Commission de tenir compte des faits essentiels de l'affaire qui lui était soumise, la deuxième, de l'omission de la Commission de tenir compte d'autres aides qui auraient déjà été octroyées à l'aéroport de Francfort-Hahn et, la troisième, d'erreurs d'appréciation commises par la Commission.

15. Par l'arrêt attaqué, le Tribunal a, tout d'abord, jugé que le recours introduit par DLH était recevable. Sur le fond, le Tribunal a jugé que, concernant la zone d'attraction de l'aéroport de Francfort-Hahn, la Commission n'avait pas correctement pris en compte l'ensemble des critères qui s'imposaient à son appréciation en vertu des lignes directrices sur les aides à l'aviation et que, partant, le « caractère insuffisant et incomplet » de l'examen en ayant découlé n'avait pas permis à cette institution de se mettre en mesure de surmonter tout doute quant à la compatibilité de l'aide en cause avec le marché intérieur. Tout en ayant écarté l'ensemble des autres griefs soulevés par DLH, le Tribunal a, ainsi, partiellement accueilli la troisième branche du moyen unique soulevé par DLH dans le recours en première instance et a annulé, pour ce motif, la décision litigieuse.

Les conclusions des parties

Les conclusions du pourvoi principal

16. Par son pourvoi, le Land demande à la Cour :

- d'annuler l'arrêt attaqué et de rejeter définitivement le recours en première instance, et
- de condamner DLH aux dépens relatifs à la procédure de première instance et à la procédure de pourvoi.

17. DLH demande à la Cour :

- de rejeter le pourvoi comme étant irrecevable et, en tout état de cause, comme étant non fondé, et
- de condamner le Land aux dépens.

18. La Commission demande à la Cour :

- d'annuler l'arrêt attaqué ;
- de rejeter le recours en première instance comme étant irrecevable et, en tout état de cause, comme étant non fondé, et
- de condamner DLH aux dépens relatifs à la procédure de première instance et à la procédure de pourvoi.

Les conclusions du pourvoi incident formé par DLH

19. Par son pourvoi incident, DLH demande à la Cour :

- d'annuler l'arrêt attaqué en ce que le Tribunal a écarté le deuxième grief de la première branche de son moyen unique, et
- de condamner le Land aux dépens.

20. Le Land demande à la Cour :

- de rejeter le pourvoi incident formé par DLH ;
- d'annuler l'arrêt attaqué et de « rejeter définitivement » le recours en première instance, et
- de condamner DLH aux dépens relatifs à la procédure de première instance et à la procédure de pourvoi.

21. La Commission demande :

- de rejeter le pourvoi incident formé par DLH comme étant irrecevable et, en tout état de cause, comme étant non fondé, et
- de condamner DLH aux dépens relatifs à la procédure de première instance et à la procédure de pourvoi.

Les conclusions du pourvoi incident formé par la Commission

22. Par son pourvoi incident, la Commission demande à la Cour :

- d'annuler l'arrêt attaqué ;
- de rejeter le recours en première instance comme étant irrecevable et, en tout état de cause, comme étant non fondé, et
- de condamner DLH aux dépens relatifs à la procédure de première instance et à la procédure de pourvoi.

23. DLH demande à la Cour :

- de rejeter le pourvoi incident formé par la Commission comme étant irrecevable et, en tout état de cause, comme étant non fondé, et
- de condamner la Commission aux dépens.

24. Le Land demande à la Cour :

- de faire droit au pourvoi incident formé par la Commission,
- d'annuler l'arrêt attaqué et de « rejeter définitivement » le recours en première instance, et
- de condamner DLH aux dépens relatifs à la procédure de première instance et à la procédure de pourvoi.

Sur la demande de sursis à l'exécution de l'arrêt attaqué

25. Par une demande introduite le 10 septembre 2021, le Land a demandé à la Cour d'ordonner le sursis à l'exécution de l'arrêt attaqué.

26. Par l'ordonnance du 30 novembre 2021, *Land Rheinland-Pfalz/ Deutsche Lufthansa* (C-466/21 P-R, EU:C:2021:972), le vice-président de la Cour a rejeté cette demande.

Sur la demande de réouverture de la procédure orale

27. À la suite de la présentation par M. l'avocat général de ses conclusions, DLH a demandé, par deux actes déposés au greffe de la Cour le 6 avril 2023 et le 11 juillet 2023, à ce que soit ordonnée la réouverture de la phase orale de la procédure, en application de l'article 83 du règlement de procédure de la Cour.

28. À l'appui de sa demande, DLH fait valoir l'existence de faits nouveaux, dont elle n'avait pas eu connaissance avant la lecture de ces conclusions. Il s'agit, d'une part, du dépôt, par le Land, d'un mémoire dans le cadre de la procédure en cours relative à un litige l'opposant à elle, devant le Landgericht Köln (tribunal régional de Cologne, Allemagne), au sujet de la récupération des sommes correspondant aux mesures visées dans la décision *Hahn IV*. DLH relève, plus particulièrement, que, dans ce mémoire, le Land fait valoir que Ryanair et elle-même sont en situation de concurrence. D'autre part, DLH fait valoir l'existence d'un arrêt de l'Oberlandesgericht Koblenz (tribunal régional supérieur de Coblence, Allemagne) qui aurait reconnu que les aides accordées à l'aéroport de Francfort-Hahn constituaient une subvention croisée au profit de Ryanair, ce qui confirmerait que DLH est directement et individuellement concernée par ces aides.

29. Conformément à l'article 83 de son règlement de procédure, la Cour peut, à tout moment, l'avocat général entendu, ordonner la réouverture de la phase orale de la procédure, notamment lorsqu'une partie a soumis, après la clôture de cette phase, un fait nouveau de nature à exercer une influence décisive sur sa décision.

30. Toutefois, en l'espèce, les demandes présentées par DLH ne révèlent l'existence d'aucun fait nouveau de nature à pouvoir exercer une influence décisive sur la décision que la Cour est appelée à rendre.

31. Dans ces conditions, la Cour considère, l'avocat général entendu, qu'il n'y a pas lieu d'ordonner la réouverture de la phase orale de la procédure.

Sur la recevabilité du pourvoi principal et du pourvoi incident de la Commission

Sur la recevabilité du pourvoi principal

Argumentation des parties

32. DLH estime que le pourvoi principal est irrecevable au motif que, premièrement, le document produit par le Land, à titre de preuve de l'existence d'un mandat ad litem de son représentant, est trop ancien et général et qu'il ne contient aucune information relative à l'identité de la personne à représenter, même s'il est signé au nom du Land. Deuxièmement, DLH estime que le Land n'est directement affecté par l'arrêt attaqué qu'en raison de son obligation de récupérer les tranches de l'aide en cause qui ont déjà été octroyées à FFHG et de ne plus verser à cette dernière de telles tranches à l'avenir. Or, le Land aurait refusé de se soumettre à une telle obligation. L'introduction du pourvoi serait dès lors abusif. Troisièmement, l'arrêt attaqué n'entraînerait pas de modification de la situation juridique du Land, celui-ci cherchant, en réalité, à protéger les intérêts de FFHG, des nouveaux actionnaires de cette dernière ainsi que de Ryanair. Quatrièmement, le Land n'aurait pas un intérêt à agir, l'annulation de l'arrêt attaqué ne lui procurant aucun bénéfice.

33. Dans son mémoire en duplique et lors de l'audience devant la Cour, DLH a enfin fait valoir, d'une part, que le pourvoi méconnaissait l'autorité de la chose jugée attachée à l'ordonnance du Tribunal du 17 mai 2019, *Deutsche Lufthansa/Commission* (T-764/15, EU:T:2019:349), et, d'autre part, que le Land ne disposait plus d'un intérêt à agir, la situation économique actuelle de FFHG ne permettant plus à cette dernière d'obtenir le versement du solde de l'aide en cause.

34. Le Land et la Commission font valoir que l'argumentation de DLH doit être écartée.

Appréciation de la Cour

35. S'agissant, en premier lieu, de l'argument invoqué par DLH, dans son mémoire en duplique et lors de l'audience devant la Cour, selon lequel le pourvoi est irrecevable en ce qu'il viserait à remettre en cause l'autorité de la chose jugée de l'ordonnance du 14 décembre 2017, *Deutsche Lufthansa/Commission* (T-764/15, EU:T:2017:933), il y a lieu de rappeler que, en vertu de l'article 127 du règlement de procédure de la Cour, la production de moyens nouveaux en cours d'instance est interdite à moins que ces moyens ne se fondent sur des éléments de droit et de fait qui se sont révélés pendant la procédure.

36. Partant, dans la mesure où l'argument relatif à l'autorité de la chose jugée de l'ordonnance du 14 décembre 2017, *Deutsche Lufthansa/ Commission* (T-764/15, EU:T:2017:933), n'a pas été invoqué par DLH dans son mémoire en réponse au pourvoi et où cet argument ne se fonde pas sur des éléments de droit et de fait qui se sont révélés pendant la procédure, il y a lieu de considérer ledit argument comme étant tardif et, partant, de l'écarter comme étant irrecevable.

37. En deuxième lieu, il ressort de l'article 56, deuxième alinéa, du statut de la Cour de justice de l'Union européenne que les parties intervenantes autres que les États membres et les institutions de l'Union européenne peuvent former un pourvoi contre une décision du Tribunal lorsque cette décision les affecte directement.

38. En l'espèce, le Land, partie intervenante devant le Tribunal, démontre, à suffisance de droit, que l'arrêt attaqué l'affecte directement.

39. En effet, ainsi que le Land le relève dans son pourvoi, cet arrêt a pour conséquence, d'une part, d'obliger celui-ci à récupérer les tranches de l'aide en cause ayant déjà été attribuées à FFHG et, d'autre part, d'interdire à celui-ci de verser de nouvelles tranches de cette aide à l'avenir.

40. L'argument de DLH, invoqué lors de l'audience devant la Cour, selon lequel, compte tenu de la procédure d'insolvabilité dont FFHG fait désormais l'objet, cette dernière n'aurait, en tout état de cause, plus été en mesure de se voir verser les tranches restantes de l'aide en cause, n'est pas susceptible de modifier une telle conclusion. En effet, à supposer même que tel soit le cas, il n'en demeurerait pas moins que l'arrêt attaqué imposerait toujours au Land de récupérer, en tout état de cause, les tranches de l'aide en cause qu'il a déjà versées à FFHG.

41. En outre, la circonstance que le Land n'aurait pas pris l'ensemble des mesures imposées par l'arrêt attaqué, même à la supposer établie, n'est pas susceptible de modifier les constats posés aux points 39 et 40 du présent arrêt, lesquels suffisent à démontrer que le Land est affecté directement par l'arrêt attaqué et qu'il peut donc former un pourvoi contre ce dernier arrêt, sans qu'il soit nécessaire d'examiner, en outre, si cette partie dispose d'un intérêt à agir.

42. En troisième lieu, le mandat du représentant du Land prévoit expressément que celui-ci peut représenter le Land devant les juridictions de l'Union dans les litiges en matière d'aides d'État. En outre, DLH ne prétend ni, à plus forte raison, ne démontre que, bien qu'ayant été délivré le 7 juin 2019, ce mandat n'est plus valable. Partant, ledit mandat satisfait aux conditions prévues à l'article 44, paragraphe 1, sous b), du règlement de procédure de la Cour (voir, en ce sens, arrêt du 28 février 2018, *mobile.de/EUIPO*, C-418/16 P, EU:C:2018:128, points 34 et 39).

43. Il s'ensuit que le pourvoi du Land est recevable.

Sur la recevabilité du pourvoi incident formé par la Commission

Argumentation des parties

44. DLH fait valoir que le pourvoi incident formé par la Commission est irrecevable au motif que, en premier lieu, celui-ci n'indique pas la date à laquelle le pourvoi du Land a été signifié à cette institution, contrairement à ce qui est prévu à l'article 177, paragraphe 1, sous b), du règlement de procédure de la Cour.

45. En deuxième lieu, le pourvoi incident formé par la Commission méconnaîtrait l'article 178, paragraphe 3, seconde phrase, de ce règlement de procédure, étant donné qu'il serait, en grande partie, identique au mémoire déposé par cette institution en réponse au pourvoi principal.

46. En troisième lieu, ce pourvoi incident serait irrecevable au motif que le pourvoi principal est, lui-même, irrecevable.

47. En quatrième lieu, l'introduction dudit pourvoi incident serait abusive dès lors que la Commission n'aurait engagé aucune procédure d'infraction à l'égard de la République fédérale d'Allemagne, alors que DLH l'aurait informée que, à la suite de l'adoption de la décision *Hahn IV*, ni FFHG ni le Land n'avaient récupéré auprès de Ryanair les aides concernées afin que les sommes correspondantes soient transférées sur un compte bloqué.

48. La Commission et le Land font valoir que l'argumentation de DLH doit être écartée.

Appréciation de la Cour

49. S'agissant, en premier lieu, de l'argument de DLH en vertu duquel le pourvoi incident formé par la Commission est irrecevable, au motif que le pourvoi du Land l'est également, il suffit de constater que cet argument doit être écarté eu égard aux constatations effectuées aux points 35 à 43 du présent arrêt.

50. En deuxième lieu, il convient de rappeler que, en vertu des articles 172 et 174 du règlement de procédure de la Cour, les parties à l'affaire en cause devant le Tribunal ayant un intérêt à l'accueil ou au rejet du pourvoi peuvent présenter un mémoire en réponse dont les conclusions tendent à l'accueil ou au rejet, total ou partiel, de ce pourvoi. Ces parties peuvent également, en vertu de l'article 176 et de l'article 178, paragraphes 1 et 3, de ce règlement de procédure, présenter un pourvoi incident, devant être formé par un acte séparé, distinct du mémoire en réponse, dont les conclusions tendent à l'annulation totale ou partielle de la décision du Tribunal en s'appuyant sur des moyens et des arguments de droit distincts des moyens et des arguments invoqués dans le mémoire en réponse (ordonnance du 7 décembre 2017, *Eurallumina/Commission*, C-323/16 P, EU:C:2017:952, point 30, ainsi qu'arrêt du 3 septembre 2020, *Vereniging tot Behoud van Natuurmonumenten in Nederland e.a./Commission*, C-817/18 P, EU:C:2020:637, point 47).

51. Il ressort de ces dispositions, lues ensemble, que le mémoire en réponse à un pourvoi ne peut tendre à l'annulation de la décision du Tribunal pour des motifs distincts et autonomes de ceux invoqués dans ce pourvoi, de tels motifs ne pouvant être soulevés que dans le cadre d'un pourvoi incident (arrêt du 3 septembre 2020, *Vereniging tot Behoud van Natuurmonumenten in Nederland e.a./Commission*, C-817/18 P, EU:C:2020:637, point 48). Il en résulte également que le pourvoi incident doit, en principe, contenir des moyens et arguments distincts et autonomes de ceux qui ont été soulevés dans le mémoire en réponse au pourvoi principal formé par la même partie.

52. En l'espèce, plusieurs moyens soulevés dans le pourvoi incident formé par la Commission recoupent, en partie, les arguments invoqués par celle-ci dans le mémoire en réponse qu'elle a déposé au soutien du pourvoi du Land.

53. Néanmoins, il y a lieu de relever que, par son pourvoi incident, la Commission demande, elle-même, l'annulation de l'arrêt attaqué en soulevant des moyens qui sont, pour partie, autonomes et distincts de ceux soulevés dans le pourvoi principal. En vertu des règles rappelées au point 50 du présent arrêt, une telle demande ne pouvait être présentée ni de tels moyens soulevés dans son mémoire en réponse et c'est dès lors conformément à ces règles que la Commission a formé un pourvoi incident. Dans ces conditions, il ne saurait lui être fait grief d'avoir exposé dans son pourvoi incident l'ensemble des moyens soulevés au soutien de sa demande d'annulation de l'arrêt attaqué, y compris ceux qui ont été également soulevés dans son mémoire en réponse au lieu de répartir l'exposé de ses moyens entre ce pourvoi incident et ce mémoire en réponse, au risque de nuire à la cohérence de son raisonnement (voir, en ce sens, ordonnance du 7 décembre 2017, *Eurallumina/Commission*, C-323/16 P, EU:C:2017:952, point 31).

54. En troisième lieu, aux termes de l'article 177, paragraphe 1, sous b), du règlement de procédure de la Cour, un pourvoi incident doit faire mention de la date à laquelle le pourvoi principal a été signifié à la partie qui forme ce pourvoi incident. Or, DLH relève qu'une telle mention n'apparaît pas dans le pourvoi incident introduit par la Commission dans la présente affaire.

55. Bien qu'il soit vrai que cette mention n'apparaît pas dans ce pourvoi incident, il est constant que la date à laquelle le pourvoi principal a été signifié à la Commission, à savoir le 5 août 2021, est expressément mentionnée dans le mémoire en réponse à ce pourvoi principal que la Commission a déposé et qui a été signifié à DLH ainsi qu'au Land. En outre, il n'est nullement contesté que ce pourvoi incident a été formé par la Commission dans le délai imparti.

56. Il s'ensuit que la circonstance que la Commission a omis de faire figurer, dans son pourvoi incident, la mention prévue à l'article 177, paragraphe 1, sous b), du règlement de procédure de la Cour ne constitue pas une irrégularité susceptible d'aboutir à l'irrecevabilité de ce pourvoi incident, les autres parties ayant été mises en mesure de vérifier que ledit pourvoi incident avait bien été formé dans un délai de deux mois à compter de la signification du pourvoi.

57. Contrairement à ce que DLH soutient dans son mémoire en duplique au pourvoi principal, la circonstance que les conclusions du mémoire en réponse de la Commission au pourvoi principal tendent à l'annulation de l'arrêt attaqué et non, comme l'impose l'article 174 du règlement de procédure de la Cour, à l'accueil ou au rejet, total ou partiel, de ce pourvoi, ne saurait modifier une telle conclusion. En effet, une telle irrégularité n'entraîne que l'irrecevabilité du chef de conclusions par lequel la Commission demande, dans ce mémoire en réponse, l'annulation de l'arrêt attaqué (voir, en ce sens, arrêt du 30 mai 2017, *Safa Nicu Sepahan/Conseil*, C-45/15 P, EU:C:2017:402, point 21).

58. En dernier lieu, même à la supposer établie, la circonstance que le Land n'aurait pas entrepris les démarches nécessaires pour se conformer à l'arrêt attaqué ou à la décision *Hahn IV* n'est pas de nature à rendre irrecevable le pourvoi incident de la Commission visant à obtenir l'annulation de cet arrêt.

59. Partant, le pourvoi incident de la Commission est recevable.

Sur le bien-fondé du pourvoi principal et du pourvoi incident de la Commission

Observations liminaires

60. À l'appui de son pourvoi, le Land soulève cinq moyens, tirés, le premier, d'une violation de l'article 263, quatrième alinéa, TFUE et d'un défaut de motivation, le deuxième, d'une erreur de droit quant à l'appréciation de la zone d'attraction de l'aéroport de Francfort-Hahn, le troisième, d'une violation du principe ne ultra petita, le quatrième, d'une méconnaissance des conditions dans lesquelles la Commission peut s'abstenir d'ouvrir la procédure formelle d'examen prévue à l'article 108, paragraphe 2, TFUE et, le cinquième, d'une violation de l'article 264 TFUE.

61. À l'appui de son pourvoi incident, la Commission soulève six moyens, tirés, le premier, d'une violation de l'article 263 TFUE, le deuxième, d'une violation des règles régissant la charge de la preuve, de l'obligation de répondre aux arguments invoqués par les parties et d'entendre ces dernières, le troisième, de l'application d'un critère erroné afin d'examiner la validité des décisions de la Commission de ne pas ouvrir la procédure formelle d'examen prévue à l'article 108, paragraphe 2, TFUE, le quatrième, d'une mauvaise interprétation des lignes directrices sur les aides à l'aviation, le cinquième, d'une violation des règles relatives à la charge de la preuve et, le sixième, d'une méconnaissance du règlement de procédure du Tribunal, d'un examen d'office erroné et d'une dénaturation d'un élément de preuve.

Sur les moyens tirés de l'absence de qualité pour agir de DLH

Argumentation des parties

Sur le premier moyen soulevé dans le pourvoi principal

62. Par son premier moyen, le Land reproche au Tribunal d'avoir violé l'article 263, quatrième alinéa, TFUE ainsi que son obligation de motivation.

63. Dans la deuxième branche de ce premier moyen, le Land estime, plus particulièrement, que le Tribunal a commis une erreur de droit en considérant, aux points 62 et 86 de l'arrêt attaqué, qu'il résultait d'une analyse d'ensemble de la requête en première instance que DLH avait soulevé, devant lui, une violation de ses droits procéduraux. En effet, DLH se serait limitée à faire valoir, dans cette requête, des erreurs commises par la Commission à l'occasion de l'autorisation de l'aide en cause. En se limitant à constater que l'allégation d'une telle violation découlait d'une analyse d'ensemble de ladite requête, le Tribunal aurait, par ailleurs, méconnu son obligation de motivation.

64. La Commission considère, d'une part, que le Tribunal a dénaturé la teneur de la même requête ou, à tout le moins, l'a interprétée de façon juridiquement erronée, ayant considéré que celle-ci contenait un moyen unique, tiré de la violation des droits procéduraux de DLH, alors qu'elle contiendrait, en réalité, plusieurs moyens. D'autre part, l'affirmation du Tribunal, aux points 59, 62 et 86 de l'arrêt attaqué, selon laquelle il est suffisant qu'une violation des droits procéduraux soit dénoncée par le recours ou par l'ensemble de la requête serait contraire à l'article 263, quatrième alinéa, TFUE.

65. DLH répond que, aux points 55 et suivants de sa requête en première instance, elle a expressément fait valoir la violation de ses droits procéduraux, cet aspect étant même mentionné dans l'objet de son recours en première instance ainsi que dans les moyens soulevés à l'appui de ce dernier, ainsi que l'attesterait le point 14 de cette requête.

Sur le deuxième moyen du pourvoi incident de la Commission

66. Par le deuxième moyen de son pourvoi incident, la Commission, soutenue par le Land, fait valoir que le Tribunal a méconnu les règles régissant la charge de la preuve ainsi que son obligation de répondre aux arguments invoqués par les parties et d'entendre ces dernières.

67. Dans la première branche de ce deuxième moyen, la Commission soutient que DLH n'a jamais affirmé devant le Tribunal que les aéroports de Francfort-Hahn et de Francfort-sur-le-Main étaient en concurrence ni que les aides en faveur du premier pourraient avoir un effet quelconque sur le second.

68. Le point 50 de l'arrêt attaqué serait, dès lors, entaché d'une erreur de droit en ce que le Tribunal ferait état d'une allégation que DLH n'aurait pas formulée devant lui et dont il n'aurait, en tout état de cause, pas examiné la véracité.

69. Aux points 52 à 54 de l'arrêt attaqué, le Tribunal aurait conclu à l'existence d'une pression concurrentielle de Ryanair sur DLH qui diminuerait, en l'absence d'octroi de l'aide en cause à FFHG, sans examiner les éléments de preuve fournis par DLH et par la Commission, ce qui méconnaîtrait également les règles régissant la charge de la preuve.

70. DLH répond que, dans sa requête en première instance, elle a établi que les deux aéroports concernés étaient en concurrence. Une telle situation de concurrence reposerait déjà sur la circonstance, mentionnée aux points 43 et 117 et suivants de cette requête, que les zones d'attraction de ces aéroports se recoupent. Par ailleurs, elle aurait fait valoir, au point 43 de ladite requête, l'existence d'une concurrence entre lesdits aéroports quant aux liaisons aériennes au départ de ceux-ci.

71. En outre, la Commission ne pourrait pas contester le fait, établi par le Tribunal, que les aéroports de Francfort-sur-le-Main et de Francfort-Hahn sont en concurrence, dès lors qu'un pourvoi incident se limite aux moyens de droit.

72. À titre subsidiaire, DLH aurait démontré que l'aéroport de Francfort-Hahn avait exercé une pression concurrentielle sur l'aéroport de Francfort-sur-le-Main, à tel point que ce dernier aurait permis à Ryanair d'ouvrir une base au mois de mars 2017.

73. Dans la seconde branche du deuxième moyen de son pourvoi incident, la Commission reproche au Tribunal d'avoir considéré, aux points 52 et 53 de l'arrêt attaqué, que, pour les vols proposés par Ryanair, au départ de l'aéroport de Francfort-Hahn, et les vols, pour les mêmes destinations, opérés par DLH au départ de l'aéroport de Francfort-sur-le-Main, Ryanair et DLH étaient concurrentes. Or, la Commission aurait fait valoir devant le Tribunal que les vols que DLH assurait, au départ de l'aéroport de

Francfort-sur-le-Main, concernaient des « vols premium » et des passagers en transit, tandis que Ryanair assurait des vols à bas coût dans le cadre du trafic « de point à point ». La Commission aurait aussi démontré que les prétendus éléments de preuve fournis par DLH ne contenaient aucune information quant à l'évolution du nombre de passagers et des prix et qu'il existait des doutes importants sur le point de savoir quelles liaisons étaient réellement desservies par DLH et à quelles dates. Cette argumentation de la Commission revêtant une grande importance, pour l'issue de l'affaire, le Tribunal aurait dû y répondre.

74. DLH répond qu'il n'existe aucune obligation pour le Tribunal de prendre en compte des arguments invoqués devant lui, mais seulement une obligation de garantir que le droit d'être entendu soit respecté.

Appréciation de la Cour

75. La décision litigieuse ayant été adressée à la République fédérale d'Allemagne et non à DLH, il importe de rappeler que l'article 263, quatrième alinéa, TFUE prévoit deux cas de figure dans lesquels la qualité pour agir est reconnue à une personne physique ou morale pour former un recours contre un acte de l'Union dont elle n'est pas le destinataire. D'une part, un tel recours peut être formé à condition que cet acte la concerne directement et individuellement. D'autre part, une telle personne peut introduire un recours contre un acte réglementaire ne comportant pas de mesures d'exécution si celui-ci la concerne directement (arrêt du 31 janvier 2023, *Commission/Braesch e.a.*, C-284/21 P, EU:C:2023:58, point 50 ainsi que jurisprudence citée).

76. À cet égard, il importe de relever, tout d'abord, que, au point 33 de l'arrêt attaqué, le Tribunal a jugé que, la décision litigieuse portant sur une aide individuelle, il était exclu que cette décision fût un acte réglementaire. Un tel constat n'est, au demeurant, pas contesté dans le cadre des présents pourvois.

77. En ce qui concerne, ensuite, la question de savoir si DLH est concernée « directement et individuellement » par la décision litigieuse, au sens de l'article 263, quatrième alinéa, TFUE, il ressort d'une jurisprudence constante de la Cour que les sujets autres que les destinataires d'une décision ne sauraient prétendre être individuellement concernés que si cette décision les atteint en raison de certaines qualités qui leur sont particulières ou d'une situation de fait qui les caractérise par rapport à toute autre personne et, de ce fait, les individualise d'une manière analogue à celle dont le destinataire d'une telle décision le serait (voir, notamment, arrêts du 15 juillet 1963, *Plaumann/Commission*, 25/62, EU:C:1963:17, p. 223, ainsi que du 31 janvier 2023, *Commission/Braesch e.a.*, C-284/21 P, EU:C:2023:58, point 51).

78. Étant donné que le recours en première instance concernait une décision adoptée par la Commission en matière d'aides d'État, il y a lieu de rappeler également que, dans le cadre de la procédure de contrôle des aides d'État prévue à l'article 108 TFUE, doivent être distinguées, d'une part, la phase préliminaire d'examen des aides instituée au paragraphe 3 de cet article, laquelle a seulement pour objet de permettre à la Commission de se former une première opinion sur la compatibilité partielle ou totale de la mesure d'aide en cause avec le marché intérieur, et, d'autre part, la phase d'examen visée au paragraphe 2 dudit article. Ce n'est que dans le cadre de cette dernière phase, laquelle est destinée à permettre à la Commission d'avoir une information complète sur l'ensemble des données de l'affaire, que le traité FUE prévoit l'obligation, pour cette institution, de mettre en demeure les intéressés de présenter leurs observations (voir, notamment, arrêts du 17 septembre 2015, *Mory e.a./Commission*, C-33/14 P, EU:C:2015:609, point 94, ainsi que du 31 janvier 2023, *Commission/Braesch e.a.*, C-284/21 P, EU:C:2023:58, point 52).

79. Il en résulte que, ainsi que le Tribunal l'a rappelé à juste titre au point 36 de l'arrêt attaqué, lorsque, sans ouvrir la procédure formelle d'examen prévue au paragraphe 2 de l'article 108 TFUE, la Commission constate, par une décision prise sur le fondement du paragraphe 3 de cet article, qu'une aide est compatible avec le marché intérieur, les bénéficiaires de telles garanties de procédure ne peuvent en obtenir le respect que s'ils ont la possibilité de contester cette décision devant le juge de l'Union. Pour ces motifs, un recours visant à l'annulation d'une telle décision, introduit par un « intéressé », au sens de l'article 108, paragraphe 2, TFUE, est recevable lorsque l'auteur de ce recours cherche, par l'introduction de celui-ci, à sauvegarder les droits procéduraux qu'il tire de cette dernière disposition (voir, notamment, arrêt du 31 janvier 2023, *Commission/Braesch e.a.*, C-284/21 P, EU:C:2023:58, point 53 ainsi que jurisprudence citée).

80. À cet égard, il convient de rappeler que la définition de la notion d'« intéressé », telle qu'elle résulte de la jurisprudence de la Cour, a été codifiée par le législateur de l'Union à l'article 1er, sous h), du règlement (CE) no 659/1999 du Conseil, du 22 mars 1999, portant modalités d'application de l'article [108 TFUE] (*JO* 1999, L 83, p. 1), lequel a été remplacé par l'article 1er, sous h), du règlement 2015/1589. Cette dernière disposition définit la notion analogue de « partie intéressée » comme visant « tout État membre et toute personne, entreprise ou association d'entreprises dont les intérêts pourraient être affectés par l'octroi d'une aide, en particulier le bénéficiaire de celle-ci, les entreprises concurrentes et les associations professionnelles » (arrêt du 31 janvier 2023, *Commission/Braesch e.a.*, C-284/21 P, EU:C:2023:58, point 58).

81. En l'espèce, il est constant que la décision litigieuse a été adoptée au terme de la phase préliminaire d'examen prévue à l'article 108, paragraphe 3, TFUE ainsi que visée à l'article 4, paragraphe 3, du règlement 2015/1589 et, partant, sans qu'ait été ouverte la procédure formelle d'examen prévue à l'article 108, paragraphe 2, TFUE et visée à l'article 4, paragraphe 4, de ce règlement.

82. C'est donc à bon droit que le Tribunal a considéré que le recours introduit par DLH pouvait être considéré comme étant recevable pour autant que cette compagnie aérienne ait, d'une part, démontré être une « partie intéressée », au sens de l'article 1er, sous h), du règlement 2015/1589, et ait, d'autre part, fait valoir une violation de ses droits procéduraux.

83. Le Land et la Commission estiment toutefois que, aux points 32 à 64 de de l'arrêt attaqué, le Tribunal a jugé, à tort, que l'une et l'autre de ces conditions étaient satisfaites en l'espèce.

Sur la qualité de « partie intéressée » de DLH

84. Aux points 39 à 56 de l'arrêt attaqué, le Tribunal a jugé que DLH était une « partie intéressée », au sens de l'article 1er, sous h), du règlement 2015/1589.

85. À cet égard, il convient de rappeler, en premier lieu, que, si la notion de « partie intéressée », au sens de cette disposition, inclut, tout particulièrement, les entreprises concurrentes du bénéficiaire de l'aide, il n'en demeure pas moins que cette notion vise, ainsi que le Tribunal l'a relevé à bon droit au point 44 de l'arrêt attaqué, un ensemble indéterminé de destinataires (voir, en ce sens, arrêts du 24 mai 2011, *Commission/Kronoply et Kronotex*, C-83/09 P, EU:C:2011:341, point 63, ainsi que du 31 janvier 2023, *Commission/Braesch e.a.*, C-284/21 P, EU:C:2023:58, point 59).

86. Ainsi, il ressort de la jurisprudence de la Cour qu'une entreprise qui n'est pas concurrente directe du bénéficiaire de l'aide peut néanmoins être qualifiée de « partie intéressée », au sens de l'article 1er, sous h), du règlement 2015/1589, pour autant qu'elle fait valoir que ses intérêts peuvent être affectés par l'octroi d'une aide, ce qui exige que cette entreprise démontre, à suffisance de droit, que l'aide risque d'avoir une incidence concrète sur sa situation. Dès lors, la qualité de « partie intéressée » ne présuppose pas nécessairement une relation de concurrence (voir, en ce sens, notamment, arrêts du 24 mai 2011, *Commission/Kronoply et Kronotex*, C-83/09 P, EU:C:2011:341, points 64 et 65 ; du 2 septembre 2021, *Ja zum Nürburgring/Commission*, C-647/19 P, EU:C:2021:666, point 58, ainsi que du 31 janvier 2023, *Commission/Braesch e.a.*, C-284/21 P, EU:C:2023:58, point 60).

87. En deuxième lieu, il convient de souligner que, au point 55 de l'arrêt attaqué, le Tribunal a jugé que l'octroi de l'aide en cause risquait d'avoir une incidence concrète sur la situation de DLH en ce qui concerne, d'une part, le fonctionnement de l'aéroport de Francfort-sur-le-Main, lequel est son premier « aéroport-pivot », et, d'autre part, la concurrence relative aux destinations des vols que DLH propose au départ de cet aéroport.

88. Plus spécifiquement, le Tribunal a, premièrement, considéré, au point 50 de l'arrêt attaqué, que l'aide en cause pouvait affecter la position concurrentielle de l'aéroport de Francfort-sur-le-Main.

89. Toutefois, ainsi que la Commission le relève, à juste titre, dans la première branche du deuxième moyen de son pourvoi incident, il ne ressort pas de la requête en première instance que DLH ait invoqué un tel argument afin de justifier sa qualité pour agir. Or, ainsi qu'il est rappelé au point 86 du présent arrêt, c'est au seul requérant qu'il appartient de démontrer que la mesure d'aide en cause risque d'avoir une incidence concrète sur sa situation.

90. Partant, le point 50 de l'arrêt attaqué est entaché d'une erreur de droit.

91. Deuxièmement, le Tribunal a souligné, aux points 51 à 54 de l'arrêt attaqué, que, en permettant à FFHG de poursuivre ses activités, l'octroi de l'aide en cause avait offert à Ryanair la possibilité de maintenir une pression concurrentielle sur DLH au départ de l'aéroport de Francfort-Hahn. Un tel constat est fondé sur le fait que ces deux compagnies aériennes sont concurrentes dans la mesure où elles proposent des vols pour les mêmes destinations au départ des aéroports de Francfort-Hahn et de Francfort-sur-le-Main, ce fait étant attesté, ainsi qu'il est indiqué au point 51 de l'arrêt attaqué, par les listes des destinations qui ont été fournies par DLH dans ses écrits de procédure et lors de l'audience devant le Tribunal.

92. Il ressort ainsi expressément de ce point 51 que le Tribunal a pris en compte les éléments de preuve fournis par DLH. En revanche, ainsi que la Commission le relève, dans la deuxième branche du deuxième moyen de son pourvoi incident, il ne découle nullement de l'arrêt attaqué que le Tribunal a tenu compte des arguments invoqués par celle-ci, notamment, aux points 33 à 40 de son mémoire en duplique devant le Tribunal, et qui visaient à remettre en cause la pertinence des éléments de preuve, fournis par DLH, aux fins d'apprécier l'existence d'une relation de concurrence entre cette compagnie aérienne et Ryanair.

93. À cet égard, il importe de rappeler, d'une part, que, dans le cadre du pourvoi, le contrôle de la Cour a pour objet, notamment, de vérifier si le Tribunal a répondu à suffisance de droit à l'ensemble des arguments invoqués par le requérant et, d'autre part, que le moyen tiré d'un défaut de réponse du Tribunal à des arguments invoqués en première instance revient, en substance, à invoquer une violation de l'obligation de motivation qui découle de l'article 36 du statut de la Cour de justice de l'Union européenne, applicable au Tribunal en vertu de l'article 53, premier alinéa, du même statut, et de l'article 117 du règlement de procédure du Tribunal (voir, en ce sens, arrêts du 20 mai 2010, *Gogos/Commission*, C-583/08 P, EU:C:2010:287, point 29 ; du 29 septembre 2022, *ABLV Bank/CRU*, C-202/21 P, EU:C:2022:734, point 106, ainsi que du 2 février 2023, *Espagne e.a./Commission*, C-649/20 P, C-658/20 P et C-662/20 P, EU:C:2023:60, point 118).

94. Certes, le Tribunal n'est pas tenu de fournir un exposé qui suivrait, de manière exhaustive et un par un, tous les raisonnements articulés par les parties au litige, la motivation du Tribunal pouvant donc être implicite à condition qu'elle permette aux intéressés de connaître les raisons pour lesquelles le Tribunal n'a pas fait droit à leurs arguments et à la Cour de disposer des éléments suffisants pour exercer son contrôle (arrêts du 9 septembre 2008, *FIAMM e.a./Conseil et Commission*, C-120/06 P et C-121/06 P, EU:C:2008:476, point 96, ainsi que du 1er décembre 2022, *EUIPO/Vincenti*, C-653/20 P, EU:C:2022:945, point 47).

95. Cela étant, dans la mesure où, en l'espèce, les données soumises par la Commission visaient à contester la pertinence des données fournies par DLH, le Tribunal aurait dû, pour satisfaire à l'obligation de motivation à laquelle il est tenu, exposer les raisons pour lesquelles il considérait que ces éléments de preuve n'étaient pas susceptibles de remettre en cause son appréciation, fondée sur les éléments fournis par DLH, selon laquelle cette compagnie aérienne et Ryanair étaient actives sur le même marché de transport aérien de passagers et étaient, dès lors, concurrentes.

96. Il résulte de ce qui précède que le Tribunal a commis une erreur de droit et a manqué à son obligation de motivation en jugeant que DLH était une « partie intéressée », au sens de l'article 1er, sous h), du règlement 2015/1589.

97. Partant, il y a lieu d'accueillir les première et deuxième branches du deuxième moyen soulevé par la Commission.

Sur l'invocation par DLH de la violation de ses droits procéduraux

98. Il convient, en premier lieu, de relever que l'affirmation du Tribunal, au point 64 de l'arrêt attaqué, selon laquelle DLH avait invoqué, dans la requête en première instance, la violation de ses droits procéduraux repose sur les constats effectués par celui-ci aux points 62 et 63 de cet arrêt.

99. À cet égard, le Tribunal a jugé, au point 62 dudit arrêt, qu'« il [résultait] de l'analyse de l'ensemble de la requête » que le recours introduit par DLH « [portait] sur l'annulation de la décision de ne pas soulever d'objections, en mettant en cause le fait que [cette] décision [avait] omis de procéder à un examen complet de l'aide [en cause], ce qui [aurait porté] atteinte à [DLH] en ce qu'elle [était] une partie intéressée et [aurait violé] son droit à être entendue et ses droits procéduraux ».

100. Au point 63 de l'arrêt attaqué, le Tribunal a également précisé que, « s'agissant [...] d'un recours contestant la légalité de la décision prise sans ouverture de la procédure formelle, il [convenait] d'examiner l'ensemble des arguments soulevés par [DLH] dans le moyen unique, afin d'apprécier la question de savoir s'ils [permettaient] d'identifier des difficultés sérieuses en présence desquelles la Commission aurait été tenue d'ouvrir ladite procédure ».

101. En second lieu, il importe de rappeler qu'il n'appartient pas au juge de l'Union d'interpréter le recours d'un requérant mettant en cause exclusivement le bien-fondé d'une décision d'appréciation de la mesure d'aide en cause en tant que telle comme visant en réalité à sauvegarder les droits procéduraux que le requérant tire de l'article 108, paragraphe 2, TFUE lorsque celui-ci n'a pas expressément formé de moyen poursuivant cette fin, sous peine de transformer l'objet de ce recours (arrêt du 2 septembre 2021, *Ja zum Nürburgring/Commission*, C-647/19 P, EU:C:2021:666, point 115 et jurisprudence citée).

102. Cela étant, les arguments du requérant qui visent spécifiquement à démontrer que la Commission aurait dû ouvrir la phase formelle d'examen sont recevables lorsque le recours à l'appui duquel ces arguments sont invoqués vise effectivement l'annulation de la décision de ne pas ouvrir une telle procédure et que, d'après les termes mêmes de la requête, le requérant fait valoir que le défaut d'ouverture de la procédure d'examen l'a empêché de bénéficier des garanties procédurales auxquelles il a droit (voir, en ce sens, arrêt du 22 septembre 2011, *Belgique/Deutsche Post et DHL International*, C-148/09 P, EU:C:2011:603, points 61 à 63).

103. En l'espèce, il est vrai, premièrement, que, ainsi que le Tribunal l'a souligné au point 62 de l'arrêt attaqué, le recours introduit par DLH devant lui visait l'annulation d'une décision de la Commission de ne pas ouvrir la phase formelle d'examen, visée à l'article 108, paragraphe 2, TFUE.

104. Cela étant, il convient de souligner, deuxièmement, que, ainsi que M. l'avocat général l'a relevé au point 98 de ses conclusions, le Tribunal a méconnu son obligation de motivation en se limitant à affirmer, au point 62 de cet arrêt, que l'invocation par DLH d'une violation de ses droits procéduraux résultait de l'analyse d'ensemble de la requête en première instance. Le Tribunal aurait dû, au contraire, viser explicitement les points de cette requête sur le fondement desquels il s'appuyait pour effectuer une telle appréciation afin de permettre aux parties, ainsi qu'il est rappelé au point 94 du présent arrêt, de connaître les raisons l'ayant amené à juger de la sorte et à la Cour d'exercer son contrôle.

105. Troisièmement, ainsi que M. l'avocat général l'a également relevé, en substance, au point 97 de ses conclusions, le Tribunal était encore tenu d'examiner lesquels des griefs soulevés par DLH visaient spécifiquement à démontrer que la Commission aurait dû ouvrir la phase formelle d'examen.

106. Or, il ne ressort pas de l'arrêt attaqué qu'un tel examen ait été réalisé par le Tribunal. Au contraire, il découle du point 63 de cet arrêt que le Tribunal a estimé que, dès lors que le recours de première instance visait à contester le refus de la Commission d'ouvrir la procédure formelle d'examen, visée à l'article 108, paragraphe 2, TFUE, il était tenu d'examiner l'ensemble des arguments que DLH avait invoqués afin d'apprécier si ceux-ci permettaient d'identifier des difficultés sérieuses, qui auraient dû conduire la Commission à ouvrir une telle procédure, sans vérifier, au préalable, si chacun de ces arguments visait spécifiquement à démontrer l'existence de telles difficultés.

107. Il s'ensuit que l'appréciation du Tribunal selon laquelle DLH avait invoqué une violation de ses droits procéduraux est entachée d'erreurs de droit et d'un défaut de motivation.

108. Partant, la deuxième branche du premier moyen du pourvoi du Land doit être accueillie.

109. Eu égard à l'ensemble des considérations qui précèdent, et sans qu'il soit besoin de statuer ni sur la première branche du premier moyen du pourvoi du Land, ni sur le premier moyen et la troisième branche du deuxième moyen du pourvoi incident de la Commission tendant à contester, pour d'autres raisons, la recevabilité du recours, ni sur les autres moyens du pourvoi principal et des pourvois incidents visant à remettre en question le raisonnement du Tribunal concernant le fond et, en particulier, sur les moyens développés par DLH dans son pourvoi incident quant à la conformité à l'article 107 TFUE de la notion de « scénario d'ensemble » utilisée par le Tribunal, il y a lieu d'annuler l'arrêt attaqué.

Sur le recours devant le Tribunal

110. Conformément à l'article 61, premier alinéa, seconde phrase, du statut de la Cour de justice de l'Union européenne, la Cour peut, en cas d'annulation de la décision du Tribunal, statuer définitivement sur le litige lorsque celui-ci est en état d'être jugé.

111. Tel n'est pas le cas en l'espèce.

112. En effet, eu égard à l'existence de plusieurs erreurs de droit et de défauts de motivation, l'examen de la recevabilité du recours en première instance et, le cas échéant, du bien-fondé de ce recours implique des appréciations de fait qui nécessiteraient, de la part de la Cour, l'adoption de mesures supplémentaires d'organisation de la procédure ou d'instruction du dossier.

113. Partant, il y a lieu de renvoyer l'affaire devant le Tribunal et de réserver les dépens.

Par ces motifs, la Cour (quatrième chambre) déclare et arrête :

1) L'arrêt du Tribunal de l'Union européenne du 19 mai 2021, *Deutsche Lufthansa/Commission* (T-218/18, EU:T:2021:282) est annulé.

2) L'affaire est renvoyée au Tribunal de l'Union européenne.

3) Les dépens sont réservés.

Observations

1. On commencera par résumer brièvement les faits ayant conduit à l'annulation de l'arrêt attaqué par la Cour. En 2017, le gouvernement allemand avait notifié à la Commission son intention d'octroyer, par tranches successives, entre l'année 2018 et l'année 2022, une aide au fonctionnement de l'aéroport de Francfort-Hahn (exploité par Flughafen Frankfurt-Hahn GmbH, ci-après « FFHG ») en raison de l'état déficitaire de celui-ci (ci-après l'« aide en cause »). Par la décision litigieuse (1), la Commission a décidé, en substance, qu'il n'y avait pas lieu d'ouvrir la procédure formelle d'examen prévue à l'article 108, paragraphe 2, TFUE dès lors que, bien que l'aide en cause constituât une « aide d'État », au sens de l'article 107, paragraphe 1, TFUE, cette aide était compatible avec le marché intérieur en vertu du paragraphe 3, sous c), de cet article. La Commission a, notamment, justifié cette décision en faisant valoir qu'il n'y avait pas d'autres aéroports dans la zone d'attraction de l'aéroport de Francfort-Hahn, lequel était le bénéficiaire de ladite aide.

2. Il est important d'ajouter que l'affaire s'inscrit elle-même dans le cadre d'un long contentieux préexistant. En effet, avant d'adopter la décision litigieuse, la Commission avait pris deux décisions relatives à des mesures de la République fédérale d'Allemagne au profit de l'aéroport de Francfort-Hahn et de Ryanair (Ryanair utilise en effet cet aéroport comme base en Allemagne), à savoir, premièrement, la décision (UE) 2016/788 du 1er octobre 2014 relative

(1) Décision C(2017) 5289 final de la Commission du 31 juillet 2017 relative à l'aide d'État SA.47969 (2017/N), mise à exécution par l'Allemagne concernant une aide au fonctionnement accordée à l'aéroport de Francfort-Hahn.

à l'aide d'État SA.32833 (11/C) (ex 11/NN) mise à exécution par l'Allemagne concernant les modalités de financement de l'aéroport de Francfort-Hahn mises en place de 2009 à 2011 (*JOUE* 2016, L 134, p. 1), laquelle avait fait l'objet d'un recours en annulation rejeté par le Tribunal par l'ordonnance du 17 mai 2019, *Deutsche Lufthansa c/ Commission* (aff. T-764/15, EU:T:2019:349), et, deuxièmement, la décision (UE) 2016/789 du 1er octobre 2014 relative à l'aide d'État SA.21121 (C 29/08) (ex NN 54/07) mise à exécution par l'Allemagne concernant le financement de l'aéroport de Francfort-Hahn et les relations financières entre l'aéroport et Ryanair (*JOUE* 2016, L 134, p. 46), laquelle avait à son tour fait l'objet d'un recours en annulation rejeté par le Tribunal par l'arrêt du 12 avril 2019, *Deutsche Lufthansa c/ Commission* (aff. T-492/15, EU:T:2019:252). Les pourvois formés contre ces deux décisions du Tribunal avaient été rejetés par la Cour par les arrêts du 15 juillet 2021, *Deutsche Lufthansa c/ Commission* (aff. C-453/19 P, EU:C:2021:608) et du 20 janvier 2022, *Deutsche Lufthansa c/ Commission* (aff. C-594/19 P, EU:C:2022:40). Enfin, le 26 octobre 2018, la Commission avait décidé d'ouvrir une procédure formelle d'examen, sur la base d'une plainte de DLH, enregistrée sous la référence SA.43260, à l'égard d'autres mesures prises en faveur de l'aéroport de Francfort-Hahn et de Ryanair. Cette décision a été publiée au *Journal officiel de l'Union européenne* le 13 septembre 2019 (*JOUE* 2019, C 310, p. 5, ci-après la « décision *Hahn IV* »).

3. Par une requête déposée au greffe du Tribunal le 29 mars 2018, la compagnie aérienne DLH, décidément très active, a introduit un recours visant à l'annulation de la décision litigieuse, en soutenant un moyen unique, divisé en trois branches, tirées, la première, de l'omission de la Commission de tenir compte des faits essentiels de l'affaire qui lui était soumise, la deuxième, de l'omission de la Commission de tenir compte d'autres aides qui auraient déjà été octroyées à l'aéroport de Francfort-Hahn et, la troisième, d'erreurs d'appréciation commises par la Commission.

4. Dans l'arrêt attaqué, le Tribunal a, tout d'abord, jugé que le recours introduit par DLH était recevable. Sur le fond, le Tribunal a jugé que, concernant la zone d'attraction de l'aéroport de Francfort-Hahn, la Commission n'avait pas correctement pris en compte l'ensemble des critères qui s'imposaient à son appréciation en vertu des lignes directrices sur les aides à l'aviation et que, partant, le « caractère insuffisant et incomplet » de l'examen en ayant découlé n'avait pas permis à cette institution de se mettre en mesure de surmonter tout doute quant à la compatibilité de l'aide en cause avec le marché intérieur. Tout en ayant écarté l'ensemble des autres griefs soulevés par DLH, le Tribunal a, ainsi, partiellement

accueilli la troisième branche du moyen unique soulevé par DLH dans le recours en première instance et a annulé, pour ce motif, la décision litigieuse. Le Land Rheinland Pfalz et la Commission de manière incidente se sont pourvus devant la Cour. L'arrêt de la Cour du 14 septembre 2023 accueille le pourvoi et annule l'arrêt attaqué tout en renvoyant l'affaire devant le Tribunal. Au-delà de quelques points de procédure, il est à signaler pour les précisions qu'il apporte sur la notion de partie intéressée et la recevabilité du recours en annulation.

Procédure

5. On signalera tout d'abord qu'à la suite de la présentation par l'avocat général de ses conclusions, DLH avait demandé, par deux actes déposés au greffe de la Cour le 6 avril 2023 et le 11 juillet 2023, à ce que soit ordonnée la réouverture de la phase orale de la procédure, en application de l'article 83 du règlement de procédure de la Cour. À l'appui de sa demande, DLH faisait valoir l'existence de faits nouveaux, dont elle n'avait pas eu connaissance avant la lecture de ces conclusions. Il s'agissait, d'une part, du dépôt, par le Land, d'un mémoire dans le cadre de la procédure en cours relative à un litige l'opposant à elle, devant le Landgericht Köln (tribunal régional de Cologne, Allemagne), au sujet de la récupération des sommes correspondant aux mesures visées dans la décision *Hahn IV*. DLH relevait, plus particulièrement, que, dans ce mémoire, le Land, contrairement à ce qui était soutenu dans la présente procédure et dans la décision litigieuse, faisait valoir que Ryanair et elle-même étaient en situation de concurrence. D'autre part, DLH s'appuyait sur un arrêt de l'Oberlandesgericht Koblenz (tribunal régional supérieur de Coblence, Allemagne) selon lequel les aides accordées à l'aéroport de Francfort-Hahn constituaient une subvention croisée au profit de Ryanair, ce qui confirmerait que DLH était bien directement et individuellement concernée par ces aides.

6. Mais s'il est vrai que, conformément à l'article 83 de son règlement de procédure, la Cour peut, à tout moment, l'avocat général entendu, ordonner la réouverture de la phase orale de la procédure, notamment lorsqu'une partie a soumis, après la clôture de cette phase, un fait nouveau de nature à exercer une influence décisive sur sa décision, en l'espèce, la Cour, sans qu'elle s'en explique plus avant, a estimé (pt 30 de l'arrêt) que les demandes présentées par DLH ne révélaient l'existence d'aucun fait nouveau de nature à pouvoir exercer une influence décisive sur la décision que la Cour était appelée à rendre. Elle a donc refusé la demande de DHL.

7. Par ailleurs deux exceptions de recevabilité étaient soulevées à l'encontre du pourvoi et du pourvoi incident. S'agissant tout d'abord de la question de l'irrecevabilité du pourvoi principal, DLH estimait que ce pourvoi était irrecevable car, premièrement, le document produit par le Land, à titre de preuve de l'existence d'un mandat *ad litem* de son représentant, était trop ancien et général et qu'il ne contenait aucune information relative à l'identité de la personne à représenter, même s'il était signé au nom du Land. Deuxièmement, DLH estimait que le Land n'était directement affecté par l'arrêt attaqué qu'en raison de son obligation de récupérer les tranches de l'aide en cause qui avaient déjà été octroyées à FFHG et de ne plus verser à cette dernière de telles tranches à l'avenir. Or, le Land aurait refusé de se soumettre à une telle obligation. Dès lors, l'introduction du pourvoi présenterait un caractère abusif. Troisièmement, l'arrêt attaqué n'entraînerait pas de modification de la situation juridique du Land, celui-ci cherchant, en réalité, à protéger les intérêts de FFHG, des nouveaux actionnaires de cette dernière ainsi que de Ryanair. Enfin, quatrièmement, le Land n'aurait pas un intérêt à agir, l'annulation de l'arrêt attaqué ne lui procurant aucun bénéfice. Par ailleurs, dans son mémoire en duplique et lors de l'audience devant la Cour, DLH avait ajouté, d'une part, que le pourvoi méconnaissait l'autorité de la chose jugée attachée à l'ordonnance du Tribunal du 17 mai 2019, *Deutsche Lufthansa c/ Commission* (aff. T-764/15, EU:T:2019:349), et, d'autre part, que le Land ne disposait plus d'un intérêt à agir, la situation économique actuelle de FFHG ne permettant plus à cette dernière d'obtenir le versement du solde de l'aide en cause. Bien entendu, le Land et la Commission demandaient à la Cour d'écarter cette argumentation.

8. S'agissant, tout d'abord, de l'argument invoqué par DLH, dans son mémoire en duplique et lors de l'audience devant la Cour, selon lequel le pourvoi serait irrecevable en ce qu'il viserait à remettre en cause l'autorité de la chose jugée de l'ordonnance du 14 décembre 2017, *Deutsche Lufthansa c/ Commission* (aff. T-764/15, EU:T:2017:933), la Cour l'a facilement écarté en tant que moyen nouveau. Dans la mesure où il n'a pas été invoqué par DLH dans son mémoire en réponse au pourvoi et où cet argument ne se fonde pas sur des éléments de droit et de fait qui se sont révélés pendant la procédure, « il y a lieu de considérer ledit argument comme étant tardif et, partant, de l'écarter comme étant irrecevable. Il y a lieu de rappeler que, en vertu de l'article 127 du règlement de procédure de la Cour, la production de moyens nouveaux en cours d'instance est interdite à moins que ces moyens ne se fondent sur des éléments de droit et de fait qui se sont révélés pendant la procédure » (pt 36).

9. Quant à l'argument relatif à l'intérêt à agir du Land, il suffit à la Cour de rappeler qu'il ressort clairement de l'article 56, deuxième alinéa, du statut de la Cour de justice de l'Union européenne que les parties intervenantes autres que les États membres et les institutions de l'Union européenne peuvent former un pourvoi contre une décision du Tribunal *lorsque cette décision les affecte directement*. Or, elle estime que le Land, certes partie intervenante devant le Tribunal, a suffisamment démontré que l'arrêt attaqué l'affectait directement. En effet, et comme le disait le Land lui-même, l'arrêt attaqué avait pour conséquence, d'une part, d'obliger celui-ci à récupérer les tranches de l'aide en cause ayant déjà été attribuées à FFHG et, d'autre part, d'interdire à celui-ci de verser de nouvelles tranches de cette aide à l'avenir. De surcroît, l'existence d'une procédure d'insolvabilité dont FFHG faisait désormais l'objet, qui aurait empêché cette dernière de percevoir les tranches restantes de l'aide en cause, n'a pas été considérée comme une circonstance susceptible de modifier une telle conclusion : « En effet, à supposer même que tel soit le cas, il n'en demeurerait pas moins que l'arrêt attaqué imposerait toujours au Land de récupérer, en tout état de cause, les tranches de l'aide en cause qu'il a déjà versées à FFHG » (pt 40) (2).

10. Enfin le mandat du représentant du Land qui prévoyait expressément que celui-ci peut représenter le Land devant les juridictions de l'Union dans les litiges en matière d'aides d'État, dont la caducité n'avait pas été démontrée, satisfaisait aux conditions prévues à l'article 44, paragraphe 1, sous b), du règlement de procédure de la Cour (3).

11. La recevabilité du pourvoi étant acquise, qu'en était-il de celle du pourvoi incident ? DHL invoquait quatre arguments au support de sa demande d'irrecevabilité. En premier lieu, le pourvoi de la Commission n'indiquerait pas la date à laquelle le pourvoi du Land a été signifié à cette institution, contrairement à ce qui est prévu à l'article 177, paragraphe 1, sous b), du règlement de procédure de la Cour. En deuxième lieu, il méconnaîtrait l'article 178, paragraphe 3, seconde phrase, de ce règlement de procédure, étant donné qu'il serait, en grande partie, identique au mémoire déposé par cette institution en réponse au pourvoi principal. En troisième lieu, ce pourvoi incident serait irrecevable au motif que le pourvoi principal serait, lui-même, irrecevable (il ne sera donc pas traité de cet argument compte tenu des conclusions sur le pourvoi principal). En quatrième lieu, l'introduction dudit pourvoi incident serait abusive dès lors

(2) Pas plus que la circonstance que le Land n'aurait pas pris l'ensemble des mesures imposées par l'arrêt attaqué (pt 41 de l'arrêt commenté).

(3) Explicitées par la jurisprudence, *cf.* par ex. CJUE, 28 février 2018, *mobile.de c/ EUIPO*, aff. C-418/16 P, EU:C:2018:128, pts 34 et 39.

que la Commission n'aurait engagé aucune procédure d'infraction à l'égard de la République fédérale d'Allemagne, alors que DLH l'aurait informée que, à la suite de l'adoption de la décision *Hahn IV*, ni FFHG ni le Land n'avaient récupéré auprès de Ryanair les aides concernées afin que les sommes correspondantes soient transférées sur un compte bloqué.

12. À l'opposé et à l'appui de son pourvoi incident, la Commission invoquait six moyens, tirés, le premier, d'une violation de l'article 263 TFUE, le deuxième, d'une violation des règles régissant la charge de la preuve, de l'obligation de répondre aux arguments invoqués par les parties et d'entendre ces dernières, le troisième, de l'application d'un critère erroné afin d'examiner la validité des décisions de la Commission de ne pas ouvrir la procédure formelle d'examen prévue à l'article 108, paragraphe 2, TFUE, le quatrième, d'une mauvaise interprétation des lignes directrices sur les aides à l'aviation, le cinquième, d'une violation des règles relatives à la charge de la preuve et, le sixième, d'une méconnaissance du règlement de procédure du Tribunal, d'un examen d'office erroné et d'une dénaturation d'un élément de preuve.

13. La Cour commence par rappeler (pt 50) qu'en vertu des articles 172 et 174 de son règlement de procédure, les parties à l'affaire en cause devant le Tribunal ayant un intérêt à l'accueil ou au rejet du pourvoi peuvent présenter un mémoire en réponse dont les conclusions tendent à l'accueil ou au rejet, total ou partiel, de ce pourvoi. Ces parties peuvent également, en vertu des articles 176 et 178, paragraphes 1 et 3, de ce règlement de procédure, présenter un pourvoi incident, devant être formé par un acte séparé, distinct du mémoire en réponse, dont les conclusions tendent à l'annulation totale ou partielle de la décision du Tribunal en s'appuyant sur des moyens et des arguments de droit distincts des moyens et des arguments invoqués dans le mémoire en réponse (4). De sorte que le mémoire en réponse à un pourvoi ne peut tendre à l'annulation de la décision du Tribunal pour des motifs distincts et autonomes de ceux invoqués dans ce pourvoi, de tels motifs ne pouvant être soulevés que dans le cadre d'un pourvoi incident (5). Mais il en résulte également que le pourvoi incident doit, en principe, contenir des moyens et arguments distincts et autonomes de ceux qui ont été soulevés dans le mémoire en réponse au pourvoi principal formé par la même partie. Or, en l'espèce et la Cour le relève (pt 52), plusieurs

(4) *Cf.* CJUE, ord., 7 décembre 2017, *Eurallumina c/ Commission*, aff. C-323/16 P, EU:C:2017:952, pt 30, et CJUE, 3 septembre 2020, *Vereniging tot Behoud van Natuurmonumenten in Nederland e.a. c/ Commission*, aff. C-817/18 P, EU:C:2020:637, pt 47.

(5) *Cf.* CJUE, 3 septembre 2020, *Vereniging tot Behoud van Natuurmonumenten in Nederland e.a. c/ Commission*, préc., pt 48.

moyens soulevés dans le pourvoi incident formé par la Commission recoupent, en partie, les arguments invoqués par celle-ci dans le mémoire en réponse qu'elle a déposé au soutien du pourvoi du Land.

14. Toutefois, et en contrepartie, par son pourvoi incident, la Commission demande, elle-même, l'annulation de l'arrêt attaqué en soulevant des moyens qui sont, pour partie, autonomes et distincts de ceux soulevés dans le pourvoi principal. Comme selon les règles rappelées, une telle demande n'aurait pu être présentée ni de tels moyens soulevés dans son mémoire en réponse, il faut bien admettre que c'est conformément à ces règles que la Commission a formé son pourvoi incident. Dans ces conditions, il ne saurait lui être fait grief d'avoir exposé dans son pourvoi incident l'ensemble des moyens soulevés au soutien de sa demande d'annulation de l'arrêt attaqué, y compris ceux qui ont été également soulevés dans son mémoire en réponse au lieu de répartir l'exposé de ses moyens entre ce pourvoi incident et ce mémoire en réponse, au risque, la Cour l'admet, de nuire à la cohérence de son raisonnement (6).

15. La Cour adopte une position peu formelle s'agissant de l'argument selon lequel et conformément aux termes de l'article 177, paragraphe 1, sous b), du règlement de procédure de la Cour, un pourvoi incident doit faire mention de la date à laquelle le pourvoi principal a été signifié à la partie qui forme ce pourvoi incident. Or, DLH montrait qu'une telle mention n'apparaissait pas dans le pourvoi incident introduit par la Commission dans la présente affaire. La Cour admet que cette mention n'apparaît pas dans ce pourvoi incident. Toutefois, il lui suffit que la date à laquelle le pourvoi principal a été signifié à la Commission, à savoir le 5 août 2021, soit expressément mentionnée dans le mémoire en réponse à ce pourvoi principal que la Commission a déposé et qui a été signifié à DLH ainsi qu'au Land. Cette absence de formalisme doit sans doute également au fait que ce pourvoi incident a bien été formé par la Commission dans le délai imparti. De sorte que l'omission de la Commission « ne constitue pas une irrégularité susceptible d'aboutir à l'irrecevabilité de ce pourvoi incident, les autres parties ayant été mises en mesure de vérifier que ledit pourvoi incident avait bien été formé dans un délai de deux mois à compter de la signification du pourvoi » (pt 56).

16. Enfin, pour déclarer ce pourvoi incident recevable, la Cour rejette les derniers moyens en relevant d'une part que la circonstance que les conclusions du mémoire en réponse de la Commission au pourvoi principal tendent à l'annulation de l'arrêt attaqué et non, comme l'impose l'article 174 du règlement de procédure de

(6) *Cf.* CJUE, ord., 7 décembre 2017, *Eurallumina c/ Commission*, préc., pt 31.

la Cour, à l'accueil ou au rejet, total ou partiel, de ce pourvoi ne saurait modifier une telle conclusion dans la mesure où une telle irrégularité n'entraîne que l'irrecevabilité du chef de conclusions par lequel la Commission demande, dans ce mémoire en réponse, l'annulation de l'arrêt attaqué (7). D'autre part, et même à la supposer établie, la circonstance que le Land n'aurait pas entrepris les démarches nécessaires pour se conformer à l'arrêt attaqué ou à la décision *Hahn IV* n'est pas de nature à rendre irrecevable le pourvoi incident de la Commission visant à obtenir l'annulation de cet arrêt (pt 58).

Fond

17. L'essentiel des développements sur le fond est consacré à la notion de partie intéressée et à la recevabilité du recours en annulation. La Cour rappelle en effet que la décision litigieuse ayant été adressée à la République fédérale d'Allemagne et non à DLH, l'article 263, quatrième alinéa, TFUE, prévoit deux cas de figure dans lesquels la qualité pour agir est reconnue à une personne physique ou morale pour former un recours contre un acte de l'Union dont elle n'est pas le destinataire. D'une part, un tel recours peut être formé à condition que cet acte la concerne directement et individuellement. D'autre part, mais cette hypothèse est étrangère à cette affaire, une telle personne peut introduire un recours contre un acte réglementaire ne comportant pas de mesures d'exécution si celui-ci la concerne directement (8). Et il ressort d'une jurisprudence constante de la Cour que les sujets autres que les destinataires d'une décision ne sauraient prétendre être individuellement concernés que si cette décision les atteint en raison de certaines qualités qui leur sont particulières ou d'une situation de fait qui les caractérise par rapport à toute autre personne et, de ce fait, les individualise d'une manière analogue à celle dont le destinataire d'une telle décision le serait (9).

18. Plus particulièrement dans le cadre du contentieux des aides d'État, où les décisions de la Commission sont en principe adressées aux États, il convient de distinguer, d'une part, la phase préliminaire d'examen des aides instituée à l'article 108, paragraphe 3, TFUE, laquelle a seulement pour objet de permettre à la Commission de se

(7) *Cf.* CJUE, 30 mai 2017, *Safa Nicu Sepahan c/ Conseil*, aff. C-45/15 P, EU:C:2017:402, pt 21.

(8) *Cf.* le rappel récent de la jurisprudence fort ancienne, CJUE, 31 janvier 2023, *Commission c/ Braesch e.a.*, aff. C-284/21 P, EU:C:2023:58, pt 50 ainsi que jurisprudence citée.

(9) *Cf.* CJCE, 15 juillet 1963, *Plaumann c/ Commission*, aff. 25/62, EU:C:1963:17, p. 223, et CJUE, 31 janvier 2023, *Commission c/ Braesch e.a.*, préc., pt 51.

former une première opinion sur la compatibilité partielle ou totale de la mesure d'aide en cause avec le marché intérieur, et, d'autre part, la phase d'examen visée au paragraphe 2 dudit article. Ce n'est que dans le cadre de cette dernière phase, laquelle est destinée à permettre à la Commission d'avoir une information complète sur l'ensemble des données de l'affaire, que le TFUE prévoit l'obligation, pour cette institution, de mettre en demeure les intéressés de présenter leurs observations (10). Dès lors, lorsque, sans ouvrir la procédure formelle d'examen prévue au paragraphe 2 de l'article 108 TFUE, la Commission constate, par une décision prise sur le fondement du paragraphe 3 de cet article, qu'une aide est compatible avec le marché intérieur, les bénéficiaires de telles garanties de procédure ne peuvent en obtenir le respect que s'ils ont la possibilité de contester cette décision devant le juge de l'Union. Pour ces motifs, un recours visant à l'annulation d'une telle décision, introduit par un « intéressé », au sens de l'article 108, paragraphe 2, TFUE, est recevable lorsque l'auteur de ce recours cherche, par l'introduction de celui-ci, à sauvegarder les droits procéduraux qu'il tire de cette dernière disposition (11).

19. Dès lors la recevabilité du recours d'une personne physique ou morale à l'encontre d'une décision adressée à l'État au titre de l'article 108, paragraphe 3 est subordonnée, nonobstant sa qualité pour agir (12), d'une part à l'objet de son recours, la sauvegarde de ses droits procéduraux, et d'autre part à sa qualité de partie intéressée au sens de l'article 108, paragraphe 2, du même article. S'agissant précisément de cette dernière condition, l'on sait que la définition de la notion de partie « intéressée », telle qu'elle résulte de la jurisprudence de la Cour, a été codifiée par le législateur de l'Union à l'article 1er, sous h), du règlement (CE) n° 659/1999 du Conseil du 22 mars 1999 portant modalités d'application de l'article [108 TFUE] (*JOUE* 1999, L 83, p. 1), lequel a été remplacé par l'article 1er, sous h), du règlement 2015/1589. Cette dernière disposition définit la notion analogue de « partie intéressée » comme visant « tout État membre et toute personne, entreprise ou association d'entreprises dont les intérêts pourraient être affectés par l'octroi d'une aide, en particulier le bénéficiaire de celle-ci, les entreprises concurrentes et les associations professionnelles » (13). En l'espèce,

(10) *Cf.* CJUE, 17 septembre 2015, *Mory e.a. c/ Commission*, aff. C-33/14 P, EU:C:2015:609, pt 94, et CJUE, 31 janvier 2023, *Commission c/ Braesch e.a.*, préc., pt 52.

(11) *Cf.* le rappel de la jurisprudence acquise de longue date in CJUE, 31 janvier 2023, *Commission c/ Braesch e.a.*, préc., pt 53 ainsi que jurisprudence citée.

(12) *Cf.* le commentaire de l'arrêt *Grupa Azoty*, ce recueil ci-dessus.

(13) *Cf.* le rappel in CJUE, 31 janvier 2023, *Commission c/ Braesch e.a.*, préc., pt 58.

aux points 39 à 56 de l'arrêt attaqué, le Tribunal avait jugé que DLH était une « partie intéressée », au sens de l'article 1er, sous h), du règlement 2015/1589.

20. La Cour commence par rappeler que les termes « en particulier » du règlement 2015/1589 ne doivent pas être interprétés restrictivement. Si la notion de « partie intéressée », au sens de cette disposition, inclut, tout particulièrement, les entreprises concurrentes du bénéficiaire de l'aide, il n'en demeure pas moins que cette notion vise, ainsi que le Tribunal dans l'arrêt attaque l'a relevé à bon droit, « un ensemble indéterminé de destinataires » (14). En effet une entreprise qui n'est pas concurrente directe du bénéficiaire de l'aide peut néanmoins être qualifiée de « partie intéressée », au sens de l'article 1er, sous h), du règlement 2015/1589, pour autant qu'elle fait valoir que ses intérêts peuvent être affectés par l'octroi d'une aide, ce qui exige que cette entreprise démontre, à suffisance de droit, que l'aide risque d'avoir une incidence concrète sur sa situation. Dès lors, la qualité de « partie intéressée » ne présuppose pas nécessairement une relation de concurrence (15), même si la démonstration d'une telle relation facilitera grandement la recevabilité du recours. Toutefois, c'est au requérant, et non au Tribunal, de démontrer cette affectation. Pour n'avoir pas suivi ce principe, l'arrêt attaqué a commis une première erreur de droit et encourt l'annulation (pt 90) et une seconde en ne motivant pas les raisons pour lesquelles il avait refusé de prendre en compte les arguments de la Commission contestant les éléments de preuve en faveur d'une relation de concurrence entre DHL et Ryanair (pt 95).

21. Par ailleurs et s'agissant cette fois de l'objet du recours, c'est-à-dire la violation des droits procéduraux du requérant, la Cour relève que le Tribunal a également commis une erreur de droit et un défaut de motivation (pt 107). En effet, et en premier lieu, le Tribunal, au point 62 de l'arrêt attaqué, avait relevé qu'« il [résultait] de l'analyse de l'ensemble de la requête » que le recours introduit par DLH « [portait] sur l'annulation de la décision de ne pas soulever d'objections, en mettant en cause le fait que [cette] décision [avait] omis de procéder à un examen complet de l'aide [en cause], ce qui [aurait porté] atteinte à [DLH] en ce qu'elle [était] une partie intéressée et [aurait violé] son droit à être entendue et ses droits procéduraux ». Plus particulièrement en présence

(14) *Cf.* CJUE, 24 mai 2011, *Commission c/ Kronoply et Kronotex*, aff. C-83/09 P, EU:C:2011:341, pt 63, et CJUE, 31 janvier 2023, *Commission c/ Braesch e.a.*, préc., pt 59.

(15) *Cf.* CJUE, 24 mai 2011, *Commission c/ Kronoply et Kronotex*, préc., pts 64 et 65 ; CJUE, 2 septembre 2021, *Ja zum Nürburgring c/ Commission*, aff. C-647/19 P, EU:C:2021:666, pt 58, et CJUE, 31 janvier 2023, *Commission c/ Braesch e.a.*, préc., pt 60.

d'une décision de ne pas ouvrir la procédure formelle d'examen, il y aurait lieu « d'examiner l'ensemble des arguments soulevés par [DLH] dans le moyen unique, afin d'apprécier la question de savoir s'ils [permettaient] d'identifier des difficultés sérieuses en présence desquelles la Commission aurait été tenue d'ouvrir ladite procédure ».

22. Or, s'il est vrai que les arguments du requérant qui visent spécifiquement à démontrer que la Commission aurait dû ouvrir la phase formelle d'examen sont recevables lorsque le recours à l'appui duquel ces arguments sont invoqués vise effectivement l'annulation de la décision de ne pas ouvrir une telle procédure et que, d'après les termes mêmes de la requête, le requérant fait valoir que le défaut d'ouverture de la procédure d'examen l'a empêché de bénéficier des garanties procédurales auxquelles il a droit (16), le Tribunal a cependant méconnu (17) en l'espèce son obligation de motivation en se limitant à affirmer, au point 62 de l'arrêt attaqué, que l'invocation par DLH d'une violation de ses droits procéduraux résultait de l'analyse d'ensemble de la requête en première instance. Il aurait dû, au contraire, viser explicitement les points de cette requête sur le fondement desquels il s'appuyait pour effectuer une telle appréciation afin de permettre aux parties de connaître les raisons l'ayant amené à juger de la sorte et, il ne faut pas l'oublier, à la Cour d'exercer son contrôle. De surcroît, le Tribunal était encore tenu, selon la Cour, d'examiner lesquels des griefs soulevés par DLH visaient spécifiquement à démontrer que la Commission aurait dû ouvrir la phase formelle d'examen. Or, rien dans l'arrêt attaqué ne montre qu'un tel examen ait été réalisé par le Tribunal. Au contraire, dit la Cour « il découle du point 63 de cet arrêt que le Tribunal a estimé que, dès lors que le recours de première instance visait à contester le refus de la Commission d'ouvrir la procédure formelle d'examen, visée à l'article 108, paragraphe 2, TFUE, il était tenu d'examiner l'ensemble des arguments que DLH avait invoqués afin d'apprécier si ceux-ci permettaient d'identifier des difficultés sérieuses, qui auraient dû conduire la Commission à ouvrir une telle procédure, sans vérifier, au préalable, si chacun de ces arguments visait spécifiquement à démontrer l'existence de telles difficultés » (18).

23. Pour l'ensemble de ces motifs, la Cour annule l'arrêt attaqué tout en lui renvoyant l'affaire. L'avenir dira si cet arrêt marque une volonté de restreindre la recevabilité des recours en annulation

(16) *Cf.* CJUE, 22 septembre 2011, *Belgique c/ Deutsche Post et DHL International*, aff. C-148/09 P, EU:C:2011:603, pts 61-63.

(17) *Cf.* pt 98 des conclusions précitées de l'avocat général.

(18) *Cf.* pt 106 de l'arrêt commenté.

des décisions de ne pas ouvrir la procédure formelle d'examen de l'article 108, paragraphe 3, TFUE ou s'il est plus simplement l'illustration de la volonté de la Cour de sanctionner une rédaction fort défectueuse du Tribunal.

Dominique BERLIN

Cour de justice, gde ch., 5 décembre 2023, *Grand-Duché de Luxembourg, Engie Global LNG Holding Sàrl, Engie Invest International SA, Engie SA c/ Commission, Irlande partie intervenante*, aff. jtes C-451/21 P et C-454/21 P, ECLI:EU:C:2023:948

Conclusions de l'avocat général J. Kokott, du 4 mai 2023, ECLI:EU:C:2023:383

Mots-clés : Pourvoi – Aides d'État – Décisions fiscales anticipatives adoptées par un État membre – Aide déclarée incompatible avec le marché intérieur – Obligation de récupération de cette aide – Notion d'« avantage » – Détermination du cadre de référence – Imposition « normale » selon le droit national – Contrôle par la Cour de l'interprétation et de l'application du droit national par le Tribunal de l'Union européenne – Fiscalité directe – Interprétation stricte – Pouvoirs de la Commission européenne – Obligation de motivation – Qualification juridique des faits – Notion d'« abus de droit » – Appréciation *ex ante* par l'administration fiscale de l'État membre concerné – Principe de sécurité juridique

Cadre normatif : articles 107 et 108 TFUE ; décision (UE) 2019/421 de la Commission du 20 juin 2018 concernant l'aide d'État SA.44888 (2016/C) (ex 2016/NN) mise à exécution par le Luxembourg en faveur d'Engie (*JO* 2019, L 78, p. 1), ci-après la « décision litigieuse » ; Trib. UE, 12 mai 2021, *Luxembourg e.a. c/ Commission*, aff. T-516/18 et T-525/18, ci-après l'« arrêt attaqué », EU:T:2021:251

Notes et observations : D. Berlin, « Lutte contre les décisions fiscales anticipatives en tant qu'aides d'État contraires à l'article 107 TFUE : la porte se referme doucement », *R.A.E.*, 2023/4

Extraits de l'arrêt

[...]

2. Les antécédents du litige, tels qu'ils ont été exposés aux points 1 à 98 de l'arrêt attaqué, peuvent être présentés de la manière suivante.

A. Les sociétés concernées

3. Le groupe Engie se compose d'Engie, société établie en France, et de l'ensemble des sociétés que cette société contrôle directement ou indirectement. Ce groupe est issu de la fusion des groupes français Suez et Gaz de France. Au Luxembourg, il détient, notamment, Compagnie européenne de financement C.E.F. SA (ci-après « CEF »), constituée en 1933 et devenue Engie Invest International en 2015.

4. CEF, qui avait pour objet social l'acquisition de participations au Luxembourg et dans des entités étrangères ainsi que la gestion, l'exploitation et le contrôle de ces participations, détenait l'entièreté du capital de plusieurs sociétés luxembourgeoises, dont, premièrement, GDF Suez Treasury Management Sàrl (ci-après « GSTM »), devenue Engie Treasury Management Sàrl, deuxièmement, Electrabel Invest Luxembourg SA (ci-après « EIL ») et, troisièmement, GDF Suez LNG Holding Sàrl (ci-après « LNG Holding »), constituée en 2009, devenue Engie Global LNG Holding.

5. En 2009, le groupe Engie a implanté deux filiales au Luxembourg, GDF Suez LNG Luxembourg Sàrl (ci-après « LNG Luxembourg ») et GDF Suez LNG Supply SA (ci-après « LNG Supply »). À la fin de l'année 2009, LNG Holding a pris le contrôle de ces deux filiales, qui était précédemment exercé par une autre société de ce groupe, Suez LNG Trading SA (ci-après « LNG Trading »). LNG Holding détenait l'intégralité du capital de LNG Luxembourg et de LNG Supply.

B. Les décisions fiscales anticipatives

6. Une série de transactions internes au groupe Engie a fait l'objet, de la part de l'administration fiscale luxembourgeoise, de décisions fiscales anticipatives. Celles-ci portent sur deux ensembles d'opérations, présentant une structure économique et juridique semblable qui peut être décrite de la manière suivante.

7. Une société du groupe Engie procède à la cession des actifs constituant son activité commerciale à une société filiale (ci-après la « filiale »). Afin de financer cet achat, la filiale émet auprès d'une société intermédiaire (ci-après l'« intermédiaire ») un emprunt d'une durée de quinze ans, obligatoirement convertible en actions à l'échéance. Cet emprunt ne donne pas lieu au versement d'intérêts à l'intermédiaire, mais est converti, à son échéance, en actions. Cette conversion prend en compte la performance, soit positive, soit négative, de l'émetteur de l'emprunt, à savoir la filiale, pendant la durée de celui-ci. Ce type de contrat est dénommé zéro-intérêts obligation remboursable en actions (ZORA).

8. La rémunération de l'intermédiaire, souscripteur de l'emprunt, est donc indexée sur la performance de la filiale. Ainsi, au terme de l'emprunt, cette dernière doit rembourser, au moyen d'une émission d'actions, le montant nominal de l'emprunt majoré d'une « prime » constituée de l'ensemble des bénéfices qu'elle a réalisés pendant la durée du prêt, qualifiés d'« accrétions sur ZORA ». Sur le montant de cette prime vient s'imputer celui résultant de l'application du pourcentage correspondant à l'imposition convenue avec les autorités fiscales luxembourgeoises. En cas de déficit de la filiale lors d'un ou de plusieurs exercices comptables, celui-ci est pris en compte de la même façon, venant alors minorer les bénéfices en vue du calcul du montant final de la prime. Il s'agit alors de « réductions sur ZORA ».

9. Pour financer sa souscription à l'emprunt, l'intermédiaire a recours à un contrat de vente à terme prépayé (ci-après le « contrat à terme prépayé ») conclu avec une société holding (ci-après la « holding »), qui est actionnaire unique tant de la filiale que de l'intermédiaire. La holding verse à l'intermédiaire, lors de la conclusion de ce contrat, un montant correspondant au montant nominal du ZORA, en contrepartie duquel l'intermédiaire cède à la holding les droits portant sur les actions qui seront émises au terme du ZORA, y compris celles correspondant, le cas échéant, à la valeur cumulée des accrétions sur ZORA.

10. Le premier ensemble de décisions fiscales anticipatives de l'administration fiscale luxembourgeoise porte sur le financement du transfert des activités de LNG Trading dans le secteur du gaz naturel liquéfié et de produits dérivés du gaz vers LNG Supply. Cinq demandes de décisions fiscales anticipatives ont été introduites par les sociétés concernées par ce transfert, du 9 septembre 2008 au 20 septembre 2013, auxquelles les autorités fiscales luxembourgeoises ont répondu par cinq décisions fiscales anticipatives, adoptées entre le 9 septembre 2008 et le 13 mars 2014.

11. Conformément aux mécanismes décrits aux points 7 à 9 du présent arrêt, il ressort de ce premier ensemble de décisions fiscales anticipatives que LNG Supply, la filiale, devait acquérir l'activité d'achat, de vente, d'opérations sur les marchés financiers et de transport de gaz naturel liquéfié ainsi que de produits dérivés du gaz de LNG Trading, pour un prix estimé à 750 millions de dollars américains (USD) (environ 507 millions d'euros, en application, comme les autres montants visés au présent point ainsi qu'aux points 12 et 16 du présent arrêt, du taux de change retenu dans la décision litigieuse). Elle devait financer cette acquisition par un ZORA souscrit par LNG Luxembourg, l'intermédiaire, à l'échéance duquel LNG Supply devait convertir en actions au profit de LNG Luxembourg le montant nominal du ZORA, le cas échéant majoré des accrétions sur ZORA. De son côté, LNG Luxembourg devait apporter la somme nécessaire à la souscription du montant nominal du ZORA en concluant avec LNG Holding, la holding, un contrat à terme prépayé à hauteur de ce montant. Ce contrat prévoyait la cession à LNG Holding, lors de la conversion du ZORA, des actions initialement transférées à LNG Luxembourg par LNG Supply, pour une valeur comprenant, en fonction de la performance de LNG Supply, les accrétions sur ZORA.

12. Il résulte des contrats signés par ces différentes sociétés que, lors de la mise en œuvre des mécanismes validés dans le cadre du premier ensemble de décisions fiscales anticipatives, le contrat portant cession par LNG Trading des actifs correspondant à son activité commerciale à LNG Supply a été signé le 30 octobre 2009 et a porté sur un montant de 657 millions d'USD (environ 444 millions d'euros). Ce montant a été payé par LNG Supply au moyen de deux billets à ordre de 11 millions d'USD (environ 7 millions d'euros) et de 646 millions d'USD (environ 437 millions d'euros). Le même jour, LNG Supply et LNG Luxembourg ont conclu un ZORA d'un montant nominal de 646 millions d'USD (environ 437 millions d'euros), devant venir à échéance le 30 octobre 2024, mais qui a été en partie converti de manière anticipée en 2014. Le 30 octobre 2009, LNG Luxembourg et LNG Holding ont conclu un contrat à terme prépayé à hauteur du montant nominal du ZORA.

13. D'un point de vue fiscal, en application du premier ensemble de décisions fiscales anticipatives, l'assiette de l'impôt dû par LNG Supply au titre d'un exercice donné est égale à une marge convenue avec les autorités fiscales luxembourgeoises, correspondant à une fraction de la valeur des actifs bruts figurant au bilan de cette société. La différence entre le bénéfice effectivement dégagé au titre de cet exercice et cette marge imposable constitue les accrétions sur ZORA dudit exercice, lesquelles sont considérées comme des charges déductibles liées au ZORA.

14. LNG Luxembourg dispose, pour sa part, en application du premier ensemble de décisions fiscales anticipatives, d'une option consistant soit à conserver en comptabilité le montant du ZORA pour sa valeur nominale, soit, à défaut, à augmenter ou à réduire cette valeur, du fait des accrétions ou des réductions sur ZORA, entre le moment de la conclusion du ZORA et celui de sa conversion ou de son remboursement anticipé. Lors de la conversion de l'emprunt en actions, LNG Luxembourg peut opter pour l'application de l'article 22*bis* de la loi du 4 décembre 1967, concernant l'impôt sur le revenu (*Mémorial A*, 1967, p. 1228), telle que modifiée (ci-après la « LIR »), lequel permet de ne pas imposer la plus-value, correspondant aux accrétions sur ZORA, résultant de cette conversion.

15. Le premier ensemble de décisions fiscales anticipatives prévoit, en outre, que LNG Holding comptabilisera au prix de revient le paiement reçu en vertu du contrat à terme prépayé au titre de ses immobilisations financières. Jusqu'à la conversion du ZORA, elle ne comptabilisera donc aucun revenu et, partant, ne pourra déduire aucune charge se rapportant à ce contrat. Toutefois, pour autant qu'il est satisfait aux conditions posées à l'article 166 de la LIR, tous les revenus, notamment les dividendes et les plus-values, liés aux participations de LNG Holding dans ses filiales luxembourgeoises, dont, par conséquent, les actions de LNG Supply transférées par LNG Luxembourg après conversion du ZORA en actions, sont exonérés d'impôt sur le revenu.

16. En pratique, LNG Supply a inscrit à son passif le montant nominal du ZORA de l'année 2009 à l'année 2013. En 2014, elle a procédé à une réduction de 193,8 millions d'USD (environ 163,3 millions d'euros) de ce montant pour tenir compte de la conversion partielle anticipée du ZORA en actions. La plus-value de 506,2 millions d'USD (environ 425,2 millions d'euros) réalisée par LNG Holding à la suite de cette conversion partielle a été exonérée d'impôt sur le revenu, en application de l'article 166 de la LIR. LNG Supply a actualisé le montant nominal restant du ZORA, inscrit à son passif, en tenant compte des réductions sur ZORA.

17. Le second ensemble de décisions fiscales anticipatives a trait au transfert vers GSTM des activités de gestion et de trésorerie ainsi que de financement exercées par CEF. Deux demandes de décisions fiscales anticipatives ont été présentées par les sociétés concernées par ce transfert, les 9 février 2010 et 15 juin 2012, auxquelles les autorités fiscales luxembourgeoises ont répondu par deux décisions fiscales anticipatives, adoptées à ces dates.

18. Selon ces décisions fiscales anticipatives, GSTM, la filiale, devait acquérir les activités de CEF décrites au point 17 du présent arrêt pour un montant de 1 036 912 506,84 euros. Elle devait financer cette acquisition par un ZORA souscrit par EIL, l'intermédiaire, à l'échéance duquel GSTM devait convertir en actions au profit d'EIL le montant nominal du ZORA, le cas échéant majoré des accrétions sur ZORA. De son côté, EIL devait apporter la somme nécessaire à la souscription du montant nominal du ZORA en concluant avec CEF – qui se trouve donc être, dans le cadre du second ensemble de décisions fiscales anticipatives, à la fois la société cédant ses activités et la holding apportant les fonds à l'intermédiaire – un contrat à terme prépayé à hauteur de ce montant. Ce contrat devait prévoir la cession à CEF, lors de la conversion du ZORA, des actions initialement transférées à EIL, pour une valeur comprenant, en fonction de la performance de GSTM, les accrétions sur ZORA.

19. En application de ce second ensemble de décisions fiscales anticipatives, GSTM a conclu deux contrats de type ZORA avec EIL, les 17 juin 2011 et 30 juin 2014, venant à échéance le 17 juin 2026 et portant sur un montant de 1 036 912 506,84 euros. EIL et CEF ont conclu, le 17 juin 2011, un contrat à terme prépayé à hauteur du prix d'émission du ZORA.

20. En ce qui concerne le traitement fiscal du second ensemble de décisions fiscales anticipatives, les observations relatives au premier ensemble de ces décisions, exposées aux points 13 à 15 du présent arrêt, sont applicables *mutatis mutandis*. Il convient simplement de relever qu'il ressort du point 64 de la décision litigieuse et des déclarations du Grand-Duché de Luxembourg qui y sont rapportées que la marge convenue avec l'administration fiscale de cet État membre et constituant l'assiette de l'impôt de GSTM n'a pas subi de modification, nonobstant la demande présentée en ce sens par le groupe Engie.

21. Il ressort des déclarations comptables et fiscales de GSTM que celle-ci a inscrit au passif de ses bilans annuels le montant des accrétions sur ZORA, en contrepartie de la dépense correspondante figurant au compte de résultat, puisqu'il s'agit d'un montant que GSTM devra, à l'échéance du ZORA, convertir en actions qui seront transférées à EIL, puis à CEF. Ce montant figure, pour les années 2011 à 2016, dans le tableau 2 faisant suite au considérant 73 de la décision litigieuse. La Commission européenne a retracé, aux considérants 74 et 75 de cette décision et dans les tableaux qui y sont insérés, les conséquences du second ensemble de décisions fiscales anticipatives sur l'imposition de GSTM. À l'instar de LNG Holding, CEF a comptabilisé ses participations dans ses filiales comme admissibles à l'exonération d'impôt en vertu de l'article 166 de la LIR.

C. La procédure administrative

22. Le 23 mars 2015, la Commission a fait parvenir au Grand-Duché de Luxembourg une demande de renseignements relative à sa pratique en matière de décisions fiscales anticipatives à l'égard du groupe Engie. L'État membre concerné a répondu à cette demande le 25 juin 2015. Sur le fondement des documents fournis, la Commission lui a indiqué, par lettre du 1er avril 2016, ne pouvoir exclure la possibilité que les décisions fiscales anticipatives en cause contiennent un élément d'aide d'État incompatible avec le marché intérieur.

23. Le 19 septembre 2016, la Commission a ouvert la procédure formelle d'examen prévue à l'article 108, paragraphe 2, TFUE. La décision d'ouvrir cette procédure a été publiée au Journal officiel de l'Union européenne le 3 février 2017.

24. Divers échanges de correspondance ont eu lieu et une réunion s'est tenue le 1er juin 2017 dans le cadre de ladite procédure, dont le détail figure aux points 55 à 62 de l'arrêt attaqué.

D. La décision litigieuse

25. Le 20 juin 2018, la Commission a adopté la décision litigieuse, par laquelle elle a considéré, en substance, que le Grand-Duché de Luxembourg avait, par l'intermédiaire de son administration fiscale, octroyé, en violation de l'article 107, paragraphe 1, et de l'article 108, paragraphe 3, TFUE, un avantage sélectif au groupe Engie, considéré comme une même unité économique.

26. Sans remettre en cause la légalité, en vertu du droit fiscal luxembourgeois, de l'ensemble de la structure de financement mise en place par le groupe Engie pour le transfert des activités de LNG Trading, d'une part, et de CEF, d'autre part, la Commission a contesté les effets de cette structure sur l'impôt total dû par ce groupe, au motif, en substance, que la quasi-totalité des bénéfices réalisés par les filiales d'Engie au Luxembourg n'avaient, en réalité, pas été imposés, notamment en raison de l'exonération prévue à l'article 166 de la LIR.

27. En ce qui concerne l'imputabilité à l'État membre des décisions fiscales anticipatives en cause, celle-ci découle, selon la Commission, de ce que ces décisions ont été adoptées par l'administration fiscale luxembourgeoise et se sont traduites par une perte de recettes fiscales.

28. En ce qui concerne l'octroi d'un avantage économique, la Commission a considéré que ce dernier résidait dans l'absence d'imposition des revenus de participations détenues par LNG Holding, d'une part, et CEF, d'autre part. Ces revenus correspondraient, d'un point de vue économique, aux accrétions sur ZORA, lesquelles auraient été déduites, respectivement, par LNG Supply et par GSTM de leurs revenus imposables en tant que charges.

29. Selon la Commission, les accrétions sur ZORA ne sont imposées ni au niveau des filiales, ni au niveau des intermédiaires, ni au niveau des holdings, les filiales s'acquittant seulement d'un impôt dont l'assiette correspondrait à une marge limitée convenue avec les autorités fiscales luxembourgeoises.

30. La Commission a ainsi indiqué que les filiales constituaient chaque année, en raison de la conversion future des ZORA en cause, des provisions comptables correspondant aux accrétions sur ZORA, considérées comme des charges déductibles. Les intermédiaires ne seraient pas imposés sur les accrétions sur ZORA, puisque, à la conversion des ZORA, en application des contrats à terme prépayés conclus avec les holdings concernées, les intermédiaires subiraient une perte du même montant que celui de ces accrétions. Les holdings concernées, enfin, détentrices des actions des filiales à l'échéance des ZORA en application des contrats à terme prépayés, ne seraient pas non plus imposées, dans la mesure où les revenus de participations qu'elles tirent de la conversion des ZORA seraient exonérés, selon les décisions fiscales anticipatives en cause, en vertu de l'article 166 de la LIR.

31. Afin d'établir la sélectivité de ces décisions fiscales anticipatives, la Commission s'est fondée, à titre principal, ainsi qu'il ressort, notamment, des considérants 163 à 170 et 237 de la décision litigieuse, sur trois voies de raisonnement. Les deux premières concernent l'existence d'un avantage sélectif au niveau des holdings, à la lumière, d'abord, d'un cadre de référence étendu au système luxembourgeois d'imposition des sociétés et, ensuite, d'un cadre de référence restreint aux dispositions du droit luxembourgeois relatives à l'imposition des distributions de bénéfices et à l'exonération des revenus de participations. Une troisième voie de raisonnement a trait à l'existence d'un avantage au niveau du groupe Engie, à la lumière d'un cadre de référence étendu au système luxembourgeois d'imposition des sociétés. En outre, il ressort du considérant 289 de la décision litigieuse que, par une quatrième voie de raisonnement, présentée à titre subsidiaire, la Commission a considéré qu'un avantage sélectif résultait de l'absence d'application, par les autorités fiscales luxembourgeoises, de l'article 6 de la Steueranpassungsgesetz (loi d'adaptation fiscale), du 16 octobre 1934 (*Mémorial A*, 1934, p. 9001), relatif à l'abus de droit. Par ailleurs, la Commission a estimé que cet avantage sélectif était dépourvu de justification.

32. S'agissant de la première voie de raisonnement, la Commission a indiqué que les décisions fiscales anticipatives en cause conféraient au groupe Engie, au niveau des holdings, un avantage sélectif en ce qu'elles dérogeaient au système luxembourgeois d'imposition des sociétés, résultant des articles 18, 23, 40, 159 et 163 de la LIR, selon lesquels les sociétés résidentes du Luxembourg, assujetties à l'impôt applicable aux sociétés de cet État, sont imposées sur leurs bénéfices, tels que constatés dans leurs comptes. Elle a estimé que l'identification, aux fins de la définition d'un cadre de référence, d'un objectif pouvant être inféré de ces dispositions était conforme à la jurisprudence de la Cour et que cet objectif, à savoir l'imposition des bénéfices de toutes les sociétés assujetties à l'impôt au Luxembourg, ressortait clairement desdites dispositions. La Commission a ajouté que la prise en compte d'un cadre de référence étendu au système luxembourgeois d'imposition des sociétés était également conforme à cette jurisprudence, la Cour ayant itérativement jugé que, en présence de mesures concernant l'imposition des sociétés, le cadre de référence pouvait être défini à la lumière du système d'imposition de ces dernières, et non au regard des dispositions spécifiques applicables à certains contribuables ou à certaines transactions.

33. Or, les autorités fiscales luxembourgeoises auraient, par les décisions fiscales anticipatives en cause, dérogé à ce cadre en permettant que les revenus de participations des holdings concernées, correspondant, d'un point de vue économique, aux accrétions sur ZORA, ne soient pas imposés. Ces décisions auraient également été à l'origine d'une discrimination en faveur de ces holdings, puisque les sociétés assujetties à l'impôt sur le revenu des collectivités au Luxembourg seraient, à la différence desdites holdings, imposées sur leurs bénéfices, tels que ces derniers sont constatés dans leurs comptes.

34. S'agissant de la deuxième voie de raisonnement, la Commission a considéré que les décisions fiscales anticipatives en cause conféraient au groupe Engie, au niveau des holdings, un avantage sélectif en ce qu'elles dérogeaient au cadre de référence restreint aux dispositions relatives à l'exonération des revenus de participations et à l'imposition des distributions de bénéfices, issu des articles 164 et 166 de la LIR. En effet, l'exonération des revenus de participations pour une société mère ne serait possible qu'en cas d'imposition préalable, au niveau de sa filiale, des bénéfices distribués. Or, les revenus de participations exonérés d'impôt au niveau des holdings correspondraient, d'un point de vue économique, aux accrétions sur ZORA déduites par les filiales de leur revenu imposable en tant que charges.

35. La Commission a estimé, au considérant 212 de la décision litigieuse, que, d'un point de vue économique, eu égard au lien direct et évident entre les revenus exonérés au niveau des holdings et les accrétions sur ZORA déduites au niveau des filiales, ces accrétions étaient équivalentes à des distributions de bénéfices. La dérogation au cadre de référence restreint aurait donné lieu à une discrimination en faveur des holdings concernées, car, en substance, les sociétés mères placées dans une situation factuelle et juridique comparable à ces holdings ne pourraient bénéficier d'une exonération de leurs revenus de participations en l'absence d'imposition préalable des bénéfices distribués au niveau de leurs filiales.

36. L'absence de lien explicite entre l'article 164 de la LIR et l'article 166 de celle-ci ne pourrait remettre en cause ce constat, puisque, si un même revenu pouvait être exonéré au niveau d'une société mère et déduit en tant que charge au niveau d'une filiale, il échapperait à toute imposition au Luxembourg, ce qui contreviendrait tant à l'objectif du système luxembourgeois d'imposition des sociétés qu'à celui consistant à prévenir la double imposition.

37. S'agissant de la troisième voie de raisonnement, la Commission a soutenu que la sélectivité des décisions fiscales anticipatives en cause ressortait également d'une analyse au niveau du groupe composé des holdings, des intermédiaires et des filiales concernés, puisque, à partir de l'année 2015, ces sociétés auraient formé une seule et même unité fiscale en acquittant leurs impôts sur une base consolidée. En tout état de cause, selon la Commission, l'analyse des effets économiques des mesures étatiques devant s'effectuer en fonction des entreprises, il y aurait lieu de considérer les holdings, les intermédiaires et les filiales comme faisant partie d'une même entreprise, au sens du droit des aides d'État. La

Commission a ajouté, d'une part, que les demandes de décisions fiscales anticipatives portaient sur le traitement fiscal de l'ensemble des entités du groupe Engie impliquées dans les transactions en cause et, d'autre part, que l'avantage économique dont, selon elle, ce groupe a bénéficié résidait dans la combinaison d'une exonération de revenus de participations au niveau des holdings et d'une déduction au niveau des filiales des accrétions sur ZORA en tant que charges. L'avantage sélectif accordé au groupe Engie résulterait de ce que les décisions fiscales anticipatives dérogent au cadre de référence correspondant au système luxembourgeois d'imposition des sociétés, lequel viserait à imposer les sociétés assujetties à l'impôt au Luxembourg sur leurs bénéfices, tels que ces derniers ont été constatés dans leurs comptes.

38. En effet, la diminution de la charge fiscale au niveau des filiales, découlant de la déduction, en tant que charges, des accrétions sur ZORA du revenu imposable de ces filiales, n'aurait pas été compensée par une augmentation de la charge fiscale au niveau des holdings ou par une augmentation du revenu imposable des intermédiaires, ce qui, dans les faits, aurait conduit à une réduction du revenu imposable combiné du groupe Engie au Luxembourg. Or, d'autres groupes de sociétés se trouvant dans une situation factuelle et juridique comparable à celle de ce groupe n'auraient pas été en mesure d'obtenir une telle réduction de leur revenu imposable combiné.

39. Concernant l'analyse subsidiaire de la Commission, celle-ci repose sur le fait que les autorités fiscales luxembourgeoises auraient, par les décisions fiscales anticipatives en cause, écarté l'application de l'article 6 de la loi d'adaptation fiscale, alors que les quatre critères identifiés par la jurisprudence luxembourgeoise pour caractériser un abus de droit, à savoir l'utilisation de formes ou d'institutions de droit privé, la réduction de la charge fiscale, l'utilisation d'une voie juridique non appropriée et l'absence de motifs extrafiscaux, auraient été remplis.

40. Plus précisément, s'agissant des deux derniers critères, la Commission a considéré que l'absence presque totale d'imposition des bénéfices réalisés par les filiales au Luxembourg n'aurait pas été possible si le transfert des secteurs d'activités avait été réalisé au moyen d'un instrument de fonds propres ou par un prêt entre les filiales et les holdings concernées. De plus, il n'aurait pas existé pour le groupe Engie de motif économique réel, autre que la réalisation d'une économie d'impôt considérable, pour que celui-ci optât pour les structures complexes de financement mises en place, approuvées par les décisions fiscales anticipatives en cause.

41. La Commission a estimé, par ailleurs, que l'État membre concerné n'avait avancé aucune justification pour le traitement favorable dont ont bénéficié les holdings. Elle en a conclu que ce traitement ne pouvait être justifié par la nature ou l'économie générale du système fiscal luxembourgeois. En tout état de cause, elle a indiqué qu'une justification hypothétique fondée sur la prévention de la double imposition économique ne pouvait, en substance, être retenue.

42. La Commission a précisé que, au regard des multiples secteurs dans lesquels le groupe Engie exerçait ses activités, dans plusieurs États membres, le traitement fiscal qui lui avait été accordé en application des décisions fiscales anticipatives en cause avait soulagé ce groupe d'une charge fiscale qu'il aurait dû normalement supporter dans le cadre de la gestion courante de ses activités. Partant, ces décisions fiscales anticipatives auraient faussé ou menacé de fausser la concurrence.

43. Estimant que l'aide octroyée était incompatible avec le marché intérieur et illégale, la Commission a ordonné au Grand-Duché de Luxembourg, s'agissant des opérations visées par le premier ensemble de décisions fiscales anticipatives en cause, de récupérer immédiatement auprès de LNG Holding, et, à défaut, auprès d'Engie ou de l'un de ses successeurs, ou des sociétés du groupe Engie, l'aide qui s'est déjà matérialisée du fait de la conversion partielle en 2014 du ZORA conclu au profit de LNG Supply. S'agissant des opérations visées par le second ensemble de décisions fiscales anticipatives en cause, elle a ordonné à cet État membre de ne pas appliquer ces décisions pour ce qui concerne l'exonération des revenus de participations dont pourraient éventuellement bénéficier LNG Holding et CEF lors de la conversion totale des ZORA conclus au profit de LNG Supply et de GSTM.

44. La Commission a indiqué qu'une telle récupération ne portait pas atteinte aux principes de sécurité juridique, de protection de la confiance légitime, d'égalité de traitement et de bonne administration et a écarté les griefs avancés, lors de la procédure administrative, par le Grand-Duché de Luxembourg et par Engie *e.a.*, tirés de vices de procédure ayant entaché la procédure formelle d'examen.

II. La procédure devant le Tribunal et l'arrêt attaqué

45. Par des requêtes déposées au greffe du Tribunal respectivement le 30 août et le 4 septembre 2018, le Grand-Duché de Luxembourg (affaire T-516/18) et Engie *e.a.* (affaire T-525/18) ont introduit des recours tendant à l'annulation de la décision litigieuse.

46. Par acte déposé au greffe du Tribunal le 28 janvier 2019, le Grand-Duché de Luxembourg a demandé, en application de l'article 28, paragraphe 5, du règlement de procédure du Tribunal alors en vigueur, que l'affaire T-516/18 soit jugée par une formation de jugement élargie. Le Tribunal a fait droit à cette demande.

47. Par ordonnance du président de la septième chambre élargie du Tribunal du 15 février 2019, l'Irlande a été admise à intervenir au soutien des conclusions du Grand-Duché de Luxembourg dans l'affaire T-516/18.

48. Par décision du Tribunal du 16 octobre 2019, l'affaire T-516/18 a été, en application de l'article 27, paragraphe 5, du règlement de procédure du Tribunal, attribuée à la deuxième chambre élargie de celui-ci.

49. Par ordonnance du président de la deuxième chambre élargie du Tribunal du 12 juin 2020, les parties entendues, les affaires T-516/18 et T-525/18 ont été jointes aux fins de la phase orale de la procédure, conformément à l'article 68, paragraphe 1, du règlement de procédure du Tribunal. Par la même ordonnance, il a été décidé d'exclure les données confidentielles du dossier accessible à l'Irlande, conformément aux demandes de traitement confidentiel présentées par le Grand-Duché de Luxembourg ainsi que par Engie *e.a.*

50. À l'appui de son recours, le Grand-Duché de Luxembourg a fait valoir six moyens, tirés, le premier, d'une appréciation erronée, par la Commission, de la sélectivité des décisions fiscales anticipatives en cause, le deuxième, d'une violation de la notion d'« avantage », le troisième, d'une harmonisation fiscale déguisée menée par cette institution, en méconnaissance des articles 4 et 5 TUE, le quatrième, d'une violation des droits procéduraux, le cinquième, présenté à titre subsidiaire, d'une violation des principes généraux du droit de l'Union dans le cadre de la récupération des aides prétendument octroyées et, le sixième, d'une violation de l'obligation de motivation.

51. Pour leur part, Engie *e.a.* ont présenté huit moyens à l'appui de leur recours, dont six recoupaient ceux avancés par le Grand-Duché de Luxembourg. Engie *e.a.* soutenaient, en outre, que les décisions fiscales anticipatives en cause n'étaient pas imputables à l'État et que, en tout état de cause, la Commission les avait qualifiées à tort d'aides individuelles.

52. Par l'arrêt attaqué, après avoir joint les affaires T-516/18 et T-525/18 aux fins de celui-ci, le Tribunal a écarté l'ensemble des moyens soulevés dans ces recours et a rejeté ces derniers dans leur intégralité.

53. Tout d'abord, le Tribunal a rejeté les moyens tirés de ce que la Commission avait, en adoptant la décision litigieuse, procédé à une harmonisation fiscale déguisée, rappelant que, si la fiscalité directe relève, en l'état actuel du développement du droit de l'Union, de la compétence des États membres, ces derniers doivent néanmoins exercer cette compétence dans le respect du droit de l'Union.

54. Il a indiqué que, selon la jurisprudence, si des mesures fiscales opèrent, en fait, une discrimination entre des sociétés se trouvant dans une situation comparable au regard de l'objectif poursuivi par ces mesures et confèrent aux bénéficiaires de celles-ci des avantages sélectifs qui favorisent « certaines » entreprises ou « certaines » productions, lesdites mesures pourront être considérées comme des aides d'État au sens de l'article 107, paragraphe 1, TFUE. En conséquence, il a estimé que, la Commission étant compétente pour veiller au respect de l'article 107 TFUE, il ne pouvait lui être reproché d'avoir outrepassé ses compétences lorsqu'elle a examiné les décisions fiscales anticipatives en cause afin de vérifier si elles constituaient des aides d'État et, dans l'affirmative, si elles étaient compatibles avec le marché intérieur au sens de l'article 107, paragraphe 1, TFUE.

55. À cet égard, il a jugé que la Commission n'avait pas imposé sa propre interprétation du droit fiscal luxembourgeois lors de la démonstration de la sélectivité de ces décisions fiscales anticipatives, mais s'en était tenue à la présentation des dispositions de ce droit, s'appuyant non sur sa propre interprétation dudit droit, mais sur celle des autorités fiscales luxembourgeoises.

56. Ainsi qu'il ressort des points 138 à 153 de l'arrêt attaqué, le Tribunal a considéré que la Commission était en mesure, au titre du contrôle des mesures fiscales en matière d'aide d'État, d'apprécier elle-même les dispositions fiscales nationales, son appréciation pouvant, le cas échéant, être contestée par l'État membre concerné ou par d'éventuelles parties intéressées dans le cadre d'un recours en annulation devant le Tribunal. Selon ce dernier, la Commission ne pouvait, en l'espèce, que procéder à une appréciation de l'imposition qualifiée de « normale », au sens du droit fiscal luxembourgeois tel qu'appliqué par les autorités fiscales luxembourgeoises. Ce faisant, elle n'aurait donc procédé à aucune « harmonisation fiscale », mais aurait simplement exercé la compétence que lui confère l'article 107, paragraphe 1, TFUE.

57. Ensuite, le Tribunal n'a pas jugé fondés les moyens tirés de l'existence d'erreurs de droit et d'erreurs d'appréciation dans l'identification d'un avantage sélectif en faveur du groupe Engie. Il a, notamment, écarté le moyen d'Engie *e.a.* tiré de ce que la Commission, confondant les critères de sélectivité et d'avantage, aurait déduit l'existence d'un tel avantage d'une prétendue dérogation non pas aux dispositions de droit commun visant à déterminer le revenu imposable, mais à un objectif qui aurait été d'imposer, en toutes circonstances, les bénéfices des sociétés assujetties à l'impôt sur les revenus. Il a considéré, à cet égard, que si, en principe, la sélectivité et l'avantage constituaient deux critères distincts, en matière fiscale, toutefois, l'examen de l'avantage et celui de la sélectivité coïncidaient, dans la mesure où ces deux critères impliquent de démontrer que la mesure fiscale contestée conduit à une réduction du montant de l'impôt qui aurait normalement été dû par le bénéficiaire de cette mesure en application du régime fiscal ordinaire, applicable aux autres contribuables se trouvant dans la même situation. La jurisprudence permettrait d'ailleurs d'examiner conjointement ces deux critères, en tant que « troisième condition » prévue à l'article 107, paragraphe 1, TFUE, portant sur l'existence d'un « avantage sélectif ».

58. En l'espèce, le Tribunal a indiqué, aux points 239 à 253 de l'arrêt attaqué, que la Commission s'était attachée à démontrer, indépendamment du bien-fondé de l'ensemble des raisonnements figurant dans la décision litigieuse, que les décisions fiscales anticipatives en cause conduisaient à une réduction du montant de l'impôt qui aurait été normalement dû, notamment, par les holdings concernées en application de régimes fiscaux ordinaires et que, par conséquent, ces mesures constituaient une dérogation aux règles fiscales applicables aux autres contribuables se trouvant dans une situation factuelle et juridique comparable. Or, eu égard à la nature fiscale desdites mesures, le Tribunal a jugé qu'il était conforme à la jurisprudence que la Commission apprécie simultanément les conditions tenant à l'octroi, au moyen de celles-ci, d'avantages présentant un caractère sélectif.

59. Par ailleurs, le Tribunal a rejeté les moyens respectifs du Grand-Duché de Luxembourg ainsi que d'Engie *e.a.* tirés de ce que la Commission avait réduit de manière erronée le cadre de référence aux dispositions applicables aux situations purement internes. Il a souligné, à cet égard, que la situation en cause était purement interne, puisque tant les holdings que les filiales et les intermédiaires concernés étaient établis au Luxembourg. Par suite, les situations fiscales de ces sociétés relevaient d'une seule et même autorité fiscale, ce qui excluait les risques de double imposition propres à l'application de régimes fiscaux différents et à l'intervention d'autorités fiscales différentes, qui peuvent exister dans le cas de distributions transfrontières.

60. Quant au cadre de référence lui-même, le Tribunal, aux points 288 à 301 de l'arrêt attaqué, n'a pas non plus retenu l'argumentation du Grand-Duché de Luxembourg ainsi que d'Engie *e.a.*, aux termes de laquelle la définition d'un cadre de référence réduit aux seuls articles 164 et 166 de la LIR procédait d'une lecture combinée erronée de ces deux dispositions. Les requérants soutenaient, en particulier, d'une part, qu'un ZORA n'implique pas de distribution de bénéfices, au sens du premier de ces articles, et, d'autre part, que le second desdits articles ne peut être interprété comme conditionnant le bénéfice de l'exonération au niveau d'une société mère à l'absence de déduction fiscale au niveau de la filiale des revenus générés durant le ZORA. Le Tribunal, en premier lieu, tout en reconnaissant que l'article 166 de la LIR ne subordonne pas formellement l'octroi de l'exonération des revenus de participations au niveau d'une société mère à l'imposition préalable des bénéfices distribués au niveau de sa filiale, a considéré, néanmoins, que l'octroi d'une telle exonération ne pouvait être envisagé que si les revenus distribués par une filiale avaient été préalablement imposés, sauf à envisager l'hypothèse, dans une situation purement interne, d'une double non-imposition de bénéfices. En second lieu, tout en admettant également que les accrétions sur ZORA ne sont pas, formellement, des distributions de bénéfices, le Tribunal a estimé, au point 300 de l'arrêt attaqué, que les revenus de participations exonérés au niveau de LNG Holding correspondaient, en substance, au montant de ces accrétions, de telle sorte que ces dernières correspondaient matériellement, « dans les circonstances très particulières de l'espèce et en considération du montage sociétaire impliquant une holding, une société intermédiaire et une filiale, à des distributions de bénéfices ».

61. Le Grand-Duché de Luxembourg et Engie *e.a.* ont soutenu, premièrement, que l'article 164 de la LIR ne régit en droit luxembourgeois que les distributions de bénéfices, et non le ZORA, lequel est successivement une dette puis un capital, et qu'aucun lien direct et évident entre la déductibilité des accrétions sur ZORA, au niveau des filiales, et l'exonération des revenus de participations, au niveau des holdings concernées, n'existait en l'espèce, deuxièmement, que l'augmentation de valeur des ZORA était incertaine lorsque ceux-ci ont été émis, troisièmement, que les articles 164 et 166 de la LIR, pris isolément, ont été correctement appliqués par les autorités fiscales luxembourgeoises, quatrièmement, que la Commission n'a pas démontré que les décisions fiscales anticipatives en cause violaient ces deux dispositions prises isolément et, cinquièmement, que la Commission n'a pas établi l'existence d'un traitement préférentiel du groupe Engie au niveau des holdings concernées.

62. À cet égard, premièrement, il a indiqué que, en l'espèce, le revenu que LNG Holding avait retiré de l'application du contrat à terme prépayé correspondait, en réalité, d'un point de vue économique, au montant des accrétions sur ZORA réalisées avant la conversion partielle de ce ZORA. Il a relevé que, si la déductibilité des accrétions sur ZORA au niveau des filiales est, formellement, une opération distincte de l'exonération des revenus de participations au niveau des holdings, un lien direct unit, en fait, ces deux opérations, de telle sorte que la Commission avait pu considérer à juste titre que l'administration fiscale luxembourgeoise avait dérogé au cadre de référence restreint aux dispositions des articles 164 et 166 de la LIR.

63. Deuxièmement, le Tribunal a considéré, quant à la valeur incertaine d'un ZORA au jour de son émission ainsi qu'au moment de l'adoption des décisions fiscales anticipatives en cause, qu'une mesure peut constituer une aide d'État, au sens de l'article 107 TFUE, quand bien même aucun avantage sélectif ne se serait matérialisé au jour de l'adoption de cette mesure. Il a estimé que l'absence de matérialisation d'un tel avantage faisait obstacle non pas à la qualification de ladite mesure en tant qu'aide d'État, mais uniquement à la récupération de cette aide. En l'occurrence, la circonstance que, au jour de l'adoption des ZORA, la réalisation de profits par les filiales concernées demeurait aléatoire ne permettrait d'exclure ni l'existence d'un avantage sélectif octroyé aux holdings ni celle d'une dérogation, par l'administration fiscale luxembourgeoise, à ce cadre de référence restreint.

64. Troisièmement, le Tribunal a jugé qu'il existait un lien, en droit luxembourgeois, entre l'exonération des revenus de participations au niveau d'une société mère et la déductibilité des revenus distribués au niveau de sa filiale. Il a considéré qu'une telle exonération ne pouvait être appliquée sans qu'il fût vérifié au préalable si les revenus correspondants avaient été imposés au niveau de la filiale. En l'espèce, les revenus de participations perçus par LNG Holding, société mère, correspondant, d'un point de vue économique, aux accrétions sur ZORA n'auraient pu normalement être exonérés, dans la mesure où ces accrétions ont été déduites en tant que charges par LNG Supply, sa filiale. Le Tribunal en a déduit que c'est à juste titre que la Commission avait pu considérer que la déductibilité d'un revenu au niveau de la filiale et son exonération ultérieure au niveau de la société mère dérogeaient au cadre de référence restreint aux articles 164 et 166 de la LIR.

65. Quatrièmement, il a estimé que, contrairement à ce que prétendait, en l'espèce, le Grand-Duché de Luxembourg, l'existence d'une dérogation à ce cadre de référence devait être appréciée non pas au regard des articles 164 et 166 de la LIR pris isolément, mais à la lumière d'une lecture combinée de ces dispositions.

66. Cinquièmement, le Tribunal a répondu à l'argument selon lequel la Commission n'aurait pas établi l'existence d'un traitement préférentiel du groupe Engie au niveau des holdings concernées alors qu'elle aurait dû identifier des caractéristiques propres et spécifiques aux entreprises bénéficiaires des décisions fiscales anticipatives, permettant de les distinguer des entreprises qui en auraient été exclues. Il a rappelé dans ce contexte que la condition relative à la sélectivité est remplie lorsque la Commission parvient à démontrer qu'une mesure nationale conférant un avantage fiscal déroge au régime fiscal commun ou « normal » applicable dans l'État membre concerné, introduisant ainsi, par ses effets concrets, un traitement différencié entre des opérateurs qui se trouvent, au regard de l'objectif poursuivi par ce régime fiscal, dans une situation factuelle et juridique comparable. De plus, selon la jurisprudence, une mesure fiscale pourrait être sélective alors même que toute entreprise pourrait librement faire le choix de réaliser l'opération conditionnant l'octroi de l'avantage que prévoit cette mesure. Or, en l'espèce, selon le raisonnement du Tribunal figurant aux points 304 à 381 de l'arrêt attaqué, la Commission a démontré, à suffisance de droit, que les holdings concernées bénéficiaient d'un traitement fiscal préférentiel par rapport à toute société mère susceptible de percevoir des revenus de participations n'ayant pas fait l'objet d'une imposition au moment de leur distribution. La circonstance que d'autres holdings que CEF et LNG Holding aient bénéficié de décisions fiscales anticipatives identiques serait, tout au plus, un indice d'un éventuel régime d'aides, et non de l'absence de discrimination.

67. À titre surabondant, le Tribunal a estimé, au point 383 de l'arrêt attaqué, qu'il était opportun d'examiner la sélectivité des décisions fiscales anticipatives en cause au regard du cadre de référence comprenant l'article 6 de la loi d'adaptation fiscale, relatif à l'abus de droit, eu égard au caractère inédit du raisonnement adopté à cet égard par la Commission. Le Tribunal a considéré, en premier lieu, que, contrairement à ce que faisait valoir le Grand-Duché de Luxembourg, la Commission avait, dès la décision d'ouverture de la procédure formelle d'examen, insisté sur la non-application de cette disposition par les autorités luxembourgeoises et, ultérieurement, invité le Grand-Duché de Luxembourg et le groupe Engie à présenter des observations complémentaires sur ce point. Il a relevé, en deuxième lieu, que même si l'article 6 de la loi d'adaptation fiscale ne soulevait, en l'espèce, aucune difficulté d'interprétation, la Commission s'était référée à la pratique tant administrative que juridictionnelle luxembourgeoise. Il a estimé, en troisième lieu, que les critères à respecter pour constater, en droit luxembourgeois, un abus de droit étaient, en l'espèce, remplis. Il en a déduit que la Commission avait démontré, à suffisance de droit, que l'administration fiscale luxembourgeoise avait dérogé au cadre de référence comprenant l'article 6 de la loi d'adaptation fiscale.

68. Le Tribunal a également rejeté les autres moyens des recours.

III. La procédure devant la Cour et les conclusions des parties aux pourvois

A. L'affaire C-451/21 P

69. Par son pourvoi, le Grand-Duché de Luxembourg demande à la Cour :

- d'annuler l'arrêt attaqué ;
- à titre principal, de statuer définitivement sur le fond et de faire droit à ses conclusions de première instance en annulant la décision litigieuse ;
- à titre subsidiaire, de renvoyer l'affaire devant le Tribunal, et
- de condamner la Commission aux dépens.

70. La Commission demande à la Cour :

- de rejeter le pourvoi et
- de condamner le Grand-Duché de Luxembourg aux dépens.

71. Par ordonnance du président de la Cour du 11 octobre 2021, *Luxembourg/Commission* (C-451/21 P, EU:C:2021:858), un traitement confidentiel a été réservé, à l'égard de l'Irlande, partie intervenante en première instance, aux informations occultées dans la version non confidentielle du pourvoi et des annexes 2, 3 et 11 de celui-ci, déposée au greffe de la Cour par le Grand-Duché de Luxembourg le 2 août 2021, seule cette version non confidentielle ayant être signifiée à l'Irlande.

B. L'affaire C-454/21 P

72. Par leur pourvoi, Engie *e.a.* demandent à la Cour :

- d'annuler l'arrêt attaqué ;
- à titre principal, de faire droit à leurs conclusions de première instance ou, à titre subsidiaire, d'annuler l'article 2 de la décision litigieuse en ce qu'il y est ordonné de procéder à la récupération de l'aide ;
- à titre plus subsidiaire, de renvoyer l'affaire devant le Tribunal, et
- de condamner la Commission aux dépens.

73. La Commission demande à la Cour :

- de rejeter le pourvoi et
- de condamner Engie *e.a.* aux dépens.

IV. Sur les pourvois

74. Compte tenu de leur connexité, il y a lieu de joindre les présentes affaires aux fins de l'arrêt, conformément à l'article 54, paragraphe 1, du règlement de procédure de la Cour.

A. Sur la recevabilité

75. La Commission fait valoir, sans présenter formellement d'exception d'irrecevabilité, premièrement, que le premier moyen dans l'affaire C-451/21 P et le deuxième moyen dans l'affaire C-454/21 P, par lesquels le Grand-Duché de Luxembourg et Engie *e.a.* font respectivement grief au Tribunal d'avoir retenu un cadre de référence erronément réduit aux seuls articles 164 et 166 de la LIR et d'avoir à tort étendu ce cadre de référence à l'article 6 de la loi d'adaptation fiscale, afin de déterminer l'existence d'un avantage sélectif, sont irrecevables. Selon la Commission, ces moyens, qui n'auraient été présentés pour la première fois qu'au stade des pourvois, modifieraient l'objet du litige devant le Tribunal. La Commission soutient, deuxièmement, que le deuxième moyen dans l'affaire C-451/21 P ainsi que les premier et deuxième moyens dans l'affaire C-454/21 P sont également irrecevables en ce que les parties y remettent en question les appréciations par le Tribunal du droit luxembourgeois, lesquelles constitueraient des appréciations de faits et ne pourraient donc être examinées dans le cadre d'un pourvoi, en l'absence de dénaturation de ce droit.

76. À cet égard, il importe de rappeler que la compétence de la Cour statuant sur un pourvoi formé contre une décision rendue par le Tribunal est définie par l'article 256, paragraphe 1, deuxième alinéa, TFUE. Celui-ci indique que le pourvoi doit être limité aux questions de droit et qu'il doit s'inscrire « dans les conditions et limites prévues par le statut ». Dans une liste énumérative des moyens pouvant être invoqués dans ce cadre, l'article 58, premier alinéa, du statut de la Cour de justice de l'Union européenne précise que le pourvoi peut être fondé sur la violation du droit de l'Union par le Tribunal (arrêt du 5 juillet 2011, *Edwin/OHMI*, C-263/09 P, EU:C:2011:452, point 46).

77. Certes, en principe, pour ce qui est de l'examen, dans le cadre d'un pourvoi, des appréciations du Tribunal à l'égard du droit national, qui, dans le domaine des aides d'État, constituent des appréciations de faits, la Cour n'est compétente que pour vérifier s'il y a eu une dénaturation de ce droit (voir, en ce sens, arrêt du 8 novembre 2022, *Fiat Chrysler Finance Europe/Commission*, C-885/19 P et C-898/19 P, EU:C:2022:859, point 82 ainsi que jurisprudence citée). La Cour ne saurait cependant être privée de la possibilité de contrôler si de telles appréciations ne constituent pas elles-mêmes une violation du droit de l'Union au sens de la jurisprudence citée au point 76 du présent arrêt.

78. Or, la question de savoir si le Tribunal a délimité de manière appropriée le cadre de référence pertinent et, par extension, a interprété de manière correcte les dispositions le composant, est une question de droit susceptible de faire l'objet du contrôle de la Cour au stade du pourvoi. En effet, les arguments tendant à remettre en cause le choix du cadre de référence ou sa signification dans la première étape de l'analyse de l'existence d'un avantage sélectif sont recevables, puisque cette analyse procède d'une qualification juridique du droit national sur la base d'une disposition du droit de l'Union (voir, en ce sens, arrêt du 8 novembre 2022, *Fiat Chrysler Finance Europe/Commission*, C-885/19 P et C-898/19 P, EU:C:2022:859, point 85 ainsi que jurisprudence citée).

79. Admettre que la Cour ne soit pas en mesure de déterminer si c'est sans commettre d'erreur de droit que le Tribunal a fait siennes la délimitation du cadre de référence pertinent, son interprétation et son application en tant que paramètre décisif aux fins de l'examen de l'existence d'un avantage sélectif reviendrait à accepter la possibilité que le Tribunal ait, le cas échéant, commis une violation d'une disposition du droit primaire de l'Union, à savoir l'article 107, paragraphe 1, TFUE, sans que cette violation puisse être sanctionnée dans le cadre du pourvoi, ce qui contreviendrait à l'article 256, paragraphe 1, deuxième alinéa, TFUE, comme cela a été souligné au point 76 du présent arrêt.

80. Il y a donc lieu de considérer que, en invitant la Cour à contrôler, d'une part, si la limitation par la Commission du cadre de référence aux seuls articles 164 et 166 de la LIR ou son extension à l'article 6 de la loi d'adaptation fiscale, telles qu'approuvées par le Tribunal, et, d'autre part, si la signification donnée à ces dispositions tant par la Commission que par le Tribunal correspondaient à une interprétation et à une application de ces dernières permettant de définir une imposition normale, aux fins de l'analyse tenant à l'existence d'un avantage sélectif au sens de l'article 107, paragraphe 1, TFUE, le Grand-Duché de Luxembourg et Engie *e.a.* ont présenté des moyens qui, contrairement à ce que soutient la Commission, sont recevables.

B. Sur le fond

81. À l'appui de son pourvoi dans l'affaire C-451/21 P, le Grand-Duché de Luxembourg fait valoir quatre moyens, tirés, le premier, de la violation de l'article 107 TFUE en ce que le Tribunal a jugé que la Commission avait établi l'existence d'un avantage sélectif conféré aux holdings au moyen des décisions fiscales anticipatives en cause au regard du cadre de référence composé des articles 164 et 166 de la LIR, le deuxième, de la violation de l'article 107 TFUE en ce que le Tribunal a jugé que la Commission avait établi l'existence d'un avantage sélectif conféré au groupe Engie au moyen des décisions fiscales anticipatives en cause du fait de l'absence de mise en œuvre de l'article 6 de la loi d'adaptation fiscale, le troisième, de la violation des articles 4 et 5 TUE et, le quatrième, de la violation, par le Tribunal, de l'obligation de motivation lui incombant en application de l'article 296 TFUE.

82. À l'appui de leur pourvoi dans l'affaire C-454/21 P, Engie *e.a.* invoquent trois moyens, tirés, le premier, d'erreurs de droit et de dénaturations des faits commises par le Tribunal dans le contrôle de légalité de la définition du cadre de référence composé des articles 164 et 166 de la LIR, le deuxième, d'erreurs de droit et de dénaturations des faits qu'il aurait commises en approuvant la démonstration par la Commission de l'existence d'un avantage sélectif au regard de l'article 6 de la loi d'adaptation fiscale et, le troisième, de la violation par le Tribunal des principes de sécurité juridique, de protection de la confiance légitime et de non-rétroactivité du droit fiscal.

1. Sur le premier moyen des pourvois

a) Argumentation des parties

83. Le premier moyen dans l'affaire C-451/21 P est composé de deux branches.

84. Par la première branche de ce moyen, le Grand-Duché de Luxembourg fait, notamment, valoir, en premier lieu, qu'il ressort de la jurisprudence que, en matière fiscale, l'existence d'un avantage sélectif ne peut être déterminée que par rapport à une imposition dite « normale ». Or, en faisant sienne l'analyse de la Commission, le Tribunal aurait réduit artificiellement le cadre de référence servant à cette comparaison à deux dispositions, dont l'une, comme le reconnaîtrait d'ailleurs expressément le Tribunal, ne serait pas applicable au cas d'espèce. Cette analyse ferait abstraction d'autres dispositions concernant la détermination du bénéfice commercial des sociétés, alors que la jurisprudence interdirait, à cet égard, à la Commission de se fonder sur un cadre de référence constitué de quelques dispositions qui ont été artificiellement sorties d'un cadre législatif plus large.

85. En second lieu, le Tribunal aurait confirmé une interprétation contra legem des règles fiscales en cause. En effet, alors qu'il reconnaîtrait lui-même, d'une part, que l'article 166 de la LIR ne subordonne pas formellement l'octroi de l'exonération des revenus de participations au niveau de la société mère à l'imposition préalable des bénéfices distribués au niveau de la filiale et, d'autre part, que les accrétions sur ZORA ne sont pas formellement des distributions de bénéfices, au sens de l'article 164 de la LIR, il aurait néanmoins estimé que la Commission n'avait pas commis d'erreur de droit en ayant constaté qu'il existait un lien entre ces articles et en ayant considéré que cette exonération était uniquement applicable à des revenus non déduits des revenus imposables de la filiale.

86. Ce faisant, le Tribunal aurait défini de manière incorrecte le cadre de référence, aurait procédé à une qualification juridique des faits erronée et aurait manifestement dénaturé le droit luxembourgeois. La Commission et le Tribunal auraient, en définissant ce cadre de référence, ajouté une condition à celles alors posées par l'article 166 de la LIR. Ils auraient également étendu le champ d'application de l'article 164, paragraphe 2, de la LIR, puisque les accrétions sur ZORA ne constitueraient pas des distributions de bénéfices et ne seraient donc pas couvertes par cet article, alors qu'elles seraient déductibles en tant que charges.

87. Le raisonnement de la Commission et du Tribunal méconnaîtrait l'article 107 TFUE ainsi que les principes de légalité de l'impôt et de l'interprétation stricte des lois fiscales, qui caractériseraient le droit fiscal luxembourgeois comme le droit de l'Union.

88. Le Grand-Duché de Luxembourg se déclare surpris que le Tribunal se soit référé au courrier du 31 janvier 2018 qu'il avait, lors de la procédure administrative, adressé à la Commission (ci-après le « courrier du 31 janvier 2018 »). Cet État membre soutient en effet que ce courrier ne confirme en rien, contrairement à ce qu'aurait affirmé le Tribunal en citant, hors de son contexte, un passage dudit courrier, l'existence d'un lien entre l'article 164 de la LIR et l'article 166 de celle-ci. La lecture du même courrier ferait, notamment, ressortir que ces articles ont des « champs d'application différents ». Le Tribunal ignorerait, par son raisonnement, que le texte de la LIR est clair et ne doit donc pas être interprété au-delà ou en deçà des termes qui y figurent.

89. De même, l'avis du 2 avril 1965 du Conseil d'État (Luxembourg) (ci-après l'« avis du Conseil d'État de 1965 »), relatif à la disposition ayant précédé, en droit luxembourgeois, l'article 166 de la LIR, auquel le Tribunal se serait également référé, ne ferait aucunement mention d'une condition d'imposition préalable des bénéfices distribués pour l'application du régime d'exonération.

90 Le cadre de référence approuvé par le Tribunal serait donc non seulement incomplet, compte tenu des dispositions qu'il exclut de son champ d'application, mais également fictif, en ce qu'il y serait postulé l'existence d'un lien entre l'article 164 de la LIR et l'article 166 de celle-ci.

91. Par la seconde branche du premier moyen, le Grand-Duché de Luxembourg soutient, en premier lieu, que les prémisses sur lesquelles repose le constat d'une dérogation au cadre de référence composé des articles 164 et 166 de la LIR sont erronées, puisque, d'une part, il n'existerait pas de lien entre l'exonération des revenus de participations au niveau d'une société mère et la déductibilité des revenus distribués au niveau de sa filiale et, d'autre part, les accrétions sur ZORA ne seraient pas, formellement, des distributions de bénéfices, ainsi que l'aurait d'ailleurs reconnu le Tribunal. En confirmant de manière inédite une approche fondée sur une « correspondance matérielle » entre ces dispositions, le Tribunal se serait écarté du texte clair de la loi fiscale luxembourgeoise et aurait méconnu l'exigence, rappelée par la jurisprudence de la Cour, que l'existence d'une aide éventuelle soit appréciée au regard des dispositions pertinentes du droit national.

92. En deuxième lieu, le Tribunal aurait commis des erreurs de droit en se fondant sur l'existence d'une dérogation au cadre de référence découlant de l'effet combiné de dispositions générales. Il ne contesterait pas que les articles 164 et 166 de la LIR ont été appliqués correctement ni n'estimerait que ces articles sont discriminatoires en tant que tels. Cependant, en se fondant sur l'effet combiné de ces dispositions et en se référant à la « réalité économique et fiscale » des opérations réalisées, il aurait rejeté ce qu'il a qualifié d'« approche formaliste », afin de « dépasser les apparences juridiques ».

93. En troisième lieu, le Tribunal aurait commis des erreurs de droit quant à l'exigence de démonstration d'une discrimination par rapport à des entreprises se trouvant dans une situation comparable à celle du groupe Engie. En particulier, il aurait reconnu que le système de financement mis en œuvre par ce groupe aurait été « ouvert à tous » et que d'autres entreprises pouvaient légalement obtenir une application des normes fiscales analogue à celle dont a bénéficié ledit groupe.

94. En quatrième lieu, il aurait également erré en droit en considérant comme sélectives au sens de l'article 107 TFUE des mesures individuelles d'application d'un dispositif fiscal général, dont il n'aurait pas remis en cause la légalité pas plus qu'il n'aurait contesté la possibilité pour tous d'accéder au système de financement utilisé par le groupe Engie. Il aurait donc considéré comme sélectif le traitement fiscal accordé à ce groupe au moyen des décisions fiscales anticipatives en cause, alors même que ce traitement aurait résulté de l'application non sélective de règles nationales elles-mêmes non sélectives.

95. Le premier moyen dans l'affaire C-454/21 P comporte quatre branches. Les deuxième à quatrième branches de ce moyen, portant, respectivement, sur l'erreur de droit et la dénaturation des faits concernant le lien entre l'article 164 de la LIR et l'article 166 de celle-ci, sur l'erreur de droit et l'erreur manifeste d'appréciation que le Tribunal aurait commises en considérant les accrétions sur ZORA comme des distributions de bénéfices, et sur l'erreur de droit et l'erreur manifeste d'appréciation qu'il aurait également faites en considérant que les décisions fiscales anticipatives en cause conféraient un avantage sélectif correspondent, en substance, aux arguments figurant dans le premier moyen du pourvoi dans l'affaire C-451/21 P.

96. Engie *e.a.* soulignent, en particulier, que le lien de dépendance entre l'article 164 de la LIR et l'article 166 de celle-ci sur lequel s'est fondé le Tribunal ne résulte ni de la loi, ni de la jurisprudence, ni de la pratique administrative. Le Tribunal aurait, d'ailleurs, reconnu que le second de ces articles ne subordonnait pas formellement l'octroi de l'exonération des revenus de participations au niveau d'une société mère à l'imposition préalable des bénéfices distribués au niveau de sa filiale. L'appréciation du Tribunal contredirait non seulement la lettre desdits articles, mais aussi la pratique fiscale luxembourgeoise, telle que décrite par le Grand-Duché de Luxembourg dans le courrier du 31 janvier 2018. Ce faisant, le Tribunal aurait méconnu le principe constitutionnel de légalité de l'impôt et dénaturé la réponse figurant dans ce courrier, ainsi que l'avis du Conseil d'État de 1965.

97. Le Tribunal aurait également ignoré la qualification juridique des ZORA, qui seraient des instruments convertibles répondant à deux définitions successives, d'abord celle d'une dette, puis celle d'un capital, qualification qui serait pourtant essentielle pour déterminer le traitement fiscal de chaque assujetti. Cela constituerait une violation de l'article 107, paragraphe 1, TFUE, car la prise en compte des effets économiques d'une mesure donnée ne devrait intervenir qu'au stade de la démonstration d'une dérogation aux dispositions fiscales constituant le cadre de référence, ce dernier ne pouvant être défini qu'en fonction de la nature des instruments en cause et des dispositions fiscales nationales pertinentes.

98. La Commission conteste le premier moyen de chacun des pourvois.

99. Elle fait, notamment, valoir qu'elle n'a pas artificiellement défini le cadre de référence restreint aux articles 164 et 166 de la LIR. Elle rappelle, au demeurant, qu'elle a retenu, à titre principal, un premier cadre de référence plus large, correspondant au système luxembourgeois d'imposition des sociétés. Dans ce cadre plus large, les exonérations prévues à l'article 166 de la LIR constitueraient, selon la Commission, des dérogations par rapport au principe général d'imposition, tandis que tel ne serait plus le cas au vu du cadre de référence restreint aux articles 164 et 166 de cette loi. Néanmoins, le lien entre ces articles serait évident. Certes, il serait exact que l'article 166 de la LIR ne comporte pas de référence explicite à l'article 164, paragraphe 2, de cette loi. Toutefois, cela ne serait pas déterminant et il importerait de vérifier si ces dispositions forment un système et d'examiner le lien logique qui les unit.

100. En outre, une interprétation littérale ne serait pas la seule interprétation possible de la loi fiscale. À ce sujet, la Commission rappelle que le groupe Engie a lui-même qualifié les bénéfices résultant de l'annulation d'actions de distribution de bénéfices. Quant au courrier du 31 janvier 2018, la phrase citée par le Tribunal au point 295 de l'arrêt attaqué figurerait bien dans ce courrier et serait dépourvue d'ambiguïté. La Commission admet, cependant, que les autorités luxembourgeoises font aussi valoir dans ledit courrier que l'article 166 de la LIR doit recevoir une interprétation littérale, qu'il doit trouver application dès que les conditions qu'il pose sont remplies et, enfin, que les dispositions de l'article 164 de cette loi ne sont pas une condition sine qua non à l'application du régime d'exonération des participations consacré à l'article 166 de ladite loi.

101. Au demeurant, le courrier du 31 janvier 2018 ne serait que l'un des éléments utilisés par la Commission et par le Tribunal pour établir le lien entre l'article 164 de la LIR et l'article 166 de de celle-ci, au même titre que l'avis du Conseil d'État de 1965.

102. S'agissant de la correspondance économique entre la déductibilité des accrétions sur ZORA au niveau des filiales et l'exonération au niveau des holdings des revenus de participations, le Tribunal, conformément à la jurisprudence selon laquelle les aides d'État doivent être appréhendées en fonction de leurs effets et non de leur forme, se serait borné à opposer l'apparence juridique des transactions en cause à leur réalité économique, soulignant que leur séparation formelle ne pouvait occulter le lien réel les unissant.

103. Enfin, le reproche fait à la Commission de ne pas avoir identifié d'autres sociétés que celles du groupe Engie ayant été destinataires de décisions fiscales anticipatives pour des montages comparables ne serait manifestement pas fondé à la lecture des considérants 205 et 215 de la décision litigieuse.

b) Appréciation de la Cour

1) Observations liminaires

104. Selon une jurisprudence constante de la Cour, les interventions des États membres dans les domaines qui n'ont pas fait l'objet d'une harmonisation en droit de l'Union ne sont pas exclues du champ d'application des dispositions du traité FUE relatives au contrôle des aides d'État. Les États membres doivent ainsi s'abstenir d'adopter toute mesure fiscale susceptible de constituer une aide d'État incompatible avec le marché intérieur (arrêt du 8 novembre 2022, *Fiat Chrysler Finance Europe/Commission*, C-885/19 P et C-898/19 P, EU:C:2022:859, point 65 ainsi que jurisprudence citée).

105. À cet égard, il résulte d'une jurisprudence bien établie de la Cour que la qualification d'une mesure nationale d'« aide d'État », au sens de l'article 107, paragraphe 1, TFUE, requiert que toutes les conditions suivantes soient remplies. Premièrement, il doit s'agir d'une intervention de l'État ou au moyen de ressources d'État. Deuxièmement, cette intervention doit être susceptible d'affecter les échanges entre les États membres. Troisièmement, elle doit accorder un avantage sélectif à son bénéficiaire. Quatrièmement, elle doit fausser ou menacer de fausser la concurrence (arrêt du 8 novembre 2022, *Fiat Chrysler Finance Europe/Commission*, C-885/19 P et C-898/19 P, EU:C:2022:859, point 66 ainsi que jurisprudence citée).

106. En ce qui concerne la condition relative à l'avantage sélectif, celle-ci impose de déterminer si, dans le cadre d'un régime juridique donné, la mesure nationale en cause est de nature à favoriser « certaines entreprises ou certaines productions » par rapport à d'autres, qui se trouvent, au regard de l'objectif poursuivi par ledit régime, dans une situation factuelle et juridique comparable et qui subissent ainsi un traitement différencié pouvant en substance être qualifié de discriminatoire (arrêt du 8 novembre 2022, *Fiat Chrysler Finance Europe/Commission*, C-885/19 P et C-898/19 P, EU:C:2022:859, point 67 ainsi que jurisprudence citée).

107. Afin de qualifier une mesure fiscale nationale de « sélective », la Commission doit identifier, dans un premier temps, le système de référence, à savoir le régime fiscal « normal » applicable dans l'État membre concerné, et démontrer, dans un deuxième temps, que la mesure fiscale en cause déroge à ce système de référence, dans la mesure où elle introduit des différenciations entre des opérateurs se trouvant, au regard de l'objectif poursuivi par ce dernier, dans une situation factuelle et juridique comparable. La notion d'« aide d'État » ne vise toutefois pas les mesures introduisant une différenciation entre des entreprises qui se trouvent, au regard de l'objectif poursuivi par le régime juridique en cause, dans une situation factuelle et juridique comparable et, partant, a priori sélectives, lorsque l'État membre concerné parvient à démontrer, dans un troisième temps, que cette différenciation est justifiée, en ce sens qu'elle résulte de la nature ou de l'économie du système dans lequel ces mesures s'inscrivent (arrêt du 8 novembre 2022, *Fiat Chrysler Finance Europe / Commission*, C-885/19 P et C-898/19 P, EU:C:2022:859, point 68 ainsi que jurisprudence citée).

108. Comme cela a été souligné aux points 78 et 79 du présent arrêt, la détermination du cadre de référence revêt une importance accrue dans le cas de mesures fiscales, puisque l'existence d'un avantage économique, au sens de l'article 107, paragraphe 1, TFUE, ne peut être établie que par rapport à une imposition dite « normale ».

109. Ainsi, la détermination de l'ensemble des entreprises se trouvant dans une situation factuelle et juridique comparable dépend de la définition préalable du régime juridique au regard de l'objectif duquel doit, le cas échéant, être examinée la comparabilité de la situation factuelle et juridique respective des entreprises favorisées par la mesure en cause et de celles qui ne le sont pas (arrêt du 8 novembre 2022, *Fiat Chrysler Finance Europe / Commission*, C-885/19 P et C-898/19 P, EU:C:2022:859, point 69 ainsi que jurisprudence citée).

110. Aux fins de l'appréciation du caractère sélectif d'une mesure fiscale, il importe donc que le régime fiscal commun ou système de référence applicable dans l'État membre concerné soit correctement identifié dans la décision de la Commission et examiné par le juge saisi d'une contestation portant sur cette identification. La détermination du système de référence constituant le point de départ de l'examen comparatif devant être mené dans le contexte de l'appréciation de la sélectivité, une erreur commise dans cette détermination vicie nécessairement l'ensemble de l'analyse de la condition relative à la sélectivité (arrêt du 8 novembre 2022, *Fiat Chrysler Finance Europe / Commission*, C-885/19 P et C-898/19 P, EU:C:2022:859, point 71 ainsi que jurisprudence citée).

111. Dans ce contexte, il convient, en premier lieu, de préciser que la détermination du cadre de référence, qui doit être effectuée à l'issue d'un débat contradictoire avec l'État membre concerné, doit découler d'un examen objectif du contenu, de l'articulation et des effets concrets des normes applicables en vertu du droit national de cet État (arrêt du 8 novembre 2022, *Fiat Chrysler Finance Europe/Commission*, C-885/19 P et C-898/19 P, EU:C:2022:859, point 72 ainsi que jurisprudence citée).

112. En second lieu, en dehors des domaines dans lesquels le droit fiscal de l'Union fait l'objet d'une harmonisation, c'est l'État membre concerné qui détermine, par l'exercice de ses compétences propres en matière de fiscalité directe et dans le respect de son autonomie fiscale, les caractéristiques constitutives de l'impôt, lesquelles définissent, en principe, le système de référence ou le régime fiscal « normal », à partir duquel il convient d'analyser la condition relative à la sélectivité. Il en va, notamment, ainsi de la détermination de l'assiette de l'impôt, de son fait générateur et des éventuelles exonérations dont il est assorti (voir, en ce sens, arrêt du 8 novembre 2022, *Fiat Chrysler Finance Europe/Commission*, C-885/19 P et C-898/19 P, EU:C:2022:859, point 73 ainsi que jurisprudence citée).

113. Il s'ensuit que seul le droit national applicable dans l'État membre concerné doit être pris en compte en vue d'identifier le système de référence en matière de fiscalité directe, cette identification étant elle-même un préalable indispensable, en vue d'apprécier non seulement l'existence d'un avantage, mais aussi le point de savoir si celui-ci revêt un caractère sélectif (arrêt du 8 novembre 2022, *Fiat Chrysler Finance Europe/Commission*, C-885/19 P et C-898/19 P, EU:C:2022:859, point 74).

114. Cette conclusion est toutefois sans préjudice de la possibilité de constater, comme cela a été le cas dans l'affaire ayant donné lieu à l'arrêt du 15 novembre 2011, *Commission et Espagne/Government of Gibraltar et Royaume-Uni* (C-106/09 P et C-107/09 P, EU:C:2011:732), que le cadre de référence lui-même, tel qu'il découle du droit national, est incompatible avec le droit de l'Union en matière d'aides d'État, dès lors que le système fiscal en cause a été configuré selon des paramètres manifestement discriminatoires, destinés à contourner ce droit (voir, en ce sens, arrêt du 16 mars 2021, *Commission/Hongrie*, C-596/19 P, EU:C:2021:202, point 49).

2) *Sur l'existence d'erreurs de droit et d'une dénaturation des faits dans la détermination du cadre de référence restreint aux articles 164 et 166 de la LIR*

115. Afin de déterminer ce qu'aurait dû être, selon le droit luxembourgeois, une imposition normale et, partant, l'existence d'un avantage sélectif au profit du groupe Engie, la Commission a procédé, comme il a été exposé aux points 31 à 40 du présent arrêt, à une interprétation de ce droit fondée, notamment, sur l'assertion selon laquelle le système général d'imposition des sociétés au Luxembourg, prévoyant le principe de la taxation des revenus de ces dernières, ne permettait pas, dans le cas du groupe Engie, d'exonérer au niveau des holdings les revenus de participations en application de l'article 166 de la LIR et sur le fait que la lecture combinée des articles 164 et 166 de cette loi s'opposait à l'application concomitante d'une exonération de ces revenus au niveau de ces holdings et d'une déduction des sommes correspondantes au niveau des filiales. Dans le cadre d'un raisonnement présenté à titre subsidiaire, elle a estimé que cette application concomitante aurait dû être écartée en vertu de l'article 6 de la loi d'adaptation fiscale.

116. Partant, pour apprécier le caractère sélectif des mesures en cause à l'aune de la LIR, il incombait au Tribunal de vérifier si l'exonération des revenus correspondant aux accrétions sur ZORA, accordée en vertu de ces mesures au niveau des holdings, dérogeait aux dispositions pertinentes de la LIR dans le cadre des différentes voies de raisonnement retenues par la Commission dans la décision litigieuse et contestées par le Grand-Duché de Luxembourg et Engie *e.a.*

117. Par leur premier moyen, le Grand-Duché de Luxembourg ainsi que Engie *e.a.* contestent l'appréciation du Tribunal par laquelle il a confirmé le bien-fondé de la deuxième voie de raisonnement de la Commission, selon laquelle l'interprétation des articles 164 et 166 de la LIR conduisait à considérer que le traitement fiscal des ZORA du groupe Engie, au moyen des décisions fiscales anticipatives en cause, dérogeait à l'application « normale » de ces dispositions, conférant ainsi à ce groupe un avantage sélectif.

118. À cet égard, ainsi qu'il a été rappelé au point 112 du présent arrêt, c'est l'État membre concerné qui, en dehors des domaines dans lesquels le droit fiscal de l'Union fait l'objet d'une harmonisation, détermine, par l'exercice de ses compétences propres en matière de fiscalité directe et dans le respect de son autonomie fiscale, les caractéristiques constitutives de l'impôt, telles que l'assiette de ce dernier, son fait générateur et les éventuelles exonérations dont il est assorti, caractéristiques qui définissent, en principe, le système de référence ou le régime fiscal « normal ».

119. De surcroît, le principe de légalité de l'impôt, qui fait partie de l'ordre juridique de l'Union en tant que principe général du droit, exige que toute obligation de paiement d'un impôt ainsi que tous les éléments essentiels qui définissent les caractéristiques fondamentales de celui-ci soient prévus par la loi, le contribuable devant être en mesure de prévoir et de calculer le montant de l'impôt dû et de déterminer à quel moment il sera exigible (voir, en ce sens, arrêt du 8 mai 2019, *Związek Gmin Zagłębia Miedziowego*, C-566/17, EU:C:2019:390, point 39).

120. Il s'ensuit que, lors de la détermination du cadre de référence en vue de l'application de l'article 107, paragraphe 1, TFUE à des mesures fiscales, la Commission est en principe tenue d'accepter l'interprétation des dispositions pertinentes du droit national donnée par l'État membre concerné dans le cadre du débat contradictoire visé au point 111 du présent arrêt, pour autant que cette interprétation soit compatible avec le libellé de ces dispositions.

121. La Commission ne peut s'écarter de ladite interprétation que si elle est en mesure d'établir qu'une autre interprétation prévaut dans la jurisprudence ou la pratique administrative de cet État membre, en se fondant à cet égard sur des éléments fiables et concordants, soumis à ce débat contradictoire.

122. Conformément à l'article 4, paragraphe 3, TUE, ledit État membre est tenu par un devoir de coopération loyale pendant toute la procédure relative à l'examen d'une mesure au titre des dispositions du droit de l'Union en matière d'aides d'État (arrêt du 6 novembre 2018, *Scuola Elementare Maria Montessori/Commission, Commission/Scuola Elementare Maria Montessori* et *Commission/Ferracci*, C-622/16 P à C-624/16 P, EU:C:2018:873, point 83 ainsi que jurisprudence citée). Ce devoir implique, notamment, que le même État membre fournisse de bonne foi à la Commission toute information pertinente sollicitée par cette dernière concernant l'interprétation des dispositions du droit national pertinentes aux fins de déterminer le cadre de référence, résultant de la jurisprudence ou de la pratique administrative nationales.

123. En l'espèce, s'agissant du traitement fiscal d'instruments financiers tels que les ZORA, le Tribunal a indiqué, d'une part, au point 292 de l'arrêt attaqué, que l'article 166 de la LIR « ne subordonn[ait] pas formellement l'octroi de l'exonération des revenus de participations au niveau d'une société mère à l'imposition préalable des bénéfices distribués au niveau de sa filiale », à la suite de la Commission qui, au considérant 218 de la décision litigieuse, avait considéré qu'il n'y avait « aucun lien expressément établi entre l'article 166 [de la] LIR et l'article 164, paragraphes 1 et 2, [de la] LIR » et, d'autre part, au point 300 de l'arrêt attaqué, que « les accrétions sur ZORA ne sont pas, formellement, des distributions de bénéfices ».

124. Le Tribunal s'est donc écarté d'une interprétation littérale de ces dispositions. Confirmant l'approche de la Commission, il a, dans un premier temps, considéré que l'exonération des revenus de participations d'une holding ne pouvait être envisagée, en droit luxembourgeois, que si les revenus distribués par sa filiale avaient été préalablement imposés.

125. Il s'est appuyé à cet égard, aux points 295 et 296 de l'arrêt attaqué, sur deux éléments retenus par la Commission dans la décision litigieuse. Il s'agit, d'une part, du courrier du 31 janvier 2018, lequel serait « dépourv[u] de toute ambiguïté », dès lors que le Grand-Duché de Luxembourg y aurait admis que « toutes les participations dont les revenus p[ouvai]ent bénéficier du régime d'exonération au titre de l'article 166 [de la] LIR [étaie]nt aussi couvertes par les dispositions de l'article 164 [de la] LIR ». Le Tribunal s'est référé, d'autre part, à l'avis du Conseil d'État de 1965 sur le projet de loi incorporant l'article 166 dans la LIR, dans lequel celui-ci aurait souligné que cette disposition permettait, « pour des raisons d'équité fiscale et d'ordre économique », d'éviter la double ou la triple imposition des revenus distribués, mais non, en substance, d'éviter toute imposition desdits revenus.

126. Le Tribunal a, dans un second temps, estimé qu'il y avait lieu de délaisser l'approche formaliste consistant à prendre isolément chacune des opérations composant le montage financier élaboré par les sociétés concernées et de dépasser les apparences juridiques pour appréhender la réalité économique et fiscale de ce montage, ce qui l'a amené à juger, au point 312 de l'arrêt attaqué, que les accrétions sur ZORA correspondaient matériellement, « dans les circonstances très particulières de l'espèce, à des distributions de bénéfices ».

127. C'est ainsi que, après avoir rappelé, aux points 340 à 342 de l'arrêt attaqué, l'existence d'un lien, en droit luxembourgeois, entre l'exonération des revenus des participations au niveau d'une société mère et la déductibilité des revenus distribués au niveau de sa filiale, le Tribunal a conclu, au point 343 de cet arrêt, que, « en raison dudit lien et de l'appréhension au niveau des [...] holdings concernées de l'effet combiné de ces deux opérations, les [décisions fiscales anticipatives] en cause dérog[eai]ent au cadre de référence » composé des articles 164 et 166 de la LIR. Il s'ensuivrait, selon l'analyse du Tribunal figurant aux points 344 et 345 du même arrêt, premièrement, que la Commission a pu, à juste titre, déduire de cet effet combiné, aux considérants 208 et 209 de la décision litigieuse, qu'il existait une dérogation à ce cadre de référence et, deuxièmement, que cette institution n'avait commis aucune erreur de droit en appréhendant, au niveau des holdings, l'effet combiné de la déductibilité d'un revenu au niveau d'une filiale et de son exonération ultérieure au niveau de sa société mère.

128. Or, les éléments sur lesquels le Tribunal a pris appui, rappelés au point 125 du présent arrêt, ne lui permettaient pas de constater valablement que, conformément aux principes exposés aux points 120 à 122 de cet arrêt, la Commission avait pu établir à suffisance de droit que, s'agissant de la question de la subordination de l'exonération prévue à l'article 166 de la LIR à l'imposition, au niveau des filiales, du revenu exonéré au niveau des holdings, prévalait en droit luxembourgeois une interprétation autre que celle avancée par le Grand-Duché de Luxembourg, cette dernière étant compatible avec le libellé de cette disposition qui ne prévoit pas formellement une telle subordination.

129. À cet égard, il importe de relever que, concernant le courrier du 31 janvier 2018, comme le soutiennent Engie *e.a.*, c'est au prix d'une dénaturation des termes de ce dernier que le Tribunal a considéré, au point 295 de l'arrêt attaqué, que le lien de conditionnalité entre l'article 164 de la LIR et l'article 166 de celle-ci, tenant à une imposition préalable des revenus au niveau de l'entité distributrice en vue de bénéficier de l'exonération prévue à cette dernière disposition, ressortait expressément de la réponse du Grand-Duché de Luxembourg. En effet, c'est manifestement en sortant de son contexte la phrase de ce courrier citée à ce point que le Tribunal en a déduit, à la suite de la Commission, l'existence d'un tel lien. Cette appréciation est inconciliable avec d'autres passages dudit courrier, dans lesquels cet État membre a indiqué que ladite disposition « n'impose pas que les revenus de participations soient préalablement imposés pour bénéficier du régime d'exonération prévu », que les articles 164 et 166 de la LIR ne doivent pas recevoir une application « conjointe », et que « les dispositions de l'article 164 [de la] LIR ne constituent pas une condition sine qua non à l'application du régime d'exonération des revenus de participation tel que consacré à l'article 166 [de la] LIR ».

130. S'agissant de l'avis du Conseil d'État de 1965, il suffit de constater, comme l'a fait Mme l'avocate générale au point 121 de ses conclusions, que cet avis se borne à indiquer que la disposition qui y a été examinée, à laquelle correspond l'article 166 de la LIR, avait pour objectif d'éviter une imposition en chaîne de bénéfices sociaux au niveau d'une filiale et de sa société mère avant d'être distribués aux actionnaires, sans indiquer en revanche que cette disposition visait également à éviter toute situation de double non-imposition s'agissant des revenus de participation d'une société mère.

131. C'est dès lors au terme d'une analyse entachée d'une erreur de droit et d'une dénaturation des faits que le Tribunal, au point 298 de l'arrêt attaqué, a entériné le constat de la Commission tenant à l'existence d'un lien de conditionnalité entre l'article 164 de la LIR et l'article 166 de celle-ci en ce sens que l'exonération au niveau d'une société mère des revenus de participations serait subordonnée à l'imposition au niveau de sa filiale des bénéfices distribués.

132. Il y a donc lieu d'accueillir le premier moyen des pourvois, sans qu'il soit besoin d'examiner la seconde branche du premier moyen de pourvoi soulevé par le Grand-Duché de Luxembourg et pris d'erreurs concernant la dérogation au cadre de référence restreint aux articles 164 et 166 de la LIR.

2. *Sur le deuxième moyen des pourvois*

a) Arguments des parties

133. Le deuxième moyen dans l'affaire C-451/21 P comporte quatre branches tirées, la première, de l'adoption d'une prémisse manifestement erronée par le Tribunal et de la dénaturation par celui-ci du droit national, la deuxième, d'erreurs de droit commises par le Tribunal dans l'identification du cadre de référence qu'il a retenu en matière d'abus de droit et d'une motivation insuffisante et contradictoire entachant l'arrêt attaqué, la troisième, d'erreurs quant à la démonstration d'une dérogation à ce cadre de référence et, la quatrième, présentée à titre subsidiaire, de la violation des droits de la défense du Grand-Duché de Luxembourg.

134. Par la première branche de ce moyen, le Grand-Duché de Luxembourg fait, notamment, valoir que l'intégralité du raisonnement du Tribunal repose sur la prémisse erronée selon laquelle le même résultat fiscal que celui obtenu par le groupe Engie n'aurait pas été possible sans l'existence d'intermédiaires, lesquels seraient un maillon essentiel du montage financier mis en place par ce groupe. Il rappelle avoir pourtant exposé, en première instance, qu'un ZORA direct, conclu sans le recours à un intermédiaire, aurait abouti au même résultat imposable que celui découlant d'un ZORA indirect, le créancier étant en mesure, dans un premier temps, lors de la conversion du ZORA direct, de bénéficier de la neutralité fiscale permise par l'article 22*bis* de la LIR, puis, dans un second temps, de l'exonération d'une éventuelle distribution ou plus-value, en vertu de l'article 166 de cette loi, ce qu'aurait admis le Tribunal en jugeant que ces articles n'excluaient pas formellement une telle exonération.

135. Ce serait donc à tort que le Tribunal aurait estimé que trois des critères de l'abus de droit, prévus à l'article 6 de la loi d'adaptation fiscale, étaient remplis et, partant, que les décisions fiscales anticipatives en cause avaient dérogé au cadre de référence.

136. Par la deuxième branche du deuxième moyen, le Grand-Duché de Luxembourg soutient, en premier lieu, que le Tribunal a considéré à tort qu'il n'était pas nécessaire de tenir compte de la pratique administrative, au motif que l'article 6 de la loi d'adaptation fiscale n'aurait pas suscité de difficulté d'interprétation. Le Tribunal aurait ainsi méconnu la jurisprudence de la Cour, de laquelle résulterait l'obligation, lors de la définition du cadre de référence, d'une analyse détaillée du droit applicable dans l'État membre concerné ainsi que de sa pratique administrative et juridictionnelle. Cette analyse serait d'autant plus importante que l'article 6 de la loi d'adaptation fiscale serait rédigé en des termes généraux et nécessiterait donc une appréciation au cas par cas. À cet égard, le grief tiré de ce que le Grand-Duché de Luxembourg n'aurait pas fourni à la

Commission d'exemples de sa pratique administrative, outre qu'il renverserait la charge de la preuve, manquerait en fait, plusieurs exemples de décisions fiscales anticipatives ayant été transmis à la Commission par cet État membre.

137. En deuxième lieu, le cadre de référence retenu par le Tribunal serait incomplet, tout d'abord, en ce qu'il omettrait de rappeler le caractère exceptionnel du recours par l'administration luxembourgeoise au concept d'abus de droit, ensuite, en ce qu'il ne tiendrait pas compte du fait que le contribuable est entièrement libre de choisir la forme qui lui apparaît être la moins onéreuse du point de vue fiscal et, enfin, en ce que cette liberté de choix dont dispose le contribuable s'opposerait à ce que l'administration fiscale s'immisce dans les options que retient celui-ci dans l'intérêt de son entreprise et substitue son appréciation à celle de ce dernier.

138. En troisième lieu, le Tribunal aurait invoqué une dérogation à l'objectif du système fiscal de référence, et non à ce système lui-même, alors qu'une jurisprudence constante rappellerait que seule une dérogation au cadre de référence permet d'établir la sélectivité d'une mesure. Il n'appartiendrait pas à la Commission ou au Tribunal, dans le cadre du droit des aides d'État, de définir, en lieu et place de l'État membre concerné, l'objectif du système fiscal national.

139. Par la troisième branche du deuxième moyen, le Grand-Duché de Luxembourg soutient, en particulier, que le Tribunal a ignoré l'aléa économique auquel étaient soumises les transactions en cause, dont les résultats dépendaient de la performance des filiales. Le Tribunal, s'il avait pris en compte cet aléa, aurait dû inévitablement considérer que le deuxième critère de l'abus de droit, tenant à la réduction de la charge fiscale, n'était pas rempli. De surcroît, la jurisprudence luxembourgeoise ne permettrait pas de conclure ex post à l'existence d'un abus de droit au moyen d'une transaction lorsque cette transaction a été précédemment approuvée par une décision fiscale anticipative valablement émise.

140. Par la quatrième branche de ce moyen, le Grand-Duché de Luxembourg fait valoir que ses droits de la défense ont été violés, étant donné que, dans la décision d'ouverture de la procédure formelle d'examen, la Commission n'aurait mentionné que de manière incidente et dans un paragraphe unique l'existence d'un possible abus de droit non spécifiquement défini, mais en lien avec la possibilité pour les filiales de procéder à la déduction des accrétions sur ZORA. Or, ce grief ne correspondrait pas à celui figurant dans la décision litigieuse.

141. Le deuxième moyen dans l'affaire C-454/21 P comporte trois branches tirées, la première, d'erreurs de droit et d'une erreur manifeste d'appréciation qu'aurait commises le Tribunal dans la détermination du cadre de référence, la deuxième, de l'erreur de droit qui résulterait de l'identification, par le Tribunal, d'un avantage sélectif au regard de l'article 6 de la loi d'adaptation fiscale et, la troisième, de l'erreur manifeste d'appréciation résultant de l'interprétation du droit luxembourgeois par le Tribunal.

142. Par la première branche de ce moyen, Engie *e.a.* estiment que le Tribunal a commis une erreur manifeste d'appréciation en considérant qu'elles n'avaient pas contesté la définition du cadre de référence en tant qu'il était élargi à l'article 6 de la loi d'adaptation fiscale. En effet, elles auraient mis en cause, dans leur requête devant le Tribunal, la compétence de la Commission et son interprétation in abstracto des critères de l'abus de droit posés par la juridiction administrative luxembourgeoise, et auraient soutenu qu'il était nécessaire de tenir compte de la pratique administrative et juridictionnelle des autorités luxembourgeoises dans des situations comparables à la leur.

143. S'agissant des erreurs de droit, le Tribunal aurait, à la suite de la Commission, interprété l'article 6 de la loi d'adaptation fiscale sans prendre en compte les règles de droit applicables ni la pratique administrative et juridictionnelle des autorités luxembourgeoises dans des situations comparables à la leur, pour des montages analogues. De plus, il aurait procédé à une réécriture de la décision litigieuse à cet égard.

144. Par la deuxième branche du deuxième moyen, Engie *e.a.* soutiennent que le Tribunal a commis une erreur de droit et méconnu sa propre jurisprudence en excluant que la notion d'« abus de droit », bien que d'interprétation stricte, doive toujours être appréciée au cas par cas.

145. Par la troisième branche du deuxième moyen, Engie *e.a.* fait valoir que, à supposer même que le cadre de référence comprenne l'article 6 de la loi d'adaptation fiscale, le Tribunal a commis une erreur manifeste d'appréciation dans l'interprétation de cette disposition et dans son application. Ainsi, celui-ci se serait contredit en jugeant que la conversion directe du ZORA ne pouvait donner lieu à un revenu exonéré d'impôt au sens de l'article 166 de la LIR au regard de la finalité de l'article 22*bis* de cette loi, avant d'admettre que ces dispositions n'excluaient pas formellement l'exonération des revenus.

146. La Commission conteste le deuxième moyen des pourvois.

147. Elle indique, notamment, que le Tribunal n'a commis aucune dénaturation en jugeant que la définition du cadre de référence comprenant l'article 6 de la loi d'adaptation fiscale n'était pas contestée par le Grand-Duché de Luxembourg et Engie *e.a.* Le Tribunal n'aurait, en tout état de cause, pas nié la nécessité d'une appréciation de l'abus de droit au cas par cas, mais aurait simplement précisé que les critères de l'existence d'un abus de droit posés par le droit luxembourgeois étaient clairs.

148. À titre subsidiaire, si la Commission ne conteste pas le libre choix du contribuable de retenir la voie la moins imposée et l'interdiction faite à l'administration fiscale de substituer son propre choix à celui de l'entreprise, elle estime cependant que ces principes trouvent leur limite légale, en droit luxembourgeois, dans l'article 6 de la loi d'adaptation fiscale et que toute interprétation contraire de cet article viderait celui-ci de sa substance.

149. Quant à la mention, par le Tribunal, de la circonstance que l'article 6 de la loi d'adaptation fiscale avait déjà été appliqué, il ne conviendrait pas d'en déduire que le Tribunal aurait estimé que les mesures en cause étaient sélectives de ce seul fait, mais simplement qu'il entendait se prémunir de la critique selon laquelle cette disposition serait restée lettre morte.

150. La Commission indique également qu'elle n'a pas présumé l'existence d'un abus de droit. Elle soutient qu'un ZORA direct n'aboutit pas au même résultat fiscal qu'un ZORA indirect et que, quand bien même cela serait le cas, l'existence d'un abus de droit demeurerait. De plus, elle aurait analysé les quatre critères constitutifs d'un abus de droit au regard des faits de l'espèce, avant de conclure que ces critères étaient réunis. À cet égard, le fait que les activités en cause soient soumises à un aléa économique ne serait pas pertinent. Seule importerait la question de savoir si le traitement fiscal en cause était ou non abusif.

b) Appréciation de la Cour

151. Il convient d'examiner d'emblée l'argumentation du Grand-Duché de Luxembourg et d'Engie *e.a.*, tirée de ce que le Tribunal aurait à tort considéré que la Commission pouvait établir le caractère sélectif des décisions fiscales anticipatives en cause au regard du cadre de référence constitué de l'article 6 de la loi d'adaptation fiscale sans tenir compte de la pratique administrative nationale relative à cette disposition, au motif que cette dernière n'aurait pas suscité de difficulté d'interprétation.

152. À cet égard, il convient en premier lieu de rappeler que qualifier une mesure fiscale de « sélective » présuppose non seulement la connaissance du contenu des règles de droit pertinentes, mais exige également l'examen de la portée de celles-ci fondé, entre autres, sur la pratique administrative et juridictionnelle de l'État membre concerné (voir, en ce sens, arrêt du 18 juillet 2013, C-6/12 P, EU:C:2013:525, point 20).

153. En second lieu, ainsi que Mme l'avocate générale l'a souligné en substance aux points 146 à 148 de ses conclusions, une disposition visant à prévenir de manière horizontale les abus en matière fiscale, telle que l'article 6 de la loi d'adaptation fiscale, présente par nature un degré particulièrement élevé de généralité, étant susceptible de s'appliquer dans une gamme très large de contextes et de situations.

154. Conformément à la jurisprudence rappelée au point 112 du présent arrêt, le choix de prévoir une telle disposition dans le droit national et de définir les modalités selon lesquelles les autorités fiscales devront la mettre en œuvre relève des compétences propres des États membres en matière de fiscalité directe dans les domaines n'ayant pas fait l'objet d'une harmonisation en droit de l'Union et, partant, de leur autonomie fiscale.

155. Or, compte tenu de la nature d'une disposition anti-abus telle que celle visée au point 153 du présent arrêt, la Commission ne saurait aboutir à la conclusion que l'omission des autorités fiscales d'en avoir fait application en vue de refuser un traitement fiscal sollicité par un contribuable dans une demande de décision fiscale anticipative a entraîné l'octroi d'un avantage sélectif que pour autant que cette omission s'écarte de la jurisprudence ou de la pratique administrative nationales relatives à cette disposition. En effet, s'il en allait autrement, la Commission serait en mesure de définir elle-même ce qui constitue ou non une application correcte d'une telle disposition, ce qui excéderait les limites des compétences dont elle est investie par les traités en matière de contrôle des aides d'État et serait incompatible avec l'autonomie fiscale des États membres rappelée au point précédent.

156. Il s'ensuit que le Tribunal a commis une erreur de droit lorsqu'il a considéré, au point 409 de l'arrêt attaqué, que la prise en compte par la Commission de la pratique administrative des autorités fiscales luxembourgeoises relative à l'article 6 de la loi d'adaptation fiscale n'était pas requise, au motif que cette disposition n'aurait suscité aucune difficulté d'interprétation.

157. Certes, le Tribunal a par ailleurs souligné, à ce point 409, que la Commission, aux considérants 293 à 298 de la décision litigieuse, s'était référée à une note de service de l'administration luxembourgeoise ainsi qu'à la pratique juridictionnelle dans cet État membre, dont elle a extrait les quatre critères permettant de constater, en droit luxembourgeois, un abus de droit en matière fiscale au sens de cette disposition.

158. Toutefois, ainsi que l'a relevé Mme l'avocate générale aux points 153 et 154 de ses conclusions, la Commission s'est limitée, dans ce passage de la décision litigieuse, à un examen général des conditions d'application de l'article 6 de la loi d'adaptation fiscale, sans établir que l'administration fiscale luxembourgeoise s'était écartée dans les décisions fiscales anticipatives en cause, en particulier, de sa propre pratique concernant des opérations comparables à celles en cause.

159. Il convient donc également d'accueillir, pour ce motif, le deuxième moyen des pourvois, sans qu'il soit nécessaire d'examiner les autres arguments invoqués par le Grand-Duché de Luxembourg et par Engie *e.a.* au soutien dudit moyen.

160. Eu égard au bien-fondé des premier et deuxième moyens des pourvois, il y a lieu d'annuler l'arrêt attaqué, sans qu'il soit nécessaire de se prononcer sur les autres moyens des pourvois. En effet, le bien-fondé de ces moyens a pour conséquence qu'est privé de fondement le constat opéré par le Tribunal au point 478 de l'arrêt attaqué, selon lequel le rejet des moyens d'annulation visant en substance l'analyse, dans la décision litigieuse, d'un cadre de référence restreint aux articles 164 et 166 de la LIR, ou d'un cadre de référence constitué de l'article 6 de la loi d'adaptation fiscale, suffisait à établir la sélectivité des décisions fiscales anticipatives en cause.

V. Sur les recours devant le Tribunal

161. Conformément à l'article 61, premier alinéa, deuxième phrase, du statut de la Cour de justice de l'Union européenne, la Cour peut, en cas d'annulation de la décision du Tribunal, statuer elle-même définitivement sur le litige, lorsque celui-ci est en état d'être jugé.

162. Tel est le cas en l'espèce, les moyens des recours tendant à l'annulation de la décision litigieuse ayant fait l'objet d'un débat contradictoire devant le Tribunal et leur examen ne nécessitant d'adopter aucune mesure supplémentaire d'organisation de la procédure ou d'instruction du dossier.

163. Il convient d'examiner, en premier lieu, les premier et deuxième moyens du recours dans l'affaire T-516/18 et les deuxième et troisième moyens du recours dans l'affaire T-525/18, dans la mesure où les requérantes reprochent par ceux-ci à la Commission d'avoir erronément conclu que les décisions fiscales anticipatives en cause avaient accordé des avantages sélectifs à la lumière du cadre de référence restreint aux articles 164 et 166 de la LIR et du cadre de référence constitué de l'article 6 de la loi d'adaptation fiscale, analysés par le Tribunal dans l'arrêt attaqué et correspondant aux deuxième et quatrième voies de raisonnement visées au point 31 du présent arrêt.

164. S'agissant de la deuxième voie de raisonnement sur la sélectivité visée au point 31 du présent arrêt, il est constant que la Commission a inclus l'article 166 de la LIR dans le cadre de référence restreint aux dispositions du droit luxembourgeois relatives à l'imposition des distributions de bénéfices et à l'exonération des revenus de participations. Cette institution a néanmoins considéré que les décisions fiscales anticipatives en cause procédaient d'une application erronée de cette disposition.

165. Ainsi, au considérant 202 de la décision litigieuse, la Commission, après avoir constaté que la notion de « revenus de participations », au sens de l'article 166 de la LIR, n'était pas définie dans la loi, a pris appui, afin de définir cette notion, sur le courrier du 31 janvier 2018, dans lequel le

Grand-Duché de Luxembourg a indiqué que « toutes les participations dont les revenus peuvent bénéficier du régime d'exonération au titre de l'article 166 [de la] LIR sont aussi couvertes par les dispositions de l'article 164 de la LIR ». Elle en a déduit que la notion de « revenus de participations », bénéficiant de l'exonération prévue à l'article 166 de la LIR, se composait des « distributions » en faveur de porteurs des titres, telles que visées à l'article 164 de cette loi, tout en précisant que ces distributions de bénéfices devaient avoir été imposées au niveau de l'entité distributrice. Elle a souligné, aux considérants 204 et 213 de la décision litigieuse, que cette dernière condition était applicable, sans que soit pertinente la qualification des revenus en cause de distributions de bénéfices ou de plus-values.

166. En outre, au considérant 212 de la décision litigieuse, la Commission a expressément admis que, d'un point de vue économique, le revenu perçu par LNG Holding et CEF découlant de la conversion des ZORA était équivalent à une telle distribution de bénéfices.

167. Cette distribution n'ayant toutefois pas été imposée au niveau de LNG Supply et de GSTM, la Commission a constaté une dérogation à un cadre de référence constitué des règles du droit luxembourgeois relatives à l'exonération des revenus de participations et à l'imposition des distributions de bénéfices. Plus précisément, elle a déduit cette dérogation de la circonstance que l'administration fiscale luxembourgeoise, au moyen des décisions fiscales anticipatives en cause, a accepté que la réalisation des accrétions sur ZORA au niveau de LNG Holding et de CEF bénéficie de l'exonération des revenus de participations au titre de l'article 166 de la LIR, alors même que ces accrétions avaient été déduites des bénéfices imposables de LNG Supply et de GSTM.

168. Cette analyse est toutefois entachée d'une erreur qui, conformément à la jurisprudence rappelée au point 110 du présent arrêt, vicie l'ensemble de la deuxième voie de raisonnement sur la sélectivité visée au point 31 de cet arrêt.

169. À cet égard, d'une part, il résulte de l'analyse des premiers moyens des pourvois, en particulier des points 128 à 131 du présent arrêt, que c'est à tort que la Commission a cru pouvoir déduire du courrier du 31 janvier 2018 ainsi que de l'avis du Conseil d'État de 1965 l'existence d'un lien de conditionnalité entre l'article 164 de la LIR et l'article 166 de celle-ci, tenant à une imposition préalable des revenus au niveau de l'entité distributrice en vue de bénéficier de l'exonération prévue à cette dernière disposition.

170. D'autre part, la Commission n'a pas examiné, ni a fortiori démontré, que, en droit luxembourgeois, la notion de « distributions » au sens de l'article 164 de la LIR, par référence à laquelle doivent, selon le

Grand-Duché de Luxembourg, être définis les « revenus de participations » au sens de l'article 166 de cette loi, serait incompatible avec la notion de « charge fiscalement déductible » au niveau de l'entité distributrice.

171. Par conséquent, à supposer que, comme l'a indiqué la Commission au considérant 212 de la décision litigieuse, les accrétions sur ZORA couvertes par les décisions fiscales anticipatives en cause aient constitué, d'un point de vue économique, une distribution de bénéfices au sens de l'article 164 de la LIR, ces dernières décisions n'ont, pour autant, pas pu déroger à l'article 166 de cette loi en qualifiant ces accrétions de revenus de participations pour LNG Holding et CEF, ainsi que, partant, en exonérant ces revenus au titre de cette dernière disposition. Force est ainsi de constater que, s'agissant de la deuxième voie de raisonnement, la Commission ne s'est pas conformée aux principes énoncés aux points 120 à 122 du présent arrêt.

172. Cela étant, une telle conclusion est sans préjudice d'un examen du caractère éventuellement sélectif des décisions fiscales anticipatives en cause à l'aune du constat selon lequel les revenus de LNG Supply et de GSTM, au cours de chaque exercice concerné, ont, en contrepartie de la déduction en tant que charges des accrétions sur ZORA, été imposés sur la marge convenue avec les autorités fiscales luxembourgeoises et non en application des règles de droit fiscal commun, dont il découle que la charge fiscale pesant sur une société est en principe calculée par l'application d'un taux d'imposition standard aux revenus réellement réalisés, déduction faite des dépenses d'exploitation et des autres charges.

173. S'agissant de la quatrième voie de raisonnement visée au point 31 du présent arrêt, il ressort des points 153 à 158 de cet arrêt que l'analyse de la Commission relative à un avantage sélectif résultant de l'absence d'application de l'article 6 de la loi d'adaptation fiscale, portant sur l'abus de droit, est également viciée en droit en ce que la Commission a omis d'établir que l'administration fiscale luxembourgeoise s'était écartée, dans les décisions fiscales anticipatives en cause, de sa propre pratique concernant des opérations comparables à celles en cause.

174. Il convient d'examiner, en second lieu, les premier et deuxième moyens du recours dans l'affaire T-516/18 et les deuxième et troisième moyens du recours dans l'affaire T-525/18, dans la mesure où les requérantes reprochent par ceux-ci à la Commission d'avoir erronément conclu que les décisions fiscales anticipatives en cause avaient accordé des avantages sélectifs à LNG Holding et à CEF ou au groupe Engie à la lumière d'un cadre de référence étendu au système luxembourgeois d'imposition des sociétés, correspondant aux première et troisième voies de raisonnement visées au point 31 du présent arrêt.

175. À cet égard, s'agissant de la première voie de raisonnement visée au point 31 du présent arrêt, il convient de relever que, ainsi qu'il résulte des considérants 166 et 196 de la décision litigieuse, la Commission n'a pas estimé que les exonérations prévues par le système luxembourgeois d'imposition des sociétés et, en particulier, celle prévue à l'article 166 de la LIR étaient en elles-mêmes constitutives d'un régime d'aide, mais que leur application au moyen des décisions fiscales anticipatives en cause avait conféré au groupe Engie un avantage sélectif au sens de l'article 107, paragraphe 1, TFUE. Ainsi, la Commission n'a ni allégué ni établi qu'une violation de cette dernière disposition serait intervenue en raison de l'existence même des dispositions de droit fiscal luxembourgeois pertinentes.

176. Par conséquent, le cas de figure mentionné au point 114 du présent arrêt, dans lequel le cadre de référence lui-même, tel qu'il découle du droit national, est considéré par la Commission comme incompatible avec le droit de l'Union en matière d'aides d'État, ne correspond pas à la présente affaire.

177. Or, ainsi qu'il ressort des points 112 et 118 du présent arrêt, le système de référence ou le régime fiscal « normal », à partir duquel il convient d'analyser la condition relative à la sélectivité, doit inclure les dispositions prévoyant les exonérations que l'administration fiscale nationale a considérées applicables au cas d'espèce, lorsque ces dispositions ne confèrent pas, en elles-mêmes, d'avantage sélectif au sens de l'article 107, paragraphe 1, TFUE. Dans une telle hypothèse, eu égard aux compétences propres des États membres en matière de fiscalité directe et au respect dû à leur autonomie fiscale, rappelés au point 118 du présent arrêt, la Commission ne peut établir une dérogation à un cadre de référence en se limitant à constater qu'une mesure s'écarte d'un objectif général d'imposition de toutes les sociétés résidentes dans l'État membre concerné, sans tenir compte de dispositions du droit national spécifiant les modalités selon lesquelles cet objectif est mis en œuvre.

178. En l'occurrence, prenant appui sur un cadre de référence étendu au système luxembourgeois d'imposition des sociétés, la Commission, ainsi qu'il ressort des considérants 171 à 176 de la décision litigieuse, n'a pas inclus l'article 166 de la LIR dans ledit cadre.

179. Aux considérants 179, 182, 184, 185, 187, 188, 190 et 192 de cette décision, la Commission a écarté la pertinence de l'article 166 de la LIR au motif, en substance, que l'application de cette disposition ne saurait remettre en cause la conclusion selon laquelle l'effet combiné de la déductibilité des accrétions sur ZORA au niveau de LNG Supply et de GSTM et de l'exonération des revenus correspondants au niveau de LNG Holding et de CEF dérogeait à l'objectif du système général luxembourgeois d'imposition des sociétés, consistant à imposer les bénéfices de toutes les sociétés assujetties à l'impôt au Luxembourg. C'est sur la base d'une telle analyse que la Commission a conclu, ainsi qu'il ressort des considérants 192 et 193 de ladite décision, que la dérogation à ce cadre de référence avait pris la forme d'une exonération des revenus perçus par LNG Holding et par CEF en tant que holdings de LNG Supply et de GSTM respectivement.

180. Or, eu égard à ce qui a été exposé au point 177 du présent arrêt, il y a lieu de considérer que cette conclusion est viciée en droit. En effet, l'article 166 de la LIR, qui constitue la base juridique des décisions fiscales anticipatives en cause, aurait dû faire partie du cadre de référence définissant le système « normal » d'imposition, puisque la Commission n'a pas considéré que cette disposition, en elle-même, conférait un avantage sélectif au sens de l'article 107, paragraphe 1, TFUE.

181. Cette erreur a, conformément à la jurisprudence rappelée au point 110 du présent arrêt, elle aussi nécessairement vicié l'ensemble de l'analyse de sélectivité opérée par la Commission au titre d'un cadre de référence étendu au système luxembourgeois d'imposition des sociétés.

182. S'agissant enfin de la troisième voie de raisonnement visée au point 31 du présent arrêt, les erreurs constatées aux points 168 à 171 ainsi que 180 de cet arrêt vicient également l'analyse de la Commission relative aux effets engendrés par les décisions fiscales anticipatives en cause au niveau du groupe Engie.

183. En effet, d'une part, aux considérants 252 à 254 de la décision litigieuse, consacrés à l'exonération des revenus de participations en application de l'article 166 de la LIR, la Commission a reproduit, en substance, l'analyse effectuée dans le cadre de la deuxième voie de raisonnement, prenant appui sur un cadre de référence restreint aux dispositions du droit luxembourgeois relatives à l'imposition des distributions de bénéfices et à l'exonération des revenus de participations, et a, notamment, renvoyé, à cet effet, au considérant 202 de la même décision. Il s'ensuit que cette analyse est entachée de la même erreur que celle constatée aux points 168 à 171 du présent arrêt.

184. D'autre part, il ressort du considérant 245 de la décision litigieuse que, aux fins de cette analyse, la Commission a tenu compte, en tant que cadre de référence, du système luxembourgeois d'imposition des sociétés, tel que décrit aux considérants 171 à 190 de cette décision. Or, ainsi qu'il a été exposé aux points 180 et 181 du présent arrêt, cette définition du cadre de référence est erronée en ce qu'elle n'inclut pas l'article 166 de la LIR.

185. Du reste, pour les motifs exposés au point 177 du présent arrêt, la Commission ne pouvait valablement établir une dérogation au système « normal » d'imposition dans le cadre de cette troisième voie de raisonnement par référence uniquement à un objectif général du système luxembourgeois tendant à l'imposition des bénéfices des sociétés résidentes au Luxembourg, comme elle l'a fait au considérant 256 de la décision litigieuse.

186. Il résulte de l'ensemble de ces considérations qu'il y a lieu d'accueillir les premier et deuxième moyens du recours dans l'affaire T-516/18 et les deuxième et troisième moyens du recours dans l'affaire T-525/18, tirés, en substance, d'erreurs d'appréciation et de droit dans l'identification d'un avantage sélectif. Par voie de conséquence, la décision litigieuse doit être annulée, sans qu'il soit nécessaire d'examiner les autres moyens des recours en annulation.

VI. Sur les dépens

187. En vertu de l'article 184, paragraphe 2, du règlement de procédure de la Cour, lorsque le pourvoi est fondé et que la Cour juge elle-même définitivement le litige, elle statue sur les dépens.

188. L'article 138, paragraphe 1, de ce règlement, rendu applicable à la procédure de pourvoi en vertu de l'article 184, paragraphe 1, dudit règlement, dispose que toute partie qui succombe est condamnée aux dépens, s'il est conclu en ce sens.

189. En l'espèce, s'agissant du pourvoi formé dans l'affaire C-451/21 P, le Grand-Duché de Luxembourg ayant obtenu gain de cause, il y a lieu, conformément à ses conclusions, de condamner la Commission à supporter, outre ses propres dépens, ceux du Grand-Duché de Luxembourg.

190. S'agissant du pourvoi formé dans l'affaire C-454/21 P, Engie *e.a.* ayant obtenu gain de cause, il y a lieu, conformément à leurs conclusions, de condamner la Commission à supporter, outre ses propres dépens, ceux d'Engie *e.a.*

191. Par ailleurs, les recours devant le Tribunal étant accueillis, la Commission est condamnée à supporter l'entièreté des dépens afférents à la procédure de première instance.

Par ces motifs, la Cour (grande chambre) déclare et arrête :

1) Les affaires C-451/21 P et C-454/21 P sont jointes aux fins de l'arrêt.

2) L'arrêt du Tribunal de l'Union européenne du 12 mai 2021, *Luxembourg e.a./Commission* (T-516/18 et T-525/18, EU:T:2021:251), est annulé.

3) La décision (UE) 2019/421 de la Commission, du 20 juin 2018, concernant l'aide d'État SA.44888 (2016/C) (ex 2016/NN) mise à exécution par le Luxembourg en faveur d'Engie, est annulée.

4) La Commission européenne est condamnée aux dépens des pourvois dans les affaires C-451/21 P et C-454/21 P.

5) La Commission européenne est condamnée aux dépens de la procédure en première instance.

Observations

1. Cet arrêt s'inscrit (comme un point final ?) dans le cadre de la lutte entreprise il y a quelques années par la Commission à l'encontre de la pratique des États, envisagée comme une concurrence fiscale déloyale, et consistant pour ces États à accorder à des entreprises, souvent étrangères, des avantages fiscaux (moyennant l'implantation de bureaux ou la réalisation de certains investissements) à l'aide, c'est le cas de le dire, de décisions fiscales anticipées, selon la terminologie de la Commission, ou d'agréments ou rescrits fiscaux ou *rulings*.

2. Ce mouvement fait apparaître un bilan mitigé. En effet, la décision de la Commission qui avait jugé incompatible l'aide fiscale présumée reçue par l'entreprise Starbucks de la part des Pays-Bas a été annulée par le Tribunal (1). La décision par laquelle elle avait estimé incompatible avec l'article 107 TFUE la mesure fiscale octroyée par l'Irlande en faveur d'Apple a également été annulée par le Tribunal (2). Par ailleurs, la Cour (3) a prononcé l'annulation de l'arrêt du Tribunal (4) confirmant la décision de la Commission condamnant « l'aide » accordée par le Luxembourg au groupe FIAT, et de cette dernière décision elle-même (5), et un arrêt du Tribunal (6) a annulé la

(1) *Cf.* Trib. UE, 24 septembre 2019, *Royaume des Pays-Bas, soutenu par Irlande et Starbucks Manufacturing Emea BV c/ Commission*, aff. jtes T-760/15 et T-636/16, ECLI:EU:T:2019:669. Arrêt définitif.

(2) *Cf.* Trib. UE, 15 juillet 2020, *Grand-Duché de Luxembourg, Apple Sales International, Apple Operations Europe, soutenues par l'Irlande c/ Commission soutenue par la Pologne et l'autorité de surveillance de l'AELE*, aff. jtes T-778/16 et T-892/16, ECLI:EU:T:2020:338. *Cf.* notre commentaire, *R.A.E.*, 2020/3, pp. 657 et s. Arrêt sous pourvoi n° C-465/20. Les conclusions de l'avocat général M. G. PITRUZZELLA ont été présentées le 9 novembre 2023. Elles concluent à l'annulation de l'arrêt attaqué et au renvoi de l'affaire au Tribunal.

(3) CJUE, gde ch., 8 novembre 2022, *Fiat Chrysler Finance Europe et Irlande, soutenue par Grand-Duché de Luxembourg c/ Commission*, aff. jtes C-885/19 P et C-898/19 P, ECLI:EU:C:2022:859, et notre commentaire, *R.A.E.*, 2022/4, pp. 807 et s.

(4) *Cf.* Trib. UE, 24 septembre 2019, *Grand-Duché de Luxembourg et Fiat Chrysler Finance Europe, soutenues par Irlande c/ Commission*, aff. jtes T-755/15 et T-759/15, ECLI:EU:T:2019:670.

(5) Décision (UE) 2016/2326 de la Commission du 21 octobre 2015 concernant l'aide d'État SA.38375 (2014/C) (ex 2014/NN) mise à exécution par le Luxembourg en faveur de Fiat (*JOUE*, L 351 du 22 décembre 2016, p. 1).

(6) Trib. UE, 12 mai 2021, *Grand-Duché de Luxembourg, Amazon EU Sàrl et Amazon.com, Inc. c/ Commission*, aff. jtes T-816/17 et T-318/18, ECLI:EU:T:2021:252, arrêt sous pourvoi, aff. n° 457/21 P. Les conclusions présentées le 8 juin par l'avocat général J. KOKOTT dans cette affaire proposaient de rejeter le pourvoi. C'est chose faite avec l'arrêt

décision (UE) 2018/859 de la Commission, du 4 octobre 2017, qui avait sanctionné l'aide d'État SA.38944 (2014/C) (ex 2014/NN) mise à exécution par le Luxembourg en faveur d'Amazon. Enfin, la Commission a elle-même dénié le caractère d'aide d'État au régime fiscal accordé par le Luxembourg au groupe McDonald's (7). De sorte que le présent pourrait bien être le signe d'une inadaptation du mécanisme de lutte contre les aides incompatibles avec l'Union, à la lutte contre ce type d'avantages fiscaux (8).

3. Toutefois, l'arrêt ici commenté se distingue des affaires ainsi évoquées en ce que l'affaire ne portait pas sur des prix de transfert dont il était allégué qu'ils auraient dérogé au principe de pleine concurrence. Ici, l'administration fiscale luxembourgeoise avait adopté deux séries de décisions fiscales anticipatives sur le traitement fiscal d'une restructuration du groupe Engie au Luxembourg. Elle avait certifié en substance qu'un emprunt convertible entre plusieurs sociétés luxembourgeoises du groupe Engie devait être qualifié, en définitive, au niveau de la « société emprunteuse », en tant que capitaux externes et, au niveau de la « société prêteuse », en tant que fonds propres. Comme le rappelait l'avocat général, les rémunérations versées en lien avec le financement n'étaient donc pas comptabilisées dans la base imposable au niveau de la filiale, mais étaient traitées comme des revenus de participations au niveau de la société mère. Ces derniers ne sont généralement – comme cela est également le cas au Luxembourg – pas imposés (ou marginalement) au sein d'un groupe. Au niveau de la filiale, une imposition

---

du 14 décembre 2023, *Commission c/ Luxembourg, Amazon EU Sàrl et Amazon.com, Inc*, aff. C-457/21 P, ECLI:EU:C:2023:985.

(7) Décision C(2018) 6076 final de la Commission du 19 septembre 2018 relative aux décisions fiscales anticipatives SA.38945 (2015/C) (ex 2015/NN) (ex 2014/CP) accordées par le Luxembourg à McDonald's Europe.

(8) Pour être tout à fait honnête, il convient de signaler que le Tribunal a validé le 20 septembre 2023 (*Belgique c/ Commission*, RENV. aff. T-131/16, ECLI:EU:T:2023:561) le régime fiscal belge exonérant certains bénéfices « excédentaires » des entités belges intégrées à des groupes multinationaux de sociétés (jugé contraire à l'art. 107 TFUE par décision de la Commission (UE) 2016/1699 du 11 janvier 2016 relative au régime d'aides d'État concernant l'exonération des bénéfices excédentaires SA.37667 (2015/C) (ex 2015/NN) mis en œuvre par la Belgique, *JOUE* 2016, L 260, p. 61). Ajoutons *d'une part* que cette décision avait été une première fois annulée par un arrêt du Tribunal du 14 février 2019 (*Belgique et Magnetrol International c/ Commission*, aff. jtes T-131/16 et T-263/16, EU:T:2019:91) pour violation par la Commission de l'article 108 dans sa constatation d'un régime d'aide existant. Cet arrêt a lui-même fait l'objet d'un pourvoi et la Cour (CJUE, 16 septembre 2021, *Commission c/ Belgique et Magnetrol International*, aff. C-337/19 P, EU:C:2021:741) a annulé le premier arrêt du Tribunal au motif qu'il était entaché d'erreurs de droit en ce qu'il avait considéré que la Commission avait erronément conclu à l'existence d'un régime d'aides en l'espèce. *D'autre part*, par arrêt du 20 septembre 2023, *Dow Silicones Corp., Dow Silicones Belgium, Vinventions c/ Commission*, aff. jtes T-858/16 et T-867/16, ECLI:EU:T:2023:570, ont été rejetés les recours de plusieurs requérants contre la décision litigieuse comme infondés ou inopérants.

n'avait lieu, en revanche, qu'à hauteur d'une base imposable spéciale (« marge »), convenue avec l'administration fiscale. La Commission avait considéré que l'administration fiscale luxembourgeoise n'aurait pas dû traiter les revenus de participations comme étant exonérés au niveau de la société mère. En procédant à une appréciation différente dans les décisions fiscales anticipatives, le Grand-Duché de Luxembourg aurait pris une position s'écartant du régime normal et accordé de ce fait un avantage sélectif à Engie constituant une aide aux sociétés mères respectives, donc au groupe Engie. À titre subsidiaire, la Commission avançait l'idée que l'administration fiscale aurait dû appliquer la disposition générale visant à prévenir les abus en droit luxembourgeois. Or, le Tribunal avait entièrement confirmé ce point de vue de la Commission. Sur pourvoi, la Cour annule cet arrêt et juge définitivement que la décision de la Commission devait être annulée également.

Procédure

4. Sur le plan procédural, l'arrêt ne retient l'attention que sur deux points. Le premier concerne une question de recevabilité. En effet, la Commission faisait valoir, sans présenter formellement d'exception d'irrecevabilité, premièrement, que le premier moyen dans l'affaire C-451/21 P et le deuxième moyen dans l'affaire C-454/21 P, par lesquels le Grand-Duché de Luxembourg et Engie *e.a.* faisaient respectivement grief au Tribunal d'avoir retenu un cadre de référence erronément réduit aux seuls articles 164 et 166 de la LIR et d'avoir à tort étendu ce cadre de référence à l'article 6 de la loi d'adaptation fiscale, afin de déterminer l'existence d'un avantage sélectif, étaient irrecevables. En effet, ces moyens, qui n'auraient été présentés pour la première fois qu'au stade des pourvois, modifieraient l'objet du litige devant le Tribunal. La Commission soutenait, deuxièmement, que le deuxième moyen dans l'affaire C-451/21 P ainsi que les premier et deuxième moyens dans l'affaire C-454/21 P étaient également irrecevables en ce que les parties y remettaient en question les appréciations par le Tribunal du droit luxembourgeois, lesquelles constitueraient des appréciations de faits et ne pourraient donc être examinées dans le cadre d'un pourvoi, en l'absence de dénaturation de ce droit.

5. L'argument a donné l'occasion à la Cour de rappeler le régime de la recevabilité des moyens dans un pourvoi. On sait, en effet, que la compétence de la Cour statuant sur un pourvoi formé contre un arrêt du Tribunal est définie par l'article 256, paragraphe 1, deuxième alinéa, TFUE. Celui-ci indique que le pourvoi doit être limité aux questions de droit et qu'il doit s'inscrire « dans les

conditions et limites prévues par le statut ». Dans une liste énumérative des moyens pouvant être invoqués dans ce cadre, l'article 58, premier alinéa, du statut de la Cour de justice de l'Union européenne précise que le pourvoi peut être fondé sur la violation du droit de l'Union par le Tribunal (9). Et de ce point de vue, il est vrai qu'en principe, pour ce qui est de l'examen, dans le cadre d'un pourvoi, des appréciations du Tribunal à l'égard du droit national, qui, dans le domaine des aides d'État, constituent des appréciations de faits, la Cour n'est compétente que pour vérifier s'il y a eu une dénaturation de ce droit (10). Toutefois, la Cour ne saurait cependant être privée de la possibilité de contrôler si de telles appréciations ne constituent pas elles-mêmes une violation du droit de l'Union, en particulier de vérifier si le Tribunal a délimité de manière appropriée le cadre de référence pertinent et, par extension, a interprété de manière correcte les dispositions le composant. En effet, il s'agit d'une question de droit susceptible de faire l'objet du contrôle de la Cour au stade du pourvoi. Les arguments tendant à remettre en cause le choix du cadre de référence (fiscal) ou sa signification dans la première étape de l'analyse de l'existence d'un avantage sélectif sont recevables puisque cette analyse procède d'une qualification juridique du droit national sur la base d'une disposition du droit de l'Union (11).

6. L'argument décisif pour la Cour semble résider dans le fait qu'admettre qu'elle ne soit pas en mesure de déterminer si c'est sans commettre d'erreur de droit que le Tribunal a fait siennes la délimitation du cadre de référence pertinent, son interprétation et son application en tant que paramètre décisif aux fins de l'examen de l'existence d'un avantage sélectif reviendrait à accepter la possibilité que le Tribunal ait, le cas échéant, commis une violation d'une disposition du droit primaire de l'Union, à savoir l'article 107, paragraphe 1, TFUE, sans que cette violation puisse être sanctionnée dans le cadre du pourvoi, ce qui contreviendrait à l'article 256, paragraphe 1, deuxième alinéa, TFUE, comme cela a été souligné au point 76 du présent arrêt. On ne peut qu'acquiescer à ce raisonnement qui a conduit la Cour à rejeter l'exception d'irrecevabilité.

7. Le deuxième aspect procédural méritant une (simple) mention du fait que la Cour a utilisé la possibilité qui lui est offerte par l'article 61, premier alinéa, deuxième phrase, du son statut, lui permettant, en cas d'annulation de la décision du Tribunal, de statuer elle-même définitivement sur le litige, lorsque celui-ci est en état

---

(9) *Cf.* par ex. CJUE, 5 juillet 2011, *Edwin c/ OHMI*, aff. C-263/09 P, EU:C:2011:452, pt 46.

(10) *Cf.* CJUE, 8 novembre 2022, *Fiat Chrysler Finance Europe c/ Commission*, préc., note 3, pt 82 ainsi que jurisprudence citée.

(11) *Ibid.*

d'être jugé. Or, elle a estimé (pt 162 de l'arrêt) que tel était bien le cas en l'espèce puisque les moyens des recours tendant à l'annulation de la décision litigieuse avaient déjà fait l'objet d'un débat contradictoire devant le Tribunal, (dans le cadre de l'arrêt attaqué) et leur examen ne nécessitait donc d'adopter aucune mesure supplémentaire d'organisation de la procédure ou d'instruction du dossier.

Fond

8. L'arrêt retiendra l'attention (12) sur le fond sur deux points. Le premier, sans doute le plus important, concerne le respect de la compétence nationale dans la détermination du cadre de référence pour la détermination de l'existence (ou non) d'une aide fiscale. Le second illustre une nouvelle fois l'exigence de la démonstration du caractère sélectif de toute mesure d'aide notamment fiscale.

9. S'agissant de la détermination du « cadre de référence », il s'agit d'un élément indispensable et premier dans la détermination de l'existence d'une aide fiscale. Certes il n'y a ici guère de nouveauté. Cependant, la Cour a estimé nécessaire de consacrer, à titre liminaire, pas moins de dix paragraphes à l'exposé de la méthode et des principes devant guider la Commission dans l'exercice de ses pouvoirs au titre de l'article 108, paragraphe 2, TFUE. Ces développements apparaissent donc de plus en plus comme un guide des procédures qui, en dehors du règlement de procédure lui-même, définit les droits et obligations de la Commission lorsqu'elle doit examiner, dans le cadre de l'article 108 TFUE, des mesures fiscales nationales.

10. Reprenons, avec le point 105 de l'arrêt ici commenté, les conditions pour « la qualification d'une mesure nationale d'"aide d'État", au sens de l'article 107, paragraphe 1, TFUE » qui « requiert que toutes les conditions suivantes soient remplies. Premièrement, il doit s'agir d'une intervention de l'État ou au moyen de ressources d'État. Deuxièmement, cette intervention doit être susceptible d'affecter les échanges entre les États membres. Troisièmement, elle doit accorder un avantage sélectif à son bénéficiaire. Quatrièmement, elle doit fausser ou menacer de fausser la concurrence » (13). S'agissant de la sélectivité, exigence, nécessaire mais non suffisante, à une telle qualification, et applicable que la mesure soit générale ou individuelle, il y a toutefois lieu de distinguer entre les deux catégories. Tout d'abord, il serait faux de croire que parce que la mesure est individuelle, c'est-à-dire qu'elle ne s'adresse qu'à une ou quelques

(12) Sur le cadre factuel du litige, on renvoie aux points 3-21 de l'arrêt.

(13) Citant CJUE, 8 novembre 2022, *Fiat Chrysler Finance Europe c/ Commission*, préc., pt 66 ainsi que jurisprudence citée.

entreprises, elle soit nécessairement sélective sans qu'il y ait lieu de définir au préalable un « cadre de référence, ou un régime normal auquel elle dérogerait ». La Cour insiste à nouveau (au pt 105 de son arrêt) sur la nécessaire et préalable démarche consistant à rechercher le régime normal qui sert de fondement à la mesure individuelle : « [L]a condition relative à l'avantage sélectif, celle-ci impose de déterminer si, dans le cadre d'un régime juridique donné, la mesure nationale en cause est de nature à favoriser "certaines entreprises ou certaines productions" par rapport à d'autres, qui se trouvent, au regard de l'objectif poursuivi par ledit régime, dans une situation factuelle et juridique comparable et qui subissent ainsi un traitement différencié pouvant en substance être qualifié de discriminatoire ». De ce passage on retirera deux choses : d'abord, on vient de le dire, le caractère sélectif d'une mesure individuelle s'apprécie par rapport « à un régime juridique donné », c'est-à-dire à un cadre de référence. Ensuite, cette sélectivité s'apparente à une discrimination par rapport à d'autres entreprises qui se trouvent, au regard de ce régime ou cadre, dans une situation factuelle et juridique comparable à celle du ou des destinataire(s) de la mesure litigieuse, sans en être, eux, les bénéficiaires.

11. Certes, et bien qu'il y ait différenciation entre entreprises par une mesure fiscale apparemment sélective, l'État peut démontrer « que cette différenciation est justifiée, en ce sens qu'elle résulte de la nature ou de l'économie du système dans lequel ces mesures s'inscrivent ». Auquel cas, et par exception, la différenciation opérée entre les entreprises, apparemment dans une situation comparable, ne constituera pas une aide au regard de l'article 107. Cependant, la plupart du temps, cette différenciation « justifiée » repose en réalité sur une différence de situation au regard de l'objectif du système fiscal en cause. Pour ne prendre que cet exemple, toutes les entreprises ne sont pas placées dans la même situation au regard d'un impôt destiné à pénaliser celles qui polluent le plus. Partant, une mesure constituant une exception à l'application du système fiscal général peut être justifiée si l'État membre concerné parvient à démontrer que cette mesure résulte directement des principes fondateurs ou directeurs de son système fiscal (14). Par ailleurs, dans la situation dans laquelle l'aide (ou la discrimination) se situe non dans la mesure individuelle, mais dans le cadre juridique (le régime) sur la base duquel la décision a été adoptée, cette dernière, en réalité ne faisant qu'appliquer celui-là au cas d'espèce, illustrant

(14) *Cf.* CJCE, 8 novembre 2001, *Adria-Wien Pipeline et Wietersdorfer et Peggauer Zementwerke*, aff. C-143/99, *Rec.*, p. I-8365, pt 42 ainsi que jurisprudence citée et CJUE, 8 septembre 2011, *Paint Graphos e.a.*, aff. jtes C-78/08 à C-80/08, *Rec.*, p. I-7611, pt 49 et jurisprudence citée.

ainsi un exemple de compétence liée, la mesure individuelle n'est qu'apparemment sélective, l'examen de ladite sélectivité est reporté au niveau du régime lui-même (15).

12. Nonobstant ces deux cas de figure, on a compris qu'il est indispensable de définir au préalable le cadre fiscal de référence, avant de pouvoir juger de la sélectivité des mesures fiscales individuelles, comme les décisions fiscales anticipatives en cause dans l'affaire sous commentaire. Passer outre, ou porter une appréciation erronée sur, le cadre de référence emporte, nous dit la Cour, une conséquence redoutable : « La détermination du système de référence constituant le point de départ de l'examen comparatif devant être mené dans le contexte de l'appréciation de la sélectivité, une erreur commise dans cette détermination vicie nécessairement l'ensemble de l'analyse de la condition relative à la sélectivité ». Et on serait tenté d'ajouter qu'une telle erreur constitue une erreur de droit qui condamne et la décision de la Commission qui l'aurait commise, et l'arrêt du Tribunal qui l'aurait confirmée : c'est d'ailleurs bien ce que démontre le présent arrêt en annulant l'arrêt attaqué et la décision de la Commission que ce dernier avait approuvée. Si cette conséquence est si rigoureuse, c'est qu'au-delà de la question de l'erreur de droit, propre au pourvoi lui-même, se dissimule en réalité un problème de violation des compétences.

13. Et c'est là sans doute sinon l'apport, du moins le passage essentiel de l'arrêt. Certes, lorsque la Commission exerce les pouvoirs qu'elle détient au titre des articles 107 et 108 TFUE, elle fait usage incontestablement des compétences de l'Union. Et la Cour veille d'ailleurs scrupuleusement au respect des celles-ci (16). Toutefois, ce qui est parfois moins évident, en tout cas moins souligné, du moins jusqu'aux affaires relatives aux décisions fiscales anticipatives, c'est que l'exercice par la Commission de ses compétences doit aller de pair avec le respect par celle-ci des compétences des États membres. Or, le contrôle des aides d'État nécessite ce respect à plus d'un titre comme la Cour le rappelle dans l'arrêt sous commentaire. Ce n'est certes pas la première fois que le juge de l'Union rappelle à l'ordre la Commission dans ses tentatives d'imposer aux États un cadre de référence international ou européen. Ainsi dans l'affaire *Apple* (17),

(15) La Cour cite à cet égard sa jurisprudence dans l'affaire de « Gibraltar ». De sorte que la sélectivité condamnable se situe dans le régime lui-même et non dans les décisions d'application de celui-ci. On pourrait également citer l'affaire du régime fiscal belge cité *supra*, note 8.

(16) *Cf.* par ex. CJCE, 11 juillet 1996, *SFEI c/ La Poste e.a.*, aff. C-39/94, *Rec.*, p. I-3577, pt 45, jurisprudence constante. *Adde* M. KARPENSCHIF, *Manuel de droit européen des aides d'État*, 4e éd., coll. « Droit de la Concurrence », Bruxelles, Bruylant, 2021, pts 164 et s., pp. 160 et s.

(17) *Cf.* Trib. UE, 15 juillet 2020, *Irlande et Apple Sales International et Apple Operations Europe c/ Commission*, préc., pt 221.

le Tribunal avait rappelé que la Commission ne pouvait retenir comme cadre de référence d'un prix de transfert (autorisé par une décision fiscale anticipative) un principe de pleine concurrence tiré sinon du droit international, du moins des principes de l'OCDE (18). En effet « la Commission ne dispose pas, à ce stade du développement du droit de l'Union, d'une compétence lui permettant de définir de manière autonome l'imposition dite "normale" d'une entreprise intégrée en faisant abstraction des règles fiscales nationales ». On voit bien qu'il s'agit ici d'une question de compétences et même de répartition de compétences (19).

14. La Cour ne dit pas autre chose ici lorsqu'elle rappelle que « [d]ans ce contexte, il convient, en premier lieu, de préciser que la détermination du cadre de référence, qui doit être effectuée à l'issue d'un débat contradictoire avec l'État membre concerné, doit découler d'un examen objectif du contenu, de l'articulation et des effets concrets des normes applicables en vertu du droit national de cet État » (20). En clair et en premier lieu, c'est au droit national, et à

---

(18) Ainsi, le principe de pleine concurrence ne peut être appliqué que s'il est reconnu par le droit national concerné et selon les modalités définies par ce dernier. « Autrement dit, il n'existe pas, en l'état actuel du droit de l'Union, de principe autonome de pleine concurrence s'appliquant indépendamment de l'incorporation de ce dernier dans le droit national aux fins de l'examen des mesures de nature fiscale dans le cadre de l'article 107, paragraphe 1, TFUE » (*Cf.* CJUE, 8 novembre 2022, *Fiat Chrysler Finance Europe c/ Commission*, préc., pt 104. Ou encore « si le droit national applicable aux sociétés au Luxembourg vise, en matière d'imposition des sociétés intégrées, à aboutir à une approximation fiable du prix du marché et si cet objectif correspond, de manière générale, à celui du principe de pleine concurrence, il n'en demeure pas moins que, en l'absence d'harmonisation en droit de l'Union, les modalités concrètes de l'application de ce principe sont définies par le droit national et doivent être prises en compte en vue d'identifier le cadre de référence aux fins de la détermination de l'existence d'un avantage sélectif » (CJUE, 14 décembre 2023, *Commission c/ Luxembourg, Amazon.com Inc et Amazon EU Sàrl*, préc., pt 43).

(19) *Cf.* déjà CJUE, 16 mars 2021, *Commission c/ Pologne*, aff. C-562/19 P, EU:C:2021:201, pts 38 et 39, ainsi que CJUE, 16 mars 2021, *Commission c/ Hongrie*, aff. C-596/19 P, EU:C:2021:202, pts 44 et 45. « Il s'ensuit que, en dehors des domaines dans lesquels le droit fiscal de l'Union fait l'objet d'une harmonisation, la détermination des caractéristiques constitutives de chaque impôt relève du pouvoir d'appréciation des États membres, dans le respect de leur autonomie fiscale, ce pouvoir devant, en tout état de cause, être exercé dans le respect du droit de l'Union. Il en va ainsi, notamment, du choix du taux de l'impôt, qui peut être proportionnel ou progressif, mais aussi de la détermination de son assiette et de son fait générateur. Ces caractéristiques constitutives définissent donc, en principe, le système de référence ou le régime fiscal "normal", à partir duquel il convient, conformément à la jurisprudence rappelée au point 37 du présent arrêt, d'analyser la condition relative à la sélectivité ».

(20) *Cf.* pt 111 de l'arrêt ici commenté. *Adde* CJUE, 8 novembre 2022, *Fiat Chrysler Finance Europe c/ Commission*, préc., pt 72, « en dehors des domaines dans lesquels le droit fiscal de l'Union fait l'objet d'une harmonisation, c'est l'État membre concerné qui détermine, par l'exercice de ses compétences propres en matière de fiscalité directe et dans le respect de son autonomie fiscale, les caractéristiques constitutives de l'impôt, lesquelles définissent, en principe, le système de référence ou le régime fiscal "normal", à partir duquel il convient

lui seul, qu'il convient de se référer lorsqu'il s'agit de déterminer le cadre de référence, ou l'imposition « normale », permettant de juger si la décision fiscale anticipative y déroge ou non. Une précision toutefois, ce renvoi au seul droit national, et l'on voit bien ici la réserve de ce qu'il faut appeler l'exercice par l'Union d'une compétence, ne vaut tel quel que pour autant qu'il n'existe pas encore d'harmonisation de l'Union (ou internationale) qui aurait défini ladite imposition « normale ». La Cour d'ailleurs précise à chaque fois que son affirmation, citée plus haut, ne vaut, en tout cas telle qu'elle, qu'« en dehors des domaines dans lesquels le droit fiscal de l'Union fait l'objet d'une harmonisation » (21).

15. Si le cadre de référence est donc à rechercher dans le seul droit national, la Cour rappelle que, pour des raisons de compétences encore, c'est tout le droit national qui doit servir à cet exercice : « [C]'est l'État membre concerné qui détermine, par l'exercice de ses compétences propres en matière de fiscalité directe et dans le respect de son autonomie fiscale, les caractéristiques constitutives de l'impôt, lesquelles définissent, en principe, le système de référence » (22). Sur le plan formel tout d'abord, la définition de ce qu'est le droit national « de référence » doit être réalisée avec le principal concerné à savoir l'État lui-même. La Cour le dit expressément, l'identification de ce cadre de référence « doit être effectuée à l'issue d'un débat contradictoire avec l'État membre concerné » (23). On le comprend car dans la logique de ce qui précède, l'État, en tant que source du droit applicable, est à même d'apporter des précisions et éclaircissements utiles ne serait-ce que pour comprendre le droit fiscal national. D'autant plus que ce cadre de référence ne peut pas être défini en prenant seulement en compte des parties du droit applicable et la seule loi fiscale. Ce qui est à retenir, c'est le droit positif, c'est-à-dire la manière dont le régime fiscal de référence est compris et appliqué par ceux qui sont en charge de l'appliquer (l'administration et le juge national). La Cour le rappelle une nouvelle fois, l'examen du cadre de référence « doit découler d'un examen objectif du contenu, de l'articulation et des effets concrets des normes applicables en vertu du droit national de cet État » (24). Plus précisément encore, elle indique que doivent être prises en compte « les caractéristiques constitutives de l'impôt, lesquelles définissent,

---

d'analyser la condition relative à la sélectivité. Il en va notamment ainsi de la détermination de l'assiette de l'impôt et de son fait générateur ».

(21) *Cf.* pt 112 de l'arrêt commenté.

(22) *Ibid.*

(23) *Cf. ibid.*, pt 111.

(24) *Ibid. Adde* CJUE, 8 novembre 2022, *Fiat Chrysler Finance Europe c/ Commission*, préc., pt 72 ainsi que jurisprudence citée.

en principe, le système de référence ou le régime fiscal "normal", à partir duquel il convient d'analyser la condition relative à la sélectivité. Il en va, notamment, ainsi de la détermination de l'assiette de l'impôt, de son fait générateur et des éventuelles exonérations dont il est assorti » (25).

16. En clair, la Commission devra prendre en compte non seulement la définition légale nationale du champ d'application, de l'assiette, du taux mais également des modalités de perception de l'impôt mis en cause ainsi que les directives et circulaires administratives qui précisent et détaillent les modalités concrètes d'application de l'impôt. Il s'agira donc, on l'aura compris, de ne pas s'en tenir à la définition abstraite d'un cadre « législatif » normal, mais bien d'arriver à un cadre objectif de référence. Cette volonté de définir un cadre de référence effectif, positif, se retrouve également dans les paragraphes que la Cour consacre à repousser les passages de la décision litigieuse (et de l'arrêt confirmatif) relatifs à l'utilisation de la loi fiscale luxembourgeoise anti-abus comme cadre de référence.

17. Le Grand-Duché de Luxembourg faisait, notamment, valoir que l'intégralité du raisonnement du Tribunal dans son arrêt attaqué reposait sur la prémisse erronée selon laquelle le même résultat fiscal que celui obtenu par le groupe Engie n'aurait pas été possible sans l'existence d'intermédiaires, lesquels seraient un maillon essentiel du montage financier mis en place par ce groupe. Pourtant, il rappelait avoir exposé, en première instance, qu'un ZORA direct (26), conclu sans le recours à un intermédiaire, aurait abouti au même résultat imposable que celui découlant d'un ZORA indirect, le créancier étant en mesure, dans un premier temps, lors de la conversion du ZORA direct, de bénéficier de la neutralité fiscale permise par l'article 22*bis* de la LIR, puis, dans un second temps, de l'exonération d'une éventuelle distribution ou plus-value, en vertu de l'article 166 de cette loi, ce qu'aurait admis le Tribunal en jugeant que ces articles n'excluaient pas formellement une telle exonération. C'était donc à tort que le Tribunal avait estimé que trois des critères de l'abus de droit, prévus à l'article 6 de la loi d'adaptation fiscale, étaient remplis et, partant, que les décisions fiscales anticipatives en cause avaient dérogé à ce cadre de référence. Par ailleurs, le Luxembourg faisait également valoir que le Tribunal avait considéré à tort qu'il

(25) *Cf.* pt 112, *ibid.*

(26) Soit un emprunt obligatoirement convertible en actions (ci-après un « ZORA »). Pour l'avocat général, la signification précise de l'acronyme ZORA n'était pas claire. La Commission partait du principe qu'il correspondait à « Zéro-intérêts obligation remboursable en actions » – *Cf.* note de bas de page 6 de la décision litigieuse.

n'était pas nécessaire de tenir compte de la pratique administrative, au motif que l'article 6 de la loi d'adaptation fiscale n'aurait pas suscité de difficulté d'interprétation.

18. Or (27), selon la Cour, « une disposition visant à prévenir de manière horizontale les abus en matière fiscale, telle que l'article 6 de la loi d'adaptation fiscale, présente par nature un degré particulièrement élevé de généralité, étant susceptible de s'appliquer dans une gamme très large de contextes et de situations » (28). En conséquence, « compte tenu de la nature d'une disposition anti-abus telle que celle visée au point 153 du présent arrêt, la Commission ne saurait aboutir à la conclusion que l'omission des autorités fiscales d'en avoir fait application en vue de refuser un traitement fiscal sollicité par un contribuable dans une demande de décision fiscale anticipative a entraîné l'octroi d'un avantage sélectif que pour autant que cette omission s'écarte de la jurisprudence ou de la pratique administrative nationales relatives à cette disposition. En effet, s'il en allait autrement, la Commission *serait en mesure de définir elle-même ce qui constitue ou non une application correcte d'une telle disposition, ce qui excéderait les limites des compétences dont elle est investie par les traités en matière de contrôle des aides d'État et serait incompatible avec l'autonomie fiscale des États membres rappelée au point précédent* » (29). Il est donc tout à fait clair qu'il n'est pas possible pour la Commission (ni pour le Tribunal) de s'en tenir « à un examen général des conditions d'application de cet article 6 de la loi d'adaptation fiscale, sans établir que l'administration fiscale luxembourgeoise s'était écartée dans les décisions fiscales anticipatives en cause, en particulier, de sa propre pratique concernant des opérations comparables à celles en cause » (30). Mais le passage montre également, et surtout, que le refus de prendre en compte le droit positif reviendrait à permettre à la Commission de définir elle-même ici ce qu'est un abus de droit en droit luxembourgeois, et de manière plus générale ce qu'est l'application correcte du droit fiscal national, ce qui constituerait une violation flagrante de la répartition des compétences dans l'Union et une violation de l'autonomie fiscale des États membres.

---

(27) *Cf.* les concl. préc. sous l'arrêt, pts 146-148.

(28) *Cf.* pt 153 de l'arrêt ici commenté.

(29) *Cf.* pt 155, *ibid.* Italique ajouté.

(30) Et la Cour de conclure (pt 156 *ibid.*) : « Il s'ensuit que le Tribunal a commis une erreur de droit lorsqu'il a considéré, au point 409 de l'arrêt attaqué, que la prise en compte par la Commission de la pratique administrative des autorités fiscales luxembourgeoises relative à l'article 6 de la loi d'adaptation fiscale n'était pas requise, au motif que cette disposition n'aurait suscité aucune difficulté d'interprétation ».

18. Cependant, énoncer le principe d'un indispensable recours aux précisions ou déclarations de l'État fait immédiatement apparaître un risque que la Commission soit mise « dans les mains » de l'État qu'elle est chargée de contrôler, en lui enjoignant de prendre en compte toutes les précisions qu'il lui apportera sur le contenu du droit appliqué. Toutefois la Cour pose deux précautions pour limiter ce risque. En premier lieu, elle rappelle l'article 4, paragraphe 3, TUE, selon lequel l'État membre est tenu par un devoir de coopération loyale pendant toute la procédure relative à l'examen d'une mesure au titre des dispositions du droit de l'Union en matière d'aides d'État. « Ce devoir implique, notamment, que le même État membre fournisse de bonne foi à la Commission toute information pertinente sollicitée par cette dernière concernant l'interprétation des dispositions du droit national pertinentes aux fins de déterminer le cadre de référence, résultant de la jurisprudence ou de la pratique administrative nationales » (31). Sans reprocher un certain angélisme à une telle affirmation, il est possible de prétendre que le non-respect du devoir de coopération loyale exposerait certainement l'État par la suite, notamment devant le juge, à se voir refuser le droit d'invoquer une erreur de la Commission en la matière. En second lieu, l'État ne saurait prendre, dans les précisions qu'il apporterait, le contrepied des dispositions légales ou réglementaires : de sorte qu'il ne saurait y avoir d'interprétation étatique *contra legem*. C'est plus ou moins ce que dit la Cour lorsqu'elle affirme que si la Commission est tenue par ce que dit l'État de son droit positif, cela ne vaut que « pour autant que cette interprétation soit compatible avec le libellé de ces dispositions ». De sorte que la Commission pourra certainement s'écarter de ladite interprétation mais uniquement « si elle est en mesure d'établir qu'une autre interprétation prévaut dans la jurisprudence ou la pratique administrative de cet État membre, en se fondant à cet égard sur des éléments fiables et concordants, soumis à ce débat contradictoire » (32).

19. Une fois défini ainsi le cadre de référence, encore faut-il démontrer que la mesure fiscale en cause constitue une mesure sélective : le rappel de cette évidence constitue le second point à mettre au crédit de cet arrêt.

20. Pour l'avocat général, seules seraient en cause au regard de l'article 107 TFUE les décisions fiscales « erronées » ou du moins celles qui résulteraient d'une application particulièrement erronée du cadre de référence, ce dernier ne pouvant justifier de telles dérogations à ses principes ; « [c]e sont donc non pas toutes les décisions

(31) *Cf.* pt 122 de l'arrêt ici commenté.
(32) *Cf.* pts 120 et 121, *ibid.*

fiscales anticipatives erronées, mais seulement les décisions fiscales anticipatives manifestement erronées en faveur du contribuable qui constituent un avantage sélectif. De telles dérogations au cadre de référence national applicable, qui ne sauraient être expliquées de manière plausible à un tiers tel que la Commission ou les juridictions de l'Union, sont manifestes et donc également évidentes pour le contribuable concerné. Dans de tels cas de figure, on peut considérer que l'on est en présence d'un contournement du droit en matière d'aides d'État par une application de la loi d'une manière manifestement discriminatoire. Il n'y a alors pas lieu de répondre aux questions soulevées lors de l'audience, concernant le point de savoir si une partie de la doctrine luxembourgeoise ou une juridiction luxembourgeoise de première instance interprètent réellement le droit fiscal luxembourgeois d'une manière différente de l'interprétation retenue par l'administration fiscale et une autre partie de la doctrine luxembourgeoise » (33). La Cour ne reprendra pas cette explication, même si la solution de celle-ci repose bien sur l'idée que la décision fiscale anticipée retenue en tant qu'aide d'État doit constituer une dérogation au cadre de référence qui va au-delà des exonérations qu'il prévoit (34).

21. Déjà dans les affaires précédentes relatives aux décisions fiscales anticipatives, la Cour avait insisté sur le raisonnement et les principes devant guider la Commission, sous le contrôle du Tribunal, pour mettre en lumière le caractère sélectif des mesures fiscales nationales dont il est prétendu qu'elles présentent le caractère d'aide d'État au sens de l'article 107 TFUE (35). On ne sera donc pas surpris de retrouver, même avec certaines précisions supplémentaires, les développements que la Cour a consacrés à cette question.

22. Dans le présent arrêt, la Cour a bien condamné « l'erreur de droit et une dénaturation des faits » du Tribunal dans l'arrêt attaqué lorsque, pour déterminer si les décisions fiscales anticipatives

---

(33) *Cf.* pt 92 des concl. préc.

(34) Pour être complet et tout à fait honnête, même l'avocat général admettait (pt 96 des concl. préc.) qu'« une interprétation large de l'article 107 TFUE – selon laquelle toutes les décisions fiscales anticipatives erronées en faveur du contribuable constituent des avantages sélectifs – soulèverait la problématique supplémentaire suivante : lors de l'adoption d'une décision anticipative, tout comme lors de l'adoption de toute décision fiscale, des erreurs peuvent être commises. Le contrôle du point de savoir si une telle décision fiscale est correcte ou erronée incombe cependant, en réalité, aux autorités fiscales nationales et aux juridictions nationales. Si l'on considérait toute simple erreur lors de la fixation de l'impôt déjà comme une violation du droit en matière d'aides d'État, cela aurait pour conséquence que la Commission deviendrait de facto une administration supérieure en matière fiscale et les juridictions de l'Union, par le contrôle des décisions de la Commission, des juridictions suprêmes en matière fiscale ».

(35) *Cf.* not. CJUE, 8 novembre 2022, *Fiat Chrysler Finance Europe c/ Commission*, préc., pt 67 et jurisprudence citée.

étaient bien sélectives, au sens de l'article 107 TFUE, ce dernier s'était fondé sur une lecture ou une interprétation erronée du droit fiscal luxembourgeois, et plus particulièrement des articles 166 et 164 de la LIR. C'est pour avoir vu une relation de dépendance (la Commission parlait de correspondance) entre l'exonération des sommes qualifiées d'« accrétions » sur ZORA (assimilées aux revenus de participations) au niveau des sociétés mères et leur imposition préalable au niveau des filiales que le Tribunal a dénaturé le droit national et commis une erreur. En effet, ni le texte de l'article 166 n'exige une telle imposition (36), ni la doctrine administrative (37) n'accréditait cette interprétation. C'est donc par une dénaturation du droit national que le Tribunal, après la Commission, avait pu conclure que les décisions fiscales anticipatives litigieuses contenaient bien une dérogation au cadre de référence (art. 166 et 164 de la LIR) et présentaient ainsi le caractère sélectif caractéristique d'une aide d'État. C'est sur la base d'un raisonnement similaire que la Cour a condamné la décision litigieuse (38), pour n'avoir pas mis en évidence le caractère sélectif des décisions fiscales anticipées en cause.

Dominique BERLIN

---

(36) *Cf.* pt 128 de l'arrêt commenté.

(37) Notamment le fameux courrier du 31 janvier 2018 de l'administration luxembourgeoise. Au point 1329 de l'arrêt commenté, la Cour note que « c'est manifestement en sortant de son contexte la phrase de ce courrier citée à ce point que le Tribunal en a déduit, à la suite de la Commission, l'existence d'un tel lien ». Cette appréciation est inconciliable avec d'autres passages dudit courrier dans lesquels cet État membre a indiqué que ladite disposition « n'impose pas que les revenus de participations soient préalablement imposés pour bénéficier du régime d'exonération prévu », que les articles 164 et 166 de la LIR ne doivent pas recevoir une application « conjointe », et que « les dispositions de l'art. 164 [de la] LIR ne constituent pas une condition sine qua non à l'application du régime d'exonération des revenus de participation tel que consacré à l'art. 166 [de la] LIR ».

(38) *Cf.* pts 120-122 de l'arrêt.

XIV. ESPACE DE LIBERTÉ, DE SÉCURITÉ ET DE JUSTICE

Cour de justice, 18 avril 2023, *X, Y, A, B c/ État belge*, aff. C-1/23 PPU, EU:C:2023:296

Conclusions de l'avocat général G. Pitruzzella, du 9 mars 2023, ECLI:EU:C:2023:193

MOTS-CLÉS : Renvoi préjudiciel – Procédure préjudicielle d'urgence – Contrôles aux frontières, asile et immigration – Politique d'immigration – Droit au regroupement familial – Dépôt d'une demande d'entrée et de séjour aux fins de l'exercice du droit au regroupement familial – Réglementation d'un État membre prévoyant l'obligation pour les membres de la famille du regroupant d'introduire la demande en personne auprès du poste diplomatique compétent de cet État membre – Impossibilité ou difficulté excessive de se rendre audit poste

CADRE NORMATIF : directive 2003/86/CE du Conseil du 22 septembre 2003 relative au droit au regroupement familial (*JO* 2003, L 251, p. 12) ; directive 2011/95/UE du Parlement européen et du Conseil du 13 décembre 2011 concernant les normes relatives aux conditions que doivent remplir les ressortissants des pays tiers ou les apatrides pour pouvoir bénéficier d'une protection internationale, à un statut uniforme pour les réfugiés ou les personnes pouvant bénéficier de la protection subsidiaire, et au contenu de cette protection (*JO* 2011, L 337, p. 9) ; articles 7 et 24 de la charte des droits fondamentaux de l'Union européenne (ci-après la « charte »)

NOTES ET OBSERVATIONS : J.-Y. CARLIER et E. FRASCA, « Droit européen des migrations », *J.D.E.*, 2024, p. 135 ; F. GAZIN, « Immigration – Regroupement familial des réfugiés », *Europe*, juin 2023, n° 6, comm. 213 ; G. RAIMONDO, « The Effectiveness of Right to Family Reunification (Afrin, C-1/23 PPU) », *EU Law Live*, 28 avril 2023 ; F. CASTILLO DE LA TORRE et P. NEMECKOVA, « Crónica de jurisprudencia del Tribunal de Justicia de la Unión Europea », *Revista de Derecho Comunitario Europeo*, 2023, vol. 75, pp. 387-389

Extraits de l'arrêt

Sur les questions préjudicielles

[...]

38. Dans ces conditions, il y a lieu de considérer que, par cette question, la juridiction de renvoi demande, en substance, si l'article 5, paragraphe 1, de la directive 2003/86, lu en combinaison avec l'article 7 ainsi que l'article 24, paragraphes 2 et 3, de la Charte, doit être interprété en ce sens qu'il s'oppose à une réglementation nationale qui requiert, aux fins de l'introduction d'une demande d'entrée et de séjour au titre du regroupement familial, que les membres de la famille du regroupant, en particulier d'un réfugié reconnu, se rendent personnellement au poste diplomatique ou consulaire d'un État membre compétent pour le lieu de leur résidence ou de leur séjour à l'étranger, y compris dans une situation dans laquelle il leur est impossible ou excessivement difficile de se rendre à ce poste.

[...]

41. Cependant, il importe de rappeler, en premier lieu, que si l'article 5, paragraphe 1, de la directive 2003/86 reconnaît ainsi aux États membres une marge d'appréciation à cet égard, cette marge ne doit pas être utilisée par ceux-ci d'une manière qui porterait atteinte à l'objectif de cette directive et à l'effet utile de celle-ci [voir, par analogie, arrêts du 13 mars 2019, *E.*, C-635/17, EU:C:2019:192, point 53, ainsi que du 12 décembre 2019, *G. S. et V. G. (Menace pour l'ordre public)*, C-381/18 et C-382/18, EU:C:2019:1072, point 62 ainsi que jurisprudence citée].

42. Or, s'agissant de l'objectif poursuivi par la directive 2003/86, la Cour a itérativement jugé que cette directive vise à favoriser le regroupement familial et à accorder une protection aux ressortissants de pays tiers, notamment aux mineurs. En vue de réaliser cet objectif, l'article 4, paragraphe 1, de ladite directive impose aux États membres des obligations positives précises, auxquelles correspondent des droits subjectifs clairement définis. Il leur fait ainsi obligation d'autoriser le regroupement familial de certains membres de la famille du regroupant sans pouvoir exercer leur marge d'appréciation, pour autant que les conditions visées au chapitre IV de la même directive sont satisfaites [arrêt du 12 décembre 2019, *G. S. et V. G. (Menace pour l'ordre public)*, C-381/18 et C-382/18, EU:C:2019:1072, points 60 et 61 ainsi que jurisprudence citée].

43. Par ailleurs, la directive 2003/86 vise à accorder, ainsi que cela ressort de son considérant 8, une protection accrue aux ressortissants de pays tiers ayant obtenu le statut de réfugié en ce qu'elle prévoit des conditions plus favorables pour l'exercice de leur droit au regroupement familial, dès lors que leur situation demande une attention particulière à cause des raisons qui les ont contraints à fuir leur pays et qui les empêchent d'y mener une vie familiale normale.

44. En second lieu, ainsi qu'il ressort du considérant 2 de la directive 2003/86, celle-ci reconnaît les droits fondamentaux et observe les principes consacrés par la Charte. Partant, il incombe aux États membres non seulement d'interpréter leur droit national d'une manière conforme au droit de l'Union, mais également de veiller à ne pas se fonder sur une interprétation d'un texte du droit dérivé qui entrerait en conflit avec les droits fondamentaux protégés par l'ordre juridique de l'Union (arrêt du 13 mars 2019, *E.*, C-635/17, EU:C:2019:192, points 53 et 54 ainsi que jurisprudence citée).

45. [...]

46. Il s'ensuit que les dispositions de la directive 2003/86 doivent être interprétées et appliquées à la lumière de l'article 7 et de l'article 24, paragraphes 2 et 3, de la Charte, ainsi qu'il ressort des termes du considérant 2 et de l'article 5, paragraphe 5, de cette directive, qui imposent aux États membres d'examiner les demandes de regroupement en cause dans l'intérêt des enfants concernés et dans le souci de favoriser la vie familiale [arrêt du 16 juillet 2020, *État belge (Regroupement familial – Enfant mineur)*, C-133/19, C-136/19 et C-137/19, EU:C:2020:577, point 35 et jurisprudence citée].

47. Ainsi, il incombe aux autorités nationales compétentes de procéder à une appréciation équilibrée et raisonnable de tous les droits et intérêts en jeu, en tenant particulièrement compte de ceux des enfants concernés (voir, en ce sens, arrêt du 13 mars 2019, *E.*, C-635/17, EU:C:2019:192, point 57 et jurisprudence citée).

[...]

49. À cet égard, premièrement, il convient de rappeler que l'article 12*bis*, paragraphe 1, alinéa premier, de la loi du 15 décembre 1980, qui transpose dans le droit belge l'article 5, paragraphe 1, de la directive 2003/86, prévoit qu'il appartient aux membres de la famille du regroupant et non pas au regroupant lui-même d'introduire une demande d'entrée et de séjour au titre d'un regroupement familial et que ces membres de la famille doivent introduire une telle demande en se présentant auprès du représentant diplomatique ou consulaire belge compétent pour le lieu de leur résidence ou de leur séjour à l'étranger.

50. Ainsi que le souligne la juridiction de renvoi, le droit belge ne prévoit pas de dérogations à cette exigence de comparution personnelle lors de l'introduction de la demande de regroupement familial pour des situations où une telle comparution est impossible ou excessivement difficile, en particulier celles où les membres de la famille du regroupant vivent dans une zone de conflit et risquent, en se déplaçant, de s'exposer à des traitements inhumains ou dégradants, voire de mettre leur vie en danger.

51. Or, il convient de relever que, afin d'atteindre l'objectif de la directive 2003/86 de favoriser le regroupement familial, tel que celui-ci est rappelé au point 42 du présent arrêt, il est indispensable que les États membres fassent preuve, dans de telles situations, de la flexibilité nécessaire pour permettre aux intéressés de pouvoir effectivement introduire leur demande de regroupement familial en temps utile, en facilitant l'introduction de cette demande et en admettant, en particulier, le recours aux moyens de communications à distance.

52. En effet, en l'absence d'une telle flexibilité, l'exigence, sans exception, de comparution personnelle au moment de l'introduction de la demande, telle que celle prévue par la réglementation nationale en cause au principal, ne permet pas de prendre en compte les éventuels obstacles qui pourraient empêcher l'introduction effective d'une telle demande et, partant, rendre impossible l'exercice du droit au regroupement familial, perpétuant ainsi la séparation du regroupant des membres de sa famille et la situation souvent précaire de ces derniers. En particulier, lorsque ceux-ci se trouvent dans un pays marqué par un conflit armé, les possibilités de se déplacer vers des postes diplomatiques ou consulaires compétents peuvent être considérablement limitées, de sorte que, afin de se conformer à l'exigence de comparution personnelle, ces personnes, qui peuvent, de surcroît, être des mineurs, se verraient contraintes d'attendre que la situation sécuritaire leur permette de se déplacer, sauf à s'exposer à des traitements inhumains ou dégradants, voire à mettre leur vie en danger.

53. Il convient d'ajouter, en ce qui concerne la situation particulière des réfugiés, tels que M. Y dans l'affaire au principal, que l'absence de toute flexibilité de la part de l'État membre concerné, empêchant les membres de leur famille d'introduire leur demande de regroupement familial quelles que soient les circonstances, peut avoir pour conséquence que les intéressés n'arriveront pas à respecter le délai prévu à l'article 12, paragraphe 1, troisième alinéa, de la directive 2003/86, ou par la disposition du droit national transposant celui-ci, et que leur regroupement familial pourrait donc être soumis à des conditions supplémentaires plus difficiles à remplir, visées à l'article 7, paragraphe 1, de cette directive, en méconnaissance de l'objectif, rappelé au point 43 du présent arrêt, de prêter une attention particulière à la situation des réfugiés.

54. Eu égard à ces considérations, il convient de constater que l'exigence de comparution personnelle au moment de l'introduction d'une demande de regroupement, sans que soient admises des dérogations à cette exigence pour tenir compte de la situation concrète dans laquelle se trouvent les membres de la famille du regroupant et notamment du fait qu'il leur est impossible ou excessivement difficile de se conformer à ladite exigence, aboutit à rendre en pratique impossible l'exercice du droit au regroupement familial, si bien qu'une telle réglementation, appliquée sans la flexibilité nécessaire, porte atteinte à l'objectif poursuivi par la directive 2003/86 et prive celle-ci de son effet utile.

55. Deuxièmement, ainsi que cela a été rappelé au point 44 du présent arrêt, la directive 2003/86 reconnaît les droits fondamentaux et observe les principes consacrés par la Charte.

56. À cet égard, il convient de relever qu'une disposition nationale qui requiert, sans exceptions, la comparution personnelle des membres de la famille du regroupant pour l'introduction d'une demande de regroupement familial, même lorsque cette comparution est impossible ou excessivement difficile, enfreint le droit au respect de l'unité de la famille énoncé à l'article 7 de la Charte, lu, le cas échéant, en combinaison avec l'article 24, paragraphes 2 et 3, de celle-ci.

57. En effet, ainsi que l'a relevé M. l'avocat général, au point 65 de ses conclusions, une telle obligation constitue une ingérence disproportionnée dans le droit au respect de l'unité familiale par rapport au but, certes légitime, invoqué par le gouvernement belge, de lutter contre les fraudes liées au regroupement familial, en méconnaissance de l'article 52, paragraphe 1, de la Charte.

58. Les considérations exprimées aux points 56 et 57 du présent arrêt sont confortées par la circonstance que la procédure de demande de regroupement familial se déroule par étapes, ainsi que cela ressort de la structure de l'article 5 de la directive 2003/86. Ainsi, les États membres peuvent demander la comparution personnelle des membres de la famille du regroupant à un stade ultérieur de cette procédure, afin, notamment, de vérifier les liens familiaux et l'identité des intéressés, sans qu'il soit nécessaire d'imposer, aux fins du traitement de la demande de regroupement familial, une telle comparution dès l'introduction de la demande.

59. Toutefois, afin qu'il ne soit pas porté atteinte à l'objectif poursuivi par la directive 2003/86 de favoriser le regroupement familial et aux droits fondamentaux que celle-ci vise à protéger, lorsque l'État membre exige la comparution personnelle des membres de la famille du regroupant à un stade ultérieur de la procédure, cet État membre doit faciliter une telle comparution, notamment par l'émission de documents consulaires ou des laissez-passer, et réduire au strict nécessaire le nombre des comparutions. Ainsi, il lui incombe de prévoir la possibilité d'effectuer les vérifications des liens familiaux et de l'identité nécessitant la présence de ces membres de la famille à la fin de la procédure et, si possible, au même moment où, le cas échéant, leur sont délivrés les documents autorisant l'entrée sur le territoire de l'État membre concerné.

[...]

Par ces motifs, la Cour (troisième chambre) dit pour droit :

L'article 5, paragraphe 1, de la directive 2003/86/CE du Conseil, du 22 septembre 2003, relative au droit au regroupement familial, lu en combinaison avec l'article 7 ainsi que l'article 24, paragraphes 2 et 3, de la charte des droits fondamentaux de l'Union européenne, doit être interprété en ce sens que :

il s'oppose à une réglementation nationale qui requiert, aux fins de l'introduction d'une demande d'entrée et de séjour au titre du regroupement familial, que les membres de la famille du regroupant, en particulier d'un réfugié reconnu, se rendent personnellement au poste diplomatique ou consulaire d'un État membre compétent pour le lieu de leur résidence ou de leur séjour à l'étranger, y compris dans une situation dans laquelle il leur est impossible ou excessivement difficile de se rendre à ce poste, sans préjudice de la possibilité pour cet État membre d'exiger la comparution personnelle de ces membres à un stade ultérieur de la procédure de demande de regroupement familial.

Observations

Là où l'externalisation du traitement des demandes d'asile semble séduire sans cesse davantage d'États membres de l'Union, la jurisprudence *Afrin* du nom de la ville syrienne où résidait la famille d'un réfugié syrien reconnu ne manque pas d'intérêt. Tout particulièrement d'un point de vue pratique. La Cour de justice y est conduite à préciser la marge d'appréciation concédée aux États membres par la directive « regroupement familial » dans leur examen d'une demande de protection.

Examen des questions

Le tribunal de première instance de Bruxelles interroge en l'espèce la Cour de justice sur le fait de savoir si la loi belge imposant de se rendre auprès d'une ambassade belge pour déposer une demande de regroupement familial était compatible avec le droit de l'Union. L'épouse et les enfants du requérant, réfugié sous statut résidant en Belgique, se trouvaient en effet en Syrie dans l'impossibilité de se rendre jusqu'à un poste diplomatique belge, et ils s'étaient adressés par courrier électronique à l'OFPRA belge qui leur avait opposé un refus pour irrecevabilité. D'où la saisine de la juridiction nationale, laquelle s'adresse par la voie préjudicielle à la Cour pour éclairer la portée du droit de l'Union.

L'article 5 de la directive « regroupement familial » dispose que les États membres déterminent si, aux fins de l'exercice du droit au regroupement familial, une demande d'entrée et de séjour doit être introduite auprès des autorités compétentes de l'État membre concerné soit par le regroupant, soit par les membres de la famille. Il leur appartient donc de déterminer, d'une part, la personne autorisée à introduire une demande d'entrée et de séjour, aux fins de l'exercice du droit au regroupement familial, et, d'autre part, les autorités compétentes pour enregistrer une telle demande. Ce que la législation belge a traduit en exigeant, sans exceptions, que la demande de regroupement soit introduite par les membres de la famille auprès du poste diplomatique compétent.

La Cour va, dans un premier temps, cerner la latitude concédée à l'État membre avant, dans un deuxième temps, de vérifier si ce dernier ne l'a pas excédée.

Constatant qu'effectivement l'article 5 de la directive 2003/86 offre une marge d'appréciation à l'État membre (pts 39-41), la Cour rappelle néanmoins très classiquement que cette marge ne doit pas être utilisée d'une manière qui porterait atteinte à l'objectif de cette directive et à l'effet utile de celle-ci (1) (pt 41). Or, la directive 2003/86, pour réaliser son objectif de favoriser le regroupement familial, impose aux États membres « des obligations positives précises, auxquelles correspondent des droits subjectifs clairement définis ». Il leur fait ainsi obligation d'autoriser le regroupement familial de certains membres de la famille du regroupant sans pouvoir exercer leur marge d'appréciation, pour autant que les conditions de la même directive sont satisfaites.

Aussi, « il incombe aux autorités nationales compétentes de procéder à une appréciation équilibrée et raisonnable de tous les droits et intérêts en jeu, en tenant particulièrement compte de ceux des enfants concernés » (pt 47) et, bien évidemment, de la protection particulière due aux réfugiés (pt 43).

Or la législation belge ne prévoit aucune exception à la règle qu'elle oppose aux requérants, malgré leur situation concrète, rendant leur comparution personnelle impossible ou excessivement difficile, hypothèse soulignée par la Cour en particulier lorsque les membres de la famille du regroupant vivent dans une zone de conflit et risquent, en se déplaçant, de s'exposer à des traitements inhumains ou dégradants, voire de mettre leur vie en danger (pts 50 et 53).

---

(1) Voy., par analogie, CJUE, 13 mars 2019, *E.*, aff. C-635/17, EU:C:2019:192, pt 53, ainsi que du 12 décembre 2019, *G. S. et V. G. (Menace pour l'ordre public)*, aff. C-381/18 et C-382/18, EU:C:2019:1072, pt 62 ainsi que jurisprudence citée.

Sous forme d'un considérant de principe, la Cour peut alors affirmer qu'« afin d'atteindre l'objectif de la directive 2003/86 de favoriser le regroupement familial [...] il est indispensable que les États membres fassent preuve, dans de telles situations, de la flexibilité nécessaire pour permettre aux intéressés de pouvoir effectivement introduire leur demande de regroupement familial en temps utile, en facilitant l'introduction de cette demande et en admettant, en particulier, le recours aux moyens de communications à distance » (pt 51).

Le contrôle de la proportionnalité de la mesure nationale est alors aisé. À n'en pas douter, la législation belge ne fait pas ici preuve de cette « flexibilité » en exigeant sans exception une comparution personnelle des membres de la famille du réfugié, indépendamment du contexte. Dans ce cas concret, ce choix national « aboutit à rendre en pratique impossible l'exercice du droit au regroupement familial, si bien qu'une telle réglementation, appliquée sans la flexibilité nécessaire, porte atteinte à l'objectif poursuivi par la directive 2003/86 et prive celle-ci de son effet utile » (pt 54).

Qui plus est, cette position constitue indéniablement « une ingérence disproportionnée dans le droit au respect de l'unité familiale par rapport au but, certes légitime, invoqué par le gouvernement belge, de lutter contre les fraudes liées au regroupement familial » (pt 57) contraire à l'article 7 de la charte.

On le comprend d'autant mieux, et la Cour a beau jeu de le souligner, que la procédure de demande de regroupement familial s'opère par étapes successives. Les États membres peuvent ainsi demander la comparution personnelle des membres de la famille du regroupant à un stade ultérieur de cette procédure, afin, notamment, de vérifier les liens familiaux et l'identité des intéressés, sans qu'il soit nécessaire d'imposer, aux fins du traitement de la demande de regroupement familial, une telle comparution dès l'introduction de la demande.

Consciente du sérieux de la question qui lui est posée, la Cour enfonce le clou. Non content de s'interdire de contrarier l'objectif posé par la directive 2003/86, l'État membre est tenu par des comportements positifs. Ainsi, si celui-ci exige la comparution personnelle des membres de la famille du regroupant à un stade ultérieur de la procédure, il doit en faciliter l'exercice, « notamment par l'émission de documents consulaires ou des laissez-passer, et réduire au strict nécessaire le nombre des comparutions. Ainsi, il lui incombe de prévoir la possibilité d'effectuer les vérifications des liens familiaux et de l'identité nécessitant la présence de ces membres de la famille à la fin de la procédure et, si possible, au moment où leur sont délivrés les documents autorisant l'entrée sur le territoire de l'État membre concerné » (pt 59).

Henri Labayle

Cour de justice, gde ch., 5 septembre 2023, *Parlement c/ Commission*, aff. C-137/21, EU:C:2023:625

Conclusions de l'avocat général J. Richard de la Tour, du 12 décembre 2022, ECLI:EU:C:2022:989

Mots-clés : Recours en carence – Liste des pays tiers dont les ressortissants sont soumis à l'obligation de visa pour franchir les frontières extérieures des États membres – Liste des pays tiers dont les ressortissants sont exemptés de cette obligation – Principe de réciprocité – Invitation à adopter un acte délégué suspendant provisoirement l'exemption de visa pour une période de douze mois à l'égard des ressortissants des États-Unis d'Amérique

Cadre normatif : règlement (UE) 2018/1806 du Parlement européen et du Conseil du 14 novembre 2018 fixant la liste des pays tiers dont les ressortissants sont soumis à l'obligation de visa pour franchir les frontières extérieures des États membres et la liste de ceux dont les ressortissants sont exemptés de cette obligation (*JO* 2018, L 303, p. 39)

Notes et observations : J.-Y. Carlier et E. Frasca, « Droit européen des migrations », *J.D.E.*, 2024, p. 114 ; D. Bouvier, « Obligation de visa pour les ressortissants d'États tiers – Portée du critère de réciprocité », *Europe*, novembre 2023, n° 11, comm. 375 ; Volpato, « Annalisa : The Failure to Exercise Delegated Powers and Its Requirements : Visa Reciprocity II », *Comm. M.L.R.*, 2024, vol. 61, n° 3, pp. 767-786 ; J. Bornemann, « The Price of Transatlantic Friendship : Visa-Reciprocity and EU Citizenship at the CJEU », *VerfBlog*, 12 septembre 2023

EXTRAITS DE L'ARRÊT

Sur le fond

[...]

Appréciation de la Cour

54. En l'espèce, il est constant que les États-Unis d'Amérique n'ont pas levé l'obligation de visa à l'égard des ressortissants d'au moins un État membre après l'expiration de la période de 24 mois à compter de la date de publication de la notification visée à l'article 7, premier alinéa, sous a), du règlement 2018/1806.

55. Ainsi, il convient d'examiner si, comme le soutient le Parlement, cette circonstance plaçait la Commission dans une situation où elle était tenue, en vertu de l'article 7, premier alinéa, sous f), du règlement 2018/1806, d'adopter un acte délégué portant suspension temporaire de l'exemption de l'obligation de visa à l'égard des ressortissants de ce pays tiers, sans disposer à cet égard d'une marge d'appréciation.

56. Pour l'interprétation d'une disposition du droit de l'Union, il y a lieu de tenir compte non seulement des termes de celle-ci, mais également de son contexte et des objectifs poursuivis par la réglementation dont elle fait partie.

57. À cet égard, il convient de relever que l'article 7, premier alinéa, sous f), du règlement 2018/1806 prévoit que la Commission « adopte » un acte délégué portant suspension temporaire de l'exemption de l'obligation de visa, lorsque, comme en l'espèce, le pays tiers concerné n'a pas levé l'obligation de visa en cause dans le délai prévu par cette disposition. Il semblerait ainsi ressortir des termes de cette disposition que la Commission est tenue d'adopter un tel acte lorsque les conditions requises pour son adoption sont remplies.

58. Une telle interprétation de l'article 7, premier alinéa, sous f), du règlement 2018/1806 doit, toutefois, être exclue au regard de l'économie générale de cet article 7, premier alinéa, caractérisée notamment par la structure en plusieurs étapes du mécanisme de réciprocité qu'il institue.

59. Plus précisément, l'article 7, premier alinéa, sous d), du règlement 2018/1806 dispose expressément que la Commission, lorsqu'elle envisage de nouvelles mesures conformément au point e), f) ou h) de cet alinéa, tient compte, en premier lieu, des effets des mesures prises par l'État membre concerné en vue d'assurer l'exemption de l'obligation de visa avec le pays tiers en cause, en deuxième lieu, des démarches entamées par la Commission, conformément au point b) dudit alinéa, auprès des autorités du pays tiers en cause notamment dans les domaines politique, économique et commercial, en vue du rétablissement ou de l'instauration de l'exemption de visa et, en troisième lieu, des conséquences de la suspension de l'exemption de l'obligation de visa pour les relations extérieures de l'Union et de ses États membres avec le pays tiers en cause.

60. Or, l'obligation de prendre en compte ces diverses circonstances serait dépourvue de toute utilité si la Commission était nécessairement tenue d'adopter l'acte délégué visé à l'article 7, premier alinéa, sous f), du règlement 2018/1806 dès lors que le pays tiers concerné n'a pas levé l'obligation de visa en cause dans le délai prévu par cette disposition.

61. À cet égard, il ressort du considérant 17 du règlement 2018/1806 que l'octroi à la Commission du pouvoir d'adopter des actes délégués dans le cadre du mécanisme de réciprocité institué par l'article 7 de ce règlement vise à établir un cadre institutionnel qui permet, avant l'éventuelle suspension de l'exemption de l'obligation de visa pour tous les ressortissants d'un pays tiers, laquelle revêt une nature politique particulièrement sensible, d'évaluer les implications d'une telle mesure pour les relations extérieures et pour le fonctionnement global de l'espace Schengen.

62. Il ressort ainsi de la lecture combinée des dispositions figurant à l'article 7, premier alinéa, du règlement 2018/1806, lu à la lumière du considérant 17 de ce dernier, que la Commission dispose d'une marge d'appréciation pour adopter ou non un acte délégué fondé sur l'article 7, premier alinéa, sous f), de ce règlement, cette marge d'appréciation étant encadrée par les trois critères énoncés au point d) dudit alinéa.

63. Cette interprétation est corroborée également, ainsi que M. l'avocat général l'a relevé, en substance, aux points 34 à 40 de ses conclusions, par les travaux préparatoires du règlement n° 1289/2013, qui a introduit le mécanisme de réciprocité dans le droit de l'Union, desquels il ressort que le législateur de l'Union n'avait pas l'intention de prévoir une suspension automatique de l'exemption de l'obligation de visas en cas de persistance d'une situation de non-réciprocité.

64. Il s'ensuit que, contrairement à ce que soutient le Parlement, la Commission n'a pas l'obligation d'adopter un acte délégué en vertu de l'article 7, premier alinéa, sous f), du règlement 2018/1806 après l'expiration de la période de 24 mois à compter de la date de publication de la notification visée à l'article 7, premier alinéa, sous a), de ce règlement. En revanche, aux fins de déterminer s'il y a lieu, au regard de l'objectif de réciprocité totale énoncé au considérant 14 dudit règlement, de suspendre l'exemption de l'obligation de visa à l'égard des ressortissants du pays tiers concerné ou s'il y a lieu, au contraire, de s'abstenir de prendre une telle mesure, au regard d'intérêts tenant, en particulier, aux relations extérieures des États membres, des pays associés à l'espace

Schengen et de l'Union, la Commission doit tenir compte des trois critères énoncés à l'article 7, premier alinéa, sous d), dudit règlement, exposés au point 59 du présent arrêt.

65. Il convient de vérifier si, en l'espèce, la Commission a, au regard de ces éléments, outrepassé la marge d'appréciation dont elle dispose en considérant qu'elle était fondée à refuser d'agir.

66. S'agissant du premier critère, selon lequel, avant d'envisager d'adopter un acte délégué portant suspension temporaire de l'exemption de l'obligation de visa à l'égard des ressortissants d'un pays tiers imposant une obligation de visa à l'égard des ressortissants d'au moins un État membre, la Commission doit tenir compte des effets des mesures prises par l'État membre concerné en vue d'assurer l'exemption de l'obligation de visa avec le pays tiers en cause, il convient de constater que la communication du 22 décembre 2020 comporte un aperçu détaillé de la situation des quatre États membres alors concernés par l'exigence de visa. En effet, la Commission a présenté les évolutions du taux de refus de visa pour chacun de ces États membres et a indiqué que ces derniers ont été destinataires de « plans de travail sur mesure » réalisés par les États-Unis, afin qu'ils puissent remplir les exigences nécessaires pour se conformer au programme américain d'exemption de visa. Cette communication fait, en outre, état de la circonstance que la discussion entamée sur la base de ces plans de travail, comprenant des orientations spécifiques à chacun des États membres concernés, constituait un progrès important par rapport à l'approche précédente, fondée sur une évaluation plus générale des exigences de sécurité, et du fait que l'évaluation de la mise en œuvre desdits plans par ces États membres avait permis de constater des progrès pour un certain nombre d'axes de travail.

67. S'agissant du deuxième critère, à savoir l'obligation pour la Commission de tenir compte des démarches qu'elle a entamées, en l'espèce, auprès des États-Unis d'Amérique, notamment dans les domaines politique, économique et commercial, en vue du rétablissement ou de l'instauration de l'exemption de l'obligation visa, elle a, dans sa communication du 22 décembre 2020, d'une part, fait état de manière détaillée de plusieurs réunions de travail qui se sont tenues avec ses homologues américains. D'autre part, elle a exposé que, en raison de la période de transition post-électorale aux États-Unis et de la mise en place de la nouvelle administration après l'investiture du nouveau président, qui était prévue le 20 janvier 2021, elle avait dû se contenter d'élaborer, conjointement avec le Service européen pour l'action extérieure (SEAE), une proposition relative à un nouveau programme transatlantique rappelant l'importance des liens transatlantiques.

68. S'agissant du troisième critère, à savoir la nécessité, pour la Commission, de tenir compte des conséquences de la suspension de l'exemption de l'obligation de visa pour les relations extérieures de l'Union et de ses États membres avec, en l'espèce, les États-Unis d'Amérique, la Commission, dans sa communication du 22 décembre 2020, s'est référée aux explications détaillées sur ce sujet déjà exposées dans la communication du 12 avril 2016. Elle a également indiqué, en conclusion, que la suspension de l'exemption de l'obligation de visa pour les ressortissants des États-Unis d'Amérique aurait des incidences négatives importantes dans toute une série de domaines d'action et de secteurs.

69. Il ressort de ces éléments que la Commission a pris en compte les trois critères énoncés à l'article 7, premier alinéa, sous d), du règlement 2018/1806 avant de parvenir à la conclusion de ne pas adopter l'acte délégué demandé.

70. Il découle de tout ce qui précède que c'est sans outrepasser la marge d'appréciation dont elle dispose que la Commission a estimé, à la suite de l'invitation à agir qui lui avait été adressée par le Parlement le 22 octobre 2020, qu'elle n'était pas tenue d'adopter l'acte délégué en question, de sorte qu'aucune carence ne saurait lui être reprochée en l'espèce.

71. Il s'ensuit que le présent recours en carence doit être rejeté comme étant non fondé.

Sur les dépens

72. Aux termes de l'article 138, paragraphe 1, du règlement de procédure de la Cour, toute partie qui succombe est condamnée aux dépens, s'il est conclu en ce sens. La Commission ayant conclu à la condamnation du Parlement et celui-ci ayant succombé, il y a lieu de le condamner aux dépens.

Par ces motifs, la Cour (grande chambre) déclare et arrête :

1) Le recours est rejeté.

2) Le Parlement européen est condamné aux dépens.

Observations

Tout à la fois sur le plan procédural, le contentieux du recours en carence n'étant pas le plus fréquent, et sur le fond, tant le principe de réciprocité commande le droit applicable aux visas, l'affaire tranchée en faveur de la Commission dans l'arrêt C-123/1 mérite l'attention.

Examen des questions

C'est de façon classique que le droit de l'Union a repris à son compte les principes gouvernant le droit national des visas et plus particulièrement celui de la « réciprocité » dans l'exemption de l'obligation de posséder un visa pour pénétrer dans un État membre.

Dès 2001, l'un des textes fondateurs du droit européen des migrations a ainsi tiré la conséquence majeure de l'existence d'un espace européen unifié dans le contrôle de ses frontières extérieures : le règlement (CE) n° 539/2001 du Conseil du 15 mars 2001 fixe la liste des pays tiers dont les ressortissants sont soumis à l'obligation de visa pour franchir les frontières extérieures des États membres et la liste de ceux dont les ressortissants sont exemptés de cette obligation (*JO* 2001, L 81, p. 1). Abrogé et remplacé par le règlement (UE) 2018/1806 (*JO* 2018, L 303, p. 39), ce dernier fait irruption dans le prétoire de la Cour dans un contexte fortement politique opposant le Parlement et la Commission.

Le droit de l'Union établit donc deux listes de pays tiers, l'une dont les ressortissants sont exemptés de l'obligation de visa et l'autre dont les ressortissants sont, eux, soumis à cette obligation de visa pour franchir les frontières extérieures de l'Union. Ce dispositif vise ainsi à assurer une réciprocité complète en matière de visas. En principe, ne peuvent bénéficier d'une exemption de visa pour leurs ressortissants que les États tiers accordant une exemption de l'obligation de visa à l'ensemble des ressortissants des États membres de l'Union.

Il peut arriver qu'un État tiers bénéficiant d'une telle exemption décide néanmoins à un moment donné de soumettre les ressortissants d'un ou de plusieurs États membres de l'Union à une obligation de visa. La Commission peut alors, sur la base de l'article 7 du règlement 2018/1806, adopter toute une série de mesures en réaction, allant jusqu'à l'adoption d'un acte délégué portant suspension temporaire de l'exemption de l'obligation de visa à l'égard des ressortissants de l'État tiers en cause, couvrant de six à douze mois et jusqu'à la suppression définitive de l'exemption.

C'est précisément l'adoption d'un tel acte qui est au cœur du conflit opposant le Parlement et la Commission de l'Union.

La relation transatlantique va en effet donner matière à ce conflit, les États-Unis ne respectant pas la règle de réciprocité leur incombant en contrepartie de l'exemption de visa dont bénéficient leurs ressortissants dans l'Union. En 2016, un rapport de la Commission (COM(2016) 221 final) faisait ainsi apparaître que, si les ressortissants des États-Unis bénéficiaient de cette exemption dans l'ensemble des États membres de l'Union, tel n'était pas le cas à propos de ressortissants de certains États membres, principalement nouveaux adhérents. Les citoyens de Bulgarie, Croatie, Chypre, Pologne et Roumanie demeuraient soumis à l'obligation de visa pour entrer sur le territoire des États-Unis.

À deux reprises, le Parlement va s'en émouvoir et réclamer par la voie de deux résolutions (2016/2986(RSP) et 2020/2605(RSP)) que la Commission fasse usage des pouvoirs qu'elle tient de l'article 7 du règlement 2018/1806 à l'encontre des États-Unis. En réponse, le 22 décembre 2020, la Commission va exposer frontalement sa position quant à l'étendue de ses obligations au regard de la réciprocité en matière de visas, assortie d'un état des lieux. Elle va refuser de donner suite à la demande parlementaire d'adoption d'un acte délégué visant à suspendre temporairement l'exemption de l'obligation de visa de court séjour pour les ressortissants des États-Unis d'Amérique (COM(2020) 851 final).

Saisie par le Parlement d'un recours en carence fondé sur l'article 265 TFUE, la Cour donne raison à l'exécutif communautaire, dans l'affaire C-137/21, mais en cadrant l'exercice de son pouvoir discrétionnaire.

L'unique moyen déployé par le Parlement consistait à faire valoir que la Commission avait violé les traités en n'ayant pas adopté, en vertu de l'article 7 du règlement (UE) 2018/1806, d'acte délégué portant suspension temporaire de l'exemption de l'obligation de visa à l'égard des ressortissants des États-Unis d'Amérique. Il estimait que cette disposition réglementaire ne confère aucune marge d'appréciation à la Commission, celle-ci étant tenue d'adopter un tel acte. L'obligation d'adopter cet acte délégué n'aurait été subordonnée qu'à une condition objective, satisfaite en l'espèce dès 2016. Le fait que l'article 7 du règlement 2018/1806 permette à la Commission de tenir compte des conséquences de la suspension de l'exemption de l'obligation de visa pour les relations extérieures de l'Union et de ses États membres avec le pays tiers en question ne conduirait pas pour autant à conférer à cette institution un pouvoir discrétionnaire, la Commission n'ayant d'autre choix que celui d'adopter l'acte délégué.

Pour la Commission, une obligation inconditionnelle d'adopter un acte délégué ne saurait être déduite de l'article 7, alinéa premier, sous f), celui-ci devant être lu à la lumière du d) du même alinéa. Ce dernier dispose en effet de la nécessité de tenir compte, tout d'abord, des effets des mesures prises par l'État membre concerné, ensuite, des démarches entamées par elle-même, notamment dans les domaines politique, économique et commercial, en vue du rétablissement ou de l'instauration de l'exemption de visa, et, enfin, des conséquences de la suspension de l'exemption de l'obligation de visa pour les relations extérieures de l'Union et de ses États membres avec le pays tiers en cause.

La Cour fait d'abord mine d'abonder dans le sens littéral du Parlement en notant que l'expression « adopte un acte délégué » semble bien attester d'une obligation dès lors que les conditions requises sont remplies (pt 57).

Mais une interprétation systémique (pt 56) lui permet d'aboutir à la solution inverse. À quoi bon, en effet, mentionner dans le même article 7 une série de critères à prendre en considération par la Commission lorsqu'elle envisage de suspendre l'exemption si cela doit aboutir à une solution mécanique ? Elle « serait dépourvue de toute utilité » (pt 60), ce que confirment la lecture des travaux préparatoires et la mise à profit de la « structure » du mécanisme.

Il lui restait alors à vérifier si la Commission avait bien respecté les limites de la marge d'appréciation ainsi reconnue. Se penchant successivement sur les trois critères mentionnés par le texte, la Cour estime qu'ils ont été pris en considération par la Commission pour refuser de suspendre l'exemption de visa accordée aux États-Unis. Elle a tenu compte des effets des mesures adoptées par l'État membre concerné en vue d'assurer l'exemption de l'obligation de visa avec le pays tiers en cause, tout comme des démarches entamées auprès des États-Unis dans les domaines politiques, économiques et commerciaux, et, enfin, des conséquences de la suspension de l'exemption de l'obligation de visa pour les relations externes de l'Union et de ses États membres avec les États-Unis.

Henri LABAYLE

Cour de justice, gde ch., 21 décembre 2023, *G. K. e.a. (Parquet européen)*, aff. C-281/22, ECLI:EU:C:2023:1018

Conclusions de l'avocate générale T. Ćapeta, du 22 juin 2023, ECLI:EU:C:2023:510

Mots-clés : Parquet européen – Enquêtes transfrontières – Contrôle judiciaire

Cadre normatif : règlement (UE) 2017/1939 du Conseil du 12 octobre 2017 mettant en œuvre une coopération renforcée concernant la création du Parquet européen, *JO*, L 283 du 31 octobre 2017, pp. 1-71

Extraits de l'arrêt

Sur les questions préjudicielles

38. Par ses trois questions, qu'il convient d'examiner conjointement, la juridiction de renvoi demande, en substance, si les articles 31 et 32 du règlement 2017/1939 doivent être interprétés en ce sens que le contrôle effectué au sein de l'État membre du procureur européen délégué assistant, lorsqu'une mesure d'enquête déléguée requiert une autorisation judiciaire conformément au droit de cet État membre, peut porter tant sur les éléments relatifs à la justification et à l'adoption de cette mesure que sur ceux relatifs à son exécution. Elle s'interroge, dans ce contexte, sur l'incidence du contrôle judiciaire de ladite mesure qui aurait été préalablement opéré dans l'État membre du procureur européen délégué chargé de l'affaire sur l'étendue du contrôle de la même mesure, au titre de cette autorisation judiciaire, dans l'État membre du procureur européen délégué assistant.

39. À titre liminaire, il convient de relever que le règlement 2017/1939 a pour objet, conformément à son article 1er, d'instituer le Parquet européen et de fixer ses modalités de fonctionnement.

40. L'article 4 de ce règlement précise que le Parquet européen est compétent pour rechercher, poursuivre et renvoyer en jugement les auteurs et les complices des infractions pénales portant atteinte aux intérêts financiers de l'Union. À cet égard, le Parquet européen diligente des enquêtes, effectue des actes de poursuite et exerce l'action publique devant les juridictions compétentes des États membres jusqu'à ce que l'affaire soit définitivement jugée.

41. Le paragraphe 1 de l'article 8 dudit règlement prévoit que le Parquet européen est un organe indivisible de l'Union fonctionnant comme un parquet unique à structure décentralisée. Les paragraphes 2 à 4 de cet article énoncent que le Parquet européen est organisé à un double niveau, à savoir, d'une part, un niveau central, consistant dans le Bureau central, situé au siège du Parquet européen, et, d'autre part, un niveau décentralisé, lequel est constitué par les procureurs européens délégués qui sont affectés dans les États membres.

42. Selon l'article 13, paragraphe 1, du même règlement, lu à la lumière de ses considérants 30 et 32, les enquêtes du Parquet européen doivent, en principe, être menées par les procureurs européens délégués, lesquels agissent au nom du Parquet européen dans leurs États membres respectifs.

43. Il ressort d'une lecture combinée de cet article 13, paragraphe 1, et de l'article 28, paragraphe 1, du règlement 2017/1939 que le procureur européen délégué chargé de l'affaire, à savoir le procureur européen délégué responsable des enquêtes et des poursuites qu'il a engagées, qui lui ont été confiées ou dont il s'est saisi en exerçant son droit d'évocation, peut, conformément à ce règlement et au droit de son État membre, soit prendre des mesures d'enquête et d'autres mesures de sa propre initiative, soit charger les autorités compétentes de son État membre de les prendre.

44. Dans le cadre des enquêtes menées par le procureur européen délégué chargé de l'affaire au sein de son État membre, lorsque celui-ci décide de prendre une mesure d'enquête qui nécessite une autorisation judiciaire conformément au droit de cet État membre, le contrôle du respect de l'ensemble des conditions prévues à cette fin incombe aux juridictions dudit État membre. En revanche, dans les affaires transfrontières, lorsqu'une mesure d'enquête doit être exécutée dans un État membre autre que celui du procureur européen délégué chargé d'une affaire, ce dernier doit pouvoir s'appuyer, ainsi qu'il ressort de l'article 2, point 6, dudit règlement, lu à la lumière du considérant 72 de celui-ci, sur un procureur européen délégué assistant situé dans l'État membre dans lequel une telle mesure doit être exécutée.

45. Le régime applicable à l'adoption et à l'exécution d'une telle mesure dans le cadre d'une enquête transfrontière est défini par les articles 31 et 32 du même règlement, dont la juridiction de renvoi demande l'interprétation. Partant, il y a lieu de se référer à ceux-ci en vue de déterminer l'étendue du contrôle juridictionnel pouvant être effectué au sein de l'État membre du procureur européen délégué assistant, lorsqu'une telle mesure requiert une autorisation judiciaire conformément au droit de cet État membre.

46. À cet égard, il importe de rappeler que, selon une jurisprudence constante, il y a lieu, pour l'interprétation d'une disposition du droit de l'Union, de tenir compte non seulement des termes de celle-ci, mais également de son contexte et des objectifs poursuivis par la réglementation dont elle fait partie [arrêt du 28 octobre 2022, *Generalstaatsanwaltschaft München (Extradition et ne bis in idem)*, C-435/22 PPU, EU:C:2022:852, point 67 ainsi que jurisprudence citée].

47. S'agissant, en premier lieu, du libellé des articles 31 et 32 du règlement 2017/1939, il ressort de l'article 31, paragraphe 1, de ce règlement que la conduite des enquêtes transfrontières du Parquet européen repose sur une coopération étroite entre les procureurs européens délégués. Dans le cadre de cette coopération, lorsqu'une mesure doit être mise en œuvre dans un État membre autre que l'État membre du procureur européen délégué chargé de l'affaire, ce dernier se prononce sur l'adoption de la mesure nécessaire et délègue celle-ci à un procureur européen délégué assistant situé dans l'État membre dans lequel la mesure doit être exécutée.

48. L'article 31, paragraphe 2, dudit règlement précise, à cet égard, que la justification et l'adoption d'une telle mesure sont régies par le droit de l'État membre du procureur européen délégué chargé de l'affaire.

49. Aux termes de l'article 31, paragraphe 3, premier alinéa, du même règlement, si la mesure déléguée requiert une autorisation judiciaire en vertu du droit de l'État membre du procureur européen délégué assistant, ce dernier se charge de l'obtention de cette autorisation conformément au droit de cet État membre.

50. Toutefois, aux termes de l'article 31, paragraphe 3, troisième alinéa, du règlement 2017/1939, lorsque le droit de l'État membre du procureur européen délégué assistant n'exige pas une telle autorisation judiciaire, mais que celle-ci est néanmoins requise par le droit de l'État membre du procureur européen délégué chargé de l'affaire, l'autorisation est obtenue par le procureur européen délégué chargé de l'affaire et présentée en même temps que la délégation.

51. L'article 31, paragraphe 4, de ce règlement dispose que le procureur européen délégué assistant exécute la mesure déléguée ou charge l'autorité nationale compétente de le faire.

52. L'article 32 dudit règlement précise qu'une telle mesure est mise en œuvre conformément au même règlement et au droit de l'État membre du procureur européen délégué assistant.

53. Au vu de ces éléments, il y a lieu de relever que, si l'article 31, paragraphe 3, premier alinéa, du règlement 2017/1939 prévoit l'obtention d'une autorisation judiciaire conformément au droit de l'État membre du procureur européen délégué assistant lorsqu'une mesure d'enquête déléguée requiert une telle autorisation en vertu du droit de cet État membre, les articles 31 et 32 de ce règlement ne précisent cependant pas l'étendue du contrôle pouvant être effectué aux fins de cette autorisation judiciaire par les autorités compétentes dudit État membre.

54. Cela étant, il ressort du libellé de l'article 31, paragraphes 1 et 2, et de l'article 32 dudit règlement que le procureur européen délégué chargé de l'affaire se prononce sur l'adoption d'une mesure d'enquête déléguée et que cette adoption, de même que la justification de cette mesure, sont régies par le droit de l'État membre du procureur européen délégué chargé de l'affaire, alors que l'exécution d'une telle mesure est régie par le droit de l'État membre du procureur européen délégué assistant.

55. En ce qui concerne, en deuxième lieu, le contexte dans lequel s'inscrivent les articles 31 et 32 du même règlement, il convient de relever que la distinction établie par ces articles entre la justification et l'adoption d'une mesure d'enquête déléguée, d'une part, et son exécution, d'autre part, reflète la logique sous-tendant le système de coopération judiciaire en matière pénale entre les États membres, lequel est fondé sur les principes de confiance et de reconnaissance mutuelles.

56. À cet égard, il importe de rappeler que tant le principe de confiance mutuelle entre les États membres que le principe de reconnaissance mutuelle, qui repose lui-même sur la confiance réciproque entre ces derniers, ont, dans le droit de l'Union, une importance fondamentale, étant donné qu'ils permettent la création et le maintien d'un espace sans frontières intérieures [arrêt du 28 octobre 2022, *Generalstaatsanwaltschaft München (Extradition et ne bis in idem)*, C-435/22 PPU, EU:C:2022:852, point 92 ainsi que jurisprudence citée].

57. Le principe de reconnaissance mutuelle des jugements et des décisions judiciaires implique qu'il existe une confiance réciproque quant au fait que chacun des États membres accepte l'application du droit pénal en vigueur dans les autres États membres, quand bien même la mise en œuvre de son propre droit national conduirait à une solution différente (voir, en ce sens, arrêts du 23 janvier 2018, *Piotrowski*, C-367/16, EU:C:2018:27, point 52, et du 10 janvier 2019, ET, C-97/18, EU:C:2019:7, point 33).

58. Ce principe est mis en œuvre par divers instruments relevant de la coopération judiciaire en matière pénale entre les États membres.

59. Ainsi, ledit principe trouve notamment son expression à l'article 1er, paragraphe 2, de la décision-cadre 2002/584, qui consacre la règle selon laquelle les États membres sont tenus d'exécuter tout mandat d'arrêt européen sur la base du même principe et conformément aux dispositions de cette décision-cadre [voir, en ce sens, arrêt du 22 février 2022, *Openbaar Ministerie (Tribunal établi par la loi dans l'État membre d'émission)*, C-562/21 PPU et C-563/21 PPU, EU:C:2022:100, point 43 ainsi que jurisprudence citée].

60. Dans le cadre du système de remise institué par ladite décision-cadre, les autorités judiciaires visées, respectivement, au paragraphe 1 et au paragraphe 2 de l'article 6 de la même décision-cadre, exercent des fonctions distinctes liées, d'une part, à l'émission d'un mandat d'arrêt européen et, d'autre part, à l'exécution d'un tel mandat [voir, en ce sens, arrêt du 24 novembre 2020, *Openbaar Ministerie (Faux en écritures)*, C-510/19, EU:C:2020:953, point 47].

61. Il appartient dès lors à l'autorité judiciaire d'émission de contrôler le respect des conditions nécessaires à l'émission d'un mandat d'arrêt européen, sans que cette appréciation puisse, conformément au principe de reconnaissance mutuelle, être, par la suite, contrôlée par l'autorité judiciaire d'exécution [voir, en ce sens, arrêts du 23 janvier 2018, *Piotrowski*, C-367/16, EU:C:2018:27, point 52, ainsi que du 31 janvier 2023, *Puig Gordi e.a.*, C-158/21, EU:C:2023:57, points 87 et 88].

62. Le principe de reconnaissance mutuelle trouve également son expression à l'article 1er, paragraphe 2, de la directive 2014/41, qui prévoit que les États membres exécutent une décision d'enquête européenne sur le fondement de ce principe et conformément aux dispositions de cette directive.

63. Il ressort d'une lecture combinée des articles 6 et 9 de ladite directive que le système de coopération judiciaire prévu par celle-ci repose, à l'instar de celui institué par la décision-cadre 2002/584, sur une répartition des compétences entre l'autorité judiciaire d'émission et l'autorité judiciaire d'exécution, dans le cadre de laquelle il appartient à l'autorité judiciaire d'émission de contrôler le respect des conditions de fond nécessaires à l'émission d'une décision d'enquête européenne, sans que cette appréciation puisse, conformément au principe de reconnaissance mutuelle, être, par la suite, contrôlée par l'autorité judiciaire d'exécution [voir, en ce sens, arrêt du 16 décembre 2021, *Spetsializirana prokuratura (Données relatives au trafic et à la localisation)*, C-724/19, EU:C:2021:1020, point 53].

64. Il ressort de ces considérations que, dans le cadre de la coopération judiciaire en matière pénale entre les États membres fondée sur les principes de confiance et de reconnaissance mutuelles, l'autorité d'exécution n'est pas censée contrôler le respect, par l'autorité d'émission, des conditions d'émission de la décision judiciaire qu'elle doit exécuter.

65. En troisième lieu, il résulte des considérants 12, 14, 20 et 60 du règlement 2017/1939 que ce règlement, par l'institution d'un Parquet européen, a pour objectif de lutter plus efficacement contre les infractions portant atteinte aux intérêts financiers de l'Union.

66. À cet égard, il ressort de l'article 31, paragraphe 6, du règlement 2017/1939, lu à la lumière de son considérant 73, que les règles spécifiques prévues par ce règlement aux fins des enquêtes transfrontières doivent pouvoir être complétées par la possibilité de recourir à des instruments juridiques en matière, notamment, de reconnaissance mutuelle, tels que celui institué par la directive 2014/41, pour garantir que, lorsqu'une mesure est nécessaire dans une telle enquête, mais qu'elle n'existe pas en droit national pour une situation purement interne, cette possibilité puisse être utilisée conformément au droit national mettant en œuvre l'instrument concerné.

67. Il s'ensuit que, en définissant les procédures prévues par le règlement 2017/1939, le législateur de l'Union a entendu instituer un mécanisme garantissant un degré d'efficacité des enquêtes transfrontières menées par le Parquet européen au moins aussi élevé que celui résultant de l'application des procédures prévues dans le cadre du système de coopération judiciaire en matière pénale entre les États membres fondé sur les principes de confiance et de reconnaissance mutuelles.

68. Or, une interprétation des articles 31 et 32 de ce règlement selon laquelle l'octroi de l'autorisation judiciaire visée à l'article 31, paragraphe 3, premier alinéa, dudit règlement pourrait être subordonné à un examen, par l'autorité compétente de l'État membre du procureur européen délégué assistant, des éléments relatifs à la justification et à l'adoption de la mesure d'enquête déléguée concernée, aboutirait, en pratique, à un système moins efficace que celui institué par de tels instruments juridiques et nuirait ainsi à l'objectif poursuivi par le même règlement.

69. En effet, d'une part, afin de pouvoir effectuer un tel examen, l'autorité compétente de l'État membre du procureur européen délégué assistant devrait, notamment, examiner, de manière approfondie, l'intégralité du dossier, lequel devrait lui être transmis par les autorités de l'État membre du procureur européen délégué chargé de l'affaire et, le cas échéant, traduit.

70. D'autre part, dès lors que la justification et l'adoption d'une mesure d'enquête déléguée relèvent, en raison d'un choix opéré par le législateur de l'Union, du droit de l'État membre du procureur européen délégué chargé de l'affaire, l'autorité compétente de l'État membre du procureur européen délégué assistant devrait, aux fins de l'examen du respect de ces deux éléments, appliquer le droit du premier État membre. Or, cette autorité ne saurait être considérée comme étant mieux placée que l'autorité compétente de l'État membre du procureur européen délégué chargé de l'affaire pour procéder à un tel examen au regard du droit de ce dernier État membre.

71. Il ressort de l'ensemble des considérations qui précèdent que le règlement 2017/1939 établit, aux fins de la coopération entre les procureurs européens délégués dans le cadre des enquêtes transfrontières du Parquet européen, une distinction entre les responsabilités liées à la justification et à l'adoption de la mesure déléguée, qui relèvent du procureur européen délégué chargé de l'affaire, et celles tenant à l'exécution de cette mesure, qui relèvent du procureur européen délégué assistant.

72. Conformément à ce partage de responsabilités, le contrôle lié à l'autorisation judiciaire qui serait requise en vertu du droit de l'État membre du procureur européen délégué assistant ne peut porter que sur les éléments tenant à cette exécution.

73. À cet égard, il importe cependant de souligner que, conformément à l'article 31, paragraphe 2, du règlement 2017/1939, il appartient à l'État membre du procureur européen délégué chargé de l'affaire de prévoir un contrôle juridictionnel préalable des conditions relatives à la justification et à l'adoption d'une mesure d'enquête déléguée, en tenant compte des exigences résultant de la Charte, dont le respect s'impose aux États membres dans la mise en œuvre de ce règlement en vertu de l'article 51, paragraphe 1, de la Charte.

74. Le partage de responsabilités décrit aux points 71 et 72 du présent arrêt s'entend ainsi sans préjudice des exigences tenant au respect des droits fondamentaux lors de l'adoption de mesures d'enquête déléguées qui, à l'instar de celles en cause au principal, constituent des ingérences dans le droit de toute personne au respect de sa vie privée et familiale, de son domicile et de ses communications, garanti à l'article 7 de la Charte, ainsi que dans le droit de propriété consacré à l'article 17 de la Charte (voir, en ce sens, arrêt du 11 novembre 2021, *Gavanozov II*, C-852/19, EU:C:2021:902, point 31).

75. S'agissant de mesures d'enquête qui comportent des ingérences graves dans ces droits fondamentaux, telles que les perquisitions de domiciles privés, les mesures conservatoires afférentes à des biens personnels et les gels d'avoirs, visées à l'article 30, paragraphe 1, sous a) et d), du règlement 2017/1939, il incombe à l'État membre dont relève le procureur européen délégué chargé de l'affaire de prévoir, en droit national, des garanties adéquates et suffisantes, telles qu'un contrôle juridictionnel préalable, en vue d'assurer la légalité et la nécessité de telles mesures.

76. En outre, au-delà des garanties de protection des droits fondamentaux attachées aux instruments juridiques de l'Union auxquels les procureurs européens délégués peuvent recourir en vertu de l'article 31, paragraphe 6, du règlement 2017/1939 dans le cadre d'enquêtes transfrontières, il convient, d'une part, de relever que, aux termes tant des considérants 80 et 83 que de l'article 5, paragraphe 1, de ce règlement, le Parquet européen veille à ce que ses activités respectent les droits fondamentaux. Cette exigence générale est concrétisée à l'article 41, paragraphes 1 et 2, dudit règlement, dont il ressort que le Parquet européen doit notamment respecter le droit à un procès équitable et les droits de la défense des suspects et des personnes poursuivies, lesquels doivent jouir au minimum, des droits procéduraux prévus dans le droit de l'Union, notamment par les instruments de ce droit identifiés dans cette dernière disposition et au considérant 85 du même règlement.

77. D'autre part, si les autorités, notamment judiciaires, de l'État membre du procureur européen délégué assistant ne sont pas habilitées à examiner la justification et l'adoption d'une mesure d'enquête déléguée, il convient néanmoins de souligner que, aux termes de l'article 31, paragraphe 5, sous c), du règlement 2017/1939, lorsque le procureur européen délégué assistant estime qu'une autre mesure moins intrusive permettrait d'atteindre les mêmes résultats que la mesure d'enquête déléguée en cause, il informe le procureur européen chargé de la surveillance de l'affaire dont il dépend et consulte le procureur européen délégué chargé de l'affaire en vue de régler la question au niveau bilatéral. En vertu de l'article 31, paragraphe 7, de ce règlement, si les procureurs européens délégués concernés ne peuvent pas résoudre cette question dans un délai de sept jours ouvrables et si la délégation est maintenue, ladite question est renvoyée à la chambre permanente compétente.

78. En conséquence, il y a lieu de répondre aux trois questions que les articles 31 et 32 du règlement 2017/1939 doivent être interprétés en ce sens que le contrôle effectué au sein de l'État membre du procureur européen délégué assistant, lorsqu'une mesure d'enquête déléguée requiert une autorisation judiciaire conformément au droit de cet État membre, ne peut porter que sur les éléments relatifs à l'exécution de cette mesure, à l'exclusion des éléments relatifs à la justification et à l'adoption de ladite mesure, ces derniers devant faire l'objet d'un contrôle juridictionnel préalable dans l'État membre du procureur européen délégué chargé de l'affaire en cas d'ingérence grave dans les droits de la personne concernée garantis par la Charte.

Sur les dépens

79. La procédure revêtant, à l'égard des parties au principal, le caractère d'un incident soulevé devant la juridiction de renvoi, il appartient à celle-ci de statuer sur les dépens. Les frais exposés pour soumettre des observations à la Cour, autres que ceux desdites parties, ne peuvent faire l'objet d'un remboursement.

Observations

L'arrêt du 21 décembre 2023, dans l'affaire C-281/22, est intéressant à un double titre. Tout d'abord, c'est la première fois que la Cour de justice était saisie à propos de l'interprétation d'une disposition du règlement relatif au Parquet européen. Par ailleurs, la question qui lui a été adressée portait sur un des aspects les moins aboutis de la procédure mise en place par ce règlement (1), celui de la coopération entre États participants dans le cadre d'une enquête transfrontière menée par le Parquet européen.

En résumé, le Parquet européen, qui est compétent pour « rechercher, poursuivre et renvoyer en jugement les auteurs et complices des infractions pénales portant atteinte aux intérêts financiers de l'Union » (art. 4 du réglement (UE) 2017/1939), est « un organe indivisible de l'Union fonctionnant comme un parquet unique à structure décentralisée » (art. 8.1. du règlement). Le niveau central est composé du collège, des chambres permanentes, du chef du Parquet européen, des adjoints au chef du Parquet européen, des procureurs européens et du directeur administratif. Le niveau décentralisé est constitué par les procureurs européens délégués, qui sont affectés dans les États membres. Ce sont eux qui agissent sur le terrain au nom du Parquet européen, ce sont eux qui sont responsables des enquêtes et des poursuites, tout en étant soumis aux orientations et instructions de la chambre permanente chargée de l'affaire ainsi qu'aux instructions du procureur européen chargé de la surveillance de l'affaire (art. 13 du règlement).

Les procureurs européens délégués doivent agir en étroite coopération, en se prêtant mutuellement assistance dans le cadre des affaires transfrontières (art. 31 du règlement relatif aux enquêtes transfrontières). Concrètement, « lorsqu'une mesure doit être prise dans un État membre autre que l'État membre du procureur européen délégué chargé de l'affaire, ce dernier se prononce sur l'adoption de la mesure nécessaire et délègue celle-ci à un procureur européen délégué situé dans l'État membre dans lequel la mesure doit être exécutée ». Si le procureur européen délégué chargé de l'affaire a besoin d'une autorisation judiciaire pour l'exécution de la mesure, il doit l'obtenir avant de déléguer l'exécution au procureur européen délégué assistant. Si par contre c'est ce dernier qui a besoin d'une telle autorisation pour exécuter la mesure, il se charge de l'obtenir auprès de l'autorité judiciaire de son propre pays. Dans tous les cas, la question de savoir si la mesure est justifiée relève du procureur européen délégué qui la décide, puisque c'est lui qui est chargé de l'affaire. On voit bien ici tout ce que la subsistance

---

(1) Sur ce caractère inabouti, voy. H.-H. Herrnfeld, « Efficiency Contra Legem ? Remarks on the Advocate General's Opinion Delivered on 22 June 2023 in Case C-281/22 G.K. and Others (Parquet européen) », *EUCRIM*, 2/2023, p. 229. La solution retenue par le règlement semble regarder vers le système plus ancien de l'entraide judiciaire, plutôt que vers le système plus avancé de la reconnaissance mutuelle. H.-H. Herrnfeld, D. Brodowski et Ch. Burchard, *European Public Prosecutor's Office. Regulation EU 2017/1939 Implementing Enhanced Cooperation on the Establishment of the European Public Prosecutor's Office (the EPPO). Article-by-Article Commentary*, Oxford, Beck-Hart-Nomos, 2021, p. 288.

des souverainetés nationales dans ce domaine entraîne comme complexité dans l'exécution de toute mesure transfrontière, complexité pourtant peu compatible avec l'idée d'un Parquet « unique et indivisible ».

C'est dans le cadre de cette complexité, et en particulier de l'hypothèse dans laquelle un contrôle judiciaire n'a pas été prévu par le droit de l'État du procureur européen délégué chargé de l'affaire (en l'occurrence l'Allemagne (2)) mais est bien prévu dans le droit de l'État du procureur européen délégué assistant, qu'une juridiction autrichienne (l'*Oberlandesgericht Wien* [tribunal régional supérieur de Vienne, Autriche]) a posé trois questions préjudicielles à la Cour. Celle-ci les reformula en deux points. Le premier est de déterminer si le contrôle effectué au sein de l'État membre du procureur européen délégué assistant, lorsqu'une mesure d'enquête déléguée requiert une autorisation judiciaire conformément au droit de cet État membre, peut porter tant sur les éléments relatifs à la justification et à l'adoption de cette mesure (la juridiction de renvoi citait à cet égard « tous les éléments de fond, à savoir si les faits sont passibles des juridictions pénales, si les intéressés sont présumés coupables, si la mesure est nécessaire et proportionnée ») que sur ceux relatifs à son exécution. Le second point est de savoir si l'existence d'un contrôle judiciaire dans l'État du procureur européen délégué chargé de l'affaire a une incidence sur le contrôle judiciaire à effectuer dans l'État du procureur européen délégué assistant.

Une réponse positive au premier point aurait pour conséquence un alourdissement considérable du contrôle à effectuer sur l'exécution des mesures décidées par un procureur européen délégué chargé d'une affaire puisque, outre le contrôle judiciaire éventuel dans son propre État, qui serait normalement chargé du jugement ultérieur, un contrôle judiciaire de même ampleur devrait être réalisé dans l'État du procureur européen assistant, ce qui impliquerait que lui soit soumis le dossier justifiant la mesure et entraînerait un double contrôle judiciaire complet préalable à l'exécution de la mesure.

Il est vrai que le règlement ne précise pas de manière explicite quelles sont la nature et la portée du contrôle judiciaire à effectuer par le juge de l'État d'exécution de la mesure (pt 53). Dès lors, la Cour va se baser sur des éléments textuels et contextuels pour

(2) En Allemagne, aucun contrôle juridictionnel préalable des mesures de perquisition et de saisie n'est requis en cas d'enquêtes transfrontières si la mesure d'enquête doit être exécutée dans un État membre dont le droit impose également une autorisation judiciaire préalable, alors même que ce contrôle serait requis dans une situation interne comparable (pt 8). *Gesetz zur Ausführung der EU-Verordnung zur Errichtung der Europäischen Staatsanwaltschaft* (loi portant exécution du règlement de l'Union européenne concernant la création du Parquet européen) du 10 juillet 2020 (BGBl. I S. p. 1648), art. 3, § 2.

fonder son interprétation (3). Élément textuel tout d'abord, il ressort du libellé des articles 31, 1 et 2, et 32, que l'adoption d'une mesure d'enquête déléguée et sa justification sont régies par le droit de l'État membre du procureur européen délégué chargé de l'affaire, alors que l'exécution d'une telle mesure est régie par le droit de l'État membre du procureur européen délégué assistant (pt 54). Sur le plan contextuel ensuite, la distinction opérée « reflète la logique sous-tendant le système de coopération judiciaire en matière pénale entre les États membres, lequel est fondé sur les principes de confiance et de reconnaissance mutuelles » (pt 55). La Cour développe ce point en faisant le détour par le mandat d'arrêt européen (avec une référence à ses arrêts *Piotrowski*, 23 janvier 2018, aff. C-367/16, EU:C:2018:27, pt 52, et *ET*, 10 janvier 2019, aff. C-97/18, EU:C:2019:7, pt 33) et la décision d'enquête européenne (avec une référence à l'arrêt *Spetsializirana prokuratura*, 16 décembre 2021 [données relatives au trafic et à la localisation], aff. C-724/19, EU:C:2021:1020, pt 53). Dans les deux cas, les rôles des autorités d'émission et d'exécution sont bien distincts et « l'autorité d'exécution n'est pas censée contrôler le respect, par l'autorité d'émission, des conditions d'émission de la décision judiciaire qu'elle doit exécuter » (pt 64).

Un troisième élément intervient dans le raisonnement de la Cour et il est essentiel, c'est celui qui est relatif à l'objectif poursuivi. Il s'agit, par l'établissement du Parquet européen, de lutter plus efficacement contre les infractions portant atteinte aux intérêts financiers de l'Union (pt 65). Le règlement évoque la possibilité de compléter ses dispositions par celles de la directive sur la décision d'enquête européenne à l'égard des mesures qui ne seraient pas possibles dans un cadre purement interne (consid. 73 du règlement). La Cour en déduit que le législateur a entendu instituer un mécanisme garantissant un degré d'efficacité des enquêtes transfrontières « au moins aussi élevé que celui résultant de l'application des procédures prévues dans le cadre du système de coopération judiciaire en matière pénale entre les États membres fondé sur les principes de confiance et de reconnaissance mutuelles ». Permettre un contrôle judiciaire étendu dans l'État du procureur européen délégué assistant irait à l'encontre de cette efficacité. Non seulement, comme cela a déjà été indiqué plus haut, cela nécessiterait la transmission de tout le dossier (et, le cas

(3) Selon Hans-Holger Herrnfeld, cette lecture va à l'encontre de l'historique de l'adoption de cette disposition. « Yes Indeed, Efficiency Prevails. A Commentary on the Remarkable Judgment of the European Court of Justice in Case C-281/22 G.K. and Others (Parquet européen) », *EUCRIM*, 4/2023, p. 373. Pour une analyse détaillée de l'historique de l'adoption de cette disposition, voy. H.-H. Herrnfeld, D. Brodowski et Ch. Burchard, *European Public Prosecutor's Office. Regulation EU 2017/1939 Implementing Enhanced Cooperation on the Establishment of the European Public Prosecutor's Office (the EPPO). Article-by-Article Commentary, op. cit.*, pp. 291-294.

échéant, sa traduction), mais en outre, le contrôle devrait de toute façon s'effectuer au regard du droit de l'État du procureur européen délégué chargé de l'affaire, conformément au règlement, et l'autorité judiciaire de l'État du procureur européen délégué assistant ne serait dès lors de toute façon pas la mieux placée pour le faire.

Pour l'ensemble de ces raisons, la Cour considère qu'il y a lieu de faire une claire distinction « entre les responsabilités liées à la justification et à l'adoption de la mesure déléguée, qui relèvent du procureur européen délégué chargé de l'affaire, et celles tenant à l'exécution de cette mesure, qui relèvent du procureur européen délégué assistant » (pt 71).

Néanmoins, la Cour nuance son propos à deux égards. Tout d'abord, dans le cadre de sa responsabilité, le procureur européen délégué chargé de l'affaire doit tenir compte des exigences de la charte lorsqu'il y a des ingérences graves dans les droits fondamentaux d'une personne (la Cour cite les perquisitions). Dans ce cas, il incombe au procureur européen délégué chargé de l'affaire de prévoir, en droit national, des garanties adéquates et suffisantes, telles qu'un contrôle juridictionnel préalable, en vue d'assurer la légalité et la nécessité de telles mesures. Notons ici que la formulation impose au procureur une obligation quelque peu irréaliste dans le sens où le procureur ne pourrait organiser un tel contrôle s'il n'a pas été instauré par le législateur lui-même... Ensuite, la Cour se réfère à une possibilité qui est donnée au procureur européen délégué assistant et qui consiste à lui permettre de proposer au procureur européen délégué chargé de l'affaire d'obtenir le résultat souhaité en recourant à une mesure moins intrusive (art. 31.5. du règlement). Il ne s'agit pas là d'une contestation du principe même de la mesure, dans sa finalité, mais bien de sa proportionnalité par rapport à l'objectif visé. Dans ce cas, le règlement prévoit qu'à défaut d'accord, c'est à la chambre permanente de décider de la mesure à exécuter.

En conclusion, la Cour décide que « le contrôle effectué au sein de l'État membre du procureur européen délégué assistant, lorsqu'une mesure d'enquête déléguée requiert une autorisation judiciaire conformément au droit de cet État membre, ne peut porter que sur les éléments relatifs à l'exécution de cette mesure, à l'exclusion des éléments relatifs à la justification et à l'adoption de ladite mesure ». Néanmoins, la justification et l'adoption doivent « faire l'objet d'un contrôle juridictionnel préalable dans l'État membre du procureur européen délégué chargé de l'affaire en cas d'ingérence grave dans les droits de la personne concernée garantis par la Charte ».

Les gouvernements allemand et autrichien plaidaient pour la vision d'un contrôle judiciaire maximaliste par l'autorité judiciaire de l'État où la mesure devait être exécutée, tandis que les gouvernements français, roumain et néerlandais de même que, sans surprise, la Commission et le Parquet européen plaidaient pour la vision restrictive (4) proposée en conclusion par l'avocate générale (5). La Cour a adopté cette deuxième approche. Néanmoins, à la différence de ce que concluait l'avocate générale, elle la complète d'un élément nouveau, non sans importance, qui est la nécessité d'un contrôle juridictionnel préalable dans l'État du procureur européen délégué chargé de l'affaire en cas d'ingérence grave. Le cas cité par la Cour est celui d'une perquisition.

On peut considérer que la Cour s'est ainsi efforcée d'établir le meilleur équilibre entre l'efficacité des enquêtes transfrontières menées par le Parquet européen (6) et le respect des droits fondamentaux des personnes concernées par l'exécution des mesures d'enquête dans ce cadre. Certains ont parlé d'un « jugement de Salomon » à cet égard (7). Ce qui est certain, dans tous les cas, c'est qu'une autre interprétation aurait compliqué encore davantage le travail des procureurs européens délégués, qui est déjà particulièrement complexe dans le cadre d'enquêtes transfrontières, au regard de la volonté d'établir un organe européen unique, indivisible, censé pouvoir agir de la sorte sur l'ensemble du territoire des États participants. Ceci étant, il reste à voir quelle pourrait être la conséquence concrète de la nuance apportée par la Cour en ce qui concerne la nécessité d'un contrôle juridictionnel préalable en cas d'ingérence grave. Affaire à suivre certainement.

Daniel FLORE

(4) Th. WHAL, « ECJ Ruling on the Exercise of Judicial Review in EPPO's Cross-Border Investigations », *EUCRIM*, 4/2023, p. 320.

(5) Voy. à ce sujet, H.-H. HERRNFELD, « Efficiency Contra Legem ? Remarks on the Advocate General's Opinion Delivered on 22 June 2023 in Case C-281/22 G.K. and Others (Parquet européen) », *op. cit.*

(6) H.-H. HERRNFELD, « Yes Indeed, Efficiency Prevails. A Commentary on the Remarkable Judgment of the European Court of Justice in Case C-281/22 G.K. and Others (Parquet européen) », *op. cit.*

(7) N. FRANSSEN, « The Judgment in G.K. *e.a.* (Parquet européen) Brought the EPPO a Pre-Christmas Tiding of Comfort and Joy But Will that Feeling Last ? », *European Law Blog*, https://europeanlawblog.eu/2024/01/15/the-judgment-in-g-k-e-a-parquet-europeen-brought-the-eppo-a-pre-christmas-tiding-of-comfort-and-joy-but-will-that-feeling-last.

XV. ACTION EXTÉRIEURE

Cour de justice, gde ch., 17 janvier 2023, *Royaume d'Espagne c/ Commission européenne*, aff. C-632/20 P, ECLI:EU:C:2023:28

Conclusions de l'avocat général J. Kokott, du 16 juin 2022, ECLI:EU:C:2022:473

Mots-clés : Pourvoi – Accord de stabilisation et d'association entre l'Union européenne et la Communauté européenne de l'énergie atomique, d'une part, et le Kosovo, d'autre part – Communications électroniques – Organe des régulateurs européens des communications électroniques (ORECE) – Participation de l'autorité de régulation du Kosovo à cet organe – Notions de « pays tiers » et d'« État tiers » – Compétence de la Commission européenne

Cadre normatif : accord de stabilisation et d'association entre l'Union européenne et la Communauté européenne de l'énergie atomique, d'une part, et le Kossovo, d'autre part (ASA Kosovo) ; résolution 1244 (1999) du Conseil de sécurité des Nations unies ; avis de la Cour internationale de justice sur la déclaration d'indépendance du Kossovo ; règlement (UE) 2018/1971 du Parlement européen et du Conseil du 11 décembre 2018 établissant l'Organe des régulateurs européens des communications électroniques (ORECE) et l'Agence de soutien à l'ORECE, modifiant le règlement (UE) 2015/2021 et abrogeant le règlement (CE) n° 1211/2009 ; article 17, paragraphe 1, TUE ; article 35, paragraphe 2, du règlement 2018/1971 ; article 111 de l'ASA Kosovo ; décision de la Commission du 18 mars 2029 relative à la participation de l'autorité de régulation nationale du Kosovo à l'Organe des régulateurs européens des communications électroniques (*JO* 2019, C 115, p. 26, ci-après la décision litigieuse).

Notes et observations : D. Bouvier, « Arrangements de travail concernant la participation du Kosovo, en tant que “pays tiers”, à l'ORECE », *Europe*, mars 2023, n° 118 ; P. Van Elsuwege, « Third-Country Participation in EU Agencies : The Curious Case of Kosovo in Light of Spain v. Commission », *Comm. M.L.R.*, 2023, pp. 1347-1412 ; E. Kassoti, « The

EU and Non-Recognised Territorial Entities – The CJEU's Judgment in Case C-632/20 P Spain v. Commission », *MJ*, 2023, n° 1, pp. 1-11

Extraits de l'arrêt

Par son pourvoi, l'Espagne demande l'annulation partielle de l'arrêt du Tribunal de l'Union européenne du 23 septembre 2020, *Espagne c/ Commission* (T-370/19), par lequel celui-ci a rejeté sa demande d'annulation de la décision de la Commission du 18 mars 2029 relative à la participation de l'autorité de régulation nationale du Kosovo à l'Organe des régulateurs européens des communications électroniques (*JO* 2019, C 115, p. 26), ci-après la décision litigieuse.

Les antécédents du litige

16. Les antécédents du litige sont exposés aux points 1 à 11 de l'arrêt attaqué et peuvent, pour les besoins de la présente procédure, être résumés de la manière suivante.

17. Au cours de la période comprise entre l'année 2001 et l'année 2015, l'Union a signé des accords de stabilisation et d'association avec six pays des Balkans occidentaux, dont la Bosnie-Herzégovine et le Kosovo.

18. Par sa communication du 6 février 2018 au Parlement européen, au Conseil de l'Union européenne, au Comité économique et social européen et au Comité des régions, intitulée « Une perspective d'élargissement crédible ainsi qu'un engagement de l'Union européenne renforcé pour les Balkans occidentaux » [COM(2018) 65 final], la Commission a préconisé des actions en vue de développer la société numérique et d'aligner la législation de ces pays sur la législation de l'Union.

19. Une de ces actions consistait à intégrer les Balkans occidentaux au sein des organes de régulation ou dans les groupes d'experts existants, tels que l'ORECE. Il ressort ainsi du point 8.3.1 du document de travail de la Commission du 22 juin 2018, intitulé « Mesures à l'appui d'une stratégie numérique pour les Balkans occidentaux » [SWD(2018) 360 final], qu'une « relation plus étroite entre les ARN de l'UE et des Balkans occidentaux contribuera à rapprocher les pratiques de régulation de la région de celles de l'Union [...] Bien que quatre des six économies des Balkans occidentaux soient actuellement des observateurs de l'ORECE, le conseil des régulateurs de l'ORECE a accepté de collaborer plus étroitement avec l'ensemble des six ARN de la région. Cela restera possible dans le cadre de la révision du règlement [n° 1211/2009] ».

20. Le 18 mars 2019, la Commission a adopté six décisions concernant la participation des ARN des pays des Balkans occidentaux à l'ORECE. Parmi ces six décisions, qui ont pour fondement, notamment, l'article 35, paragraphe 2, du règlement 2018/1971, figure la décision litigieuse, par laquelle la Commission a admis l'ARN du Kosovo à participer au conseil des régulateurs et aux groupes de travail de l'ORECE ainsi qu'au conseil d'administration de l'Office de l'ORECE.

La procédure devant le Tribunal et l'arrêt attaqué

21. Par requête déposée au greffe du Tribunal le 19 juin 2019, le Royaume d'Espagne a introduit un recours en annulation de la décision litigieuse.

22. À l'appui de son recours, le Royaume d'Espagne a invoqué trois moyens tirés de la violation de l'article 35 du règlement 2018/1971.

23. Par l'arrêt attaqué, le Tribunal a rejeté ledit recours dans son intégralité.

24. Par le premier moyen de son recours, le Royaume d'Espagne soutenait que la décision litigieuse enfreint l'article 35 du règlement 2018/1971, dans la mesure où le Kosovo ne serait pas un « pays tiers » au sens de cette disposition. Après avoir relevé au point 28 de l'arrêt attaqué que la notion de « pays tiers » n'est définie ni dans le règlement 2018/1971 ni dans la réglementation pertinente de l'Union, le Tribunal a souligné, aux points 29 et 30 de cet arrêt, que le traité FUE emploie aussi bien les termes « pays tiers » qu'« État tiers ». À cet égard, le Tribunal a rappelé que la cinquième partie du traité FUE, intitulée « L'action extérieure de l'Union », dont le titre III porte sur la coopération « avec les pays tiers » et le titre VI sur les relations « avec les organisations internationales et les pays tiers », reflète le fait que la société internationale est composée de divers acteurs. Le Tribunal en a déduit que les dispositions du traité FUE relatives aux « pays tiers » visent à permettre à l'Union de conclure des accords internationaux avec des entités territoriales, visées sous le concept souple de « pays », mais qui ne sont pas forcément des « États », au sens du droit international.

25. Au point 35 de l'arrêt attaqué, le Tribunal a considéré que la notion de « pays tiers » visée dans le droit primaire de l'Union, notamment aux articles 212 et 216 à 218 TFUE, ne saurait recouvrir une acception différente lorsque cette même notion figure dans un texte de droit dérivé. Il en a déduit, au point 36 de cet arrêt, que la notion de « pays tiers » au sens de l'article 35, paragraphe 2, du règlement 2018/1971 n'équivaut pas à celle d'« État tiers », mais a une portée plus large qui va au-delà des seuls États souverains, sans préjudice de la position de l'Union en ce qui concerne le statut du Kosovo en tant qu'État indépendant, qui, en sa qualité de « pays tiers », peut également disposer d'autorités publiques, telles que l'ARN du Kosovo.

26. Par le deuxième moyen de son recours, le Royaume d'Espagne soutenait que l'article 111 de l'ASA Kosovo ne constitue pas un accord conclu avec l'Union afin de permettre la participation aux organes de l'ORECE d'une ARN d'un pays tiers, au sens de l'article 35, paragraphe 2, du règlement 2018/1971. À cet égard, le Tribunal a jugé, aux points 47 à 49 de l'arrêt attaqué, qu'étaient remplies les deux conditions auxquelles cette disposition subordonne la participation des ARN des pays tiers aux organes de l'ORECE, à savoir, d'une part, l'existence d'un « accord » entre le pays tiers concerné et l'Union et, d'autre part, que la conclusion de cet accord ait été effectuée « à cette fin ».

27. S'agissant, en particulier, de cette seconde condition, le Tribunal a précisé, au point 53 de l'arrêt attaqué, que c'est notamment la participation, assortie de droits limités, visée à l'article 35, paragraphe 2, du règlement 2018/1971, qui correspond à la coopération étroite visée à l'article 111 de l'ASA Kosovo, sans toutefois équivaloir à une « intégration » de l'ARN du Kosovo dans la structure de l'ORECE. Dès lors, le Tribunal a conclu, au point 54 de l'arrêt attaqué, que l'article 111 de l'ASA Kosovo constitue un accord « à cette fin », au sens de l'article 35, paragraphe 2, de ce règlement.

28. Enfin, quant au troisième moyen du recours, selon lequel la décision litigieuse violait l'article 35 du règlement 2018/1971 dans la mesure où la Commission s'est écartée de la procédure établie pour la participation des ARN des pays tiers à l'ORECE, le Tribunal a, en substance, relevé, aux points 77 et 81 de l'arrêt attaqué, que ni le règlement 2018/1971 ni aucune autre réglementation de l'Union n'a expressément attribué à l'Office de l'ORECE ou à un autre organisme la compétence d'établir les arrangements de travail applicables à la participation des ARN des pays tiers, et que l'article 17 TUE constitue, en dépit de son caractère général, une base juridique suffisante pour l'adoption de la décision litigieuse. Il en a déduit, au point 82 de l'arrêt attaqué, que la Commission était compétente, en vertu de cette disposition, pour fixer unilatéralement dans la décision litigieuse des arrangements de travail, au sens de l'article 35, paragraphe 2, second alinéa, du règlement 2018/1971.

Les conclusions des parties devant la Cour

29. Par son pourvoi, le Royaume d'Espagne demande à la Cour :

- d'annuler l'arrêt attaqué ;
- de statuer sur le recours en annulation et d'annuler la décision litigieuse, et
- de condamner la Commission aux dépens.

30 La Commission demande à la Cour :
- de rejeter le pourvoi et
- de condamner le Royaume d'Espagne aux dépens.

Sur le pourvoi

31. À l'appui de son pourvoi, le Royaume d'Espagne invoque cinq moyens, tirés, le premier, d'une erreur de droit dans l'interprétation de la notion de « pays tiers » au sens de l'article 35 du règlement 2018/1971, le deuxième, d'une erreur de droit dans l'interprétation et l'application de l'article 111 de l'ASA Kosovo, en combinaison avec l'article 35 du règlement 2018/1971, en ce que le Tribunal a interprété de manière erronée les conséquences de l'absence de position de l'Union sur le statut du Kosovo au regard du droit international, le troisième, d'une erreur de droit dans l'interprétation de ces dispositions, en ce que la coopération visée n'inclut pas la participation à l'ORECE et au conseil d'administration de l'Office de l'ORECE, le quatrième, d'une erreur de droit en ce que l'arrêt attaqué a conclu que l'article 17 TUE constituait une base juridique valable pour adopter la décision litigieuse et, le cinquième, d'une erreur de droit dans l'interprétation de l'article 35, paragraphe 2, du règlement 2018/1971 en ce que l'arrêt attaqué a conclu que les arrangements de travail peuvent être établis unilatéralement par la Commission.

Sur le premier moyen

Argumentation des parties

32. Par son premier moyen, le Royaume d'Espagne fait valoir que le Tribunal a commis une erreur de droit, au point 36 de l'arrêt attaqué, en considérant que la notion de « pays tiers », au sens de l'article 35, paragraphe 2, du règlement 2018/1971, a une portée plus large que celle d'« État tiers », cette première notion ne visant pas uniquement des États indépendants. Selon cet État membre, une telle interprétation n'est conforme ni au droit de l'Union ni au droit international.

33. Le Royaume d'Espagne reproche au Tribunal de s'être uniquement fondé sur les dispositions du traité FUE relatives aux « pays tiers » pour en déduire, sans aucune autre analyse, que ces dispositions visent clairement à ouvrir la possibilité de conclure des accords internationaux avec des entités autres que des États. Ce faisant, le Tribunal n'aurait, en effet, identifié aucun élément dans le droit primaire de l'Union, ni dans le droit international, qui soit susceptible de différencier la notion de « pays tiers » de celle d'« État tiers ».

34. Selon le Royaume d'Espagne, les notions de « pays tiers » et d'« État tiers » sont équivalentes bien qu'elles répondent à un degré de formalité juridique différent. Ainsi, du point de vue du droit international, les termes « État » et « pays » évoqueraient chacun une dimension distincte d'un même sujet, et auraient leur propre domaine d'application. Le terme « pays » ne serait pas utilisé pour faire référence au statut de sujet en droit international, mais à sa dimension physique. Ces deux termes pourraient parfois, selon le contexte, être utilisés de manière interchangeable.

35. Le Royaume d'Espagne soutient que le terme « pays tiers », tel qu'employé dans les traités et dans le règlement 2018/1971, n'a pas un sens plus large ou différent de celui que revêt le terme « État tiers ». Une interprétation contraire risquerait de transformer la notion de « pays tiers » en une catégorie autonome du droit de l'Union, ayant une signification différente de celle prévalant en droit international alors que les États sont les sujets clés des relations internationales.

36. La Commission réfute cette argumentation comme étant non fondée et soutient que les termes « pays tiers » et « État tiers » sont employés d'une manière distincte en droit de l'Union. Cette dernière a pu conclure des accords internationaux avec le Kosovo en sa qualité de « pays tiers », visée aux articles 212 et 216 à 218 TFUE, sans lui reconnaître le statut d'État.

Appréciation de la Cour

37. À titre liminaire, il convient de relever que, aux points 28 et 29 de l'arrêt attaqué, le Tribunal a constaté, d'une part, que la notion de « pays tiers » n'est nullement définie dans le règlement 2018/1971, ni dans la réglementation de l'Union en matière de communications électroniques, et que, d'autre part, le traité FUE emploie aussi bien les termes « pays tiers » que les termes « État tiers » dans ses dispositions, mais que de nombreuses dispositions qui traitent de questions relatives aux relations extérieures utilisent plutôt les termes « pays tiers ». En particulier, le Tribunal a indiqué que la cinquième partie du traité FUE, relative à l'action extérieure de l'Union, contient un titre III sur la coopération « avec les pays tiers », ainsi qu'un titre VI sur les relations « avec les organisations internationales et les pays tiers », reflétant ainsi le fait que la société internationale est composée de divers acteurs.

38. À cet égard, il apparaît qu'une interprétation littérale des traités, en particulier de la cinquième partie du traité FUE, ne permet pas de déterminer le sens de la notion de « pays tiers » visée à l'article 35, paragraphe 2, du règlement 2018/1971.

39. En effet, d'une part, les termes « pays tiers » et « État tiers » figurent, indifféremment, dans de nombreuses dispositions des traités UE et FUE sans que le recours à l'un ou à l'autre de ces termes semble répondre à une justification particulière.

40. D'autre part, selon une jurisprudence constante, la formulation utilisée dans l'une des versions linguistiques d'une disposition du droit de l'Union ne saurait servir de base unique à l'interprétation de cette disposition ou se voir attribuer un caractère prioritaire par rapport aux autres versions linguistiques.

41. À cet égard, ainsi que l'a relevé Mme l'avocate générale aux points 50 à 52 de ses conclusions, toutes les versions linguistiques des traités UE et FUE n'utilisent pas conjointement les termes « État tiers » et « pays tiers ». Dans les versions de ces traités en langues estonienne, lettone, polonaise et slovène, notamment, l'expression « État tiers » est utilisée. Par ailleurs, lorsque ces deux termes sont employés dans une même version linguistique, leur utilisation ne coïncide pas toujours avec celle figurant dans d'autres versions linguistiques de ces traités.

42. Or, les dispositions du droit de l'Union doivent être interprétées et appliquées de manière uniforme, à la lumière des versions établies dans toutes les langues de l'Union et, en cas de divergence entre ces diverses versions, la disposition en cause doit être interprétée en fonction de l'économie générale et de la finalité de la réglementation dont elle constitue un élément [voir, en ce sens, arrêts du 26 janvier 2021, *Hessischer Rundfunk*, C-422/19 et C-423/19, EU:C:2021:63, point 65 ainsi que jurisprudence citée, et du 14 juillet 2022, *Italie et Comune di Milano / Conseil (Siège de l'Agence européenne des médicaments)*, C-59/18 et C-182/18, EU:C:2022:567, point 67 ainsi que jurisprudence citée].

43. En l'occurrence, le Tribunal a considéré, au point 30 de l'arrêt attaqué, que les dispositions du traité FUE relatives aux « pays tiers » ouvrent la possibilité de conclure des accords internationaux avec des entités « autres que des États ». C'est en partant de cette prémisse que le Tribunal a jugé, au point 35 de l'arrêt attaqué, que la notion de « pays tiers » utilisée dans le droit primaire de l'Union ne saurait recouvrir une acception différente lorsque cette même notion figure dans un texte de droit dérivé comme celui de l'article 35, paragraphe 2, du règlement 2018/1971. Il en a déduit, au point 36 de l'arrêt attaqué, que la portée de la notion de « pays tiers », au sens de cet article 35, paragraphe 2, va au-delà des seuls États souverains.

44. Le Tribunal a établi ladite prémisse sans tenir compte des différences entre les versions linguistiques des traités UE et FUE, dont le libellé ne permet pas de conclure à l'existence d'une différence de signification entre les termes « pays tiers » et « État tiers ».

45. L'établissement d'une telle différence de signification se heurterait, par ailleurs, au fait, relevé au point 39 du présent arrêt, que dans plusieurs versions linguistiques de ces traités, seuls les termes « État tiers » sont utilisés.

46. Il en va de même pour ce qui concerne le règlement 2018/1971. En effet, ainsi que l'a relevé Mme l'avocate générale au point 63 de ses conclusions, les termes « pays tiers » ne figurent pas dans toutes les versions linguistiques de ce règlement. Dans les versions en langues bulgare, estonienne, lettone, lituanienne, polonaise et slovène de celui-ci, seul l'équivalent des termes « État tiers » est utilisé.

47. Il résulte de ce qui précède que le Tribunal a ainsi entaché sa motivation d'une erreur de droit.

48. Toutefois, il y a lieu de rappeler que, si les motifs d'une décision du Tribunal révèlent une violation du droit de l'Union, mais que le dispositif de celle-ci apparaît fondé pour d'autres motifs de droit, une telle violation n'est pas de nature à entraîner l'annulation de cette décision et il y a lieu de procéder à une substitution de motifs (arrêt du 6 octobre 2020, *Bank Refah Kargaran/Conseil*, C-134/19 P, EU:C:2020:793, point 50 et jurisprudence citée).

49. Afin d'examiner si, en l'espèce, le dispositif de l'arrêt attaqué est fondé pour d'autres motifs de droit, il y a lieu d'examiner si le Tribunal a pu conclure, à bon droit, au point 37 de l'arrêt attaqué, que la Commission n'a pas violé l'article 35, paragraphe 2, du règlement 2018/1971 en assimilant le Kosovo à un « pays tiers », au sens de cette disposition.

50. À cet égard, il convient de constater que, aux fins de garantir l'effet utile de l'article 35, paragraphe 2, du règlement 2018/1971, une entité territoriale située en dehors de l'Union et dont cette dernière n'a pas reconnu la qualité d'État indépendant doit pouvoir être assimilée à un « pays tiers » au sens de cette disposition, tout en ne méconnaissant pas le droit international [voir, en ce sens, arrêts du 24 novembre 1992, Poulsen et Diva Navigation, C-286/90, EU:C:1992:453, point 9, et du 5 avril 2022, *Commission/Conseil (Organisation maritime internationale)*, C-161/20, EU:C:2022:260, point 32].

51. S'agissant du Kosovo, dans son avis consultatif du 22 juillet 2010, Conformité au droit international de la déclaration unilatérale d'indépendance relative au Kosovo (CIJ Recueil 2010, p. 403), la Cour internationale de justice a considéré que l'adoption de la déclaration d'indépendance du Kosovo du 17 février 2008 n'a violé ni le droit international général, ni la résolution 1244 (1999) du Conseil de sécurité des Nations unies, ni le cadre constitutionnel applicable.

52. Cette assimilation n'est pas de nature à affecter les positions individuelles des États membres quant au point de savoir si le Kosovo a la qualité d'État indépendant réclamée par ses autorités, ainsi que l'indique la première note en bas de page de la décision litigieuse.

53. Il découle des éléments qui précèdent que, contrairement à ce qu'allègue le Royaume d'Espagne, le Kosovo peut être assimilé à un « pays tiers », au sens de l'article 35, paragraphe 2, du règlement 2018/1971, sans violer le droit international.

54. Par ailleurs, quant à l'intégration de « pays tiers » dans le régime de participation prévu à l'article 35, paragraphe 2, du règlement 2018/1971, il y a lieu de rappeler que, selon le premier alinéa de cette disposition, la participation des ARN de tels pays est soumise à deux conditions cumulatives. La première concerne l'existence d'un « accord » conclu avec l'Union et, la seconde, la circonstance que cet accord ait été conclu « à cette fin ».

55. Ainsi que le Tribunal l'a relevé au point 32 de l'arrêt attaqué, l'Union a conclu plusieurs accords avec le Kosovo, reconnaissant ainsi sa capacité à conclure de tels accords. Parmi ces accords figure l'ASA Kosovo, dont l'article 111, relatif aux réseaux et services de communications électroniques, prévoit que la coopération mise en place porte essentiellement sur les domaines prioritaires de l'acquis de l'Union dans ce secteur, et que les parties renforcent cette coopération, l'objectif ultime étant que le Kosovo adopte ledit acquis cinq ans après la date d'entrée en vigueur de cet accord, en veillant tout particulièrement à garantir et à renforcer l'indépendance des autorités de régulation compétentes.

56. En outre, ainsi qu'il ressort du point 49 de l'arrêt attaqué, l'article 111 de l'ASA Kosovo est analogue, s'agissant de sa formulation et de son contexte, aux dispositions relatives au renforcement de la coopération en matière de réseaux et de services de communications électroniques figurant dans d'autres accords de stabilisation et d'association conclus par l'Union avec des pays des Balkans occidentaux candidats à l'adhésion sur la base desquelles repose la participation des ARN de ces pays aux instances de l'ORECE. Or, si le considérant 34 du règlement 2018/1971 se réfère, de manière générale, aux accords conclus avec les États membres de l'EEE/AELE et les pays candidats à l'adhésion, ainsi que l'a relevé Mme l'avocate générale au point 68 de ses conclusions, le statut de pays candidat à l'adhésion est mentionné audit considérant, non pas afin d'exclure du champ de cette coopération les pays qui, à l'instar du Kosovo, ne relèvent pas de ces deux catégories, mais uniquement à titre illustratif d'accords visés à l'article 35, paragraphe 2, premier alinéa, de ce règlement.

57. Par conséquent, l'ASA Kosovo doit également être considéré comme ayant été conclu aux fins de permettre une telle participation, au sens de cette disposition, dans la mesure où l'article 111 de cet accord est expressément consacré à l'adoption de l'acquis de l'Union et au renforcement de la coopération entre les parties dans le domaine des réseaux et des services de communications électroniques.

58. Cette appréciation ne saurait être remise en cause par la circonstance, soulignée par le Royaume d'Espagne dans le cadre du troisième moyen du pourvoi, que l'article 95 de l'accord de stabilisation et d'association entre les Communautés européennes et leurs États membres, d'une part, et l'ancienne République yougoslave de Macédoine, d'autre part (*JO* 2004, L 84, p. 13), prévoit expressément la « coopération au sein des structures européennes », ce que le Tribunal aurait omis de mentionner. Le Royaume d'Espagne fait valoir, à cet égard, que, contrairement à cet article 95, l'article 111 de l'ASA Kosovo ne fait aucune référence à une participation au sein d'un organe de l'Union tel que l'ORECE.

59. Toutefois, une telle différence est sans préjudice de la circonstance, soulignée au point 56 du présent arrêt, que l'article 111 de l'ASA Kosovo est analogue, s'agissant de sa formulation et de son contexte, aux dispositions relatives au renforcement de la coopération en matière de réseaux et de services de communications électroniques figurant dans d'autres accords de stabilisation et d'association conclus par l'Union avec des pays des Balkans occidentaux candidats à l'adhésion sur la base desquelles repose la participation des ARN de ces pays aux instances de l'ORECE, lesquels accords, selon le considérant 34 du règlement 2018/1971, ont été conclus « à cette fin », au sens de l'article 35, paragraphe 2, du règlement 2018/1971. Dès lors, le fait que les termes de l'ASA Kosovo ne sont pas identiques à ceux de l'un de ces accords est dénué de pertinence.

60. En outre, l'article 35, paragraphe 2, du règlement 2018/1971, en se référant, quant à la participation des autorités de pays tiers à l'ORECE, aux « accords [conclus] avec l'Union à cette fin » ainsi qu'aux « dispositions pertinentes de ces accords », subordonne cette participation à l'existence d'accords instaurant un cadre de coopération sectorielle entre l'Union et ces pays en matière de réseaux et de services de communications électroniques, sans toutefois exiger que lesdits accords prévoient expressément une telle participation.

61. S'agissant de la finalité du règlement 2018/1971, il y a lieu de relever que, conformément à l'objectif de coopération qu'il poursuit, l'article 35, paragraphe 2, de ce règlement ouvre le conseil des régulateurs, les groupes de travail et le conseil d'administration de l'ORECE à la participation des ARN des pays tiers principalement compétentes dans le domaine des communications électroniques.

62. Ainsi, il ressort, d'une part, du considérant 20 dudit règlement que l'ORECE devrait être habilité à établir des arrangements de travail avec des autorités compétentes de pays tiers visant à nouer des relations de coopération et à procéder à des échanges de vues sur des questions réglementaires. D'autre part, le considérant 34 du même règlement énonce que la participation des autorités de régulation de pays tiers compétentes aux instances de l'ORECE vise à poursuivre la mise en œuvre cohérente du cadre réglementaire des communications électroniques.

63. Or, l'article 111 de l'ASA Kosovo vise à renforcer la coopération dans le domaine des réseaux et des services de communications électroniques afin que le Kosovo puisse adopter l'acquis de l'Union dans ce domaine.

64. Par conséquent, compte tenu de l'ensemble des éléments qui précèdent, c'est sans commettre d'erreur de droit que le Tribunal a conclu, au point 37 de l'arrêt attaqué, que, en considérant en substance dans la décision litigieuse que le Kosovo était assimilable à un « pays tiers », au sens de l'article 35, paragraphe 2, du règlement 2018/1971, la Commission n'a pas méconnu cette disposition.

65. Le premier moyen doit donc être rejeté comme étant non fondé.

Sur le deuxième moyen

Argumentation des parties

66. Par son deuxième moyen, le Royaume d'Espagne fait valoir que, au point 33 de l'arrêt attaqué, le Tribunal a interprété de manière erronée les conséquences de l'absence de position de l'Union sur le statut du Kosovo au regard du droit international, méconnaissant ainsi les dispositions combinées de l'article 111 de l'ASA Kosovo et de l'article 35 du règlement 2018/1971.

67. Le Royaume d'Espagne soutient que, en l'absence de la reconnaissance de la qualité d'État du Kosovo par tous les États membres, la Commission ne pouvait pas, en adoptant la décision litigieuse, autoriser la participation de l'ARN du Kosovo au sein du réseau d'autorités indépendantes constitué entre des États. Une telle décision impliquerait la reconnaissance par l'Union d'une autorité d'un territoire, le Kosovo, à l'égard duquel l'Union n'a d'autre position commune que de reconnaître qu'il constitue un cas sui generis, permettant à chaque État membre de déterminer le type de relations qu'il souhaite établir avec ce territoire. La décision litigieuse entraîne ainsi, selon le Royaume d'Espagne, un rapprochement qui pourrait se traduire, en pratique, par une reconnaissance de fait, implicite, du statut d'État du Kosovo et, partant, par l'imposition de cette reconnaissance aux États membres de l'Union.

68. La Commission estime que le deuxième moyen est nouveau et n'identifie pas la règle de droit qui aurait été violée par le Tribunal. Ce moyen serait donc irrecevable et, en tout état de cause, dénué de tout fondement en droit.

Appréciation de la Cour

69. Premièrement, comme il a été rappelé au point 52 du présent arrêt, la décision litigieuse indique expressément, dans une première note en bas de page, que la désignation du Kosovo dans le titre de cette décision « est sans préjudice des positions sur le statut et est conforme à la résolution 1244 (1999) du Conseil de sécurité des Nations unies ainsi qu'à l'avis de la [Cour internationale de justice] sur la déclaration d'indépendance du Kosovo ». Une telle indication a été également incluse au dix-septième considérant et à l'article 2 de l'ASA Kosovo.

70. Deuxièmement, il résulte de l'appréciation figurant aux points 56 et 57 du présent arrêt que, eu égard à l'article 111 de l'ASA Kosovo, cet accord vise, notamment, à permettre la participation de l'ARN du Kosovo aux instances de l'ORECE, ce qui rejoint l'objectif de coopération avec les ARN de pays tiers, poursuivi par l'article 35, paragraphe 2, du règlement 2018/1971. À cet égard, le Royaume d'Espagne ne conteste ni la légalité de cet accord et de ce règlement ni le fait qu'il existe, au Kosovo, une ARN, au sens dudit règlement.

71. Il s'ensuit que le Royaume d'Espagne ne saurait valablement alléguer que la décision litigieuse, du seul fait qu'elle établit une coopération avec l'ARN du Kosovo en mettant en œuvre l'ASA Kosovo et le règlement 2018/1971, viole ces derniers actes et implique une reconnaissance du Kosovo en tant qu'État tiers.

72. Dès lors, l'adoption de la décision litigieuse par la Commission ne saurait être interprétée comme impliquant la reconnaissance implicite par l'Union du statut du Kosovo en tant qu'État indépendant.

73. Il s'ensuit que la prémisse sur laquelle est fondée la critique formulée par le Royaume d'Espagne concernant le point 33 de l'arrêt attaqué est erronée. Partant, il y a lieu de rejeter ce deuxième moyen comme étant en tout état de cause non fondé sans examiner l'exception d'irrecevabilité soulevée par la Commission.

Sur le troisième moyen

Argumentation des parties

74. Par son troisième moyen, le Royaume d'Espagne fait valoir que le Tribunal a commis une erreur de droit en considérant, aux points 49 à 53 de l'arrêt attaqué, que l'objectif énoncé à l'article 111 de l'ASA Kosovo, à savoir l'adoption de l'acquis de l'Union dans le domaine des communications électroniques, implique la participation du Kosovo à l'ORECE au sens de l'article 35, paragraphe 2, du règlement 2018/1971.

75. En premier lieu, le Royaume d'Espagne soutient que la participation du Kosovo au sein d'un organe de l'Union tel que l'ORECE serait exclue en l'absence de toute mention expresse à cette fin dans l'ASA Kosovo. Il invoque, au soutien de ce grief, les arguments synthétisés au point 58 du présent arrêt.

76. En deuxième lieu, le Royaume d'Espagne soutient que l'emploi du terme « coopération » à l'article 111 de l'ASA Kosovo n'implique pas nécessairement la participation de l'ARN du Kosovo à l'ORECE conformément à l'article 35, paragraphe 2, du règlement 2018/1971. Cette participation serait, en principe, réservée aux États membres, cet organe ayant pour mission de développer des règles de l'Union en matière de communications électroniques, ainsi que d'adopter des positions qui ont une incidence sur les décisions des organismes nationaux et de ceux de l'Union. Admettre la participation du Kosovo à cet organe permettrait à ce pays non pas d'adopter l'acquis de l'Union, mais de participer à l'élaboration des règles sectorielles de celle-ci, ce qui ne correspondrait pas à l'objectif de l'article 35, paragraphe 2, du règlement 2018/1971.

77. Le Royaume d'Espagne conteste l'appréciation du Tribunal, au point 53 de l'arrêt attaqué, selon laquelle la participation envisagée à l'article 35, paragraphe 2, du règlement 2018/1971 correspond à la coopération étroite visée à l'article 111 de l'ASA Kosovo, mais n'équivaut pas à une quelconque « intégration » de l'ARN du Kosovo dans la structure de l'ORECE. Cette appréciation, non motivée, méconnaîtrait l'article 111 de l'ASA Kosovo, lequel ne prévoit pas une coopération « étroite ».

78. En troisième lieu, le Royaume d'Espagne fait valoir que le Tribunal a commis une erreur de droit dans son interprétation de l'article 35 du règlement 2018/1971 en considérant que la participation de l'ARN du Kosovo à l'ORECE était possible malgré l'absence de position commune de l'Union sur le statut du Kosovo.

79. La Commission conteste cette argumentation.

Appréciation de la Cour

80. S'agissant, premièrement, du grief pris de ce que la participation du Kosovo au sein d'un organe de l'Union tel que l'ORECE serait exclue en l'absence de toute mention expresse à cette fin dans l'ASA Kosovo, il y a été répondu aux points 59 et 60 du présent arrêt.

81. S'agissant, deuxièmement, du grief pris de l'erreur qu'aurait commise le Tribunal, au point 53 de l'arrêt attaqué, en considérant que la participation envisagée à l'article 35, paragraphe 2, du règlement 2018/1971 correspond à la coopération étroite visée à l'article 111 de l'ASA Kosovo, il ne saurait prospérer.

82. À cet égard, il convient de relever que l'article 35 du règlement 2018/1971 envisage divers degrés et formes de coopération. Le paragraphe 1 de cette disposition prévoit ainsi la faculté pour l'ORECE et l'Office de l'ORECE d'établir, sous réserve de l'accord préalable de la Commission, des arrangements de travail, notamment avec les autorités compétentes de pays tiers, étant précisé que ces arrangements ne créent pas d'obligations juridiques. Cette forme de coopération est donc moins « étroite » que la participation des ARN des pays tiers à l'ORECE, visée au paragraphe 2 de ladite disposition et qui concourt, ainsi que cela ressort du point 63 du présent arrêt, à la coopération visée à l'article 111 de l'ASA Kosovo, laquelle tend, en particulier, à garantir et à renforcer l'indépendance des autorités de régulation participantes.

83. Cela étant, contrairement à ce que soutient le Royaume d'Espagne, cette dernière forme de coopération entre l'Union et le Kosovo ne permet pas d'assimiler la participation de l'ARN de ce pays tiers aux instances de l'ORECE à l'intégration de cette ARN dans cet organe de l'Union.

84. En effet, ainsi que l'a relevé Mme l'avocate générale aux points 97 et 98 de ses conclusions, lorsque les représentants de l'ARN du Kosovo participent aux travaux du conseil des régulateurs, des groupes de travail et du conseil d'administration de l'ORECE, ils expriment leur avis en toute indépendance et transparence, conformément aux considérants 5 et 13, à l'article 3, paragraphe 3, à l'article 8, paragraphe 2, et à l'article 15, paragraphe 3, du règlement 2018/1971. En outre, l'influence des représentants de l'ARN des pays tiers au sein de l'ORECE est limitée par l'article 35, paragraphe 2, second alinéa, du règlement 2018/1971 dès lors que la possibilité de leur accorder un droit de vote est expressément exclue par cette disposition.

85. Par ailleurs, contrairement à ce que prétend le Royaume d'Espagne, la participation de l'ARN du Kosovo à l'ORECE ne permet pas au Kosovo de participer à l'élaboration de la réglementation sectorielle de l'Union en matière de communications électroniques. En effet, si, aux termes de l'article 4, paragraphe 4, du règlement 2018/1971, les ARN et la Commission « tiennent le plus grand compte de tous les avis, lignes directrices, recommandations, positions communes et bonnes pratiques adoptés par l'ORECE », ces actes sont dépourvus de caractère juridiquement contraignant et ne s'inscrivent pas dans le cadre d'une procédure d'élaboration de la réglementation de l'Union en matière de communications électroniques. L'ORECE a pour seule fonction de jouer un rôle de forum pour la coopération entre les ARN, et entre les ARN et la Commission, visant à assurer la mise en œuvre cohérente du cadre réglementaire dans ce domaine, ainsi qu'il ressort de l'article 3, paragraphe 2, du règlement 2018/1971, lu à la lumière du considérant 5 de ce règlement.

86. S'agissant enfin, troisièmement, du grief pris d'une violation de l'article 35, paragraphe 2, du règlement 2018/1971 en raison de l'absence de position commune de l'Union sur le statut d'État du Kosovo, celui-ci doit, pour les mêmes motifs que ceux exposés aux points 69 à 73 du présent arrêt, être écarté.

87. Il s'ensuit que, en jugeant, aux points 53 et 54 de l'arrêt attaqué, que la coopération résultant de l'article 111 de l'ASA Kosovo correspond aux modalités de la coopération envisagée à l'article 35, paragraphe 2, du règlement 2018/1971 et que, partant, l'article 111 de l'ASA Kosovo constitue un accord « à cette fin », au sens de l'article 35, paragraphe 2, de ce règlement, le Tribunal n'a pas commis d'erreur de droit.

88. Le troisième moyen doit donc être rejeté dans son intégralité comme étant non fondé.

Sur le quatrième moyen, pris en sa première branche

Argumentation des parties

89. Le quatrième moyen du pourvoi comprend, en substance, deux branches. Par la seconde branche, le Royaume d'Espagne conteste la compétence de la Commission pour adopter la décision litigieuse. Cette seconde branche sera examinée conjointement avec le cinquième moyen, avec lequel elle se recoupe.

90. Par la première branche, le Royaume d'Espagne soutient que l'article 111 de l'ASA Kosovo ne constitue pas une base juridique suffisante pour l'adoption de la décision litigieuse. Il conteste l'appréciation du Tribunal, au point 72 de l'arrêt attaqué, selon laquelle la participation d'une ARN d'un pays tiers à l'ORECE ne requiert pas une autorisation spécifique établie dans le cadre d'un accord international.

91. Le Royaume d'Espagne soutient à cet égard que l'ASA Kosovo est un accord très général qui ne prévoit pas l'incorporation ou la participation du Kosovo aux structures de l'Union dans quelque domaine que ce soit, y compris dans celui des télécommunications. Il rappelle que l'article 111 de l'ASA Kosovo fait référence non pas à la participation de ce pays à un organisme de l'Union, mais à la coopération entre les parties à cet accord.

92. La Commission estime que cette argumentation est non fondée.

Appréciation de la Cour

93. Il ressort des motifs énoncés aux points 56 à 64 ainsi qu'aux points 80 à 87 du présent arrêt que l'article 111 de l'ASA Kosovo constitue un accord « à cette fin », au sens de l'article 35, paragraphe 2, du règlement 2018/1971, et que, ce faisant, l'article 111 de l'ASA Kosovo constitue une base juridique suffisante à la participation de l'ARN du Kosovo au travaux de l'ORECE et de l'Office de l'ORECE.

94. En particulier, un tel accord ne doit pas nécessairement, pour constituer une telle base juridique suffisante, contenir des dispositions détaillées relatives à la participation à l'ORECE au sens de l'article 35, paragraphe 2, de ce règlement. Le fait que certains accords d'association avec des pays candidats à l'adhésion ou certaines décisions concernant la participation des ARN des États membres de l'AELE contiennent des dispositions plus détaillées que celles de l'article 111 de l'ASA Kosovo, est dénué de pertinence à cet égard.

95. Partant, la première branche du quatrième moyen doit être rejetée comme étant non fondée.

Sur le quatrième moyen, pris en sa seconde branche, et le cinquième moyen

Argumentation des parties

96. Par la seconde branche du quatrième moyen, le Royaume d'Espagne conteste la compétence de la Commission pour adopter la décision litigieuse. La participation du Kosovo à l'ORECE ne pourrait pas être établie par une décision fondée sur le seul article 17 TUE, étant donné que, d'une part, l'ASA Kosovo ne prévoit pas cette possibilité et que, d'autre part, l'Union n'a pas une position commune concernant le statut du Kosovo. Le Royaume d'Espagne conteste l'appréciation du Tribunal, au point 77 de l'arrêt attaqué, selon laquelle dès lors que le règlement 2018/1971 n'a pas expressément attribué à l'ORECE la compétence d'établir les arrangements de travail applicables à la participation des ARN des pays tiers, notamment de l'ARN du Kosovo, cette compétence revient à la Commission, conformément à l'article 17 TUE.

97. Par ailleurs, le Royaume d'Espagne soutient que la participation du Kosovo à l'ORECE ne respecte pas les compétences du Conseil de l'Union européenne et l'article 16 TUE, lu en combinaison avec l'article 21, paragraphe 3, TUE. Il appartiendrait au Conseil d'apprécier si la participation de l'ARN du Kosovo à l'ORECE est dans l'intérêt de l'Union et de concilier les intérêts en présence.

98. À cet égard, le Royaume d'Espagne rappelle que le choix de la base juridique revêt une importance particulière dans la mesure où il permet de préserver les compétences de chaque institution [arrêt du 25 octobre 2017, *Commission/Conseil (CMR-15)*, C-687/15, EU:C:2017:803, points 49 et 50] et que la conclusion d'un accord international requiert l'appréciation des intérêts de l'Union dans le cadre des relations avec le pays tiers ainsi que la réalisation des arbitrages entre les intérêts divergents relevant de ces relations (arrêt du 28 juillet 2016, *Conseil/Commission*, C-660/13, EU:C:2016:616, point 39).

99. Par son cinquième moyen, le Royaume d'Espagne fait valoir que le Tribunal a interprété erronément, aux points 76 et 77 de l'arrêt attaqué, l'article 35, paragraphe 2, du règlement 2018/1971, en jugeant que l'Office de l'ORECE est une agence décentralisée de l'Union et que la Commission doit, au titre de ses fonctions exécutives et de ses pouvoirs de représentation extérieure, assumer toutes les compétences qui n'ont pas été déléguées expressément à cette agence, notamment l'adoption des arrangements de travail prévus à cette disposition.

100. Le Royaume d'Espagne soutient que le Tribunal s'est mépris sur la nature et sur les fonctions de l'ORECE, ainsi qu'en atteste le fait que les points 76 et 77 de l'arrêt attaqué se réfèrent non pas à l'ORECE, dont l'organe décisionnel suprême est le conseil des régulateurs, qui n'est pas doté de la personnalité juridique et qui n'est pas une agence décentralisée, mais à l'Office de l'ORECE, un organe dont le rôle est de fournir un soutien administratif à l'ORECE.

101. Le Royaume d'Espagne relève que le statut particulier de l'ORECE découle de l'obligation d'indépendance des régulateurs qui la composent. Cette obligation, combinée au fait que l'ORECE n'est pas une agence décentralisée, aurait pour conséquence que l'ORECE dispose de pouvoirs plus larges que ceux des agences de l'Union.

102. Par conséquent, la Commission devrait se limiter à intervenir dans les cas expressément prévus par le règlement 2018/1971, ainsi qu'il ressortirait d'une interprétation littérale, contextuelle et téléologique de l'article 35, paragraphe 2, du règlement 2018/1971. Il relèverait donc de la compétence de l'ORECE et non de la Commission d'adopter des arrangements de travail.

103. La Commission réfute cette argumentation. La seconde branche du quatrième moyen serait, en partie, manifestement irrecevable, car l'argumentation relative à la compétence du Conseil pour adopter la décision litigieuse, tirée de l'article 16 TUE, n'a pas été soulevée en première instance. Au surplus, la seconde branche du quatrième moyen serait non fondée.

104. S'agissant du cinquième moyen du pourvoi, la Commission soutient qu'il découle du libellé de l'article 35, paragraphe 2, du règlement 2018/1971 que celui-ci ne détermine pas l'autorité compétente pour adopter les arrangements de travail.

105. Or, les compétences qui n'ont pas été explicitement déléguées à une agence de l'Union dans le cadre d'un acte législatif relèveraient de la compétence de la Commission. Cette interprétation serait corroborée par la circonstance que l'article 35, paragraphe 1, du règlement 2018/1971 délègue explicitement à l'ORECE et à l'Office de l'ORECE le pouvoir d'établir des « arrangements de travail », mais sous réserve de l'« accord préalable de la Commission ». De surcroît, il résulterait d'une analyse systématique de ce règlement que l'approbation préalable de la Commission est nécessaire pour la coopération au titre de l'article 35, paragraphe 1, dudit règlement mais n'est pas mentionnée à l'article 35, paragraphe 2, de celui-ci en raison du fait que les modalités de coopération au titre de cette dernière disposition sont définies par la Commission.

106. Par ailleurs, l'indépendance reconnue à l'ORECE dans le cadre de ses fonctions ne ferait pas obstacle à ce que des compétences spécifiques soient reconnues à la Commission en ce qui concerne les relations avec les pays tiers.

Appréciation de la Cour

107. À titre liminaire, il convient de constater que les allégations du Royaume d'Espagne relatives à la seconde branche du quatrième moyen du pourvoi visent, en substance, la prétendue erreur de droit qu'aurait commise le Tribunal en jugeant que l'article 17 TUE constitue une base juridique valable pour adopter la décision litigieuse. Par conséquent, s'il est vrai que le Royaume d'Espagne n'a pas invoqué la compétence du Conseil en première instance, il n'en reste pas moins que l'argumentation développée dans le cadre de la seconde branche du quatrième moyen relative à l'article 16 TUE vise à critiquer les motifs énoncés aux points 74 à 82 de l'arrêt attaqué à propos de la compétence que la Commission tire de l'article 17 TUE. Cette argumentation se rattache ainsi à celle tirée par le Royaume d'Espagne de cette dernière disposition dans son recours en première instance et est donc recevable puisqu'elle ne modifie dès lors pas l'objet du litige devant le Tribunal.

108. Sur le fond, il convient de rappeler que l'article 35, paragraphe 2, second alinéa, du règlement 2018/1971 énonce que, « [e]n vertu des dispositions pertinentes [des accords entre l'Union et les pays tiers qui sont visés au premier alinéa], il est prévu des arrangements de travail, qui précisent notamment la nature, l'étendue et les conditions de [cette] participation [...] y compris des dispositions relatives à la participation aux initiatives menées par l'ORECE, aux contributions financières et au personnel de l'Office de l'ORECE ».

109. À cet égard, premièrement, c'est sans commettre d'erreur que le Tribunal a rejeté, au point 70 de l'arrêt attaqué, l'argumentation du Royaume d'Espagne selon laquelle il découle de la lettre de l'article 35, paragraphe 2, second alinéa, du règlement 2018/1971 que seuls des accords prévoyant la participation à l'ORECE devraient déterminer les modalités de fixation de ces « arrangements de travail ». En effet, d'une part, une telle interprétation serait difficilement conciliable avec l'effet utile de cette disposition, laquelle a précisément pour objet de prévoir l'adoption desdits arrangements de travail. D'autre part, ainsi qu'il ressort du point 60 du présent arrêt, les termes « dispositions pertinentes [des] accords » précédés de la locution « en vertu de », signifient que l'adoption des « arrangements de travail » doit être conforme aux dispositions des accords instaurant un cadre de coopération sectorielle entre l'Union et un pays tiers et, en particulier, à leur objectif ultime qui, dans le cas de l'article 111 de l'ASA Kosovo, est l'adoption par le Kosovo de l'acquis de l'Union dans le secteur des communications électroniques.

110. Cela étant, le fait que l'ASA Kosovo ne contient pas de dispositions pour la conclusion d'arrangements de travail, au titre de l'article 35, paragraphe 2, second alinéa, du règlement 2018/1971, ne saurait remettre en cause, comme le prétend le Royaume d'Espagne, la considération selon laquelle l'article 111 de l'ASA Kosovo constitue une base juridique suffisante pour permettre la participation de l'ARN du Kosovo aux travaux de l'ORECE et de l'Office de l'ORECE, ainsi qu'il découle des points 56 à 64 et 80 à 87 du présent arrêt.

111. Deuxièmement, il convient de relever que, bien que l'article 35, paragraphe 2, second alinéa, du règlement 2018/1971 prévoie l'établissement d'« arrangements de travail » pour la mise en œuvre de la participation des ARN des pays tiers aux travaux de l'ORECE et de l'Office de l'ORECE, cette disposition ne précise pas la procédure d'adoption de tels arrangements.

112. À cet égard, ainsi que l'a relevé Mme l'avocate générale au point 122 de ses conclusions, la décision litigieuse ne pouvait pas être prise sur le fondement de l'article 17 TUE au titre des fonctions exécutives et de représentation extérieure de la Commission. En effet, s'agissant d'une part des fonctions exécutives, l'article 290, paragraphe 1, et l'article 291, paragraphe 2, TFUE exigent une délégation explicite de pouvoir à la Commission, lequel fait en l'occurrence défaut. S'agissant d'autre part des fonctions de représentation extérieure de l'Union, il suffit de constater que l'établissement d'« arrangements de travail » pour la mise en œuvre de la participation des ARN des pays tiers aux travaux de l'ORECE et de l'Office de l'ORECE, au sens de l'article 35, paragraphe 2, second alinéa, du règlement 2018/1971, ne peut s'analyser comme un acte de représentation extérieure de l'Union. En effet, il découle de cette disposition que de tels arrangements de travail ont pour objet non pas cette représentation extérieure comme telle, mais de préciser notamment la nature, l'étendue et les conditions de la participation aux travaux de ces organismes de l'Union des autorités de régulation des pays tiers ayant conclu des accords avec l'Union à cette fin.

113. De surcroît, il ressort de l'article 9, sous i), et de l'article 20, paragraphe 6, sous m), du règlement 2018/1971, lus à la lumière du considérant 20 de ce règlement, que celui-ci détermine quels organismes peuvent établir les arrangements de travail visés à son article 35, paragraphe 2. En effet, d'une part, le considérant 20 dudit règlement prévoit que l'ORECE devrait être habilité à établir des arrangements de travail, en particulier avec les autorités compétentes des pays tiers. D'autre part, l'article 9, sous i), et l'article 20, paragraphe 6, sous m), du même règlement précisent que le conseil des régulateurs et le directeur de l'Office de l'ORECE autorisent conjointement la conclusion d'arrangements de travail avec, notamment, ces autorités, conformément à l'article 35 du règlement 2018/1971.

114. Par ailleurs, il ressort de ces dispositions que la Commission est uniquement appelée, dans le cadre de l'adoption des arrangements de travail, à exercer un pouvoir de contrôle. À cet égard, le considérant 20 de ce règlement énonce que la Commission « devrait veiller à ce que les arrangements de travail nécessaires soient compatibles avec la politique et les priorités de l'Union et à ce que l'ORECE fonctionne dans les limites de son mandat et du cadre institutionnel existant ».

115. En outre, s'agissant spécifiquement de la coopération avec les pays tiers, l'article 35, paragraphe 1, du règlement 2018/1971 prévoit que l'ORECE et l'Office de l'ORECE établissent, sous réserve de l'accord préalable de la Commission, des arrangements de travail.

116. Or, contrairement à ce que le Tribunal a jugé aux points 77 et 78 de l'arrêt attaqué, le fait que l'article 35, paragraphe 2, de ce règlement ne contient pas une telle précision ne signifie pas, à la lumière des dispositions dudit règlement, que la compétence d'établir les arrangements de travail applicables à la participation des ARN des pays tiers, notamment de l'ARN du Kosovo, appartient à la Commission.

117. En effet, ainsi que l'a relevé Mme l'avocate générale aux points 130 à 132 de ses conclusions, le fait que seul l'article 35, paragraphe 1, du règlement 2018/1971 attribue expressément à l'ORECE et à l'Office de l'ORECE le pouvoir d'établir des arrangements de travail, sous réserve de l'accord préalable de la Commission, n'implique pas que ce pouvoir soit réparti différemment dans le cadre de l'article 35, paragraphe 2, de ce règlement, visant le cas particulier de la coopération avec les pays tiers prenant la forme d'une participation des ARN des pays concernés au conseil des régulateurs et aux groupes de travail ainsi qu'au conseil d'administration, respectivement de l'ORECE et de l'Office de l'ORECE. Au contraire, la règle établie à l'article 35, paragraphe 1, dudit règlement, selon laquelle l'ORECE et l'Office de l'ORECE peuvent conclure des arrangements de travail, sous réserve de l'accord préalable de la Commission, doit être interprétée comme une règle générale qui s'applique également dans le cadre spécifique de l'article 35, paragraphe 2, du même règlement, dès lors que celui-ci ne prévoit pas de dérogation au principe énoncé à l'article 35, paragraphe 1, du règlement 2018/1971.

118. Ainsi que l'a relevé Mme l'avocate générale au point 133 de ses conclusions, la circonstance que la participation aux travaux de l'ORECE et de l'Office de l'ORECE prévue à l'article 35, paragraphe 2, du règlement 2018/1971 constitue une forme plus étroite de coopération avec les ARN des pays tiers que celle établie au titre de l'article 35, paragraphe 1, de ce règlement, n'est pas de nature à remettre en cause ces appréciations. En effet, la participation des ARN des pays tiers à l'ORECE a été déjà confirmée par l'accord conclu à cette fin visée à l'article 35, paragraphe 2, dudit règlement, à savoir, en l'occurrence, l'article 111 de l'ASA Kosovo.

119. Cette interprétation est conforme au système prévu par le règlement 2018/1971. En effet, aux termes de l'article 3, paragraphe 3, et de l'article 8, paragraphe 1, de ce règlement, lus à la lumière de ses considérants 5 et 13, l'ORECE a vocation à apporter des compétences et à agir en toute indépendance. Selon le considérant 22 dudit règlement, l'ORECE devrait pouvoir agir dans l'intérêt de l'Union, indépendamment de toute intervention externe, y compris de pressions politiques ou d'une ingérence commerciale. De même, ainsi qu'il ressort du considérant 32 du même règlement, l'office de l'ORECE a été doté d'un budget propre pour garantir son autonomie et son indépendance. Dans ce contexte, des exigences d'indépendance sont également requises de la part des personnes siégeant à l'ORECE, notamment les membres du conseil des régulateurs, comme des membres du conseil d'administration ainsi que du directeur de l'office de l'ORECE, conformément à l'article 8, paragraphe 2, à l'article 16, paragraphe 1, sous m), à l'article 20, paragraphe 3, et à l'article 42 du règlement 2018/1971, lus à la lumière des considérants 22, 25 et 29 de celui-ci.

120. Or, le fait que la Commission peut décider unilatéralement de certains arrangements de travail pour la participation aux travaux de l'ORECE et de l'Office de l'ORECE, sans leur accord, ne serait pas conciliable avec l'indépendance de l'ORECE et excèderait la fonction de contrôle qui est assignée à la Commission, dans ce cadre, par le même règlement.

121. Par conséquent, en jugeant, au point 77 de l'arrêt attaqué, que, dès lors que le règlement 2018/1971 n'a pas expressément attribué à l'office de l'ORECE ni à un autre organisme la compétence d'établir des arrangements de travail applicables à la participation des ARN des pays tiers, notamment de l'ARN du Kosovo, cette compétence revient à la Commission, le Tribunal a méconnu tant la répartition des compétences entre, d'une part, la Commission et, d'autre part, l'ORECE et l'Office de l'ORECE que les règles garantissant l'indépendance de l'ORECE, prévues par le règlement 2018/1971.

122. Enfin, l'objectif de renforcer la coopération avec les ARN des pays tiers dans le domaine des réseaux et des services de communications électroniques poursuivi notamment par l'article 35 du règlement 2018/1971, exigeant une concertation avec ces pays tiers, corrobore la conclusion selon laquelle la Commission ne saurait adopter, de manière unilatérale, une décision établissant les arrangements de travail applicables à la participation desdites ARN de pays tiers, contrairement ce que le Tribunal a jugé au point 82 de l'arrêt attaqué.

123. En effet, sous réserve de l'accord préalable de la Commission, de tels arrangements devraient être convenus entre l'ORECE et l'Office de l'ORECE, d'une part, et les autorités compétentes de ces pays tiers, d'autre part, et autorisés conjointement, ainsi qu'il découle de l'article 9, sous i), et de l'article 20, paragraphe 6, sous m), du règlement 2018/1971, par le conseil des régulateurs et le directeur de l'Office de l'ORECE. La Commission ne saurait, par conséquent, disposer d'une compétence pour établir unilatéralement des arrangements de cette nature.

124. Il s'ensuit que le Tribunal a commis une erreur de droit en considérant, aux points 77 et 82 de l'arrêt attaqué, que la compétence d'établir les arrangements de travail applicables à la participation des ARN de pays tiers à l'ORECE, au sens de l'article 35, paragraphe 2, second alinéa, du règlement 2018/1971, revient à la Commission, de manière unilatérale, au titre de l'article 17 TUE.

125. Néanmoins, compte tenu des considérations qui ressortent du point 123 du présent arrêt, il y a lieu de rejeter l'argumentation du Royaume d'Espagne selon laquelle la compétence pour décider de la participation de l'ARN du Kosovo à l'ORECE appartiendrait au Conseil, sous réserve de l'accord de la Commission.

126. Eu égard aux considérations qui précédent, il y a lieu de rejeter la seconde branche du quatrième moyen du pourvoi comme étant non fondée. En revanche, il y a lieu d'accueillir le cinquième moyen et, en conséquence, d'annuler l'arrêt attaqué.

Sur le recours devant le Tribunal

127. Conformément à l'article 61, premier alinéa, seconde phrase, du statut de la Cour de justice de l'Union européenne, la Cour peut, en cas d'annulation de la décision du Tribunal, statuer elle-même définitivement sur le litige, lorsque celui-ci est en état d'être jugé.

128. Tel est le cas en l'espèce.

129. Ainsi qu'il a été indiqué au point 22 du présent arrêt, le Royaume d'Espagne a soulevé trois moyens à l'appui de son recours en première instance.

130. Dans le cadre du troisième moyen en première instance, le Royaume d'Espagne fait valoir que la décision litigieuse méconnaît l'article 35 du règlement 2018/1971 dans la mesure où la Commission s'est écartée de la procédure établie par ladite disposition pour la participation des ARN des pays tiers à l'ORECE.

131. Pour les motifs énoncés aux points 112 à 124 du présent arrêt, la Commission n'était pas compétente pour adopter la décision litigieuse. Partant, ce troisième moyen doit être accueilli sans qu'il soit nécessaire d'examiner les autres moyens du recours en première instance.

132. Compte tenu de ce qui précède, il y a lieu de faire droit aux conclusions du Royaume d'Espagne et d'annuler la décision litigieuse.

Sur le maintien des effets de la décision litigieuse

133. Il convient de rappeler que, aux termes de l'article 264, second alinéa, TFUE, la Cour peut, si elle l'estime nécessaire, indiquer ceux des effets d'un acte annulé qui doivent être considérés comme définitifs.

134. Il ressort de la jurisprudence de la Cour que, eu égard à des motifs ayant trait à la sécurité juridique, les effets d'un tel acte peuvent être maintenus notamment lorsque les effets immédiats de son annulation entraîneraient des conséquences négatives graves pour les personnes concernées et que la légalité de l'acte attaqué est contestée non pas en raison de sa finalité ou de son contenu, mais pour des motifs d'incompétence de son auteur ou de violation des formes substantielles (arrêt du 15 juillet 2021, *Commission/Landesbank Baden-Württemberg et CRU*, C-584/20 P et C-621/20 P, EU:C:2021:601, point 175 et jurisprudence citée).

135. En l'espèce, la décision litigieuse a été annulée pour des motifs d'incompétence de son auteur, à savoir la Commission.

136. En raison de la nécessité des arrangements relatifs, notamment, aux contributions financières et au personnel de l'Office de l'ORECE, des ARN des pays tiers visés à l'article 35, paragraphe 2, second alinéa, du règlement 2018/1971, l'annulation de la décision litigieuse serait susceptible de mettre en péril la participation de l'ARN du Kosovo à l'ORECE si elle n'était pas assortie du maintien de ses effets jusqu'à ce qu'elle soit remplacée par un nouvel acte.

137. Dans ces circonstances, il y a lieu de maintenir les effets de la décision litigieuse, jusqu'à l'entrée en vigueur, dans un délai raisonnable qui ne saurait dépasser six mois à compter de la date du prononcé du présent arrêt, d'éventuels nouveaux arrangements de travail conclus au titre de l'article 35, paragraphe 2, du règlement 2018/1971 entre l'ORECE, l'Office de l'ORECE et l'ARN du Kosovo.

Observations

Cet arrêt porte sur la participation des autorités nationales de régulation (ARN) du Kosovo aux activités de l'Organe des régulateurs européens des communications électroniques (ORECE). Le règlement (UE) 2018/1971 établissant cet organe prévoit, à son article 20, la possibilité de conclure des arrangements de travail pour la participation de « pays tiers ». Le contexte général des relations entre l'Union européenne et le Kosovo est en filigrane de cet arrêt.

Cinq États membres de l'Union européenne (Chypre, Grèce, Roumanie, Slovaquie et Espagne) ne reconnaissent pas l'indépendance du Kosovo. Dès lors, la politique de l'Union européenne à l'égard du Kosovo est définie par une « approche fondée sur la diversité dans la reconnaissance, mais l'unité dans l'engagement (1) ». Cela signifie que l'absence de position commune de l'Union sur le statut du Kosovo n'empêche pas celle-ci de s'engager de manière substantielle au Kosovo. Aussi, le Kosovo participe-t-il au processus de stabilisation et d'association de l'Union européenne dans les Balkans occidentaux.

L'accord bilatéral de stabilisation et d'association a été conclu par l'Union européenne et la Communauté de l'énergie atomique, d'une part, et le Kosovo*, d'autre part, avec la particularité par rapport aux autres accords conclus avec les États des Balkans occidentaux de ne pas être un accord mixte impliquant les États membres de l'Union européenne en tant que parties contractantes, et cela au motif de l'absence d'une position commune de l'Union sur le statut du Kosovo. L'ASA Kosovo ainsi que les décisions du Conseil portant signature et conclusion de l'accord mentionnent expressément que l'accord ne constitue en aucune manière une reconnaissance du Kosovo en tant qu'État indépendant par l'Union européenne, ni par ses différents États membres (2). En outre, une pratique a été développée dans tous les actes de l'Union européenne impliquant le Kosovo d'ajouter un astérisque après le mot « Kosovo », lequel renvoie à une note de bas de page expliquant que cette désignation est sans préjudice des positions sur le statut du Kosovo et est conforme à la résolution 1244 (1999) du Conseil de sécurité des Nations unies ainsi qu'à l'avis de la Cour internationale de justice sur la déclaration d'indépendance du Kosovo du 22 juillet 2010 (3).

Il convient encore d'ajouter que l'approche développée par l'Union européenne vers la concrétisation de la perspective européenne du Kosovo est controversée. Elle l'est notamment par l'Espagne qui la

(1) Communication de la Commission au Parlement européen et au Conseil, Kosovo, « Vers la concrétisation de la perspective européenne », COM(2009) 534 final, p. 4.

(2) Voy. art. 2 de l'accord ASA Kosovo (*JO* 2016, L 71, p. 3). Voy. aussi not. consid. 7 de la décision (UE) 2016/342 du Conseil du 12 février 2016 relative à la conclusion, au nom de l'Union, de l'accord de stabilisation et d'association entre l'Union européenne et la Communauté européenne de l'énergie atomique, d'une part, et le Kosovo*, d'autre part.

(3) Avis consultatif de la Cour internationale de justice du 22 juillet 2010 sur la conformité au droit international de la déclaration unilatérale d'indépendance relative au Kosovo, *CIJ Recueil*, 2010, p. 403.

perçoit comme une étape vers la reconnaissance de l'indépendance du Kosovo. Il est à peine nécessaire de rappeler que le gouvernement espagnol fait face depuis plusieurs années à des tendances séparatistes en Catalogne et au Pays basque, ce qui explique la sensibilité du sujet pour cet État membre.

C'est dans ce contexte général, brièvement rappelé, que l'Espagne a contesté la validité de la décision de la Commission européenne relative à la participation de l'autorité de régulation nationale (ARN) du Kosovo à l'ORECE. L'accord de stabilisation conclu avec le Kosovo prévoit l'établissement d'une association sur la base du rapprochement de la législation du Kosovo de celle de l'Union européenne. À cet égard, l'article 111 de l'ASA Kosovo prévoit que « [l]es parties renforcent, en particulier, leur coopération en ce qui concerne les réseaux et services de communications électroniques, l'objectif ultime étant que le Kosovo adopte l'acquis de l'Union européenne dans ce secteur cinq ans après la date d'entrée en vigueur du présent accord, en veillant tout particulièrement à garantir et à renforcer l'indépendance des autorités de régulation compétentes ». L'article 35, paragraphe 2, du règlement (UE) 2018/1971 prévoit que « [l]e conseil des régulateurs, les groupes de travail et le conseil d'administration sont ouverts à la participation des autorités de régulation des pays tiers lorsque ces pays tiers ont conclu des accords avec l'Union à cette fin qui sont principalement compétentes dans le domaine des communications électroniques ». Sur la base de ces dispositions (art. 111 de l'ASA Kosovo et art. 35, § 2, du règlement (UE) 2018/1971) et de l'article 17, paragraphe 1, TUE, la Commission européenne a adopté la décision litigieuse permettant la participation de l'ARN du Kosovo au conseil des régulateurs, aux groupes de travail et au conseil d'administration de l'ORECE.

Dans son recours en annulation introduit devant le Tribunal de l'Union, l'Espagne a essentiellement contesté le fait que le Kosovo est un « pays tiers » au sens du règlement 2018/1971 (pt 24). Elle a également soutenu que l'article 111 de l'ASA Kosovo ne constituait pas un accord conclu avec l'Union européenne afin de permettre la participation aux organes de l'ORECE de l'ARN d'un pays tiers (pt 26). Le Tribunal de l'Union a rejeté le recours dans son intégralité. Il a effectué une distinction entre la notion de « pays tiers » et celle d'« État tiers ». Selon le Tribunal, la notion de « pays tiers » a une « portée plus large qui va au-delà des seuls États souverains, de sorte que le Kosovo est susceptible de relever d'une telle notion de “pays tiers”, sans préjudice de la position de l'Union ou de celle de ses États membres en ce qui concerne le statut du Kosovo en tant qu'État indépendant » (pt 25 (4)). Le Tribunal a en outre considéré que les conditions figurant à l'article 111 de l'ASA Kosovo étaient remplies, à savoir l'existence d'un « accord » entre le pays tiers concerné et l'Union, d'une part, et le fait que l'accord a été conclu « à cette fin » (pt 26). La participation de l'ARN du Kosovo aux organes de l'ORECE était donc possible. Enfin, le Tribunal a considéré que l'article 17 TUE, en dépit de son caractère général, constitue une base suffisante pour l'adoption de la décision litigieuse par la Commission européenne (pt 28).

Examen du pourvoi sur le fond

À l'appui de son pourvoi, l'Espagne invoque cinq moyens, articulés autour de trois points principaux. Le Tribunal aurait commis une erreur de droit dans son interprétation de la notion de « pays tiers ». Il aurait également fait une mauvaise interprétation et application de l'article 111 de l'ASA Kosovo combiné avec l'article 35 du règlement 2018/1971 en ce qu'il a considéré comme remplies les conditions d'application de ces dispositions. Enfin, le Tribunal n'aurait pas dû considérer qu'il y avait une base juridique valable résultant de l'article 17 TUE permettant à la Commission européenne d'adopter la décision litigieuse (pt 31).

La Cour de justice observe que la notion de « pays tiers » n'est pas définie dans le règlement 2018/1971, ni dans la réglementation de l'Union en matière de communications électroniques. Elle observe également que les termes « pays tiers » et « État tiers » figurent, indifféremment, dans de nombreuses dispositions des TUE et TFUE sans que le recours à l'un ou à l'autre de ces termes ne semble répondre à une justification particulière. Une interprétation littérale des traités, en particulier de la partie consacrée à l'action extérieure de l'Union européenne du TFUE, ne permet donc pas de déterminer le sens de la notion de « pays tiers » visée à l'article 35, paragraphe 2, du règlement 2018/1971. La Cour souligne en outre qu'il est de jurisprudence constante que la formulation utilisée dans l'une des versions linguistiques d'une disposition du droit de l'Union ne saurait servir de base unique à l'interprétation de cette disposition ou se voir attribuer un caractère prioritaire par rapport aux autres versions linguistiques (pt 40). Les dispositions du droit de l'Union doivent être interprétées et appliquées de manière uniforme, à la lumière des versions établies dans toutes les langues de l'Union, et, en cas de divergence entre ces diverses versions, la disposition en cause doit être interprétée en fonction de l'économie générale et

(4) Il s'agit aussi du pt 36 de l'arrêt attaqué, Trib. UE, 23 septembre 2020, *Espagne c/ Commission*, aff. T-370/19, ECLI:EU:T:2020:440.

de la finalité de la réglementation dont elle constitue un élément (pt 42(5)). Compte tenu des différences entre les versions linguistiques des TUE et TFUE, il n'est dès lors pas possible de conclure, comme l'a fait le Tribunal, à l'existence d'une différence de signification entre les termes « pays tiers » et « État tiers ». En cela, le Tribunal a commis une erreur de droit (pts 44-47).

Toutefois, la Cour de justice rappelle que dans l'hypothèse où une décision du Tribunal révèle une violation du droit de l'Union, mais que le dispositif de celle-ci apparaît fondé pour d'autres motifs de droit, une telle violation n'est pas de nature à entraîner l'annulation de cette décision et il y a lieu, dans ces conditions, de procéder à une substitution de motifs (6). Appliquant cette jurisprudence, la Cour de justice examine si le Tribunal a pu conclure, à bon droit, que la Commission n'a pas violé l'article 35, paragraphe 2, du règlement 2018/1971 en assimilant le Kossovo à un « pays tiers » au sens de cette disposition. La Cour se réfère à l'effet utile de l'article 35, paragraphe 2, dudit règlement, et constate qu'une entité territoriale située en dehors de l'Union et dont cette dernière n'a pas reconnu la qualité d'État indépendant doit pouvoir être assimilée à un « pays tiers » au sens de cette disposition, tout en ne méconnaissant pas le droit international (7). Elle se réfère à cet égard à l'avis consultatif de la Cour internationale de justice du 22 juillet 2010 (8) dans lequel cette juridiction a considéré que l'adoption de la déclaration d'indépendance du Kosovo du 17 février 2008 n'a violé ni le droit international général, ni la résolution 1244 (1999) du Conseil de sécurité des Nations unies, ni le cadre constitutionnel applicable. La Cour de justice constate enfin que l'assimilation du Kosovo à un « pays tiers » n'est pas de nature à affecter les positions individuelles des États membres de l'Union quant à la reconnaissance ou non du Kosovo en tant qu'État indépendant, comme cela ressort de la première note en bas de page de la décision litigieuse (pts 50-51). Sur la base de ces éléments, la Cour conclut que le Kosovo peut être assimilé à un « pays tiers » au sens de l'article 35, paragraphe 2,

(5) CJUE, 26 janvier 2021, *Hessischer Rundfunk*, aff. jtes C-422/19 et C-423/19, ECLI:EU:C:2021:63, pt 65 ainsi que jurisprudence citée, et CJUE, 14 juillet 2022, *Italie et Comune di Milano c/ Conseil (Siège de l'Agence européenne des médicaments)*, aff. jtes C-59/18 et C-182/18, ECLI:EU:C:2022:567, pt 67 ainsi que jurisprudence citée.

(6) CJUE, 6 octobre 2020, *Bank Refah Kargaran c/ Conseil*, aff. C-134/19 P, ECLI:EU:C:2020:793, pt 50 et la jurisprudence citée.

(7) CJCE, 24 novembre 1992, *Poulsen et Diva Navigation*, aff. C-286/90, ECLI:EU:C:1992:453, pt 9, et CJUE, 5 avril 2022, *Commission c/ Conseil (Organisation maritime internationale)*, aff. C-161/20, ECLI:EU:C:2022:260, pt 32.

(8) Avis consultatif de la Cour internationale de justice du 22 juillet 2010 sur la conformité au droit international de la déclaration unilatérale d'indépendance relative au Kosovo, *CIJ Recueil*, 2010, p. 403.

du règlement 2018/1971, sans violer le droit international (pt 53). Elle souligne aussi plus loin dans les motifs de l'arrêt que l'adoption de la décision litigieuse par la Commission européenne ne saurait être interprétée comme impliquant la reconnaissance implicite par l'Union du statut du Kosovo en tant qu'État indépendant (pt 72).

Sur cette base, la Cour de justice procède ensuite à l'examen de l'application des deux conditions cumulatives de l'article 35, paragraphe 2, du règlement 2018/1971 : d'une part, l'existence d'un « accord » conclu avec l'Union et, d'autre part, la circonstance que cet accord ait été conclu « à cette fin ». Elle constate que l'article 111 de l'ASA Kosovo est analogue aux dispositions relatives au renforcement de la coopération en matière de réseaux et de services de communications électroniques figurant dans d'autres accords de stabilisation et d'association conclus par l'Union européenne avec les pays des Balkans occidentaux, sur la base desquelles repose la participation des ARN de ces pays aux instances de l'ORECE. Ces accords ont été conclus « à cette fin » au sens de l'article 35, paragraphe 2, du règlement 2018/1971. Pour la Cour, l'ASA Kosovo doit être considéré comme ayant été conclu aux fins de permettre une telle participation. Le fait que les termes de l'accord ne sont pas identiques à ceux de l'un de ces accords avec les pays des Balkans occidentaux est dénué de pertinence (pt 59). Elle souligne en outre, que l'article 35, paragraphe 2, du règlement 2018/1971 subordonne la participation des ARN de pays tiers à l'existence d'accords instaurant un cadre de coopération sectorielle entre l'Union et ces pays tiers en matière de réseaux et de services de communications électroniques, sans toutefois exiger que lesdits accords prévoient expressément une telle participation (pt 60). À cet égard, la Cour considère que l'article 111 de l'ASA Kosovo vise à renforcer la coopération des réseaux et des services de communications électroniques afin que le Kosovo puisse adopter l'acquis de l'Union dans ce domaine (pt 63). Compte tenu de l'ensemble de ces éléments, le Tribunal n'a pas commis d'erreur de droit en concluant que le Kosovo était assimilable à un « pays tiers » au sens de l'article 35, paragraphe 2, du règlement 2018/1971.

Bien que la Cour de justice ait confirmé que l'ARN du Kosovo peut participer aux activités de l'ORECE, elle a refusé de reconnaître le pouvoir à la Commission européenne d'adopter la décision litigieuse sur le fondement de l'article 17 TUE au titre des fonctions exécutives et/ou de représentation extérieure de la Commission. S'agissant des fonctions exécutives, la Cour rappelle que l'article 290, paragraphe 1, et l'article 291, paragraphe 2, TFUE exigent une délégation explicite de pouvoir à la Commission, lequel fait en l'occurrence défaut. S'agissant des fonctions de représentation extérieure de l'Union, la Cour constate que l'établissement d'« arrangements de travail » pour la mise en œuvre de la participation des ARN de pays tiers à l'ORECE, au sens de l'article 35, paragraphe 2, du règlement 2018/1971, ne peut pas s'analyser comme un acte de représentation extérieure de l'Union, car ces arrangements de travail ont pour objet non pas cette représentation extérieure, mais de préciser notamment la nature, l'étendue et les conditions de la participation aux travaux de ces organismes de l'Union des ARN des pays tiers ayant conclu des accords avec l'Union à cette fin (pt 112). En vertu des articles 9 et 20 du règlement 2018/1971, lus à la lumière du considérant 20 de ce règlement, le conseil des régulateurs et le directeur de l'Office de l'ORECE autorisent conjointement la conclusion de ces arrangements de travail. Il ressort également de ces dispositions que la Commission européenne est uniquement appelée à exercer un pouvoir de contrôle. Le considérant 20 du règlement énonce que la Commission devrait veiller à ce que les arrangements de travail nécessaires soient compatibles avec la politique et les priorités de l'Union et à ce que l'ORECE fonctionne dans les limites de son mandat et du cadre institutionnel existant (9). S'agissant de la coopération avec les pays tiers, l'article 35, paragraphe 1, du règlement prévoit que l'ORECE et l'Office de l'ORECE établissent, sous réserve de l'accord préalable de la Commission, des arrangements de travail. La Commission ne saurait, dès lors, disposer d'une compétence pour établir unilatéralement des arrangements de cette nature (pt 123).

Sur la base de ces éléments, la Cour de justice annule l'arrêt attaqué. Elle annule également la décision litigieuse pour des motifs d'incompétence de la Commission européenne. Toutefois, pour des motifs liés à la sécurité juridique, les effets de la décision sont maintenus jusqu'à l'entrée en vigueur d'éventuels nouveaux arrangements de travail conclus au titre de l'article 35, paragraphe 2, du règlement 2018/1971 entre l'ORECE, l'Office de l'ORECE et l'ARN du Kosovo.

Cet arrêt est significatif à plusieurs égards. Il analyse le sens des termes « pays tiers » et « État tiers » en droit de l'Union européenne. Il examine la participation d'entités non officiellement reconnues par tous les États membres de l'Union européenne à des agences de l'Union européenne, et vise plus généralement les relations entre l'Union européenne et le Kosovo. Il précise enfin la compétence de la Commission européenne en vertu de l'article 17 TUE.

La Cour de justice considère que les termes « pays tiers » et « État tiers » sont utilisés indifféremment dans les TUE et TFUE et qu'il n'y a pas de distinction conceptuelle à opérer entre eux dans l'ordre

(9) Consid. 20 du règlement 2018/1971.

juridique de l'Union. Ceci n'est pas vraiment nouveau. Elle a déjà jugé en ce sens dans l'arrêt *Psagot*, en soulignant que le terme « pays » était utilisé à de nombreuses reprises par le TUE et par le TFUE en tant que synonyme du terme « État », et qu'il convenait, pour assurer une interprétation cohérente du droit de l'Union, de conférer le même sens à ce terme dans le Code des douanes de l'Union et dans le règlement n° 1169/2011, lequel était en cause dans ladite affaire (10). Dans l'arrêt sous commentaire, la Cour fait appel au principe de l'effet utile de l'article 35, paragraphe 2, du règlement 2018/1971, la disposition principale qui est à interpréter, pour considérer qu'une entité territoriale située en dehors de l'Union et dont cette dernière n'a pas reconnu la qualité d'État indépendant doit pouvoir être assimilée à un « pays tiers » au sens de cette disposition (11). Le principe de l'effet utile occupe, à juste titre, une place centrale dans le raisonnement de la Cour de justice. Même si ce n'est pas le sujet central de l'arrêt, la Cour de justice confirme par ailleurs la capacité de l'Union de s'engager avec des entités qui ne sont pas nécessairement reconnues en tant qu'États en droit international.

S'agissant des relations entre l'Union et le Kosovo, cet arrêt souligne la situation particulière du Kosovo au sein des pays des Balkans occidentaux. L'ASA Kosovo, à la différence des autres accords de stabilisation et d'association avec les pays de la région, a été conclu uniquement par l'Union européenne sans la participation des États membres en tant que parties contractantes pour les raisons déjà évoquées au début de ces observations relatives à la reconnaissance de l'indépendance du Kosovo. De ce fait, la politique de l'Union à l'égard du Kosovo est basée sur « approche fondée sur la diversité dans la reconnaissance, mais l'unité dans l'engagement (12) ». L'ASA Kosovo vise dans son ensemble à rapprocher progressivement le Kosovo de l'Union européenne. Comme l'arrêt sous commentaire couvre un domaine technique, celui de la coopération dans le domaine des réseaux et des communications électroniques, son impact sur la relation future entre l'Union et le Kosovo est relativement limité. Il favorise la reprise de l'acquis par le Kosovo dans ce domaine en permettant une participation de ses ARN aux travaux de l'ORECE. La participation à une agence de

(10) CJUE, 12 novembre 2019, *Organisation juive européenne, Vignoble Psagot Ltd c/ Ministre de l'Économie et des Finances*, aff. C-363/18, ECLI:EU:C:2019:954, pt 28.

(11) CJCE, 24 novembre 1992, *Poulsen et Diva Navigation*, préc., et CJUE, 5 avril 2022, *Commission c/ Conseil (Organisation maritime internationale)*, aff. C-161/20, ECLI:EU:C:2022:260, pt 32.

(12) Communication de la Commission au Parlement européen et au Conseil, Kosovo, « Vers la concrétisation de la perspective européenne », préc., p. 4.

l'UE en tant que pays tiers ou territoire assimilé est une opportunité à ne pas manquer, même si, comme en l'occurrence, elle est de nature technique. Même si le Kosovo ne bénéficie aujourd'hui que du statut de candidat potentiel à l'adhésion de l'Union européenne (il a déposé sa demande d'adhésion le 15 décembre 2022), il peut déjà participer à l'ORECE.

Enfin, s'agissant des pouvoirs de la Commission, il ressort de cet arrêt que la représentation extérieure, telle que visée à l'article 17 TUE, ne couvre pas l'adoption d'une décision relative à l'établissement d'« arrangements de travail » mettant en œuvre la participation d'une ARN d'un pays tiers à une agence de l'Union européenne, car ces arrangements ont essentiellement pour objet de préciser la nature, l'étendue et les conditions de la participation des ARN des pays tiers à l'ORECE. L'autorisation pour établir de tels arrangements relève de la compétence du conseil des régulateurs et du directeur de l'Office de l'ORECE. La Commission ne peut émettre qu'un avis préalable en vertu de l'article 35 du règlement 2018/1971. Ces précisions permettent de mieux délimiter les pouvoirs de représentation extérieure de la Commission européenne en vertu de l'article 17 TUE.

Christine KADDOUS

XVI. DROIT DE LA PROPRIÉTÉ INTELLECTUELLE

Aucun arrêt significatif n'a été retenu dans cette matière en 2023

XVII. MARCHÉS PUBLICS

Cour de justice, 3e ch., 19 janvier 2023, *Administracion General del Estado. c/ Audica*, aff. C-292/21, ECLI:EU:C:2023:32

Mots-clés : Renvoi préjudiciel – Service dans le domaine des transports – Fourniture de cours de sensibilisation et de rééducation routière pour la récupération de points de permis de conduire – Concession de service public – Répartition du territoire pertinent en cinq lots – Limite quantitative et territoriale d'accès à l'activité concernée – Raisons impérieuses d'intérêt général – Justification – Sécurité routière – Proportionnalité – Service d'intérêt économique général

Cadre normatif : article 2, paragraphe 2, d), de la directive 2006/123/CE ; article 15 de la directive 2006/123/CE

Notes et observations : G. Eckert, *Contrats-Marchés publ.*, avril 2023, n° 4, comm. 113 ; V. Michel, *Europe*, mars 2023, n° 3, comm. 100

Extraits de l'arrêt

1. La demande de décision préjudicielle porte sur l'interprétation de la directive 2006/123/CE du Parlement européen et du Conseil, du 12 décembre 2006, relative aux services dans le marché intérieur (*JO* 2006, L 376, p. 36).

2. Cette demande a été présentée dans le cadre d'un litige opposant l'Administración General del Estado (administration générale de l'État, Espagne) (ci-après l'« administration générale »), la Confederación Nacional de Autoescuelas (CNAE) et l'union temporaire d'entreprises (UTE) formée par CNAE-ITT-FORMASTER-ECT (ci-après, ensemble, la « CNAE ») au Ministerio fiscal (ministère public, Espagne) et à l'Asociación para la Defensa de los Intereses Comunes de las Autoescuelas (Audica), au sujet du régime juridique applicable à la fourniture de cours de sensibilisation et de rééducation routière pour la récupération de points de permis de conduire.

[...]

27. Par sa question, la juridiction de renvoi demande, en substance, si le droit de l'Union, et notamment l'article 15 de la directive 2006/123, doit être interprété en ce sens qu'il s'oppose à une réglementation nationale selon laquelle l'attribution des cours de sensibilisation et de rééducation routière pour la récupération de points de permis de conduire doit être effectuée au moyen d'une concession de service public.

28. Pour répondre de manière utile à cette question, il convient de vérifier, en premier lieu, si la fourniture de cours de sensibilisation et de rééducation routière pour la récupération de points de permis de conduire relève du champ d'application matériel de la directive 2006/123.

29. À cet égard, il importe de rappeler, tout d'abord, que la directive 2006/123 s'applique aux services fournis par les prestataires ayant leur établissement dans un État membre. L'article 4, point 1, de cette directive précise que, aux fins de cette dernière, constitue un « service » toute activité économique non salariée, exercée normalement contre rémunération.

30. En l'occurrence, il convient de considérer, à l'instar de la juridiction de renvoi, que la fourniture des cours de sensibilisation et de rééducation routière pour la récupération de points de permis de conduire au moyen d'une concession relève de cette notion de « service », dès lors qu'un contrat de concession permet au concessionnaire de fournir les cours concernés à titre onéreux. Cette activité se rapporte, par ailleurs, à une installation stable à partir de laquelle la fourniture de services est réellement assurée.

31. À ce titre, conformément à la définition de la notion d'« établissement » donnée à l'article 4, point 5, de la directive 2006/123 et comme M. l'avocat général l'a indiqué, en substance, au point 23 de ses conclusions, ladite activité entre dans le champ d'application des dispositions de cette directive relatives à la liberté d'établissement.

32. Ensuite, conformément à l'article 2, paragraphe 2, sous d), de la directive 2006/123, sont exclus du champ d'application matériel de celle-ci les services dans le domaine des transports, étant précisé que, en vertu de l'article 58, paragraphe 1, TFUE, la libre prestation des services en matière de transports est spécifiquement régie par le titre VI du traité FUE.

33. Selon une jurisprudence constante, la notion de « service dans le domaine des transports » recouvre, non seulement, tout acte physique de déplacement de personnes ou de biens d'un endroit à un autre au moyen d'un véhicule, d'un aéronef ou d'un vaisseau aquatique, mais aussi, tout service intrinsèquement lié à un tel acte (voir, en ce sens, arrêts du 20 décembre 2017, *Asociación Profesional Elite Taxi*, C-434/15, EU:C:2017:981, point 41, et du 15 octobre 2015, *Grupo Itevelesa e.a.*, C-168/14, EU:C:2015:685, point 46).

34. Dans ce cadre, ainsi que M. l'avocat général l'a relevé au point 31 de ses conclusions, il est donc nécessaire d'établir une distinction entre, d'une part, les services intrinsèquement liés à l'acte physique de déplacer des personnes ou des biens d'un endroit à un autre par un moyen de transport et, d'autre part, les services qui entrent dans le champ d'application de cette directive, car leur finalité première n'est pas le déplacement de personnes ou de biens.

35. Afin de pouvoir effectuer cette distinction, il convient de tenir compte de l'objet principal du service concerné (voir, en ce sens, arrêt du 1er octobre 2015, *Trijber et Harmsen*, C-340/14 et C-341/14, EU:C:2015:641, point 51).

36. C'est ainsi que, conformément au considérant 33 de la directive 2006/123, relèvent notamment de cette directive les services de location de voitures, les agences de voyage et les services aux consommateurs dans le domaine du tourisme, y compris les guides touristiques.

37. Par ailleurs, il ressort du point 2.1.2 du manuel relatif à la mise en œuvre de la directive « services » que l'exception visée à l'article 2, paragraphe 2, sous d), de la directive 2006/123 ne devrait notamment pas s'étendre aux services d'auto-école.

38. Or, comme M. l'avocat général l'a observé au point 34 de ses conclusions, tout comme les services d'auto-école visés au point précédent du présent arrêt, l'objet principal des cours de sensibilisation et de rééducation routière pour la récupération de points de permis de conduire est de former le bénéficiaire à une conduite prudente et responsable, et non pas de le transporter.

39. Certes, ainsi que l'a notamment souligné le gouvernement néerlandais, la Cour a jugé que relèvent de l'exception visée à l'article 2, paragraphe 2, sous d), de la directive 2006/123 les activités des centres de contrôle technique (arrêt du 15 octobre 2015, *Grupo Itevelesa e.a.*, C-168/14, EU:C:2015:685, point 54).

40. Ces activités constituent pourtant une condition préalable et indispensable à l'exercice de l'activité principale qui est le transport. Toutefois, à la différence de celles-ci, qui sont exercées directement sur un véhicule en tant que moyen de transport, les règles juridiques qui encadrent l'obtention ou la conservation d'un permis de conduire déterminent les conditions auxquelles une personne peut conduire un certain type de moyen de transport et sont ainsi, en tant que telles, liées à la personne, plutôt qu'au véhicule lui-même.

41. Dès lors, il convient de conclure que la fourniture de cours de sensibilisation et de rééducation routière pour la récupération de points de permis de conduire ne saurait relever de l'exception visée à l'article 2, paragraphe 2, sous d), de la directive 2006/123.

42. En deuxième lieu, il convient de vérifier si un autre instrument du droit de l'Union, tel que la directive 2014/23, dont l'applicabilité a fait l'objet de débats entre les parties au principal lors de l'audience de plaidoiries, a une incidence sur l'applicabilité de la directive 2006/123 dans des circonstances telles que celles au principal.

43. En effet, conformément à l'article 9, paragraphe 3, de la directive 2006/123, les articles 9 à 13 de celle-ci ne s'appliquent pas aux aspects des régimes d'autorisation qui sont régis directement ou indirectement par d'autres instruments de l'Union, tels que la directive 2014/23.

44. Or, l'applicabilité de cette dernière directive présuppose que plusieurs conditions cumulatives soient satisfaites.

45. S'agissant, tout d'abord, du champ d'application matériel de la directive 2014/23, le service concerné doit, conformément à l'article 1er, paragraphe 1, de cette directive, revêtir la forme d'une concession, la « concession de services » étant définie, à l'article 5, point 1, sous b), de celle-ci, comme un « contrat conclu par écrit et à titre onéreux par lequel un ou plusieurs pouvoirs adjudicateurs ou entités adjudicatrices confient la prestation et la gestion de services [...] à un ou à plusieurs opérateurs économiques, la contrepartie consistant soit uniquement dans le droit d'exploiter les services qui font l'objet du contrat, soit dans ce droit accompagné d'un prix ».

46. En l'occurrence, il ressort du dossier dont dispose la Cour que les cours de sensibilisation et de rééducation routière pour la récupération de points de permis de conduire doivent être fournis en vertu d'une concession de service public qui concerne une zone géographique et qui porte sur la fourniture d'un service particulier dans cette zone. Par ailleurs, une telle concession vise à transférer le droit de fournir les cours concernés de l'adjudicateur à chaque concessionnaire. Il y a donc lieu de considérer que les concessions de service public en cause au principal relèvent du champ d'application matériel de la directive 2014/23.

47. S'agissant, ensuite, de l'applicabilité ratione temporis de la directive 2014/23, il ressort de l'article 54, second alinéa, de celle-ci que la concession concernée doit avoir fait l'objet d'une offre ou doit avoir été attribuée après le 17 avril 2014.

48. Or, il importe de relever que la CNAE et le gouvernement espagnol font valoir que les concessions en cause au principal ont fait l'objet d'une offre présentée avant le 18 avril 2016, cette date étant, conformément à l'article 51, paragraphe 1, de la directive 2014/23, la date d'expiration du délai de transposition de celle-ci dans le droit national. Cette offre aurait dès lors été présentée à une date à laquelle le régime juridique national précédemment applicable était encore en vigueur et à laquelle cette directive n'avait pas été intégrée dans ce droit.

49. À cet égard, la Cour a jugé, dans une affaire dans laquelle une offre avait été exclue de la procédure de passation d'un marché public avant la date d'expiration du délai de transposition de la directive pertinente et avant que celle-ci n'ait été intégrée dans le droit national, qu'il serait contraire au principe de sécurité juridique d'appliquer cette directive, étant donné que la décision contre laquelle est alléguée une violation du droit de l'Union avait été prise avant cette date (arrêt du 15 octobre 2009, *Hochtief et Linde-Kca-Dresden*, C-138/08, EU:C:2009:627, points 28 et 29 ainsi que jurisprudence citée).

50. Dans ces conditions, sous réserve des vérifications qu'il appartiendra à la juridiction de renvoi d'effectuer, la directive 2014/23 apparaît ne pas être applicable ratione temporis au litige au principal, dans la mesure où les concessions en cause au principal semblent avoir fait l'objet d'une offre avant l'expiration du délai de transposition de cette directive et où cette dernière n'avait pas encore été intégrée dans le droit espagnol.

51. Enfin, il importe de préciser que, à supposer même que la directive 2014/23 s'applique ratione temporis au litige au principal, encore faudrait-il que le contrat de concession concerné ait, conformément à l'article 8, paragraphe 1, de celle-ci, une valeur égale ou supérieure à 5 186 000 euros.

52. S'il appartient, en définitive, à la juridiction de renvoi de vérifier si cette condition est satisfaite en l'occurrence, il y a lieu d'observer que, sur la base des informations fournies par la CNAE, le gouvernement espagnol et la Commission européenne lors de l'audience, la valeur du contrat en cause au principal semble être inférieure à un tel montant.

53. Dès lors, il y a lieu de partir de la prémisse que la directive 2014/23 ne s'applique pas aux faits du litige au principal. Il s'ensuit que le chapitre III de la directive 2006/123 est applicable même si, comme c'est le cas en l'occurrence, il s'agit d'une situation purement interne, c'est-à-dire une situation dont tous les éléments pertinents se cantonnent à l'intérieur d'un seul État membre (voir, en ce sens, arrêt du 22 septembre 2020, *Cali Apartments*, C-724/18 et C-727/18, EU:C:2020:743, points 55 et 56).

54. Il convient donc d'examiner, en troisième lieu, si une réglementation nationale, selon laquelle l'attribution des cours de sensibilisation et de rééducation routière pour la récupération de points de permis de conduire doit être effectuée au moyen d'une concession de service public, est compatible avec l'article 15 de la directive 2006/123.

55. Cet article, qui figure au sein du chapitre III de celle-ci, porte sur les exigences imposées par le système juridique d'un État membre qui sont soumises à son évaluation. Il y a dès lors lieu de déterminer, tout d'abord, si une telle réglementation relève de l'une des catégories d'« exigences » visées audit article.

56. En l'occurrence, il ressort de la demande de décision préjudicielle que, conformément à la réglementation en cause au principal, un seul concessionnaire est autorisé à fournir des cours de sensibilisation et de rééducation routière pour la récupération de points de permis de conduire dans chacune des cinq zones géographiques préalablement délimitées sur l'ensemble du territoire national concerné, à l'exclusion de la Catalogne et du Pays basque. Une fois le marché concerné attribué, le concessionnaire exerce un contrôle exclusif sur la zone pour laquelle il est titulaire d'une concession de service public, aucun autre prestataire n'étant admis à fournir de tels services dans cette zone.

57. Or, il ressort de l'article 15, paragraphe 1, et paragraphe 2, sous a), de la directive 2006/123 que les limites quantitatives ou territoriales à l'exercice d'une activité de service constituent des exigences au sens de cette directive lorsqu'elles imposent, notamment, des limites quant au nombre d'opérateurs autorisés à s'établir dans un État membre déterminé ou une limitation visant le respect d'une distance géographique minimale entre prestataires.

58. Compte tenu de la description de la réglementation nationale concernée, visée au point 56 du présent arrêt, il convient de considérer que celle-ci constitue à la fois une limite quantitative et une limite territoriale, au sens de l'article 15, paragraphe 2, sous a), de la directive 2006/123.

59. Une telle limitation à la liberté d'établissement n'est autorisée que si celle-ci est compatible avec les conditions énoncées à l'article 15, paragraphe 3, de cette directive. Elle doit être non discriminatoire, nécessaire et proportionnée.

60. S'agissant, premièrement, du respect de la condition de « non-discrimination », énoncée à l'article 15, paragraphe 3, sous a), de la directive 2006/123, il suffit de relever, à l'instar de toutes les parties ayant présenté des observations, que la réglementation nationale concernée s'applique sans discrimination à tous les prestataires souhaitant fournir le service en cause au principal.

61. En ce qui concerne, deuxièmement, le point de savoir si cette mesure est justifiée par une raison impérieuse d'intérêt général, au sens de l'article 15, paragraphe 3, sous b), de la directive 2006/123, il ressort de la demande de décision préjudicielle que cette mesure est conçue pour améliorer la sécurité routière en facilitant l'accès aux centres de formation pour les conducteurs ayant perdu des points sur leur permis de conduire. Il s'agit là, conformément à l'article 4, point 8, de la directive 2006/123, lu à la lumière du considérant 40 de celle-ci et à une jurisprudence constante de la Cour, d'une raison impérieuse d'intérêt général qui est susceptible de justifier des restrictions à la liberté d'établissement (voir, en ce sens, arrêt du 15 octobre 2015, *Grupo Itevelesa e.a.*, C-168/14, EU:C:2015:685, point 74 ainsi que jurisprudence citée).

62. S'agissant, troisièmement, de la question de savoir si une telle mesure est proportionnelle à l'objectif d'intérêt général poursuivi, au sens de l'article 15, paragraphe 3, sous c), de la directive 2006/123, il convient de relever qu'une mesure nationale restrictive de liberté d'établissement qui poursuit un objectif d'intérêt général ne peut être admise qu'à la condition qu'elle soit propre à garantir la réalisation de celui-ci et qu'elle n'aille pas au-delà de ce qui est nécessaire pour atteindre cet objectif (voir, par analogie, arrêt du 1er octobre 2015, *Trijber et Harmsen*, C-340/14 et C-341/14, EU:C:2015:641, point 70).

63. Il appartient en dernier ressort au juge national, qui est seul compétent pour apprécier les faits du litige au principal, de déterminer si une mesure satisfait à ces deux exigences. Toutefois, afin de fournir des réponses utiles à la juridiction de renvoi, la Cour peut lui donner des indications tirées du dossier de l'affaire au principal ainsi que des observations écrites et orales qui lui ont été soumises, de nature à permettre à cette juridiction de statuer (voir, en ce sens, arrêt du 1er octobre 2015, *Trijber et Harmsen*, C-340/14 et C-341/14, EU:C:2015:641, point 71 ainsi que jurisprudence citée).

64. En ce qui concerne, d'une part, l'aptitude de la mesure à atteindre l'objectif visant à améliorer la sécurité routière, il ressort des éléments fournis à la Cour que la mesure en cause au principal vise à garantir qu'il existe au moins un opérateur chargé d'exercer l'activité concernée dans chacune des cinq zones situées sur l'ensemble du territoire pertinent.

65. Une telle mesure apparaît de nature à atteindre l'objectif poursuivi dès lors qu'elle vise à garantir l'accès des conducteurs à des centres de formation sur l'intégralité du territoire pertinent, y compris dans les zones géographiquement isolées ou moins attractives (voir, par analogie, arrêts du 10 mars 2009, *Hartlauer*, C-169/07, EU:C:2009:141, points 51 et 52, ainsi que du 1er juin 2010, *Blanco Pérez et Chao Gómez*, C-570/07 et C-571/07, EU:C:2010:300, point 70).

66. En ce qui concerne, d'autre part, la question de savoir si la mesure en cause au principal va au-delà de ce qui est nécessaire pour atteindre l'objectif poursuivi, il convient de relever que cette mesure constitue une limitation importante à la liberté d'établissement, puisque celle-ci impose la division du territoire pertinent en cinq grandes zones sur chacune desquelles un seul prestataire est admis à fournir le service concerné.

67. Or, ainsi que M. l'avocat général l'a observé aux points 84 à 86 de ses conclusions, il semblerait exister des mesures moins contraignantes que ladite mesure, permettant d'atteindre l'objectif poursuivi. En outre, ainsi que cela a été exposé devant la juridiction de renvoi, il n'est pas non plus exclu que cet objectif puisse être atteint par un régime d'autorisation administrative, plutôt que de recourir à un service public devant être fourni au moyen d'une concession.

68. En quatrième lieu, il ne peut être exclu que la juridiction de renvoi considère, à l'issue de son examen, que la fourniture de cours de sensibilisation et de rééducation routière pour la récupération de points de permis de conduire constitue une mission liée à un service d'intérêt économique général. Tel est le cas, aux termes du considérant 70 de la directive 2006/123, si le service en cause au principal est fourni en application d'une mission particulière de service public confiée au prestataire par l'État membre concerné.

69. Dans cette hypothèse, ce service relèverait alors de l'application de l'article 15, paragraphe 4, de cette directive. En conséquence, la compatibilité avec le droit de l'Union de la mesure en cause au principal devrait être appréciée à la lumière de la règle spécifique figurant à cette disposition.

70. Cette règle spécifique prévoit que les règles édictées à l'article 15, paragraphes 1 à 3, de la directive 2006/123 ne s'appliquent à la législation nationale concernée dans le domaine des services d'intérêt économique général que dans la mesure où l'application de ces paragraphes ne fait pas échec à l'accomplissement, en droit ou en fait, de la mission particulière qui a été confiée.

71. La Cour a précisé, à cet égard, que l'article 15, paragraphe 4, de cette directive ne s'oppose pas à ce qu'une mesure nationale impose une limitation territoriale, pour autant que cette limitation soit nécessaire à l'exercice de la mission particulière des prestataires du service d'intérêt économique général en cause dans des conditions économiquement viables et proportionnée à cet exercice (voir, en ce sens, arrêt du 23 décembre 2015, *Hiebler*, C-293/14, EU:C:2015:843, point 73).

72. Or, comme M. l'avocat général l'a relevé au point 100 de ses conclusions, il n'est pas exclu qu'il puisse être démontré qu'une division du territoire pertinent en un plus grand nombre de zones géographiques que les cinq retenues contribuerait à faciliter la prestation des services en cause au principal dans des zones moins attractives. Dans ces circonstances, la division territoriale ainsi que la limite quantitative imposées par une mesure telle que celle en cause au principal n'apparaîtraient pas nécessaires à l'accomplissement de la mission particulière concernée dans des conditions économiquement viables.

73. C'est néanmoins à la juridiction de renvoi qu'il appartiendra d'examiner et de prendre en considération la portée exacte des obligations de service public imposées, le cas échéant, aux concessionnaires des cours de sensibilisation et de rééducation routière pour la récupération de points de permis de conduire et d'envisager si un régime moins contraignant pourrait empêcher l'offre du service public concerné dans des conditions économiquement viables.

74. Eu égard à l'ensemble de considérations qui précèdent, il y a lieu de répondre à la question posée que l'article 15 de la directive 2006/123 doit être interprété en ce sens que cette disposition s'oppose à une réglementation nationale selon laquelle l'attribution des cours de sensibilisation et de rééducation routière pour la récupération de points de permis de conduire doit être effectuée au moyen d'une concession de service public, dans la mesure où cette réglementation va au-delà de ce qui est nécessaire pour atteindre l'objectif d'intérêt général poursuivi, à savoir l'amélioration de la sécurité routière.

Observations

En Espagne, le système de récupération de points sur les permis de conduire repose sur cinq concessions de service public réparties sur l'ensemble du territoire national, le concessionnaire étant seul autorisé à fournir sur la zone autorisée les cours permettant la récupération de points. À l'issue de l'appel d'offres lancé par la direction générale de la circulation pour mettre en place ce système, une association de défense des autos-écoles (AUDICA) a introduit un recours dans lequel elle conteste la régularité de la procédure. Selon l'association requérante, le système mis en place qui impose de recourir à l'un des cinq concessionnaires autorisés sur des zones géographiques préalablement définies aurait pour effet de restreindre indûment la concurrence entre les prestataires potentiels de ce service. Doutant de la compatibilité de ce système avec le droit de l'Union, la juridiction nationale a saisi la CJUE d'une question préjudicielle portant sur l'interprétation de l'article 15 de la directive de 2006 services dans le marché intérieur pour savoir si ces dispositions s'opposent à la mise en place, dans les circonstances de l'espèce, d'une telle réglementation (1). La réponse à cette question conduit la Cour à examiner les modalités d'organisation d'un service public au regard de la directive 2006/123 du 12 décembre 2006. La directive services dans le marché intérieur, dont l'objet est d'éliminer les obstacles à la liberté d'établissement des prestations dans les États membres et ceux à la libre prestation de services dans ces États, concerne un très grand nombre d'activités de service dont les activités de service public dès lors qu'elles sont fournies en contrepartie d'une rémunération. En l'espèce, l'activité de fourniture de cours de sensibilisation et de rééducation routière pour la récupération de points de permis constitue une activité d'intérêt général prise en charge par la personne publique qui l'organise « au moyen d'une concession » (2). Les cours étant fournis par le concessionnaire « à titre onéreux », au moyen « d'une installation stable » à partir de laquelle ces cours sont assurés, il s'agit bien d'une activité de service au sens de la directive de 2006, relevant plus précisément de son chapitre 3 sur la liberté d'établissement des prestataires (3).

(1) Pt 27.
(2) Pt 30.
(3) Pt 31.

L'arrêt confirme que la directive 2006/123 s'applique notamment à des concessions de service public dès que celle-ci n'est pas régie par d'autres dispositions du droit de l'Union. La Cour de justice a précisé dans plusieurs arrêts, auxquels s'ajoute la décision commentée du 19 janvier 2023, l'articulation de la directive 2006/123 avec les autres règles du droit de l'Union européenne, en particulier avec celles des directives Marchés et Concessions du 26 février 2014 (4). En vertu de l'article 9, paragraphe 3, de la directive 2006/123, les dispositions relatives aux régimes d'autorisation ne s'appliquent pas aux activités de service revêtant la forme d'une concession de service au sens de la directive 2014/23 sur les concessions. L'arrêt précise qu'une concession de service public telle que celle conclue en l'espèce relève en principe de cette directive si son montant atteint les seuils de passation prévus par cette dernière et si ses dispositions sont applicables *ratione temporis* à la situation litigieuse. Tel n'est pas le cas si la concession a fait l'objet d'une offre, et *a fortiori* si elle a été attribuée, avant la date d'expiration du délai de transposition de la directive 2014/23, le 18 avril 2016. Les concessions litigieuses ayant fait l'objet d'une offre avant cette date et n'atteignant pas de surcroît le seuil de passation ne relèvent pas, en l'espèce, de la directive 2014/23 mais de la directive 2006/123. La Cour précise par ailleurs que l'activité de cours permettant la récupération de points sur le permis de conduite ne bénéficie pas de l'exception prévue par l'article 2, paragraphe 2, d) relative aux services dans le domaine des transports car la finalité première du service en l'espèce « n'est pas le déplacement de personnes ou de biens » (5). Alors que les contrats portant sur une activité de service sont généralement examinés, lorsqu'ils relèvent de la directive 2006/123, à l'aune de la section 1 du chapitre 3 sur « les autorisations », c'est au regard de la section 2 portant sur « les exigences » interdites ou soumises à « évaluation », c'est-à-dire les obligations et conditions imposées par les États pour exercer un service, que la Cour se prononce en l'espèce. L'article 15 de la directive, sur lequel porte la question préjudicielle adressée à la Cour, précise le régime des « exigences à évaluer ». Elle considère que le fait pour un État d'imposer un seul concessionnaire par zone géographique, lesquelles sont limitées à cinq sur le territoire national, constitue selon la Cour à la fois une exigence qualitative et quantitative au sens de l'article 15, paragraphe 2, a), de la directive (6). En vertu de l'article 15, paragraphe 3, ces exigences ne peuvent être établies

(4) Pt 42.
(5) Pt 34.
(6) Pt 58.

par les États qu'à la condition qu'elles soient non discriminatoires, justifiées par une raison impérieuse d'intérêt général et proportionnées. Or si la limitation à cinq concessionnaires sur le territoire national est non discriminatoire (7) et a pour objet d'améliorer la sécurité routière, ce qui constitue une raison impérieuse d'intérêt général (8), elle est en revanche disproportionnée. La Cour considère qu'un plus grand nombre de zones « contribuerait à faciliter la prestation des services [...] dans des zones moins attractives » (9). Il incombe ainsi aux autorités concédantes, lorsqu'elles déterminent les modalités d'organisation du service public, de prévoir le régime le moins contraignant pour l'offre de service tout en permettant d'atteindre l'objectif d'intérêt général poursuivi et de garantir l'exercice du service dans des conditions économiquement viables. Si le droit de l'Union européenne, notamment dans le cadre de la directive Services 2006/123, préserve le choix du mode de gestion d'un service public par les personnes publiques, il encadre de manière plus rigoureuse, au regard des règles de concurrence et de celles relatives au bon fonctionnement du marché intérieur, la liberté de l'autorité publique de déterminer ses modalités d'organisation et de fonctionnement. D'autant qu'il se pourrait que la section 2 du chapitre 3 de la directive 2006/123 relative « aux exigences » imposées par les États s'applique également aux marchés et concessions de service régis par les directives 2014/24 et 2014/23. L'arrêt du 19 janvier 2023 demeure sur ce point ambigu. La Cour se fonde pour déterminer l'applicabilité de la directive 2006/123, et exclure celle des directives Marchés et Concessions, sur son article 9 lequel ne concerne que la section 1 sur « les autorisations » (pt 43) et non la section 2 sur « les exigences » imposées par les États. L'avocat général écrit en ce sens que si les services devaient relever du champ d'application de la directive 2014/23, ils seraient exclus des articles 9 à 13 de la directive 2006 mais resteraient selon lui « soumis au reste des dispositions pertinentes de cette directive » (10).

L'arrêt du 19 janvier 2023 laisse ainsi entrevoir la possibilité d'appliquer aux concessions de service et marchés de service dont les dispositions déterminent les modalités d'organisation d'un service public certaines dispositions de la directive Services 2006/123.

Delphine DERO-BUGNY et Alix PERRIN

(7) Pt 60.
(8) Pt 61.
(9) Pt 72.
(10) Pt 42.

Cour de justice, 3e ch., 20 avril 2023, *Autorità Garante della Concorrenza e del Mercato (Commune de Ginosa)*, aff. C-348/22, ECLI:EU:C:2023:301

Mots-clés : Renvoi préjudiciel – Services dans le marché intérieur – Appréciation de validité – Base juridique – Interprétation – Directive – Effet direct – Caractère inconditionnel et suffisamment précis de l'obligation, pour les États membres, d'appliquer une procédure de sélection impartiale et transparente entre les candidats potentiels ainsi que de l'interdiction de renouveler automatiquement une autorisation octroyée pour une activité donnée – Réglementation nationale prévoyant la prorogation automatique de concessions d'occupation du domaine public maritime

Cadre normatif : directive 2006/123/CE, articles 47, 55 et 94 CE

Notes et observations : C. Chamard-Heim, « Application directe de l'article 12 de la directive Services », *Contrats-Marchés publ.*, 2012, n° 7, p. 212 ; H. De Gaudemar, « Sous la plage, les pavés de la mise en concurrence des autorisations domaniales », *JCPA*, 2023, n° 7, p. 2282 ; F. Martucci, *RFDA*, 2023, p. 769 ; D. Simon, « Directives – Interprétation, validité, effet direct », *Europe*, juin 2023, n° 6, comm. 206

Extraits de l'arrêt

1. La demande de décision préjudicielle porte sur la validité de la directive 2006/123/CE du Parlement européen et du Conseil, du 12 décembre 2006, relative aux services dans le marché intérieur (*JO* 2006, L 376, p. 36), ainsi que sur l'interprétation de l'article 12 de cette directive et des articles 49 et 115 TFUE.

2. Cette demande a été présentée dans le cadre d'un litige opposant l'Autorità Garante della Concorrenza e del Mercato (autorité garante de la concurrence et du marché, Italie) (ci-après l'« AGCM ») au comune di Ginosa (commune de Ginosa, Italie) au sujet de la décision de ce dernier de proroger, sur son territoire, les concessions d'occupation du domaine public maritime jusqu'au 31 décembre 2033.

[...]

Sur l'applicabilité de la directive 2006/123

Considérations liminaires

36. Ainsi qu'il ressort d'une jurisprudence constante, toute mesure nationale adoptée dans un domaine qui a fait l'objet d'une harmonisation exhaustive ou complète à l'échelle de l'Union doit être appréciée au regard non pas des dispositions du droit primaire, mais de celles de cette mesure d'harmonisation (arrêts du 12 octobre 1993, *Vanacker et Lesage*, C-37/92, EU:C:1993:836, point 9 ; du 11 décembre 2003, *Deutscher Apothekerverband*, C-322/01, EU:C:2003:664, point 64, ainsi que du 14 juillet 2016, *Promoimpresa e.a.*, C-458/14 et C-67/15, EU:C:2016:558, point 59).

37. Or, en l'occurrence, ainsi qu'il ressort notamment du point 61 de l'arrêt du 14 juillet 2016, *Promoimpresa e.a.* (C-458/14 et C-67/15, EU:C:2016:558), les articles 9 à 13 de la directive 2006/123 procèdent à une harmonisation exhaustive concernant les services relevant de leur champ d'application.

38. Dans ces conditions, les sixième et septième questions ainsi que le premier volet de la huitième question seront examinés exclusivement au regard de l'article 12 de cette directive.

Sur la sixième question

39. Par sa sixième question, la juridiction de renvoi demande, en substance, si l'article 12, paragraphes 1 et 2, de la directive 2006/123 doit être interprété en ce sens qu'il s'applique uniquement aux concessions d'occupation du domaine public maritime qui présentent un intérêt transfrontalier certain.

40. À cet égard, la Cour a déjà eu l'occasion de juger, à plusieurs reprises, aux termes d'une interprétation littérale, historique, contextuelle et téléologique de la directive 2006/123, que les dispositions du chapitre III de celle-ci, relatif à la liberté d'établissement des prestataires, lesquelles incluent l'article 12 de cette directive, doivent être interprétées en ce sens qu'elles s'appliquent, notamment, à une situation dont tous les éléments pertinents se cantonnent à l'intérieur d'un seul État membre (voir, en ce sens, arrêts du 30 janvier 2018, *X et Visser*, C-360/15 et C-31/16, EU:C:2018:44, points 99 à 110, ainsi que du 22 septembre 2020, *Cali Apartments*, C-724/18 et C-727/18, EU:C:2020:743, point 56).

41. Il s'ensuit que l'article 12, paragraphes 1 et 2, de ladite directive doit être interprété en ce sens qu'il ne s'applique pas uniquement aux concessions d'occupation du domaine public maritime qui présentent un intérêt transfrontalier certain.

Sur la septième question

42. Compte tenu de la réponse apportée à la sixième question, il n'y a pas lieu de répondre à la septième question, qui repose sur la prémisse selon laquelle l'applicabilité de l'article 12 de la directive 2006/123 est subordonnée à la démonstration que la concession d'occupation du domaine public maritime en cause présente un intérêt transfrontalier certain.

Sur le premier volet de la huitième question

43. Par le premier volet de sa huitième question, la juridiction de renvoi demande, en substance, si l'article 12, paragraphe 1, de la directive 2006/123 doit être interprété en ce sens qu'il s'oppose à ce que la rareté des ressources naturelles et des concessions disponibles soit appréciée en combinant une approche abstraite et générale, à l'échelle nationale, et une approche casuistique, reposant sur une analyse du territoire côtier de la commune concernée, ou bien si une telle appréciation doit se faire exclusivement sur la base de l'une ou l'autre de ces approches.

44. Certes, au point 43 de l'arrêt du 14 juillet 2016, *Promoimpresa e.a.* (C-458/14 et C-67/15, EU:C:2016:558), la Cour a précisé qu'il convient de prendre en considération la circonstance que les concessions en cause sont octroyées non pas au niveau national, mais au niveau communal, afin de déterminer si les zones domaniales pouvant faire l'objet d'une exploitation économique sont en nombre limité.

45. Néanmoins, cette précision constituait une simple indication donnée à la juridiction de renvoi et s'expliquait par le contexte dans lequel s'inscrivait l'affaire ayant donné lieu à cet arrêt.

46. En effet, eu égard à son libellé, l'article 12, paragraphe 1, de la directive 2006/123 confère aux États membres une certaine marge d'appréciation quant au choix des critères permettant d'apprécier la rareté des ressources naturelles. Cette marge d'appréciation peut les conduire à faire prévaloir une appréciation abstraite et générale, valable pour l'ensemble du territoire national, mais aussi, à l'inverse, à privilégier une approche casuistique qui met l'accent sur la situation existant sur le territoire côtier d'une commune ou de l'autorité administrative compétente, voire à combiner ces deux approches.

47. En particulier, la combinaison d'une approche abstraite et générale, à l'échelle nationale, et d'une approche casuistique, reposant sur une analyse du territoire côtier de la commune concernée, semble équilibrée et, partant, de nature à assurer concomitamment le respect d'objectifs d'exploitation économique des littoraux susceptibles d'être définis au niveau national, tout en s'assurant de la pertinence de la mise en œuvre concrète de ces objectifs sur le territoire côtier d'une commune.

48. En tout état de cause, il importe que les critères retenus par un État membre pour apprécier la rareté des ressources naturelles utilisables repose sur des critères objectifs, non discriminatoires, transparents et proportionnés.

49. Eu égard aux considérations qui précèdent, il convient de répondre au premier volet de la huitième question que l'article 12, paragraphe 1, de la directive 2006/123 doit être interprété en ce sens qu'il ne s'oppose pas à ce que la rareté des ressources naturelles et des concessions disponibles soit appréciée en combinant une approche abstraite et générale, à l'échelle nationale, et une approche casuistique, reposant sur une analyse du territoire côtier de la commune concernée.

... Sur l'effet direct de l'article 12, paragraphes 1 et 2, de la directive 2006/123

Sur les deuxième et quatrième questions

60. À titre liminaire, il convient de relever que les dispositions nationales en cause dans le litige au principal ont eu pour effet de proroger automatiquement les concessions d'occupation du domaine public maritime en vigueur, de telle sorte qu'aucune procédure de sélection n'a été organisée dans le cadre de ce litige. Sont donc uniquement pertinentes, en l'occurrence, les dispositions de l'article 12 de la directive 2006/123 qui portent, d'une part, sur l'obligation, pour les États membres, d'appliquer une procédure de sélection impartiale et transparente entre les candidats potentiels ainsi que, d'autre part, sur l'interdiction de renouveler automatiquement une autorisation octroyée pour une activité donnée. Aussi les deuxième et quatrième questions doivent-elles être regardées comme portant sur l'interprétation de l'article 12, paragraphes 1 et 2, de cette directive, à l'exclusion du paragraphe 3 de cet article.

61. Dans ces conditions, il y a lieu de considérer que, par ses deuxième et quatrième questions, qu'il convient d'examiner conjointement, la juridiction de renvoi demande, en substance, si l'article 12, paragraphes 1 et 2, de ladite directive doit être interprété en ce sens que l'obligation, pour les États membres, d'appliquer une procédure de sélection impartiale et transparente entre les candidats potentiels, ainsi que l'interdiction de renouveler automatiquement une autorisation octroyée pour une activité donnée sont énoncées de manière inconditionnelle et suffisamment précise pour pouvoir être considérées comme étant d'effet direct.

62. Il résulte de la jurisprudence constante de la Cour que, dans tous les cas où les dispositions d'une directive apparaissent, du point de vue de leur contenu, inconditionnelles et suffisamment précises, les particuliers sont fondés à les invoquer devant les juridictions nationales contre un État membre soit lorsque celui-ci s'est abstenu de transposer dans les délais la directive en droit national, soit lorsqu'il en a fait une transposition incorrecte [voir, en ce sens, arrêts du 19 janvier 1982, *Becker*, 8/81, EU:C:1982:7, point 25 ; du 5 octobre 2004, *Pfeiffer e.a.*, C-397/01 à C-403/01, EU:C:2004:584, point 103 ; du 17 septembre 1996, *Cooperativa Agricola Zootecnica S. Antonio e.a.*, C-246/94 à C-249/94, EU:C:1996:329, points 18 et 19, ainsi que du 8 mars 2022, *Bezirkshauptmannschaft Hartberg-Fürstenfeld (Effet direct)*, C-205/20, EU:C:2022:168, point 17].

63. La Cour a précisé qu'une disposition du droit de l'Union est, d'une part, inconditionnelle lorsqu'elle énonce une obligation qui n'est assortie d'aucune condition ni subordonnée, dans son exécution ou dans ses effets, à l'intervention d'aucun acte soit des institutions de l'Union, soit des États membres, autre que l'acte qui la transpose en droit national et, d'autre part, suffisamment précise pour être invoquée par un justiciable et appliquée par le juge lorsqu'elle énonce une obligation dans des termes non équivoques [voir, en ce sens, arrêts du 3 avril 1968, *Molkerei-Zentrale Westfalen/Lippe*, 28/67, EU:C:1968:17, p. 226 ; du 26 février 1986, *Marshall*, 152/84, EU:C:1986:84, point 52, et du 8 mars 2022, *Bezirkshauptmannschaft Hartberg-Fürstenfeld (Effet direct)*, C-205/20, EU:C:2022:168, point 18].

64. La Cour a en outre jugé que, même si une directive laisse aux États membres une certaine marge d'appréciation lorsqu'ils adoptent les modalités de sa mise en œuvre, une disposition de cette directive peut être considérée comme ayant un caractère inconditionnel et précis dès lors qu'elle met à la charge des États membres, dans des termes non équivoques, une obligation de résultat précise et qui n'est assortie d'aucune condition quant à l'application de la règle qu'elle énonce [voir, en ce sens, arrêt du 8 mars 2022, *Bezirkshauptmannschaft Hartberg-Fürstenfeld (Effet direct)*, C-205/20, EU:C:2022:168, point 19].

65. En effet, même si une directive accorde aux États membres une certaine marge d'appréciation lorsqu'ils adoptent les modalités de sa mise en œuvre, cette circonstance n'affecte pas le caractère précis et inconditionnel de ses dispositions, lorsque cette marge d'appréciation n'exclut pas que l'on puisse déterminer des droits minimaux et qu'il est donc possible de déterminer la protection minimale qui doit en tout état de cause être mise en place (voir, en ce sens, arrêts du 14 juillet 1994, *Faccini Dori*, C-91/92, EU:C:1994:292, point 17 ; du 3 octobre 2000, *Simap*, C-303/98, EU:C:2000:528, point 68, ainsi que du 14 janvier 2021, *RTS infra et Aannemingsbedrijf Norré-Behaegel*, C-387/19, EU:C:2021:13, point 49).

66. En l'occurrence, il ressort du libellé même de l'article 12, paragraphe 1, de la directive 2006/123 que, lorsque le nombre d'autorisations disponibles pour une activité donnée est limité en raison de la rareté des ressources naturelles, les États membres doivent appliquer une procédure de sélection entre les candidats potentiels qui prévoit toutes les garanties d'impartialité et de transparence, notamment la publicité adéquate de l'ouverture de la procédure, de son déroulement et de sa clôture.

67. Certes, les États membres conservent une certaine marge d'appréciation s'ils décident d'adopter des dispositions destinées à garantir concrètement l'impartialité et la transparence d'une procédure de sélection. Il n'en demeure pas moins que, en imposant l'organisation d'une procédure de sélection impartiale et transparente, l'article 12, paragraphe 1, de la directive 2006/123 prescrit, de manière inconditionnelle et suffisamment précise, un contenu de protection minimale en faveur des candidats potentiels (voir, par analogie, arrêts du 15 avril 2008, *Impact*, C-268/06, EU:C:2008:223, point 74, ainsi que du 5 octobre 2004, *Pfeiffer e.a.*, C-397/01 à C-403/01, EU:C:2004:584, point 105).

68. Quant à l'article 12, paragraphe 2, de cette directive, il prévoit notamment qu'une autorisation, telle qu'une concession d'occupation du domaine public maritime, est octroyée pour une durée limitée appropriée et qu'elle ne doit pas faire l'objet d'une procédure de renouvellement automatique.

69. Cette disposition est d'effet direct, en ce qu'elle interdit, en des termes non équivoques, aux États membres, sans que ceux-ci ne disposent d'une quelconque marge d'appréciation ou puissent assortir cette interdiction d'une quelconque condition et sans qu'une intervention d'un acte de l'Union ou des États membres soit nécessaire, de prévoir des prorogations automatiques et généralisées de telles concessions. Il résulte d'ailleurs de la jurisprudence de la Cour qu'un renouvellement automatique de celles-ci est exclu par les termes mêmes de l'article 12, paragraphe 2, de la directive 2006/123 (voir, en ce sens, arrêt du 14 juillet 2016, *Promoimpresa e.a.*, C-458/14 et C-67/15, EU:C:2016:558, point 50).

70. L'article 12, paragraphes 1 et 2, de cette directive impose donc aux États membres l'obligation d'appliquer une procédure de sélection impartiale et transparente entre les candidats potentiels et leur interdit de renouveler automatiquement une autorisation octroyée pour une activité donnée, en des termes inconditionnels et suffisamment précis.

71. La circonstance que cette obligation et cette interdiction ne s'appliquent que dans les cas où le nombre d'autorisations disponibles pour une activité donnée est limité en raison de la rareté des ressources naturelles utilisables, lesquels doivent être déterminés par référence à une situation de fait appréciée par l'administration compétente sous le contrôle d'une juridiction nationale, ne saurait remettre en cause l'effet direct qui est attaché à cet article 12, paragraphes 1 et 2.

72. Par ailleurs, il convient de rappeler que l'effet direct dont bénéficient les dispositions inconditionnelles et suffisamment précises d'une directive constitue une garantie minimale, découlant du caractère contraignant de l'obligation imposée aux États membres par l'effet des directives, en vertu de l'article 288, troisième alinéa, TFUE, qui ne saurait servir de justification à un État membre pour se dispenser de prendre, en temps utile, des mesures d'application adéquates à l'objet de chaque directive (arrêt du 6 mai 1980, *Commission/Belgique*, 102/79, EU:C:1980:120, point 12). Il s'ensuit que, en dépit de la reconnaissance d'un effet direct auxdites obligation et interdiction, prévues à l'article 12, paragraphes 1 et 2, de la directive 2006/123, les autorités italiennes demeurent tenues d'en assurer la transposition dans leur ordre juridique.

73. Enfin, il convient de souligner qu'un arrêt préjudiciel, tel que l'arrêt du 14 juillet 2016, *Promoimpresa e.a.* (C-458/14 et C-67/15, EU:C:2016:558), éclaire et précise, lorsque besoin en est, la signification et la portée de la règle énoncée à cette disposition de la directive 2006/123, telle qu'elle doit ou aurait dû être comprise et appliquée depuis le moment de son entrée en vigueur, soit, conformément à l'article 44 de cette directive, depuis le 28 décembre 2009 au plus tard. Il s'ensuit que ladite règle ainsi interprétée doit être appliquée par le juge même à des rapports juridiques nés et constitués avant cet arrêt [voir, en ce sens, arrêts du 27 mars 1980, *Denkavit italiana*, 61/79, EU:C:1980:100, point 16, et du 22 février 2022, *RS (Effet des arrêts d'une cour constitutionnelle)*, C-430/21, EU:C:2022:99, point 77].

74. Eu égard aux considérations qui précèdent, il y a lieu de répondre aux deuxième et quatrième questions que l'article 12, paragraphes 1 et 2, de la directive 2006/123 doit être interprété en ce sens que l'obligation, pour les États membres, d'appliquer une procédure de sélection impartiale et transparente entre les candidats potentiels, ainsi que l'interdiction de renouveler automatiquement une autorisation octroyée pour une activité donnée sont énoncées de manière inconditionnelle et suffisamment précise pour pouvoir être considérées comme étant d'effet direct.

Sur la troisième question

75. Compte tenu de la réponse apportée aux deuxième et quatrième questions, il n'y a pas lieu de répondre à la troisième question.

Sur la cinquième question et le second volet de la huitième question

76. Par sa cinquième question et par le second volet de sa huitième question, la juridiction de renvoi demande, en substance, si l'article 288, troisième alinéa, TFUE doit être interprété en ce sens que l'appréciation de l'effet direct attaché à l'obligation et à l'interdiction prévues à l'article 12, paragraphes 1 et 2, de la directive 2006/123 et l'obligation de laisser inappliquées des dispositions nationales contraires incombent exclusivement aux juridictions nationales ou également aux autorités administratives, y compris communales.

77. Sur ce point, il suffit de rappeler qu'il résulte de la jurisprudence constante de la Cour que tout comme le juge national, une administration, y compris communale, a l'obligation d'appliquer les dispositions inconditionnelles et suffisamment précises d'une directive ainsi que d'écarter l'application de celles du droit national qui n'y sont pas conformes (voir, en ce sens, arrêts du 22 juin 1989, *Costanzo*, 103/88, EU:C:1989:256, points 29 à 33, ainsi que du 10 octobre 2017, *Farrell*, C-413/15, EU:C:2017:745, point 33).

78. À cet égard, il convient de préciser que l'indication figurant au point 43 de l'arrêt du 14 juillet 2016, *Promoimpresa e.a.* (C-458/14 et C-67/15, EU:C:2016:558), selon laquelle il incombait à la juridiction de renvoi de vérifier si la condition relative à la rareté des ressources naturelles, prévue à l'article 12, paragraphe 1, de la directive 2006/123, était remplie, ne saurait signifier que seules les juridictions nationales sont tenues de veiller à la satisfaction de cette condition. En effet, dès lors que le nombre d'autorisations disponibles pour une activité donnée est limité en raison de la rareté des ressources naturelles utilisables, toute administration est tenue d'organiser, en vertu de cette disposition, une procédure de sélection entre les candidats potentiels et de s'assurer que l'ensemble des conditions prévues à ladite disposition sont remplies, le cas échéant en laissant inappliquées les règles de droit national non conformes.

79. Eu égard aux considérations qui précèdent, il convient donc de répondre à la cinquième question et au second volet de la huitième question que l'article 288, troisième alinéa, TFUE doit être interprété en ce sens que l'appréciation de l'effet direct attaché à l'obligation et à l'interdiction prévues à l'article 12, paragraphes 1 et 2, de la directive 2006/123 ainsi que l'obligation de laisser inappliquées des dispositions nationales contraires incombent aux juridictions nationales et aux autorités administratives, y compris communales. ...

OBSERVATIONS

Dans le prolongement de l'arrêt *Promoinpresa* (1), la Cour de justice, dans son arrêt du 23 avril 2023, rappelle que la directive « services » (2), et notamment son article 12, s'applique aux concessions d'occupation du domaine public. Dans cet arrêt, la juridiction

(1) CJCE, 14 juillet 2016, *Promoinpresa*, aff. C-458/14, ECLI:EU:C:2016:558.

(2) Directive 2006/123/CE du Parlement européen et du Conseil du 12 décembre 2006 relative aux services dans le marché intérieur, *JOUE*, L 376 du 27 décembre 2006, pp. 36-68.

de l'Union était encore saisie de questions relatives aux concessions d'occupation du domaine public maritime en Italie. Une commune italienne avait informé tous les titulaires de concessions d'occupation du domaine public maritime de la prolongation de leur concession en se fondant sur des dispositions nationales qui prévoyaient une prorogation automatique pour ce type de concessions. L'Autorité italienne de la concurrence et du marché, après avoir rappelé à la commune l'obligation du respect des principes de concurrence et de liberté d'établissement, a saisi le tribunal administratif. Celui-ci s'interroge sur la compatibilité du renouvellement automatique des concessions au regard de l'article 12 de la directive « services » et de l'article 49 TFUE et décide de poser plusieurs questions préjudicielles à la Cour de justice sur l'interprétation de ces dispositions et leur applicabilité au cas d'espèce.

La juridiction de l'Union explique, tout d'abord, qu'en l'espèce, c'est la directive « services » et non l'article 49 TFUE qui est applicable. En effet, lorsqu'une mesure nationale est adoptée dans un domaine qui fait l'objet d'une harmonisation exhaustive au niveau de l'Union, cette mesure doit être appréciée non pas au regard des dispositions du droit primaire mais des mesures d'harmonisation. Or, en l'espèce, comme la Cour l'avait déjà établi dans l'arrêt *Promoinpresa*, les articles 9 et 13 de la directive « services », qui concernent les régimes d'autorisation, procèdent à une harmonisation exhaustive. Elle concentre ensuite son analyse sur l'interprétation de la directive « services » et notamment de l'article 12. Cet article prévoit dans son paragraphe 1 que « lorsque le nombre d'autorisations disponibles pour une activité donnée est limité en raison de la rareté des ressources naturelles ou des capacités techniques utilisables, les États membres appliquent une procédure de sélection entre les candidats potentiels qui prévoit toutes les garanties d'impartialité et de transparence, notamment la publicité adéquate de l'ouverture de la procédure, de son déroulement et de sa clôture ». Il reconnaît dans son paragraphe 2 que « dans les cas visés au paragraphe 1, l'autorisation est octroyée pour une durée limitée appropriée et ne doit pas faire l'objet d'une procédure de renouvellement automatique, ni prévoir tout autre avantage en faveur du prestataire dont l'autorisation vient juste d'expirer ou des personnes ayant des liens particuliers avec ledit prestataire ».

L'arrêt du 23 avril 2023 permet à la Cour de justice d'apporter un certain nombre de précisions sur l'interprétation et les conséquences de l'article 12 de la directive « services ».

– Tout d'abord, l'article 12, paragraphe 1, de la directive « services » ne s'applique pas uniquement aux concessions d'occupation du domaine public qui présentent un intérêt transfrontalier certain. À ce titre, il se distingue des directives Marchés publics et Concessions qui ne concernent que les contrats dépassant un certain seuil. Il se différencie aussi des règles fondamentales du traité qui ne s'appliquent qu'aux marchés publics et concessions qui présentent un intérêt transfrontalier certain. Peu importe donc que les concessions d'occupation du domaine public soient susceptibles d'intéresser des opérateurs économiques établis dans d'autres États membres.

– Ensuite, la Cour constate que les États membres disposent d'une certaine marge d'appréciation quant au choix des critères permettant d'apprécier la rareté des ressources naturelles. Ils peuvent privilégier une analyse abstraite et générale, à l'échelle nationale ou choisir une approche casuistique reposant, comme en l'espèce, sur une analyse du territoire côtier de la commune concernée. Ils peuvent aussi choisir de combiner les deux approches. Il importe cependant que les critères retenus par un État membre pour apprécier la rareté des ressources naturelles utilisables reposent sur des éléments objectifs, non discriminatoires, transparents et proportionnés.
– Enfin, la Cour reconnaît que les paragraphes 1 et 2 de l'article 12 de la directive « services » sont d'effet direct. Ils imposent aux États membres l'obligation d'appliquer une procédure de sélection impartiale et transparente entre les candidats potentiels et leur interdit de renouveler automatiquement une autorisation octroyée pour une activité donnée, en des termes inconditionnels et suffisamment précis. Ces dispositions peuvent donc être invoquées devant le juge national et les autorités nationales qui devront laisser inappliquées les dispositions nationales contraires.

Delphine DERO-BUGNY et Alix PERRIN

Cour de justice, 1re ch., 7 septembre 2023, *Commission c/ Pologne*, aff. C-601/21, ECLI:EU:C:2023:629

Mots-clés : Manquement d'État – Marchés publics de services – Imprimerie d'État – Production de documents d'identité et d'autres documents officiels ainsi que de systèmes de gestion de ces documents – Législation nationale prévoyant l'attribution des marchés relatifs à cette production à une entreprise de droit public sans recours préalable à une procédure de passation de marché – Mesures particulières de sécurité – Protection des intérêts essentiels de la sécurité d'un État membre

Cadre normatif : article 346, paragraphe 1, sous a), TFUE ; article 1er, paragraphes 1 et 3, de la directive 2014/24/UE ; article 15, paragraphes 2 et 3, de la directive 2014/24/UE

Notes et observations : D. Bouvier, *Europe*, novembre 2023, n° 11, comm. 383 ; H. Hoeppfner, *Contrats-Marchés publ.*, novembre 2023, n° 11, comm. 289

Extraits de l'arrêt

1. Par sa requête, la Commission européenne demande à la Cour de constater que, en ayant introduit dans la législation polonaise des exclusions non prévues par la directive 2014/24/UE du Parlement européen et du Conseil, du 26 février 2014, sur la passation des marchés publics et abrogeant la directive 2004/18/CE (*JO* 2014, L 94, p. 65), en ce qui concerne les marchés relatifs à la production de certains documents, formulaires et timbres, la République de Pologne a manqué aux obligations qui lui incombent en vertu de l'article 1er, paragraphes 1 et 3, et de l'article 15, paragraphes 2 et 3, de la directive 2014/24, lus en combinaison avec l'article 346, paragraphe 1, sous a), TFUE.

[...]

68. Le présent recours porte sur la conformité aux exigences de la directive 2014/24 de la législation polonaise prévoyant une attribution directe des marchés relatifs aux services en cause à PWPW.

69. Il convient de relever d'emblée que, ainsi qu'il ressort du dossier soumis à la Cour, d'une part, les marchés publics visés par cette législation constituent des marchés publics de services, au sens de l'article 2, paragraphe 1, point 9, de cette directive, et que, d'autre part, il n'est pas contesté que la valeur estimée de ces marchés dépasse les seuils d'application de ladite directive. Partant, conformément à l'article 1er, paragraphe 1, de cette dernière, ladite législation doit, en principe, prévoir que l'attribution de ces marchés est effectuée dans le respect des règles prévues par la même directive.

70. Les seules exceptions permises à l'application de la directive 2014/24 sont celles qui y sont limitativement et expressément mentionnées (voir, par analogie, arrêt du 18 novembre 1999, *Teckal*, C-107/98, EU:C:1999:562, point 43 et jurisprudence citée).

71. Selon une jurisprudence constante relative à la charge de la preuve dans le cadre d'une procédure en manquement au titre de l'article 258 TFUE, il incombe à la Commission d'établir l'existence du manquement allégué. C'est elle qui doit apporter à la Cour les éléments nécessaires à la vérification par celle-ci de l'existence de ce manquement, sans pouvoir se fonder sur une présomption quelconque [arrêt du 2 septembre 2021, *Commission/Suède (Stations d'épuration)*, C-22/20, EU:C:2021:669, point 143 et jurisprudence citée].

72. Dans la présente procédure, la République de Pologne se prévaut de l'article 15, paragraphes 2 et 3, de la directive 2014/24, lu en combinaison avec l'article 346, paragraphe 1, sous a), TFUE, en vue de justifier la compatibilité avec le droit de l'Union de la législation polonaise prévoyant une attribution directe des marchés de services en cause à PWPW.

73. À cet égard, il convient de relever que, ainsi qu'il ressort de l'article 15, paragraphe 2, de la directive 2014/24, celle-ci ne s'applique pas aux marchés publics dans la mesure où la protection des intérêts essentiels de la sécurité d'un État membre ne peut être garantie par des mesures moins intrusives, par exemple en imposant des conditions en vue de protéger la confidentialité des informations que le pouvoir adjudicateur met à disposition dans le cadre d'une procédure d'attribution de marché prévue par cette directive.

74. En outre, cette disposition précise que, en conformité avec l'article 346, paragraphe 1, sous a), TFUE, la directive 2014/24 ne s'applique pas aux marchés publics dans la mesure où l'application de cette directive obligerait un État membre à fournir des informations dont il estimerait la divulgation contraire aux intérêts essentiels de sa sécurité.

75. En vertu de l'article 15, paragraphe 3, de ladite directive, lorsque la passation et l'exécution du marché public sont déclarées secretes ou doivent s'accompagner de mesures particulières de sécurité, conformément aux dispositions législatives, réglementaires ou administratives en vigueur dans un État membre, la même directive ne s'applique pas pour autant que cet État membre ait établi que la protection des intérêts essentiels concernés ne peut être garantie par des mesures moins intrusives.

76. S'agissant de la dérogation contenue à l'article 15 de la directive 2014/24, il appartient aux États membres de définir leurs intérêts essentiels de sécurité, et, en l'occurrence, aux autorités polonaises de définir les mesures de sécurité nécessaires à la protection de la sécurité nationale de la République de Pologne dans le cadre de l'impression de documents tels que ceux en cause dans la présente affaire [voir, par analogie, arrêt du 20 mars 2018, *Commission/Autriche (Imprimerie d'État)*, C-187/16, EU:C:2018:194, point 75 et jurisprudence citée].

77. En effet, le libellé de l'article 15, paragraphes 2 et 3, de la directive 2014/24, lu à la lumière de l'article 346 TFUE, n'impose pas aux États membres d'obligation quant au niveau recherché de protection de ses intérêts essentiels de sécurité.

78. Comme M. l'avocat général l'a relevé, en substance, au point 48 de ses conclusions, le terme « sécurité », visé à ces dispositions, inclut notamment la préservation de la sécurité nationale.

79. À cet égard, il convient de rappeler que, selon une jurisprudence constante, l'objectif de préservation de la sécurité nationale correspond à l'intérêt primordial de protéger les fonctions essentielles de l'État et les intérêts fondamentaux de la société, par la prévention et la répression des activités de nature à déstabiliser gravement les structures constitutionnelles, politiques, économiques ou sociales fondamentales d'un pays, et en particulier à menacer directement la société, la population ou l'État en tant que tel, telles que notamment des activités de terrorisme (arrêt du 5 avril 2022, *Commissioner of An Garda Síochána e.a.*, C-140/20, EU:C:2022:258, point 61 ainsi que jurisprudence citée).

80. Cela étant, les mesures que les États membres adoptent dans le cadre des exigences légitimes d'intérêt national ne sont pas soustraites dans leur ensemble à l'application du droit de l'Union du seul fait qu'elles interviennent dans l'intérêt de la sécurité nationale [voir, par analogie, arrêt du 20 mars 2018, *Commission/Autriche (Imprimerie d'État)*, C-187/16, EU:C:2018:194, point 76 et jurisprudence citée].

81. Par ailleurs, il convient de rappeler également que des dérogations telles que celles invoquées dans le cadre du présent recours doivent faire l'objet d'une interprétation stricte [voir, par analogie, arrêt du 20 mars 2018, *Commission/Autriche (Imprimerie d'État)*, C-187/16, EU:C:2018:194, point 77 et jurisprudence citée].

82. Dès lors, bien que les paragraphes 2 et 3 de l'article 15 de la directive 2014/24 laissent aux États membres une marge d'appréciation pour décider des mesures jugées nécessaires à la protection des intérêts essentiels de leur sécurité, ces dispositions ne sauraient toutefois être interprétées de manière à conférer aux États membres le pouvoir de déroger aux dispositions du traité FUE par la seule invocation de ces intérêts. Partant, l'État membre qui invoque le bénéfice des dérogations prévues à ces dispositions doit établir que le besoin de protéger de tels intérêts n'aurait pas pu être atteint dans le cadre d'une mise en concurrence telle que prévue par cette directive [voir, par analogie, arrêt du 20 mars 2018, *Commission/Autriche (Imprimerie d'État)*, C-187/16, EU:C:2018:194, points 78 et 79 ainsi que jurisprudence citée].

83. En l'espèce, si la République de Pologne a, certes, identifié les intérêts essentiels de sa sécurité qu'elle estime devoir être protégés ainsi que les garanties inhérentes à la protection de ces intérêts, il convient, toutefois, de vérifier si cet État membre a démontré que les objectifs qu'il poursuit n'auraient pas pu être atteints dans le cadre d'une mise en concurrence, telle que prévue par la directive 2014/24.

84. À cet égard, doit d'emblée être écarté l'argument de la République de Pologne selon lequel la Commission ne saurait valablement invoquer l'arrêt du 20 mars 2018, *Commission/Autriche (Imprimerie d'État)* (C-187/16, EU:C:2018:194), dans la mesure où, à la différence de la situation en cause dans la présente affaire, l'imprimerie nationale en cause dans l'affaire ayant donné lieu à cet arrêt était une entreprise de droit privé. En effet, le statut juridique de la société chargée, au niveau national, de l'impression des documents officiels, ne dispense pas l'État membre concerné, sous réserve de l'applicabilité de l'article 12 de la directive 2014/24, de l'obligation de démontrer que les objectifs qu'il poursuit n'auraient pas pu être atteints dans le cadre d'une mise en concurrence. Or, la République de Pologne n'a pas démontré que les marchés publics visés par la législation polonaise en cause font l'objet d'une attribution *in house*, relevant des cas spécifiques d'exclusion des règles de passation des marchés publics, visés à cet article 12.

85. S'agissant, en premier lieu, de l'argumentation de la République de Pologne selon laquelle l'attribution directe à PWPW des marchés de services en cause répond à l'objectif d'assurer la continuité d'approvisionnement en documents officiels, en évitant le risque d'une faillite de cette entreprise, il convient de relever que, bien que la plupart de ces documents soient étroitement liés à l'ordre public et au fonctionnement institutionnel d'un État membre, lesquels supposent qu'une continuité d'approvisionnement soit garantie, la République de Pologne n'a, toutefois, pas démontré que cet objectif ne pourrait pas être assuré dans le cadre d'un appel d'offres et qu'une telle garantie serait compromise si lesdits services étaient confiés à d'autres entreprises, y compris, le cas échéant, à des entreprises établies dans d'autres États membres.

86. En particulier, cet État membre n'a pas démontré que le risque de perturbation de la production des documents publics en cause résultant d'une éventuelle faillite de l'opérateur économique chargé de cette production était significativement plus élevé en cas de recours à une procédure de passation de marchés prévue par la directive 2014/24.

87. En effet, afin de pallier de tels risques, la législation polonaise en cause aurait pu prévoir l'imposition, dans le contrat de marché public concerné, d'autres mesures, telles que, notamment, une obligation, à l'égard du pouvoir adjudicateur, de conclure, lorsque d'autres considérations ne s'y opposent pas, des contrats avec plusieurs fournisseurs.

88. Par ailleurs, ce contrat aurait pu prévoir des exigences de garantie de solidité financière des candidats. En effet, l'article 58, paragraphe 3, de la directive 2014/24 prévoit que les pouvoirs adjudicateurs peuvent imposer aux opérateurs économiques des conditions garantissant que ceux-ci possèdent la capacité économique et financière nécessaire pour exécuter le marché. Cette disposition précise que, à cette fin, les pouvoirs adjudicateurs peuvent en particulier exiger que les opérateurs économiques réalisent un chiffre d'affaires annuel minimal donné, notamment un chiffre d'affaires minimal donné dans le domaine concerné par le marché. En outre, les pouvoirs adjudicateurs peuvent exiger que les opérateurs économiques fournissent des informations sur leurs comptes annuels et disposent, le cas échéant, d'un niveau approprié d'assurance des risques professionnels.

89. Or, la République de Pologne n'est pas parvenue à démontrer que l'imposition de telles exigences serait insusceptible de pallier les risques allégués quant à l'approvisionnement en documents concernés, dus, notamment, à une détérioration soudaine de la situation financière de l'entreprise chargée de leur production. En effet, ainsi que la Commission le fait observer, bien que le risque qu'une entreprise telle que PWPW fasse faillite soit moindre, ce risque ne saurait être considéré comme complètement exclu.

90. S'agissant de la nécessité de production, en nombre suffisant et en temps utile, des bulletins de vote et des signes holographiques figurant sur les attestations de droit de vote, visés à l'article 4, point 5c, sous d) et e), de la loi sur les marchés publics, afin de garantir le bon déroulement et la sécurité des élections, la République de Pologne ne démontre pas que des entreprises autres que PWPW seraient nécessairement moins performantes que cette dernière et qu'elles ne sauraient imprimer lesdits bulletins et produire lesdits signes en quantité suffisante et en temps utile. Il s'ensuit qu'il n'est pas établi qu'il soit nécessaire d'écarter l'application des dispositions en matière de passation de marchés prévues par la directive 2014/24 afin d'atteindre l'objectif avancé par cet État membre.

91. En ce qui concerne, en second lieu, la nécessité d'assurer, s'agissant de la plupart des services en cause, la protection de la sécurité des documents concernés et, plus précisément, des informations qu'ils contiennent, la Cour a déjà jugé que la nécessité de prévoir une obligation de confidentialité n'empêche pas en elle-même de recourir à une procédure de mise en concurrence pour l'attribution d'un marché [arrêt du 20 mars 2018, *Commission/Autriche (Imprimerie d'État)*, C-187/16, EU:C:2018:194, point 89].

92. En outre, la Cour a également jugé que la confidentialité des données peut être assurée par une obligation de secret, sans qu'il soit nécessaire de contrevenir aux procédures en matière de passation de marchés publics. En effet, rien n'empêche le pouvoir adjudicateur d'imposer des exigences particulièrement élevées concernant l'aptitude et la fiabilité des adjudicataires, d'aménager en ce sens les conditions régissant les appels d'offres ainsi que les contrats de prestation de services et de demander aux candidats éventuels les justificatifs requis [arrêt du 20 mars 2018, *Commission/Autriche (Imprimerie d'État)*, C-187/16, EU:C:2018:194, points 90 et 91].

93. Afin d'assurer la sécurité de la plupart des documents concernés, le pouvoir adjudicateur aurait pu, dans le cadre des procédures de passation de marchés prévues par la directive 2014/24, prévoir notamment des spécifications techniques, telles que visées à l'article 42 de cette directive, et/ou fixer des critères de sélection, tels que visés à l'article 58 de celle-ci.

94. Plus précisément, s'agissant de ces spécifications techniques, au sens de l'article 42 de la directive 2014/24, il ressort du paragraphe 1 de cet article que celles-ci définissent les caractéristiques requises des services concernés et qu'elles peuvent également se référer au processus ou à la méthode spécifique de fourniture des services demandés, à condition qu'ils soient liés à l'objet du marché et proportionnés à sa valeur et à ses objectifs.

95. Quant aux critères de sélection, visés à l'article 58 de cette directive, la Cour a jugé que le pouvoir adjudicateur s'est vu reconnaître par le législateur de l'Union un large pouvoir d'appréciation, lors de la détermination de ces critères. Ainsi bénéficie-t-il, conformément au paragraphe 1 de cet article, d'une certaine latitude pour définir les conditions de participation à une procédure de passation de marchés qu'il estime liées et proportionnées à l'objet du marché concerné et propres à garantir qu'un candidat ou un soumissionnaire dispose de la capacité juridique et financière, ainsi que des compétences techniques et professionnelles nécessaires pour exécuter ce marché. Plus particulièrement, selon le paragraphe 4 dudit article, le pouvoir adjudicateur apprécie librement les conditions de participation qu'il estime propres, de son point de vue, à garantir notamment l'exécution dudit marché à un niveau de qualité qu'il considère approprié (voir, en ce sens, arrêt du 26 janvier 2023, *Construct*, C-403/21, EU:C:2023:47, point 60 et jurisprudence citée).

96. En particulier, ce paragraphe 4 permet au pouvoir adjudicateur d'imposer des conditions garantissant que les opérateurs économiques possèdent les ressources humaines et techniques et l'expérience nécessaires pour exécuter le marché concerné en assurant un niveau de qualité approprié, ce qui peut être évalué en vertu de leur savoir-faire, de leur efficacité, de leur expérience et de leur fiabilité. Peuvent ainsi être exclus des opérateurs économiques dont il est considéré qu'ils ne possèdent pas les capacités professionnelles requises, y compris dans des situations de conflit d'intérêts qui pourraient avoir une incidence négative sur l'exécution de ce marché.

97. En outre, ainsi que la Commission l'a soutenu, s'agissant de la plupart des services en cause, le pouvoir adjudicateur pourrait ne donner accès aux informations confidentielles concernées qu'à un nombre limité de candidats, en ayant recours à la procédure restreinte visée à l'article 28 de la directive 2014/24 ou, le cas échéant, aux procédures visées aux articles 29 et 30 de cette dernière. En effet, le pouvoir adjudicateur peut recourir à la faculté de réduire le nombre d'offres à négocier, prévue à l'article 29, paragraphe 6, de cette directive, ou à celle de réduire le nombre de solutions à discuter, prévue à l'article 30, paragraphe 4, de ladite directive.

98. Dans ces conditions, premièrement, en ce qui concerne l'argument de la République de Pologne selon lequel la production des marquages légaux et des vignettes de contrôle pour les véhicules, visés à l'article 4, point 5c, sous c), de la loi sur les marchés publics, ainsi que des documents relatifs à la mise en circulation d'un véhicule exige l'accès à des informations secrètes ou confidentielles et impliquerait la protection d'informations classifiées et de données à caractère personnel, il a été rappelé, au point 92 du présent arrêt, que la confidentialité des données peut, en principe, être assurée par une obligation de secret, sans qu'il soit nécessaire de contrevenir aux procédures en matière de passation de marchés publics prévues par la directive 2014/24.

99. Afin d'éviter des fuites d'informations sensibles, il est loisible aux autorités polonaises d'insérer, dans les conditions régissant les appels d'offres, des clauses obligeant l'adjudicataire à une confidentialité générale ainsi que de prévoir que l'entreprise candidate qui ne serait pas en mesure d'offrir des garanties suffisantes quant au respect de cette obligation sera exclue de la procédure d'attribution. Il est également loisible aux autorités polonaises de prévoir l'application de sanctions, notamment contractuelles, à l'adjudicataire, en cas de non-respect d'une telle obligation en cours d'exécution du marché en cause [voir, en ce sens, arrêt du 20 mars 2018, *Commission/Autriche (Imprimerie d'État)*, C-187/16, EU:C:2018:194, point 93].

100. Par ailleurs, si, certes, un État membre peut prendre des mesures en vue de s'assurer, en particulier, que les données d'un conducteur et de la vignette de contrôle d'un véhicule dans le cadre du transport de marchandises dangereuses ne soient accessibles qu'à des entités strictement sélectionnées, le caractère confidentiel de ces données pourrait également être garanti par une obligation de confidentialité à la charge des entreprises participant à une procédure d'adjudication régie par la directive 2014/24.

101. Partant, la République de Pologne n'ayant avancé aucun élément susceptible de démontrer que le recours à une procédure de passation de marché public ainsi conçue ne permettrait pas de sécuriser l'accès auxdites données secrètes de manière comparable à l'attribution directe des marchés concernés à PWPW, il n'est pas établi que la protection de leur sécurité s'oppose à une procédure de mise en concurrence pour l'attribution de ces marchés.

102. S'agissant, deuxièmement, des timbres d'accise prévus à l'article 4, point 5c, sous b), de la loi sur les marchés publics, bien que la République de Pologne puisse prendre des mesures nécessaires en vue d'assurer, notamment, la sécurité de ses citoyens, cet État membre ne démontre toutefois pas que seule l'attribution de la production de ces timbres à une entreprise telle que PWPW est de nature à garantir la réalisation d'un tel objectif et qu'il convient d'écarter l'application des dispositions en matière de passation de marchés prévues par la directive 2014/24.

103. En effet, il n'apparaît pas que cet objectif ne pourrait pas être atteint si cette production était confiée à des opérateurs économiques autres que PWPW, disposant d'une expérience suffisante dans la conception, la production en toute sécurité, le stockage et la fourniture de tels timbres sur le territoire dudit État membre. En outre, rien n'indique qu'il serait impossible d'imposer contractuellement à ces opérateurs les mesures de confidentialité et de sécurité nécessaires.

104. Troisièmement, lorsque la République de Pologne invoque, concernant, en particulier, la production des documents publics visés à l'article 5, paragraphe 2, de la loi sur les documents publics ainsi que les systèmes à microprocesseur dotés d'un logiciel destiné à la gestion des documents publics, des systèmes informatiques et des bases de données nécessaires à l'utilisation de ces documents publics, contenant une puce électronique, conformément à leur destination, visés à l'article 4, point 5c, sous f), de la loi sur les marchés publics, l'impératif d'éviter leur falsification ou leur contrefaçon, il convient de relever que, s'agissant de la plupart de ces documents et de ces systèmes, les garanties que le pouvoir adjudicateur peut exiger apparaissent suffisantes pour pallier les risques invoqués par cet État membre pour ses intérêts essentiels de sécurité.

105. En effet, le respect strict, par l'opérateur économique retenu, des critères d'attribution et leur vérification continue au cours de l'exécution du marché attribué sont, en principe, de nature à prévenir des fuites et des abus potentiels internes, qui pourraient donner lieu à de telles falsifications ou contrefaçons.

106. Il s'ensuit que l'inapplication des procédures de passation de marchés prévues par la directive 2014/24 aux marchés relatifs à la production de la plupart des documents publics visés à l'article 4, point 5c, de la loi sur les marchés publics, mais aussi aux marchés, également visés à cette disposition, relatifs à la production des timbres d'accise, des marquages légaux, des vignettes de contrôle, des bulletins de vote, des signes holographiques figurant sur les attestations de droit de vote ainsi que des systèmes à microprocesseur dotés d'un logiciel destiné à la gestion des documents publics, des systèmes informatiques et des bases de données nécessaires à l'utilisation des documents publics, apparaît disproportionnée au regard des objectifs invoqués par la République de Pologne.

107. En revanche, s'agissant de certains documents publics, visés aux points 16 à 19 et 32 de l'article 5, paragraphe 2, de la loi sur les documents publics, à savoir les documents personnels des militaires et leurs cartes d'identité, les cartes de service des policiers, des gardes-frontières, des agents de la sureté de l'État, des agents de l'agence de sécurité intérieure, des agents de l'agence du renseignement, des agents du service du contre-espionnage militaire et des militaires de carrière nommés à un poste au sein de ce service, des agents du service du renseignement militaire et des militaires de carrière nommés à un poste au sein de ce service ainsi que des membres de la police militaire, il y a lieu de considérer que ces documents présentent un lien direct et étroit avec l'objectif de protection de la sécurité nationale, de telle sorte qu'ils peuvent justifier des exigences supplémentaires de confidentialité.

108. À cet égard, force est de relever que les documents énumérés au point précédent, en ce qu'ils concernent des agents dont les fonctions apparaissent directement et étroitement liées à des missions contribuant à préserver la sécurité nationale d'un État membre, peuvent rendre indispensable une limitation de la divulgation de leurs caractéristiques et des informations qu'ils contiennent, dont notamment l'identité de ces agents, de telle sorte qu'ils doivent être regardés comme revêtant un niveau de sensibilité particulièrement élevé, nécessitant une protection renforcée contre, notamment, les fuites et les falsifications.

109. En effet, ainsi que le soutient, en substance, la République de Pologne, sans être utilement contredite par la Commission, une éventuelle fuite de telles informations pourrait avoir des conséquences irréparables pour la sécurité nationale d'un État membre, étant donné que ces informations seraient susceptibles d'être utilisées par des États tiers, ou alors, notamment, par des groupes criminels ou des organisations terroristes.

110. Partant, si, certes, il aurait été envisageable de prévoir des garanties telles que l'application de sanctions, notamment contractuelles, à l'opérateur économique qui aurait été chargé de la production des documents visés au point 107 du présent arrêt, en cas de fuite desdites informations sensibles, de telles garanties ne sauraient être considérées comme étant suffisamment efficaces afin d'assurer la sécurité des mêmes informations.

111. Ainsi que M. l'avocat général l'a relevé au point 95 de ses conclusions, l'application de sanctions disciplinaires aux personnes qui seraient à l'origine d'une telle fuite d'informations ou à celles l'ayant permise, ou encore l'insertion dans les contrats de clauses prévoyant une compensation financière, qui serait nécessairement versée après la réalisation du dommage, ne constituent pas des solutions adéquates en vue de protéger de telles informations.

112. S'agissant de l'argument de la Commission selon lequel une entreprise telle que PWPW peut recourir à des sous-traitants et qu'il ne serait, dès lors, pas justifié d'attribuer les services en cause exclusivement à cette entreprise, il convient de relever, tout d'abord, que la Commission n'a pas établi que la législation polonaise autorise explicitement la sous-traitance de la production des documents visés au point 107 du présent arrêt.

113. Ensuite, il n'est pas contesté qu'un tel recours à la sous-traitance constituerait, tout au plus, une faculté ouverte à PWPW et ne serait donc envisageable que sous le contrôle de cette entreprise ainsi que dans la mesure et dans les conditions définies par celle-ci. La République de Pologne a d'ailleurs précisé lors de l'audience, sans être contredite par la Commission, que PWPW ne fait appel à des sous-traitants que pour certains services limités, la production des documents énumérés au point 107 du présent arrêt n'en faisant pas partie.

114. Enfin, dans l'hypothèse où cette production serait assurée par une entité sélectionnée conformément aux règles prévues par la directive 2014/24, il convient de relever que cette entité pourrait elle-même recourir à des sous-traitants, ainsi que cela ressort de l'article 63, paragraphe 1, et de l'article 71 de cette directive, sans qu'une entité détenue par l'État membre concerné puisse contrôler l'action de ces sous-traitants ni définir les conditions de leur intervention. Il s'ensuit qu'il ne saurait être considéré qu'un recours éventuel de PWPW à la sous-traitance impliquerait que le niveau de sécurité requis par ladite production ne serait pas plus élevé que celui qui résulterait de l'application des procédures de passation de marchés prévues par ladite directive.

115. Dans ces conditions, il y a lieu de conclure que la République de Pologne peut invoquer l'article 15, paragraphes 2 et 3, de la directive 2014/24 lorsqu'elle fait valoir que la nature des documents énumérés au point 107 du présent arrêt est incompatible avec l'obligation de recourir à ces procédures.

116. La Commission n'ayant pas apporté la preuve de ses allégations s'agissant de ces documents, son recours doit, dès lors, être rejeté en tant qu'il porte sur les dispositions de la législation polonaise prévoyant une attribution directe des marchés relatifs la production desdits documents à PWPW, sans recourir aux procédures de passation de marchés prévues par la directive 2014/24.

117. Eu égard à l'ensemble des considérations qui précèdent, il convient de constater que, en ayant introduit dans la législation polonaise des exclusions non prévues par la directive 2014/24 en ce qui concerne les marchés relatifs à la production, d'une part, des documents publics visés à l'article 4, point 5c, de la loi sur les marchés publics, à l'exception des documents personnels des militaires et de leurs cartes d'identité, des cartes de service des policiers, des gardes-frontières, des agents de la sureté de l'État, des agents de l'agence de sécurité intérieure, des agents de l'agence du renseignement, des agents du service du contre-espionnage militaire et des militaires de carrière nommés à un poste au sein de ce service, des agents du service du renseignement militaire et des militaires de carrière nommés à un poste au sein de ce service ainsi que des membres de la police militaire, et, d'autre part, des timbres d'accise, des marquages légaux, des vignettes de contrôle, des bulletins de vote, des signes holographiques figurant sur les attestations de droit de vote ainsi que des systèmes à microprocesseur dotés d'un logiciel destiné à la gestion des documents publics, des systèmes informatiques et des bases de données nécessaires à l'utilisation des documents publics, également visés à cet article 4, point 5c, la République de Pologne a manqué aux obligations qui lui incombent en vertu de l'article 1er, paragraphes 1 et 3, et de l'article 15, paragraphes 2 et 3, de la directive 2014/24, lus en combinaison avec l'article 346, paragraphe 1, sous a), TFUE.

118. Le recours doit être rejeté pour le surplus.

Observations

Une réglementation nationale polonaise peut-elle exclure des procédures de passation des marchés prévues par la directive 2014/24 les services de production d'un certain nombre de documents publics pour des motifs de protection des intérêts essentiels de sécurité ?

La question n'est pas nouvelle et a déjà été en partie tranchée par la Cour de justice dans un arrêt du 20 mars 2018 (1). Dans celui-ci, l'Autriche avait attribué sans mise en concurrence à une société unique des marchés de services portant sur l'impression de documents officiels tels que les passeports à puce, les passeports de secours, les cartes d'identité, les permis de conduire au format carte de crédit et les certificats d'immatriculation au format carte de crédit. La juridiction de l'Union avait estimé que l'article 346, paragraphe 1, sous a), TFUE, l'article 4, paragraphe 2, de la directive 92/50 et l'article 14 de la directive 2004/18 ne pouvaient utilement être invoqués par cet État pour justifier l'inobservation des procédures de passation de marché prévues par les deux directives Marchés publics.

La solution adoptée dans l'arrêt du 7 septembre 2023 est un peu différente même si elle reprend une grande partie du raisonnement adopté en 2018. Tout d'abord, la juridiction de l'Union raisonne au regard de l'article 15 de la directive 2014/24. Ensuite, en l'espèce, la Cour de justice admet que la Pologne peut se prévaloir de cet article pour ne pas appliquer les procédures de passation aux marchés concernant la production de documents publics relatifs à des agents dont les fonctions apparaissent directement et étroitement liées à des missions contribuant à préserver la sécurité nationale d'un État membre.

En l'espèce, la Cour de justice est saisie par la Commission d'un recours en manquement contre la Pologne. La Commission estime que la Pologne a mal transposé la directive 2014/24 en excluant du champ d'application de celle-ci les marchés concernant la production d'un grand nombre de documents publics. Cette exclusion a permis à la Pologne de directement confier la production de ces documents à une entreprise publique (PWPW) détenue à 100 % par l'État. L'exclusion prévue par la réglementation nationale concerne la production des documents, des timbres d'accise, des marquages légaux, des vignettes de contrôle, des bulletins de vote, des signes holographiques figurant sur les attestations de droit de vote ainsi que des systèmes à microprocesseurs dotés d'un logiciel destiné à la gestion des documents publics, des systèmes informatiques et des

(1) CJUE, 20 mars 2018, *Commission européenne c/ République d'Autriche*, aff. C-187/16, ECLI:EU:C:2018:194.

bases de données nécessaires à l'utilisation des documents publics. La Pologne justifie cette exclusion par l'article 15, paragraphes 2 et 3, de la directive 2014/24 qui permet aux États d'exclure certains marchés publics des procédures prévues par cette directive lorsque la protection des intérêts essentiels de la sécurité d'un État membre ne peut pas être garantie par des mesures moins intrusives.

La Cour de justice s'interroge sur le point de savoir si des intérêts essentiels de la sécurité peuvent justifier, en l'espèce, l'exclusion prévue par la réglementation nationale. Elle rappelle, à cet égard, la marge d'appréciation reconnue aux États pour décider des mesures jugées nécessaires à la protection des intérêts essentiels de leur sécurité. Elle précise cependant que l'article 15, paragraphes 2 et 3, ne conduit pas à conférer aux États membres le pouvoir de déroger aux dispositions de la directive 2014/24 par la seule invocation de ces intérêts. Il appartient à l'État d'établir que le besoin de protéger de tels intérêts n'aurait pas pu être atteint dans le cadre d'une mise en concurrence telle que prévue par cette directive (2).

La Cour centre donc son contrôle sur l'obligation pour la Pologne d'établir que le besoin de protéger les intérêts qu'elle invoque n'aurait pas pu être atteint dans le cadre des procédures de mise en concurrence prévues par la directive 2014/24.

En l'espèce, la Pologne invoque plusieurs intérêts essentiels liés à sa sécurité qui permettraient de justifier l'attribution directe des marchés en cause à l'entreprise publique PWPW : l'objectif d'assurer la continuité d'approvisionnement en documents officiels, en évitant le risque d'une faillite de cette entreprise ; la nécessité de production, en nombre suffisant et en temps utile, des bulletins de vote afin de garantir le bon déroulement et la sécurité des élections ; la nécessité d'assurer, s'agissant de la plupart des services en cause, la protection de la sécurité des documents concernés ; l'impératif d'éviter leur falsification ou leur contrefaçon. La Cour rejette la possibilité pour la Pologne de se prévaloir de ces intérêts essentiels car, selon elle, cet État ne démontre pas que la protection de ces intérêts ne peut pas être atteinte dans le cadre des procédures de mise en concurrence prévues par la directive 2014/24. La juridiction de l'Union donne des indications précises sur les éléments qui pourraient être insérés notamment dans les spécifications techniques ou dans les critères sélection pour permettre de sauvegarder les intérêts identifiés par la Pologne. Elle arrive donc à la conclusion que l'inapplication des

(2) Pt 82 de l'arrêt.

procédures de passation prévues par la directive 2014/24 à la plupart des marchés en cause (3) apparaît disproportionnée au regard des objectifs invoqués par la République de Pologne (4).

La Cour admet cependant la possibilité pour la Pologne d'invoquer l'article 15, paragraphes 2 et 3, de la directive 2014/24, et donc de ne pas appliquer les procédures de passation, pour les marchés relatifs à certains documents publics qui concernent des agents dont les fonctions apparaissent directement et étroitement liées à des missions contribuant à préserver la sécurité nationale d'un État membre. La juridiction de l'Union identifie précisément les documents qui pourraient être concernés : les documents personnels des militaires et leurs cartes d'identité, les cartes de service des policiers, des gardes-frontières, des agents de la sûreté de l'État, des agents de l'agence de sécurité intérieure, des agents de l'agence du renseignement, des agents du service du contre-espionnage militaire et des militaires de carrière nommés à un poste au sein de ce service, des agents du service du renseignement militaire et des militaires de carrière nommés à un poste au sein de ce service ainsi que des membres de la police militaire. Dans une telle hypothèse, il apparaît que des exigences confidentialité renforcées s'imposent pour préserver la protection de la sécurité nationale et que ces exigences ne peuvent pas être garanties dans le cadre de la mise en concurrence prévue par la directive 2014/24 notamment en raison de l'absence de sanctions efficaces à l'égard de l'opérateur économique chargé de la production des documents en cas de fuite d'informations. La Cour estime que la possibilité pour l'entreprise PWPW de recourir à la sous-traitance ne remet pas en cause la possibilité de déroger aux règles de passation sur le fondement de l'article 15 de la directive dans la mesure où ce recours ne constitue qu'une faculté et se fera nécessairement sous le contrôle de cette entreprise et dans les conditions définies par celle-ci.

Delphine Dero-Bugny et Alix Perrin

(3) Marchés relatifs à la production de la plupart des documents publics visés par la réglementation nationale, mais aussi aux marchés relatifs à la production des timbres d'accise, des marquages légaux, des vignettes de contrôle, des bulletins de vote, des signes holographiques figurant sur les attestations de droit de vote ainsi que des systèmes à microprocesseur dotés d'un logiciel destiné à la gestion des documents publics, des systèmes informatiques et des bases de données nécessaires à l'utilisation des documents publics.

(4) Pt 106.

Cour de justice, gde ch., 21 décembre 2023, *Infraestruturas de Portugal SA e.a. c/ Toscca*, aff. C-66/22, ECLI:EU:C:2023:1016

Mots-clés : Renvoi préjudiciel – Procédures de passation des marchés publics de travaux, de fournitures et de services – Accord cadre – Motifs d'exclusion facultatifs – Obligation de transposition – Conclusion par un opérateur économique d'accords en vue de fausser la concurrence – Compétence du pouvoir adjudicateur – Incidence d'une décision antérieure d'une autorité de la concurrence

Cadre normatif : article 57, paragraphe 4, premier alinéa, sous d) – Passation de marchés publics dans le secteur des transports ; article 80, paragraphe 1, de la directive 2014/25/UE – Motifs d'exclusion facultatif

Notes et observations : C. Grulder, *Europe*, février 2024, n° 2, comm. 59 ; H. Hoepffener, *Contrats-Marchés publ.*, mars 2024, n° 3, comm. 62

Extraits de l'arrêt

1. La présente demande préjudicielle porte sur l'interprétation de l'article 57, paragraphe 4, premier alinéa, sous d), de la directive 2014/24/UE du Parlement européen et du Conseil, du 26 février 2014, sur la passation des marchés publics et abrogeant la directive 2004/18/CE (*JO* 2014, L 94, p. 65), ainsi que de l'article 41, paragraphe 2, sous b) et c), de la charte des droits fondamentaux de l'Union européenne (ci-après la « Charte »).

2. Cette demande a été présentée dans le cadre d'un litige opposant Toscca – Equipamentos em Madeira Lda (ci-après « Toscca ») à Infraestruturas de Portugal SA et à Futrifer Indústrias Ferroviárias SA (ci-après « Futrifer »), au sujet de la décision d'Infraestruturas de Portugal d'attribuer à Futrifer un marché public pour l'achat de chevilles et de traverses en bois de pin traitées à la créosote.

[...]

Sur le fond

41. En premier lieu, il convient de rappeler que, selon une jurisprudence constante, dans le cadre de la procédure de coopération entre les juridictions nationales et la Cour instituée à l'article 267 TFUE, il appartient à celle-ci de donner au juge national une réponse utile qui lui permette de trancher le litige dont il est saisi. À cet égard, la Cour peut être amenée à prendre en considération des normes du droit de l'Union auxquelles le juge national n'a pas fait référence dans l'énoncé de sa question [voir, en ce sens, arrêt du 22 juin 2023, *K.B. et F.S. (Relevé d'office dans le domaine pénal)*, C-660/21, EU:C:2023:498, point 26 ainsi que jurisprudence citée].

42. En l'occurrence, il est indiqué dans la demande de décision préjudicielle que le marché en cause au principal a pour objet l'achat, par une entreprise publique, à savoir Infraestruturas de Portugal, de chevilles et de traverses en bois de pin traitées à la créosote destinées au secteur des infrastructures ferroviaires, pour un prix de base de 2 979 200 euros.

43. À cet égard, il y a lieu de relever que, conformément à l'article 1er, paragraphe 2, et à l'article 11 de la directive 2014/25, la passation d'un marché, au sens de cette directive, est l'acquisition, en particulier, de fournitures par une entité adjudicatrice auprès d'opérateurs économiques choisis par ladite entité, au moyen d'un marché de fournitures, pour l'exercice d'activités visant la mise à disposition ou l'exploitation de réseaux destinés à fournir un service au public dans le domaine du transport, notamment par chemin de fer. L'article 4, paragraphe 1, sous a), de ladite directive précise que, aux fins de cette dernière, les entités adjudicatrices sont des entités qui sont des pouvoirs adjudicateurs ou des entreprises publiques et qui exercent une des activités visées aux articles 8 à 14 de la même directive.

44. En outre, il ressort de l'article 1er, paragraphe 1, de la directive 2014/25 que celle-ci s'applique aux procédures de passation de marchés publics par des entités adjudicatrices en ce qui concerne les marchés, ainsi que les concours, dont la valeur estimée atteint ou dépasse les seuils énoncés à l'article 15 de cette directive.

45. Dans ces conditions, et au regard des informations figurant dans la décision de renvoi, il paraît ressortir du dossier soumis à la Cour que le marché en cause au principal relève du champ d'application de la directive 2014/25, ce qu'il appartient toutefois à la juridiction de renvoi de vérifier.

46. Dans une telle hypothèse, l'article 80, paragraphe 1, de cette directive serait applicable au litige au principal.

47. En second lieu, dès lors que les questions préjudicielles portent, en particulier, sur le point de savoir si l'article 57, paragraphe 4, premier alinéa, sous d), de la directive 2014/24 s'oppose à la réglementation nationale en cause au principal, il convient, au préalable, de déterminer si les États membres ont l'obligation de transposer dans leur droit national tant cet article 57, paragraphe 4, premier alinéa, pour le cas où le litige au principal relèverait du champ d'application de la directive 2014/24, que l'article 80, paragraphe 1, troisième alinéa, de la directive 2014/25, dans l'hypothèse où ce litige relèverait du champ d'application de cette dernière directive.

48. S'agissant, premièrement, de l'article 57, paragraphe 4, premier alinéa, de la directive 2014/24, cette disposition prévoit que « [l]es pouvoirs adjudicateurs peuvent exclure ou être obligés par les États membres à exclure tout opérateur économique de la participation à une procédure de passation de marché » dans les cas visés aux points a) à i) de cette disposition.

49. À cet égard, il découle, certes, de certains arrêts de la Cour qui ont interprété l'article 57, paragraphe 4, premier alinéa, de la directive 2014/24 que les États membres peuvent décider de transposer ou non les motifs d'exclusion facultatifs mentionnés à cette disposition. En effet, la Cour a jugé que, conformément à l'article 57, paragraphes 4 et 7, de la directive 2014/24, les États membres ont la faculté de ne pas appliquer les motifs d'exclusion facultatifs qui y sont indiqués ou de les intégrer dans la réglementation nationale avec un degré de rigueur qui peut être variable selon les cas, en fonction de considérations d'ordre juridique, économique ou social prévalant au niveau national (voir, en ce sens, arrêts du 19 juin 2019, *Meca*, C-41/18, EU:C:2019:507, point 33 ; du 30 janvier 2020, *Tim*, C-395/18, EU:C:2020:58, points 34 et 40, ainsi que du 3 juin 2021, *Rad Service e.a.*, C-210/20, EU:C:2021:445, point 28).

50. Toutefois, une analyse du libellé de l'article 57, paragraphe 4, premier alinéa, de la directive 2014/24, du contexte dans lequel cette disposition s'insère et de l'objectif que celle-ci poursuit dans le cadre de cette directive fait apparaître que, contrairement à ce qui ressort de ces arrêts, les États membres ont l'obligation de transposer ladite disposition dans leur droit national.

51. S'agissant, tout d'abord, du libellé de cet article 57, paragraphe 4, premier alinéa, il en ressort que le choix de décider d'exclure ou non un opérateur économique d'une procédure de passation d'un marché public pour l'un des motifs énumérés à cette disposition incombe au pouvoir adjudicateur, à moins que les États membres ne décident de transformer cette faculté d'exclusion en obligation. Partant, les États membres doivent transposer ladite disposition soit en permettant aux pouvoirs adjudicateurs d'appliquer les motifs d'exclusion énumérés par cette dernière, soit en les y contraignant. En revanche, et contrairement à ce qu'ont fait valoir Futrifer et le gouvernement portugais, un État membre ne saurait s'abstenir d'intégrer ces motifs dans sa législation nationale de transposition de la directive 2014/24 et priver ainsi les pouvoirs adjudicateurs de la possibilité, qui doit, à tout le moins, leur être reconnue en vertu de la même disposition, d'appliquer ces motifs.

52. Ensuite, en ce qui concerne le contexte dans lequel s'insère l'article 57, paragraphe 4, premier alinéa, de la directive 2014/24, il convient de relever que le considérant 101 de cette directive indique que les « pouvoirs adjudicateurs devraient [...] pouvoir exclure des opérateurs économiques qui se seraient avérés non fiables ». Ce considérant confirme ainsi qu'un État membre doit transposer cette disposition afin de ne pas priver les pouvoirs adjudicateurs de la possibilité mentionnée au point précédent et dans ledit considérant.

53. Cette interprétation de l'article 57, paragraphe 4, premier alinéa, de la directive 2014/24 est également confirmée a contrario par le libellé des dispositions de cette directive pour la transposition desquelles les États membres se voient reconnaître expressément une marge d'appréciation. Tel est le cas, en particulier, de l'article 26, paragraphe 5, et de l'article 32, paragraphe 1, de cette directive, selon lesquels « les États membres peuvent prévoir [...] », ou encore de l'article 56, paragraphe 2, second alinéa, de ladite directive, qui utilise les termes « [l]es États membres peuvent interdire [...] ».

54. L'article 57, paragraphe 7, de la directive 2014/24 n'est pas de nature à remettre en cause ladite interprétation. En effet, cette disposition confère, de manière générale, aux États membres la faculté d'arrêter les conditions d'application de l'article 57 de cette directive, que ce soit par disposition législative, réglementaire ou administrative. Cette faculté renvoie à la manière par laquelle ils mettent en œuvre cet article. Le choix qui est ainsi laissé aux États membres ne saurait donc s'étendre à la transposition ou non des motifs d'exclusion facultatifs mentionnés à l'article 57, paragraphe 4, de ladite directive. Il importe, d'ailleurs, de constater que l'article 57, paragraphe 7, de la directive 2014/24 est également applicable aux motifs d'exclusion obligatoires prévus à l'article 57, paragraphe 1, de cette directive. Or, il ne saurait être raisonnablement soutenu que la faculté prévue à cet article 57, paragraphe 7, puisse être utilisée par les États membres pour ne pas transposer de tels motifs d'exclusion dans leur droit interne.

55. Enfin, s'agissant de l'objectif poursuivi par la directive 2014/24 en ce qui concerne les motifs d'exclusion facultatifs, la Cour a reconnu que cet objectif se traduit par l'accent mis sur les prérogatives des pouvoirs adjudicateurs. Ainsi, le législateur de l'Union a entendu confier au pouvoir adjudicateur, et à lui seul, au stade de la sélection des soumissionnaires, le soin d'apprécier si un candidat ou un soumissionnaire doit être exclu d'une procédure de passation d'un marché public (voir, en ce sens, arrêts du 19 juin 2019, *Meca*, C-41/18, EU:C:2019:507, point 34, et du 3 octobre 2019, *Delta Antrepriză de Construcţii şi Montaj 93*, C-267/18, EU:C:2019:826, point 25).

56. La faculté, voire l'obligation, pour le pouvoir adjudicateur d'appliquer les motifs d'exclusion énoncés à l'article 57, paragraphe 4, premier alinéa, de la directive 2014/24 est tout particulièrement destinée à lui permettre d'apprécier l'intégrité et la fiabilité de chacun des opérateurs économiques qui participe à une procédure de passation d'un marché public.

57. Le législateur de l'Union a ainsi entendu s'assurer que les pouvoirs adjudicateurs disposent, dans tous les États membres, de la possibilité d'exclure les opérateurs économiques qu'ils jugeraient non fiables.

58. Il découle des considérations qui précèdent que l'article 57, paragraphe 4, premier alinéa, de la directive 2014/24 contient une obligation, pour les États membres, de transposer dans leur droit national les motifs d'exclusion facultatifs énumérés à cette disposition. Dans le cadre de cette obligation de transposition, ces États doivent prévoir soit la faculté, soit l'obligation pour les pouvoirs adjudicateurs d'appliquer ces motifs.

59. En ce qui concerne, deuxièmement, l'article 80, paragraphe 1, troisième alinéa, de la directive 2014/25, cette disposition prévoit que, si les États membres le demandent, les règles et les critères objectifs d'exclusion et de sélection, notamment, des candidats et des soumissionnaires dans des procédures ouvertes, restreintes ou négociées incluent les critères d'exclusion énumérés à l'article 57, paragraphe 4, de la directive 2014/24, dans les conditions qui y sont exposées.

60. Il résulte du libellé de cet article 80, paragraphe 1, troisième alinéa, qu'il revient aux États membres de décider si les motifs d'exclusion facultatifs prévus audit article 57, paragraphe 4, doivent être appliqués, par les entités adjudicatrices, en tant que critères d'exclusion des soumissionnaires. En l'absence d'une décision en ce sens, il découle néanmoins de l'article 80, paragraphe 1, premier alinéa, de la directive 2014/25 que les États membres doivent, dans le cadre de la transposition de cette directive, à tout le moins prévoir la possibilité pour les entités adjudicatrices d'inclure, parmi les règles et les critères d'exclusion applicables dans les procédures de passation de marchés publics relevant du champ d'application de cette directive, les motifs d'exclusion énumérés à l'article 57, paragraphe 4, de la directive 2014/24.

61. Partant, s'agissant des motifs d'exclusion énumérés à l'article 57, paragraphe 4, de la directive 2014/24, les États membres doivent, au titre de leur obligation de transposer l'article 80, paragraphe 1, premier alinéa, de la directive 2014/25, prévoir la possibilité pour les entités adjudicatrices d'inclure ces motifs d'exclusion parmi les critères objectifs d'exclusion dans les procédures relevant du champ d'application de cette dernière directive, sans préjudice de l'éventuelle décision de ces États, prise sur le fondement de l'article 80, paragraphe 1, troisième alinéa, de ladite directive, consistant à imposer à ces entités d'inclure lesdits motifs parmi ces critères.

62. S'agissant, en troisième lieu, de l'argument de Futrifer selon lequel l'article 57, paragraphe 4, premier alinéa, sous d), de la directive 2014/24 ne peut pas être invoqué par un soumissionnaire évincé, tel que, en l'occurrence, Toscca, il suffit de relever, aux fins de la réponse à apporter à la présente demande de décision préjudicielle, que la Cour a déjà jugé que, sauf à méconnaître, notamment, le respect du droit à un recours effectif, tel qu'il est garanti par l'article 47 de la Charte, la décision par laquelle un pouvoir adjudicateur refuse, fût-ce implicitement, d'exclure un opérateur économique d'une procédure de passation d'un marché public pour l'un des motifs d'exclusion facultatifs prévus à l'article 57, paragraphe 4, premier alinéa, de la directive 2014/24 doit nécessairement pouvoir être contestée par toute personne ayant ou ayant eu un intérêt à obtenir un marché déterminé et ayant été ou risquant d'être lésée par une violation de cette disposition (arrêt du 7 septembre 2021, *Klaipėdos regiono atliekų tvarkymo centras*, C-927/19, EU:C:2021:700, point 143).

63. Par identité de motifs, une appréciation identique doit être retenue en cas de refus d'exclusion d'un opérateur économique d'une procédure de passation d'un marché public pour l'un des motifs d'exclusion facultatifs visés à l'article 80, paragraphe 1, troisième alinéa, de la directive 2014/25.

64. Il convient donc de répondre aux questions préjudicielles en prenant en considération les observations liminaires qui précèdent.

Sur la cinquième question

65. Par sa cinquième question, qu'il convient d'examiner en premier lieu, la juridiction de renvoi demande, en substance, si l'article 57, paragraphe 4, premier alinéa, sous d), de la directive 2014/24 doit être interprété en ce sens qu'il s'oppose à une réglementation nationale qui limite la possibilité d'exclure une offre d'un soumissionnaire en raison de l'existence d'indices sérieux de comportements de ce dernier susceptibles de fausser les règles de concurrence à la procédure de passation d'un marché public dans le cadre de laquelle ce type de comportements est intervenu.

66. Pour l'interprétation des dispositions du droit de l'Union, il importe de tenir compte non seulement des termes de celles-ci, mais également de leur contexte et des objectifs poursuivis par la réglementation dont elles font partie (arrêt du 16 mars 2023, *Colt Technology Services e.a.*, C-339/21, EU:C:2023:214, point 39 ainsi que jurisprudence citée).

67. Premièrement, il y a lieu de constater que, en prévoyant l'hypothèse dans laquelle le pouvoir adjudicateur « dispose d'éléments suffisamment plausibles pour conclure que l'opérateur économique a conclu des accords avec d'autres opérateurs économiques en vue de fausser la concurrence », le libellé de l'article 57, paragraphe 4, premier alinéa, sous d), de la directive 2014/24 ne limite pas l'application de ce motif d'exclusion à la procédure de passation d'un marché public dans le cadre de laquelle ce type de comportements est intervenu.

68. S'agissant, deuxièmement, du contexte dans lequel s'insère cette disposition, cette interprétation est confortée par l'article 57, paragraphe 5, deuxième alinéa, de cette directive qui permet, à tout moment de la procédure, aux pouvoirs adjudicateurs d'exclure ou d'être obligés par les États membres à exclure un opérateur économique lorsqu'il apparaît que celui-ci se trouve, compte tenu des actes qu'il a commis ou omis d'accomplir soit avant, soit durant la procédure, dans un des cas visés au paragraphe 4 de cet article 57.

69. Troisièmement, ladite interprétation permet au pouvoir adjudicateur, conformément à l'objectif poursuivi par la directive 2014/24 en ce qui concerne les motifs d'exclusion facultatifs énumérés à l'article 57, paragraphe 4, premier alinéa, de cette directive, tel que rappelé au point 56 du présent arrêt, de s'assurer de l'intégrité et de la fiabilité de chacun des opérateurs économiques qui participent à la procédure de passation du marché public en cause (voir, en ce sens, arrêt du 15 septembre 2022, *J. Sch. Omnibusunternehmen et K. Reisen*, C-416/21, EU:C:2022:689, point 42), intégrité et fiabilité qui sont susceptibles d'être mises en doute non seulement en cas de participation d'un tel opérateur à des comportements anticoncurrentiels dans le cadre de cette procédure mais également en cas de participation de cet opérateur à de tels comportements antérieurs.

70. En l'occurrence, la juridiction de renvoi relève que l'article 70, paragraphe 2, sous g), du CCP limite la possibilité pour le pouvoir adjudicateur d'exclure une offre en raison de l'existence d'indices sérieux d'actes, d'accords, de pratiques ou d'informations susceptibles de fausser les règles de concurrence à la seule procédure de passation d'un marché public dans le cadre de laquelle ces pratiques anticoncurrentielles sont intervenues, si bien qu'une telle exclusion ne pourrait être prononcée par le pouvoir adjudicateur si les pratiques anticoncurrentielles en cause ont eu lieu antérieurement à cette procédure.

71. À cet égard, il ressort des points 51, 58, 60 et 61 du présent arrêt que, indépendamment du point de savoir si la procédure de passation du marché public en cause au principal relève de la directive 2014/24 ou de la directive 2014/25, les États membres doivent, à tout le moins, prévoir la faculté pour les pouvoirs adjudicateurs d'inclure les motifs d'exclusion énumérés à l'article 57, paragraphe 4, de la directive 2014/24 parmi les critères objectifs d'exclusion dans les procédures de passation des marchés publics, sans préjudice de la décision éventuelle de ces États de transformer cette faculté en obligation. Les États membres ne sauraient donc, en tout état de cause, restreindre la portée de ces motifs d'exclusion.

72. Il découle des motifs qui précèdent qu'il convient de répondre à la cinquième question que l'article 57, paragraphe 4, premier alinéa, sous d), de la directive 2014/24 doit être interprété en ce sens qu'il s'oppose à une réglementation nationale qui limite la possibilité d'exclure une offre d'un soumissionnaire en raison de l'existence d'indices sérieux de comportements de ce dernier susceptibles de fausser les règles de concurrence à la procédure de passation d'un marché public dans le cadre de laquelle ce type de comportements est intervenu.

Sur les première et deuxième questions

73. Par ses première et deuxième questions, auxquelles il convient de répondre de manière conjointe, la juridiction de renvoi demande, en substance, si l'article 57, paragraphe 4, premier alinéa, sous d), de la directive 2014/24 doit être interprété en ce sens qu'il s'oppose à une réglementation nationale qui confie à la seule autorité nationale de la concurrence le pouvoir de décider de l'exclusion d'opérateurs économiques des procédures de passation de marchés publics en raison d'une infraction aux règles de concurrence.

74. Il convient de rappeler, à cet égard, que, conformément à l'article 56, paragraphe 1, sous b), de la directive 2014/24, le pouvoir adjudicateur a l'obligation de vérifier, au cours de la procédure de passation d'un marché public, si l'offre provient d'un soumissionnaire qui n'est pas exclu en vertu de l'article 57 de cette directive, cette obligation s'étendant à l'égard de l'ensemble des opérateurs économiques ayant présenté une offre (voir, en ce sens, arrêt du 30 janvier 2020, *Tim*, C-395/18, EU:C:2020:58, point 46).

75. Ainsi qu'il ressort de la jurisprudence mentionnée aux points 55 et 56 du présent arrêt, le législateur de l'Union a entendu confier au pouvoir adjudicateur, et à lui seul, le soin d'apprécier si un candidat ou un soumissionnaire doit être exclu d'une procédure de passation d'un marché public en vérifiant l'intégrité et la fiabilité de chacun des opérateurs économiques participant à une telle procédure.

76. En particulier, le motif d'exclusion facultatif mentionné à l'article 57, paragraphe 4, premier alinéa, sous d), de la directive 2014/24, lu en combinaison avec le considérant 101 de cette directive, se fonde sur un élément essentiel de la relation entre l'adjudicataire du marché en cause et le pouvoir adjudicateur, à savoir la fiabilité du premier, sur laquelle repose la confiance que le second lui accorde (arrêt du 15 septembre 2022, *J. Sch. Omnibusunternehmen et K. Reisen*, C-416/21, EU:C:2022:689, point 41 ainsi que jurisprudence citée).

77. Selon la jurisprudence de la Cour, lorsqu'ils appliquent des motifs d'exclusion facultatifs, les pouvoirs adjudicateurs doivent accorder une attention toute particulière au principe de proportionnalité, qui leur impose de se livrer à une appréciation concrète et individualisée de l'attitude de l'entité concernée, sur la base de tous les éléments pertinents (voir, en ce sens, arrêts du 3 juin 2021, *Rad Service e.a.*, C-210/20, EU:C:2021:445, point 40, ainsi que du 7 septembre 2021, *Klaipėdos regiono atliekų tvarkymo centras*, C-927/19, EU:C:2021:700, points 156 et 157).

78. Il s'ensuit que, dans une situation telle que celle en cause au principal, dans laquelle il existe une procédure spécifique réglementée par le droit de l'Union ou par le droit national pour poursuivre des infractions au droit de la concurrence et dans laquelle l'autorité nationale de la concurrence est chargée d'effectuer des enquêtes à cette fin, le pouvoir adjudicateur doit, dans le cadre de l'appréciation des preuves fournies, s'appuyer, en principe, sur le résultat d'une telle procédure (voir, en ce sens, arrêt du 24 octobre 2018, *Vossloh Laeis*, C-124/17, EU:C:2018:855, point 25).

79. Peut revêtir, dans ce contexte, une importance particulière la décision d'une telle autorité qui a constaté une telle infraction et a imposé à un soumissionnaire, pour ce motif, une sanction pécuniaire, à plus forte raison si cette sanction a été assortie d'une interdiction temporaire de participer à des procédures de passation de marchés publics. Si une telle décision peut conduire le pouvoir adjudicateur à exclure cet opérateur économique de la procédure de passation du marché public en cause, à l'inverse, l'absence d'une telle décision ne saurait ni empêcher ni dispenser le pouvoir adjudicateur de se livrer à une telle appréciation.

80. Cette appréciation doit s'effectuer au regard du principe de proportionnalité et en tenant compte de tous les éléments pertinents afin de vérifier si l'application du motif d'exclusion visé à l'article 57, paragraphe 4, premier alinéa, sous d), de la directive 2014/24 se justifie.

81. Dans l'affaire au principal, la juridiction de renvoi indique que l'article 55, paragraphe 1, sous f), du CCP confère exclusivement à l'autorité nationale de la concurrence l'appréciation des conséquences qu'une violation des règles de concurrence peut avoir dans le cadre des futures procédures de passation de marchés publics. Ainsi, cette réglementation paraît, d'une part, obliger les pouvoirs adjudicateurs à se conformer à une décision de cette autorité qui impose à un opérateur économique une sanction lui interdisant de participer à de telles procédures pendant une certaine période et, d'autre part, empêcher ces pouvoirs adjudicateurs d'exclure de ces mêmes procédures un opérateur économique qui n'a pas été frappé d'une telle sanction. Il s'ensuit qu'un soumissionnaire peut se voir exclu d'une procédure de passation d'un marché public, à la suite d'une décision de ladite autorité, sans que le pouvoir adjudicateur puisse apprécier le comportement de ce soumissionnaire et, par conséquent, l'intégrité et la fiabilité de ce dernier pour exécuter le marché en cause, ni décider de manière autonome, au regard du principe de proportionnalité, si l'exclusion dudit soumissionnaire se justifie pour le motif visé à l'article 57, paragraphe 4, premier alinéa, sous d), de la directive 2014/24.

82. Une telle réglementation, qui lie l'appréciation de l'intégrité et de la fiabilité des soumissionnaires aux conclusions d'une décision de l'autorité nationale de la concurrence relative, notamment, à la participation future à une procédure de passation d'un marché public, porte atteinte au pouvoir d'appréciation dont doit jouir le pouvoir adjudicateur dans le cadre de l'article 57, paragraphe 4, premier alinéa, de la directive 2014/24.

83. Les considérations exposées au point précédent sont également valables dans le cas où la procédure de passation du marché public en cause au principal relèverait de la directive 2014/25, dès lors que, ainsi qu'il a été rappelé au point 71 du présent arrêt, les États membres doivent, au titre de leur obligation de transposer l'article 80, paragraphe 1, premier alinéa, de cette directive, prévoir la faculté pour les entités adjudicatrices d'inclure les motifs d'exclusion énumérés à l'article 57, paragraphe 4, de la directive 2014/24 parmi les critères objectifs d'exclusion dans les procédures relevant du champ d'application de la directive 2014/25, sans préjudice de la décision éventuelle de ces États de transformer cette faculté en obligation. Les États membres ne sauraient donc, en tout état de cause, restreindre le pouvoir d'appréciation dont doit jouir le pouvoir adjudicateur dans ce cadre.

84. Il découle des motifs qui précèdent qu'il convient de répondre aux première et deuxième questions que l'article 57, paragraphe 4, premier alinéa, sous d), de la directive 2014/24 doit être interprété en ce sens qu'il s'oppose à une réglementation nationale qui confie à la seule autorité nationale de la concurrence le pouvoir de décider de l'exclusion d'opérateurs économiques des procédures de passation de marchés publics en raison d'une infraction aux règles de concurrence.

Sur la troisième question

85. Par sa troisième question, la juridiction de renvoi demande, en substance, si l'article 57, paragraphe 4, premier alinéa, sous d), de la directive 2014/24, lu à la lumière de l'article 41, paragraphe 2, sous c), de la Charte, doit être interprété en ce sens que la décision du pouvoir adjudicateur sur la fiabilité d'un opérateur économique, adoptée en application du motif d'exclusion prévu par cette disposition de la directive 2014/24, doit être motivée.

86. Il convient, d'emblée, de relever que l'article 41, paragraphe 2, sous c), de la Charte concerne exclusivement l'obligation de motiver leurs décisions qui s'impose aux « institutions, organes et organismes de l'Union ». Cette disposition n'est donc pas pertinente dans le cadre du litige au principal.

87. Il y a lieu, cependant, de rappeler que le pouvoir adjudicateur doit se conformer au principe général du droit de l'Union relatif à une bonne administration, lequel emporte des exigences qu'il appartient aux États membres de respecter lorsqu'ils mettent en œuvre le droit de l'Union. Parmi ces exigences, l'obligation de motivation des décisions adoptées par les autorités nationales revêt une importance toute particulière, en ce qu'elle permet aux destinataires de ces décisions de défendre leurs droits et de décider en pleine connaissance de cause s'il y a lieu d'introduire un recours juridictionnel contre celles-ci (voir, en ce sens, arrêts du 15 octobre 1987, *Heylens e.a.*, 222/86, EU:C:1987:442, point 15, ainsi que du 7 septembre 2021, *Klaipėdos regiono atliekų tvarkymo centras*, C-927/19, EU:C:2021:700, point 120).

88. Il s'ensuit que, dans le cadre des procédures de passation de marchés publics, le pouvoir adjudicateur est soumis à cette obligation de motivation. Ladite obligation concerne notamment les décisions par lesquelles le pouvoir adjudicateur exclut un soumissionnaire en application, notamment, d'un motif d'exclusion facultatif, tel que celui prévu à l'article 57, paragraphe 4, premier alinéa, sous d), de la directive 2014/24.

89. En effet, ainsi qu'il ressort de l'article 55, paragraphe 2, sous b), de la directive 2014/24, à la demande du soumissionnaire concerné, les pouvoirs adjudicateurs communiquent, dans les meilleurs délais et au plus tard quinze jours à compter de la réception d'une demande écrite, les motifs du rejet de son offre.

90. Il y a lieu, en outre, de relever que le pouvoir adjudicateur doit également motiver sa décision lorsqu'il constate qu'un soumissionnaire se trouve dans un des cas visés à l'article 57, paragraphe 4, de cette directive, mais qu'il décide tout de même de ne pas l'exclure, par exemple, au motif que l'exclusion constituerait une mesure disproportionnée. En effet, une décision de non-exclusion, alors qu'un motif d'exclusion facultatif apparaît applicable, affecte la situation juridique de tous les autres opérateurs économiques participant à la procédure de passation du marché public en cause, qui doivent dès lors pouvoir défendre leurs droits et, le cas échéant, décider, sur la base des motifs figurant dans cette décision, d'introduire un recours contre celle-ci. À cet égard, la motivation de la décision de non-exclusion peut être intégrée dans la décision finale d'attribution du marché au soumissionnaire retenu.

91. Eu égard aux motifs qui précèdent, il convient de répondre à la troisième question que l'article 57, paragraphe 4, premier alinéa, sous d), de la directive 2014/24, lu à la lumière du principe général de bonne administration, doit être interprété en ce sens que la décision du pouvoir adjudicateur sur la fiabilité d'un opérateur économique, adoptée en application du motif d'exclusion prévu par cette disposition, doit être motivée.

Observations

Un opérateur économique condamné à une amende par l'autorité de la concurrence pour avoir mis en œuvre des comportements anticoncurrentiels à l'occasion de procédures de passation de marchés publics peut-il, voire doit-il, et si oui dans quelles conditions, être exclu par le pouvoir adjudicateur ?

Si la réalisation du marché intérieur et le principe de libre et égale concurrence qui le sous-tend impliquent un large accès des entreprises à la commande publique, les directives Marchés prévoient toutefois d'exclure de ces contrats les opérateurs dont le comportement est incompatible avec l'intérêt général. Ces exclusions sont prévues et encadrées par les directives Marchés. Compte tenu du poids économique que représente la commande publique et des conséquences qu'emporte une telle mesure d'exclusion, la directive prévoit également plusieurs garanties au profit des opérateurs économiques concernés, notamment le droit de démontrer leur fiabilité en établissant avoir pris des mesures correctives (art. 57, § 6). La plupart des arrêts rendus par la Cour de justice portent sur les conditions de fond de ces exclusions, celles-ci devant notamment être strictement nécessaires et proportionnées aux intérêts qu'elles entendent protéger. L'arrêt de grande chambre du 21 décembre 2023 précise quant à lui, après un revirement de jurisprudence, l'étendue de la compétence des États et, au sein des États, l'étendue du pouvoir de décision des autorités compétentes pour mettre en œuvre les exclusions facultatives prévues par les directives européennes.

En l'espèce, le droit portugais prévoit la possibilité, en cas de manquement aux règles de la concurrence, d'infliger une sanction accessoire d'interdiction de participation aux procédures de passation des marchés publics. Le Code des marchés publics portugais impose au pouvoir adjudicateur d'exclure l'entreprise condamnée par l'autorité de la concurrence à une telle sanction. Le pouvoir adjudicateur peut également exclure une offre lorsqu'il dispose « d'indices sérieux d'actes, d'accords, de pratiques ou d'informations susceptibles de fausser les règles de la concurrence ». À la suite d'une procédure de passation d'un marché public de fournitures, le marché a été attribué à une entreprise condamnée par l'autorité de la concurrence pour violation du droit de la concurrence dans le cadre de procédures de passation de marchés publics auxquelles elle avait participé quelques années plus tôt. L'amende infligée n'a cependant pas été assortie d'une sanction accessoire de privation du droit de participer à une procédure de passation de marché public. Un concurrent évincé a intenté un recours contre la décision d'attribution en se prévalant des dispositions nationales relatives à l'exclusion des procédures de passation des marchés publics. Saisie de ce litige, la juridiction administrative portugaise a renvoyé à la CJUE plusieurs questions préjudicielles portant sur l'interprétation de l'article 57, paragraphe 4, de la directive 2014/24 relatif aux motifs facultatifs d'exclusion, et plus précisément sur son paragraphe 4, d) permettant au pouvoir adjudicateur d'exclure un opérateur économique lorsqu'il « dispose d'éléments suffisamment plausibles pour conclure que [ce dernier] a conclu des accords avec d'autres opérateurs en vue de fausser la concurrence ». Les cinq questions préjudicielles posées par la Cour de justice, dont l'une a été jugée irrecevable, portent toutes, en substance, sur l'autorité compétente pour apprécier ces motifs d'exclusion et leurs modalités d'application (pt 35). L'arrêt du 21 décembre 2023 apporte ainsi d'utiles précisions sur le régime juridique des exclusions facultatives et en particulier sur la marge d'appréciation dont dispose à la fois les États membres pour transposer ces motifs et le pouvoir adjudicateur pour en faire application dans le cadre d'une procédure de passation d'un marché public.

Il existe deux types d'exclusion : les exclusions obligatoires (art. 57, § 1, de la directive) et celles facultatives prévues par le paragraphe 4 de l'article 57 de la directive 2014/24. L'arrêt, au terme d'un revirement de jurisprudence dans l'interprétation de ces dernières dispositions, indique que la marge d'appréciation dont disposent les États pour la transposition d'une directive « ne s'étend pas à la transposition ou non des motifs d'exclusion facultatifs » prévus par les directives Marchés (1). La Cour précise en effet que « contrairement à ce qui ressort de [ses] arrêts, les États membres ont l'obligation de transposer ladite disposition dans leur droit national » (2). La différence entre ces deux types d'exclusion ne réside donc plus, comme cela pouvait résulter de la jurisprudence antérieure de la Cour (3), dans la liberté dont disposaient les États pour intégrer

(1) Pt 54.
(2) Pts 50 et 51.
(3) CJUE, 19 juin 2019, *Meca*, aff. C-41/18, ECLI:EU:C:2019:507, spéc. pt 49.

ou non ces exclusions dans leur ordre juridique interne. Les États ont désormais l'obligation de prévoir des exclusions obligatoires comme des exclusions facultatives selon les motifs énumérés par la directive Marché. De cette obligation découle, selon la Cour, celle de reconnaître aux pouvoirs adjudicateurs la possibilité d'appliquer ces motifs d'exclusion facultatifs et d'exclure, le cas échéant, un soumissionnaire pour défaut de fiabilité (4). L'appréciation de l'intégrité et de la fiabilité de chacun des opérateurs économiques participant à une procédure de passation d'un marché public incombe ainsi « au pouvoir adjudicateur, et à lui seul, au stade de la sélection des soumissionnaires » (5). Plus encore, le pouvoir adjudicateur dispose d'un large pouvoir d'appréciation pour apprécier la fiabilité du soumissionnaire : son pouvoir de décision ne peut, à moins qu'un opérateur ait été préalablement exclu de la participation à ces procédures par un jugement définitif (6), être limité *ratione temporis* ou *ratione materiae*. D'une part, une réglementation nationale ne peut limiter le motif d'exclusion de l'article 57, paragraphe 4, d) aux seules procédures de passation en cours (pt 67). Le pouvoir adjudicateur peut, et le cas échéant doit prendre en compte les comportements antérieurs du soumissionnaire, commis à l'occasion de procédures de passation antérieures ou à d'autres occasions (7). D'autre part, l'appréciation de comportements anticoncurrentiels ne peut être réservée à l'autorité nationale de la concurrence. Toute réglementation nationale privant le pouvoir adjudicateur de son pouvoir d'apprécier les qualités du comportement de son futur cocontractant, parmi lesquelles sa fiabilité, en imposant notamment à ce dernier d'appliquer la décision d'exclusion prise par une autorité publique tierce, comme l'autorité nationale de la concurrence, est contraire à la directive 2014/24 (8). En vertu de ces dispositions, il incombe en effet au pouvoir adjudicateur chargé d'examiner la validité des offres de vérifier « si l'offre ne provient pas d'un soumissionnaire exclu » (9). De surcroît, la jurisprudence impose au pouvoir adjudicateur, lorsqu'il applique une exclusion, de respecter le principe de proportionnalité ce qui implique que ce dernier, pour exercer son pouvoir d'appréciation, ne se trouve pas placé par une réglementation nationale en situation de compétence liée (10). Le législateur national ne saurait donc, sans porter atteinte au

(4) Pt 52.
(5) Pt 55.
(6) CJUE, 11 juin 2020, *Vert Marine*, aff. C-472/19, ECLI:EU:C:2020:468.
(7) Pts 68 et 69.
(8) Pt 73.
(9) Pt 74.
(10) Pt 81.

large pouvoir d'appréciation dont dispose le pouvoir adjudicateur, empêcher ce dernier d'apprécier les comportements anticoncurrentiels d'un opérateur économique en confiant cette compétence à une autorité spécialisée ni même le contraindre à suivre l'appréciation donnée par l'autorité nationale de la concurrence (11). Par ailleurs, les décisions d'exclusion ou de non-exclusion prises par le pouvoir adjudicateur sur le fondement de ces dispositions devront faire l'objet d'une motivation, ce qui permettra, le cas échéant, d'apprécier leur conformité avec le principe de proportionnalité. La Cour précise que cette motivation peut figurer « dans la décision finale d'attribution du marché au soumissionnaire retenu » (12). La seule marge d'appréciation dont disposent donc les États pour transposer les dispositions de la directive relatives aux exclusions facultatives consiste à déterminer d'une part si les pouvoirs adjudicateurs ont « soit la faculté soit l'obligation » d'appliquer les motifs d'exclusion facultatifs (13) et, d'autre part, si les motifs prévus par la directive 2014/24 s'appliquent aux entités adjudicatrices dans le cadre de la directive 2014/25 (14). S'agissant de ce dernier point, la Cour indique que l'obligation de transposition des dispositions de cette directive impose, à tout le moins, aux États de prévoir la possibilité pour les entités adjudicatrices de recourir à ces motifs pour exclure un soumissionnaire d'une procédure relevant du champ d'application de la directive 2014/25 (15).

En durcissant ainsi le régime des exclusions facultatives prévues par les directives Marchés, l'arrêt rappelle l'un des traits essentiels et spécifiques des contrats de la commande publique : ces contrats, y compris lorsqu'il s'agit de contrats d'achats publics, sont conclus pour la mise en œuvre des missions d'intérêt général de la puissance publique. Dans ce contexte, le choix du cocontractant par le pouvoir adjudicateur, bien que très encadré et limité en matière de marchés publics, demeure crucial car la confiance de ce dernier dans le soumissionnaire, laquelle découle de sa fiabilité, constitue « un élément essentiel de la relation » contractuelle (16).

Delphine Dero-Bugny et Alix Perrin

(11) Pts 79 et 82.
(12) Pt 90.
(13) Pt 58.
(14) Pt 59.
(15) Pt 61.
(16) Pt 76.

XVIII. DROIT BANCAIRE ET FINANCIER

Cour de justice, 1re ch., 2 mars 2023, *AS « PrivatBank », A, B, Unimain Holdings LTD c/ Finanšu un kapitāla tirgus komisija*, aff. C-78/21, ECLI:EU:C:2023:137

Conclusions de l'avocate générale J. Kokott, du 29 septembre 2022, ECLI:EU:C:2022:738

Mots-clés : Lutte contre le blanchiment d'argent – Obligation pour un établissement de crédit de mettre fin aux relations d'affaires ou de ne plus nouer de telles relations avec des non-ressortissants – Entrave à la libre prestation de services et à la libre circulation des capitaux

Cadre normatif : articles 56, alinéa 1, 63, paragraphe 1, et 65, paragraphe 1, sous b), TFUE ; directive (UE) 2015/849 du 20 mai 2015 relative à la prévention de l'utilisation du système financier aux fins du blanchiment de capitaux ou du financement du terrorisme

Notes et observations : V. Michel, *Europe*, mai 2023, comm. 168 ; Th. Bonneau, « Droit bancaire et financier européen », *J.D.E.*, janvier 2023

Extraits de l'arrêt

Sur les questions préjudicielles

Sur la première question

25. Par sa première question, la juridiction de renvoi demande, en substance, si les prêts et les crédits financiers ainsi que les opérations en comptes courants et de dépôts auprès des établissements financiers, en particulier des établissements de crédit, constituent des mouvements de capitaux, au sens de l'article 63, paragraphe 1, TFUE.

26. Selon une jurisprudence constante de la Cour, l'article 63, paragraphe 1, TFUE interdit de manière générale les restrictions aux mouvements de capitaux entre les États membres et entre les États membres et les pays tiers [arrêt du 21 décembre 2021, *Finanzamt V (Successions – Abattement partiel et déduction des parts réservataires)*, C-394/20, EU:C:2021:1044, point 28].

27. En l'absence, dans le traité FUE, d'une définition de la notion de « mouvements de capitaux », au sens de l'article 63, paragraphe 1, TFUE, la Cour a reconnu une valeur indicative à la nomenclature des mouvements de capitaux figurant à l'annexe I de la directive 88/361 pour définir cette notion, étant entendu que, conformément à ce qui est rappelé dans l'introduction de cette annexe, cette nomenclature ne présente pas un caractère exhaustif (arrêts du 15 février 2017, *X*, C-317/15, EU:C:2017:119, point 27 et jurisprudence citée, ainsi que du 16 septembre 2020, *Romenergo et Aris Capital*, C-339/19, EU:C:2020:709, point 32).

28. Or, cette annexe I mentionne, à sa rubrique VI, les « opérations en comptes courants et de dépôts auprès des établissements financiers » ainsi que, à sa rubrique VIII, les « prêts et crédits financiers ». Par ailleurs, cette même annexe, dans sa partie intitulée « Notes explicatives », précise que les termes « établissements financiers » désignent, notamment, les banques.

29. Enfin, la Cour a déjà jugé que l'activité d'octroi de crédits à titre professionnel se rapporte également à la libre circulation des capitaux (voir, en ce sens, arrêts du 3 octobre 2006, *Fidium Finanz*, C-452/04, EU:C:2006:631, point 43, ainsi que du 14 février 2019, *Milivojević*, C-630/17, EU:C:2019:123, point 53 et jurisprudence citée).

30. Eu égard aux considérations qui précèdent, il convient de répondre à la première question que les prêts et les crédits financiers ainsi que les opérations en comptes courants et de dépôts auprès des établissements financiers, en particulier des établissements de crédit, constituent des mouvements de capitaux, au sens de l'article 63, paragraphe 1, TFUE.

Sur la deuxième question

Observations liminaires

31. Par sa deuxième question, la juridiction de renvoi demande, en substance, si une mesure administrative par laquelle l'autorité nationale compétente impose à un établissement de crédit, d'une part, l'interdiction de nouer des relations d'affaires avec des personnes qui ne sont pas des ressortissants lettons et, d'autre part, l'obligation de mettre un terme aux relations d'affaires existant avec de telles personnes constitue une restriction au sens de l'article 63, paragraphe 1, TFUE.

32. Or, en premier lieu, il y a lieu de relever que, le 10 mars 2022, en réponse à une demande d'éclaircissement de la Cour, la juridiction de renvoi a précisé que l'identification des personnes avec lesquelles PrivatBank ne saurait nouer ou entretenir des relations d'affaires en vertu de la mesure administrative en cause au principal repose, d'une part, sur le critère du lien qu'entretiennent des personnes physiques ou morales avec la Lettonie et, d'autre part, sur celui du montant mensuel des mouvements créditeurs. Partant, cette mesure n'affecte pas nécessairement les seules relations entre cet établissement de crédit et les personnes physiques n'ayant pas la nationalité lettone.

33. En deuxième lieu, dans le cadre de cette même deuxième question, la juridiction de renvoi interroge la Cour sur le point de savoir si une mesure qui ne découle pas directement de la législation nationale, mais qui a été imposée par une autorité compétente d'un État membre, telle que la FKTK, constitue « une mesure d'un État membre au sens de l'article 63, paragraphe 1, TFUE qui, à ce titre, porte atteinte au principe de libre circulation des capitaux entre les États membres ».

34. À cet égard, il importe de rappeler, d'une part, qu'il appartient à la juridiction de renvoi d'apprécier la compatibilité d'une telle mesure administrative avec les dispositions nationales d'ordre supérieur. D'autre part, ainsi que le soutient la Commission européenne dans ses observations écrites, l'article 63, paragraphe 1, TFUE vise à entraîner l'élimination, notamment, des obstacles administratifs qui sont susceptibles de gêner la libre circulation des mouvements de capitaux entre les États membres (voir, en ce sens, arrêt du 27 octobre 2005, *Trapeza tis Ellados*, C-329/03, EU:C:2005:645, point 25 et jurisprudence citée). Partant, une mesure administrative figurant dans une décision prudentielle, adoptée par une autorité publique telle que la FKTK, peut être constitutive d'une restriction au sens de cette disposition.

35. En troisième lieu, il y a lieu de rappeler que, selon une jurisprudence constante, en vue de fournir à la juridiction qui lui a adressé une question préjudicielle une réponse utile, la Cour peut être amenée à prendre en considération des normes du droit de l'Union auxquelles le juge national n'a pas fait référence dans l'énoncé de sa question [arrêt du 2 septembre 2021, *LG et MH (Autoblanchiment)*, C-790/19, EU:C:2021:661, point 43 et jurisprudence citée].

36. En l'occurrence, les parties au principal, les gouvernements italien et letton ainsi que la Commission ont soutenu, dans leurs observations écrites ou orales, que la mesure administrative en cause au principal était susceptible d'être analysée au regard non seulement de la libre circulation des capitaux, prévue à l'article 63, paragraphe 1, TFUE, mais également de la libre prestation des services, garantie à l'article 56 TFUE.

37. À cet égard, il résulte de la jurisprudence de la Cour que l'activité d'un établissement de crédit consistant à octroyer des crédits constitue un service au sens de l'article 56 TFUE (arrêt du 14 février 2019, *Milivojević*, C-630/17, EU:C:2019:123, point 58 et jurisprudence citée).

38. Ainsi, et en tenant également compte de la jurisprudence citée au point 29 du présent arrêt, des opérations d'octroi de crédits à titre professionnel se rapportent, en principe, tant à la libre prestation des services, au sens des articles 56 TFUE et suivants, qu'à la libre circulation des capitaux, au sens des articles 63 TFUE et suivants (voir, en ce sens, arrêt du 14 février 2019, *Milivojević*, C-630/17, EU:C:2019:123, point 53 et jurisprudence citée).

39. Lorsqu'une mesure nationale se rapporte à la fois à la libre prestation des services et à la libre circulation des capitaux, il convient d'examiner dans quelle mesure l'exercice de ces libertés fondamentales est affecté et si, dans les circonstances de l'espèce, l'une d'elles prévaut sur l'autre. La Cour examine la mesure en cause, en principe, au regard de l'une seulement de ces deux libertés s'il s'avère que, dans les circonstances de l'espèce, l'une d'elles est tout à fait secondaire par rapport à l'autre et peut lui être rattachée (arrêt du 14 février 2019, *Milivojević*, C-630/17, EU:C:2019:123, point 54 et jurisprudence citée).

40. En l'occurrence, il apparaît que, ainsi que l'a relevé Mme l'avocate générale aux points 44 et 45 de ses conclusions, la mesure administrative en cause au principal concerne tout autant le recours aux services financiers de PrivatBank que le flux des mouvements de capitaux en tant que tel.

41. En effet, premièrement, cette mesure administrative, en s'appuyant, notamment, sur le critère du montant mensuel des mouvements créditeurs, affecte directement les mouvements de capitaux, que le client concerné ait ou non recours à des services de conseil dispensés par PrivatBank. Deuxièmement, une mesure administrative interdisant de nouer des relations d'affaires et l'obligeant à mettre un terme aux relations d'affaires existant avec certains clients affecte la libre prestation de services de cet établissement de crédit.

42. Eu égard aux considérations qui précèdent, il convient de reformuler la deuxième question posée en ce sens que, par celle-ci, la juridiction de renvoi demande, en substance, si l'article 56, premier alinéa, et l'article 63, paragraphe 1, TFUE doivent être interprétés en ce sens qu'une mesure administrative par laquelle l'autorité compétente d'un État membre, d'une part, interdit à un établissement de crédit de nouer des relations d'affaires avec toute personne physique ou morale qui n'a pas de lien avec l'État membre sur lequel cet établissement est établi et dont les mouvements créditeurs mensuels dépassent un certain montant ainsi que, d'autre part, impose audit établissement de mettre un terme à de telles relations d'affaires lorsqu'elles ont été nouées après l'adoption de cette mesure constitue une restriction à la libre prestation des services, au sens de la première de ces dispositions, ainsi qu'une restriction aux mouvements de capitaux, au sens de la seconde desdites dispositions.

Sur l'existence d'une restriction à la libre prestation des services et à la libre circulation des capitaux

43. En premier lieu, il importe de rappeler que l'article 56 TFUE s'oppose à l'application de toute réglementation nationale ayant pour effet de rendre la prestation de services entre les États membres plus difficile que la prestation de services purement interne à un État membre. En effet, conformément à la jurisprudence de la Cour, l'article 56 TFUE exige la suppression de toute restriction à la libre prestation des services imposée au motif que le prestataire est établi dans un État membre différent de celui dans lequel la prestation est fournie (arrêt du 22 novembre 2018, *Vorarlberger Landes- und Hypothekenbank*, C-625/17, EU:C:2018:939, point 28 ainsi que jurisprudence citée).

44. Constituent des restrictions à la libre prestation des services les mesures nationales qui interdisent, gênent ou rendent moins attrayant l'exercice de cette liberté (arrêt du 22 novembre 2018, *Vorarlberger Landes-und Hypothekenbank*, C-625/17, EU:C:2018:939, point 29 ainsi que jurisprudence citée).

45. En outre, selon une jurisprudence constante de la Cour, l'article 56 TFUE confère des droits non seulement au prestataire de services lui-même, mais également au destinataire desdits services (arrêt du 30 janvier 2020, *Anton van Zantbeek*, C-725/18, EU:C:2020:54, point 24 et jurisprudence citée).

46. En l'occurrence, il ressort du dossier dont dispose la Cour que la mesure administrative en cause au principal fait obstacle à ce que PrivatBank puisse, pour des montants supérieurs à ceux qu'elle prévoit, offrir certains services bancaires en rapport, par exemple, avec la fourniture de crédits ou la réception de fonds aux personnes physiques n'ayant pas de lien avec la Lettonie ou aux personnes morales sans activité économique liée à cet État membre. Cette mesure est donc susceptible de rendre la prestation de services entre les États membres plus difficile que la prestation de services purement interne à la République de Lettonie.

47. Partant, en application de la jurisprudence citée aux points 43 à 45 du présent arrêt, une mesure administrative telle que celle en cause au principal constitue une restriction à la libre prestation des services prohibée, en principe, par l'article 56, premier alinéa, TFUE.

48. En deuxième lieu, il résulte d'une jurisprudence constante de la Cour que la notion de « restriction » figurant à l'article 63 TFUE couvre, de manière générale, toute entrave aux mouvements de capitaux intervenant tant entre États membres qu'entre États membres et pays tiers (arrêt du 6 octobre 2021, *ECOTEX BULGARIA*, C-544/19, EU:C:2021:803, point 62 et jurisprudence citée).

49. En particulier, cette notion inclut les mesures étatiques qui sont de nature discriminatoire en ce qu'elles instituent, directement ou indirectement, une différence de traitement entre les mouvements nationaux de capitaux et les mouvements transfrontaliers de capitaux, qui ne correspond pas à une différence objective de situations et qui sont, partant, propres à dissuader des personnes physiques ou morales d'autres États membres ou de pays tiers d'effectuer des mouvements transfrontaliers de capitaux [arrêt du 18 juin 2020, *Commission/Hongrie (Transparence associative)*, C-78/18, EU:C:2020:476, point 53 et jurisprudence citée].

50. En l'occurrence, et comme l'a relevé Mme l'avocate générale au point 47 de ses conclusions, la mesure administrative en cause au principal, qui fait obligation à PrivatBank de mettre un terme à ses relations d'affaires avec toute personne physique qui n'a pas de lien avec la Lettonie et avec toute personne morale dont l'activité économique n'a pas de lien avec cet État membre, et lui fait interdiction de nouer de telles relations, constitue une discrimination indirecte fondée sur la nationalité.

51. En effet, bien qu'une telle mesure administrative, qui se borne à viser le critère du lien avec la Lettonie, ne renvoie pas directement à la nationalité des personnes concernées, elle est néanmoins susceptible d'affecter davantage les ressortissants d'un État membre autre que la République de Lettonie et les sociétés établies dans un tel État membre, dans la mesure où ceux-ci ont une probabilité de présenter un lien avec la République de Lettonie nettement inférieure à celle des ressortissants lettons ou des sociétés établies en Lettonie.

52. En troisième lieu, contrairement à ce que fait valoir le gouvernement letton dans ses observations écrites, le fait que les clients susceptibles d'être affectés par la mesure administrative en cause au principal restent libres d'ouvrir un compte auprès de tout autre établissement de crédit agréé en Lettonie et d'y déposer des fonds, étant donné que cette mesure s'applique uniquement à PrivatBank, ou encore le fait que cette mesure s'applique seulement de manière temporaire ne sauraient enlever à ladite mesure sa nature restrictive.

53. À cet égard, d'une part, selon une jurisprudence constante de la Cour, même une restriction de faible portée ou d'importance mineure à une liberté fondamentale est, en principe, prohibée par le traité FUE (arrêt du 22 septembre 2022, *Admiral Gaming Network e.a.*, C-475/20 à C-482/20, EU:C:2022:71, point 40 et jurisprudence citée).

54. D'autre part, ainsi que l'a relevé Mme l'avocate générale au point 53 de ses conclusions, le fait qu'une personne physique ou morale peut décider librement avec quel établissement de crédit elle souhaite établir une relation d'affaires afin, par exemple, de bénéficier de conditions ou de produits spécifiques relève de l'essence même de la libre prestation des services et de la libre circulation des capitaux.

55. Eu égard à l'ensemble des considérations qui précèdent, il convient de répondre à la deuxième question que l'article 56, premier alinéa, et l'article 63, paragraphe 1, TFUE doivent être interprétés en ce sens qu'une mesure administrative par laquelle l'autorité compétente d'un État membre, d'une part, interdit à un établissement de crédit de nouer des relations d'affaires avec toute personne physique ou morale qui n'a pas de lien avec l'État membre sur lequel cet établissement est établi et dont les mouvements créditeurs mensuels dépassent un certain montant ainsi que, d'autre part, impose audit établissement de mettre un terme à de telles relations d'affaires lorsqu'elles ont été nouées après l'adoption de cette mesure constitue une restriction à la libre prestation des services, au sens de la première de ces dispositions, ainsi qu'une restriction aux mouvements de capitaux, au sens de la seconde desdites dispositions.

Sur les troisième et quatrième questions

56. Par ses troisième et quatrième questions, qu'il convient d'examiner ensemble, la juridiction de renvoi demande, en substance, si une restriction à la libre prestation des services et à la libre circulation des capitaux imposée par une mesure administrative par laquelle l'autorité compétente d'un État membre, d'une part, interdit à un établissement de crédit de nouer des relations d'affaires avec toute personne physique qui n'a pas de lien avec l'État membre sur lequel cet établissement est établi et dont les mouvements créditeurs mensuels dépassent 15 000 euros, ou avec toute personne morale dont l'activité économique ne présente pas de lien avec cet État membre et dont les mouvements créditeurs mensuels dépassent 50 000 euros, ainsi que, d'autre part, impose audit établissement de mettre un terme à de telles relations d'affaires lorsqu'elles ont été nouées après l'adoption de cette mesure, peut être justifiée par l'objectif visant à prévenir le blanchiment de capitaux et le financement du terrorisme, énoncé à l'article 1er de la directive 2015/849, et si, le cas échéant, cette mesure est couverte par l'article 65, paragraphe 1, sous b), TFUE.

Sur l'existence d'une justification

57. S'agissant, en premier lieu, de la libre circulation des capitaux, conformément à une jurisprudence constante de la Cour, celle-ci ne peut être limitée par une mesure étatique que si elle est justifiée par une des raisons mentionnées à l'article 65 TFUE ou par des raisons impérieuses d'intérêt général au sens de la jurisprudence de la Cour, pour autant qu'il n'existe pas de mesure d'harmonisation au niveau de l'Union assurant la protection de ces intérêts (voir, en ce sens, arrêt du 6 octobre 2021, *ECOTEX BULGARIA*, C-544/19, EU:C:2021:803, point 67 et jurisprudence citée).

58. Il ressort de la décision de renvoi que la mesure administrative en cause au principal a été adoptée afin, premièrement, de mettre un terme aux infractions aux lois et aux règlements en matière de lutte contre le blanchiment de capitaux et le financement du terrorisme, commises par PrivatBank, et, deuxièmement, d'empêcher à l'avenir la réitération par ce même établissement de crédit de telles infractions, celles-ci pouvant avoir pour conséquence non seulement que PrivatBank soit elle-même impliquée dans le blanchiment de capitaux ou une tentative de blanchiment de capitaux ainsi que dans le contournement ou la violation de sanctions internationales, mais aussi que, par de telles infractions, le secteur financier national dans son ensemble soit exposé à des risques significatifs pour sa réputation.

59. À cet égard, tout d'abord, l'article 65, paragraphe 1, sous b), TFUE dispose que l'article 63 TFUE ne porte pas atteinte au droit qu'ont les États membres, en particulier, de prendre toutes les mesures indispensables pour faire échec aux infractions à leurs lois et règlements, notamment en matière de contrôle prudentiel des établissements financiers ou de prendre des mesures justifiées par des motifs liés à l'ordre public ou à la sécurité publique.

60. La Cour a précisé que, pour pouvoir être considérée comme étant une « mesure indispensable », au sens de cet article 65, paragraphe 1, sous b), TFUE, la mesure concernée doit avoir pour objet même de faire échec aux infractions aux lois et aux règlements en matière de contrôle prudentiel des établissements financiers (voir, en ce sens, arrêt du 7 juin 2012, *VBV – Vorsorgekasse*, C-39/11, EU:C:2012:327, point 30).

61. Ensuite, la Cour a déjà admis que la lutte contre le blanchiment de capitaux, qui se rattache à l'objectif de protection de l'ordre public, constitue un objectif légitime susceptible de justifier une entrave aux libertés fondamentales garanties par le traité (arrêt du 31 mai 2018, *Zheng*, C-190/17, EU:C:2018:357, point 38 et jurisprudence citée).

62. Conformément à une jurisprudence constante, les motifs liés à l'ordre public ne peuvent être invoqués qu'en cas de menace réelle et suffisamment grave, affectant un intérêt fondamental de la société, et ne sauraient, en outre, servir à des fins purement économiques (voir, en ce sens, arrêt du 16 septembre 2020, *Romenergo et Aris Capital*, C-339/19, EU:C:2020:709, point 40 et jurisprudence citée).

63. Enfin, comme la Cour l'a déjà relevé, le législateur de l'Union n'a procédé qu'à une harmonisation partielle des mesures visant à lutter contre le blanchiment de capitaux et le financement du terrorisme, de telle sorte que les États membres demeurent en droit d'invoquer la lutte contre le blanchiment et le financement du terrorisme pour justifier des dispositions nationales restreignant la liberté de circulation des capitaux, en tant que raisons liées à l'ordre public [arrêt du 18 juin 2020, *Commission/Hongrie (Transparence associative)*, C-78/18, EU:C:2020:476, point 89].

64. À cet égard, il convient de rappeler, d'une part, que la directive 2015/849 ne procède qu'à une harmonisation minimale, puisque son article 5 autorise les États membres à arrêter ou à maintenir en vigueur des dispositions plus strictes, dès lors que ces dispositions visent à renforcer la lutte contre le blanchiment de capitaux et le financement du terrorisme, dans les limites du droit de l'Union (arrêt du 17 novembre 2022, *Rodl & Partner*, C-562/20, EU:C:2022:883, point 46).

65. D'autre part, conformément à l'article 59, paragraphe 4, de cette directive, les États membres peuvent habiliter les autorités compétentes à imposer d'autres types de sanctions administratives outre celles visées à cet article ou à imposer des sanctions administratives pécuniaires dépassant les montants visés audit article.

66. Compte tenu des considérations qui précèdent, une restriction à la libre circulation des capitaux instaurée par une mesure administrative est susceptible d'être justifiée, d'une part, en application de l'article 65, paragraphe 1, sous b), TFUE, lorsque cette mesure est indispensable pour faire échec aux infractions aux lois et aux règlements nationaux, notamment en matière de contrôle prudentiel des établissements financiers. D'autre part, une telle restriction est également susceptible d'être justifiée par la nécessité de prévenir et de lutter contre le blanchiment de capitaux et le financement du terrorisme.

67. Or, compte tenu des objectifs ainsi poursuivis par la mesure administrative en cause au principal, mentionnés au point 58 du présent arrêt, une telle mesure répond aux conditions visées au point précédent, ce qu'il appartient à la juridiction de renvoi de vérifier.

68. S'agissant, en second lieu, de la libre prestation de services, il suffit de relever que la Cour a déjà admis que la lutte contre le blanchiment de capitaux, qui se rattache à l'objectif de protection de l'ordre public, constitue un objectif légitime susceptible de justifier également une entrave à la libre prestation des services (arrêt du 25 avril 2013, *Jyske Bank Gibraltar*, C-212/11, EU:C:2013:270, point 64).

69. Il résulte des considérations qui précèdent que, sous réserve des vérifications qu'il appartient à la juridiction de renvoi d'effectuer, la mesure administrative en cause au principal est susceptible d'être justifiée tant par l'objectif légitime consistant à prévenir et à lutter contre le blanchiment de capitaux et le financement du terrorisme que sur le fondement de l'article 65, paragraphe 1, sous b), TFUE dès lors que cette mesure administrative poursuit l'un des objectifs visés par cette dernière disposition.

70. Cela étant, encore faut-il que ladite mesure administrative, conformément à la jurisprudence constante de la Cour, respecte le principe de proportionnalité, ce qui implique, notamment, qu'elle soit propre à garantir, de façon cohérente et systématique, la réalisation de l'objectif poursuivi et qu'elle n'aille pas au-delà de ce qui est nécessaire pour atteindre ceux-ci [arrêt du 18 juin 2020, *Commission/Hongrie (Transparence associative)*, C-78/18, EU:C:2020:476, point 76 et jurisprudence citée].

71. S'il appartient, en dernier lieu, au juge national, qui est seul compétent pour apprécier les faits et pour interpréter la législation nationale, de déterminer s'il est, en l'occurrence, satisfait à ces exigences, la Cour, dans le cadre d'un renvoi préjudiciel, est compétente, sur la base du dossier de l'affaire au principal ainsi que des observations écrites et orales qui lui ont été soumises, pour fournir à la juridiction de renvoi des indications utiles, de nature à lui permettre de trancher le litige dont elle est saisie (arrêt du 6 octobre 2021, *ECOTEX BULGARIA*, C-544/19, EU:C:2021:803, point 72 et jurisprudence citée).

Sur le respect du principe de proportionnalité

72. S'agissant, en premier lieu, de la question de savoir si la mesure administrative en cause au principal est propre à garantir la réalisation de l'objectif poursuivi, il convient de rappeler que, selon une jurisprudence constante de la Cour, une mesure nationale n'est propre à garantir la réalisation de l'objectif invoqué que si elle répond véritablement au souci de l'atteindre d'une manière cohérente et systématique (voir, en ce sens, arrêt du 6 octobre 2021, *ECOTEX BULGARIA*, C-544/19, EU:C:2021:803, point 73 et jurisprudence citée).

73. En outre, la Cour a précisé que, dans le cas où l'objectif d'une mesure nationale est la prévention du blanchiment de capitaux et du financement du terrorisme, cette mesure doit être regardée comme étant propre à garantir la réalisation de l'objectif préventif ainsi invoqué lorsqu'elle aide à diminuer le risque de blanchiment de capitaux et de financement du terrorisme (voir, en ce sens, arrêt du 10 mars 2016, *Safe Interenvíos*, C-235/14, EU:C:2016:154, point 104).

74. En l'occurrence, il ressort du dossier dont dispose la Cour que la mesure administrative en cause au principal a été adoptée, en particulier, en raison de la violation, par PrivatBank, de certaines exigences en matière de prévention du blanchiment de capitaux et du financement du terrorisme, prévues par la réglementation nationale. Plus précisément, ainsi qu'il a été indiqué au point 18 du présent arrêt et comme l'ont fait observer la FKTK et le gouvernement letton lors de l'audience, le système de contrôle interne de PrivatBank concernant la vigilance à l'égard de la clientèle et la surveillance des transactions a été considéré comme ne permettant pas de garantir que cet établissement de crédit assure une gestion efficace des risques en la matière. En particulier, faute pour PrivatBank de pouvoir obtenir des informations sur ses clients, il lui serait impossible de connaître ceux-ci et, par voie de conséquence, de se conformer aux obligations de vigilance lui incombant.

75. À cet égard, il convient de rappeler que les dispositions de la directive 2015/849, qui présentent un caractère préventif, visent à mettre en œuvre, selon une approche fondée sur le risque, un ensemble de mesures préventives et dissuasives permettant de lutter efficacement contre le blanchiment de capitaux et le financement du terrorisme, afin d'éviter, comme il ressort du considérant 1 de cette directive, que des flux d'argent illicite puissent nuire à l'intégrité, à la stabilité et à la réputation du secteur financier de l'Union, menacer son marché intérieur, ainsi que le développement international (arrêt du 17 novembre 2022, *Rodl & Partner*, C-562/20, EU:C:2022:883, point 34 ainsi que jurisprudence citée).

76. Parmi ces mesures préventives et dissuasives permettant de lutter efficacement contre le blanchiment de capitaux et le financement du terrorisme figurent celles, visées à l'article 8, paragraphes 1 et 3, et à l'article 11 de la directive 2015/849, qui imposent des obligations aux entités assujetties en ce qui concerne l'identification et la gestion des risques de blanchiment de capitaux et de financement du terrorisme liés à leurs clients et l'identification de ces derniers dans le cadre de l'adoption de mesures de vigilance.

77. Les entités assujetties sont, notamment, tenues d'appliquer les mesures de vigilance normales à l'égard de la clientèle dès lors qu'elles ont identifié, dans le cadre de leur évaluation des risques liés à un client, un niveau de risque de blanchiment de capitaux et de financement du terrorisme normal (arrêt du 17 novembre 2022, *Rodl & Partner*, C-562/20, EU:C:2022:883, point 68).

78. Quant aux mesures de vigilance elles-mêmes que les entités assujetties doivent mettre en œuvre, l'article 13, paragraphe 1, de ladite directive en mentionne un certain nombre, parmi lesquelles figurent l'identification du client et la vérification de son identité (point a)), l'évaluation et, le cas échéant, l'obtention d'informations sur l'objet et la nature envisagée de la relation d'affaires (point c)), ou encore l'exercice d'un contrôle continu de la relation d'affaires, notamment en examinant les transactions conclues pendant la durée de cette relation, de manière à vérifier que ces transactions sont cohérentes par rapport à la connaissance qu'a l'entité assujettie de son client, de ses activités commerciales et de son profil de risque, y compris, si nécessaire, de l'origine des fonds, et en tenant à jour les documents, données ou informations détenus (point d)).

79. À cet égard, il convient de relever, premièrement, que le seuil de mouvements créditeurs mensuels de 15 000 euros fixé par la mesure administrative en cause au principal pour les personnes physiques, lequel correspond, par ailleurs, au seuil déclenchant l'application de mesures de vigilance visé à l'article 11, sous b), i), de la directive 2015/849, vise une situation dans laquelle il est légitime de considérer qu'un risque de blanchiment de capitaux et de financement du terrorisme existe. De même, le caractère raisonnable du seuil de mouvements créditeurs mensuels de 50 000 euros pour les personnes morales fixé par cette mesure administrative, lequel, selon la FKTK, a été déterminé en application de la législation nationale, n'a pas été remis en cause dans le cadre de la procédure au principal.

80. Deuxièmement, ainsi qu'il a été rappelé au point 74 du présent arrêt, il ressort du dossier dont dispose la Cour que le système de contrôle interne de PrivatBank concernant la vigilance à l'égard de la clientèle et la surveillance des transactions a été considéré par la FKTK comme ne permettant pas de garantir que cet établissement de crédit assure une gestion efficace des risques en cette matière. Or, dans le cadre de l'appréciation de l'aptitude de la mesure administrative en cause au principal à garantir l'objectif légitime de prévenir et de lutter contre le blanchiment de capitaux et le financement du terrorisme, il convient de tenir compte d'une telle défaillance du système de gestion des risques de PrivatBank.

81. Eu égard aux considérations qui précèdent, il apparaît que la mesure administrative en cause au principal, en ce qu'elle impose à PrivatBank de mettre un terme à ses relations d'affaires et de ne pas nouer de telles relations, au-delà d'un certain montant, avec toute personne, physique ou morale, n'ayant pas de lien avec la Lettonie, est propre à garantir que cet établissement de crédit puisse se conformer aux obligations d'identification lui incombant dans le cadre, d'une part, de l'évaluation des risques liés au client et, d'autre part, de l'adoption éventuelle de mesures de vigilance.

82. Par conséquent, eu égard à la défaillance du système de gestion des risques de PrivatBank, telle que relevée par la juridiction de renvoi elle-même et non contestée par les parties au principal, ainsi qu'au risque pour cet établissement de crédit de ne pas pouvoir se conformer, notamment, à ses obligations de vigilance à l'égard de sa clientèle n'ayant pas de lien avec la Lettonie et enregistrant des mouvements créditeurs importants, la mesure administrative en cause au principal apparaît propre à réduire, de façon cohérente et systématique, le risque de blanchiment de capitaux et de financement du terrorisme.

83. En ce qui concerne, en deuxième lieu, le caractère nécessaire de la mesure administrative en cause au principal, il convient de rappeler que les mesures restrictives d'une liberté fondamentale ne peuvent être justifiées que si l'objectif visé ne peut être atteint par des mesures moins restrictives (arrêt du 7 septembre 2022, *Cilevičs e.a.*, C-391/20, EU:C:2022:638, point 81).

84. En l'occurrence, il est constant que la mesure administrative en cause au principal instaure une interdiction de nouer des relations d'affaires et une obligation de mettre un terme aux relations d'affaires existantes avec les clients n'ayant pas de liens avec la Lettonie, dès lors que le seuil des montants prévus par ladite mesure est atteint.

85. Il incombe à la juridiction de renvoi de déterminer si cette mesure administrative peut être regardée comme étant nécessaire, en prenant en considération notamment le fait que, ainsi que l'a relevé Mme l'avocate générale au point 80 de ses conclusions, la condition relative à l'absence de lien avec la Lettonie semble susceptible, eu égard à son caractère large, de viser également des personnes, physiques ou morales qui, conformément à la directive 2015/849, ne présentent pas de risque particulier de blanchiment de capitaux et de financement du terrorisme.

86. À cet égard, il peut être tenu compte des difficultés dudit établissement de crédit d'obtenir les informations de ses clients, lesquelles difficultés, selon les observations de la FKTK à l'audience devant la Cour, seraient avérées, ce qu'il appartient à la juridiction de renvoi de vérifier. En particulier, il incombe à cette juridiction de vérifier si les défaillances des mesures de vigilance ou leur mise en œuvre ont été telles qu'elles rendaient nécessaire l'adoption d'une mesure à caractère large instaurant une discrimination indirecte.

87. En outre, il convient également de tenir compte de la circonstance que, conformément à l'article 59, paragraphes 1 et 2, de la directive 2015/849, en cas d'infractions graves, répétées ou systématiques aux obligations incombant à l'entité assujettie concernée, notamment aux obligations de vigilance à l'égard de la clientèle visées aux articles 10 à 24 de ladite directive, les autorités nationales peuvent imposer des sanctions et des mesures administratives à ces entités.

88. Parmi ces sanctions et ces mesures figurent, en sus des sanctions administratives pécuniaires, conformément à l'article 59, paragraphe 2, sous c), de la directive 2015/849, le retrait ou la suspension de l'agrément lorsque l'entité assujettie en cause est soumise à un tel agrément.

89. Par ailleurs, ainsi qu'il a été rappelé au point 65 du présent arrêt, l'article 59, paragraphe 4, de la directive 2015/849 prévoit que les États membres peuvent habiliter les autorités compétentes à imposer d'autres types de sanctions administratives que celles visées au paragraphe 2, sous a) à d), de cet article.

90. Or, ainsi que l'a relevé Mme l'avocate générale au point 85 de ses conclusions, une mesure administrative telle que celle en cause au principal apparaît, sous réserve de vérification par la juridiction de renvoi, comme étant moins restrictive que le retrait ou la suspension de l'agrément, visés à l'article 59, paragraphe 2, sous c), de la directive 2015/849.

91. En outre, lors de l'audience, le gouvernement letton a indiqué que, dans le passé, des obligations de vigilance renforcées, moins attentatoires aux libertés fondamentales que celles édictées par la mesure administrative en cause au principal, avaient été imposées à PrivatBank mais que ces mesures n'avaient pas été suffisamment efficaces pour lutter contre les risques identifiés.

92. Il résulte de ce qui précède que, sous réserve des vérifications à effectuer par la juridiction de renvoi, la mesure administrative en cause au principal apparaît comme étant la mesure administrative la moins restrictive pour prévenir de manière efficace le risque de blanchiment de capitaux et de financement du terrorisme auquel PrivatBank était exposée.

93. En troisième lieu, il y a lieu de déterminer si une mesure administrative qui vise à prévenir et à lutter contre le blanchiment de capitaux et le financement du terrorisme, telle que celle en cause au principal, ne porte pas une atteinte excessive aux droits et intérêts protégés conformément aux articles 56 et 63 TFUE, dont bénéficient l'établissement de crédit concerné et ses clients.

94. À cet égard, premièrement, il ressort du dossier dont dispose la Cour que la mesure administrative en cause au principal a été prévue pour s'appliquer pendant une durée limitée, à savoir dans l'attente de la mise en œuvre d'autres mesures prévues dans la décision mentionnée au point 19 du présent arrêt et de l'approbation de cette mise en œuvre par la FKTK. Il s'ensuit que, comme l'a relevé Mme l'avocate générale au point 89 de ses conclusions, PrivatBank était elle-même en mesure d'influencer la levée des restrictions.

95. Deuxièmement, ainsi que l'a considéré Mme l'avocate générale au point 90 de ses conclusions, l'intensité de la mesure administrative en cause au principal ne semble pas être disproportionnée au regard de l'objectif légitime poursuivi, à savoir la prévention et la lutte contre le blanchiment de capitaux et le financement du terrorisme. En effet, d'une part, étant donné que cette mesure administrative a été appliquée seulement à compter de l'adoption de la décision en cause au principal, PrivatBank a pu maintenir les relations d'affaires qu'elle avait nouée avant cette adoption, y compris avec des clients ne disposant pas de lien avec la Lettonie et dont les mouvements créditeurs mensuels étaient plus élevés que les seuils fixés par cette mesure. D'autre part, cet établissement de crédit a pu continuer à nouer de nouvelles relations d'affaires avec des personnes n'entretenant aucun rapport avec la Lettonie, pourvu que leurs mouvements créditeurs mensuels soient inférieurs à ces seuils.

96. Troisièmement, selon la FKTK, l'adoption de la mesure administrative en cause au principal était nécessaire en raison des infractions systématiques et répétées, commises par PrivatBank, aux lois et aux règlements nationaux en matière de prévention du blanchiment de capitaux et du financement du terrorisme. Ainsi, il apparaît que PrivatBank a elle-même contribué, de manière fautive, à une situation de risque en cette matière à laquelle l'autorité nationale compétente était contrainte de réagir.

97. Quatrièmement, ainsi que l'a relevé Mme l'avocate générale au point 92 de ses conclusions, si la libre circulation des capitaux implique que le client peut choisir librement l'établissement de crédit auquel il entend confier, notamment, la gestion de ses comptes bancaires, cette liberté fondamentale ne confère pas, pour autant, le droit de nouer des relations d'affaires avec un établissement de crédit particulier, sans égard aux circonstances concrètes, telles que le non-respect par cet établissement des lois et des règlements en matière de prévention du blanchiment de capitaux et du financement du terrorisme.

98. Dans ces conditions, et sous réserve des vérifications qu'il appartient à la juridiction de renvoi de mener, la mesure administrative en cause au principal ne semble pas porter une atteinte excessive aux droits et aux intérêts protégés conformément aux articles 56 et 63 TFUE, dont bénéficient l'établissement de crédit concerné et ses clients.

99. Eu égard à l'ensemble des considérations qui précèdent, il convient de répondre aux troisième et quatrième questions que l'article 56, premier alinéa, et l'article 63, paragraphe 1, TFUE doivent être interprétés en ce sens qu'ils ne s'opposent pas à une mesure administrative par laquelle l'autorité compétente d'un État membre, d'une part, interdit à un établissement de crédit de nouer des relations d'affaires avec toute personne physique qui n'a pas de lien avec l'État membre sur lequel cet établissement est établi et dont les mouvements créditeurs mensuels dépassent 15 000 euros, ou avec toute personne morale dont l'activité économique ne présente pas de lien avec cet État membre et dont les mouvements créditeurs mensuels dépassent 50 000 euros, ainsi que, d'autre part, impose audit établissement de mettre un terme à de telles relations d'affaires lorsqu'elles ont été nouées après l'adoption de cette mesure, pour autant que cette mesure administrative, premièrement, est justifiée par l'objectif visant à prévenir le blanchiment de capitaux et le financement du terrorisme ou en tant que mesure indispensable visant à faire échec aux infractions aux lois et aux règlements nationaux en matière de contrôle prudentiel des établissements financiers ou encore en tant que mesure justifiée par des motifs liés à l'ordre public, visés à l'article 65, paragraphe 1, sous b), TFUE, deuxièmement, est propre à garantir la réalisation de ces objectifs, troisièmement, n'excède pas ce qui est nécessaire pour les atteindre et, quatrièmement, ne porte pas une atteinte excessive aux droits et intérêts protégés conformément à ces articles 56 et 63 TFUE, dont bénéficient l'établissement de crédit concerné et ses clients.

Observations

PrivatBank est un établissement de crédit établi en Lettonie. Des ressortissants chypriotes et une société établie à Chypre en sont à la fois actionnaires et clients.

La Commission des marchés financiers et de capitaux (dite « FKTK ») a, lors d'une inspection des activités de cet établissement, constaté que celui-ci méconnaissait certaines exigences en matière de prévention du blanchiment des capitaux et du financement du terrorisme. En particulier, PrivatBank avait mis en place des conditions plus favorables, pour ses clients qui étaient en même temps actionnaires, en ce qui concerne la surveillance des opérations des clients existants et l'enregistrement de nouveaux clients.

Par décision du 13 septembre 2019, la FKTK a infligé à PrivatBank une amende et pris une mesure administrative lui interdisant de nouer des relations d'affaires avec « les personnes physiques n'ayant aucun lien avec la République de Lettonie et dont les mouvements créditeurs mensuels dépassent 15 000 euros, les personnes morales dont l'activité économique ne présente pas de lien avec la République de Lettonie et dont les mouvements créditeurs mensuels dépassent 50 000 euros, les personnes morales dont les bénéficiaires effectifs sont les actionnaires de PrivatBank et les personnes ayant un lien avec ces derniers » et lui imposant « de mettre un terme à de telles relations d'affaires lorsqu'elles ont été nouées après l'adoption de cette mesure » (pt 19). En outre, PrivatBank était tenue de veiller à ce que les mouvements créditeurs mensuels de certains clients, dont ceux susmentionnés, ne dépassent pas le montant moyen des mouvements créditeurs mensuels du client concerné pour l'année 2019 (pt 20).

La décision du 13 septembre 2019 a été contestée tant par PrivatBank que par ses actionnaires/clients chypriotes. Il a été soutenu que la mesure administrative constituait une restriction injustifiée au libre mouvement des capitaux et à la libre prestation de services. La FKTK a répondu que ladite mesure constituait une restriction justifiée et proportionnée au sens de l'article 65, paragraphe 1, sous b), TFUE.

C'est dans ce contexte que la cour administrative régionale a posé, à la CJUE, quatre questions préjudicielles.

Procédure devant la Cour de justice

La Cour n'a été saisie d'aucune demande procédurale particulière. Après avoir rappelé le cadre juridique, elle a mentionné le litige principal et les questions préjudicielles avant de statuer sur elles.

Les première et deuxième questions ont été examinées isolément. Les troisième et quatrième questions ont fait l'objet d'une réponse commune. La décision rendue est en harmonie avec les conclusions de Mme Juliane Kokott.

Première question préjudicielle

La première question préjudicielle concernait la notion de « mouvements de capitaux » au sens de l'article 63, paragraphe 1, TFUE : est-ce que les prêts, les crédits financiers et les opérations en comptes courants et de dépôts auprès des établissements financiers en constituent ? La Cour rappelle que le TFUE ne définit pas la notion (pt 27). Elle donne néanmoins une réponse positive en raison de sa jurisprudence antérieure, notamment de ses décisions qui ont reconnu une valeur indicative à la nomenclature des mouvements de capitaux figurant à l'annexe 1 de la directive 88/361 du 24 juin 1988 et qui mentionne les opérations expressément visées dans la question (pts 27 et 28).

Deuxième question préjudicielle

La deuxième question avait été formulée, par la cour administrative régionale, uniquement au regard de l'article 63, paragraphe 1, TFUE qui prohibe les restrictions aux mouvements de capitaux. Elle est reformulée par la Cour parce que si le critère du montant mensuel des mouvements créditeurs « affecte directement les mouvements de capitaux, que le client concerné ait ou non recours à des services de conseil dispensés par PrivatBank », la mesure administrative « interdisant de nouer des relations d'affaires » et obligeant un établissement « à mettre un terme aux relations d'affaires existant avec certains clients affecte la libre prestation de services » (pts 40 et 41). Aussi la question doit-elle non seulement viser l'article susmentionné, mais également l'article 56, alinéa 1, TFUE qui interdit les restrictions à la libre prestation de services (pt 42).

La Cour souligne notamment que la mesure administrative prise à l'encontre de PrivatBank constitue une restriction à la libre prestation de services, en ce qu'elle « fait obstacle à ce que PrivatBank puisse, pour des montants supérieurs à ceux qu'elle prévoit, offrir certains services bancaires en rapport, par exemple, avec la fourniture de crédits ou la réception de fonds aux personnes physiques n'ayant pas de lien avec la Lettonie ou aux personnes morales sans activité économique liée à cet État membre » (pt 46). Elle souligne également qu'il y a une restriction au mouvement de capitaux, cette notion incluant les mesures discriminatoires (pt 49). Or, selon la Cour, « comme l'a relevé Mme l'avocate générale au point 47 de ses conclusions, la mesure administrative en cause au principal, qui fait obligation à PrivatBank de mettre un terme à ses relations d'affaires avec toute personne physique qui n'a pas de lien avec la Lettonie et avec toute personne morale dont l'activité économique n'a pas de lien avec cet État membre, et lui fait interdiction de nouer de telles relations, constitue une discrimination indirecte fondée sur la nationalité » (pt 50).

Troisième et quatrième questions préjudicielles

Par ces questions, la cour administrative régionale demande si la mesure administrative prise par la FKTK et analysée comme une restriction aux libertés prévues par le TFUE peut être néanmoins justifiée par l'objectif visant à prévenir le blanchiment d'argent énoncé à l'article 1 de la directive du 20 mai 2015 et si, le cas échéant, elle est couverte par l'article 65, paragraphe 1, sous b), TFUE.

La Cour distingue, en ce qui concerne la recherche de justifications, la libre circulation des capitaux (pts 57-67) et la libre prestation de services (pts 68 et 69). Une justification est toutefois commune : la lutte contre le blanchiment des capitaux se rattache à l'objectif de protection de l'ordre public et constitue, pour cette raison, un objectif légitime susceptible de justifier une entrave aux libertés fondamentales garanties par les traités européens (pts 61 et 68). La Cour a ajouté, à propos de la libre circulation des capitaux, qu'une restriction est justifiée si elle a pour objet de faire échec aux lois et aux règlements en matière de contrôle prudentiel des établissements financiers (pt 60) ou si elle a pour objet de prévenir et de lutter contre le blanchiment des capitaux (pt 66).

La Cour rappelle toutefois que la mesure qui porte atteinte aux libertés fondamentales ne peut être admise que si elle est proportionnelle, « ce qui implique qu'elle soit propre à garantir, de façon cohérence et systématique, la réalisation de l'objectif poursuivi et qu'elle n'aille pas au-delà de ce qui est nécessaire pour atteindre ceux-ci » (pt 70). Il revient au seul juge national d'apprécier cette proportionnalité mais la CJUE est compétente pour fournir, à celle-ci, des indications utiles (pt 71), ce qu'elle n'a pas manqué de faire dans les points 72 à 97 de sa décision. Cela l'a notamment conduit à considérer que la mesure administrative prise par la FKTK était de nature à réduire le risque de blanchiment (pts 73 et 82) et qu'elle ne constituait pas « une atteinte excessive aux droits et intérêts protégés conformément aux articles 56 et 63 du TFUE » (pts 93-98).

Thierry BONNEAU

Cour de justice, 9e ch., 20 avril 2023, *Ocidental – Companhia Portuguesa de Seguros de Vida AS c/ LP*, aff. C-263/22, ECLI:EU:C:2023:311

Mots-clés : Assurance de groupe – Clause abusive – Connaissance de la clause – Sanction du manquement – Inopposabilité à l'assuré

Cadre normatif : directive 93/13/CEE

Extraits de l'arrêt

[...]

25. Aux termes de l'article 5, première phrase, de cette directive, les clauses des contrats conclus avec un consommateur sous la forme écrite doivent toujours être rédigées de façon claire et compréhensible. La Cour a déjà précisé qu'une telle exigence a la même portée que celle visée à l'article 4, paragraphe 2, de ladite directive, qui soumet l'exception, prévue à cette dernière disposition, au mécanisme de contrôle, par le juge national, du caractère abusif de ces clauses, notamment celles portant sur l'objet principal du contrat, à la condition que lesdites clauses soient rédigées de façon claire et compréhensible (voir, en ce sens, arrêts du 30 avril 2014, *Kásler et Káslerné Rábai*, C-26/13, EU:C:2014:282, point 69, ainsi que du 3 mars 2020, *Gómez del Moral Guasch*, C-125/18, EU:C:2020:138, point 46).

26. La Cour a précisé que l'exigence de transparence des clauses contractuelles, telle qu'elle résulte de ces dispositions, doit être entendue de manière extensive et qu'elle ne saurait être réduite au seul caractère compréhensible sur les plans formel et grammatical de ces clauses. Cette exigence impose qu'un consommateur moyen, normalement informé et raisonnablement attentif et avisé, soit mis en mesure de comprendre le fonctionnement concret d'une telle clause et d'évaluer ainsi, sur le fondement de critères précis et intelligibles, les conséquences économiques, potentiellement significatives, de cette clause sur ses obligations (voir, en ce sens, arrêts du 10 juin 2021, *BNP Paribas Personal Finance*, C-609/19, EU:C:2021:469, points 42 et 43, ainsi que du 10 juin 2021, *BNP Paribas Personal Finance*, C-776/19 à C-782/19, EU:C:2021:470, points 63 et 64 ainsi que jurisprudence citée).

27. S'agissant du moment auquel ces éléments doivent être portés à la connaissance du consommateur, la Cour a déjà jugé que la fourniture, avant la conclusion d'un contrat, de l'information relative aux conditions contractuelles et aux conséquences de cette conclusion est, pour un consommateur, d'une importance fondamentale, dès lors que c'est, notamment, sur le fondement de cette information que ce dernier décide s'il souhaite être lié par les conditions rédigées préalablement par le professionnel [voir, en ce sens, arrêts du 21 décembre 2016, *Gutiérrez Naranjo e.a.*, C-154/15, C-307/15 et C-308/15, EU:C:2016:980, point 50 ainsi que jurisprudence citée, et du 12 janvier 2023, *D.V. (Honoraires d'avocat – Principe du tarif horaire)*, C-395/21, EU:C:2023:14, point 39 ainsi que jurisprudence citée].

28. Ainsi, dans un cas où, comme dans l'affaire au principal, un consommateur avait adhéré à un contrat d'assurance de groupe lors de la conclusion d'un contrat de prêt, la Cour a considéré que revêtent pour le consommateur une importance essentielle, aux fins du respect de l'exigence de transparence des clauses contractuelles, l'information donnée préalablement à la conclusion du contrat sur les conditions de l'engagement ainsi que, notamment, l'exposé des particularités du mécanisme de prise en charge des échéances dues au prêteur en cas d'incapacité totale de l'emprunteur, de sorte que ce consommateur soit mis en mesure d'évaluer, sur le fondement de critères précis et intelligibles, les conséquences économiques qui en découlent pour lui. En effet, cette information et cet exposé sont nécessaires pour que la portée de la clause concernée soit comprise par le consommateur, dont il ne saurait être exigé, lors de la conclusion de contrats liés, la même vigilance quant à l'étendue des risques couverts par ce contrat d'assurance que s'il avait conclu séparément ce dernier et ce contrat de prêt (voir, en ce sens, arrêt du 23 avril 2015, *Van Hove*, C-96/14, EU:C:2015:262, points 41 et 48).

29. Or, dès lors que l'exigence de transparence des clauses contractuelles ainsi interprétée par la Cour entraîne l'obligation de fournir au consommateur, avant la conclusion du contrat, l'ensemble des informations nécessaires pour permettre au consommateur de comprendre les conséquences économiques de ces clauses et de décider en toute connaissance de cause de se lier contractuellement, cette exigence présuppose nécessairement que le consommateur puisse prendre connaissance de toutes les clauses d'un contrat avant la conclusion de celui-ci.

30. La circonstance que ces clauses portent ou non sur l'objet principal de ce contrat est sans pertinence à cet égard. En effet, pour que le consommateur, conformément à l'objectif poursuivi par ladite exigence de transparence, puisse décider en connaissance de cause s'il souhaite être lié par les conditions rédigées préalablement par le professionnel, il doit nécessairement, avant de prendre une telle décision, avoir pu prendre connaissance de la totalité dudit contrat, dès lors que c'est l'ensemble des clauses de ce dernier qui déterminera notamment les droits et les obligations incombant au consommateur au titre du même contrat. La Cour a, par ailleurs, déjà clarifié que la même exigence de transparence s'applique également lorsqu'une clause porte sur l'objet principal du contrat (voir, en ce sens, arrêt du 3 mars 2020, *Gómez del Moral Guasch*, C-125/18, EU:C:2020:138, points 46 et 47 ainsi que jurisprudence citée).

31. Une telle exigence de prise de connaissance préalable de la totalité des clauses d'un contrat est au demeurant clairement mise en exergue par le vingtième considérant de la directive 93/13, aux termes duquel non seulement les contrats doivent être rédigés en termes clairs et compréhensibles, mais le consommateur doit avoir effectivement l'occasion de prendre connaissance de toutes les clauses. Ainsi, le législateur de l'Union européenne a souligné l'intérêt d'une prise de connaissance préalable de toutes les clauses d'un contrat afin de permettre au consommateur de décider, en connaissance de cause, s'il souhaite être lié par ces clauses.

32. Par ailleurs, en ce que la juridiction de renvoi relève que la réglementation portugaise relative aux assurances de groupe constitue, selon une certaine interprétation jurisprudentielle, une lex specialis qui exclut l'application de la réglementation générale relative aux clauses n'ayant pas fait l'objet d'une négociation individuelle, il importe de rappeler que l'exigence de transparence des clauses contractuelles prévue par la directive 93/13 ne saurait être écartée au motif qu'il existe un régime juridique spécial applicable à un certain type de contrats. En effet, selon une jurisprudence constante, c'est par référence à la qualité des contractants que la directive 93/13 définit les contrats auxquels elle s'applique (voir, en ce sens, arrêt du 21 mars 2019, *Pouvin et Dijoux*, C-590/17, EU:C:2019:232, point 23 ainsi que jurisprudence citée, et ordonnance du 10 juin 2021, *X Bank*, C-198/20, non publiée, EU:C:2021:481, point 24).

[...]

39. Selon une jurisprudence constante, la compétence de la Cour relative à l'examen du caractère éventuellement abusif d'une clause contractuelle, au sens de l'article 3, paragraphe 1, de la directive 93/13, porte sur l'interprétation des critères que le juge national peut ou doit appliquer lors de l'examen de cette clause au regard des dispositions de cette directive. Il appartient donc à ce juge de se prononcer, en tenant compte de ces critères, sur la qualification concrète d'une clause contractuelle particulière en fonction des circonstances propres au cas d'espèce. Il en ressort que la Cour doit se limiter à fournir à la juridiction de renvoi des indications dont cette dernière est censée tenir compte afin d'apprécier le caractère abusif de la clause concernée (voir, en ce sens, arrêt du 3 septembre 2020, *Profi Credit Polska*, C-84/19, C-222/19 et C-252/19, EU:C:2020:631, point 91 ainsi que jurisprudence citée).

40. À cet égard, il convient de rappeler, en premier lieu, que, s'agissant de l'article 5 de la directive 93/13, le caractère transparent d'une clause contractuelle constitue l'un des éléments à prendre en compte dans le cadre de l'appréciation du caractère abusif de cette clause qu'il appartient au juge national d'effectuer en vertu de l'article 3, paragraphe 1, de cette directive [arrêt du 12 janvier 2023, *D.V. (Honoraires d'avocat – Principe du tarif horaire)*, C-395/21, EU:C:2023:14, point 47 et jurisprudence citée].

41. Or, si le caractère non transparent d'une clause contractuelle, dû à un défaut de clarté ou de compréhensibilité de celle-ci peut constituer un élément à prendre en compte dans le cadre de l'appréciation du caractère abusif de cette clause, un manque de transparence, dû à l'impossibilité, pour le consommateur, de prendre connaissance de ladite clause avant la conclusion du contrat en cause, peut à plus forte raison constituer un tel élément.

42. En second lieu, dans le cadre de l'appréciation du caractère abusif d'une clause contractuelle qu'il appartient au juge national d'effectuer en vertu de l'article 3, paragraphe 1, de la directive 93/13, il incombe à ce juge d'évaluer, dans un premier temps, le possible non-respect de l'exigence de bonne foi et, dans un second temps, l'existence d'un éventuel déséquilibre significatif au détriment du consommateur, au sens de cette disposition (voir, en ce sens, arrêt du 3 octobre 2019, *Kiss et CIB Bank*, C-621/17, EU:C:2019:820, point 49 ainsi que jurisprudence citée). Conformément à l'article 4, paragraphe 1, de cette directive, ledit juge doit effectuer cette appréciation en se référant, notamment, au moment de la conclusion du contrat et à toutes les circonstances qui entourent sa conclusion.

43. En ce qui concerne, d'une part, l'exigence de bonne foi, il importe de relever que, ainsi qu'il ressort du seizième considérant de la directive 93/13, dans le cadre de l'appréciation de la bonne foi, le juge national doit notamment tenir compte de la force des positions respectives de négociation des parties et de la question de savoir si le consommateur a été encouragé par quelque moyen à donner son accord à la clause concernée.

44. En l'occurrence, sous réserve des vérifications qu'il appartiendra à la juridiction de renvoi d'effectuer, LP a soutenu à cet égard, dans ses observations écrites, qu'il a été « exigé » qu'elle-même et son conjoint souscrivent au contrat d'assurance afin d'obtenir le prêt bancaire en cause en vue de l'achat d'un bien. Ils auraient, à cette occasion, uniquement signé l'offre d'adhésion à ce contrat qui leur a été présentée par la banque, sans jamais avoir été informés de l'ensemble de son contenu. Cette offre d'adhésion aurait été remplie par l'employé de la banque leur ayant présenté ledit contrat à signer. LP aurait signé ladite offre sans qu'aucune clause d'exclusion de la couverture du risque assuré souscrite lui ait été lue.

45. D'autre part, quant à la question de savoir si, en dépit de l'exigence de bonne foi, une clause contractuelle crée, au détriment du consommateur, un déséquilibre significatif entre les droits et les obligations des parties au contrat, découlant de ce dernier, le juge national doit, selon une jurisprudence constante, vérifier si le professionnel, en traitant de façon loyale et équitable avec le consommateur, pouvait raisonnablement s'attendre à ce que ce dernier accepte cette clause à la suite d'une négociation individuelle (voir, notamment, arrêts du 3 septembre 2020, *Profi Credit Polska*, C-84/19, C-222/19 et C-252/19, EU:C:2020:631, point 93 ainsi que jurisprudence citée, et du 10 juin 2021, *BNP Paribas Personal Finance*, C-776/19 à C-782/19, EU:C:2021:470, point 98 ainsi que jurisprudence citée).

46. Partant, pour apprécier si les clauses d'un contrat, telles que celles en cause au principal, créent au détriment du consommateur un tel déséquilibre, il convient de tenir compte de l'ensemble des circonstances dont le professionnel ou son représentant pouvait avoir connaissance au moment de la conclusion de ce contrat et qui étaient de nature à exercer une influence sur l'exécution ultérieure dudit contrat. La juridiction nationale devra ainsi déterminer si le consommateur a reçu toutes les informations susceptibles d'avoir une incidence sur la portée de ses obligations au titre du même contrat et lui permettant d'évaluer, notamment, les conséquences découlant de ce dernier.

47. À cet égard, la circonstance que le consommateur n'a pas pu prendre connaissance d'une clause contractuelle avant la conclusion du contrat en cause constitue un élément essentiel dans l'appréciation de l'éventuel caractère abusif de cette clause dans la mesure où cette circonstance pourrait conduire le consommateur à assumer des obligations qu'il n'aurait pas acceptées autrement et, par conséquent, pourrait être susceptible de créer un déséquilibre significatif entre les obligations mutuelles des parties à ce contrat.

48. En l'occurrence, LP n'aurait eu l'occasion ni de prendre connaissance des clauses du contrat d'assurance relatives à l'exclusion ou à la limitation de la couverture du risque assuré ni d'informer Ocidental de son état de santé au moment de la conclusion de ce contrat, dès lors qu'elle n'aurait rempli aucun questionnaire concernant son état de santé lors de l'adhésion audit contrat.

49. Dans ces circonstances, lesquelles doivent faire l'objet d'une vérification par la juridiction de renvoi, l'application de telles clauses d'exclusion ou de limitation de la couverture du risque assuré a pour conséquence que le consommateur ne bénéficie plus de cette couverture en cas de réalisation de ce risque et qu'il doit, en principe, à partir de la date de la constatation d'une incapacité permanente due à un problème de santé préexistant, dont il n'a pas eu l'occasion d'informer l'assureur, acquitter lui-même les échéances du prêt restant dues. Le cas échéant, il devrait au moins acquitter une partie de celles-ci, lorsque, en vertu d'une réglementation nationale applicable, telle que celle en cause au principal, la banque est tenue responsable du dommage causé par l'absence de communication de ces clauses, sans toutefois placer ce consommateur dans la même situation que celle qui aurait été la sienne s'il avait bénéficié de ladite couverture. Ledit consommateur peut donc se voir confronté à une situation dans laquelle, eu égard à une perte de revenus résultant de son incapacité permanente, il lui est difficile voire impossible de rembourser ces échéances, alors que c'est précisément contre ce risque qu'il a voulu s'assurer par l'adhésion à un contrat d'assurance, tel que celui en cause au principal.

50. Ainsi, en ne permettant pas au consommateur concerné de prendre connaissance, avant la conclusion de ce contrat, de l'information relative auxdites clauses contractuelles et à toutes les conséquences de la conclusion dudit contrat, le professionnel fait peser ledit risque, découlant d'une éventuelle incapacité permanente, totalement, ou du moins partiellement, sur ce consommateur.

51. Si la juridiction de renvoi devait, à la suite d'une appréciation des circonstances propres au cas d'espèce, considérer que, en l'occurrence, en dépit de l'exigence de bonne foi, Ocidental ne pouvait raisonnablement s'attendre, en respectant l'exigence de transparence à l'égard de LP, à ce que cette dernière accepte, à la suite d'une négociation individuelle, les clauses contractuelles en question, cette juridiction devra conclure au caractère abusif de ces dernières.

52. Selon une jurisprudence constante, une fois qu'une clause est déclarée abusive et, partant, nulle, il incombe au juge national, conformément à l'article 6, paragraphe 1, de la directive 93/13, d'écarter l'application de cette clause afin qu'elle ne produise pas d'effets contraignants à l'égard du consommateur, sauf si ce dernier s'y oppose (arrêt du 16 juillet 2020, *Caixabank et Banco Bilbao Vizcaya Argentaria*, C-224/19 et C-259/19, EU:C:2020:578, point 50).

53. En l'occurrence, il s'ensuivrait que la clause d'exclusion ou de limitation de la couverture du risque assuré ne pourrait être opposée à LP. Cette conclusion ne saurait être remise en cause par une réglementation nationale, telle que celle mentionnée par la juridiction de renvoi, en vertu de laquelle un preneur d'assurance, qui a manqué à l'obligation de communication des clauses contractuelles lui incombant en vertu de cette réglementation, est susceptible de devoir indemniser le dommage résultant d'une telle absence de communication sans toutefois permettre de rétablir la situation en droit et en fait qui aurait été celle du consommateur s'il avait bénéficié de cette couverture. Ladite réglementation, qui concerne les conséquences, en matière de responsabilité civile, de cette absence de communication, ne saurait avoir une influence sur l'inopposabilité d'une clause contractuelle qualifiée d'abusive à l'égard du consommateur, en application de la directive 93/13.

54. Au demeurant, selon la jurisprudence constante de la Cour, le constat du caractère abusif d'une clause contenue dans un contrat doit permettre de rétablir la situation en droit et en fait qui aurait été celle du consommateur en l'absence de cette clause abusive [arrêt du 12 janvier 2023, *D.V. (Honoraires d'avocat – Principe du tarif horaire)*, C-395/21, EU:C:2023:14, point 54 et jurisprudence citée].

55. L'inopposabilité d'une telle clause contractuelle qualifiée d'abusive à l'égard du consommateur est toutefois sans préjudice des éventuelles conséquences, en matière de responsabilité civile du preneur d'assurance vis-à-vis de l'assureur, de l'absence de communication au consommateur, par le preneur d'assurance, de cette clause.

56. Il résulte de l'ensemble des considérations qui précèdent que l'article 3, paragraphe 1, et les articles 4 à 6 de la directive 93/13 doivent être interprétés en ce sens que, lorsqu'une clause d'un contrat d'assurance relative à l'exclusion ou à la limitation de la couverture du risque assuré, dont le consommateur concerné n'a pas pu prendre connaissance avant la conclusion de ce contrat, est qualifiée d'abusive par le juge national, ce juge est tenu d'écarter l'application de cette clause afin qu'elle ne produise pas d'effets contraignants à l'égard de ce consommateur.

Observations

La Cour de justice, dans un arrêt du 20 avril 2023, se prononce sur le régime d'une clause abusive dans le contexte spécifique d'une assurance de groupe. En l'espèce, un couple conclut un contrat de prêt et adhère à un contrat d'assurance de groupe souscrit par la banque prêteuse auprès d'un assureur, en vertu duquel celui-ci s'engage à payer les échéances du contrat de prêt en cas d'invalidité permanente de l'un des époux. Au cours de l'exécution du contrat de prêt, l'épouse se trouve en situation d'invalidité, mais l'assureur refuse d'exécuter le contrat, invoquant les déclarations inexactes et/ou incomplètes de l'assurée au jour de la conclusion du contrat d'assurance, ainsi que la clause d'exclusion de garantie écartant la couverture du risque d'incapacité permanente de l'assuré résultant de maladies antérieures à la conclusion du contrat. L'assurée conteste cette analyse : elle soutient d'une part que les informations médicales figurant dans l'offre d'adhésion avaient été remplies par l'employé de la banque qui lui avait uniquement présenté le contrat pour signature et qu'elle n'avait rempli aucun questionnaire concernant son état de santé et, d'autre part, qu'aucune clause concernant une exclusion de la couverture du risque assuré ne lui aurait été lue ni expliquée, ce qui devrait être sanctionné par son inexistence.

Les juges portugais se heurtent à une difficulté pour apprécier la sanction attachée à un défaut d'information de l'assuré dans le cadre d'un contrat d'assurance de groupe. En effet, le régime de l'assurance de groupe, établi au Portugal par le décret-loi n° 176/95, déroge au régime de droit commun applicable aux clauses n'ayant pas fait l'objet d'une négociation individuelle, prévu par le décret-loi n° 446/85 : alors que ce dernier impose à l'assureur une obligation de communication des conditions générales de ce contrat aux adhérents et l'exclusion de celles-ci en cas de manquement à cette obligation, le régime spécial fait reposer cette obligation sur le preneur d'assurance, autrement dit le banquier intermédiaire. Deux interprétations seraient alors possibles pour le juge national afin d'apprécier les effets d'un manquement à l'obligation de communication : soit le régime spécial déroge au droit commun, l'obligation incombe au preneur et le manquement ne pourrait être opposé à l'assureur ; soit le régime spécial n'y déroge pas et l'obligation incombe bien à l'assureur.

Dans un premier temps, l'article 4, paragraphe 2 (1) et l'article 5 (2) de la directive 93/13 du 5 avril 1993 concernant les clauses abusives dans les contrats conclus avec les consommateurs, lus à la lumière de son vingtième considérant (3), doivent-ils être interprétés en ce sens qu'un consommateur doit toujours avoir la possibilité de prendre connaissance, avant la conclusion d'un contrat, des clauses portant sur l'objet principal de ce contrat, voire de toutes les clauses de ce contrat ? Classiquement, la Cour rappelle que les clauses du contrat doivent être rédigées de façon claire et compréhensible et que cette exigence est appréciée de manière extensive. Ainsi, « elle ne saurait être réduite au seul caractère compréhensible sur les plans formel et grammatical de ces clauses » ; « cette exigence impose qu'un consommateur moyen, normalement informé et raisonnablement attentif et avisé, soit mis en mesure de comprendre le fonctionnement concret d'une telle clause et d'évaluer ainsi, sur le fondement de critères précis et intelligibles, les conséquences

(1) Art. 4, § 2, de la directive 93/13 : « L'appréciation du caractère abusif des clauses ne porte ni sur la définition de l'objet principal du contrat ni sur l'adéquation entre le prix et la rémunération, d'une part, et les services ou les biens à fournir en contrepartie, d'autre part, pour autant que ces clauses soient rédigées de façon claire et compréhensible ».

(2) Art. 5 de la directive 93/13 : « Dans le cas des contrats dont toutes ou certaines clauses proposées au consommateur sont rédigées par écrit, ces clauses doivent toujours être rédigées de façon claire et compréhensible. En cas de doute sur le sens d'une clause, l'interprétation la plus favorable au consommateur prévaut ».

(3) Consid. 20 de la directive 93/13/CE : « Considérant que les contrats doivent être rédigés en termes clairs et compréhensibles ; que le consommateur doit avoir effectivement l'occasion de prendre connaissance de toutes les clauses, et que, en cas de doute, doit prévaloir l'interprétation la plus favorable au consommateur ».

économiques, potentiellement significatives, de cette clause sur ses obligations » (4). Le moment de la délivrance de l'information est également crucial : la communication de l'information doit être impérativement préalable à l'engagement, afin de permettre à l'assuré de comprendre celui-ci. Cette condition est d'autant plus importante dans le contexte de contrats liés (prêt et assurance), comme c'était le cas en l'espèce : « [C]ette information et cet exposé sont nécessaires pour que la portée de la clause concernée soit comprise par le consommateur, dont il ne saurait être exigé, lors de la conclusion de contrats liés, la même vigilance quant à l'étendue des risques couverts par ce contrat d'assurance que s'il avait conclu séparément ce dernier et ce contrat de prêt » (5). La Cour souligne en outre que cette exigence de transparence est générale et s'applique que la clause porte ou non sur l'objet principal du contrat (6), sans qu'aucune loi nationale ne puisse y déroger (7).

Dans un deuxième temps, se pose la question des effets de l'absence de communication des clauses du contrat à l'assuré ; le manquement, ici de la banque intermédiaire, est-il opposable à l'assureur ? Le contexte particulier de la conclusion du contrat d'assurance est important dès lors que, dans un contrat d'assurance de groupe, l'opération fait intervenir trois personnes. Comme l'a déjà présenté la Cour, le mécanisme est alors atypique en raison de l'interposition de « l'entreprise preneuse d'assurance » – désignée aussi comme l'« organisateur du groupe » pour limiter les risques de confusion avec l'adhérent final (8). Dans cette hypothèse, « les procédures de conclusion de ces contrats et d'adhésion à ceux-ci impliquent, par leur nature, la création de deux relations d'assurance distinctes, la première, entre l'entreprise d'assurance et l'entreprise preneuse d'un tel contrat, née de la conclusion de celui-ci, et, la seconde, éventuelle et postérieure à la première, entre l'entreprise d'assurance et l'assuré consommateur, née de la déclaration d'adhésion de celui-ci à

(4) CJUE, 20 avril 2023, *Ocidental – Companhia Portuguesa de Seguros de Vida AS c/ LP*, aff. C-263/22, pt 26. Voy., déjà, CJUE, 10 juin 2021, *BNP Paribas Personal Finance*, aff. C-609/19, spéc. pts 42 et 43 et aff. C-676/19, spéc. pts 63 et 64.

(5) CJUE, 20 avril 2023, *Ocidental – Companhia Portuguesa de Seguros de Vida AS c/ LP*, aff. C-263/22, pt 28. Voy., dans le même sens, CJUE, 23 avril 2015, *Van Hove*, aff. C-96/14, spéc. pts 41 et 48.

(6) CJUE, 20 avril 2023, *Ocidental – Companhia Portuguesa de Seguros de Vida AS c/ LP*, aff. C-263/22, préc., pts 30 et s.

(7) *Ibid.*, pt 32 : « [L]'exigence de transparence des clauses contractuelles prévue par la directive 93/13 ne saurait être écartée au motif qu'il existe un régime juridique spécial applicable à un certain type de contrats. En effet, selon une jurisprudence constante, c'est par référence à la qualité des contractants que la directive 93/13 définit les contrats auxquels elle s'applique ».

(8) Concl. av. gén. M. Szpunar présentées le 24 mars 2022, aff. C-633/20, spéc. n° 70.

ce contrat » (9). Quel est l'effet du manquement de « l'entreprise preneuse d'assurance » – la banque – dans les rapports entre l'assureur et l'assuré ?

D'une part, la Cour s'attache au caractère abusif de la clause, en rappelant la grille d'analyse à appliquer pour l'appréciation d'une telle clause, en fournissant au juge national un certain nombre d'indications (10). Le juge doit d'abord contrôler le caractère transparent de la clause, étant précisé que « si le caractère non transparent d'une clause contractuelle, dû à un défaut de clarté ou de compréhensibilité de celle-ci peut constituer un élément à prendre en compte dans le cadre de l'appréciation du caractère abusif de cette clause, un manque de transparence, dû à l'impossibilité, pour le consommateur, de prendre connaissance de ladite clause avant la conclusion du contrat en cause, peut à plus forte raison constituer un tel élément » (11). Le juge doit ensuite évaluer le possible non-respect de l'exigence de bonne foi (en fonction de la force des positions respectives de négociation des parties – ici, « il a été "exigé" que [l'assurée] et son conjoint souscrivent au contrat d'assurance afin d'obtenir le prêt bancaire en cause en vue de l'achat d'un bien » (12)), ainsi que l'existence d'un éventuel déséquilibre significatif. Selon ce dernier critère, le juge doit « vérifier si le professionnel, en traitant de façon loyale et équitable avec le consommateur, pouvait raisonnablement s'attendre à ce que ce dernier accepte cette clause à la suite d'une négociation individuelle » (13), ce qui peut être très discutable dans la mesure où l'assurée ne semble pas avoir pu prendre connaissance du contenu des clauses (14).

D'autre part, dans le cas où le caractère abusif serait caractérisé, la Cour précise la sanction. Elle rappelle à cet égard le principe traditionnel : « Selon une jurisprudence constante, une fois qu'une clause est déclarée abusive et, partant, nulle, il incombe au juge national, conformément à l'article 6, paragraphe 1, de la

(9) CJUE, 3e ch., 24 février 2022, aff. C-143/20 et C-213/20, pt 86.

(10) CJUE, 9e ch., 20 avril 2023, *Ocidental – Companhia Portuguesa de Seguros de Vida AS c/ LP*, aff. C-263/22, pt 39.

(11) *Ibid.*, pts 40 et 41.

(12) *Ibid.*, pt 44.

(13) *Ibid.*, pt 45. Voy. CJUE, 16 juillet 2020, *Caixabank et Banco Bilbao Vizcaya Argentaria*, aff. C-224/19 et C-259/19, spéc. pt 50.

(14) CJUE, 9e ch., 20 avril 2023, *Ocidental – Companhia Portuguesa de Seguros de Vida AS c/ LP*, préc., pt 47 : « À cet égard, la circonstance que le consommateur n'a pas pu prendre connaissance d'une clause contractuelle avant la conclusion du contrat en cause constitue un élément essentiel dans l'appréciation de l'éventuel caractère abusif de cette clause dans la mesure où cette circonstance pourrait conduire le consommateur à assumer des obligations qu'il n'aurait pas acceptées autrement et, par conséquent, pourrait être susceptible de créer un déséquilibre significatif entre les obligations mutuelles des parties à ce contrat ».

directive 93/13, d'écarter l'application de cette clause afin qu'elle ne produise pas d'effets contraignants à l'égard du consommateur, sauf si ce dernier s'y oppose » (15) ; la clause devrait donc être réputée inopposable à l'assuré. En effet, « selon la jurisprudence constante de la Cour, le constat du caractère abusif d'une clause contenue dans un contrat doit permettre de rétablir la situation en droit et en fait qui aurait été celle du consommateur en l'absence de cette clause abusive » (16), sans préjudice de l'éventuelle responsabilité du banquier ou de l'assureur.

La solution, conforme à l'exigence de protection de l'assuré dans un contrat d'assurance de groupe, est parfaitement justifiée.

Pauline PAILLER

(15) CJUE, 9e ch., 20 avril 2023, *Ocidental – Companhia Portuguesa de Seguros de Vida AS c/ LP*, préc., pt 52.

(16) *Ibid.*, pt 54. Voy. CJUE, 12 janvier 2023, *D.V. (Honoraires d'avocat – Principe du tarif horaire)*, aff. C-395/21, pt 54.

Cour de justice, 5e ch., 12 octobre 2023, *KBC Verzekeringen NV c/ P&V Verzekeringen CVBA*, aff. C-286/22, ECLI:EU:C:2023:767

Mots-clés : Assurance responsabilité civile automobile – Notion de « véhicule » – Usage exclusif de la force mécanique

Cadre normatif : directive 2009/103/CE

Extraits de l'arrêt

[...]

31. Par sa question, la juridiction de renvoi demande, en substance, si l'article 1er, point 1, de la directive 2009/103 doit être interprété en ce sens que relève de la notion de « véhicule », au sens de cette disposition, un vélo dont le moteur électrique fournit uniquement une assistance au pédalage et qui dispose d'une fonction lui permettant d'accélérer sans pédaler jusqu'à une vitesse de 20 km/h, cette fonction ne pouvant toutefois être activée qu'après utilisation de la force musculaire.

32. Aux fins de l'interprétation d'une disposition de droit de l'Union, il y a lieu de tenir compte non seulement des termes de celle-ci, mais également de son contexte et des objectifs poursuivis par la réglementation dont elle fait partie.

33. S'agissant du libellé de l'article 1er, point 1, de la directive 2009/103, il convient de rappeler que cette disposition prévoit que, aux fins de cette directive, la notion de « véhicule » vise « tout véhicule automoteur destiné à circuler sur le sol et qui peut être actionné par une force mécanique, sans être lié à une voie ferrée, ainsi que les remorques, même non attelées ». Partant, conformément au sens habituel de ces termes dans le langage courant, cette notion, en tant qu'elle vise « tout véhicule automoteur », se réfère nécessairement à un engin conçu pour se déplacer sur le sol au moyen d'une force produite par une machine, par opposition à une force humaine ou animale, à l'exception des véhicules se déplaçant sur rails.

34. S'il découle ainsi du libellé de l'article 1er, point 1, de la directive 2009/103 que seuls relèvent de la notion de « véhicule », au sens de cette disposition, des véhicules destinés à circuler sur le sol qui peuvent être actionnés par une force mécanique, à l'exception de ceux qui se déplacent sur rails, ce libellé ne permet pas, à lui seul, de répondre à la question posée, dès lors qu'il ne contient pas d'indication permettant de déterminer si une telle force mécanique doit jouer un rôle exclusif dans l'actionnement du véhicule concerné.

35. En effet, les versions de cet article 1er, point 1, notamment en langues française, italienne, néerlandaise et portugaise, dans la mesure où elles se réfèrent, au sujet de la force mécanique, à la circonstance que celle-ci « peut » actionner les véhicules concernés, pourraient être lues en ce sens que constituent des « véhicules », au sens de cette disposition, non seulement ceux propulsés exclusivement par une force mécanique, mais également ceux qui sont susceptibles de se mouvoir par d'autres moyens. Toutefois, dans d'autres versions linguistiques, en particulier celles en langues espagnole, allemande, grecque, anglaise et lituanienne, ladite disposition est rédigée différemment, de sorte qu'elle ne saurait être lue dans ce même sens.

36. Or, selon une jurisprudence constante de la Cour, les dispositions du droit de l'Union doivent être interprétées et appliquées de manière uniforme, à la lumière des versions établies dans toutes les langues de l'Union. En cas de disparité entre les différentes versions linguistiques d'un texte du droit de l'Union, la disposition en cause doit être interprétée en fonction de l'économie générale et de la finalité de la réglementation dont elle constitue un élément (arrêts du 8 décembre 2005, *Jyske Finans*, C-280/04, EU:C:2005:753, point 31, et du 21 décembre 2021, *Trapeza Peiraios*, C-243/20, EU:C:2021:1045, point 32).

37. Ainsi, s'agissant de l'économie générale de la directive 2009/103, il y a lieu de relever, d'une part, que, aux termes du considérant 2 de cette directive, l'obligation d'« assurance de la responsabilité civile résultant de la circulation des véhicules automoteurs », que ladite directive prévoit, se réfère à « l'assurance automobile », expression qui vise traditionnellement, dans le langage courant, l'assurance de la responsabilité civile résultant de la circulation d'engins tels que les motocycles, les voitures et les camions qui, hormis les cas où ils sont hors d'usage, sont mus exclusivement au moyen d'une force mécanique.

38. D'autre part, l'article 13 de la directive 2009/103 précise, à son paragraphe 1, sous b), que chaque État membre prend toutes les mesures appropriées pour que, aux fins de l'application de l'article 3 de celle-ci, soit réputée sans effet, en ce qui concerne le recours des tiers victimes d'un sinistre, toute disposition légale ou clause contractuelle contenue dans une police d'assurance délivrée conformément à cet article 3 qui exclut de l'assurance l'utilisation ou la conduite de véhicules par des personnes non titulaires d'un permis leur permettant de conduire le véhicule concerné. Or, il ressort du libellé de l'article 4, paragraphe 1, de la directive 2006/126/CE du Parlement européen et du Conseil, du 20 décembre 2006, relative au permis de conduire (*JO* 2006, L 403, p. 18), que, en principe, seule la conduite de véhicules susceptibles de circuler par leurs propres moyens, à l'exception de ceux qui se déplacent sur rails, est soumise à un permis de conduire national.

39. Quant aux objectifs poursuivis par la directive 2009/103, il convient de rappeler que celle-ci vise à assurer la libre circulation tant des véhicules stationnant habituellement sur le territoire de l'Union que des personnes qui sont à leur bord et à garantir que les victimes des accidents causés par ces véhicules bénéficieront d'un traitement comparable, quel que soit l'endroit du territoire de l'Union où l'accident s'est produit, de même qu'à assurer ainsi la protection des victimes d'accidents causés par les véhicules automoteurs, cet objectif de protection des victimes ayant été constamment poursuivi et renforcé par le législateur de l'Union [voir, en ce sens, arrêts du 20 juin 2019, *Línea Directa Aseguradora*, C-100/18, EU:C:2019:517, points 33, 34 et 46 ainsi que jurisprudence citée, et du 20 mai 2021, *K.S. (Frais de remorquage d'un véhicule endommagé)*, C-707/19, EU:C:2021:405, point 27].

40. Or, des engins qui ne sont pas actionnés exclusivement par une force mécanique et qui ne peuvent donc pas se déplacer sur le sol sans utilisation de la force musculaire, tels que le vélo à assistance électrique en cause au principal, lequel, au demeurant, peut accélérer sans pédaler jusqu'à une vitesse de 20 km/h, n'apparaissent pas de nature à causer aux tiers des dommages corporels ou matériels comparables, quant à leur gravité ou à leur quantité, à ceux que peuvent causer les motocycles, les voitures, les camions ou d'autres véhicules, circulant sur le sol, actionnés exclusivement par une force mécanique, ces derniers pouvant atteindre une vitesse certaine, sensiblement plus élevée que celle pouvant être atteinte par de tels engins, et étant, encore actuellement, très majoritairement utilisés aux fins de la circulation. L'objectif de protection des victimes d'accidents de la circulation causés par les véhicules automoteurs, poursuivi par la directive 2009/103, n'impose donc pas que de tels engins relèvent de la notion de « véhicule », au sens de l'article 1er, point 1, de cette directive.

41. Eu égard à l'ensemble des considérations qui précèdent, il convient de répondre à la question posée que l'article 1er, point 1, de la directive 2009/103 doit être interprété en ce sens que ne relève pas de la notion de « véhicule », au sens de cette disposition, un vélo dont le moteur électrique fournit uniquement une assistance au pédalage et qui dispose d'une fonction lui permettant d'accélérer sans pédaler jusqu'à une vitesse de 20 km/h, cette fonction ne pouvant toutefois être activée qu'après utilisation de la force musculaire.

Observations

Le domaine de la directive 2009/103/CE du 16 septembre 2009 sur l'assurance de responsabilité civile résultant de la circulation de véhicules automoteurs, modifiée par la directive (UE) 2021/2118 du Parlement européen et du Conseil du 24 novembre 2021, pose des difficultés récurrentes. En particulier, de nombreux arrêts ont précisé la notion de « véhicule », définie par l'article 1er, point 1, comme « tout véhicule automoteur destiné à circuler sur le sol et qui peut être actionné par une force mécanique, sans être lié à une voie ferrée, ainsi que les remorques, même non attelées ». La Cour de justice de l'Union a ainsi jugé que la qualification de « véhicule », conçu comme « tout véhicule automoteur destiné à circuler sur le sol », se fait indépendamment de l'usage qui en est fait ou qui peut en être fait. La notion de « circulation des véhicules » n'est en outre pas limitée aux situations de circulation routière, c'est-à-dire à la circulation sur la voie publique, mais vise toute utilisation d'un véhicule qui est conforme à la fonction habituelle de ce dernier (1). Peu importe également, selon cette définition, les caractéristiques du terrain sur lequel le véhicule automoteur est utilisé (2).

La délimitation de la notion de « véhicule automoteur » se trouve de nouveau questionnée dans le contexte actuel du développement de nouveaux modes de mobilité et en particulier, en l'espèce, s'agissant d'un vélo à assistance électrique. Plus spécifiquement, était interrogée la place de « la force mécanique » dans la définition : la qualification de « véhicule » suppose-t-elle que l'usage de la force mécanique soit exclusif ou celui-ci peut-il être partagé avec une force musculaire ?

Après avoir admis la recevabilité de la question préjudicielle en ce qu'elle intéresse la notion de « véhicule » et avoir souligné que la définition retenue par la directive ne permettait pas de trancher le point de savoir « si une telle force mécanique doit jouer un rôle exclusif dans l'actionnement du véhicule concerné » (3), la Cour renvoie, pour l'interprétation de la notion, à « l'économie générale et [à] la finalité de la réglementation dont elle constitue un élément » (4).

---

(1) CJUE, 3e ch., 4 septembre 2014, *Vnuk*, aff. C-162/13, spéc. pts 49-59 (concernant la manœuvre d'un tracteur dans la cour d'une ferme afin de faire entrer dans une grange la remorque dont ce tracteur est muni). Voy., par ex., pour une application à un véhicule garé sur un parking, dont l'ouverture d'une portière a causé un dommage : CJUE, 6e ch., 19 novembre 2018, *BTA Baltic Insurance Company*, aff. C-648/17. Voy. égal. s'agissant d'un véhicule stationné dans un garage privé et ayant provoqué un incendie : CJUE, 2e ch., 20 juin 2019, *Línea Directa Aseguradora SA*, aff. C-100/18.

(2) CJUE, gde ch., 28 novembre 2017, *Rodrigues de Andrade*, aff. C-514/16 (concernant un tracteur qui était à l'arrêt sur un chemin de terre d'une exploitation agricole, et dont le moteur était en marche afin d'actionner la pompe d'un pulvérisateur d'herbicide accouplé à ce tracteur) ; CJUE, 6e ch., 20 décembre 2017, *Torreiro*, aff. C-334/16 (concernant un véhicule qui circulait, lorsqu'il s'est renversé, sur un terrain de manœuvres militaires dont l'accès était interdit à tout véhicule non militaire et dans une zone de ce terrain qui n'était pas adaptée à la circulation de véhicules à roues).

(3) CJUE, 5e ch., 12 octobre 2023, *KBC Verzekeringen NV c/ P&V Verzekeringen CVBA*, aff. C-286/22, spéc. pt 34.

(4) *Ibid.*, pt 36.

Quant à l'économie générale de la directive 2009/103, la Cour met en évidence deux points. D'une part, la directive se réfère à « l'assurance automobile », « expression qui vise traditionnellement, dans le langage courant, l'assurance de la responsabilité civile résultant de la circulation d'engins tels que les motocycles, les voitures et les camions *qui, hormis les cas où ils sont hors d'usage, sont mus exclusivement au moyen d'une force mécanique* » (5). D'autre part, la Cour utilise un argument plus factuel : elle relève que la directive, en son article 13, paragraphe 1, b), exclut la possibilité d'écarter de l'assurance « l'utilisation ou la conduite de véhicules par des personnes non titulaires d'un permis leur permettant de conduire le véhicule concerné. Or, il ressort du libellé de l'article 4, paragraphe 1, de la directive 2006/126/CE du Parlement européen et du Conseil, du 20 décembre 2006, relative au permis de conduire (*JO* 2006, L 403, p. 18), que, en principe, seule la conduite de véhicules susceptibles de circuler par leurs propres moyens, à l'exception de ceux qui se déplacent sur rails, est soumise à un permis de conduire national » (6).

Quant aux objectifs poursuivis par la directive, la Cour rappelle qu'elle poursuit une finalité de protection harmonisée, sur le territoire de l'Union européenne, des victimes d'accidents causés par des véhicules automoteurs ; « or, des engins qui ne sont pas actionnés exclusivement par une force mécanique et qui ne peuvent donc pas se déplacer sur le sol sans utilisation de la force musculaire, tels que le vélo à assistance électrique en cause au principal, lequel, au demeurant, peut accélérer sans pédaler jusqu'à une vitesse de 20 km/h, n'apparaissent pas de nature à causer aux tiers des dommages corporels ou matériels comparables, quant à leur gravité ou à leur quantité, à ceux que peuvent causer les motocycles, les voitures, les camions ou d'autres véhicules, circulant sur le sol, actionnés exclusivement par une force mécanique, ces derniers pouvant atteindre une vitesse certaine, sensiblement plus élevée que celle pouvant être atteinte par de tels engins, et étant, encore actuellement, très majoritairement utilisés aux fins de la circulation. L'objectif de protection des victimes d'accidents de la circulation causés par les véhicules automoteurs, poursuivi par la directive 2009/103, n'impose donc pas que de tels engins relèvent de la notion de "véhicule", au sens de l'article 1er, point 1, de cette directive » (7).

La Cour de justice anticipe, par cet arrêt, la position retenue par la directive du 24 novembre 2021, qui a modifié l'article 1, point 1) en ce sens, définissant la notion de « véhicule » comme « a) tout véhicule

(5) *Ibid.*, pt 37. Nous soulignons.
(6) *Ibid.*, pt 38.
(7) *Ibid.*, pt 40.

automoteur actionné *exclusivement* par une force mécanique sur le sol, sans être lié à une voie ferrée, avec : i) une vitesse maximale par construction supérieure à 25 km/h ; ou ii) un poids net maximal supérieur à 25 kg et une vitesse maximale par construction supérieure à 14 km/h ; b) toute remorque destinée à être utilisée avec un véhicule visé au point a), qu'elle soit attelée ou non » (8). Le législateur exclut au même article « les fauteuils roulants automoteurs exclusivement destinés à être utilisés par des personnes souffrant d'un handicap physique ». Cette nouvelle définition permet une clarification à l'égard des nouveaux types de véhicules, notamment électriques, qui sont apparus sur le marché (véhicules autonomes et semi-autonomes).

La Cour, sur le modèle du législateur européen, refuse donc en l'espèce de retenir une définition trop large des véhicules, qui intégrerait de petits véhicules et qui pourrait avoir pour effet de décourager l'innovation (bicyclettes électriques, gyropodes, trottinettes électriques). Il convient toutefois de préciser que, même dans le cas où ces nouveaux véhicules ne relèveraient pas de son champ d'application, le considérant 4 de la directive souligne qu'« aucune disposition de ladite directive ne devrait empêcher les États membres d'exiger, dans leur droit national, une assurance automobile, aux conditions qu'ils fixent, pour tout équipement automobile utilisé sur le sol qui ne relève pas de la définition de "véhicule" fixée par cette directive et pour lequel cette directive n'exige donc pas une telle assurance. Cette directive ne devrait pas non plus empêcher les États membres de prévoir, dans leur droit national, que les victimes d'accidents causés par tout autre équipement automobile ont accès à l'organisme d'indemnisation de l'État membre ».

Pauline PAILLER

(8) Nous soulignons.

XIX. DROIT DE LA CONSOMMATION

Cette année, trois décisions ont particulièrement retenu l'attention en raison de leurs conséquences pratiques et théoriques importantes en matière de protection des consommateurs.

L'arrêt rendu dans l'affaire *YYY* apporte une pierre à l'édifice de la notion de consommateur, qui conditionne l'application des textes de droit de la consommation. Seules en effet les relations entre un consommateur et un professionnel au sens du droit de l'Union sont soumises aux directives organisant la protection des premiers. La décision met en lumière les limites d'une interprétation uniforme de la notion d'activité professionnelle, au centre de l'opération de qualification déterminant l'appartenance ou non d'un individu à la catégorie des consommateurs en opérant une distinction selon que le texte en cause relève du droit substantiel ou relève du droit international privé.

L'arrêt prononcé à propos de l'affaire *D.V.* (frais d'avocats) précise opportunément ce qui peut advenir d'un contrat entre un client et son avocat lorsque ce dernier ne peut subsister à la suite de l'éradication de l'une de ses stipulations contractuelles qualifiée d'« abusive ».

Enfin, l'arrêt rendu dans l'affaire *UniCredit Bank Austria* (aff. C-555) revient également sur la nécessité de ne pas toujours adopter une interprétation uniforme de dispositions de textes différents aux libellés identiques. En l'espèce, la notion en cause était celle des frais dûs dans le cadre d'un remboursement anticipé d'un crédit garanti par une hypothèque (régis par la directive 2014/17/UE) à propos de laquelle l'arrêt retient qu'elle se démarque de celle grammaticalement identique utilisée par la directive 2008/48/CE sur le crédit à la consommation en raison de la spécificité du crédit immobilier.

Élise Poillot

Cour de justice, 4e ch., 12 janvier 2023, *D.V. c/ M.A.*, aff. C-395/21, ECLI:EU:C:2023:14

Conclusions de l'avocat général M. Szpunar, du 22 septembre 2022, ECLI:EU:C:2022:715

Mots-clés : Clauses abusives – Contrat de prestation de services juridiques conclu entre un avocat et un consommateur – Appréciation du caractère abusif des clauses contractuelles – Exclusion des clauses relatives à l'objet principal du contrat – Pouvoirs du juge national en présence d'une clause qualifiée d'« abusive »

Cadre normatif : article 4, paragraphe 2 et article 6, paragraphe 1, de la directive 1993/13/CE

Notes et observations : J. Breuer et A. Nolet, « Arrêt "D.V." : la prévisibilité des honoraires et les conséquences des clauses tarifaires obscures ou abusives dans les contrats entre un avocat et un justiciable consommateur », *J.D.E.*, 2023, n° 301, pp. 361-364 ; S. Grayot-Dirx, « Un an de... contentieux de la profession d'avocat », *Procédures*, 2024, n° 1, pp. 8-14 ; V. Mecqueneme, « La clause de taux horaire et la clause d'honoraire d'avocat », *Rev. Lamy dr. civ.*, 2023, pp. 25-29 ; L. Molina, « La tarification horaire de l'avocat face aux clauses abusives », *D.*, 2023, pp. 825-831 ; E. Poillot, « Chronique de droit de la consommation », *J.D.E.*, 2023, n° 301, pp. 377 et 379 ; N. Sauphanor-Brouillaud, in H. Aubry, E. Poillot et N. Sauphanor-Brouillaud, « Panorama de droit de la consommation 2023 », *D.*, 2024, p. 654

Extraits de l'arrêt

[...]

Sur les questions préjudicielles

Sur la première question

29. Par sa première question, la juridiction de renvoi demande, en substance, si l'article 4, paragraphe 2, de la directive 93/13 doit être interprété en ce sens que relève de l'« objet principal du contrat », au sens de cette disposition, une clause d'un contrat de prestation de services juridiques conclu entre un avocat et un consommateur, n'ayant pas fait l'objet d'une négociation individuelle, qui fixe le prix des services fournis selon le principe du tarif horaire.

30. À cet égard, il y a lieu de rappeler que l'article 4, paragraphe 2, de la directive 93/13 édicte une exception au mécanisme de contrôle de fond des clauses abusives tel que prévu dans le cadre du système de protection des consommateurs mis en œuvre par cette directive, et que, dès lors, il convient de donner une interprétation stricte de cette disposition. Par ailleurs, les termes « objet principal du contrat », figurant dans ladite disposition, doivent normalement trouver, dans toute l'Union européenne, une interprétation autonome et uniforme qui doit être recherchée en tenant compte du contexte de cette disposition et de l'objectif poursuivi par la réglementation en cause (voir, en ce sens, arrêt du 20 septembre 2017, *Andriciuc e.a.*, C-186/16, EU:C:2017:703, point 34 ainsi que jurisprudence citée).

31. En ce qui concerne la catégorie des clauses contractuelles qui relèvent de la notion d'« objet principal du contrat », au sens de l'article 4, paragraphe 2, de la directive 93/13, la Cour a jugé que ces clauses doivent s'entendre comme étant celles qui fixent les prestations essentielles de ce contrat et qui, comme telles, caractérisent celui-ci. En revanche, les clauses qui revêtent un caractère accessoire par rapport à celles qui définissent l'essence même du rapport contractuel ne sauraient relever de cette notion d'« objet principal du contrat » [voir, notamment, arrêts du 20 septembre 2017, *Andriciuc e.a.*, C-186/16, EU:C:2017:703, points 35 et 36, ainsi que du 22 septembre 2022, *Vicente (Action en paiement d'honoraires d'avocat)*, C-335/21, EU:C:2022:720, point 78].

32. En l'occurrence, la clause relative au prix porte sur la rémunération des services juridiques, établie selon un tarif horaire. Une telle clause, qui détermine l'obligation du mandant de payer les honoraires de l'avocat et indique le tarif de ceux-ci, fait partie des clauses qui définissent l'essence même du rapport contractuel, ce rapport étant précisément caractérisé par la fourniture rémunérée de services juridiques. Elle relève, par conséquent, de l'« objet principal du contrat », au sens de l'article 4, paragraphe 2, de la directive 93/13. Son appréciation peut, en outre, concerner « l'adéquation entre le prix et la rémunération, d'une part, et les services [...] à fournir en contrepartie, d'autre part », au sens de cette disposition.

33. Cette interprétation vaut indépendamment du fait, mentionné par la juridiction de renvoi dans sa première question préjudicielle, que ladite clause n'a pas été négociée séparément. En effet, lorsqu'une clause contractuelle fait partie de celles qui définissent l'essence même du rapport contractuel, il en va ainsi aussi bien dans l'hypothèse où cette clause a fait l'objet d'une négociation individuelle que dans celle où une telle négociation n'a pas eu lieu.

34. Eu égard à l'ensemble des considérations qui précèdent, il convient de répondre à la première question que l'article 4, paragraphe 2, de la directive 93/13 doit être interprété en ce sens que relève de cette disposition une clause d'un contrat de prestation de services juridiques conclu entre un avocat et un consommateur qui fixe le prix des services fournis selon le principe du tarif horaire.

Sur les deuxième et troisième questions

35. Par ses deuxième et troisième questions, qu'il convient d'examiner ensemble, la juridiction de renvoi demande, en substance, si l'article 4, paragraphe 2, de la directive 93/13 doit être interprété en ce sens que répond à l'exigence de rédaction claire et compréhensible, au sens de cette disposition, une clause d'un contrat de prestation de services juridiques conclu entre un avocat et un consommateur qui fixe le prix de ces services selon le principe du tarif horaire, sans comporter d'autres précisions ou informations que le taux horaire pratiqué. En cas de réponse négative, la juridiction de renvoi demande quelles sont les informations à communiquer au consommateur dans la situation où il s'avère impossible de prévoir le nombre effectif d'heures nécessaires pour fournir les services faisant l'objet de ce contrat et si l'absence de telles informations dans le cadre de la relation précontractuelle peut être compensée au cours de l'exécution dudit contrat.

36. S'agissant, en premier lieu, de la portée de l'exigence de transparence des clauses contractuelles, telle qu'elle résulte de l'article 4, paragraphe 2, de la directive 93/13, la Cour a souligné que cette exigence, figurant également à l'article 5 de cette directive, ne saurait être réduite au seul caractère compréhensible sur les plans formel et grammatical de ces clauses, mais que, au contraire, le système de protection mis en œuvre par ladite directive reposant sur l'idée que le consommateur se trouve dans une situation d'infériorité à l'égard du professionnel en ce qui concerne, notamment, le niveau d'information, cette exigence de rédaction claire et compréhensible des clauses contractuelles et, partant, de transparence, posée par la même directive, doit être entendue de manière extensive (voir, en ce sens, arrêt du 3 mars 2020, *Gómez del Moral Guasch*, C-125/18, EU:C:2020:138, points 46 et 50 ainsi que jurisprudence citée).

37. L'exigence selon laquelle une clause contractuelle doit être rédigée de manière claire et compréhensible doit ainsi s'entendre comme imposant que le contrat expose de manière transparente le fonctionnement concret du mécanisme auquel se réfère la clause concernée ainsi que, le cas échéant, la relation entre ce mécanisme et celui prescrit par d'autres clauses, de sorte que ce consommateur soit mis en mesure d'évaluer, sur le fondement de critères précis et intelligibles, les conséquences économiques qui en découlent pour lui (arrêts du 20 septembre 2017, *Andriciuc e.a.*, C-186/16, EU:C:2017:703, point 45 ainsi que du 16 juillet 2020, *Caixabank et Banco Bilbao Vizcaya Argentaria*, C-224/19 et C-259/19, EU:C:2020:578, point 67 ainsi que jurisprudence citée).

38. Par conséquent, l'examen du point de savoir si une clause telle que celle en cause dans l'affaire au principal est « claire et compréhensible », au sens de la directive 93/13, doit être effectué par le juge national au regard de l'ensemble des éléments de fait pertinents. Plus particulièrement, il incombe à ce juge de vérifier, en tenant compte des circonstances entourant la conclusion du contrat, si a été communiqué au consommateur l'ensemble des éléments susceptibles d'avoir une incidence sur la portée de son engagement, lui permettant d'évaluer les conséquences financières de celui-ci (voir, en ce sens, arrêt du 3 mars 2020, *Gómez del Moral Guasch*, C-125/18, EU:C:2020:138, point 52 et jurisprudence citée).

39. S'agissant, en second lieu, du moment auquel ces éléments doivent être portés à la connaissance du consommateur, la Cour a jugé que la fourniture, avant la conclusion du contrat, de l'information relative aux conditions contractuelles et aux conséquences de cette conclusion est, pour un consommateur, d'une importance fondamentale. C'est, notamment, sur le fondement de cette information que ce dernier décide s'il souhaite être lié par les conditions rédigées préalablement par le professionnel (arrêt du 9 juillet 2020, *Ibercaja Banco*, C-452/18, EU:C:2020:536, point 47 et jurisprudence citée).

40. En l'occurrence, il y a lieu d'observer que, ainsi que le précise la juridiction de renvoi, la clause relative au prix se limite à indiquer que les honoraires à percevoir par le professionnel s'élèvent à un montant de 100 euros pour chaque heure de services juridiques fournis. Un tel mécanisme de fixation du prix ne permet pas, en l'absence de toute autre information apportée par le professionnel, à un consommateur moyen, normalement informé et raisonnablement attentif et avisé, d'évaluer les conséquences financières qui découlent de cette clause, à savoir le montant total à payer pour ces services.

41. Certes, compte tenu de la nature des services qui font l'objet d'un contrat de prestation de services juridiques, il est souvent difficile, voire impossible, pour le professionnel de prévoir, dès la conclusion du contrat, le nombre exact d'heures nécessaires afin de fournir de tels services et, par voie de conséquence, le coût total effectif de ceux-ci.

42. Par ailleurs, la Cour a jugé que le respect par un professionnel de l'exigence de transparence, visée à l'article 4, paragraphe 2, et à l'article 5 de la directive 93/13, doit être apprécié par rapport aux éléments dont ce professionnel disposait au moment de la conclusion du contrat qu'il a conclu avec le consommateur (arrêt du 9 juillet 2020, *Ibercaja Banco*, C-452/18, EU:C:2020:536, point 49).

43. Toutefois, s'il ne peut pas être exigé d'un professionnel qu'il informe le consommateur sur les conséquences financières finales de son engagement, qui dépendent d'évènements futurs, imprévisibles et indépendants de la volonté de ce professionnel, il n'en reste pas moins que les informations qu'il est tenu de communiquer avant la conclusion du contrat doivent permettre au consommateur de prendre sa décision avec prudence et en toute connaissance, d'une part, de la possibilité que de tels évènements surviennent et, d'autre part, des conséquences qu'ils sont susceptibles d'entraîner concernant la durée de la prestation de services juridiques concernée.

44. Ces informations, qui peuvent varier en fonction, d'une part, de l'objet et de la nature des prestations prévues dans le contrat de services juridiques et, d'autre part, des règles professionnelles et déontologiques applicables, doivent comporter des indications permettant au consommateur d'apprécier le coût total approximatif de ces services. Tels seraient une estimation du nombre prévisible ou minimal d'heures nécessaires pour fournir un certain service ou un engagement d'envoyer, à intervalles raisonnables, des factures ou des rapports périodiques indiquant le nombre d'heures de travail accomplies. Il revient au juge national, ainsi qu'il a été rappelé au point 38 du présent arrêt, d'évaluer, en tenant compte de l'ensemble des éléments pertinents entourant la conclusion de ce contrat, si les informations communiquées par le professionnel avant la conclusion du contrat ont permis au consommateur de prendre sa décision avec prudence et en toute connaissance des conséquences financières qu'entraînait la conclusion dudit contrat.

45. Eu égard à l'ensemble des considérations qui précèdent, il y a lieu de répondre aux deuxième et troisième questions que l'article 4, paragraphe 2, de la directive 93/13 doit être interprété en ce sens que ne répond pas à l'exigence de rédaction claire et compréhensible, au sens de cette disposition, une clause d'un contrat de prestation de services juridiques conclu entre un avocat et un consommateur qui fixe le prix de ces services selon le principe du tarif horaire sans que soient communiquées au consommateur, avant la conclusion du contrat, des informations qui lui permettent de prendre sa décision avec prudence et en toute connaissance des conséquences économiques qu'entraîne la conclusion de ce contrat.

Sur la quatrième question

46. Par sa quatrième question, la juridiction de renvoi demande, en substance, si l'article 3, paragraphe 1, de la directive 93/13 doit être interprété en ce sens qu'une clause d'un contrat de prestation de services juridiques conclu entre un avocat et un consommateur, fixant, selon le principe du tarif horaire, le prix de ces services et relevant, dès lors, de l'objet principal de ce contrat, doit être réputée abusive en raison du seul fait qu'elle ne répond pas à l'exigence de transparence prévue à l'article 4, paragraphe 2, de cette directive.

47. À cet égard, il convient de rappeler que la Cour a jugé, s'agissant de l'article 5 de la directive 93/13, que le caractère transparent d'une clause contractuelle constitue l'un des éléments à prendre en compte dans le cadre de l'appréciation du caractère abusif de cette clause qu'il appartient au juge national d'effectuer en vertu de l'article 3, paragraphe 1, de cette directive. Dans le cadre de cette appréciation, il incombe à ce juge d'évaluer, eu égard à l'ensemble des circonstances de l'affaire, dans un premier temps, le possible non-respect de l'exigence de bonne foi et, dans un second temps, l'existence d'un éventuel déséquilibre significatif au détriment du consommateur, au sens de cette dernière disposition (arrêt du 3 octobre 2019, *Kiss et CIB Bank*, C-621/17, EU:C:2019:820, point 49 ainsi que jurisprudence citée).

48. Ainsi qu'il ressort de la jurisprudence citée au point 36 du présent arrêt, l'exigence de transparence des clauses contractuelles a la même portée en vertu de l'article 4, paragraphe 2, de la directive 93/13 et en vertu de l'article 5 de celle-ci (voir également, en ce sens, arrêt du 30 avril 2014, *Kásler et Káslerné Rábai*, C-26/13, EU:C:2014:282, point 69). Partant, il n'y a pas lieu de traiter différemment les conséquences du défaut de transparence d'une clause contractuelle selon qu'elle concerne l'objet principal du contrat ou un autre aspect de celui-ci.

49. S'il ressort de la jurisprudence rappelée au point 47 du présent arrêt que l'appréciation du caractère abusif d'une clause d'un contrat conclu avec un consommateur repose, en principe, sur une évaluation globale qui ne tient pas uniquement compte de l'éventuel défaut de transparence de cette clause, il y a lieu de relever qu'il est loisible aux États membres d'assurer, conformément à l'article 8 de la directive 93/13, un niveau de protection plus élevé aux consommateurs.

50. En l'occurrence, ainsi qu'il résulte de la décision de renvoi et des observations présentées par le gouvernement lituanien, la République de Lituanie a choisi d'assurer un niveau de protection plus élevé, dans la mesure où l'article 6.228^4, paragraphe 6, du code civil dispose que les clauses contraires à l'exigence de transparence sont réputées abusives.

51. Dans la mesure où les États membres demeurent libres de prévoir, dans leur droit interne, un tel niveau de protection, la directive 93/13, sans exiger que le défaut de transparence d'une clause d'un contrat conclu avec un consommateur entraîne de manière automatique la constatation de son caractère abusif, ne s'oppose pas à ce qu'une telle conséquence découle du droit national.

52. Eu égard à l'ensemble des considérations qui précèdent, il convient de répondre à la quatrième question que l'article 3, paragraphe 1, de la directive 93/13 doit être interprété en ce sens qu'une clause d'un contrat de prestation de services juridiques conclu entre un avocat et un consommateur, fixant, selon le principe du tarif horaire, le prix de ces services et relevant, dès lors, de l'objet principal de ce contrat, ne doit pas être réputée abusive en raison du seul fait qu'elle ne répond pas à l'exigence de transparence prévue à l'article 4, paragraphe 2, de cette directive, sauf si l'État membre dont le droit national s'applique au contrat en cause a, conformément à l'article 8 de ladite directive, expressément prévu que la qualification de « clause abusive » découle de ce seul fait.

Sur les cinquième et sixième questions

53. Par ses cinquième et sixième questions, qu'il convient d'examiner ensemble, la juridiction de renvoi demande, en substance, si l'article 6, paragraphe 1, et l'article 7, paragraphe 1, de la directive 93/13 doivent être interprétés en ce sens que, lorsqu'un contrat de prestation de services juridiques conclu entre un avocat et un consommateur ne peut subsister après la suppression d'une clause déclarée abusive qui fixe le prix des services selon le principe du tarif horaire et que ces services ont été fournis, ils s'opposent à ce que le juge national décide de rétablir la situation dans laquelle se serait trouvé le consommateur en l'absence de cette clause, même si cela conduit à ce que le professionnel ne perçoive aucune rémunération pour ses services, ou substitue à ladite clause une disposition de droit national portant sur le tarif maximal de la rémunération au titre de l'assistance apportée par l'avocat ou sa propre appréciation sur un niveau de rémunération qu'il estime raisonnable pour ces services.

54. Afin de répondre à ces questions, il convient de rappeler que, ainsi qu'il ressort de la jurisprudence de la Cour, le constat du caractère abusif d'une clause contenue dans un contrat doit permettre de rétablir la situation en droit et en fait qui aurait été celle du consommateur en l'absence de cette clause abusive (voir, en ce sens, arrêt du 31 mai 2018, *Sziber*, C-483/16, EU:C:2018:367, point 34 et jurisprudence citée).

55. En vertu de l'article 6, paragraphe 1, de la directive 93/13, il incombe au juge national d'écarter l'application des clauses abusives, afin qu'elles ne produisent pas d'effets contraignants à l'égard du consommateur, sauf si le consommateur s'y oppose. Cependant, le contrat doit subsister, en principe, sans aucune autre modification que celle résultant de la suppression des clauses abusives, dans la mesure où, conformément aux règles du droit interne, une telle persistance du contrat est juridiquement possible (arrêt du 25 novembre 2020, *Banca B.*, C-269/19, EU:C:2020:954, point 29 et jurisprudence citée).

56. Lorsqu'un contrat conclu entre un professionnel et un consommateur ne peut subsister après la suppression d'une clause abusive, l'article 6, paragraphe 1, de la directive 93/13 ne s'oppose pas à ce que le juge national, en application de principes du droit des contrats, supprime la clause abusive en lui substituant une disposition de droit national à caractère supplétif dans des situations dans lesquelles l'invalidation de la clause abusive obligerait le juge à annuler le contrat dans son ensemble, exposant par là le consommateur à des conséquences particulièrement préjudiciables, de sorte que ce dernier en serait pénalisé (arrêt du 25 novembre 2020, *Banca B.*, C-269/19, EU:C:2020:954, point 32 et jurisprudence citée).

57. En l'occurrence, la juridiction de renvoi s'interroge sur les conséquences à tirer de l'éventuelle constatation du caractère abusif de la clause relative au prix. Cette juridiction estime, d'une part, que les contrats en cause au principal ne peuvent pas subsister en l'absence de cette clause et, d'autre part, que la situation dans laquelle se serait trouvé le consommateur en l'absence de ladite clause ne pourrait être rétablie, celui-ci ayant bénéficié des services juridiques prévus dans ces contrats.

58. À cet égard, il y a lieu d'observer que, ainsi qu'il ressort de la jurisprudence citée aux points 54 à 56 du présent arrêt, la constatation du caractère abusif de la clause relative au prix entraîne l'obligation du juge national d'écarter son application, sauf si le consommateur s'y oppose. Le rétablissement de la situation dans laquelle se serait trouvé le consommateur en l'absence de cette clause se traduit en principe, y compris dans le cas où les services ont été fournis, par son exonération de l'obligation de payer les honoraires établis sur la base de ladite clause.

59. Dès lors, dans le cas où la juridiction de renvoi estimerait que, en application des dispositions pertinentes de droit interne, les contrats ne pourraient pas subsister après la suppression de la clause relative au prix, l'article 6, paragraphe 1, de la directive 93/13 ne s'oppose pas à l'invalidation de ceux-ci, même si cela conduit à ce que le professionnel ne perçoive aucune rémunération pour ses services.

60. C'est seulement dans l'hypothèse où l'invalidation des contrats dans leur ensemble exposerait le consommateur à des conséquences particulièrement préjudiciables, de telle sorte que ce dernier en serait pénalisé, que la juridiction de renvoi dispose de la possibilité exceptionnelle de substituer à une clause abusive annulée une disposition de droit national à caractère supplétif ou applicable en cas d'accord des parties au contrat en cause.

61. En ce qui concerne les conséquences que l'annulation des contrats en cause au principal pourrait entraîner pour le consommateur, il y a lieu d'observer que, s'agissant d'un contrat de prêt, la Cour a jugé que l'annulation dans son ensemble rendrait en principe immédiatement exigible le montant du prêt restant dû dans des proportions risquant d'excéder les capacités financières du consommateur et pourrait entraîner des conséquences particulièrement préjudiciables pour celui-ci (voir, en ce sens, arrêt du 3 mars 2020, *Gómez del Moral Guasch*, C-125/18, EU:C:2020:138, point 63 et jurisprudence citée). Toutefois, le caractère particulièrement préjudiciable de l'annulation d'un contrat ne saurait être réduit uniquement aux conséquences de nature purement pécuniaire.

62. En effet, ainsi que le fait valoir M. l'avocat général aux points 74 et 76 de ses conclusions, il n'est pas exclu que l'annulation d'un contrat portant sur la prestation de services juridiques qui ont été déjà fournis puisse mettre le consommateur dans une situation d'insécurité juridique, notamment dans l'hypothèse où le droit national permettrait au professionnel de réclamer une rémunération de ces services sur un fondement différent de celui du contrat annulé. En outre, également en fonction du droit national applicable, l'invalidité du contrat pourrait éventuellement avoir une incidence sur la validité et l'efficacité des actes accomplis en vertu de celui-ci.

63. Par conséquent, si, eu égard aux considérations qui précèdent, la juridiction de renvoi constate que l'annulation des contrats en cause dans leur ensemble entraînerait des conséquences particulièrement préjudiciables pour le consommateur, l'article 6, paragraphe 1, de la directive 93/13 ne s'oppose pas à ce que cette juridiction substitue à la clause relative au prix une disposition de droit national à caractère supplétif ou applicable en cas d'accord des parties auxdits contrats. Il importe, cependant, qu'une telle disposition ait vocation à s'appliquer spécifiquement aux contrats conclus entre un professionnel et un consommateur et n'ait pas une portée à ce point générale que son application reviendrait à permettre, en substance, au juge national de fixer sur le fondement de sa propre estimation la rémunération due pour les services fournis [voir, en ce sens, arrêt du 8 septembre 2022, *D.B.P. e.a. (Crédit hypothécaire libellé en devises étrangères)*, C-80/21 à C-82/21, EU:C:2022:646, points 76 et 77 ainsi que jurisprudence citée].

64. Pourvu que l'arrêté du 2 avril 2004, mentionné dans la décision de renvoi, contienne une telle disposition, ce qu'il incombe à la juridiction de renvoi de vérifier, cet arrêté pourrait être employé pour remplacer la clause relative au prix par une rémunération fixée par le juge.

65. En revanche, la juridiction de renvoi ne saurait compléter les contrats en cause au principal par sa propre estimation portant sur un niveau de rémunération qu'elle considère raisonnable pour les services fournis.

66. En effet, ainsi qu'il ressort de la jurisprudence de la Cour, lorsque le juge national constate la nullité d'une clause abusive dans un contrat conclu entre un professionnel et un consommateur, ce juge ne saurait compléter le contrat en révisant le contenu de cette clause (arrêt du 25 novembre 2020, *Banca B.*, C-269/19, EU:C:2020:954, point 30 et jurisprudence citée).

67. À cet égard, la Cour a considéré que, s'il était loisible au juge national de réviser le contenu des clauses abusives figurant dans un tel contrat, une telle faculté serait susceptible de porter atteinte à la réalisation de l'objectif à long terme visé à l'article 7 de la directive 93/13. Cette faculté contribuerait à éliminer l'effet dissuasif exercé sur les professionnels par la pure et simple non-application à l'égard du consommateur de telles clauses abusives, dans la mesure où ceux-ci demeureraient tentés d'utiliser lesdites clauses, en sachant que, même si celles-ci devaient être invalidées, le contrat pourrait néanmoins être complété, dans la mesure nécessaire, par le juge national de sorte à garantir ainsi l'intérêt desdits professionnels (arrêt du 18 novembre 2021, *A. S.A.*, C-212/20, EU:C:2021:934, point 69 ainsi que jurisprudence citée).

68. Eu égard à l'ensemble des considérations qui précèdent, il y a lieu de répondre aux cinquième et sixième questions que l'article 6, paragraphe 1, et l'article 7, paragraphe 1, de la directive 93/13 doivent être interprétés en ce sens que, lorsqu'un contrat de prestation de services juridiques conclu entre un avocat et un consommateur ne peut subsister après la suppression d'une clause déclarée abusive qui fixe le prix des services selon le principe du tarif horaire et que ces services ont été fournis, ils ne s'opposent pas à ce que le juge national rétablisse la situation dans laquelle se serait trouvé le consommateur en l'absence de cette clause, même si cela conduit à ce que le professionnel ne perçoive aucune rémunération pour ses services. Dans l'hypothèse où l'invalidation du contrat dans son ensemble exposerait le consommateur à des conséquences particulièrement préjudiciables, ce qu'il incombe à la juridiction de renvoi de vérifier, ces dispositions ne s'opposent pas à ce que le juge national remédie à la nullité de ladite clause en lui substituant une disposition de droit national à caractère supplétif ou applicable en cas d'accord des parties audit contrat. En revanche, ces dispositions s'opposent à ce que le juge national substitue à la clause abusive annulée une estimation judiciaire du niveau de la rémunération due pour lesdits services.

Sur les dépens

69. La procédure revêtant, à l'égard des parties au principal, le caractère d'un incident soulevé devant la juridiction de renvoi, il appartient à celle-ci de statuer sur les dépens. Les frais exposés pour soumettre des observations à la Cour, autres que ceux desdites parties, ne peuvent faire l'objet d'un remboursement.

Par ces motifs, la Cour (quatrième chambre) dit pour droit :

1) L'article 4, paragraphe 2, de la directive 93/13/CEE du Conseil, du 5 avril 1993, concernant les clauses abusives dans les contrats conclus avec les consommateurs, telle que modifiée par la directive 2011/83/UE du Parlement européen et du Conseil, du 25 octobre 2011,

doit être interprété en ce sens que :

relève de cette disposition une clause d'un contrat de prestation de services juridiques conclu entre un avocat et un consommateur qui fixe le prix des services fournis selon le principe du tarif horaire.

2) L'article 4, paragraphe 2, de la directive 93/13, telle que modifiée par la directive 2011/83,

doit être interprété en ce sens que :

ne répond pas à l'exigence de rédaction claire et compréhensible, au sens de cette disposition, une clause d'un contrat de prestation de services juridiques conclu entre un avocat et un consommateur qui fixe le prix de ces services selon le principe du tarif horaire sans que soient communiquées au consommateur, avant la conclusion du contrat, des informations qui lui permettent de prendre sa décision avec prudence et en toute connaissance des conséquences économiques qu'entraîne la conclusion de ce contrat.

3) L'article 3, paragraphe 1, de la directive 93/13, telle que modifiée par la directive 2011/83,

doit être interprété en ce sens que :

une clause d'un contrat de prestation de services juridiques conclu entre un avocat et un consommateur, fixant, selon le principe du tarif horaire, le prix de ces services et relevant, dès lors, de l'objet principal de ce contrat, ne doit pas être réputée abusive en raison du seul fait qu'elle ne répond pas à l'exigence de transparence prévue à l'article 4, paragraphe 2, de cette directive, telle que modifiée, sauf si l'État membre dont le droit national s'applique au contrat en cause a, conformément à l'article 8 de ladite directive, telle que modifiée, expressément prévu que la qualification de clause abusive découle de ce seul fait.

4) L'article 6, paragraphe 1, et l'article 7, paragraphe 1, de la directive 93/13, telle que modifiée par la directive 2011/83,

doivent être interprétés en ce sens que :

lorsqu'un contrat de prestation de services juridiques conclu entre un avocat et un consommateur ne peut subsister après la suppression d'une clause déclarée abusive qui fixe le prix des services selon le principe du tarif horaire et que ces services ont été fournis, ils ne s'opposent pas à ce que le juge national rétablisse la situation dans laquelle se serait trouvé le consommateur en l'absence de cette clause, même si cela conduit à ce que le professionnel ne perçoive aucune rémunération pour ses services. Dans l'hypothèse où l'invalidation du contrat dans son ensemble exposerait le consommateur à des conséquences particulièrement préjudiciables, ce qu'il incombe à la juridiction de renvoi de vérifier, ces dispositions ne s'opposent pas à ce que le juge national remédie à la nullité de ladite clause en lui substituant une disposition de droit national à caractère supplétif ou applicable en cas d'accord des parties audit contrat. En revanche, ces dispositions s'opposent à ce que le juge national substitue à la clause abusive annulée une estimation judiciaire du niveau de la rémunération due pour lesdits services.

Observations

L'affaire *D.V.* a permis à la Cour de préciser le régime applicable aux clauses abusives dans le cadre d'un contrat liant un avocat à un consommateur. L'arrêt rendu dans l'affaire *Šiba* (1) avait conduit la Cour à retenir que la directive 93/13 sur les clauses abusives s'applique « à des contrats standardisés de services juridiques [...] conclus par un avocat avec une personne physique qui n'agit pas à des fins qui entrent dans le cadre de son activité professionnelle » puisque « les clauses insérées dans les contrats intéressant ce type de relation [...] rédigées en vue d'une utilisation généralisée, ne contiennent pas, en tant que telles, des informations personnalisées relatives aux clients des avocats dont la révélation pourrait porter atteinte au secret de la profession d'avocat ». Celui prononcé à propos de l'affaire *Vicente* (2) avait conduit à clarifier le régime des clauses imposant une pénalité financière au client se désistant de lui-même d'une procédure suivie par un avocat, soumises au contrôle de leur caractère déséquilibré, et susceptibles d'être éradiquées en tant que tel. Ces clauses n'appartiennent en effet pas selon la Cour à la catégorie de celles dont le contrôle ne peut être opéré car elles relèvent de l'exception posée par l'article 4, paragraphe 2, de la directive excluant l'examen du caractère abusif d'une clause qui porte sur l'objet principal du contrat ou sur l'adéquation entre le prix et la rémunération, d'une part, et les services ou les biens à fournir en contrepartie, d'autre part. Or l'éradication d'une clause, quel que soit le mécanisme juridique prévu en droit national pour la rendre non contraignante pour le consommateur, présente toujours le risque d'affecter le contrat dans son intégralité s'il ne peut subsister sans la clause infectée. La Cour, qui ne tolère ni la révision ni la

(1) CJUE, 15 janvier 2015, *Šiba*, aff. C-537/13.
(2) CJUE, 22 septembre 2022, *Vicente*, aff. C-335/21.

suppression partielle du contenu de clauses abusives en ce qu'elles permettraient « aux professionnels de tirer un certain bénéfice de leur utilisation » (3), a développé un système sophistiqué de maintien du contrat. Ce système repose sur la substitution, sous certaines conditions, dont notamment celle que le contrat entraîne des conséquences préjudiciables pour le consommateur, aux clauses insusceptibles de produire des effets, de dispositions de droit national supplétives permettant de préserver les consommateurs des effets néfastes de la disparition du contrat (4). Né dans les interstices du droit financier, ce système n'avait jusqu'ici été appliqué qu'à des contrats de crédit dont les clauses déterminant le taux d'intérêt avaient été jugées abusives. Dans ce contexte, l'anéantissement du contrat entraîne la plupart du temps « l'obligation de rembourser l'intégralité du prêt en une seule traite plutôt qu'en plusieurs versements, ce qui peut aller à l'encontre de la protection prévue par la directive CACC » (5). L'une des solutions classiquement appliquées par les juges est de substituer au taux d'intérêt posé par le contrat un taux légal. L'affaire *D.V.* pose pour la première fois la question du maintien du contrat en dehors du contexte d'un prêt d'argent.

En l'espèce, un consommateur contestait, pour défaut de transparence, une clause de fixation d'honoraire figurant dans un contrat le liant à son avocat. Or le droit national en cause, fort du degré d'harmonisation minimale recouvrant la directive, sanctionnait ce vice de la clause par la nullité, qui si elle était appliquée, pouvait conduire à l'anéantissement du contrat. La juridiction nationale cherchait donc à savoir tout à la fois si les critères d'un défaut de transparence de la clause étaient réunis, et dans l'hypothèse où tel serait le cas, si, confrontée à la nullité du contrat que pourrait entraîner l'éradication de la clause d'honoraires, elle serait autorisée à rétablir le consommateur dans la situation dans laquelle il se serait trouvé sans cette clause – même si cela conduisait le professionnel à ne percevoir aucune rémunération pour des services déjà prestés – ou à substituer à cette clause une disposition de droit national portant sur le tarif maximal de la rémunération au titre de l'assistance apportée par l'avocat ou sa propre appréciation sur un niveau de rémunération qu'elle estime raisonnable pour ces services.

---

(3) Communication de la Commission, « Orientations relatives à l'interprétation et à l'application de la directive 93/13/CEE du Conseil concernant les clauses abusives dans les contrats conclus avec les consommateurs », *JOUE* 2019, C 323/04 et C 324/4 du 27 septembre 2019, p. 39.

(4) *Ibid.*, p. 42.

(5) *Ibid.*, p. 41.

La spécificité du contrat liant un client consommateur à son avocat peut avoir des conséquences fâcheuses sur un autre plan que celui économique. Ainsi que le relève l'avocat général Szpunar dans ses conclusions, les services juridiques fournis par un avocat « peuvent consister à agir au nom et pour le compte d'un consommateur dans des procédures devant les tribunaux et d'autres autorités publiques ». En outre, « un contrat de services juridiques peut servir de base au mandat conféré à un avocat de représenter un client dans ces procédures et d'agir en son nom », ce qui « pose la question de savoir si l'invalidité de ce contrat a une incidence sur la validité et l'efficacité des actes accomplis » (pt 76 des conclusions). Une telle hypothèse serait source d'insécurité juridique pour le consommateur. La Cour, suivant en cela les conclusions de l'avocat général, estime qu'un tel contexte relève d'une situation particulièrement préjudiciable qui ne saurait être réduite « uniquement aux conséquences de nature pécuniaire » (pt 76 des conclusions et pt 61 de l'arrêt), lesquelles, en espèce, découleraient du fait que l'absence de caractère contraignant de la clause abusive conduirait à l'application d'une disposition du droit national permettant au professionnel de récupérer sur un autre fondement, tel que l'enrichissement sans cause, la rémunération non perçue (pt 72 des conclusions de l'avocat général). Tirant ensuite les conséquences du constat de l'existence d'une telle insécurité, elle applique le principe dégagé dans le cadre de l'invalidité de contrat de crédit selon lequel le juge national peut remédier au caractère préjudiciable de cette invalidité à l'égard du consommateur en substituant à la cause viciée « une disposition à caractère supplétif ou applicable en cas d'accord des parties audit contrat » (dispositif). Elle n'écarte pas non plus la possibilité que l'invalidité du contrat conduise à ce que le professionnel ne perçoive aucune rémunération.

S'agissant des investigations à mener afin de déterminer le caractère non transparent de la clause, question dont la Cour était également saisie, l'arrêt n'innove pas. Il renvoie à l'appréciation circonstanciée du contexte de la formation du contrat qui pèse sur les juridictions face à une suspicion de clause abusive. Le dispositif de l'arrêt rappelle que l'avocat doit fournir au consommateur « toutes les informations qui lui permettent de prendre sa décision avec prudence et en toute connaissance des conséquences économiques » qu'il entraîne. Comme le souligne la Cour, la détermination du caractère abusif d'une clause requiert que le juge national évalue l'ensemble des éléments pertinents entourant la formation du contrat (pt 44 de l'arrêt).

Décidément, la Cour de justice n'en finit pas de faire peser sur les épaules du juge national « un office particulièrement contraignant » (6).

Élise Poillot

(6) K. Planes de la Asuncion, « Complexité de l'office du juge dans l'appréciation des critères des clauses abusives à la lueur de la jurisprudence de la Cour de justice de l'Union européenne », in *La loyauté en droit économique. Mélanges en l'honneur d'Yves Picod*, Paris, Dalloz, 2023, pp. 186-205, spéc. p. 204.

Cour de justice, 3e ch., 2 février 2023, *UniCredit Bank Austria AG c/ Verein für Konsumenteninformation*, aff. C-555/21, ECLI:EU:C:2023:78

Conclusions de l'avocat général M. Campos Sanchez-Bordona, du 29 septembre 2022, ECLI:EU:C:2022:742

Mots-clés : Contrats de crédit aux consommateurs relatifs aux biens immobiliers à usage résidentiel – Remboursement anticipé – Droit du consommateur à une réduction du coût total du crédit correspondant aux intérêts et aux frais dus pour la durée résiduelle du contrat – Notion de « coût total du crédit pour le consommateur » – Frais indépendants de la durée du contrat

Cadre normatif : articles 25, paragraphe 1, 4, point 13, de la directive 2014/17/UE

Notes et observations : E. Poillot, « Chronique de droit de la consommation », *J.D.E.*, 2023, n° 301, pp. 380 et 381

Extraits de l'arrêt

[...]

Sur la question préjudicielle

21. Par sa question, la juridiction de renvoi demande, en substance, si l'article 25, paragraphe 1, de la directive 2014/17 doit être interprété en ce sens qu'il s'oppose à une réglementation nationale prévoyant que le droit du consommateur à la réduction du coût total du crédit en cas de remboursement anticipé du crédit n'inclut que les intérêts et les frais dépendants de la durée du crédit.

22. Conformément à cette disposition, les États membres doivent veiller à ce que le consommateur ait, avant l'expiration d'un contrat de crédit, le droit de s'acquitter, intégralement ou partiellement, des obligations qui lui incombent en vertu dudit contrat. Dans ce cas, le consommateur a droit à une réduction du coût total du crédit correspondant aux intérêts et frais dus pour la durée résiduelle du contrat.

23. S'agissant, en premier lieu, des frais susceptibles de relever du « coût total du crédit pour le consommateur », le législateur de l'Union a retenu une définition large de cette notion.

24. En effet, il résulte de l'article 4, point 13, de la directive 2014/17, lu en combinaison avec l'article 3, sous g), de la directive 2008/48, que la notion de « coût total du crédit pour le consommateur », au sens la première de ces dispositions, inclut tous les coûts que le consommateur doit payer au titre du contrat de crédit et qui sont connus du prêteur. Seuls en sont expressément exclus, ainsi que le confirme le considérant 50 de la directive 2014/17, les frais de notaire, les frais d'enregistrement liés au transfert de propriété du bien immobilier, tels que les coûts d'inscription au registre foncier et les taxes y afférentes, ainsi que les frais à la charge du consommateur en cas de non-respect des obligations prévues dans le contrat de crédit.

25. Il incombe dès lors à la juridiction de renvoi de vérifier si les types de frais qu'elle mentionne et qui sont rappelés au point 18 du présent arrêt relèvent des coûts que le consommateur doit assumer au titre du contrat de crédit en cause au principal et qui sont connus du prêteur, notamment au titre des cas de figure expressément visés à l'article 4, point 13, de la directive 2014/17 et à l'article 3, sous g), de la directive 2008/48, et s'ils relèvent, le cas échéant, des exceptions résumées au point précédent, en particulier des frais de notaire.

26. S'agissant, en second lieu, de la portée de la notion de « réduction du coût total du crédit pour le consommateur », visée à l'article 25, paragraphe 1, de la directive 2014/17, la Cour a déjà constaté, aux points 24 et 25 de l'arrêt du 11 septembre 2019, *Lexitor* (C-383/18, EU:C:2019:702), s'agissant de l'article 16, paragraphe 1, de la directive 2008/48, que ni la référence à la « durée résiduelle du contrat », figurant à cette disposition, ni une analyse comparative des différentes versions linguistiques de celle-ci ne permettent de déterminer la portée exacte de la réduction prévue à ladite disposition. La Cour en a déduit, au point 26 de cet arrêt, qu'il y avait donc lieu, conformément à sa jurisprudence constante, d'interpréter cette disposition en fonction de son contexte ainsi que des objectifs poursuivis par la réglementation dont elle fait partie.

27. L'article 25, paragraphe 1, de la directive 2014/17 est rédigé en des termes quasiment identiques à ceux de l'article 16, paragraphe 1, de la directive 2008/48, de telle sorte qu'il y a lieu de considérer que son libellé ne permet pas de déterminer, à lui seul, la portée exacte de la réduction prévue à cette disposition. Il convient donc d'interpréter celle-ci au regard de son contexte et des objectifs poursuivis par la réglementation dont elle fait partie.

28. À cet égard, il ressort des considérants 19 et 20 de la directive 2014/17 qu'il y a lieu, pour des raisons de sécurité juridique, d'assurer la cohérence et la complémentarité de cette directive avec d'autres actes adoptés dans le domaine de la protection des consommateurs. Néanmoins, il ressort également du considérant 22 de cette directive qu'il importe de tenir compte des particularités des contrats de crédit relatifs aux biens immobiliers à usage résidentiel, particularités qui justifient une approche différenciée.

29. En outre, il importe de rappeler que, en vertu de l'article 1er de la directive 2014/17, lu à la lumière de son considérant 15, celle-ci fixe un cadre commun relatif à certains aspects des dispositions législatives, réglementaires et administratives des États membres concernant les contrats couvrant le crédit aux consommateurs garanti par une hypothèque ou un autre crédit relatif à des biens immobiliers à usage résidentiel en vue d'assurer à ces derniers le bénéfice d'un niveau élevé de protection (voir, en ce sens, arrêt du 15 octobre 2020, *Association française des usagers de banques*, C-778/18, EU:C:2020:831, point 34).

30. Or, il convient de constater, ainsi que l'a souligné M. l'avocat général, en substance, au point 69 de ses conclusions, que le droit à réduction prévu à l'article 25, paragraphe 1, de la directive 2014/17 ne vise pas à placer le consommateur dans la situation qui aurait été la sienne si le contrat de crédit avait été conclu pour une durée moindre, un montant inférieur ou, plus généralement, à des conditions différentes. Il vise, en revanche, à adapter ce contrat en fonction des circonstances du remboursement par anticipation.

31. Dans ces conditions, ce droit ne saurait inclure les frais qui, indépendamment de la durée du contrat, sont mis à charge du consommateur en faveur soit du prêteur, soit de tiers au titre de prestations qui ont déjà été exécutées intégralement au moment du remboursement anticipé.

32. Il est vrai que, dans le contexte de la directive 2008/48, la Cour a jugé que l'effectivité du droit du consommateur à la réduction du coût total du crédit serait amoindrie si cette réduction pouvait se limiter à la prise en compte des seuls frais présentés par le prêteur comme dépendant de la durée du contrat, dès lors que les frais et leur ventilation sont déterminés unilatéralement par la banque et que la facturation de frais peut intégrer une certaine marge de profit. En outre, limiter la réduction du coût total du crédit aux seuls frais expressément liés à la durée du contrat entraînerait le risque que le consommateur se voie imposer des paiements non récurrents plus élevés au moment de la conclusion du contrat de crédit, puisque le prêteur pourrait être tenté de réduire à un minimum les frais dépendant de la durée du contrat (voir, en ce sens, arrêt du 11 septembre 2019, *Lexitor*, C-383/18, EU:C:2019:702, points 31 et 32).

33. À cet effet, la Cour a souligné que, dans le cadre de ladite directive, la marge de manœuvre dont disposent les établissements de crédit dans leur facturation et leur organisation interne rend, en pratique, très difficile la détermination, par un consommateur ou par une juridiction, des frais objectivement liés à la durée du contrat (voir, en ce sens, arrêt du 11 septembre 2019, *Lexitor*, C-383/18, EU:C:2019:702, point 33).

34. À cet égard, il importe, toutefois, de rappeler que, conformément à l'article 14, paragraphes 1 et 2, de la directive 2014/17, le prêteur ou, le cas échéant, l'intermédiaire de crédit ou son représentant désigné est tenu de fournir au consommateur des informations précontractuelles au moyen de la FISE, figurant à l'annexe II de cette directive. Cette fiche prévoit une ventilation des frais payables par le consommateur en fonction de leur caractère récurrent ou non.

35. Or, une telle ventilation normalisée des frais mis à charge du consommateur réduit sensiblement la marge de manœuvre dont disposent les établissements de crédit dans leur facturation et leur organisation interne et permet, tant au consommateur qu'à une juridiction nationale, de vérifier si un type de frais est objectivement lié à la durée du contrat.

36. Par conséquent, le risque de comportement abusif du prêteur, évoqué dans la jurisprudence citée aux points 32 et 33 du présent arrêt, ne saurait justifier que les frais indépendants de la durée du contrat soient inclus dans le droit à réduction du coût total du crédit, prévu à l'article 25, paragraphe 1, de la directive 2014/17.

37. À ce propos, il importe néanmoins de rappeler que, afin de garantir la protection dont bénéficient les consommateurs au titre de la directive 2014/17, l'article 41, sous b), de celle-ci impose aux États membres de veiller à ce que les mesures qu'ils adoptent pour transposer cette directive ne puissent être contournées d'une manière pouvant conduire à ce que le consommateur perde la protection accordée par ladite directive du fait du libellé des contrats.

38. Afin de garantir cette protection, il incombe aux juridictions nationales de veiller à ce que les frais qui, indépendamment de la durée du contrat de crédit, sont imposés au consommateur ne constituent pas objectivement une rémunération du prêteur pour l'utilisation temporaire du capital faisant l'objet de ce contrat ou pour des prestations qui, au moment du remboursement anticipé, devraient encore être fournies au consommateur. Le prêteur est, à cet égard, tenu d'établir le caractère récurrent ou non des frais concernés.

39. Eu égard à l'ensemble des motifs qui précèdent, il y a lieu de répondre à la question posée que l'article 25, paragraphe 1, de la directive 2014/17 doit être interprété en ce sens qu'il ne s'oppose pas à une réglementation nationale prévoyant que le droit du consommateur à la réduction du coût total du crédit en cas de remboursement anticipé du crédit n'inclut que les intérêts et les frais dépendants de la durée du crédit.

Sur les dépens

40. La procédure revêtant, à l'égard des parties au principal, le caractère d'un incident soulevé devant la juridiction de renvoi, il appartient à celle-ci de statuer sur les dépens. Les frais exposés pour soumettre des observations à la Cour, autres que ceux desdites parties, ne peuvent faire l'objet d'un remboursement.

Par ces motifs, la Cour (troisième chambre) dit pour droit :

L'article 25, paragraphe 1, de la directive 2014/17/UE du Parlement européen et du Conseil, du 4 février 2014, sur les contrats de crédit aux consommateurs relatifs aux biens immobiliers à usage résidentiel et modifiant les directives 2008/48/CE et 2013/36/UE et le règlement (UE) n° 1093/2010,

doit être interprété en ce sens que :

il ne s'oppose pas à une réglementation nationale prévoyant que le droit du consommateur à la réduction du coût total du crédit en cas de remboursement anticipé du crédit n'inclut que les intérêts et les frais dépendants de la durée du crédit.

Observations

Dans l'affaire *UniCredit Bank Austria*, la Cour de justice était interrogée sur le sens à accorder à l'expression « frais imposés au consommateur » dans le cadre d'une demande en interprétation préjudicielle formulée au sujet de la directive 2014/17 sur les contrats de crédit aux consommateurs relatifs aux biens immobiliers à usage résidentiel. Plus précisément, il s'agissait de comprendre quels frais sont susceptibles d'être déduits de la somme qui sera reversée au consommateur s'il rembourse par anticipation un crédit garanti par une hypothèque. Cette question faisait écho à celle qui avait été posée à la Cour dans l'affaire *Lexitor* (1) où la Cour avait décidé que s'agissant du « droit à une réduction du coût total du crédit, qui correspond aux intérêts et frais dus pour la durée résiduelle du contrat », dont bénéficie le consommateur pour un crédit à la consommation au sens de l'article 16, paragraphe 1, de la directive 2008/48, les frais dus pour la durée résiduelle du contrat s'entendaient de « tous les frais imposés au consommateur ». C'est du reste forte de cette interprétation de la Cour luxembourgeoise qu'une association autrichienne de défense des consommateurs avait introduit une action en cessation contre un établissement de crédit.

(1) CJUE, 11 septembre 2019, *Lexitor*, aff. C-383/18 ; obs. in F. Picod (dir.), *Jurisprudence de la CJUE 2019. Décisions et commentaires*, coll. « Droit de l'Union européenne », série « Grands arrêts », Bruxelles, Bruylant, 2019, pp. 1041-1046.

Elle cherchait à obtenir de l'établissement qu'il cesse d'intégrer, dans les conditions générales du contrat de crédit, une stipulation standard prévoyant, dans l'hypothèse d'un remboursement anticipé du crédit par le consommateur que « les intérêts et les frais dépendant de la durée du crédit sont réduits proportionnellement alors que les frais indépendants de la durée du crédit ne sont pas remboursés, même proportionnellement ». Il est vrai que les libellés identiques des articles 16, paragraphe 1, de la directive 2008/48, et 25, paragraphe 1, de la directive 2014/17 et l'objectif commun des deux directives d'assurer une protection élevée du consommateur pouvaient conduire à retenir une interprétation uniforme de leur contenu. Les juridictions nationales étaient divisées sur ce point. Le juge de première instance avait estimé qu'en dépit de ces similitudes grammaticales, la directive 2014/17 organisait « un système différent de celui de la directive 2008/48. [...] Notamment en ce qui concerne la notion de "coût total du crédit pour le consommateur" faisant l'objet d'une réduction en cas de remboursement anticipé » (pt 14 de l'arrêt). Sa décision avait été réformée en appel, où le caractère identique des libellés avait convaincu la juridiction de seconde instance d'adopter une interprétation uniforme dans le cadre des deux textes. La Cour suprême, saisie de la question, nourrissant des doutes sur l'interprétation adoptée par les juges de première instance, avait donc sollicité le point de vue de la Cour de justice. Cette dernière, suivant les conclusions de l'avocat général Campos, a interprété l'article 25, paragraphe 1, de la directive 2014/17 en ce sens qu'il « ne s'oppose pas à une réglementation nationale prévoyant que le droit du consommateur à la réduction du coût total du crédit en cas de remboursement anticipé du crédit n'inclut que les intérêts et les frais dépendants de la durée du crédit ». Une telle interprétation est fondée sur les particularités des contrats de crédit relatifs aux biens immobiliers à usage résidentiel (pts 81 et 82 des conclusions et 30 de l'arrêt). Ce type de contrat engendre des frais qui, s'ils font à n'en pas douter partie du coût total du crédit, ne s'entendent pas d'une rémunération de l'établissement de crédit dont le montant serait difficilement identifiable comme c'était le cas dans l'affaire *Lexitor*, où la Cour avait relevé à propos de frais en cause que « la marge de manœuvre dont disposent les établissements de crédit dans leur facturation et leur organisation interne rend, en pratique, très difficile la détermination par un consommateur ou par une juridiction des frais objectivement liés à la durée du contrat » (pt 33 de l'arrêt). À l'appui d'une interprétation s'écartant de celle donnée dans le cadre de l'affaire *Lexitor*, l'avocat général indiquait notamment qu'il contestait que les frais visés par l'article 25, paragraphe 1, de la directive 2014/17 couvrent « des frais ne correspondant pas à der services du prêteur non encore exécutés au moment du remboursement anticipé » (pt 74 des conclusions). De façon plus explicite, il mettait en avant le fait que « certains de ces frais rémunèrent des prestations individuelles qui préparent la relation contractuelle future (l'intermédiation). D'autres contribuent au soutien de la dépense publique (taxes) ou rémunèrent des activités ou des services de l'administration publique, non seulement dans l'intérêt des parties, mais également de la société dans son ensemble et des transactions juridiques (inscription de l'hypothèque) » (*ibid.*). Par conséquent, « le fait que ces frais doivent être pris en compte pour informer le consommateur du "prix" total du crédit, au sens de l'article 4, point 13, de la directive 2014/17, qu'il les verse au destinataire final directement ou par l'intermédiaire du prêteur, n'implique pas [...] qu'ils fassent partie de ceux qui feront l'objet d'une réduction en cas de remboursement anticipé ». Comme il a pu être souligné « selon cette logique, ce sont les frais objectivement liés à la durée du contrat qui doivent être réduits. Les frais "fixes" ne devraient en revanche pas être affectés » (2). C'est du reste en se fondant sur des arguments très concrets que l'avocat général appuie l'interprétation téléologique qu'il donne du texte, en soulignant que la fiche d'information standardisée européenne (FISE) imposée par la directive 2014/17 opère une ventilation des informations que le consommateur doit recevoir au stade précontractuel, et qu'elle distingue à l'occasion de cette ventilation les frais qui ont ou non un caractère récurrent. Cette ventilation facilitera la détermination de certains frais susceptibles d'être réduits (pt 79 des conclusions). Cette approche a convaincu la Cour qui en déduit que « le risque de comportement abusif du prêteur », qui l'avait conduite à adopter une approche très protectrice du consommateur dans l'affaire *Lexitor*, « ne saurait justifier que les frais indépendants de la durée du contrat soient inclus dans le droit à réduction du coût total du crédit, prévu à l'article 25, paragraphe 1, de la directive 2014/17 » (pt 36 de l'arrêt). La Cour pose toutefois une limite technique au calcul des frais dus. Les juridictions nationales devront veiller « à ce que les frais qui, indépendamment de la durée du contrat de crédit, sont imposés au consommateur ne constituent pas objectivement une rémunération du prêteur pour l'utilisation temporaire du capital faisant l'objet de ce contrat ou pour des prestations qui, au moment du remboursement anticipé, devraient encore être fournies au consommateur. Le prêteur est, à cet égard, tenu d'établir le caractère récurrent ou non des frais concernés » (pt 38 de l'arrêt). Comme dans le cadre de

---

(2) E. Poillot, « Chronique de droit de la consommation », *J.D.E.*, 2023, n° 301, spéc. p. 381.

l'affaire *YYY*(3), la Cour rappelle à l'interprète du droit européen que l'uniformité des notions a ses limites et que celles-ci résident dans la finalité des textes. La solution retenue en l'espèce convainc, le contexte des emprunts tombant dans le champ d'application des deux directives étant distinct en raison du particularisme des crédits garantis par une hypothèque. Comme en matière de clauses abusives, l'arrêt illustre une fois de plus l'importance des arrêts de la Cour de justice en matière de protection du consommateur et la nécessité pour les juges nationaux « de disposer d'une connaissance approfondie de la jurisprudence nationale et européenne » qui « ajoute une complexité supplémentaire [à leur] travail » (4).

Élise POILLOT

(3) Voy. nos obs. dans cet ouvrage, p. 820.

(4) K. PLANES DE LA ASUNCION, « Complexité de l'office du juge dans l'appréciation des critères des clauses abusives à la lueur de la jurisprudence de la Cour de Justice de l'Union Européenne », in *La loyauté en droit économique. Mélanges en l'honneur d'Yves Picod*, Paris, Dalloz, 2023, pp. 186-205, spéc. p. 204.

Cour de justice, 5e ch., 8 juin 2023,
I.S., K.S. c/ YYY. SA.,
aff. C-570/21, ECLI:EU:C:2023:456

Conclusions de l'avocat général G. Pitruzzella, du 15 décembre 2022, ECLI:EU:C:2022:1002

Mots-clés : Protection des consommateurs – Clauses abusives dans les contrats conclus avec les consommateurs – Contrat à double finalité – Notion de « consommateur » – Critères

Cadre normatif : article 2, sous b), de la directive 1993/13/CE

Notes et observations : obs. H. Aubry, in H. Aubry, E. Poillot et N. Sauphanor-Brouillaud, « Panorama de droit de la consommation 2023 », *D.*, 2024, p. 651 ; M. Combet, « Notion de contrat à double finalité », *Rev. Lamy dr. civ.*, 2024, n° 217, pp. 17-20 ; E. Poillot, « Chronique de droit de la consommation », *J.D.E.*, 2023, n° 301, p. 376 ; A. Tenenbaum, « Comment qualifier le consommateur dans un contrat à finalité mixte ? », *Rev. contr.*, 2023, n° 4, pp. 70-72

Extraits de l'arrêt

[...]

Sur les questions préjudicielles

Sur la première question

27. Par sa première question, la juridiction de renvoi demande, en substance, si l'article 2, sous b), de la directive 93/13 doit être interprété en ce sens qu'il s'oppose à ce que soit qualifiée de « consommateur » une personne ayant conclu un contrat de crédit destiné à un usage en partie lié à son activité professionnelle et en partie étranger à cette activité, conjointement avec un autre emprunteur n'ayant pas agi dans le cadre de son activité professionnelle, lorsque le lien existant entre ce contrat et l'activité professionnelle de cette personne est non pas marginal au point d'avoir un rôle négligeable dans le contexte global dudit contrat, mais est à ce point limité qu'il n'est pas prédominant dans ce contexte.

28. Selon une jurisprudence constante, pour l'interprétation d'une disposition du droit de l'Union, il y a lieu de tenir compte non seulement des termes de celle-ci, mais également de son contexte et des objectifs poursuivis par la réglementation dont elle fait partie (arrêt du 7 novembre 2019, *Kanyeba e.a.*, C-349/18 à C-351/18, EU:C:2019:936, point 35 ainsi que jurisprudence citée).

29. S'agissant du libellé de l'article 2, sous b), de la directive 93/13, il convient de relever que, conformément à cette disposition, est un « consommateur » toute personne physique qui, dans les contrats relevant de cette directive, agit à des fins qui n'entrent pas dans le cadre de son activité professionnelle.

30. Ainsi, la qualité de « consommateur » de la personne concernée doit être déterminée au regard d'un critère fonctionnel, consistant à apprécier si le rapport contractuel concerné s'inscrit dans le cadre d'activités étrangères à l'exercice d'une profession [arrêt du 27 octobre 2022, *S. V. (Immeuble en copropriété)*, C-485/21, EU:C:2022:839, point 25 et jurisprudence citée]. La Cour a, en outre, eu l'occasion de préciser que la notion de « consommateur », au sens de l'article 2, sous b), de la directive 93/13, a un caractère objectif et est indépendante des connaissances concrètes que la personne concernée peut avoir ou des informations dont cette personne dispose réellement (arrêt du 21 mars 2019, *Pouvin et Dijoux*, C-590/17, EU:C:2019:232, point 24 ainsi que jurisprudence citée).

31. Le libellé de l'article 2, sous b), de la directive 93/13 ne permet toutefois pas de déterminer si et, dans l'affirmative, dans quels cas de figure une personne ayant conclu un contrat à double finalité, qui n'entre qu'en partie dans le cadre de son activité professionnelle, peut être considérée comme étant un consommateur, au sens de cette directive.

32. S'agissant du contexte dans lequel s'insère l'article 2, sous b), de la directive 93/13 ainsi que des objectifs poursuivis par celle-ci, il convient de rappeler que cette directive s'applique, ainsi qu'il ressort de son article 1er, paragraphe 1, et de son article 3, paragraphe 1, aux clauses abusives des « contrats conclus entre un professionnel et un consommateur » qui n'ont « pas fait l'objet d'une négociation individuelle » (arrêt du 15 janvier 2015, *Šiba*, C-537/13, EU:C:2015:14, point 19 et jurisprudence citée).

33. Comme l'énonce le dixième considérant de ladite directive, les règles uniformes concernant les clauses abusives doivent, sous réserve des exceptions énumérées à ce considérant, s'appliquer à « tout contrat » conclu entre un professionnel et un consommateur, tels que définis à l'article 2, sous b) et c), de la même directive [arrêt du 27 octobre 2022, *S. V. (Immeuble en copropriété)*, C-485/21, EU:C:2022:839, point 22 et jurisprudence citée].

34. C'est donc par référence à la qualité des contractants, selon qu'ils agissent ou non dans le cadre de leur activité professionnelle, que la directive 93/13 définit les contrats auxquels elle s'applique (arrêt du 21 mars 2019, *Pouvin et Dijoux*, C-590/17, EU:C:2019:232, point 23 ainsi que jurisprudence citée).

35. Un tel critère correspond à l'idée sur laquelle repose le système de protection mis en œuvre par cette directive, à savoir que le consommateur se trouve dans une situation d'infériorité à l'égard du professionnel, en ce qui concerne tant le pouvoir de négociation que le niveau d'information, situation qui le conduit à adhérer aux conditions rédigées préalablement par le professionnel, sans pouvoir exercer une influence sur le contenu de celles-ci (arrêt du 3 septembre 2015, *Costea*, C-110/14, EU:C:2015:538, point 18 et jurisprudence citée).

36. Eu égard à cette situation d'infériorité, l'article 6, paragraphe 1, de ladite directive prévoit que les clauses abusives ne lient pas les consommateurs. Il s'agit d'une disposition impérative qui tend à substituer à l'équilibre formel que le contrat établit entre les droits et les obligations des cocontractants un équilibre réel de nature à restaurer l'égalité entre ces derniers (arrêt du 17 mai 2022, *Ibercaja Banco*, C-600/19, EU:C:2022:394, point 36 et jurisprudence citée).

37. Par ailleurs, la Cour a déjà reconnu qu'une conception large de la notion de « consommateur », au sens de l'article 2, sous b), de la directive 93/13, permet d'assurer la protection accordée par cette directive à l'ensemble des personnes physiques se trouvant dans une situation d'infériorité à l'égard du professionnel (voir, en ce sens, arrêt du 21 mars 2019, *Pouvin et Dijoux*, C-590/17, EU:C:2019:232, point 28).

38. Dans ces conditions, ainsi que M. l'avocat général l'a indiqué, en substance, aux points 61 et 66 de ses conclusions, le caractère impératif des dispositions contenues dans la directive 93/13 et les exigences particulières de protection du consommateur qui leur sont liées requièrent qu'une interprétation large de la notion de « consommateur », au sens de l'article 2, sous b), de cette directive, soit privilégiée, afin d'assurer l'effet utile de cette dernière.

39. Ainsi, bien que, en principe, les dispositions de la directive 93/13 ne trouvent à s'appliquer que dans l'hypothèse où le contrat en cause a pour objet un bien ou un service destiné à un usage autre que professionnel, une personne physique qui conclut un contrat portant sur un bien ou un service destiné à un usage se rapportant en partie à son activité professionnelle, et n'étant donc qu'en partie seulement étranger à cette activité, pourrait, dans certaines hypothèses, être qualifiée de « consommateur », au sens de l'article 2, sous b), de cette directive, et, partant, bénéficier de la protection accordée par cette dernière.

40. Pour assurer le respect des objectifs poursuivis par le législateur de l'Union européenne dans le domaine des contrats conclus par les consommateurs ainsi que la cohérence du droit de l'Union, il y a lieu, en particulier, de tenir compte de la notion de « consommateur » contenue dans d'autres réglementations de ce droit (voir, en ce sens, arrêt du 5 décembre 2013, *Vapenik*, C-508/12, EU:C:2013:790, point 25).

41. Ainsi que le soulignent les requérants au principal, le gouvernement polonais et la Commission européenne dans leurs observations écrites, la directive 2011/83 est particulièrement pertinente à cet égard.

42. Outre la circonstance que les définitions du terme « consommateur » figurant à l'article 2 de la directive 93/13 et à l'article 2 de la directive 2011/83 sont largement équivalentes, cette dernière directive poursuit le même objectif que la directive 93/13. En effet, la directive 2011/83 porte sur les droits des consommateurs concernant des contrats conclus avec des professionnels et vise à assurer un niveau élevé de protection des consommateurs en garantissant leur information et leur sécurité dans les transactions avec les professionnels (voir, en ce sens, ordonnance du 15 avril 2021, *MiGame*, C-594/20, EU:C:2021:309, point 28).

43. En outre, comme M. l'avocat général l'a souligné au point 72 de ses conclusions, la directive 2011/83 présente un lien étroit avec la directive 93/13, étant donné que la première a modifié la seconde et que ces deux directives peuvent s'appliquer à un même contrat, sous réserve que ce contrat relève simultanément de leurs champs d'application matériels respectifs. Par ailleurs, le législateur de l'Union a récemment renforcé ce lien en adoptant la directive (UE) 2019/2161 du Parlement européen et du Conseil, du 27 novembre 2019, modifiant la directive 93/13/CEE du Conseil et les directives 98/6/CE, 2005/29/CE et 2011/83/UE du Parlement européen et du Conseil en ce qui concerne une meilleure application et une modernisation des règles de l'Union en matière de protection des consommateurs (*JO* 2019, L 328, p. 7).

44. Dans ces conditions, en vue de l'interprétation de l'article 2, sous b), de la directive 93/13, il convient de tenir compte du considérant 17 de la directive 2011/83, qui explicite la volonté du législateur de l'Union en ce qui concerne la définition de la notion de « consommateur » en cas de contrats à double finalité et dont il ressort que, lorsque le contrat est conclu à des fins qui n'entrent qu'en partie dans le cadre de l'activité professionnelle de l'intéressé et lorsque la finalité professionnelle est si limitée qu'elle n'est pas prédominante dans le contexte global du contrat, cette personne devrait également être considérée comme étant un consommateur.

45. La pertinence de l'interprétation de l'article 2, sous b), de la directive 93/13 à la lumière du considérant 17 de la directive 2011/83 est corroborée par le considérant 18 de la directive 2013/11 et par le considérant 13 du règlement n° 524/2013, qui contiennent la même précision s'agissant de la définition de la notion de « consommateur » en cas de contrats à double finalité. Bien que la directive 2013/11 ainsi que le règlement n° 524/2013 portent sur le règlement des litiges de consommation et, dès lors, sur des questions autres que celles régies par les directives 93/13 et 2011/83 en ce qui concerne la protection de consommateurs, ces considérants témoignent de la détermination du législateur de l'Union à donner une portée horizontale à cette définition.

46. Pour autant que lesdits considérants figurent dans des actes législatifs postérieurs aux faits du litige au principal, il suffit de rappeler que, ainsi qu'il a été relevé au point 38 du présent arrêt, le caractère impératif des dispositions contenues dans la directive 93/13 et les exigences particulières de protection du consommateur qui leur sont liées requièrent qu'une interprétation large de la notion de « consommateur », au sens de l'article 2, sous b), de cette directive, soit privilégiée, afin d'assurer l'effet utile de cette dernière. Partant, l'interprétation téléologique de la directive 93/13 plaide en faveur de l'approche explicitée par le législateur de l'Union dans les mêmes considérants, selon laquelle une personne qui a conclu un contrat à des fins entrant en partie dans le cadre de son activité professionnelle doit être considérée comme étant un consommateur lorsque la finalité professionnelle est si limitée qu'elle n'est pas prédominante dans le contexte global de ce contrat.

47. L'interprétation de la notion de « consommateur » retenue par la Cour aux points 31 et 45 de l'arrêt *Gruber*, et confirmée aux points 29 à 32 de l'arrêt du 25 janvier 2018, *Schrems* (C-498/16, EU:C:2018:37), s'agissant de l'interprétation des articles 15 à 17 du règlement (CE) n° 44/2001 du Conseil, du 22 décembre 2000, concernant la compétence judiciaire, la reconnaissance et l'exécution des décisions en matière civile et commerciale (*JO* 2001, L 12, p. 1), ainsi qu'aux points 87 à 91 de l'arrêt du 14 février 2019, *Milivojević* (C-630/17, EU:C:2019:123), s'agissant de l'interprétation des articles 17 à 19 du règlement (UE) n° 1215/2012 du Parlement européen et du Conseil, du 12 décembre 2012, concernant la compétence judiciaire, la reconnaissance et l'exécution des décisions en matière civile et commerciale (*JO* 2012, L 351, p. 1), ne fait pas non plus obstacle à ce que l'article 2, sous b), de la directive 93/13 soit interprété à la lumière du considérant 17 de la directive 2011/83.

48. En effet, dans l'arrêt *Gruber*, la Cour a interprété les articles 13 à 15 de la convention du 27 septembre 1968 concernant la compétence judiciaire et l'exécution des décisions en matière civile et commerciale (*JO* 1972, L 299, p. 32), telle que modifiée par les conventions successives relatives à l'adhésion des nouveaux États membres à cette convention (ci-après la « convention de Bruxelles »).

49. Ainsi que cela ressort notamment des points 32, 33 et 43 de cet arrêt, celui-ci concernait l'interprétation des règles de compétence en matière de contrats conclus avec les consommateurs prévues par la convention de Bruxelles, qui dérogent à la règle de compétence générale prévue par cette dernière, à savoir celle des juridictions de l'État contractant sur le territoire duquel le défendeur a son domicile, et qui sont, en tant que règles de compétence dérogatoires à cette règle de compétence générale, d'interprétation stricte, en ce sens qu'elles ne sauraient donner lieu à une interprétation allant au-delà des hypothèses expressément envisagées par cette convention.

50. C'est donc dans ce contexte spécifique, et compte tenu également d'autres éléments pertinents dans le cadre de l'interprétation des règles de compétence prévues par ladite convention, tels que les exigences de sécurité juridique et de prévisibilité de la juridiction compétente ainsi que l'objectif de protection adéquate du consommateur poursuivi par les dispositions de la section 4 du titre II de la même convention (voir, en ce sens, arrêt *Gruber*, points 34 et 45), que la Cour a jugé qu'une personne qui a conclu un contrat pour un usage se rapportant en partie à son activité professionnelle, et n'étant donc qu'en partie seulement étranger à celle-ci, n'est pas en droit de se prévaloir du bénéfice des règles de compétence spécifiques en matière de contrats conclus avec les consommateurs prévues par la convention de Bruxelles, sauf si l'usage professionnel est marginal au point d'avoir un rôle négligeable dans le contexte global de l'opération en cause (voir, en ce sens, arrêt *Gruber*, points 39 et 54).

51. Ainsi, dans la mesure où l'article 2, sous b), de la directive 93/13 n'est pas une disposition devant faire l'objet d'une interprétation stricte et compte tenu de la ratio legis de cette directive visant à protéger les consommateurs en cas de clauses contractuelles abusives, l'interprétation stricte de la notion de « consommateur » retenue dans l'arrêt *Gruber*, aux fins de la détermination de la portée des règles de compétence dérogatoires prévues aux articles 13 à 15 de la convention de Bruxelles en cas de contrat à double finalité, ne saurait être étendue, par analogie, à la notion de « consommateur », au sens de l'article 2, sous b), de la directive 93/13.

52. Afin de donner une réponse utile à la juridiction de renvoi, il convient également de relever que, dans le cadre d'un contrat de crédit conclu avec un professionnel, la personne physique qui se trouve dans la situation d'un codébiteur relève de la notion de « consommateur », au sens de l'article 2, sous b), de la directive 93/13, dès lors qu'elle agit à des fins qui n'entrent pas dans le cadre de son activité professionnelle, et doit, si elle se trouve, à l'égard de ce professionnel, dans une situation analogue à celle du débiteur, bénéficier, ensemble avec ce dernier, de la protection prévue par cette directive (voir, en ce sens, arrêt du 9 juillet 2015, *Bucura*, C-348/14, non publié, EU:C:2015:447, points 35 à 39).

53. Eu égard à ce qui précède, il y a lieu de répondre à la première question que l'article 2, sous b), de la directive 93/13 doit être interprété en ce sens que relève de la notion de « consommateur », au sens de cette disposition, une personne ayant conclu un contrat de crédit destiné à un usage en partie lié à son activité professionnelle et en partie étranger à cette activité, conjointement avec un autre emprunteur n'ayant pas agi dans le cadre de son activité professionnelle, lorsque la finalité professionnelle est si limitée qu'elle n'est pas prédominante dans le contexte global de ce contrat.

Sur la seconde question

54. Par sa seconde question, la juridiction de renvoi demande, en substance, de préciser les critères permettant de déterminer si une personne relève de la notion de « consommateur », au sens de l'article 2, sous b), de la directive 93/13, et, plus particulièrement, si la finalité professionnelle d'un contrat de crédit conclu par cette personne est si limitée qu'elle n'est pas prédominante dans le contexte global de ce contrat.

55. Il ressort de la jurisprudence que le juge national saisi d'un litige portant sur un contrat susceptible d'entrer dans le champ d'application de cette directive est tenu de vérifier, en tenant compte de l'ensemble des éléments de preuve et notamment des termes de ce contrat, si la personne concernée peut être qualifiée de « consommateur », au sens de ladite directive. Pour ce faire, le juge national doit tenir compte de toutes les circonstances de l'espèce, et notamment de la nature du bien ou du service faisant l'objet du contrat en cause, susceptibles de démontrer à quelle fin ce bien ou ce service est acquis (voir, en ce sens, arrêts du 3 septembre 2015, *Costea*, C-110/14, EU:C:2015:538, points 22 et 23, ainsi que du 21 mars 2019, *Pouvin et Dijoux*, C-590/17, EU:C:2019:232, point 26).

56. Il en va de même aux fins, d'une part, de l'appréciation, s'agissant d'un contrat de crédit se rapportant, pour partie, à l'activité professionnelle de l'emprunteur et, pour partie, à des fins étrangères à cette activité, de l'ampleur de chacune de ces deux parties dans le contexte global de ce contrat et, d'autre part, de la finalité prédominante dudit contrat.

57. À cet égard, la répartition du capital emprunté entre une activité professionnelle et une activité extraprofessionnelle est susceptible de constituer un critère quantitatif pertinent. Toutefois, des critères non quantitatifs pourraient s'avérer également pertinents, tels que la circonstance que, en cas de pluralité d'emprunteurs, un seul d'entre eux poursuit, par le contrat de crédit en cause, une finalité professionnelle ou, le cas échéant, le fait que le prêteur a subordonné l'octroi du crédit, destiné initialement exclusivement à des fins de consommation, à une affectation partielle du montant emprunté au remboursement de dettes liées à une activité professionnelle.

58. Ces critères ne sont ni exhaustifs ni exclusifs, de sorte qu'il incombe à la juridiction de renvoi d'examiner l'ensemble des circonstances entourant le contrat en cause au principal et d'apprécier, sur la base des éléments de preuve objectifs dont il dispose, dans quelle mesure la finalité professionnelle ou non professionnelle de ce contrat est prédominante dans le contexte global de ce dernier.

59. Eu égard à ce qui précède, il y a lieu de répondre à la seconde question que l'article 2, sous b), de la directive 93/13 doit être interprété en ce sens que, afin de déterminer si une personne relève de la notion de « consommateur », au sens de cette disposition, et, plus particulièrement, si la finalité professionnelle d'un contrat de crédit conclu par cette personne est si limitée qu'elle n'est pas prédominante dans le contexte global de ce contrat, la juridiction de renvoi est tenue de prendre en considération toutes les circonstances pertinentes entourant ce contrat, tant quantitatives que qualitatives, telles que, notamment, la répartition du capital emprunté entre une activité professionnelle et une activité extraprofessionnelle ainsi que, en cas de pluralité d'emprunteurs, le fait qu'un seul d'entre eux poursuit une finalité professionnelle ou que le prêteur a subordonné l'octroi d'un crédit destiné à des fins de consommation à une affectation partielle du montant emprunté au remboursement de dettes liées à une activité professionnelle.

Sur la limitation des effets dans le temps du présent arrêt

60. Dans ses observations écrites, la défenderesse au principal a demandé, en substance, que la Cour limite les effets dans le temps de son arrêt pour le cas où celle-ci n'interpréterait pas la notion de « consommateur », au sens de l'article 2, sous b), de la directive 93/13, à la lumière de l'arrêt *Gruber*. À l'appui de sa demande, elle a invoqué les principes de sécurité juridique et de non-rétroactivité.

61. À cet égard, il convient de rappeler que, conformément à une jurisprudence constante, ce n'est qu'à titre tout à fait exceptionnel que la Cour peut, par application d'un principe général de sécurité juridique inhérent à l'ordre juridique de l'Union, être amenée à limiter la possibilité pour tout intéressé d'invoquer une disposition qu'elle a interprétée en vue de mettre en cause des relations juridiques établies de bonne foi. Pour qu'une telle limitation puisse être décidée, il est nécessaire que deux critères essentiels soient réunis, à savoir la bonne foi des milieux intéressés et le risque de troubles graves (arrêt du 11 novembre 2020, *DenizBank*, C-287/19, EU:C:2020:897, point 108 et jurisprudence citée).

62. En l'occurrence, la défenderesse au principal se borne toutefois à faire valoir des arguments d'ordre général sans fournir d'élément concret et précis de nature à établir le bien-fondé de sa demande au regard de ces deux critères.

63. Partant, il n'y a pas lieu de limiter dans le temps les effets du présent arrêt.

Sur les dépens

64. La procédure revêtant, à l'égard des parties au principal, le caractère d'un incident soulevé devant la juridiction de renvoi, il appartient à celle-ci de statuer sur les dépens. Les frais exposés pour soumettre des observations à la Cour, autres que ceux desdites parties, ne peuvent faire l'objet d'un remboursement.

Par ces motifs, la Cour (cinquième chambre) dit pour droit :

1) L'article 2, sous b), de la directive 93/13/CEE du Conseil, du 5 avril 1993, concernant les clauses abusives dans les contrats conclus avec les consommateurs,

doit être interprété en ce sens que :

relève de la notion de « consommateur », au sens de cette disposition, une personne ayant conclu un contrat de crédit destiné à un usage en partie lié à son activité professionnelle et en partie étranger à cette activité, conjointement avec un autre emprunteur n'ayant pas agi dans le cadre de son activité professionnelle, lorsque la finalité professionnelle est si limitée qu'elle n'est pas prédominante dans le contexte global de ce contrat.

2) L'article 2, sous b), de la directive 93/13

doit être interprété en ce sens que :

afin de déterminer si une personne relève de la notion de « consommateur », au sens de cette disposition, et, plus particulièrement, si la finalité professionnelle d'un contrat de crédit conclu par cette personne est si limitée qu'elle n'est pas prédominante dans le contexte global de ce contrat, la juridiction de renvoi est tenue de prendre en considération toutes les circonstances pertinentes entourant ce contrat, tant quantitatives que qualitatives, telles que, notamment, la répartition du capital emprunté entre une activité professionnelle et une activité extraprofessionnelle ainsi que, en cas de pluralité d'emprunteurs, le fait qu'un seul d'entre eux poursuit une finalité professionnelle ou que le prêteur a subordonné l'octroi d'un crédit destiné à des fins de consommation à une affectation partielle du montant emprunté au remboursement de dettes liées à une activité professionnelle.

Observations

En droit de l'Union européenne, la qualité de consommateur, personne nécessairement physique et, par effet miroir, celle de professionnel, s'apprécie au regard de la notion fonctionnelle d'« activité commerciale, industrielle, artisanale ou libérale » (1). L'exercice d'une telle activité a pour effet d'exclure un individu de la catégorie de consommateur et de l'inclure dans celle de professionnels, le privant de la sorte de la protection spéciale organisée par le droit de la consommation. L'arrêt rendu par la Cour dans le cadre de l'affaire *YYY* vient préciser ce que recouvre cette notion fonctionnelle dans une situation particulière où une personne avait conclu un contrat de crédit destiné à un usage en partie lié à son activité professionnelle et en partie étranger à cette activité. Avant de présenter les apports de cet arrêt, principalement attachés à la façon dont il tient compte de la dualité de l'activité et à la nécessité de l'approcher différemment selon que la situation en cause intéresse un texte de droit substantiel ou de droit international privé, il ne semble pas inutile de rappeler le contexte à la fois général et spécifique dans le cadre duquel s'inscrit la notion d'« activité commerciale, industrielle, artisanale ou libérale » en droit européen de la consommation.

Il n'existe pas à proprement parler de notion uniforme du consommateur en droit de l'Union. Chaque définition qui en est donnée s'appuie toutefois sur la notion d'activité professionnelle et sur la nécessaire qualité de personne physique du consommateur. En droit international privé, les règlements (CE) n° 593/2008 sur la loi applicable aux obligations contractuelles (Rome I) et (UE) n° 1215/2012 concernant la compétence judiciaire, la reconnaissance et l'exécution des décisions en matière civile et commerciale (Bruxelles I*bis* refondu) définissent indirectement le consommateur dans leurs articles 6 et 17 comme une personne ayant conclu un contrat « pour un usage pouvant être considéré comme étranger à son activité professionnelle » (à noter que le règlement « Bruxelles I*bis* » ne précise pas qu'il doit s'agir d'une personne physique).

En droit substantiel, la directive 93/13/CEE, seul texte de l'acquis en droit de la consommation n'ayant pas été révisé, s'inscrit dans la même approche terminologique en considérant le consommateur comme « toute personne physique qui, dans les contrats relevant de la présente directive, agit à des fins qui n'entrent pas dans le cadre de son activité professionnelle ». Les directives adoptées depuis déclinent en revanche désormais plus précisément les

(1) Sur cette notion, voy. D. Negre, *L'activité professionnelle en droit européen de la consommation. Étude d'un critère de qualification*, thèse, Luxembourg, University of Luxembourg, 2023.

caractéristiques de l'activité de l'individu en cause qui peut être « commerciale, industrielle, artisanale ou libérale » sans que le terme « professionnel » soit mentionné. Cet oubli n'est toutefois que l'apanage de la version française de la directive qui s'écarte des autres versions linguistiques où l'adjectif « professionnel » est mentionné aux côtés des autres types d'activité (2) et il ne devrait pas compromettre l'uniformité de la notion en droit de l'Union. Si l'on ignore l'origine et la raison de cette divergence, qui ouvre théoriquement la catégorie des consommateurs à certains professionnels comme les agriculteurs ou les artistes, elle ne devrait pas compromettre le sens de la notion de consommateur (et de professionnel). Il semblerait en effet difficile de soutenir que la volonté du législateur était d'inclure certains professionnels dans le champ d'application du droit de la consommation (3). D'une part, lorsque le législateur européen estime que la protection de la partie faible prévue par un texte de droit de la consommation peut être étendue à certains professionnels, il suggère une telle possibilité aux législateurs nationaux en leur rappelant qu'il convient pour ce faire de ne pas qualifier les destinataires de cette protection de « consommateurs ». On trouve par exemple ce type de suggestion dans le treizième considérant de la directive 2011/83/UE sur les droits des consommateurs (« [l]es États membres peuvent, par exemple, décider d'étendre l'application des règles de la présente directive à des personnes morales ou physiques qui ne sont pas des "consommateurs" au sens de la présente directive, comme les organisations non gouvernementales, les jeunes entreprises ou les petites et moyennes entreprises »). D'autre part, le caractère isolé de la version française par rapport aux autres versions linguistiques du texte plaide également en faveur d'une interprétation large. Rappelons par ailleurs que la Cour de justice de l'Union européenne retient, selon une jurisprudence constante, qu'en cas de divergence linguistique relativement à une disposition d'un texte, « la disposition en cause doit être interprétée en fonction de l'économie générale et de la finalité de la réglementation dont elle constitue un élément » (4).

---

(2) Voy. par ex. la version allemande „*Verbraucher "jede natürliche Person, die bei von dieser Richtlinie erfassten Verträgen zu Zwecken handelt, die außerhalb ihrer gewerblichen, geschäftlichen, handwerklichen oder beruflichen Tätigkeit liegen – beruflich* signifiant « professionnel » en allemand.

(3) Voy. E. Poillot, « Droit européen de la consommation », in D. Fenouillet (dir.), *Droit de la consommation, droit interne et européen*, coll. « Dalloz action », Paris, Dalloz, 2020, n°s 031.37 et 031.38 ; *adde* D. Negre, *L'activité professionnelle en droit européen de la consommation. Étude d'un critère de qualification*, *op. cit.*, n°s 155 et s.

(4) On peut citer, reprenant ce principe jurisprudentiel en droit de la consommation, CJUE, 3 avril 2014, *4Finance*, aff. C-515/12.

La Cour a souligné l'importance d'une approche uniforme (ou d'une portée horizontale, pour reprendre les termes de l'arrêt *YYY* – pt 45 de l'arrêt) en rappelant « que pour assurer le respect des objectifs poursuivis par le législateur européen dans le domaine des contrats conclus par les consommateurs ainsi que la cohérence du droit de l'Union, il y a lieu, en particulier, de tenir compte de la notion de "consommateur" contenue dans d'autres réglementations du droit de l'Union » (5). Si la notion est frappée du sceau de l'uniformité, celle-ci semble toutefois relative puisqu'elle apparaît désormais parfois cloisonnée aux termes de l'arrêt *YYY*. La notion de consommateur, et par conséquent d'activité professionnelle, sera dorénavant l'objet de divergences d'interprétation selon que le texte en cause relève du droit substantiel ou du droit international privé. Jusqu'ici, la portée horizontale de la jurisprudence de la Cour semblait dépasser cette distinction puisque les juges luxembourgeois se référaient indifféremment aux interprétations données à propos de directives (6).

L'arrêt rendu dans l'affaire *YYY* institue un cloisonnement entre les matières dont il convient de tenter de délimiter la portée. La question préjudicielle soumise intéressait l'application de la directive 93/13 sur les clauses abusives à propos d'un contrat de crédit conclu par un consommateur « destiné à un usage en partie lié à son activité professionnelle et en partie étranger à cette activité, conjointement avec un autre emprunteur n'ayant pas agi dans le cadre de son activité professionnelle ». Il ressortait du contexte de l'affaire que 35 % du crédit était affecté au remboursement d'une dette professionnelle. Quel impact pouvait avoir cette situation mixte sur la qualification éventuelle de consommateur de l'emprunteur ? Une situation similaire avait déjà donné lieu à une interprétation préjudicielle par la Cour de la notion de consommateur dans une affaire intéressant l'application de la Convention du 27 septembre 1968 concernant la compétence judiciaire et l'exécution des décisions en matière civile et commerciale (7). Dans son arrêt, la Cour avait

(5) CJUE, 5 décembre 2013, *Vapenik*, aff. C-508/12, pt 25.

(6) Voy. CJUE, 10 décembre 2020, *Personal Exchange International Limited*, aff. C-774/19 où la Cour renvoie, dans une affaire intéressant l'application du règlement « Bruxelles I*bis* » et impliquant une appréciation de la qualité d'une partie, au critère de la « régularité de l'activité » mis en avant dans les arrêts du 4 octobre 2018, *Kamenova*, aff. C-105/17 rendu à propos de la directive 2005/29 sur les pratiques commerciales déloyales vis-à-vis des consommateurs, et *Vapenik*, rendu à propos d'une affaire concernant l'application du règlement (CE) n° 805/2004 relatif au titre exécutoire européen pour les créances incontestées où la Cour indique que s'agissant de la définition du consommateur, une référence au « Bruxelles I*bis* » est particulièrement pertinente en raison de la relation de complémentarité qu'il entretient avec le règlement sur le titre exécutoire (pt 25).

(7) CJUE, 20 janvier 2005, *Grüber*, aff. C-464/01.

retenu qu'« une personne qui a conclu un contrat portant sur un bien destiné à un usage en partie professionnel et en partie étranger à son activité professionnelle n'est pas en droit de se prévaloir du bénéfice des règles de compétence spécifiques prévues aux articles 13 à 15 de ladite convention, sauf si l'usage professionnel est marginal au point d'avoir un rôle négligeable dans le contexte global de l'opération en cause, le fait que l'aspect extraprofessionnel prédomine étant sans incidence à cet égard ». Le critère à appliquer pour décider si l'activité était ou non professionnelle était donc celui de l'usage professionnel marginal au point d'avoir un rôle négligeable dans le contexte global de l'opération en cause. La juridiction nationale telle que prévue par l'article 2, sous b), de la directive 93/13/CE interrogeait par conséquent la Cour sur la possibilité de recourir en l'espèce par analogie à ce critère afin de déterminer si l'activité de l'une des parties n'était pas de nature à soustraire le contrat au domaine d'application de la législation de lutte contre les clauses abusives.

Le juge *a quo* subodorait sans doute que ce critère, propre à guider une qualification de consommateur dans un contexte de droit international privé, n'avait sans doute pas vocation à s'appliquer s'agissant d'un texte de droit substantiel. La réponse de la Cour s'est inscrite dans cette perspective puisqu'elle énonce que « l'article 2, sous b), de la directive 93/13/CEE du Conseil, du 5 avril 1993, concernant les clauses abusives dans les contrats conclus avec les consommateurs, doit être interprété en ce sens que : relève de la notion de "consommateur", au sens de cette disposition, une personne ayant conclu un contrat de crédit destiné à un usage en partie lié à son activité professionnelle et en partie étranger à cette activité, conjointement avec un autre emprunteur n'ayant pas agi dans le cadre de son activité professionnelle, lorsque la finalité professionnelle est si limitée qu'elle n'est pas prédominante dans le contexte global de ce contrat ». Le choix de la Cour de ne pas reprendre les termes de l'arrêt *Grüber* démontre son intention de s'en démarquer et de limiter l'uniformité de l'approche lorsque celle-ci contredit l'esprit des textes (8). Cette différence d'interprétation tient au fait que, là où le caractère impératif des dispositions de la directive 93/13 doit conduire à retenir une acception large de la catégorie des consommateurs permettant d'y rattacher un grand nombre de personnes, le caractère d'exception des privilèges accordés en droit international privé européen commande d'apprécier restrictivement le domaine de cette catégorie, ainsi que l'a suggéré à la Cour l'avocat général Pitruzzella (pts 61 de ses conclusions, 38 et 49 de l'arrêt).

(8) Voy. égal. *UniCredit Bank Austria*, nos obs. dans cet ouvrage *supra*, p. 812.

C'est donc sur des dispositions de droit matériel que s'est appuyée la Cour, qui comme le suggérait l'avocat général, a repris un argumentaire de la juridiction de renvoi. Elle a ainsi érigé en critère de qualification du caractère professionnel ou non de l'activité « le caractère si limité de la finalité professionnelle de l'activité [ayant pour conséquence] qu'elle n'est pas prédominante dans le contexte global du contrat ».

Cette formule alambiquée est tirée du dix-septième considérant de la directive 2011/83/UE sur les droits des consommateurs, repris par le dix-huitième considérant de la directive 2013/11 relative au règlement extrajudiciaire des litiges de consommation et le treizième considérant du règlement (UE) n° 524/2013 relatif au règlement en ligne des litiges de consommation selon lesquels « en cas de contrats à double finalité, lorsque le contrat est conclu à des fins qui n'entrent qu'en partie dans le cadre de l'activité professionnelle de l'intéressé et lorsque la finalité professionnelle est si limitée qu'elle n'est pas prédominante dans le contexte global du contrat, cette personne devrait également être considérée comme un consommateur ».

Ce qui différencie les deux approches tient au fait que la prédominance de la nature de l'activité ne jouera pas le même rôle selon qu'il s'agit d'examiner le domaine d'application personnel d'un texte de droit substantiel ou d'un texte de droit international privé. S'agissant de la première hypothèse, la prédominance du caractère professionnel de l'activité dans le cadre global du contrat conduirait à exclure une personne de la catégorie des consommateurs. S'agissant de la seconde hypothèse, la prédominance du caractère extraprofessionnel ne suffit pas à l'inclure dans cette catégorie. La distinction est subtile et mérite d'être explicitée. Elle s'appréhende plus facilement à la lecture des directives de mise en œuvre des critères données par la Cour aux juridictions nationales.

Dans l'affaire *YYY*, la Cour indique que pour correctement qualifier globalement l'activité en cause, il convient de fonder le raisonnement sur des critères tant quantitatifs que qualitatifs, en l'espèce « notamment, la répartition du capital emprunté entre une activité professionnelle et une activité extraprofessionnelle ainsi que, en cas de pluralité d'emprunteurs, le fait qu'un seul d'entre eux poursuit une finalité professionnelle ou que le prêteur a subordonné l'octroi d'un crédit destiné à des fins de consommation à une affectation partielle du montant emprunté au remboursement de dettes liées à une activité professionnelle ». On en déduit que l'appréciation du contrôle de proportionnalité opéré, puisque c'est une telle mission qui est en définitive assignée au juge, ne doit pas se faire sur des critères purement arithmétiques. C'est ce que laisserait entendre le terme « quantitatif ». Elle doit aussi reposer sur une appréciation des intentions des parties et des contraintes pesant sur elles. C'est ce à quoi semble renvoyer le terme « quantitatif ». Or en l'espèce, l'usage professionnel d'une partie du crédit contracté avait été affecté au remboursement d'une dette sur un compte professionnel, remboursement exigé par le prêteur afin d'octroyer le crédit aux emprunteurs (pt 22 de l'arrêt). C'est ainsi un contrôle de proportionnalité circonstancié auquel sont conviées les juridictions nationales.

Lorsqu'en revanche la détermination de la nature de l'activité est requise aux fins d'application d'un texte de droit international privé, le contrôle de proportionnalité sera plus strictement borné, ainsi qu'il ressort de la formule de la Cour selon laquelle « il appartient à la juridiction saisie de décider si le contrat en cause a été conclu pour couvrir, dans une mesure non négligeable, des besoins relevant de l'activité professionnelle de la personne concernée ou si, au contraire, l'usage professionnel ne revêtait qu'un rôle insignifiant ». L'appréciation qu'il appartiendra au juge national de mener semble donc d'ordre exclusivement quantitatif.

Complexe dans sa formulation, le choix fait par la Cour l'est également au regard de la portée du cloisonnement opéré. Se pose en effet désormais la question de savoir quand il doit être mis en œuvre. Dans l'arrêt *YYY*, la justification du cloisonnement semble clairement reposer sur la nécessité de restreindre l'accès à la catégorie des consommateurs des justiciables en raison du régime d'exception aux règles générales de détermination de la loi applicable et de la juridiction. Dès lors que l'interprétation de l'un des critères permettant de déterminer si une activité est professionnelle rendue à propos d'un texte de droit substantiel est susceptible de permettre l'accès à la catégorie des consommateurs du plus grand nombre, il ne devrait pas être utilisé par analogie pour qualifier l'activité au regard des règlements Rome I et Bruxelles I. Inversement, une approche trop étroite de la notion qui résulterait d'une référence à une interprétation rendue dans le cadre de ces textes ne saurait être retenue en droit substantiel. Bref, les juges nationaux vont devoir se livrer à des contorsions interprétatives qui ne faciliteront pas nécessairement leur tâche, d'autant que tous les textes de droit substantiel n'ont pas la même aura que la directive 93/13 sur les clauses abusives, qui occupe une place particulière au sein du droit européen de la consommation, notamment en ce qui concerne l'effectivité de son application. À ce propos, l'arrêt *YYY* enseigne que les directives 2011/83/UE sur les droits des consommateurs et 2013/11 relative au règlement extrajudiciaire des litiges de consommation ainsi que le règlement (UE) n° 524/2013 relatif au règlement en ligne des litiges de consommation sont placés sur le même plan interprétatif. On comprend également que le fait que les liens étroits existant entre des textes de droit matériel pourront guider les juges. Ces liens se matérialisant par le fait qu'un des textes en cause en modifie un autre ou que les textes envisagés peuvent s'appliquer à un même contrat relevant simultanément « de leurs champs d'application respectifs » (pt 43 de l'arrêt) autorisent une interprétation uniforme de la notion de consommateur. Cohérent, le système pèche toutefois par sa complexité susceptible d'en entraver la mise en œuvre. Celle-ci ne pourra être garantie que par une connaissance et une compréhension de la jurisprudence de la Cour de justice de l'Union européenne auprès des juridictions nationales. De ce point de vue, un document d'orientation de la Commission relatif à la notion de consommateur et de professionnel en droit de la consommation serait le bienvenu.

Élise POILLOT

XX. DROIT DES TRANSPORTS

Cour de justice, 3e ch., 11 mai 2023, *TAP Portugal*, aff. C-156/22 à C-158/22, ECLI:EU:C:2023:393

Conclusions de l'avocate générale L. Medina, du 9 février 2023, ECLI:EU:C:2023:91

Mots-clés : Transport aérien – Indemnisation et assistance des passagers en cas de refus d'embarquement et d'annulation ou de retard important d'un vol – Exonération de l'obligation d'indemnisation – Notion de « circonstances extraordinaires » – Annulation d'un vol – Décès subit et imprévisible d'un copilote – Événement externe – Maîtrise sur l'événement – Prévisibilité de l'événement

Cadre normatif : règlement (CE) n° 261/2004

Notes et observations : J. Heymann, « Décès inopiné du co-pilote d'un avion peu avant le départ prévu du vol : circonstance tragique mais pas "extraordinaire" », *R.A.E.*, 2023/2, pp. 543-546 ; V. Michel, « Exonération du transporteur aérien : décès du copilote », *Europe*, 2023, n° 7, comm. 248 ; D. Berlin, « La peau de chagrin des "circonstances extraordinaires" », *JCP G*, 2023, n° 22, act. 681 ; P. Delebecque, « Transport aérien de passagers – Le décès du copilote n'est pas une "circonstance extraordinaire" au sens du règlement passagers (n° 261/2004) », *Énergie – Environnement – Infrastructures*, 2023, n° 6, comm. 54 ; L. Bloch, « Transport aérien – Quand la mort ne peut pas attendre », *Resp. civ. et assur.*, 2023, n° 6, repère 6

Extraits de l'arrêt

Sur la question préjudicielle

15. Par sa question identique dans les trois affaires dont elle est saisie, la juridiction de renvoi demande, en substance, si l'article 5, paragraphe 3, du règlement n° 261/2004 doit être interprété en ce sens que l'absence inopinée, en raison de la maladie ou du décès, d'un membre de l'équipage indispensable pour assurer un vol, intervenue peu de temps avant le départ prévu de ce vol, relève de la notion de « circonstances extraordinaires », au sens de cette disposition.

16. À cet égard, il y a lieu de rappeler que, en vertu de l'article 5, paragraphe 1, sous c), du règlement n° 261/2004, les passagers concernés par l'annulation d'un vol ont droit à une indemnisation du transporteur aérien effectif, conformément à l'article 7, paragraphe 1, de ce règlement, à moins qu'ils aient été préalablement informés de cette annulation dans le respect des délais prévus à l'article 5, paragraphe 1, sous c), i) à iii), dudit règlement.

17. L'article 5, paragraphe 3, du règlement n° 261/2004, lu à la lumière des considérants 14 et 15 de celui-ci, exonère toutefois le transporteur aérien effectif de cette obligation d'indemnisation s'il est en mesure de prouver que l'annulation est due à des « circonstances extraordinaires » qui n'auraient pu être évitées même si toutes les mesures raisonnables avaient été prises.

18. Selon une jurisprudence constante de la Cour, la notion de « circonstances extraordinaires », au sens de l'article 5, paragraphe 3, du règlement n° 261/2004, désigne des événements qui, par leur nature ou leur origine, ne sont pas inhérents à l'exercice normal de l'activité du transporteur aérien concerné et échappent à la maîtrise effective de celui-ci, ces deux conditions étant cumulatives et leur respect devant faire l'objet d'une appréciation au cas par cas [arrêts du 23 mars 2021, *Airhelp*, C-28/20, EU:C:2021:226, point 23, et du 7 juillet 2022, *SATA International – Azores Airlines (Défaillance du système de ravitaillement en carburant)*, C-308/21, EU:C:2022:533, point 20].

19. Cela étant, compte tenu, d'une part, de l'objectif de ce règlement, énoncé au considérant 1 de celui-ci, d'assurer un niveau élevé de protection des passagers et, d'autre part, du fait que l'article 5, paragraphe 3, dudit règlement déroge au principe du droit à indemnisation des passagers en cas d'annulation de leur vol, la notion de « circonstances extraordinaires », au sens de cette disposition, doit faire l'objet d'une interprétation stricte (arrêt du 23 mars 2021, *Airhelp*, C-28/20, EU:C:2021:226, point 24 et jurisprudence citée).

20. Il convient de commencer par déterminer si l'absence inopinée, en raison de la maladie ou du décès, d'un membre de l'équipage indispensable pour assurer un vol, intervenue peu de temps avant le départ prévu de ce dernier, est susceptible de constituer, par sa nature ou par son origine, un événement qui n'est pas inhérent à l'exercice normal de l'activité du transporteur aérien effectif.

21. À cet égard, il y a lieu de constater que les mesures relatives au personnel du transporteur aérien effectif relèvent de l'exercice normal des activités de ce dernier. Tel est le cas des mesures relatives aux conditions de travail et de rémunération du personnel d'un tel transporteur (arrêt du

23 mars 2021, *Airhelp*, C-28/20, EU:C:2021:226, point 29), dont relèvent les mesures relatives à la planification des équipages et des horaires de travail du personnel.

22. Dès lors, les transporteurs aériens effectifs peuvent être, de manière ordinaire, confrontés, dans l'exercice de leur activité, à l'absence inopinée, en raison de la maladie ou du décès, d'un ou de plusieurs membres du personnel indispensables pour assurer un vol, y compris peu de temps avant le départ de ce dernier. Partant, la gestion d'une telle absence demeure intrinsèquement liée à la question de la planification de l'équipage et des horaires de travail du personnel, de sorte qu'un tel événement inopiné est inhérent à l'exercice normal de l'activité du transporteur aérien effectif.

23. Il convient de préciser que, lorsque, comme en l'occurrence, l'absence tient au décès inopiné d'un membre du personnel indispensable pour assurer un vol, intervenue peu de temps avant le départ de ce dernier, une telle situation, aussi tragique et ultime soit-elle, ne se distingue pas, d'un point de vue juridique, de celle dans laquelle un vol ne peut être assuré au motif qu'un tel membre du personnel est tombé malade, de manière inopinée, peu de temps avant le départ du vol. Ainsi, c'est l'absence même, en raison de la maladie ou du décès, d'un ou de plusieurs membres de l'équipage, fût-elle inopinée, et non la cause médicale précise de cette absence qui constitue un événement inhérent à l'exercice normal de l'activité de ce transporteur de sorte que ce dernier doit s'attendre à la survenance de tels imprévus dans le cadre de la planification de ses équipages et des horaires de travail de son personnel.

24. Par ailleurs, le fait qu'une telle absence inopinée s'est produite alors que le membre de l'équipage concerné avait pleinement satisfait aux examens médicaux réguliers prescrits par la réglementation applicable ne saurait remettre en cause la conclusion indiquée au point 22 du présent arrêt. En effet, toute personne, y compris celle ayant passé avec succès des examens médicaux réguliers, peut, à tout moment, être victime d'une maladie ou d'un décès inopinés.

25. La première des deux conditions cumulatives mentionnées au point 18 du présent arrêt n'étant pas satisfaite, il n'est pas nécessaire de vérifier le respect de la seconde de ces conditions.

26. Eu égard à l'ensemble des motifs qui précèdent, il y a lieu de répondre à la question posée de manière identique dans les trois affaires au principal que l'article 5, paragraphe 3, du règlement n° 261/2004 doit être interprété en ce sens que l'absence inopinée, en raison de la maladie ou du décès, d'un membre de l'équipage indispensable pour assurer un vol, intervenue peu de temps avant le départ prévu de ce vol, ne relève pas de la notion de « circonstances extraordinaires », au sens de cette disposition.

[...]

Par ces motifs, la Cour (troisième chambre) dit pour droit :

L'article 5, paragraphe 3, du règlement (CE) n° 261/2004 du Parlement européen et du Conseil, du 11 février 2004, établissant des règles communes en matière d'indemnisation et d'assistance des passagers en cas de refus d'embarquement et d'annulation ou de retard important d'un vol, et abrogeant le règlement (CEE) n° 295/91,

doit être interprété en ce sens que :

l'absence inopinée, en raison de la maladie ou du décès, d'un membre de l'équipage indispensable pour assurer un vol, intervenue peu de temps avant le départ prévu de ce vol, ne relève pas de la notion de « circonstances extraordinaires », au sens de cette disposition.

Observations

Dans une nouvelle affaire relative au règlement (CE) n° 261/2004 (1), la Cour de justice a dû se pencher sur la délicate question de la caractérisation de la mort inopinée d'un copilote au regard des règles assurant la protection des droits des passagers aériens. Ce fait, bien évidemment tragique, soulevait la question de savoir s'il constituait une « circonstance extraordinaire » exonératoire de l'obligation de compensation pécuniaire conformément à l'article 5, paragraphe 3, du règlement. L'avocate générale Medina considérait que le décès d'un copilote ayant passé avec succès les examens médicaux requis et qui était en bonne santé « constitue un événement dont la probabilité d'occurrence était faible et qui doit donc être considéré, dans les circonstances actuelles, comme imprévisible pour le transporteur aérien » (2). Elle refusait toutefois la qualification de « circonstances extraordinaires » au motif qu'un tel événement serait « inhérent à l'activité de transporteur aérien ». La Cour de justice a suivi son avocate générale, mais ne s'est pas embarrassée de nuances. Elle a purement et simplement jugé que « les transporteurs aériens effectifs peuvent être, de manière ordinaire, confrontés, dans l'exercice de leur activité, à l'absence inopinée, en raison de la maladie ou du décès, d'un ou de plusieurs membres du personnel indispensables pour assurer un vol, y compris peu de temps avant le départ de ce dernier » (3).

(1) Règlement (CE) n° 261/2004 du Parlement européen et du Conseil du 11 février 2004 établissant des règles communes en matière d'indemnisation et d'assistance des passagers en cas de refus d'embarquement et d'annulation ou de retard important d'un vol, et abrogeant le règlement (CEE) n° 295/91, *JOUE*, L 46 du 17 février 2004, pp. 1-8.

(2) Concl. av. gén. L. Medina, du 9 février 2023, ECLI:EU:C:2023:91, pt 55.

(3) CJUE, 3e ch., 11 mai 2023, *TAP Portugal*, aff. jtes C-156/22 à C-158/22, ECLI:EU:C:2023:393, pt 22.

Contexte de l'affaire et procédure

Les trois affaires jointes sont relatives à un même vol, qui aurait dû avoir lieu le 17 juillet 2019 à 6 h 05 entre Stuttgart et Lisbonne. Ce vol a été annulé très peu de temps avant l'heure de départ prévue en raison du décès du copilote constaté à 4 h 15 ce jour. L'ensemble de l'équipage s'est déclaré inapte au vol. En l'absence de personnel navigant de remplacement à Stuttgart, la compagnie aérienne TAP a annulé le vol en question, tout en acheminant depuis Lisbonne un équipage de remplacement qui a été en mesure d'assurer un vol Stuttgart-Lisbonne à 16 h 40 ce même jour. Les passagers à l'origine de l'affaire ont cédé leurs droits à compensation à Flightright et Myflyright, deux officines spécialisées dans la représentation des victimes de retards et d'annulations, lesquelles se sont vu opposer un refus de la part de la compagnie aérienne au motif que le décès du copilote constituait une « circonstance extraordinaire ». La compagnie a été condamnée par l'Amtsgericht Nürtingen (tribunal de district de Nürtingen, Allemagne) à verser l'indemnisation demandée mais a interjeté appel devant le Landgericht Stuttgart (tribunal régional de Stuttgart). Selon cette juridiction, « le décès subit du copilote, qui était un père de famille d'âge moyen et qui avait passé les examens médicaux réguliers prescrits sans aucune difficulté, était totalement imprévisible et avait surpris tout le monde » (4). Le juge *a quo* a donc décidé de surseoir à statuer afin d'adresser une question préjudicielle à la Cour portant sans surprise sur le fait de savoir si le décès ou la maladie grave survenus de « manière subite et imprévisible » peu avant le départ du vol et en dehors de la base opérationnelle de la compagnie aérienne constitue une « circonstance extraordinaire ».

Examen des questions préjudicielles

Les conclusions de l'avocate générale Medina se veulent rigoureuses. Rappelant que l'article 5, paragraphe 3, du règlement (CE) n° 261/2004 dispose qu'« un transporteur aérien effectif n'est pas tenu de verser l'indemnisation prévue à l'article 7 s'il est en mesure de prouver que l'annulation est due à des circonstances extraordinaires qui n'auraient pas pu être évitées même si toutes les mesures raisonnables avaient été prises », elles s'attardent sur les conditions strictes permettant d'exonérer les transporteurs aériens de leur obligation de verser une compensation pécuniaire. Dans le sillage de l'arrêt *Wallentin-Hermann* (5), il est de juris-

(4) Concl. av. gén. L. MEDINA, du 9 février 2023, préc., pt 16.

(5) CJCE, 4e ch., 22 décembre 2008, *Wallentin-Hermann*, aff. C-549/07, *Rec.*, 2008, p. I-11061.

prudence constante que « le législateur communautaire a entendu conférer un caractère exonératoire de l'obligation d'indemniser les passagers [...] non pas à toutes les circonstances extraordinaires, mais seulement à celles qui n'auraient pas pu être évitées même si toutes les mesures raisonnables avaient été prises » (6). Quant à la notion de « circonstances extraordinaires », *per se*, il s'agit d'« évènements qui, par leur nature ou leur origine, ne sont pas inhérents à l'exercice normal de l'activité du transporteur aérien concerné et échappent à la maîtrise effective de celui-ci, ces deux conditions étant cumulatives et leur respect devant faire l'objet d'une appréciation au cas par cas » (7). L'analyse doit se dérouler en plusieurs étapes. D'abord, il faut déterminer si l'événement en question est inhérent à l'activité de transporteur aérien. Ensuite, il est nécessaire d'évaluer si cet événement échappe à la maîtrise effective du transporteur. Enfin, il faut examiner si le transporteur aurait pu éviter cet événement, ou ses conséquences dommageables, en adoptant toutes les mesures raisonnables nécessaires. L'avocate générale souligne, en passant, quelques incohérences dans la jurisprudence de la Cour à l'heure de qualifier un événement d'« extraordinaire », notant que cette dernière « a examiné chaque condition à tour de rôle, alors même qu'elle a considéré que la première condition n'était pas remplie. Il apparaît donc que ces deux conditions sont en fait complémentaires ; la première porte globalement sur le rapport entre le domaine d'activité affecté et les activités du transporteur aérien effectif et la seconde porte, plus précisément, sur le point de savoir si l'événement en cause échappe totalement à la maîtrise effective du transporteur aérien effectif » (8). Au terme de son analyse, elle considère que le décès du copilote constituait dans l'affaire sous examen un « événement externe » (9), « imprévisible » (10) et échappant « totalement à la maîtrise du transporteur aérien effectif » (11). Toutefois, elle était d'avis que la gestion du personnel relève de l'exercice normal de l'activité de transporteur aérien, excluant la qualification de « circonstance extraordinaire » en raison du caractère cumulatif des conditions susmentionnées.

(6) *Ibid.*, pt 39.

(7) CJUE, gde ch., 23 mars 2021, *Airhelp Ltd c/ Scandinavian Airlines System Denmark – Norway – Sweden*, aff. C-28/20, ECLI:EU:C:2021:226 ; voy. égal. CJCE, 4e ch., 22 décembre 2008, *Wallentin-Hermann*, préc., pt 34.

(8) Concl. av. gén. L. Medina, du 9 février 2023, préc., pt 26.

(9) *Ibid.*, pt 44.

(10) *Ibid.*, pt 55.

(11) *Ibid.*, pt 49.

La Cour a substantiellement adopté la même approche, mais l'arrêt brille par son laconisme. Pire, les formules retenues peuvent paraître profondément déraisonnables. La Cour se réfère à son arrêt *Airhelp* du 23 mars 2021 avec la même légèreté (12) dans l'invocation des précédents jurisprudentiels que dans les autres affaires relatives aux droits des passagers. Dans cet arrêt, rappelons-le, la Cour avait dit pour droit qu'« un mouvement de grève entamé à l'appel d'un syndicat du personnel d'un transporteur aérien effectif, dans le respect des conditions édictées par la législation nationale, notamment du délai de préavis imposé par celle-ci, destiné à porter les revendications des travailleurs de ce transporteur et suivi par une catégorie de personnel indispensable à la réalisation d'un vol, ne relève pas de la notion de "circonstance extraordinaire", au sens de cette disposition » (13). Les juges de Luxembourg fondaient également leur interprétation sur l'arrêt *Krüsemann* (14), relatif à des grèves dites « sauvages ». Dans les deux affaires antérieures, les compagnies aériennes en question étaient considérées comme responsables des perturbations subies en raison de leur posture dans le cadre des négociations avec les représentants des personnels, ce qui peut être considéré comme raisonnable. Il est donc clair que les mesures « relatives aux conditions de travail et de rémunération du personnel » (15) relèvent de l'exercice normal de l'activité de transporteur aérien et il est incontestable que cela inclut « la planification des équipages et des horaires de travail du personnel » (16). Il y a toutefois une différence fondamentale entre des mouvements sociaux sur lesquels les transporteurs ont normalement un certain degré de contrôle et la mort subite d'une personne en bonne santé soumise à des examens médicaux réguliers ! Qu'une compagnie aérienne soit tenue d'indemniser les passagers en raison d'une mauvaise gestion des relations sociales ou d'une planification hasardeuse des équipages et des horaires ne saurait être discuté. Mais tirer la conséquence que « l'absence inopinée en raison de la maladie ou du décès, d'un ou de plusieurs membres du personnel indispensables pour assurer un vol, [...] demeure intrinsèquement liée à la question de la planification de l'équipage et des horaires de travail du personnel, de sorte qu'un tel événement inopiné est inhérent à

---

(12) CJUE, 3e ch., 11 mai 2023, *TAP Portugal*, préc., pt 21.

(13) CJUE, gde ch., 23 mars 2021, *Airhelp Ltd c/ Scandinavian Airlines System Denmark – Norway – Sweden*, préc., pt 52.

(14) CJUE, 3e ch., 17 avril 2018, *Krüsemann e.a.*, aff. C-195/17, ECLI:EU:C:2018:258.

(15) CJUE, 3e ch., 11 mai 2023, *TAP Portugal*, préc.

(16) *Ibid.*

l'exercice normal de l'activité du transporteur aérien effectif » (17) paraît bien excessif, voire dangereux. En effet, lorsqu'on connaît les coûts potentiels associés à des annulations ou retards importants de vols, on craint inévitablement que des acteurs peu scrupuleux ne forcent leurs pilotes ou copilotes malades à prendre les commandes des appareils.

De manière fondamentale, cette décision rappelle l'arrêt *Eglītis et Ratnieks* (18) dans laquelle la Cour avait jugé que les compagnies aériennes doivent prévoir une réserve de temps suffisante pour faire face à une situation par définition imprévisible, à savoir la fermeture d'un aéroport. En effet, dans cette affaire *TAP*, la Cour semble considérer que la compagnie aérienne aurait dû prévoir un copilote de remplacement, à Stuttgart, pour faire face à l'éventualité que le copilote soit malade ou décède dans la nuit, dans le « cadre de la planification de ses équipages et des horaires de travail de son personnel » (19). Dans la mesure toutefois où un aéronef ne peut pas non plus voler sans commandant de bord ni sans un nombre minimal de personnel de cabine, il faudrait prévoir un équipage de remplacement au complet. À Stuttgart, ainsi que dans tous les autres aéroports desservis, dans un contexte de pénurie de personnel navigant qui plus est… Cela serait de toute évidence irréaliste et ne pourrait qu'impliquer une augmentation disproportionnée du prix des billets, justifiant l'interrogation suivante : « [U]ne protection renforcée, sans nul doute, mais à quel prix ? » (20). La volonté louable de protéger les passagers aériens amène donc la Cour à une solution bien sévère pour les compagnies et la brièveté de son argumentation semble révélatrice de ses intentions ouvertement proconsuméristes. Certes, Philippe Delebecque indique qu'« en transposant, *mutatis mutandis*, le débat sur le terrain de la force majeure, la solution serait la même » (21). C'est peut-être justement le problème, car la notion de « circonstances extraordinaires » avait été adoptée par le législateur européen pour être moins difficile à invoquer que la force majeure.

(17) *Ibid.*, pt 22.

(18) CJUE, 3e ch., 12 mai 2011, *Eglītis et Ratnieks*, aff. C-294/10, *Rec.*, 2011, p. I-3983, pt 37.

(19) CJUE, 3e ch., 11 mai 2023, *TAP Portugal*, préc., pt 23.

(20) J. Heymann, « Décès inopiné du co-pilote d'un avion peu avant le départ prévu du vol : circonstance tragique mais pas "extraordinaire" (CJUE (3e ch.), 11 mai 2023, TAP Portugal c. Flightright GmbH et c. Myflightright GmBH, aff. C-156/22 à C-158/22) », *R.A.E.*, 2023/2, pp. 543-546, spéc. p. 346.

(21) Ph. Delebecque, « Transport aérien de passagers – Le décès du copilote n'est pas une "circonstance extraordinaire" au sens du règlement passagers (n° 261/2004) », *Énergie – Environnement – Infrastructures*, 2023, n° 6, comm. 54.

La Cour avait insisté par le passé sur le fait qu'il ne peut être exigé du transporteur « des sacrifices insupportables au regard des capacités de son entreprise au moment pertinent » (22). Le fait que cet événement inopiné ait eu lieu loin de la base opérationnelle de la compagnie, aux premières heures du jour, aurait dû être pris en considération. Cela n'aurait toutefois été possible que sur le terrain des mesures raisonnables, ce que la Cour s'est refusée à faire en arrêtant son analyse à la première condition. Indirectement, cet arrêt révèle les lacunes de l'édifice jurisprudentiel en matière de « circonstances extraordinaires », car il est résolument cyclique et casuistique. Si l'événement est, d'une manière ou d'une autre, considéré comme interne à la compagnie aérienne, il ne peut être qualifié d'« extraordinaire » en raison du degré de contrôle de celle-ci sur celui-là. Si l'événement est externe au transporteur, celui-ci devra toujours démontrer avoir adopté les « mesures raisonnables », lesquelles sont intimement liées au degré de contrôle. Or, jusqu'à preuve du contraire ou avancement exceptionnel de la science, la mort est toujours rétive au « contrôle ». Que les compagnies aériennes se rassurent, toutefois, les collisions aviaires (23) constituent toujours des circonstances extraordinaires (24)...

Vincent CORREIRA

(22) CJUE, 4e ch., 11 juin 2020, *Transportes Aéreos Portugueses SA*, aff. C-74/19, ECLI:EU:C:2020:460, pt 57.

(23) CJUE, 3e ch., 4 mai 2017, *Pešková et Peška*, aff. C-315/15, ECLI:EU:C:2017:342.

(24) Voy. Direction générale de l'aviation civile, « Collisions animalières – Année 2023 – Bulletin statistique », www.stac.aviation-civile.gouv.fr/sites/default/files/2024-05/collisions_animalieres_bulletin_statistique_2023.pdf.

Cour de justice, 8e ch., 26 octobre 2023, *LATAM Airlines Group SA*, aff. C-238/22, ECLI:EU:C:2023:815

Affaire jugée sans conclusions

Mots-clés : Transport aérien – Indemnisation des passagers aériens en cas de refus d'embarquement – Passager informé au préalable du refus d'embarquement – Absence d'obligation pour le passager de se présenter à l'embarquement – Exceptions au droit à indemnisation en cas d'annulation du vol – Inapplicabilité de ces exceptions en cas de refus d'embarquement anticipé

Cadre normatif : règlement (CE) n° 261/2004

Notes et observations : V. Michel, « Transports – Non-présentation à l'embarquement », *Europe*, 2024, n° 3, comm. 114 ; P. Dupont et G. Poissonnier, « Refus d'embarquement anticipé, présentation à l'embarquement et indemnisation d'un passager aérien », *D.*, 2004, p. 199

Extraits de l'arrêt

Sur les questions préjudicielles

Sur la première question

20. Par sa première question, la juridiction de renvoi demande, en substance, si l'article 4, paragraphe 3, du règlement n° 261/2004, lu en combinaison avec l'article 2, sous j), de celui-ci, doit être interprété en ce sens qu'un transporteur aérien effectif, qui a informé à l'avance un passager qu'il refusera de le laisser embarquer contre sa volonté sur un vol pour lequel ce dernier dispose d'une réservation confirmée, ne doit pas indemniser ledit passager lorsque celui-ci ne s'est pas présenté à l'embarquement dans les conditions fixées à l'article 3, paragraphe 2, de ce règlement.

21. Conformément à une jurisprudence constante de la Cour, il découle des exigences tant de l'application uniforme du droit de l'Union que du principe d'égalité que les termes d'une disposition du droit de l'Union, qui ne comporte aucun renvoi exprès au droit des États membres pour déterminer son sens et sa portée, doivent normalement trouver, dans toute l'Union, une interprétation autonome et uniforme, qui doit être recherchée en tenant compte non seulement des termes de celle-ci, mais également du contexte de la disposition et de l'objectif poursuivi par la réglementation en cause [arrêts du 18 janvier 1984, *Ekro*, 327/82, EU:C:1984:11, point 11, et du 25 juin 2020, *Ministerio Fiscal (Autorité susceptible de recevoir une demande de protection internationale)*, C-36/20 PPU, EU:C:2020:495, point 53].

22. D'emblée, il convient de relever que, aux termes de l'article 4, paragraphe 3, du règlement n° 261/2004, « [s]'il refuse des passagers à l'embarquement contre leur volonté, le transporteur aérien effectif indemnise immédiatement ces derniers conformément à l'article 7 [de ce règlement], et leur offre une assistance conformément aux articles 8 et 9 [dudit règlement] ».

23. Eu égard au libellé de cet article 4, paragraphe 3, un passager ne saurait bénéficier de l'indemnisation prévue par cette disposition que s'il a fait l'objet d'un « refus d'embarquement », au sens de l'article 2, sous j), dudit règlement. Aux termes de cette dernière disposition, un « refus d'embarquement » désigne « le refus de transporter des passagers sur un vol, bien qu'ils se soient présentés à l'embarquement dans les conditions fixées à l'article 3, paragraphe 2, [de ce règlement,] sauf s'il est raisonnablement justifié de refuser l'embarquement, notamment pour des raisons de santé, de sûreté ou de sécurité, ou de documents de voyages inadéquats ».

24. Compte tenu du renvoi opéré par l'article 2, sous j), du règlement n° 261/2004 à l'article 3, paragraphe 2, de ce règlement, il importe de relever qu'il résulte du paragraphe 1, sous a), et du paragraphe 2 de cet article 3 que, dans l'hypothèse où, comme en l'occurrence, un passager dispose d'une réservation confirmée pour un vol au départ d'un aéroport situé sur le territoire d'un État membre soumis aux dispositions du traité, la notion de « refus d'embarquement » suppose soit que ce passager se présente, sauf en cas d'annulation visée à l'article 5 dudit règlement, à l'enregistrement comme spécifié et à l'heure indiquée à l'avance et par écrit par le transporteur aérien, l'organisateur de voyages ou un agent de voyages autorisé, ou, en l'absence d'une telle indication, au plus tard quarante-cinq minutes avant l'heure de départ publiée, soit que ce passager ait été transféré, par le transporteur aérien ou l'organisateur de voyages, du vol pour lequel il possédait une réservation vers un autre vol, quelle qu'en soit la raison.

25. Eu égard aux dispositions mentionnées aux points 22 à 24 du présent arrêt, il convient de déterminer, premièrement, si la notion de « refus d'embarquement » inclut un refus d'embarquement anticipé, à savoir l'hypothèse dans laquelle un transporteur aérien effectif informe, à l'avance, un passager qu'il refusera de le laisser embarquer, contre la volonté de ce passager, sur un vol pour lequel ce dernier dispose d'une réservation confirmée et, deuxièmement, si l'exigence pour le passager de se présenter à l'enregistrement s'impose également dans l'hypothèse d'un tel refus d'embarquement anticipé.

26. Sur le premier point, il importe de rappeler que le règlement n° 261/2004 a abrogé le règlement n° 295/91 qui avait instauré une protection contre le refus d'embarquement. Cependant, en adoptant ce dernier règlement, le législateur de l'Union avait exclusivement entendu réagir contre la pratique de surréservation à laquelle les transporteurs aériens se livraient de manière excessive. Ainsi le règlement n° 295/91 se limitait-il à établir, en application de son article 1er, des « règles minimales communes applicables aux passagers refusés à l'embarquement d'un vol régulier surréservé » (voir, en ce sens, arrêts du 4 octobre 2012, *Finnair*, C-22/11, EU:C:2012:604, point 20, ainsi que du 4 octobre 2012, *Rodríguez Cachafeiro et Martínez-Reboredo Varela-Villamor*, C-321/11, EU:C:2012:609, point 22).

27. En revanche, la notion de « refus d'embarquement », au sens de l'article 2, sous j), du règlement n° 261/2004, occulte toute référence à la cause pour laquelle un transporteur refuse de transporter un passager. Ainsi le libellé de cette disposition ne lie-t-il plus un tel refus à une situation de « surréservation » du vol concerné créée par le transporteur aérien pour des raisons économiques. Ce faisant, le législateur de l'Union a étendu le champ de la notion de « refus d'embarquement » afin de viser l'ensemble des hypothèses dans lesquelles un transporteur aérien refuse de transporter un passager (voir, en ce sens, arrêts du 4 octobre 2012, *Finnair*, C-22/11, EU:C:2012:604, points 19, 21 et 22, ainsi que du 4 octobre 2012, *Rodríguez Cachafeiro et Martínez-Reboredo Varela-Villamor*, C-321/11, EU:C:2012:609, points 21, 23 et 24).

28. Il s'ensuit que, par principe, la notion de « refus d'embarquement » inclut un refus d'embarquement anticipé, sous réserve que le passager se soit présenté, en temps utile, à l'embarquement, conformément à l'article 2, sous j), de ce règlement.

29. Cette interprétation est corroborée par des considérations téléologiques. En effet, exclure de la notion de « refus d'embarquement », au sens de l'article 2, sous j), du règlement n° 261/2004, un refus d'embarquement anticipé diminuerait sensiblement la protection accordée aux passagers par ce règlement. Partant, une telle exclusion serait contraire à l'objectif de celui-ci, visé à son considérant 1, qui est de garantir un niveau élevé de protection des passagers et qui justifie une interprétation large des droits reconnus à ceux-ci. Elle aurait, en outre, pour conséquence de priver de toute protection les passagers qui se trouvent dans une situation qui, à l'instar de celle de la surréservation pour des raisons économiques, ne leur est pas imputable, en les empêchant de se prévaloir de l'article 4 du même règlement (voir, en ce sens, arrêt du 4 octobre 2012, *Finnair*, C-22/11, EU:C:2012:604, points 23 et 24).

30. Sur le second point visé au point 25 du présent arrêt, l'interprétation littérale de l'article 2, sous j), du règlement n° 261/2004, lu en combinaison avec l'article 3, paragraphe 1, sous a), et paragraphe 2, de ce règlement, suggère qu'un « refus d'embarquement » opposé à un passager ne peut être caractérisé que si celui-ci s'est présenté à l'enregistrement.

31. Cette interprétation ne saurait cependant être retenue dans une situation de refus d'embarquement anticipé.

32. En effet, d'une part, ainsi que la Commission l'a exposé dans ses observations écrites, il ressort d'une analyse contextuelle de l'article 3, paragraphe 2, sous b), lu en combinaison avec l'article 2, sous j), du règlement n° 261/2004, que l'exigence selon laquelle les passagers doivent se présenter à l'embarquement ne doit pas, compte tenu également du fait qu'un refus d'embarquement peut se faire de manière anticipé, être nécessairement remplie dans le cas où ceux-ci ont été transférés, par le transporteur aérien ou l'organisateur de voyages, du vol pour lequel ils possédaient une réservation vers un autre vol. Or, une telle situation ne se distingue pas, en substance, de celle dans laquelle le passager est informé à l'avance que le transporteur aérien lui refusera l'embarquement sur le vol pour lequel il dispose d'une réservation confirmée, ce qui rend ainsi nécessaire que ce passager réserve un autre vol de la même manière que s'il avait été transféré à l'avance par le transporteur aérien sur un autre vol.

33. D'autre part, l'objectif poursuivi par le règlement n° 295/91 rappelé au point 26 du présent arrêt permet de comprendre que, en adoptant postérieurement l'article 2, sous j), et l'article 4 du règlement n° 261/2004, le législateur de l'Union a essentiellement envisagé des hypothèses de refus d'embarquement qui, tout comme ceux engendrés par le recours à la surréservation, surviennent in extremis, c'est-à-dire au moment même où les passagers arrivent à l'aéroport. Dans ce contexte, il est compréhensible que ce législateur ait maintenu dans le règlement n° 261/2004 l'exigence pour le passager de se présenter à l'enregistrement, la réalité de telles hypothèses ne pouvant, en principe, être constatée que lors de l'enregistrement.

34. Il apparaît ainsi que, lors de l'élaboration du règlement n° 261/2004, le législateur de l'Union n'a pas envisagé la situation dans laquelle un transporteur aérien effectif informe des passagers, en amont du vol programmé pour lequel ceux-ci disposent d'une réservation confirmée, qu'il refusera de les laisser monter à bord de l'aéronef devant effectuer ce vol.

35. Pour autant, l'article 4, paragraphe 3, du règlement n° 261/2004, lu en combinaison avec l'article 2, sous j), et l'article 3, paragraphe 2, de celui-ci, ne saurait être interprété comme exprimant une volonté délibérée du législateur de l'Union d'exclure automatiquement toute indemnisation au profit d'un passager faisant l'objet d'un refus d'embarquement anticipé, au motif qu'il ne s'est pas présenté à l'enregistrement. Il y a donc lieu de considérer que ces dispositions ne subordonnent pas, en toutes circonstances, l'indemnisation pour refus d'embarquement à la condition que les passagers concernés se soient présentés à l'enregistrement.

36. Au contraire, une interprétation du règlement n° 261/2004 qui, pour permettre l'indemnisation des passagers auxquels l'embarquement est refusé, les dispense de se présenter à l'enregistrement en leur épargnant ainsi une formalité inutile contribue à la réalisation de l'objectif de ce règlement consistant à assurer un niveau élevé de protection des passagers.

37. En effet, il ressort des considérants 1 à 4 dudit règlement, et notamment du considérant 2, que le même règlement vise à garantir un niveau élevé de protection aux passagers aériens indépendamment du fait qu'ils se trouvent dans une situation de refus d'embarquement, d'annulation ou de retard de vol, puisqu'ils sont tous victimes de difficultés et de désagréments sérieux similaires liés au transport aérien (arrêts du 19 novembre 2009, *Sturgeon e.a.*, C-402/07 et C-432/07, EU:C:2009:716, point 44, et du 29 juillet 2019, *Rusu*, C-354/18, EU:C:2019:637, point 26). Il s'ensuit que les dispositions octroyant des droits aux passagers aériens, y compris celles octroyant un droit à indemnisation, doivent être interprétées largement (voir, en ce sens, arrêt du 19 novembre 2009, *Sturgeon e.a.*, C-402/07 et C-432/07, EU:C:2009:716, point 45).

38. Il résulte ainsi d'une interprétation contextuelle et téléologique de l'article 4, paragraphe 3, du règlement n° 261/2004, lu en combinaison avec l'article 2, sous j), et l'article 3, paragraphe 2, de ce règlement, qu'un passager n'est pas tenu de se présenter à l'enregistrement lorsqu'un transporteur aérien effectif lui a signifié à l'avance qu'il refusera de le laisser embarquer contre sa volonté sur un vol pour lequel ce dernier dispose d'une réservation confirmée.

39. Il découle des considérations qui précèdent que l'article 4, paragraphe 3, du règlement n° 261/2004, lu en combinaison avec l'article 2, sous j), de celui-ci, doit être interprété en ce sens qu'un transporteur aérien effectif, qui a informé à l'avance un passager qu'il refusera de le laisser embarquer contre sa volonté sur un vol pour lequel ce dernier dispose d'une réservation confirmée, doit indemniser ledit passager, même si celui-ci ne s'est pas présenté à l'embarquement dans les conditions fixées à l'article 3, paragraphe 2, de ce règlement.

Sur la seconde question

40. Bien que la seconde question n'ait été posée que pour le cas où la première question recevrait une réponse affirmative, la Cour estime nécessaire d'y répondre au regard des explications de la juridiction de renvoi résumées au point 17 du présent arrêt. En effet, cette juridiction expose qu'une réponse à la seconde question est nécessaire dans le cas où la Cour considérerait, en réponse à la première question, qu'un passager qui s'est vu informé d'un refus anticipé d'embarquement peut être indemnisé sans avoir à se présenter à l'enregistrement.

41. Par cette seconde question, la juridiction de renvoi demande, en substance, si l'article 5, paragraphe 1, sous c), i), du règlement n° 261/2004 doit être interprété en ce sens que cette disposition instaurant une exception au droit à indemnisation des passagers en cas d'annulation d'un vol régit également la situation dans laquelle un passager a été informé, au moins deux semaines avant l'heure de départ du vol prévue, que le transporteur aérien effectif refusera de le transporter contre sa volonté, de sorte que ce dernier ne saurait bénéficier du droit à indemnisation pour refus d'embarquement prévu à l'article 4 de ce règlement.

42. Il y a lieu de rappeler que, aux termes de l'article 5, paragraphe 1, sous c), i), du règlement n° 261/2004, les passagers concernés par l'annulation d'un vol ont droit à une indemnisation du transporteur aérien effectif conformément à l'article 7 de ce règlement, à moins qu'ils ne soient informés de l'annulation du vol au moins deux semaines avant l'heure de départ prévue. En outre, l'article 4, paragraphe 3, dudit règlement dispose que, « [s]'il refuse des passagers à l'embarquement contre leur volonté, le transporteur aérien effectif indemnise immédiatement ces derniers conformément à l'article 7 [de ce règlement], et leur offre une assistance conformément aux articles 8 et 9 [dudit règlement] ».

43. Ainsi que l'a jugé la Cour, l'objectif du règlement n° 261/2004, visé à son considérant 1 et consistant à garantir un niveau élevé de protection des passagers, justifie de retenir une interprétation large des droits reconnus à ceux-ci (voir, en ce sens, arrêt du 4 octobre 2012, *Finnair*, C-22/11, EU:C:2012:604, point 23). En revanche, une exception aux dispositions octroyant des droits aux passagers doit être interprétée de manière stricte (voir, en ce sens, arrêts du 22 décembre 2008, *Wallentin-Hermann*, C-549/07, EU:C:2008:771, point 17, et du 4 octobre 2012, *Finnair*, C-22/11, EU:C:2012:604, point 38).

44. Aussi convient-il de retenir une interprétation stricte de l'article 5, paragraphe 1, sous c), i), de ce règlement, dès lors que cette disposition exonère, en cas d'annulation d'un vol, le transporteur aérien effectif du paiement de l'indemnisation prévue à l'article 7 dudit règlement, lorsqu'il a informé les passagers de l'annulation du vol au moins deux semaines avant l'heure de départ prévue.

45. À cet égard, il convient de relever que l'article 5, paragraphe 1, sous c), i), du règlement n° 261/2004 concerne non pas l'hypothèse d'un refus d'embarquement mais uniquement l'hypothèse d'une annulation de vol, à savoir, conformément à l'article 2, sous l), de ce règlement, celle dans laquelle un vol qui était prévu initialement et sur lequel au moins une place était réservée n'a pas été effectué.

46. En outre, l'article 4, paragraphe 3, dudit règlement ne prévoit pas qu'un transporteur aérien effectif puisse se libérer de son obligation d'indemniser les passagers au titre de l'article 7 du même règlement, s'il informe les passagers, au moins deux semaines avant l'heure de départ prévue, qu'ils se verront refuser à l'embarquement (voir, par analogie, arrêts du 10 janvier 2006, *IATA et ELFAA*, C-344/04, EU:C:2006:10, point 37, ainsi que du 4 octobre 2012, *Finnair*, C-22/11, EU:C:2012:604, point 36). Dès lors, le principe d'interprétation stricte rappelé au point 44 du présent arrêt impose que l'exception au droit à indemnisation prévue à l'article 5, paragraphe 1, sous c), i), du règlement n° 261/2004 reste cantonnée aux seuls cas d'annulation visés par cette disposition sans pouvoir être étendue aux cas de refus d'embarquement visés à l'article 4 de ce règlement.

47. Partant, eu égard à l'objectif de ce règlement, visé à son considérant 1, qui est de garantir un niveau élevé de protection des passagers, l'article 5, paragraphe 1, sous c), i), dudit règlement ne saurait être appliqué par analogie, dans le contexte d'un refus d'embarquement, afin de réduire la portée du droit à indemnisation figurant à l'article 4, paragraphe 3, du même règlement.

48. Cette interprétation n'est pas remise en cause par le principe d'égalité de traitement évoqué par la juridiction de renvoi. En effet, ainsi que la Commission l'a indiqué dans ses observations écrites, ce principe, qui exige que des situations comparables ne soient pas traitées de manière différente et que des situations différentes ne soient pas traitées de manière égale, à moins qu'une différenciation ne soit objectivement justifiée (arrêt du 14 juillet 2022, *Commission/VW e.a.*, C-116/21 P à C-118/21 P, C-138/21 P et C-139/21 P, EU:C:2022:557, point 95 et jurisprudence citée), ne saurait s'appliquer en l'occurrence, dans la mesure où, comme il ressort des points 45 et 46 du présent arrêt, les situations donnant lieu à des refus d'embarquement ou à des annulations de vol ne sont pas comparables en ce qu'elles ont été réglementées de manière distincte par le législateur de l'Union aux articles 4 et 5 du règlement n° 261/2004 et assorties de règles juridiques en partie différentes, telles qu'une exception au droit à indemnisation prévue à l'article 5, paragraphe 1, sous c), i), et non à l'article 4, paragraphe 3, de ce règlement.

49. Eu égard aux considérations qui précèdent, il convient de répondre à la seconde question que l'article 5, paragraphe 1, sous c), i), du règlement n° 261/2004 doit être interprété en ce sens que cette disposition instaurant une exception au droit à indemnisation des passagers en cas d'annulation d'un vol ne régit pas la situation dans laquelle un passager a été informé, au moins deux semaines avant l'heure de départ du vol prévue, que le transporteur aérien effectif refusera de le transporter contre sa volonté, de sorte que ce passager doit bénéficier du droit à indemnisation pour refus d'embarquement prévu à l'article 4 de ce règlement.

[...]

Par ces motifs, la Cour (huitième chambre) dit pour droit :

1) L'article 4, paragraphe 3, du règlement (CE) n° 261/2004 du Parlement européen et du Conseil, du 11 février 2004, établissant des règles communes en matière d'indemnisation et d'assistance des passagers en cas de refus d'embarquement et d'annulation ou de retard important d'un vol, et abrogeant le règlement (CEE) n° 295/91, lu en combinaison avec l'article 2, sous j), du règlement n° 261/2004,

doit être interprété en ce sens que :

un transporteur aérien effectif, qui a informé à l'avance un passager qu'il refusera de le laisser embarquer contre sa volonté sur un vol pour lequel ce dernier dispose d'une réservation confirmée, doit indemniser ledit passager, même si celui-ci ne s'est pas présenté à l'embarquement dans les conditions fixées à l'article 3, paragraphe 2, de ce règlement.

2) L'article 5, paragraphe 1, sous c), i), du règlement n° 261/2004

doit être interprété en ce sens que :

cette disposition instaurant une exception au droit à indemnisation des passagers en cas d'annulation d'un vol ne régit pas la situation dans laquelle un passager a été informé, au moins deux semaines avant l'heure de départ du vol prévue, que le transporteur aérien effectif refusera de le transporter contre sa volonté, de sorte que ce passager doit bénéficier du droit à indemnisation pour refus d'embarquement prévu à l'article 4 de ce règlement.

Observations

Le règlement (CE) n° 261/2004 (1) est encore et toujours au cœur des préoccupations de la Cour de justice de l'Union, peut-être à son corps défendant, chaque nouvelle affaire révélant les limites d'un régime décidément peu satisfaisant sur le terrain de la sécurité juridique. Dans la myriade de décisions adoptées par la Cour en la matière apparaît invariablement une faveur pour les passagers, et l'affaire sous commentaire ne fait pas exception.

(1) Règlement (CE) n° 261/2004 du Parlement européen et du Conseil du 11 février 2004 établissant des règles communes en matière d'indemnisation et d'assistance des passagers en cas de refus d'embarquement et d'annulation ou de retard important d'un vol, et abrogeant le règlement (CEE) n° 295/91, *JOUE*, L 46 du 17 février 2004, pp. 1-8.

Contexte de l'affaire et procédure

Le 21 décembre 2017, une passagère essayant en vain de s'enregistrer en ligne pour un vol devant avoir lieu le lendemain apprend que sa réservation a été modifiée de manière unilatérale par la compagnie aérienne, la plaçant sur un vol ayant déjà été effectué alors même qu'elle n'en avait pas été informée préalablement. Pour couronner le tout, elle est informée que sa réservation pour le vol retour du 7 janvier 2018 est suspendue au motif qu'elle n'avait pas pris le vol aller. La passagère a réservé des billets auprès d'un autre transporteur et obtenu leur remboursement par LATAM devant l'Amtsgericht Frankfurt am Main (tribunal de district de Francfort-sur-le-Main), ainsi qu'une indemnisation forfaitaire de 250 euros au motif que la modification de la réservation du vol aller s'apparentait à une annulation. Le tribunal de district n'a toutefois pas fait droit à la deuxième demande de la passagère, laquelle demandait une indemnisation supplémentaire au titre d'un refus d'embarquement sur le vol retour, car elle ne s'est pas présentée à l'enregistrement ou à la porte d'embarquement. La passagère a interjeté appel de cette décision devant le Landgericht Frankfurt am Main (tribunal régional de Francfort-sur-le-Main), lequel a décidé de surseoir à statuer et d'adresser deux questions préjudicielles à la Cour de justice. La première question vise en substance à savoir si un passager peut se prévaloir des dispositions relatives aux refus d'embarquement alors même qu'il ne s'est pas présenté à l'enregistrement ou à l'embarquement après avoir été informé du refus du transporteur de l'admettre à bord de l'appareil. La deuxième question, en cas de réponse positive à la première question, interroge la Cour quant au fait de savoir si la compagnie aérienne peut s'exonérer de son obligation de compensation pécuniaire dans le cas où le refus d'embarquement a été annoncé au moins deux semaines avant l'heure de départ du vol prévu, de manière comparable aux annulations de vol.

Examen des questions préjudicielles

À la lecture de l'article 3, paragraphe 2, sous a), du règlement (CE) n° 261/2004, la réponse à donner à la première question préjudicielle ne devrait pas faire de doute, dans la mesure où cette disposition conditionne l'applicabilité de ce règlement au fait que les passagers « disposent d'une réservation confirmée pour le vol concerné et se présentent, sauf en cas d'annulation visée à l'article 5, à l'enregistrement : comme spécifié et à l'heure indiquée à l'avance et par écrit (y compris par voie électronique) par le transporteur aérien, l'organisateur de voyages ou un agent de voyages autorisé, ou, en l'absence d'indication d'heure, au plus tard quarante-cinq minutes avant l'heure de départ publiée ». Le fait de disposer d'une réservation confirmée et de se présenter à l'enregistrement conditionne ainsi le champ d'application matériel du règlement, hormis les cas d'annulations spécifiquement visés. En toute rigueur, donc, un passager ne se présentant pas ne devrait pas être en mesure de faire valoir ses droits au titre des règles applicables aux refus d'embarquement, sauf à assimiler lesdits refus d'embarquements à des annulations. La Cour ne franchit pas cette limite textuelle, bien heureusement, car les annulations et les refus d'embarquement restent des circonstances distinctes. Elle mobilise toutefois le principe d'égalité de traitement (2), qui a causé tant de chagrin aux compagnies aériennes depuis l'arrêt *Sturgeon* (3), et se livre à un nouvel exercice d'acrobatie juridique en analysant, d'abord, l'article 4 du règlement (4) avant de s'attarder sur l'intention du législateur (5).

Constatant, à raison, que « le législateur de l'Union n'a pas envisagé la situation dans laquelle un transporteur aérien effectif informe des passagers, en amont du vol programmé pour lequel ceux-ci disposent d'une réservation confirmée, qu'il refusera de les laisser monter à bord de l'aéronef devant effectuer ce vol » (6), la Cour en déduit que cela ne saurait être « interprété comme exprimant une volonté délibérée du législateur de l'Union d'exclure automatiquement toute indemnisation au profit d'un passager faisant l'objet d'un refus d'embarquement anticipé » (7). En d'autres termes, donc, alors que la rigueur juridique la plus élémentaire implique de s'assurer de l'applicabilité d'un texte avant de tirer les conséquences qui s'imposent au regard de ses dispositions, la Cour se penche sur ces dernières, identifie des lacunes et en tire la conclusion que le champ d'application matériel de l'instrument sous examen doit être élargi pour couvrir des situations qui ne sont pas, de son propre aveu, envisagées par le législateur de l'Union. Les justifications postérieures sont « classiques » et toujours aussi peu convaincantes, qu'il s'agisse du désir de garantir « un niveau élevé de protection » (8) des passagers ou de l'invocation, quasiment incantatoire, du principe

---

(2) CJUE, 8e ch., 26 octobre 2023, *LATAM Airlines Group SA*, aff. C-238/22, ECLI:EU:C:2023:815, pt 21.

(3) CJCE, 4e ch., 19 novembre 2009, *Sturgeon e.a.*, aff. C-402/07 et C-432/07, *Rec.*, 2009, p. I-10923.

(4) CJUE, 8e ch., 26 octobre 2023, *LATAM Airlines Group SA*, préc., pts 22 et 23.

(5) *Ibid.*, pts 33-35.

(6) *Ibid.*, pt 34.

(7) *Ibid.*, pt 35.

(8) *Ibid.*, pt 36.

d'égalité de traitement (9). Il ne s'agit pas ici de remettre en question les mérites de l'interprétation téléologique, mais simplement de constater qu'elle ne devrait pas conduire à réécrire le texte adopté par le législateur de l'Union. Or, on ne peut que s'émouvoir, dans une perspective d'Union de droit comme de séparation des pouvoirs, de lire que la Cour souhaite affranchir les passagers d'une « formalité inutile » (10) car celle-ci découle, certes de manière fortuite, du législateur ! Il est certain que demander à un passager de se présenter, alors même qu'il a la certitude de ne pas embarquer, afin de pouvoir prétendre à son indemnisation pécuniaire est loin de constituer une solution idéale. Il est également incontestable qu'il eût été préférable que l'hypothèse des « refus d'embarquement anticipés » fût prévue par le règlement (CE) n° 261/2004. Mais ce n'est pas le cas, et la Cour prend malheureusement de nouveau la plume pour se substituer au législateur.

Faisant peut-être preuve de zèle, ou réellement soucieuse d'apporter une réponse utile à la juridiction de renvoi, la Cour traite la seconde question nonobstant la réponse négative donnée au juge *a quo* quant à sa première interrogation. Le lecteur taquin trouvera peut-être savoureux de lire, au point 44 de l'arrêt, que les juges de Kirchberg considèrent nécessaire « de retenir une interprétation stricte de l'article 5 » du règlement (CE) n° 261/2004 en ce qui concerne la possibilité d'autoriser l'exonération de l'obligation d'indemnisation pécuniaire. Ce faisant, la Cour refuse résolument d'aligner le régime des refus d'embarquement anticipés sur celui des annulations. Le raisonnement de l'arrêt est ici rigoureux. Les cas de figure envisagés dans le règlement sont effectivement appréciés objectivement, c'est-à-dire par rapport à l'événement, et non pas subjectivement dans la perspective du passager ou de la compagnie aérienne. Tout comme la Cour s'était refusée dans l'arrêt *Sturgeon* à formellement assimiler les longs retards à des annulations, nonobstant l'alignement des régimes compensatoires, elle refuse donc d'étendre aux refus d'embarquement anticipés les conditions exonératoires prévues pour les annulations. Il se dégage toutefois un sentiment étrange. L'approche est bien stricte lorsqu'il s'agit des droits des compagnies aériennes, contrairement à la lecture constructive systématiquement adoptée en faveur des passagers. Ainsi, l'argument de l'égalité de traitement est balayé d'un revers de la main (11) et, comme le souligne la Cour, « les situations donnant lieu à des refus d'embarquement ou à des annulations de vol

(9) *Ibid.*, pt 37.
(10) *Ibid.*, pt 36.
(11) *Ibid.*, pt 48.

ne sont pas comparables en ce qu'elles ont été réglementées de manière distincte par le législateur de l'Union » (12)... Cet argument est incontestable. Alors, pourquoi n'a-t-il pas été retenu dans l'arrêt *Sturgeon* en ce qui concerne les retards, réglementés de manière distincte des annulations par le législateur ? La Cour avait opté dans cet arrêt pour une extension de l'obligation d'indemnisation pécuniaire pour les retards à l'arrivée de plus de trois heures, alors même que le législateur n'avait clairement pas entendu l'ériger pour ce cas de figure. Le *ratio decidendi* est évident, uniquement guidé par le souhait d'étendre les droits des passagers.

Dans une perspective de protection de ces derniers, tout comme des citoyens de l'Union de manière générale, on ne peut que s'en réjouir. Cela pose toutefois de profondes questions sur l'office du juge et sur sa neutralité quant aux enjeux en présence, qui vont bien au-delà des questions parfois triviales soulevées par le règlement (CE) n° 261/2004. L'analyse est tantôt dynamique et téléologique, voire créatrice, tantôt littérale et stricte, selon qu'il s'agit des droits des passagers ou des droits des compagnies aériennes. Ces dernières perdent quasiment à tous les coups, ce qui soulève une interrogation fondamentale : pourquoi s'évertuent-elles encore à mener des combats coûteux et chronophages pour l'essentiel perdus d'avance ? Dans une affaire telle que celle du litige au principal, n'aurait-il pas été plus judicieux de faire droit aux prétentions de la passagère, ou de transiger à un stade ultérieur, et ainsi s'épargner une nouvelle décision qui vient immanquablement alourdir encore un peu plus le poids des obligations pesant sur les transporteurs ?

Vincent CORREIRA

(12) *Ibid.*

XXI. DROIT INTERNATIONAL PRIVÉ

Cour de justice, 3e ch., 16 février 2023, *Rzecznik Praw Dziecka e.a.*, aff. C-638/22 PPU, ECLI:EU:C:2023:103

Mots-clés : Renvoi préjudiciel – Procédure préjudicielle d'urgence – Espace de liberté, de sécurité et de justice – Coopération judiciaire en matière civile – Compétence, reconnaissance et exécution des décisions en matière matrimoniale et en matière de responsabilité parentale – Enlèvement international d'enfants – Demande de retour d'un enfant – Décision définitive ordonnant le retour d'un enfant – Législation d'un État membre prévoyant le sursis à l'exécution de cette décision intervenant de plein droit en cas de demande introduite par certaines autorités nationales

Cadre normatif : règlement (CE) n° 2201/2003 ; convention de La Haye de 1980 sur les aspects civils de l'enlèvement international d'enfants

Notes et observations : note F. Mélin, *D. actu.*, 9 mars 2023 ; obs. A. Boiché, *AJ fam.*, 2023, p. 237 ; *Comm. M.L.R.*, 2023, vol. 60, n° 6, pp. 1788-1805 ; *R.A.E.*, 2023, n° 1, pp. 293-300

Extraits de l'arrêt

1. La demande de décision préjudicielle porte sur l'interprétation de l'article 11, paragraphe 3, du règlement (CE) n° 2201/2003 du Conseil, du 27 novembre 2003, relatif à la compétence, la reconnaissance et l'exécution des décisions en matière matrimoniale et en matière de responsabilité parentale abrogeant le règlement (CE) n° 1347/2000 (*JO* 2003, L 338, p. 1), ainsi que des articles 22 et 24, de l'article 27, paragraphe 6, et de l'article 28, paragraphes 1 et 2, du règlement (UE) 2019/1111 du Conseil, du 25 juin 2019, relatif à la compétence, la reconnaissance et l'exécution des décisions en matière matrimoniale et en matière de responsabilité parentale, ainsi qu'à l'enlèvement international d'enfants (*JO* 2019, L 178, p. 1, et rectificatif *JO* 2020, L 347, p. 52), lus à la lumière de l'article 47 de la charte des droits fondamentaux de l'Union européenne (ci-après la « Charte »).

2. Cette demande a été présentée dans le cadre d'une procédure, engagée par T.C., qui est le père de deux enfants mineurs, tendant à l'exécution d'une décision de retour en Irlande de ces enfants, déplacés en Pologne par M.C., qui est leur mère.

[...]

Le litige au principal et la question préjudicielle

23. T.C. et M.C., tous les deux de nationalité polonaise, sont les parents des enfants mineurs N.C. et M.C.(1) (ci-après, ensemble, les « enfants mineurs »), nés en Irlande respectivement en 2011 et en 2017. Cette famille réside depuis plusieurs années dans cet État membre, où T.C. et M.C. ont un emploi stable. Cette dernière est à présent en congé de maladie de longue durée.

24. Au cours de l'été de l'année 2021, M.C. est partie, avec le consentement de T.C., en vacances en Pologne avec les enfants mineurs. Au mois de septembre 2021, M.C. a informé T.C. qu'elle resterait de manière permanente dans cet État membre avec ces enfants. T.C. n'a jamais consenti à un tel déplacement permanent de ces derniers.

25. Le 18 novembre 2021, T.C. a saisi le Sąd Okręgowy we Wrocławiu (tribunal régional de Wrocław, Pologne) d'un recours tendant à ce qu'il soit ordonné à M.C. d'assurer le retour en Irlande des enfants mineurs, sur le fondement de la convention de La Haye de 1980. Par une ordonnance du 15 juin 2022, cette juridiction a ordonné à M.C. d'assurer ce retour dans un délai de sept jours à compter de la date à laquelle cette ordonnance deviendrait définitive.

26. M.C. a interjeté appel de ladite ordonnance devant le Sąd Apelacyjny w Warszawie (cour d'appel de Varsovie), la juridiction de renvoi, qui, par une ordonnance du 21 septembre 2022, a rejeté cet appel comme étant non fondé, en considérant qu'aucun motif de refus de retour des enfants mineurs en Irlande ne pouvait être invoqué par M.C. Cette dernière ordonnance a acquis force exécutoire le 28 septembre 2022, sans que M.C. ait respecté l'injonction d'assurer le retour de ces enfants en Irlande.

27. Le 29 septembre 2022, T.C. a demandé à la juridiction de renvoi qu'elle lui communique une copie de cette ordonnance du 21 septembre 2022, accompagnée d'une mention relative à sa force exécutoire.

28. Le 30 septembre 2022 et le 5 octobre 2022, le médiateur des droits des enfants et le procureur général ont respectivement introduit, en vertu de l'article 388, paragraphe 1, du code de procédure civile, tel que modifié par la loi de 2022, des demandes de suspension de l'exécution des ordonnances définitives des 15 juin et 21 septembre 2022.

29. Le 21 novembre 2022, le médiateur des droits des enfants et le procureur général ont introduit des pourvois en cassation contre l'ordonnance du 21 septembre 2022 devant le Sąd Najwyższy (Cour suprême, Pologne).

30. La juridiction de renvoi relève que, en règle générale, les décisions au fond rendues par une juridiction de second degré sont définitives et exécutoires, même si elles font l'objet d'un pourvoi en cassation devant le Sąd Najwyższy (Cour suprême). Avant l'entrée en vigueur de la loi de 2022, la seule dérogation à cette règle était celle prévue à l'article 388 du code de procédure civile. Cet article permet à la juridiction de second degré de suspendre la force exécutoire d'une décision définitive jusqu'au terme de la procédure devant le Sąd Najwyższy (Cour suprême), lorsque l'exécution de cette décision est susceptible de causer un préjudice irréparable à une partie.

31. Or, en vertu de l'article 388 du code de procédure civile, introduit dans ce dernier par la loi de 2022, le procureur général, le médiateur des droits des enfants et le médiateur (ci-après, ensemble, les « autorités habilitées ») disposent désormais de la faculté d'obtenir la suspension de l'exécution d'une décision ordonnant le retour d'enfants en vertu de la convention de La Haye de 1980, lorsqu'ils en font la demande auprès du Sąd Apelacyjny w Warszawie (cour d'appel de Varsovie) dans un délai ne dépassant pas deux semaines à compter de la date à laquelle cette décision est devenue définitive. Il ressort des informations fournies par la juridiction de renvoi que les autorités habilitées ne sont pas tenues de motiver leur demande. Une telle demande entraîne une suspension de plein droit pour une période d'au moins deux mois.

32. En effet, lorsque ces autorités ne forment pas un pourvoi en cassation contre une décision de retour devant le Sąd Najwyższy (Cour suprême) au cours de cette période, la suspension de l'exécution de celle-ci prend fin. En revanche, si un tel pourvoi est introduit au cours de ladite période, cette suspension est, en application de l'article 388, paragraphe 3, du code de procédure civile, tel que modifié par la loi de 2022, prolongée de plein droit jusqu'au terme de la procédure devant le Sąd Najwyższy (Cour suprême).

33. Par ailleurs, selon la juridiction de renvoi, même si le Sąd Najwyższy (Cour suprême) devait rejeter ce pourvoi en cassation, lesdites autorités pourraient à nouveau obtenir ladite suspension sur le fondement de l'article 388 du code de procédure civile, tel que modifié par la loi de 2022, en formant un pourvoi extraordinaire au titre de cet article.

[...]

Sur la question préjudicielle

[...]

57. Dans ces conditions, il y a lieu de considérer que, par sa question, la juridiction de renvoi demande, en substance, si l'article 11, paragraphe 3, du règlement n° 2201/2003, lu à la lumière de l'article 47 de la Charte, doit être interprété en ce sens qu'il s'oppose à une législation nationale conférant à des autorités n'ayant pas la qualité de juridiction la faculté d'obtenir la suspension de plein droit, pendant une durée d'au moins deux mois, de l'exécution d'une décision de retour rendue sur la base de la convention de La Haye de 1980, sans devoir motiver leur demande de suspension.

58. À cet égard, il y a lieu de rappeler que l'article 11, paragraphe 3, du règlement n° 2201/2003 dispose qu'une juridiction saisie d'une demande de retour d'un enfant agit rapidement dans le cadre de la procédure relative à cette demande, en utilisant les procédures les plus rapides prévues par le droit national. Sauf si cela s'avère impossible en raison de circonstances exceptionnelles, cette juridiction doit rendre sa décision six semaines au plus tard après sa saisine.

59. En premier lieu, selon une jurisprudence constante, pour l'interprétation d'une disposition du droit de l'Union, il y a lieu de tenir compte non seulement des termes de celle-ci, mais également de son contexte et des objectifs poursuivis par la réglementation dont elle fait partie [arrêt du 28 octobre 2022, *Generalstaatsanwaltschaft München (Extradition et ne bis in idem)*, C-435/22 PPU, EU:C:2022:852, point 67].

60. Tout d'abord, il ressort du libellé de l'article 11, paragraphe 3, du règlement n° 2201/2003 et, notamment de l'utilisation des termes « rapidement » et les « plus rapides », que, lorsqu'un enfant a été déplacé ou retenu illicitement dans un État membre autre que celui dans lequel cet enfant avait sa résidence habituelle immédiatement avant son déplacement ou son non-retour illicites, les juridictions compétentes des États membres sont tenues d'adopter une décision de retour de l'enfant concerné dans un délai particulièrement bref et strict. Une telle décision doit, en principe, intervenir au plus tard dans un délai de six semaines après la saisine de ces juridictions, en utilisant les procédures les plus rapides prévues par le droit national. Une dérogation à cette règle n'est possible que dans des « circonstances exceptionnelles ».

61. Ensuite, une telle interprétation est confortée par le contexte dans lequel l'article 11, paragraphe 3, du règlement n° 2201/2003 s'insère et, notamment, par les dispositions pertinentes de la convention de La Haye de 1980.

62. En effet, le règlement n° 2201/2003 complète et précise, notamment à son article 11, les règles de la convention de La Haye de 1980 régissant la procédure de retour des enfants illicitement déplacés. Ainsi, les articles 8 à 11 de cette convention et l'article 11 de ce règlement constituent un ensemble normatif indivisible qui s'applique aux procédures de retour des enfants illicitement déplacés au sein de l'Union [voir, en ce sens, avis 1/13 (Adhésion d'États tiers à la convention de La Haye), du 14 octobre 2014, EU:C:2014:2303, points 77 et 78].

63. En raison du chevauchement et du lien étroit existant entre les dispositions dudit règlement et celles de ladite convention, ces dernières sont donc susceptibles d'avoir une incidence sur le sens, la portée et l'efficacité des règles du même règlement [voir, en ce sens, avis 1/13 (Adhésion d'États tiers à la convention de La Haye), du 14 octobre 2014, EU:C:2014:2303, point 85].

64. Ainsi, premièrement, conformément au préambule et à l'article 1er, sous a), de la convention de La Haye de 1980, cette dernière poursuit l'objectif d'un retour immédiat de l'enfant concerné à son lieu de résidence habituelle. Deuxièmement, l'article 2, seconde phrase, de cette convention oblige les autorités des États contractants à recourir, pour le traitement d'une demande de retour, à leurs procédures d'urgence. Troisièmement, selon l'article 11, premier alinéa, de ladite convention, les autorités judiciaires ou administratives de tout État contractant doivent procéder d'urgence en vue du retour de l'enfant. Quatrièmement, l'article 13 de la même convention énonce de manière restrictive les hypothèses dans lesquelles l'autorité judiciaire de l'État contractant requis n'est pas tenue d'ordonner le retour de l'enfant. En particulier, selon l'article 13, premier alinéa, sous b), de la convention de La Haye de 1980, cette autorité n'est pas tenue d'ordonner le retour d'un enfant lorsque la personne, l'institution ou l'organisme qui s'oppose à son retour établit qu'il existe un risque grave que le retour de l'enfant ne l'expose à un danger physique ou psychique, ou de toute autre manière le place dans une situation intolérable.

65. Il ressort de l'ensemble de ces dispositions que, conformément à la convention de La Haye de 1980, d'une part, lorsqu'un enfant a été déplacé illicitement de sa résidence habituelle, le retour de cet enfant doit intervenir immédiatement selon les procédures d'urgence prévues par le droit national. D'autre part, ce n'est que dans des circonstances exceptionnelles, notamment en cas de risque grave pour ledit enfant, que ce retour peut ne pas être ordonné.

66. Enfin, les finalités du règlement n° 2201/2003 et, notamment, de son article 11, paragraphe 3, viennent également conforter les constatations figurant aux points 60 et 65 du présent arrêt.

67. Ainsi, premièrement, il y a lieu de rappeler que le règlement n° 2201/2003 procède de la conception selon laquelle l'intérêt supérieur de l'enfant doit primer. Ledit règlement vise, en particulier, à dissuader les enlèvements d'enfants entre États membres et, en cas d'enlèvement, à obtenir que le retour de l'enfant soit effectué sans délai (voir, en ce sens, arrêt du 11 juillet 2008, *Rinau*, C-195/08 PPU, EU:C:2008:406, points 51 et 52).

68. Deuxièmement, comme l'énonce le considérant 17 du règlement n° 2201/2003, en cas de déplacement ou de non-retour illicites d'un enfant, le retour de ce dernier devrait être obtenu sans délai. En outre, les juridictions de l'État membre dans lequel l'enfant a été déplacé ou retenu illicitement devraient être en mesure de s'opposer à son retour uniquement dans des cas précis, dûment justifiés.

69. Troisièmement, il ressort de la jurisprudence de la Cour que l'un des objectifs de l'article 11 de ce règlement est le rétablissement du statu quo ante, c'est-à-dire de la situation qui existait antérieurement au déplacement ou au non-retour illicites de l'enfant (voir, en ce sens, arrêt du 8 juin 2017, *OL*, C-111/17 PPU, EU:C:2017:436, point 61).

70. Quatrièmement, la Cour a déjà jugé qu'une procédure de retour est, par nature, une procédure expéditive, dès lors qu'elle vise à assurer, ainsi que le prévoit le préambule de la convention de La Haye de 1980 et le considérant 17 du règlement n° 2201/2003, le prompt retour de l'enfant (arrêt du 8 juin 2017, *OL*, C-111/17 PPU, EU:C:2017:436, point 57).

71. Il ressort ainsi d'une interprétation littérale, contextuelle et téléologique de l'article 11, paragraphe 3, du règlement n° 2201/2003 que cette disposition, d'une part, impose à une juridiction d'un État membre saisie d'une demande de retour d'un enfant illicitement enlevé du lieu de sa résidence habituelle de statuer sur cette demande, en principe, au plus tard dans un délai de six semaines après sa saisine, en utilisant les procédures les plus rapides prévues par le droit national. D'autre part, ce n'est que dans des cas précis et exceptionnels, dûment justifiés, que le retour d'un enfant illicitement enlevé peut ne pas être ordonné.

72. Certes, les obligations découlant de cet article 11, paragraphe 3, portent sur la procédure d'adoption d'une décision de retour. Toutefois, il y a lieu de considérer, à l'instar de M. l'avocat général au point 59 de ses conclusions, que l'impératif d'efficacité et de célérité qui régit l'adoption d'une décision de retour s'impose aux autorités nationales également dans le cadre de l'exécution d'une telle décision. En effet, ledit article 11, paragraphe 3, serait privé d'effet utile si le droit national permettait de suspendre l'exécution d'une décision définitive ordonnant le retour d'un enfant.

73. Or, selon la jurisprudence de la Cour, l'application des règles nationales de droit matériel et de procédure ne sauraient porter atteinte à l'effet utile du règlement n° 2201/2003 (voir, en ce sens, arrêt du 11 juillet 2008, *Rinau*, C-195/08 PPU, EU:C:2008:406, point 82).

74. Il convient encore de relever que, en imposant des obligations visant à l'adoption et, partant, à l'exécution dans les plus brefs délais d'une décision permettant un prompt retour de l'enfant au lieu de sa résidence habituelle à la suite d'un enlèvement illicite, le règlement n° 2201/2003 veille, ainsi qu'il ressort du considérant 33 de celui-ci, à assurer le respect des droits fondamentaux garantis par la Charte, et, notamment, celui des droits fondamentaux de l'enfant, tels qu'énoncés à l'article 24 de la Charte.

75. À cet égard, l'article 7 de la Charte consacre le droit au respect de la vie privée ou familiale et doit être lu en combinaison avec l'obligation de prise en considération de l'intérêt supérieur de l'enfant, reconnu à l'article 24, paragraphe 2, de celle-ci. Il convient, ainsi, de tenir compte de la nécessité pour un enfant, exprimée à l'article 24, paragraphe 3, de la Charte, d'entretenir régulièrement des relations personnelles et des contacts directs avec ses deux parents [voir, en ce sens, arrêt du 17 novembre 2022, *Belgische Staat (Réfugiée mineure mariée)*, C-230/21, EU:C:2022:887, point 48].

76. Or, selon l'article 52, paragraphe 3, de la Charte, dans la mesure où celle-ci contient des droits correspondant à des droits garantis par la convention européenne de sauvegarde des droits de l'homme et des libertés fondamentales, signée à Rome le 4 novembre 1950 (ci-après la « CEDH »), leur sens et leur portée sont les mêmes que ceux que leur confère ladite convention. L'article 53 de la Charte ajoute à cet effet qu'aucune disposition de celle-ci ne doit être interprétée comme limitant ou portant atteinte, dans le champ d'application du droit de l'Union, aux droits reconnus, notamment, par la CEDH [voir, en ce sens, arrêt du 8 décembre 2022, *CJ (Décision de remise différée en raison de poursuites pénales)*, C-492/22 PPU, EU:C:2022:964, point 79 et jurisprudence citée].

77. Ainsi, en ce qui concerne l'article 8 de la CEDH, qui correspond à l'article 7 de la Charte (voir, en ce sens, arrêt du 8 décembre 2022, *Orde van Vlaamse Balies e.a.*, C-694/20, EU:C:2022:963, point 25), la Cour européenne des droits de l'homme a jugé que, dans les affaires portant sur des décisions rendues sur la base de la convention de La Haye de 1980, le caractère adéquat d'une mesure doit notamment être apprécié en fonction de la rapidité de sa mise en œuvre. Ces affaires nécessitent un traitement urgent, dès lors que l'écoulement du temps peut avoir des conséquences irréparables sur les relations entre les enfants et le parent qui ne réside pas avec eux. Les retards dans la procédure peuvent, à eux seuls, permettre de constater que les autorités ne se sont pas conformées aux obligations positives leur incombant en vertu de la CEDH (voir, en ce sens, Cour EDH, 28 avril 2015, *Ferrari c. Roumanie*, CE:ECHR:2015:0428JUD000171410, § 49).

78. En deuxième lieu, c'est au regard de l'interprétation de l'article 11, paragraphe 3, du règlement n° 2201/2003 retenue aux points précédents du présent arrêt qu'il convient de déterminer si cette disposition s'oppose à une législation nationale telle que celle décrite au point 57 du présent arrêt.

79. Selon les informations fournies à la Cour, en vertu de cette législation, l'exécution d'une décision de retour est suspendue de plein droit pendant une période d'au moins deux mois lorsque l'une des autorités habilitées introduit une demande en ce sens auprès du Sąd Apelacyjny w Warszawie (cour d'appel de Varsovie) dans un délai de deux semaines à compter de la date à laquelle cette décision est devenue définitive.

80. En outre, si, après la présentation de cette demande, cette autorité introduit un pourvoi en cassation devant le Sąd Najwyższy (Cour suprême) contre ladite décision, la suspension de l'exécution de cette dernière est prolongée de plein droit jusqu'au terme de la procédure de pourvoi devant cette juridiction.

81. Ainsi, premièrement, l'introduction de ladite demande a pour effet de suspendre, pendant une période d'au moins deux mois, l'exécution d'une décision de retour d'un enfant au lieu de sa résidence habituelle, alors même que cette décision est devenue définitive. Ce retour est susceptible d'être suspendu pendant une période de temps beaucoup plus longue dans l'hypothèse où les autorités habilitées décideraient d'introduire un pourvoi en cassation contre ladite décision. L'introduction d'une telle demande, eu égard aux exigences de célérité sous-jacentes à l'article 11, paragraphe 3, du règlement n° 2201/2003, en ce qu'elle a pour effet de suspendre de plein droit l'exécution d'une telle décision de retour, est ainsi susceptible de priver d'effet utile cette disposition. Par ailleurs, ces autorités pourraient à nouveau obtenir la suspension de l'exécution d'une décision de retour sur le fondement de l'article 388^3 du code de procédure civile, introduit dans ce dernier par la loi de 2022, en formant un pourvoi extraordinaire au titre de cet article.

82. À cet égard, force est de constater qu'une suspension d'une durée de deux mois de l'exécution d'une décision de retour définitive excède, à elle seule, le délai dans lequel, conformément à ladite disposition du règlement n° 2201/2003, cette décision doit être adoptée.

83. Deuxièmement, il ressort des informations dont dispose la Cour que l'exécution d'une décision de retour est suspendue, de plein droit, à la simple demande des autorités habilitées. Ces autorités, qui au demeurant n'ont pas la qualité de juridiction, ne sont pas tenues de motiver leur demande et le Sąd Apelacyjny w Warszawie (cour d'appel de Varsovie) est tenu d'y faire droit sans pouvoir exercer de contrôle juridictionnel à cet égard. Dès lors, la législation en cause au principal ne paraît pas être de nature à garantir que, comme cela a été rappelé au point 71 du présent arrêt, le retour de l'enfant au lieu de sa résidence habituelle ne puisse être suspendu que dans des cas précis et exceptionnels et, en tout état de cause, n'assure pas qu'une telle suspension soit dûment motivée.

84. Par ailleurs, selon la jurisprudence constante de la Cour, l'article 47 de la Charte s'oppose à ce qu'une autorité publique puisse empêcher l'exécution d'une décision judiciaire, dès lors que le droit à un recours effectif consacré par cet article serait illusoire si l'ordre juridique d'un État membre permettait qu'une décision judiciaire définitive et obligatoire reste inopérante au détriment d'une partie (voir, en ce sens, arrêts du 30 juin 2016, *Toma et Biroul Executorului Judecătoresc Horațiu-Vasile Cruduleci*, C-205/15, EU:C:2016:499, point 43 ainsi que jurisprudence citée ; du 29 juillet 2019, *Torubarov*, C-556/17, EU:C:2019:626, points 72 et 73, ainsi que du 19 décembre 2019, *Deutsche Umwelthilfe*, C-752/18, EU:C:2019:1114, point 36).

85. Compte tenu des considérations qui précèdent, il y a lieu de constater qu'une législation nationale telle que celle décrite au point 57 du présent arrêt est susceptible de porter atteinte à l'effet utile de l'article 11, paragraphe 3, du règlement n° 2201/2003.

86. Cette conclusion ne saurait être remise en cause par l'argument du gouvernement polonais selon lequel, en substance, une telle législation serait indispensable afin de permettre aux autorités habilitées d'introduire un pourvoi en cassation devant le Sąd Najwyższy (Cour suprême) et d'éviter ainsi que les enfants concernés ne subissent un préjudice irréparable découlant du caractère exécutoire d'une décision de retour définitive, dans l'hypothèse où celle-ci devrait être annulée par cette juridiction.

87. En effet, ainsi que la juridiction de renvoi l'expose, d'une part, avant l'introduction, par la loi de 2022, de l'article 388 dans le code de procédure civile, l'article 388 de ce code prévoyait déjà un mécanisme permettant au Sąd Apelacyjny w Warszawie (cour d'appel de Varsovie) de suspendre l'exécution d'une décision de retour définitive, le cas échéant à la demande de l'une des autorités habilitées, lorsque cette juridiction considérait que l'enfant concerné aurait pu être exposé à un risque grave de danger physique ou psychique en cas de retour.

88. D'autre part, il ressort de la jurisprudence de la Cour que la protection juridictionnelle de cet enfant contre un tel risque est, en principe, déjà assurée par l'existence d'un recours devant une instance juridictionnelle [voir, en ce sens, arrêt du 26 septembre 2018, *Belastingdienst/Toeslagen (Effet suspensif de l'appel)*, C-175/17, EU:C:2018:776, point 34], et cela même lorsque l'existence d'un risque grave, au sens de l'article 13, premier alinéa, sous b), de la convention de La Haye de 1980, est alléguée.

89. Par conséquent, ainsi qu'il ressort des points 82 à 84 des conclusions de M. l'avocat général, il ne découle pas de l'article 11, paragraphe 3, du règlement n° 2201/2003, lu à la lumière des articles 24 et 47 de la Charte, que le droit de l'Union impose aux États membres de prévoir un degré supplémentaire de juridiction contre une décision de retour, lorsque cette décision a été adoptée dans le cadre d'une procédure prévoyant déjà deux degrés de juridiction et que cette procédure permet de tenir compte de l'existence de risques en cas de retour de l'enfant concerné. A fortiori, ce droit ne permet pas aux États membres d'assortir les recours introduits contre une telle décision d'un effet suspensif de plein droit, contrairement à ce que semble prévoir l'article 388[1], paragraphe 3, du code de procédure civile, tel que modifié par la loi de 2022.

90. S'agissant, en troisième et dernier lieu, des conséquences de la conclusion figurant au point 85 du présent arrêt, il y a lieu de rappeler que le principe de primauté du droit de l'Union impose au juge national chargé d'appliquer, dans le cadre de sa compétence, les dispositions du droit de l'Union l'obligation d'assurer le plein effet des exigences de ce droit dans le litige dont il est saisi en laissant au besoin inappliquée, de sa propre autorité, toute réglementation ou pratique nationale, même postérieure, qui est contraire à une disposition du droit de l'Union d'effet direct, sans qu'il ait à demander ou à attendre l'élimination préalable de cette réglementation ou pratique nationale par voie législative ou par tout autre procédé constitutionnel [voir, en ce sens, arrêt du 22 février 2022, *RS (Effet des arrêts d'une cour constitutionnelle)*, C-430/21, EU:C:2022:99, point 53].

91. À cet égard, il convient de rappeler que, aux termes de l'article 288, deuxième alinéa, TFUE, le règlement a une portée générale et est directement applicable dans tout État membre. Dès lors, en raison de sa nature même et de sa fonction dans le système des sources du droit de l'Union, il est apte à conférer aux particuliers des droits que les juridictions nationales ont l'obligation de protéger (voir, en ce sens, arrêt du 17 septembre 2002, *Muñoz et Superior Fruiticola*, C-253/00, EU:C:2002:497, point 27).

92. En l'occurrence, il convient de relever que l'article 11, paragraphe 3, du règlement n° 2201/2003 impose aux États membres une obligation de résultat claire et précise, qui n'est assortie d'aucune condition en ce qui concerne l'exigence de célérité à laquelle les procédures ayant pour objet l'adoption d'une décision de retour, au sens de la convention de La Haye de 1980, sont soumises. Ainsi, la juridiction de renvoi sera tenue de garantir, dans le cadre de ses compétences, le plein effet de cette disposition du droit de l'Union en laissant, au besoin, inappliquée la législation nationale portant atteinte à la réalisation de l'effet utile de ladite disposition.

93. Eu égard à l'ensemble des motifs qui précèdent, il y a lieu de répondre à la question posée que l'article 11, paragraphe 3, du règlement n° 2201/2003, lu à la lumière de l'article 47 de la Charte, doit être interprété en ce sens qu'il s'oppose à une législation nationale conférant à des autorités n'ayant pas la qualité de juridiction la faculté d'obtenir la suspension de plein droit, pendant une durée d'au moins deux mois, de l'exécution d'une décision de retour rendue sur la base de la convention de La Haye de 1980, sans devoir motiver leur demande de suspension.

[...]

Par ces motifs, la Cour (troisième chambre) dit pour droit :

L'article 11, paragraphe 3, du règlement (CE) n° 2201/2003 du Conseil, du 27 novembre 2003, relatif à la compétence, la reconnaissance et l'exécution des décisions en matière matrimoniale et en matière de responsabilité parentale abrogeant le règlement (CE) n° 1347/2000, lu à la lumière de l'article 47 de la charte des droits fondamentaux de l'Union européenne,

doit être interprété en ce sens que :

il s'oppose à une législation nationale conférant à des autorités n'ayant pas la qualité de juridiction la faculté d'obtenir la suspension de plein droit, pendant une durée d'au moins deux mois, de l'exécution d'une décision de retour rendue sur la base de la convention sur les aspects civils de l'enlèvement international d'enfants, conclue à La Haye le 25 octobre 1980, sans devoir motiver leur demande de suspension.

OBSERVATIONS

Par l'affaire *Rzecznik Praw Dziecka e.a.*, la Cour précise que l'impératif d'efficacité et de rapidité inhérent aux décisions ordonnant le retour d'un enfant en cas d'enlèvement international d'enfants s'oppose à ce que des autorités nationales non juridictionnelles puissent obtenir sans justification la suspension d'une décision définitive de retour d'un enfant. Une loi nationale contraire doit être laissée inappliquée, le cas échéant. La décision confirme la place de la charte des droits fondamentaux de l'Union dans le raisonnement suivi par la Cour, que ce soit pour le droit international privé de la famille ou l'appréciation de la relation entre primauté du droit de l'Union et autonomie procédurale des États membres.

Dans l'affaire, deux enfants mineurs nés de parents polonais et résidant habituellement en Irlande ont été retenus par la mère en Pologne après des vacances, sans le consentement du père. Il s'agit donc d'un non-retour illicite au regard de la convention de La Haye de 1980 sur les aspects civils de l'enlèvement international d'enfants et du règlement n° 2201/2003, dit « Bruxelles II*bis* », remplacé aujourd'hui par le règlement 2019/1111 du Conseil du 25 juin 2019 relatif à la compétence, la reconnaissance et l'exécution des décisions en matière matrimoniale et en matière de responsabilité parentale, ainsi qu'à l'enlèvement international d'enfants (refonte), dit « règlement Bruxelles II*ter* », qui renforce encore les considérations de célérité dans la procédure de retour de l'enfant.

Une décision de retour des enfants a été obtenue par le père devant les juridictions polonaises et la décision a acquis force exécutoire. Néanmoins, le médiateur des droits des enfants et le procureur général ont demandé la suspension de l'exécution de cette décision sur le fondement de la possibilité offerte par le Code de procédure civile polonais d'obtenir la suspension de l'exécution d'une décision judiciaire définitive ordonnant le retour d'enfants rendue sur la base de la convention de La Haye sur les aspects civils de l'enlèvement international d'enfants, sans avoir à motiver cette demande.

C'est dans ce cadre que le juge polonais a posé la question à la Cour de justice de savoir si le règlement Bruxelles II*bis* s'oppose à une législation nationale conférant à des autorités n'ayant pas la qualité de juridiction la faculté d'obtenir la suspension de plein droit, pendant une durée d'au moins deux mois, de l'exécution d'une décision de retour rendue sur la base de la convention de La Haye de 1980, sans devoir motiver leur demande de suspension.

La Cour y répond en apportant des précisions importantes sur l'articulation du droit de l'Union en matière de droit international privé de la famille avec l'autonomie procédurale des États membres, en conditionnant cette dernière à la préservation de l'effet utile du règlement Bruxelles II*bis*, lu ensemble avec la convention de La Haye de 1980, qui impose des obligations d'efficacité et de rapidité particulièrement importantes pour le respect des droits fondamentaux des personnes impliquées.

Pour motiver sa décision, la Cour commence par insister sur l'obligation de célérité de la procédure de retour qui résulte aussi bien de l'article 11, paragraphe 3, du règlement n° 2201/2003 que du contexte dans lequel celui-ci s'insère, notamment les dispositions pertinentes de la convention de La Haye de 1980. « En raison du chevauchement et du lien étroit existant entre les dispositions [des deux instruments] » (pt 63), la convention a une incidence sur la portée et l'efficacité des dispositions du règlement dans la mesure où la convention et le règlement « constituent un ensemble normatif indivisible » (pt 62).

Or, il résulte de la convention, ainsi que « d'une interprétation littérale, contextuelle et téléologique de l'article 11, paragraphe 3, du règlement n° 2201/2003 » que la juridiction d'un État membre saisie d'une demande de retour d'un enfant illicitement enlevé du lieu de sa résidence habituelle doit statuer sur cette demande, « en principe, au plus tard dans un délai de six semaines après sa saisine, en utilisant les procédures les plus rapides prévues par le droit national » (pt 71). Et « ce n'est que dans des cas précis et exceptionnels, dûment justifiés, que le retour d'un enfant illicitement enlevé peut ne pas être ordonné » (*ibid.*).

Comme le souligne justement l'avocat général Emiliou, « un même impératif d'efficacité et de célérité s'impose aux autorités nationales » en matière d'exécution de la décision (pt 59 des conclusions et pt 72 de l'arrêt). L'obligation de célérité est donc logiquement étendue à l'exécution de la décision de retour. L'inverse serait incompatible, d'une part, avec le respect de la vie privée et familiale garantie par les articles 8 CEDH et 7 de la charte, et, d'autre part, avec le droit à un recours effectif. Au regard du premier, c'est bien parce que l'écoulement du temps peut avoir des conséquences irréparables sur les relations entre les enfants et le parent qui ne réside pas avec eux que la convention de 1980 et le règlement Bruxelles II*bis* prévoient l'objectif de rapidité dans les procédures de retour de l'enfant. Et en ce qui concerne le second, il est évident que l'absence d'exécution d'une décision revient à priver le bénéficiaire de la décision de l'effectivité du droit pourtant judiciairement constaté, ce qui est une des plus graves formes d'injustice.

Dans l'affaire soumise à la Cour, le droit national prévoyait pourtant la possibilité de désactiver le mécanisme de retour de l'enfant par le règlement à travers la possibilité reconnue à des autorités nationales de suspendre l'exécution de la décision ayant ordonné le retour de l'enfant. En l'espèce, il s'agissait de la décision d'un juge polonais, mais il ne faut pas perdre de vue qu'en application du règlement, la décision rendue par l'État membre de la résidence habituelle de l'enfant avant son déplacement est directement exécutoire dans l'État dans lequel se trouve actuellement l'enfant. Dans le contexte du droit polonais, la décision de retour était ainsi suspendue, de plein droit, à la simple demande des autorités habilitées « qui n'ont pas la qualité de juridiction, ne sont pas tenues de motiver leur demande et le [juge national] est tenu d'y faire droit sans pouvoir exercer de contrôle juridictionnel à cet égard » (pt 83). Il est difficile d'imaginer une illustration plus forte de violation du droit à un recours effectif, consacré notamment par l'article 47 de la charte.

Il restait alors à la Cour de tirer les conséquences de cette incompatibilité du droit national avec l'effet utile à préserver en matière de droit international privé de la famille de l'Union européenne, en préservant la primauté du droit de l'Union, y compris par rapport à l'autonomie procédurale des États membres. Soulignant qu'une telle « législation nationale [...] est susceptible de porter atteinte à l'effet utile de l'article 11, paragraphe 3, du règlement n° 2201/2003 » (pt 85), la Cour en tire la conséquence que la juridiction nationale est « tenue de garantir, dans le cadre de ses compétences, le plein effet de cette disposition du droit de l'Union en laissant, au besoin, inappliquée la législation nationale portant atteinte à la réalisation de l'effet utile de ladite disposition » (pt 93). La primauté du droit de l'Union, qui intègre ici les dispositions pertinentes de la convention de La Haye de 1980, prévaut donc sur l'autonomie procédurale des États membres si cette dernière devait conduire à retarder indûment non seulement la prise de la décision du retour de l'enfant, mais également son exécution.

Il en résulte que le droit de l'Union « s'oppose à une législation nationale conférant à des autorités n'ayant pas la qualité de juridiction la faculté d'obtenir la suspension de plein droit, pendant une durée d'au moins deux mois, de l'exécution d'une décision de retour rendue sur la base de la convention de La Haye de 1980, sans devoir motiver leur demande de suspension » (pt 93 et disp.).

La décision est « une belle victoire pour le droit de l'Union sur le plan procédural » (1). Elle est aussi une illustration de la place qu'occupe désormais la charte des droits fondamentaux dans le raisonnement de la Cour, dans la mesure où la charte constitue une référence constante pour guider l'interprétation des dispositions du règlement Bruxelles II*bis*, et qu'il en sera certainement de même pour le règlement Bruxelles II*ter*. Dans une matière intéressant au premier chef les citoyens de l'Union, et au regard d'enjeux sensibles notamment pour préserver l'intérêt de l'enfant et assurer un recours juridictionnel effectif, c'est une évolution à souligner, bien au-delà des spécificités du contexte parfois difficile des relations entre le droit de l'Union européenne et l'ordre juridique polonais. La primauté du droit de l'Union vient ainsi renforcer aussi bien les droits fondamentaux que le droit international conventionnel. Elle en devient ainsi un incontestable moyen de tirer les ordres juridiques européens et nationaux vers le haut.

Lucas RASS-MASSON

---

(1) Obs. A. BOICHÉ, *AJ fam.*, 2023, p. 237.

Cour de justice, 3e ch., 8 juin 2023, *BNP Paribas SA*, aff. C-567/21, ECLI:EU:C:2023:452

Mots-clés : Reconnaissance et exécution – Autorité de chose jugée – Procédure civile – Concentration des demandes

Cadre normatif : règlement (CE) n° 1215/2012

Notes et observations : obs. F. Jault-Seseke, *D.*, 2024, p. 937 ; *D.*, 2023, p. 1125 ; obs. P. Théry, *RTD civ.*, 2023, p. 961 ; obs. L. Idot, *Europe*, 2023, n° 8, p. 59 ; obs. A. Nuyts, *J.D.E.*, 2024, n° 306, p. 76 ; obs. L. Larribère, *JCP G*, 2023, p. 2047

Extraits de l'arrêt

1. La demande de décision préjudicielle porte sur l'interprétation des articles 33 et 36 du règlement (CE) n° 44/2001 du Conseil, du 22 décembre 2000, concernant la compétence judiciaire, la reconnaissance et l'exécution des décisions en matière civile et commerciale (*JO* 2001, L 12, p. 1).

2. Cette demande a été présentée dans le cadre d'un litige opposant BNP Paribas SA à TR au sujet du licenciement de celui-ci, qui a fait l'objet d'une décision prononcée par un tribunal anglais, dont les effets sur la recevabilité d'une action introduite ultérieurement, devant des juridictions françaises, donnent lieu à une contestation.

[...]

Sur les questions préjudicielles

Observations préliminaires

[...]

35. En deuxième lieu, s'agissant de l'applicabilité ratione loci du règlement n° 44/2001 nonobstant le retrait du Royaume-Uni de l'Union européenne, il importe de relever que, conformément à l'article 67, paragraphe 2, sous a), de l'accord de retrait, lu en combinaison avec les articles 126 et 127 de celui-ci, le règlement n° 1215/2012 s'applique, au Royaume-Uni ainsi que dans les États membres en cas de situation impliquant le Royaume-Uni, à la reconnaissance et à l'exécution des décisions rendues dans le cadre d'actions judiciaires intentées avant la fin de la période de transition, à savoir le 31 décembre 2020.

36. Il en découle que les dispositions relatives à la reconnaissance et à l'exécution qui figurent dans le règlement n° 44/2001, lequel avait déjà été abrogé et remplacé par le règlement n° 1215/2012 lors de l'adoption de l'accord de retrait, demeurent aussi applicables dans les mêmes conditions.

[...]

Sur la première question

41. Par sa première question, la juridiction de renvoi demande, en substance, si l'article 33 du règlement n° 44/2001, lu en combinaison avec l'article 36 de ce règlement, doit être interprété en ce sens qu'il s'oppose à ce que la reconnaissance, dans l'État membre requis, d'une décision concernant un contrat de travail, rendue dans l'État membre d'origine, ait pour conséquence d'entraîner l'irrecevabilité des demandes formées devant une juridiction de l'État membre requis au motif que la législation de l'État membre d'origine prévoit une règle procédurale de concentration de toutes les demandes relatives à ce contrat de travail.

42. À cet égard, il y a lieu de relever, à l'instar de M. l'avocat général au point 37 de ses conclusions, que la notion de « reconnaissance » n'est pas définie par le règlement n° 44/2001, lequel énonce seulement, à son article 33, paragraphe 1, que les décisions rendues dans un État membre sont reconnues dans les autres États membres, sans qu'il soit nécessaire de recourir à aucune procédure et, à son article 36, que, en aucun cas, la décision étrangère ne peut faire l'objet d'une révision au fond.

43. Conformément à une jurisprudence constante, les dispositions du règlement n° 44/2001 doivent être interprétées de manière autonome, en se référant au système et aux objectifs de celui-ci (arrêts du 15 novembre 2012, *Gothaer Allgemeine Versicherung e.a.*, C-456/11, EU:C:2012:719, point 25, ainsi que du 7 mars 2018, *E.ON Czech Holding*, C-560/16, EU:C:2018:167, point 25 et jurisprudence citée).

44. S'agissant des objectifs du règlement n° 44/2001, il ressort des considérants 2, 6 et 16 de celui-ci que ce règlement vise, en particulier, à assurer la libre circulation des décisions en matière civile et commerciale rendues dans les États membres liés par ledit règlement, en unifiant les règles relatives à la compétence judiciaire ainsi qu'en simplifiant les formalités requises en vue de la reconnaissance et de l'exécution de ces décisions (voir, en ce sens, arrêts du 4 octobre 2018, *Società Immobiliare Al Bosco*, C-379/17, EU:C:2018:806, point 45 et jurisprudence citée, ainsi que du 12 décembre 2019, *Aktiva Finants*, C-433/18, EU:C:2019:1074, point 25). [...]

S'agissant du système établi par le règlement n° 44/2001, le considérant 16 de celui-ci souligne l'importance de la confiance réciproque dans la justice au sein de l'Union, à plus forte raison lorsque les juridictions des États membres sont appelées à appliquer des règles communes de compétence. Cette confiance réciproque justifie une reconnaissance de plein droit des décisions rendues dans un État membre, comme le prévoit l'article 33, paragraphe 1, de ce règlement, et elle implique une absence de révision de telles décisions quant au fond, comme l'exige l'article 36 dudit règlement (voir, en ce sens, arrêts du 15 novembre 2012, *Gothaer Allgemeine Versicherung e.a.*, C-456/11, EU:C:2012:719, points 28, 35 et 37 ; du 26 septembre 2013, *Salzgitter Mannesmann Handel*, C-157/12, EU:C:2013:597, points 31 et 32, ainsi que du 16 juillet 2015, *Diageo Brands*, C-681/13, EU:C:2015:471, point 40).

46. Ladite confiance suppose également que les dispositions relatives au principe de la reconnaissance d'une telle décision, comme celles figurant à l'article 33 du règlement n° 44/2001, ne soient pas interprétées de manière restrictive, tandis que les dispositions énonçant des exceptions à ce principe doivent être interprétées de manière stricte (voir, en ce sens, arrêts du 15 novembre 2012, *Gothaer Allgemeine Versicherung e.a.*, C-456/11, EU:C:2012:719, points 28 et 30 ; du 16 juillet 2015, *Diageo Brands*, C-681/13, EU:C:2015:471, point 41, ainsi que du 20 juin 2022, *London Steam-Ship Owners' Mutual Insurance Association*, C-700/20, EU:C:2022:488, point 77 et jurisprudence citée).

47. Dans ce contexte, ainsi que la Cour l'a déjà rappelé en citant le rapport de M. P. Jenard mentionné au point 40 du présent arrêt, la reconnaissance doit « avoir pour effet d'attribuer aux décisions l'autorité et l'efficacité dont elles jouissent dans l'État où elles ont été rendues ». Dès lors, une décision étrangère reconnue en vertu de l'article 33 du règlement n° 44/2001 doit déployer en principe, dans l'État requis, les mêmes effets que ceux qu'elle a dans l'État d'origine (voir, en ce sens, arrêt du 15 novembre 2012, *Gothaer Allgemeine Versicherung e.a.*, C-456/11, EU:C:2012:719, point 34 ainsi que jurisprudence citée).

48. Comme M. l'avocat général l'a relevé, en substance, aux points 42 à 52 de ses conclusions, il découle de cette jurisprudence que, lorsque la reconnaissance d'une décision rendue dans un État membre est invoquée sur le fondement du règlement n° 44/2001, il y a lieu en principe, d'une part, de se référer uniquement aux règles de droit de l'État membre d'origine pour déterminer les effets que cette décision doit déployer dans l'État membre requis et, d'autre part, d'attribuer à une telle décision l'autorité et l'efficacité dont elle jouit dans l'État membre d'origine.

49. En l'occurrence, il ressort de la décision de renvoi que le droit de l'État membre d'origine impose aux parties de concentrer toutes leurs demandes relatives à une même relation juridique au sein d'une seule instance, sous peine d'irrecevabilité. Il convient donc de déterminer si une telle règle procédurale relève de l'autorité et de l'efficacité d'une décision rendue dans l'État membre d'origine lorsque celle-ci est reconnue dans l'État membre requis, de sorte que les nouvelles demandes formées ultérieurement devant une juridiction de l'État membre requis, entre les mêmes parties et sur la base de la même relation juridique, seraient irrecevables.

50. À cet égard, il convient de relever qu'une telle règle de droit interne de concentration des demandes est de nature procédurale et a pour objet d'éviter que les demandes liées à une seule et même relation juridique liant des parties ne donnent lieu à une multitude d'instances, tant dans l'intérêt d'une bonne administration de la justice que dans celui des parties concernées. Or, une telle règle n'a pas vocation à régir l'autorité et l'efficacité dont une décision jouit dans l'État membre où elle a été rendue, au sens de la jurisprudence citée au point 47 du présent arrêt. Partant, ladite règle n'a pas vocation à s'appliquer aux fins de la détermination des effets attachés à une décision dont la reconnaissance est invoquée pour s'opposer à la recevabilité d'une action opposant les mêmes parties et concernant la même relation juridique qui a été introduite dans un autre État membre postérieurement à cette décision.

51. Comme M. l'avocat général l'a souligné, en substance, aux points 58 à 62 de ses conclusions, une interprétation contraire risquerait de remettre en cause l'application des dispositions relatives à la reconnaissance, qui figurent au chapitre III de ce règlement, et pourrait également compromettre la mise en œuvre des dispositions fixant de façon unifiée la compétence des juridictions des États membres, qui figurent au chapitre II dudit règlement, en ce que cela serait susceptible d'avoir pour conséquence d'empêcher une partie de saisir de nouvelles demandes une juridiction pourtant désignée comme compétente par le même règlement.

52. En tout état de cause, la Cour a rappelé que, si la reconnaissance doit avoir pour effet, en principe, d'attribuer aux décisions étrangères l'autorité et l'efficacité dont elles jouissent dans l'État membre où elles ont été rendues, il en va différemment au stade de l'exécution d'une décision, aux motifs que, lors de cette dernière, il n'y a aucune raison d'accorder à cette décision des droits qui ne lui appartiennent pas dans l'État membre d'origine ou des effets que ne produirait pas une décision du même type rendue directement dans l'État membre requis (voir, en ce sens, arrêts du 28 avril 2009, *Apostolides*, C-420/07, EU:C:2009:271, point 66, ainsi que du 4 octobre 2018, *Società Immobiliare Al Bosco*, C-379/17, EU:C:2018:806, point 40 et jurisprudence citée).

53. De même, lorsqu'une décision étrangère est reconnue dans l'État membre requis, celle-ci est intégrée dans l'ordre juridique de cet État membre et les règles procédurales de celui-ci s'appliquent.

54. Il revient à la juridiction de renvoi de déterminer quelles sont les règles procédurales applicables à la suite de la reconnaissance de la décision rendue dans l'État membre d'origine et les éventuelles conséquences procédurales quant aux demandes formulées ultérieurement.

[...]

Par ces motifs, la Cour (troisième chambre) dit pour droit :

> L'article 2, sous a), et l'article 39 du règlement (UE) n° 1215/2012 du Parlement européen et du Conseil, du 12 décembre 2012, concernant la compétence judiciaire, la reconnaissance et l'exécution des décisions en matière civile et commerciale, doivent être interprétés en ce sens qu'une ordonnance d'injonction de payer adoptée par une juridiction d'un État membre sur le fondement de jugements définitifs rendus dans un État tiers constitue une décision et jouit de la force exécutoire dans les autres États membres si elle a été rendue au terme d'une procédure contradictoire dans l'État membre d'origine et a été déclarée exécutoire dans celui-ci, le caractère de décision ne privant toutefois pas la partie défenderesse à l'exécution du droit de demander, conformément à l'article 46 de ce règlement, le refus d'exécution pour l'un des motifs visés à l'article 45 de celui-ci.

Observations

En septembre 2013, un salarié de BNP Paribas, en poste à la succursale de Londres, est licencié pour des faits commis quelque temps auparavant en détachement à Singapour. Contestant le licenciement, il saisit d'abord le juge de l'Employment Tribunal de Londres pour licenciement abusif, se réservant expressément le droit de présenter ultérieurement d'autres demandes de paiement en lien avec le contrat de travail. Il obtint en septembre 2014 une décision sur le licenciement abusif, l'évaluation des dommages-intérêts consécutifs étant remise à une autre décision. En novembre de la même année, il saisit ensuite le conseil de prud'hommes de Paris aux fins d'obtenir diverses indemnités, dont des dommages-intérêts pour licenciement sans cause réelle et sérieuse, une indemnité compensatrice de préavis, une indemnité de licenciement ainsi que diverses primes prévues par son contrat de travail. Le conseil de prud'hommes jugea que la décision anglaise avait autorité de chose jugée et interdisait toute action en France, mais la cour d'appel de Paris renversa la décision, considérant que les demandes étaient différentes et que l'action ne pouvait donc subir cette irrecevabilité. L'ensemble de l'affaire semble jusqu'ici avoir été essentiellement discuté sur la base des droits internes. C'est la Cour de cassation, saisie sur recours, qui choisit d'interroger la Cour de justice sur l'interprétation à donner à l'article 33 du règlement n° 44/2001 et, plus spécialement, sur le régime de l'autorité de chose jugée des décisions dont la reconnaissance est recherchée sur ce fondement.

On observera d'abord que la Cour éclaire une difficulté latente, celle de l'applicabilité du règlement Bruxelles I dans le cadre du *Brexit*. La Cour étend simplement le jeu de l'article 67, alinéa 1er, de l'accord de retrait, prévu pour les règlements nos 1215/2012 (Bruxelles I*bis*), 2201/2003 (Bruxelles II*bis*) et 4/2009 (Aliments), au règlement n° 44/2001 : les décisions rendues au Royaume-Uni à la suite d'actions intentées avant le 10 janvier 2015, date d'entrée en vigueur du règlement Bruxelles I*bis*, bénéficient donc des règles de reconnaissance et d'exécution dans l'Union sur le fondement du règlement n° 44/2001, même après le *Brexit*.

L'affirmation permet simplement de se concentrer sur le véritable problème, celui du régime de l'autorité de chose jugée des décisions des États membres. En 2012, la Cour de justice avait énoncé que ce régime relevait du droit de l'Union et non des droits nationaux, s'appuyant sur sa jurisprudence relative à l'autorité de chose jugée des décisions du tribunal de première instance de la Cour pour la développer (1). La solution était peu pratique, voire dangereuse, les problèmes de divergence entre l'autorité de chose jugée « européenne » et celle posée par les droits nationaux ne manquant pas de se poser.

Dans cet arrêt, la Cour opère un revirement tacite et choisit, répondant à la question préjudicielle qui lui proposait un choix en ce sens, d'opérer par détermination du droit national applicable, c'est-à-dire de poser non une règle européenne substantielle, mais une règle de conflit de lois. Elle reprend alors comme un principe l'affirmation du rapport Jenard indiquant que la reconnaissance doit « avoir pour effet d'attribuer aux décisions l'autorité et l'efficacité dont elles jouissent dans l'État où elles ont été rendues ». Le droit applicable à l'autorité de chose jugée d'une décision est donc celui de l'État d'origine de la décision.

Toutefois, la Cour ajoute une distinction entre les effets « d'autorité et d'efficacité », d'une part, et les « règles procédurales », d'autre part. Pour la Cour, en effet, la règle anglaise imposant la concentration des demandes est une règle procédurale qui n'a pas pour objet d'affecter l'autorité et l'efficacité de la décision. Il s'agit, d'après la Cour, d'une règle qui a seulement pour vocation d'éviter que le demandeur initie une multitude d'instances sur le fondement des diverses demandes qu'il pourrait avoir. Ces règles procédurales ne devraient pas circuler avec la décision, puisqu'elles ne concerneraient que l'État d'origine, et, s'agissant de procédure, ce sont au contraire les règles procédurales de l'État requis qui devraient s'appliquer.

---

(1) CJCE, 15 novembre 2012, *Gothaer Allgemeine Versicherung e.a.*, aff. C-456/11, EU:C:2012:719.

Prises indépendamment l'une de l'autre, les deux propositions formulées ici par la Cour paraissent de bon sens. L'autorité de chose jugée ne devrait pas pouvoir changer au gré de la circulation de la décision, sauf à la priver de sa fonction première d'extinction du litige. De même, les règles de procédure ne sauraient être fongibles et circuler d'un État à l'autre, sauf aux juges des États membres de renier leur investiture étatique : leur pouvoir de juger s'inscrit nécessairement dans un cadre procédural local. Dès lors, si l'arrêt pose une difficulté, c'est celle du rapport entre ces deux propositions. Comment distinguer les règles procédurales de « l'autorité et l'efficacité » d'une décision ? Surtout, comment les distinguer quand le choix de la Cour est de considérer qu'une règle d'irrecevabilité liée au fait qu'une décision a déjà été rendue n'est pas liée à l'autorité de la chose jugée mais à des considérations de bonne administration de la justice ? La solution est curieuse et va provoquer des solutions imprévisibles. L'obligation de concentration des moyens à la française, c'est-à-dire la jurisprudence *Cesareo*, provoque ainsi des surprises. Ainsi dans cette affaire française où un plaideur, invité par le juge luxembourgeois à saisir le juge français qui aurait été, selon lui, le bon juge pour statuer sur une demande qu'il requalifie en demande contractuelle, se voit opposer en France l'autorité de chose jugée de cette même décision luxembourgeoise puisque, selon le droit français, le moyen contractuel aurait dû être soulevé devant le premier juge luxembourgeois.

L'approche de la Cour était donc sans doute la meilleure et elle clarifie positivement la question sur le principe. En revanche, la délimitation des questions appellera sans doute rapidement une nouvelle saisine de la Cour.

François MAILHÉ

Cour de justice, 3e ch., 7 septembre 2023, *Charles Taylor Adjusting Ltd*, aff. C-590/21, ECLI:EU:C:2023:633

Mots-clés : Décision d'injonction antipoursuite – Reconnaissance – Ordre public international – Confiance mutuelle

Cadre normatif : règlement (CE) n° 44/2001

Notes et observations : obs. G. Cuniberti, *EAPIL blog*, 8 septembre 2023 ; obs. M. Kirkutis, *Conflict of Laws blog*, 13 septembre 2023 ; obs. P. Gondard, *D. actu.*, 22 septembre 2023 ; note J. Clavel Thoraval, *Gaz. Pal.*, 2023, n° 35, p. 62 ; note L. Idot, *Europe*, 2023/11, comm. 413 ; note C. Nourissat, *Procédures*, 2023/11, comm. 294 ; obs. L. Larribère, *JCP G*, 2023, doctr. 1349, n° 6 ; note F. Marchadier, *RTD civ.*, 2023, p. 843 ; note G. Cuniberti, *RTDE*, 2023, p. 697 ; obs. C. Nourissat, *JCP G*, 2024, doctr. 141, n° 7 ; obs. A. Nuyts, *J.D.E.*, 2024, p. 76, n° 13 ; notes A. Giannakopoulos et A. Khaliq, *LMCLQ*, 2024, p. 7 ; obs. S. Hazoug, *Lexbase Contentieux et Recouvrement*, 29 mars 2024 ; note H. Muir Watt, *Rev. crit. DIP*, 2024, p. 117 ; obs. K. Mehtiyeva, *JDI*, 2024, p. 715, n° 20

Extraits de l'arrêt

1. La demande de décision préjudicielle porte sur l'interprétation de l'article 34, point 1, et de l'article 45, paragraphe 1, du règlement (CE) n° 44/2001 du Conseil, du 22 décembre 2000, concernant la compétence judiciaire, la reconnaissance et l'exécution des décisions en matière civile et commerciale (*JO* 2001, L 12, p. 1).

2. Cette demande a été présentée dans le cadre d'un litige opposant Charles Taylor Adjusting Ltd (ci-après « Charles Taylor ») et FD, représentants des assureurs d'un navire maritime nommé Alexandros T., d'une part, à Starlight Shipping Co. (ci-après « Starlight »), propriétaire de ce navire, et à Overseas Marine Enterprises Inc. (ci-après « OME »), exploitante dudit navire, d'autre part, au sujet de la reconnaissance et de l'exécution en Grèce d'un jugement et de deux ordonnances émanant de la High Court of Justice (England & Wales), Queen's Bench Division

(Commercial Court) (Haute Cour de justice [Angleterre et pays de Galles], division du Queen's Bench [chambre commerciale], Royaume-Uni) (ci-après les « jugement et ordonnances de la High Court »).

Sur les questions préjudicielles

Observations préliminaires

[...]

20. S'agissant de l'applicabilité ratione loci du règlement n° 44/2001, nonobstant le retrait du Royaume-Uni de l'Union, il importe de relever, à titre liminaire, que, conformément à l'article 67, paragraphe 2, sous a), de l'accord de retrait, lu en combinaison avec les articles 126 et 127 de celui-ci, le règlement n° 1215/2012 s'applique, au Royaume-Uni ainsi que dans les États membres en cas de situation impliquant le Royaume-Uni, à la reconnaissance et à l'exécution des décisions rendues dans le cadre d'actions judiciaires intentées avant la fin de la période de transition, à savoir avant le 31 décembre 2020.

21. Il en découle que les dispositions relatives à la reconnaissance et à l'exécution qui figurent dans le règlement n° 44/2001, lequel avait déjà été abrogé et remplacé par le règlement n° 1215/2012 lors de l'adoption de l'accord de retrait, demeurent aussi applicables dans les mêmes conditions.

22. En l'occurrence, étant donné que les jugement et ordonnances de la High Court ont été rendus le 26 septembre 2014, le règlement n° 44/2001 est applicable ratione loci au litige au principal.

Sur la première question

23. Par sa première question, la juridiction de renvoi demande, en substance, si l'article 34, point 1, du règlement n° 44/2001, lu en combinaison avec l'article 45, paragraphe 1, de celui-ci, doit être interprété en ce sens qu'une juridiction d'un État membre peut refuser de reconnaître et d'exécuter une décision d'une juridiction d'un autre État membre pour cause de contrariété avec l'ordre public, dès lors que cette décision entrave la poursuite d'une procédure pendante devant une autre juridiction de ce premier État membre, en ce qu'elle accorde à l'une des parties une indemnité pécuniaire provisoire au titre des dépens que celle-ci supporte en raison de l'engagement de cette procédure, au motif, d'une part, que l'objet de ladite procédure est couvert par un accord transactionnel, conclu licitement et validé par la juridiction de l'État membre qui a prononcé ladite décision, et, d'autre part, que la juridiction du premier État membre, devant laquelle a été intentée la procédure litigieuse, n'est pas compétente en raison d'une clause attributive de juridiction exclusive.

24. Le règlement n° 44/2001 repose sur la confiance que les États membres accordent mutuellement à leurs systèmes juridiques et à leurs institutions judiciaires (arrêt du 9 décembre 2003, *Gasser*, C-116/02, EU:C:2003:657, point 72). Partant, en dehors de quelques exceptions limitées, dont la contradiction avec l'ordre public de l'État membre requis, visée à l'article 34, point 1, du règlement n° 44/2001, ce règlement n'autorise pas le contrôle de la compétence d'un juge par le juge d'un autre État membre (voir, en ce sens, arrêts du 27 avril 2004, *Turner*, C-159/02, EU:C:2004:228, point 26, ainsi que du 10 février 2009, *Allianz et Generali Assicurazioni Generali*, C-185/07, EU:C:2009:69, point 29).

25. Or, l'interdiction faite par une juridiction à une partie, sous peine de sanction, d'introduire ou de poursuivre une action devant une juridiction étrangère, dans le cadre d'une « injonction anti-procédures » a pour effet de porter atteinte à la compétence de celle-ci pour résoudre le litige. En effet, dès lors que le demandeur se voit interdire d'intenter une telle action par une injonction, force est de constater l'existence d'une ingérence dans la compétence de la juridiction étrangère, incompatible, en tant que telle, avec ce règlement (voir, en ce sens, arrêts du 27 avril 2004, *Turner*, C-159/02, EU:C:2004:228, point 27 ; du 10 février 2009, *Allianz et Generali Assicurazioni Generali*, C-185/07, EU:C:2009:69, point 34, ainsi que du 13 mai 2015, *Gazprom*, C-536/13, EU:C:2015:316, point 32).

26. En l'occurrence, il ressort, en substance de la décision de renvoi, ainsi qu'il est évoqué au point 14 du présent arrêt, que les jugement et ordonnances de la High Court, dont la compétence exclusive avait été choisie par les parties dans le cadre des accords transactionnels, ne s'adressent pas directement aux juridictions grecques et n'interdisent pas non plus formellement la procédure dont est saisie la juridiction de renvoi. Ces jugement et ordonnances contiennent néanmoins des motifs portant, premièrement, sur la violation, par Starlight et OME ainsi que par les personnes physiques qui les représentent, de ces accords transactionnels, deuxièmement, sur les sanctions auxquelles celles-ci s'exposent si elles ne se conforment pas auxdits jugement et ordonnances, troisièmement, sur la compétence des juridictions grecques au regard desdits accords transactionnels. De plus, les mêmes jugement et ordonnances comprennent également des motifs portant sur les condamnations pécuniaires auxquelles s'exposent Starlight et OME ainsi que les personnes physiques qui les représentent, et notamment une décision indemnitaire à titre d'acompte dont le montant n'est pas définitif et dépend de la poursuite de la procédure devant ces juridictions.

27. Il découle de ce qui précède que, ainsi que M. l'avocat général l'a constaté au point 38 de ses conclusions, les jugement et ordonnances de la High Court pourraient être qualifiés de « "quasi" injonctions anti-procédures ». En effet, si ces jugement et ordonnances n'ont pas pour objet d'interdire à une partie d'introduire ou de poursuivre une action devant une juridiction étrangère, ces derniers pourraient être considérés comme ayant, à tout le moins, pour effet de dissuader Starlight et OME ainsi que leurs représentants de saisir les juridictions grecques ou de maintenir devant elles une action ayant le même objet que celles entamées devant les juridictions du Royaume-Uni, ce qu'il appartiendra, en tout état de cause, à la juridiction de renvoi de vérifier.

28. Une injonction qui aurait de tels effets ne serait, eu égard aux principes rappelés aux points 24 et 25 du présent arrêt, pas compatible avec le règlement n° 44/2001.

29. Toutefois, le juge de l'État membre requis ne saurait, sous peine de remettre en question la finalité du règlement n° 44/2001, refuser la reconnaissance d'une décision émanant d'un autre État membre au seul motif qu'il estime que, dans cette décision, le droit national ou le droit de l'Union a été mal appliqué (arrêts du 28 avril 2009, *Apostolides*, C-420/07, EU:C:2009:271, point 60, et du 16 janvier 2019, *Liberato*, C-386/17, EU:C:2019:24, point 54).

30. Il s'ensuit qu'il y a lieu d'examiner si une juridiction d'un État membre peut, dans le cadre de l'examen d'un recours contre une déclaration constatant la force exécutoire d'une décision d'une juridiction d'un autre État membre, révoquer cette déclaration au motif que cette décision s'apparente à une « "quasi" injonction anti-procédures », laquelle est, en principe, incompatible avec le règlement n° 44/2001.

31. À cet égard, il convient de rappeler, premièrement, que l'article 45, paragraphe 1, de ce règlement circonscrit la possibilité de refuser ou de révoquer une déclaration constatant la force exécutoire à l'un des motifs prévus aux articles 34 et 35 dudit règlement. Deuxièmement, l'article 34, point 1, du même règlement prévoit, en substance, qu'une décision n'est pas reconnue si sa reconnaissance est manifestement contraire à l'ordre public de l'État membre requis.

32. La Cour a jugé, en ce qui concerne la notion d'« ordre public » énoncée à cette disposition, que l'article 34 du règlement n° 44/2001 doit recevoir une interprétation stricte en ce qu'elle constitue un obstacle à la réalisation de l'un des objectifs fondamentaux de ce règlement. La clause de l'ordre public figurant à l'article 34, point 1, de ce règlement ne doit trouver application que dans des cas exceptionnels (arrêts du 28 mars 2000, *Krombach*, C-7/98, EU:C:2000:164, point 21, et du 25 mai 2016, *Meroni*, C-559/14, EU:C:2016:349, point 38 et jurisprudence citée).

33. Si les États membres restent, en principe, libres de déterminer, en vertu de la réserve inscrite à cette disposition, conformément à leurs conceptions nationales, les exigences de leur ordre public, les limites de cette notion relèvent de l'interprétation de ce règlement (arrêts du 28 mars 2000, *Krombach*, C-7/98, EU:C:2000:164, point 22, et du 7 avril 2022, *H Limited*, C-568/20, EU:C:2022:264, point 42).

34. Dès lors, s'il n'appartient pas à la Cour de définir le contenu de l'ordre public d'un État membre, il lui incombe néanmoins de contrôler les limites dans le cadre desquelles le juge d'un État membre peut avoir recours à cette notion pour ne pas reconnaître une décision émanant d'un autre État membre (arrêts du 28 mars 2000, *Krombach*, C-7/98, EU:C:2000:164, point 23, et du 7 avril 2022, *H Limited*, C-568/20, EU:C:2022:264, point 42).

35. Ainsi, un recours à la clause de l'ordre public, figurant à l'article 34, point 1, du règlement n° 44/2001, n'est concevable que dans l'hypothèse où la reconnaissance de la décision rendue dans un autre État membre heurterait de manière inacceptable l'ordre juridique de l'État membre requis, en tant qu'elle porterait atteinte à un principe fondamental. Afin de respecter la prohibition de la révision au fond de la décision rendue dans un autre État membre, l'atteinte devrait constituer une violation manifeste d'une règle de droit considérée comme essentielle dans l'ordre juridique de l'État membre requis ou d'un droit reconnu comme fondamental dans cet ordre juridique (arrêts du 28 mars 2000, *Krombach*, C-7/98, EU:C:2000:164, point 37, et du 16 juillet 2015, *Diageo Brands*, C-681/13, EU:C:2015:471, point 44).

36. La circonstance que l'erreur manifeste qui aurait été commise par le juge de l'État d'origine concerne une règle du droit de l'Union ne modifie pas les conditions de recours à la clause de l'ordre public, au sens de l'article 34, point 1, du règlement n° 44/2001. En effet, il incombe au juge national d'assurer avec la même efficacité la protection des droits établis par l'ordre juridique national et des droits conférés par l'ordre juridique de l'Union. Cette clause est appelée à jouer de la même manière lorsque cette erreur de droit impliquerait que la reconnaissance de la décision concernée dans l'État requis entraînerait la violation manifeste d'une règle de droit essentielle dans l'ordre juridique de l'Union et donc de cet État membre (arrêts du 11 mai 2000, *Renault*, C-38/98, EU:C:2000:225, point 32, ainsi que du 16 juillet 2015, *Diageo Brands*, C-681/13, EU:C:2015:471, points 48 et 50).

37. En l'occurrence, les jugement et ordonnances de la High Court, qui, conformément au point 27 du présent arrêt, pourraient être qualifiés de « "quasi" injonctions anti-procédures », en ce qu'ils exercent indirectement une influence sur la poursuite d'une procédure engagée devant les juridictions d'un autre État membre, ne respectent pas le principe général qui se dégage de la jurisprudence de la Cour selon lequel chaque juridiction saisie détermine elle-même, en vertu des règles qui lui sont applicables, si elle est compétente pour trancher le litige qui lui est soumis (voir, par analogie, arrêts du 10 février 2009, *Allianz et Generali Assicurazioni Generali*, C-185/07, EU:C:2009:69, point 29, ainsi que du 13 mai 2015, *Gazprom*, C-536/13, EU:C:2015:316, point 33).

38. De telles « "quasi" injonctions anti-procédures » vont à l'encontre de la confiance que les États membres accordent mutuellement à leurs systèmes juridiques ainsi qu'à leurs institutions judiciaires et sur laquelle repose le système de compétences du règlement n° 44/2001 (voir, par analogie, arrêt du 10 février 2009, *Allianz et Generali Assicurazioni Generali*, C-185/07, EU:C:2009:69, point 30).

39. Dans ces conditions, ainsi que M. l'avocat général l'a constaté au point 53 de ses conclusions, sous réserve des vérifications opérées par la juridiction de renvoi, la reconnaissance et l'exécution des jugement et ordonnances de la High Court sont susceptibles d'être incompatibles avec l'ordre public de l'ordre juridique de l'État membre requis, dans la mesure où ceux-ci sont de nature à porter atteinte au principe fondamental, dans un espace judiciaire européen reposant sur la confiance mutuelle, selon lequel chaque juridiction se prononce sur sa propre compétence.

40. En outre, ce type de « "quasi" injonctions anti-procédures » est également de nature à porter atteinte à l'accès au juge de la personne à qui elles sont opposées. En effet, comme la Commission l'a fait observer, en accordant, sous la forme d'une indemnité pécuniaire provisoire, les dépens que le défendeur supporte en raison de l'engagement d'une procédure pendante devant une juridiction de l'État membre requis, cette indemnité rend plus difficile, voire empêche, la poursuite de cette procédure par le demandeur.

41. Eu égard à l'ensemble de ce qui précède, il convient de répondre à la première question que l'article 34, point 1, du règlement n° 44/2001, lu en combinaison avec l'article 45, paragraphe 1, de celui-ci, doit être interprété en ce sens qu'une juridiction d'un État membre peut refuser de reconnaître et d'exécuter une décision d'une juridiction d'un autre État membre pour cause de contrariété avec l'ordre public, dès lors que cette décision entrave la poursuite d'une procédure pendante devant une autre juridiction de ce premier État membre, en ce qu'elle accorde à l'une des parties une indemnité pécuniaire provisoire au titre des dépens que celle-ci supporte en raison de l'engagement de cette procédure, au motif, d'une part, que l'objet de ladite procédure est couvert par un accord transactionnel, conclu licitement et validé par la juridiction de l'État membre qui a prononcé ladite décision, et, d'autre part, que la juridiction du premier État membre, devant laquelle a été intentée la procédure litigieuse, n'est pas compétente en raison d'une clause attributive de juridiction exclusive.

Observations

À la suite de l'accident du navire *The Alexandros T.* au large du port du Cap, en Afrique du Sud, les sociétés respectivement propriétaire et exploitant du navire poursuivirent leurs assureurs devant les juridictions britanniques et arbitrales pour obtenir paiement de l'indemnité d'assurance. La procédure fut complexe et entraîna un grand nombre d'actions, tant judiciaires que médiatiques, voire, selon les sociétés demanderesses, illégales. Malgré des accords transactionnels conclus pour mettre un terme aux actions en justice, les deux sociétés continuèrent leur stratégie judiciaire en assignant en Grèce les conseils des assureurs, alléguant que ces mêmes conseils avaient diffusé des informations fausses et préjudicielles auprès des autorités grecques pour les contraindre à conclure les transactions. Devant les juridictions grecques, les défendeurs plaidèrent la violation des accords, mais ils portèrent par ailleurs ce litige devant les juridictions anglaises sur cette même violation qui aurait, par ailleurs, porté violation de la clause attribuant compétence aux juridictions anglaises pour la contestation de ces accords. Ils obtinrent des juridictions anglaises une décision de condamnation à des indemnités et demandèrent l'exécution de cette décision en Grèce. Saisie sur question préjudicielle posée par la Cour de cassation grecque, la Cour de justice était donc interrogée sur l'effet de cette décision anglaise que le juge qualifiait lui-même de « “quasi” injonction antiprocédure », notamment au regard de l'exception d'ordre public international visé à l'article 45.

Il faut commencer par observer que la configuration du problème était particulière. D'une part, les décisions anglaises avaient été prononcées en septembre 2014. L'action avait donc été intentée avant le 10 janvier 2015, de sorte qu'il permettait tout à la fois d'appliquer le règlement Bruxelles I et de traiter le Royaume-Uni comme un État membre (1). Or, sous Bruxelles I*bis*, les défendeurs à l'action grecque auraient par ailleurs pu demander un sursis à statuer le temps que la juridiction britannique, même saisie postérieurement, se prononce sur l'effet de la clause. Sans doute du fait que l'applicabilité du règlement Bruxelles I ne rendait pas encore cela possible, le juge anglais s'est donc limité à prononcer une sanction pécuniaire, sans injonction, pour la seule violation de l'accord, bien qu'il fût mentionné que la sanction pécuniaire dépendait de la poursuite de la procédure devant les juridictions grecques. C'est cependant précisément pour cette raison que l'arrêt développe la jurisprudence de la Cour, en ce qu'il se prononce

(1) Voy. l'arrêt *BNP Paribas*, *supra*.

sur une décision qui n'interdit pas les poursuites à l'étranger et se limite à sanctionner forfaitairement la violation de l'accord d'élection de for.

En effet, la Cour de justice a, de longue date maintenant, interdit les injonctions antipoursuite au sein de l'espace européen, c'est-à-dire ces injonctions qui prohibent au défendeur de saisir ou de maintenir une action devant une juridiction étrangère (2). Le principe de confiance mutuelle interdit en effet, selon la Cour, de « s'ingérer » dans la vérification de sa compétence par un autre juge européen (3). À titre de précision, on rappellera que la Cour n'interdit pas à un juge de se prononcer sur la compétence d'un autre lorsqu'il doit le faire pour se prononcer sur sa propre compétence, ainsi lorsqu'il prononce son incompétence en faveur d'un autre juge européen, ou lorsqu'il déclare une clause attributive de juridiction efficace au titre de la convention de Lugano (4), lorsqu'il estime un juge mieux placé pour se prononcer sur l'intérêt de l'enfant dans une procédure pour enlèvement de celui-ci (5), ou encore lorsque, dans une situation de litispendance, il estime que l'affaire ne relève pas de la compétence de l'autre juge mais seulement de la sienne (6).

De manière intéressante, la Cour ajoute que cela n'implique pas nécessairement un refus de reconnaissance de la décision sur le motif de la violation de l'ordre public. En effet, la seule sanction pourrait être l'ouverture d'une voie de recours dans le pays d'origine de la décision, sans pour autant interdire, à défaut, la circulation transfrontière de celle-ci. La Cour a déjà jugé, en effet, que la violation des règles de litispendance n'était pas, par exemple, un motif de refus de reconnaissance de la décision (7).

Toutefois, en rappelant extensivement sa jurisprudence sur le contrôle européen de la notion d'ordre public, la Cour semble fermer radicalement la porte à toute circulation de ces décisions, considérant, sous réserve de l'appréciation du juge national sur ce qui relève toujours de l'ordre public étatique, qu'elles sont susceptibles de porter atteinte au principe européen fondamental de la confiance mutuelle (8) et qu'en outre, elles sont susceptibles d'affecter l'accès au juge de la personne visée. La Cour s'avère ici plus exigeante que

---

(2) CJCE, 27 avril 2004, *Turner*, aff. C-159/02, EU:C:2004:228.

(3) CJCE, 9 décembre 2003, *Gasser*, aff. C-116/02, EU:C:2003:657.

(4) CJCE, 15 novembre 2012, *Gothaer Allgemeine Versicherung e.a.*, aff. C-456/11, EU:C:2012:719.

(5) Art. 15 du règlement Bruxelles II*bis* et XX*ter*.

(6) Art. 30 du règlement Bruxelles I*bis*.

(7) CJUE, 16 janvier 2019, *Liberato*, aff. C-386/17, EU:C:2019:24.

(8) Faisant ainsi référence à sa jurisprudence CJUE, 16 juillet 2015, *Diageo Brands*, aff. C-681/13, EU:C:2015:471.

la Cour européenne des droits de l'homme, sur un principe, l'accès à la justice, dont elle n'évoque pas le fondement exact. C'est donc plus vraisemblablement la nature même de la décision, les injonctions antipoursuites sous toutes leurs formes, qui heurte la Cour et qu'elle souhaite interdire, même lorsqu'elles n'interdisent pas, mais rendent simplement plus difficile le maintien d'une procédure à l'étranger.

François MAILHÉ

Cour de justice, 4e ch., 16 février 2023, *Lufthansa Technik AERO Alzey*, aff. C-393/21, ECLI:EU:C:2023:104

Mots-clés : Titre exécutoire européen – Recours dans l'État d'origine – Suspension de l'exécution – Circonstances exceptionnelles

Cadre normatif : règlement (CE) n° 805/2004

Notes et observations : note G. Payan, *RTDE*, 2024, p. 259 ; obs. F. Mélin, *D. actu.*, 10 mars 2023 ; obs. N. Reichling, *Lexbase N4567BZ8* ; obs. C. Nourissat, *Procédures*, avril 2023, comm. 110 ; obs. L. Idot, *Europe*, avril 2023, comm. 148 ; obs. F. Perret-Richard, « Recouvrement de créances et procédures d'exécution », *D.*, avril 2023, bull. n° 269, p. 9

Extraits de l'arrêt

1. La demande de décision préjudicielle porte sur l'interprétation de l'article 23 du règlement (CE) n° 805/2004 du Parlement européen et du Conseil, du 21 avril 2004, portant création d'un titre exécutoire européen pour les créances incontestées (*JO* 2004, L 143, p. 15), ainsi que de l'article 36, paragraphe 1, et de l'article 44, paragraphe 2, du règlement (UE) n° 1215/2012 du Parlement européen et du Conseil, du 12 décembre 2012, concernant la compétence judiciaire, la reconnaissance et l'exécution des décisions en matière civile et commerciale (*JO* 2012, L 351, p. 1).

2. Cette demande a été présentée dans le cadre d'un litige opposant la compagnie aérienne Arik Air Limited à Lufthansa Technik AERO Alzey GmbH (ci-après « Lufthansa ») au sujet d'une demande de suspension de la procédure d'exécution engagée contre Arik Air sur le fondement d'un titre exécutoire européen délivré par une juridiction allemande en faveur de Lufthansa.

[…]

Sur la question préjudicielle

Sur les première à troisième questions

29. Par ses première à troisième questions, qu'il convient d'examiner ensemble, la juridiction de renvoi demande, en substance, à la Cour d'interpréter la notion de « circonstances exceptionnelles », au sens de l'article 23, sous c), du règlement n° 805/2004, et, en particulier, si et dans quelle mesure des circonstances liées à la procédure juridictionnelle dirigée, dans l'État membre d'origine, contre la décision certifiée en tant que titre exécutoire européen ou contre le certificat de titre exécutoire européen sont pertinentes aux fins de la détermination de la portée de cette notion.

30. Aux termes de l'article 23, sous c), du règlement n° 805/2004, lorsque le débiteur a formé un recours contre une décision certifiée en tant que titre exécutoire européen, y compris une demande de réexamen au sens de l'article 19 de ce règlement, ou a demandé la rectification ou le retrait du certificat de titre exécutoire européen conformément à l'article 10 dudit règlement, la juridiction ou l'autorité compétente de l'État membre d'exécution peut, à la demande du débiteur, dans des circonstances exceptionnelles, suspendre la procédure d'exécution.

31. Il y a lieu d'observer que cette disposition ne comporte aucun renvoi au droit des États membres en ce qui concerne le sens et la portée qu'il convient d'attribuer à la notion de « circonstances exceptionnelles », de sorte que, eu égard aux exigences tant de l'application uniforme du droit de l'Union que du principe d'égalité, cette notion doit être considérée comme étant une notion autonome du droit de l'Union et doit être interprétée de manière uniforme sur le territoire de cette dernière (voir, en ce sens, arrêt du 27 janvier 2022, *Zinātnes parks*, C-347/20, EU:C:2022:59, point 42 et jurisprudence citée).

32. Le fait que l'article 20, paragraphe 1, du règlement n° 805/2004 renvoie à la loi de l'État membre d'exécution en ce qui concerne les procédures d'exécution ne saurait infirmer cette constatation. En effet, ainsi que le relève également M. l'avocat général au point 15 de ses conclusions, ce renvoi est sans préjudice des dispositions du chapitre IV de ce règlement, et, notamment de l'article 23 de celui-ci, qui établit les conditions d'une limitation ou d'une suspension de la procédure d'exécution dans l'hypothèse où un recours ou une demande aurait été introduit par le débiteur dans l'État membre d'origine.

33. Dès lors, ainsi qu'il ressort de la jurisprudence de la Cour, aux fins de l'interprétation de la notion de « circonstances exceptionnelles », au sens de l'article 23, sous c), du règlement n° 805/2004, il convient de tenir compte non seulement du libellé de cette disposition, mais également du contexte dans lequel elle s'inscrit et des objectifs que poursuit l'acte dont elle fait partie (voir, en ce sens, arrêt du 9 octobre 2019, *BGL BNP Paribas*, C-548/18, EU:C:2019:848, point 25 et jurisprudence citée).

34. S'agissant, premièrement, du libellé de l'article 23, sous c), du règlement n° 805/2004, il ressort des termes mêmes de cette disposition, en particulier de l'emploi du verbe « pouvoir » et de l'adjectif « exceptionnelles », que, tout en laissant aux juridictions ou aux autorités de l'État membre d'exécution une marge d'appréciation dans l'évaluation de la nécessité de suspendre l'exécution d'une décision certifiée en tant que titre exécutoire européen, le législateur de l'Union a entendu encadrer cette faculté par la constatation de l'existence de circonstances qu'il a qualifiées d'« exceptionnelles », de sorte que cette disposition doit faire l'objet d'une interprétation stricte (voir, par analogie, arrêt du 22 octobre 2015, *Thomas Cook Belgium*, C-245/14, EU:C:2015:715, point 31 et jurisprudence citée).

35. Cela étant, il y a lieu de déduire de l'emploi, par le législateur de l'Union, de la notion de « circonstances exceptionnelles » que celui-ci n'a pas entendu limiter la portée de l'article 23, sous c), du règlement n° 805/2004 aux seules situations de force majeure, qui ressortent, en règle générale, d'évènements imprévisibles et irrésistibles provenant d'une cause étrangère au débiteur.

36. Compte tenu de ces éléments textuels, il y a lieu de considérer que la faculté de suspendre la procédure d'exécution d'une décision certifiée en tant que titre exécutoire européen doit être réservée aux cas où la poursuite de l'exécution exposerait le débiteur à un risque réel de préjudice particulièrement grave dont la réparation serait impossible ou extrêmement difficile en cas d'aboutissement du recours ou de la demande qu'il a introduit dans l'État membre d'origine.

37. En outre, il résulte de la lecture de l'article 23, sous c), du règlement n° 805/2004 que l'existence d'une procédure juridictionnelle, engagée par le débiteur dans l'État membre d'origine, soit aux fins de contester une décision certifiée en tant que titre exécutoire européen, soit aux fins de demander la rectification ou le retrait d'un certificat de titre exécutoire européen, constitue une condition préalable à l'examen par la juridiction ou l'autorité compétente de l'État membre d'exécution de l'existence des circonstances exceptionnelles afin d'éventuellement suspendre l'exécution de ce titre.

38. Deuxièmement, s'agissant du contexte dans lequel s'insère l'article 23, sous c), du règlement n° 805/2004, il convient d'observer que, dans l'économie de ce règlement, la suppression de l'exequatur, prévue à son article 5, repose sur une nette répartition des compétences entre les juridictions et autorités de l'État membre d'origine et celles de l'État membre d'exécution, assortie d'exigences à observer tant dans le cadre de la procédure conduisant à l'adoption d'une décision relative à une créance incontestée que lors de l'exécution de cette décision. Cette répartition des compétences découle du fait que la créance et le titre exécutoire européen qui la constate sont établis sur la base du droit de l'État membre d'origine tandis que la procédure d'exécution est régie, conformément à l'article 20 dudit règlement, par la loi de l'État membre d'exécution.

39. Ainsi, dans l'État membre d'origine, la certification d'une décision relative à une créance incontestée en tant que titre exécutoire européen est soumise au respect des normes minimales prévues au chapitre III du règlement n° 805/2004. À cet égard, en application de l'article 18 de ce règlement, il peut être remédié au non-respect de ces normes uniquement devant les juridictions ou les autorités de cet État.

40. Quant à elles, les juridictions ou les autorités compétentes de l'État membre d'exécution, dans le cadre de la compétence dont l'article 20 du règlement n° 805/2004 les investit, sont habilitées à examiner l'existence d'éléments justifiant le refus d'exécution, en application de l'article 21, paragraphe 1, de ce règlement, ou la limitation ou la suspension de l'exécution, conformément à l'article 23 dudit règlement.

41. Pour autant, aucune contestation portant sur la décision rendue dans l'État membre d'origine ou sa certification en tant que titre exécutoire européen ne peut être soumise à l'appréciation de ces juridictions ou autorités. En effet, ainsi qu'il ressort de l'article 21, paragraphe 2, du règlement n° 805/2004, lu à la lumière du considérant 18 de celui-ci, la confiance mutuelle entre États membres dans l'administration de la justice dans chacun d'eux doit conduire à ce que toute juridiction d'un État membre puisse considérer que toutes les conditions de la certification en tant que titre exécutoire européen sont remplies de sorte que la décision relative à une créance incontestée ou sa certification ne puisse en aucun cas faire l'objet d'un réexamen au fond dans l'État membre d'exécution.

42. Il ressort ainsi de l'économie du règlement n° 805/2004 que les juridictions ou les autorités compétentes de l'État membre d'exécution ne sont pas compétentes pour examiner, ni directement ni indirectement dans le cadre d'une demande de suspension de la procédure d'exécution, une telle décision rendue dans l'État membre d'origine ou sa certification en tant que titre exécutoire européen.

43. Eu égard à cette répartition des compétences entre les juridictions et autorités de l'État membre d'origine et celles de l'État membre d'exécution, opérée par le règlement n° 805/2004, les juridictions ou autorités de l'État membre d'exécution disposent d'une marge d'appréciation limitée en ce qui concerne l'appréciation des circonstances au vu desquelles il est possible de faire droit à une demande de suspension de l'exécution. Ainsi, lors de l'examen d'une telle demande et afin d'établir le caractère exceptionnel des circonstances invoquées à l'appui de celle-ci par le débiteur, ces juridictions ou autorités doivent se limiter, après avoir constaté l'existence d'un recours ou d'une demande dans l'État membre d'origine, au sens de l'article 23 du règlement n° 805/2004, à mettre en balance les intérêts en présence, à savoir l'intérêt du créancier, consistant à procéder à une exécution immédiate de la décision relative à sa créance, et celui du débiteur, consistant à éviter des dommages particulièrement graves et irréparables ou difficilement réparables, afin d'identifier le juste équilibre recherché par cet article. Lors de cet examen, il est exclu, ainsi que le relève M. l'avocat général au point 30 de ses conclusions, que lesdites juridictions ou autorités se livrent à une quelconque appréciation, même prima facie, du bien-fondé du recours ou de la demande introduit par le débiteur dans l'État membre d'origine.

44. Troisièmement, la nécessité d'une interprétation stricte de la notion de « circonstances exceptionnelles » est confortée par l'interprétation téléologique de l'article 23, sous c), du règlement n° 805/2004.

45. En effet, ainsi qu'il résulte de son article 1er, lu en combinaison avec le considérant 8 de ce règlement, celui-ci vise à assurer la libre circulation notamment des décisions relatives aux créances incontestées, d'accélérer et de simplifier leur exécution dans un État membre autre que celui dans lequel la décision a été rendue. Eu égard à cet objectif, l'interprétation stricte des conditions faisant obstacle à l'exécution immédiate de ces décisions, prévues aux articles 21 et 23 dudit règlement, s'impose également.

46. Eu égard à ce qui précède, il y a lieu de répondre aux première à troisième questions que l'article 23, sous c), du règlement n° 805/2004 doit être interprété en ce sens que la notion de « circonstances exceptionnelles », qui y figure, vise une situation dans laquelle la poursuite de la procédure d'exécution d'une décision certifiée en tant que titre exécutoire européen, lorsque le débiteur a introduit, dans l'État membre d'origine, un recours contre cette décision ou une demande de rectification ou de retrait du certificat de titre exécutoire européen, exposerait ce débiteur à un risque réel de préjudice particulièrement grave dont la réparation serait, en cas d'annulation de ladite décision ou de rectification ou retrait du certificat de titre exécutoire, impossible ou extrêmement difficile. Cette notion ne renvoie pas à des circonstances liées à la procédure juridictionnelle dirigée dans l'État membre d'origine contre la décision certifiée en tant que titre exécutoire européen ou contre le certificat de titre exécutoire européen.

Sur la quatrième question

47. Par sa quatrième question, la juridiction de renvoi demande, en substance, si l'article 23 du règlement n° 805/2004 doit être interprété en ce sens qu'il permet l'application simultanée des mesures de limitation, de constitution d'une sûreté ou de suspension de l'exécution qu'il prévoit à ses points a), b) et c).

48. À cet égard, il convient d'observer que, sous l'intitulé « Suspension ou limitation de l'exécution », l'article 23 du règlement n° 805/2004 énumère les mesures pouvant être ordonnées par la juridiction ou l'autorité compétente de l'État membre d'exécution, à la demande du débiteur, à savoir la limitation de la procédure d'exécution à des mesures conservatoires, la subordination de l'exécution à la constitution d'une sûreté ou la suspension de l'exécution dans des circonstances exceptionnelles.

49. Il résulte du libellé de cet article que les mesures qu'il prévoit sont reliées par la conjonction « ou » laquelle peut, dans certaines versions linguistiques, revêtir un sens soit alternatif, soit cumulatif (voir, en ce sens, arrêt du 30 janvier 2020, *Autoservizi Giordano*, C-513/18, EU:C:2020:59, point 24 et jurisprudence citée). L'utilisation de cette conjonction n'est dès lors pas révélatrice de l'intention du législateur de l'Union quant à la possibilité d'une application simultanée des mesures visées à l'article 23 du règlement n° 805/2004.

50. En revanche, l'économie de cet article et la portée des mesures qu'il prévoit permettent de considérer que l'application simultanée de la mesure de suspension de la procédure d'exécution prévue à l'article 23, sous c), du règlement n° 805/2004, d'une part, et de la mesure de limitation de cette procédure prévue à cet article 23, sous a), ou de la mesure, prévue audit article 23, sous b), consistant à obliger le créancier de constituer une sûreté, d'autre part, n'est pas possible.

51. En effet, la suspension de la procédure d'exécution, ordonnée à la demande du débiteur conformément à l'article 23, sous c), du règlement n° 805/2004, fait obstacle, eu égard à ses effets immédiats sur la poursuite de cette procédure, à la possibilité de limiter celle-ci à des mesures conservatoires au sens de l'article 23, sous a), de ce règlement. L'obligation faite au créancier de constituer une sûreté, en application de l'article 23, sous b), dudit règlement, est, quant à elle, prévue afin de pouvoir procéder immédiatement à l'exécution de la créance en cause, ce qui exclut logiquement l'application simultanée de la mesure de suspension de l'exécution.

52. Toutefois, ainsi que l'a, en substance, relevé M. l'avocat général au point 52 de ses conclusions, il n'est pas exclu que la juridiction ou l'autorité compétente de l'État membre d'exécution puisse imposer au créancier la fourniture d'une garantie comme condition de la mise en œuvre des mesures d'exécution à caractère exclusivement conservatoire.

53. Eu égard aux considérations qui précèdent, il y a lieu de répondre à la quatrième question que l'article 23 du règlement n° 805/2004 doit être interprété en ce sens qu'il permet l'application simultanée des mesures de limitation et de constitution d'une sûreté qu'il prévoit à ses points a) et b), mais non pas l'application simultanée d'une de ces deux mesures avec celle de suspension de la procédure d'exécution visée à son point c).

Sur la cinquième question

54. La cinquième question, qui vise l'interprétation de l'article 36, paragraphe 1, et de l'article 44, paragraphe 2, du règlement n° 1215/2012, porte sur les effets d'une décision rendue dans l'État membre d'origine, ordonnant la suspension de la force exécutoire d'une décision relative à une créance incontestée certifiée en tant que titre exécutoire européen, sur la procédure d'exécution de cette dernière décision, qui a été engagée dans l'État membre d'exécution.

55. À titre liminaire, il y a lieu de relever que, s'il ne résulte pas de la demande de décision préjudicielle que, à la date de la saisine de la Cour, la juridiction allemande compétente s'était prononcée, à titre définitif, sur la suspension de l'exécution du titre exécutoire européen du 24 octobre 2019, une procédure engagée en ce sens était, à cette date, pendante devant cette juridiction, de sorte qu'il ne saurait être exclu qu'une décision de suspension de l'exécution de ce titre soit rendue. Partant, il n'apparaît pas manifeste qu'une réponse à la cinquième question ne serait pas utile à la juridiction de renvoi pour statuer sur le litige dont elle est saisie. Il en résulte que cette question est recevable.

56. Il importe également de relever que, même si, sur le plan formel, la juridiction de renvoi demande l'interprétation de l'article 36, paragraphe 1, et de l'article 44, paragraphe 2, du règlement n° 1215/2012, le règlement n° 805/2004, sur la base duquel la procédure d'exécution a été engagée dans l'affaire au principal, régit lui-même, à son article 6, paragraphe 2, le cas de figure de la suspension du caractère exécutoire d'une décision certifiée en tant que titre exécutoire européen.

57. La Cour étant compétente pour extraire de l'ensemble des éléments fournis par la juridiction de renvoi, et notamment de la motivation de la décision de renvoi, les éléments du droit de l'Union qui appellent une interprétation compte tenu de l'objet du litige (voir, en ce sens, arrêt du 22 avril 2021, *Profi Credit Slovakia*, C-485/19, EU:C:2021:313, point 50 et jurisprudence citée), il y a lieu de comprendre la cinquième question comme visant l'interprétation de l'article 6, paragraphe 2, du règlement n° 805/2004.

58. Par conséquent, par sa cinquième question, la juridiction de renvoi demande, en substance, si l'article 6, paragraphe 2, du règlement n° 805/2004 doit être interprété en ce sens que, lorsque le caractère exécutoire d'une décision certifiée en tant que titre exécutoire européen a été suspendu dans l'État membre d'origine, la juridiction de l'État membre d'exécution est tenue, sur la base de cette décision, de suspendre la procédure d'exécution engagée dans ce dernier État.

59. À cet égard, il convient de relever qu'il résulte de l'article 6, paragraphe 1, du règlement n° 805/2004 que la certification d'une décision relative à une créance incontestée en tant que titre exécutoire européen est soumise à plusieurs conditions, dont celle, fixée à l'article 6, paragraphe 1, sous a), de ce règlement, tenant au caractère exécutoire de cette décision dans l'État membre d'origine.

60. Conformément à l'article 11 de ce règlement, le certificat de titre exécutoire européen ne produit ses effets que dans les limites de la force exécutoire de ladite décision.

61. Il ressort de ces dispositions qu'un titre exécutoire européen ne peut pas produire d'effets juridiques si la force exécutoire de la décision ainsi certifiée a été suspendue dans l'État membre d'origine.

62. C'est dans ce contexte que l'article 6, paragraphe 2, du règlement n° 805/2004 prévoit que, lorsqu'une décision certifiée en tant que titre exécutoire européen a cessé d'être exécutoire ou que son caractère exécutoire a été suspendu ou limité, un certificat indiquant la suspension ou la limitation de la force exécutoire est délivré sur demande adressée à tout moment à la juridiction d'origine, au moyen du formulaire figurant à l'annexe IV de ce règlement.

63. Par conséquent, lorsque le caractère exécutoire de la décision certifiée en tant que titre exécutoire européen a été suspendu dans l'État membre d'origine, la juridiction ou l'autorité compétente de l'État membre d'exécution est tenue de suspendre la procédure d'exécution engagée dans cet État en cas de présentation du certificat prévu à l'article 6, paragraphe 2, du règlement n° 805/2004.

64. Eu égard aux considérations qui précèdent, il y a lieu de répondre à la cinquième question que l'article 6, paragraphe 2, du règlement n° 805/2004, lu en combinaison avec l'article 11 de celui-ci, doit être interprété en ce sens que, lorsque le caractère exécutoire d'une décision certifiée en tant que titre exécutoire européen a été suspendu dans l'État membre d'origine et que le certificat prévu à cet article 6, paragraphe 2, a été présenté à la juridiction de l'État membre d'exécution, cette juridiction est tenue de suspendre, sur la base de cette décision, la procédure d'exécution engagée dans ce dernier État.

OBSERVATIONS

Une société allemande cherche à obtenir le paiement d'une créance importante due par un débiteur disposant de fonds en Lituanie. Il obtient un titre exécutoire européen en Allemagne et le fait valoir en Lituanie. Le débiteur s'est défendu sur deux plans. Il a d'abord saisi la juridiction allemande pour obtenir le retrait du certificat de titre exécutoire européen et la cessation du recouvrement forcé de la créance sur le fondement d'une notification irrégulière des actes de procédure. Parallèlement, devant l'huissier puis les juridictions lituaniennes, il a cherché à obtenir la suspension de la procédure d'exécution en attendant la décision allemande. La juridiction d'appel ayant accueilli cette demande en considérant notamment que le risque de préjudice pour le débiteur était disproportionné, la Cour suprême lituanienne interrogea la Cour de justice sur la procédure et les conditions du contrôle à appliquer pour la mise en œuvre de l'article 23 du règlement n° 805/2004 sur la suspension ou la limitation de l'exécution du titre exécutoire européen.

La Cour a cherché dans sa réponse à préserver la logique du règlement tout en donnant un effet utile à une disposition qui pourrait, en partie, la remettre en cause. Le règlement TEE, en effet, est le seul instrument ayant poussé à son paroxysme la logique européenne de confiance mutuelle. Le juge de l'État d'exécution n'y dispose d'aucune possibilité de contrôler le titre exécutoire. Tout recours à son encontre doit se faire dans l'État d'origine. Cela n'interdit pas le refus d'exécution, mais il est limité à une hypothèse rare et non liée à la valeur du titre (l'inconciliabilité d'une décision antérieurement reconnue, art. 21). Pour tenir compte du recours dans l'État d'origine, toutefois, l'article 23 laisse la juridiction de l'État d'exécution d'accorder au débiteur une limitation de l'exécution à des mesures conservatoires, de la subordonner à la constitution de sûreté, voire de la suspendre dans le cas de circonstances exceptionnelles.

Au rapport de Mme Spineanu-Matei et aux conclusions de M. Pikamäe, la Cour choisit d'énoncer que cette faculté de suspension « doit être réservée aux cas où la poursuite de l'exécution exposerait le débiteur à un risque réel de préjudice particulièrement grave dont la réparation serait impossible ou extrêmement difficile en cas d'aboutissement du recours ou de la demande qu'il a introduit dans l'État membre d'origine ».

On en retirera trois éléments. D'abord, et sans surprise, l'expression est d'interprétation stricte. Bien que la Cour choisisse de ne pas la limiter aux cas de force majeure ou cause étrangère (mais, en effet, ces notions qui évoquent l'impossibilité d'exécution par le débiteur se prêtent mal à justifier la suspension de l'exécution forcée), elle n'a pas vocation à couvrir des hypothèses fréquentes. Ensuite, première condition, le juge saisi doit analyser un « risque réel de préjudice particulièrement grave » pour le débiteur. Sans doute faut-il tirer du terme « réel » une injonction faite au juge saisi de pratiquer un contrôle très ferme de la certitude du risque de préjudice. En outre, il faut que le préjudice soit « particulièrement grave ». On peut supposer que cet élément évoque une évaluation du préjudice quant à son importance. Il pourrait évidemment s'agir d'un montant important mais, comme la Cour l'évoque plus loin dans l'arrêt, l'évaluation doit être subjective au débiteur, de sorte que l'importance sera fonction de ce dernier. Enfin, il ne suffit pas que le préjudice soit important, il faut qu'il soit irréparable ou pratiquement irréparable. Si la chose doit, là encore, être évaluée pour le débiteur, il faut sans doute comprendre que la seule importance de la dette monétaire ne sera pas suffisante : la somme versée au créancier devrait le plus souvent, sauf procédure collective de ce dernier, pouvoir être remboursée. L'argent est fongible. Ce sont donc des conséquences immédiates, les délais, les pertes de chance ou la possible cessation de paiement dus à l'absence de liquidité qui entraîneront donc ces « circonstances exceptionnelles ».

Le critère, à la fois clair dans son détail et pertinent dans sa délimitation, est toutefois fragilisé par une incise dans un paragraphe suivant. Évoquant l'évaluation de l'intérêt du débiteur, la Cour impose aussi une pesée réciproque de l'intérêt du créancier. La Cour de justice ne reprend pas ce dernier point dans son dispositif, mais il n'est pas pour autant à négliger puisqu'il semble éclairer le raisonnement suivi pour le problème de l'évaluation du risque pour le débiteur. La chose est surprenante puisque l'on voit mal comment l'intérêt du créancier pourrait permettre d'éclairer le risque de dommage pour le débiteur. Pourtant, la Cour évoque bien leur nécessaire « mise en balance », de sorte que l'on peut se demander s'il s'agit d'une simple explicitation d'un mouvement naturel du juge, qui doit tenir compte de toutes les conséquences de sa décision mais qui n'aurait d'autre vertu qu'éthique et psychologique, ou s'il s'agit d'une véritable condition supplémentaire que le juge devrait ajouter à celle précédemment décrite.

On pourra regretter cette précision qui n'était sans doute pas nécessaire, et considérer que l'essentiel se trouve dans le critère, utile et logique, qu'elle développe par ailleurs. Quoi qu'il en soit, l'analyse, qui exige une évaluation et une anticipation, restera difficile pour le juge, qui aura surtout pour guide l'intention initiale du législateur d'en faire une « circonstance exceptionnelle ».

François MAILHÉ

XXII. DONNÉES PERSONNELLES

Cour de justice, gde ch., 4 juillet 2023, *Meta Platforms Inc.*, aff. C-252/21, ECLI:EU:C:2023:537

Mots-clés : Réseaux sociaux en ligne – Abus de position dominante par l'opérateur d'un tel réseau – Abus consistant dans le traitement de données à caractère personnel des utilisateurs de ce réseau prévu par les conditions générales d'utilisation de celui-ci – Compétences d'une autorité de la concurrence d'un État membre pour constater la non-conformité de ce traitement à ce règlement – Articulation avec les compétences des autorités nationales chargées du contrôle de la protection des données personnelles – Principe de coopération loyale – Licéité du traitement – Notion de « consentement »

Cadre normatif : règlement (UE) 2016/679 du Parlement européen et du Conseil du 27 avril 2016 relatif à la protection des personnes physiques à l'égard du traitement des données à caractère personnel et à la libre circulation de ces données, et abrogeant la directive 95/46/CE (règlement général sur la protection des données) (art. 4, 5, 6, 7, 13, 51 à 67) ; règlement (CE) n° 1/2003 du Conseil du 16 décembre 2002 relatif à la mise en œuvre des règles de concurrence prévues aux articles [101 et 102 TFUE] (art. 5)

Extraits de l'arrêt

2. Cette demande a été présentée dans le cadre d'un litige opposant Meta Platforms Inc., anciennement Facebook Inc., Meta Platforms Ireland Ltd, anciennement Facebook Ireland Ltd, et Facebook Deutschland GmbH au Bundeskartellamt (autorité fédérale de la concurrence, Allemagne) au sujet de la décision de ce dernier d'interdire à ces sociétés de procéder au traitement de certaines données à caractère personnel prévu par les conditions générales d'utilisation du réseau social Facebook (ci-après les « conditions générales »).

[...]

Le litige au principal et les questions préjudicielles

26. Meta Platforms Ireland gère l'offre du réseau social en ligne Facebook dans l'Union et promeut, notamment à l'adresse www.facebook.com, des services qui sont gratuits pour les utilisateurs privés. D'autres entreprises du groupe Meta proposent, dans l'Union, d'autres services en ligne dont Instagram, WhatsApp, Oculus et – jusqu'au 13 mars 2020 – Masquerade.

27. Le modèle économique du réseau social en ligne Facebook se fonde sur le financement par la publicité en ligne, qui est faite sur mesure pour les utilisateurs individuels du réseau social en fonction notamment de leurs attitudes de consommation, de leurs intérêts, de leur pouvoir d'achat et de leur situation personnelle. Une telle publicité est techniquement rendue possible par l'établissement automatisé de profils détaillés des utilisateurs du réseau et des services en ligne proposés au niveau du groupe Meta. À cette fin, outre les données que ces utilisateurs fournissent directement lors de leur inscription aux services en ligne concernés, d'autres données relatives auxdits utilisateurs et à leurs appareils sont également collectées, à l'intérieur et à l'extérieur de ce réseau social et des services en ligne fournis par le groupe Meta, et reliées à leurs différents comptes d'utilisateur. L'aperçu global de ces données permet de tirer des conclusions détaillées sur les préférences et les intérêts de ces mêmes utilisateurs.

28. Pour le traitement desdites données, Meta Platforms Ireland se fonde sur le contrat d'utilisation auquel adhèrent les utilisateurs du réseau social Facebook par l'activation du bouton « s'inscrire » et par lequel ceux-ci acceptent les conditions générales établies par cette société. L'acceptation de ces conditions est nécessaire pour pouvoir utiliser le réseau social Facebook. S'agissant du traitement des données à caractère personnel, les conditions générales renvoient aux politiques d'utilisation des données et des *cookies* fixées par ladite société. En vertu de ces dernières, Meta Platforms Ireland collecte des données relatives aux utilisateurs et aux appareils, portant sur les activités des utilisateurs à l'intérieur et à l'extérieur du réseau social, et met ces données en relation avec les comptes Facebook des utilisateurs concernés. Quant à ces dernières données, relatives aux activités en dehors du réseau social (ci-après également les « données *off* Facebook »), il s'agit, d'une part, des données concernant la consultation de pages Internet et d'applications tierces, qui sont reliées à Facebook à travers des interfaces de programmation – les « Outils Facebook Business » – et, d'autre part, des données relatives à l'utilisation des autres services en ligne appartenant au groupe Meta, dont Instagram, WhatsApp, Oculus et – jusqu'au 13 mars 2020 – Masquerade.

29. L'autorité fédérale de la concurrence a engagé une procédure contre Meta Platforms, Meta Platforms Ireland et Facebook Deutschland, à l'issue de laquelle, par décision du 6 février 2019, fondée sur l'article 19, paragraphe 1, et l'article 32 du GWB, il leur a fait, en substance, interdiction de subordonner, dans les conditions générales, l'utilisation du réseau social Facebook par des utilisateurs privés résidant en Allemagne au traitement de leurs données *off* Facebook et de procéder, sans leur consentement, au traitement de ces données sur la base des conditions générales alors en vigueur. En outre, il leur a imposé d'adapter ces conditions générales de sorte qu'il en ressorte clairement que lesdites données ne seront ni collectées, ni mises en relation avec les comptes d'utilisateurs Facebook, ni utilisées sans le consentement de l'utilisateur concerné, et a clarifié le fait qu'un tel consentement n'est pas valide lorsque celui-ci constitue une condition pour l'utilisation du réseau social.

30. L'autorité fédérale de la concurrence a motivé sa décision par le fait que le traitement des données des utilisateurs concernés, tel que prévu par les conditions générales et mis en œuvre par Meta Platforms Ireland, constituait une exploitation abusive de la position dominante de cette société sur le marché des réseaux sociaux en ligne pour les utilisateurs privés en Allemagne, au sens de l'article 19, paragraphe 1, du GWB. En particulier, selon l'autorité fédérale de la concurrence, ces conditions générales, en tant qu'émanation de cette position dominante, seraient abusives dès lors que le traitement des données *off* Facebook qu'elles prévoient ne serait pas conforme aux valeurs sous-tendant le RGPD et, notamment, ne pourrait être justifié au regard de l'article 6, paragraphe 1, et de l'article 9, paragraphe 2, de ce règlement.

31. Le 11 février 2019, Meta Platforms, Meta Platforms Ireland et Facebook Deutschland ont introduit un recours contre la décision de l'autorité fédérale de la concurrence devant l'Oberlandesgericht Düsseldorf (tribunal régional supérieur de Düsseldorf, Allemagne).

[...]

34. L'Oberlandesgericht Düsseldorf (tribunal régional supérieur de Düsseldorf) nourrit des doutes, en premier lieu, quant à la possibilité pour des autorités nationales de la concurrence de contrôler, dans le cadre de l'exercice de leurs compétences, la conformité d'un traitement de données à caractère personnel aux exigences formulées dans le RGPD ; en deuxième lieu, quant à la possibilité pour un opérateur d'un réseau social en ligne de traiter les données à caractère personnel sensibles de la personne concernée, au sens de l'article 9, paragraphes 1 et 2, de ce règlement ; en troisième lieu, quant à la licéité du traitement des données à caractère personnel de l'utilisateur concerné de la part d'un tel opérateur, conformément à l'article 6, paragraphe 1, dudit règlement et, en quatrième lieu, quant à la validité, au regard de l'article 6, paragraphe 1, premier alinéa, sous a), et de l'article 9, paragraphe 2, sous a), du même règlement, du consentement donné à une entreprise ayant une position dominante sur le marché national des réseaux sociaux en ligne, aux fins d'un tel traitement.

35. Dans ce contexte, estimant que la solution du litige au principal dépend de la réponse à donner à ces questions, l'Oberlandesgericht Düsseldorf (tribunal régional supérieur de Düsseldorf) a décidé de surseoir à statuer et de poser à la Cour les questions préjudicielles suivantes :

« 1) a) Est-il compatible avec les articles 51 et suivants du RGPD qu'une autorité de la concurrence nationale d'un État membre, telle que l'autorité fédérale de la concurrence, qui n'est pas une autorité de contrôle au sens des articles 51 et suivants du RGPD, dans une situation où une entreprise établie en dehors de l'Union européenne possède, dans ledit État membre, une succursale qui assiste, dans le domaine de la publicité, de la communication et des relations publiques, l'établissement principal de cette entreprise qui se trouve dans un autre État membre et qui est le responsable à titre exclusif pour le traitement des données à caractère personnel pour l'ensemble du territoire de l'Union européenne, constate, dans le cadre du contrôle des pratiques abusives au regard du droit de la concurrence, une violation du RGPD par des conditions contractuelles de l'établissement principal concernant le traitement des données, ainsi que par la mise en œuvre de ces conditions, et ordonne la cessation de cette infraction ?

[...]

2) a) Lorsqu'un utilisateur d'Internet soit consulte simplement des sites Internet ou des applications en rapport avec les critères de l'article 9, paragraphe 1, du RGPD, tels que des applications de flirt, des applications de rencontres pour homosexuels, des sites Internet de partis politiques, des sites Internet ayant trait à la santé, soit y insère des données, par exemple en s'inscrivant ou en effectuant des commandes, et qu'une [...] entreprise, telle que [Meta Platforms Ireland], collecte, à travers des interfaces intégrées telles que les "Outils Facebook Business", ou bien à travers des *cookies* enregistrés dans l'ordinateur ou le terminal mobile de l'utilisateur d'Internet, ou à travers des technologies d'enregistrement similaires, les données concernant la consultation de ces sites Internet et applications par l'utilisateur et les données insérées par ce dernier, les met en relation avec les données du compte Facebook.com de l'utilisateur et les utilise, cette collecte et/ou cette mise en relation et/ou cette utilisation constituent-elles un traitement de données sensibles au sens de cette disposition ?

b) Dans l'affirmative, en consultant ces pages Internet et applications et/ou en insérant des données et/ou en activant des boutons de sélection d'un opérateur comme [Meta Platforms Ireland], intégrés dans ces sites Internet ou applications ("*plugins* sociaux" tels que "j'aime", "partager" ou "*login* Facebook" ou "*account kit*"), l'utilisateur rend-il manifestement publiques les données concernant la consultation en tant que telle et/ou les données qu'il a insérées, au sens de l'article 9, paragraphe 2, sous e), du RGPD ?

3) Une entreprise comme [Meta Platforms Ireland], qui exploite un réseau social financé par la publicité et qui propose, dans ses conditions de service, la personnalisation des contenus et de la publicité, la sécurité du réseau, l'amélioration du produit ainsi que l'utilisation homogène et fluide de tous les produits propres au groupe, peut-elle se prévaloir de la justification tirée du caractère nécessaire à l'exécution du contrat, conformément à l'article 6, paragraphe 1, sous b), du RGPD, ou de la prise en compte d'intérêts légitimes, conformément à l'article 6, paragraphe 1, sous f), du RGPD, lorsqu'elle collecte, met en relation avec le compte Facebook.com de l'utilisateur et utilise, à ces fins, des données issues d'autres services propres au groupe et de sites Internet et d'applications tiers, à travers des interfaces intégrées à ces derniers, telles que les "Outils Facebook Business", ou bien à travers des *cookies* enregistrés dans l'ordinateur ou le terminal mobile de l'utilisateur d'Internet, ou à travers des technologies d'enregistrement similaires ?

4) En pareil cas [,]

- le fait que l'utilisateur soit mineur, aux fins de la personnalisation des contenus et de la publicité, de l'amélioration du produit, de la sécurité du réseau et de la communication non commerciale à destination de l'utilisateur,
- la mise à la disposition des annonceurs, des développeurs et d'autres partenaires de mesures, d'analyses et d'autres services professionnels, afin qu'ils puissent évaluer leurs prestations et les améliorer,
- la mise à disposition d'une communication commerciale à destination de l'utilisateur, afin que l'entreprise puisse améliorer ses produits et effectuer une promotion commerciale directe,
- la recherche et l'innovation pour des finalités sociales, en vue de promouvoir l'état de la technique et la compréhension scientifique à l'égard de thématiques sociales importantes et en vue d'influencer positivement la société et le monde,
- l'information des autorités compétentes pour l'exercice de poursuites pénales et pour l'exécution de peines, et la réponse à des demandes légales visant à éviter, à découvrir et à poursuivre des infractions, des violations des conditions de service et des politiques ainsi que d'autres comportements nuisibles,

peuvent-ils également constituer un intérêt légitime au sens de l'article 6, paragraphe 1, [sous f)], du RGPD, lorsque l'entreprise, à cet effet, collecte, met en relation avec le compte Facebook.com de l'utilisateur et utilise des données issues d'autres services propres au groupe et de sites Internet et d'applications tiers, à travers des interfaces intégrées à ces derniers, telles que les "Outils Facebook Business", ou bien à travers des *cookies* enregistrés dans l'ordinateur ou le terminal mobile de l'utilisateur d'Internet, ou à travers des technologies d'enregistrement similaires ?

5) En pareil cas, la collecte de données issues d'autres services propres au groupe et de sites Internet et d'applications tiers, à travers des interfaces intégrées à ces derniers, telles que les "Outils Facebook Business", ou bien à travers des *cookies* enregistrés dans l'ordinateur ou le terminal mobile de l'utilisateur d'Internet, la mise en relation avec le compte Facebook.com de l'utilisateur et l'utilisation de ces données ou bien l'utilisation de données déjà autrement et légalement collectées et mises en relation peuvent-elles, le cas échéant, également être justifiées au titre de l'article 6, paragraphe 1, sous c), d) et e), du RGPD, par exemple en vue de répondre à une demande juridiquement valable de fournir certaines données [sous c)], en vue de lutter contre des comportements nuisibles et de promouvoir la sécurité [sous d)], aux fins de la recherche pour le bien de la société et en vue de promouvoir la protection, l'intégrité et la sécurité [sous e)] ?

6) Un consentement valable et libre, notamment au sens de l'article 4, point 11, du RGPD, peut-il être donné à une entreprise ayant une position dominante sur le marché, telle que [Meta Platforms Ireland], conformément à l'article 6, paragraphe 1, sous a), et à l'article 9, paragraphe 2, sous a), du RGPD ?

En cas de réponse négative à la première question :

7) a) Une autorité de la concurrence nationale d'un État membre, telle que l'autorité fédérale de la concurrence, qui n'est pas une autorité de contrôle au sens des articles 51 et suivants du RGPD et qui examine une violation de l'interdiction des pratiques abusives en matière de droit de la concurrence commise par une entreprise ayant une position dominante sur le marché et ne consistant pas en une violation du RGPD par ses conditions de traitement des données et par la mise en œuvre de celles-ci, peut-elle effectuer des constatations, par exemple dans le cadre de la mise en balance des intérêts, sur le point de savoir si les conditions de traitement des données de l'entreprise en question et leur mise en œuvre sont conformes au RGPD ?

[...]

Sur les questions préjudicielles

Sur les première et septième questions

36. Par ses première et septième questions, qu'il convient de traiter ensemble, la juridiction de renvoi demande, en substance, si les articles 51 et suivants du RGPD doivent être interprétés en ce sens qu'une autorité de la concurrence d'un État membre peut constater, dans le cadre de l'examen d'un abus de position dominante de la part d'une entreprise, au sens de l'article 102 TFUE, que les conditions générales d'utilisation de cette entreprise relatives au traitement des données à caractère personnel et leur mise en œuvre ne sont pas conformes au RGPD et, dans l'affirmative, si l'article 4, paragraphe 3, TUE doit être interprété en ce sens qu'une telle constatation, de nature incidente, par l'autorité de la concurrence est également possible lorsque ces conditions sont soumises, en même temps, à une procédure d'examen par l'autorité de contrôle chef de file compétente, en vertu de l'article 56, paragraphe 1, du RGPD.

[...]

43. Ni le RGPD ni aucun autre instrument du droit de l'Union ne prévoient de règles spécifiques quant à la coopération entre une autorité de la concurrence nationale et les autorités de contrôle nationales concernées ou l'autorité de contrôle chef de file. En outre, aucune disposition de ce règlement n'interdit aux autorités de la concurrence nationales de constater, dans le cadre de l'exercice de leurs fonctions, la non-conformité audit règlement d'un traitement de données, effectué par une entreprise en position dominante et susceptible de constituer un abus de cette position.

44. À cet égard, il y a lieu de préciser, en premier lieu, que les autorités de contrôle, d'une part, et les autorités de la concurrence nationales, d'autre part, exercent des fonctions différentes et poursuivent des objectifs ainsi que des missions qui leur sont propres.

[...]

48. Il s'ensuit que, dans le cadre de l'examen d'un abus de position dominante de la part d'une entreprise sur un marché déterminé, il peut s'avérer nécessaire pour l'autorité de la concurrence de l'État membre concerné d'examiner également la conformité du comportement de cette entreprise à des normes autres que celles relevant du droit de la concurrence, telles que les règles en matière de protection des données à caractère personnel prévues par le RGPD.

49. Or, compte tenu des objectifs différents poursuivis par les règles établies en matière de concurrence, en particulier l'article 102 TFUE, d'une part, et par celles prévues en matière de protection des données à caractère personnel en vertu du RGPD, d'autre part, il y a lieu de constater que, lorsqu'une autorité de la concurrence nationale relève une violation de ce règlement dans le cadre du constat d'un abus de position dominante, elle ne se substitue pas aux autorités de contrôle. En particulier, une telle autorité de la concurrence nationale ne contrôle pas l'application ni ne veille au respect de ce règlement dans le but visé à l'article 51, paragraphe 1, de celui-ci, à savoir afin de protéger les libertés et droits fondamentaux des personnes physiques à l'égard du traitement et de faciliter le libre flux des données à caractère personnel au sein de l'Union. En outre, en se limitant à relever la non-conformité d'un traitement de données au RGPD aux seules fins de constater un abus de position dominante et en imposant des mesures visant à la cessation de cet abus sur le fondement d'une base juridique issue du droit de la concurrence, une telle autorité n'exerce aucune des missions figurant à l'article 57 de ce règlement, pas plus qu'elle ne fait usage des pouvoirs réservés à l'autorité de contrôle en vertu de l'article 58 dudit règlement.

[...]

52. Toutefois, en second lieu, il importe de relever que, dans l'hypothèse où une autorité de la concurrence nationale considère nécessaire de se prononcer, dans le cadre d'une décision relative à un abus de position dominante, sur la conformité ou la non-conformité au RGPD d'un traitement de données à caractère personnel effectué par l'entreprise en question, cette autorité et l'autorité de contrôle concernée ou, le cas échéant, l'autorité de contrôle chef de file compétente au sens de ce règlement doivent coopérer entre elles afin d'assurer une application cohérente de ce règlement.

[...]

62. Compte tenu de ce qui précède, il y a lieu de répondre aux première et septième questions que les articles 51 et suivants du RGPD ainsi que l'article 4, paragraphe 3, TUE doivent être interprétés en ce sens que, sous réserve du respect de son obligation de coopération loyale avec les autorités de contrôle, une autorité de la concurrence d'un État membre peut constater, dans le cadre de l'examen d'un abus de position dominante de la part d'une entreprise, au sens de l'article 102 TFUE, que les conditions générales d'utilisation de cette entreprise relatives au traitement des données à caractère personnel et leur mise en œuvre ne sont pas conformes à ce règlement, lorsque ce constat est nécessaire pour établir l'existence d'un tel abus.

63. Au vu de cette obligation de coopération loyale, l'autorité de la concurrence nationale ne peut s'écarter d'une décision de l'autorité de contrôle nationale compétente ou de l'autorité de contrôle chef de file compétente relative à ces conditions générales ou à des conditions générales similaires. Lorsqu'elle nourrit des doutes à l'égard de la portée d'une telle décision, lorsque lesdites conditions ou des conditions similaires font, en même temps, l'objet d'un examen de la part de ces autorités, ou encore lorsque, en l'absence d'enquête ou de décision desdites autorités, l'autorité de la concurrence considère que les conditions en cause ne sont pas conformes au RGPD, elle doit consulter ces mêmes autorités de contrôle et solliciter leur coopération, afin de lever ses doutes ou de déterminer s'il y a lieu d'attendre l'adoption d'une décision de leur part avant d'entamer sa propre appréciation. En l'absence d'objection de leur part ou de réponse dans un délai raisonnable, l'autorité de la concurrence nationale peut poursuivre sa propre enquête.

Sur la deuxième question

[...]

73. Il y a lieu de répondre à la deuxième question, sous a), que l'article 9, paragraphe 1, du RGPD doit être interprété en ce sens que, dans le cas où un utilisateur d'un réseau social en ligne consulte des sites Internet ou des applications en rapport avec une ou plusieurs des catégories visées à cette disposition et, le cas échéant, y insère des données en s'inscrivant ou en effectuant des commandes en ligne, le traitement de données à caractère personnel par l'opérateur de ce réseau social en ligne, consistant en la collecte, au moyen d'interfaces intégrées, de *cookies* ou de technologies d'enregistrement similaires, des données issues de la consultation de ces sites et de ces applications ainsi que des données insérées par l'utilisateur, en la mise en relation de l'ensemble de ces données avec le compte du réseau social de celui-ci et en l'utilisation desdites données par cet opérateur, doit être considéré comme un « traitement portant sur des catégories particulières de données à caractère personnel », au sens de ladite disposition, qui est en principe interdit, sous réserve des dérogations prévues à cet article 9, paragraphe 2, lorsque ce traitement de données permet de révéler des informations relevant d'une de ces catégories, que ces informations concernent un utilisateur de ce réseau ou toute autre personne physique.

Sur la deuxième question, sous b)

74. S'agissant de la deuxième question, sous b), telle qu'elle a été reformulée au point 65 du présent arrêt et relative à la dérogation prévue à l'article 9, paragraphe 2, sous e), du RGPD, il y a lieu de rappeler que, en vertu de cette disposition, l'interdiction de principe de tout traitement portant sur des catégories particulières de données à caractère personnel, posée par cet article 9, paragraphe 1, ne s'applique pas dans l'hypothèse où le traitement porte sur des données à caractère personnel qui sont « manifestement rendues publiques par la personne concernée ».

[...]

84. [...] Il y a lieu de répondre à la deuxième question, sous b), que l'article 9, paragraphe 2, sous e), du RGPD doit être interprété en ce sens que, lorsqu'un utilisateur d'un réseau social en ligne consulte des sites Internet ou des applications en rapport avec une ou plusieurs des catégories visées à l'article 9, paragraphe 1, du RGPD, il ne rend pas manifestement publiques, au sens de la première de ces dispositions, les données relatives à cette consultation, collectées par l'opérateur de ce réseau social en ligne à travers des *cookies* ou des technologies d'enregistrement similaires.

85. Lorsqu'il insère des données dans de tels sites Internet ou dans de telles applications ou lorsqu'il active des boutons de sélection intégrés à ces sites et à ces applications, tels que les boutons « j'aime » ou

« partager » ou les boutons permettant à l'utilisateur de s'identifier sur ces sites ou ces applications en utilisant les identifiants de connexion liés à son compte d'utilisateur du réseau social, son numéro de téléphone ou son adresse électronique, un tel utilisateur ne rend manifestement publiques, au sens de cet article 9, paragraphe 2, sous e), les données ainsi insérées ou résultant de l'activation de ces boutons que dans le cas où il a explicitement exprimé son choix au préalable, le cas échéant sur la base d'un paramétrage individuel effectué en toute connaissance de cause, de rendre les données le concernant publiquement accessibles à un nombre illimité de personnes.

Sur les troisième à cinquième questions

[...]

Observations liminaires

88. À titre liminaire, il y a lieu de faire observer, premièrement, que les troisième à cinquième questions sont posées en raison du fait que, d'après les constatations de l'autorité fédérale de la concurrence dans sa décision du 6 février 2019, il ne saurait être considéré que les utilisateurs du réseau social Facebook ont donné leur consentement au traitement de leurs données en cause au principal, au sens de l'article 6, paragraphe 1, premier alinéa, sous a), et de l'article 9, paragraphe 2, sous a), du RGPD. C'est donc dans ce contexte que la juridiction de renvoi, tout en interrogeant la Cour par sa sixième question par rapport à cette prémisse, estime devoir vérifier si ce traitement correspond à l'une des autres conditions de licéité, visées à cet article 6, paragraphe 1, premier alinéa, sous b) à f), de ce règlement.

[...]

Sur les troisième et quatrième questions

97. En ce qui concerne, en premier lieu, l'article 6, paragraphe 1, premier alinéa, sous b), du RGPD, celui-ci prévoit qu'un traitement de données à caractère personnel est licite s'il est « nécessaire à l'exécution d'un contrat auquel la personne concernée est partie ou à l'exécution de mesures précontractuelles prises à la demande de celle-ci ».

[...]

105. En ce qui concerne, en second lieu, l'article 6, paragraphe 1, premier alinéa, sous f), du RGPD, celui-ci prévoit qu'un traitement de données à caractère personnel est licite s'il est « nécessaire aux fins des intérêts légitimes poursuivis par le responsable du traitement ou par un tiers, à moins que ne prévalent les intérêts ou les libertés et les droits fondamentaux de la personne concernée qui exigent une protection des données à caractère personnel, notamment lorsque la personne concernée est un enfant ».

[...]

125. Il convient de répondre aux troisième et quatrième questions que l'article 6, paragraphe 1, premier alinéa, sous b), du RGPD doit être interprété en ce sens que le traitement de données à caractère personnel effectué par un opérateur d'un réseau social en ligne, consistant en la collecte de données des utilisateurs d'un tel réseau issues d'autres services du groupe auquel appartient cet opérateur ou issues de la consultation par ces utilisateurs de sites Internet ou d'applications tiers, en la mise en relation de ces données avec le compte du réseau social desdits utilisateurs et en l'utilisation desdites données, ne peut être considéré comme étant nécessaire à l'exécution d'un contrat auquel les personnes concernées sont parties, au sens de cette disposition, qu'à la condition que ce traitement soit objectivement indispensable pour réaliser une finalité faisant partie intégrante de la prestation contractuelle destinée à ces mêmes utilisateurs, de telle sorte que l'objet principal du contrat ne pourrait être atteint en l'absence de ce traitement.

126. L'article 6, paragraphe 1, premier alinéa, sous f), du RGPD doit être interprété en ce sens qu'un tel traitement ne peut être considéré comme étant nécessaire aux fins des intérêts légitimes poursuivis par le responsable du traitement ou par un tiers, au sens de cette disposition, qu'à la condition que ledit opérateur ait indiqué aux utilisateurs auprès desquels les données ont été collectées un intérêt légitime poursuivi par leur traitement, que ce traitement est opéré dans les limites du strict nécessaire pour la réalisation de cet intérêt légitime et qu'il ressort d'une pondération des intérêts opposés, au regard de l'ensemble des circonstances pertinentes, que les intérêts ou les libertés et les droits fondamentaux de ces utilisateurs ne prévalent pas sur ledit intérêt légitime du responsable du traitement ou d'un tiers.

Sur la cinquième question

127. En premier lieu, pour autant que cette question vise l'article 6, paragraphe 1, premier alinéa, sous c) et e), du RGPD, il y a lieu de rappeler que, en vertu de ce point c), un traitement de données à caractère personnel est licite s'il est nécessaire au respect d'une obligation légale à laquelle le responsable du traitement est soumis. En outre, selon ce point e), est également licite le traitement qui est nécessaire à l'exécution d'une mission d'intérêt public ou relevant de l'exercice de l'autorité publique dont est investi le responsable du traitement.

[...]

130. Toutefois, il importe de constater que cette juridiction n'a pas fourni à la Cour les éléments lui permettant de se prononcer concrètement à cet égard.

[...]

135. En ce qui concerne, en second lieu, l'article 6, paragraphe 1, premier alinéa, sous d), du RGPD, cette disposition prévoit que le traitement de données à caractère personnel est licite lorsqu'il est nécessaire à la sauvegarde des intérêts vitaux de la personne concernée ou d'une autre personne physique.

[...]

137. Il ressort de ces exemples ainsi que de l'interprétation stricte qu'il convient de retenir de l'article 6, paragraphe 1, premier alinéa, sous d), du RGPD que, au vu de la nature des services fournis par l'opérateur d'un réseau social en ligne, un tel opérateur, dont l'activité revêt un caractère essentiellement économique et commercial, ne saurait invoquer la protection d'un intérêt essentiel à la vie de ses utilisateurs ou d'une autre personne pour justifier, dans l'absolu et de manière purement abstraite et préventive, la licéité d'un traitement de données tel que celui en cause au principal.

[...]

Sur la sixième question

140. Par sa sixième question, la juridiction de renvoi demande, en substance, si l'article 6, paragraphe 1, premier alinéa, sous a), et l'article 9, paragraphe 2, sous a), du RGPD doivent être interprétés en ce sens qu'un consentement donné par l'utilisateur d'un réseau social en ligne à l'opérateur d'un tel réseau peut être considéré comme satisfaisant aux conditions de validité prévues à l'article 4, point 11, de ce règlement, en particulier à celle selon laquelle ce consentement doit être donné librement, lorsque cet opérateur occupe une position dominante sur le marché des réseaux sociaux en ligne.

[...]

154. Compte tenu de ce qui précède, il y a lieu de répondre à la sixième question que l'article 6, paragraphe 1, premier alinéa, sous a), et l'article 9, paragraphe 2, sous a), du RGPD doivent être interprétés en ce sens que la circonstance que l'opérateur d'un réseau social en ligne occupe une position dominante sur le marché des réseaux sociaux en ligne ne fait pas obstacle en tant que telle à ce que les utilisateurs d'un tel réseau puissent valablement consentir, au sens de l'article 4, point 11, de ce règlement, au traitement de leurs données à caractère personnel, effectué par cet opérateur. Cette circonstance constitue néanmoins un élément important pour déterminer si le consentement a effectivement été donné valablement et, notamment, librement, ce qu'il incombe audit opérateur de prouver.

Observations

Cette décision de la Cour rendue en grande chambre à l'égard de l'entreprise Meta est particulièrement riche. Elle vient utilement préciser les conditions d'encadrement des activités numériques, menées par l'une des plus grandes entreprises technologiques dominantes du secteur, à la tête des principaux réseaux sociaux (Facebook, Instagram, Facebook Messenger WhatsApp). La Cour vient d'abord clarifier les rapports entre deux branches du droit (droit de la concurrence et des données personnelles), ainsi que les relations entre autorités chargées de faire respecter les dispositions afférentes par la création d'une obligation de coopération loyale. Elle vient ensuite préciser les conditions du respect du règlement sur la protection des données personnelles (dit « RGPD »), en particulier le traitement des données sensibles et les conditions de licéité des traitements de données personnelles en l'absence de consentement. Enfin, elle indique l'effet d'un abus de position dominante sur le caractère libre et éclairé du consentement. Il faut noter que si la Cour renvoie à la juridiction nationale le soin de vérifier *in concreto* le respect des conditions qu'elle pose, le modèle économique et le mode de fonctionnement des réseaux sociaux mis en œuvre par Méta laissent peu de doutes sur la décision que prendra la juridiction allemande.

S'agissant des rapports entre le droit de la concurrence et les données personnelles, il convient de saluer le pragmatisme dont fait preuve la Cour de justice en reconnaissant le pouvoir économique que procure aux grandes entreprises du numérique la détention d'une quantité massive de données personnelles. Cet avantage économique contribue à leur conférer une position dominante dont elles peuvent éventuellement abuser. Reprenant les conclusions de l'avocat général, la Cour considère qu'une autorité de la concurrence doit apprécier si le comportement de l'entreprise en position dominante a pour effet de faire obstacle, par le recours à des moyens différents de ceux qui gouvernent une compétition normale des produits ou des services, au maintien du degré de concurrence existant sur le marché ou au développement de cette concurrence (1). Elle estime alors que la conformité ou non d'un tel comportement aux dispositions du

(1) Voy., en ce sens, CJUE, 25 mars 2021, *Deutsche Telekom c/ Commission*, aff. C-152/19 P, EU:C:2021:238, pts 41 et 42.

RGPD peut constituer un indice important, parmi les circonstances pertinentes de l'espèce, pour établir si ce comportement constitue un recours à de tels moyens, ainsi que pour évaluer les conséquences d'une certaine pratique sur le marché ou pour les consommateurs. Ce raisonnement fait directement le lien entre les législations et permet de tenir compte du modèle économique des réseaux sociaux et des moyens dont ils usent pour dominer abusivement le marché. La Cour estime ainsi clairement que dans le cadre de l'examen d'un abus de position dominante, il peut s'avérer nécessaire pour l'autorité de la concurrence de l'État membre concerné d'analyser également la conformité du comportement de cette entreprise à d'autres normes autres que celles relevant du droit de la concurrence, telles que les règles régissant la protection des données à caractère personnel prévues par le RGPD (consid. 48). Il faut saluer cette avancée permettant de protéger à la fois les individus et le marché, et de faire preuve de réalisme envers les géants du numérique. La Cour insiste sur ce point en relevant que le financement de ces activités repose sur la commercialisation de messages publicitaires personnalisés en fonction de profils d'utilisateur établis sur la base de données à caractère personnel collectées par Meta. Les deux domaines du droit ne peuvent qu'être liés et appliqués harmonieusement, si on veut tenter de lutter efficacement contre l'asymétrie de pouvoirs entre ces géants et les utilisateurs de leurs services.

En outre, les autorités nationales de concurrence et de protection des données personnelles en France ont d'ailleurs déjà acté la nécessité d'une collaboration entre elles et il est heureux que la Cour de justice leur emboîte le pas. Après avoir rappelé le rôle de chaque autorité, la Cour pose les conditions d'une coopération loyale entre elles. Elle fait ici œuvre créatrice puisque ni le RGPD ni aucun autre instrument du droit de l'Union ne prévoit de règles spécifiques quant à la coopération entre une autorité de la concurrence nationale et les autorités de contrôle nationales concernées ou l'autorité de contrôle chef de file. La Cour rappelle le rôle de chaque autorité nationale de contrôle et précise que si l'autorité de la concurrence considère l'effet de la collecte et traitement de données personnelles massives dans les relations de concurrence, le point de vue adopté n'est naturellement pas celui des autorités nationales de protection des données personnelles. Le fait de prendre en compte les données personnelles dans l'appréciation de l'abus de concurrence n'a pas pour effet de remplacer l'analyse fondée sur le RGPD. Chacune des autorités poursuit ses propres objectifs et conserve son rôle sur le fondement du texte qui préside à ses pouvoirs et missions. Une coopération doit donc s'organiser, si possible loyalement, tel que définie par la Cour. La principale modalité concrète de cette coopération réside dans le fait que si une autorité de la concurrence nationale souhaite examiner la conformité d'un comportement d'une entreprise à l'égard des dispositions du RGPD, elle doit d'abord vérifier si ce comportement a déjà fait l'objet d'une décision par l'autorité de contrôle nationale compétente, par l'autorité de contrôle chef de file ou bien encore par la Cour. Si tel est le cas, l'autorité de la concurrence nationale doit suivre les règles posées, tout en restant libre d'en tirer ses propres conclusions sous l'angle de l'application du droit de la concurrence. En outre, en cas de doute sur la portée de l'appréciation effectuée par ladite autorité de contrôle, l'autorité de la concurrence nationale doit la consulter et solliciter sa coopération avant d'entamer sa propre appréciation. Réciproquement, l'autorité nationale de contrôle sollicitée doit répondre à cette demande dans un délai raisonnable et communiquer les informations dont elle dispose afin de lever les doutes de cette autorité. En l'absence de réponse de la part de l'autorité de contrôle sollicitée dans un délai raisonnable ou en l'absence d'objection, l'autorité de la concurrence nationale peut poursuivre sa propre enquête. La Cour utilise ici largement son pouvoir d'appréciation. Elle ne se contente en effet pas de poser le principe d'une coopération loyale et précise aussi les modalités de cette coopération. Elle aurait pu décider de laisser la définition de ces modalités à chaque État membre, s'agissant principalement d'organiser les relations entre des autorités nationales de contrôle, en l'absence de texte clair. Il faut toutefois déduire à l'inverse que cette interprétation large aura le mérite d'harmoniser les relations entre les autorités nationales à l'échelle de l'UE et d'éviter (ou au moins limiter) des recours ultérieurs sur les conditions de mise en œuvre de cette coopération.

Ensuite, la Cour de justice vient amplement clarifier le RGPD, s'agissant de l'interprétation du traitement des données sensibles et des conditions de licéité du traitement des données personnelles en l'absence de consentement. Quant au traitement de données sensibles régies par l'article 9 (1) du RGPD, le principe est celui de l'interdiction du traitement de données sensibles énumérées. Or, il est plus que probable que le traitement effectué par Meta en collectant des données des utilisateurs du réseau social Facebook intègre des données sensibles. La Cour ne parvient pas aussi explicitement à cette conclusion et laisse la juridiction de renvoi déterminer si les données ainsi collectées, à elles seules ou par leur mise en relation avec les comptes Facebook des utilisateurs concernés, permettent effectivement d'intégrer des données sensibles. Elle admet tout de même que dans le cas où un utilisateur d'un réseau social en ligne consulte des sites Internet ou des applications en rapport avec une ou plusieurs des catégories visées à l'article 9 (1) et y insère des données en s'inscrivant ou en effectuant des commandes en ligne, le traitement de données à caractère personnel par l'opérateur de ce réseau social en ligne doit être considéré comme un traitement portant sur des catégories particulières de données à caractère personnel. La Cour se montre prudente mais la réponse ne fait aucun doute et on ne voit pas comment il pourrait en aller autrement. Elle ajoute enfin que la dérogation au principe d'interdiction posé à l'article 9 (3) s'applique aux seules données manifestement rendues publiques « par la personne concernée », ce qui est exclu en l'espèce. Méta ne bénéficie donc pas de la possibilité de collecter ces données sensibles sur ce fondement.

La Cour passe ensuite en revue les fondements de la licéité du traitement de données personnelles, tels que prévus à l'article 6 (1). En l'absence de consentement de la personne concernée, la Cour évalue en particulier l'hypothèse que l'un des trois fondements suivants puisse être évoqué : l'exécution d'un contrat auquel la personne concernée est partie, l'intérêt légitime du responsable de traitement, le nécessaire respect d'une obligation légale. Elle conclut à raison qu'aucun de ces cas ne semble satisfait, en l'absence de preuve évidente qui devra être rapportée et appréciée par la juridiction de renvoi. Ainsi, la relation contractuelle liant les utilisateurs à Meta ne s'étend pas aux services autres que le service du réseau social en ligne proposé par Meta qui ne paraît pas être nécessaire pour permettre la fourniture de ce dernier service. Par ailleurs, un tel traitement de données personnelles ne peut être considéré comme nécessaire aux fins des intérêts légitimes poursuivis par le responsable du traitement, que si cet intérêt est indiqué aux utilisateurs, qu'il est limité au strict nécessaire pour sa réalisation et que les intérêts ou les libertés et les droits fondamentaux de ces utilisateurs ne prévalent pas sur ledit intérêt légitime du responsable du traitement ou d'un tiers. La Cour de justice rappelle ces trois conditions posées par sa jurisprudence précédente sans se prononcer en l'espèce. Elle indique simplement que la demande de décision préjudicielle ne comporte pas d'éléments d'explication permettant de justifier l'existence d'intérêts légitimes et il y a en effet peu de chance que la juridiction de renvoi trouve une justification, au vu des informations de l'espèce. Enfin, le fondement de l'existence d'une obligation légale n'est pas non plus retenu par la Cour de justice mais paraît encore moins convaincant que les deux autres fondements. La Cour relève encore une fois que la juridiction de renvoi n'a pas fourni à la Cour les éléments lui permettant de se prononcer concrètement à cet égard.

Pour terminer, la Cour de justice étudie l'effet d'un abus de position dominante sur le consentement comme étant « toute manifestation de volonté, libre, spécifique, éclairée et univoque par laquelle la personne concernée accepte, par une déclaration ou par un acte positif clair, que des données à caractère personnel la concernant fassent l'objet d'un traitement ». Après avoir rappelé les conditions d'un tel consentement, elle estime que le fait que Meta occupe une position dominante sur le marché des réseaux sociaux en ligne ne fait pas obstacle en tant que tel à ce que le consentement des utilisateurs réponde à ces conditions et soit donc valable. Toutefois, l'abus de position dominante doit être pris en compte pour déterminer si le consentement a effectivement été donné valablement et librement, ce qu'il incombe audit opérateur de prouver. L'articulation des normes ainsi réalisée a donc pour effet de renforcer les conditions de preuve de la validité du consentement mise à la charge de l'opérateur.

Cette riche décision doit être saluée. Si la Cour de justice s'immisce dans de nombreux détails concrets que d'aucuns pourront regretter, cette approche guidera sans aucun doute la juridiction de renvoi et aura conséquemment pour effet de renforcer la protection des personnes concernées. Eu égard à la forte asymétrie de pouvoirs entre Méta et ses utilisateurs, on ne peut que se féliciter de voir la Cour de justice se faire une nouvelle fois garante de la protection des droits et libertés individuels des citoyens européens.

Céline CASTETS-RENARD

Cour de justice, 1re ch., 7 décembre 2023, *OQ*, aff. C-634/21, ECLI:EU:C:2023:957

Mots-clés : Protection des personnes physiques à l'égard du traitement des données à caractère personnel – Décision individuelle automatisée – Sociétés fournissant des informations commerciales – Établissement automatisé d'une valeur de probabilité concernant la capacité d'une personne à honorer des engagements de paiement à l'avenir (*scoring*) – Utilisation de cette valeur de probabilité par des tiers

Cadre normatif : règlement (UE) 2016/679 du Parlement européen et du Conseil, du 27 avril 2016, relatif à la protection des personnes physiques à l'égard du traitement des données à caractère personnel et à la libre circulation de ces données, et abrogeant la directive 95/46/CE (art. 4, 5, 6, 9, 13 à 15, 22, 78)

Extraits de l'arrêt

Le litige au principal et les questions préjudicielles

14. SCHUFA est une société privée de droit allemand qui fournit à ses partenaires contractuels des informations sur la solvabilité de tiers, notamment de consommateurs. À cette fin, elle établit un pronostic sur la probabilité d'un comportement futur d'une personne (« *score* »), tel que le remboursement d'un prêt, à partir de certaines caractéristiques de cette personne, sur la base de procédures mathématiques et statistiques. L'établissement des scores (« *scoring* ») est fondé sur l'hypothèse selon laquelle il est possible, en assignant une personne à un groupe d'autres personnes possédant des caractéristiques comparables et qui se sont comportées d'une manière donnée, de prédire un comportement similaire.

15. Il ressort de la demande de décision préjudicielle que OQ s'est vu refuser l'octroi d'un prêt par un tiers après avoir fait l'objet d'informations négatives établies par SCHUFA et transmises à ce tiers. OQ a demandé à SCHUFA de lui communiquer des informations sur les données à caractère personnel enregistrées et d'effacer celles d'entre elles qui étaient prétendument erronées.

16. En réponse à cette demande, SCHUFA a informé OQ du niveau de son score et a exposé, dans les grandes lignes, les modalités de calcul des scores. Cependant, elle s'est refusée, en invoquant le secret d'affaires, à divulguer les différentes informations prises en compte aux fins de ce calcul ainsi que leur pondération. Enfin, SCHUFA a indiqué qu'elle se limitait à faire parvenir des informations à ses partenaires contractuels et que c'était ces derniers qui prenaient les décisions contractuelles proprement dites.

17. Par une réclamation introduite le 18 octobre 2018, OQ a demandé au HBDI, l'autorité de contrôle compétente, d'enjoindre à SCHUFA d'accueillir sa demande d'accès aux informations et d'effacement.

18. Par une décision du 3 juin 2020, le HBDI a rejeté cette demande d'injonction, en expliquant qu'il n'était pas établi que SCHUFA ne respecte pas les exigences énoncées à l'article 31 du BDSG qui lui incombent s'agissant de son activité.

19. OQ a introduit un recours contre cette décision devant le Verwaltungsgericht Wiesbaden (tribunal administratif de Wiesbaden, Allemagne), la juridiction de renvoi, en application de l'article 78, paragraphe 1, du RGPD.

20. Selon cette juridiction, il importe de déterminer, aux fins de statuer sur le litige dont elle est saisie, si l'établissement d'une valeur de probabilité telle que celle en cause au principal constitue une décision individuelle automatisée, au sens de l'article 22, paragraphe 1, du RGPD. En effet, dans l'affirmative, la licéité de cette activité serait subordonnée, conformément à l'article 22, paragraphe 2, sous b), de ce règlement, à la condition que cette décision soit autorisée par le droit de l'Union ou le droit de l'État membre auquel le responsable du traitement est soumis.

[...]

27. Dans ces conditions, le Verwaltungsgericht Wiesbaden (tribunal administratif de Wiesbaden) a décidé de surseoir à statuer et de poser à la Cour les questions préjudicielles suivantes :

« 1) L'article 22, paragraphe 1, du [RGPD] doit-il être interprété en ce sens que l'établissement automatisé d'une valeur de probabilité concernant la capacité de la personne concernée à honorer un prêt à l'avenir constitue déjà une décision fondée exclusivement sur un traitement automatisé, y compris le profilage, produisant des effets juridiques concernant cette personne ou l'affectant de manière significative de façon similaire, lorsque cette valeur, établie au moyen de données à caractère personnel relatives à ladite personne, est communiquée par le responsable du traitement à un tiers responsable du traitement et que celui-ci fonde sa décision relative à l'établissement, à l'exécution ou à la cessation d'une relation contractuelle avec cette même personne de manière déterminante sur ladite valeur ?

2) Si la première question préjudicielle appelle une réponse négative :

l'article 6, paragraphe 1, et l'article 22 du [RGPD] doivent-ils être interprétés en ce sens qu'ils s'opposent à une réglementation nationale en vertu de laquelle l'utilisation d'une valeur de probabilité – en l'espèce, une valeur relative à la solvabilité et la volonté de payer d'une personne physique lorsque des informations sur des créances sont incluses – s'agissant d'un comportement donné futur d'une personne physique aux fins de la décision relative à l'établissement, à l'exécution ou à la cessation d'une relation contractuelle avec cette personne ("*scoring*", [établissement de scores]) n'est autorisée que lorsque d'autres conditions supplémentaires déterminées qui sont exposées plus en détail dans les motifs de la présente décision de renvoi sont réunies ? »

[...]

Sur les questions préjudicielles

Sur la première question

40. Par sa première question, la juridiction de renvoi demande, en substance, si l'article 22, paragraphe 1, du RGPD doit être interprété en ce sens que constitue une « décision individuelle automatisée », au sens de cette disposition, l'établissement automatisé, par une société fournissant des informations commerciales, d'une valeur de probabilité fondée sur des données à caractère personnel relatives à une personne et concernant la capacité de celle-ci à honorer des engagements de paiement à l'avenir lorsque dépend de manière déterminante de cette valeur de probabilité le fait qu'une tierce partie, à laquelle ladite valeur de probabilité est communiquée, établisse, exécute ou mette fin à une relation contractuelle avec cette personne.

[...]

42. S'agissant des termes de l'article 22, paragraphe 1, du RGPD, cette disposition prévoit que la personne concernée a le droit de ne pas faire l'objet d'une décision fondée exclusivement sur un traitement automatisé, y compris le profilage, produisant des effets juridiques la concernant ou l'affectant de manière significative de façon similaire.

43. L'applicabilité de cette disposition est donc soumise à trois conditions cumulatives, à savoir, premièrement, qu'il doit exister une « décision », deuxièmement, que cette décision doit être « fondée exclusivement sur un traitement automatisé, y compris le profilage », et, troisièmement, qu'elle doit produire « des effets juridiques [concernant l'intéressé] » ou l'affecter « de manière significative de façon similaire ».

[...]

46. La notion de « décision » au sens de l'article 22, paragraphe 1, du RGPD étant ainsi, comme M. l'avocat général l'a relevé au point 38 de ses conclusions, susceptible d'inclure plusieurs actes pouvant affecter la personne concernée de multiples manières, cette notion est suffisamment large pour englober le résultat du calcul de la solvabilité d'une personne sous la forme d'une valeur de probabilité concernant la capacité de cette personne à honorer des engagements de paiement à l'avenir.

47. S'agissant, deuxièmement, de la condition selon laquelle la décision, au sens de cet article 22, paragraphe 1, doit être « fondée exclusivement sur un traitement automatisé, y compris le profilage », ainsi que l'a relevé M. l'avocat général au point 33 de ses conclusions, il est constant qu'une activité telle que celle de SCHUFA répond à la définition de « profilage » figurant à l'article 4, point 4, du RGPD et donc que cette condition est remplie en l'occurrence, le libellé de la première question préjudicielle se référant d'ailleurs explicitement à l'établissement automatisé d'une valeur de probabilité fondée sur des données à caractère personnel relatives à une personne et concernant la capacité de celle-ci à honorer un prêt à l'avenir.

48. Pour ce qui est, troisièmement, de la condition selon laquelle la décision doit produire « des effets juridiques » concernant la personne en cause ou l'affecter « de manière significative de façon similaire », il ressort de la teneur même de la première question préjudicielle que l'action de la tierce partie à laquelle la valeur de probabilité est transmise est guidée « de manière déterminante » par cette valeur. Ainsi, selon les constatations factuelles de la juridiction de renvoi, en cas de demande de prêt adressée par un consommateur à une banque, une valeur de probabilité insuffisante entraîne, dans presque tous les cas, le refus de cette dernière d'accorder le prêt sollicité.

[...]

50. Il en découle que, dans des circonstances telles que celles en cause au principal, dans lesquelles la valeur de probabilité établie par une société fournissant des informations commerciales et communiquée à une banque joue un rôle déterminant dans l'octroi d'un crédit, l'établissement de cette valeur doit être qualifié en soi de décision produisant à l'égard d'une personne concernée « des effets juridiques la concernant ou l'affectant de manière significative de façon similaire », au sens de l'article 22, paragraphe 1, du RGPD.

51. Cette interprétation est corroborée par le contexte dans lequel s'inscrit l'article 22, paragraphe 1, du RGPD ainsi que par les objectifs et la finalité que ce règlement poursuit.

[...]

61. En revanche, dans des circonstances telles que celles en cause au principal, dans lesquelles trois acteurs sont impliqués, il existerait un risque de contournement de l'article 22 du RGPD et, par suite, une lacune dans la protection juridique si une interprétation restrictive de cette disposition était retenue, selon laquelle l'établissement de la valeur de probabilité doit seulement être considéré comme un acte préparatoire et seul l'acte adopté par la tierce partie peut, le cas échéant, être qualifié de « décision », au sens de l'article 22, paragraphe 1, de ce règlement.

62. En effet, dans cette hypothèse, l'établissement d'une valeur de probabilité telle que celle en cause au principal échapperait aux exigences spécifiques prévues à l'article 22, paragraphes 2 à 4, du RGPD, alors même que cette procédure repose sur un traitement automatisé et qu'elle produit des effets affectant de manière significative la personne concernée dans la mesure où l'action de la tierce partie, à laquelle cette valeur de probabilité est transmise, est guidée de manière déterminante par celle-ci.

63. En outre, comme M. l'avocat général l'a relevé au point 48 de ses conclusions, d'une part, la personne concernée ne pourrait pas faire valoir, auprès de la société fournissant des informations commerciales qui établit la valeur de probabilité la concernant, son droit d'accès aux informations spécifiques visées à l'article 15, paragraphe 1, sous h), du RGPD, en l'absence de prise de décision automatisée par cette société. D'autre part, à supposer même que l'acte adopté par la tierce partie relève pour sa part de l'article 22, paragraphe 1, de ce règlement dès lors qu'il remplit les conditions d'application de cette disposition, cette tierce partie ne serait pas en mesure de fournir ces informations spécifiques car elle n'en dispose généralement pas.

64. Le fait que l'établissement d'une valeur de probabilité telle que celle en cause au principal est couvert par l'article 22, paragraphe 1, du RGPD a pour conséquence, ainsi qu'il a été relevé aux points 53 à 55 du présent arrêt, qu'il est interdit à moins que l'une des exceptions figurant à l'article 22, paragraphe 2, de ce règlement soit applicable et que les exigences spécifiques prévues à l'article 22, paragraphes 3 et 4, dudit règlement soient respectées.

65. S'agissant, plus spécifiquement, de l'article 22, paragraphe 2, sous b), du RGPD, auquel fait référence la juridiction de renvoi, il ressort du libellé même de cette disposition que le droit national qui autorise l'adoption d'une décision individuelle automatisée doit prévoir des mesures appropriées pour la sauvegarde des droits et des libertés ainsi que des intérêts légitimes de la personne concernée.

[...]

68. Ainsi, dans l'hypothèse où le droit d'un État membre autorise, conformément à l'article 22, paragraphe 2, sous b), du RGPD, l'adoption d'une décision fondée exclusivement sur un traitement automatisé, ce traitement doit respecter non seulement les conditions posées à cette dernière disposition et à l'article 22, paragraphe 4, de ce règlement, mais également les exigences posées aux articles 5 et 6 dudit règlement. Partant, les États membres ne sauraient adopter, au titre de l'article 22, paragraphe 2, sous b) du RGPD, des réglementations qui autorisent le profilage en méconnaissance des exigences posées par ces articles 5 et 6, telles qu'interprétées par la jurisprudence de la Cour.

[...]

71. En l'occurrence, la juridiction de renvoi indique que seul l'article 31 du BDSG pourrait constituer une base juridique nationale, au sens de l'article 22, paragraphe 2, sous b), du RGPD. Cependant, elle éprouve de sérieux doutes quant à la compatibilité de cet article 31 avec le droit de l'Union. À supposer que cette disposition soit jugée incompatible avec le droit de l'Union, SCHUFA agirait non seulement sans base légale, mais méconnaîtrait ipso iure l'interdiction édictée à l'article 22, paragraphe 1, du RGPD.

72. À cet égard, il incombe à la juridiction de renvoi de vérifier si l'article 31 du BDSG peut être qualifié de base légale autorisant, au titre de l'article 22, paragraphe 2, sous b), du RGPD, l'adoption d'une décision fondée exclusivement sur un traitement automatisé. Si cette juridiction devait parvenir à la conclusion que ledit article 31 constitue une telle base légale, il lui appartiendrait encore de vérifier si les conditions posées à l'article 22, paragraphes 2, sous b), et 4, du RGPD et celles figurant aux articles 5 et 6 de ce règlement sont remplies en l'occurrence.

73. Eu égard à l'ensemble des considérations qui précèdent, il y a lieu de répondre à la première question que l'article 22, paragraphe 1, du RGPD doit être interprété en ce sens que l'établissement automatisé, par une société fournissant des informations commerciales, d'une valeur de probabilité fondée sur des données à caractère personnel relatives à une personne et concernant la capacité de celle-ci à honorer des engagements de paiement à l'avenir constitue une « décision individuelle automatisée », au sens de cette disposition, lorsque dépend de manière déterminante de cette valeur de probabilité le fait qu'une tierce partie, à laquelle ladite valeur de probabilité est communiquée, établisse, exécute ou mette fin à une relation contractuelle avec cette personne.

Sur la seconde question

74. Compte tenu de la réponse apportée à la première question, il n'y a pas lieu de répondre à la seconde question.

[...]

Observations

Cette affaire mérite l'attention : la Cour de justice interprète l'article 22 du règlement européen sur la protection des données personnelles (RGPD), pièce maîtresse de la protection des données personnelles dans le contexte de l'automatisation de la prise de décision. Alors que la « société algorithmique » devient omniprésente, l'article 22 accorde à la personne concernée « le droit de ne pas faire l'objet d'une décision fondée exclusivement sur un traitement automatisé, y compris le profilage, produisant des effets juridiques la concernant ou l'affectant de manière significative de façon similaire ». Cette disposition constitue les prémisses de l'encadrement des algorithmes, susceptibles d'intégrer de l'intelligence artificielle. La décision porte sur le *scoring*, c'est-à-dire le calcul de la solvabilité d'une personne sous la forme d'une valeur de probabilité. Ce type d'évaluation automatique doit d'autant plus susciter l'intérêt que de nombreux exemples ont montré les risques d'erreur et de discrimination provoqués par des calculs automatiques ayant conduit à des décisions biaisées.

En l'espèce, la Cour vient d'abord préciser les trois conditions de mise en œuvre de l'article 22 qu'elle interprète largement. Elle décide ainsi que la notion de « décision » a une large portée puisqu'elle renvoie non seulement à des actes qui produisent des effets juridiques concernant la personne en cause mais également des actes qui affectent celle-ci de manière significative de façon similaire. Cette interprétation est d'ailleurs confirmée par le considérant 71 du RGPD qui donne des exemples de rejet automatique d'une demande de crédit en ligne ou des pratiques de recrutement en ligne sans aucune intervention humaine. Cette notion est donc suffisamment large pour englober ici le résultat du calcul de la solvabilité d'une personne sous la forme d'une valeur de probabilité visant à évaluer la capacité de cette dernière à honorer des engagements de paiement à l'avenir.

Quant à la deuxième condition, selon laquelle la décision être « fondée exclusivement sur un traitement automatisé, y compris le profilage », une activité telle que celle de l'entreprise réalisant le calcul de la solvabilité répond à la définition de « profilage » donnée à l'article 4 (4) du RGPD. Il s'agit bien en effet d'établir automatiquement une valeur de probabilité fondée sur des données à caractère personnel relatives à une personne et concernant la capacité de celle-ci à honorer un prêt à l'avenir.

La troisième condition, selon laquelle la décision doit produire « des effets juridiques » concernant la personne en cause ou l'affecter « de manière significative de façon similaire », l'action de la tierce partie à laquelle la valeur de probabilité est transmise est guidée « de manière déterminante » par cette valeur. Ainsi, en cas de demande de prêt adressée par un consommateur à une banque, une valeur de probabilité insuffisante entraîne, dans presque tous les cas, le refus de cette dernière d'accorder le prêt sollicité. En conséquence, une valeur de probabilité affectant, à tout le moins, la personne concernée de manière significative produit donc des effets juridiques.

Les trois conditions étant réunies, le calcul automatique de solvabilité de la personne entre bien dans le champ d'application de l'article 22 du RGPD. Cette question ne suscite en réalité pas de véritable débat. L'objectif de protection de l'article 22 (1) du RGPD est au demeurant perceptible par le fait de conférer à la personne concernée le « droit » de ne pas faire l'objet d'une décision fondée exclusivement sur un traitement automatisé, y compris le profilage. Cet article poursuit ainsi la finalité de protéger les personnes contre les risques particuliers pour leurs droits et libertés que présente le traitement automatisé de données à caractère personnel. Ces risques relèvent de l'évaluation d'aspects personnels relatifs à la personne physique visée par ce traitement, notamment pour analyser ou prédire des aspects concernant son rendement au travail, sa situation économique, sa santé, ses préférences ou centres d'intérêt, sa fiabilité ou son comportement, ou sa localisation et ses déplacements, comme le souligne le considérant 71. Une telle évaluation peut générer des effets discriminatoires potentiels à l'égard des personnes physiques, fondées sur l'origine raciale ou ethnique, les opinions politiques, la religion ou les convictions, l'appartenance syndicale, le statut génétique ou l'état de santé, ou l'orientation sexuelle. Il est donc crucial de prévoir des garanties appropriées et d'assurer un traitement équitable et transparent à l'égard de la personne concernée, en particulier par l'utilisation de procédures mathématiques ou statistiques adéquates aux fins du profilage et par l'application de mesures techniques et organisationnelles appropriées pour faire en sorte que le risque d'erreur soit réduit au minimum.

En revanche, un autre aspect de l'affaire prête davantage à l'interprétation de l'article 22. Une pluralité d'acteurs est impliquée dans l'activité de *scoring*. L'entreprise poursuivie est une société privée de droit allemand qui établit un pronostic sur la probabilité d'un comportement futur d'une personne physique mis en œuvre par des partenaires contractuels. L'établissement de la valeur de probabilité est un acte préparatoire et seul l'acte adopté par la tierce partie pourrait, le cas échéant, être qualifié de « décision », au sens de l'article 22 (1) du RGPD. Cela impliquerait que l'établissement de cette valeur échapperait aux exigences spécifiques prévues à l'article 22, paragraphes 2 à 4, du RGPD. Une telle conclusion serait d'autant plus regrettable que l'action de la tierce partie, à laquelle cette valeur est transmise, est guidée de manière déterminante par cette probabilité. Si une interprétation restrictive de cette disposition était retenue, un risque important de contournement de l'article 22 se manifesterait, ce qui produirait une lacune dans la protection juridique. Au demeurant, en l'absence de prise de décision automatisée mise en œuvre par la société de *scoring* mais par ses partenaires commerciaux, la personne concernée ne pourrait pas faire valoir son droit d'accès aux informations spécifiques visées à l'article 15 (1), sous h), du RGPD. De leur côté, ces tierces parties ne seraient pas non plus en mesure de fournir les informations spécifiques dont elles ne disposent généralement pas. Une telle conséquence serait injuste et contraire à la finalité de l'article 22, ainsi qu'au respect des droits entourant la mise en œuvre de cet article. La Cour de justice refuse de parvenir à de telles conclusions et donne une interprétation large de l'article 22, sans distinguer entre les différentes étapes d'élaboration et mise en œuvre du *scoring*. L'ensemble contribue finalement à la prise de décision automatique. Il faut s'en réjouir car il n'est pas rare que ces activités soient scindées. L'évaluation du score de solvabilité des personnes est amplement utilisée aux États-Unis et de plus en plus en Europe également. Il est donc nécessaire que l'encadrement par l'article 22 du RGPD s'applique à cette situation non explicitement prévue par le législateur.

Par ailleurs, on peut douter du respect des conditions de sauvegarde des droits et des libertés, ainsi que des intérêts légitimes de la personne concernée qui doit accompagner l'exception au droit de ne pas faire l'objet d'une décision individuelle automatisée, prévue par le droit national, en application de l'article 22 (2), sous b), du RGPD. Parmi ces mesures se trouve le droit de la personne concernée d'obtenir une intervention humaine de la part du responsable du traitement, d'exprimer son point de vue et de contester la décision prise à son égard. Par ailleurs, tout traitement de données à caractère personnel doit aussi répondre à l'une des conditions de licéité du traitement énumérées à l'article 6 de ce règlement (arrêt du 20 octobre 2022, *Digi*, aff. C-77/21, EU:C:2022:805, pt 49 et jurisprudence citée). En l'occurrence, la juridiction de renvoi indique que seul l'article 31 du BDSG pourrait constituer une base juridique nationale. Or, cette dernière éprouve de sérieux doutes quant à la compatibilité de cet article 31 avec le droit de l'Union. L'entreprise agirait alors sans base légale et méconnaîtrait en outre *ipso iure* l'interdiction édictée à l'article 22 (1) du RGPD et les garanties afférentes. La juridiction de renvoi devra donc analyser spécifiquement ce point. Si elle estime que cette disposition est une base légale du traitement, elle devra en outre vérifier si les conditions posées à l'article 22 (2) sous b) et à l'article 22 (4) du RGPD sont remplies en l'occurrence.

Une fois de plus, la Cour de justice, garante de la protection des droits et libertés individuelles, interprète largement les dispositions du droit des données personnelles et donne corps à un « humanisme numérique ». Il faut particulièrement s'en réjouir s'agissant de l'interprétation d'une disposition clé dans l'encadrement de la « société algorithmique ».

Céline CASTETS-RENARD

XXIII. FINANCES ET BUDGET

Cour de justice, 5e ch., 7 septembre 2023, *Finanzamt G (Projets d'aide au développement)*, aff. C-15/22, ECLI:EU:C:2023:636

Conclusions de l'avocat général L. Medina, du 9 février 2023, ECLI:EU:C:2023:92

Mots-clés : Imposition de l'aide publique au développement – Fonds européen de développement – Liberté de circulation des capitaux – Coopération loyale – Équivalence – Effet direct

Cadre normatif : articles 4 TUE et 63 TFUE

Notes et observations : P. Bruyas, *Europe*, comm. 395, novembre 2023

Extraits de l'arrêt

1. La demande de décision préjudicielle porte sur l'interprétation des articles 45, 56 et 63 TFUE ainsi que de l'article 4, paragraphe 3, TUE et des dispositions combinées des articles 208 et 210 TFUE.

2. Cette demande a été présentée dans le cadre d'un litige opposant une personne physique au Finanzamt G (bureau des contributions G, Allemagne) au sujet du refus de ce dernier d'exonérer d'impôt sur le revenu les salaires que cette personne, assujettie de manière illimitée à cet impôt en Allemagne, a perçus au titre d'une activité exercée à l'étranger, financée par les 7e et 9e Fonds européens de développement (FED), alors même que la réglementation fiscale nationale prévoit qu'un tel revenu est exonéré lorsque, en substance, l'activité est financée par des ressources budgétaires nationales. [...]

Le litige au principal et la question préjudicielle

29. Du 12 avril 2009 au 31 octobre 2012, la requérante au principal a été employée en tant que cheffe de projet salariée par une société d'aide au développement ayant son siège en Allemagne. Elle travaillait dans le cadre d'un contrat de travail dont la durée était égale à celle d'un projet de coopération au développement se déroulant en Afrique, auquel elle a été affectée. Ce projet était financé par les 7e et 9e FED. Pendant cette période, elle a néanmoins maintenu sa résidence et le centre de ses intérêts en Allemagne où elle était, par conséquent, assujettie à l'impôt sur le revenu de manière illimitée.

30. Le Finanzamt Z (bureau des contributions Z, Allemagne) a accueilli une demande de l'employeur de la requérante au principal visant à l'exonération du salaire de cette dernière, en application de l'ATE, et a émis, en conséquence, une attestation d'exonération. Par suite, ledit employeur n'a pas retenu à la source et reversé à l'administration fiscale d'impôt sur les salaires. Les salaires de la requérante n'ont pas non plus été imposés dans un pays tiers.

31. À la suite d'un contrôle fiscal de la société employant la requérante au principal, le service des impôts compétent a constaté que le projet de coopération au développement en cause avait été financé non pas par le gouvernement fédéral ni par la Deutsche Gesellschaft für Internationale Zusammenarbeit (société allemande pour la coopération internationale, Allemagne), mais par les 7e et 9e FED. En conséquence, il a été demandé au bureau des contributions G de soumettre les salaires de cette requérante à l'impôt sur le revenu.

32. Par décision du 13 février 2014, le bureau des contributions G a fixé le montant de l'impôt dû par la requérante au principal au titre des exercices 2011 et 2012.

33. Après une réclamation infructueuse contre cette décision, cette requérante a formé un recours auprès du Finanzgericht Köln (tribunal des finances de Cologne, Allemagne) que ce dernier a rejeté comme non fondé par un arrêt du 22 mars 2018. Ladite requérante a ensuite introduit un recours en *Revision* contre cet arrêt devant la juridiction de renvoi, à savoir le Bundesfinanzhof (Cour fédérale des finances, Allemagne).

34. À cet égard, la juridiction de renvoi estime que, sur la base du droit national, le recours en *Revision* est dénué de fondement. En revanche, l'ATE et la pratique fiscale s'y rapportant pourraient être contraires au principe de coopération loyale inscrit à l'article 4, paragraphe 3, TUE ainsi qu'à l'obligation pour les États membres de coordonner leurs politiques de développement en vertu des articles 208 et 210 TFUE, lus conjointement.

35. C'est dans ce contexte que le Bundesfinanzhof (Cour fédérale des finances) a décidé de surseoir à statuer et de poser à la Cour la question préjudicielle suivante :

> « Les dispositions combinées de l'article 4, paragraphe 3, [TUE] et des articles 208 et 210 [TFUE] doivent-elles être interprétées en ce sens qu'elles s'opposent à une pratique administrative nationale en vertu de laquelle il n'y a pas de renonciation à l'impôt si un projet de coopération au développement est financé par [deux des FED] tandis que, sous certaines conditions, il est renoncé à imposer le salaire que touche [un] travailleur sur la base d'un contrat de travail pour une activité en lien avec l'aide publique au développement fournie par l'Allemagne dans

le cadre de la coopération technique ou financière, financée au moins à 75 % par un ministère fédéral responsable de la coopération au développement ou par une société privée d'aide au développement appartenant à l'État ? »

Sur la question préjudicielle

[...]

Sur le fond

40. Par sa question, la juridiction de renvoi demande, en substance, si les dispositions combinées de l'article 4, paragraphe 3, TUE et des articles 208 et 210 TFUE doivent être interprétées en ce sens qu'elles s'opposent à une pratique fiscale nationale qui refuse d'exonérer d'impôt sur le revenu le salaire que touche un travailleur affecté à une activité en lien avec l'aide publique au développement lorsque cette activité est financée par un FED, alors que cette exonération est accordée lorsqu'une telle activité est financée au moins à hauteur de 75 % par un ministère responsable de la coopération au développement ou par une société privée d'aide au développement appartenant à l'État membre concerné.

41. Cela étant, il convient de relever, à titre liminaire, que, si, dans l'énoncé de sa question, la juridiction de renvoi mentionne uniquement les dispositions combinées de l'article 4, paragraphe 3, TUE ainsi que des articles 208 et 210 TFUE, il y a lieu de relever que, dans sa demande de décision préjudicielle, cette juridiction évoque également les libertés de circulation. Or, interrogées à ce sujet à l'audience, la requérante au principal et la Commission ont fait valoir qu'une pratique fiscale telle que celle en cause au principal relève notamment du champ d'application de la liberté de circulation des capitaux, prévue à l'article 63, paragraphe 1, TFUE, alors que le gouvernement allemand a soutenu que ces libertés ne s'appliquent pas dans une situation telle que celle en cause au principal.

42. Dans ces conditions, il convient d'examiner, tout d'abord, si l'article 63, paragraphe 1, TFUE doit être interprété en ce sens qu'il s'oppose à une pratique fiscale telle que celle en cause au principal.

43. À cet égard, il ressort de la nomenclature des mouvements de capitaux figurant à l'annexe I de la directive 88/361, laquelle a conservé la valeur indicative qui était la sienne pour définir la notion de mouvements de capitaux (arrêt du 16 décembre 2021, *UBS Real Estate*, C-478/19 et C-479/19, EU:C:2021:1015, point 31), que cette liberté a pour champ d'application matériel les opérations relatives à des avoirs ou à des engagements libellés en monnaie nationale ou en devises étrangères dont celles de prêt et de don de sommes d'argent.

44. Étant donné que figurent notamment parmi les concours susceptibles d'être octroyés par le 7e ou par le 9e FED tant des aides non remboursables que des prêts, force est de constater qu'une pratique fiscale telle que celle en cause au principal est, en principe, susceptible d'affecter la liberté de circulation des capitaux.

45. Cela étant, il ressort du libellé de l'article 63, paragraphe 1, TFUE que, pour s'appliquer, la liberté de circulation des capitaux requiert un mouvement entre États membres ou entre un État membre et un pays tiers.

46. À cet égard, il convient de rappeler que la Cour a certes jugé, au point 38 de l'arrêt du 2 mars 1994, *Parlement/Conseil* (C-316/91, EU:C:1994:76), que les dépenses nécessaires aux concours financiers prévus à l'article 231 de la quatrième convention ACP-CEE et à l'article 1er du protocole financier annexé à cette convention sont engagées directement par les États.

47. Toutefois, dans ce même point, la Cour a établi une distinction entre l'engagement de ces dépenses par les États membres et la distribution des concours qu'un tel engagement vise à permettre, puisqu'elle a souligné que cette dernière opération était effectuée non pas par lesdits États, mais par le 7e FED. En outre, la Cour a relevé, au point 29 de cet arrêt, que, dès lors que la quatrième convention ACP-CEE avait été conclue à la fois par la Communauté économique européenne et par les États membres, ils étaient, sauf dérogations expressément prévues, conjointement responsables à l'égard des États ACP de l'exécution de toute obligation résultant des engagements souscrits, y compris ceux relatifs aux concours financiers. Partant, ainsi qu'il résulte des points 30 à 32 dudit arrêt, si la quatrième convention ACP-CEE emploie l'expression « concours financiers de la Communauté », celle-ci doit être comprise, dans le contexte de cette convention, comme se référant à la Communauté économique européenne et à ses États membres considérés ensemble.

48. En conséquence, la Cour en a déduit, aux points 33 à 37 du même arrêt, que les concours distribués par le 7e FED l'étaient afin de satisfaire à l'obligation d'assistance financière, mentionnée à l'article 231 de la quatrième convention ACP-CEE, laquelle incombait à la Communauté ainsi qu'aux États membres, considérés ensemble, mais dont ces derniers avaient volontairement choisi d'assumer seuls la charge, raison pour laquelle ils avaient institué le 7e FED.

49. Au vu de ces éléments, il y a donc lieu de considérer que, si les dépenses nécessaires aux concours financiers et, plus généralement, la dotation du 7e FED en capitaux, sont directement assumées par les États membres, la distribution de ces concours par ledit fonds doit être considérée, quant à elle, comme étant effectuée non par ces États membres, mais par une entité qui a été instituée au moyen d'un accord intergouvernemental et aux fins d'assumer, en lieu et place de l'Union et des États membres, des obligations auxquelles ceux-ci ont collectivement souscrit à l'occasion de la ratification d'un accord international mixte.

50. Dès lors, il doit être constaté que le mouvement de capitaux qu'implique la distribution, par le 7e FED, de concours financiers constitue un mouvement de capitaux intervenant non pas entre des États membres ou entre un État membre et un pays tiers, mais entre cette entité et, en principe, un pays tiers et qu'il ne saurait donc relever de la libre circulation des capitaux.

51. Il en va de même de la distribution de concours financiers par le 9e FED, les dispositions de l'accord de Cotonou ainsi que de l'accord interne relatif au financement et à la gestion des aides de la Communauté dans le cadre de l'accord de Cotonou étant, sur ce point, analogues aux dispositions précitées.

52. Au demeurant, quand bien même la pratique fiscale en cause relèverait du champ d'application de la libre circulation des capitaux, il convient de rappeler que, selon une jurisprudence constante, lorsque les effets restrictifs qu'une mesure nationale pourrait produire sont trop aléatoires et trop indirects, de tels effets ne sauraient être regardés comme étant de nature à entraver l'une des libertés de circulation (voir, par analogie, arrêt du 27 octobre 2022, *Instituto do Cinema e do Audiovisual*, C-411/21, EU:C:2022:836, point 29). Or, une pratique fiscale, telle que celle en cause au principal, n'est pas susceptible d'affecter de manière certaine et directe les financements octroyés par le 7e ou par le 9e FED.

53. Eu égard à ce qui précède, force est constater qu'une pratique fiscale telle que celle en cause au principal ne relève pas de la liberté de circulation des capitaux, visée à l'article 63, paragraphe 1, TFUE.

54. S'agissant, ensuite, de l'article 4, paragraphe 3, TUE, lu en combinaison avec les articles 208 et 210 TFUE, il peut être relevé que, comme il a été constaté, en substance, au point 46 du présent arrêt, les 7e et 9e FED ne sont pas des organes de l'Union. Or, si l'article 4, paragraphe 3, TUE consacre un principe de coopération loyale, il n'en demeure pas moins que ce dernier, même lu en combinaison avec les articles 208 et 210 TFUE, a un champ d'application limité à l'accomplissement par l'Union et les États membres des missions découlant des traités.

55. Toutefois, il convient de rappeler que les 7e et 9e FED ont été institués par les États membres afin d'exécuter les obligations d'assistance financière auxquelles ils ont souscrit collectivement avec l'Union dans le cadre de la quatrième convention ACP-CEE et de l'accord de Cotonou.

56. Étant donné que les dispositions des traités s'imposent aux États membres, ces derniers ne sauraient s'exonérer de leur obligation de respecter leur devoir de coopération loyale aux fins, notamment, de l'accomplissement par l'Union de ses missions parmi lesquelles figurent, en vertu de l'article 3 TUE, le strict respect du droit international et donc des engagements auxquels elle a souscrit collectivement avec les États membres lors de la ratification d'accords internationaux mixtes ainsi que, conformément à l'article 21 TUE, le développement durable sur le plan économique, social et environnemental des pays en développement. Dès lors, les relations entre, d'une part, les États membres et, d'autre part, les 7e et 9e FED doivent être considérées comme étant régies par les mêmes principes que ceux qui auraient prévalu si les États membres n'avaient pas choisi d'instituer ces FED aux fins d'exécuter les obligations financières auxquelles ils ont collectivement souscrit avec l'Union à l'occasion de la ratification de la quatrième convention ACP-CEE et de celle de l'accord de Cotonou, parmi lesquels le principe de coopération loyale, énoncé à l'article 4, paragraphe 3, TUE, le cas échéant, lu en combinaison avec les articles 208 et 210 TFUE.

57. En outre, ce devoir de coopération loyale est d'application générale et ne dépend pas du caractère exclusif ou non de la compétence de l'Union concernée (voir, en ce sens, arrêt du 20 avril 2010, *Commission/Suède*, C-246/07, EU:C:2010:203, point 71) ni donc, *a fortiori*, de la circonstance que cette compétence relève d'un domaine de compétences parallèles, comme c'est le cas, conformément à l'article 4, paragraphe 4, TFUE, de la coopération au développement, pour lequel l'exercice par l'Union de sa compétence n'empêche pas les États membres d'exercer la leur.

58. En revanche, il convient de rappeler que seules les dispositions, y compris celles prévues dans les traités, qui imposent des obligations précises et inconditionnelles, ne nécessitant, pour leur application, aucune intervention ultérieure des autorités de l'Union ou nationales, sont susceptibles d'être invoquées par des particuliers (voir, en ce sens, arrêts du 10 novembre 1992, *Hansa Fleisch Ernst Mundt*, C-156/91, EU:C:1992:423, point 13, ainsi que du 20 mars 2018, *Garlsson Real Estate e.a.*, C-537/16, EU:C:2018:193, point 65).

59. Or, s'agissant du principe de coopération loyale, énoncé à l'article 4, paragraphe 3, TUE, celui-ci entraîne, ainsi qu'il ressort du libellé de cette disposition, deux obligations positives à la charge des États membres, consistant, d'une part, à respecter, à faciliter et à assister l'Union dans l'accomplissement des missions découlant des traités, rappelé au point 54 du présent arrêt, et, d'autre part, à prendre toutes les mesures nécessaires pour l'exécution des obligations découlant des traités ou résultant des actes des institutions, ainsi qu'une obligation négative, à savoir s'abstenir de toute mesure susceptible de mettre en péril la réalisation des objectifs de l'Union.

60. Pour ce qui est de la première de ces obligations positives, si celle-ci oblige les États membres à respecter les stratégies et actions arrêtées par l'Union (voir, en ce sens, arrêt du 20 avril 2010, *Commission/Suède*, C-246/07, EU:C:2010:203, points 75 et 76) et, à ce titre, peut exiger, lorsqu'une réglementation nationale soumet l'application d'un avantage juridique ou fiscal à la condition que son octroi soit opportun pour des raisons économiques, que l'État membre concerné considère qu'une telle condition est remplie lorsque l'application d'un tel avantage va dans le sens des intérêts économiques de l'Union que lesdites stratégies et actions visent à promouvoir ou à défendre, il n'en demeure pas moins qu'une telle obligation est trop imprécise pour être susceptible d'engendrer des droits en faveur des particuliers (voir, en ce sens, arrêt du 15 janvier 1986, *Hurd*, 44/84, EU:C:1986:2, points 47 à 49).

61. Pour ce qui est de la seconde desdites obligations positives et aux termes de laquelle les États membres doivent prendre toutes les mesures nécessaires pour l'exécution des obligations découlant des traités ou résultant des actes des institutions, il résulte du libellé même de l'article 4, paragraphe 3, deuxième alinéa, TUE que cette obligation ne confère pas, à elle seule, des droits subjectifs, mais qu'elle n'existe qu'en combinaison avec une obligation particulière pesant sur les États membres en vertu des traités ou d'un acte des institutions de l'Union, telle que celle relative aux règles de compétences.

62. Or, contrairement à la situation prévalant dans l'affaire ayant donné lieu à l'arrêt du 16 décembre 2004, *My* (C-293/03, EU:C:2004:821, points 35, 41, 42, 45 et 47), il ne ressort pas du dossier dont dispose la Cour que, dans la présente affaire, il existerait à la charge de l'État membre concerné une obligation susceptible d'être lue en liaison avec le principe de coopération loyale qui aurait pour effet de créer des droits subjectifs en faveur des particuliers. En effet, les obligations énoncées par l'article 208, paragraphe 1, et l'article 210, paragraphe 1, TFUE sont elles-mêmes trop générales pour être susceptibles de créer de tels droits.

63. Certes, ces dispositions, qui poursuivent les objectifs généraux de l'action extérieure de l'Union visés à l'article 21 TUE, tels que la promotion du développement durable sur le plan économique, social et environnemental des pays en développement [voir, en ce sens, arrêt du 2 septembre 2021, *Commission/Conseil (Accord avec l'Arménie)*, C-180/20, EU:C:2021:658, point 49], prévoient que les États membres et l'Union doivent coopérer et se concerter afin que leurs politiques respectives d'aide au développement se complètent et se renforcent mutuellement. Toutefois, les modalités précises d'une telle coopération dépendent d'un ensemble de paramètres qu'il revient exclusivement aux États membres et à l'Union de prévoir. En conséquence, si les États membres ou l'Union peuvent se prévaloir desdites obligations, en revanche, en l'absence de concrétisation plus précise des obligations qu'elles énoncent, ces dispositions ne sauraient être excipées par des particuliers à l'encontre d'un État membre ou de l'Union (voir, par analogie, arrêt du 21 décembre 2011, *Air Transport Association of America e.a.*, C-366/10, EU:C:2011:864, points 75 à 78).

64. En l'occurrence, la décision par laquelle la Commission, agissant au nom du FED, accorde un concours financier ne saurait constituer une concrétisation desdites dispositions qui soit de nature à permettre à des particuliers de s'opposer à la pratique fiscale en cause au principal, dans la mesure où, d'une part, le destinataire de ce type de décision est l'organisme d'aide au développement et non ses employés et, d'autre part, cette décision n'énonce pas une obligation pesant sur l'État membre concerné de ne pas taxer les revenus des salariés affectés au projet d'aide au développement ainsi subventionné.

65. Enfin, s'agissant de l'obligation négative énoncée à l'article 4, paragraphe 3, TUE, il convient de relever que, pour définir celle-ci, les auteurs du traité ont choisi de recourir à des termes impliquant une certaine gravité, à savoir « mettre en péril » la réalisation des objectifs de l'Union, lequel choix reflète la volonté délibérée de ces auteurs de limiter le champ d'application de cette obligation aux situations d'une gravité particulière. Or, il ne saurait être considéré qu'une pratique fiscale telle que celle en cause au principal met en péril la réalisation des objectifs de l'Union, les FED n'étant ni empêchés ni même dissuadés de financer des actions d'aide au développement.

66. Eu égard à ce qui précède, il convient de répondre à la question préjudicielle que les dispositions combinées de l'article 4, paragraphe 3, TUE et des articles 208 et 210 TFUE doivent être interprétées en ce sens qu'elles ne s'opposent pas à une pratique fiscale nationale qui refuse d'exonérer d'impôt sur le revenu le salaire que touche un travailleur affecté à une activité en lien avec l'aide publique au développement lorsque cette activité est financée par un FED, alors que cette exonération est accordée lorsqu'une telle activité est financée au moins à hauteur de 75 % par un ministère responsable de la coopération au développement ou par une société privée d'aide au développement appartenant à l'État membre concerné.

[...]

Observations

Prononcé par la cinquième chambre de la Cour de justice sur les conclusions de Mme l'avocat général L. Medina, cet arrêt préjudiciel apporte quelques éclaircissements à propos de l'appréhension fiscale des aides européennes dans un domaine s'y prêtant particulièrement

– celui de l'aide publique au développement (1) – mais dans un contexte juridico-institutionnel aussi baroque que désormais suranné (2).

L'affaire trouve en effet son origine dans la contestation par une résidente fiscale allemande du refus de son administration nationale d'exonérer d'impôt sur le revenu son salaire perçu au titre d'une activité financée par le Fonds européen de développement (FED) et exercée à l'étranger pour le compte d'une société ayant son siège en Allemagne, et ce alors même qu'en application d'une pratique administrative nationale, il est renoncé, sous certaines conditions, à imposer le salaire versé à un travailleur pour une activité en lien avec l'aide publique au développement fournie par l'Allemagne dans le cadre de la coopération technique ou financière. À l'invitation du juge *a quo* saisi de ce différend fiscal, la Cour de justice confronte ce refus au devoir étatique de coopération loyale dans le contexte particulier de la coopération au développement, non sans l'avoir au préalable examiné à l'aune de la liberté de circulation des capitaux, et ce compte tenu de l'évocation de cette dernière par le juge de renvoi et des observations formulées à cet égard devant elle tant par la Commission que par la requérante au principal.

Sur les deux terrains, le juge de l'Union européenne conclut, contrairement à son avocat général et au terme d'un raisonnement à certains égards déconcertant, à la compatibilité de cette différence de traitement dans l'imposition des revenus tirés de l'aide publique au développement.

La liberté de circulation des capitaux n'est, en premier lieu, manifestement pas en mesure d'interférer avec la politique fiscale nationale en la matière. La haute juridiction admet certes que, prenant la forme d'aides non remboursables et de prêts, les concours financiers apportés par le FED entrent dans le champ d'application matériel de la liberté invoquée (pt 42) mais, prenant appui sur la lettre de

---

(1) Voy. en particulier la plateforme numérique pour la transparence du traitement fiscal de l'aide au développement qu'a développée l'OCDE (https://www.oecd.org/fr/fiscalite/traitement-fiscal-aide-publique-au-developpement/) et qui recense les demandes d'exonération fiscale formulées par les donateurs, tels que l'Allemagne. À cet égard, on relèvera qu'à son article 27, le règlement (UE) 2021/947 du Parlement européen et du Conseil du 9 juin 2021 établissant l'instrument de voisinage, de coopération au développement et de coopération internationale – Europe dans le monde (*JOUE*, L 209 du 14 juin 2021, p. 1) prévoit que : « Le financement de l'Union ne génère ni ne déclenche la perception de taxes, de droits ou de charges spécifiques » mais que : « Les taxes, droits et charges imposés par les pays partenaires peuvent être éligibles à un financement au titre de l'instrument ».

(2) Dans le contexte du cadre financier pluriannuel 2021-2027, le Fonds européen de développement a été en quelque sorte budgétisé en ce sens que les dépenses occasionnées par la mise en œuvre des engagements souscrits dans le cadre des accords dits « Afrique Caraïbe Pacifique (ACP) » sont désormais à la charge d'un programme financier pris en charge par le budget de l'Union européenne.

la stipulation pertinente du TFUE – l'article 63, paragraphe 1 –, elle leur dénie la capacité d'engendrer un mouvement de capitaux « entre les États membres » ou « entre les États membres et les pays tiers ». Pour ce faire, la formation de jugement recourt à une interprétation restrictive en deux temps, dont le premier consiste à se référer aux motifs d'une affaire interinstitutionnelle trentenaire dans laquelle la Cour avait pourtant jugé que, ne constituant pas des dépenses de l'ex-Communauté économique européenne devant être inscrites au budget de l'organisation, les concours du FED sont directement assumés par les États membres (3). Il n'en demeure pas moins qu'après avoir concédé l'évidence, la cinquième chambre tempère en se fondant à nouveau sur les motifs de l'arrêt de 1994 pour affirmer que la distribution des concours du FED doit être considérée, quant à elle, comme étant effectuée non pas par ces États mais par le FED, c'est-à-dire par « une entité qui a été instituée au moyen d'un accord intergouvernemental et aux fins d'assumer, en lieu et place de l'Union et des États membres, des obligations auxquelles ceux-ci ont collectivement souscrit à l'occasion de la ratification d'un accord international mixte » (pt 47). *Tertium datur* donc ! Alors que le FED ne dispose pas de la personnalité juridique, à la différence notable d'un autre fonds extrabudgétaire alimenté directement par les États membres – la Facilité européenne pour la paix (4) –, la Cour semble ainsi considérer que son caractère « interétatique » sans doute combiné à son adossement à la technostructure « communautaire » mise en quelque sorte à disposition suffit à constituer sinon un écran, du moins un rideau de nature à occulter les États membres. Si, par conséquent, à l'occasion de la distribution des concours du FED, il y a un mouvement de capitaux, ce serait à partir non pas des États membres, mais de cette « entité », ce qui a pour effet de faire échapper ledit mouvement du champ d'application de la liberté de circulation sise à l'article 63 TFUE. Fondée sur une appréhension restrictive, et pour tout dire relativement formaliste, de la notion d'État membre, la conclusion devrait *a fortiori* valoir pour l'allocation de fonds par l'Union européenne, la Banque européenne d'investissement ou encore le mécanisme européen de stabilité.

Sur le second front à propos duquel elle est formellement interrogée, la Cour de justice adopte une position ambivalente. Elle répond certes sans ambiguïté à la juridiction de renvoi que le devoir de coopération loyale des États membres dans le domaine de la coopération

(3) CJCE, 2 mars 1994, *Parlement européen c/ Conseil*, aff. C-316/91, *Rec.*, p. I-625, pt 38.

(4) Décision (PESC) 2021/509 du Conseil du 22 mars 2021 établissant une facilité européenne pour la paix, *JOUE*, L 102, du 24 mars 2021, p. 14.

au développement ne s'oppose pas à la pratique nationale en cause mais elle le fait au terme d'une démonstration appelant davantage à la nuance.

En premier lieu, il ressort en effet de l'arrêt que le principe de coopération loyale s'applique bien dans les relations entre les États membres et le FED, et ce quand bien même ce dernier n'est pas un organe de l'Union européenne. La Cour relève ainsi qu'ayant été institué par les États membres afin d'exécuter les obligations d'assistance financière auxquelles ils ont souscrit collectivement avec l'Union européenne dans le cadre des accords ACP, le FED participe à l'accomplissement par l'Union européenne et les États membres de leurs missions découlant des traités (pt 54).

En deuxième lieu, s'inscrivant en cela dans la continuité de sa jurisprudence en la matière, la Cour rappelle que d'application générale, le devoir de coopération loyale « ne dépend pas du caractère exclusif ou non de la compétence de l'UE concernée » et, par conséquent, qu'il s'étend également à la coopération développement. Est ainsi offerte l'opportunité à la Cour de ranger cette compétence dans la catégorie singulière des « compétences parallèles » (pt 55), c'est-à-dire en somme de ces quelques compétences (aide au développement donc mais aussi recherche, développement technologique, espace, aide humanitaire) étonnamment régies par l'article 4 TFUE afférent aux compétences partagées alors même qu'elles n'en partagent pas l'une de leurs caractéristiques essentielles tenant à ce qu'en application du principe de préemption, l'exercice par l'Union européenne de sa compétence prive l'État membre de la faculté d'exercer la sienne en la matière.

Toujours est-il qu'absolvant la pratique litigieuse, le dispositif de l'arrêt n'en traduit pas, à nos yeux, fidèlement les motifs car, en définitive, les récriminations de la requérante au principal butent, du moins pour l'essentiel, sur le défaut d'effet direct des dispositions mobilisées au soutien de ses prétentions. Il est vrai qu'indépendamment même de toute question d'invocabilité, la Cour de justice semble rejeter au fond l'allégation selon laquelle, en contravention avec « l'obligation négative » intégrée au devoir de coopération loyale, la pratique nationale litigieuse serait de nature à « mettre en péril » la réalisation des objectifs de l'Union européenne. Ce faisant cependant, elle ne nie pas que le traitement fiscal applicable aux concours FED soit de nature à affecter la réalisation desdits objectifs puisqu'elle se borne en somme à considérer que n'est pas atteint le seuil de « gravité particulière » auquel les rédacteurs des traités ont délibérément, de par les termes utilisés à l'article 4 du TUE, conditionné l'applicabilité du volet négatif de l'exigence de coopération loyale (pt 63).

D'ailleurs, à l'occasion de l'examen de la compatibilité avec les pans « positifs » du devoir de coopération loyale, la Cour n'exclut pas que ceux-ci aient été méconnus en l'occurrence par la pratique contestée au principal. Au contraire, elle prend bien soin d'affirmer que la première obligation positive, sise à l'article 4, paragraphe 3, TUE, et consistant à respecter, à faciliter et à assister l'Union européenne dans l'accomplissement de ses missions, est susceptible d'imposer aux États membres d'étendre, dans une logique d'équivalence en quelque sorte, le traitement favorable qu'ils accordent sur le plan juridique ou fiscal pour des raisons économiques aux intérêts économiques défendus par l'Union européenne dans le cadre de ses stratégies et actions (pt 58). De la même manière, dans le cadre de la seconde obligation positive du devoir de coopération – prendre toute mesure générale ou particulière propre à assurer l'exécution des obligations découlant du droit de l'Union européenne –, la Cour reconnaît qu'en application des articles 208 et 210 TFUE poursuivant les objectifs généraux de l'action extérieure de l'Union européenne, « les États membres et l'Union européenne doivent coopérer et se concerter afin que leurs politiques respectives d'aide au développement se complètent et se renforcent mutuellement ». Or, comme le souligne Mme l'avocat général, la pratique nationale litigieuse ne s'inscrit manifestement pas dans cette logique du complément et du renforcement mutuel.

Pour autant, eu égard à leur nature, la Cour de justice refuse à ces deux obligations positives la capacité de créer des droits subjectifs au profit des particuliers. Dans le premier cas, l'obligation positive est jugée en tout état de cause trop imprécise pour déployer un tel effet direct (pt 58). Dans le second, elle est tributaire de la précision des obligations à laquelle elle se rapporte. Jugées en l'occurrence également trop imprécises, elles nécessiteraient d'être concrétisées, *quod non* en l'occurrence (pt 61). À ce titre néanmoins, la Cour glisse que, nonobstant l'absence d'effet direct, il est loisible aux États membres comme à l'Union de se prévaloir desdites obligations, ce qui nous incite à penser qu'une action en constatation de manquement portant sur les mêmes faits n'aurait pas nécessairement conduit à la même conclusion.

Aymeric POTTEAU

XXIV. UNION ÉCONOMIQUE ET MONÉTAIRE

Cour de justice, 20 avril 2023, *Brink's Lithuania*, aff. C-772/21, EU:C:2023:305

Conclusions de l'avocate générale L. Medina, du 15 décembre 2022, EU:C:2022:1005

Mots-clés : Monnaie unique – Euro – Pièces et billets – Circulation – BCE

Cadre normatif : règlement (CE) n° 1338/2001 ; règlement (CE) n° 1338/2001 du Conseil du 28 juin 2001 définissant des mesures nécessaires à la protection de l'euro contre le faux monnayage (*JO* 2001, L 181, p. 6) ; décision BCE/2010/14 de la Banque centrale européenne du 16 septembre 2010 relative à la vérification de l'authenticité et de la qualité ainsi qu'à la remise en circulation des billets en euros (*JO* 2010, L 267, p. 1)

Extraits de l'arrêt

[...]

1. La demande de décision préjudicielle porte sur l'interprétation de l'article 6, paragraphe 2, de la décision BCE/2010/14 de la Banque centrale européenne, du 16 septembre 2010, relative à la vérification de l'authenticité et de la qualité ainsi qu'à la remise en circulation des billets en euros (*JO* 2010, L 267, p. 1), telle que modifiée par la décision BCE/2012/19 de la Banque centrale européenne, du 7 septembre 2012 (*JO* 2012, L 253, p. 19) (ci-après la « décision BCE/2010/14 »), ainsi que sur la validité de l'acte intitulé « Normes minimales pour un contrôle automatique de la qualité des billets en euros par les automates de traitement des billets » (ci-après les « normes minimales pour un contrôle automatique »), publié sur le site Internet de la Banque centrale européenne (BCE).

2. Cette demande a été présentée dans le cadre d'un litige opposant « Brink's Lithuania » UAB à Lietuvos bankas (Banque de Lituanie) au sujet d'une décision par laquelle cette banque centrale nationale a enjoint à Brink's Lithuania d'adopter les mesures nécessaires afin de ramener le niveau de tolérance de ses machines de traitement de billets, utilisées pour le contrôle automatique de la qualité des billets en euros destinés à être remis en circulation, à un maximum de 5 %.

[...]

Le litige au principal et les questions préjudicielles

20. Le 18 décembre 2018, des fonctionnaires de la Banque de Lituanie ont procédé à une inspection de la succursale de Brink's Lithuania à Panevėžys (Lituanie). Lors de cette inspection, ces fonctionnaires ont vérifié si les équipements de traitement des billets de cette succursale respectaient les exigences régissant la manipulation des espèces destinées à être remises en circulation. En particulier, ils ont testé la capacité desdits équipements à vérifier l'authenticité et la qualité des billets de banque en euros. Or, ces tests ont révélé que l'une des machines de traitement avait classé comme étant en bon état 18,26 % des billets en euros impropres à la circulation de la liasse de test utilisée. Pour une seconde machine, ce taux était de 13,91 %. Ces résultats ont été consignés dans un rapport de contrôle, lequel indique que les machines en cause étaient néanmoins d'un modèle qui figurait sur la liste des équipements de traitement de billets testés positivement figurant sur le site Internet de la BCE.

21. Ayant constaté que Brink's Lithuania a enfreint les normes minimales pour un contrôle automatique, lesquelles exigent que le niveau de tolérance pour le contrôle de la qualité des billets en euros ne dépasse pas 5 %, le directeur du département des espèces de la Banque de Lituanie a, par une décision du 28 février 2019, enjoint à cette société d'adopter les mesures nécessaires pour mettre fin à cette violation dans un délai de cinq jours ouvrables.

22. Selon les termes de cette décision, la capacité des équipements de traitement des billets à vérifier l'authenticité et la qualité des billets en euros dépend non seulement de leurs fabricants, mais également de leurs utilisateurs, à savoir des professionnels appelés à manipuler des espèces, et, en particulier, de l'entretien des équipements réalisés par ces utilisateurs. Le simple fait d'utiliser les équipements dans leur configuration usine standard, comme l'exige l'article 3, paragraphe 5, de la décision BCE/2010/14, ne pourrait être considéré comme une preuve que ce professionnel s'est conformé à ses obligations. Seules des inspections effectuées dans les locaux du professionnel appelé à manipuler des espèces permettraient de déterminer s'il y a eu une utilisation et un entretien appropriés des équipements, si les prescriptions applicables au traitement des espèces ont été dûment respectées et si des procédures appropriées sont appliquées pour tester les équipements.

23. Le 29 mars 2019, la requérante a, en substance, demandé à la BCE de lui préciser si le respect des normes minimales pour un contrôle automatique pèse sur les professionnels appelés à manipuler des espèces ou s'il ne s'impose qu'aux fabricants qui souhaitent que leurs machines soient inscrites dans la liste des équipements testés positivement.

24. Le 17 avril 2019, la BCE a répondu à cette demande en indiquant que les normes minimales pour un contrôle automatique sont destinées aux fabricants d'équipements de traitement des billets. En revanche, les professionnels appelés à manipuler des espèces auraient uniquement l'obligation d'utiliser, lorsqu'ils choisissent de procéder à la vérification automatisée des contrefaçons et de la qualité des billets, des équipements de traitement des billets reconnus conformes à ces normes minimales pour un contrôle automatique, et ce dans leur configuration standard d'usine, sans être tenus de vérifier eux-mêmes la conformité de ces équipements auxdites normes.

25. Après le rejet de son recours tendant à l'annulation de la décision du 28 février 2019 par le Vilniaus apygardos administracinis teismas (tribunal administratif régional de Vilnius, Lituanie), Brink's Lithuania a interjeté appel devant le Lietuvos vyriausiasis administracinis teismas (Cour administrative suprême de Lituanie), qui est la juridiction de renvoi dans la présente affaire.

26. La juridiction de renvoi indique qu'il est constant que Brink's Lithuania, en tant que transporteur de fonds, doit être considérée comme un professionnel appelé à manipuler des espèces, au sens de l'article 2, paragraphe 2, de la décision BCE/2010/14. Cependant, elle doute de l'interprétation et de la validité de l'article 6, paragraphe 2, de cette décision.

27. Elle estime, premièrement, que certains éléments du libellé de cette disposition suggèrent que le contrôle automatique de la qualité des billets en euros doit être effectué conformément aux normes minimales pour un contrôle automatique, ce qui impliquerait que, en vertu de cette subordination du contrôle automatique au respect des normes minimales, les professionnels doivent s'assurer que ce contrôle est effectué dans le respect desdites normes et, le cas échéant, prendre, de leur propre initiative, toutes les mesures utiles à cette fin. Cette interprétation serait confortée par l'objectif poursuivi par ladite décision de maintenir les billets en euros en bon état, un tel résultat ne pouvant être garanti par le recours à des équipements particuliers de traitement des billets dans leur configuration usine standard, comme exigé par ladite décision.

28. Cela étant, la juridiction de renvoi considère qu'interpréter l'article 6, paragraphe 2, de la décision BCE/2010/14 comme imposant aux professionnels appelés à manipuler des espèces de veiller à ce que le contrôle automatique s'effectue dans le respect des normes minimales pour un contrôle automatique pourrait se heurter à l'article 3, paragraphe 5, de cette même décision, qui énonce que les professionnels appelés à manipuler des espèces doivent utiliser leur machine en configuration d'usine standard. Si lesdits professionnels devaient veiller à ce que le contrôle automatique s'effectue dans le respect desdites normes, cela impliquerait que, en cas de défaillance d'une machine, ceux-ci pourraient avoir recours à d'autres configurations que celle d'usine standard. En outre, une telle interprétation serait source d'insécurité juridique car il serait difficile pour lesdits professionnels de déterminer de quelle manière ils pourraient satisfaire à cette obligation. Enfin, cette interprétation se heurterait au considérant 3 de la décision BCE/2012/19 qui indique que les normes minimales pour un contrôle automatique ne concernent que les fabricants d'équipements de traitement des billets et n'ont pas d'incidence sur les procédures automatisées de vérification de la qualité que les professionnels appelés à manipuler des espèces doivent appliquer.

29. Deuxièmement, quand bien même l'article 6, paragraphe 2, de la décision BCE/2010/14 devrait être interprété en ce sens qu'il n'impose pas aux professionnels appelés à manipuler des espèces l'obligation de tester leurs équipements de traitement des billets selon les normes minimales pour un contrôle automatique, la juridiction de renvoi est d'avis que cela n'exclurait pas nécessairement que les États membres puissent, en dehors du cadre normatif défini par l'Union européenne, prévoir une telle obligation.

30. Troisièmement, pour le cas où les professionnels appelés à manipuler des espèces seraient tenus de respecter les normes minimales pour un contrôle automatique, la juridiction de renvoi relève que, selon l'article 6, paragraphe 2, de la décision BCE/2010/14, ces normes sont simplement publiées sur le site Internet de la BCE et qu'elles peuvent être modifiées périodiquement. La question se poserait de savoir si, en l'absence de publication desdites normes au Journal officiel de l'Union européenne, ces dernières peuvent être considérées comme contraignantes et de nature à fonder l'adoption d'une injonction adressée à un professionnel appelé à manipuler des espèces, voire si, pour ces raisons, l'article 6, paragraphe 2, de la décision BCE/2010/14 est compatible avec le principe de sécurité juridique et l'article 297, paragraphe 2, TFUE, et, partant, valide.

31. Dans ces circonstances, le Lietuvos vyriausiasis administracinis teismas (Cour administrative suprême de Lituanie) a décidé de surseoir à statuer et de poser à la Cour les questions préjudicielles suivantes :

« 1) L'article 6, paragraphe 2, de la décision BCE/2010/14 doit-il être interprété en ce sens qu'un professionnel appelé à manipuler des espèces qui effectue un contrôle automatisé de la qualité de billets en euros est tenu de respecter les [normes minimales pour un contrôle automatique] prévues à cette disposition ?

2) Si, en vertu de l'article 6, paragraphe 2, de la décision BCE/2010/14, les [normes minimales pour un contrôle automatique] qui sont visées à cette disposition s'appliquent uniquement aux fabricants de machines de traitement des billets (et non aux professionnels appelés à manipuler des espèces), ledit article 6, paragraphe 2, lu en combinaison avec l'article 3, paragraphe 5,

de la même décision, doit-il être interprété en ce sens qu'il s'oppose à une disposition de droit national qui impose l'obligation de respecter ces normes minimales à un professionnel appelé à manipuler des espèces ?

3) Dans la mesure où elles sont publiées sur le site Internet de la [BCE], les [normes minimales pour un contrôle automatique] de la qualité des billets en euros par les automates de traitement des billets sont-elles conformes au principe de sécurité juridique ainsi qu'à l'article 297, paragraphe 2, du TFUE et sont-elles contraignantes et opposables aux professionnels appelés à manipuler des espèces ?

4) Dans la mesure où l'article 6, paragraphe 2, de la décision BCE/2010/14 prévoit que les [normes minimales pour un contrôle automatique] de la qualité des billets en euros sont publiées sur le site Internet de la BCE et sont modifiées périodiquement, cette disposition est-elle contraire au principe de sécurité juridique ainsi qu'à l'article 297, paragraphe 2, TFUE et, partant, invalide ? »

Sur les questions préjudicielles

Sur la première question

32. Par sa première question, la juridiction de renvoi demande si l'article 6, paragraphe 2, de la décision BCE/2010/14 doit être interprété en ce sens qu'un professionnel appelé à manipuler des espèces qui effectue un contrôle automatisé de la qualité de billets en euros est tenu de respecter les normes minimales pour un contrôle automatique.

33. À titre liminaire, il convient de rappeler que, ainsi qu'il ressort de son article 1er, la décision BCE/2010/14 met en œuvre l'article 6, paragraphe 1, du règlement n° 1338/2001 qui pose le principe de contrôle de l'authenticité des billets et des pièces en euros aux fins de lutter contre le faux monnayage et impose à cette fin aux établissements qui participent à la manipulation et à la délivrance au public de billets de banque à titre professionnel, y compris aux professionnels appelés à manipuler des espèces, l'obligation de veiller à la détection des contrefaçons selon les procédures définies par la BCE et de retirer de la circulation tous les billets en euros qu'ils ont reçus et dont ils savent ou au sujet desquels ils ont des raisons suffisantes de penser qu'ils sont faux, et de les remettre sans délai aux autorités nationales compétentes.

34. Sur le fondement de l'article 6, paragraphe 1, du règlement n° 1338/2001, la BCE a adopté la décision BCE/2010/14, laquelle vise, selon son considérant 2, à la protection de l'intégrité des billets en euros et à permettre une détection efficace des contrefaçons ce qui suppose de veiller à ce que les billets en euros en circulation soient maintenus en bon état afin de garantir une vérification facile et fiable de leur authenticité.

35. Ainsi que Mme l'avocate générale l'a souligné au point 62 de ses conclusions, le cadre normatif défini, notamment, par la décision BCE/2010/14, aux fins de garantir que seuls les billets de banque en euros en bon état sont remis en circulation dans le public, repose, en substance, sur trois piliers principaux, à savoir respectivement, tout d'abord, la production et la configuration d'équipements de traitement de billets conformes aux normes minimales pour un contrôle automatique, qui, après avoir été testés positivement par une BCN à la demande d'un fabricant, sont classés par type dans une liste sur le site Internet de la BCE, ensuite, l'imposition d'un ensemble d'obligations pour les professionnels appelés à manipuler des espèces, en particulier en ce qui concerne les contrôles automatiques de la qualité des billets en euros, et, enfin, la reconnaissance aux BCN de pouvoirs de contrôle et de surveillance afin de faire en sorte que les entités concernées se conforment à leurs obligations respectives.

36. Parmi les obligations pesant sur les professionnels appelés à manipuler des espèces, l'article 3, paragraphe 1, de cette décision dispose que ceux-ci sont tenus de vérifier l'authenticité et la qualité des billets en euros conformément aux procédures prévues dans cette décision.

37. À cet effet, l'article 3, paragraphe 3, de ladite décision prévoit que les professionnels appelés à manipuler des espèces peuvent se conformer à ladite obligation de vérifier l'authenticité et la qualité des billets en euros en mettant en place soit une procédure de contrôle manuel par du personnel formé, soit une procédure de contrôle automatisé au moyen d'un équipement de traitement des billets testé positivement par une BCN. En vertu de l'article 3, paragraphe 4, de cette même décision, s'agissant des billets en euros, le recours à une procédure de contrôle automatisé est toutefois obligatoire pour les billets en euros destinés à être remis en circulation par l'intermédiaire de machines à usage du public ou d'automates de délivrance de billets, sauf si ces billets ont été livrés directement à un professionnel appelé à manipuler des espèces par une BCN ou par un autre professionnel appelé à manipuler des espèces qui a déjà vérifié de cette manière l'authenticité et la qualité des billets en euros.

38. En ce qui concerne plus particulièrement les modalités de réalisation de ce contrôle automatique, l'article 6, paragraphe 2, de la décision BCE/2010/14 prévoit qu'un tel contrôle doit être « effectué avec un équipement de traitement des billets testé positivement conformément aux normes minimales qui sont publiées sur le site Internet de la BCE et modifiées périodiquement ». Or, cette disposition ne précise pas si les normes minimales auxquelles elle se réfère doivent être respectées par les établissements qui participent à la manipulation et à la délivrance au public de billets de banque ou si celles-ci s'imposent uniquement aux fabricants qui souhaitent que leurs machines soient inscrites dans la liste des équipements testés positivement.

39. Cela étant, selon une jurisprudence constante, aux fins de l'interprétation d'une disposition du droit de l'Union, il convient de tenir compte non seulement du libellé de celle-ci, mais également du contexte dans lequel elle s'inscrit et des objectifs qu'elle poursuit (voir en ce sens, notamment, arrêt du 22 décembre 2022, *Les Entreprises du Médicament*, C-20/22, EU:C:2022:1028, point 18 et jurisprudence citée).

40. En l'occurrence, s'agissant du libellé de l'article 6, paragraphe 2, de la décision BCE/2010/14, certes, dans certaines de ses versions linguistiques, la structure grammaticale de ce libellé pourrait suggérer que les termes « conformément aux normes minimales » se rapportent au verbe « effectué » et donc qu'ils visent à préciser la nature du contrôle devant être opéré.

41. Toutefois, ainsi que l'a relevé Mme l'avocate générale au point 45 et dans la note en bas de page 15 de ses conclusions, dans d'autres versions linguistiques, telles que celles en langues espagnole, anglaise, française, italienne et portugaise, la structure de ce libellé tend plutôt à soutenir l'interprétation inverse selon laquelle ce membre de phrase se rapporte aux tests que les équipements de traitement des billets doivent satisfaire avant que les professionnels appelés à manipuler des espèces puissent y recourir pour se conformer à leurs obligations découlant de la décision BCE/2010/14 lorsque ceux-ci doivent ou ont choisi de mettre en place un contrôle automatique de l'authenticité et la qualité des billets en euros.

42. Or, il convient de rappeler que, selon une jurisprudence constante, les termes ou la structure grammaticale utilisés dans certaines versions linguistiques d'une disposition du droit de l'Union ne sauraient servir de base unique à l'interprétation de cette disposition ou se voir attribuer un caractère prioritaire par rapport aux autres versions linguistiques (voir, en ce sens, arrêt du 26 janvier 2021, *Hessischer Rundfunk*, C-422/19 et C-423/19, EU:C:2021:63, point 65).

43. En revanche, quelle que soit la version linguistique considérée, il y a lieu de relever qu'interpréter l'article 6, paragraphe 2, de la décision BCE/2010/14 en ce sens que les termes « conformément aux normes minimales » se rapporteraient au contrôle automatique effectué priverait en grande partie d'effet utile les termes « testé positivement » également employés à cette disposition, car cette dernière ne préciserait alors plus au regard de quels standards l'équipement de traitement des billets doit être testé positivement.

44. Par conséquent, il doit être considéré que le libellé de l'article 6, paragraphe 2, de la décision BCE/2010/14 tend plutôt à démontrer que les normes minimales visées à cette disposition s'appliquent non pas au contrôle automatique de qualité effectué par les professionnels appelés à manipuler des espèces dans le cadre de leur activité mais aux tests que les équipements de traitement des billets doivent satisfaire avant de pouvoir être utilisés par les professionnels appelés à manipuler des espèces.

45. Une telle interprétation est, au demeurant, confortée tant par le contexte dans lequel s'inscrit l'article 6, paragraphe 2, de la décision BCE/2010/14 que par les objectifs poursuivis par cette disposition.

46. D'une part, en ce qui concerne le contexte de cette disposition, il ressort de l'article 3, paragraphes 3 à 5, de cette décision que, en cas de contrôle automatique, les professionnels appelés à manipuler des espèces doivent recourir à des équipements de traitement de billets testés positivement par une BCN conformément aux normes minimales de la BCE visées à l'article 6, paragraphe 2, de ladite décision et que ces équipements doivent être utilisés uniquement pour les valeurs faciales et les séries de billets en euros énumérées sur le site Internet de la BCE dans leur configuration usine standard, incluant les dernières mises à jour. Or, si la BCE avait entendu obliger les professionnels appelés à manipuler des espèces à veiller à ce que le contrôle automatique effectué s'opère conformément auxdites normes minimales, il n'aurait été nécessaire ni de prévoir que ceux-ci ne peuvent recourir à cette fin qu'aux seuls équipements de traitement des billets ayant satisfait à certains tests ni de préciser les conditions dans lesquelles ces équipements doivent être utilisés aux fins de réaliser un tel contrôle. En revanche, de telles exigences impliquent que le recours à ces équipements est considéré, dans la décision BCE/2010/14, comme étant le moyen par lequel, en cas de contrôle automatique, les professionnels appelés à manipuler des espèces satisfont à leur obligation de garantir la qualité des billets.

47. D'autre part, pour ce qui est des objectifs poursuivis par l'article 6, paragraphe 2, de la décision BCE/2010/14, comme l'a souligné Mme l'avocate générale aux points 48 à 50 de ses conclusions, il convient de relever que, avant d'avoir été modifié par la décision BCE/2012/19, l'article 6 de la décision BCE/2010/14 prévoyait que la vérification de la qualité des billets en euros devait s'effectuer conformément aux normes minimales visées aux annexes IIIa et IIIb de ladite décision. En particulier, l'annexe IIIa de celle-ci fixait les « normes minimales du contrôle automatique de la qualité des billets en euros effectué par des équipements de traitement des billets », alors que l'annexe IIIb établissait « les normes minimales du contrôle manuel de la qualité des billets en euros effectué par du personnel formé ». Or, ainsi qu'il ressort de son considérant 3, la décision BCE/2012/19 a abrogé l'annexe IIIa de la décision BCE/2010/14 dans le but explicite d'intégrer les normes minimales pour un contrôle automatique de la qualité des billets en euros, qui étaient jusqu'alors en dehors du champ d'application de la décision BCE/2010/14, parmi les règles et les procédures pour les tests effectués sur les équipements de traitement des billets, la collecte des données et le suivi. Parallèlement, une référence à ces normes a été intégrée dans l'orientation BCE/2010/NP16 qui fixe les règles et les procédures pour les tests effectués sur les types d'équipements de traitement des billets. Depuis lors, il résulte de l'article 2, paragraphes 1 et 4, de cette orientation, lu en combinaison avec l'article 2a, le point 3.1.1 de l'annexe I et l'annexe IV de ladite orientation, que lesdites normes s'appliquent aux tests effectués sur ces types d'équipements.

48. En outre, le considérant 3 de la décision BCE/2012/19 indique sans équivoque que les normes minimales pour un contrôle automatique de la qualité des billets en euros « ne concernent [...] que les fabricants d'équipements de traitement des billets et n'ont pas d'incidence sur les procédures de vérification de l'authenticité et de la qualité prévues par la décision BCE/2010/14, à laquelle les professionnels appelés à manipuler des espèces doivent se conformer ».

49. Par conséquent, il ressort de la décision BCE/2012/19 que l'article 6, paragraphe 2, de la décision BCE/2010/14 a été modifié dans le but de préciser que les normes minimales visées à cette disposition s'appliquent exclusivement aux tests effectués par les fabricants sur leurs types d'équipements de traitement des billets.

50. Il s'ensuit que l'article 6, paragraphe 2, de la décision BCE/2010/14 n'impose pas à un professionnel appelé à manipuler des espèces qui effectue un contrôle automatisé de la qualité de billets en euros de veiller, par lui-même, à ce que le contrôle automatique effectué s'opère dans le respect des normes minimales visées à cette disposition. De telles normes doivent, en revanche, être respectées par les fabricants si ces derniers souhaitent qu'un modèle d'équipement qu'ils produisent soit inscrit sur le site Internet de la BCE comme étant apte à vérifier la qualité et l'authenticité des billets ayant une certaine valeur faciale et relevant de certaines séries.

51. Pour autant, ainsi que Mme l'avocate générale l'a souligné en substance aux points 66 à 68 de ses conclusions, il doit être constaté que lesdits professionnels n'en demeurent pas moins tenus de respecter les obligations mises à leur charge par la décision BCE/2010/14, dont notamment celles résultant de l'article 3, paragraphe 1, et de l'article 10, paragraphe 1, de cette décision de procéder à des contrôles automatiques de qualité et de mettre en place des procédures de contrôle des équipements de traitement des billets qu'ils utilisent.

52. Or, ces obligations impliquent nécessairement que ces professionnels soient tenus d'utiliser des équipements de traitement des billets qui soient capables d'effectuer ces contrôles et, en particulier, de détecter des billets impropres à la remise en circulation ou détériorés, ce qui suppose de s'assurer que les équipements utilisés soient dans un état de fonctionnement, d'entretien et de réglage adapté à la vérification de la qualité des billets en euros. Dans le cas contraire, lesdits professionnels manqueraient à l'obligation plus générale qui leur est imposée par l'article 6, paragraphe 1, du règlement n° 1338/2001 de participer à la lutte contre le faux monnayage.

53. En conséquence, un professionnel appelé à manipuler des espèces dont les équipements de traitement des billets ne respecteraient pas le niveau de tolérance de 5 % prévu par les normes minimales pour un contrôle automatique ne saurait refuser de se conformer à une injonction qui lui aurait été adressée sur le fondement de l'article 10, paragraphe 3, de la décision BCE/2010/14 par une BCN après une inspection dans ses locaux lui ordonnant de remédier à cette situation.

54. Compte tenu des considérations qui précèdent, l'article 6, paragraphe 2, de la décision BCE/2010/14 doit être interprété en ce sens que les normes minimales visées à cette disposition ne s'appliquent pas aux professionnels appelés à manipuler des espèces lorsqu'ils procèdent à un contrôle automatique de la qualité des billets en euros. Toutefois, l'article 3, paragraphe 1, et l'article 10, paragraphe 1, de cette décision, lus en combinaison avec l'article 6, paragraphe 1, du règlement n° 1338/2001, doivent être interprétés en ce sens que lesdits professionnels doivent adopter les mesures nécessaires pour remédier à une situation dans laquelle une inspection d'une BCN a révélé que leurs équipements de traitement de billets ne sont pas capables de détecter en dessous d'un niveau de tolérance de 5 % le caractère impropre à la remise en circulation de billets de banque en euros.

Sur la deuxième question

55. Par sa deuxième question, la juridiction de renvoi demande, en substance, si, dans l'hypothèse où il résulterait de la réponse à la première question que les normes minimales visées à l'article 6, paragraphe 2, de la décision BCE/2010/14 ne s'appliquent qu'aux fabricants de machines de traitement des billets, cet article 6, paragraphe 2, lu en combinaison avec l'article 3, paragraphe 5, de cette décision, doit être interprété en ce sens qu'il s'oppose à ce qu'un État membre impose aux professionnels appelés à manipuler des espèces, lorsqu'ils procèdent à un contrôle automatique de la qualité des billets en euros, de respecter ces normes minimales.

56. À cet égard, il convient de rappeler que les mesures nécessaires à l'usage de l'euro, en tant que monnaie unique, visées à l'article 133 TFUE, relèvent du domaine de la politique monétaire pour laquelle l'Union dispose, en vertu de l'article 3, paragraphe 1, sous c), TFUE, d'une compétence exclusive. Or, ainsi qu'il résulte du considérant 4 du règlement n° 1338/2001, les règles et les procédures communes relatives à la protection de l'euro contre le faux monnayage, dont font partie celles relatives à la vérification de la qualité des billets et des pièces en euros, constituent des mesures nécessaires à l'usage de cette monnaie.

57. L'Union détenant, par conséquent, une compétence exclusive en matière de vérification de l'authenticité et de la qualité des billets, les États membres ne peuvent pas adopter de disposition dans ce domaine sans y avoir été habilités par le droit de l'Union. Or, la décision BCE/2010/14 ne prévoit aucune habilitation en faveur des États membres pour imposer, de leur propre initiative aux professionnels appelés à manipuler des espèces, lorsqu'ils procèdent à un contrôle automatique de la qualité des billets en euros, de respecter les normes minimales de la BCE visées à l'article 6, paragraphe 2, de la décision BCE/2010/14.

58. Certes, l'article 6, paragraphe 3, de ladite décision autorise une BCN à fixer des normes plus strictes pour une ou plusieurs valeurs faciales ou séries de billets en euros. Toutefois, cette faculté est limitée, ainsi qu'il ressort de l'emploi des termes « normes plus strictes », au contenu des exigences que les machines doivent respecter aux fins de traiter une ou plusieurs valeurs faciales ou séries de billets en euros. Elle ne saurait dès lors habiliter une BCN à élargir le champ d'application personnel des normes minimales de la BCE visées à l'article 6, paragraphe 2, de la même décision, en obligeant les professionnels appelés à manipuler des espèces à veiller à ce que, en cas de contrôle automatique réalisé au moyen d'un type d'équipement de traitement des billets testé positivement au sens de l'article 6, paragraphe 2, de la décision BCE/2010/14, ce contrôle s'effectue dans le respect desdites normes minimales.

59. En conséquence, l'article 6, paragraphe 2, de la décision BCE/2010/14, lu en combinaison avec l'article 3, paragraphe 5, de cette décision, doit être interprété en ce sens qu'il s'oppose à ce qu'un État membre impose aux professionnels appelés à manipuler des espèces lorsqu'ils procèdent à un contrôle automatique de la qualité des billets en euros de respecter les normes minimales de la BCE visées à cet article 6, paragraphe 2.

Sur les troisième et quatrième questions

60. Par ses troisième et quatrième questions, la juridiction de renvoi demande, en substance, si les normes minimales pour un contrôle automatique, ainsi que l'article 6, paragraphe 2, de la décision BCE/2010/14, sont conformes au principe de sécurité juridique ainsi qu'à l'article 297, paragraphe 2, TFUE dans la mesure où cet article 6, paragraphe 2, prévoit que lesdites normes sont publiées sur le site Internet de la BCE et modifiées périodiquement.

61. À cet égard, il est constant que le litige au principal oppose une BCN à un professionnel appelé à manipuler des espèces. Or, il ressort de la réponse à la première question que les normes minimales pour un contrôle automatique ne s'appliquent pas aux professionnels appelés à manipuler des espèces lorsqu'ils procèdent à un contrôle automatique de la qualité des billets en euros. Par conséquent, il n'y a pas lieu de répondre aux troisième et quatrième questions.

Observations

Alors que la Commission a présenté une proposition de règlement relative à l'euro numérique (1), l'arrêt rendu par la Cour de justice rappelle que les espèces n'ont pas disparu, et n'ont pas vocation au demeurant à être remplacées par une monnaie numérique de banque centrale. D'apparence, les faits du litige au principal peuvent sembler à la fois techniques et insignifiants. L'arrêt renseigne néanmoins sur le droit monétaire de la zone euro, tel qu'on s'attache à en démontrer l'existence depuis maintenant plus d'une décennie (2). Plus précisément, c'est la notion de monnaie par sa manifestation en espèces qui a retenu l'attention.

En l'occurrence, la Banque centrale nationale de Lituanie a enjoint à Brink's Lithuania d'adopter les mesures nécessaires afin de ramener le niveau de tolérance de ses machines de traitement de billets, utilisées pour le contrôle automatique de la qualité des billets en euros destinés à être remis en circulation, à un maximum de 5 %. Au terme d'une inspection, des agents de la Banque centrale ont en effet constaté que deux des machines de traitement des billets d'une succursale de la Brink's Lithuania avaient classé en bon état des billets en euros impropres à la circulation alors que lesdites machines étaient d'un modèle qui figurait sur la liste des équipements de traitement de billets testés positivement figurant sur le site internet de la BCE. Après avoir constaté que Brink's Lithuania a enfreint les normes minimales pour un contrôle automatique, lesquelles exigent que le niveau de tolérance pour le contrôle de la qualité des billets en euros ne dépasse pas 5 %, la Banque de Lituanie a, par une décision du 28 février 2019, enjoint à cette société d'adopter les mesures nécessaires pour mettre fin à cette violation. Pour la Banque centrale nationale, la tâche de vérifier la capacité des équipements de traitement des billets à vérifier l'authenticité et la qualité des billets en euros revient non seulement aux fabricants mais également aux utilisateurs de ces équipements, à savoir des

---

(1) Proposition de règlement du Parlement européen et du Conseil établissant l'euro numérique, 28 juin 2023, COM(2023) 369.

(2) Voy. F. Martucci, *L'ordre économique et budgétaire de l'Union européenne*, préface D. Carreau, avant-propos J.-V. Louis, coll. « Droit de l'Union », Bruxelles, Bruylant, 2015, pp. 894 et s. *Id.*, « La souveraineté monétaire à l'ère numérique », in B. Bertrand et G. Le Floch (dir.), *La souveraineté numérique*, coll. « Droit de l'Union », Bruxelles, Bruylant, 2024, pp. 81-106.

professionnels appelés à manipuler des espèces, et, en particulier, de l'entretien des équipements réalisés par ces utilisateurs. Il était ajouté que « le simple fait d'utiliser les équipements dans leur configuration d'usine standard, comme l'exige l'article 3, paragraphe 5, de la décision BCE/2010/14, ne pourrait être considéré comme une preuve que ce professionnel s'est conformé à ses obligations ». S'était engagé ensuite un échange entre la Brink's Lithuania et la BCE afin d'identifier les professionnels appelés à manipuler des espèces concernés par l'obligation de respecter des normes minimales pour un contrôle automatique des équipements. À la suite d'une contestation de la décision de la Banque centrale de Lituanie devant le juge national, une question préjudicielle a été posée à la Cour de justice portant sur l'interprétation et la validité des dispositions de la décision BCE/2010/14 de la BCE du 16 septembre 2010 relative à la vérification de l'authenticité et de la qualité ainsi qu'à la remise en circulation des billets en euros. Il en ressort deux questions préjudicielles, la troisième devenant sans objet, concernant, d'une part, les professionnels destinataires de l'obligation de respecter les normes minimales pour un contrôle automatique des espèces et, d'autre part, la compétence exclusive de l'Union pour adopter les mesures nécessaires à usage de l'euro. L'arrêt permet de faire avancer la réflexion sur la notion juridique de monnaie.

Professionnels destinataires de l'obligation de respecter les normes minimales pour un contrôle automatique des espèces

La première question porte sur le point de savoir si l'article 6, paragraphe 2, de la décision BCE/2010/14 doit être interprété en ce sens qu'un professionnel appelé à manipuler des espèces qui effectue un contrôle automatisé de la qualité de billets en euros est tenu de respecter les normes minimales pour un contrôle automatique. On rappelle que cette disposition prévoit qu'« [u]ne BCN peut, après en avoir informé la BCE, fixer des normes plus strictes pour une ou plusieurs valeurs faciales de billets en euros si cela se justifie, par exemple en raison de la détérioration de la qualité des billets en euros en circulation dans son État membre ».

Pour interpréter l'article 6, paragraphe 2, de la décision BCE/2010/14, la Cour de justice commence par rappeler le cadre général dans lequel cette disposition s'inscrit. En effet, la décision BCE/2010/14 met en œuvre l'article 6, paragraphe 1, du règlement n° 1338/2001 du Conseil du 28 juin 2001 définissant des mesures nécessaires à la protection de l'euro contre le faux monnayage. Dans sa version modifiée en 2009, l'article 6, paragraphe 1, intitulé « Obligations relatives aux établissements participant au traitement et à la délivrance au public des billets et des pièces » (3), dispose :

« 1. Les établissements de crédit et, dans la limite de leur activité de paiement, les autres prestataires de services de paiement, ainsi que tout autre agent économique participant au traitement et à la délivrance au public des billets et des pièces, y compris :

– les établissements dont l'activité consiste à échanger des billets ou des pièces de différentes devises, tels que les bureaux de change,
– les transporteurs de fonds,
– les autres agents économiques, tels que les commerçants et les casinos, participant à titre accessoire au traitement et à la délivrance au public des billets au moyen de guichets automatiques de banque (distributeurs automatiques de billets), dans la limite de ces activités accessoires,

ont l'obligation de s'assurer de l'authenticité des billets et pièces en euros qu'ils reçoivent et entendent remettre en circulation et de veiller à la détection des contrefaçons.

Pour les billets en euros, ce contrôle s'effectue conformément aux procédures définies par la BCE.

Les établissements et agents économiques visés au premier alinéa ont l'obligation de retirer de la circulation tous les billets et pièces en euros qu'ils ont reçus et dont ils savent ou au sujet desquels ils ont des raisons suffisantes de penser qu'ils sont faux. Ils les remettent sans délai aux autorités nationales compétentes ».

L'alinéa formulé « Pour les billets en euros, ce contrôle s'effectue conformément aux procédures définies par la BCE » renvoie à une note de bas de page : « Voir le cadre pour la détection des contrefaçons et le tri qualitatif des billets par les établissements de crédit et les autres professionnels appelés à manipuler des espèces, disponible sur le site internet de la BCE (http://www.ecb.europa.eu/euro/cashprof/html/index.fr.html) » (4).

L'article 6, paragraphe 1, de la décision BCE/2010/14 consacre ainsi « le principe de contrôle de l'authenticité des billets et des pièces en euros aux fins de lutter contre le faux monnayage et impose à cette fin aux établissements qui participent à la manipulation et

(3) Règlement (CE) n° 44/2009 du Conseil du 18 décembre 2008 modifiant le règlement (CE) n° 1338/2001 définissant des mesures nécessaires à la protection de l'euro contre le faux monnayage.

(4) Rectificatif au règlement (CE) n° 44/2009 du Conseil du 18 décembre 2008 modifiant le règlement (CE) n° 1338/2001 définissant des mesures nécessaires à la protection de l'euro contre le faux monnayage.

à la délivrance au public de billets de banque à titre professionnel, y compris aux professionnels appelés à manipuler des espèces, l'obligation de veiller à la détection des contrefaçons selon les procédures définies par la BCE et de retirer de la circulation tous les billets en euros qu'ils ont reçus et dont ils savent ou au sujet desquels ils ont des raisons suffisantes de penser qu'ils sont faux, et de les remettre sans délai aux autorités nationales compétentes » (pt 33).

La Cour de justice précise dès lors que c'est sur le fondement de l'article 6, paragraphe 1, du règlement n° 1338/2001, que « la BCE a adopté la décision BCE/2010/14, laquelle vise, selon son considérant 2, à la protection de l'intégrité des billets en euros et à permettre une détection efficace des contrefaçons ce qui suppose de veiller à ce que les billets en euros en circulation soient maintenus en bon état afin de garantir une vérification facile et fiable de leur authenticité » (pt 34). Renvoyant au point 62 des conclusions de l'avocate générale, le point 35 de l'arrêt précise le cadre normatif défini par la décision BCE/2010/14, aux fins de garantir que seuls les billets de banque en euros en bon état sont remis en circulation dans le public, qui repose sur trois piliers principaux. Premièrement, la production et la configuration d'équipements de traitement de billets doivent être conformes aux normes minimales pour un contrôle automatique ; lesdits équipements sont classés par type dans une liste sur le site internet de la BCE, après avoir été testés positivement par une BCN à la demande d'un fabricant. Deuxièmement, un ensemble d'obligations est imposé aux professionnels appelés à manipuler des espèces, en particulier en ce qui concerne les contrôles automatiques de la qualité des billets en euros. Troisièmement, les BCN se voient reconnaître des pouvoirs de contrôle et de surveillance afin de faire en sorte que les entités concernées se conforment à leurs obligations respectives.

La Cour de justice identifie ensuite les obligations pesant sur les professionnels appelés à manipuler des espèces, l'article 3, paragraphe 1, de cette décision dispose que ceux-ci sont tenus de vérifier l'authenticité et la qualité des billets en euros conformément aux procédures prévues dans cette décision. D'une part, les professionnels appelés à manipuler des espèces peuvent se conformer à cette obligation de vérification soit par une procédure de contrôle manuel par du personnel formé, soit par une procédure de contrôle automatisé au moyen d'un équipement de traitement des billets testé positivement par une BCN (art. 3, § 3, de la décision BCE/2010/14). D'autre part, le recours à une procédure de contrôle automatisé est obligatoire pour les billets en euros destinés à être remis en circulation par l'intermédiaire de machines à usage du public ou d'automates de délivrance de billets, sauf si ces billets ont été livrés directement à un professionnel appelé à manipuler des espèces par une BCN ou par un autre professionnel appelé à manipuler des espèces qui a déjà vérifié de cette manière l'authenticité et la qualité des billets en euros (art. 3, § 4, de la décision BCE/2010/14).

C'est dès lors sur le contrôle automatique que l'attention se focalise. À ce titre, l'article 6, paragraphe 2, de la décision BCE/2010/14 prévoit qu'un tel contrôle doit être « effectué avec un équipement de traitement des billets testé positivement conformément aux normes minimales qui sont publiées sur le site Internet de la BCE et modifiées périodiquement ». Toute la difficulté réside, point 38 de l'arrêt, dans la circonstance constatée par la Cour que « cette disposition ne précise pas si les normes minimales auxquelles elle se réfère doivent être respectées par les établissements qui participent à la manipulation et à la délivrance au public de billets de banque ou si celles-ci s'imposent uniquement aux fabricants qui souhaitent que leurs machines soient inscrites dans la liste des équipements testés positivement ».

La Cour de justice déploie sa méthode classique d'interprétation d'une disposition textuelle selon la formule rituelle rappelée par le point 39 : « [I]l convient de tenir compte non seulement du libellé de celle-ci, mais également du contexte dans lequel elle s'inscrit et des objectifs qu'elle poursuit ». S'y ajoute également la comparaison des versions linguistiques du texte de la disposition (pts 40 et 41). Un doute ressort puisque, selon les langues, on peut comprendre que l'expression « conformément aux normes minimales » s'entend soit 1) : comme précisant la nature du contrôle devant être opéré, soit 2) : comme se rapportant aux tests que les équipements de traitement des billets doivent satisfaire avant que les professionnels appelés à manipuler des espèces puissent y recourir pour se conformer à leurs obligations en cas de contrôle automatique de l'authenticité et la qualité des billets en euros. En cas de divergence linguistique, il convient donc de se fonder sur d'autres éléments.

« Interpréter en ce sens que les termes "conformément aux normes minimales" se rapporteraient au contrôle automatique effectué priverait en grande partie d'effet utile les termes "testé positivement" également employés à cette disposition, car cette dernière ne préciserait alors plus au regard de quels standards l'équipement de traitement des billets doit être testé positivement » (pt 43). Cela signifie que les normes minimales visées à l'article 6, paragraphe 2, de la décision BCE/2010/14 « s'appliquent non pas au contrôle automatique de qualité effectué par les professionnels appelés à manipuler des espèces dans le cadre de leur activité mais aux tests que les équipements de traitement des billets doivent satisfaire avant de pouvoir être utilisés par les professionnels appelés à manipuler des espèces» (pt 44). Cette interprétation est confortée par le contexte et les objectifs de la disposition.

En ce qui concerne le contexte, selon l'article 3, paragraphes 3 à 5, de la décision BCE/2010/14, en cas de contrôle automatique, les professionnels appelés à manipuler des espèces doivent recourir à des équipements de traitement de billets testés positivement par une BCN conformément aux normes minimales de la BCE visées à l'article 6, paragraphe 2. De plus, ces équipements doivent être utilisés uniquement pour les valeurs faciales et les séries de billets en euros énumérées sur le site internet de la BCE dans leur configuration d'usine standard, incluant les dernières mises à jour. « Or, si la BCE avait entendu obliger les professionnels appelés à manipuler des espèces à veiller à ce que le contrôle automatique effectué s'opère conformément auxdites normes minimales, il n'aurait été nécessaire ni de prévoir que ceux-ci ne peuvent recourir à cette fin qu'aux seuls équipements de traitement des billets ayant satisfait à certains tests ni de préciser les conditions dans lesquelles ces équipements doivent être utilisés aux fins de réaliser un tel contrôle» (pt 46). En revanche, « de telles exigences impliquent que le recours à ces équipements est considéré, dans la décision BCE/2010/14, comme étant le moyen par lequel, en cas de contrôle automatique, les professionnels appelés à manipuler des espèces satisfont à leur obligation de garantir la qualité des billets» (pt 46).

En ce qui concerne les objectifs poursuivis par l'article 6, paragraphe 2, de la décision BCE/2010/14, le point 47 se réfère, en renvoyant aux points 48 à 50 des conclusions de l'avocate générale, à une modification en 2012 (5) de l'article 6 de la décision BCE/2010/14 qui, en substance sans revenir sur le détail éminemment technique, conforte l'interprétation selon laquelle les normes techniques s'appliquent aux tests effectués sur ces types d'équipements. En tout état de cause, « le considérant 3 de la décision BCE/2012/19 indique sans équivoque que les normes minimales pour un contrôle automatique de la qualité des billets en euros ne concernent [...] que les fabricants d'équipements de traitement des billets et n'ont pas d'incidence sur les procédures de vérification de l'authenticité et de la qualité prévues par la décision BCE/2010/14, à laquelle les professionnels appelés à manipuler des espèces doivent se conformer» (pt 48). Dès lors, et peut-être la Cour aurait-elle pu débuter par là : « [I]l ressort de la décision BCE/2012/19 que l'article 6, paragraphe 2, de la décision BCE/2010/14 a été modifié dans le but de préciser

(5) Décision 2012/507/UE de la Banque centrale européenne du 7 septembre 2012 modifiant la décision BCE/2010/14 relative à la vérification de l'authenticité et de la qualité ainsi qu'à la remise en circulation des billets en euros (BCE/2012/19).

que les normes minimales visées à cette disposition s'appliquent exclusivement aux tests effectués par les fabricants sur leurs types d'équipements de traitement des billets » (pt 49).

En conclusion, l'article 6, paragraphe 2, de la décision BCE/2010/14 doit être interprété en ce sens qu'il n'impose pas à un professionnel appelé à manipuler des espèces effectuant un contrôle automatisé de la qualité de billets en euros de veiller, par lui-même, à ce que le contrôle automatique effectué s'opère dans le respect des normes minimales visées à cette disposition. Lesdites normes « doivent, en revanche, être respectées par les fabricants si ces derniers souhaitent qu'un modèle d'équipement qu'ils produisent soit inscrit sur le site Internet de la BCE comme étant apte à vérifier la qualité et l'authenticité des billets ayant une certaine valeur faciale et relevant de certaines séries » (pt 51). Les destinataires de l'obligation de respecter les normes minimales sont donc les fabricants de sorte qu'en l'espèce, Brink's Lithuania n'était pas visée par l'obligation.

Néanmoins, la Cour de justice précise que des obligations pèsent sur les professionnels appelés à manipuler des espèces. Ces obligations sont celles consacrées par les articles 3, paragraphe 1, et 10, paragraphe 1, de la décision BCE/2010/14 : ces professionnels sont tenus de procéder à des contrôles automatiques de qualité et de mettre en place des procédures de contrôle des équipements de traitement des billets qu'ils utilisent (pt 51). De cette obligation de résultat découle une obligation de moyen tenant à l'utilisation par les professionnels des équipements de traitement des billets qui soient capables d'effectuer ces contrôles. Corrélativement, cela implique que les professionnels s'assurent que les équipements utilisés soient dans un état de fonctionnement, d'entretien et de réglage adapté à la vérification de la qualité des billets en euros, sous peine de manquer à l'obligation générale imposée par l'article 6, paragraphe 1, du règlement n° 1338/2001 de participer à la lutte contre le faux monnayage (pt 52). La Cour de justice en déduit dès lors l'obligation pour le professionnel appelé à manipuler des espèces dont les équipements de traitement des billets ne respecteraient pas le niveau de tolérance de 5 % prévu par les normes minimales pour un contrôle automatique de se conformer à une injonction qui lui aurait été adressée sur le fondement de l'article 10, paragraphe 3, de la décision BCE/2010/14 par une BCN après une inspection dans ses locaux lui ordonnant de remédier à cette situation. Cette solution nous semble respectueuse de l'équilibre institutionnel tel que conçu par le traité dont on rappelle qu'il confère à la BCE un pouvoir normatif – entendu comme pouvoir d'adopter des actes à portée générale et impersonnelle – limité et secondaire. En effet, en dehors de l'article 22 des statuts, c'est uniquement sur le fondement d'un acte du Conseil que la BCE peut exercer un pouvoir normatif. En l'occurrence, les obligations sont imposées par le règlement n° 1338/2001 ; l'obligation imposée de se conformer à une injonction est en revanche liée au pouvoir de contrôle de l'Eurosystème.

La solution appelle une série de remarques qui sont néanmoins liées à la deuxième question préjudicielle posée à la Cour.

Compétence exclusive de l'Union pour adopter les mesures nécessaires à usage de l'euro

En substance, par sa deuxième question, la juridiction de renvoi a demandé si les normes minimales visées à l'article 6, paragraphe 2, de la décision BCE/2010/14 ne s'appliquent qu'aux fabricants de machines de traitement des billets, cet article 6, paragraphe 2, lu en combinaison avec l'article 3, paragraphe 5, de cette décision doit être interprété en ce sens qu'il s'oppose à ce qu'un État membre impose aux professionnels appelés à manipuler des espèces, lorsqu'ils procèdent à un contrôle automatique de la qualité des billets en euros, de respecter ces normes minimales. Autrement dit, la question posée est celle de la délimitation de la compétence de l'Union en matière de politique monétaire, dans la continuité de l'arrêt *Dietrich et Häring c/ Hessischer Rundfunk* (6).

La Cour de justice confirme en effet, au demeurant singulièrement sans citer cet arrêt, que « les mesures nécessaires à l'usage de l'euro, en tant que monnaie unique, visées à l'article 133 TFUE, relèvent du domaine de la politique monétaire pour laquelle l'Union dispose, en vertu de l'article 3, paragraphe 1, sous c), TFUE, d'une compétence exclusive » (pt 56). L'arrêt confirme que les règles relatives à la protection de l'euro contre le faux monnayage font partie des mesures nécessaires à l'usage de l'euro, en tant que monnaie unique, au sens de l'article 133 TFUE. Dans l'acception globalisante de la politique monétaire en tant que domaine de compétence exclusive tel que délimité par l'article 3, paragraphe 1, c), TFUE, la protection de l'euro contre le faux monnayage fait partie de la compétence exclusive de l'Union.

Une fois un domaine de compétence délimité, encore faut-il en déterminer la substance matérielle ; l'opération est cruciale puisqu'elle révèle la dialectique de l'attribution et de l'exercice des compétences. Si le traité attribue une compétence à l'Union dans un domaine – en l'occurrence, la politique monétaire –, ce dernier est déterminé par l'exercice que font les institutions de la compétence en adoptant les actes normatifs correspondant, sous le contrôle de la Cour de justice. Ainsi, la jurisprudence précise que le domaine de la politique monétaire comporte les mesures nécessaires relatives à l'usage de

(6) CJUE, gde ch., 26 janvier 2021, *Dietrich et Häring c/ Hessischer Rundfunk*, aff. C-422/19 et C-423/19, ECLI:EU:C:2021:63.

l'euro. Dans la mise en œuvre de l'article 133 TFUE, le législateur de l'Union a, avec le règlement n° 1338/2001, considéré que la protection de l'euro contre le faux monnayage fait partie de la compétence de politique monétaire. En soi, cela ne choque guère dès lors que la Cour de justice a considéré que la politique monétaire comporte une dimension normative visant à garantir le statut de l'euro en tant que monnaie unique. La lutte contre le faux monnayage fait indéniablement partie des garanties permettant du statut de l'euro en tant que monnaie unique. Dans le considérant n° 4 du règlement n° 1338/2001, le Conseil a souligné qu'il s'est agi d'assurer la protection juridique de l'euro dans sa mise en circulation de sorte que, souligne le point 56 de l'arrêt, les règles et les procédures communes relatives à la protection de l'euro contre le faux monnayage constituent des mesures nécessaires à l'usage de cette monnaie. Pour le législateur de l'Union telle que sa volonté est exprimée par le règlement n° 1338/2001, les règles relatives à la vérification de la qualité des billets et des pièces en euros sont consubstantielles à la protection de l'euro contre le faux monnayage. En conséquence, elles relèvent des mesures visant à garantir le statut de l'euro en tant que monnaie unique. Que la Cour de justice inclue les règles relatives à la vérification de la qualité des billets et des pièces dans la compétence de politique monétaire n'est guère contestable.

La conséquence en est que l'Union détient une compétence exclusive en matière de vérification de l'authenticité et de la qualité des billets (pt 57). Il en résulte que « les États membres ne peuvent pas adopter de disposition dans ce domaine sans y avoir été habilités par le droit de l'Union » (pt 57). Sans y faire expressément référence, la Cour de justice applique l'article 2, paragraphe 1, TFUE selon lequel « [l]orsque les traités attribuent à l'Union une compétence exclusive dans un domaine déterminé, seule l'Union peut légiférer et adopter des actes juridiquement contraignants, les États membres ne pouvant le faire par eux-mêmes que s'ils sont habilités par l'Union, ou pour mettre en œuvre les actes de l'Union ». Les arrêts de la Cour de justice relatifs à une compétence exclusive de l'Union sont rares. Aussi faut-il lire avec la plus grande attention le point 57 de l'arrêt sous commentaire. La Cour de justice y précise que la décision BCE/2010/14 ne prévoit aucune habilitation en faveur des États membres pour imposer, de leur propre initiative aux professionnels appelés à manipuler des espèces, lorsqu'ils procèdent à un contrôle automatique de la qualité des billets en euros, de respecter les normes minimales de la BCE visées à son article 6, paragraphe 2. En effet, la décision ne comporte aucune disposition visant les États membres.

Le point 58 souligne quant à lui que l'article 6, paragraphe 3, de ladite décision autorise une BCN à fixer des normes plus strictes pour une ou plusieurs valeurs faciales ou séries de billets en euros. La Cour de justice relève néanmoins que « cette faculté est limitée [...] au contenu des exigences que les machines doivent respecter aux fins de traiter une ou plusieurs valeurs faciales ou séries de billets en euros ». Elle en déduit que les BCN ne sont pas « habilitées [...] à élargir le champ d'application personnel des normes minimales de la BCE visées à l'article 6, paragraphe 2, de la même décision, en obligeant les professionnels appelés à manipuler des espèces à veiller à ce que, en cas de contrôle automatique réalisé au moyen d'un type d'équipement de traitement des billets testé positivement au sens de l'article 6, paragraphe 2, de la décision BCE/2010/14, ce contrôle s'effectue dans le respect desdites normes minimales ». Le point 58 est dès lors ambigu parce qu'il confond habilitation par la décision d'un État membre à adopter un acte juridiquement contraignant, d'un côté, et exercice par une BCN d'une fonction dévolue à l'Eurosystème, de l'autre côté. À notre sens, il convient pour les BCN de distinguer deux séries de fonctions ; d'une part, les BCN font partie intégrante du SEBC et agissent conformément aux orientations et aux instructions de la BCE (art. 14.3 des statuts du SEBC) ; d'autre part, elles peuvent exercer d'autres fonctions que celles qui sont spécifiées dans les statuts du SEBC, étant précisé que ces fonctions « que les banques centrales nationales exercent sous leur propre responsabilité et à leurs propres risques, ne sont pas considérées comme faisant partie des fonctions » de l'Eurosystème (art. 14.4 des statuts du SEBC). La question est dès lors celle de savoir si les fonctions en cause ont été exercées au titre de l'article 14.3 ou de l'article 14.4 des statuts. La décision BCE/2010/14 fait référence aux articles 128 TFUE et 16 des statuts du SEBC de sorte qu'elle est rattachée aux fonctions de l'Eurosystème relatives à l'émission des pièces et des billets en euros. Il est donc loisible de rattacher la fonction exercée que les BCN exercent au titre de l'article 6, paragraphe 3, de la décision BCE/2010/14 à celles relevant de l'article 14.3 des statuts du SEBC.

Apports à la notion juridique de monnaie

Que ce soit en répondant à la première ou à la deuxième question, l'arrêt nous éclaire sur la notion juridique de monnaie dont on a finalement peu débattu jusqu'ici. Le projet d'euro numérique (7) ravive néanmoins la discussion en montrant le caractère anachronique

(7) Proposition de règlement du Parlement européen et du Conseil établissant l'euro numérique, préc.

du traité, puisque l'article 128 TFUE ne se réfère qu'aux billets et aux pièces en euros. La Commission a estimé, suivie en ce sens par la BCE, que l'article 133 TFUE fonde le pouvoir du législateur de l'Union de conférer un cours légal à l'euro sous sa forme numérique en tant que monnaie unique. L'arrêt sous commentaire apporte dès lors deux séries de précisions.

En premier lieu, si la décision BCE/2010/14 mentionne les espèces à plusieurs reprises, il ne les définit pas tandis que le règlement n° 1338/2001 demeure silencieux à cet égard tout comme, au demeurant, d'autres actes de droit dérivé (8). La notion d'espèces est intuitive en ce qu'elle désigne les pièces et billets en euros lesquels ont cours légal en vertu de l'article 128 TFUE et de l'article 16 des statuts du SEBC. À notre sens, la notion d'espèces renvoie à l'idée que les pièces et les billets constituent un moyen de paiement. Il y a donc une corrélation entre les notions de monnaie et d'espèces sans que les deux se recoupent totalement. Dans la zone euro, il existe une monnaie unique qui est l'euro et des espèces qui ne sont nécessairement en euros. En ce sens, le règlement relatif aux contrôles de l'argent liquide est l'un des rares à définir la notion d'« espèces » comme « les billets de banque et pièces de monnaie qui sont en circulation comme instrument d'échange ou qui ont été en circulation comme instrument d'échange et qui peuvent encore être échangés par l'intermédiaire d'établissements financiers ou de banques centrales contre des billets de banque et des pièces de monnaie qui sont en circulation comme instrument d'échange » (9). Le même règlement recourt à une autre notion encore : l'argent liquide est en effet entendu comme « i) les espèces ; ii) les instruments négociables au porteur ; iii) les marchandises servant de réserves de valeur très liquides ; iv) les cartes prépayées » (10). Argent liquide, espèces, monnaie sont ainsi des notions qui se recoupent mais se distinguent. À notre sens, en droit de l'Union, l'euro est la monnaie unique en tant qu'unité monétaire qui se matérialise par des pièces et des billets et, à l'avenir, par l'euro numérique, qui sont également des moyens de paiement revêtus du cours légal.

En second lieu, si la politique monétaire est un domaine de compétence, il convient de distinguer les pouvoirs qui la matérialisent d'autant que les institutions les exerçant diffèrent. À cet égard,

(8) Voy. par ex. règlement (UE) n° 1214/2011 du Parlement européen et du Conseil du 16 novembre 2011 sur le transport transfrontalier professionnel d'euros en espèces par la route entre États membres dans la zone euro.

(9) Art. 2, § 1, c), du règlement (UE) 2018/1672 du Parlement européen et du Conseil du 23 octobre 2018 relatif aux contrôles de l'argent liquide entrant dans l'Union ou sortant de l'Union et abrogeant le règlement (CE) n° 1889/2005.

(10) *Ibid.*, art. 2, § 1, a).

l'article 128 TFUE fonde le pouvoir de la BCE d'émission des pièces et des billets tandis que l'article 133 TFUE habilite le Parlement européen et le Conseil à adopter les mesures nécessaires à l'usage de l'euro en tant que monnaie unique. Au moment où le règlement sur l'euro numérique est en cours d'adoption, cela pose une série de questions. À notre sens, le traité réserve à la seule BCE le pouvoir d'émission monétaire. On entend par là l'acte juridique de création des pièces et des billets en euros en tant que monnaie unique qui se concrétise par l'opération matérielle de mise en circulation. La question est dès lors de savoir si émission et circulation sont consubstantielles ou si elles correspondent à deux pouvoirs distincts. Alors que les articles 128 TFUE et 16 des statuts n'évoquent que l'émission des pièces et des billets, l'article 10 du règlement (CE) n° 974/98 prévoit que la BCE et les BCN « mettent en circulation les billets libellés en euros ». On pourrait donc penser que si l'émission de la monnaie unique est une mission fondamentale de politique monétaire revenant à la BCE en vertu de l'article 127, paragraphe 2, TFUE, la circulation – mise, remise et retrait – relève des usages de l'euro. C'est en ce sens que le projet de règlement sur l'euro numérique confie à la BCE le pouvoir d'émettre l'euro numérique tout en reconnaissant à ce dernier les caractéristiques qui en permettent la circulation. Il serait néanmoins souhaitable de clarifier les choses en remédiant à l'anachronisme de l'article 128 TFUE qui se cantonne aux pièces et billets en euros et en le complétant par une référence à la forme numérique de la monnaie unique.

Francesco MARTUCCI

XXV. UNION DOUANIÈRE

Cour de justice, 7e ch., 9 mars 2023, *Bolloré logistics SA c/ Direction interrégionale des douanes et droits indirects de Caen, Recette régionale des douanes et droits indirects de Caen, Bolloré Ports de Cherbourg SAS*, aff. C-358/22, ECLI:EU:C:2023:178

Mots-clés : Renvoi préjudiciel – Union douanière – Tarif douanier commun – Obligations de la caution du débiteur d'une dette douanière – Modalités de communication de la dette douanière – Droits correspondant à cette dette n'ayant pas été communiqués régulièrement au débiteur de la dette – Exigibilité de la dette douanière auprès de la caution solidaire

Cadre normatif : règlement (CEE) n° 2913/92 ; Code des douanes communautaire ; article 195 ; article 217, paragraphe 1 ; article 221, paragraphe 1

Extraits de l'arrêt

1. La demande de décision préjudicielle porte sur l'interprétation des articles 195, 217 et 221 du règlement (CEE) n° 2913/92 du Conseil, du 12 octobre 1992, établissant le code des douanes communautaire (*JO* 1992, L 302, p. 1), tel que modifié par le règlement (CE) n° 648/2005 du Parlement européen et du Conseil, du 13 avril 2005 (*JO* 2005, L 117, p. 13) (ci-après le « code des douanes »).

2. Cette demande a été présentée dans le cadre d'un litige opposant Bolloré Logistics SA à la direction interrégionale des douanes et droits indirects de Caen (France) et à la recette régionale des douanes et droits indirects de Caen (France) (ci-après, ensemble, l'« administration des douanes ») ainsi qu'à Bolloré Ports de Cherbourg SAS (ci-après « BPC ») au sujet du paiement d'une dette douanière pour laquelle la requérante au principal a été appelée en garantie en qualité de caution de BPC.

Le cadre juridique

Le droit de l'Union

3. Le code des douanes a été abrogé et remplacé par le règlement (UE) n° 952/2013 du Parlement européen et du Conseil, du 9 octobre 2013, établissant le code des douanes de l'Union (*JO* 2013, L 269, p. 1, et rectificatif *JO* 2013, L 287, p. 90). Toutefois, en vertu de l'article 286, paragraphe 2, de ce dernier règlement, lu en combinaison avec l'article 288, paragraphe 2, de celui-ci, le code des douanes est resté applicable jusqu'au 30 avril 2016.

4. L'article 4 du code des douanes énonce :

« Aux fins du présent code, on entend par :

[...]

9) dette douanière : l'obligation pour une personne de payer les droits à l'importation (dette douanière à l'importation) ou les droits à l'exportation (dette douanière à l'exportation) qui s'appliquent à des marchandises déterminées selon les dispositions communautaires en vigueur ;

[...]

12) débiteur : toute personne tenue au paiement du montant de la dette douanière ;

[...] »

5. L'article 88 du code des douanes énonce :

« Les autorités douanières peuvent subordonner le placement des marchandises sous un régime suspensif à la constitution d'une garantie en vue d'assurer le paiement de la dette douanière susceptible de naître à l'égard de ces marchandises.

Des dispositions particulières relatives à la constitution d'une garantie peuvent être prévues dans le cadre d'un régime suspensif spécifique. »

6. L'article 104 du code des douanes énonce :

« Sans préjudice de l'article 88, les autorités douanières peuvent demander à l'entreposeur de leur fournir une garantie en relation avec les responsabilités définies à l'article 101. »

7. L'article 189 du code des douanes énonce :

« 1. Lorsque, en application de la réglementation douanière, les autorités douanières exigent la constitution d'une garantie en vue d'assurer le paiement d'une dette douanière, cette garantie doit être fournie par le débiteur ou la personne susceptible de le devenir.

[...]

3. Les autorités douanières peuvent permettre que la garantie soit constituée par un tiers en lieu et place de la personne de laquelle la garantie a été exigée.

[...] »

8. L'article 190 du code des douanes énonce :

« 1. Lorsque la réglementation douanière prévoit la constitution d'une garantie à titre facultatif, cette garantie est exigée à l'appréciation des autorités douanières, dans la mesure où le paiement, dans les délais prévus, d'une dette douanière née ou susceptible de naître n'est pas assuré de façon certaine.

[...] »

9. L'article 193 du code des douanes énonce :

« La garantie peut être constituée :

– soit par un dépôt en espèces,

– soit par une caution. »

10. L'article 195 du code des douanes dispose :

« La caution doit s'engager, par écrit, à payer solidairement avec le débiteur le montant garanti de la dette douanière dont le paiement devient exigible.

[...] »

11. L'article 217, paragraphe 1, premier alinéa, du code des douanes, figurant dans la section 1, intitulée « Prise en compte et communication au débiteur du montant des droits », du chapitre 3, intitulé « Recouvrement du montant de la dette douanière », du titre VII dudit code, dispose :

« Tout montant de droits à l'importation ou de droits à l'exportation qui résulte d'une dette douanière, ci-après dénommé "montant de droits", doit être calculé par les autorités douanières dès qu'elles disposent des éléments nécessaires et faire l'objet d'une inscription par lesdites autorités dans les registres comptables ou sur tout autre support qui en tient lieu (prise en compte). »

12. L'article 221, paragraphe 1, du code des douanes dispose :

« Le montant des droits doit être communiqué au débiteur selon des modalités appropriées dès qu'il a été pris en compte. »

Le droit français

13. Le chapitre V, intitulé « Procédure préalable à la prise de décision : le droit d'être entendu », du titre II du code des douanes français, intitulé « Organisation et fonctionnement du service des douanes », est constitué des articles 67 A à 67 D.

14. L'article 67 A du code des douanes français, dans sa rédaction issue de l'article 25 de la loi n° 2009-1674, du 30 décembre 2009 (*JORF* n° 303 du 31 décembre 2009, texte n° 2), dispose :

« Sous réserve des dispositions de l'article 67 B, toute décision prise en application du [code des douanes] et de ses dispositions d'application, lorsqu'elle est défavorable ou lorsqu'elle notifie une dette douanière telle que définie à l'article 4, paragraphe 9, du [code des douanes], est précédée de l'envoi ou de la remise à la personne concernée d'un document par lequel l'administration des douanes fait connaître la décision envisagée, les motifs de celle-ci, la référence des documents et informations sur lesquels elle sera fondée ainsi que la possibilité dont dispose l'intéressé de faire connaître ses observations dans un délai de trente jours à compter de la notification ou de la remise de ce document. »

15. L'article 67 D, sous e), du code des douanes français, dans sa rédaction issue de la loi n° 2009-1674, dispose :

« Le présent chapitre ne s'applique pas :

[...]

e) Aux avis de mise en recouvrement notifiés conformément à l'article 345 du présent code aux fins de recouvrement des créances impayées à l'échéance, à l'exception de celles qui ont été constatées à la suite d'une infraction au même code ».

16. L'article 345 du code des douanes français, dans sa rédaction issue de l'article 44 de la loi n° 2002-1576, du 30 décembre 2002, de finances rectificative pour 2002 (*JORF* n° 304 du 31 décembre 2002, texte n° 2), dispose :

« Les créances de toute nature constatées et recouvrées par l'administration des douanes font l'objet d'un avis de mise en recouvrement sous réserve, le cas échéant, de la saisine du juge judiciaire.

[...] »

17. L'article 405 du code des douanes français, dans sa rédaction issue de l'article 44 de la loi n° 2002-1576, dispose :

« Les cautions sont tenues, au même titre que les principaux obligés, de payer les droits et taxes, pénalités pécuniaires et autres sommes dues par les redevables qu'elles ont cautionnés. »

Le litige au principal et les questions préjudicielles

18. Le 25 août 2011, la société Alpha Commodities a importé et déchargé 46 000 tonnes de sel d'Australie dans le port de Cherbourg (France). Dans l'attente de la réexportation de ces marchandises, elle a conclu avec BPC, opérateur de transport et de logistique, un contrat d'entreposage.

19. Le 21 octobre 2011, BPC a conclu avec le port de Cherbourg une convention d'occupation temporaire pour cet entreposage. Cette convention d'occupation temporaire, plusieurs fois prorogée, est demeurée en vigueur jusqu'au 30 juin 2015.

20. Le 8 décembre 2011, BPC a obtenu de l'administration des douanes une autorisation du régime de l'entrepôt douanier, permettant la suspension des droits de douane et de taxe, de la même durée de validité que la convention d'occupation temporaire. Le 9 décembre 2011, BPC a placé les marchandises sous le régime de l'entrepôt douanier.

21. Le 8 février 2016, l'administration des douanes, considérant que BPC ne disposait plus de convention d'occupation temporaire valide, a informé cette société que l'autorisation du régime de l'entrepôt douanier était annulée avec effet immédiat, et qu'elle envisageait de lui notifier la dette douanière résultant de l'ineffectivité dudit régime.

22. Le 9 mars 2016, l'administration des douanes a notifié à BPC une décision définitive de constat d'une dette douanière ainsi qu'un avis de paiement.

23. Le 21 mars 2016, l'administration des douanes a pris en compte le montant de cette dette et a adressé à BPC un avis de mise en recouvrement (ci-après « AMR ») d'un montant de 454 807 euros, dont 104 265 euros au titre des droits de douane et 350 542 euros au titre de la taxe sur la valeur ajoutée (TVA).

24. Les 21 mars et 21 juin 2016, cette administration a notifié à la requérante au principal, en sa qualité de caution de BPC, deux AMR portant sur un montant global de 104 265 euros correspondant aux droits de douane garantis.

25. Par jugement du 1er octobre 2018, le tribunal de grande instance de Caen (France) a rejeté les demandes de BPC et de la requérante au principal tendant à l'annulation tant des AMR émis contre elles que des décisions de rejet, notifiées par l'administration des douanes, de leurs contestations desdits AMR.

26. Par arrêt du 10 septembre 2019, la cour d'appel de Caen (France), infirmant partiellement ce jugement à l'égard de BPC, a annulé l'AMR qui lui avait été notifié le 21 mars 2016 et a débouté l'administration des douanes de toutes ses demandes dirigées contre cette société. Cette juridiction a notamment rappelé que, en application des articles 217 et 221 du code des douanes et de l'article 345 du code des douanes français, la communication du montant des droits doit, pour être régulière, avoir été précédée de sa prise en compte et que, pour être recouvrés par le biais d'un AMR, les droits doivent avoir été régulièrement communiqués au débiteur de la dette douanière, ce qui suppose qu'ils aient été constatés. Tel n'ayant pas été le cas en l'espèce, la communication des droits faite à BPC était irrégulière.

27. Concernant la requérante au principal, la cour d'appel de Caen a, par le même arrêt, confirmé le jugement la condamnant à payer à l'administration des douanes, au titre de son engagement de caution, les droits de douane réclamés à BPC. Selon cette juridiction, ni l'article 221 du code des douanes ni l'article 67 A du code des douanes français ne s'applique à la caution, mais ils s'appliquent seulement au débiteur de la dette douanière.

28. La juridiction de renvoi, la Cour de cassation (France), relève que, à la date de notification des AMR à la requérante au principal, les droits en cause avaient été pris en compte au sens de l'article 217 du code des douanes, mais qu'ils n'avaient pas été régulièrement communiqués à BPC, débitrice de la dette douanière, au sens de l'article 221 de ce code. Elle souligne que c'est, ainsi, la notion d'« exigibilité d'une dette douanière » qui est en cause et elle se demande si l'irrégularité de la communication des droits au débiteur, faute de prise en compte préalable, laquelle irrégularité interdit leur recouvrement auprès de ce dernier, ne constitue pas une exception personnelle à celui-ci, dont la caution ne saurait se prévaloir, ou bien si la dette douanière n'est exigible à l'égard de la caution que si elle l'est à l'égard du débiteur.

29. En outre, la Cour de cassation se demande si le fait que, conformément à l'article 67 D du code des douanes français, la notification d'un AMR en application de l'article 345 de ce code ne soit pas précédée d'une phase d'échanges contradictoires ne porte pas atteinte aux droits de la défense de la caution.

30. C'est dans ce contexte que la juridiction de renvoi a décidé de surseoir à statuer et de poser à la Cour les questions préjudicielles suivantes :

« 1) Les articles 195, 217 et 221 du code des douanes doivent-ils être interprétés en ce sens que l'administration des douanes ne peut pas exiger de la caution solidaire le paiement d'une dette douanière tant que les droits n'ont pas été régulièrement communiqués au débiteur ?

2) a) Le respect des droits de la défense, notamment le droit de présenter des observations avant tout acte faisant grief, qui constitue un principe fondamental du droit de l'Union, implique-t-il que, lorsque, faute de paiement par le débiteur de la dette douanière dans le délai imparti, son recouvrement en est poursuivi auprès de la caution, l'administration des douanes doit mettre préalablement la caution en mesure de faire connaître utilement son point de vue quant aux éléments sur lesquels elle entend fonder sa décision de la poursuivre en paiement ?

b) Le fait que le débiteur de la dette douanière ait lui-même été mis en mesure de faire connaître utilement son point de vue avant la communication des droits est-il de nature à influer sur la réponse à la [seconde question, sous a)] ?

c) En cas de réponse positive à la [seconde question, sous a)], quelle est la décision faisant grief à la caution qui doit être précédée d'une phase d'échanges contradictoires : la décision de l'administration des douanes de prendre en compte les droits et de les notifier au débiteur de la dette douanière, ou la décision de poursuivre la caution en paiement ? »

Sur les questions préjudicielles

Sur la première question

31. Par sa première question, la juridiction de renvoi demande, en substance, si l'article 195, l'article 217, paragraphe 1, et l'article 221, paragraphe 1, du code des douanes doivent être interprétés en ce sens que les autorités douanières ne peuvent pas exiger de la caution visée audit article 195 le paiement d'une dette douanière tant que le montant des droits n'a pas été régulièrement communiqué au débiteur.

32. Tout d'abord, il convient de rappeler qu'il résulte de la formulation de l'article 221, paragraphe 1, du code des douanes que la « prise en compte », qui, selon l'article 217, paragraphe 1, dudit code, consiste dans l'inscription du montant des droits, par les autorités douanières, dans les registres comptables ou sur tout autre support qui en tient lieu, doit nécessairement précéder la communication au débiteur du montant des droits à l'importation ou des droits à l'exportation (arrêt du 28 janvier 2010, *Direct Parcel Distribution Belgium*, C-264/08, EU:C:2010:43, point 26 et jurisprudence citée).

33. La Cour a, en effet, jugé qu'un tel déroulement chronologique des opérations de prise en compte et de communication du montant des droits, consacré par l'intitulé même de la section 1 du chapitre 3 du titre VII du code des douanes, à savoir « Prise en compte et communication au débiteur du montant des droits », doit être respecté sous peine de générer des différences de traitement entre les redevables et de nuire, par ailleurs, au fonctionnement harmonieux de l'union douanière (arrêt du 28 janvier 2010, *Direct Parcel Distribution Belgium*, C-264/08, EU:C:2010:43, point 27 et jurisprudence citée).

34. La Cour en a conclu que l'article 221, paragraphe 1, du code des douanes doit être interprété en ce sens que la communication par les autorités douanières au débiteur, selon les modalités appropriées, du montant des droits à l'importation ou à l'exportation à payer ne peut être valablement effectuée que si le montant de ces droits a été préalablement pris en compte par lesdites autorités (arrêt du 28 janvier 2010, *Direct Parcel Distribution Belgium*, C-264/08, EU:C:2010:43, point 28 et jurisprudence citée).

35. Il s'ensuit que, lorsque le montant des droits n'a pas été régulièrement communiqué au débiteur faute d'avoir été pris en compte au préalable – hypothèse qui correspond aux faits de l'affaire au principal dès lors qu'il ressort de la demande de décision préjudicielle que la prise en compte fut postérieure à la communication à BPC du montant des droits –, la dette douanière ne devient pas exigible à l'égard du débiteur.

36. C'est d'ailleurs, ainsi que cela ressort de la demande de décision préjudicielle, pour ce motif que l'administration des douanes fut, dans l'affaire au principal, déboutée de ses demandes dirigées contre BPC.

37. Ensuite, s'agissant de la question de savoir si le paiement d'une dette douanière non exigible auprès de son débiteur peut néanmoins être réclamé à la caution, il convient, en premier lieu, d'observer que, si le droit de l'Union ne régit pas le contrat de cautionnement, la Cour a constaté que ce n'est qu'en présence d'une dette due par le débiteur que la caution dudit débiteur peut être appelée en garantie par le créancier.

38. En effet, la Cour a relevé, en substance, que, selon les principes généraux qui se dégagent des systèmes juridiques des États membres, un contrat de cautionnement se présente comme une opération triangulaire, par laquelle la caution s'engage à l'égard du créancier à satisfaire aux obligations souscrites par le débiteur, au cas où celui-ci n'y satisfait pas lui-même (voir, en ce sens, arrêt du 15 mai 2003, *Préservatrice foncière TIARD*, C-266/01, EU:C:2003:282, point 27).

39. La Cour a observé qu'un tel contrat crée une obligation nouvelle, à la charge de la caution, de garantir l'exécution de l'obligation principale dont est tenu le débiteur, et que la caution ne se substitue pas au débiteur, mais garantit seulement le paiement de la dette de ce dernier, selon les conditions précisées au contrat de cautionnement ou prévues par la loi (arrêt du 15 mai 2003, *Préservatrice foncière TIARD*, C-266/01, EU:C:2003:282, point 28).

40. L'obligation ainsi créée présente un caractère accessoire, en ce sens que, d'une part, la caution ne peut être poursuivie par le créancier que si la dette cautionnée est exigible et, d'autre part, l'obligation assumée par la caution ne peut être plus étendue que celle du débiteur (voir, en ce sens, arrêt du 15 mai 2003, *Préservatrice foncière TIARD*, C-266/01, EU:C:2003:282, point 29 et jurisprudence citée).

41. Plus récemment, la Cour a réitéré que le contrat de cautionnement est un contrat distinct de celui qui lie le créancier au débiteur, par lequel la caution, qui est une personne tierce à cette dernière relation contractuelle, a pour rôle de garantir au créancier le paiement de ce que le débiteur pourra devoir à ce dernier au titre de l'obligation cautionnée, laquelle est constituée de la dette due par le débiteur au créancier (arrêt du 2 septembre 2021, *CRCAM*, C-337/20, EU:C:2021:671, point 58).

42. Il convient, en second lieu, de rappeler que, de manière cohérente avec les constatations opérées par la Cour s'agissant du contrat de cautionnement, l'article 195 du code des douanes expose que la caution doit s'engager, par écrit, à payer solidairement avec le débiteur le montant garanti de la dette douanière « dont le paiement devient exigible ».

43. Il résulte donc des considérations qui précèdent, d'une part, que la dette douanière n'est pas exigible à l'égard du débiteur en l'absence d'une prise en compte préalable du montant des droits de douane sans laquelle la communication dudit montant audit débiteur n'est pas régulière et, d'autre part, que la caution ne saurait être tenue de garantir le paiement de ladite dette tant que celle-ci n'est pas devenue exigible à l'égard du débiteur.

44. Dans ces conditions, il convient de répondre à la première question que l'article 195, l'article 217, paragraphe 1, et l'article 221, paragraphe 1, du code des douanes doivent être interprétés en ce sens que les autorités douanières ne peuvent pas exiger de la caution visée audit article 195 le paiement d'une dette douanière tant que le montant des droits n'a pas été régulièrement communiqué au débiteur.

Sur la seconde question

45. Compte tenu de la réponse à la première question et du fait que, selon la décision de renvoi, l'administration des douanes est définitivement déboutée de toutes ses demandes à l'égard de BPC et que cette société n'est, dès lors, en défaut de paiement d'aucune dette douanière que cette administration pourrait chercher à recouvrer auprès de la requérante au principal en sa qualité de caution, la seconde question apparaît, en ses différents éléments, manifestement hypothétique. Or, la Cour ne saurait statuer sur une question préjudicielle posée par une juridiction nationale lorsqu'il apparaît manifeste que l'interprétation sollicitée du droit de l'Union n'a aucun rapport avec la réalité ou l'objet du litige au principal ou que le problème soulevé est de nature hypothétique (arrêt du 19 janvier 2023, *Unilever Italia Mkt. Operations*, C-680/20, EU:C:2023:33, point 19 et jurisprudence citée). Il s'ensuit que la seconde question est irrecevable.

[...]

Par ces motifs, la Cour (septième chambre) dit pour droit :

« L'article 195, l'article 217, paragraphe 1, et l'article 221, paragraphe 1, du règlement (CEE) n° 2913/92 du Conseil, du 12 octobre 1992, établissant le code des douanes communautaire, tel que modifié par le règlement (CE) n° 648/2005 du Parlement européen et du Conseil, du 13 avril 2005,

doivent être interprétés en ce sens que :

les autorités douanières ne peuvent pas exiger de la caution visée audit article 195 le paiement d'une dette douanière tant que le montant des droits n'a pas été régulièrement communiqué au débiteur. »

Observations

Dette douanière, cet éternel problème

Définie en 1992 par le Code des douanes communautaire (CDC) comme étant « l'obligation pour une personne de payer les droits à l'importation (dette douanière à l'importation) ou les droits à l'exportation (dette douanière à l'exportation) qui s'appliquent à des marchandises déterminées selon les dispositions communautaires en vigueur » (1), la dette douanière est demeurée intacte dans ses fondamentaux au travers des deux règlements successifs fondant le Code des douanes modernisé puis aujourd'hui le Code des douanes de l'Union en son article 5, point 18 (2). Il s'agit désormais de « l'obligation incombant à une personne d'acquitter le montant des droits à l'importation ou à l'exportation applicables à des marchandises particulières en vertu de la législation douanière en vigueur ».

Il est en effet des thématiques fort anciennes en matière douanière comme la mainlevée, l'acquit à caution, la caution et donc la dette douanière elle-même (3) qui donnent lieu de façon quasi répétitive et historique à des litiges financiers entre les administrations douanières et les opérateurs, en particulier sur le terrain de la responsabilité.

La dette douanière doit être recouvrée. Certes, et il s'agit clairement en droit de l'Union d'une obligation pour les États membres, mais pas n'importe comment et pas à n'importe quelle condition.

Cette responsabilité incombe en effet aux autorités douanières nationales, en fonction certes de législations nationales existantes mais aussi d'une exigence de pleine effectivité.

---

(1) Art. 4, pt 9, du règlement (CEE) n° 2913/92 du Conseil du 12 octobre 1992 établissant le Code des douanes communautaire, *JO*, L 302 du 19 octobre 1992, pp. 0001-0050.

(2) Règlement n° 952/2013 du Parlement européen et du Conseil du 9 octobre 2013 établissant le Code des douanes de l'Union, *JOUE*, L 269/1 du 10 octobre 2013.

(3) *Cf.* J.-L. Albert, *JCl Europe*, fasc. 506, titre « Union douanière », sous-titre 1 « Dette douanière ».

De fait, si la dette douanière n'est pas recouvrée en raison d'une défaillance de l'administration concernée, cette défaillance conduit à ce que la dette en question soit supportée par l'État en question et ne saurait être oubliée et passée par pertes et profits.

Il en résulte, comme l'indiquait la CJUE dans l'arrêt du 11 juillet 2019, *Commission c/ République italienne*, que l'État commet un manquement s'il ne met pas en œuvre les moyens adéquats pour assurer le recouvrement de la dette en question ou l'engage trop tardivement (4).

Si la dette est due par tout opérateur concerné, être caution d'un opérateur peut présenter certains risques sur le fondement du Code des douanes européen.

Cette responsabilité fut d'ailleurs rappelée avec les dysfonctionnements administratifs inhérents à un État à l'occasion de la célèbre décision du 8 mars 2022 condamnant le Royaume-Uni : « Eu égard à l'ensemble de ces éléments factuels et compte tenu des principes consacrés par la jurisprudence [...] il y a lieu de constater que le Royaume-Uni a manqué à l'obligation de coopération loyale telle que cette dernière est prescrite à l'article 4, paragraphe 3, TUE, dès lors que cet État a omis de fournir en temps utile, d'une part, tous les éléments de calcul afférents aux dettes réclamées dans les avis C 18 Snake que la Commission lui a demandé à plusieurs reprises de communiquer et qui étaient nécessaires pour calculer le montant des pertes de ressources propres traditionnelles et, d'autre part, les motifs des décisions annulant les avis C 18 Snake que la Commission lui a également demandé à plusieurs reprises de communiquer » (5).

Au cas d'espèce, le litige opposait la douane française à une entreprise française importante du secteur logistique, à savoir la société Bolloré Logistics SA, dont le devenir économique a sensiblement évolué au début de l'année 2024 en étant cédée au groupe CMA-CGM.

Cette société s'était portée caution, comme cela arrive fréquemment, de la société Bolloré Ports de Cherbourg (BPC) à raison d'un entreposage de marchandises.

Le renvoi préjudiciel était le fruit d'une décision de la Cour de cassation.

Cette dernière, s'appuyant sur le présent arrêt de la Cour de justice, rendra ensuite sa propre décision, et ce particulièrement rapidement, le 21 juin 2023, en annulant les avis de mise en recouvrement émis contre la société et en condamnant aux dépens l'administration des douanes (6).

---

(4) CJUE, 11 juillet 2019, *Commission c/ République italienne*, aff. C-304/18, ECLI:EU:C:2019:601.

(5) CJUE, 8 mars 2022, *Commission européenne c/ Royaume-Uni*, aff. C-213/19, *JOUE*, ECLI:EU:C:2020:1034.

(6) Cass. com., 21 juin 2023, n° 19-23.516, inédit.

Il en résulte une décision qui non seulement répond aux interrogations soulevées à l'occasion de ce litige, mais constitue aussi une réponse plus globale de la Cour, plus récapitulative s'agissant du régime même de la caution.

Une solution utile sur le plan fonctionnel

Les droits de douane sont dus ! Au-delà de cette affirmation quasi historique, les jurisprudences nationales eurent à se prononcer à de nombreuses reprises sur le rôle et la portée de la caution tout au long du XIXe et du XXe siècle, avec des approches parfois différentes.

On pouvait penser que tout était dit et précis mais l'intrusion du juge européen a conduit au fil des années à identifier en relation avec le développement du droit douanier européen un cadre juridique, un ensemble de précisions, conduisant à bâtir un droit européen du cautionnement venant compléter voire se substituer à un ensemble de pratiques nationales.

Le contrat de cautionnement y apparaît comme étant un contrat autonome ; or, la Cour souligne ici un certain nombre de dimensions propres à la caution tout en rappelant qu'elle ne constitue pas par elle-même une substitution au débiteur mais une garantie.

La dette douanière est régie par les articles 77 à 126 du Code des douanes de l'Union, les articles 147 à 181 du règlement d'exécution du 24 novembre 2015 (ci-après abrégé REC) (7) lequel a été modifié à plusieurs reprises, qui en fixe les dispositions d'application, et les articles 72 à 103 du règlement délégué de la Commission (RDC) du 28 juillet 2015 (8).

Pour la caution, il n'y a pas de cadre juridique général précis et développé qui créerait un régime juridique européen du cautionnement, si ce n'est la faculté de solliciter un tiers pour assurer une telle garantie au profit du débiteur d'une dette douanière.

Le Code des douanes de l'Union a cependant prévu en son article 92 que la forme de cette garantie puisse être celle du dépôt en espèces mais aussi tout autre moyen de paiement reconnu comme équivalent ou encore la forme d'une caution, ou un autre type de garantie fournissant une assurance équivalente que le montant des droits sera payé (9). La caution est, au sens de l'article 94 du CDU, une tierce personne établie sur le territoire douanier de l'Union et

(7) Règlement d'exécution de la Commission 2015/2447 du 24 novembre 2015, *JOUE*, L 343 du 29 décembre 2015, p. 558.

(8) Règlement délégué de la Commission 2015/2446 du 28 juillet 2015, *JOUE*, L 343 du 29 décembre 2015, p. 1.

(9) En droit français, circulaire n° DA 18-067 sur les garanties du dédouanement, *BOD* ; *cf.* annexe n° 7 – VII Règlement du cautionnement.

doit être agréée par les autorités douanières exigeant la garantie tout en reposant sur un acte écrit « à payer le montant garanti des droits correspondant à la dette douanière ».

La personne concernée a le libre choix entre les différents modes de garantie ; les autorités douanières peuvent refuser le mode de garantie choisi lorsque celui-ci est « incompatible avec le bon fonctionnement du régime douanier considéré » (10). L'article 100 du Code des douanes de l'Union a ouvert les possibilités offertes aux opérateurs économiques.

Elles peuvent exiger que le mode de garantie soit maintenu pendant une période précise (11), que sur demande soit présentée une garantie d'un montant réduit (12), pour ce qui est de la couverture des dettes douanières et d'autres frais ayant pris naissance, lorsque l'opérateur est un opérateur économique agréé (OEA). Une garantie complémentaire ou de remplacement peut aussi être demandée par les autorités douanières lorsque la garantie fournie n'assure pas ou plus d'une manière certaine ou complète le paiement dans les délais prescrits du montant des droits afférents (13). La durée de la garantie est ainsi calquée sur celle de la dette principale et est en vigueur aussi longtemps que la dette douanière n'a pas été éteinte ; ce faisant, elle doit être immédiatement libérée dès que celle-ci a été recouvrée (14), avec un délai de prescription de trois années à compter de la date de naissance de la dette douanière.

La Cour avait rappelé, en 2003, que le respect des droits de la défense dans toute procédure ouverte à l'encontre d'une personne et susceptible d'aboutir à un acte faisant grief à celle-ci constitue un principe fondamental de droit communautaire. Ainsi, à propos d'une association garante, la Cour estimait que celle-ci pouvait apporter la preuve du lieu où l'infraction ou l'irrégularité a été commise, et ce à l'occasion d'un contrat de cautionnement conclu avec un État (15).

Une jurisprudence récente en matière de caution

Dans l'affaire présente, la Cour prend la précaution de rappeler que le droit de l'Union ne régit pas le contrat de cautionnement.

En outre, elle passe aussi en revue un ensemble d'éléments, de précisions apportées par sa jurisprudence.

---

(10) Art. 93 al. 2, CDU.
(11) Art. 93, al. 3, CDU.
(12) Art. 93, al. 3, CDU.
(13) Art. 97 CDU.
(14) Art. 98, al. 1, CDU.
(15) CJCE, 23 septembre 2003, *Bundesverband Güterkraverkehr und Logistik e V et Bundesrepublik Deutschland*, aff. C-78/01, *Rec.*, p. I-9571, à propos de carnets TIR.

De fait, si l'on s'appuie à la fois sur le CDU et sur la jurisprudence de la CJUE, le contrat de cautionnement est particulièrement européanisé et encadré par le droit de l'Union. Le juge de l'Union en est venu à en établir la définition : « [U]ne opération triangulaire, par laquelle la caution s'engage à l'égard du créancier à satisfaire aux obligations souscrites par le débiteur, au cas où celui-ci n'y satisfait pas lui-même » (16).

La jurisprudence européenne a permis, au cours de ces dernières années, de clarifier le statut de la caution, ses obligations mais aussi les limites mêmes de sa responsabilité, tout en notant l'existence d'une faculté de dispense à caution (17).

Ainsi, en 2021, avec la décision *BTA Baltic Insurance Company AAS c/ Vaalstst ienemumu dienest* (18), la Cour avait précisé deux choses : d'une part, la caution d'une dette douanière ne peut être qualifiée de « débiteur » et ne peut donc se voir appliquer le délai de prescription de trois ans à compter de la naissance de la dette douanière, d'autre part, et la chose est importante, l'obligation pour les États membres de faire usage de toutes les possibilités que leur accordent les dispositions en vigueur pour obtenir le paiement des droits s'applique non seulement au débiteur, mais aussi à la caution ; celle-ci peut donc être considérée comme la personne contre laquelle l'exécution forcée est dirigée et qui est soumise aux règles de l'État membre, y compris relative aux délais, en matière d'exécution (19).

La CJUE avait pu établir, en 2019, qu'il appartient aux États membres de déterminer, dans le respect des principes d'effectivité et d'équivalence, la date à laquelle la communication au débiteur du montant des droits doit être effectuée aux fins d'interrompre le délai de prescription de trois ans à l'expiration duquel la dette douanière est éteinte (20).

Certes faut-il encore cerner ces possibilités et en établir les limites, tout en notant que la Cour insiste ici sur les obligations formelles qui assurent une protection du cautionnaire offrant ainsi un cadre de garanties.

(16) CJUE, 15 mai 2003, *Préservatrice foncière TIARD*, aff. C-266/01, ECLI:EU:C:2003:282, pt 27.

(17) En ce sens, en droit français, décret n° 2011-1103 du 12 septembre 2011 relatif à la dispense de caution pour les marchandises sous douane ou placées sous régime douanier suspensif des droits, taxes ou prohibitions, *JORF*, 14 septembre 2011, texte n° 18. *Cf.* arrêté du 12 mars 2024 prescrivant la souscription d'un acte d'engagement du principal obligé et de la caution, *JORF*, 15 mars 2024, texte n° 13.

(18) CJUE, 20 mai 2021, *BTA Baltic Insurance Company AAS c/ Vaalstst ienemumu dienest*, aff. C-230/20, ECLI:EU:C:2021:410.

(19) Sur les carnets ATA et un manquement de l'État portugais, CJUE, 22 janvier 2009, *Commission c/ République portugaise*, aff. C-150/07, ECLI:EU:C:2009:28.

(20) CJUE, 10 juillet 2019, *Staatsecretaris van Financiën c/ EVA Freight Holland BV*, aff. C-249/18, ECLI:EU:C:2019:587.

Au cas d'espèce, la Cour souligne (à l'évidence) une carence administrative de la part de la douane française s'agissant du montant de la dette à honorer et de sa communication à la caution, ce qui percute de plein fouet la question de l'exigibilité de cette dette : « [L]a dette douanière n'est pas exigible à l'égard du débiteur en l'absence d'une prise en compte préalable du montant des droits de douane sans laquelle la communication dudit montant audit débiteur n'est pas régulière et, d'autre part, que la caution ne saurait être tenue de garantir le paiement de ladite dette tant que celle-ci n'est pas devenue exigible à l'égard du débiteur » (21).

Ce faisant, la société Bolloré Logistics, caution, se voit « exonérée » de cette dette, faute de s'être vue communiquer son montant qui n'avait pas été pris en compte au préalable.

Ce faisant aussi, cette dette ne disparaît pas car si elle n'est pas honorée par son débiteur, par la caution, l'État reste alors lui-même débiteur de la somme concernée vis-à-vis du budget de l'Union européenne.

Une réforme peu novatrice du CDU

Le projet de Code des douanes de l'Union élaboré et présenté par la Commission européenne en mai 2023 (22) organise un titre X centré sur la dette douanière et les garanties. Plus cohérent, il propose aux articles 159 et suivants un régime global de la dette douanière. C'est à l'article 175, et dans le prolongement de l'article 173, que l'on retrouve dans ce projet la question de la caution dont le point 1 énonce qu'il s'agit d'« une tierce personne résidant, enregistrée ou établie sur le territoire douanier de l'Union. Elle est agréée par les autorités douanières exigeant la garantie, sauf si la caution est un établissement de crédit, une institution financière ou une compagnie d'assurances accrédités dans l'Union conformément aux dispositions en vigueur ». Il est en outre précisé que : « 2. La caution s'engage par écrit à payer le montant garanti des droits à l'importation ou à l'exportation correspondant à la dette douanière et des autres impositions », que « 3. Les autorités douanières peuvent refuser d'agréer la caution ou le mode de garantie proposé lorsque l'une ou l'autre ne leur semble pas assurer d'une manière certaine le paiement dans les délais prescrits du montant des droits à l'importation ou à l'exportation correspondant à la dette douanière et des autres

(21) Sur la responsabilité du principal obligé, son information et les responsabilités de l'État, CJUE, 14 avril 2005, *Commission c/ Royaume des Pays-Bas*, aff. C-460/01, ECLI:EU:C:2005:218.

(22) Proposition de règlement du Parlement européen et du Conseil établissant le Code des douanes de l'Union et l'Autorité douanière de l'Union européenne, et abrogeant le règlement (UE) n° 952/2013, Bruxelles, 17 mai 2023, COM(2023) 258 final, 2023/0156(COD).

impositions », que « 4. La Commission est habilitée à adopter des actes délégués, conformément à l'article 261, afin de compléter le présent règlement en déterminant les règles concernant les formes de constitution d'une garantie et les règles applicables à la caution visée au présent article ». Et, enfin, que « 5. La Commission précise, par voie d'actes d'exécution, les règles de procédure relatives à la révocation et à l'annulation de l'engagement de la caution visée au présent article. Ces actes d'exécution sont adoptés en conformité avec la procédure d'examen visée à l'article 262, paragraphe 4 ».

En somme, peu d'éléments novateurs en ce domaine !

Jean-Luc ALBERT

TABLE DES MATIÈRES

IV. RECOURS

V. QUESTIONS PRÉJUDICIELLES

VI. CITOYENNETÉ

VII. DROIT DES LIBERTÉS ÉCONOMIQUES

XI. FISCALITÉ

XII. ENTENTES, ABUS DE POSITION DOMINANTE ET CONCENTRATIONS

XIII. AIDES D'ÉTAT

XIV. ESPACE DE LIBERTÉ, DE SÉCURITÉ ET DE JUSTICE

XV. ACTION EXTÉRIEURE

XVI. DROIT DE LA PROPRIÉTÉ INTELLECTUELLE 707

XVII. MARCHÉS PUBLICS

XVIII. DROIT BANCAIRE ET FINANCIER

XIX. DROIT DE LA CONSOMMATION

XX. DROIT DES TRANSPORTS

XXI. DROIT INTERNATIONAL PRIVÉ

XXII. DONNÉES PERSONNELLES

XXIII. FINANCES ET BUDGET

XXIV. UNION ÉCONOMIQUE ET MONÉTAIRE

XXV. UNION DOUANIÈRE